U0529199

国家社科基金
后期资助项目

公平与效率：
实现公平正义的两难选择

Fairness and Efficiency:
the Dilemma of Realizing Equity and Justice

杨宝国 著

中国社会科学出版社

图书在版编目(CIP)数据

公平与效率：实现公平正义的两难选择/杨宝国著. —北京：中国社会科学出版社，2017.1
ISBN 978-7-5161-9613-7

Ⅰ.①公… Ⅱ.①杨… Ⅲ.①公平与效率—研究 Ⅳ.①F014.4

中国版本图书馆 CIP 数据核字(2016)第 321825 号

出 版 人	赵剑英
责任编辑	田　文
特约编辑	杨晓芳
责任校对	张依婧
责任印制	李寡寡

出　　版	中国社会科学出版社
社　　址	北京鼓楼西大街甲 158 号
邮　　编	100720
网　　址	http://www.csspw.cn
发 行 部	010-84083685
门 市 部	010-84029450
经　　销	新华书店及其他书店

印刷装订	北京君升印刷有限公司
版　　次	2017 年 1 月第 1 版
印　　次	2017 年 1 月第 1 次印刷

开　　本	710×1000　1/16
印　　张	46
插　　页	2
字　　数	828 千字
定　　价	168.00 元

凡购买中国社会科学出版社图书，如有质量问题请与本社营销中心联系调换
电话：010-84083683
版权所有　侵权必究

国家社科基金后期资助项目
出版说明

后期资助项目是国家社科基金设立的一类重要项目,旨在鼓励广大社科研究者潜心治学,支持基础研究多出优秀成果。它是经过严格评审,从接近完成的科研成果中遴选立项的。为扩大后期资助项目的影响,更好地推动学术发展,促进成果转化,全国哲学社会科学规划办公室按照"统一设计、统一标识、统一版式、形成系列"的总体要求,组织出版国家社科基金后期资助项目成果。

全国哲学社会科学规划办公室

目 录

前言 ………………………………………………………………… (1)

第一章　公平与效率关系问题的基本理论 …………………… (1)
 一　公平与效率概念的阐释与解读 ……………………………… (3)
  （一）公平概念的阐释与解读 ………………………………… (3)
  （二）效率概念的阐释与解读 ………………………………… (21)
 二　公平与效率的关系及其思想渊源、历史演进与实践经验 …… (30)
  （一）西方思想界公平与效率的思想渊源与历史演进 ……… (30)
  （二）西方思想界的公平效率观 ……………………………… (44)
  （三）国外处理公平与效率关系的实践经验 ………………… (61)
 三　马克思、恩格斯的公平效率观 ……………………………… (65)
  （一）马克思、恩格斯对公平与效率的内涵界定与本质分析 … (66)
  （二）马克思、恩格斯批判性地提出了马克思主义公平观的
    内容与实质 ……………………………………………… (69)
  （三）马克思、恩格斯对资本主义社会效率与公平矛盾的
    分析和批判 ……………………………………………… (75)
  （四）马克思、恩格斯的理想目标：效率与公平的和谐统一，
    个人自由而全面的发展 ………………………………… (79)
  （五）马克思、恩格斯对社会主义公平观的描述与设想 …… (82)
  （六）马克思、恩格斯公平效率观的理论和现实意义 ……… (91)
 四　毛泽东的公平效率观 ………………………………………… (96)
  （一）毛泽东的公平观 ………………………………………… (96)
  （二）毛泽东的效率观 ………………………………………… (111)
  （三）毛泽东的公平效率统一观 ……………………………… (118)
 五　邓小平的公平效率观 ………………………………………… (121)
  （一）邓小平的公平观 ………………………………………… (122)

（二）邓小平的效率观 …………………………………………（131）
　　（三）邓小平的公平效率统一观 ………………………………（135）
　　（四）邓小平与毛泽东的公平效率观比较 ……………………（139）
　六　改革开放以来公平与效率关系在我国的历史发展与
　　　改革实践 ……………………………………………………（146）
　　（一）改革开放以来党中央对公平与效率关系的不同提法 …（147）
　　（二）"十八大"关于公平与效率关系论述的理论和现实意义 …（158）
　　（三）对改革开放30年来公平与效率关系认识发展的
　　　　　原因分析 …………………………………………………（161）

第二章　关于"效率优先、兼顾公平"原则的学界争论 ……（170）
　一　"效率优先、兼顾公平"原则的历史回顾、学界质疑与
　　　深刻反思 ……………………………………………………（170）
　　（一）"效率优先、兼顾公平"原则发展过程的历史回顾 ……（170）
　　（二）"效率优先、兼顾公平"原则的学界质疑与辩护 ………（174）
　　（三）"效率优先、兼顾公平"原则的深刻反思 ………………（199）
　二　"效率优先、兼顾公平"原则的历史评价 …………………（205）
　　（一）历史的合理性与积极意义 ………………………………（205）
　　（二）历史的局限性与消极意义 ………………………………（208）
　　（三）实际的负面效应 …………………………………………（213）

第三章　关于公平和效率关系的学术争鸣 ……………………（216）
　一　公平与效率统一论 …………………………………………（216）
　　（一）公平与效率辩证统一论 …………………………………（216）
　　（二）公平与效率内在统一论 …………………………………（220）
　　（三）公平与效率一致论 ………………………………………（221）
　　（四）公平与效率互补论 ………………………………………（222）
　　（五）效率与公平相结合，效率为基础、公平为本体论 ……（224）
　　（六）公平与效率关系的交互同向论 …………………………（227）
　二　公平与效率对立论 …………………………………………（228）
　三　公平与效率主次有别论 ……………………………………（229）
　　（一）公平优先论 ………………………………………………（230）
　　（二）效率优先论 ………………………………………………（234）
　四　公平与效率并重论 …………………………………………（235）

五　其他不同论点 …………………………………………… (241)
　　六　当代不同学科视域中关于公平与效率关系的思想观点、
　　　　总体评价和重要启示 ……………………………………… (244)
　　　（一）不同学科视域中的公平与效率问题 ………………… (244)
　　　（二）哲学界关于公平与效率关系的主要观点 …………… (246)
　　　（三）公平与效率问题研究的三个阶段 …………………… (248)
　　　（四）公平和效率关系研究的总体评价 …………………… (252)
　　　（五）公平和效率关系研究的重要启示 …………………… (253)

第四章　公平与效率并重是社会主义初级阶段的基本分配原则 …… (257)
　　一　确立"公平与效率并重"原则的指导思想及其重大意义 …… (258)
　　　（一）确立"公平与效率并重"原则的指导思想 …………… (258)
　　　（二）确立"公平与效率并重"原则的重大意义 …………… (260)
　　二　确立"公平与效率并重"的基本原则 …………………… (265)
　　　（一）坚持"发展才是硬道理"的原则 ……………………… (265)
　　　（二）坚持社会公正的原则 ………………………………… (284)
　　　（三）坚持按劳分配与按生产要素分配相结合的原则 …… (288)
　　　（四）初次分配和再分配都要兼顾效率和公平，再分配更加
　　　　　　注重公平的原则 ……………………………………… (292)
　　三　构建社会主义和谐社会要求更加注重社会公平 ………… (294)
　　　（一）从效率优先到公平与效率并重是社会分配制度发展的
　　　　　　必由之路 ……………………………………………… (295)
　　　（二）"坚持公平与效率并重，更加注重公平"提出的依据 …… (311)
　　　（三）构建和谐社会必须坚持公平与效率并重，更加注重
　　　　　　公平 …………………………………………………… (319)

第五章　"包容性增长"是指导公平与效率关系的全新时代命题 …… (327)
　　一　"包容性增长"的提出及其科学内涵 …………………… (328)
　　　（一）"包容性增长"的提出及其重大意义 ………………… (328)
　　　（二）为什么要提出"包容性增长" ………………………… (336)
　　　（三）"包容性增长"提出的时代背景 ……………………… (339)
　　　（四）"包容性增长"的概念界定及其基本内涵 …………… (340)
　　　（五）"包容性增长"的内涵与外延 ………………………… (344)
　　二　"包容性增长"的原则、理念、结构与特征 ……………… (348)

（一）"包容性增长"的基本原则 …………………………（348）
　　（二）"包容性增长"的发展理念 …………………………（349）
　　（三）"包容性增长"的结构体系 …………………………（352）
　　（四）"包容性增长"的主要特征 …………………………（357）
三　"包容性增长"的战略地位、时代价值和功能定位 ………（359）
　　（一）"包容性增长"的战略地位 …………………………（359）
　　（二）"包容性增长"的时代价值 …………………………（361）
　　（三）"包容性增长"的功能定位 …………………………（365）
四　"包容性增长"是指导公平与效率关系的战略抉择 ………（367）
　　（一）实现包容性增长，就是要让老百姓过上好日子 ……（367）
　　（二）倡导包容性增长，必须首先破除经济增长的
　　　　　"GDP主义" ……………………………………………（373）
　　（三）践行包容性增长，必须优先开发人力资本 …………（376）
　　（四）强化包容性增长，需要加快实现基本公共服务均等化 …（381）
　　（五）促进包容性增长，需要着力推进城乡发展一体化 …（404）
　　（六）推进包容性增长，需要深化收入分配制度改革 ……（443）
　　（七）加快包容性增长，需要始终追求社会公平正义 ……（497）

第六章　"五大发展理念"是指导公平与效率关系的具体行动指南 …………………………………………………（503）

一　"五大发展理念"的提出及其意义 …………………………（505）
　　（一）习近平对"五大发展理念"的提出过程 ……………（506）
　　（二）习近平对"五大发展理念"的阐释与解读 …………（559）
　　（三）十八届五中全会首提"五大发展理念" ……………（563）
　　（四）"五大发展理念"提出的重大意义 …………………（570）
二　"五大发展理念"的科学内涵、基本要求及其相互关系 …（599）
　　（一）"五大发展理念"的科学内涵及其基本要求 ………（599）
　　（二）"五大发展理念"之间的相互关系 …………………（645）
三　"五大发展理念"是指导当前公平与效率关系的具体
　　行动指南 …………………………………………………（651）
　　（一）从《论十大关系》到"五大发展理念"：发展理论的
　　　　　与时俱进 ……………………………………………（651）
　　（二）从"四个全面"到"五大发展理念"：发展战略的具体
　　　　　深化 ……………………………………………………（654）

（三）从"全面建成小康社会"到"五大发展理念"：发展目标的
行动指南 …………………………………………………（659）

参考文献 ……………………………………………………（670）

索引 …………………………………………………………（692）

后记 …………………………………………………………（703）

前　　言

　　公平与效率是人类社会追求的两大目标，是人类社会文明和进步的必然要求，但同时也是人类社会的两难选择，是实现公平正义的两难选择。公平与效率的关系实质上主要就是指社会建设与经济建设的关系。公平与效率作为一对特殊的社会矛盾统一体，广泛存在于社会发展的各个层面，在生产、分配、交换和消费的各个环节，处处存在着公平与效率的问题。在生产力的各要素配置中，面临着公平与效率的选择问题；在生产关系的所有制变迁、分配、交换、消费环节中更存在着公平与效率的问题；在上层建筑领域，法律与政策的制定与实施，也面临着公平与效率的选择问题；在道德观念领域同样包含着公平与效率的价值判断问题。公平与效率的关系及其实现方式涉及社会经济制度的变革和调整，关系到人们之间利益的分配和实现，还受到人们世界观和价值观的制约和影响，因此，古今中外历来是人们所关注的热点、重点、焦点和难点问题。它不仅是社会科学领域各门学科学者们所持续研究和争议的一个理论难题，也是世界各国政府必须面对的一个现实两难选择和世界性难题。

　　公平与效率的关系，也许是当代经济学家和其他社会科学家们感到非常困惑的"斯芬克司之谜"。美国著名经济学家阿瑟·奥肯在其扛鼎之作《平等与效率——重大的抉择》中断言："为了效率就要牺牲某些平等，并且为了平等就要牺牲某些效率。"以"短缺经济"而闻名于世的匈牙利经济学家亚诺·科尔内认为，公平与效率是两个截然对立的价值体系，"许多社会主义经济的决策困境正好是由这两个不同价值体系的抵触而引起的"。我国经济学界和其他社科学界的不少学者也认为，效率与公平不能同时兼顾，更不能并重，现实的选择往往难以两全。总而言之，从已经形成的思维定式看来，似乎公平与效率如同"鱼和熊掌"一样，二者不可兼得，二者之间是此消彼长的关系。显然，重新认识公平与效率的关系，在理论和实践上都具有重大意义。

　　我国改革开放30多年来，从未停止过对公平与效率的关系这一重大理论和实践问题的探索与思考，但由于种种原因，至今尚未取得共识和形成一致意见，科学合理的公平效率观至今难以形成，已经严重影响到改革发展稳定的大局和社会主义现代化建设的顺利进行。

综观改革开放30多年来对于公平与效率概念及两者关系问题研究的历程，体现出研究范畴和领域不断拓展的特征，包括从生产、分配环节拓展到各环节，从经济领域扩大到政治、社会、伦理、哲学等各学科领域；研究内容日益丰富，学术观点由单一向多元发展。表明我国理论界和学术界对于公平与效率的研究是随着实践的推进而不断深入和发展的。但是，研究范式尚有待突破，研究深度有待加强，研究视角有待拓宽，研究方法有待创新，分化研究有待整合。因此，如何正确认识和处理公平与效率的关系，确立科学合理的公平效率观就理所当然地成为我们共同的责任和义务，当然也是本项目研究的主题和重点、难点问题。本项目通过研究论证：公平与效率关系问题的基本理论，关于"效率优先、兼顾公平"原则的学界争论、深刻反思和历史评价，公平和效率关系的不同观点概述、总体评价和重要启示，得出三个最重要结论：公平与效率并重是社会主义初级阶段的基本分配原则，"包容性增长"是指导公平与效率关系的全新时代命题，五大发展理念是指导公平与效率关系的具体行动指南。

本项目之所以将题目确定为《公平与效率：实现公平正义的两难选择》，主要是基于下述考虑：

第一，邓小平同志曾指出："社会主义的本质，是解放生产力，发展生产力，消灭剥削，消除两极分化，最终达到共同富裕。"社会主义的本质首先是解放生产力，发展生产力，这是个提高效率的问题；社会主义的本质同时还是消灭剥削，消除两极分化，最终达到共同富裕，这是个社会公平问题。效率和公平直接统一于社会主义制度本身。从理论上说，社会主义本身应当是公平与效率相统一的社会。但是，多年来我们却错误地理解为，社会主义的根本任务就是解放生产力、发展生产力。殊不知，邓小平所说的"消灭剥削，消除两极分化，最终达到共同富裕"，实质上就是实现社会的公平与正义。前任国务院总理温家宝曾在题为《关于社会主义初级阶段的历史任务和我国对外政策的几个问题》的重要文章指出："巩固和发展社会主义，必须认识和把握好两大任务：一是解放和发展生产力，极大地增加全社会的物质财富；二是逐步实现社会公平与正义，极大地激发全社会的创造活力和促进社会和谐。"因此，社会主义应当有两大根本任务：一是解放生产力，发展生产力；二是实现社会的公平与正义。解放生产力，发展生产力，这是提高效率的问题，实质上就是指经济建设；消灭剥削，消除两极分化，最终达到共同富裕，这是社会公平问题，实质上就是指社会建设。公平与效率的关系实质上主要就是指社会建设与经济建设的关系。因此，本项目所讲的公平与效率的关系，主要还是放在社会建设与经济建设关系的视域中讲的。所以，如何正确认识和科学把握好社会建设与经济建设的关系，当然就是实现公平正义的两难选择。

第二，本项目属于本人对公平正义研究的三部曲系列工程的第二部。① 在第一部《公平正义观的历史·传承·发展》一书中，本人提出了"在公平正义观的基本理论中，公平正义观的价值理念和价值取向是其重要内容，也是其核心、精髓、灵魂。其中，公平正义观的价值理念是其指导思想，包括正义理念、自由、平等、博爱理念、公平理念、和谐理念、效率理念和秩序理念"的基本观点，② 并且指出："如果说自由、平等、博爱在古典正义观中占据核心价值的显要地位，那么，效率则是现代正义观中不可或缺的重要价值理念之一。"③ 因此，从这个意义上来讲，现代正义观中自然就包含了效率理念，效率也不再是一个简单的经济学范畴。从不同学科领域、不同研究视角解析效率的内涵，主要形成了经济效率论、本体效率论、制度效率论、社会效率论、人本效率论等观点。此外，还有从政治效率、文化效率、社会效率、行政效率、宏观效率、微观效率、静态效率、动态效率等不同角度分析效率内涵的观点。④

第三，一个实现公平正义的社会，实际上也就意味着基本实现了共产主义，基本实现了大同世界。从这个本质意义上来讲，公平正义要比马克思主义、共产主义、大同世界的提法更丰富、更生动、更形象、更具体。因此，公平正义实际上就是马克思主义、共产主义、大同世界的代名词。实现公平正义就是实现共产主义的具体化，实现公平正义就是共产主义理想信念的具体化，为公平正义而奋斗就是为共产主义而奋斗。⑤

第四，公平与效率不仅是经济社会发展的两难选择，是实现社会分配公平的两难选择，同时也是人类社会文明进步的两难选择，是实现公平正

---

① 近年来，本人的研究方向主要致力于公平正义研究的三部曲系列工程。第一部是：《公平正义观的历史·传承·发展》，国家社科基金后期资助项目（项目批准号：13FKS002，结项证书号：20155006），学习出版社2015年5月出版。第二部是：《公平与效率：实现公平正义的两难选择》，国家社科基金后期资助项目（项目批准号：15FKS002），即是本项目。第三部拟定为：《实现公平正义的若干重要问题研究》，现正在推进研究中，待立项。
② 杨宝国：《公平正义观的历史·传承·发展》，学习出版社2015年版，第382页。
③ 同上书，第420页。
④ 同上书，第422—423页。
⑤ 同上书，"前言"第2—3页。

义的两难选择。

第五，为了保持本人公平正义研究三部曲系列工程的延续性和继承性，因此在题目的选择上就必须要有"公平正义"四个字较为妥当，其他题目都是有欠缺的。

一

人们对公平正义的探究，可谓源远流长。在中国，历经中国古代思想家的公平正义观、中国的乌托邦——大同思想（中国古代的大同思想和中国近现代的大同思想）和中国共产党的公平正义观。在国外，历经古希腊思想理论家的公平正义观、西方近代思想理论家的公平正义观、空想社会主义者的公平正义观、马克思主义公平正义观和西方现当代思想家的公平正义观。[①] 效率是人类社会经济生活中的一个重要范畴。不论是马克思主义经济学，还是西方经济学，都对效率问题进行了广泛和深入的探讨。从他们对效率研究的内容看，大都偏重于经济效率或立足于经济效率。在西方，主要有：亚当·斯密的效率观、马克思主义的效率观、帕累托的最优效率观、福利经济学的效率观、边际主义效率观和诺斯的制度效率观，存在着三种典型的公平效率观：效率优先论；公平优先论；公平与效率并重论。

公平是作为普遍的正义观念在不同特定领域的具体体现。"公平"（fairness）的基本含义是指公正合理、合乎情理，不偏不倚，不徇私情，不偏袒任何一方。综合公平概念在中西语境和理论背景中的实际应用情况，我们可以得出如下结论：其一，公平在字面意义上虽与正义、公正、平等有区别，但在很多情况下，人们又常常把它们混用或者互相代替使用；其二，公平强调衡量标准的"同一个尺度"，带有明显的"工具性"，用以防止社会对待中的双重标准或多重标准；其三，公平是一个涉及价值判断的复杂问题，任何人几乎可以对它作出任意解释。

公平主要是指人们对人与人之间的社会地位及相互关系的一种评价，它主要表达的是人们对人与人之间经济利益关系的合理性的认同。公平是一定社会关系下的相对的公平，其标准是历史的、具体的、相对的。就不同的社会制度而言，人们评价某一社会制度更公平，是相对于以前的社会

---

① 详见杨宝国《公平正义观的历史·传承·发展》，学习出版社2015年版，第1—357页。

制度而言的；人们评价同一社会制度时，公平总是相对于某一特定尺度而论；在认识和评价是否公平的问题上，人们又总是从特定的目的出发，评价的标准和尺度带有明显的主观色彩和极大的差异性。因此，科学的公平观必须符合历史规律性，必须与历史的客观事实相一致，并随着历史的发展而发展。公平涉及社会资源的合理配置，其本质是利益分配问题，即政治、经济、文化等利益在不同人群、个人之间的合理分配。现代社会中的权利公平和机会公平是公平的核心内容。公平归根结底乃是社会行为规范的公平，即所谓制度公平或规则公平——这是公平的存在形式，是实现公平的重要环节和必要保障。均衡而合理的利益分配必然要体现为一系列公平的社会基本制度、具体制度、法规、道德、习俗等。

效率本是一个经济学范畴，是经济学所要研究的一个中心问题，而且在很大程度上是唯一的中心问题。萨缪尔森说："效率是经济学所要研究的一个中心问题（也许是唯一的中心问题）。效率意味着不存在浪费。"它与最大化、均衡共同形成经济学的三大顶梁支柱范畴。效率在西方经济学教科书中的标准定义是：效率是指资源的有效配置所实现的帕累托最优状态，即社会资源的有效配置已经达到这样一种状态，一种资源的任何重新配置，都不可能再使任何一个人收入增加而不使另一个人的收入减少。说得通俗一点就是：社会已经达到人尽其才、物尽其用的状况，不存在任何浪费资源的现象，以致每一个劳动者都实现了经济收入的最大化。

马克思、恩格斯关于公平的思想是很丰富的。在他们的代表著作中，如《哲学的贫困》、《论住宅问题》、《哥达纲领批判》、《反杜林论》等著作中，对公平作了许多阐述，其思想集中在以下三个方面：（1）公平是观念化……的表现。所谓观念化的表现，即公平是人们对社会事物进行价值评价时表现出来的观念，是一种价值评价形式，一种思想意识。它可以是一种公平感，也可以是一种学说、理想、主张以及体现为一定的制度等。公平观体现在社会的经济、政治、道德、法律等多个领域，即有经济领域的公平、政治领域的公平、道德领域的公平、法律领域的公平，是评价各种社会关系的重要标准。（2）公平始终只是现存经济关系的观念化表现。公平观作为社会意识形态，有一定的历史连续性，但归根到底是现存经济关系的反映，是随着社会经济关系的发展变化而发展变化的。不同的时代、不同的阶级、不同的学派各有不同的公平观，抽象的、超时代的永恒公平是不存在的。公平的标准也随着历史的演进而不断更新，随着时代的变迁而不断补充新的内容，所以没有永恒的公平定则。（3）公平观有革命的或保守的。由于人们在经济关系中所处的地位和利益不同以及政治主张和思想认识不同，公平观的内容、性质和追求的目标也不相同；有革命的公平观和保守的公平观。革命公平观的社会作用是积极的、进步的；保守公平观的社会作用是消极的、落后的。

现当代西方学者对公平问题也进行了广泛研究，大体说来，在对公平的具体判断上，现代西方经济学主要采取三类标准：一类属于客观标准，主要以分配的结果为判别依据；另一类属于主观标准，以人们的心理状态和主观感受为依据；还有一类是主观标准和客观标准的结合。以收入平等为标准是西方经济学家对公平的最普遍的理解和占统治地位的观点。洛伦茨曲线对收入平等的测量，就是以收入平均化为尺度。阿瑟·奥肯在《平等与效率——重大的抉择》一书中，也是把公平与收入分配联系起来，把公平视为收入的均等化。对公平的分析采取主观标准的西方经济学家讲法各式各样。有的从投入和产出的比较，根据人们的得失感觉去判断公平程度。如休士曼认为，公平因素包括付出的投入和获得的产出之比较，当投入和产出不相等时，人们就失去公平感，不相等的程度越大，社会越不公平，人们就会寻求各种方式恢复公平感。有的也是把公平与收入联系起来，分析人们对分配结果的心理感受。如瓦里安认为，如果在一种分配中，没有一个人羡慕另外一个人，那么这种分配就称之为公平分配。还有一些西方学者以妒忌与否作为判别公平的依据，弗利就是其代表。另外，当代美国著名哲学家罗尔斯也提出了一种新的公平观。这种公平观实际上是一种主观标准和客观标准的结合。罗尔斯假定，在一个处在初始状态下的社会中，任何人都不知道未来的变化究竟会使其状况变好还是变坏。在这种不确定的情况下，回避风险的人们宁可选择能使他们在未来的变化中处于平均状态的分配，只有当不平等的分配能使处在最坏状态下的人比实行均等分配得到改善时，不平等的分配才是可取的。

对效率问题的分析是西方经济学的一条主线。但在什么是效率和如何判断效率高低问题上，西方经济学的研究重点也是立足于经济效率。如数理经济学家帕累托于1906年出版的《政治经济学教程》中提出的一个广泛接受的效率定义：对于某种经济的资源配置，如果不存在其他可行的配置，使得该经济中的所有个人至少和他们在初始状态时情况一样良好，而且至少有一个人的情况比初始时严格得更好，那么，这个资源配置就是最优的，也是最有效率的。

公平与效率问题一直是西方经济学家研究的主题。在西方经济学文献中，对公平和效率关系研究的共同的基本假设是：第一，资源稀缺性的存在。第二，经济理性人的假设，即每个人都是在一定的约束条件下追求利益最大化。也就是说，每个人或每个经济行为人都是自利的，都按照"成本—收益"的计算进行决策。无论是微观分析还是宏观分析，总是以个人为分析的基本单位。第三，市场是完全竞争的。所以，人们有一种普遍的误解，认为在西方国家关于公平与效率的观点，似乎只有"效率优先"这一种，或者认为只有这种观点才是正统的、主流的。其实，在公平与效率的关系问题上，西方存在着三种典型的观点：效率优先论；公平优先论；公平与效率并重论。这三种观点至今仍争论不休，分不出绝对的正统与主流。

效率优先论是指在处理公平与效率的关系时，主张经济效率的首要性，认为只有效率得到了提高，才能更多地体现公平，不能因为公平的原因而伤害效率。在这一论点中，"效率"这一概念主要是指经济效率，即资源配置效率，公平往往被理解为结果平等或收入均等。亚当·斯密最早就这一问题提出了"效率优先，机会均等"的经济公平思想，其后的萨伊、约翰·穆勒及新古典主义的马歇尔、庇古等人在此基础上，从功利主义思想出发，从资源配置、边际效用和分配结果的公平性等角度对此进行了进一步的完善，得出了古典主义和新古典主义经济学所谓"效率优先论"的公平观："机会均等，效率制胜"，同时"兼顾分配结果的相对公平"。持此观点的主要是一些自由至上论者，西方经济学中的许多经济自由主义者们，如哈耶克、弗里德曼、罗宾斯、科斯都是这一观点的拥护者。

公平优先论是指在处理公平与效率的关系时，以平等作为衡量分配是否公平的标准，在二者发生矛盾的时候，强调平等的最终目的价值。持这一观点的人认为，尽管市场在进行资源配置上具有不可替代的作用，但是市场并不是万能的，它不可能产生符合现代社会要求的合乎正义的分配。自由市场体制所强调的机会均等并不是真正的公平，在资本分布、天赋状态及教育水平等方面都不具备平等意义的条件下，机会具有很大的盲目性。如果任由市场自由运作，必然导致人们之间分配上的巨大差异，这种贫富上的分化对人的尊严、社会的稳定以及人类的生存都会造成威胁，因此，在市场分配之外，应该通过国家的经济干预、制定新的合乎正义的制度等手段对分配进行调节。持公平优先论的不仅有经济学家，还有哲学家和社会学家。主要代表人物有勒纳（A. P. Lerner）、罗尔斯（J. Rawles）、米里斯（J. A. Mirrlees）和德沃金等著名思想家。英国新剑桥学派的琼·罗宾逊（Joan Robinson）等人也主张公平优先。

公平与效率并重论是指在处理两者关系时，强调公平与效率同等重要，既不应该用效率取代公平,也不应该以公平替代效率。当两者发生矛盾冲突时,应该根据具体情况,有时强调公平,有时又强调效率。持这种观点的代表人物主要有萨缪尔森(P. A. Samuelson)、凯恩斯(J. M. Keynes)、布坎南(J. M. Buehanan)和阿瑟·奥肯(A. M. Okun)。

公平、效率及其关系问题,是一切社会经济制度的核心问题,是任何国家都必须面对的重大理论问题和实践问题。正确认识和处理公平和效率的关系问题是社会主义建设中的一个永恒主题。传统社会主义理论高举公平优先的大旗,理所当然地把追求社会公平放在第一位。新中国成立以来,中国共产党就如何正确处理好二者的关系,进行了一系列积极而有益的探索和尝试。在 20 世纪 80 年代中期以前,我国在个人收入分配领域的基本原则始终是公平优先、按劳分配,即把公平放在第一位。然而,在高度集中的计划经济体制下,公平优先、按劳分配又演变成了平均主义的大锅饭。实践证明,"平均发展是不可能的。过去搞平均主义,吃'大锅饭',实际是共同落后,共同贫穷"。十一届三中全会以来,邓小平在此基础上进行了深入而广泛的探索,对公平和效率问题有大量直接、间接的论述,丰富和发展了马克思主义公平效率观,创立了独特的公平效率思想,继承和发展了毛泽东的公平效率观。

从理论上说,社会主义本身应当是公平与效率相统一的社会。社会主义的本质首先是解放生产力,发展生产力,这是提高效率的问题;社会主义的本质同时还是消灭剥削,消除两极分化,最终达到共同富裕,这是个社会公平问题。效率和公平直接统一于社会主义制度本身。公平与效率的关系,广泛存在于经济社会生活的各个方面。在党和政府的方针政策中,总体指导思想应当是:兼顾公平与效率,尽可能做到公平与效率齐头并进;而在实现公平与效率优化组合的具体机制和方式上,在社会发展的不同时期或不同阶段,孰先孰后,孰重孰轻,要慎重选择,可以也必须有所侧重。

改革开放 30 多年来,党中央高度重视各种利益分配关系,根据改革开放的发展进程和经济社会发展的不同阶段多次改变提法,不断完善收入分配制度和政策,不断丰富和发展分配理论。回顾改革开放 30 多年来的发展历程,在公平与效率的关系问题上,党中央也经历了一个不断探索和深化的认识发展过程。第一阶段:以公平为基础,同时兼顾效率(1978—1987);第二阶段:在促进效率提高的前提下体现社会公平(1987—1992);第三阶段:效率优先、兼顾公平(1992—2004);第四阶段:注重社会公平,初次分配和再分配都要兼顾效率和公平,再分配更加注重公平

(2004—2012);第五阶段:公平与效率并重,更加注重公平(2012年至今)。"十八大"关于"初次分配和再分配都要兼顾效率和公平,再分配更加注重公平"的论述是马克思主义分配理论的新发展,是基于中国经济社会发展现实提出的新的分配理论,与"平均主义"的分配理论有着根本区别。从十六届四中全会到中共十七大召开前,党的重要文献关于收入分配问题都强调要注重或更加注重社会公平,而没有提及效率问题;十七大、十八大报告则将公平与效率放到同等重要的地位,并且首次把公平引入初次分配、把效率引入再分配,以实现效率与公平的协调并重,这是对效率与公平关系认识的最新成果。党的十八届五中全会提出的创新、协调、绿色、开放、共享五大发展新理念,是以习近平同志为总书记的党中央在深刻总结我国30多年改革发展经验、科学分析国内国外经济社会发展规律基础上提出的面向未来的全新发展理念,是对中国及世界发展规律的新认识,是指导当前公平与效率关系的具体行动指南。

公平与效率是现代社会追求的双重目标,怎样实现两者关系的协调是世界性的难题,一般选择两者的兼顾较为稳妥,但现实的抉择往往要根据社会经济发展的具体阶段和任务,在两者兼顾中有所侧重,找到一个恰当的平衡点。两者兼顾主要有三种选择:(1)效率优先、兼顾公平;(2)效率与公平两者并重;(3)公平优先、兼顾效率。一般在经济发展的初期阶段,选择"效率优先、兼顾公平"较为合适;当经济发展到较高阶段,选择"公平与效率两者并重"较为合适;当经济发展到更高阶段,选择"公平优先、兼顾效率"较为合适。综观改革开放30年多来对公平与效率关系认识发展的不同阶段,几乎每个阶段都处在改革发展的关键时点,都存在着需要解决的主要矛盾或问题,也就是说,对效率与公平关系认识的发展过程,是符合改革进程的内在逻辑的。"效率优先,兼顾公平"是改革初期的必然选择;解决贫富差距过大矛盾,要求"更加注重社会公平";解决社会分配不公,促进社会公平正义,就要进一步全面深化改革。

二

对"效率优先,兼顾公平"的提法,其实学术界一直存有很大的争论,但这并不妨碍它作为我国收入分配政策的一项基本原则。然而,随着市场经济体制在中国的逐步确立,随着一系列社会矛盾问题的不断出现,随着人们对于现代社会和现代市场经济认识的逐步深化,随着中国社会经济形势的进一步发展，各类社会矛盾不断积累，社会公平问题已经成为全社会关注的热点、重点、难点、焦点问题，尤其是收入分配差距过大、贫富差距悬殊问题已经严重影响到了我国的社会稳定和经济发展。于是，越来越多的人们对"效率优先，兼顾公平"的提法提出种种质疑，反映在学术界，便出现了大量的对"效率优先，兼顾公平"提法的争论和反思，并就公平和效率的关系问题形成了一系列学术观点截然不同的立场、态度和观点。

应该承认，"效率优先、兼顾公平"这一提法具有一定的合理性和历史意义，它有利于从计划经济向市场经济的过渡；有利于推动社会主义市场经济体制的建立；有利于克服和摒弃平均主义思想，增强竞争意识；有利于激发人们的积极性，极大地释放生产力，促进社会经济的快速发展。但是，我们也应该看到，在特定的历史时期，它的战略意义已远大于它的理论意义。当我们对这一提法进行质疑时，我们不仅要指出其理论缺陷，而且还要看到它对实践的负面影响。

通过"效率优先、兼顾公平"原则的学界交锋，至少我们可以得出两点启示。第一个启示是，一个重要观点或者重大社会政策的提出应该进行充分的讨论和全面的论证。"效率优先，兼顾公平"是一个跨学科的观点，经济学注重效率，因此经济学界赞同这个观点的人就比较多；而马列·科社、政治哲学、伦理学、社会学、法学则更加关注社会公平，因而这些学科领域的专家学者多持不赞同"效率优先，兼顾公平"的看法。两种不同的立场和观点一直未停止过争论。近年来，以刘国光为首的经济学家也开始反思这一观点，并提出了使之"淡出"的意见。从实际效果来看，争论是积极有益的，它使我们对效率与公平的关系有了更加全面和深入的理解和认识。第二个启示是，在任何时候、任何情况下都不能忽视社会公平，更不能用损害公平的办法来发展经济。正如罗尔斯的名言所说："正义是社会制度的首要价值，正像真理是思想体系的首要价值一样。"世界银行的专家就曾因为"为什么公平很重要"这一问题而深感被冒犯而头痛，因为他们认为答案应该是"当然是"。一位与会专家认为，正是这个问题表明"我们对不公平可怕的容忍到了令人恐惧的程度"。

列宁曾经说过，真理都有一定的适用范围，超出这个范围，哪怕是向前跨出一小步，真理也会变成谬误。"效率优先、兼顾公平"在一定范围内有其一定的合理之处，但从严密的理论逻辑来看却有明显的不足。第一，"效率优先、兼顾公平"的提出来源于人性自私的经济学假设。第二，发展与效率优先不能等同。第三，从效率与公平的内涵、外延可以看出，效率主要是经济问题，而公平则不仅仅是经济问题，也是政治问题、文化问题、社会问题，二者不在同一个层次，显然并不截然对立、此消彼长。主张"效率优先、兼顾公平"实际上是把一种特殊情况下存在的现象当成普遍现象，否认了二者可以并重，也否认了公平在某种情况下可以优先的可能性。当然，正确处理效率与公平的关系也并不意味着在任何时候任何情况下都不能讲效率优先。中国著名经济学家刘国光指出："效率优先"不是不可以讲，但应放到应该讲的地方去讲，应该在生产领域中而不是分配领域中讲。因此，"效率优先，兼顾公平"的提法同和谐社会的本质相悖，同以人为本的理念相抵触，同加强政府的调节职能相违背。因此，"效率优先，兼顾公平"的提法应该淡出。

由于理论上对效率的过分倚重，导致在实践中对效率的片面追求，从而在现实中放弃了公平。在现实生活中，当我们强调效率优先时，常常是放弃对公平的兼顾；兼顾公平被曲解为放弃公平，导致了社会收入分配不公，贫富差距扩大。收入分配问题是涉及社会成员切身利益的最大问题，收入分配是否合理是衡量社会是否公平的主要标准。收入分配不公，从浅层次看是个经济问题，是由经济体制改革过程中的多种因素造成的；从深层次看，它则是政治问题和法律问题。由于我们对效率的片面理解和泛化执行，在实际实施这一原则时就出现了一系列较为严重的社会问题。在这一过程中，中央虽然一再强调，先富要带动和帮助后富，注意防止两极分化，但是随着经济的发展，社会分配不公和两极分化问题，正逐渐上升为一个突出严重的社会问题。邓小平曾经一再强调，"社会主义的目的就是要全国人民共同富裕，不是两极分化。如果我们的政策导致两极分化，我们就失败了"。在1992年的南方谈话中他又提醒我们，发展过程中要重视社会公平，如果我们到了两极分化，我们的改革就失败了。

"效率优先，兼顾公平"的提法本身就包含明显的认识上的偏颇和历史的局限性，这主要表现在以下几个方面：其一，这一提法颠倒了发展的基本价值目标与发展的基本手段、基本途径的关系，没有看到以人为本基本理念的极端重要性；其二，这一提法混同了基本制度和具体政策这两个层面上的社会公正问题；其三，这一提法忽略了经济领域的基本规则问题；其四，将这一提法泛化并覆盖非经济领域，更是犯了以偏概全的错误；其五，这一提法忽略了社会全面发展的重要性，没有看到发展是一个整体化推进的过程；其六，这一提法忽略了作为全社会的代表者——政府对于社会成员应尽的责任；其七，这一提法对于社会公平概念的理解和解释有重大偏差。在这样的时代背景之下，如果继续坚持"效率优先，兼顾公平"的提法，便会给中国社会的正常运转和健康发展造成一系列实际的负面影响。这至少表现在：第一，助长畸形的经济行为；第二，加重而不是缓解中国所面临的一些重大的社会问题；第三，延缓了合理、健全的社会政策的制定。

三

除了一些学者继续坚持"效率优先，兼顾公平"的观点之外，学术界对于公平和效率两者的关系大致有着以下几种主要的观点：公平与效率统一论、公平与效率对立论、公平与效率主次有别论、公平与效率并重论，当然还有其他一些不同论点。此外，学术界对于公平与效率的关系问题正在进行着多学科的透视研究，研究领域和层次不断拓宽和深入。因此，对当代不同学科视域中关于公平与效率关系的思想观点进行总体概述和总体评价，得出一些重要启示，既有理论研究的当代价值，又有现实的实际指导意义。

第一种观点，公平与效率统一论。对此又可划分为：公平与效率辩证统一论；公平与效率内在统一论；公平与效率一致论；公平与效率互补论；效率与公平相结合，效率为基础、公平为本体论；公平与效率关系的交互同向论。学术界普遍认为，公平与效率是辩证统一的关系。人们大都承认公平与效率具有内在的统一性，但对这种统一性的内涵却有不同的认识。王海明在 2000 年出版的《公正平等人道——社会治理的道德原则体系》一书中认为，公平与效率是完全一致的。他认为公平与效率虽然是人类社会追求的双重价值目标，但本质又是内在一致的。还有的学者也有类似的观点，他们认为公平与效率是相辅相成的，具有内在的统一性。一方面，公平必然产生效率，是效率的唯一的合法源泉。效率的取得固然取决于一系列因素的有机组合，但最根本的还是取决于人的积极性和创造性，而人的积极性与创造性不仅来自对物质资料的追求，就其合法性与持久性来说，只能来自社会的公平机制，任何由不公平的社会机制带来的效率都是不可能长久的，也是与人类文明相悖的。另一方面，效率也要求推动公平机制的建立、维持和变革。张伯里认为，在一定意义上，效率与公平的关系是生产力与生产关系之间的关系；在一定意义上，效率与公平的关系是经济发展与社会稳定之间的关系；在一定意义上，效率与公平的关系是市场机制与政府调控之间的关系；在一定意义上，效率与公平的关系是鼓励先富与促进共富之间的关系。为此，提出了他的"效率与公平相结合，效率为基础、公平为本体论"观点。

第二种观点，公平与效率对立论。对立论认为，公平与效率是矛盾的、不可兼得的，两者是顾此失彼的对立关系。不公平是效率跃迁所付出的代价，在公平和效率之间存在着一种本质冲突，因而，不可能既获得高效率，又不出现任何形式的社会不公。

第三种观点，公平与效率主次有别论。此观点认为，公平与效率两者之间存在轻重、先后、主次之分，代表性观点有公平优先论和效率优先论。在公平优先的大旗下，大致又划分为以下几种学术观点：其一，"公平是效率的根本保证说"；其二，"更加注重社会公平说"；其三，"以公平促进效率说"；其四，"两类公平效率说"；其五，"效率源自公平说"；其六，"用公平实现效率说"。

第四种观点，公平与效率并重论。并重论认为，公平和效率同等重要，没有先后次序之分，也没有轻重之别，效率与公平并重应是一个普通原则。"并重论"主要有两种论点：一是认为两者是相互促进的互补关系，不存在此消彼长的矛盾；二是认为两者存在矛盾，因而并重的目的就是要以最小的不公平换取最大的效率，或是以最小的效率损失换取最大的公平。

随着我国改革开放的逐步深入，效率与公平的矛盾日益凸显。学术界对于公平与效率的关系问题正在进行着多学科的透视研究，研究领域和层次不断拓宽和深入。综观改革开放30多年来对于公平与效率概念及两者关系问题研究的历程，体现出研究范畴和领域不断拓展的特征，包括从生产、分配环节拓展到各环节，从经济领域扩大到政治、社会、伦理、哲学等各学科领域；研究内容日益丰富，学术观点由单一向多元发展。表明我国理论界和学术界对于公平与效率的研究是随着实践的推进而不断深入和发展的。但是，研究范式尚有待突破，研究深度有待加强，研究视角有待拓宽，研究方法有待创新，分化研究有待整合。

四

实现社会公平正义是中国特色社会主义的内在要求，处理好效率和公平的关系是中国特色社会主义的重大课题。党的十八大指出："初次分配和再分配都要兼顾效率和公平，再分配更加注重公平。"按照笔者的理解，

"兼顾效率和公平"就是确认"公平与效率并重"原则。因此，笔者坚持认为，在社会主义初级阶段，构建社会主义和谐社会、全面建成小康社会就应当实行公平与效率并重的分配原则。公平与效率并重，是实现社会主义初级阶段两大根本任务的具体体现，是社会主义和谐社会的重要原则与特征，也是社会主义社会的本质要求；公平与效率并重，是社会主义市场经济发展的必然要求；公平与效率并重，符合国际社会追求发展"好的市场经济"的一般规律；公平与效率并重，是人类社会发展进步的一个重要价值取向；公平与效率并重，充分体现了建设中国特色社会主义的本质要求；公平与效率并重，是在科学发展观统领下构建社会主义和谐社会的内在要求；公平与效率并重，是化解我国面临各种矛盾和问题必须遵循的重要原则；公平与效率并重，是国民收入分配的基本原则。

从公平与效率的内在关系来看，两者既非相互替代的，也非互不相关的，而是相互影响、相互制约、相互促进的关系。一方面分配公平与否以及公平程度的高低对于效率的高低有着重要的甚至是决定性的影响；另一方面效率的高低同样也影响着分配公平。国民收入初次分配和再分配都应该坚持公平与效率并重的分配原则。公平与效率并重并不否定相机选择的必要性和合理性。从现实来看，一个社会在不同的时期面临的主要问题会有不同。在一个时期，不公平问题可能特别突出，而在另一个时期效率低下问题可能特别突出。在不公平问题特别突出的时期，把促进公平作为优先的政策目标，或者在效率低下问题特别突出的时期，把提高效率作为优先的政策目标，都是合理且应当的。如何理解和把握"更加注重社会公平"？笔者以为，更加注重社会公平，不是强调公平第一位，效率第二位，而是强调在坚持公平与效率并重的前提下，突出注重社会公平，防止重效率轻公平的错误倾向。更加注重社会公平，将公平作为社会的基本价值取向，追求公平与效率的和谐统一，是社会主义和谐社会、全面小康社会的内在要求；更加注重社会公平，是构建和谐社会、全面建成小康社会的重要原则和紧迫任务；更加注重社会公平，是构建和谐社会、全面建成小康社会的关键环节；更加注重社会公平，是构建和谐社会、全面建成小康社会的基本着力点。

五

包容性增长是指导公平与效率关系的全新时代命题。胡锦涛明确指出:"中国是包容性增长的积极倡导者,更是包容性增长的积极实践者。"要实现包容性发展,就要坚持社会公平正义,促进人人平等获得发展机会,坚持以人为本,着力保障和改善民生。从推动科学发展、促进社会和谐,到加快经济发展方式转变;从"解决人民最关心最直接最现实的利益问题",到"在共建中共享、在共享中共建",中国一直是包容性增长的积极倡导者和实践者。

包容性增长又称包容性发展或共享式增长。包容性增长最基本的精髓是强调公平正义。对国际社会而言,发达国家与发展中国家应互相尊重,共享平等的发展机会,对其他国家的和平发展采取包容的态度;对一个国家而言,包容性增长是指消除社会阶层、社会群体之间的隔阂和裂隙,让每一个个体融入经济发展的潮流中,享有平等的发展机会,分享共同的成果。"包容性增长",最基本的含义是公平合理地分享经济增长,是机会平等的增长、共享式增长与可持续发展的平衡增长,寻求的是社会和经济协调发展、可持续发展,着力保障和改善民生,让更多的人共享改革开放的成果。包容性增长的提出是对实现我国社会长治久安的重要战略部署。"包容性增长"立足的是近几年发展观的变革,是一种发展模式认识上的精练和升华。这一新的思想认识的提出,遵循着公平性、包容性和持续性的基本原则,充分体现了发展理念的科学性、发展机会的均等性和发展成果的共享性的发展理念,包含全方位、多层次、宽领域的结构体系,体现着多样化的特征。

包容性增长的提出,无疑是一个重大的理论突破与创新,对党的执政理念、中国经济社会发展、和谐社会构建,对发展中国家甚至发达国家都将产生长久而深远的影响。作为发展理念,包容性增长是党和政府指导思想的理论创新。包容性增长的中国式理解,是对未来中国民生建设的宏图扩展,是未来经济建设不可忽略的重要元素和出发点。实现包容性增长是世界各国需要共同研究和着力解决的重大课题。包容性增长体现了公平与效率的内在一致性;包容性增长强调发展权利的同质均等性;包容性增长拒斥两极分化,保护合理差别;包容性增长的逻辑延伸就是包容性发展;包容性增长是对改革开放经验教训的深刻反思;包容性增长是中国未来发展的指导思想;包容性增长的国际扩展就是和平发展。包容性增长具有合法性功能、社会稳定功能、生态环保功能、合作共赢功能。

第一,实现包容性增长,就是要让老百姓过上好日子。习近平总书记强调指出:"我们的人民热爱生活,期盼有更好的教育、更稳定的工作、更满意的收入、更可靠的社会保障、更高水平的医疗卫生服务、更舒适的居住条件、更优美的环境，期盼孩子们能成长得更好、工作得更好、生活得更好。人民对美好生活的向往，就是我们的奋斗目标。"党的十八大以来，党中央坚持以民为本、以人为本执政理念，把民生工作和社会治理工作作为社会建设的两大根本任务，高度重视、大力推进，改革发展成果正更多更公平地惠及全体人民。为此，习总书记特别强调：一是要实现经济发展和民生改善良性循环；二是社会政策要托底；三是抓住人民最关心、最直接、最现实的利益问题；四是创新社会治理。

第二，倡导包容性增长，必须首先破除经济增长的"GDP 主义"。长期信奉"GDP 主义"是导致中国形成"不包容性增长"市场现象的根本原因之一。未来中国经济要实现由"GDP 增长"向"包容性增长"的发展战略转移，就必须从根本上改变对地方政府的政绩考核方式，即去"GDP 主义"化，使地方政府在关注地方经济发展的同时，能更多、更好地关注如何让百姓均衡分享经济发展成果，如加快收入分配制度改革、提供必要的公共产品、服务和社会保障等。通过经济和社会的全面、协调、可持续发展，最大限度地创造就业和发展机会，确保广大民众能够实现机会平等、公正参与、公平分配，共享改革开放的发展成果。"包容性增长"最终要惠及更多的贫困人口，惠及更多的劳动者，惠及社会的大多数，让他们的收入增长要比一般人更多一些，这些将变得更加明确。

第三，践行包容性增长，必须优先开发人力资本。人力资本是指存在于人体之中的具有经济价值的知识、技能和体力（健康状况）等质量因素之和。人力资本理论有两个核心观点，一是在经济增长中，人力资本的作用大于物质资本的作用；二是人力资本的核心是提高人口质量，教育投资是人力投资的主要部分。人力资本，比物质、货币等硬资本具有更大的增值空间，特别是在当今后工业时期和知识经济初期，人力资本将有着更大的增值潜力。因为作为"活资本"的人力资本，具有创新性、创造性，具有有效配置资源、调整企业发展战略等市场应变能力。对人力资本进行投资，对 GDP 的增长具有更高的贡献率。人力资本理论主要包括：（1）人力资源是一切资源中最主要的资源，人力资本理论是经济学的核心问题。（2）在经济增长中，人力资本的作用大于物质资本的作用。人力资本投资与国民收入成正比，比物质资源增长速度更快。（3）人力资本的核心是提高人口质量，教育投资是人力投资的主要部分。不应当把人力资本的再生产仅仅视为一种消费，而应视同为一种投资，这种投资的经济效益远大于物质投资的经济效益。教育是提高人力资本最基本的主要手段，所以也可以把人力投资视为教育投资问题。生产力三要素之一的人力资源显然还可以进一步分解为具有不同技术知识程度的人力资源。高技术知识程度的人力带来的产出效益明显高于技术程度低的人力。(4) 教育投资应以市场供求关系为依据，以人力价格的浮动为衡量符号。

第四，强化包容性增长，需要加快实现基本公共服务均等化。推进基本公共服务均等化，让全体社会成员享受到大致相等的基本公共服务，是保障公平正义、促进社会和谐的本质要求，也是当前共享改革发展成果的关键所在。基本公共服务均等化问题已经成为当前我国经济社会发展中的一个重点热点问题。实现我国基本公共服务均等化的目标就是要最大限度地满足人民群众日益增长的基本公共服务的需求。基本公共服务均等化是共享改革发展成果的必由之路。基本公共服务均等化就是指政府要为社会公众提供基本的、在不同阶段具有不同标准的、最终大致均等的公共物品和公共服务。基本公共服务均等化包含两个方面：一是居民享受基本公共服务的机会均等，如公民都有平等享受义务教育的权利；二是居民享受基本公共服务的结果均等，如每一个公民无论住在什么地方，城市或是乡村，享受的义务教育和医疗救助等公共服务，在数量和质量上都应大体相等。相比之下，结果均等更重要。实现基本公共服务均等化，大体有"人均财力的均等化""公共服务标准化"和"基本公共服务最低公平"三种模式，应结合我国实际情况，综合考虑我国均等化的实现方案。我国实行基本公共服务均等化应包括四方面的内容：第一，在就业服务和基本社会保障等"基本民生性服务"方面实现均等化；第二，在义务教育、公共卫生和基本医疗、公共文化等"公共事业性服务"方面实现均等化；第三，在公益性基础设施和生态环境保护等"公益基础性服务"方面实现均等化；第四，在生产安全、消费安全、社会安全、国防安全等"公共安全性服务"方面实现均等化。现阶段我国基本公共服务均等化面临的主要挑战：一是政府基本公共服务的"供给不均"；二是公众对政府基本公共服务的"享受不均"。因此，逐步实现基本公共服务均等化，必须有相应的体制保障。举其大者，主要有以下几个方面：其一，改革公共财政制度；其二，完善收入分配制度；其三，统筹城乡协调发展制度；其四健全公共服务型政府制度。此外，促进我国基本公共服务均等化须有四个基本环节：一是加强政府间财政体制改革；二是培养地方政府提供基本公共服务财源；三是实现预算管理科学化；四是改革基本公共服务领域的投资体制。

第五，实现包容性增长，需要着力推进城乡发展一体化。解决"三农"问题，需要推进城乡发展一体化。城乡发展一体化是指中国城乡关系要打破分割、分离、分立的状态，从经济、社会、政治、文化、生态五方面缩小城乡差距、推进城乡融合、促进城乡共同发展。它既是一种指导中国城乡发展的战略方针，也是城乡发展的过程，更是城乡发展的目标。它就是要在社会发展战略上，把城市、农村视为一个整体，使城乡协调发展、共同繁荣，城乡差别逐渐消失，最终融为一体的过程。城乡发展一体化具有四点基本特征：内容的全面性、机会的均等性、互动的双向性、发展的协同性。城乡发展一体化就是城乡规划一体化，产业发展一体化，基础设施建设一体化，公共服务一体化，就业市场一体化，社会管理一体化。关于城乡发展一体化模式的分类，学术界没有一个统一的标准，多从动力机制、区域特点、功能特点以及综合各方面的特点进行分类研究。从我国的现实情况出发，推进城乡一体化发展应主要从以下基本政策入手：一是坚持工业反哺农业、城市支持农村和多予少取放活方针，加大强农惠农富农政策力度；二是把国家基础设施建设和社会事业发展的重点放在农村；三是健全城乡发展一体化体制机制，形成以工促农、以城带乡、工农互惠、城乡一体的新型工农城乡关系，让广大农民平等参与现代化进程、共同分享现代化成果。

第六，推进包容性增长，需要深化收入分配制度改革。收入分配问题是经济社会发展中的重大问题，关系人民群众的切身利益，关系改革发展稳定的全局。收入分配不公是我国当前实现公平正义所面对的最突出、最主要的社会矛盾问题，也是实现公平正义的最大难题。解决好收入分配不公问题，让全体人民共享改革发展的成果，是维护社会公平正义、促进社会和谐稳定的重大任务，是发展中国特色社会主义的必然要求。但也不可否认，当前我国的收入分配不公问题突出、矛盾复杂、困境凸显，由此而引发的社会矛盾日益频繁，社会不稳定因素与日俱增，已经严重触及了社会公平正义的底线，危及了人们所能容忍的社会心理承受红线，不改革就是死路一条。因此，我们必须积极面对和认真审视当前大量存在的收入分配不公的问题与困境，正确看待当前我国居民的收入差距，认真分析收入分配制度改革究竟难在哪里？合理提出收入分配改革的目标要求，找准抓好收入分配改革的突破口，大力推进和实施积极的收入分配政策，正确处理好"做大蛋糕"与"分好蛋糕"的关系，为最终确立中国特色的社会主义收入分配制度出谋划策、指点未来。

第七，加快包容性增长，需要始终追求社会公平正义。社会公平正义，就是社会各方面的利益关系得到妥善协调，人民内部矛盾和其他社会矛盾得到正确处理，社会公平和正义得到切实维护和实现。公平正义是每一个现代社会孜孜以求的理想和目标。公平正义是社会建设的核心价值，最具包容性特点。公平正义是人类社会的共同追求，是衡量社会文明与进步的重要尺度，也是和谐社会建设的内在要求。建设具有广泛感召力的社会主义核心价值体系和核心价值观，对于加强社会团结和睦，增强国家的国际竞争力至关重要。追求社会的公平与公正是中国人的核心价值观。公平正义是衡量一个国家或社会文明发展的重要标准，也是我国构建社会主义和谐社会的重要特征之一。因此，要着力促进人人平等获得发展机会，建立以"权利公平、机会公平、规则公平、分配公平"这"四个公平"为主要内容的社会公平保障体系和机制，消除人民参与经济发展、分享发展成果的障碍，形成人人参与、共建共享的良好局面。权利公平是实现包容性增长的内在要求，机会公平是实现包容性增长的重要前提，规则公平是实现包容性增长的重要保证，分配公平是实现包容性增长的基本途径。

六

"五大发展理念"是指导公平与效率关系的具体行动指南。"没有思想就没有灵魂，没有理念就没有方向。""十三五"规划建议提出："实现'十三五'时期发展目标，破解发展难题，厚植发展优势，必须牢固树立创新、协调、绿色、开放、共享的发展理念。"五大发展理念体现了当代中国的发展思路，彰显着当代中国的发展信心，是关系我国当前发展全局的一场深刻变革，是当前中国经济行稳致远的根本保障。习近平总书记指出："面对经济社会发展新趋势新机遇和新矛盾新挑战，谋划'十三五'时期经济社会发展，必须确立新的发展理念，用新的发展理念引领发展行动。古人说：'理者，物之固然，事之所以然也。'发展理念是发展行动的先导，是管全局、管根本、管方向、管长远的东西，是发展思路、发展方向、发展着力点的集中体现。发展理念搞对了，目标任务就好定了，政策举措也就跟着好定了。

"五大发展理念"充分体现了以习近平同志为总书记的中央领导集体对共产党执政规律、社会主义建设规律和人类社会发展规律的认识达到了新高度、新境界。五大发展理念有机构成一个宏大的科学发展框架、严密的科学发展逻辑、务实的科学发展思路，相互关联、相互促进、相互支撑，使得科学发展的内涵进一步具体化，更具指导性、针对性和可操作性。创新发展揭示了如何激发新的发展动力问题，协调发展揭示了如何解决发展不平衡问题，绿色发展揭示了如何解决人与自然和谐问题，开放发展揭示了如何解决内外联动问题，共享发展揭示了如何解决社会公平正义问题。具有战略性、纲领性、引领性的五大发展理念，是"十三五"时期我国全面发展、可持续发展、有效应对各种风险和挑战、培育发展新动力、开拓发展新空间、提高发展新境界的思想保证。

理念是行动的先导。从以经济建设为中心、发展才是硬道理，到发展是党执政兴国的第一要务；从坚持科学发展、全面协调可持续发展，到坚持"五位一体"的总体布局，中国发展的进程，也正是思路升级、理念更新的过程。如今，站在更高起点的中国，需要以新思路寻找新动力、以新理念引领新行动。五大发展理念是对党之前经济发展理念和思想认识上的继承和深化。这五大发展理念是"十三五"乃至更长时期我国发展思路、发展方向、发展着力点的集中体现，也是改革开放30多年来我国发展经验的集中体现，反映出我们党对我国发展规律的新认识。2016年1月，习近平在重庆考察时指出："创新、协调、绿色、开放、共享的发展理念，是在深刻总结国内外发展经验教训、分析国内外发展大势的基础上形成的，凝聚着对经济社会发展规律的深入思考，体现了'十三五'乃至更长时期我国的发展思路、发展方向、发展着力点。全党同志要把思想和行动统一到新的发展理念上来，崇尚创新、注重协调、倡导绿色、厚植开放、推进共享，努力提高统筹贯彻新的发展理念能力和水平，确保如期全面建成小康社会、开启社会主义现代化建设新征程。"

党的十八大以来，习近平总书记历经数年，充分利用在国内外各种不同的机会和场合，反复多次、全面深刻阐述了创新、协调、绿色、开放、共享的五大发展理念；十八届五中全会首次并称为"五大发展理念"。党的十八届五中全会取得的成果很多，其中最突出的是鲜明提出创新、协调、绿色、开放、共享的发展理念。全会提出了全面建成小康社会新的目标要求：经济保持中高速增长，在提高发展平衡性、包容性、可持续性的基础上，到2020年国内生产总值和城乡居民人均收入比2010年翻一番。

全会提出，坚持创新发展，必须把创新摆在国家发展全局的核心位置，不断推进理论创新、制度创新、科技创新、文化创新等各方面创新，让创新贯穿党和国家一切工作，让创新在全社会蔚然成风。

全会提出，坚持协调发展，必须牢牢把握中国特色社会主义事业总体布局，正确处理发展中的重大关系，重点促进城乡区域协调发展，促进经济社会协调发展，促进新型工业化、信息化、城镇化、农业现代化同步发展，在增强国家硬实力的同时注重提升国家软实力，不断增强发展整体性。

全会提出，坚持绿色发展，必须坚持节约资源和保护环境的基本国策，坚持可持续发展，坚定走生产发展、生活富裕、生态良好的文明发展道路，加快建设资源节约型、环境友好型社会，形成人与自然和谐发展现代化建设新格局，推进美丽中国建设，为全球生态安全作出新贡献。

全会提出，坚持开放发展，必须顺应我国经济深度融入世界经济的趋势，奉行互利共赢的开放战略，发展更高层次的开放型经济，积极参与全球经济治理和公共产品供给，提高我国在全球经济治理中的制度性话语权，构建广泛的利益共同体。

全会提出，坚持共享发展，必须坚持发展为了人民、发展依靠人民、发展成果由人民共享，作出更有效的制度安排，使全体人民在共建共享发展中有更多获得感，增强发展动力，增进人民团结，朝着共同富裕方向稳步前进。按照人人参与、人人尽力、人人享有的要求，坚守底线、突出重点、完善制度、引导预期，注重机会公平，保障基本民生，实现全体人民共同迈入全面小康社会。

"创新、协调、绿色、开放、共享"这五大发展理念，同引领我国经济发展新常态相适应，同实现"十三五"时期全面建成小康社会新的目标要求相契合，同人民群众热切期盼在发展中有更多获得感的新期待相呼应，是对我国改革开放37年来发展经验的深刻总结，也是对我国发展理论的又一次重大创新。

"五大发展理念"是中国特色社会主义发展规律的新认识；"五大发展理念"是对马克思主义发展观的继承与创新；"五大发展理念"是顺应时代发展的理论创新；"五大发展理念"是引领中国深刻变革实践的行动纲领；"五大发展理念"是统领当前中国发展全局的行动指南；"五大发展理念"是确立"十三五"发展方向的根本指针。

十八届五中全会通过的《中共中央关于制定国民经济和社会发展第十三个五年规划的建议》（以下简称《建议》）指出："创新是引领发展的第一动力。必须把创新摆在国家发展全局的核心位置，不断推进理论创新、制度创新、科技创新、文化创新等各方面创新，让创新贯穿党和国家一切工作，让创新在全社会蔚然成风。""坚持创新发展，着力提高发展质量和效益。在国际发展竞争日趋激烈和我国发展动力转换的形势下，必须把发展基点放在创新上，形成促进创新的体制架构，塑造更多依靠创新驱动、更多发挥先发优势的引领型发展。"

《建议》指出："协调是持续健康发展的内在要求。必须牢牢把握中国特色社会主义事业总体布局，正确处理发展中的重大关系，重点促进城乡区域协调发展，促进经济社会协调发展，促进新型工业化、信息化、城镇化、农业现代化同步发展，在增强国家硬实力的同时注重提升国家软实力，不断增强发展整体性。""坚持协调发展，着力形成平衡发展结构。增强发展协调性，必须坚持区域协同、城乡一体、物质文明精神文明并重、经济建设国防建设融合，在协调发展中拓宽发展空间，在加强薄弱领域中增强发展后劲。"

《建议》指出："绿色是永续发展的必要条件和人民对美好生活追求的重要体现。必须坚持节约资源和保护环境的基本国策，坚持可持续发展，坚定走生产发展、生活富裕、生态良好的文明发展道路，加快建设资源节约型、环境友好型社会，形成人与自然和谐发展现代化建设新格局，推进美丽中国建设，为全球生态安全作出新贡献。""坚持绿色发展，着力改善生态环境。坚持绿色富国、绿色惠民，为人民提供更多优质生态产品，推动形成绿色发展方式和生活方式，协同推进人民富裕、国家富强、中国美丽。"

《建议》指出："开放是国家繁荣发展的必由之路。必须顺应我国经济深度融入世界经济的趋势，奉行互利共赢的开放战略，坚持内外需协调、进出口平衡、引进来和走出去并重、引资和引技引智并举，发展更高层次的开放型经济，积极参与全球经济治理和公共产品供给，提高我国在全球经济治理中的制度性话语权，构建广泛的利益共同体。""坚持开放发展，着力实现合作共赢。开创对外开放新局面，必须丰富对外开放内涵，提高对外开放水平，协同推进战略互信、经贸合作、人文交流，努力形成深度融合的互利合作格局。"

《建议》指出："共享是中国特色社会主义的本质要求。必须坚持发展为了人民、发展依靠人民、发展成果由人民共享，作出更有效的制度安排，使全体人民在共建共享发展中有更多获得感，增强发展动力，增进人民团结，朝着共同富裕方向稳步前进。""坚持共享发展，着力增进人民福祉。按照人人参与、人人尽力、人人享有的要求，坚守底线、突出重点、完善制度、引导预期，注重机会公平，保障基本民生，实现全体人民共同迈入全面小康社会。"

五大发展理念相互贯通、相互促进，是具有内在联系的集合体。创新发展是动力，协调发展是方法，绿色发展是方向，开放发展是战略，共享发展是归宿。"五大发展理念"各有侧重，是一个不可或缺的统一整体。创新发展，注重的是更高质量、更高效益。坚持创新发展，将使一国、一地区的发展更加均衡、更加环保、更加优化、更加包容。也就是说,创新发展对协调发展、绿色发展、开放发展、共享发展具有很强的推动作用。协调发展,注重的是更加均衡、更加全面。坚持协调发展,将显著推进绿色发展和共享发展进程。更加注重生态保护、社会保护,是协调发展的题中之义。绿色发展,注重的是更加环保、更加和谐。坚持绿色发展,将深刻影响一地区的发展模式和幸福指数。要想实现绿色发展,需要不断地技术创新和理念创新。同时,绿色发展将显著提高人们的生活质量,使共享发展成为有质量的发展。开放发展,注重的是更加优化、更加融入。坚持开放发展,将增强我国经济的开放性和竞争性。开放发展是一国繁荣的必由之路。纵观世界,凡是走封闭之路的国家,无一不是走向失败国家的行列。开放发展,将使发展更加注重创新,更加重视生态文明的影响,更加有利于实现共享发展。共享发展,注重的是更加公平、更加正义。坚持共享发展,是坚持其他四种发展的出发点和落脚点。一切的发展,都是为了人的发展。坚持共享发展,将为其他四种发展提供伦理支持和治理动力。

创新、协调、绿色、开放、共享发展理念,是党的发展理论的重大创新,与党的发展思想进程既一脉相承又与时俱进,是指导和推动发展的重要引领,是指导当前公平与效率关系的具体行动指南。创新发展是提升效率与公平并重发展的生命之源,协调发展是保障效率与公平并重发展的生命之魂,绿色发展是维护效率与公平并重发展的常青之树,开放发展是促进效率与公平并重发展的必由之路,共享发展是体现效率与公平并重发展的立身之本。从《论十大关系》到五大发展理念:这是发展理论的与时俱进;从"四个全面"到"五大发展理念":这是发展战略的具体深化;从"全面建成小康社会"到"五大发展理念":这是发展目标的行动指南。

第一章 公平与效率关系问题的基本理论

　　人类社会的发展进步，从一定的角度来看，主要表现在两个方面的关系变化上：一是人与自然的关系，这就是经济发展（或生产效率）问题；二是人与人的关系，这就是社会的公平正义问题。人与自然的关系，主要是为了解决人类的生存、生活问题，核心是如何使生存、生活条件变得越来越好，也就是说让人们生活得幸福。生存、生活条件是人类发展乃至从事一切社会活动的基础，这就是马克思主义经济基础决定上层建筑的唯物史观。而要不断改善人们的生存、生活条件，就必须解放和发展社会生产力。随着生产力的不断向前发展，财富会变得越来越多，这就产生了人们之间财富占有的多寡问题，也就是社会的公平正义问题。财富积累越多，公平问题就越突出。古今中外，人类历史上的大的社会动荡乃至改朝换代，大多数是因为社会分配不公，贫富差距过大而引发社会矛盾加剧，矛盾尖锐到极点就会引发社会革命。

　　公平与效率作为一对特殊的社会矛盾统一体，广泛存在于社会发展的各个层面，在生产、分配、交换和消费的各个环节，处处存在着公平与效率的问题。在生产力的各要素配置中，面临着公平与效率的选择问题；在生产关系的所有制变迁、分配、交换、消费环节中更存在着公平与效率的问题；在上层建筑领域，法律与政策的制定与实施，也面临着公平与效率的选择问题；在道德观念领域同样包含公平与效率的价值判断问题。

　　公平与效率是人类社会追求的两大目标，[①] 是人类社会文明和进步的必然要求，但同时也是人类社会的两难选择，也是实现公平正义的两难选择。公平与效率的关系，也是当代经济学家和其他社会科学家们感到非常

[①] "经济效率是一个比较有局限性的概念，虽然它是经济社会的一个重要目标，却不是唯一目标。'公平'是我们社会的另一个重要目标。"参见〔美〕马克·利伯曼·罗伯特·霍尔《经济学导论》，程坦译，东北财经大学出版社2003年版，第294页。

2　公平与效率：实现公平正义的两难选择

困惑的"斯芬克斯之谜"。① 美国著名经济学家阿瑟·奥肯在其扛鼎之作《平等与效率——重大的抉择》中断言："为了效率就要牺牲某些平等，并且为了平等就要牺牲某些效率。"② 阿瑟·奥肯认为，"公平和效率（的冲突）是最需要加以慎重权衡的社会经济问题，它在很多的社会政策领域一直困扰我们"。"或是以效率为代价稍多一点平等，或是以平等为代价稍多一点效率"，"出现了平等与效率的选择"。③ 以"短缺经济"④ 而闻名于世的匈牙利经济学家亚诺·科尔内认为，公平与效率是两个截然对立的价值体系，"许多社会主义经济的决策困境正好是由这两个不同价值体系的抵触而引起的"。⑤ 我国经济学界和其他学界的不少学者也认为，效率与公平不能同时兼顾，更不能并重，现实的选择往往难以两全。公平与效率是人类社会经济生活中的一对基本矛盾，始终是经济学论争的主题。人们之所以把这一矛盾的难题解析称作经济学说史上的"哥德巴赫猜想"，其缘由在于社会经济资源的配置效率是人类经济活动追求的目标，而经济主体在社会生产中的起点、机会、过程和结果的公平，也是人类经济活动追求的目标，这两大目标间的内在关联和制度安排，就成为各派经济学解答不尽的两难选择。⑥

公平与效率的关系及其实现方式涉及社会经济制度的变革和调整，关系人们之间利益的分配和实现，还受到人们世界观和价值观的制约和影响，因此，古今中外历来是人们所关注的热点、重点、焦点和难点问题。它不仅是社会科学领域各门学科学者们所持续研究和争议的一个理论难题，也是世界各国政府必须面对的一个现实两难选择和世界性难题。

---

① 斯芬克斯之谜：斯芬克斯是希腊神话中一个长着狮子躯干、女人头面的有翼怪兽。它坐在忒拜城附近的悬崖上，向过路人出一个谜语："什么东西早晨用四条腿走路，中午用两条腿走路，晚上用三条腿走路？"如果路人猜不出，就被它害死。后来俄狄浦斯猜中了谜底是人，斯芬克斯就羞惭跳崖而死。斯芬克斯后来就被比喻为谜一样的人和谜语。斯芬克斯之谜出自《俄狄浦斯王》，即一种动物早晨四条腿，中午两条腿，晚上三条腿走路；腿最多时最无能。谜底为人。"斯芬克斯"的秘密就是"诱惑"和"恐吓"，谁将它解开，"斯芬克斯"就死在谁的脚下；否则，谁就死在"斯芬克斯"的脚下。
② 〔美〕阿瑟·奥肯：《平等与效率——重大的抉择》，王奔洲译，华夏出版社1987年版，第80页。
③ 同上书，第2页。
④ 短缺经济（shortage economy）指经济发展中资源、产品、服务的供给不能满足有支付能力的需求的一种经济现象。
⑤ 〔匈〕亚诺·科尔内：《矛盾与困境》，沈利生等译，中国经济出版社1987年版，第106页。
⑥ 程恩富：《公平与效率交互同向论》，《经济纵横》2005年第12期。

总而言之，从已经形成的思维定式看来，似乎公平与效率如同"鱼和熊掌"一样，二者不可兼得，二者之间是此消彼长的关系。显然，重新认识公平与效率的关系，在理论和实践上都具有重大意义。

一 公平与效率概念的阐释与解读

（一）公平概念的阐释与解读

公平是作为普遍的正义观念在不同特定领域的具体体现。"公平"（fairness）的基本含义是指公正合理、合乎情理，不偏不倚，不徇私情，不偏袒任何一方。综合公平概念在中西语境和理论背景中的实际应用情况，我们可以得出如下结论：其一，公平在字面意义上虽与正义、公正、平等有区别，但在很多情况下，人们又常常把它们混用或者互相代替使用；其二，公平强调衡量标准的"同一个尺度"，带有明显的"工具性"，用以防止社会对待中的双重标准或多重标准；其三，公平是一个涉及价值判断的复杂问题，任何人几乎可以对它作出任意解释。

公平主要是指人们对人与人之间的社会地位及相互关系的一种评价，它主要表达的是人们对人与人之间经济利益关系的合理性的认同。公平是一定社会关系下的相对的公平，其标准是历史的、具体的、相对的。就不同的社会制度而言，人们评价某一社会制度更公平，是相对于以前的社会制度而言的；人们评价同一社会制度时，公平总是相对于某一特定尺度而论；在认识和评价是否公平的问题上，人们又总是从特定的目的出发，评价的标准和尺度带有明显的主观色彩和极大的差异性。因此，科学的公平观必须符合历史规律性，必须与历史的客观事实相一致，并随着历史的发展而发展。

公平涉及社会资源的合理配置，其本质是利益分配问题，即政治、经济、文化等利益在不同人群、个人之间的合理分配。现代社会中的权利公平和机会公平是公平的核心内容。权利公平主要是指平等地分配所有社会成员的权利和义务，这是公平的内在要求，也是实现社会公平的逻辑起点和实践起点，它要求不论社会成员所属的种族、民族、阶层、社会地位、家庭背景、居住地域、性别和资本占有状况如何，人们都应享有参与各项社会活动方面平等的权利。机会公平主要是指主体参与某种活动和拥有相应条件方面的平等，它要求社会提供的生存、发展、享受机会对于每个社会成员都始终均等，排除"机会垄断"。公平归根结底乃是社会行为规范的公平，即所谓制度公平或规则公平——这是公平的存在形式，是实现公平的重要环节和必要保障。均衡而合理的利益分配必然要体现为一系列公平的社会基本制度、具体制度、法规、道德、习俗等。

对公平这一概念，不同学科领域、不同视角、不同阶段也有不同的理解。综合改革开放以来的诸多论点，可以从公平的概念范畴、公平的环节体系、公平的内容结构、公平的特征属性、公平的研究方向五个方面概括其主要论点。

1. "公平"的概念范畴

（1）狭义的公平。公平是一个从狭义上理解的经济学问题，它是一个在经济领域中关于个人生活资料分配和收入分配状况的概念，它"或者指收入分配的公平，或者是指财产分配的公平，或者是指获取收入与积累财产机会的公平。"[①]

（2）广义的公平。公平是一个包括社会的公正、公道、均等、平等在内的很宽泛的社会范畴，涉及经济、社会、政治和伦理等社会生活的各个领域。公平"作为经济关系范畴，指一种分配原则，决定着一定的主体应当享有什么样的经济利益；作为社会关系范畴，指一种人际相处的平等地位和行为准则，防止个人利益的追求对他人和社会利益的侵害；作为一种政治范畴，指一种社会政治制度和政府的主张，体现出公正合理地配置权利与义务，保持稳定正常的社会秩序；作为伦理范畴，指一种社会道德规范，达到义与利的统一，以此评价善与恶、是与非。"[②] 因此，从广义来看，公平是一个涉及几乎所有人文社会科学学科的重要概念。

（3）经济学意义的公平。经济学家有关公平的论述，往往都是从某一个角度来阐述的。占统治地位的观点是，第一种看法是把公平与收入分配结果联系起来，认为收入分配大体均等即是公平。阿瑟·奥肯在其《平等与效率——重大的抉择》一书中，就是从这种角度来分析问题的。第二种看法是将公平视为主观的感受，与效用联系起来，将公平视为一种主观的范畴，认为收入分配结果有效用即是公平。第三种看法是将羡慕妒忌引入经济分析的范畴，将人与人之间的关系看作可以比较的，认为收入分配结果没有引起人们羡慕嫉妒他人是公平。第四种看法是将公平与效率结合起来，但以效率作为判断公平的主要依据，同时又考虑到每个人对效率的贡

[①] 厉以宁：《经济学的伦理问题》，生活·读书·新知三联书店1995年版，第13—14页。
[②] 余源培：《破解社会生活中的"斯芬克司之谜"——对"效率"与"公平"关系的思考》，《东南学术》2001年第3期。

献大小，认为收入分配的结果只要有效率提高即是公平。如果在一种收入分配中，没有任何一个人羡慕嫉妒另外的一个人，那么，这种分配就称之为公平分配。如果一种分配既是平等的，又是有效率的，我们就说它是公平的。但大多数经济学家认为，应该把公平归结为参与经济活动的机会的均等化，并认为机会均等化才是真正地或根本地体现了公平原则。

程恩富认为，经济学意义上的公平指有关经济活动的制度、权利、机会和结果等方面的平等和合理。经济公平具有客观性、历史性和相对性。把经济公平纯粹视为心理现象，否认其客观属性和客观标准，是唯心主义分析方法的思维表现；把经济公平视为一般的永恒范畴，否认在不同的经济制度和历史发展阶段有特定的内涵，是历史唯心论分析方法的思维表现；把经济公平视为无须前提的绝对概念，否认公平与否的辩证关系和转化条件，是形而上学分析方法的思维表现。分析公平问题，需要从宏观和微观整体上加以考虑，只有这样，才能正确理解公平的完整含义。

我国经济体制转轨时期的公平指制度、规则、机会、权利的公平和收入分配的平等。即，在宏观上国家要力争使参与社会活动的每个人处于平等的地位，国家要制定规则，以保障参加"游戏"的每个人具有同等的权利和机会。具体讲这一时期的公平应主要体现在以下几个方面：

一是制度相对公平。由于我国目前实行社会主义市场经济制度，因此在制度上首先要坚持以公有制为主体、多种所有制形式并存的经济制度，要坚持以按劳分配为主体、多种分配形式并存的分配制度。只有这样，才能保证劳动者在就业、收入分配等方面有均等机会，也才能保证人们以同等的权利和机会参与社会活动。

二是规则公平。根据社会发展的需要，以法律、法规和政府政策的形式，保证每个人在同等机会条件下去展示自己的才能，国家制定的规则要与目前的社会经济结构、政治结构、文化结构相适应，使人们在《宪法》和法律及政府政策的范围内，人人拥有就职、就业、学习等权利及谋求个人的生存和发展、获取物质和精神满足的同等机会。同时，人们还必须无条件遵守《宪法》和法律及政府政策对人们的约束，平等地承担经济的、政治的及其他方面的社会义务。

三是权利公平。这里的权利公平不仅包括经济上的权利，还包括政治上及其他方面的权利。

四是机会公平。指在制度、规则、权利等宏观层面的公平充分实现后，人们在社会竞争中都享有同等参与机会、获取机会和被选择机会，使每个人都能处在同一起跑线上公平竞争，不受贫富、民族、地位高低限制，使人们在制度规则允许的范围内充分展现自己的才能，以实现和满足每个人不同的需要。

公平所体现的经济平等不仅是分配上的平等，还包括进入市场的机会平等、在市场竞争中的地位平等及最后的分配结果平等。而在市场竞争中，实行公平竞争，不存在不公平、不合理的竞争及来自市场以外的其他因素的影响，即市场活动的同类主体间最后的分配结果的平等是由生产资料的平等分配和消费资料的平等分配决定的。这里的分配平等不是平均，而是指每个人或每个生产单位参与生产资料和生活资料分配的权利是平等的。权利平等后分配的结果也应是平等的。从经济关系的实质上说，收入分配的平等从企业内部的收入分配角度来定义，是指在社会主义市场经济条件下，公有制企业内部实行按劳分配、多劳多得。而在其他经济形式如私营企业、外资企业中则按市场规则实行按资分配、按生产因素贡献分配和按劳分配相结合的形式，并在这些经济形式中建立起行之有效的工会等组织制度，使企业内部权能制衡，使分配结果更加公平。[1]

周诚认为，公平问题涉及哲理、伦理、政治、社会、经济等诸多领域，涉及权利、财富、资源、知识、信息、人际关系等的分配和利用，是一个具有广泛意义的范畴，其核心是利益分配问题。公平的核心是经济公平。经济公平是指在社会经济生活中，不同利益主体，按各方可接受的条件处理相互关系（主要是经济竞争中的关系），合理分配经济利益。经济公平主要包括：（1）经济竞争的起点公平。即参与竞争的主体在资格或条件上是平等的，它们取得资源、信息的条件相等，也就是机会均等。（2）经济竞争规则及其操作公平。政府对于参与竞争的主体的调节和管制一视同仁；有关经济竞争的法律、法规对于一切参与竞争的主体具有同等的约束力。（3）分配公平。包括初次分配公平和再分配公平两大部分。（4）结果公平。即经过再分配之后的经济利益格局基本公平。机会公平是使进入市场中的人不因家庭背景、自然禀赋、特定环境等因素而丧失或多得到某种竞争的机会；规则公平，即哈耶克、诺齐克所称的程序正义原则，它是指市场规则的普遍适用性，大家都能在同一规则下平等竞争；结果公平是指按同样的分配尺度公平地对每一参与市场竞争者进行收入分配，而不是平均主义分配。[2]

---

[1] 程恩富：《公平与效率交互同向论》，《经济纵横》2005年第12期。
[2] 周诚：《关于公平问题的探索》，《中国经济时报》2004年8月17日。

2. 公平与公正、平等的区别与联系

（1）公平与公正。公平强调衡量标准的"同一个尺度"，带有明显的"工具性"，用以防止社会对待中的双重标准或多重标准；公正（正义）则侧重于社会的"基本价值取向"，强调其正当性。这是公平与公正的最重要的区别。美国学者罗尔斯提出的著名命题"公平的正义"，就说明了公正和公平的本质区别：公平是为公正服务的，公平应当从属于公正。

就公平与公正的关系而言，其一，两者的功能定位不同：公正强调价值取向的正当性。它重视事情的现状、结果是否符合公正的要求或规则，重视造成产生这种现状、结果的程序公平性。程序公平的最重要内容便是遵循"同一标准"，亦即公平的准则，用以防止某些利益群体或某些社会成员以双重标准或多重标准满足其一己私利，同时损害其他群体或其他社会成员的利益，从而造成不公正的社会状态。所以，公正当中必定包含公平。一般说来，公正的事情同时必定也是公平的；但公平的事情未必是公正的。同公正相比，公平却要简单得多。公平强调客观性，带有价值中立的色彩，工具性强，仅具有某种程度的操作意义。公平只需遵循"同一标准"的规则。其二，公正（正义）的基本价值取向决定着公平的正向意义。否则，就不会有真正意义，即正向意义的公平，剩下的只是"公平"的游戏规则。这时"公平"的游戏规则只是具有中性的意义，它只是指同一游戏规则之下的一视同仁。至于它的依据是什么？可能会产生什么样的社会效应？则往往不是当事人所关注的，而要取决于具体的人和事，一旦社会丧失了公正、正义的基本价值取向，那些怀有种种用意的人或群体便可以借口公平的规则，将有利于己方却有损于他方的做法付诸实施。因此，"公平"的游戏规则有时也会给社会带来程度不同的负面影响。①

亚里士多德指出："对于不确定的事物，其准则也不确定。"②"公平就是公正，它之优于公正，并不是优于一般的公正，而是优于由于普遍而带了缺点的公正。纠正法律普遍性所带来的缺点，正是公平的本性。"③亚里士多德就曾讨论过公平与公正的这种关系："既不能笼统地说两者等同，看起来也不能说它们是互异的东西……如若两者都是好事，那么两者就是

---

① 杨宝国：《公平正义观的历史·传承·发展》，学习出版社2015年版，第367—368页。
② 〔古希腊〕亚里士多德：《尼各马可伦理学》，苗力田译，中国社会科学出版社1990年版，第110页。
③ 同上书，第111页。

一回事了……公平是种优于公正的公正,虽然它优于公正,但并不是另一个不同的种,公平和公正实际上是一回事情,虽然公平更有力些,但两者都是好事。问题的困难在于,公平虽然是公正,但并不是法律上的公正,而是对法律的纠正。"① 清楚了公平和公正的这些不同,我们就应该避免在该用"公正"的地方使用"公平"一词,否则,就会造成把公正问题当成公平问题来处理。人们经常谈论的公平和效率问题,实际上是公正和效率的问题。如一些学者在强调公平与效率何者优先时,其公平概念是同"平等"相关的公平。因此,这些学者反对的是平等优先,而不是反对公正至上。这一点也是许多学者在对社会公正问题上争论所忽视的地方。就社会制度中的正义而言,它应该同时具备公正和效率这两种性质,只不过在社会发展的不同阶段其重视的程度不同,但并不是"有无"的问题或者是否能被"兼顾"的问题。因此,在使用"公正"概念时应避免用"公平"的概念来加以置换。可见,在现实的具体正义形态这一层面,使用"公平"来表达更确切些。②

（2）公正、公平与平等。公正更多的是对人的行为和各种制度的一种价值判断,而平等更多的则是如何使社会主体之间权利、义务均等。公正作为价值评价范畴和理念,它应当有多种评价标准,如果从制度的视角审视其是否公正,平等只是其一个部分,正如德沃金所说,"在某种层次的分析上,平等对待原则是公正概念的一部分"。③ 除平等之外,一种制度、一个人的行为是否公正,还有其他的评价标准,公正不仅要求平等,而且包括诸如均衡、合理等诸项指数。平等所强调的是权利与义务的均等,公正的核心则是均衡和合理。公正是以一种不偏不倚的原则,处理人与人的关系,在政治、法律、伦理道德等关系上保持社会以及社会成员之间追求权利和义务的统一；在物质利益关系上,给一定范围内的社会成员以均衡的条件和机会；其直接目的是以人们之间的关系的某种程度的均衡合理来维持社会的稳定与秩序。④

至于公平与平等是否等同的问题,有的学者认为,人们对公平与效率

---

① 〔古希腊〕亚里士多德：《尼各马可伦理学》,苗力田译,中国社会科学出版社1990年版,第148页。
② 王桂艳：《正义、公正、公平辨析》,《南开学报》(哲学社会科学版)2006年第2期,第139页。
③ 〔美〕德沃金：《认真看待权利》,信春鹰、吴玉章译,中国大百科全书出版社2006年版,第273页。
④ 杨宝国：《公平正义观的历史·传承·发展》,学习出版社2015年版,第377页。

关系的认识之所以莫衷一是，主要是因为没有很好地区别开公平与平等的概念所致。"公平与效率的关系并不复杂。使它变得复杂而引起如此长久争论且至今未决的原因，乃是由于人们把'公平与效率'的关系和'平等与效率'的关系混同起来。""就概念来说，公平从属于平等，是一种特殊的平等。"① "平等是人们的与利益获得有关的相同性；公平则是人们的平等的利害相交换的行为：公平是利害相交换的平等。"② 就公平与平等的关系而言，公平一定是平等，但平等不一定是公平。有的学者则从伦理学角度阐释了平等的辩证含义，认为从道德原则来看，平等既包含"相同性"，又包含"不同性"，是"相同性"与"不同性"的统一，如果"仅仅把平等局限在'相同性'的概念上，混淆了作为一个概念的平等与作为一个道德原则的平等。作为公平内核的平等是一种道德原则，也是一种系统的价值观，它包含了平等的方方面面，其中既包含平等的观念，也包含对它的对立面——不平等的批判，'相同性'只是其中的一方面，'不同性'与'相同性'的统一才是完整的平等观"。因此，"从质上说，平等与公平是一致的，没有平等也就没有公平"。③ 资产阶级启蒙学者最初将"平等"作为一个政治、法律概念来使用，是基于维护和满足新型资产阶级经济利益的需要而使"平等"赋予了经济的意蕴。无疑，在公平与效率关系论争中引入"平等"概念，并与"公平"进行比较与对比，深化了对公平与效率关系的研究。

3. 公平的环节体系

（1）起点公平。包括权利公平和机会公平。权利公平是公平正义的内在要求，是社会和谐的基本立足点。权利公平，公平作为一种社会关系，体现的是社会对所有成员的"平等性"，使他们在平等的起点上融入社会和参与社会竞争。因此，社会公平内在地要求并首先体现在人们各项权利的平等上，它是机会公平、规则公平和分配公平的逻辑起点和实践起点。没有权利公平，就不可能出现机会公平、规则公平和分配公平。权利公平具体体现在法律地位平等、政治权利平等、公民的基本权利平等、社会经济权利和分配权平等方面，归根到底是要体现在各社会成员具有平等的生存权和发展权上，并通过法律、制度以及社会运行机制等方面的安排及调整予以体现。

---

① 王海明：《公正平等人道——社会治理的道德原则体系》，北京大学出版社2000年版，第112页。
② 同上书，第106页。
③ 陈燕：《公平与效率：一种经济伦理的分析》，中国社会科学出版社2007年版，第28页。

机会公平是公平正义的基础前提，是社会和谐的基本条件。作为一种现实的社会存在，机会公平是最现实的公平，是公平的首要标志。它要求社会提供的生存、发展、享受的条件和机会对于每一个社会成员都始终均等。它在实际社会生活中主要表现为两个方面：一方面，都有平等的参与机会；另一方面，都有平等的生存、发展、享受机会和条件。在权利公平的基础上，机会公平是实现社会公平的重要前提。如果机会不公平，权利公平、规则公平和分配公平就会流于口号和形式。机会公平虽然不一定必然导致结果公平，但没有机会公平就必定没有结果公平。对于心理、身体和能力等方面有缺陷或相对较弱的人，社会应优先提供给他们生存和发展的机会，这种看似"不公"的倾斜，实质上正是机会平等的内在要求，也是机会公平在实际生活中的一种实现形式。

因此，在社会具体实践中，我们要注重强调竞争者应当大体站在同一起跑线上，对公共资源的占有、使用和接近程度不应当有明显差异，对社会提供的生存、发展、享受的条件和机会应当有平等的参与权。

（2）过程公平。主要是指规则公平和分配公平。规则公平是公平正义的重要环节，是社会和谐的必要保障。公平的深层意蕴就是指由社会政策、制度、机制、运行等方面因素所构成的社会规则在现实社会中的合理性和平等性。合理、平等的规则是公平的社会存在形式。合理性就是"合目的性"与"合规律性"的有机统一。从社会制度或国家制度层面上来讲，一方面要合乎社会发展的规律，另一方面又要合乎最大多数社会成员的要求与愿望。因此，规则公平要求社会主体在参与经济和社会发展的过程中所面对的行为规范和行动准则，如法律法规、规章制度等，都必须正确地、全面真实地反映现实社会生活中的各种关系及其相互作用；反映经济和社会发展的趋势；体现人民群众的愿望和要求，是"良法"或"良制"。权利公平给了每个人平等地参与经济和社会活动的权利，机会公平给了每个人平等地参与经济和社会活动的机会，而规则公平则使每个人受着同样的行为规范的约束，在同样的规则中展开竞争，体现着过程的公平，是实现社会公平的重要环节，并为最终实现结果的公平提供了必要的保障。

分配公平是公平正义的理想目标，是社会和谐的基本要求。分配公平是整个社会公平的本质内涵、实质所在和最高层次。它体现着社会财富分配的合理性和平等性，是人们评判社会公平与否及公平程度的直接和主要依据，是社会公平的实际体现和最终归宿。公平分配的尺度必须是平等的、合理的，这一尺度就只能是社会成员的劳动。社会成员中的老弱病残、下岗失业者，无法从事正常的社会劳动，并不表示他们从不从事社会劳动或不愿从事社会劳动，他们理应在分配方面得到特殊照顾，这也是公平的、合理的。

因此，在社会具体实践中，我们就要严格按照法律法规章制度办事，程序规范，形式合法，在法律面前、制度面前人人平等，不得搞暗箱操作，权钱交易，杜绝权力寻租和弄虚作假等腐败行为，让权力在阳光下运行，把权力关在制度的笼子里，秉公办事，严格执法，依法行政，公正无私、公平合理。

（3）结果公平。主要有两种观点：一种观点认为，收入分配差距保持在合理的区间就是结果公平。这种公平表现为每个劳动者都能获得其正当的利益和社会保障的权利，不因素质、知识、能力、性别的差异而使其政治地位、经济地位、生活享受等方面产生巨大的或本质上的差异，因而结果公平不是指按平均主义分配，而是指按同样的分配尺度公平地对每一参与市场竞争者进行收入分配，其结果必然出现差距，但一般不可能过于悬殊；另一种观点则认为，结果公平就是指收入分配的大体均等、相对平均或者事实上的平等分配。笔者认为，可以把这两种不同观点折中起来，认为结果公平就是指收入分配差距保持在合理的区间，这个合理的区间就是大体均等、相对平均或者事实上的平等分配。

4. 公平的内容结构

（1）权利公平。对于权利公平的研究，有从经济方面理解的，也有从政治、社会视角分析的。如有的学者认为，权利公平是指参加经济活动的人在权利方面是平等的，即"每一个劳动者都有选择其他劳动者从事的生产项目的权利，任何劳动者没有垄断独占一项生产项目的权利"；有的学者认为，社会主义市场经济条件下的权利公平是与社会主义人权原则相适应的，社会主义的人权观强调要将尊重和保障人权贯彻到社会生活的各个方面，特别是将生存权、发展权放在首位，保障每个人的生存权和发展权；也有学者认为，在社会主义市场经济条件下的权利公平，是使进入市场中的人不因家庭背景、自然禀赋、特定环境等因素而丧失或多得到某种竞争的机会；还有学者认为，权利公平就是要注重政治参与和社会参与的权利地位平等，如强化公共政策制定、干部人事制度改革、公共财政与预算过程中的民主参与力度等。[①]

（2）机会公平。是指社会提供的生存、发展、竞争、享受机会对于每一个劳动者都是同样的，都有平等的参与权，都有获得发展潜力、施展才

---

① 转引自李杰《公平与效率：三十年不同学科研究述评》，《社会科学研究》2008 年第6 期。

干的机会。它强调的是在市场竞争中给每一个人提供均等的机会和机会均等条件下的竞争。①

（3）规则公平。是指在社会面前、在市场面前、在公众共同享有并加以利用的所有事物面前，各种制度和规则必须符合公平的正义原则，能够在全体社会成员之间公平地分配利益和负担、权利和义务。②

（4）分配公平。学界对于分配公平的研究是最多的，主要包括五个方面：一是在公平与分配的关系上存在较大争议。有学者指出，公平是处事原则，但它没有一个固定的衡量标准，所谓以公平作为分配的标准，就是"把分配看成并解释成一种不依赖于生产方式的东西"，因而是不能成立的。如果说在分配上要用公平标准进行分配，那只能是平均分配；③反对这种观点的学者认为，强调分配的公平，并不是把公平作为分配的"标准"，比如，按劳分配所依据的标准是劳动贡献，而不是"公平"，要把分配的标准同衡量分配公平与否的标准区别开来，不应将两者混淆。④ 二是对分配公平与分配平均概念的理解存在争议。有的学者认为，分配公平等同于分配的均等化。持这种观点的人认为，分配公平是指社会成员的收入均等化，即收入分配的均等或财产分配的均等。⑤ 持反对观点的人认为，分配平均与分配公平属于不同层面的问题，两者之间是有矛盾的。不能够把公平视为分配均等化或收入平均化，单纯追求任何一种公平都是不正确的。⑥ 三是从分配的量和分配的方式来理解分配公平。持这种观点的人认为，收入分配或财产分配不仅指人们最终得到多少收入或财产，而且指个人以何种方式获得这些收入或财产。在他们看来，所谓公平，是指机会均等条件下竞争和收入分配的合理差距，包括"经济意义上的收入分配差距的合理性"与"社会意义上的收入分配差距的合理性"，前者取决于是否按效率分配，后者则以这种差距是否引起社会不安定作为判断依据。⑦ 四是认为现阶段的分配公平就是按劳分配。持这种观点的学者认为，分配公平是一个历史的、具体的范畴。社会主义社会的分配公平原则就是按劳分配，即在同一尺度——劳动面前的公平。

---

① 厉以宁：《经济学的伦理问题》，生活·读书·新知三联书店1995年版，第4页。
② 李杰、李朝晖：《当前中国社会公平系统研究》，《价格与市场》2006年第8期。
③ 何伟：《我们还没有搞清公平与分配的关系》，《北京日报》2005年12月12日。
④ 卫兴华：《应重视我国现阶段的分配公平问题》，《理论前沿》2006年第1期。
⑤ 姚德全：《公平与效率关系重新审视及经济发展战略调整》，《财经理论与实践》2001年第2期。
⑥ 梁彦军：《公平与效率的关系》，北大新青年网，2001年7月16日。
⑦ 厉以宁：《经济学的伦理问题》，生活·读书·新知三联书店1995年版，第4页。

这种公平观默认"不同等的个人天赋"所形成的不同收入的"天然特权",要求废除分配上的平均主义,实行多劳多得、少劳少得、有劳动能力不劳动者不得食的原则。五是认为分配公平包括资源分配公平和收入分配公平。持这种观点的人认为,社会主义的分配公平不仅体现在财富分配和收入分配上,还应当包括资源使用和占有的公平分配。因为生产资料的占有关系决定分配关系,我国的实践也表明,没有资源分配的公平就不可能实现收入分配的公平,资源分配公平决定收入分配公平,因而应当将政策的主要关注点放在资源分配的调节上,在此基础上辅之以收入分配调节,方能实现社会主义的公平分配。①

此外,还有学者从经济公平、政治公平、社会地位公平角度分析公平这一概念。

5. 公平的特征属性

公平的特征属性是从不同视角、侧面、特征等表现出来的一些基本特性,它们是一系列横向展开的关系,也是平行并列的关系。

(1) 主观属性。公平是人们对社会事物进行价值评价时表现出来的观念,是一种价值判断,是主体在与别的客体或群体进行比较后对自身经济地位与社会地位的体会与评价,具有一定的主观性或主观色彩,而且对同一现象是否公平也有不同的评价。可见,公平具有明显的主观特性。

(2) 社会属性。公平问题涉及生产关系和社会关系,关系社会的稳定与和谐,因此它主要的或更多的是一个社会问题。公平的实质是社会中人们的生存、发展和享受的社会地位及其相互关系与其主观感受和社会认同感的相互结合和有机统一。它包括三个层面:一是以社会心理为核心的民众的公平观念、平等意识;二是作为系统的法权意义上的社会价值体系公平观,如"法律面前人人平等";三是作为社会制度体系的社会公平,如社会的司法制度公平、政治制度公平等。所以,公平问题不仅仅是政府的职责和义务,而且是社会每个成员对其自身权利和义务的维护和实现。

(3) 人本属性。从人本维度理解公平,公平不仅包括人与自然关系上的人类行为与自然资源环境相协调的传统公平,而且包括人与人之间的代内公平和代际公平。

其中代内公平包含两层含义:一是当代人之间的国际公平,这是用以

---

① 李杰:《解析马克思的公平分配观及促进和谐社会建设的当代价值》,《马克思主义研究》2007年第9期。

消除世界贫困、调整当今不平等的国际政治经济秩序、寻求共同发展的一条伦理原则，同时也为实现代际公平提供现实条件；二是每一代人内部的国内公平。无论是代际公平还是代内公平都是从人本维度出发，将"人"作为一个核心范畴加以理解，每个人都应拥有平等的生存、发展权利和机会，一切都是为了人，一切依靠人，人是最高的目的。

代际公平是指当代人和后代人在利用自然资源、满足自身利益、谋求生存与发展上权利均等。代际公平由三项基本原则组成：一是"保存选择原则"，是指每代人应该为后代人保存自然和文化资源的多样性，避免限制后代人的权利，使后代人有和前代人相似的可供选择的多样性；二是"保存质量原则"，是指每代人都应该保证地球的质量，在交给下一代时，不比自己从前一代人手里接过来时更差。地球没有在这一代人手里受到破坏；三是"保存接触和使用原则"，即每代人应该对其成员提供平行接触和使用前代人的遗产的权利，并且为后代人保存这项接触和使用权，也就是说，对于前代人留下的东西，应该使当代人都有权来了解和受益，也应该继续保存，使下一代人也能接触到隔代遗留下来的东西。作为可持续发展原则的一个重要部分，代际公平在国际法领域已经被广泛接受，并在很多国际条约中得到了直接或间接的认可。

（4）阶级属性。公平是一个历史的、具体的范畴，不同的阶级、不同阶层的人在不同历史时期的公平观和衡量标准是有根本区别的。资产阶级和无产阶级就有不同的公平标准，体现出公平具有明显的阶级性。

（5）多维属性。公平是一个多维概念，是一个总体性的范畴，若仅从单维解释，就会感到顾此失彼。首先，公平具有价值维特性。价值观是公平的一个核心元素。价值观群体不同，人们对公平内涵的界定就有区别，甚至有时区别很大。其次，公平具有领域维特性，也就是在不同的领域，公平就会有不同的体现。一般而言，公平应当体现在政治、经济、文化三个领域。在政治领域，所谓公平，笔者认为，就是主要要符合罗尔斯的两个正义原则。在经济层面，笔者认为，所谓公平，主要是经济收益的均衡。在文化领域，公平的体现就是要有公平精神，就是要在人文价值中体现平等、对他人的尊重、己所不欲勿施于人等理念，并且要渗透到大多数公民的意识深处。[①] 再次，公平具有时间维特性。公平总要涉及权利义务或资源的配置，而权利义务或资源的配置就需要考虑一个时间因素。有些配置在短期内是符合公平原则的，但未必在长期内就符合公平原则。如资

[①] 宋圭武：《公平及公平与效率关系理论研究》，《社会纵横》2013年第6期。

源开发,虽然我们可以在当代人之间就资源开发的收益进行公平分配,但如果过度开发,就对后代人不公平。最后,公平具有空间维特性。权利义务或资源的配置不仅涉及时间区间的考虑,也涉及空间区间的考虑。有些配置可能在局部空间看,是符合公平原则的,但若放在一个更大的空间看,就是不公平的。比如收入分配,可能在某一个行业内部分配是公平的,但行业之间未必就是公平的。综合起来,就是公平具有价值维、领域维、时间维、空间维四个维度。由于公平具有多维特性,所以,我们解决公平问题,就应当立足多维角度,树立多维意识。

6. 公平的评价原则

确认或评价人们的关系是否公平,必须遵循以下几条原则:

(1) 差别性原则。差别是评价公平与否的前提。如果被评价者之间是无差别的,它们也就不存在是否公平的问题。公平必须以差别为前提,同时又不以差别本身为标准;恰恰相反,公平要求在特定的标准下去消除差别,或者不以特定的差别作为参照系去寻找被评价者的一致性。马克思认为:平等的权利"就它的本性来讲,只在于使用同一的尺度;但是不同等的个人(而如果他们不是不同等的,他们就不成其为不同的个人)要用同一尺度去计量,就只有从同一个角度去看待他们,从一个特定的方面去对待他们"。[1] 列宁也认为,任何平等权利"都是把同一标准应用在不同的人身上,即应用在事实上各不相同、各不同等的人身上"。[2]

(2) 历史性、客观性原则。马克思说过:"希腊人和罗马人的公平认为奴隶制度是公平的;1789 年资产者的公平则要求废除封建制度,因为据说它不公平。……所以,关于永恒公平的观念不仅是因时因地而变,甚至也因人而异。"[3] 这说明在认识和评价是否公平的问题上,人们总是从特定的目的出发的,评价的标准具有强烈的主观性和巨大的差异性,但是否由此可以推论标准的纯粹主观性呢?不是。人们对社会现象是否公平的评价尽管有差异,公平与否的标准本质上并不来自评价者的主观愿望和意志,标准具有客观性和历史性的内容,科学的公平观必须符合历史的规律性,必须与历史的事实相一致,必须符合历史的合理性,并随着历史的发展而变化。

(3) 合理性原则。公平必须以合理性为标准。在评价人的关系时,差

---

[1] 《马克思恩格斯选集》第 3 卷,人民出版社 1995 年版,第 305 页。
[2] 《列宁选集》第 3 卷,人民出版社 1995 年版,第 194 页。
[3] 《马克思恩格斯选集》第 3 卷,人民出版社 1995 年版,第 212 页。

别并不等于不公平，无差别也并不等于公平。公平与否的标准在于历史的合理性。这里的合理性就是指合规律性。它不仅意味着人们的认识活动要遵循认识的规律，人们的评价过程要遵循价值的规律，而且，这种认识和评价还要符合历史的规律，及人们在特定历史条件下的认识和评价是否有效地处理好人们的关系，是否有效地推动了历史的进步。从差别性的角度来认识这个问题，就是要在差别和无差别（消除差别）之间维持一种必要的张力，即维持双方的合理性。

（4）永恒发展原则。公平虽然有特定的客观标准，但是由于人们之间的差别是永恒的，由于历史的发展也是永恒的，因而合理性也是永恒变化的。历史上不存在抽象的公平，也不存在绝对的永恒的公平。曾经被认为是公平的，会变成不公平，反之亦然。

7. 公平的研究动态

20世纪末至21世纪初，国内学术界对公平问题的研究逐步深入，讨论不再局限于经济领域，而是进入了上层建筑及其意识形态层面；对公平的理解也不再仅仅局限于经济平等，而是与政治公平、社会平等、伦理公平相联系；在一定意义上超越了对公平与效率孰先孰后的论辩，将两者均视为构建和谐社会的手段和目标的统一；强调要用历史唯物主义的视角看待公平问题，逐渐出现将公平范畴由一个具体问题提升为社会的基本价值理念的倾向，为进一步深化研究讨论奠定了理论基础。虽然经济学、哲学、社会学、政治学、伦理学、法学等学科领域对公平问题都有所研究，但这一问题在经济学、政治学、社会学与伦理学四个领域的研究相对集中一些，其研究内容主要体现在对公平概念的分析、对公平正义的认识、解决公平问题的理论背景等三方面。

在对公平概念的认识上，学者们大多从和谐社会的价值取向来定义公平性。例如，庞正元把追求公平作为人类社会发展的一种进步的价值取向，作为社会主义和谐社会形成的重要前提和基本特征。① 张友良认为，公平既是人类衡量美好社会的标准，也是人们评价政治文明的尺度，更是我们党执政为民的必然要求。董振华认为，在经济领域中，公平表现为利益主体之间利益分配和利益关系的合理，这属于分配领域，是生产关系的范畴，强调要把效率与公平统一到社会主义和谐社会之中。② 夏文斌认为，

---

① 庞元正：《怎样理解社会主义和谐社会是公平正义的社会》，《人民日报》2006年4月6日。
② 董振华：《和谐社会视域中的公平与效率》，《重庆社会科学》2005年第8期。

公平作为一种社会规范和价值判断，首要的前提是经济效率的提高，没有效率的提高和生产力的不断发展，就不可能通过公平加以解决问题，真正意义上的现代公平理念也不会出现。他同时还强调，公平的一个重要方面就是保障公民都有生存权和发展权，都有平等参与政治的权利。要做到政府决策在最大限度上保持公平，就必须依赖各阶层的相互作用、相互制约，但在现实利益的制衡中保持公平性，并不能认为公平的目标已完全实现。① 王华认为，社会微观领域的公平大多需要伦理道德来维护。依靠道德力量的调节，必须注重伦理道德的建设，积极构建与现代社会发展相适应的道德文化体系，以提升社会公平的实现质量与水平。陈燕认为，公平原本就是一个伦理范畴，根本没有单独的伦理公平之说，某一方面的公平只不过是作为社会价值的伦理公平在具体领域的体现而已。

其中，具有代表性的观点主要有以下几种：

（1）分配公平论。持这一观点的人认为，公平是指社会成员的收入均等化，即收入分配的均等或财产分配的均等；讲公平至少要从财富分配和收入分配两个角度进行观察和评价。② 衡量公平的标准主要有两个：一个是以分配过程中能否做到机会均等作为衡量标准；另一个是以分配结果的平等，也即最终的收入差距状况作为衡量标准。分配平均与分配公平属于不同层面的问题，两者之间是有矛盾的，不能够把公平视为分配均等化或收入平均化，单纯追求任何一种公平都是不正确的。③ 这种公平观点着眼于分配，是西方经济学比较流行的观点，我国一些经济学家在公平与效率的争论中也沿用这种观点。

（2）过程公平论。持这一观点的人认为，公平是指人们在参与经济和社会发展的每一件事情的过程中，面对的条件、机会、结果都是公平的。所谓条件的公平，是指参加经济活动的人在权利方面是平等的，即"每一个劳动者都有选择其他劳动者从事的生产项目的权利，任何劳动者没有垄断独占一项生产项目的权利"，④ 大家在同一种规则下平等进行竞争；所谓机会的公平，是指社会提供的生存、发展、享受的机会对于每一个劳动者都是同样的，都有平等的参与权，都有获得发展潜力、施展才干的机会；所谓结果的公平，是每个劳动者都能获得正当利益和社会保障的权利，不

---

① 夏文斌：《契约与公平》，《哲学研究》1996年第5期。
② 姚德全：《公平与效率关系重新审视及经济发展战略调整》，《财经理论与实践》2001年第2期。
③ 梁彦军：《公平与效率的关系》，北大新青年网，2001年7月16日。
④ 焦国成：《关于公平与效率关系问题的伦理思考》，《江苏社会科学》2001年第1期。

因素质、知识、能力、性别的差异而使其政治地位、经济地位、生活享受等方面产生巨大的或本质上的差异。

（3）利益公平论。持这一观点的人认为，公平是指人与人的利益关系及利益关系的原则、制度、做法、行为等都合乎社会发展的需要，是被社会实践检验和证明为利益分配合理的社会关系的规定性；人们作为社会的主体，都应享有平等的权益，"各阶层都有利益表达的机制，都有集体谈判的功能和参与博弈的途径，在公共资产的处置上能够发出自己的声音，争取自己的诉求"；[1] 保持利益公平还应建有理性的利益协调机制，用于处理外显的或潜在的利益矛盾和冲突。

（4）需求公平论。持这一观点的人认为，公平是指人们社会需求的平等。在人类社会的发展过程中，人的基本需求不仅包括衣、食、住、行，而且还包括教育、文化和社会文明，前者属于基本的物质需求，后者属于基本的精神需求，因而也同样要求在这两个方面求得公平。从社会需求角度看，人们所要求的这种社会公平还具有社会稀缺性、高价值性，例如现阶段我国的一流大学比较少，许多青年都想上一流大学，这就使一流大学成为一种稀缺的社会资源，如果一流大学很多，使优质大学教育像小学和中学教育那样普及，人们就自然而然地获得了高等教育公平。[2] 在这类社会需求上，人们通常要求获得公平的机会与条件。

（5）伦理公平论。持这一观点的人认为，公平是人们对社会事物进行价值评价时表现出来的观念，是一种价值评价形式、一种思想意识，是待人处世中合乎人的正当情感和道义之理，也是调节人们相互关系的一种行为准则；[3] 公平还是一种观念化的表现，是一种公平感，任何人都属于社会某个群体，群体给了个体认同，个体的公平感也就随之产生。由于主体是大量分散的，不同的主体具有不同的主导价值体系，从而每一主体都有其特有的公平观；[4] 对公平的追求一直是人类社会的美好愿望。

（6）社会公平论。持这一观点的人认为，公平是指人们对既定社会中人与人之间各种关系的认识和评价，是一个包括社会的公正、公道、均等、平等在内的很宽泛的社会范畴，它不只是表现在物质财富的初次

---

[1] 秦晖：《"郎咸平旋风"：由"案例"而"问题"而"主义"》，《南方周末》2004年9月9日第2—4版。
[2] 黄焕金：《关于公平与效率》，黄焕金知识哲学网，2000年12月23日。
[3] 宋圭武：《公平、效率及二者关系之我见》，经济学家网，2004年5月23日。
[4] 同上。

分配和再分配过程中，而且涉及经济、政治、法律、文化等领域，① 如经济投入和经济回报就与经济利益密切联系，政治投入和政治回报就与政治权力密切相连，社会投入和社会回报也与社会地位密切联系。② 因此，公平是全社会的公平，既有经济领域的公平，又有政治领域的公平，也有道德领域的公平，还有法律领域的公平，就学科而言，有的属于经济学范畴，有的属于社会学范畴，有的属于伦理学范畴，有的则属于心理学范畴，等等。③

程洁认为，公平并不是一个纯经济学概念，它涉及价值判断问题。因而在经济公平之上，还有社会公平。社会公平的实质是社会中人的发展，它包括三个层面：一是以社会心理为核心的民众的公平观念，平等意识；二是作为系统的法权意义上的社会价值体系公平观，如"法律面前人人平等"；三是作为社会制度体系的社会公平，如社会的司法制度公平、政治制度公平等。就内容来划分，社会公平包含经济公平、政治公平、社会地位公平。因此，社会公平是更广泛的社会意义上的平等，它更侧重于对一种社会形态作合乎历史、合乎情理的评价，是对某一历史阶段社会不平等的纠正。经济公平掩盖了事实上的不公平，社会公平，就是要解决这些蕴含事实上的不平等以及公平自身的矛盾（自由与平等，个人与群体，理论与现实，代内与代际）。④

（7）综合公平论。持这一观点的人认为，就公平来说，就存在着所谓的前提的公平、结果的公平、权利的公平、机会的公平、形式的公平、事实的公平、经济的平等与法律的公平、生产的公平与分配的公平、社会主义公平和资本主义的公平等不同的概念。在社会主义市场经济条件下，由于存在多层次、多形式的复杂的经济社会关系，公平的含义也是多方面的。一是作为市场经济基本规范的等价交换的公平。这种含义的公平是从市场经济的基本要求中派生出来的。它是指商品所有者是有平等权利的，他们根据对他们所有人来说都平等的权利进行交换。二是与社会主义人权原则相适应的权利的公平。人权是一个社会每一个人应当享有的自由平等的权利。社会主义的人权观强调要将尊重和保障人权贯彻到社会生活各个方面，特别是将生存权、发展权放在首位，保障每个人的生存权和发展

---

① 谷峰：《对公平与效率关系的重新认识》，《社会科学研究》1997 年第 1 期，第 62—67 页。
② 宋圭武：《公平、效率及二者关系之我见》，经济学家网，2004 年 5 月 23 日。
③ 李闻榕：《关于公平与效率的争论及其启示》，《经济学动态》2005 年第 2 期。
④ 程洁：《效率与公平的关系探析》，《武汉船舶职业技术学院学报》2005 年第 5 期。

权。三是与社会主义公有制和按劳分配相适应的劳动的公平。这种含义的公平的实质是等量劳动相交换。这种含义的公平既强调要消灭剥削和两极分化，又强调劳动者之间利益的差别。四是收入分配结果的平等，即收入分配的均等化。这种含义的公平反映了不同社会阶层或不同社会成员之间在国民收入再分配后形成的收入差距的大小，它也是目前人们讨论公平与效率关系时一般使用的概念。①

（8）人本公平论。持这一观点的人认为，公平是对人的本质、地位、作用关系的认识与评价。公平是对人与人以及人与自然关系的一种认识和评价。我们知道，人与人的关系是复杂的、多层次的，因而对人们之间关系的认识和评价的公平观所涉及的范围也是全方位的：既包含对人们的经济关系、政治关系、伦理关系的评价和认识，也涉及家庭关系、上下级关系、同事关系、中央与地方和企业的关系等。可以说，在社会生活的各个领域中都存在着是否公平的问题。但是，人与人的关系的实质是物质利益的关系，所以公平问题首要的就是如何对待和评价人们的物质利益关系。从本质上看，公平就是对不同社会关系中人的本质、地位、历史作用的评价。客观存在的各种社会关系，本身并无公平与否的问题，它是自在的，是评价的对象。一个人的收入状况、交往状况、政治地位和权力等，本身不存在是否公平的问题，只有当我们按照特定的标准，对这些状况进行比较、分析、衡量、评价时，才会产生公平问题。因此，这一问题又是一个认识论的问题，它涉及评价者自身的立场、观点、方法和标准的问题，由于人们对人的关系进行认识和评价时，总是带着特定的价值观念去进行的，这一问题又包含价值论问题。②

综合公平这一概念在中西语言和理论背景中的情况，我们可以得出：第一，公平在字面上虽与正义、公正、平等有区别，但在很多情况下，常被替代和互用；第二，公平有时被用以指称抽象的、没有具体内容的、只作为纯形式和纯伦理的理想追求而存在的正义，又被当作被填充和塑造了具体和实质内容的正义以及平等来使用；第三，公平既在理论层面被逻辑地加以运用，又被用以言说和阐发现实的政策；第四，公平有时指关于整个社会所有领域事务的"社会公平（正）"，有时只指针对存在于社会某一特定领域（尤其是经济领域）的事务而展开讨论的公正或平等。③

---

① 张宇：《"效率优先、兼顾公平"的提法需要调整》，《经济学动态》2005年第12期。
② 苏敏：《关于公平与效率关系的哲学思考》，《中国人民大学学报》1997年第5期。
③ 张伯里：《新的发展阶段中效率与公平问题研究》，中共中央党校出版社2008年版，第24页。

（二）效率概念的阐释与解读

效率本是一个经济学范畴，是经济学所要研究的一个中心问题，而且在很大程度上是唯一的中心问题。萨缪尔森说："效率是经济学所要研究的一个中心问题（也许是唯一的中心问题）。效率意味着不存在浪费。"[①]它与最大化、均衡共同形成经济学的三大顶梁支柱范畴。效率在西方经济学教科书中的标准定义是：效率是指资源的有效配置所实现的帕累托最优状态，即社会资源的有效配置已经达到这样一种状态，一种资源的任何重新配置，都不可能再使任何一个人收入增加而不使另一个人的收入减少。说得通俗一点就是：社会已经达到人尽其才、物尽其用的状况，不存在任何浪费资源的现象，以致每一个劳动者都实现了经济收入的最大化。

1. 经济学意义的效率概念

效率，通常是指现有的资源得到了最好的利用。在经济学文献中，是从资源配置角度来进行效率分析的。在经济学中，效率被理解为一种对稀缺的资源进行有效配置的结果，即资源的有效使用与有效配置。任何资源总是有限的，不同的资源有限供给的程度不同。使用得当、配置得当的资源可以发挥更大作用，即高效率，反之则为低效率。

经济学家对效率的认识有一个历史的过程。亚当·斯密认为，投资者在"看不见的手"的引导下，厂商和消费者为了追求最大利润和最优消费，必然使得其追求生产最大利润率的商品，或者消费最高性价比的商品。杰文斯[②]、门格尔[③]和瓦尔拉斯[④]以边际效用为基础，提出了资源配置的效率标准。他们认为，资源具有稀缺性，且可用于多种用途的选择，这种选择以个人获取最大利益为唯一标准。人们为了获得最大利益，会对资源进行重新配置。当资源从较少的用途转到获利较多的用途时，资源配置

[①] 〔美〕保罗·A. 萨缪尔森：《经济学》，高鸿业等译，中国发展出版社1992年版，第45页。
[②] 威廉姆·斯坦利·杰文斯（William Stanley Jevons，1835—1882），英国著名的经济学家和逻辑学家。边际效用学派的创始人之一，数理经济学派早期代表人物。
[③] 卡尔·门格尔（Carl Menger，1840—1921），奥地利著名经济学家。现代边际效用理论的创始者之一。
[④] 里昂·瓦尔拉斯（Léon Walras，1834—1910），法国经济学家，曾经被约瑟夫·熊彼特认为是"所有经济学家当中最伟大的一位"。他开创了一般均衡理论，是一位数理经济学家，边际革命领导人，洛桑学派创始人。

效率就提高了。当然,最为通用和影响最大的还是帕累托效率标准。① 帕累托在他的《政治经济学讲义》和《政治经济学教程》中,提出了如下定义:对于某种经济的资源配置,如果不存在其他可行的配置,使得该经济中所有个人至少和他们在初始时情况一样良好,而且至少有一个人的情况比初始时严格地讲更好,那么,这个资源配置是最优的,也是有效率的。帕累托的定义对经济学的发展有巨大的影响,最终形成了福利经济学的两个著名定理。② 庇古③认为,资源最优配置的标准是边际私人纯产值等于边际社会纯产值。所谓边际私人纯产值是指当私人增加一个单位的投资后,投资者增加的价值等于边际私人纯产品和价格的乘积。所谓边际社会纯产值是指,社会增加一个单位的生产要素所得到的纯产值等于社会纯产品乘以价格。在经济学中,主张和赞同市场机制作用的经济学家认为,实现资源有效配置的前提是自由经营、自由竞争和生产要素的自由流动,只有坚持市场经济中的这种自由,资源配置才会有效率。

从上面的定义可以看出,效率是为了使每个人获得其收入最大化而针对资源配置或分配而言的。资源的种类繁多,通常包括土地资源、矿产资源、劳动力资源等,而这些资源又不是劳动的直接结果,这使得按劳分配、等价交换在资源配置这个问题上失去了意义。从这个意义上讲,在资源配置或分配这层意义上谈公平原则似乎没有多大意义,因为这里只承认效率原则。如果在资源配置这个意义上强调公平,一味地要求用公平去规范或评价效率,将无异于康德哲学所说的,将属于此岸世界的先天范畴用于去讨论彼岸世界的自在之物。④

---

① 帕累托效率标准就是在资源配置中,如果至少有一个人认为方案 A 优于方案 B,而没有人认为 A 劣于 B,则认为从社会的观点看亦有 A 优于 B。这就是所谓的帕累托最优状态标准,简称为帕累托标准。利用帕累托最优状态标准,可以对资源配置状态的任意变化做出"好"与"坏"的判断:如果既定的资源配置状态的改变使得至少有一个人的状态变好,而没有使任何人的状态变坏,这种状态称为帕累托改进。如果对于某种既定的资源配置状态,所有的帕累托改进均不存在,即在该状态上,任意改变都不可能使至少一个人的状况变好而有不使任何人的状态变坏,则称这种状态为帕累托最优状态。帕累托最优状态又称为经济效率。满足帕累托最优状态就是具有经济效率的;反之,不满足帕累托最优状态就是缺乏经济效率的。
② 福利经济学的两个著名定理,即福利经济学第一、第二定理。福利经济学的两个定理主要是说明分配的有效性与市场均衡性之间的关系。第一定理证明,通过市场,每一个初始配置都会产生帕累托均衡的结果,第二定理则是第一定理的逆定理,它证明的是,每一个帕累托有效的配置,都可由某个初始配置通过市场竞争得到。
③ 庇古(Arthur Cecil Pigou,1877—1959)是英国著名经济学家,剑桥学派的主要代表之一。
④ 张伯里:《新的发展阶段中效率与公平问题研究》,中共中央党校出版社 2008 年版,第 26 页。

2. 不同视角、不同学科对效率概念内涵的阐释

（1）从范畴大小阐释。效率概念有狭义和广义之分。狭义的效率概念是指生产（服务）效率；广义的效率概念是指工作效率，即一切活动的效率。

（2）从不同方位阐释效率的内涵。包括从不同学科领域、不同研究视角解析效率的内涵，主要形成了经济效率论、本体效率论、制度效率论、社会效率论、人本效率论等观点。

第一，经济效率论：效率是指在特定历史条件下实现社会资源（人力、物力、财力）最有效配置的状态，就是以尽可能少的劳动付出和物质消耗获得尽可能多的符合社会需求的产品。从经济效率理解效率也有角度上的差异。一是财富创造效率论，认为效率是指消耗已有社会资源与创造新的社会资源即社会财富的比率，这种比率越高意味着用尽可能少的人力、物力、财力创造尽可能多的社会财富，从而使财富得到最大增加，福利得到最大增进。[1] 二是资源配置效率论，认为效率是指经济资源配置的投入和产出比率。在既定生产技术条件下，当现有一切可利用的资源被用于生产而没有闲置和浪费时，便有了效率，对于一个企业、产业和行业来说，效率反映了资源配置的有效性或资源利用的有效程度，意味着资源处于最优配置状态。[2] 资源配置效率论是西方经济学比较流行的观点之一。三是生产效率论，认为效率最基本的是指生产效率，是使特定数量的生产要素投入生产并生产出尽可能多的产出。[3] 它体现的是人们在改造自然、社会和人自身活动中所具有的能力、达到的水平，是生产力的外在表现，属于生产力发展水平的范畴。生产效率高低一般取决于劳动工具技术水平的高低、劳动者素质水平的高低、劳动组织管理方式是否科学合理，当然还有生产关系的优劣等。四是劳动效率论，认为效率是指人们在劳动活动中的产出与投入之比值，即劳动和工作中所消耗的劳动量与所获得的劳动效果的比率。正像劳动报酬与劳动付出的比率是收入分配的标准或评价一样，劳动生产率的高低是衡量劳动效率的一个重要标准，当社会已经达到人尽其才、物尽其用，不存在任何浪费资源的现象，以至每个劳动者都实现了经济收入最大化时，就可以说劳动生产率比过去有了提高，即可视为

---

[1] 程恩富：《公平与效率：如何兼得》，《文汇报》2002年10月15日。
[2] 马振海：《关于效率与公平的反思——兼评我国目前农村土地分配使用制》，人民网，2004年5月30日。
[3] 葛延风：《防止收入差距继续拉大——国务院发展研究中心研究员葛延风访谈录》，《安徽决策咨询》2001年第4期。

效率提高。①

经济效率涉及生产、分配、交换和消费各个领域，包括宏观经济效率和微观经济效率两大效率问题。

其一，宏观经济效率论。根据目前我国社会、政治、经济的特点及所处的特定历史时期，要分析宏观经济效率就必须要从制度效率、政府政策执行效率和宏观调控的效率等方面来衡量。

一是制度效率论。认为效率是资源在一定制度条件下的有效配置，制度能够为人们提供一套有关权利、责任、利益的规则和行为规范，为人类的一切创造性活动和生产性活动提供最大空间，以最小的投入取得最大的产出；一种社会经济体制的效率如何，既关系该社会全体成员的经济福利，也关系全体成员物质生活和精神生活需要的满足；判断一种制度是否有效，主要看制度结构能否拓展人类选择的空间。②

我们经常谈到或听到关于制度效率的解释及评价，即对计划经济体制和市场经济体制在经济发展过程中对资源在全社会范围内的配置合理与否、交易费用的节省方面所起的作用的评价问题。这里讲的制度，与其说是一种制度，倒不如说是一种体制，因为制度对经济的影响是通过经济体制发生作用的。社会制度相同，但采用的经济体制不同，制度效率也就不一样。对制度效率要下一个确切定义很难，但为说明问题，我们姑且把制度效率定义为经济体制运行对经济发展的影响程度、对资源在全社会范围内的配置所起的作用及体制运行时对交易费用关系的大小。经济体制运行有效地促进了经济发展，使资源在全社会范围内得到合理配置，物尽其用，人尽其才，最大限度地降低交易费用，我们就说其效率是高的，反之就是低的。

社会主义制度下实行市场经济体制能否带来比传统计划体制更高的效率，从目前所取得的成绩看，答案是肯定的。作为一个社会主义大国，虽然采用市场经济体制来促进经济的发展是要冒一定风险，但事实是由计划经济转到社会主义市场经济上来，更有利于生产力的发展。从这点上看，社会主义市场经济体制在现阶段对经济发展和资源的合理配置的作用会更大一些，制度效率也会更高一些。

二是政府政策效率论。建立了社会主义市场经济体制，并不是万事大吉，其运行还要有赖于政府政策的正确制定和执行。政府政策制定的得当

---

① 马振海：《关于效率与公平的反思——兼评我国目前农村土地分配使用制》，人民网，2004年5月30日。
② 宋圭武：《公平、效率及二者关系之我见》，经济学家网，2004年5月23日。

与否，直接关系其执行效果。考察政府政策效率，主要是考察政府政策的执行效果。由于市场调节有目标偏差、程度有限、速度缓慢和成本昂贵的弱点，因此经济的发展不能说有了市场经济体制就万事大吉，还必须辅之以政府调节。政府调节主要是通过政策手段来进行，必须与现实经济发展相适应。政府调节适应了市场经济体制及经济发展的需要，弥补了市场调节的缺陷，则说明政策效果是明显的，反之则是低下的。

三是国家宏观调控效率论。由于政府调节主要是通过政府政策手段来进行，而市场调节主要是用看不见的手来完成的，因此在调节过程中，仍会出现偏离制度的可能性。国家宏观调控即国家调节可纠正这些偏差，与市场调节相适应。国家调节就是用经济、法律、行政等手段，自觉地按照经济发展总体目标分配社会总劳动，调节整个经济行为，使之为社会主义的本质要求相适应。同时国家调节有搞活经济、协调经济结构、保护市场竞争、提高整体效益、维护公平分配五个功能，从而可保证经济朝着健康有序的方向发展。如果国家调节同时存在偏好主观、转换迟钝、政策内耗和动力匮乏等缺点，也会出现"国家失灵"的状况。一旦出现这一状况，则国家调节是效率低下的。根据我国目前情况看，国家调节基本上没有出现大的偏差，经济增长速度比较快，人民生活水平有了提高，可以说是有效率的。但也不可忽视收入分配差距的扩大、地区间差距的拉大及地区间结构发展不平衡等问题，这些都会影响国家调节的效率。

其二，微观经济效率论。主要是分析企业内部的收入分配是否合理、一个企业生产要素的投入是否实现了最大产出及企业的管理是否科学所引发的效率问题。收入分配的合理与否是影响企业劳动者和经营者的积极性，从而导致是否有效率的关键问题。从激励机制方面考察，收入分配合理会激发劳动者和经营者的工作热情，促进企业的经济效益提高。收入分配不合理，就会因激励不足而损失效率。同时一个企业生产要素的投入与产出的关系，根据西方经济学的分析，只有实现了总成本既定、产量最大的生产要素组合或产量既定、总成本最小的生产要素组合的条件，才能带来高效率。也就是企业花在每一种生产要素上的最后一元钱所得到的产量增量都相等时，也就实现了投入与产出的高效率。近年来，企业界提出向管理要效益的口号，试图通过管理手段的科学化从而提高生产要素的利用率以带来高的经济效益。可见，管理的科学与否也是影响微观经济效率的一个重要因素。①

---

① 程恩富：《公平与效率交互同向论》，《经济纵横》2005 年第 12 期。

第一，本体效率论：哲学学者从本体论意义上把握效率，认为效率是主体人在改造客体（自然、人和社会）过程中所具有的能力和水平，主体将自身力量和愿望作用于客体，使客体按照主体需要而不断提高、不断主体化。① 效率是人的实践能力和水平的标志。将效率仅仅理解为经济效率，这是不合适的。效率范畴也是一种关系范畴，但是这种关系范畴的实质是实践关系，即人们（主体）在改造自然、社会、人自身（客体）过程中所具备的水平和能力，它表征着主体与客体所构成的系统整体的功能和效能。一个系统是否具有最优的效率，并非这一系统所构成的每一要素（或子系统）都处在最优状态，而是指各子系统整合而成的系统整体最优。这种整体最优又不能以系统的某一要素劣于它系统的某一要素而其他要素功能相等为特征，总之是以投入的量与产出的量（一般意义而非只在经济意义上使用）相比较的结果。以最小的付出获得最大的效果，不仅在经济领域，而且在人类的任何领域都是人们实践过程中必须遵循的最高规则。②

第二，社会效率论：认为效率是指社会投入与社会产出的比例，即人们用多少活动实现多少目的的比例。③

第三，人本效率论：伦理学从人本维度出发，认为效率本身是合目的性和合规律性的统一。效率的合目的性满足了人们不断追求自由所需的物质和文化条件。

此外，还有从政治效率、文化效率、社会效率、行政效率、宏观效率、微观效率、静态效率、动态效率等不同角度分析效率内涵的观点。

（3）从效率的属性阐释效率的内涵。主要有客观属性论、主客观属性论和多维属性论等。

其一，客观属性论：持这种观点的人认为，效率体现的是人们在改造自然、社会和人自身活动中所具有的能力、达到的水平，表现的是人类征服自然的能力，体现的是人与自然的关系，是生产力的外在表现，属于生产力发展水平的范畴，它主要的或更多的是一个经济问题；效率是基于客体和事实的客观性或事实性判断，反映的是一种投入与产出的关系，是投入与产出的数量之比，它更多地涉及的是相对确定的、易测量、易量化的

---

① 陈建辉、吕艳红：《不同学科视野下公平与效率问题研究》，《中共济南市委党校学报》2007年第4期。
② 苏敏：《关于公平与效率关系的哲学思考》，《中国人民大学学报》1997年第5期。
③ 宋圭武：《公平、效率及二者关系之我见》，经济学家网，2004年5月23日。

物与物的关系,① 因而,效率是客观的,在价值上是中立的。

效率的标准是自在的、客观的。效率通常表现为投入与产出的关系,它是一种客观效果。一个系统是否具有效率,不在于人们的主观评价,而在于客观结果。一般来说,人们对于系统效率的评价所具有的一致性远远高于关于是否公平的评价;因为,效率的标准不是来自自身之外,而就存在于结果自身,当不同系统所发挥的作用产生特定的效果之后,标准也就确立了,因而这个标准虽然是自在的,但又不是先于过程的。人们关于效率的标准具有一致性的原因,还来自效率一般的可量化性,因而标准更容易确立。

其二,主客观属性论:持这种观点的人认为,效率并不完全是客观的和中性的,而是与一定制度和价值取向相联系的。② 首先,把经济学与伦理学截然分开的观点是站不住脚的。就效率评价而言,不仅效率概念本身要以某种常常有争议的假设为前提,而且当一个具体的社会安排满足其中一种效率标准时,对它的重要性和意义评价也是与道德有关的;其次,资源配置的合理与否总是与一定的目标或价值取向相联系的;再次,效率的高低是成本与收益或投入与产出比较或衡量的结果,从这个意义上说,是客观的,但对于什么是成本和什么是收益,不同历史、文化和制度背景下的人有着不同的认识。因此,效率不是抽象的、绝对的和永恒不变的,甚至也不完全是客观的,而是主客观相统一的。

其三,多维属性论:效率范畴同公平范畴一样,也是一个多维度的总体性概念。同公平范畴一样,特定的效率也可界定为四维空间中的一个点。效率的四个维度分别是:价值维、领域维、时间维、空间维。效率的价值维是指效率在不同的价值体系中将会有不同的偏好定位。由于每个主体都有自己不同的主导价值体系,所以每一主体都有其特有的效率观。如有的主体可能偏好于经济效率,有的主体可能更偏好于社会效率,等等。效率的领域维是指效率在不同的领域中就具有不同的效率含义。如经济效率、政治效率、社会效率、文化效率、教育效率、制度效率、行政效率、个体效率、群体效率,等等。效率的时间维是指效率具有时间尺度性。某些行为可能具有短期效率,但不具有长期效率;某些行为可能不具有短期效率,但具有长期效率;某些行为可能此时具有效率,但彼时就不具有效率;某些行为可能此时不具有效率,但彼时就具有效率。效率的空间维是

---

① 余源培:《破解社会生活中的"斯芬克司之谜"——对"效率"与"公平"关系的思考》,《东南学术》2001 年第 3 期。
② 张宇:《"效率优先、兼顾公平"的提法需要调整》,《经济学动态》2005 年第 12 期。

指效率具有空间特定性。某些行为可能具有微观效率，但不具有宏观效率；某些行为可能不具有微观效率，但具有宏观效率；某些行为可能在此地具有效率，但在彼地就不具有效率；某些行为可能在此地不具有效率，但在彼地就具有效率。

其四，效率标准具有多层次性。整个社会是一个大系统。这个大系统具有整体的效率，它是衡量社会进步的最高标准。同时，这个大系统又包含社会的经济、政治、文化三大子系统，每一子系统又具有各自的效率。整体最优并不意味着三大子系统都处在最优状态，而是三大子系统之间的最佳配置，由于三大子系统在性质上是各不相同的，因而其效率的表现也是有差异的。

经济效率是大系统效率的最根本、最基础的内容。经济对政治、文化的根本性和基础性的理论，是马克思主义历史观的基本常识，在此不展开。经济效率是指在特定的历史条件下，实现社会资源（人力、物力、财力）的最佳配置的状态。任何特定的社会形态的内部，都存在着优化和非优化的配置问题，都能实现在本形态内的优化配置，从历史发展的结果看，任何特定历史形态内部经济的发展，都是不平衡的，这种不平衡性除了受到政治、文化系统的干扰外，主要原因来自经济系统内部，而经济效率的高低对整个社会的积极作用和消极作用是显而易见的。

政治效率是经济效率最集中、突出的表现，它对经济效率有强烈的反作用，政治效率低下，会造成原本较高的经济效率下滑，造成可能出现的经济高效率无法出现。政治效率的实质，表现为社会的政治安定，人们之间的政治权力关系、法律关系虽有矛盾但不发生剧烈的冲突，而是处在一种和谐状态，从而保证了社会的政治秩序。我国在改革开放过程中，强调政治安定与经济发展相统一是非常正确的。

文化系统的效率对社会政治、经济的影响和作用正在越来越受当代人们的关注，这样一个大课题在此也是无法展开的。文化系统的效率从实质上看是指国家对文化系统的投入，包括必需的物质投入，也包括政策的调控、舆论的导向所造成的社会文化事业所处的特定状态，社会文化事业的繁荣就是高效率的最好表现。

其五，效率的无止境性。效率作为衡量系统功能状态的范畴，其标准是容易确定的，它是在特定的历史条件下，人的实践能力和水平的标志，具有稳定的性质，因而，一个系统的其他要素的关系和结构是否合理，最终必然通过其整体的功能表现出来，从而效率也就成为衡量这一系统所有关系的标准；另外，由于效率标准以自身为参照系，而效率本身具有不断前进的特征，所以没有最好，只有更好。效率总是特定历史条件下特定系统的功能状态，它取决于要素的结构及其配置，当后者不断改进后，整体的效率也会不断提高。因此，效率标准又具有不确定性的一面。①

总之，效率就是资源的合理配置。西方经济学家一般把帕累托原理②作为资源配置效率的标准。帕累托原理是指世界上充满了不平衡性，比如20%的人口拥有80%的财富，20%的员工创造了80%的价值，80%的收入来自20%的商品，80%的利润来自20%的顾客，等等。这种不平衡关系也可以称为二八法则。该法则认为，资源总会自我调整，以求将工作量减到最少。抓好起主要作用的20%的问题，其他80%的问题就迎刃而解了。所以，在工作中要学会抓住关键的少数，要用20%的精力付出获取80%的回报。因此，这种法则又叫省力法则。

在正义的范畴之内，效率和其他价值目标之间的关系，最突出的就是效率和公平（平等）的关系问题。在效率与平等之间，罗尔斯倾向于平等。美国经济学家阿瑟·奥肯在其著作《平等与效率——重大的抉择》中对平等与效率之间的关系作了精细分析。他认为平等与效率是一个两难的抉择："我们无法在保留市场效率这块蛋糕的同时又平等地分享它。"③ 那么如何做出这个抉择呢？在阿瑟·奥肯看来，效率与机会平等是正相关关系，而与结果平等则是负相关关系。

笔者认为，效率与平等，是一个社会经济活动的两个基本目标。它们两者之间，既有相互促进的一面（正相关关系），又有相互排斥的一面（负相关关系）。从平等的两种不同思路来看，机会平等由于有助于激发人们的积极性，因而就有助于促进社会效率的提高。这说明机会平等与效率之间主要是一种正相关关系。与此不同，结果平等由于把具有不同能力、付出不同努力和奉献的人最后都拉平到同一水平线上，容易造成平均主义大锅饭，因而就不利于调动人们的积极性，因而它与效率的关系主要是一种负相关关系。不过，仅就结果平等而言，它与效率的关系也是相当复杂的，不能一概而论。如果从纯粹经济学的角度来看，两者的冲突大于统一；但如果从整个社会运行的角度来看，则两者的统一又远远大于冲突。因此，如果就公平与效

---

① 苏敏：《关于公平与效率关系的哲学思考》，《中国人民大学学报》1997年第5期。
② 帕累托原理，即帕累托效应，又名：80/20法则、最省力法则、不平衡原则，帕累托法则等，其主张为：以一个小的诱因、投入和努力，通常可以产生大的结果、产出或酬劳。由意大利经济学家维弗利度·帕累托提出，故名。这种情况是有违一般人的期望的。
③ 〔美〕阿瑟·奥肯：《平等与效率——重大的抉择》，王奔洲译，华夏出版社1987年版，第2页。

率而言，笔者始终认为，公平优先，兼顾效率，而不是相反。

如果说，平等是社会的一种稳定机制，那么效率就是社会的一种动力机制，两者缺一不可。只有在平等与效率之间形成一种合理、和谐的平衡机制，达成一种动态的平衡稳定关系，才能使整个社会有机体得以健康稳定的发展。①

二　公平与效率的关系及其思想渊源、历史演进与实践经验

人们对公平正义的探究，可谓源远流长。在中国，历经中国古代思想家的公平正义观、中国的乌托邦——大同思想（中国古代的大同思想和中国近现代的大同思想）和中国共产党的公平正义观。在国外，历经古希腊思想理论家的公平正义观、西方近代思想理论家的公平正义观、空想社会主义者的公平正义观、马克思主义公平正义观和西方现当代思想家的公平正义观。②效率是人类社会经济生活中的一个重要范畴。不论是马克思主义经济学，还是西方经济学，都对效率问题进行了广泛和深入的探讨。从他们对效率研究的内容看，大都偏重于经济效率或立足于经济效率。在西方，主要有：亚当·斯密的效率观、马克思主义的效率观、帕累托的最优效率观、福利经济学的效率观、边际主义效率观和诺斯的制度效率观，存在着三种典型的公平效率观：效率优先论；公平优先论；公平与效率并重论。

（一）西方思想界公平与效率的思想渊源与历史演进

1. 公平的思想渊源与历史演进

古希腊智者卡克利斯认为优者比劣者多得一些是公正的，强者比弱者多得一些也是公正的。③柏拉图在《理想国》里认为，公平就是和谐，正义是个人和国家的美德。柏拉图将公平等同于正义，指出所谓正义，即于一切正当之人、事物与行为之间完全公平之谓。④被马克思称为"古代最博学的思想家"，并被后人称为"伦理学"之父的亚里士多德认为："公

---

① 杨宝国：《公平正义观的历史·传承·发展》，学习出版社 2015 年版，第 424—425 页。
② 同上书，第 1—357 页。
③ 参见张宏生、谷春德主编《西方法律思想史》，北京大学出版社 1992 年版，第 5 页。
④ 参见刘世民《柏拉图与亚里士多德之法律思想的比较》，《中西法律思想论文集》，台北：汉林出版社 1985 年版，第 458 页。

平就是赋予平等的人以平等的权利,给不平等的人以不平等的权利","人们都承认应该按照各人的价值为之分配的这个原则是合乎绝对正义的。""政治权利的分配必须以人们对于构成城邦各要素的贡献的大小为依据"。①亚里士多德认为:遵守法律就是公正,违法则是不公正,并且,公正不仅包括了遵守法律,还包括利益机会分配的均等。亚里士多德公平理论的另一个重要内容是平等,从平等的意义上考虑公正,就要求人的行为不偏不倚。在古希腊晚期有关公平问题的论述中,还有一个伊壁鸠鲁②认为,公平与正义是人们彼此约定的产物,不存在独立的公平与正义,在任何地点、任何时间,只要有一个防范彼此伤害的相互约定,公平与正义就成立了。对于那些不能相互彼此不伤害的动物而言,就无所谓公平与正义,因此,他非常重视约定,重视由约定而产生的公平与正义。

在中世纪,西欧的思想家在基督教神学思想的统治下,对公平问题也进行了研究。基督教《圣经》的公平思想源自基督教教义的两个前提,这就是上帝创世说③和人类原罪说。④ 这两个前提意味着公平的两种思想。第一种思想是在上帝面前人人平等;第二种思想是原罪说的平等思想。人由于祖先犯了罪,就失去了和上帝对话的平等,为了达到平等就必须按上帝的意志接受考验,救赎自己的灵魂。

欧洲的17、18世纪,是资产阶级革命时期,资产阶级思想家以自然法理论为基础,展开了对公平问题的研究。这种研究的最早代表人物是胡

---

① 〔古希腊〕亚里士多德:《政治学》,吴寿彭译,商务印书馆1965年版,第136—137、150、234—235页。
② 伊壁鸠鲁(前341—前270),古希腊哲学家、伊壁鸠鲁学派的创始人。
③ 上帝创世说,认为万物初始之前,宇宙是无边无际混沌的黑暗,只有上帝之灵穿行其间。上帝对这无边的黑暗十分不满,就轻轻一挥手,说:"要有光",于是世间就有了光。上帝称"光"为"昼",称"黑暗"为"夜"。亮光隐去,黑暗重临,从此,世间就有了昼与夜的交替。这是上帝创世的第一天。上帝第一天创造了光,上帝叫光明为日,叫黑暗为夜;第二天上帝分开混沌的天地,一个是水,一个是天;第三天上帝把水和旱土分开,叫旱土为地,叫水为海洋,上帝叫地上生出花草树木;第四天上帝造了日、月、星、辰分出昼夜,定准年月时日;第五天上帝造了水族和空中的飞鸟,让它们生长传生本类;第六天造物主创造了走兽昆虫,末了创造了人。第七天造物主休息,也降幅祝圣这一天。后来,人们按照上帝造世的时间,也把每周分为七天,六天工作,第七天休息。或是五天工作,第六天做自己的事,第七天休息。并把每周的第七天称为"礼拜天",或是星期天用来感谢上帝造世的功德。
④ 原罪说,即基督宗教中认为任何人天生即是有罪的,他们的罪先天的来自其祖先——亚当与夏娃。他们偷食了智慧之果,懂得了男女羞耻之事。基督教原罪的观点在西方近代宗教改革的新教领袖——路德、加尔文那里更是获得了极端的发挥,他们索性明指,任何人生来即是恶人,只有笃信上帝(天主),才可能获得灵魂的拯救。

果·格老秀斯,① 后来他的思想在英国得到进一步的发展,形成了带有霍布斯②特色的公平思想。格老秀斯认为,自然法给人们的理性和行为提供了正当的、正义的准则,这些准则就是自然权利,而这些自然权利是符合人性要求的,因而也就是正义的,自然权利正是有了人类共有的理性才成为公正的、公平的、人们普遍遵行的法则。霍布斯对格老秀斯的自然法理论非常赞赏,继格老秀斯之后,霍布斯论述了建立在自然法基础上的公平理论。霍布斯认为,自然法是使人类走出自然状态的条件,也是建立在理性之上的普遍法则。他认为自然法最核心的内容是"己所不欲,勿施于人",在自然法支配之下,人人都是平等的,在对待实在法的态度上,他认为人人必须遵守与自然法精神一致的成文法律,履行契约。遵守自然法就是实现正义、公平、公道。

到了 18 世纪,资产阶级革命逐步取得胜利,资产阶级的思想家开始从全新的角度对公平的问题展开论述,其代表人物有伏尔泰③、孟德斯鸠④、卢梭⑤、康德⑥等。伏尔泰认为公正是自然法的基本要求,是普天之下都认为如此,它既不使别人痛苦,也不是以别人的痛苦而使自己快乐,实现自然法的要求就是实现了公正。关于平等,伏尔泰认为,人生而是平

---

① 胡果·格老秀斯(Hugo Grotius, 1583—1645),荷兰人,近代西方资产阶级思想先驱,国际法学创始人,被人们同时尊称为"国际法之父"与"自然法之父"。其名著《战争与和平的权利》(1625)不仅是重要国际法著作,而且是西方资产阶级人权学说的基础自然法或自然权利理论的开创性著作。他的研究范围相当广泛,涉及法学、政治学、文学、语言学、史学等,但使他享有盛名的是在法学方面。在他的法学著作中,有一本是他在被监禁期间所写的关于荷兰古代法和罗马法的书,名为《荷兰法律导论》,其他三本都是关于国际法的著作。

② 托马斯·霍布斯(Hobbes, Thomas, 1588—1679),英国政治家、思想家、哲学家。

③ 伏尔泰(法语:Voltaire, 1694—1778),法国启蒙时代思想家、哲学家、文学家,启蒙运动公认的领袖和导师,被称为"法兰西思想之父"。

④ 查理·路易·孟德斯鸠(Charles de Secondat, Baron de Montesquieu, 1689—1755),法国启蒙思想家,社会学家,是西方国家学说和法学理论的奠基人。

⑤ 让-雅克·卢梭(法语:Jean-Jacques Rousseau, 1712—1778),是启蒙时代瑞士裔的法国思想家、哲学家、政治理论家和作曲家。他的《社会契约论》的人民主权及民主政治哲学思想深刻影响了启蒙运动、法国大革命和现代政治、哲学和教育思想。

⑥ 伊曼努尔·康德(德语:Immanuel Kant, 1724—1804),德国著名思想家、哲学家、天文学家、星云假说的创立者之一,德国古典哲学的创始人。康德的一生可以以 1770 年为标志分为前期和后期两个阶段,前期主要研究自然科学,后期则主要研究哲学。其学说深刻地影响了此后的哲学,开启了德国唯心主义和康德主义的诸多流派,被认为是对现代欧洲最具影响力的思想家之一。康德一生著述丰厚,其中核心的三峡合称"三大批判",即《纯粹理性批判》《实践理性批判》和《判断力批判》,这三本哲学著作对心理学的影响很大:第一本书讲认识论,涉及认知心理;第二本讲伦理学,相当于道德、意志;第三本讲美术,与情感有关,它们的内容恰好相当于心理学的知、情、意过程,而且是彼此孤立的。在历史上又和柏拉图的知、情、意三分法一致,因而影响极大。以后,冯特的心理学就是按这各三分法划分心理过程类别的。康德在宗教哲学、法律哲学和历史哲学方面也有重要论著。康德终身未婚,于 1804 年 2 月 12 日逝世。

等的，一切享有各种天赋能力的人，都是平等的；他认为平等的真谛就在于自然法面前的平等，而不是在财产所有权和社会地位上的平等。孟德斯鸠认为，公平的法律不能牺牲公民的个性，在公平的社会中，人民的安全就是最高的法律。卢梭认为，公平很重要的内容就是平等，以往社会中的不平等是由法律加以确认的，而民主共和国的法律是人民公意的反映，实行这种法律也即是实现平等。关于平等内涵的理解，卢梭主张平等并不是绝对的、事实上的平等，而是尽力能缩小贫富差别，实现法律面前的平等。德国哲学家康德认为，公平作为一个道德律令是理性为自身设置的一个道德命令，它是理性自由选择的结果。

19世纪，随着资产阶级在政治、经济、军事上取得胜利，整个资产阶级思想意识形态也发生了重大变化。不少资产阶级思想家意识到了自然法的局限，纷纷提出与自然法思想相异的公平思想。这一时期比较有代表性的是英国边沁①的功利主义学派思想，奥斯丁②的分析学派思想以及黑格尔的哲理学派思想。边沁认为，公平的要求在于为社会谋福利，在于福利的平等。奥斯丁认为法律往往与公平、正义相分离。黑格尔则对公平问题进行了深层的思辨。他认为公平理性的东西即是自在自为的法的东西。③

马克思、恩格斯关于公平的思想也是很丰富的。在他们的代表性著作中，如《哲学的贫困》、《论住宅问题》、《哥达纲领批判》、《反杜林论》等著作中，对公平作了许多阐述，其思想集中在以下三个方面：（1）公平是观念化……的表现。④ 所谓观念化的表现，即公平是人们对社会事物进行价值评价时表现出来的观念，是一种价值评价形式，一种思想意识。它可以是一种公平感，也可以是一种学说、理想、主张以及体现为一定的制度等。公平观体现在社会的经济、政治、道德、法律等多个领域，即有经济领域的公平、政治领域的公平、道德领域的公平、法律领域的公平，是评价各种社会关系的重要标准。（2）公平始终只是现存经济关系的观念化表现。⑤ 公平观作为社会意识形态，有一定的历史连续性，但归根到底是

---

① 杰里米·边沁（Jeremy Bentham, 1748—1832），是英国的法理学家、功利主义哲学家、经济学家和社会改革者。
② 约翰·奥斯丁（John Austin, 1790—1859），是19世纪英国伟大的法律哲学家，又被尊称为"现代法理学之父"，其思想独树一帜，开创分析法学一派，影响巨大。
③ 〔德〕黑格尔：《法哲学原理》，范扬等译，商务印书馆1961年版，第225页。
④ 参见《马克思恩格斯全集》第2卷，人民出版社1957年版，第539页。
⑤ 同上。

现存经济关系的反映，是随着社会经济关系的发展变化而发展变化的。马克思和恩格斯认为，任何社会的公平都不是抽象的、绝对的和永恒不变的，而是具体的、相对的和历史的，不同的社会存在着不同的公平观念。不同的时代，不同的阶级，不同的学派各有不同的公平观，抽象的、超时代的永恒公平是不存在的。公平的标准也随着历史的演进而不断更新，随着时代的变迁而不断补充新的内容，所以没有永恒的公平定则。恩格斯指出：希腊人和罗马人的公平观认为奴隶制度是公平的；1789年资产阶级的公平规则要求废除被宣布为不公平的封建制度。在普鲁士的容克看来，甚至可怜的专区法也是破坏永恒公平的。……关于永恒公平的观点不仅因时因地而变，甚至也因人而异。① (3) 公平观有革命的或保守的。"权力决不能超出社会的经济结构以及由经济结构制约的社会的文化发展。""公平则始终只是现存经济关系的或者反映其保守方面、或者反映其革命方面的观念化的神圣化的表现。"② 由于人们在经济关系中所处的地位和利益不同以及政治主张和思想认识不同，公平观的内容、性质和追求的目标也不相同；有革命的公平观和保守的公平观。革命公平观的社会作用是积极的、进步的；保守公平观的社会作用是消极的、落后的。

现当代西方学者对公平问题也进行了广泛研究，大体说来，在对公平的具体判断上，现代西方经济学主要采取三类标准：一类属于客观标准，主要以分配的结果为判别依据；另一类属于主观标准，以人们的心理状态和主观感受为依据；还有一类是主观标准和客观标准的结合。

以收入平等为标准是西方经济学家对公平的最普遍的理解和占统治地位的观点。洛伦兹曲线③对收入平等的测量，就是以收入平均化为尺度。阿瑟·奥肯④在《平等与效率》一书中，也是把公平与收入分配联系起来，

---

① 参见《马克思恩格斯全集》第2卷，人民出版社1957年版，第539页。
② 《马克思恩格斯选集》第3卷，人民出版社1995年版，第305、212页。
③ 洛伦兹曲线（Lorenz curve），也译为"劳伦兹曲线"，它研究的是国民收入在国民之间的分配问题，就是在一个总体（国家、地区）内，以"最贫穷的人口计算起一直到最富有人口"的人口百分比对应各个人口百分比的收入百分比的点组成的曲线。美国统计学家（或说奥地利统计学家）M. O. 洛伦兹（Max Otto Lorenz, 1903— ）提出了著名的洛伦兹曲线。意大利经济学家基尼在此基础上定义了基尼系数。
④ 阿瑟·奥肯（Arthur M. Okun, 1928—1980）美国经济学家。1956年获哥伦比亚大学经济学博士学位，后任教于耶鲁大学，讲授经济学。1961年担任总统经济顾问委员会成员，1964年被聘为约翰逊总统经济顾问委员会成员，1968年被任命为该委员会主席。他倾向于凯恩斯主义派，长期以来致力于宏观经济理论及经济预测的研究，并且从事于政策的制订及分析。奥肯的主要贡献是分析了平等与效率的替换关系，提出了估算"可能产出额"的"奥肯定理"。

把公平视为收入的均等化。就语义上讲，英文中的 equality，德文中的 gleihheit，既有平等的意思，也有平均、均等的意思。

对公平的分析采取主观标准的西方经济学家讲法各式各样。有的从投入和产出的比较，根据人们的得失感觉去判断公平程度。如休士曼认为，公平因素包括付出的投入和获得的产出之比较，当投入和产出不相等时，人们就失去公平感，不相等的程度越大，社会越不公平，人们就会寻求各种方式恢复公平感。[①] 有的也是把公平与收入联系起来，分析人们对分配结果的心理感受。如瓦里安认为，如果在一种分配中，没有一个人羡慕另外一个人，那么这种分配就称之为公平分配。[②]

还有一些西方学者以妒忌与否作为判别公平的依据，弗利就是其代表。他曾对公平作过以下的定义："如果在一分配状态下所有人都不妒忌别人的话，这一分配是公平的。"他对妒忌的界定是："一个行为者 i 认为其效用水平低于像他处于个人 j 位置相同时能获得的效用水平，个人 i 就妒忌个人 j。"[③]

当代美国著名哲学家罗尔斯也提出了一种新的公平观。这种公平观实际上是一种主观标准和客观标准的结合。罗尔斯假定，在一个处在初始状态下的社会中，任何人都不知道未来的变化究竟会使其状况变好还是变坏。在这种不确定的情况下，回避风险的人们宁可选择能使他们在未来的变化中处于平均状态的分配，只有当不平等的分配能使处在最坏状态下的人比实行均等分配得到改善时，不平等的分配才是可取的。

2. 效率的思想渊源与历史演进

效率是人类社会经济生活中的一个重要范畴。不论是马克思主义经济学，还是西方经济学，都对效率问题进行了广泛和深入的探讨。从他们对效率研究的内容看，大都偏重于经济效率或立足于经济效率。

学术界对于效率思想的研究和认识，较之公平观来说，尽管学者们使用的话语有些不尽相同，但其分歧明显减少，哲学家和经济学家的观点基

---

① 参见〔美〕理查德·C. 休士曼《管理与运用 公平因素》，喻春生、陆军译，北京经济学院出版社 1989 年版。
② 参见瓦里安《平等、妒忌与效率》，载美国《经济学》杂志 1974 年第 9 期。
③ D. Foley: "Resouree allocation and public sector", Yale Economic Essays, 7, 1967, pp. 45 – 78.

本一致。20世纪以后几乎无一例外地将"帕累托最优"① 作为效率的检验标准。但也有一些经济学家从更广泛的意义上提出了效率概念。如供应学派②认为，效率就是积极性、创新精神和生产率。东方有些经济学家有一段时间认为效率就是生产力水平等。但这些思想并没有像"帕累托最优"得到人们的普遍认可。因此人们对效率思想的研究主要还是对帕累托最优思想的研究。研究市场经济运行机制不能离开亚当·斯密的《国富论》。有的学者认为：《国富论》"更重要的是该著作对市场经济的根源、基础、实质、功能和运行机制所作的透彻分析，几百年来一直是经济学家研究市场经济的思想武器和指针。斯密的影响经久不衰，斯密的形象不可磨灭"。③ 这种认识是相当有见地的，理解《国富论》思想的学者才会有这样的感悟。

（1）亚当·斯密的效率观。亚当·斯密一直认为经济学的目标就是研究如何增进一国的社会财富。"政治经济学的大目标，既是增进本国的富强……"④ 因此如何增进国民财富，也就是如何提高生产效率就成了斯密《国富论》研究的主旨。斯密从两方面研究了增进财富效率的途径：一是微观的生产效率；二是宏观的制度效率，也就是说在什么样的社会制度下，社会生产效率才会得以提高。

斯密认为，从工厂生产的效率视角来看，劳动效率增进的原因在于分工。"劳动生产力上最大的增进，以及运用劳动时所表现的更大的熟练、技巧和判断力，似乎都是分工的结果。"⑤ 斯密还以当时的制针业分工为例，研究了劳动分工对效率提高的作用。简单的分工就可以使生产效率成

---

① 帕累托最优（Pareto Optimality），也称为帕累托效率（Pareto efficiency），是指资源分配的一种理想状态，假定固有的一群人和可分配的资源，从一种分配状态到另一种状态的变化中，在没有使任何人境况变坏的前提下，使得至少一个人变得更好。帕累托最优状态就是不可能再有更多的帕累托改进的余地；换句话说，帕累托改进是达到帕累托最优的路径和方法。帕累托最优是公平与效率的"理想王国"。
② 供应学派是20世纪70年代兴起于美国的一个资产阶级经济学流派的税收理论与政策主张。该学派因强调"供给创造需求"而得名，故称供应学派。它认为一个国家国民生产增长率主要决定于劳动力和资本等主要生产要素的供给及其有效使用；企业和个人提供生产要素和从事生产经营活动，都是为了谋取利润和报酬，取得实际收入。主张充分发挥自由市场对生产要素的供给和利用的调节作用；政府的税收应该成为刺激供应、增加生产和实际收入的工具。
③ 尹伯成：《西方经济学说史》，复旦大学出版社2005年版，第26页。
④ 〔英〕亚当·斯密：《国民财富的性质和原因的研究》下卷，郭大力、王亚南译，商务印书馆1974年版，第342页。
⑤ 〔英〕亚当·斯密：《国民财富的性质和原因的研究》，上卷，郭大力、王亚南译，商务印书馆1974年版，第5页。

百成千倍的提高。凡是可以进行分工的行业，生产的效率都可以得到提高。一国的生产效率水平同其分工成正比，分工程度越高生产效率水平也越高。"凡能采用分工制的工艺，一经采用分工制，便相应地增进劳动地生产力。各种行业之所以各各分立，似乎也是由于分工有这种好处。一个国家的产业与劳动生产力地增进程度如果是极高地，则其各种行业地分工一般也能到达极高地程度。"①

斯密不仅认为分工可以提高生产的效率，他同时把分工程度的高低看成传统社会和进步社会的标志。分工程度越高社会越进步，反之社会越传统。"未开化社会中一人独任的工作，在进步的社会中，一般都成为几个人分认的工作。"② 斯密还分析了分工为什么能够提高效率。他认为原因有三：第一，劳动者的劳动技术因分工而日日进步；第二，分工可以减少因频频的转换工作而损失的时间；第三，起因于分工而导致的机械的发明和改进，能在一定程度上简化劳动和节省劳动。

（2）马克思主义的效率观。马克思认为，商品的价值量随着劳动生产率的变化而变化。"劳动生产率等于用最低限度的劳动取得最大限度的产品，从而使商品尽可能变便宜。"③ 因此，效率是投入和产出的比率。他分析了效率对价值量和社会财富量的作用：效率的提高是生产单位商品耗费的劳动量的减少，从而使商品的价值量降低；效率的提高是单位时间内生产出了更多的使用价值，从而使社会的财富量增加（使用价值是社会财富的物质内容）。因此，效率的高低是决定商品价值量和社会财富量多少的根本因素，是决定分配的一个很重要的因素（但不是唯一的因素）。

恩格斯"价值是生产费用对效用的关系"的观点与马克思的"真正财富"的观点，实际上揭示的是经济效率的概念。恩格斯在《政治经济学批判大纲》中写道："价值是生产费用对效用的关系。价值首先是用来解决某种物品是否应该生产的问题，即这种物品的效用是否能抵偿生产费用的问题。只有在这个问题解决之后才谈得上运用价值来进行交换的问题。如果两种物品的生产费用相等，那末效用就是确定它们的比较价值的决定性因素。"④ 以后，恩格斯又在《反杜林论》中重申了这个观点，指出在共

---

① 〔英〕亚当·斯密：《国民财富的性质和原因的研究》上卷，郭大力、王亚南译，商务印书馆1974年版，第7页。
② 同上。
③ 《马克思恩格斯全集》第49卷，人民出版社1979年版，第98页。
④ 《马克思恩格斯全集》第1卷，人民出版社1956年版，第605页。

产主义社会也还存在对效用和劳动花费的衡量比较问题。① 在这些地方，生产费用指生产某个物品所必须花费的劳动时间，由活劳动和物化劳动消耗构成；效用则是指使用价值，即社会需要的产品。如果能够以尽可能少的生产费用取得尽可能多的效用，这将是价值的最优境界。人们讲经济效率，就是要争取以尽可能少的活劳动消耗与物质消耗，生产出更多的符合社会需求的产品。可见，恩格斯提出的"价值是生产费用对效用的关系"，实际上讲的就是"经济效率"的概念。

（3）帕累托②的最优效率观。对效率问题的分析是西方经济学的一条主线。但在什么是效率和如何判断效率高低问题上，西方经济学的研究重点也是立足于经济效率。

19世纪末20世纪初，出现了以意大利著名经济学家帕累托为代表的新福利经济学。新福利经济学是对以庇古③为代表的旧福利经济学的继承和发展。新福利经济学在序数效用论的基础上，避开收入分配问题，以效率作为福利分析的唯一目标。帕累托所提出的帕累托最优状态成为新福利经济学判断社会福利最大与否的标准。

帕累托（V. Pareto）最初给效率下过定义，因此，配置效率又称作帕累托最优或帕累托效率。④ 帕累托力图证明，完全竞争的均衡能够导致资源的有效率配置，从而进一步深化了亚当·斯密的"看不见的手"的原理。

帕累托于1906年出版的《政治经济学教程》中提出的一个广泛接受

---

① 《马克思恩格斯全集》第3卷，人民出版社1972年版，第348页。
② 维尔弗雷多·帕累托（1848—1923），意大利著名经济学家、社会学家，是经典精英理论的创始人，社会系统论的代表人物，对经济学、社会学和伦理学做出了很多重要的贡献，特别是在收入分配的研究和个人选择的分析中，他提出了帕累托最优的概念，并用无异曲线来帮助发展了个体经济学领域。他的理论影响了墨索里尼和意大利法西斯主义的发展。帕累托因对意大利20%的人口拥有80%的财产的观察而著名，后来被约瑟夫·朱兰和其他人概括为帕累托法则（80/20法则），后来进一步概括为帕累托分布的概念。
③ 庇古（Arthur Cecil Pigou，1877—1959）是英国著名经济学家，剑桥学派的主要代表之一。《福利经济学》是庇古最著名的代表作。该书是西方资产阶级经济学中影响较大的著作之一。它将资产阶级福利经济学系统化，标志着其完整理论体系的建立。它对福利经济学的解释一直被视为"经典性"的。庇古也因此被称为"福利经济学之父"。
④ 帕累托最优（Pareto Optimality），也称为帕累托效率（Pareto Efficiency）、帕累托改善、帕累托最佳配置，是博弈论中的重要概念，并且在经济学，工程学和社会科学中有着广泛的应用。帕累托最优是指资源分配的一种理想状态，即假定固有的一群人和可分配的资源，从一种分配状态到另一种状态的变化中，在没有使任何人境况变坏的前提下，也不可能再使某些人的处境变好。换句话说，就是不可能再改善某些人的境况，而不使任何其他人受损。

的效率定义：对于某种经济的资源配置，如果不存在其他可行的配置，使得该经济中的所有个人至少和他们在初始时情况一样良好，而且至少有一个人的情况比初始时严格得更好，那么，这个资源配置就是最优的，也是最有效率的。帕累托最优条件包括：（1）交换的最优条件；任何两种产品的边际替代率对所有的消费者都相等；（2）生产的最优条件：任何两种要素替代率对所有生产者都相等；（3）生产与交换的最优条件：任何两种产品的边际转换率等于它们的边际替代率。当上述三个边际条件均得到满足时，就称为整个经济达到帕累托最优状态。显然，上述帕累托效率实质上就是指经济效率。

什么是效率（efficiency）？西方经济学家们似乎对这个问题取得了较为一致的意见。"效率"是指资源配置效率或简称配置效率，它是指一个社会的资源配置达到这样一种状态：不可能通过重新组织生产来使任何一个人境况变好而不使另一个人的境况变坏，或者说，在不使任何一个人境况变坏的条件下不可能使另一个人的境况变好。这意味着，如果要增加一个人的效用，必须要以减少另一个人的效用为代价。这样定义的配置效率点一定位于经济社会的效用可能性曲线上。这条曲线表示全体社会成员的最大可能的效用组合。效率也可以这样来定义：经济社会在既定的资源和技术条件下，为消费者提供了最大可能的各种商品组合。就是说，配置效率点一定落在经济社会的生产可能性曲线上，而不是落在这条曲线以内或以外某一点。

（4）福利经济学的效率观。福利经济学是研究社会经济福利的一种经济学理论体系。它是由英国经济学家霍布斯和庇古于20世纪20年代创立的。庇古在其代表作《福利经济学》、《产业变动论》、《财政学研究》中提出了"经济福利"的概念，主张国民收入均等化，且建立了效用基数论等。福利经济学研究的主要内容有：社会经济运行的目标，或称检验社会经济行为好坏的标准；实现社会经济运行目标所需的生产、交换、分配的一般最适度的条件及其政策建议等。后来，西方经济学家在庇古的旧福利经济学基础上进行修改，又发展形成了新福利经济学。其代表人物有意大利的帕累托，美国的勒纳、霍特林、萨缪尔森以及英国的卡尔多等人。他们提出了假想的"补偿原理"，建立了效用序数论，并编造了"社会福利函数"。代表作有帕累托的《政治经济学讲义》、《政治经济学提要》、《普通社会学》等。

福利经济学的主要特点是：以一定的价值判断为出发点，也就是根据已确定的社会目标，建立理论体系；以边际效用基数论或边际效用序数论为基础，建立福利概念；以社会目标和福利理论为依据，制定经济政策方案。

庇古是资产阶级福利经济学体系的创立者。他把福利经济学的研究对象规定为对增进世界或一个国家经济福利的研究。庇古认为福利是对享受或满足的心理反应，福利有社会福利和经济福利之分，社会福利中只有能够用货币衡量的部分才是经济福利。

庇古根据边际效用基数论提出两个基本的福利命题：国民收入总量越大，社会经济福利就越大；国民收入分配越是均等化，社会经济福利就越大。他认为，经济福利在相当大的程度上取决于国民收入的数量和国民收入在社会成员之间的分配情况。因此，要增加经济福利，在生产方面必须增大国民收入总量，在分配方面必须消除国民收入分配的不均等。

庇古从第一个基本福利命题出发，提出社会生产资源最优配置的问题。他认为，要增加国民收入，就必须增加社会产量。而要增加社会产量，就必须实现社会生产资源的最优配置。庇古认为，增加一个单位生产要素所获得的纯产品，从社会角度衡量和从个人角度衡量并不经常相等。当边际社会纯产品大于边际私人纯产品时，国家应当通过补贴扩大生产。当小于时，国家应当通过征税缩小生产。只有每一生产要素，在各种用途中的边际社会纯产品都相等时，才达到社会生产资源的最优配置。庇古的福利经济学以自由竞争为前提，他认为自由竞争可以使边际社会纯产品等于边际私人纯产品，从而使社会经济福利极大化。

庇古从第二个基本福利命题出发，提出收入分配均等化的问题。他认为，要增大社会经济福利，必须实现收入均等化。他把边际效用递减规律推广到货币上来，断言高收入者的货币边际效用小于低收入者的货币边际效用。他所说的收入均等化，就是国家通过累进所得税政策把向富人征得的税款用来举办社会福利设施，让低收入者享用。庇古认为，通过这一途径实现"把富人的一部分钱转移给穷人"的"收入均等化"，就可以使社会经济福利极大化。

20世纪30年代，庇古的福利经济学受到罗宾斯等人的批判。罗宾斯认为，经济理论应当将价值判断排除在外，效用可衡量性和个人间效用可比较性不能成立，福利经济学的主张和要求没有科学根据。继罗宾斯之后，卡尔多、希克斯（John R. Hicks）、勒纳等人从帕累托的理论出发也对庇古的福利经济学进行了批判。同罗宾斯不同的是，他们认为福利经济学仍然是有用的。

1939年，卡尔多提出了福利标准或补偿原则的问题。此后，希克斯、西托夫斯基等人对福利标准或补偿原则继续进行讨论。他们主张把价值判断从福利经济学中排除出去，代之以实证研究；主张把福利经济学建立在边际效用序数论的基础之上，而不是建立在边际效用基数论的基础之上；主张把交换和生产的最优条件作为福利经济学研究的中心问题，反对研究收入分配问题。卡尔多、希克斯（John R. Hicks）、勒纳、西托夫斯基等人建立在帕累托理论基础上的福利经济学被称作新福利经济学。

美国经济学家 H. 范里安认为：我们利用一般的经济学方法就可证明福利经济学的两条定理。更重要的是福利经济学的两条定理是经济学中最基本的结论之一，这两条定理适用于具有任意数量消费者和商品的更为复杂的模型。福利经济学对于涉及资源的配置方法具有深刻的含义。

福利经济学第一定理是指只要交易者按竞争价格进行交易，竞争均衡都是帕累托最优配置。美国经济学家 H. 范里安认为，福利经济学第一定理的重要意义在于表明竞争市场对资源配置的重要性。同时本身包含许多重要的假设，只有当这些假设条件存在时，福利经济学第一定理才有意义。[①]

福利经济学第二定理认为：如果所有消费者的无差异曲线都是凸性的，每一个帕累托均衡点都能达到竞争均衡，即总会获得一组作为一般竞争均衡的价格。也就是说，如果初始分配点是帕累托有效配置的，在凸性偏好条件下，所有的帕累托有效配置都可以通过某些竞争价格来实现。

福利经济学第二定理意义在于，分配与效率可以分开来考虑。任何帕累托配置效率都能得到市场机制的支持。市场机制在分配上是中性的，不管商品或财富公平分配标准是什么，完全可以利用竞争市场来实现这种标准。价格机制在这种市场体制中起着两种作用：一是资源配置作用，表明商品的相对稀缺性；二是分配作用，即确定不同的交易者能够购买的各种商品的数量。福利经济学第二定理认为这两种作用可以区别开来，即政府认为如果现有的收入分配不公平，政府可以对最初的财富进行重新分配以确定个人拥有财富的多少，然后在利用价格机制表明商品的相对稀缺性。不需要政府干涉市场价格，而且对市场价格的进行的任何干预事实上都会导致经济的低效率。从福利经济学第二定理出发，把分配和效率分开的思想为政府对社会财富进行二次分配，解决社会的收入过分悬殊的现象提供了理论依据，为政府登台干预社会财富分配打开了通道，但同时也限定了

[①] 参见〔美〕H. 范里安《微观经济学：现代观点》，费方域、朱保华等译，上海三联书店 2006 年版。

政府活动的限界。当然也对处理效率与平等关系问题增加了难度。

新福利经济学主张效用序数论，认为边际效用不能衡量，个人间效用无法比较，不能用基数数词表示效用数值的大小，只能用序数数词表示效用水平的高低。新福利经济学根据效用序数论反对旧福利经济学的福利命题，特别是第二个命题，反对将高收入阶层的货币收入转移一部分给穷人的主张。

新福利经济学根据帕累托最优状态和效用序数论提出了自己的福利命题：个人是他本人的福利的最好判断者；社会福利取决于组成社会的所有个人的福利；如果至少有一个人的境况好起来，而没有一个人的境况坏下去，那么整个社会的境况就算好了起来。前两个命题是为了回避效用的计算和个人间福利的比较，从而回避收入分配问题，后一个命题则公然把垄断资产阶级福利的增进说成社会福利的增进。

新福利经济学家认为福利经济学应当研究效率而不是研究水平，只有经济效率问题才是最大福利的内容。勒纳、霍特林等人对经济效率问题作了论述。经济效率指社会经济达到帕累托最优状态所需具备的条件，包括交换的最优条件和生产的最优条件。

补偿原则是新福利经济学的重要内容之一。新福利经济学认为，帕累托的最优状态"具有高度限制性"，不利于用来为资本主义辩解，为了扩大帕累托最优条件的适用性，一些新福利经济学家致力于研究福利标准和补偿原则。

卡尔多、希克斯等人的福利经济理论，受到伯格森、萨缪尔森等人的批判。伯格森于1938年发表《福利经济学某些方面的重新论述》一文，提出研究社会福利函数的"新方向"，认为卡尔多、希克斯等人的新福利经济学把实证问题和规范问题分开、把效率问题和公平等问题分开的企图完全失败。继伯格森之后，萨缪尔森等人对社会福利函数作了进一步论述，形成了福利经济学的社会福利函数论派。

社会福利函数论者认为，社会福利是社会所有个人购买的商品和提供的要素以及其他有关变量的函数，这些变量包括所有家庭或个人消费的所有商品的数量，所有个人从事的每一种劳动的数量，所有资本投入的数量等。社会福利函数论者通常用多元函数来表示。

社会福利函数论者认为，帕累托最优状态不是一个而是有许多个。帕累托未能指出在哪一种状态下社会福利是最大的。他们认为，要达到唯一最优状态，除了交换和生产的最优条件，还必须具备一个条件，这就是福利应当在个人间进行合理分配。经济效率是最大的福利的必要条件，合理分配是最大福利的充分条件。社会福利函数论者根据假定存在的社会福利函数作出一组表示社会偏好的社会无差异曲线，并根据契约曲线作出一条效用可能性曲线。社会无差异曲线和效用可能性曲线相切的切点，代表受到限制的社会福利的最大值。

总之，福利经济学是以"完全竞争"的形式出现的标榜研究福利或最大化原则的为垄断资本获取最大利润辩护的一种经济理论。无论是主张既要经济效率又要公平分配的福利经济学家，也无论是强调经济效率而不讨论公平分配的福利经济学家，都只是借助纯粹形式主义的分析来为西方国家的经济现状进行辩解，并企图为垄断组织利用国家制定有利于自己的"福利国家"政策、价格和产量政策以及对外贸易政策出谋献策。

近年来，西方经济学家着重对福利经济学中的外部经济理论、次优理论、相对福利学说、公平和效率交替学说、宏观福利理论等领域进行了讨论。这些"新"理论一方面企图说明，现代西方国家可以通过政府干预调节价格和产量，实现资源的合理配置；另一方面企图说明，现代西方国家的分配制度虽不合理，但是如果加以改变，则可能更不合理，一切人为的改善分配状况和增进福利的措施都是无效的。

（5）边际主义效率观。19世纪70年代边际效用学派的出现被认为是经济学中爆发了一场全面革命的标志。这场革命被称为边际革命。这场革命使经济学从古典经济学强调的生产、供给和成本，转向现代经济学关注的消费、需求和效用。边际革命从19世纪70年代初开始持续到20世纪初，相继二三十年，边际效用学派的代表人物应该是英国经济学家杰文斯，洛桑学派的法国经济学家瓦尔拉和奥地利学派的门格尔。他们在19世纪70年代初先后出版了各自的代表作，并不约而同地讨论了同一个问题，即价值由什么决定。边际革命包含两项重要内容，即边际效用价值论和边际分析方法的广泛运用。

19世纪70年代开始的经济学边际主义革命，使经济学效率观从财富数量观转变为效用观。资源一定，效用越大效率越高，反之效率越小。同时数学微积分知识在经济学领域应用的不断深化，使得效率问题在经济学中转化成最优值问题，使得效率由一般模糊的经济学概念变成了具体的可以求解的数量问题，大大丰富了经济学效率思想。

我们不管是什么原因引起了19世纪70年代经济学边际主义革命，边际主义分析方法的兴起，确实引起了经济学范式的一次重要革命，经济学由此实现了古典范式到现代范式的转变，并且正是有了这种转变，经济学才正式开始成为一门在可供选择的不同用途之间分配有限资源以实现最佳目标的科学。边际学派都承认，一个人所拥有的资源有多种用途时，一定会按各种资源在使用中的边际效用相等的原则来配置资源，而资源在整个社会的优化配置，又只有通过自由竞争才能实现。于是古典学派的自由竞争思想又获得了新的理论支撑，古典经济学进入了新古典阶段。伴随着这种经济学的变革，效率观念也从财富数量观转化成效用数量观。特别是马歇尔①在其《经济学原理》（1890）中提出边际效用概念，又采用边际增量分析方法，使得求解效用大小的问题变成微积分中极值运算问题。

（6）诺斯②的制度效率观。诺斯从制度变迁的角度，提出了制度效率，即指在一种约束机制下，参与者的最大化行为将导致产出的增加；而无效率则是指参与者的最大化行为将不能导致产出的增长。③ 实际上，制度效率的最根本特征就在于，制度能够提供一组有关权利、责任、利益的规则，为人们制定一套行为的规范，为人类的一切创造性活动和生产性活动提供最大的空间，以最小的投入取得最大的产出，并让生产、交换和消费获得帕累托最优效率。判断一种制度是否有效，主要应看两个方面：第一，制度结构能否拓展人类选择的空间；第二，制度指导经济发展是否通过价格进行，即能否获得一个正确价格是判定制度是否有效的第二个标准。应该指出，上述新制度经济学的效率观，虽然也把制度视为稀缺资源，指出制度这种资源同样存在最优配置问题，但其制度效率的立足点或目标或重点仍在于经济效率。

（二）西方思想界的公平效率观

公平与效率问题一直是西方经济学家研究的主题。在西方经济学文献中，对公平和效率关系研究的共同的基本假设是：第一，资源稀缺性的存在。第二，经济理性人的假设，即每个人都是在一定的约束条件下追求利益最大化。也就是说，每个人或每个经济行为人都是自利的，都按照"成

---

① 阿尔弗雷德·马歇尔（Alfred Marshall，1842—1924），近代英国最著名的经济学家，新古典学派的创始人，剑桥大学经济学教授，19世纪末20世纪初英国经济学界最重要的人物。在马歇尔的努力下，经济学从仅仅是人文科学和历史学科的一门必修课发展成为一门独立的学科，具有与物理学相似的科学性。剑桥大学在他的影响下建立了世界上第一个经济学系。

② 道格拉斯·诺斯（Douglass C. North，1920—　），1942年和1952年分别获得美国加州伯克莱大学学士学位和博士学位。由于建立了包括产权理论、国家理论和意识形态理论在内的"制度变迁理论"，获得1993年诺贝尔经济学奖。

③ 〔美〕道格拉斯·C.诺思：《经济史中的结构与变迁》，陈郁、罗华平等译，上海三联书店、上海人民出版社1991年版，第12页。

本—收益"的计算进行决策。无论是微观分析还是宏观分析,总是以个人为分析的基本单位。第三,市场是完全竞争的。所以,人们有一种普遍的误解,认为在西方国家关于公平与效率的观点,似乎只有"效率优先"这一种,或者认为只有这种观点才是正统的、主流的。其实,在公平与效率的关系问题上,西方存在着三种典型的观点:效率优先论;公平优先论;公平与效率并重论。这三种观点至今仍争论不休,分不出绝对的正统与主流。①

1. 效率优先论

在经济学文献中,基本都是从资源配置角度来进行效率分析的。这是经济学研究的中心问题,也是现代微观经济学的基本组成部分。具体讲,如何在资源和技术既定的条件下尽可能满足人类需要,这就是效率问题。经济学家对"效率"的概念一再地加以改进,提出了各种效率的定义。如熊彼特②1934年在其著名的著作《经济发展理论》中提出的效率定义强调了资本积累、技术进步等因素。③ 卡尔多④1939年在《经济学的福利命题和个人间效用的比较》一文中提出了卡尔多效率标准:一种经济变化使受益者得到的利益补偿受损者的失去利益而有所剩余。⑤ 英国经济学家希克斯⑥1941年在《消费者剩余的复兴》一文中提出的效率概念是:经济变化

---

① 参见陈燕《西方有关公平与效率的一些典型观点》,《红旗》文稿2005年第14期。
② 约瑟夫·熊彼特(Joseph Alois Schumpeter,1883—1950),是一位具有深远影响的美籍奥地利政治经济学家。其被誉为"创新理论"的鼻祖。1912年,其发表了《经济发展理论》一书,提出了"创新"及其在经济发展中的作用,轰动了当时的西方经济学界。《经济发展理论》创立了新的经济发展理论,即经济发展是创新的结果。其代表作有《经济发展理论》、《资本主义、社会主义与民主》、《经济分析史》等,其中《经济发展理论》是他的成名作。近年来,熊彼特在中国大陆声名日隆,特别是一谈到"创新",熊彼特的"五种创新"理念时常被人引用和提及,几乎到了"言创新必称熊彼特"的程度。不仅仅是中国,作为"创新理论"和"商业史研究"的奠基人,熊彼特在西方世界的影响也正在被"重新发现"。据统计,熊彼特提出的"创造性毁灭",在西方世界的被引用率仅次于亚当·斯密的"看不见的手"。
③ 〔美〕熊彼特:《经济发展理论》英文版,哈佛大学出版社1934年版,第132页。
④ 尼古拉斯·卡尔多(Nicholas Kaldor,1908—1986),当代英国著名的经济学家,新剑桥学派的主要代表人物之一,以提出与经济增长论相融合的收入分配论和建议以消费税代替个人所得税著称。卡尔多的经济研究领域很广,从厂商理论到福利经济学,从资本理论、国民收入分配理论到经济周期、经济增长理论,从国际贸易理论到货币政策、税收政策。
⑤ 〔英〕卡尔多:《经济学的福利命题和个人间效用的比较》,载于《经济学杂志》1939年9月号,第550页。
⑥ 约翰·希克斯(Hicks, John Richard)(1904—1989),英国经济学家,1972年诺贝尔经济学奖获奖者,一般均衡理论模式的创建者。

的受损者不能促使受益者反对这种变化，也意味着社会福利的改进。①1966年美国经济学家哈维·莱宾斯坦于在《美国经济评论》杂志上发表的《配置效率与"X效率"》论文中提出了X效率。莱宾斯坦提出的技术效率或X效率：指企业内由于职工的努力使现有资源能生产更多产量所引起的效率，认为这种效率与资源配置的改善无关，而是取决于企业全体职工的努力和协调程度。②普莱尔研究了消费效率：他认为，所谓消费效率是指这样一种状态，为不降低任何人（甚至是一个人）消费效用的水平，除非改变消费者产品和服务的消费形式，生产形式就不能改变。③

在经济学中，运用最为广泛的同时也是较少争议的效率定义就是帕累托效率。这是意大利经济学家帕累托对经济学的这一杰出贡献。在他的《政治经济学讲义》（1896—1897）和《政治经济学教程》（1906）中，帕累托以瓦尔拉斯一般均衡④分析为基础提出了如下效率的定义：对于某种经济的资源配置，如果不存在其他可行的配置，使得该经济中的所有人至少和他们在初始时情况一样良好，而且至少有一个人的情况比初始时严格得更好，那么，这个资源配置是最优的。简单讲，帕累托效率是指这样一种社会资源的配置状态：一种资源的如何重新配置，都不可能使任何一个人收入增加而不使另一个人的收入减少；也可以是指一个在最优状态下取得的最大剩余或收入。⑤在经济学文献中，其他有关效率的定义在某种意义上讲，都只是"帕累托最优状态"的不同说法而已。任何别的"效率"的概念，一旦在新古典模型中重新陈述，最终将归结到这个定义。帕累托效率的本质就是"最优"。⑥

效率优先论是指在处理公平与效率的关系时，主张经济效率的首要

---

① 〔英〕希克斯：《消费者剩余的复兴》，载《经济学杂志》1941年2月号，第108页。
② 〔美〕哈维·莱宾斯坦：《配置效率与"X效率"》，载《美国经济评论》1966年。
③ 普莱尔：《东西方经济体制比较——研究指南》，中国经济出版社1989年版，第56页。
④ 瓦尔拉斯一般均衡是指整个市场上过度需求与过剩供给的总额必定相等的情况。1874年，法国经济学家里昂·瓦尔拉斯建立了被后人称为瓦尔拉斯一般均衡的理论。在经济学史上，瓦尔拉斯第一个提出了一般均衡的数学模型并试图解决一般均衡的存在性问题。瓦尔拉斯按照从简单到复杂的思路一步一步地构建自己的一般均衡理论体系。首先，他从产品市场着手来考察交换的一般均衡，而后从要素市场的角度来考察包括生产过程的一般均衡，然后再对资本积累进行一般均衡分析，最后他还运用一般均衡分析方法考察了货币交换和货币窖藏的作用而得出了他的货币和流通理论，从而把一般均衡理论由实物经济推广到货币经济。瓦尔拉斯的一般均衡理论后经帕累托、希克斯、谢尔曼、萨缪尔森、阿罗、德布鲁以及麦肯齐等经济学家的改进和发展，形成现代一般均衡理论。
⑤ 〔意大利〕帕累托：《政治经济学教程》，巴黎古诺雷出版社1909年版，第617—618页。
⑥ 何大昌：《西方经济学关于公平与效率关系理论研究》，《现代管理科学》2002年第6期。

性，认为只有效率得到了提高，才能更多地体现公平，不能因为公平的原因而伤害效率。在这一论点中，"效率"这一概念主要是指经济效率，即资源配置效率，公平往往被理解为结果平等或收入均等。亚当·斯密最早就这一问题提出了"效率优先，机会均等"的经济公平思想，其后的萨伊[①]、约翰·穆勒[②]及新古典主义的马歇尔[③]、庇古[④]等人在此基础上，从功利主义思想出发，从资源配置、边际效用和分配结果的公平性等角度对此进行了进一步的完善，得出了古典主义和新古典主义经济学所谓"效率优先论"的公平观："机会均等，效率制胜"，同时"兼顾分配结果的相对公平"。持此观点的主要是一些自由至上论者，西方经济学中的许多经济自由主义者们，如哈耶克[⑤]、弗里德曼[⑥]、罗宾斯[⑦]、科斯[⑧]都是这一观点的拥护者。

在效率优先论者们看来，真正的公平是机会公平，结果（收入和财

[①] 让·巴蒂斯特·萨伊（Say, Jean Baptiste, 1767—1832），法国资产阶级庸俗政治经济学的创始人。

[②] 约翰·穆勒（John Stuart Mill, 1806—1873），英国著名哲学家和经济学家，19 世纪影响力很大的古典自由主义思想家。他支持边沁的功利主义。

[③] 阿尔弗雷德·马歇尔（Alfred Marshall, 1842—1924），当代经济学的创立者，现代微观经济学体系的奠基人，剑桥学派和新古典学派的创始人，19 世纪末 20 世纪初英国乃至世界最著名的经济学家。

[④] 庇古（Arthur Cecil Pigou, 1877—1959），是英国著名经济学家，剑桥学派的主要代表之一。

[⑤] 哈耶克（Hayek, Friedrich August, 1899—1992），奥地利裔英国经济学家，新自由主义的代表人物。

[⑥] 米尔顿·弗里德曼（Milton Friedman, 1912—2006），是美国经济学家，货币主义大师，以研究宏观经济学、微观经济学、经济史、统计学及主张自由放任资本主义而闻名。1976 年取得诺贝尔经济学奖，以表扬他在消费分析、货币供应理论及历史和稳定政策复杂性等范畴的贡献。弗里德曼是《资本主义与自由》一书的作者，在 1962 年出版，提倡将政府的角色最小化以让自由市场运作，以此维持政治和社会自由。他的政治哲学强调自由市场经济的优点，并反对政府的干预。他的理论成了自由意志主义的主要经济根据之一，并且对 20 世纪 80 年代开始美国的里根以及许多其他国家的经济政策都有极大影响。

[⑦] 斯蒂芬·罗宾斯（Stephen P. Robbins），是美国著名的管理学教授，组织行为学的权威，他在亚里桑纳大学获得博士学位。曾就职于壳牌石油公司和雷诺金属公司。有着丰富的实践经验，并先后在布拉斯加大学、协和大学、巴尔的摩大学、南伊利诺伊大学、圣迭戈大学任教。罗宾斯博士兴趣广泛，尤其在组织冲突、权力和政治，以及开发有效的人际关系技能等方面成就突出。他的研究兴趣集中在组织中的冲突、权威、政治以及有效人际关系技能的开发方面。

[⑧] 罗纳德·哈里·科斯（Ronald H. Coase, 1910—2013），美国芝加哥大学著名教授，新制度经济学的鼻祖，1991 年诺贝尔经济学奖的获得者。

富）是否公平并不重要。国家的作用在于保证私有财产的合法性和排他性，保证人人有获得私有财产的公平机会，保证市场的自由竞争，以促进经济效率的提高。这种观点实际上是经济自由理论的一个延伸，因而成为自由经济主义各流派的共同主张。其代表人物如新自由主义学派的哈耶克①和货币主义学派的领袖弗里德曼。

效率优先论强调经济增长中市场机制配置资源的重要作用，将与市场相联系的效率放在优先的政策目标，反对政府干预再分配的以收入均等化为中心的"结果均等"。效率优先论可归纳为两点：一是认为效率是与市场竞争相联系的，而市场竞争又与经济自由相联系。没有自由就没有市场竞争，也就没有效率。自由是效率优先的前提，又是效率优先的结果。弗里德曼强调：一个社会把平等——即所谓结果均等——放在自由之上，其结果是既得不到平等，也得不到自由。二是效率本身意味着公平。因为效率来自个人的努力程度。按照个人的努力程度分配报酬是最公平的。

哈耶克着重强调了效率与形式公平。哈耶克所指的"形式公平"，是指在法律面前的平等和机会的平等。哈耶克认为，遵循这两个平等原则才能保证效率。追求效率的同时必然会带来收入及财富分配的不平等，但这种不平等是合理的，并且是应当受到政府行为保护的。因此，政府的职责不是"用特殊干预行动来纠正自发过程所形成的分配状况"，② 而在于保护法律面前的平等以保证效率和自由。哈耶克认为，用政府特殊干预对市场造成的分配状况进行"纠正"，就"一个原则同样地适用于每一个人而言，从而不可能是公正的"。

在经济自由主义者看来，市场、自由、效率之间有着非常密切的关系，自由作为一种人类社会一直在追求的价值目标，在市场经济中得到了最充分的实现。自由竞争是市场经济最重要的条件，正是在自由的前提下，市场经济为人类社会创造了前所未有的财富，资源的配置也取得了前所未有的效率。有自由就有效率，自由的缺失就是效率的缺失，自由和效

---

① 弗里德里奇·哈耶克（Friedrich August Hayek，1899—1992），奥地利裔英国经济学家，新自由主义的代表人物，获1974年诺贝尔经济学奖。哈耶克生于奥地利维也纳，先后获维也纳大学法学和政治科学博士学位，主要任教于英国伦敦政治经济学院（1931—1950）、美国芝加哥大学（1950—1962）、德国弗赖堡大学（1962—1968）等。学术上虽然哈耶克属于奥地利学派，但他曾在芝加哥学派步入鼎盛时期间长期在芝加哥大学研究任教（1950—1962年），并与芝加哥学派的弗里德曼等许多代表人物关系甚密，其著作《通往奴役之路》主要由芝加哥大学出版社出版发行（1944）并大获成功。

② 〔英〕哈耶克：《法律、立法和自由》第2卷，伦敦：劳特利奇出版社1976年版，第142页。

率是一体的。市场机制不会自动缩短贫富之间的距离，达到平等主义者所追求的结果平等，这一任务往往是由国家对经济进行干预、实施再分配来完成的。因此，要求分配上的平等，就等于赋予国家强行从那些在市场中处于优势的人的手中拿去一部分财产的权力，这是对人的自由权利的干涉。从这个角度讲，效率与公平的矛盾在经济自由主义者那里又直接表现为经济分配问题上的自由与平等的矛盾。

作为一名激进的资产阶级自由主义者，哈耶克将自由理解为一种不受社会中他人强制的状态。他反对人们将自由理解为做自己想做的事情的能力或所能选择的程度，认为如果这样理解，"必然导致将自由等同于财富，某些人因此会打着'自由'的旗号要求重新分配财富"。[①] 然而，尽管自由和财富都是人们希望拥有的东西，但两者之间并没有直接的关系。一个人可能家财万贯，却并不自由，而"一个一文不名、居无定所的流浪汉实际上比享有安全、生活舒适的义务兵自由得多。"[②] 自由市场机制能够为实现平等提供机会，因为"虽然在竞争制度下，穷人致富的可能性比拥有遗产的人致富的可能性要小得多，但前者不但是可能致富，而且他只有在竞争制度下，才能够单靠自由而不靠有势力者的恩惠获得成功，只有在竞争制度下，才没有任何人能够阻挠他谋求致富的努力。"[③] 相对于国家调节用同一个标准对待所有不同的人而言，自由市场机制所支持的才是真正的平等——机会均等。因此，不管哪种形式的出于公平目的的再分配都是对个人自由权利的一种侵犯。哈耶克反对国家对收入分配的任何形式的调节，认为用国家的行政手段去实现"平等"，不仅是人为地破坏了市场的自然秩序，损害了效率，而且最终也实现不了平等。

同哈耶克一样，弗里德曼也主张市场优先、效率优先。弗里德曼认为追求效率所体现的结果不公平本身就是公平的，而"结果均等显然与自由相抵触"。[④] 在保证机会均等和权利均等的前提下，则应按照个人拥有的工具和他所生产的东西进行收入分配，该过程由于受到种种不确定因素的影响，则收入分配必将带有不均等的特征，而这种不均等本身也将促进社会

---

① 〔英〕哈耶克：《自由宪章》，杨玉生等译，中国社会科学出版社1999年版，第37页。
② 同上书，第38—39页。
③ 〔英〕哈耶克：《通往奴役之路》，王明毅等译，中国社会科学出版社1997年版，第100页。
④ 〔美〕米尔顿·弗里德曼、罗斯·弗里德曼：《自由选择》，胡骑等译，商务印书馆1982年版。

进步和经济发展。① 认为自由市场具有足够的能力来解决生产和分配的问题，反对政府对经济的干预及以政府为主对收入分配进行的调节，因为政府干预只能导致无效率、腐败和危害个人自由。弗里德曼认为自由并不与平等相冲突，机会均等是自由的重要组成部分，而市场机制是自由与平等的充分结合。他指出，"凡是容许自由市场起作用的地方，凡是存在着机会均等的地方，老百姓的生活都能达到过去做梦也不曾想到的水平。相反，正是那些不允许自由市场发挥作用的社会里，贫与富之间的鸿沟不断加宽，富人越来越富，穷人越来越穷。"② 而且，"一个社会把平等——即所谓结果均等——放在自由之上，其结果是既得不到平等，也得不到自由。使用强力来达到平等将毁掉自由，而这种本来用于良好目的的强力，最终将落到那些用它来增进自身利益的人们的手中。另外，一个把自由放在首位的国家，最终作为可喜的副产品，将得到更大的自由和更大的平等。"③

罗宾斯认为，社会经济发展必然会带来社会分配不公平，这种现象无法消除，只能在某种程度上减轻。而减轻收入和财富不公平的主要手段在于提高生产效率，而非对再分配过程进行干预。他说："即使假设政府干预分配不至于减少激励因素和生产，即使是对比较富有的国家进行绝对平均主义的重新分配，人均收入也只有比较不明显的提高。"基于以上认识，他认为"对社会上较贫穷阶级境况的改善，起主要影响的一直是人均产量的增加"。"尽管本世纪采取过许多重新分配的措施，但西方世界中较贫困阶级的收入的提高，却主要是因为生产率的增加。"④

此外，伦理学家诺齐克⑤出于维护自由权利的必要，对市场的分配机制也持肯定态度。他的权利正义理论可以说是为效率优先论提供了一种伦理上的论证。诺齐克用"持有"这一概念代替了"分配"，他认为所有权是神圣而不可侵犯的，"如果所有人对分配在其份下的持有都是有权利的，

---

① 刘斌、刘鹏生：《西方经济学关于效率与公平关系问题的评述》，《经济理论问题》2004年第9期。
② 〔美〕米尔顿·弗里德曼、罗斯·弗里德曼：《自由选择》，胡骑等译，商务印书馆1982年版，第149—150页。
③ 同上书，第151—152页。
④ 〔英〕罗宾斯：《过去和现在的政治经济学：对经济政策中主要理论的考察》，商务印书馆1997年版，第111页。
⑤ 罗伯特·诺齐克（Robert Nozick，1938—2002）是美国的哲学家，也是哈佛大学的教授。他最知名的著作是在1974年撰写的《无政府、国家与乌托邦》一书，当中他以自由意志主义的观点出发，反驳了约翰·罗尔斯在1971年出版的《论正义》一书。

那么这个分配就是公正的。"① 即不管是谁，只要他对财富的占有（持有）的过程是正当的，不管这个过程对社会造成了多大的贫富悬殊都是合法的，任何人，包括国家都没有权利拿走属于他的东西，否则就侵犯了他的权利。通常人们以平等为理由要求的再分配，在诺齐克看来，"是一件涉及侵犯人们权利的严重事情。"② 对一些处于优势的人征收劳动所得税无异于强制其劳动，强制一部分人为另一部分人无偿地服务。这样一来，除非财富持有者心甘情愿地将自己的权利以交换、转让、馈赠等正当方式赋予他人，否则任何一种以消除贫困或追求平等为目的的再分配都是不正当的。因此，诺齐克的持有正义理论是对效率优先论最富影响力的伦理支持。

2. 公平优先论

比较而言，经济学文献中关于"公平配置"的恰当概念，还没有达成与帕累托效率类似的一致意见。综合相关文献，公平的含义一般有三个层次：一是法律公平，即权利公平。其一般意义包括：规范的或合法的行动限制仅仅取决于行动的性质，而不是行为主体的身份。就是说，法律同样地对待处于同样地位的人，而不会按照与行动无关的一些特征对谁实行歧视。法律公平的核心是保护人权，反对特权。二是机会公平或过程公平。机会平等是经济制度中机遇的公平，具体来讲，人们为最终取得自己的社会地位及其相应的权益而必须经历的过程给予所有人同样的机会。然而，机会公平存在着不可能性。因为人的初始状况即个人天赋、家庭、出身、继承权、财产多寡等还存在着很大的差距。三是收入公平或结果公平。结果的公平是指收入或商品的公平分配，即给予每个人占有的地位的报酬是相同的，不受活动的影响。也就是指最终商品或收入的平等分配，即向所有人提供等量的报酬。然而，用收入表示的结果公平也有一定的难度。因为各个人、各个家庭的需求不同，所以要达到同样程度的福利水平，需要不同的个人和家庭要有不同的收入；如果实现了收入公平或结果公平，那么各个人、各个家庭的福利水平就不相同了。

由于对公平的价值判断不同，对过程公平和结果公平的强调不同，形成了三种主要的公平观点：

第一种是福利经济学的功利主义公平观念。这种观念主要起源于杰里

---

① 〔美〕诺齐克：《无政府、国家和乌托邦》，姚大志译，中国社会科学出版社1991年版，第157页。
② 同上书，第172页。

米·边沁,被庇古等经济学家加以发展形成的。① 由于福利经济学在讨论公平时,总是同效用最大化问题联系在一起。因此,功利主义经济学的公平观可以这样表述:即使社会所有成员的总效用最大化;也就是说,公平就是使社会所有成员的效用最大化。但是,在近几十年来出版的公平理论的文献中,福利经济学的功利主义公平观受到了严重的挑战。例如,有些经济学家就指出,有许多东西是不能包含在效用这个观念中的,如美丽、健康和家庭等不可转移的属性。因此即便经济商品的分配是公平的,仍然会存在某个人对另一个人的美丽和健康的好身段的妒忌。还有的经济学家认为,效用最大化是否意味着可以不考虑分配状况?即只要个人得到最大满足,即无论其得到的商品多寡如何,都可视为公平的?这种公平观碰到的一个关键性的难题是:是否能够真正比较不同选择对每个人的效用,如果不能比较不同选择对每个人的效用,又如何判断个人效用最大化。进一步的问题是,社会效用最大化是否能从一致的个人效用最大化中得出?

第二种有影响的公平观点是罗尔斯主义公平观。罗尔斯是美国著名哲学家、伦理学家。他在1971年发表的《正义论》一书中,从道德哲学的意义将公平问题从传统福利主义的社会福利最大化中独立出来,创立了一种新的公平观念。这个公平观表达和反映了对处境恶劣的个人的效用水平的关心。围绕这个题目,福利主义经济学文献迅速增长。罗尔斯的公平观可以简要地概括为:最公平的资源配置就是使境况最糟的人的效用最大化。罗尔斯的公平理论的困难和矛盾在于:不利地位的含义是什么?以谁的标准来衡量公平?而且,罗尔斯的公平理论和功利主义效用理论一样,都会碰到社会效用最大化是否能从一致的个人效用最大化中得出?

第三种有着重要影响的公平观点是市场主导公平观。这实际上是经济自由主义的公平观。这种观点认为:竞争性市场进程的结果是公平的,因为它奖励那些最有能力的和工作最努力的人。例如,如果 A 是竞争性均衡配置,则 A 就被认为是比 B 更公平的,尽管 A 在该商品的配置上没有 B 那么平均。这种观点实际上把市场最有效率和市场最公平混为一谈。

此外,正在被引起重视特别是发展中国家重视的公平观点是阿马蒂亚·森②的能力主义公平观。森提出:更合理的公平概念,可能要求对人

---

① 参见〔美〕埃克伦德《经济理论和方法史》第4版,杨玉生、张凤林译,中国人民大学出版社2001年版,第106—110页。
② 由于阿马蒂亚·库马尔·森(Amartya Kumar Sen, 1933—)对福利经济学几个重大问题做出了贡献,包括社会选择理论、对福利和贫穷标准的定义、对匮乏的研究等作出精辟论述,1998年荣获诺贝尔经济学奖,被称为关注最底层人的经济学家。

们的基本的潜在能力的分布予以直接的注意。所谓能力主义公平，实际上就是以满足人的需要作为公平的基础。① 森认为，这种方法，可以追溯到斯密和马克思的主张。这种公平观的困难在于，具体定义需要是很困难的。此外，如果只考虑需要而不考虑个人的生产能力，问题是谁做蛋糕？又是谁把蛋糕做大？进一步讲，各人的需要如何平衡呢？这些都是要探讨的问题。

各种不同的公平观点之间是否存在着共同点？如果存在，那么这个共同点是什么呢？有些经济学家认为是存在的。例如，邓肯·弗利在1967年提出了的一个公平观念，被誉为"具有开拓性的贡献"。弗利认为，一个人的相对利益是用"不妒忌"这个标准来判断的，即他或她是否乐意拥有另一个所享有的一组商品（商品束）。具体而言，一个行为者i，如果他宁可要另一个行为者j的商品束而不要自己的，他就是妒忌另一个经济行为者j。一种没有经济行为者羡慕任何其他经济行为者的分配，叫作无妒忌的分配。或者说：在没有任何人除了他自己的一份外想要其他人的一份的条件下，而且仅当在此条件下，分配才是公平的。如果没有人"妒忌"另一个人享有的那组商品，事物的状态就被描述为"平等的"。如果某一分配既是平等的即无妒忌，又是有效率，我们就说它是公平的。弗利的公平观念之所以被誉为"具有开拓性的贡献"，不主要是他提出用"不妒忌"这个概念来表示公平，而是他试图透过"不妒忌"这个提法试图揭示各种不同公平观点之间的共同点。正如弗利对他关于"公平"的讨论所做的总结那样："如果各人趣味差别很大，这一分析便无多大益处，因为很多种分配状况都会符合公平标准。"提出"不妒忌"定义"只是想对一个困难而晦涩的题目做一点尝试性的贡献，并且对……福利经济学的概述做一个总结。"弗利总结的这个共同点就是：所有的公平观点就是要寻找一种分配或配置"对称性"。这种描述各种公平理论共同点的"对称性"是一种一般的抽象方法。正因为它是这样的一般，所以它能用来概括许多种道德判断的性质，也就是它可以用"不妒忌"来具体表示，既可以用结果公平来表示，同样也可以用过程公平来具体表示。另外，它又不经常用于决定哪种道德判断最有道理。它只是说，如果一个分配或配置具有"对称性"，就有该分配或配置是公平的结论；如果一个分配或配置不具有"对

---

① 侯道光、程腾欢：《1998年诺贝尔经济学奖得主阿马蒂亚·森在福利经济学上的贡献》，香港《信报》1998年10月16日。

称性",该分配或配置肯定是不公平的。①

公平优先论是指在处理公平与效率的关系时,以平等作为衡量分配是否公平的标准,在二者发生矛盾的时候,强调平等的最终目的价值。持这一观点的人认为,尽管市场在进行资源配置上具有不可替代的作用,但是市场并不是万能的,它不可能产生符合现代社会要求的合乎正义的分配。自由市场体制所强调的机会均等并不是真正的公平,在资本分布、天赋状态及教育水平等方面都不具备平等意义的条件下,机会具有很大的盲目性。如果任由市场自由运作,必然导致人们之间分配上的巨大差异,这种贫富上的分化对人的尊严、社会的稳定以及人类的生存都会造成威胁,因此,在市场分配之外,应该通过国家的经济干预、制定新的合乎正义的制度等手段对分配进行调节。

持公平优先论的不仅有经济学家,还有哲学家和社会学家。主要代表人物有勒纳(A. P. Lerner)、罗尔斯(J. Rawles)、米里斯(J. A. Mirrlees)和德沃金②等著名思想家。英国新剑桥学派的琼·罗宾逊(Joan Robinson)等人也主张公平优先。

主张公平优先论的西方学者认为,收入分配不公平会导致权利和机会的不公平,因为在市场经济下,金钱可以和权力相交换,权力又可以成为收入和财富的源泉。这样一来,人们的收入和财富不一定同他的干劲和努力程度成正比,收入和财富不一定都是"公平"所得。因而不公平会通过损害人的积极性和工作热情来降低效率。并且,不平等的收入还会损害人的尊严,使"人人生而平等"成为一句空话。美国经济学家柯密特·高登认为:"平等权利和不平等收入的混合结果,造成了民主的政治原则和资本主义经济原则之间的紧张关系。有些大获市场奖励的人,用金钱来谋取额外的权利帮助,而这些权利本应是平等分配的。对这些人来说,他们提前起跑使得机会不均等了。对那些在市场上受到惩罚的人来说,其后果是一定程度的被剥夺,这与人类尊严和相互尊重的民主价值观相冲突。"③

---

① 参见何大昌《西方经济学关于公平与效率关系理论研究》,《现代管理科学》2002年第6期。
② 罗纳德·德沃金(Ronald. Myles. Dworkin, 1931—)是当代最著名、最活跃的法理学家之一。德沃金出生于美国马萨诸塞州,先后在哈佛学院、牛津大学和哈佛大学获得学士学位,在耶鲁大学获得硕士学位。罗纳德·德沃金被公认为当代英美法学理论传统中最有影响的人物之一。总的来说,德沃金所展现的是一种由政治自由主义指导的法理学。他的每一部重要的著作都引起广泛的讨论,其中既有赞同者,亦有批判者。
③〔美〕阿瑟·奥肯:《平等与效率——重大的抉择》,王奔洲译,华夏出版社1987年版,第1页。

勒纳从增进总体社会福利水平的角度出发，主张实行收入平均分配。他认为，效用不能测量及进行人际比较，因此不可能知道何种分配方式可获得最大福利，收入再分配对总福利的影响不能确定。此时，所能做的最令人满意的假定只能是，平均分配将是获得最大满足的一种分配方式。所以，在勒纳看来，公平或平等的含义是收入分配的绝对平均，效率也必然是在收入平均分配的基础上实现的。①

美国著名哲学家和伦理学家罗尔斯认为，在考虑到收入转移的成本之后，效率与公平是相互替代的，公平就是使"最穷的人的状况尽可能变好"的分配。罗尔斯坚持公平优先于效率的观点，他指出："公平正义是优先于效率的"，效率原则从属于公平正义原则，如果能提高社会最贫穷的人的利益，即使牺牲某些效率也是应该的。②

罗尔斯追求的是一种根据社会契约组成的公正的理想社会，在这个社会里，必须公平优先。罗尔斯认为，人们的不同生活前景受到政治体制和一般的经济、社会条件的限制和影响，也受到人们出生伊始所具有的不平等的社会地位和自然禀赋的深刻而持久的影响，而这种不平等却是个人无法自我选择的。他在《正义论》一书中所确立的正义原则就是试图通过调节主要的社会制度，来从全社会的角度处理这种出发点方面的不平等，尽量消除历史的和自然因素对于人们生活前景的影响。

罗尔斯认为，在正义社会里，公共政策目标就是使境况最坏的那部分人福利最大化，社会通过再分配或一些补偿措施使所有成员都处于一种平等的地位。在罗尔斯看来，正义或公平的含义就是他所表述的初始状态下的两个正义原则：在社会成员中平等地分配各种基本权利和义务，平等地分配社会合作所产生的利益和负担，各种职务和地位平等地向所有人开放，只允许那种能够提高境况最坏的人群组福利的不平等分配。罗尔斯的这种对境况最坏的人群偏爱的模式在有些福利经济学著作中被称作"最大化最小效用"分配标准。

尽管罗尔斯也是一个自由主义者，但是他对自由的信念与诺齐克不一样，罗尔斯在"自由"的前面加了一个"平等"，并以"民主"作为"平等"的政治内涵，他认为人最基本的权利是"平等的自由"，即在自由的享有上应该具有民主性。他指出："在作为公平的正义中，正义原则是先

---

① 刘斌、刘鹏生：《西方经济学关于效率与公平关系问题的评述》，《经济理论问题》2004年第9期。
② 〔美〕罗尔斯：《正义论》，何怀宏等译，中国社会科学出版社1988年版，第75页。

于对效率的考虑的,因此,大致来说,代表正义的分配的内部点一般要比代表不正义分配的效率点更可取。"① 根据经济学中最普遍认同的"帕累托最佳原则",一种结构,当改变它使一个人或某些人状况变好的同时不可能不使其他人(一个人)状况变坏时,这种结构就是有效的。但是,合乎这一原则的有效率的分配方式可能存在多个,而不是一个,并且无论分配是极端平均还是极端不平等都没有什么差别。例如,根据帕累托原则,社会的绝大部分财富都由一个人占有也是有效率的,因为没有别的可使其他人得益而不使财富占有者受损的再分配方式,这种分配自然是有效率的。我们当然不能接受这种不平等分配的效率,它意味着对一切既定分配方式的认同和支持。如果我们必须在众多的结构中选择一种,效率原则自身并不能决定正义,它必须以某种内含正义的标准来确定。即,仅仅效率原则本身不可能成为一种正义观,它必须以某种合乎正义的方式得到补充。罗尔斯最终确定的是"差别原则"——社会的和经济的不平等应这样安排,使它们适合于最少受惠者的最大利益。他认为,所有的社会基本价值都应该被平等地分配,如果允许某种不平等存在,那一定是因为这种不平等对所有的人都有利,否则它就是非正义的。

平等是美国伦理学家德沃金权利理论的"核心",他将其称之为"政治社会至上的美德"②。与大多数自由主义不同,德沃金认为,平等与自由是相容的,它是每个珍惜自由的人都会珍惜的一个价值,并且是包括自由在内的所有其他权利的基础。真正的平等应该是资源的平等,造成人类经济不平等的主要原因就在于资源占有上的不平等,而资源分配上的不平等很大程度上源于人们不同的家庭背景、天赋等因素,这是不正义的。很多平等主义为了矫正这一不正义,主张对所有的财富进行重新平均分割。但德沃金不赞成这种方法,因为这种方法无视人们之间需要的不同,在他看来,最好的方式应该是通过"公开拍卖"进行重新分配。在保证所有的人都具备平等进入的条件的前提下(即给所有的人相同的类似货币的贝壳),由人们各自在市场中自由选择自己感兴趣的东西。这样分配的最终结果是,没有人宁愿选择别人的资源,即社会成员之间不再相互妒忌。在此,我们需要注意,德沃金对待市场经济的态度与其他人有很大的区别,以往人们都将市场视作平等的敌人,认为市场机制允许并鼓励财产分配上的巨大不平等。而德沃金则将市场看作实现平等的场所。人们在市场中参与

---

① 〔美〕罗尔斯:《正义论》,何怀宏等译,中国社会科学出版社1988年版,第65—69页。
② 〔美〕德沃金:《至上的美德》,冯克利译,江苏人民出版社2003年版,第1页。

"公开拍卖",在这一过程中所有的人都获得了"按需分配"这一平等的结果。"作为大量不同的商品和服务之定价手段的市场,在任何富有吸引力的资源平等理论的阐述中都必须处在核心位置。"① 这样,德沃金就用他独特的方式将平等置于效率之上,使其成为市场合理性的基础。

英国新剑桥学派的经济思想体现的也是公平优先。他们主张恢复李嘉图的传统,把收入分配问题作为经济学研究的主题。他们一方面认为收入分配格局是决定经济增长的内生变量,公平左右着效率。新剑桥学派的经济增长模型说明,由于财产所有主和工人这两个阶级的储蓄倾向不同,因而收入分配的改变必然引起社会储蓄率和储蓄总额的改变,进而引起经济增长率的改变。另一方面又认为,资本主义经济增长将会导致国民收入分配的相对份额发生不利于工人阶级的变化,即追求效率的结果是收入分配不平等。罗宾逊夫人特别强调资本主义社会的症结就在于收入分配不平等。在她看来,由于资本主义社会的收入分配是在一部分人占有资本、而另一部分人没有资本这一历史的、制度的基础上进行的,这种分配不可能是公平的。她呼吁通过国家干预来实现收入分配均等化。②

公平优先论是国家干预主义各流派的共同主张。其代表人物是英国著名经济学家凯恩斯。③ 国家干预主义强调市场的缺陷,认为如果听任市场机制充分发挥作用,收入就不可能公平地分配,并强调在政府干预下推行社会福利事业。公平优先论可以概括为:一是公平作为一种"天赋权利",它不能用金钱来衡量和标价。市场经济中的等价交换原则中的以金钱为媒介的交换,对公平是失效的,市场竞争所引起的收入分配悬殊,则是对这种"天赋权利"的侵犯。二是效率本身不仅不代表公平,相反,它来自不公平。因为在市场经济中,人们在财产占有、接受教育、天赋能力等方面机会不均等,竞争时不处在一条起跑线上。而且,市场并不是真正按照人们的实际贡献付酬的。凯恩斯指出,我们生活在其中的社会的显著特点是

---

① 〔美〕德沃金:《至上的美德》,冯克利译,江苏人民出版社2003年版,第68—69页。
② 〔美〕罗宾逊:《经济理论的第二次危机》,《国外社会科学》1978年第5期。
③ 约翰·梅纳德·凯恩斯(John Maynard Keynes, 1883—1946),英国著名经济学家,现代经济学最有影响的经济学家之一,他创立的宏观经济学与弗洛伊德所创的精神分析法和爱因斯坦发现的相对论一起并称为20世纪人类知识界的三大革命。凯恩斯经济学(英语:Keynesian economics),或凯恩斯主义(英语:Keynesianism),凯恩斯理论(英语:Keynesian theory),是根据英国经济学家约翰·梅纳德·凯恩斯的著作《就业、利息和货币通论》的思想基础上的经济理论,主张国家采用扩张性的经济政策,通过增加总需求促进经济增长。他的名著《就业、利息和货币通论》与亚当·斯密的《国富论》、马克思的《资本论》被西方经济学者奉为给社会经济生活带来深刻影响的三部经典著作。

不能提供充分就业以及缺乏公平合理的财富和收入的分配。

3. 公平与效率并重论（公平与效率交替优先论）

持公平与效率并重论观点的学者认为，公平与效率两个政策目标同样重要，二者必须并重，关键在于如何以最小的不平等换取最大的效率，或者以最小的效率损失换取最大的平等。持这种观点的学者们既不赞成效率优先，也不赞成公平优先，而是主张二者兼顾。他们试图找到一条既能保持市场机制的优点，又能消除收入差距扩大的途径，使效率提高的同时，又不过分损害公平。这种观点的代表人物有萨缪尔森[①]（P. A. Samuelson）、凯恩斯（J. M. Keynes）、布坎南[②]（J. M. Buehanan）和阿瑟·奥肯（A. M. Okun）。

公平与效率并重论（又称公平与效率交替优先论）是指在处理两者关系时，强调公平与效率同等重要，既不应该用效率取代公平，也不应该以公平替代效率。这种理论认为公平与效率这两个政策目标同样重要，没有先后之分，二者必须兼顾，即如何以最小的不平等换取最大的效率，或者以最小的效率损失换取最大的平等。当两者发生矛盾冲突时，应该根据具体情况，有时强调公平，有时又强调效率。

萨缪尔森认为公平与效率是相互促进的。解决公平问题本身就会带来效率的提高："贫穷根源于缺乏教育和训练，根源于歧视和不利的背景，根源于营养不良。从这个意义上说，贫穷的根源是贫穷的条件，通过打破今天的不良教育、高失业和低收入的恶性循环，我们将提高穷人的技能和人力资本，从而提高他们明天的效率。"[③] 在萨缪尔森看来，收入分配过度不平等不是一件好事，而收入分配完全平等也不是一件好事。他认为，如果没有政府干预，市场经济自发运行形成的收入分配有可能过分不平等而令人难以接受。但是市场的自动机制又可以实现资源配置效率。既要效率又要平等的途径是通过政府干预来修补市场机制这只看不见的手。他写道："即便是最有效率的市场制度也会产生很大的不平等。""如果一个民主社会不喜欢自由放任市场制度下按货币投票进行分配的话，它能够采取

[①] 保罗·萨缪尔森（Paul A. Samuelson, 1915—2009）：当代凯恩斯主义的集大成者，经济学的最后一个通才，美国诺贝尔经济学奖第一人。

[②] 詹姆斯·麦基尔·布坎南（James Mcgill Buchanan, 1919— ）。布坎南是公共选择学派最有影响，最有代表性的经济学家，是公共选择学派的创始人与领袖，因此他被称为公共选择之母。他将政治决策的分析同经济理论结合起来，使经济分析扩大和应用到社会一政治法规的选择。1986年他获得了诺贝尔经济学奖。

[③] 〔美〕保罗·萨缪尔森：《经济学》，萧琛主译，人民邮电出版社2004年版，第317页。

措施来改变收入分配。"萨缪尔森认为,"通过赋税实现均等,通过市场实现效率"。① 他认为,即使是最有效率的市场制度也会产生很大的不平等。他提供的改变收入分配不平等的措施有:累进税,转移支付制度,政府通过食品券、医疗补贴、低价住房等形式向低收入者提供消费补贴。

凯恩斯认为放任自由的市场制度既不能实现公平,也不能获得效率。他从有效需求理论出发,指出资本主义社会,"第一,它不能提供充分就业;第二,它以无原则的和不公正的方式来对财富与收入加以分配"。凯恩斯主张实行一系列国家干预政策来解决收入与财富分配不公问题,加强对富人直接税的征收,并且消灭食利阶层。他认为通过国家干预政策不仅可以增进社会财富和收入分配公平,而且可以避免为解决公平问题带来的效率损失。②

美国经济学家阿瑟·奥肯是这种观点的典型代表。奥肯认为平等与效率之间存在一种交替关系,平等和效率双方都有价值,其中一方对另一方没有绝对的优先权。因此,"在它们冲突的方面,就应该达成妥协。这时,为了效率就要牺牲某些平等,并且为了平等就要牺牲某些效率"。③ 奥肯通过他在《平等与效率》一书中所设立的"漏桶试验"说明,再分配这只桶有漏洞,它会造成扭曲和效率损失,从而减少国民收入总量,即追求平等要以牺牲一些效率作为代价。因为收入再分配要引起行政管理成本增加,工作积极性削弱,并在一定程度上抑制储蓄和投资。奥肯的结论是:市场需要有一定的位置,但是市场需要受到约束。市场之所以需要有一定的位置,是因为市场上的奖励为工作积极性和生产贡献提供了动力。因此,必须给市场足够的活动范围来完成它能胜任的许多事情。市场之所以需要受到约束,是因为在市场制度下,金钱能够购买权利和权力,从而造成人们的机会或出发点不平等。

阿瑟·奥肯认为市场竞争机制要限制,但不能过分限制;同样,收入均等化措施必须要有,但也不能过度。因为要实现收入公平,必须政府干预,但政府干预在经济上容易造成低效率,在政治上侵犯个人自由,产生官僚主义,所以又有必要发挥市场作用,刺激工作热情,鼓励创新,限制官僚权力,维护个人自由。如市场过分膨胀,又会引起收入两极分化。

---

① 〔美〕保罗·A. 萨缪尔森:《经济学》(下),高鸿业等译,中国发展出版社1992年版,第651页。
② 〔英〕凯恩斯:《就业、利息和货币通论》,高鸿业译,商务印书馆1999年版,第386页。
③ 〔美〕阿瑟·奥肯:《平等与效率——重大的抉择》,王奔洲译,华夏出版社1987年版,第80页。

奥肯认为，资本主义制度是有效率的，但也必然会带来不公平，公平与效率的冲突是不可避免的。在面对二者之间的权衡问题时，奥肯坚持调和公平与效率两大价值目标的所谓"第三条道路"。奥肯同时也指出，效率与公平是相互影响、相互促进的，"那些折磨着富人的措施可能会破坏投资，进而损害穷人就业的质量和数量，因而既有害于效率也有害于公平。另外，提高了非熟练工人的生产率和收入的科学技术，会以更高的效率、更多的平等给社会带来益处"。奥肯在其"漏桶实验"中也指出，由于在分配之桶上存在漏洞，从富人手中征得的税收并不能完全用于改善穷人的生活，因此以公平名义所进行的再分配是以损失经济效率为代价的。

奥肯既不同意罗尔斯的"把优先权交给平等"，也不同意弗里德曼的"把优先权交给效率"的看法。他认为平等和效率都是重要的，在不同的领域中，两种价值占据着不同的位置。在社会和政治权利领域中，"社会至少在原则上把平等的优先权置于经济效率之上。当我们转入市场和其他经济制度时，效率获得了优先权"。① 他看到资本主义在政治上追求权利平等，而在经济领域中，市场却以创造效率为由产生着收入财富上的极大不平等。大多数收入和财富上的不平等都源于市场中的机会不均等，但经济不平等所反映的机会不均等，可以在现行制度结构中加以有效地纠正，使市场中起作用的是"更大效率及更广泛平等的机会"，更大的机会均等则应该为人们带来更大的收入平等，而不是相反。奥肯指出，"收入分配的平等与权利分配的平等一样，会成为我们道德上的选择。对其代价和结果加以权衡，我倾向于收入上更多的平等，而且是完全的、最好的平等。"② 他就此提出了一系列纠正机会不平等的方法，如国家增加教育经费，使高等教育为机会均等化服务；将大企业的股票分给工人，让工人参与决定。奥肯表示，面对平等和效率的冲突，应该寻求妥协，而不应该明确地给他们排列次序。当遭遇平等与效率的不可调和的冲突时，我们既可以选择平等，也可以选择效率，但前提是这种选择必须以公正为尺度。一种合乎公正的选择必然是平等与效率之间达到相当的均衡状态，用经济学的话语说，就是我们选择平等所增加的利益应该等同于放弃效率所付出的代价。

布坎南主张通过社会制度结构来解决公平与效率的兼顾问题。他认为，市场本身是有效率的，但会带来不公平，因此要在保持效率的同时，

---

① 〔美〕阿瑟·奥肯：《平等与效率——重大的抉择》，王奔洲译，华夏出版社1987年版，第86页。
② 同上书，第48页。

实现社会公平就需要矫正机会差别，矫正机会不平等的办法就是实行转让税制度和政府出资办教育的制度。布坎南承认市场的自发作用会造成分配不平等，但是他又反对国家或政府来干预市场过程，认为直接使用国家权力把收入和资产从政治上弱者那里转移给政治上强者，既会挫伤一部分人的积极性从而损害效率，又会破坏真正的公平原则。布坎南提出通过社会制度结构来解决公平与效率二者不能兼顾的问题。他所说的社会制度结构是指包括契约和宪法在内的社会法律制度和财税制度。他认为，用政治手段来调整分配首先必须严格地符合宪法，也就是把这种调整作为社会秩序永久性和半永久性制度，这种调整只有以契约作为根据才能显得公正。就实际操作来说，累进所得税有可能成为可接受的财政制度的一个特色。改变收入不平等的状况首先必须矫正机会差别，而矫正机会不平等的办法是实行转让税制度和政府出资办教育的制度。他认为财产的世袭转让是与平等的目标背道而驰的，因此，对财产转让实行征税制度肯定符合公正原则。教育可以缩小人们由遗传决定的能力上的差距。政府投资办教育，既符合公正原则，又可以使每一个人在出发点上平等。[①]

以上是西方社会关于公平与效率关系的主要看法。需要指出的是，近十几年来，我国学界（尤其是经济学界）在讨论这个问题时，在很大程度上受这些西方观点的影响，并常常以他们的理论为依据提出处理我国经济发展与收入分配之间关系的方法。其中，以哈耶克和弗里德曼代表的新自由主义经济学对我国经济学在处理公平效率关系的态度上影响力最大，以至于一些经济学者尽管知道应用其理论的直接后果就是严重的两极分化，还依然以他们的理论来解释我国经济发展中遇到的各种问题。

我们认为，每一种理论的产生和发展都有它特定的背景制度为基础，脱离了特定的背景也就脱离了相应的合理性。因此，对待西方的理论思想不能简单照搬，否则不仅不会使我国的经济持久增长，还会误导我国的改革开放事业。[②]

（三）国外处理公平与效率关系的实践经验

公平与效率的关系既有相互矛盾的一面，又有相互促进的一面，处理好二者关系需要正确的执政理念和高超的执政艺术。各国政府因面临不同的国际国内情况，在处理二者关系时存在着不同的思路、政策和做法，成

---

① 方福前：《西方经济学关于效率与公平的争论》，《教学与研究》1995 年第 1 期。
② 陈燕：《西方有关公平与效率的一些典型观点》，《红旗》文稿 2005 年第 14 期。

败得失林林总总。从有关国家的经验教训中可以看出，正确处理公平与效率的关系应遵循以下几条原则：

1. 既要顺应经济全球化发展潮流，努力提升本国经济国际竞争力，创造具有竞争力的经济效率，同时又要警惕贫富差距过度拉大

随着经济全球化的加速发展，各国都无法回避全球性的经济竞争，没有经济发展效率就不可能在日益激烈的国际竞争中立足，更谈不上公正。西欧在战后经济复兴的同时，通过不断完善社会保障体制和社会福利政策，推动经济社会协调发展，缩小了不同地区之间、阶层之间的收入差距，较好地实现了效率与公平的互动。但随着经济全球化的迅猛发展，西欧社会经济发展模式中的弊病日益显现，其在经济管理、劳动市场、社会保障体制方面的弊端日益暴露，经济发展长期乏力，法国、德国和意大利的国际竞争力不断下降。经济发展效率低下使欧洲国家无法维系曾经有过的社会公平，庞大的社会福利体系成为国家财政的巨大包袱。为此，近10年来，西欧各国也明显加快改革步伐，调整经济结构，加强对传统工业部门的改造，大力发展"知识经济"，以适应经济全球化浪潮的冲击，着力解决经济活力和国际竞争力问题。从全球来看，自20世纪80年代中期以来，许多国家为适应经济全球化发展趋势，都加快了改革步伐，不断加强经济产业结构的调整和优化，以争取在国际竞争中处于有利地位。

但当代各国的发展实践也证明，经济效率并不是灵丹妙药，经济效率并不能自然带来社会公正。如果经济发展的同时没有兼顾甚至削弱了公平，就会引发严重问题。印度人民党1999年上台执政后，积极推动经济体制改革，大力发展高新技术产业，使印度成为仅次于美国的软件出口大国。在信息产业的拉动下，印度国民经济摆脱了长期维持在3.5%以下的"印度速度"，实现了7%左右的增长率，2003年GDP增长达到8.2%。但是在经济发展过程中，真正受益的只是占人口少数的中产阶级，80%的生活在"牛车经济"中的广大民众群体并未得到实惠，许多人沦为"发展的牺牲品"。印度农村发展更是受到严重忽视，政府对农村的公共投资逐年下降，城乡分化日趋严重，农民因绝望而自杀的现象屡见不鲜。人民党也在2004年"意外"地输掉了大选。因此，在全球市场竞争日趋激烈的形势下，如何在提升本国国际竞争力的同时兼顾好社会公平问题，是各国政府必须考虑的重大课题。

泰国前执政党泰爱泰党虽然建党历史不长，但在全球化时代如何创造效率并兼顾公平的问题上，进行了比较成功的探索。该党改变了以往泰国政府过分注重扩大出口的做法，制定了促进外贸和扩大国内市场需求并重

的"双向型"发展战略,并力争将经济增长的成果为广大民众共享。该战略实施几年后,泰国经济持续增长,年均增长率达到5%左右。与此同时,泰爱泰党政府将农产品价格提高了一倍,农民收入有了很大提高。泰爱泰党的支持率稳步提高,已经成为泰国历史上第一个干满任期并连续执政的政党。但令人遗憾的是,2006年9月,泰国发生军事政变,他信被迫辞职,泰爱泰党丧失执政地位。

2. 要紧密结合本国社会经济发展的现实状况,将具体国情作为处理公平与效率关系的基本出发点

在不同的发展阶段,政府要根据社会发展的客观规律,从本国国情出发,对公平与效率作相应的侧重。在经济发展的起步阶段,人民处于比较贫困的状态,有关国家往往更强调经济效率。新加坡人民行动党在建国初期,根据国小、地理位置特殊、周边环境复杂、多元种族并存的特点,强调要想建好一个多元文化的和谐社会,必须要有强大的经济基础。人民行动党在具体发展道路和时序选择上十分务实,强调发展在先,经济优先。而在经济实现腾飞后,则强调要在效率的基础上力求公平地分配经济成果,使人们在教育、就业、住房等方面享有更多平等的机会。与之相反的例子是原苏东国家,它们本是在经济文化相对落后的基础上建设社会主义,但过高估计了本国所处的发展阶段,在初次分配中强求平等,强调经济成分的国有化以及收入上的平均主义,抑制了人们的工作积极性,结果导致生产力发展缓慢,在与资本主义的竞争中遭受严重挫折。

当国家经济发展到较为发达的阶段后,政府就需要投入更多的精力关注公平问题,将经济发展成果惠及国民。如果听任社会不公正现象发展恶化,很可能破坏社会合作和社会稳定的基础,妨碍国民经济的进一步发展。欧美资本主义国家在经历了垄断资本主义发展后,贫富裂痕越来越大,工人群众经常发动大罢工甚至武装革命。欧美国家不得不对自由市场经济制度作出重大调整,加强了政府对经济的干预,不断推进资本社会化,并开始推行福利国家制度,从而改善了贫富悬殊状况,在一定程度上缓和了劳资矛盾,改善了欧美资本主义的处境。而拉美国家在战后曾创造了经济发展的奇迹,但在步入新的经济发展阶段后,却在统筹经济社会发展的机制方面严重滞后,贫富差距不断拉大,号称全球之最。拉美的富人并没有像传统发展理论所说的那样,把他们的大部分收入用于投资,从而推动经济增长。相反,他们把财富花在奢侈品及其他消费上,对本国经济增长和就业没有多大推动作用。与此同时,普通民众往往收入较低,国内市场狭小,内需不振,难以拉动产业扩张。尤其是拉美许多人口处于贫困

线以下，部分甚至处于绝对贫困状态，极大地影响了他们的健康和教育，公民整体素质难以提高。拉美国家由于未能适应国情变化制定新政策，从而导致了民主政治文化无法扎根，造成政治衰败和社会动荡，严重制约了经济的进一步发展。

3. 执政党应坚持本党的思想纲领与政治理念，处理公平与效率关系不能违背党的基本原则，否则很可能导致党心涣散，民心背离，从而影响到执政党的前途和命运

无论是右翼政党还是左翼政党，它们均有自己的核心价值观。在调整公平与效率关系时，无论政策如何调整，只有坚持核心价值观，才能保证党内外认同，构建稳固的执政基础。以北欧社会党为例，它们一方面根据时代变化不断调整思想纲领；另一方面长期坚持自由、平等、公正等基本原则，赢得了一大批长期忠于本党的选民队伍。瑞典社民党在执政过程中始终注意遵循党的基本理念，在坚持一贯的福利政策的同时，注意防范两极分化，关注解决社会公正问题。瑞典边远地区经济发展滞后问题曾经比较严重，为此社民党政府制定一系列政策给予扶助，坚持在边远地区实行免费义务教育，施行全国统一的医疗、失业、养老保险和补助标准，完善基础设施建设，因地制宜发展特色产业，通过政府拨款、减税和成立"发展基金"等手段鼓励到边远地区投资，积极争取国际力量参与和支持边远地区经济发展。目前边远地区生活水平有了大幅度提高。此外，社民党政府还通过累进税制和二次分配等手段进行收入调节，缩小了贫富差距。社民党至今累计执政已有70余年，是世界上执政时间最长的社会民主党。

与瑞典社民党形成对比，德国社民党由于在调整公平与效率关系时触动了该党长期奉行的福利国家原则，导致党内思想极大混乱，民众支持率急剧下降，处境十分艰难。社民党领导人施罗德1998年上台后，便从简化税制、调整养老保险体制入手，进行了较为温和的改革探索。社民党也以党纲讨论为契机，对公正、平等、互助等传统价值观进行反思，强调全球化时代社会互助与个人责任的新型关系，为改革"高工资、高福利、高税收"为主要特征的福利体制做理论上的准备。2002年社民党蝉联执政后，施罗德政府推出了一个减税和福利改革计划，准备削减约150亿欧元的个人所得税，削减医疗、养老金和失业补贴方面的开支，向多年在校的"老大学生"收费，同时提出了《2010议程》，试图进行战后规模最大的社会福利改革。这种大规模的改革计划深深触动了传统的福利国家制度，严重动摇了社民党的思想根基。党内许多人公开指责这是对社民党和人民的背叛，反对改革的呼声此消彼长。仅2003年就有38000多人退党，社

民党党员总数已经从 1990 年的 95 万人减少到 59.7 万人。2004 年，社民党内部分左翼人士另立山头，成立"劳动与社会公正竞选联盟"，抗议社民党滑向新自由主义路线。社民党在地方议会、欧洲议会及总统的选举中节节败退，社民党遭遇滑铁卢，最后败给了默克尔领导的基民盟和基社盟联盟党。

4. 要通过效率拉动公平，以公平促进效率，从而达到公平与效率的相互协调和良性互动

没有经济效率，没有社会财富的不断增加，社会公平就会失去物质保证，其实现程度将受到很大制约。新加坡人民行动党执政后选择一种实用主义的混合式发展路径，即用提高发展效率确保社会分配时实现社会公平，"各尽所能，各取所值，同时扶贫济困"。泰国泰爱泰党则通过平等地赋予民众机会，激发更多的经济增长点，拓展国家经济发展的潜力。他们为社会成员提供平等教育机会，推出"仁爱电脑"工程，以低于成本的价格向落后地区的学校提供电脑，帮助落后地区学生掌握电脑知识。为了使偏远地区学生享受到优质的教育资源，推出"梦幻学校"工程，通过卫星及光缆将大城市的教学内容传播到山区。此外，泰国政府根据发展农村经济的切实需要，设立了"农村发展基金"，并将中央预算的一部分直接划拨到农村，归农民无偿使用。许多农民因而获得创业机会，"一乡一品"运动蓬勃开展，收到了良好经济效益。泰爱泰党还制定了优先发展中小企业的政策，对创业者给予包括贷款、税收等诸多方面的优惠，并鼓励人们"变财富为资本"，推动资本"全民化"与"社会化"，培养了一大批新的"资本家"。泰爱泰党政府通过这些扶持政策，释放了民众潜能，给泰国经济发展注入了强劲动力。①

三 马克思、恩格斯的公平效率观

马克思、恩格斯在《政治经济学批判》、《哥达纲领批判》、《反杜林论》、《论住宅问题》等著作中对公平与效率的问题进行了深入的论述，对资本主义社会的效率与公平矛盾进行了深入的分析和批判，在剖析资本主义社会效率与公平尖锐矛盾的过程中，提出要建立的未来社会是一个效率

---

① 参见王立勇《从国外经验看如何处理公平与效率的关系》，《党建研究内参》2006 年第 1 期。

与公平的和谐统一、个人自由而全面的发展的社会,对社会主义公平观进行了前瞻性的描述与设想。

(一) 马克思、恩格斯对公平与效率的内涵界定与本质分析

1. 公平的内涵与本质

马克思认为,社会的公平包括经济公平、政治公平、文化公平。个人在政治、文化上的公平是指个人在政治、文化上的自由、平等和权利,"一个人有责任不仅为自己本人,而且为每一个履行自己义务的人要求人权和公民权"① "一个社会的一切成员,都应当有平等的政治地位。"② 马克思还认为,个人在政治、文化方面的自由、平等程度取决于一定社会的生产效率水平。

马克思、恩格斯批判了资本主义社会公正的本质,同时对小资产阶级和空想社会主义的公正观进行了剖析,指出了他们的幼稚、空想和狭隘,明确提出社会公正是由一定社会的经济基础所决定的社会制度和普遍社会意识形态。马克思、恩格斯认为,在阶级社会中,公正只能是带有"阶级性的公正","它或者为统治阶级的统治和利益辩护,或者当被压迫阶级变得足够强大时,代表被压迫者对这个统治的反抗和他们的未来利益。"③ 这就是说,不可能存在真正意义上的超越阶级之上的公正。资产阶级打着"民主、自由、平等、博爱"的旗帜,推翻了封建社会,是社会历史发展和社会公正状况的进步。但是掌权了的资产阶级为了实现对被压迫的无产阶级和劳动人民的压迫,把事实上只对本阶级的"社会公正"说成是永恒的社会公正,这是欺世盗名。资产阶级公正观的欺骗性就在于,他们以表面上人与人的平等掩盖了事实上和实质上的不平等。

在《共产党宣言》中,马克思、恩格斯对圣西门、傅立叶、欧文等空想社会主义者的社会理想和社会公正理念作了剖析,对他们的著作和有关主张给予了积极的肯定,明确指出他们"提倡社会和谐"、主张社会公正是"关于未来社会的积极主张"。同时,马克思、恩格斯也深刻分析了他们的历史局限性和理论缺陷,指出空想社会主义者把社会公正看作永恒的超越阶级的"人类理性",在任何时候、任何社会和任何人那里都有着相同的内容,而没有认识到资本主义社会的基本矛盾,也没有认识到产生社

---

① 《马克思恩格斯全集》第16卷,人民出版社1979年版,第16页。
② 《马克思恩格斯选集》第3卷,人民出版社1979年版,第444页。
③ 《马克思恩格斯选集》第3卷,人民出版社1995年版,第134页。

会不公正的深刻根源，所以找不到实现社会公正的正确途径，其思想是幼稚的、狭隘的，其最终的结果只能陷于空想。马克思、恩格斯对资产阶级和空想社会主义的批判，为我们廓清了正确理解社会公正本质的迷雾。①

2. 公平的现实性

马克思、恩格斯指出，公平是经济关系的外在表现，公平应当是在经济和社会领域中具体的、现实的平等。马克思指出："什么是'公平的'分配呢？难道资产者不是断定今天的分配是'公平的'吗？难道它事实上不是现今的生产方式基础上唯一'公平的'分配吗？难道经济关系是由法权概念来调节，而不是相反地由经济关系产生出法权关系吗？"②

恩格斯认为，公平是现实的、具体的，而不是抽象的和表面的现象，"平等应当不仅是表面的，不仅在国家领域中实行，它还应当是实际的，还应当在社会的、经济的领域中实行。尤其是从法国资产阶级自大革命开始把公民的平等提到首位以来，法国无产阶级就针锋相对地提出社会的、经济的平等的要求，这种平等成了法国无产阶级所特有的战斗口号。"③

恩格斯所提到的"经济和社会领域的平等"并不是平均主义的分配标准，他认为公平的原则与平均主义是完全不同的两个概念，平均主义的分配标准与公平的分配原则是相背离的，恩格斯在《反杜林论》中强调："绝不能把'普遍的公平原则'和那种粗陋的平均主义混淆起来。"④

3. 公平的历史性

马克思、恩格斯认为，公平具有历史性特征，不同的历史时期和社会发展阶段对公平有着不同的理解和认识，不存在"永恒的公平"。没有绝对的社会公正，只有相对的社会公正，社会公正的实现是个渐进的发展过程。社会公正是随着社会历史的发展而发展进步的。人类社会的不断进步和飞跃，推动着社会公正的不断发展和完善。他们认为，资本主义取代封建社会，是社会公正发展的重要阶段，但那也是相对于封建社会的公正而言的。所谓永恒的公平是不存在的。既然公平是不同社会集团对现实分配关系与自身利益关系的一种评价，那么随着经济关系的变化以及由此而导致的社会集团的变化，公平的内容也必然要发生相应的变化。⑤ 对此，恩格斯在《论住宅问题》中批判了蒲鲁东主义所主张的"永恒的公平"观

---

① 杨宝国：《公平正义观的历史·传承·发展》，学习出版社2015年版，第54—55页。
② 《马克思恩格斯全集》第19卷，人民出版社1963年版，第18—19页。
③ 《马克思恩格斯全集》第20卷，人民出版社1971年版，第116—117页。
④ 同上书，第324页。
⑤ 杨宝国：《公平正义观的历史·传承·发展》，学习出版社2015年版，第55—56页。

念，恩格斯指出："希腊人和罗马人的公平认为奴隶制度是公平的；1789年资产者的公平则要求废除封建制度，因为据说它不公平。在普鲁士的容克看来，甚至可怜的行政区域条例也是对永恒公平的破坏。所以，关于永恒公平的观念不仅因时因地而变，甚至也因人而异，这种东西正如米尔柏格正确说过的那样，'一个人有一个理解'。"①

恩格斯在《反杜林论》中指出："平等的观念，无论以资产阶级的形式出现，还是以无产阶级的形式出现，本身都是一种历史的产物，这一观念的形成需要一定的历史关系，而这种历史关系本身又以长期的已往的历史为前提。所以这样的平等观念什么都是，就不是永恒的真理。"②

4. 劳动生产效率

马克思、恩格斯效率观的内涵主要体现在两个方面：一方面是劳动生产效率，这种劳动效率的提高表现为劳动时间的节约；另一方面是资源配置效率，即指资本、土地、劳动等生产要素在生产过程中的合理配置。

马克思认为效率的提高主要体现在劳动时间的节约上，而这种劳动时间的节约本身就是生产力的发展，他在《政治经济学批判》中写道："真正的经济——节约——是劳动时间的节约（生产费用的最低限度——和降低到最低限度）。而这种节约就等于发展生产力。可见，决不是禁欲，而是发展生产力，发展生产的能力，因而既是发展消费的能力，又是发展消费的资料。消费的能力是消费的条件，因而是消费的首要手段，而这种能力是一种个人才能的发展，一种生产力的发展。……节约劳动时间等于增加自由时间，即增加使个人得到充分发展的时间，而个人的充分发展又作为最大的生产力反作用于劳动生产力。"③

可见，马克思这里所论述的效率的含义主要是指劳动效率，即由于劳动生产率的提高所引起的生产力发展以及劳动者自身劳动能力的提高。

5. 生产要素配置效率

马克思认为不同的生产方式下有着不同的资源配置方式。马克思充分肯定了资本主义生产方式下的资本、土地、劳动等要素的配置效率，"资产阶级争得自己的阶级统治地位还不到一百年，它所造成的生产力却比过去世世代代总共造成的生产力还要大，还要多"。④

同时，马克思认为生产要素所有权是内生于生产过程中的，并且决定

---

① 《马克思恩格斯选集》第 3 卷，人民出版社 1995 年版，第 212 页。
② 《马克思恩格斯全集》第 20 卷，人民出版社 1971 年版，第 117 页。
③ 《马克思恩格斯全集》第 46 卷（下），人民出版社 1980 年版，第 225 页。
④ 《马克思恩格斯全集》第 46 卷，人民出版社 1958 年版，第 471 页。

了生产的结构和产品的分配方式,即生产要素的所有权决定了分配方式。他在《政治经济学批判导言》中指出:"利息和利润作为分配形式,是以资本作为生产要素为前提的。它们是以资本作为前提的分配方式。它们又是资本的再生产方式。……分配关系和分配方式只是表现为生产要素的背面。个人以雇佣劳动的形式参与生产,就以工资形式参与产品、生产成果的分配。分配的结构完全决定于生产的结构,分配本身是生产的产物,不仅就对象说是如此,而且就形式说也是如此。"①

因此,按照马克思关于资源配置效率的观点,产品按照生产要素的贡献进行分配是资本、土地、劳动等生产要素的所有权在经济上的体现,这种分配方式有利于生产力的快速发展。

(二)马克思、恩格斯批判性地提出了马克思主义公平观的内容与实质

马克思、恩格斯在批判资产阶级和小资产阶级公平观,揭露资产阶级"自由"、"平等"虚伪性的基础上,提出了马克思主义公平观的内容和实质。他们认为,公平是具体的、历史的、相对的,是由一定的经济基础决定的。无产阶级所追求的公平,就是消灭私有制,消灭阶级,从而消除一切政治奴役和经济剥削,在极大地推动经济发展和社会进步的基础上,使人类获得彻底解放,人的自由发展成为可能,消费需要得到最大满足。②

1. 在批判资产阶级和小资产阶级公平观的过程中诠释公平

马克思、恩格斯没有系统论述"公平"的专著问世,为了抨击资产阶级所谓的"永恒公平",他们甚至还曾一度拒绝从正面意义上使用"平等"一词。但不能由此认定马克思、恩格斯反对"公平"。相反,马克思、恩格斯正是在批判资产阶级和小资产阶级公平观的过程中,深刻阐发其公平观的。

(1)批判蒲鲁东③的"永恒公平",提出公平是具体的、历史的,是特定经济关系的反映。在公平问题上,法国小资产阶级社会主义的代表人

---

① 《马克思恩格斯全集》第46卷(上),人民出版社1979年版,第32—33页。
② 吕薇洲、杨双:《马克思恩格斯的公平观及其现实意义》,《江汉论坛》2008年第10期。
③ 蒲鲁东(Proudhon, Pierre—Joseph, 1809—1865),法国政治家,经济学家。小资产阶级思想家,社会主义者,无政府主义创始人之一。1809年1月15日生于贝桑松一农民兼手工业者家庭,卒于1865年1月19日。曾在印刷厂当排字工人和校对员,通过自学而成为职业作家,后与人合伙开办小印刷厂。1837年迁居巴黎,从事著述活动。1840年发表《什么是财产?或关于法和权力的原理的研究》,提出"财产就是盗窃"的论点,蜚声于世。该书从小资产阶级立场出发批判资本主义大私有制,认为可以通过保护小私有制摆脱资本主义的各种弊端。

物蒲鲁东从历史唯心主义出发,从抽象的"人的本质"引申出公平这一范畴,并进而将公平看作"至高无上的原则",是"支配其他一切原则的原则","是人类自身的本质"。在批判蒲鲁东主观唯心主义公平观时,恩格斯一针见血地指出:蒲鲁东在重大问题上看不出经济联系时,"就逃到法的领域中去求助于永恒公平。"① "蒲鲁东在判断一切经济关系时不是依据经济规律,而只是依据这些经济关系是否符合他这个永恒公平的观念,以此来掩饰自己在经济学方面的无知和无能"②。马克思的观点不仅与恩格斯完全一致,而且语气更加严厉:"蒲鲁东先从与商品生产相适应的法权关系中提取他的公平的理想,永恒公平的理想。顺便说一下,这就给一切庸人提供了一个使他们感到宽慰的论据,说商品生产形式像公平一样也是永恒的。"③

马克思、恩格斯认为,作为道德与法的范畴,作为一种纯粹的观念,公平是由经济关系决定的,公平的标准是随经济关系的变化而变化的,公平"始终只是现存经济关系的或者反映其保守方面,或者反映其革命方面的观念化的神圣化的表现"。"所以,关于永恒公平的观念不仅因时因地而变,甚至也因人而变。"④ 马克思恩格斯还从公平自身的发展规律入手,对"永恒公平"的观念进行了猛烈抨击。他们认为,平等观念在自己的历史发展中,遵循着否定之否定的规律。新的平等总是在否定旧的平等中为自己开拓道路。"文明每前进一步,不平等也同时前进一步"。登峰造极的不平等再转化为平等,极端的不平等很快就会被新的平等所取代。由此他们得出结论:平等的观念"本身都是一种历史的产物,这一观念的形成,需要一定的历史条件,而这种历史条件本身又以长期的以往的历史为前提。所以,这样的平等观念说它是什么都行,就不能说是永恒的真理。"⑤

基于上述认识,马克思恩格斯不但自己不使用"永恒公平"之类的概念,而且也不赞成其他无产阶级革命家随便使用这类词语。恩格斯就此解释说:"把社会主义看作平等的王国,这是以'自由、平等、博爱'这一口号为根据的片面的法国人的看法,这种看法作为当时当地一定的发展阶段的东西曾经是正确的,但是,像以前的各个社会主义学派的一切片面性一样,它现在也应当被克服,因为它只能引起思想混乱,而且因为已经有

---

① 《马克思恩格斯选集》第3卷,人民出版社1995年版,第147页。
② 同上书,第208页。
③ 《马克思恩格斯全集》第23卷,人民出版社1972年版,第102—103页。
④ 《马克思恩格斯选集》第3卷,人民出版社1995年版,第212页。
⑤ 同上书,第448页。

了阐述这一问题的更精确的方法。"① 这样,马克思恩格斯就把公平置于辩证法和唯物论的基础之上了。

(2)批判拉萨尔的"公平分配观",提出公平是相对的,按劳分配也不能确保绝对公平。德国早期工人运动的著名领导人拉萨尔在 1848 年欧洲大革命失败后,抛出了一套改良主义的纲领和理论。他提出,在资本主义制度下,要使工人摆脱贫困状态,唯一的办法是由国家出资帮助工人建立生产合作社,使工人成为自己企业的主人,公平地分配劳动所得,也就是说,"劳动所得应当不折不扣和按照平等的权利属于社会的一切成员"。在批判拉萨尔滥用"公平分配"概念时,马克思提出:"难道资产者不是断言今天的分配是'公平的'吗?难道它事实上不是在现今的生产方式基础上唯一'公平的'分配吗?难道经济关系是由法的概念来调节,而不是相反,从经济关系中产生出法的关系吗?难道各种社会主义宗派分子关于'公平的'分配不是也有各种极不相同的观念吗?"②

上述四个有力的反问,加上马克思在《哥达纲领批判》中阐述的共产主义社会不同发展阶段所应当采取的按劳分配和按需分配两种不同分配原则,实际上包含了马克思对公平,尤其是对收入分配领域公平的全面理解和阐述。

其一,公平不是抽象的,而是具体的,不同的利益集团,不同的阶级有不同的公平观。这一点在批判蒲鲁东"永恒公平"观时已经论述过。这里,马克思进一步提出,由于不同利益集团和不同阶级在分配关系中所处地位不同,他们会从自身利益出发对同一分配关系作出不同的评判。

其二,公平不是永恒的,而是历史的,不存在适用于一切社会发展阶段的永恒公平。马克思、恩格斯曾从公平与经济的关系以及公平自身发展的规律性出发,论述过公平"是一种历史的产物"。在这里,他们从公平分配是一个受现实生产力条件约束的历史性、暂时性的范畴入手,再次论证了公平的历史性,明确指出,任何一种公平观相对于其所处的具体历史时代来说,都具有存在的合理性,但这种合理性不是永恒的。"现今生产方式基础上唯一公平的分配",也会随着时代的变化,随着生产力和经济关系的变化而逐渐变为不公平的分配。"人们按照自己的物质生产率建立相应的社会关系,正是这些人又按照自己的社会关系创造了相应的原理、观念和范畴。""所以,这些观念、范畴也同它们所表现的关系一样,不是

---

① 《马克思恩格斯选集》第 3 卷,人民出版社 1995 年版,第 325 页。
② 同上。

永恒的。它们是历史的、暂时的产物。"①

其三，公平分配属于道德和法的范畴，是由一定的经济基础决定的，现实的经济关系及其所引发的问题，不可能完全依靠"公平分配"来解决。因为"这种诉诸道德和法的做法在科学上丝毫不能把我们推向前进；道义上的愤怒，无论多么入情入理，经济科学总不能把它看作证据，而只能看作象征"。②

其四，公平不是绝对的，而是相对的，绝对平等即使在社会主义社会条件下，也是无法完全实现的。在马克思主义看来，"平等就在于以同一尺度——劳动——来计量。……这种平等的权利，对不同的劳动来说是不平等的权利。它不承认任何阶级差别，因为每个人都像其他人一样只是劳动者；但是它默认，劳动者的不同等的个人天赋，从而不同等的工作能力，是天然特权。所以就它的内容来讲，它像一切权利一样是一种不平等的权利"。③

2. 在揭露资产阶级"自由"、"平等"虚伪性的基础上提出"消灭阶级"的平等要求

列宁曾指出："马克思讥笑得最厉害的是关于自由平等的空话，因为这些空话掩盖了工人饿死的自由，掩盖了出卖劳动力的人和好像是在自由市场上自由平等地购买工人劳动等等的资产者之间的平等。"④ 正是在对资产阶级"平等"、"正义"观念的严厉批判中，正是在对资本主义制度"自由"、"平等"谎言的深刻揭露中，马克思、恩格斯阐释了无产阶级的平等要求：无产阶级所追求的公平，就是消灭私有制，消灭阶级，从而消除一切政治奴役和经济剥削，在极大地推动经济发展和社会进步的基础上，使人类获得彻底解放，人的自由发展成为可能，消费需要得到最大满足。将公平同人类解放联系在一起，这就是马克思主义公平观的实质。马克思主义公平观的所有内容都建立在这一基础之上，所有思想原则都是这一根本观点的逻辑延伸和科学发展。

（1）建立在商品经济基础上的资产阶级"自由"、"平等"是"虚伪的空话"，是形式上的平等掩盖着事实上的不平等。早在资产阶级革命初期，资产阶级思想家就热衷于用呼唤"公平"来消除"封建特权"。随着资本主义生产方式的建立和资本主义经济关系的发展，资产阶级思想家们

---

① 《马克思恩格斯选集》第1卷，人民出版社1995年版，第142页。
② 《马克思恩格斯选集》第3卷，人民出版社1995年版，第492页。
③ 《马克思恩格斯全集》第46卷（上），人民出版社1979年版，第197页。
④ 《列宁全集》第36卷，人民出版社1985年版，第179页。

明确提出了自由、平等的要求。正如恩格斯在论述资产阶级公平观产生时所指出的:"大规模的贸易,特别是国际贸易,尤其是世界贸易,要求有自由的、在行动上不受限制的商品所有者,他们作为商品所有者是有平等权利的,他们根据对他们所有人来说都平等的(至少在当地是平等的)权利进行交换。"① 然而,这种表面和形式上的公平合理却掩盖了资本主义制度下事实和本质上的不平等。实际上,生产资料占有的不平等决定了工人必然要遭受资本家的剥削,"劳资之间永远不可能在公平的条件下缔结协定"。② 正如马克思所指出的:"在雇佣劳动制度的基础上要求平等的或仅仅是公平的报酬,就犹如在奴隶制的基础上要求自由一样"。③ 恩格斯对此也有深刻认识:"现代资本家,也像奴隶主或剥削奴役劳动的封建主一样,是靠无偿占有他人无酬劳动发财致富的……这样一来,有产阶级胡说现代社会盛行公道、正义、权利平等、义务平等和利益普遍和谐这一类虚伪的空话,就失去了最后的立足之地,而现代资产阶级社会就像以前的各种社会一样真相大白:它也是微不足道的并且不断缩减的少数人剥削大多数人的庞大机构"。④

从19世纪早期欧美社会经济政治状况出发,马克思、恩格斯揭示了工人阶级在经济上受剥削、政治上受压迫的悲惨境遇,揭露了资产阶级"自由"、"平等"的虚伪性。在《资本论》中,马克思指出:资本家和工人的平等只表现为雇佣关系中的交换价值规律下的平等,一旦离开这个领域,平等闹剧中的人物地位就会发生变化,"原来的货币占有者作为资本家,昂首前行;劳动力占有者作为他的工人,尾随于后。一个笑容满面,雄心勃勃;一个战战兢兢,畏缩不前,像在市场上出卖了自己的皮一样,只有一个前途——让人家来鞣。"⑤ 恩格斯对此做了基本相同的描述:工人拼命为资本家干活,劳动条件极为恶劣,工人积劳成疾,"五个人就会有三个人因肺结核死去。"⑥ 工人生命难保,遑论什么"公平"。工人阶级在政治上也处于受镇压的地位,资产阶级议会制共和国实际上是"一个公开实行阶级恐怖和有意侮辱'群氓'的体制"。⑦ 资产阶级统治一旦受到威

---

① 《马克思恩格斯选集》第3卷,人民出版社1995年版,第446页。
② 《马克思恩格斯全集》第16卷,人民出版社1965年版,第219页。
③ 《马克思恩格斯选集》第3卷,人民出版社1995年版,第151页。
④ 同上书,第338页。
⑤ 《马克思恩格斯选集》第2卷,人民出版社1995年版,第176页。
⑥ 《马克思恩格斯全集》第1卷,人民出版社1965年版,第498页。
⑦ 《马克思恩格斯选集》第3卷,人民出版社1995年版,第53页。

胁，它就会毫不犹豫地把"共和国的'自由，平等，博爱'这句格言代之以毫不含糊的'步兵，骑兵，炮兵'"。① 资产阶级对无产阶级的经济剥削和政治镇压，使平等的启蒙约言成为笑谈："侈谈平等和权利，如同今天侈谈贵族等的世袭特权一样，是可笑的；对旧的不平等和旧的实在法的对立，甚至对新的暂行法的对立，都要从现实生活中消失。"②

正是在对19世纪欧美资本主义制度的解构中，马克思、恩格斯认定公平在资本主义制度下是难以实现的，并在批判资产阶级平等观念虚伪性的基础上，提出了马克思主义的公平观。

（2）消灭私有制，消灭阶级，实现人类解放是无产阶级的平等要求，也是马克思、恩格斯公平观的实质。资产阶级"永恒平等"观念的唯心主义性、资产阶级性、非现实性，使马克思、恩格斯对其采取了坚决的否定和批判态度。与此同时，他们还在科学研究和亲身革命实践中，在正确揭示人类社会不公正现象产生的根本原因的基础上，揭示并坚持了无产阶级的平等观，这就是消灭私有制，消灭阶级，实现人类解放。恩格斯指出，"从消灭阶级特权的资产阶级要求提出的时候起，同时就出现了消灭阶级本身的无产阶级要求——起初采取宗教的形式，借助于原始基督教，以后就以资产阶级的平等论本身为依据了。无产阶级抓住了资产阶级的话柄：平等应当不仅是表面的，不仅在国家领域中实行，它还应当是实际的，还应当在社会的、经济的领域中实行。"无产阶级平等与资产阶级平等存在着根本的不同。资产阶级的平等要求是"消灭阶级特权"，而无产阶级的平等要求则是"消灭一切阶级统治"。正如恩格斯强调的："无产阶级平等要求的实际内容都是消灭阶级的要求。任何超出这个范围的平等要求，都必然要流于荒谬。"③

对于无产阶级为什么把消灭阶级作为自己的根本要求，马克思、恩格斯的解释是：无产阶级是人类历史上最后一个阶级，也是人数最多，力量最大，受压迫受剥削最重，因而革命性最强的阶级，无产阶级肩负着人类解放的伟大历史使命。无产阶级所处的历史地位及其所肩负的历史使命决定了，"这个阶级能够在历史上第一次不是要求消灭某个特殊的阶级组织或某种特殊的阶级特权，而是要求根本消灭阶级。"④

对于如何消灭阶级，马克思、恩格斯也进行了精辟分析：要消灭阶

---

① 《马克思恩格斯选集》第1卷，人民出版社1995年版，第622页。
② 《马克思恩格斯全集》第20卷，人民出版社1971年版，第670页。
③ 《马克思恩格斯选集》第3卷，人民出版社1995年版，第447—448页。
④ 同上书，第500页。

级，首先必须消灭无产阶级和资产阶级经济不平等的根源——私有制。只有消灭资本主义私有制，才有可能实现无产阶级的解放。"对于我们来说，问题不在于改变私有制，而只在于消灭私有制，不在于掩盖阶级对立，而在于消灭阶级，不在于改良现存社会，而在于建立新社会。"①

他们不止一次地阐发过消灭私有制之后的人类社会发展："随着阶级差别的消失，一切由这些差别产生的社会的和政治的不平等也自行消失。"② 另外，他们还对无产阶级解放和人类解放的相互关系做了深刻阐述："社会从私有财产等解放出来、从奴役制解放出来，是通过工人解放这种政治形式来表现的，别以为这里涉及的仅仅是工人的解放，因为工人的解放还包含普遍的人的解放；其所以如此，是因为整个的人类奴役制就包含在工人对生产的关系中，而一切奴役关系只不过是这种关系的变形和后果罢了。"③ 也就是说，无产阶级只有解放全人类，才能最后解放它自己。

由此可见，马克思、恩格斯找到了比"永恒平等"更高级、更科学、更能激励无产阶级革命斗争的新概念，即在"消灭阶级"基础上的"人类解放"。这一公平观，同消灭阶级，同无产阶级解放乃至全人类解放联系在一起，从而实现了人类平等观念的革命性超越。这是一种"大平等观"，其范围是全人类，而不是某一个民族；其程度是彻底解放，而不虚伪粉饰；其立足点是每一个人，而不是某一部分人；其内容是全社会的，而不是某一领域的；其目标是每个人的自由发展是一切人的自由发展的条件，而不是某个人的自由发展是他人自由发展的障碍。

（三）马克思、恩格斯对资本主义社会效率与公平矛盾的分析和批判

1. 马克思论资本主义社会的效率

马克思认为，商品的价值量随着劳动生产率的变化而变化。"劳动生产率等于用最低限度的劳动取得最大限度的产品，从而使商品尽可能变便宜。"④ 因此，效率是投入和产出的比率。他分析了效率对价值量和社会财富量的作用：效率的提高是生产单位商品耗费的劳动量的减少，从而使商品的价值量降低；效率的提高是单位时间内生产出了更多的使用价值，从而使社会的财富量增加（使用价值是社会财富的物质内容）。因此，效率

---

① 《马克思恩格斯选集》第1卷，人民出版社1995年版，第368页。
② 《马克思恩格斯选集》第3卷，人民出版社1995年版，第311页。
③ 《马克思恩格斯选集》第1卷，人民出版社1995年版，第51页。
④ 《马克思恩格斯全集》第49卷，人民出版社1979年版，第98页。

的高低是决定商品价值量和社会财富量多少的根本因素,是决定分配的一个很重要的因素(但不是唯一的因素)。

资本家为什么要提高效率?马克思揭示了资本主义社会提高效率的目的和动力。效率的提高首先是从个别企业开始的。个别资本家提高效率的直接目的不是为了降低劳动力价值,而是为了获得超额剩余价值(超额剩余价值是个别资本家通过提高劳动生产率从而使商品的个别价值低于社会价值,在按社会价值出售后就会比其他资本家多得一部分剩余价值)。个别资本家获得超额剩余价值是一种暂时现象,因为每个资本家都想获得超额剩余价值,这就促使他们竞相改进技术,提高劳动生产率,从而推动着整个部门生产效率的提高,这样就会使超额剩余价值消失,此时,只有那些效率更高的个别企业才能获得超额剩余价值。当对超额剩余价值的竞相追逐从一个部门内扩大到部门之间、在全社会范围内展开的时候,全社会生产的效率就会普遍提高。这个过程也是平均利润率形成的过程。平均利润率形成后,资本家按照等量资本取得等量利润,这样工人就不仅受本企业资本家的剥削,而且受到整个资本家阶级的剥削。因此,社会生产效率的普遍提高作为相对剩余价值生产的条件,成为资本家阶级剥削无产阶级的主要方法和手段。效率服务于资本,社会生产效率与社会公平之间就会发生矛盾。

那么,是什么原因提高了效率?马克思指出,"工人的平均熟练劳动程度,科学的发展水平和主要工艺上应用的程度,生产过程的社会结合,生产资料的规模和效能,以及自然条件共同决定了生产效率的高低。"[①] 马克思把劳动、土地、资本、科学技术等生产要素的共同作用看成决定效率并进而决定着商品的价值量和社会财富量的因素。其中科学技术的发展及其应用水平是提高生产效率的首要因素,"随着大工业的发展,现实财富创造较少地取决于劳动时间和已耗费的劳动量,较多地取决于在劳动时间内所运用的动因的力量,而这种动因自身——它们的巨大效率……取决于科学在生产上的应用。"[②] 马克思强调了科技劳动对商品价值量和社会财富增长的作用:掌握先进科学技术知识的劳动者所提供的劳动是科技劳动,科技劳动是"复杂劳动"、是生产力特别高的劳动,"生产力特别高的劳动起了自乘的劳动作用,或者说,在同样的时间内,它所创造的价值比同种

[①]《马克思恩格斯全集》第23卷,人民出版社1979年版,第53页。
[②]《马克思恩格斯全集》第46卷(下),人民出版社1980年版,第217页。

社会平均劳动要多。"①

效率是与市场经济联系在一起的，马克思肯定了市场经济对资本主义高效率生产的巨大作用。市场经济的基本法则要求参与市场的主体是自由平等的，以等价交换为原则，这是市场经济的公平。市场经济是生产要素配置的有效方式，资产阶级把市场经济作为分配社会财富和价值的手段，强调以私有财产为基础的效率分配。因此，资本主义生产与市场经济结合就形成了强大的推动力，促进着市场的扩大、分工协作的发展、生产要素迅速流动；推动着手工技术生产发展到机器大生产，生产日益社会化、现代化。价值规律"一次又一次地把资产阶级的生产甩出原先的轨道并迫使资本加强劳动生产力；这个规律不让资本有片刻的停息，老是在它耳边催促说：前进！前进！"②"只有资本主义的商品生产，才成为一个划时代的剥削方式，——使社会的整个结构发生变革，并且不可比拟地超越了以前的一切时期。"③ 分工和交换的发展为资本主义经济带来了空前的高效率："资产阶级在他不到一百年的阶级统治中所创造的生产力比过去一切世代创造的全部生产力还要多、还要大。"④

效率是可持续发展的效率，要求资源配置公正平等，实现人与自然的和谐。马克思把劳动生产过程看成人类和自然之间的物质变换过程，强调人类经济行为要有利于环境保护、资源节约和对资源的长久高效率的利用，"真正的财富在于用尽量少的价值创造出尽量多的使用价值。"⑤ 社会公平在环境上的要求是生态平衡，要求资源公正、平等以及对多样性的尊重。随着资本主义工业化进程的加快，人类遇到了巨大的环境危机：土地沙化、水质恶化、森林减少、动植物种群日益减少。环境危机造成土地丧失、疾病传播、居住环境恶化、人口被迫迁移，加剧了社会的不公平。为此，马克思寄希望于未来社会，"社会化的人，联合起来的劳动者，将合理地调节他们和自然之间的物质变换……靠消耗最小的力量，在最无愧于和最适合于他们的人类本性的条件下来进行这种物质变换。"⑥

2. 马克思论资本主义社会的效率与公平矛盾

马克思在《资本论》资本积累理论中，论述了资本家对剩余价值追求

---

① 《马克思恩格斯全集》第 23 卷，人民出版社 1979 年版，第 354 页。
② 《马克思恩格斯全集》第 1 卷，人民出版社 1979 年版，第 375 页。
③ 《马克思恩格斯全集》第 24 卷，人民出版社 1979 年版，第 44 页。
④ 《马克思恩格斯全集》第 1 卷，人民出版社 1979 年版，第 256 页。
⑤ 《马克思恩格斯全集》第 26 卷，人民出版社 1979 年版，第 281 页。
⑥ 《马克思恩格斯全集》第 25 卷，人民出版社 1979 年版，第 926 页。

的内在动力和市场竞争的外在压力推动着资本以高效率的方式进行着资本积累和扩大再生产。资本积累必然造成两个方面的结果：一方面是生产日益社会化，生产的社会化必然要求社会成员共同平等占有生产资料，共同享有劳动成果，以实现社会公平；另一方面，少数人占有生产资料的私有制日益发展，以致形成垄断资本统治，资本家凭借对生产资料的垄断占有权把社会化大生产的成果占为己有。在资本积累的过程中，竞相采用先进技术必然引起资本有机构成提高，从而带来大量的失业人口或相对过剩人口。资本积累的过程就是社会财富在资本家身上的积累和贫困在无产阶级身上的积累。资本主义生产的效率越高，资产阶级和无产阶级之间的社会鸿沟就越大，资本主义社会就越不公平。马克思在《资本论》中引用了大量英国官方统计的资料，实证研究了资本主义自由竞争时期，资产阶级财富积累与无产阶级贫困积累的巨大反差。

在自由竞争的资本主义过渡到垄断资本主义以后，无产阶级与资产阶级之间的贫富差距进一步扩大。"在当今美国，收入不平等状况已经达到了创历史的纪录。1/5 的家庭几乎拥有着全美家庭总收入的一半，而生活在底层的 1/5 家庭却只拥有不到全美家庭总收入的 4%……在最近几十年中，百万富翁乃至亿万富翁的人数有了戏剧性的增加，但同时，大多数普通劳动者却明显地感觉到了他们实际的工资在减少——尽管他们在住房、交通以及医疗保健方面费用的实际支出有大幅度提高。"[1] 因此，"社会的生产和资本主义占有的不相容性，也必然越来越鲜明地表现出来"，[2] 公平与效率之间的矛盾越来越尖锐地对立。这种对立表现在，资本主义生产无限扩大的趋势（生产效率）和广大劳动人民有支付能力的需求相对缩小（分配不公）之间的矛盾，一方面是资本的高效率——资本通过竞争和信用实现快速积累、资本有机构成不断提高、工人创造的财富和价值迅速增长、社会产品极大的丰富；另一方面是社会的不公——大量的失业人口、无产阶级的普遍贫困、失望、不满。效率与公平矛盾的直接后果是爆发周期性的经济危机，周期性的经济危机使资本主义再生产具有周期性。

3. 资本主义效率与公平矛盾的最终解决方式：社会革命

在资产阶级看来，政府选择公正平等的政策对社会不公平进行调整，使利益的分配能够为社会的大多数成员所接受，让所有的人得利，尤其是

---

[1] 〔美〕J. R. 费根：《社会》，上海人民出版社 2002 年版，第 7 页。
[2] 《马克思恩格斯选集》第 3 卷，人民出版社 1979 年版，第 744 页。

使那些处于社会最不利地位的人获益，实现了"惠顾最少数最不利者"原则。① 对此，马克思和恩格斯早有预见："无论是转化为股份公司和托拉斯，还是转化为国家财产，都没有消除生产力的资本属性。"资本社会化的趋势并没有消除少数人占有财产、绝大多数人没有财产的私有制，资本主义国家的社会福利制度并没有改变资本与雇佣劳动的不平等关系，资本家阶级和工人阶级的阶级对立和斗争依然尖锐、激烈，"资本关系并没有被消灭，反而被推到了顶点。但是在顶点上是要发生变革的。生产力归国家所有不是冲突的解决，但是它包括解决冲突形式上的手段，解决冲突的线索。"②

马克思认为受剥削受压迫的人要组织起来形成自己的政治力量，在无产阶级政党的领导下推翻资产阶级的统治，建立无产阶级的政权。无产阶级政权的历史任务是"达到消灭一切阶级差别，达到消灭这些差别所由产生的一切生产关系，达到消灭和这些生产关系相适应的一切社会关系，达到改变由这些社会关系产生出来的一切观念的必然的过渡阶段。"③ 马克思指出，作为过渡阶段的无产阶级政权必须消灭阶级差别和产生差别的根源——少数人占有财产、绝大多数人不占有财产的资本主义少数人的私有制度，在大力发展生产力的基础上，通过国家的经济、政治法律制度安排，实现人类社会的社会公平。

（四）马克思、恩格斯的理想目标：效率与公平的和谐统一，个人自由而全面的发展

马克思、恩格斯在剖析资本主义社会效率与公平尖锐矛盾的过程中，提出要建立的未来社会是一个生产力高度发达（效率）、个人自由而全面发展的社会。马克思认为未来社会是一个"在保证社会劳动生产力极高度发展的同时又保证人类最全面的发展的这样一种经济形态"④"每个人的自由发展是一切人的自由发展的条件"⑤"在共产主义社会高级阶段，在迫使人们奴隶般地服从分工的情形已经消失，从而脑力劳动和体力劳动的对立也随之消失之后……在随着个人的全面发展，他们的生产力也增长起来

---

① 〔美〕罗尔斯：《正义论》，何怀宏等译，中国社会科学出版社1988年版，第3页。
② 《马克思恩格斯选集》第3卷，人民出版社1979年版，第753页。
③ 《马克思恩格斯全集》第1卷，人民出版社1979年版，第462页。
④ 《马克思恩格斯全集》第19卷，人民出版社1979年版，第130页。
⑤ 《马克思恩格斯全集》第1卷，人民出版社1979年版，第294页。

……社会才能在自己的旗帜上写上：各尽所能，按需分配！"①

马克思认为，要实现效率与公平和谐统一的未来社会，最根本的条件是社会生产的高效率，要"保证社会劳动生产力极高度发展"，"当人们还不能使自己的吃喝住穿在质和量方面得到充分供应的时候，人们就根本不能获得解放。"② 只有生产力的充分发展、物质财富的极大丰富，才能保证一切社会成员有充裕的物质生活。

马克思认为，效率与公平和谐统一的未来社会是一个人人共享的社会。生产力的发展是为了实现个人的全面发展，社会生产的高效率是实现人人共享的手段。共享的内容是指人人享有财富、享有社会高效发展带来的社会福利。如何实现共享？马克思在分析资本主义积累的历史趋势时提出了在未来社会要重新建立个人所有制以实现社会的公正和平等。

在《资本论》中，马克思全面分析和论证了资本主义积累产生和发展的基本规律，并在此基础上对未来共产主义社会所有制的基本特征作了如下的经典论述："从资本主义生产方式产生的资本主义占有方式，是对个人的、以自己劳动为基础的私有制的第一个否定。但资本主义生产由于自然过程的必然性，造成了对自身的否定。这是否定的否定。这种否定不是重新建立私有制，而是在资本主义时代的成就的基础上，也就是说，在协作和对土地及靠劳动本身生产的生产资料的共同占有的基础上，重新建立个人所有制。"③ 这里，马克思第一次对未来共产主义社会所有制的具体形式即"重新建立"的"个人所有制"进行了系统的阐述。此前马克思很少对未来共产主义社会所有制的具体形式作系统的论述。此外，马克思这段话里隐含着未来社会是共同占有和个人占有共存的社会，因为"共产主义并不剥夺任何人占有社会产品的权力，它只剥夺利用这种占有去奴役他人劳动的权力"。④ 马克思的"只剥夺"是指剥夺少数人凭借对财产的占有权剥削他人的私有制，这种少数人的私有制在资本主义积累过程中把财产日益集中到少数人手里，"私有财产对十分之九的成员来说已经被消灭了"，越来越多的人成为无产者，从而使社会毫无公平而言。未来社会就是要消灭少数人占有财产、绝大多数人没有财产的资本主义少数人的私有制，建立人人都有财产、个个都很富裕的个人所有制，使劳动者重新成为有产者，使劳动者都有平等的财产权利，劳动者对自己占有的财产有自主

---

① 《马克思恩格斯选集》第3卷，人民出版社1979年版，第305—306页。
② 《马克思恩格斯全集》第42卷，人民出版社1979年版，第368页。
③ 马克思：《资本论》第1卷，人民出版社1975年版，第24页。
④ 《马克思恩格斯全集》第1卷，人民出版社1979年版，第288页。

行使权利的能力。这是实现社会公平的基础，是实现人的自由而全面发展的必要条件。

马克思认为，在未来社会的低级阶段即社会主义社会，实行按劳分配的原则。马克思指出，消费资料的任何一种分配，都不过是生产条件本身分配的结果。在资本主义社会，生产的物质条件以资本和土地的形式掌握在非劳动者手中，而人民大众所有的只是生产的人身条件即劳动力。马克思还批判了资本主义社会的"生产条件本身分配"：少数人占有生产的物质条件（生产要素）而绝大多数人不占有；批判了作为"生产条件本身分配的结果"的资本主义"消费资料的任何一种分配"：资本—利润、土地—地租、劳动—工资的分配形式。马克思认为，未来社会"生产条件分配"是"在协作和对土地及靠劳动本身生产的生产资料的共同占有的基础上，重新建立个人所有制"；作为"生产条件本身分配的结果"的消费资料的分配，是在生产资料共同占有的范围内实现按劳分配；在"重新建立的个人所有制"基础上，消费品如何分配，马克思没有明确说明，但隐含着按每个劳动者所占有的生产要素分配的思想，隐含着在共同占有和个人占有的基础上把按劳分配与按生产要素分配结合起来的思想。马克思认为把少数人占有生产要素等物质条件变成人人占有，生产要素的"资本"性即剥削性也就不存在了。消灭剥削是实现社会公平的条件。

马克思认为未来社会低级阶段的社会公平是有差别的公平，生产者的权利是同他们提供的劳动成正比例的；平等就在于以同一尺度——劳动来计量。按劳分配把劳动作为分配的尺度，按照每个劳动者向社会提供的劳动数量和质量来分配个人消费品，等量劳动取得等量报酬，这对于不同的劳动者来说，在形式上是平等的，但在事实上是不平等。因为，如果一个人在体力或智力上胜过另一个人，那么他在同一时间内就能提供较多的劳动或者能够劳动较长的时间，因此，每个劳动者在能力、努力程度上是存在差别的，向社会提供的劳动量也就有差别，所得到的个人消费品的数量也就必然有差别。因此，马克思关于未来社会低级阶段即社会主义阶段的公平，不是平均主义的公平，而是存在差别的公平。既然存在差别，社会主义的国家就要建立起社会调节机制，缩小并消除实际存在的差别。

马克思在《1857—1858年经济学手稿》中提出了"三大社会形态"理论，并具体论述了这种关系："人的依赖关系（起初完全是自然发生的），是最初的社会形态，在这种形态下，人的生产能力只是在狭窄的范围内和孤立的地点上发展着。以物的依赖性为基础的人的独立性，是第二大社会形态，在这种形态下，才形成普遍的社会物质变换、全面的关系、多方面的需求以及全面的能力的体系。建立在个人全面发展和他们共同的社会生产能力成为他们的社会财富这一基础上的自由个性,是第三阶段。"① 显然,第一阶段是以自然经济为主导的前资本主义社会,第二阶段是以商品经济为主导的社会,第三阶段是未来的共产主义社会。在依次更替的三个社会形态中,社会生产效率依次从"生产能力只是在狭窄的范围内和孤立的地点上发展着"到"普遍的社会物质变换""全面的关系"、再到"个人全面发展和他们共同的社会生产能力"的递增;与此相适应,渐进地实现着人的自由、平等;从"人的依赖关系"到"以物的依赖性为基础的人的独立性"、再到"个人全面发展"和"自由个性"。因此,马克思把人的自由、平等的实现看成一个渐进的过程,这个过程的最高阶段即第三阶段就是马克思、恩格斯的理想社会形态。

(五)马克思、恩格斯对社会主义公平观的描述与设想

马克思、恩格斯的绝大部分著作,论述的都是资本主义的不公平性、暂时性和作为真正公平的制度——共产主义代替资本主义的历史必然性,而对社会主义公平问题涉及不多。只是在《哥达纲领批判》中,马克思把未来的社会划分为共产主义第一阶段(社会主义)和共产主义高级阶段,并对体现社会主义公平的权利和分配问题作了说明。而且,他们反对把"公平的分配"、"平等的工资"、"不折不扣的劳动所得"作为工人运动的纲领。因此,有人认为马克思、恩格斯并没有系统的公平理论,更谈不上社会主义公平观了。其实,他们关于社会主义的公平观,是内含在对资本主义制度的批判、对未来社会制度的描述和对公平问题的一般论述中的。而且,反对把"公平"作为工人运动的口号本身,就是他们公平观的内容之一。②

1. 社会主义公平是由社会主义生产方式决定的

尽管公平首先表现为关于权利和产品等的分配的合理性,但马克思恩格斯认为,分配方式是由生产方式决定的,"消费资料的任何一种分配,都不过是生产条件本身分配的结果。而生产条件的分配,则表现生产方式本身的性质"。③ 而生产方式的核心,是生产资料所有制问题。因此,是生产方式而不是分配方式决定了公平的性质;社会主义公平与其他形式公平

---

① 《马克思恩格斯全集》第46卷,(上卷),人民出版社1979年版,第104页。
② 参见李纪才《马克思恩格斯的社会主义公平观》,《当代世界与社会主义》2009年第6期。
③ 《马克思恩格斯全集》第19卷,人民出版社1979年版,第23页。

的本质区别，就在于社会主义的生产方式和所有制形式。

（1）公平由生产方式而不是由分配方式决定。马克思恩格斯指出，生产活动是人类社会最基本的活动，生产方式不仅决定了社会的性质，而且决定了人的生活方式及人的本质。"个人怎样表现自己的生活，他们自己也就怎样。因此，他们是什么样的，这同他们的生产是一致的——既和他们生产什么一致，又和他们怎样生产一致。因而，个人是什么样的，这取决于他们进行生产的物质条件。"[①] 所以，与生产方式相比，作为社会公平指示器的分配方式，处于相对次要的位置。因为，生产方式的产生决定了分配方式的产生。"随着历史上一定社会的生产和交换的方式和方法的产生，随着这一社会的历史前提的产生，同时也产生了产品分配的方式和方法。"[②] 而且，生产方式的性质决定了分配方式的性质。"例如，资本主义生产方式的基础就在于：物质的生产条件以资本和地产的形式掌握在非劳动者的手中，而人民大众则只有人身的生产条件，即劳动力。既然生产的要素是这样分配的，那末自然而然地就要产生消费资料的现在这样的分配。如果物质的生产条件是劳动者自己的集体财产，那末同样要产生一种和现在不同的消费资料的分配。"[③]

然而，"庸俗的社会主义仿效资产阶级经济学家（一部分民主派又仿效庸俗社会主义）把分配看成并解释成一种不依赖于生产方式的东西，从而把社会主义描写为主要是在分配问题上兜圈子。"[④] 即使在今天，所谓公平主义的倡导者们，也把分配制度的完善看成实现社会主义公平的根本途径。然而，抛开生产方式对同一分配方式进行评价，不同立场的人会得出不同的结论。"什么是'公平的'分配呢？""难道资产者不是断定今天的分配是'公平的'吗？难道它事实上不是在现今的生产方式基础上唯一'公平的'分配吗？难道经济关系是由法权概念来调节，而不是相反地由经济关系产生出法权关系吗？难道各种社会主义宗派分子关于'公平的'分配不是有各种极为不同的观念吗？"[⑤] 所以，"把所谓分配看作事物的本质并把重点放在它上面，那也是根本错误的"。[⑥]

与"公平的分配"要求相联系，"对平等工资的要求（也）是基于一

[①] 《马克思恩格斯全集》第3卷，人民出版社1979年版，第24页。
[②] 《马克思恩格斯全集》第20卷，人民出版社1979年版，第161页。
[③] 《马克思恩格斯全集》第19卷，人民出版社1979年版，第23页。
[④] 同上书，第23页。
[⑤] 同上书，第18—19页。
[⑥] 同上书，第23页。

种错误，是一种永远不能实现的妄想。……在雇佣劳动制基础上要求平等的报酬或仅仅是公平的报酬，就犹如在奴隶制基础上要求自由一样。什么东西你们认为是公道的和公平的，这与问题毫无关系。问题在于在一定的生产制度下什么东西是必要的和不可避免的"。① 而"我们也看到工资和私有财产是同一的……工资是异化劳动的直接结果，而异化劳动是私有财产的直接原因"。② 因此，在资本主义生产方式下，工资、私有财产，都是劳动的异化，都是公平的反面。

所以，社会主义公平也必然与社会主义生产方式相联系并由它决定，而社会主义生产方式的本质特征就是生产资料公有制。

（2）社会主义公平是建立在生产资料公有制基础上的。私有制是造成一切社会不公的根源，这是从古希腊柏拉图就已经认识到的真理，资产阶级启蒙思想家卢梭也对此作了深刻分析。所以，马克思说，"劳动者在经济上受劳动资料即生活源泉的垄断者的支配，是一切形式的奴役即一切社会贫困、精神屈辱和政治依附的基础。"③ 换句话说，是一切社会不公的根源。

马克思用哲学的语言，有时把不公平称为"异化"、"外化"，把公平称为"对人的生命或本质的占有"、"人的存在的复归"、"解放"，把消除私有制看作实现公平的根本途径。他指出："我们通过分析，从外化劳动这一概念，即从外化的人、异化劳动、异化的生命、异化的人这一概念得出私有财产这一概念。"④ "这种物质的、直接感性的私有财产，是异化了的、人的生命的物质的、感性的表现。私有财产的运动——生产和消费——是以往全部生产的运动的感性表现，也就是说，是人的实现或现实。宗教、家庭、国家、法、道德学、艺术等，都不过是生产的一些特殊的方式，并且受生产的普遍规律的支配。因此，私有财产的积极的扬弃，作为对人的生命的占有，是一切异化的积极的扬弃，从而是人从宗教、家庭、国家等向自己的人的即社会的存在的复归。"⑤ 这种"复归"，就是公平的实现。就是说，只有消除私有制，才能消除一切异化（不公平），实现经济、政治、法权、道德、教育的公平。

私有制是一切社会不公的根源，与资本主义私有制相对，共产主义

---

① 《马克思恩格斯全集》第16卷，人民出版社1979年版，第146页。
② 《马克思恩格斯全集》第42卷，人民出版社1979年版，第101页。
③ 《马克思恩格斯全集》第16卷，人民出版社1979年版，第15页。
④ 《马克思恩格斯全集》第42卷，人民出版社1979年版，第100页。
⑤ 同上书，第121页。

（社会主义）必然实行公有制。"如果我们把共产主义本身——因为它是否定的否定——称为对人的本质的占有，而这种占有是以否定私有财产作为自己的中介的……"①"共产主义和所有过去的运动不同的地方在于：它推翻了一切旧的生产和交往的关系的基础，并且破天荒第一次自觉地把一切自发产生的前提看作先前世世代代的创造，消除这些前提的自发性，使它们受联合起来的个人的支配。因此，建立共产主义实质上具有经济的性质，这就是为这种联合创造各种物质条件，把现存的条件变成联合的条件。"②"物的联合"即生产资料公有制，"人的联合"就是社会关系的平等，二者的实现，就是真正的社会公平。

所以，生产资料公有制是社会主义的本质特征，是社会主义公平的基本表现和根本保证。但是，现实中的社会主义并不是以马克思、恩格斯所说的高度发达的资本主义为历史起点的，还处在初级阶段，所以在一定历史时期内只能实行以生产资料公有制为主体、多种所有制共同发展的经济制度。因为生产力还没有发展到彻底消灭私有制的水平，这也是历史唯物主义的基本逻辑。"私有财产是生产力发展一定阶段上必然的交往形式，这种交往形式在私有财产成为新出现的生产力的桎梏以前是不会消灭的，并且是直接的物质生活的生产所必不可少的条件。"③ 在生产力水平没有达到消除私有制的情况下，用道德呼吁或政治手段来解决，是永远达不到目的的。"从政治上废除私有财产不仅没有废除私有财产，反而以私有财产为前提。"④ 像如果不消除某一物体就无法消除它的影子一样，为了实现公平，仅从主观愿望上消除私有制而不是求助生产力发展的做法必然流于荒谬。在这种情况下，"'正义'、'人道'、'自由'等可以一千次地提出这种或那种要求，但是，如果某种事情无法实现，那它实际上就不会发生，因此无论如何它只能是一种'虚无缥缈的幻想'"。⑤ 由此决定了社会主义公平要求的过渡性和多层次性，因为，"人们……是在现有的生产力所决定和所容许的范围之内取得自由的"。⑥

2. 社会主义公平是形式公平而不是实质公平

以资本主义为最高发展阶段的私有制是社会不公的同义语，共产主义

---

① 《马克思恩格斯全集》第 42 卷，人民出版社 1979 年版，第 139 页。
② 《马克思恩格斯全集》第 3 卷，人民出版社 1979 年版，第 79 页。
③ 同上书，第 410—411 页。
④ 《马克思恩格斯全集》第 1 卷，人民出版社 1979 年版，第 427 页。
⑤ 《马克思恩格斯全集》第 6 卷，人民出版社 1979 年版，第 325 页。
⑥ 《马克思恩格斯全集》第 3 卷，人民出版社 1979 年版，第 507 页。

才是社会公平的真正实现,才能实现实质公平。而在作为共产主义第一阶段的社会主义,其公平具有过渡性质,还只是一种形式公平。

(1) 公平就是区别对待。与私有制产生以来的社会不公相抗争的,是对绝对公平和绝对平等的诉求和渴望。"一切人,作为人来说,都有某些共同点,在这些共同点所及的范围内,他们是平等的,这样的观念自然是非常古老的。但是现代的平等要求是与此完全不同的;这种平等要求更应当是,从人的这种共同特性中,就他们是人而言的这种平等中,引伸出这样的要求:一切人,或至少是一个国家的一切公民,或一个社会的一切成员,都应当有平等的政治地位和社会地位。"[1] 这种绝对公平的要求虽然合情合理,但既不科学也不符合人类社会的历史事实。"在最古的自发的公社中,最多只谈得上公社成员之间的平等权利,妇女、奴隶和外地人自然不在此列。在希腊人和罗马人那里,人们的不平等比任何平等受重视得多。如果认为希腊人和野蛮人、自由民和奴隶、公民和被保护民、罗马的公民和罗马的臣民(指广义而言),都可以要求平等的政治地位,那末这在古代人看来必定是发了疯。"[2] 就算是在被誉为平等的乐园的资本主义社会,公平也仅仅表现为"等价交换"。而"交换价值,或者更确切地说,货币制度,事实上是平等和自由的制度,而在这个制度更详尽的发展中对平等和自由起干扰作用的,是这个制度所固有的干扰,这正好是平等和自由的实现,这种平等和自由证明本身就是不平等和不自由"[3]。所以,公平,对资产阶级来说,是在"等价交换"的要求下获得尽可能多的剩余价值,而对无产阶级来说,则是在"等价交换"的要求下获得尽可能高的工资或劳动所得。即使在公平表现为一切人的全面发展的共产主义社会,由于人的生理、能力、追求的差别,要实现全社会的公平,"权利就不应当是平等的,而应当是不平等的。"[4] 也就是说,公平意味着区别对待。

区别对待,即不能脱离开特定的生产方式抽象地谈论公平,更不能不顾差别地认为公平就是对一切人绝对一样地对待。正如恩格斯指出的,"抽象的平等理论,即使在今天以及在今后较长的时期里,也都是荒谬的。没有一个社会主义的无产者或理论家想到要承认自己同布须曼人或火地岛人之间,哪怕同农民或半封建农业短工之间的抽象平等……"[5] "在国和

---

[1] 《马克思恩格斯全集》第20卷,人民出版社1979年版,第113页。
[2] 同上。
[3] 《马克思恩格斯全集》第46卷,(上卷),人民出版社1979年版,第201页。
[4] 《马克思恩格斯全集》第19卷,人民出版社1979年版,第22页。
[5] 《马克思恩格斯全集》第20卷,人民出版社1979年版,第670页。

国、省和省、甚至地方和地方之间总会有生活条件方面的某种不平等存在,这种不平等可以减少到最低限度,但是永远不可能完全消除。"[①] 而这一切,都是社会财富不够丰富造成的。"在共产主义制度下和资源日益增多的情况下,经过不多几代的社会发展,人们就一定会认识到:侈谈平等和权利,如同今天侈谈贵族等的世袭特权一样,是可笑的……谁如果坚持要人丝毫不差地给他平等的、公正的一份产品,别人就会给他两份以资嘲笑。"[②] 那时的社会公平所要求的"区别对待",就是按需分配。因此,公平在不同的社会制度下和不同的发展阶段有不同的要求,而社会主义还没有达到实现实质公平的水平。

(2) 社会主义公平是没有资产阶级但残留资产阶级法权的公平。马克思认为,未来社会可以区分为共产主义第一阶段(社会主义)和共产主义高级阶段,而且在资本主义和社会主义之间还有一个过渡时期。由于社会主义还不是在它自身基础上已经发展了的,而是刚刚从资本主义社会中产生出来的,因此它在各方面,在经济、道德和精神方面都还带着它脱胎出来的那个旧社会的痕迹。

那么,社会主义公平是什么样的呢?马克思认为,由于社会主义实行按劳分配,个人除了自己的劳动,谁都不能提供其他任何东西;另外,除了个人的消费资料,没有任何东西可以成为个人的财产;而每人向社会提供的劳动量,是消费资料在各个生产者中进行分配的依据。这里通行的是商品等价物的交换中也通行的同一原则,即一种形式的一定量的劳动可以和另一种形式的同量劳动相交换。所以,在这里,平等的权利按照原则仍然是资产阶级的法权,虽然有原则和实践在这里已不再互相矛盾这种进步,但这个平等的权利仍然还被限制在一个资产阶级的框框里。

按劳分配,把劳动作为唯一尺度,按照它的时间或强度来确定分配的份额,这在形式上是公平的。但是,一个人在体力或智力上胜过另一个人,因此在同一时间内提供较多的劳动,或者能够劳动较长的时间,那么,这种平等的权利,对不同等的劳动者来说就是不平等的权利。它不承认任何阶级差别,因为每个人都像其他人一样只是劳动者;但是它默认不同等的个人天赋,因而也就默认不同等的工作能力是天然特权。另外,如果一个劳动者已经结婚,另一个则没有;一个劳动者的子女较多,另一个的子女较少,那么,在劳动成果相同、从而由社会消费品中分得的份额相

---

① 《马克思恩格斯全集》第 19 卷,人民出版社 1979 年版,第 8 页。
② 《马克思恩格斯全集》第 20 卷,人民出版社 1979 年版,第 670—671 页。

同的条件下,某一个人事实上所得到的比另一个人多些,也就比另一个人富些,如此等等。所以,按劳分配,就它的内容来讲,也像一切权利一样是一种不平等的权利。

要避免所有这些弊病,权利就不应当是平等的,而应当是不平等的。但是这些弊病,在社会主义社会是不可避免的,只有"在共产主义社会高级阶段上,在迫使人们奴隶般地服从分工的情形已经消失,从而脑力劳动和体力劳动的对立也随之消失之后;在劳动已经不仅仅是谋生的手段,而且本身成了生活的第一需要之后;在随着个人的全面发展生产力也增长起来,而集体财富的一切源泉都充分涌流之后,——只有在那个时候,才能完全超出资产阶级法权的狭隘眼界,社会才能在自己的旗帜上写上:各尽所能,按需分配!"① 这才是真正的公平。

列宁把社会主义的这种公平称为"形式公平"。其实,资本主义公平也是一种形式公平,只不过资本主义是原则与实践相矛盾的形式公平,而社会主义是原则与实践相一致的形式公平,因而是一种巨大的历史进步。但是,它仍然是残留资产阶级法权的公平。而一旦没有了资产阶级的法权,社会公平体现了"每个人的全面发展是其他人全面发展的条件",人类社会就走过了社会主义社会,共产主义社会就到来了。所以,"真正的自由和真正的平等只有在共产主义制度下才可能实现",② 那时才谈得上"实质公平"。

3. 社会主义公平必须坚持无产阶级的公平观

公平不是抽象的,不仅表现为它是由生产方式所决定的,而且表现为阶级立场不同,对公平的要求也不同。而作为社会主义公平,只能坚持无产阶级立场,这是由社会主义的性质所决定和由人类社会的发展趋势所揭示的。

(1) 不同的阶级具有不同的公平观。恩格斯指出,从原始社会解体以来,社会始终是在阶级对立中运行的。"作为过去取得的一切自由的基础的是有限的生产力;受这种生产力所制约的、不能满足整个社会的生产,使得人们的发展只能具有这样的形式:一些人靠另一些人来满足自己的需要,因而一些人(少数)得到了发展的垄断权;而另一些人(多数)经常地为满足最迫切的需要而进行斗争,因而暂时(在新的革命的生产力产生

---

① 《马克思恩格斯全集》第 19 卷,人民出版社 1979 年版,第 21—23 页。
② 《马克思恩格斯全集》第 1 卷,人民出版社 1979 年版,第 582 页。

以前）失去了任何发展的可能性。"① 就是说，生产力的制约，造成了社会不公和奴役，也因此催生了被压迫阶级的公平要求。"从资产阶级由封建时代的市民等级转变为现代的阶级的时候起，资产阶级的平等要求，也有无产阶级的平等要求伴随着。从消灭阶级特权的资产阶级要求提出的时候起，同时就出现了消灭阶级本身的无产阶级要求。无产阶级抓住了资产阶级的话柄：平等应当不仅是表面的，不仅在国家的领域中实行，它还应当是实际的，还应当在社会的、经济的领域中实行。"② 所以，不同阶级的公平要求，有着不同的内容。"人们自觉地或不自觉地，归根到底总是从他们阶级地位所依据的实际关系中——从他们进行生产和交换的经济关系中，吸取自己的道德观念。"③ 例如，在资产阶级看来，资本主义社会是人们最广泛享有自由、平等、博爱的乐园，是最公平的社会制度，是最合理、最正义、永远不会被代替的千年王国。然而，在无产阶级看来，正如马克思、恩格斯通过对资本主义生产方式的分析所揭示的，"现代资本家，也像奴隶主或剥削农奴劳动的封建主一样，是靠占有他人无偿劳动发财致富的，而所有这些剥削形式彼此不同的地方只在于占有这种无偿劳动的方式有所不同罢了。这样一来，有产阶级的所谓现代社会制度中占支配地位的是公道、正义、权利平等、义务平等和利益普遍协调这一类虚伪的空话，就失去了最后的根据，于是现代资产阶级社会就像以前的各种社会一样被揭穿：它也是微不足道的并且不断缩减的少数人剥削绝大多数人的庞大机构。"④ 因此，阶级立场不同，公平观也不同。"资产者的平等（消灭阶级特权）完全不同于无产者的平等（消灭阶级本身）。如果超出后者的范围，即抽象地理解平等，那末平等就会变成荒谬。"⑤

（2）社会主义公平必须坚持无产阶级的立场。资本主义公平遵循的是资产阶级的公平观，毫无疑问，社会主义公平必须坚持无产阶级的公平观。

首先，只有无产阶级的公平观才符合历史发展的方向。这不仅是因为，无产阶级处于社会的最底层，如果最底层的人们都得到了公平的待遇，社会当然就真正公平了；而且因为无产阶级具有最彻底的革命性，真正要求变革造成人类一切不公平的根源——私有制。所以，马克思说，

---

① 《马克思恩格斯全集》第 3 卷，人民出版社 1979 年版，第 507 页。
② 《马克思恩格斯全集》第 20 卷，人民出版社 1979 年版，第 116 页。
③ 同上书，第 103 页。
④ 《马克思恩格斯全集》第 19 卷，人民出版社 1979 年版，第 126 页。
⑤ 《马克思恩格斯全集》第 20 卷，人民出版社 1979 年版，第 671 页。

"从异化劳动同私有财产的关系可以进一步得出这样的结论：社会从私有财产等等的解放、从奴役制的解放，是通过工人解放这种政治形式表现出的，而且这里不仅涉及工人的解放，因为工人的解放包含全人类的解放；其所以如此，是因为整个人类奴役制就包含在工人同生产的关系中，而一切奴役关系只不过是这种关系的变形和后果罢了。"① 人类的解放，也就是公平的实现，这和社会主义的价值观是一致的。

另外，社会主义所以要坚持无产阶级的公平观，还因为，在社会主义社会，虽然剥削阶级作为一个阶级整体已不存在，但由于生产力的发展水平所限，分工和阶级划分还依然明显。"社会阶级的消灭是以生产的高度发展阶段为前提的，在这个阶段上，某一特殊的社会阶级对生产资料和产品的占有，从而对政治统治、教育垄断和精神领导的占有，不仅成为多余的，而且成为经济、政治和精神发展的障碍。"然而，社会主义的社会生产还没有达到这样的程度。只有随着生产力的巨大发展，实现了生产资料的真正、完全的社会占有，"人们（才）第一次成为自然界的自觉的和真正的主人，因为他们已经成为自己的社会结合的主人了"，② 真正的公平也就实现了。但在阶级彻底消灭之前，在多种阶级并存的情况下，作为社会主义社会，必然把无产阶级的公平观作为主导理念。

那么，无产阶级公平观的基本内容是什么呢？"平等的要求在无产阶级口中有双重的意义。或者它是对极端的社会不平等，对富人和穷人之间、主人和奴隶之间、骄奢淫逸者和饥饿者之间的对立的自发的反应……或者它是从对资产阶级平等要求的反应中产生的，它从这种平等要求中吸取了或多或少正确的、可以进一步发展的要求……在上述两种情况下，无产阶级平等要求的实际内容都是消灭阶级的要求。任何超出这个范围的平等要求，都必然要流于荒谬。"③ 所以，无产阶级公平观并不是要求各阶级的平等，因为在有阶级存在的条件下谈公平、平等，本身就是荒谬的和自相矛盾的。"各阶级的平等，照字面上理解，就是资产阶级社会主义者所拼命鼓吹的'资本和劳动的协调'。不是各阶级的平等——这是谬论，实际上是做不到的——相反地是消灭阶级，这才是无产阶级运动的真正秘密。"④ 总之，"无产阶级平等要求的实际内容都是消灭阶级的要求。"⑤

---

① 《马克思恩格斯全集》第42卷，人民出版社1979年版，第101页。
② 《马克思恩格斯全集》第20卷，人民出版社1979年版，第308页。
③ 同上书，第117页。
④ 《马克思恩格斯全集》第16卷，人民出版社1979年版，第394页。
⑤ 《马克思恩格斯全集》第20卷，人民出版社1979年版，第117页。

而在社会主义初级阶段，由于社会生产还没有达到消灭一切阶级的水平，生产力发展水平决定了必须实行以生产资料公有制为主体、多种所有制并存的经济制度，那么，以按劳分配为主体、多种分配方式为补充、多种生产要素参与分配就必然被认为是公平的。但是，必须明确，生产资料公有制和按劳分配为主体，是社会主义公平所要求的根本制度。这就是在社会主义初级阶段公平观上的工人阶级立场。

（六）马克思、恩格斯公平效率观的理论和现实意义

1. 马克思、恩格斯公平效率观的理论意义

关于资本主义效率与公平矛盾的根源，西方学者有不同解释：英国的文森特等人认为是社会政策导致不公平；美国学者甘斯认为不公平是社会功能的需要；刘易斯的贫困文化论认为，贫困群体的价值规范、习惯、信仰、生活态度和主观心理等是贫困、不公平产生的原因；新古典分配理论认为，生产率水平即效率是产生不公平的根源，对于这种由市场经济所产生的不平等问题应该留给政府去解决。

那么，政府应该如何解决资本主义社会的效率与公平的矛盾问题呢？对此问题的不同回答，产生了三种有代表性的公正、平等思想：以英国哲学家杰瑞米·边沁和约翰·斯图亚特·穆勒为代表的功利主义（主张政府应选择使社会上所有人总效用最大化的政策）；以美国哲学家约翰·罗尔斯为代表的自由主义公平正义论（主张政府应该使社会上状况最差的人的福利最大化）；以罗伯特·诺齐克为代表的自由意志主义（主张政府应强调个人的权利，不应进行收入再分配）。这些思想都很有代表性，但都很少论及效率与公平矛盾产生的经济制度根源。这些理论因缺少客观依据而不具有科学上的指导意义。

马克思、恩格斯以历史唯物主义为基础，科学地揭示了资本主义少数人的私有制是社会效率与公平矛盾的根源，揭示了资本主义社会自身无法解决效率与公平的对立与矛盾，对立的最终结果是资本主义社会必然被未来社会所取代的历史发展趋势。因而具有普遍的科学指导意义。

第一，邓小平关于"社会主义的本质是解放生产力，发展生产力，消灭剥削，消除两极分化，最终达到共同富裕"[1]的科学论断，体现了社会主义效率与公平的统一，是对马克思恩格斯效率与公平观的继承和发展。

在社会主义初级阶段，大力发展生产力，把效率放在突出的重要地位

---

[1] 《邓小平文选》第3卷，人民出版社1993年版，第373页。

具有特别重要的意义。"搞社会主义一定要使生产力发达，贫穷不是社会主义"，"发展太慢也不是社会主义"① "社会主义优越性归根到底要体现在它的生产力比资本主义发展得更快一些、更高一些"，② 中国解决其他一切问题都离不开生产力的发展。因此，邓小平把大力发展生产力作为社会主义的根本任务、首要任务，确立了以"经济建设为中心"和"效率优先"的原则。中共十六大报告提出，大力发展生产力"必须最广泛地调动一切积极因素"，"放手让一切劳动、知识、技术、管理和资本的活力竞相迸发"，因此，在分配上就必然采取按劳分配和按生产要素分配相结合的分配制度，必然带来人们在财产占有和收入分配上的差别，存在先富和后富的差别，这种差别的存在是发展生产力的客观要求，这也是邓小平提出允许一部分地区、一部分人先富起来政策的客观经济条件。

这一政策既基于并反映了中国正处在并将长期处在社会主义初级阶段这个最大的实际，符合社会主义市场经济客观规律的要求，符合马克思、恩格斯关于共产主义低级阶段有差别公平的思想。但是，这种差别必须限定在一定程度上，不能有两极分化的趋势。如果总是一部分人富，大多数人长期不富，甚至处于贫困状态，必然加大效率与公平的矛盾，最终会危害社会稳定。因此，在社会主义初级阶段，必须要始终处理好效率与公平的关系。

第二，公平的实现程度不能超越生产力的发展水平，必须在经济发展基础上促进社会公平正义。马克思、恩格斯认为，公平是由经济关系决定的，生产力的发展从而社会经济的发展，是实现社会公平的物质基础，只有经济发展了，人民的生活才能不断改善，促进人的全面发展才有坚实的物质基础。因此，他们坚决反对那种以实现"公平"为由阻碍经济发展的做法。恩格斯就抨击了蒲鲁东不惜牺牲现代化生产力发展而追求"永恒公平"的观点：蒲鲁东"只要永恒公平，旁的什么都不要。……但有公平常在，哪怕世界毁灭！"③

依照马克思、恩格斯的观点，我们在构建社会主义和谐社会中，必须坚持以经济建设为中心，把发展作为党执政兴国的第一要务，不断推进经济发展，促进社会物质财富增长，为消除社会不公平奠定基础，创造条件。同时还要在经济发展的基础上，更加重视社会公平。因为社会不公平

---

① 《邓小平文选》第3卷，人民出版社1993年版，第225页。
② 同上书，第63页。
③ 《马克思恩格斯选集》第3卷，人民出版社1995年版，第151页。

现象的加剧，必然会造成许多社会矛盾和社会不和谐因素，影响生产力的进一步发展和经济效率的持久发挥。任何社会尤其是社会主义社会，都不能依靠牺牲公平来谋求所谓的效率。事实上，唯有"更加注重社会公平，使全体人民共享改革发展成果"，才能营造稳定的社会秩序和经济环境，推动经济社会又好又快发展，实现公平与效率的有机统一。

第三，维护社会公平必须着眼于社会主义事业的发展，立足于我国社会主义初级阶段的实际。公平是特定社会形态和历史时空下的产物，推进公平必须与特定的社会关系和历史阶段相联系。马克思、恩格斯科学地揭示了资本主义社会不公的根源，认为只有实现社会基本制度的变革，才能实现社会的真正公平。在马克思主义指导下建立的社会主义中国，从根本上消除了社会剥削和不公正产生的根源，为实现社会公正提供了制度保障，为克服效率和公正之间的"二律悖反"创造了有利条件。但经济效率和社会公平间的关系并未一劳永逸地得到解决。社会主义制度建立之初，我国曾盛行绝对平均主义，忽视生产力的发展和经济效率的提高。改革开放后，我国确立了"第一是发展生产，第二是共同富裕"的社会主义原则，[①] 制定了"以经济建设为中心"的基本路线，经济总量和综合经济实力得到了大幅度提高，但是，收入差距和社会不公现象也随之日渐凸显出来。收入分配差距之大已引起社会各方的广泛关注。为解决这一问题，中央提出了"更加注重社会公平"的要求。但是，需要明确的是，我们强调的是在经济发展的基础上更加注重社会公平，而不能以维护和促进社会公平正义为由阻碍经济的发展。

第四，促进社会公平正义必须加快推进对保障社会公平正义具有重大作用的各种制度建设。公平是具体的，实现社会公平正义要依靠包括所有制、收入分配制度、社会保障制度等各种具体的制度安排。"公有制为主体、多种所有制经济共同发展"是我国社会主义初级阶段的基本经济制度。能否坚持这一制度，直接关系社会公正问题能否得到有效解决。为此，必须毫不动摇地巩固和发展公有制经济，毫不动摇地鼓励、支持和引导非公有制经济发展，并在实践中积极探索公有制的多种有效实现形式。能否构建科学合理、公平公正的社会收入分配体系，直接关系最广大人民的根本利益。为此，要坚持和完善按劳分配为主体、多种分配方式并存的分配制度，健全劳动、资本、技术和管理等生产要素按贡献参与分配的制度；要不断加大收入分配调节力度，使全体人民都能享受到改革开放和社

[①] 《邓小平文选》第3卷，人民出版社1993年版，第171页。

会主义现代化建设的成果。建立与经济发展水平相适应的社会保障体系也是维护和促进社会公平和正义的重要条件。为此，必须在改革中逐步建立一个覆盖城乡居民的社会保障体系，即社会保障事业同社会福利事业、基本保险与补充保险相结合，国家、集体、个人三方面合理负担的多层次的社会保障体系，促进社会整体公平，从而为更好地推进以改善民生为重点的社会建设，促进社会公平正义提供有力的保障。

第五，促进社会公平正义必须保障全体社会成员公平享有各种政治资源和文化资源。社会公平不仅是具体的、历史的，而且更应当是全面的。它不仅应当包括使人们享有公平的经济权益，而且也应当包括使人们享有公平的政治权益和文化权益。因此，必须通过合理分配政治资源和文化资源，保障人们公平享有各种政治和文化权益。合理分配政治资源，使人们享有参与国家政治生活，表达政治意愿和见解的权益，是社会主义社会公平的重要内容。为此，既要加强社会主义民主政治建设，通过健全民主制度、丰富民主形式、拓宽民主渠道等方式，切实保障人民享有知情权、参与权、表达权和监督权；还要加强社会主义法制建设，实现国家各项工作的法制化，维护和保障人民的合法权益。合理分配文化资源，使人们享有平等的教育、科学和文化权益，也是社会主义社会公平的题中应有之义。针对目前我国在文化资源分配方面存在的不公平问题，一是要积极构建有利于实现文化公平的公共文化服务体系，确保公共文化均衡发展；二是要认真制定向弱势群体适当倾斜的合理有效的文化政策；三是要大力发展教育，努力实现教育公平，为社会公平特别是文化公平奠定广泛的群众基础。

2. 马克思、恩格斯公平效率观的现实指导意义

马克思、恩格斯的公平效率观，对于在我国社会主义现代化建设过程中正确处理好效率与公平的关系具有重大的现实指导意义。

第一，正确认识当前我国收入分配差距中的公平问题。随着我国经济发展水平的不断提高，我国收入分配差距也随着持续拉大，造成这种收入分配差距的原因是多方面的，其中既有违背公平原则的，也有不违背公平原则的，应正确认识收入分配差距中的公平问题。

首先，马克思认为，由于劳动能力的不同所引起的收入差距是符合公平原则的，恩格斯也指出了由于教育的私人投入，所以复杂劳动所获得的较高收入应当属于个人所有。因此，当前由于劳动的复杂性以及劳动能力区别所造成的收入差别并不违背公平分配的原则。

其次，公平是客观的、具体的，应从我国经济发展的现实出发去理解

公平问题，但公平的原则不等于平均主义的分配方式。一方面，当前我国基尼系数已经超过国际警戒线，应避免收入分配差距的继续拉大，在收入分配和再分配的过程中应更加注重公平；另一方面也要避免平均主义的分配倾向，不能把收入分配的平均当作公平的分配原则。

最后，当前存在着一些不合理收入和灰色收入，由于这部分收入往往数额较大，因此，这些收入既是我国收入分配差距拉大的重要原因，也是造成人们对收入差距不满的主要原因，应进一步规范不合理收入，确保公平原则的真正实现。

第二，实现教育等公共产品的公平分配。马克思论述了教育分配的公平原则，即应保证教育资源的分配有利于工人、农民等社会中的各个阶层，这种公平的原则对于当前公共产品的公平分配具有很大的借鉴和启示作用。

首先，当前我国教育资源主要向高等教育倾斜，而职业技术教育没有得到相应的重视，这种教育资源的分配不利于工人、农民等体力劳动者接受教育，应大力发展职业技术教育，加强对各种专业技术人员，尤其是农业专业技术人员的培训工作。

其次，从马克思关于教育的公平分配原则可以引申到其他公共物品的公平分配原则。我国居民收入差距不仅表现在收入方面，还体现在不同人群在获取教育等公共物品或准公共物品方面的差别，城乡之间、地区之间在获取教育、医疗、交通等公共物品或准公共物品方面存在着较大的差别，应加强农村地区和落后地区的财政支出和财政转移支付，在国家财力允许的范围内尽量实现公务物品和准公共物品的公平分配。

第三，正确认识和处理当前我国分配方式下的公平与效率问题。按照马克思的观点，生产要素所有权是按生产要素分配的依据，当前我国实行的是公有制为主体、多种所有制经济共同发展的所有制结构，因此，在分配方式上必然采取按劳分配为主体、多种分配方式并存的分配制度，并确立劳动、资本、技术和管理等生产要素按贡献参与分配的原则。在按劳分配的分配方式下，有利于调动劳动者的劳动积极性，提高劳动效率、节约劳动时间，这种劳动效率的提高既促进了生产力的发展，又有利于劳动者提高劳动能力，这种劳动能力的提高也会促进生产力水平的提高。在按劳分配前提下因劳动能力和劳动复杂程度所引起的收入差距是不违背公平原则的，因此按劳分配的分配方式是既有利于公平的实现也有利于劳动效率的提高。而在按生产要素分配的原则下，有利于提高劳动、资本、管理、技术等生产要素的资源配置效率，但是由于生产要素所有权分布的不平等，与按劳分配相比，这种分配方式更容易引起收入差距的扩大，造成收入分配结果上的不平等。

首先，应更加注重在按劳分配的过程中实现起点公平和过程公平。劳动者在参加就业和接受教育等方面的起点公平以及过程公平有利于在劳动力市场上充分发挥竞争机制的作用，而这种竞争作用既有利于劳动生产效率的提高，也有利于劳动这一要素的优化配置。

其次，在按生产要素分配过程中，应进一步加快我国要素市场化的进程。资本、技术、劳动、管理等生产要素的充分流动是提高资源配置效率的前提条件，只有使要素市场更加完善，才能更好地发挥收入分配对各种生产要素所有者的激励作用。

最后，按照马克思的论述，劳动生产效率、资源配置效率的提高都是促进生产力的发展，而公平的真正实现则需要生产力的迅速发展，只有生产力得到发展，才能有更多的人力、物力和财力进行再分配，才能为实现公平提供更多的物质基础和现实条件，以保证分配公平的真正实现。

四 毛泽东的公平效率观

公平与效率的关系问题，不仅仅是一个学术理论问题，更是一个现实的政治问题。毛泽东在领导中国革命和社会主义建设的漫长岁月中，始终重视处理好公平与效率之间的辩证关系。毛泽东在处理公平与效率的关系问题时，明显地受到他所生活的时代及其在政治活动中所积累起来的实践经验的影响，其基本特点可以用"公平与效率并重"来加以概括。

（一）毛泽东的公平观

毛泽东一生以追求社会公平正义为己任，在他伟大的革命生涯中，无论是在青年时代，还是在中晚年时期；无论是在战火纷飞的革命战争年代，还是在热火朝天的和平建设时期，都非常关注和重视社会公平正义问题。他虽然没有留下一篇专门论述公平正义问题的文献，但他根据中国社会特有的国情和现状，曾对公平正义问题有过广泛而深入的探索，在许多重要的文献中大量论述了有关公平正义的各方面问题，对新中国的建设和发展产生过重大而深远的指导作用与历史影响。[①]

毛泽东的公平观又突出地表现为他的公平分配观。毛泽东在探索中国

---

① 杨宝国：《公平正义观的历史·传承·发展》，学习出版社2015年版，第210—211页。

特色社会主义的发展过程中，坚持和发展了马克思主义按劳分配理论，并结合中国社会经济的发展状况，提出了各尽所能的按照劳动者提供的劳动质量和数量获取报酬的按劳分配制度，即凡是有劳动能力者必须参加劳动，多劳多得，少劳少得，有劳动能力的人不参加劳动不能获得报酬。毛泽东在坚持按劳分配的原则下，反对平均主义，承认劳动者能力有差别，收入有差距，但要防止劳动者收入差距过大的现象发生。1959年2月，毛泽东在郑州会议上指出："我们必须首先检查和纠正自己的两种倾向，即平均主义倾向和过分集中倾向。所谓平均主义倾向，即是否认各个生产队和各个个人的收入应当有所差别。而否认这种差别，就是否认按劳分配、多劳多得的社会主义原则。"①

1. "各尽所能，按劳分配"的分配原则

反对平均主义，实行按劳分配是毛泽东的一贯思想。早在土地革命战争时期，毛泽东在《关于纠正党内的错误思想》一文中就提出了反对绝对平均主义的问题。他说："绝对平均主义的来源，和政治上的极端民主化一样，是手工业和小农经济的产物，不过一则见之于政治生活方面，一则见之于物质生活方面罢了。纠正的方法：应指出绝对平均主义不但在资本主义没有消灭的时期，只是农民小资产者的一种幻想；就是在社会主义时期，物质的分配也要按照'各尽所能按劳取酬'的原则和工作的需要，决无所谓绝对的平均。"②

在社会主义建设时期，毛泽东认为，各尽所能、按劳分配是社会主义的分配原则，在整个社会主义时期都应实行这个原则，反对平均主义。1956年，生产资料私有制社会主义改造基本完成以后，中国进入全面建设社会主义的新阶段。在社会主义建设的高潮中，出现了某些严重的问题，其中之一是，农村经济工作中刮起一股以"一平二调"为主要内容的"共产风"及其所表现出来的严重的平均主义倾向。

对此，毛泽东予以严厉的批评。他指出：第一，刮"共产风"，搞平均主义不符合商品价值法则。他认为，人民公社范围内的社与队、社与社、队与队、社与国家都是买卖关系。买卖关系缩小是不对的，要利用价值法则进行商品交换。因为，"在现阶段，利用商品生产、商品交换、货币制度、价值规律等形式，有利于促进社会主义生产、有利于向社会主

---

① 《毛泽东文集》第8卷，人民出版社1999年版，第11页。
② 《毛泽东选集》第1卷，人民出版社1991年版，第91页。

的全面的全民所有制过渡……有利于为将来向共产主义过渡逐步地准备条件。"① 他不仅要求全党一定要从思想上认识到这一问题的严重性，1960年11月28日，他还下达一份指示，明确指出："永远不许一平二调。"②

第二，搞平均主义侵占了农民正当的物质利益。毛泽东认为，"共产风"毫无代价地"平调农民的劳动果实，比地主、资本家剥削还厉害，资本家还要花点代价，只是不等价，平调却什么都不给"。③ 他特别要求全党同志务必在思想上明确："无偿占有别人劳动的情况，是我们所不允许的。"④ 剥夺农民的思想不是建设社会主义，而是破坏社会主义。在农民正当物质利益的分配中，一定要坚持等价交换，只讲剥夺地主，不能剥夺农民。

第三，搞平均主义是对"按劳分配、多劳多得"原则的否定。毛泽东认为，平均主义同按劳分配是水火不相容的。他对当时刮"共产风"，在农村搞贫富拉平的做法甚为不满，明确指出，富的不下降，穷的提高生产，不拉平。搞口粮、工分拉平分配，就会破坏农民的积极性。他要求，在分配中必须区别队有穷队、富队、中等队，吃粮和工资的分配也应该按照队的情况有差别，除了公粮、征购以外，多得多吃、少得少吃，彻底实行按劳分配的原则，工资应当实行死级活评。

面对"共产风""引起广大农民的很大恐慌"⑤ 和"从一九五八年秋收以后全国性的粮食、油料、猪肉、蔬菜'不足'的风潮"，⑥ 毛泽东清醒地认识到，反对平均主义，实行按劳分配，已经成为关系党和政府同农民关系的"一个最根本的问题"，⑦ 如果不及时有效地加以解决，后果不堪设想。为此，毛泽东多次提醒全党，一定要从不断改善政府同农民的关系、巩固和发展国家政权的高度认真看待反对"共产风"的重要性。

为此，他领导全党制定和颁布了一系列纠正错误的措施和方针。

一是坚决清理退赔，让农民满意。毛泽东认为，要纠正"共产风"表现出来的严重的平均主义倾向，取信于民，关键是要拿出实际行动来兑现。他说："一定要坚决退赔，各部门、各行各业平调的东西都要坚决退

---

① 《建国以来毛泽东文稿》第7册，中央文献出版社1992年版，第566页。
② 《毛泽东文集》第8卷，人民出版社1999年版，第222页。
③ 同上书，第227页。
④ 同上书，第12页。
⑤ 同上书，第10页。
⑥ 《建国以来毛泽东文稿》第10册，中央文献出版社1996年版，第11页。
⑦ 《毛泽东文集》第8卷，人民出版社1999年版，第10页。

赔。赔到什么都没有，公社只要有几个人、几间茅屋能办公就行。""县、社一定要拿出一部分实物来退赔，现在拿不出实物的，可以给些票子，这就叫兑现。……不兑现不行。""县、社宁可把家业统统赔进去，破产也要赔。"同时，他也指出，此举很可能会使某些县、社干部不满意，但从有利于改善政府同农民的紧张关系来看，这种做法是值得的。因为，只要"我们得到了农民群众的满意，就得到了一头。……社、县、省这一头赔了，少了，那一头就有了；这一头空了，那一头就实了。那一头就是几亿农民。要纠正'共产风'，就要真兑现，不受整、不痛一下就得不到教训。苦一下、痛一下，这样才能懂得马克思主义的等价交换这个原则"。只有"退赔兑现了，干部作风才能转变"。只有保障了广大农民的利益，我们"才能得到群众，得到农民满意，得到工农联盟"。①

二是重申按劳分配原则，反对贫富拉平。毛泽东认为，要克服贫富拉平的现象，克服农村经济工作中严重的平均主义倾向，归根结底是坚决贯彻落实多劳多得、少劳少得和不劳不得的社会主义分配原则。只有实行按劳分配，才能使广大劳动者从中得到实惠，充分调动起他们的生产积极性。由于中国是社会主义农业大国，基础比较薄弱，按劳分配可能要坚持一个很长的时期，大约需要半个世纪到一个世纪。"按劳分配和等价交换，是在建设社会主义阶段内人们决不能不严格地遵守的马克思列宁主义的两个基本原则。"② 基于这一认识，1959 年 3 月 5 日，毛泽东在起草《郑州会议纪要》时，把"按劳分配，承认差别"③ 规定为整顿和建设人民公社的 14 句方针之一。

三是健全"三级所有，队为基础"的管理体制。毛泽东认为，造成人民公社刮"共产风"的原因固然是多方面的，但与公社和大队的规模太大、分配权力过于集中有很大关系。因此，纠正错误，提高农民的生产积极性，改善政府与农民的关系，必须从改变所有制入手。他认为，必须打破过去全由公社或大队统一分配的管理体制，"公社应当实行权力下放，三级管理，三级核算，并且以队的核算为基础。"④ 所谓"三级所有、队为基础"，即基本核算单位是生产队而不是大队。只有坚持以生产队为核算单位，才能做到社与队、队与队之间实行等价交换，才能避免在人民公社范围内再刮"共产风"。1959 年，在《郑州会议纪要》中，把"统一领

---

① 《毛泽东文集》第 8 卷，人民出版社 1999 年版，第 227—228 页。
② 《建国以来毛泽东文稿》第 10 册，中央文献出版社 1996 年版，第 8 页。
③ 《毛泽东文集》第 8 卷，人民出版社 1999 年版，第 14 页。
④ 同上书，第 136 页。

导，队为基础；分级管理、权力下放；三级核算，各计盈亏"① 规定为整顿和建设人民公社的根本方针。这一方针持续到20世纪80年代初人民公社被撤销时终止。②

经过一段时间的积极调整，从1961年底至1962年初，农村经济工作中以"共产风"形式表现出来的严重的平均主义倾向基本上得到克服。这不但使党在群众中的威信得到进一步提高，干群关系大为改善，而且还有力地推动了农村经济向前发展。据统计，从1962年起，中国的农业生产开始摆脱困境，主要农作物生产连续下滑的势头得到遏制，城乡居民生活也相应地有了不同程度的改善。1962年，粮食总产量达16000万吨，比上年增长8.5%；油料产量达4007万担，比上年增长10.4%；全国城乡人均消费总额也比上年提高4.5%。③

2. 实现公平分配路径的科学探索

各尽所能、按劳分配不仅是社会主义的分配原则，而且是公有制经济中实现个人物质利益的一种重要形式。在实行按劳分配的过程中，在实现个人物质利益的同时，如何正确处理个人利益与国家利益、集体利益之间的关系；如何正确处理当前利益和长远利益之间的关系；如何正确处理积累与消费之间的关系，这都是社会分配必须解决的重要的现实问题。

第一，正确处理国家利益、集体利益和个人利益三者之间的关系。在社会主义社会，国家、集体和个人在根本利益上是一致的，但是三者之间又存在着矛盾。毛泽东指出："国家和工厂、合作社的关系，工厂、合作社和生产者个人的关系，这两种关系都要处理好。"④ "在分配问题上，我们必须兼顾国家利益、集体利益和个人利益。"⑤ 拿工人讲，工人的劳动生产率提高了，他们的劳动条件和集体福利就需要有所改进，他们的工资也需要有所调整，但是，这种改进必须是逐步的，这种调整必须是适当的。"我们的工资一般还不高，但是因为就业的人多了，因为物价低和稳，加上其他种种条件，工人的生活比过去还是有了很大改善。"⑥ 拿农民讲，"我们对农民的政策不是苏联的那种政策，而是兼顾国家和农民的利益。我们的农业税历来比较轻。工农业品的交换，我们是采取缩小剪刀差，等

---

① 《毛泽东文集》第8卷，人民出版社1999年版，第14页。
② 参见杨奎《毛泽东合理分配思想及其当代启示》，《唯实》2009年第7期。
③ 董辅礽：《中华人民共和国经济史》，经济科学出版社1999年版，第399页。
④ 《毛泽东文集》第7卷，人民出版社1999年版，第28页。
⑤ 同上书，第221页。
⑥ 同上书，第28页。

价交换或者近乎等价交换的政策。我们统购农产品是按照正常的价格，农民并不吃亏，而且收购的价格还逐步有所增长。我们在向农民供应工业品方面，采取薄利多销、稳定物价或适当降价的政策，在向缺粮区农民供应粮食方面，一般略有补贴"。"除了遇到特大自然灾害以外，我们必须在增加农业生产的基础上，争取百分之九十的社员每年的收入比前一年有所增加，百分之十的社员的收入能够不增不减，如有减少，也要及早想办法加以解决"。① 这些论述都是强调要关注工人、农民的利益，处理好国家同生产者个人之间的关系。

对于国家和生产单位之间的关系，毛泽东指出，各个生产单位要在统一领导下有自己的独立性，才会发展得更加活泼。"把什么东西统统都集中在中央或省市，不给工厂一点权力，一点机动的余地，一点利益，恐怕不妥。中央、省市和工厂的权益究竟应当各有多大才适当，我们经验不多，还要研究。"② 他还指出，农村合作社经济要服从国家统一经济计划的领导，同时，在不违背国家的统一计划和政策法令下保持自己一定的灵活性和独立性。"对于国家的税收、合作社的积累、农民的个人收入这三方面的关系，必须处理适当，经常注意调节其中的矛盾。"③ 1956 年 4 月，毛泽东在中共中央政治局扩大会议上谈到农村个人和集体的利益分配问题。他说："我同意这样一种意见，即农业总收入的百分之六十到七十应该归社员，百分之三十到四十归合作社和国家，其中包括合作社的公益金、公积金、生产费、管理费和各种杂费，包括国家的公粮和公粮附加。合作社和国家顶多占百分之四十，最好只占百分之三十，让农民多分一点。"④

在处理国家、集体和个人三者之间的关系时，毛泽东主张，国家利益、集体利益是第一位的，不能把个人利益放在第一位。他说："公和私是对立的统一，不能有公无私，也不能有私无公。我们历来讲公私兼顾，早就说过没有什么大公无私，又说过先公后私。个人是集体的一分子，集体利益增加了，个人利益也随着改善了。"⑤ 他还说："要讲兼顾国家、集体和个人，把国家利益、集体利益放在第一位，不能把个人利益放在第

---

① 《毛泽东文集》第 7 卷，人民出版社 1999 年版，第 30 页。
② 同上书，第 29 页。
③ 同上书，第 221 页。
④ 同上书，第 52 页。
⑤ 《毛泽东文集》第 8 卷，人民出版社 1999 年版，第 134 页。

一位。"①

第二,正确处理当前利益和长远利益之间的关系。1956年,我国个别地方发生了少数人闹事的问题。这些人闹事的直接原因是有一些物质上的要求没有得到满足,而这些要求,有些是应当和可能解决的;有些则是不适当的和要求过高,一时还不能解决的。在分析这种情况时,毛泽东指出:"应该承认:有些群众往往容易注意当前的、局部的、个人的利益,而不了解或者不很了解长远的、全国性的、集体的利益。不少青年人由于缺少政治经验和社会生活经验,不善于把旧中国和新中国加以比较,不容易深切了解我国人民曾经怎样经历千辛万苦的斗争才摆脱了帝国主义和国民党反动派的压迫,而建立一个美好的社会主义社会要经过怎样的长时间的艰苦劳动。因此,需要在群众中间经常进行生动的、切实的政治教育,并且应当经常把发生的困难向他们作真实的说明,和他们一起研究如何解决困难的办法。"②

在社会主义社会,国家和集体所代表的往往是人民群众的根本利益和长远利益,而个人所追求的有时是局部的、当前的利益。毛泽东指出,我们是以占全国人口90%以上最广大群众的眼前利益和将来利益的统一为出发点的,而不是只看到局部利益和眼前利益的狭隘功利主义者。他主张,既要关注人民群众眼前的具体的物质利益,更要谋划人民群众的长远利益和根本利益。1953年,他在中央人民政府委员会第24次会议上的讲话中语重心长地指出:"所谓仁政有两种:一种是为人民的当前利益,另一种是为人民的长远利益……两者必须兼顾,不兼顾是错误的。"③毛泽东认为,人民的长远利益是人民的最高利益。由于中国经济社会矛盾的复杂性、工作任务的艰巨性,实现人民的长远利益需要一个长期的艰苦奋斗的过程。由于历史原因和现实条件,我国的生产力发展仍受到一定程度的限制,这就决定了我国生产力水平的提高需要一个逐步发展的过程。毛泽东指出,中国的人口多、底子薄、经济落后,要使生产力很快地发展起来,要赶上和超过世界上最先进的资本主义国家,没有一百多年的时间是不行的。这就要求我们,在社会主义建设中,既要有满腔的热情,又要有科学的态度,所制定的各项方针政策都要稳妥可行,不能操之过急。

第三,正确处理积累和消费之间的关系。积累和消费是一对矛盾。所

---

① 《毛泽东文集》第8卷,人民出版社1999年版,第36页。
② 《毛泽东文集》第7卷,人民出版社1999年版,第236页。
③ 《毛泽东选集》第5卷,人民出版社1977年版,第105页。

谓积累就是把国民收入的一部分用于扩大再生产，而不是全部消费掉。由于国民收入在一定时期是一个既定的量，因而积累得多，消费就少；反之，消费得多，积累就少。在社会主义条件下，积累和消费之间的矛盾实际上反映着社会生产和社会消费之间，劳动人民的长远利益和当前利益之间，国家、集体和个人之间的矛盾。这是根本利益一致基础上的矛盾，它不具有对抗性，可以通过计划调节和合理安排加以解决。毛泽东说："我国每年作一次经济计划，安排积累和消费的适当比例，求得生产和需要之间的平衡。"①

积累和消费的平衡，在工业建设领域具体表现为处理好国家、工厂建设积累资金和工人消费资金的合理比例关系。在积累国家发展和工厂建设资金的同时，还要顾及工人的生活。1953年，在全国财经工作会议上，毛泽东明确指出："我们的重点必须放在发展生产上，但发展生产和改善人民生活二者必须兼顾。福利不可不谋，不可多谋，不谋不行。"1958年11月，他在一份报告上批示："生产和生活两方面，必须同时抓起来。不抓生活，要搞好生产是困难的。生产好，生活好，孩子带得好，这就是我们的口号。"② 1956年，他在中国共产党八届二中全会上还指出："前几年建设中有一个问题，就像有的同志所说的，光注意'骨头'，不大注意'肉'，厂房、机器、设备等搞起来了，而市政建设和服务性的设施没有相应地搞起来，将来问题很大。"显然，厂房、机器、设备直接投入生产，而市政建设和服务性设施就不单是为生产，也与人民生活密切相关。

积累和消费的平衡，在农业建设领域具体表现为处理好国家的税收、合作社的积累、农民的个人收入这三方面的关系。毛泽东反对苏联那种以损害农民利益来获得经济建设积累资金的政策，主张通过实行较低农业税，采取缩小工农剪刀差以及提高农产品收购价等政策来保护农民的经济利益。他指出，农业是积累的重要来源，农业发展起来了，就可以为发展工业提供更多的资金，但是，农业本身也需要积累。"农业本身的积累和国家从农业取得的积累，在合作社收入中究竟各占多大比例为好？请大家研究，议出一个适当的比例来。其目的，就是要使农业能够扩大再生产，使它作为工业的市场更大，作为积累的来源更多。先让农业本身积累多，然后才能为工业积累更多。只为工业积累，农业本身积累得太少或者没有积累，竭泽而渔，对于工业的发展反而不利。"他还指出："合作社的积累

---

① 《毛泽东文集》第7卷，人民出版社1999年版，第215页。
② 《建国以来毛泽东文稿》第7册，中央文献出版社1992年版，第541页。

和社员收入的比例,也要注意。合作社要利用价值法则搞经济核算,要勤俭办社,逐步增加一点积累。"毛泽东还把积累看成一个需要根据实际情况进行相应调整的过程。他说:"今年如果丰收,积累要比去年多一点,但是不能太多,还是先让农民吃饱一点。丰收年多积累一点,灾荒年或半灾荒年就不积累或者少积累一点。就是说,积累是波浪式的,或者叫做螺旋式的。"①

3. 毛泽东公平分配观的当代反思与启示

纵观毛泽东的公平分配思想,在反对平均主义和"过分悬殊"之间,主要倾向是反对"过分悬殊"。在毛泽东时代,我国社会分配的基本格局是"公平(均平)优先,均中求富"。其原因既有客观的,又有主观的。客观上看,中国贫穷落后的国情和计划经济的体制限制了分配差距的拉开。在经济增长与人民生活水平提高之间,毛泽东原来希望既能多、快、好、省地推动经济增长,又能迅速使老百姓摆脱贫穷,但是,"大跃进"和人民公社化运动遭受的严重挫折使毛泽东认识到,"赶超式"的经济发展并不可行,中国的工业化将是一个相当长的历史过程,甚至需要100年。因此,在有限的社会消费品分配中,也只能是"公平(均平)优先,均中求富"。

主观上看,毛泽东在内心深处对于社会分化保持警惕,他不愿意看到分配中出现"过分悬殊"、"两极分化"等现象。他认为这些现象是与社会主义制度背道而驰的,体现的是资本主义自发倾向,最终将导致资本主义。因此,在毛泽东晚年,无论是对农村中"包产到户",还是对企业中"八级工资制",凡是有可能助长"个人主义"、导致差距扩大的做法,他都心存疑虑,予以批评。1974—1975年期间,他多次谈到中国虽然是社会主义国家,但是还实行八级工资制、按劳分配、货币交换,这些都跟旧社会没有多少差别。他引用列宁的话说,我们自己建设了一个"没有资本家的资产阶级国家",分等级,搞等价交换,保护了资产阶级法权,实行的是不平等的制度。由此可见,以按劳分配为核心的合理分配机制之所以没有得到认真的贯彻落实,这与毛泽东本人对中国实践按劳分配制度认识上的变化和反复有着密切关系。

总而言之,毛泽东关于公平分配的思想和实践,为推进当前我国社会主义分配制度改革积累了丰富的经验,但同时也给予我们提供了深重的教训,值得我们深刻反思。

---

① 《毛泽东文集》第7卷,人民出版社1999年版,第200页。

第一，对按劳分配原则的理解具有片面性。新中国成立后，毛泽东虽然主张实行各尽所能、按劳分配的社会主义分配原则，但却照搬经典作家的按劳分配理论，选择了带有浓厚空想社会主义模式的分配体制，不适应我国生产力的发展。如马克思所设想的按劳分配理论，是指在消灭了商品货币关系的公有制条件下，社会总产品经过社会扣除，然后以劳动为尺度分配个人消费品。这种分配方式，在社会主义初级阶段尚无法实现。以这个设想所概括的按劳分配定义，不可能说明现实的生产关系。另外，由于我国选择了计划经济模式，其分配方式、分配水平由国家直接控制和决定，带有较大的主观随意性。同时，毛泽东把马克思、恩格斯等设想的在高度发达的生产力基础上才能实行的东西，如按需分配和破除资产阶级法权等，直接搬到落后的中国社会。而在制定具体政策时，毛泽东又将按劳分配与"资产阶级法权"挂钩，认为按劳分配是资本主义得以再产生的土壤和条件，必须要对按劳分配加以限制，并把多劳多得视为物质刺激而进行否定。结果，扭曲了按劳分配原则，以平均分配代替了按劳分配。

第二，构想实现一个以平均主义为特征的社会主义社会。新中国成立后，毛泽东在社会主义革命和建设中，想通过平均主义的分配方式，缩小工农差别、城乡差别、体力劳动和脑力劳动的差别，实现人们在从事生产劳动、接受文化教育、享受物质生活等方面的均等，以调动全国人民建设社会主义的积极性。按照马克思主义基本原理，工农、城乡与体力劳动和脑力劳动的差别的最终消灭，要随着社会生产力的进一步发展才能实现。但毛泽东当时却想在客观条件尚不成熟的情况下，不采用发展生产力的办法，而是用平均主义来消灭三大差别，建立以平均主义为特征的社会主义。如毛泽东在为印发《张鲁传》写的批语中说"历代都有大小规模不同的众多的农民革命斗争，其性质当然与现在马克思主义革命运动根本不相同。但有相同的一点，就是极端贫苦农民广大阶层梦想平等自由，摆脱贫困，丰衣足食。"① "吃饭不要钱，最有意思，开了我们人民公社公共食堂的先河"，为了实现广大贫苦农民的梦想，追求公平至上的价值取向，毛泽东视八级工资制、按劳分配、货币交换为"资产阶级法权"，试图把按劳分配和战争年代起过积极作用的供给制结合起来，逐步废除"资产阶级法权"。同时，他强调"绝不要实行对少数人的高薪制度，应当合理地逐步缩小而不应当扩大党、国家、企业、人民公社的工作人员同人民群众之

---

① 《建国以来毛泽东文稿》第7册，中央文献出版社1992年版，第627页。

间的个人收入差距。"① 这就具有浓厚的平均主义色彩。

"大跃进"和人民公社运动的深刻教训,使毛泽东逐渐冷静下来,并着手解决人民公社中存在的问题。1960年11月3日,他在对《中央关于农村人民公社当前政策问题的紧急指示信》的批语和修改中,两次强调人民公社的分配原则是按劳分配。他写到,人民公社即使变为全民所有制,它的性质还是社会主义,它的分配原则仍是"各尽所能,按劳分配,而不是各尽所能,按需分配。"他在批语中还强调"在现阶段,在很长的时期内,至少在今后二十年内,人民公社分配的原则还是按劳分配。"② 次年2月23日,毛泽东在修改刘少奇《在扩大的中央工作会议上的报告》时增写了以下一段话"按劳分配和等价交换这样两个原则,是在建设社会主义阶段内人们决不能不严格地遵守的马克思列宁主义的两个基本原则。"③ 这在实际上就等于允许停办具有供给制特色的公共食堂。1962年在七千人大会上,毛泽东诚恳地进行了自我批评和总结。他说"凡是中央犯的错误,直接的归我负责,间接的我也有份,因为我是中央主席。我不是要别人推卸责任,其他一些同志也有责任,但是第一个负责的应当是我。"④ "在社会主义建设上,我们还有很大的盲目性。"⑤ 在工农业生产和科技方面,"我的知识很少。我注意得较多的是制度方面的问题,生产关系方面的问题。至于生产力方面,我的知识很少。社会主义建设,从我们全党来说,知识都非常不够。我们应当在今后一段时间内,积累经验,努力学习,在实践中间逐步地加深对它的认识,弄清楚它的规律。"⑥

第三,总想用伟大的共产主义理想和艰苦奋斗的精神,使人们超越由于按劳分配形成的对物质利益的追求。他认为"在社会主义社会里,每个人进学校,学文化,学技术,首先应该是为了建设社会主义社会,为了巩固工业化,为了为人民服务,为了集体利益,而不应该是为了提高工资。"⑦ 他还曾强调"把共产主义引导到平均主义是不好的,过分强调物质刺激也不好。报酬以不死人,维持人民健康为原则。这话是对党内讲,对

---

① 转引自曲庆彪《超越乌托邦——毛泽东的社会主义观》,北京出版社1996年版,第264页。
② 《建国以来毛泽东文稿》第9册,中央文献出版社1996年版,第337页。
③ 《建国以来毛泽东文稿》第10册,中央文献出版社1996年版,第8页。
④ 同上书,第24页。
⑤ 同上书,第32页。
⑥ 同上书,第33页。
⑦ 转引自曲庆彪《超越乌托邦——毛泽东的社会主义观》,北京出版社1996年版,第263页。

先进分子讲的。国家建设也好，革命也好，要有一部分先锋分子、积极分子。我们为革命死了多少人，头都不要了，还给什么报酬。天天讲物质刺激，就会麻痹人的思想。写文章要多少稿费，钱多了，物质刺激也不起作用了。要培养共产主义风格，不计报酬，为建设事业而奋斗。"①"我们要提倡艰苦奋斗，艰苦奋斗是我们的政治本色。"② 针对少数人争名誉，争地位，比吃穿等，毛泽东号召"我们要保持过去革命战争时期的那么一股劲，那么一股革命热情，那么一种拼命精神，把革命工作做到底。"③ 对此，很多海外学者认为"毛泽东的注意力一直是重塑延安那种简朴的生活方式。""即使不在延安时期之前，至少也是在延安时期，'毛的经济学'就诞生了。""延安模式的本质就在于斗争精神和牺牲精神，在于经济工作中的分散经营、群众动员、平均主义、自力更生以及对农民美德所给予的重视。建国以后毛的经济思想不过是延安模式的普遍化。'大跃进'和'文化大革命'都体现了'延安模式'，并使毛和他的许多战友分道扬镳"。④

第四，虽然承认供给制给经济建设、人民生活造成不利影响，但却坚持认为供给制是破除"资产阶级法权"的最佳分配方式。1958 年"大跃进"和人民公社运动的兴起，为毛泽东消除按劳分配中出现的一些问题提供了解决的思路。在这一年的 8 月，毛泽东强调要破除"资产阶级法权"并考虑要取消薪水制、恢复供给制问题。他说"我们的党是连续打了 20 多年仗的党，长期实行供给制。""一直到解放初期，大体是过着平均主义的生活，工作都很努力，打仗都很勇敢，完全不是靠什么物质刺激，而是靠革命精神的鼓舞。"⑤ 他甚至还说"供给制是便于过渡的形式，不造成障碍，建设社会主义，为准备过渡到共产主义奠定基础。"⑥ 在毛泽东看来，过去实行供给制，过共产主义生活，22 年战争都胜了，为什么建设共产主义不行呢？恢复供给制，是对资产阶级法权的破坏。供给制这种大体平均的制度，是过渡到共产主义的好形式。

这样，在全国农村，未成立人民公社的极少数地区，实行的基本是多

---

① 转引自李锐《庐山会议实录》（增订本），河南人民出版社 1995 年版，第 59 页。
② 《毛泽东文集》第 7 卷，人民出版社 1999 年版，第 162 页。
③ 同上书，第 285 页。
④ 王景伦：《毛泽东的理想主义和邓小平的现实主义——美国学者论中国》，时事出版社 1996 年版，第 321 页。
⑤ 转引自曲庆彪《超越乌托邦——毛泽东的社会主义观》，北京出版社 1996 年版，第 263 页。
⑥ 同上书，第 263 页。

劳多得的按劳分配制度。而在人民公社，除在一定范围内仍然实行按劳分配制度外，都在相当程度上实行了以供给制为主、工资制为辅的分配制度。当时，供给制主要有粮食供给制、伙食供给制和生活基本需要供给制三种形式。实行最为普遍的是吃饭不要钱的粮食供给制和伙食供给制。在农村出现的"共产主义萌芽"的供给制，对城市的分配制度也带来很大影响。如企业中基本上取消了计件工资和奖金，甚至有的个别单位退回到供给制或半供给、半工资制。人民公社和城市部分企业实行的各种形式的供给制，根本不是什么"共产主义"，而是绝对平均主义。它是毛泽东在新的形势下对战争年代的军事共产主义政策的套用，反映了小农意识的空想社会主义思想。这种否定按劳分配制度、企图包下社员和企业职工的全部或大部分生活需要的供给制，虽然在最初得到广大群众的拥护，但它却超越了人民公社和企业的经济负担能力，在实行过程中很快暴露出不少问题，最为严重的就是"一平二调"的共产风盛行，严重挫伤了广大人民群众的生产积极性。到1959年以供给制为主要内容的分配上的共产风被阻止，取而代之的是以工资制为主、供给制为辅的分配体制。对于供给制的夭折，毛泽东不是归咎于供给制脱离生产力发展水平的空想性，而是归咎于官僚主义者、特权阶层的阻挠，归咎于资本主义自发势力的破坏。因此，在"文化大革命"发动前夕，他在提出"以阶级斗争为纲"的同时，又提出在社会主义社会，调动群众的积极性和创造性，不能靠物质刺激，只能靠"突出政治"，靠人们政治觉悟的不断提高。

总之，在分配问题上，毛泽东竭力追求"公平"分配。而在追求"公平"分配时，他不是以经济杠杆来调控分配公平，而主要以政治和道德的手段强制达到分配结果的公平。通过各种超经济的途径来解决公平问题，在实践中忽视按劳分配原则，无视劳动者在能力强弱、贡献大小上的差别，无条件地剥夺了创造出更多劳动成果的那一部分人所应得的报酬，这又造成了新的不公平，挫伤了能够创造出更高效率的人们的积极性，结果将不可能调动人们工作和劳动的积极性，不可能促进社会生产力的发展。①

反思这些教训，同样给予我们重要的启示：

启示一：建立公平合理的分配制度，使全体社会成员共享发展成果。分配制度是协调利益关系的基本制度。人们能否各得其所，基本的合理的需要能否得到满足，人们的积极性能否得到充分发挥，在很大程度上取决

---

① 王明生：《"大跃进"前后毛泽东分配思想述论》，《南京大学学报（哲学·人文科学·社会科学）》2002年第4期。

于分配制度。毛泽东在一定程度上认识到这一点，他提出的要在国家、集体和个人，生产和生活，公积金和公益金等方面研究出一个合理的比例，这就是分配制度的问题。当年刘少奇在谈到如何处理人民内部矛盾的问题时也认为，人民内部矛盾大量地表现在分配问题上，并且建议同志们要好好研究这个分配问题。他说："我们现在是社会主义制度的国家，分配的原则是按劳取酬，公平合理。如果不按劳取酬，不公平合理，就阻碍生产力的发展。如果按劳取酬贯彻得比较好，分配得公平合理，大家满意，就会促进生产力的发展。"[①]

新中国成立初期，毛泽东就注意到分配领域必须防止两极分化，使广大老百姓都能感受到党和国家的关怀。当前提出建设和谐社会也是为了让所有人，尤其是占人口绝大多数的农村人口以及社会弱势群体都能同样享受到经济发展取得的成果。然而，由于我国仍然处在社会主义初级阶段和分配体制中存在的一些问题，分配制度改革还有很长一段路要走。据国家统计局2005年7月的最新披露，内地最富裕的10%人口占有了全国财富的45%，而最贫穷的10%的人口所占有的财富仅为1.4%，银行60%的存款掌握在10%的存户手里，而这种贫富差距在未来10年还将进一步扩大。这些数据表明，虽然我国改革开放30年来GDP年均增长速度为9.4%，社会财富总量大大增加，但这种高速增长的成果却未能公平合理地被所有社会成员所共享。实践证明，我国收入差距迅速扩大的趋势，已成为影响当前社会和谐与稳定的重大问题，这个问题处理不好，直接影响到社会主要群体的积极性和创造性的发挥，甚至会诱发社会动荡。

启示二：构建公平合理分配制度，需要更加关注分配过程的公平合理。公平合理的分配制度，能够将社会所创造的价值、财富和其他利益，以及社会合作的负担、责任合理公平地分配给所有社会成员，在此基础上，将社会各阶层、各群体和各成员充分地组织起来和调动起来，使他们以各种不同的方式积极参与社会经济生活、政治生活和文化生活，形成合理的分工协作的社会体系，从而有效地保证社会和谐。因此，分配制度的意义已经远远超出了分配本身。当前，建立和有效实施各种有利于社会和谐发展的利益分配法律和规则，创建经济有序竞争和稳定增长的宏观环境，促进机会平等；通过公共政策提供必要的社会保障和各种社会福利措施，建立社会再分配的公平机制；满足知识经济时代的要求，积极创造公民接受教育与发展自身才能的平等机会。这一切都是为建立公平合理的分

---

① 《刘少奇选集》下，人民出版社1995年版，第304页。

配制度作出的努力。

第一，应该使劳动成为一切合法收入的主要来源，在此基础上，通过国家财政政策的杠杆，对社会财富进行公平合理的分配。第二，规范收入分配秩序，建立健全以按劳分配为主体的各种要素参与分配的分配制度。一方面，需要提高工资在国民收入中的比重和劳动收入在初次分配中的比重，建立合理的刚性的工资增长机制；另一方面，需要建立个人收入基础制度使各级政府都有一本账，能够清楚地辨明，谁是富人、谁是穷人，以防止出现"穷人的税收、富人的福利"的悖论现象。第三，健全合理的税收制度，建立以高、中收入群体为基础的个人所得税制度。对于社会调剂来说，税收的功能有两个方面：一是政府通过税收可以获得必要的资金，用来维持生活处境不利的社会成员的基本生计；二是通过所得税、遗产税、财产税等税种的征收，可以适当减少高收入者过多的收入和财产，以有效地缓解贫富分化的趋势。当前，国家实行的农村税费改革、取消农业税、利用税收制度对高收入者进行一定的制约和调节，对低收入者通过适当的转移支付等政策措施取得了一定的成效，但是，我们距离建立公平合理的分配制度，距离构建和谐社会，依然任重而道远。①

党的十八大报告强调："实现发展成果由人民共享，必须深化收入分配制度改革，努力实现居民收入增长和经济发展同步、劳动报酬增长和劳动生产率提高同步，提高居民收入在国民收入分配中的比重，提高劳动报酬在初次分配中的比重。初次分配和再分配都要兼顾效率和公平，再分配更加注重公平。完善劳动、资本、技术、管理等要素按贡献参与分配的初次分配机制，加快健全以税收、社会保障、转移支付为主要手段的再分配调节机制。深化企业和机关事业单位工资制度改革，推行企业工资集体协商制度，保护劳动所得。多渠道增加居民财产性收入。规范收入分配秩序，保护合法收入，增加低收入者收入，调节过高收入，取缔非法收入。"②

党的十八届三中全会通过的《中共中央关于全面深化改革若干重大问题的决定》为贯彻落实十八大精神作了进一步的部署："形成合理有序的收入分配格局。着重保护劳动所得，努力实现劳动报酬增长和劳动生产率提高同步，提高劳动报酬在初次分配中的比重。健全工资决定和正常增长

---

① 参见杨奎《毛泽东合理分配思想及其当代启示》，《唯实》2009年第7期。
② 胡锦涛：《在中国共产党第十八次全国代表大会上的报告》，《人民日报》2012年11月18日。

机制，完善最低工资和工资支付保障制度，完善企业工资集体协商制度。改革机关事业单位工资和津贴补贴制度，完善艰苦边远地区津贴增长机制。健全资本、知识、技术、管理等由要素市场决定的报酬机制。扩展投资和租赁服务等途径，优化上市公司投资者回报机制，保护投资者尤其是中小投资者合法权益，多渠道增加居民财产性收入。完善以税收、社会保障、转移支付为主要手段的再分配调节机制，加大税收调节力度。建立公共资源出让收益合理共享机制。完善慈善捐助减免税制度，支持慈善事业发挥扶贫济困积极作用。规范收入分配秩序，完善收入分配调控体制机制和政策体系，建立个人收入和财产信息系统，保护合法收入，调节过高收入，清理规范隐性收入，取缔非法收入，增加低收入者收入，扩大中等收入者比重，努力缩小城乡、区域、行业收入分配差距，逐步形成橄榄型分配格局。"①

（二）毛泽东的效率观

人们可能有一种误解，误认为毛泽东只重视公平而忽视效率。其实不然，毛泽东对效率问题的研究与重视也是有目共睹的，也作出了卓有成效的理论研究与实践探索，走出了一条中国特色的社会主义建设事业取得辉煌成就的高效率之路。

1. 毛泽东提出了宏观经济效率与微观经济效率问题

效率是人类社会发展的重要尺度，是社会文明程度的重要特征，代表着社会在发展生产力方面所达到的水平。在领导社会主义革命和建设的过程中，毛泽东对尽快解决社会经济发展中的低效率问题始终有一种紧迫感。这不仅出于他希望中国能够迅速强大起来的强烈愿望，更出于他对中国贫穷落后面貌的深切体察。新中国脱胎于半殖民地半封建社会，推翻三座大山后，人民群众虽然在政治上站起来了，做了国家和社会的主人，但国家的整体落后面貌还没有得到根本改观。对此，他明确指出，在社会主义制度确立之后，我们的根本任务已经由解放生产力变为在新的生产关系下面保护和发展生产力，要把全党的工作重点转到技术革命和社会主义建设上来。他认为，如果经济不发展，我们的政权就不会巩固；如果经济永远不发展，我们就要被开除"球籍"，就要犯历史性错误，就会最终走向灭亡。他指出："必须懂得……只有经过社会生产力的比较充分的发展，我们的社会主义的经济制度和政治制度，才算获得了比较充分的物质基

---

① 《中共中央关于全面深化改革若干重大问题的决定》，《人民日报》2013年11月16日。

础……社会主义社会才算从根本上建成了。"① 毛泽东曾深有感触地告诫全党全国人民：现在我们能造什么？能造桌子椅子，能造茶碗茶壶，能种粮食，还能磨成面粉，还能造纸，但是，一辆汽车、一架飞机、一辆坦克、一辆拖拉机都不能造。② 面对"一穷二白"的落后面貌，毛泽东提出要"把我国尽快地从落后的农业国变为先进的工业国"，否则，我们就有被开除球籍的危险。基于这一认识，毛泽东十分重视社会经济发展中的效率最大化目标，把大力发展生产力，提高经济社会效率，摆脱贫穷落后面貌视为社会主义革命与建设的基本问题之一。在社会主义改造过程中，毛泽东指出：社会主义革命的目的是为了解放生产力。1956年，社会主义改造取得伟大胜利后，毛泽东又向全党发出号召：我们的根本任务已经由解放生产力变为在新的生产关系下面保护和发展生产力。应该说，实现高效率是毛泽东孜孜以求的目标。

若单纯作学理上的考察，效率作为一个经济学范畴是指资源的有效配置和有效利用，可以从宏观和微观两个层次作进一步探讨：宏观经济效率是从整个社会的角度来分析经济资源的配置状况，宏观效率的大小反映出社会经济资源配置的整体效能；微观经济效率是指在物质投入既定的情况下，经济行为主体在一定时期内生产的有效物质产品和劳务数量的多少，是经济行为主体在资源配置过程中所表现出来的状态和绩效。毛泽东对效率的理解也不外乎这两方面。

在宏观经济效率方面，毛泽东提出了资源的有效配置问题。他指出：必须十分节省地使用我们的人力资源和物质资源，力戒浪费。强调要合理地、有效地使用有限的经济资源，力求节省，用较少的钱办较多的事。以同样的投入或更少的投入获得更多的产出。具体地说，在经济资源向国民经济各产业部门的配置过程中，毛泽东特别强调要注意配置比例是否合理，力求资源向各产业部门投入时要确定合理的方向和规模。从我国的具体国情出发，毛泽东选择重工业作为资源投入的重点方向，提出重工业是我国建设的重点。必须优先发展生产资料的生产，同时，还要适当地调整重工业和农业、轻工业的投资比例，更多地发展农业、轻工业，处理好农、轻、重的关系，实现资源在各产业部门之间的合理配置。

关于微观经济效率，毛泽东提出了生产要素的有效使用、加快资金周转和提高劳动生产率的问题。他指出：一个工厂内，党的工作、行政

---

① 《毛泽东选集》第5卷，人民出版社1977年版，第462页。
② 同上书，第130页。

工作与职工工会工作，必须统一于共同目标下，这个目标就是尽可能地节约成本，制造尽可能多与尽可能好的产品，并在尽可能快与尽可能有利的条件下推销出去。的确，经济行为主体只有以尽量少的资源消耗生产出尽可能多的符合社会需要的产品，才意味着效率提高，正如奥肯所言，"效率，意味着从一个给定的投入量中获得最大产出"。但是，应同时看到，符合市场需要的产品和劳务首先是质量有保证的产品和劳务，因此，产品数量的增长并不必然意味着高效率。"所谓效率，即多多益善。但这个'多'须在人们愿意购买的范围内。"① 所以，毛泽东不仅重视数量，也十分重视产品的质量，指出："数量不可不讲，把质量放在第一位恐怕到时候了……要着重搞规格、品种、质量，质量放在第一位，数量放在第二位。"②

2. 毛泽东始终把高效率作为社会主义应当实现的政策目标

经济效率的提高和社会经济的发展最终会带动社会的整体进步。因此，毛泽东在领导社会主义革命和建设过程中，始终把高效率作为社会主义应当实现的政策目标。正如逄先知所说："不能说毛泽东不重视发展生产。改变中国的贫穷落后面貌，把中国建设成为一个工业化的具有高度现代文明程度的社会主义强国，是他提出并努力为之奋斗的。"③ 围绕着实现效率最大化这一目标，在社会主义建设中，毛泽东探索并实践了一系列具体途径和方法。

第一，以计划经济作为配置的手段，实现资源的合理配置和有效使用。效率无非是资源配置最优化的结果，不同的资源配置方式将导致不同的效率。新中国成立后，我国逐步建立起计划经济体制，即总体上依靠国家制订的计划来实现资源配置。

对于未来社会经济条件下究竟采取何种方式进行资源的有效配置，经典作家曾作过相关的论述。马克思指出，人人都知道，要想得到和各种不同的需要量相适应的产品量，就要付出各种不同的和一定数量的社会总劳动量。这种按一定比例分配社会劳动的必要性，绝不可能被社会生产的一定形式所取消，而可能改变的只是它的表现形式，这是不言而喻的。自然规律是根本不能取消的。在不同的历史条件下能够发生变化的，只是这些

---

① 〔美〕阿瑟·奥肯：《平等与效率——重大的抉择》，王奔洲译，华夏出版社1987年版，第2页。
② 《中共中央、国务院关于当前城市工作若干问题的指示》（一九六二年十月六日），转自新华网。
③ 转引自董边等《毛泽东和他的秘书田家英》，中央文献出版社1989年版，第71页。

规律借以实现的形式。而在社会劳动的联系体现为个人劳动产品的私人交换的社会制度下，这种按比例分配劳动所借以实现的形式，正是这些产品的交换价值。劳动时间的社会的有计划的分配，调节着各种劳动职能同各种需要的适当的比例。在未来社会里，联合起来的生产者将按照总的计划组织全国生产，从而控制生产，制止资本主义生产条件下不可避免的经济的无政府状态和周期痉挛现象。恩格斯在批判资本主义弊端而设想未来的共产主义社会时就曾经指出：一旦社会占有了生产资料，商品生产就将被消除，而产品对生产者的统治也将随之消除。社会生产内部的无政府状态将为有计划的自觉的组织所取代。列宁指出，"经常的、自觉保持的平衡，实际上就是计划性。"斯大林也认为，国民经济有计划按比例发展是客观经济法则。

这些论述，是毛泽东选取计划经济来配置资源的主要经典依据。在新中国成立初期，为实施生产领域的赶超型工业化战略，也有必要建立高度集中的指令性计划管理体制。波兰经济学家 W. 布鲁斯认为，高度集中的计划体制的特点是具有"高度的选择性"，即在革命成功初期各种资源短缺的条件下，能够以强有力的行政手段迅速动员、组织、调动和配置稀缺资源，集中投向急需创建的工业部门。这恰恰是市场体制在短期内和资源有限的条件下难以实现的。事实也证明，各社会主义国家在工业化初期依靠这一手段的高度动员性和组织性，取得了巨大成功。这是毛泽东选取计划体制的现实依据。基于此，毛泽东认为社会主义就是计划，指出："人类的发展有了几十万年，在中国这个地方，直到现在方才取得了按照计划发展自己的经济和文化的条件。"[①] 认为只要按计划办事，就可以消除社会生产的盲目性及巨大浪费，就能够合理有效地使用人力、物力和财力，从而实现经济发展的高效率。他又指出：恩格斯说，在社会主义制度下，'按照预定计划进行社会生产就成为可能'，这是对的。资本主义社会里，国民经济的平衡是通过危机达到的。社会主义社会里，有可能经过计划来实现平衡。他强调指出：社会主义国家的经济能够有计划按比例地发展，使不平衡得到调节……因为消灭了私有制，可以有计划地组织经济。他特别强调：事物的发展总是不平衡的，因此有平衡的要求。平衡和不平衡的矛盾，在各方面、各部门、各个部门的各个环节都存在，不断地产生，不断地解决。有了头年的计划，又要有第二年的计划；有了年度的计划，又要有季度的计划；有了季度的计划，还要有月计划。一年十二个月，月月

---

① 《毛泽东选集》第 5 卷，人民出版社 1977 年版，第 250 页。

要解决平衡和不平衡的矛盾。计划常常要修改，就是因为新的不平衡的情况又出来了。

第二，大力发展科学技术是实现高效率的重要途径。追溯社会经济发展历程，不难发现，以生产技术的革新、劳动工具的改进和劳动者素质的提高为主要内容的技术革命是经济效率大幅度提高的主要途径。毛泽东也高度重视科技进步这一推动效率的基本动力因素，认为"不搞科学技术，生产力无法提高"。为此，毛泽东提出要"在技术上来一个革命"，通过技术革新来实现手工业向机械化转变以提高劳动生产率，要求不论哪种企业，都要进行技术革新和技术革命，积极地实现机械化和半机械化。正因为如此，毛泽东高度评价坚持党委领导下的厂长负责制，坚持"两参一改三结合"① 大力推进技术革新的"鞍钢宪法"，② 号召各大中企业和城市都要学习鞍钢经验。在毛泽东的晚年岁月里，也始终把技术进步作为实现高效率的重要途径，并对技术革命的战略步骤进行了精心设计，提出了建立科学中央委员会的设想，发出"向科学进军"的号召，技术革命也成了毛泽东社会主义理论及实践的重要组成部分。

第三，充分调动和发挥劳动者的生产经营主动性、积极性，实现效率的最大化。人们生产经营的积极主动性是决定经济效率高低的重要因素。因此，激发并保持这种积极主动性是实现高效率的重要途径。在追求效率的实践中，毛泽东对此给予了高度重视，并逐渐探索出了一条通过抓革命、促生产，激发和保持人们的革命热情和旺盛斗志，并使之转化为生产积极主动性，以促进效率的路子。毛泽东认为，只有高尚的革命精神才能形成永久不衰的动力。民主革命的胜利靠的就是这种精神，经济建设的效率高低也同样取决于对人们的革命精神的不断唤醒。而要做到这一点，就需要不断地抓革命，即通过对旧的意识形态的批判和对社会主义、共产主

---

① "两参"即干部参加生产劳动，工人参加企业管理；"一改"即改革企业中不合理的规章制度；"三结合"即在技术改革中实行企业领导干部、技术人员、工人三结合的原则。1960年3月，毛泽东在中共中央批转《鞍山市委关于工业战线上的技术革新和技术革命运动开展情况的报告》的批示中，以苏联经济为鉴戒，对我国的社会主义企业的管理工作作了科学的总结，强调要实行民主管理，实行干部参加劳动，工人参加管理，改革不合理的规章制度，工人群众、领导干部和技术员三结合，即"两参一改三结合"的制度。当时，毛泽东把"两参一改三结合"的管理制度称之为"鞍钢宪法"，使之与苏联的"马钢宪法"（指以马格尼托哥尔斯克冶金联合工厂经验为代表的苏联一长制管理方法）相对立。

② 毛泽东把"两参一改三结合"的管理制度称之为"鞍钢宪法"，使之与苏联的"马钢宪法"（指以马格尼托哥尔斯克冶金联合工厂经验为代表的苏联一长制管理方法）相对立。

义意识形态的弘扬来实现。为此，在50年代的"大跃进"运动中，毛泽东借助政治和思想路线不断革命，以激发人们战天斗地的革命精神；人民公社化过程中又试图通过生产关系的不断调整和变革来激发人们的积极性；60年代初，毛泽东想通过抓阶级斗争来促进效率的提高，1966年8月，便鲜明地提出了"抓革命、促生产"的方针。在经济建设中，毛泽东倡导了工业学大庆、农业学大寨运动，而无论是大庆经验还是大寨经验，都强调政治的统帅地位和革命精神的重大作用。这样，在很长一段时间里，"抓革命、促生产"便成了激发人们的生产积极性，实现高效率的主要途径。

3. 毛泽东为实现高效率进行了一系列的探索和实践

毛泽东为实现高效率而进行的一系列探索和实践，在新中国成立初期，对于尽快地改变我国一穷二白的落后面貌，实现经济的快速增长，发挥了巨大的促进作用。同时也应看到，毛泽东的社会主义理论与实践是一个矛盾复合体，某些理论或观点不仅在历史性发展的前后不同阶段存在着矛盾，而且在横向时点上也存在着理论与实践的背离。效率观作为毛泽东社会主义理论的一部分也不例外。毛泽东注重效率，致力于提高效率，在实践中取得了巨大成效，但也存在着某些缺憾和严重失误。深刻反思毛泽东在效率问题上的成功与失误，认真总结并吸取其中的经验教训，对于当下仍以提高效率为首要任务的社会主义现代化建设来说，无疑具有重大现实意义。

纵观毛泽东的经济效率观及其实践，我们认为，对今天的现代化建设至少有以下几方面的启示：

第一，处理好国民经济各产业部门之间的关系，保持适当的比例，实现经济资源的合理配置。在经济发展的任何时段上，都必须注意保持各产业部门之间的合理的比例关系，使社会经济资源在各部门实现有效的合理的配置，从而实现社会经济的高效率和社会经济的可持续发展。

第二，计划配置无法实现高效率，必须建立和完善社会主义市场经济体制。毛泽东主张以计划手段配置资源，这在新中国成立初期经济水平低、经济结构简单、经济规模小、文化教育水平低、物资短缺的特殊历史条件下，有其现实可行性和合理性，而且计划经济体制为促进国民经济的恢复发展，为"一五计划"、"二五计划"的实施，重点建设的顺利展开发挥了重大作用。但实践证明，计划配置无法实现社会经济的持续、健康、高效增长。而市场经济是迄今为止一种最有效的资源配置方式。因此，要实现高效率和社会经济的持续发展与繁荣，必须加速由传统的计划经济体制向市场经济体制的转变，不断健全与完善社会主义市场经济体制，使市场在国家宏观调控下对资源配置起基础性乃至决定性作用。

第三，大力推进科技进步，实施科教兴国战略。毛泽东高度重视科技进步对效率的促进作用，把科技革命看作实现高效率的基本途径，在这一思想指导下，我国的科技发展取得了举世瞩目的成就。但是，也应看到，从1957年到1978年，我国年技术进步速度为1.145%，科技进步的速度滞缓，水平和层次低下，对经济发展的推动作用甚小，这一时期驱动中国经济增长的主要因素是外延因素。导致我国科技进步滞缓的主客观原因很多，其中重要的一点，就是毛泽东对科学技术的巨大作用认识不够，知识分子政策出现失误。邓小平在1977年曾讲："现在看来，同发达国家相比，我们的科学技术和教育整整落后了20年。"[①] 科技落后制约了效率的提高，实践证明，只有不断的技术进步，才能在投入总量不变的情况下，提高要素的生产率。因此，在社会主义现代化建设的新的历史时期，要全面落实邓小平关于科技是第一生产力的思想，坚定不移地实施科教兴国战略，抓住新的科技革命的时机，把先进的科学技术应用于生产，提高劳动者的素质，改进生产工具，促进生产力的发展和经济效率的大幅度提高。

第四，既要运用非物质利益因素又要运用物质利益因素来调动人们的生产积极性和主动性。实践证明，"不讲多劳多得，不重视物质利益，对少数先进分子可以，对广大群众不行，一段时间可以，长期不行。革命精神是非常宝贵的，没有革命精神就没有革命行动。但是，革命是在物质利益的基础上产生的，如果只讲牺牲精神，不讲物质利益，那就是唯心论。"[②]

第五，效率是速度和效益的统一，不能片面追求高速度高指标而忽视质量与效益。毛泽东也十分重视质量，强调合理有效地使用生产要素。但在追求效率的具体实践中，却逐渐形成了高投入高消耗数量型的增长方式，片面追求高指标高速度，投入规模大，产出率低，致使经济出现无效益或负效益增长。速度是经济发展的数量表现，效益是经济发展的质量指标，数量和质量的同步增长才意味着经济效率的提高。因此，在经济发展过程中，要"重视提高经济效益，不要片面追求产值、产量的增长"。只有实现由粗放型增长向集约型增长的转变，实现高速度与高效益的统一，才会实现真正的高效率。

[①] 《邓小平文选》第2卷，人民出版社1994年版，第40页。
[②] 同上书，第146页。

（三）毛泽东的公平效率统一观

对于公平和效率，毛泽东特别关注的是社会公平。他追求和向往"有田同耕，有饭同吃，有衣同穿，有钱同使，无处不均匀，无人不饱暖"的理想社会，向往人与人之间的平等关系，憎恨特权，反对等级，反对分化。

毛泽东的公平效率观产生于20世纪战争与革命的时代。他面临的是一个饱受帝国主义、封建主义和官僚资本主义剥削压迫凌辱的中国，一个缺乏最起码的公平与效率的国家。在战争与革命的时代主题下，毛泽东成功地把握了理想公平与现实公平的统一，把握了公平与效率的关系。公平既是人民追求的理想，更是发动群众的途径和手段，公平有效地将党、军队与广大人民群众联系起来，形成了雄厚的社会基础，促进了革命战争的效率，并最终取得了革命的胜利。

以土地政策为例，井冈山时期，长期实行的是按人口平分土地的原则，以满足广大农民对土地的强烈要求。解放战争时期，按照《中国土地法大纲》的规定，"不分男女老幼，统一平均分配"。但此时的"平均分配"并非源自于纯粹的公平理想。毛泽东对公平的理解是现实与理想相互交融的。他反对"不以发展生产、繁荣经济、公私兼顾、劳资两利为目标，而以近视的片面的所谓劳动者福利为目标"。[①] 井冈山时期和解放战争时期的平均分配土地与其说表达了对"耕者有其田"的公平理想的向往，毋宁说是争取人民支持，巩固根据地，提高斗争"效率"的方式。抗日战争时期改没收地主土地为减租减息是为了团结一切可以团结的力量以共同抗日，同样是对公平的现实标准的尊重，是对斗争规律的服从。在战争年代，在广大人民深受封建主义、官僚资本主义和帝国主义剥削压迫的时代，在生产落后、物质匮乏的根据地，均分土地同战争环境相适应，同生产力相适应，有着历史和现实的深厚土壤。

社会主义改造基本完成后，毛泽东敏锐地感到了寻求中国式社会主义建设道路的必要性，并提出了许多宝贵的思想。但是，由于战争年代的影响，由于国内外的政治压力等，社会主义建设时期存在着反复与波动。20世纪50年代末以及"文革"时期，在公平与效率之间，在总体倾向上，毛泽东更关注前者。其公平观脱离了现实的经济基础，更多地带有共产主义无差别公平的倾向。

---

① 《毛泽东选集》第4卷，人民出版社1991年版，第1255页。

在社会主义建设道路的初步探索过程中，毛泽东的公平效率观也出现了波动与反复。社会主义改造基本完成后，尤其20世纪50年代后期，其公平思想开始显现出更多的理想化色彩。一方面他仍然强调要兼顾国家、集体和个人利益，并于1957年提出了正确处理人民内部矛盾的问题，但在同年10月党的八届扩大的三中全会上，毛泽东则强调无产阶级和资产阶级的矛盾、社会主义与资本主义道路的矛盾，是当前我国社会的主要矛盾。此外，在对资本主义的阶级斗争同时也伴随着对社会主义乃至共产主义理想的冒进。对1958年部分地区食堂搞吃饭不要钱，实行部分供给制的事件，毛泽东未能认识到其局部性和局限性，而认为这是共产主义因素，并将之扩展到全国。对包产到户，他认为这是"分田单干"，是瓦解集体经济，是修正主义。而"人民公社"则反映了毛泽东晚年对公平的理解与追求。正如他对人民公社的概括："三级所有，队为基础。"生产队实行统一经营，统一分配。土地不归农民私有，农民在生产队指令下统一劳动，劳动成果归队所有。队里把劳动成果一部分交给国家，一部分按人口和劳动量大致平均分给社员。可见，公平首先是生产资料的公有，同时也是平均分配成果。公平不仅是消灭剥削，还包括消灭社会差别。作为对共产主义的理想追求，这无可厚非，但公平离不开其现实标准。生产力水平低，产品少，农民没有土地，对生产没有自主权，同时也失去了积极性。毛泽东晚年在公平问题上的失误正是由于他对公平的理解脱离了现实的生产力基础。

据毛泽东的卫士长李银桥回忆，1957年底到1958年初，连续有人汇报农村某些地区出现"两极分化"和贫富差距加大的情况，每次听过汇报后，毛泽东都脸色显得阴沉，久久思考，不作一语。1958年粮食丰收，有的地方在办食堂时，搞吃饭不要钱，实行部分供给制，其实这不过是短暂的、局部的假象，是农民平均主义的表现，可毛泽东却认为是共产主义因素，在全国普遍提倡和推广。毛泽东把社会公平作为社会主义的本质特征和意识形态加以肯定，对在这方面出现的问题，往往上升到原则的高度加以分析和评价。如60年代初进行农村政策调整时，把包产到户当作走资本主义道路加以批判，认为包产到户，不要一年就可以看出阶级分化，他描绘说："一方面是贪污多占，放高利贷，买地，讨小老婆，其中包括共产党员、共产党的支部书记；一方面是破产，其中有四属（军、工、烈、干属）户和五保户。"[①] 所以，1962年初田家英受毛泽东的委派到湖南等

---

① 逄先知：《毛泽东和他的秘书田家英》，中共文献出版社1990年版，第70页。

地调查"农业六十条"①落实情况,回京向他汇报到基层农民有包产到户的要求时,毛泽东说:"我们是要走群众路线的,但有的时候也不能听群众的,比如要包产到户就不能听。"②在毛泽东的思想中,虽然也有反对平均主义,主张实行按劳分配的一面,但却又不彻底地反对平均主义,不彻底地实行按劳分配,怕发生"阶级分化"。如他认为实行八级工资制"跟旧社会没有多少区别",不赞成"计件工资为主,计时工资为辅"的工资形式,主张以"计时工资为主,计件工资为辅,计时加奖励"的工资制,结果挫伤了劳动者的积极性,滋长了平均主义。正如逄先知所言:"不能说毛泽东不重视发展生产力……但如果把发展生产和防止'两极分化'实现'社会公平'比作天平上的两端,那么,他的砝码总是更多地加在后一方面"。③

在公平与效率的关系上,毛泽东强调以公平促进效率。在由公平至效率的途径上,毛泽东特别强调革命,首要的是生产关系革命。社会主义改造本身就是通过生产资料占有关系上的公平来体现社会主义的优越性,来实现效率。1953年毛泽东明确指出党在过渡时期总路线的实质:"就是使生产资料的社会主义所有制成为我国国家和社会的唯一的经济基础。"④通过社会主义改造,生产资料私有制消失了,生产资料所有权上的公平得到了实现。应该说,这一变革确实极大地调动了人民群众的积极性,促进了"一五"计划的提前完成。但遗憾的是,毛泽东对公平与效率的关系作了主观化和简单化的理解,他期望在实现最大公平的同时实现最大效率,期望仅仅通过实现广大人民的极大民主与极大公平来建设社会主义,期望打破一切旧的框框来建设崭新的社会,却未能将现实的生产力状况考虑在内,而是对人的主观能动性寄予了过多的希望。他在实践中过度强调了生产关系对生产力的作用,过度强调了人的主观意志的作用,使他在追求社

---

① 所谓"农村六十条",是指1961年3月22日,中央工作会议通过的《农村人民公社工作条例(草案)》,文件共10章60条,故简称《农村六十条》。《农村六十条》是人民公社的宪法。邓子恢、毛泽东、田家英、华国锋等人都对《农村六十条》的制订与修改作出了贡献,其中邓子恢主持制订的《农村人民公社内务条例》为其提供了重要的参考和依据。它的贯彻执行部分地克服了人民公社体制内生产队之间和社员之间的平均主义,并最终确定了以生产队为基本核算单位的公社新体制。《六农村十条》的制订及其多次修改始终遵循"调查研究——征求意见——修改文件"的工作程序,是中共中央在"大跃进"之后农村工作理念和工作方法的质变与飞跃。
② 逄先知:《毛泽东和他的秘书田家英》,中共文献出版社1990年版,第66页。
③ 同上书,第70页。
④ 《毛泽东著作选读》下册,人民出版社1988年版,第705页。

会主义公平和效率的道路上，脱离了具体的历史条件，简化了公平和效率的复杂关系。哪怕在理论上他仍然承认"社会主义革命的目的是为了解放生产力"。

毛泽东期望在实现最大限度的公平的同时达到最高的效率。50年代末，毛泽东作出了高举"三面红旗"①的战略决策。其中"人民公社"反映了他对最大限度的公平的追求，而"大跃进"和"总路线"则体现了他对最高效率的预期值。但是，由于他忽略了公平与效率的统一实际上是对立的统一，作出了公平的最大化和效率最大化直接合一的选择，忽略了二者的相互排斥，结果事与愿违，牺牲了效率，形成贫穷状态下的平均主义。

总之，毛泽东成功地完成了战争与革命提出的历史任务，也取得了新中国成立初期经济迅速发展的成绩。可以说，在物质极度匮乏的情况下要满足众多人口的生活需要，生产资料完全公有仍不失为一种选择。但是当人民群众日益增长的物质文化需要同落后的社会生产之间的矛盾成为国内的首要矛盾时，毛泽东却忽略了生产力的基础性作用。

五 邓小平的公平效率观

公平、效率及其关系问题，是一切社会经济制度的核心问题，是任何国家都必须面对的重大理论问题和实践问题。正确认识和处理公平和效率的关系问题是社会主义建设中的一个永恒主题。新中国成立以来，中国共产党就如何正确处理好二者的关系，进行了一系列积极而有益的探索和尝试。十一届三中全会以来，邓小平在此基础上进行了深入而广泛的探索，对公平和效率问题有大量直接、间接的论述，丰富和发展了马克思主义公平效率观，创立了独特的公平效率思想，继承和发展了毛泽东的公平效率观。

---

① 1958年中共中央提出的社会主义建设总路线、"大跃进"和人民公社，在1960年五月以前曾被称作"三个法宝"，五月以后又称为"三面红旗"。在总路线指导下发动的"大跃进"和人民公社化运动，不但给我国经济建设和人民生活带来了严重困难，而且还损害了党的建设。对"三面红旗"的产生、发展及其基本思想进行再认识，吸取历史教训，是有现实意义的。

（一）邓小平的公平观

1. 邓小平的起点公平思想——坚持生产资料的社会主义公有制

邓小平所认为的公平，从政治上说，是指政治权利的平等、规则的平等即法律面前人人平等；从经济上说，是指生产资料占有上的公平，以及机会均等、公平竞争、收入分配公平；从伦理上说，它是指人格上的平等，无论个人的经济状况如何、政治地位如何，个人的尊严和价值是同等的，与此相联系的作为人的生存权和发展权是平等的。其中，经济领域的公平直接关系人们的物质利益，直接影响着人们工作的积极性和创造性，并最终决定着政治上和伦理上的公平。

公平一般可划分为起点公平和结果公平。起点公平，其一表现为有劳动能力的人都应把劳动而不是把财产作为生存和发展的手段，其二表现为人们具备平等劳动的权利，这是实现个人收入分配公平的客观要求。没有起点公平，就没有结果公平，也就没有经济公平。起点公平，从根本上说是一个生产资料所有制问题。当一个社会生产资料的绝大多数掌握在少数人手上，占人口绝大多数的劳动者为了生存，被迫向生产资料占有者出卖自己的劳动力接受剥削时，两者之间就不可能有"起点公平"，更谈不上结果公平。从理论上讲，只有实行生产资料的公有制，使人们在生产资料占有上处于平等地位，才能有全社会的起点公平。

为了坚持社会主义，保证广大劳动群众作为生产资料主人的地位，实现起点公平，邓小平始终强调必须坚持公有制的主体地位不动摇。对于这个问题，《邓小平文选》中有大量的相关论述。他特别强调指出："一个公有制占主体，一个共同富裕，这是我们必须坚持的社会主义的根本原则"[①]"社会主义有两个非常重要的方面，一是以公有制为主体，二是不搞两极分化。"[②]"我们在改革中坚持了两条，一条是公有制经济始终占主体地位，一条是发展经济要走共同富裕的道路，始终避免两极分化。"[③]

1978年，邓小平在一次谈话中又指出："你们问我们实行开放政策是否同过去的传统相违背。我们的作法是，好的传统必须保留，但要根据新的情况来确定新的政策。过去行之有效的东西，我们必须坚持，特别是根本制度、社会主义制度，社会主义公有制，那是不能动摇的。"[④]

[①] 《邓小平文选》第3卷，人民出版社1993年版，第111页。
[②] 同上书，第138页。
[③] 同上书，第149页。
[④] 《邓小平文选》第2卷，人民出版社1994年版，第133页。

1985年，邓小平在《一靠理想二靠纪律才能团结起来》一文中指出："现在我们搞四个现代化，是搞社会主义的四个现代化，不是搞别的现代化。我们采取的所有开放、搞活、改革等方面的政策，目的都是为了发展社会主义经济。我们允许个体经济发展，还允许中外合资经营和外资独营的企业发展，但是始终以社会主义公有制为主体。社会主义的目的就是要全国人民共同富裕，不是两极分化。如果我们的政策导致两极分化，我们就失败了；如果产生了什么新的资产阶级，那我们就真是走了邪路了。"[①] 在《邓小平文选》第3卷收录的最后一篇文章，即著名的1992年南方讲话中，邓小平谈道：社会主义本质，是解放生产力，发展生产力，消灭剥削，消除两极分化，最终达到共同富裕。而其前提正是坚持生产资料的社会主义公有制。

邓小平在上述20世纪70—90年代不同时期的论述表明，邓小平关于坚持公有制的思想是一贯的。在我国，也只有坚持公有制，才能最大限度地实现起点公平。

总之，邓小平认为起点公平是实现其他公平目标的基础，而保证起点公平的最佳路径抉择，就是在社会主义条件下实行生产资料公有制。从理论上讲，生产资料公有制的实行保证了人们在生产资料占有水平上处于平等地位，从而保障了他们在起点公平向度上拥有公平的起点和机会。起点公平作为消灭剥削、消除两极分化的一个历史起点，令"共同富裕"成为可以实现的目标，有助于维护和实现社会的公平正义。

2. 邓小平的分配公平思想——坚持社会主义按劳分配原则

分配方式，从来就是由生产资料的所有制性质而决定的。有什么样的所有制，就必然产生什么样的分配方式，这是不以人们的主观意志为转移的。生产资料所有制决定着劳动成果的分配方式，不同的所有制产生相对应的分配方式。因此，与坚持生产资料公有制为主体相对应的分配方式必须体现分配公平。在社会主义条件下，与生产资料公有制的起点公平相对应的公平的个人收入分配方式，只能是按劳动分配。对此，邓小平联系我国实际，作了深刻阐述。

第一，按劳分配是社会主义公有制条件下最公平的分配方式。按劳分配是根据劳动者提供劳动的数量和质量进行的分配。它排斥剥削，不是以人们对生产资料的占有关系为标准进行分配，而是以劳动为唯一尺度，即对所有的人用同一个标准——劳动来决定分配的多少，多劳多得，少劳少

---

① 《邓小平文选》第3卷，人民出版社1993年版，第110—111页。

得，因而在社会主义公有制条件下是最公平的分配。按劳分配不同于资本主义分配，资本主义分配是资本剥削雇佣劳动的分配方式，它必然导致分配不公，贫富两极分化。

在我国，走什么道路，采取什么样的分配方式，才能更快地发展生产和改善人民生活？邓小平认为："如果走资本主义道路，可以使中国百分之几的人富裕起来，但是绝对解决不了百分之九十几的人生活富裕问题。而坚持社会主义，实行按劳分配的原则，就不会产生贫富过大的差距。再过二十年、三十年，我国生产力发展起来了，也不会两极分化。"① 他在谈到20世纪末实现小康水平时还进一步指出："到那时候十二亿人口，国民生产总值可以达到一万亿美元，如果按资本主义的分配方法，绝大多数人还摆脱不了贫穷落后状态，按社会主义的分配原则，就可以使全国人民普遍过上小康生活。这就是我们为什么要坚持社会主义的道理。不坚持社会主义，中国的小康社会形成不了。"②

第二，按劳分配不是平均分配，平均主义是分配不公。按劳分配要求"按劳取酬"，平均主义则否定"按劳取酬"，要求不管劳多劳少，干好干坏，分配上都一样。长期以来，我们对此没有正确理解，按劳分配事实上演变成为平均分配、"大锅饭"，极大地挫伤了劳动者生产积极性。邓小平多次指出，要打破"大锅饭"，"搞平均主义不行"，"平均主义害死人"。他说"过去搞平均主义，吃'大锅饭'，实际上是共同落后，共同贫穷，我们就是吃了这个亏。改革首先要打破平均主义，打破'大锅饭'。"③ "我们一定要坚持按劳分配的社会主义原则。"④

邓小平的上述论述表明，与资本主义剥削分配方式相比，在社会主义条件下，按劳分配是最公平的；与真正的按劳分配相比，平均主义分配是不公平的。在我国公有制为主体、多种所有制并存的条件下，要实现分配公平，必须坚持社会主义按劳分配的主体地位。

3. 邓小平的结果公平思想——坚持全体人民共同富裕

结果公平主要指收入分配结果公平，从全社会角度讲，它是指社会成员之间经济收入、消费水平等方面比较接近，贫富之间差距不过于悬殊。在社会主义条件下，最能体现这个结果公平的，就是社会主义的共同富裕。

---

① 《邓小平文选》第3卷，人民出版社1993年版，第64页。
② 同上。
③ 同上书，第155页。
④ 《邓小平文选》(1975—1982)，人民出版社1993年版，第98页。

邓小平认为，共同富裕是由生产资料的社会主义公有制所决定，是社会主义生产目的的体现，反映社会主义的本质。他说共同致富，我们从改革一开始就讲，将来总有一天要成为中心课题。社会主义不是少数人富起来，大多数人穷，不是那个样子。社会主义最大的优越性是共同致富，这是体现社会主义本质的一个东西。"社会主义与资本主义不同的特点就是共同富裕，不搞两极分化。"① 什么是两极分化，它是指由于生产资料占有的不平等而引起的全社会贫富差距悬殊。在资本主义社会，它是由生产资料的资本家私人占有制所决定的，是资本主义本质的反映。例如，在美国最富有的1%的家庭拥有全国财富的40%，而最底层的40%的家庭拥有的全国财富仅占0.2%；② 在墨西哥和巴西这两个拉美大国，1998年最富裕的20%和最贫困的20%人口，占全国收入和消费的份额分别为57.4%和3.5%、64.1%和2.2%；整个拉美，2002年贫困的人口高达总人口的44%。③ 资本主义就是典型的社会分配不公的两极分化社会。

邓小平一再强调，我国要坚持社会主义，防止和避免两极分化。"社会主义的目的就是要全国人民共同富裕，不是两极分化。如果我们的政策导致两极分化，我们就失败了；……总之，一个公有制占主体，一个共同富裕，这是我们所必须坚持的社会主义的根本原则。我们就是要坚决执行和实现这些社会主义的原则。"④ 唯此，才能实现社会主义结果公平。

共同富裕是邓小平经常谈论的一个重要问题。他强调指出："共同富裕，我们从改革一开始就讲，将来总有一天要成为中心课题。"⑤ 他依据马克思主义基本原理和中国的具体实践，对共同富裕与社会主义之间的关系进行了深刻的论证，赋予共同富裕以新的时代内涵，并形成了一系列新的理论观点。这些理论观点，对于解决"什么是社会主义、怎样建设社会主义"这个根本问题，对于正确地揭示和把握社会主义本质和本质属性，起着十分重要的作用。

"共同富裕"思想也是邓小平领导中国改革与发展进程中再三强调必须坚持的社会主义根本原则之一，是邓小平理论科学体系的基本支柱。在这一思想中深刻蕴含着中国特色社会主义事业的发展目标、发展道路、发展战略等丰富内容，为"三个代表"重要思想体系的形成和发展、进而为

---

① 《邓小平文选》第3卷，人民出版社1993年版，第123页。
② 董金瑞：《中美国内贫富差距的比较》，《改革》2001年第4期。
③ 联合国计划开发署：《2002年人类发展报告》，中国财经出版社2003年版，第189页。
④ 《邓小平文选》第3卷，人民出版社1993年版，第110—111页。
⑤ 同上书，第364页。

新一届党中央科学发展观的形成和发展提供了深厚的思想理论基础。

(1) 邓小平关于共同富裕与社会主义本质属性相联系的认识

第一，邓小平把共同富裕当作社会主义的根本目的和目标。邓小平指出："我们坚持走社会主义道路，根本目标是实现共同富裕。"①"社会主义的本质，是解放生产力，发展生产力，消灭剥削，消除两极分化，最终达到共同富裕。"②"现在我们搞四个现代化，是搞社会主义的四个现代化，不是搞别的现代化。我们采取的所有开放、搞活、改革等方面的政策，目的都是为了发展社会主义经济。我们允许个体经济发展，还允许中外合资经营和外资独营的企业发展，但是始终以社会主义公有制为主体。社会主义的目的就是要全国人民共同富裕，不是两极分化。如果我们的政策导致两极分化，我们就失败了；如果产生了什么新的资产阶级，那我们就真是走了邪路了。我们提倡一部分地区先富裕起来，是为了激励和带动其他地区也富裕起来，并且使先富裕起来的地区帮助落后的地区更好地发展。提倡人民中有一部分人先富裕起来，也是同样的道理。"③"我们的政策是允许一部分人先好起来，允许一部分地区先好起来，目的是更快地实现共同富裕。"④"我们的政策是让一部分人、一部分地区先富起来，以带动和帮助落后的地区，先进地区帮助落后地区是一个义务。我们坚持走社会主义道路，根本目标是实现共同富裕，然而平均发展是不可能的。过去搞平均主义，吃'大锅饭'，实际上是共同落后，共同贫穷，我们就是吃了这个亏。改革首先要打破平均主义，打破'大锅饭'，现在看来这个路子是对的。"⑤

首先，社会主义应当是富裕的社会主义。"没有贫穷的社会主义。社会主义的特点不是穷，而是富"。⑥"我们要发达的、生产力发展的、使国家富强的社会主义。"⑦ 其次，社会主义应当是共同富裕的社会主义。"社会主义的目的就是要全国人民共同富裕，不是两极分化。"⑧"社会主义最大的优越性，就是共同富裕，这是体现社会主义本质的一个东西。"⑨ 邓小

---

① 《邓小平文选》第 3 卷，人民出版社 1993 年版，第 155 页。
② 同上书，第 373 页。
③ 同上书，第 111 页。
④ 同上书，第 172 页。
⑤ 同上书，第 155 页。
⑥ 同上书，第 265 页。
⑦ 同上书，第 231 页。
⑧ 同上书，第 110—111 页。
⑨ 同上书，第 364 页。

平认为，贫穷不是社会主义，更不是共产主义，社会主义必须是一个生产力高度发达的社会，是一个共同富裕的社会，共同富裕是社会主义的最高利益，因而，也是社会主义的本质属性。

第二，邓小平把共同富裕当作社会主义的根本原则和特征。邓小平指出："社会主义原则，第一是发展生产，第二是共同富裕。我们允许一部分人先好起来，一部分地区先好起来，目的是更快地实现共同富裕。"①"坚持社会主义的发展方向，就要肯定社会主义的根本任务是发展生产力，逐步摆脱贫穷，使国家富强起来，使人民生活得到改善。没有贫穷的社会主义。社会主义的特点不是穷，而是富，但这种富是人民共同富裕。"②"社会主义与资本主义不同的特点就是共同富裕，不搞两极分化。创造的财富，第一归国家，第二归人民，不会产生新的资产阶级。国家拿的这一部分，也是为了人民"。③ 1992 年初，他在南方谈话中，明确地把"最终实现共同富裕"纳入社会主义的本质范畴。这些论述，深刻地揭示出共同富裕是社会主义的本质属性。

第三，邓小平认为，社会主义最大的优越性就是共同富裕。1985 年 5 月 20 日，邓小平同陈鼓应教授谈话，指出："我们大陆坚持社会主义，不走资本主义的邪路。社会主义与资本主义不同的特点就是共同富裕，不搞两极分化。创造的财富，第一归国家，第二归人民，不会产生新的资产阶级。国家拿的这一部分，也是为了人民，搞点国防，更大部分是用来发展经济，发展教育和科学，改善人民生活，提高人民文化水平。"④

第四，邓小平认为，共同致富，将来总有一天要成为中心课题。1990 年 12 月 24 日，邓小平同几位中央负责同志谈话，深刻指出："共同致富，我们从改革一开始就讲，将来总有一天要成为中心课题。社会主义不是少数人富起来、大多数人穷，不是那个样子。社会主义最大的优越性就是共同富裕，这是体现社会主义本质的一个东西。如果搞两极分化，情况就不同了，民族矛盾、区域间矛盾、阶级矛盾都会发展，相应地中央和地方的矛盾也会发展，就可能出乱子。"⑤

（2）邓小平的共同富裕思想体现了社会主义的本质属性

第一，共同富裕是社会主义可以实现的基本目标。邓小平多次指出，

---

① 《邓小平文选》第 3 卷，人民出版社 1993 年版，第 172 页。
② 同上书，第 264—265 页。
③ 同上书，第 123 页。
④ 同上。
⑤ 同上书，第 364 页。

中国底子薄，人口多，耕地少，特别是农民多，现在仍然是世界上很贫穷的国家之一，这对我国的发展造成了很大的制约，决定了我国处于社会主义初级阶段。这个阶段从1956年完成生产资料所有制的社会主义改造、建立社会主义制度之时起，到21世纪50年代左右止，历时100年左右。按照邓小平提出的分三步走的发展战略，第一步是使国民生产总值在1980年的基础上翻一番，基本解决温饱和消除贫困；第二步到20世纪末达到小康水平，就是不穷不富、日子比较好过的水平；第三步到21世纪中叶，使我国的经济达到中等发达国家的水平，人民生活比较富裕。到这个时候才可以说，实现了社会主义的共同富裕。而这一结果与世界各国相比较，我国还不算是发达国家，而是中等发达国家或者接近于发达国家，人民生活还不是高度富裕而是比较富裕或中等富裕。

为什么说这种情况是实现了共同富裕呢？邓小平对此作了解释，他说："就是说，到下一个世纪中叶，我们可以达到中等发达国家的水平。如果达到这一步，第一，是完成了一项非常艰巨的、很不容易的任务；第二，是真正对人类作出了贡献；第三，就更加能够体现社会主义制度的优越性。我们实行的是社会主义的分配制度，我们的人均四千美元不同于资本主义国家的人均四千美元。特别是中国人口多，如果那时十五亿人口，人均达到四千美元，年国民生产总值就达到六万亿美元，属于世界前列。这不但是给占世界总人口四分之三的第三世界走出了一条路，更重要的是向人类表明，社会主义是必由之路，社会主义优于资本主义。"[①] "如果我们的国民生产总值真正达到每人平均一千美元，那我们的日子比他们要好过得多，比他们两千美元还要好过。因为我们这里没有剥削阶级，没有剥削制度，国民总收入完全用于整个社会，相当大一部分直接分配给人民。他们那里贫富悬殊很大，大多数财富是在资本家手上。"[②] "如果我们达到人均国民生产总值四千美元，而且是共同富裕的，到那时就能够更好地显示社会主义制度优于资本主义制度，就为世界四分之三的人口指出了奋斗方向，更加证明了马克思主义的正确性。"所以，邓小平强调："我们要理直气壮地坚持社会主义道路，坚持四项基本原则。"[③] 这就告诉我们，我国人均4000美元所过上的生活要高于资本主义国家人均4000美元的生活水准，因此，可以说是实现了社会主义的共同富裕的目标。

---

① 《邓小平文选》第3卷，人民出版社1993年版，第224—225页。
② 同上书，第259页。
③ 同上书，第195—196页。

邓小平坚持认为，"走社会主义道路，就是要逐步实现共同富裕。"同时，邓小平对于"共同富裕"这一构想的发展过程也提纲挈领地进行了梳理。他指出："共同富裕的构想是这样提出的：一部分地区有条件先发展起来，一部分地区发展慢点，先发展起来的地区带动后发展的地区，最终达到共同富裕。如果富的愈来愈富，穷的愈来愈穷，两极分化就会产生，而社会主义制度就应该而且能够避免两极分化。解决的办法之一，就是先富起来的地区多交点利税，支持贫困地区的发展。当然，太早这样办也不行，现在不能削弱发达地区的活力，也不能鼓励吃'大锅饭'。什么时候突出地提出和解决这个问题，在什么基础上提出和解决这个问题，要研究。可以设想，在本世纪末达到小康水平的时候，就要突出地提出和解决这个问题。到那个时候，发达地区要继续发展，并通过多交利税和技术转让等方式大力支持不发达地区。不发达地区又大都是拥有丰富资源的地区，发展潜力是很大的。总之，就全国范围来说，我们一定能够逐步顺利解决沿海同内地贫富差距的问题。"[1]"我的一贯主张是，让一部分人、一部分地区先富起来，大原则是共同富裕。一部分地区发展快一点，带动大部分地区，这是加速发展、达到共同富裕的捷径。"[2]"要允许一部分地区、一部分企业、一部分工人农民，由于辛勤努力成绩大而收入先多一些，生活先好起来。"他明确指出："一部分人生活先好起来，就必然产生极大的示范力量，影响左邻右舍，带动其他地区、其他单位的人们向他们学习。这样，就会使整个国民经济不断地波浪式地向前发展，使全国各族人民都能比较快地富裕起来。"[3]"我们提倡按劳分配，对有特别贡献的个人和单位给予精神奖励和物质奖励；也提倡一部分人和一部分地方由于多劳多得，先富裕起来。这是坚定不移的。"[4] 这样，邓小平在改革开放向纵深发展的关键时刻，既为我们提供了实现共同富裕的"路线图"，也为我们设想了发展进度的"时间表"。

第二，共同富裕不是平均富裕，也不是同步富裕。邓小平指出："我们坚持走社会主义道路，根本目标是实现共同富裕，然而平均发展是不可能的。"[5] 这里包含三方面的含义：一是在社会总产品的分配上，不能搞平均主义，不能吃大锅饭。实现共同富裕，不是对劳动成果实行平均分配；

---

[1]《邓小平文选》第3卷，人民出版社1993年版，第373—374页。
[2] 同上书，第166页。
[3]《邓小平文选》第2卷，人民出版社1994年版，第152页。
[4] 同上书，第258页。
[5]《邓小平文选》第3卷，人民出版社1993年版，第155页。

共同富裕不是平均富裕，而是有利益差别的共同富裕。二是人与人之间、地区与地区之间，在走向共同富裕的过程中，不能齐步走，同步富裕，要允许和鼓励一部分人、一部分地区先富起来，由他们来帮助和带动其他人和其他地区走向富裕，最后实现共同富裕。他指出："我的一贯主张是，让一部分人、一部分地区先富起来，大原则是共同富裕。"① 三是共同富裕的过程也可能是"台阶式"的发展过程。邓小平在强调我国现代化建设长期性的同时，还提出了台阶式的发展战略，认为"在今后的现代化建设的长过程中，出现若干个发展速度比较快、效益比较好的阶段，是必要的，也是能够办到的。""不可能总是那么平平静静，稳稳当当。"② "我国的经济发展，总要力争隔几年上一个台阶"③ 在不同时期，经济发展应当有不同的速度，不能在发展速度上平均化。由于我国的经济发展过程同时也是我国人民走向共同富裕的过程，因此，邓小平就发展而言的这个"台阶论"，也可以看作我国走向共同富裕过程的"台阶论"。就是说，我国在经济发展上可以有若干时期发展得快一点，上一个新台阶，那么，相应地，我国人民的整体富裕程度也应该和可能有若干个发展快的时期，上一个新台阶。总之，邓小平的共同富裕观，蕴含着共同富裕的目标与发展过程的统一，体现了我国共同富裕与共同发展相统一的客观规律。

第三，共同富裕不只是物质生活方面的富裕，而且是精神和文化生活方面的富裕。邓小平指出："我们要在建设高度的物质文明的同时，提高全民族的科学文化水平，发展高尚的丰富多彩的文化生活，建设高度的社会主义精神文明。"④ 高度的物质文明和高度的社会主义精神文明，既是我国社会主义现代化的重要内容，也是我国共同富裕的主要内容。我国在经济上达到人均4000美元左右，同资本主义国家相比达到中等富裕程度的时候，我国全体人民的精神和文化生活，可以而且应当比同等物质条件下的其他国家有更高的水准。这一点，鲜明地显示了社会主义共同富裕的特征。

第四，共同富裕是生产力高度发展基础上的民富国强。邓小平指出："各项工作都要有助于建设有中国特色的社会主义，都要以是否有助于人民的富裕幸福，是否有助于国家的兴旺发达，作为衡量做得对或不对的标

---

① 《邓小平文选》第3卷，人民出版社1993年版，第166页。
② 同上书，第377页。
③ 同上书，第375页。
④ 同上书，第208页。

准。"① 后来他又提出了三个"有利于"标准，即"是否有利于发展社会主义的生产力，是否有利于增强社会主义国家的综合国力，是否有利于提高人民的生活水平"。② 这就规定了我国的共同富裕是在生产力高度发展基础上的民富国强。苏联在这方面有过惨痛教训，他们重积累轻消费，重基础工业轻农业和轻工业，并把大量财力用于国防建设，这虽然增强了国力，但人民生活没有得到相应的改善。这一强国而不富民的做法，也曾经影响过我国。吸取这一历史教训，邓小平在新时期注意了兼顾民富和国强两个方面。他在谈到我国的国民收入分配时指出："我们是社会主义国家，国民收入分配要使所有的人都得益，没有太富的人，也没有太穷的人，所以日子普遍好过。更重要的是，那时我们可以进入国民生产总值达到一万亿美元以上的国家的行列，这样的国家不多。国家总的力量大了，那时办事情就不像现在这样困难了。比如，拿出国民生产总值的百分之五办教育，就是五百亿美元，现在才七八十亿美元。如果拿出百分之五去搞国防，军费就可观了，但是我们不打算这样搞，因为我们不参加军备竞赛，总收入要更多地用来改善人民生活，用来办学。"③ 这段话清楚地显示出我们的国强是建立在民富的基础上的，而民富又必须有国强来保障。因此，邓小平非常强调要处理好全局与局部、中央与地方、国家、企业和个人之间的关系。我国的共同富裕，就是在正确处理这些关系的基础上的共同富裕，是民富国强的共同富裕。

（二）邓小平的效率观

效率即经济效率，通常指资源配置效率。换句话说，效率就是使有限的资源发挥更大的效用，较少的投入能获得更多的产出，推动经济和社会更大的发展。效率意味着劳动生产率的提高和社会生产力的发展，在这个意义上，两者可等同使用。

邓小平所讲的效率，主要是指"工作效率"，④ 是社会运行的"总的效率"。⑤ 这个工作效率、总效率包括了经济效率。经济效率，它包括了两个方面：一是生产效率，即在单位时间内投入与产出的比率；二是资源配置效率，即资源的有效配置和使用。邓小平一贯高度重视效率问题。邓小

---

① 《邓小平文选》第 3 卷，人民出版社 1993 年版，第 23 页。
② 同上书，第 372 页。
③ 同上书，第 161—162 页。
④ 同上书，第 179—180 页。
⑤ 同上书，第 240 页。

平所讲的效率既指经济工作的效率，也指整个社会系统的效率。他所讲的经济工作效率，既指宏观的资源有效配置的效率，也指微观的劳动生产率。

邓小平非常赞赏"时间就是金钱，效率就是生命"这一口号。邓小平不仅高度重视微观的生产效率，而且也高度重视宏观的资源配置的效率。他在以计划经济还是以市场经济作为资源配置的主要手段的争论中明确指出，计划与市场都是手段，把计划经济和市场经济有机结合起来，就能解放生产力，加速经济发展，这就为加快经济体制改革，高效率地进行资源配置指明了方向。

邓小平所讲的效率，不仅仅是指经济效率，而是包括一切工作效率的社会效率，即指整个社会系统运作的效率。他强调，"搞四个现代化不讲工作效率不行。现在的世界，人类进步一日千里，科学技术方面更是这样，落后一年，赶都难赶上。所以必须解决效率问题。"① 他还对我国的效率状况做了科学分析，认为"社会主义国家有个最大的优越性，就是干一件事情，一下决心，一做出决议，就立即执行，不受牵扯。……就这个范围来说，我们的效率是高的，我讲的是总的效率。……至于经济管理、行政管理的效率，资本主义国家在许多方面比我们好一些。"② 可以看出，邓小平所讲的效率主要是指包含广泛内容的社会效率。

他把大力发展生产力作为社会主义初级阶段和整个社会主义时期的根本任务之一，作为党和国家全部工作的中心之一。这里的"发展生产力"实际上就是效率问题。围绕如何提高经济效率，加快社会主义生产力的发展，邓小平有大量论述，笔者主要从以下三个方面阐述邓小平的效率观。

1. "改革也是解放生产力"的制度效率观

1978年改革之前，我国长期实行高度集中的计划经济体制。邓小平指出，这种体制"经过几十年的实践证明是不成功的。……结果阻碍了生产力的发展，在思想上导致僵化，妨碍人民和基层积极性的发挥。……中国社会从一九五八年到一九七八年二十年时间，实际上处于停滞和徘徊的状态，国家的经济和人民的生活没有得到多大的发展和提高。这种情况不改革行吗？"③ "要发展生产力，经济体制改革是必由之路"。④ 邓小平提出

---

① 《邓小平文选》第3卷，人民出版社1993年版，第179—180页。
② 同上书，第240页。
③ 同上书，第237页。
④ 同上书，第270页。

"革命是解放生产力,改革也是解放生产力"。①

之所以改革也是解放生产力,其一,经济体制是生产关系的具体形式。"社会主义基本制度确立以后,还要从根本上改变束缚生产力发展的经济体制,建立起充满生机和活力的社会主义经济体制,促进生产力的发展,这是改革,所以改革也是解放生产力。"②

其二,市场经济是大生产条件下最有效率的资源配置方式。"市场经济不等于资本主义,社会主义也有市场",③"社会主义也有市场经济,资本主义也有计划控制。"④"说市场经济只存在于资本主义社会,只有资本主义的市场经济,这肯定是不正确的。社会主义为什么不可以搞市场经济?这个不能说是资本主义。我们是计划经济为主,也结合市场经济,但这是社会主义的市场经济。虽然方法上基本上和资本主义社会的相似,但也有不同。"⑤改革就是要通过建立和完善社会主义市场经济体制,变低效率甚至是无效率的计划经济为有效率的市场经济,实现资源的优化配置。

其三,经济体制同时又是生产力的组织形式。国企经济管理体制改革,农村和城镇集体经济管理体制改革,最终将使公有制企业成为符合现代市场经济要求的社会主义微观经济主体,增强其活力,提高经济效率。由此可见,只有不断全面深化改革,建立健全并不断完善社会主义市场经济体制,才能不断发挥社会主义制度的优势和效率,不断推动社会生产力的更好更快发展。

2. "科学技术是第一生产力"的要素效率观

经济效率的高低,可以用要素生产率来反映。这里的要素即生产要素,它不仅包括劳动者、劳动资料、劳动对象等要素,还包括新增加的科技要素。邓小平高度重视科学技术在生产中的作用,他根据马克思提出的科学是生产力的观点,总结了第二次世界大战后第三次科技革命推动发达国家生产力迅速发展的经验,创造性地提出了"科学技术是第一生产力"的科学论断:"马克思说过,科学技术是生产力,事实证明这话讲得很对。依我看,科学技术是第一生产力。"⑥

第一,"科学技术是第一生产力"揭示了在生产力诸要素中,科学技

---

① 《邓小平文选》第 3 卷,人民出版社 1993 年版,第 370 页。
② 同上书,第 273 页。
③ 同上书,第 364 页。
④ 同上。
⑤ 同上书,第 264 页。
⑥ 《邓小平文选》第 2 卷,人民出版社 1994 年版,第 274 页。

术是关键的核心的要素,是对提高要素效率、发展生产力起决定性作用的力量。科学技术本身不是生产力的独立要素,但科学技术渗透到生产力的基本要素中,可以转化为直接现实的生产力。因为,在生产力的三要素中,劳动者、劳动资料、劳动对象,只有和现代科学技术相结合,才能创造出更高的劳动生产率,推动经济的更快发展。正如邓小平所指出的那样:"同样数量的劳动力,在同样的时间里,可以生产出比过去多几十倍几百倍的产品。社会生产力有这样巨大的发展,劳动生产率有这样大幅度的提高,靠的是什么?最主要的是靠科学的力量、技术的力量。"①

第二,"科学技术是第一生产力",揭示了提高经济效率必须走内涵型经济增长之路。经济增长方式有粗放型和集约型之分。前者是在技术不变的条件下,通过投入的增加实现经济增长,其特点是高投入、高消耗、低产出、低效益。后者是通过技术进步,提高生产要素的质量来实现经济增长,其特点是低投入、低消耗、高产出、高效益。长期以来,我国经济增长方式以粗放型为主,效率十分低下。为了提高经济效率,按照邓小平"科学技术是第一生产力"的效率观,我国的经济增长方式应尽快实现由粗放型向集约型的转变,经济发展方式应当由"又快又好"尽快向"又好又快"转变。

3. 经济发展速度与效益相统一的宏观效率观

现代经济的发展,离不开政府的宏观调控,而宏观调控的好坏,直接影响到经济效率。经济改革之前,我国长期片面追求经济增长的高速度,结果欲速则不达,造成国民经济大起大落,效益很差。对此,邓小平作了深刻反思。他一再提醒,不能像1958年那样搞"大跃进",一哄而起什么效益也没有,即使速度上去了,但很快又掉下来。他亲自制定了符合我国国情的"三步走"的经济发展战略,一方面提出"发展是硬道理",经济发展速度要快一些,"总要力争隔几年上一个台阶";另一方面又反复强调,要"重视提高经济效益,不要片面追求产值、产量的增长","不是鼓励不切实际的高速度,还是要扎扎实实,讲求效益,稳步协调地发展。"②邓小平的速度与效益相统一的宏观效率观,既是对我国社会主义经济建设经验教训的深刻总结,同时也为搞好我国宏观调控,在速度和效益统一中加快现代化建设提供了思想保证。

---

① 《邓小平文选》第2卷,人民出版社1994年版,第87页。
② 《邓小平文选》第3卷,人民出版社1993年版,第375页。

（三）邓小平的公平效率统一观

很久以来，学界不少学者认为"效率优先，兼顾公平"的提法是邓小平的公平效率观而加以大力倡导推行。① 其实，邓小平同志始终没有明确提出过"效率优先，兼顾公平"。②

理论界很多人也认为公平与效率是矛盾的：公平多了，会降低效率；强调效率，会削弱公平。但在邓小平看来，两者并非矛盾，而是相互统一、相互促进的。

从效率角度看两者关系，邓小平在不同场合，反复强调这样的观点："社会主义的首要任务是发展生产力，逐步提高人民的物质和文化生活水平"，③"社会主义时期的主要任务是发展生产力，使社会财富不断增长，人民生活一天天好起来。"④不可否认，邓小平同志十分重视效率问题，对低效率深恶痛绝，认为社会主义绝不应是低效率的，贫穷不是社会主义，发展太慢也不是社会主义，"社会主义制度优越性的根本表现，就是能够允许社会生产力以旧社会所没有的速度迅速发展，使人民不断增长的物质文化生活需要能够逐步得到满足。"⑤ 社会主义的特点不是穷，而是富，但这种富是人民共同富裕，并由此提出改革就是要提高劳动生产率，就是要让一部分人和一部分地区先富起来，可见他始终是把提高效率作为手段，即作为"共同富裕"的社会主义内在目的服务的手段，始终没有忽视公平这一终极价值目标，"社会主义的本质，是解放生产力，发展生产力，消灭剥削，消除两极分化，最终达到共同富裕。""共同富裕的构想是这样提出的：一部分地区有条件先发展起来，一部分地区发展慢点，先发展起来的地区带动后发展的地区，最终达到共同富裕。"⑥邓小平同志多次强调社会主义与资本主义不同的特点就是共同富裕，就是不搞两极分化。重视效率，强调先富起来，同时也重视公平，不忘后富，把共同富裕既作为出发点又作为目的是邓小平同志的一贯风格。同时他对于贫富差距问题也作出

---

① 参见刘国华、薛晓妹《邓小平的公平与效率思想再释》，《理论建设》2005 年第 4 期。王进芬：《邓小平对毛泽东公平效率观的继承与发展》，《中国青年政治学院学报》2000 年第 3 期。李青：《邓小平对毛泽东公平效率观的新拓展》，《山东科技大学学报（社会科学版）》2000 年第 4 期。
② 张焕明：《邓小平效率公平思想的当下解读》，《宁夏党校学报》2005 年第 3 期。
③ 《邓小平文选》第 3 卷，人民出版社 1993 年版，第 116 页。
④ 同上书，第 171 页。
⑤ 《邓小平文选》第 2 卷，人民出版社 1994 年版，第 128 页。
⑥ 《邓小平文选》第 3 卷，人民出版社 1993 年版，第 373—374 页。

了极具前瞻性的论断："什么时候突出地提出和解决这个问题，在什么基础上提出和解决这个问题，要研究。可以设想，在本世纪末达到小康水平的时候，就要突出地提出和解决这个问题。"①而他关于社会主义本质的论述则是他这一观点的集中体现："社会主义本质是解放生产，发展生产力"，讲的是效率；而"消灭剥削，消除两极分化，最终达到共同富裕"，讲的主要是公平。把这段话连起来理解就是：效率是实现公平的前提和基础，没有效率，就没有公平（共同富裕）的最终实现；公平又是效率的终极目的，没有公平，效率就失去了它的价值所在。可见，邓小平认为，效率与公平是统一的：在社会主义条件下，效率为更好地实现公平创造物质基础，效率促进社会主义公平。

从公平角度看两者关系，邓小平认为：

（1）社会主义起点公平与效率相统一。社会主义起点公平表现为生产资料的社会主义公有制。邓小平认为，建立在公有制基础上起点公平的社会主义经济制度，较之资本主义具有更高的效率，能更快地发展生产力。他指出："社会主义的优越性归根到底要体现在它的生产力比资本主义发展得更快一些、更高一些"，②因为社会主义"比资本主义有更好的条件发展社会生产力"。③这个更好的条件从起点公平角度讲，一是作为起点公平的公有制，使广大劳动者成为生产资料的主人，他们的劳动不再是受私人资本所雇佣的从属于资本的异化劳动，而是为了劳动者自己的利益，资本从属于劳动的劳动者当家作主的自主劳动。这样做就会极大地激发劳动者的生产积极性，提高生产效率。二是作为起点公平的公有制，在占主体的公有制范围内消灭了剥削，使广大劳动者的购买力随生产的增长而增加，避免了资本主义条件下出现的生产具有无限扩大趋势与广大人民群众购买力相对缩小的矛盾，从而推动社会主义生产以更快的速度发展。三是作为起点公平的公有制与市场经济相结合，一方面能较好地发挥市场调节资源配置，促进生产和技术发展的长处，另一方面又使建立在公有制基础上的宏观调控更有效，较好地弥补市场调节的不足，从而提高社会经济效率。

（2）社会主义分配公平与效率相统一。作为现阶段公有制范围内个人收入最公平的分配制度，按劳分配对提高效率有着极大的激励作用。一是因为按劳分配能够公平地从物质利益上持久地调动人的生产积极性。在社

---

① 《邓小平文选》第3卷，人民出版社1993年版，第374页。
② 同上书，第65页。
③ 《邓小平文选》第2卷，人民出版社1994年版，第231页。

会主义阶段，劳动还是人们谋生的一种主要手段，物质利益成为保持人们生产积极性的最基本动因。正如邓小平所指出的"不讲多劳多得，不重视物质利益，对少数先进分子可以，对广大群众不行，一段时间可以，长期不行。"①因此，社会主义阶段"必须实行按劳分配，必须把国家、集体和个人利益结合起来，才能调动积极性，才能发展社会主义的生产。"②二是因为按劳分配能够公平承认劳动差别和由此产生的劳动报酬差别。邓小平指出，不管贡献大小、技术高低、能力强弱、劳动轻重，大家报酬都一样，是不符合按劳分配原则的。"为国家创造财富多，个人收入就应该多一些。"③"我们提倡按劳分配，对特别有贡献的个人和单位给予精神奖励和物质奖励；也提倡一部分人和一部分地方由于多劳多得，先富裕起来。"④按劳分配承认劳动差别和劳动分配差别，一方面将有助于激励劳动者根据自己的优势，选择最能发挥自己的专长的劳动，从而实现人尽其才和公有制条件下人力资源的优化配置；另一方面，又有助于激励劳动者各尽所能，多做劳动贡献，从而提高公有制条件下的劳动效率。

（3）社会主义结果公平与效率相统一。作为社会主义结果公平的综合体现，共同富裕对提高效率有着巨大的促进作用。其一，邓小平指出："社会主义的特点不是穷，而是富，但这种富是人民共同富裕。"⑤也就是说，社会主义不是使少数人富、一部分人富，而是使全体人民最终达到共同富裕，共享经济繁荣成果。这将形成一个庞大的消费需求，从而为社会主义生产的发展及其效率的提高，提供强大的动力。其二，在我国经济发展过程中，长期存在城乡差距、地区差距，实现共同富裕，客观上要求协调城乡发展和地区经济发展。邓小平十分重视经济协调发展问题，他提出必须高度重视农业和农村发展问题，提出了各地区协调发展特别是东中西部先后协调发展的战略。⑥按照邓小平的发展思路和战略，逐步缩小城乡差距、地区差距，将有利于各地经济资源的开发和利用，有利于发挥各地经济优势，实现城乡之间、地区之间资源共享和优势互补，提高我国资源利用效率，加快全国经济发展。其三，邓小平认为，共同富裕不是同步富裕，而是一个有先有后的发展过程。他说："我们提倡一部分地区先富裕

---

① 《邓小平文选（1975—1982）》，人民出版社1983年版，第136页。
② 同上书，第310页。
③ 同上书，第136页。
④ 同上书，第222页。
⑤ 《邓小平文选》第3卷，人民出版社1993年版，第265页。
⑥ 同上书，第277—278页。

起来，是为了激励和带动其它地区也富裕起来，并且使先富裕起来的地区帮助落后的地区更好地发展。"①"我的一贯主张是，让一部分人、一部分地区先富起来，大原则是共同富裕。一部分地区发展快一点，带动大部分地区，这是加速发展、达到共同富裕的捷径。"②"这样，就会使整个国民经济不断地波浪式地向前发展，使全国各族人民都能比较快地富裕起来。"③这样一个发展过程，既是共同富裕的实现过程，同时又是加快经济发展，效率不断提高的过程，从而实现公平促进效率。

学术界大都认为，邓小平的"先富、后富、共富"论和社会主义本质论，完整地表达了他的"效率优先，兼顾公平"的观点。我们认为，这种看法值得商榷。

其一，邓小平的确高度重视生产力和效率，把发展生产力看作社会主义的本质、社会主义的根本任务之一，但这并不意味着他就主张效率优先、兼顾公平。相反，邓小平同样高度重视社会主义公平。因为作为起点公平的公有制，是社会主义生产关系的基础，没有它就没有社会主义；作为分配公平的按劳分配，是社会主义的重要特征，与公有制共同构成了社会主义经济制度；作为结果公平的共同富裕则是社会主义的根本目的，是社会主义本质的最终体现。邓小平作为伟大的马克思主义者，不可能把体现社会主义公平的社会主义经济制度、社会主义根本目的摆在"兼顾"这样一个"次之"的地位。

其二，"先富"并不单纯是一个效率问题，同时它本身也是共同富裕的一个重要组成部分，是公平与效率的统一体。因此，我们不能把"先富、后富、共富"的关系，理解为"先富"体现效率优先，"后富、共富"体现兼顾公平。

其三，邓小平把"解放生产力、发展生产力"和"消灭剥削，消除两极分化，最终达到共同富裕"并列为社会主义本质，但解放和发展生产力只是作为社会主义的基础本质，不是社会主义的终极本质，只有作为社会主义根本目的的共同富裕，才是社会主义的终极本质。通过进一步深入分析，我们认为共同富裕也并非只是单纯的"公平"，它本身同样体现了社会主义的公平效率统一观。因此，我们也不应该把"解放和发展生产力"理解为"效率优先"，把"共同富裕"理解为"兼顾公平"。

---

① 《邓小平文选》第 3 卷，人民出版社 1993 年版，第 111 页。
② 同上书，第 166 页。
③ 《邓小平文选（1975—1982）》，人民出版社 1983 年版，第 142 页。

综观邓小平的公平效率思想,其观点非常明确:公平与效率相互促进,有机统一;要用效率来促进社会主义公平的更好实现,要用公平激励效率,促进社会主义生产力的更快发展。在全面建成小康社会的历史进程中,我们一定要坚持邓小平的公平观和效率观,做到坚持社会主义公平与高度重视发展生产力并行不悖;一定要坚持邓小平的公平效率统一观,让国民经济在社会主义公平中得到更好更快地增长和发展。

(四) 邓小平与毛泽东的公平效率观比较

1. 在公平观上的不同

毛泽东在公平观上提出了一系列卓越的思想观点和智慧火花。他认为,社会公平最根本的是生产资料占有上的公平。在1947年《目前形势和我们的任务》一文中,他就完整地提出了消灭封建主义和官僚资本主义剥削制度,消除生产资料所有制关系上的不平等的思想。同时,毛泽东的公平观又有平均主义色彩,存在着追求完全无差别境界的思想倾向,认为城乡差别、工农差别、体力劳动和脑力劳动的差别以及按劳分配均能造成事实上的财富分配不均等问题,因而从根本上说有悖于社会主义公平原则,必须立即着手予以缩小或限制。"五·七指示"① 就是试图把全国各行业都办成亦工亦农、亦文亦武的社会组织,从而最大限度地缩小社会差别。他在1974年下半年关于理论问题的谈话中更明确地表示:中国"现在还实行八级工资制,按劳分配,货币交换,这些跟旧社会没有多少差别。所不同的是所有制变更了。"② 1974年12月26日,毛泽东关于理论问题同周恩来谈话:"我国现在实行的是商品制度,工资制度也不平等,有八级工资制,等等,这只能在无产阶级专政下加以限制。"③ 在毛泽东看来,在社会主义阶段就必须开始实行共产主义高级阶段的公平原则,否则就是偏离了社会主义的方向。显然,这种追求完全无差别境界的社会公平超越了现实的历史条件,结果只能导致平均主义的"大锅饭"式的公平。

邓小平纠正了毛泽东在公平观上超越社会历史发展阶段的失误。他不

---

① 1966年5月7日,毛泽东给林彪写了一封信,这封信后来被称为"五七指示"。在这个指示中,毛泽东要求全国各行各业都要办成一个大学校,学政治、学军事、学文化、又能从事农副业生产、又能办一些中小工厂,生产自己需要的若干产品和与国家等价交换的产品,同时也要批判资产阶级。"五·七指示"也成为"文化大革命"中办学的方针,造成了教育制度和教学秩序的混乱。

② 转引自《论对资产阶级的全面专政》,《红旗》杂志1975年第4期。

③ 转引自罗华《毛泽东探索新中国经济制度的思想脉络》,中国共产党新闻网,2009年1月23日。

是从抽象的原则和正义出发去考察社会的公平问题,而是从历史发展的角度考察社会是否公平。在他看来,只有能够激发人们的劳动积极性,促进生产力持续发展的社会机制才是公平的社会机制。据此,邓小平对社会主义公平提出了三个重要的理论观点:

第一,平均主义不是社会主义的公平原则。由于小生产的绝对平均主义思想在我国有着广泛的社会基础和很深的历史渊源,同时由于"左"的思想影响,致使社会主义公平观受到严重扭曲。人们把绝对平均主义当作社会主义公平原则加以供奉,把公平看成绝对平均,将按劳分配当作资产阶级法权来批判,在分配上完全抹杀了人们在智慧、才能、业绩等方面的高低大小之别,"干与不干一个样,干多干少一个样,干好干坏一个样",从而严重挫伤了劳动者的积极性,使整个社会缺乏竞争和激励机制,社会发展陷进了慢节奏、低效率的怪圈,导致了许多看似公平实则不公平的现象的存在和蔓延。平均主义绝不是社会主义的公平。所以,邓小平反复强调要打破平均主义和"大锅饭"的政策。"我们坚持走社会主义道路,根本目标是实现共同富裕,然而平均发展是不可能的。过去搞平均主义,吃'大锅饭',实际上是共同落后,共同贫穷,我们就是吃了这个亏。改革首先要打破平均主义,打破'大锅饭',现在看来这个路子是对的。"①

第二,按劳分配是迄今为止最公平的分配原则。早在1978年3月,邓小平就指出,按劳分配的性质是社会主义,不是资本主义。一定要坚持按劳分配的社会主义原则。在邓小平看来,按劳分配之所以是迄今为止最公平的分配原则,这是因为,世界上的一切财富都是劳动创造的,以劳动作为同一尺度衡量每一个劳动者,使他们的收入同他们所提供的劳动的数量和质量成正比,显然比不问贡献大小的平均分配和按生产资料占有权而不劳而获的分配更为公平。在现阶段,按劳分配显然是一种公平,而不是不公平。

第三,社会主义的公平是先富与共富的统一。邓小平认为,社会主义的根本目的,就是要消灭剥削,消除两极分化,实现全体人民的共同富裕,共同富裕是社会主义公平的最高体现。但是,共同富裕并不是完全无差别的同等富裕,也不是完全步调一致的同步富裕,而是包含富裕程度差别的共同富裕,是一个有先有后、有快有慢、波浪式前进、逐步实现的过程,是一个平衡与不平衡的矛盾运动过程。因此,要实现共同富裕,就必须允许一部分地区、一部分人通过辛勤劳动、合法经营而先富起来。这是

---

① 《邓小平文选》第3卷,人民出版社1993年版,第155页。

以一部分人的"先富",打破过去平均主义的"贫穷社会主义"模式,然后波浪式地带动大家走向共同富裕的发展模式。"先富"打破穷的平衡,进入不平衡,是为了达到"共同富裕"这种新的平衡。这样,先富便是有条件的。一是"先富"本身是合法经营、勤劳致富。勤劳致富是正当合法的,是贯彻社会主义按劳分配的"富",因而这种"先富"不是不公平,而是公平;二是"先富"不是目的,而是手段,目的是共同富裕,以实现社会主义最高层次的公平。正如邓小平所指出的,"我们提倡一部分地区先富裕起来,是为了激励和带动其他地区也富裕起来,并且使先富裕起来的地区帮助落后的地区更好地发展。提倡人民中有一部分人先富裕起来,也是同样的道理。"[①] 先富与共富的统一体现了社会主义的公平。

总之,邓小平关于公平观的理解,集中体现在他对按劳分配和共同富裕的阐述中。按劳分配意味着公平不是最终结果的公平,不是数量的均等,而是规则和标准的公平。正如他所谈道的:"人的贡献不同,在待遇上是否应当有差别?……如果不管贡献大小、技术高低、能力强弱、劳动轻重,工资都是四五十块钱,表面上看来似乎大家是平等的,但实际上是不符合按劳分配原则的,这怎么能调动人们的积极性?"[②]

可以认为,毛泽东所理解的公平主要是均等,而邓小平则首次强调了差别,以劳动贡献为标准的差别。同时,按劳分配还包含着"先富"的思想,一部分人依靠诚实劳动和合法经营先富起来是摆脱贫穷的起点,是实现共同富裕的必经过程,而不是资本主义,不是"旧社会"。而共同富裕观则体现出邓小平的公平观也有理想性的一面。人民群众共同富裕是社会主义的目的,在这一点上,邓小平与毛泽东没有差别,但不同的是,邓小平在共同富裕前加上了"最终"二字,既表明了社会主义的公平理想,也表达了他历史的观点。也就是说,在强调效率的同时,邓小平已经预见到了可能形成的贫富分化,他指出,共同富裕,将来总有一天要成为中心课题。这就是说,提高效率是当前的主要问题,但这不是一成不变的,当生产力发展到一定水平,贫富分化达到一定程度,公平就会成为矛盾的主要方面,就可能具有"优先"的地位。

因此,在毛泽东的心目中,公平是至上的,更多具有道义理想的成分。而邓小平则是从历史的眼光来看待公平,他对按劳分配和共同富裕的理解体现的是中国落后的生产力状况,是在一个农业国建设社会主义的

---

① 《邓小平文选》第 3 卷,人民出版社 1993 年版,第 111 页。
② 《邓小平文选》第 2 卷,人民出版社 1994 年版,第 30—31 页。

现实。

2. 在效率观上的不同

对于效率，毛泽东并非不重视。1958年他提出了"鼓足干劲，力争上游，多快好省地建设社会主义"的总路线。在建设速度上，提出了工业要在十五年或更短的时间内，在钢铁和其他主要工业产品的产量方面赶上和超过英国，使我国的科学技术尽快地赶上世界最先进的水平。考虑到当时的国际国内形势，应该承认加快社会主义建设速度的初衷的合理性。只有加快建设速度，提高劳动生产率，增加产品产量和数量，才能把我国尽快地从落后的农业国变成先进的工业国。此外，针对机构臃肿的问题，他提出必须反对官僚主义，反对机构庞大，精兵简政，提高经济和办事效率。可以看出，不是毛泽东不重视效率，而是他对效率的理解是工效学意义上的效率，效率更多意味着速度和产量。"大跃进"对数量、产量的追求导致的是无效率甚至负效率。同时，资源配置是以超经济方式实现的，配置的原则是带有较浓厚主观愿望的公平。

在微观上，他提出了生产要素的有效使用、提高产品的数量与质量，加快资金周转的生产效率问题；在宏观上，他也提出了资源的有效配置问题，认为必须十分节省地使用我们的人力资源和物力资源，力戒浪费。然而，毛泽东在对效率的探索上出现了两个严重失误。其一是，他虽然提出要多快好省地建设社会主义，但在实践中急于求成，追求不切实际的高指标、高速度、忽视经济效益，其结果不仅速度没有上去，反而使经济发展遭受了挫折。正如邓小平后来所指出的，"一九五八年的'大跃进'和人民公社运动，完全违背客观实际情况，头脑发热，想超高速发展。"[1] 结果"给我们带来了很大灾难。"其二是，毛泽东把人民群众积极性及经济发展速度的不尽如人意，完全归结为敌对阶级或敌对阶级思想的消极影响，因此，不断开展阶级斗争，特别是意识形态的阶级斗争，而忽视了物质利益原则，忽视经济体制本身的问题。由于以上两个失误，所以，长期以来，我们想提高效率但却反而陷入了低效率的怪圈。[2]

效率是邓小平理论的重要思想。就根本倾向而言，在公平与效率之间，邓小平更为关注的是首先提高经济效率。因为在他看来，没有效率的提高，就没有生产力的发展，就谈不上消除贫困，改善人民生活，社会公平就无从谈起。在他看来，经济效益低下，物质产品匮乏，虽然人们都领

---

[1] 《邓小平文选》第3卷，人民出版社1993年版，第253页。
[2] 吴兆雪：《邓小平的效率公平观及其特色》，《教学与研究》1995年第6期。

取相等的一份配给消费品，但是，这样的所谓"公平"是贫困的"平均"，绝不是社会主义所追求的公平。邓小平认为，社会主义就要使生产力以旧社会所没有的速度发展，以逐步满足人民群众日益增长的物质文化需要。他把实现社会公平，"最终达到共同富裕"，当成一个必须经过不断发展生产力的长期过程才有可能逐步实现的社会目标。所以，早在改革开放之初，他就把迅速摆脱贫穷作为一切工作中的首要任务。他在谈那时的工作思路时说："考虑的第一条就是要坚持社会主义，而坚持社会主义，首先要摆脱贫穷落后状态，大力发展生产力，体现社会主义优于资本主义的特点。"① 在他看来，贫穷不是社会主义，发展太慢也不是社会主义。要发展生产力，调动人的积极性，就必须突破平均主义的陈规束缚，允许人们在收入方面存在差别。"为国家创造财富多，个人收入就应该多些，集体福利就应该搞得好些。不讲多劳多得，不重视物质利益，对少数先进分子可以，对广大群众不行，一段时间可以，长期不行。"② 这种差别的存在是社会主义公平分配的内在要求。在发展战略的安排上，他主张让一部分人、一部分地区先富起来，然后再通过先富起来的地区，帮助带动后进地区，最终达到共同富裕。创办经济特区，建立沿海开放城市就是他这一战略的成功实践。

邓小平在 1982 年曾说："社会主义是共产主义的第一阶段。落后国家建设社会主义，在开始的一段很长时间内生产力水平不如发达的资本主义国家，不可能完全消灭贫穷。所以，社会主义必须大力发展生产力，逐步消灭贫穷，不断提高人民的生活水平。否则，社会主义怎么能战胜资本主义？到了第二阶段，即共产主义高级阶段，经济高度发展了，物资极大丰富了，才能做到各尽所能，按需分配。"③ 在毛泽东那里作为社会主义第一要义的公平到了邓小平那里已变为了效率，这一转变不仅基于贫穷的事实，而且因为毛泽东最初面临的斗争环境已经变为了和平建设的环境。

3. 在公平与效率关系上的不同

在公平与效率的关系上，毛泽东强调以公平促进效率。在由公平至效率的途径上，毛泽东特别强调抓革命促生产，首要的是生产关系革命。实行社会主义改造本身就是通过生产资料占有关系上的公平来体现社会主义的优越性，来实现效率。1953 年毛泽东明确指出党在过渡时期总路线的实

---

① 《邓小平文选》第 3 卷，人民出版社 1993 年版，第 223—224 页。
② 《邓小平文选》第 2 卷，人民出版社 1994 年版，第 146 页。
③ 《邓小平文选》第 3 卷，人民出版社 1993 年版，第 10 页。

质:"就是使生产资料的社会主义所有制成为我国国家和社会的唯一的经济基础。"① 通过社会主义改造,生产资料私有制消失了,生产资料所有权上的公平得到了实现。应该说,这一变革确实极大地调动了人民群众的积极性,促进了"一五"计划的提前完成。但遗憾的是,毛泽东对公平效率的关系作了主观化和简单化的理解,他期望在实现最大公平的同时实现最大效率,期望仅仅通过实现广大人民的极大民主与极大公平来建设社会主义,期望打破一切旧的框框来建设崭新的社会,却未能将现实的生产力状况考虑在内,而是对人的主观能动性寄予了过多的希望。他在实践中过度强调了生产关系对生产力的反作用,过度强调了人的主观意志的作用,使他在追求社会主义公平和效率的道路上,脱离了具体的历史条件,简化了公平和效率的复杂关系。哪怕在理论上他仍然承认"社会主义革命的目的是为了解放生产力"。

邓小平不同于毛泽东之处在于,他认为效率是公平的基础,只有提高效率,发展生产力,才能实现社会主义的共同富裕和共产主义的按需分配这种高层次的公平;而为了提高效率,则必须要有正确处理一系列物质利益关系的公平原则,以此激励和调动广大人民群众及各经济单位的积极性、创造性;共同富裕是社会主义的本质体现和根本目标,但共同富裕不是无差别的同等富裕,在目前阶段,必须承认某种收入差别存在的合理性,而绝不能急于缩小差别。基于这种认识,邓小平指出,要发挥社会主义制度的优越性,关键是必须建立一种既有效率又有公平的社会体制。而过去那种高度集中的"大锅饭"体制,既没有形成公平,又没有产生效率。他说:"一九五八年'大跃进',一哄而起搞人民公社化,片面强调'一大二公',吃大锅饭,带来大灾难。……从一九五八年到一九七八年整整二十年里,农民和工人的收入增加很少,生活水平很低,生产力没有多大发展。"为此,他主张通过改革,打破过去那种僵化的"大锅饭"体制,建立一种充满生机与活力的既有效率又有公平的经济体制,即社会主义市场经济体制。作为现代经济运作模式,市场经济是通过竞争来实现其配置资源、促使资源配置优化功能的。市场经济本身需要相应的公平,即竞争公平。竞争公平集中反映了商品交换的本质要求和交换当事人的基本关系。它的确具有一种催人奋进的机制。没有竞争公平也就没有市场经济及其高效率。建立在生产资料公有制基础上的社会主义市场经济的基本原则是机会均等、竞争公平、按劳分配。这是社会主义初级阶段首要的和根本

---

① 《毛泽东著作选读》下册,人民出版社1988版,第705页。

的公平。这些公平原则强调劳动者的个人收入与劳动者个人所提供的劳动成果挂钩，从而能够极大地调动劳动者的积极性和创造性，推动社会生产力的快速发展，实现社会发展的高效率。显然，实行这些原则必然会造成收入分配上的差距，这种收入差距的存在并不是不公平，而是体现了按劳分配的社会主义公平。同时我们要看到，在以公有制和按劳分配占主体地位的条件下，这种收入差距不会导致两极分化。在邓小平看来，效率与公平的统一是社会主义的本质要求，社会主义能够建立一种既有效率又有公平的社会机制。

因此，对于效率与公平的关系，邓小平坚持以效率促公平，坚持效率的基础性作用。

首先，在途径上，通过生产力的发展、经济的发展，在更高层次的水平上实现公平。改革也是一场革命，但这不是生产关系的"一大二公三纯"，而是生产力的革命。"社会主义的第一个任务是要发展社会生产力。一九四九年取得全国政权后，解放了生产力，土地改革把占人口百分之八十的农民的生产力解放出来了。但是解放了生产力以后，如何发展生产力，这件事做得不好。主要是太急，政策偏'左'，结果不但生产力没有顺利发展，反而受到了阻碍。"[①] 因此，如果说毛泽东更强调生产关系的作用，那么邓小平则更强调生产力的基础作用。效率之所以要"优先"发展，是因为无效率和生产力水平低下已经成为中国生存和发展最紧迫、最根本的问题，是因为效率和生产力水平的提高是解决中国社会诸多问题的物质前提。用邓小平自己的话来讲，就是："手头东西多了，我们在处理各种矛盾和问题时就立于主动地位。"[②] 否则，公平就只能是低层次的平均主义。

其次，实现生产力的发展，要依靠经济体制改革，建立社会主义市场经济。市场经济是目前为止最有效率的经济体制，而社会主义是最具有优越性的社会制度，二者的结合为效率与公平的关系提供了新的内涵。在这一点上，邓小平不仅超越了毛泽东，也是对马克思主义的重大发展。此外，邓小平还坚持尊重物质利益原则。在党的十一届三中全会以前，他就表示："革命精神是非常宝贵的，没有革命精神就没有革命行动。但是，革命是在物质利益的基础上产生的，如果只讲牺牲精神，不讲物质利益，那就是唯心论。"[③] 经济体制改革也正是要理顺经济生活中的物质利益关

---

① 《邓小平文选》第3卷，人民出版社1993年版，第227页。
② 同上书，第377页。
③ 《邓小平文选》第2卷，人民出版社1994年版，第146页。

系，让经济规律充分发挥作用，以调动广大人民的积极性。可以说，在效率与公平的关系上，邓小平以前者为重乃是一种更为实际和现实的态度。

尽管毛泽东和邓小平对公平、效率及其关系的理解有所不同，但二人的公平效率观也有着许多共同之处。例如，他们都认为社会主义制度最大的优越性在于它既有效率又有公平；在对待公平与效率的问题上都以人民的利益为出发点；都以体制改革作为实现效率和公平的手段等。而邓小平对毛泽东最大的继承，则在于对有中国特色的社会主义的探索和继承。另外，二人不同的公平效率观都有其历史的根源，或者说，正是不同的历史根源导致了不同的理解。如果说，毛泽东晚年在公平与效率的问题上有所失误，那么对失误的原因作出细致而客观的考察对今天的建设有着极大的参考价值。应该承认，对公平的重视本身并不为过，公平体现着社会主义的目的和优越性，强调公平，甚至需要形式上意义上的公平也有其充分的正当性。同时，民主革命的历史任务也要求用公平来发动和激励群众以推翻剥削和压迫，因而要求公平也不乏历史的合理性。而革命战争的胜利以及社会主义改造的巨大成功进一步促进了公平在毛泽东和人民群众心目中的地位。此外，中国历史文化传统对毛泽东的耳濡目染，早年的人生经历、思想历程，乃至他的个人气质等，都使得他对广大人民群众始终抱有极度的正义关怀，对压迫、剥削与官僚抱有极大的仇恨，并对"大同"式的公平抱有热切的渴望。如果按照毛泽东自己所说，"文革"是他生平所做的两件大事之一，那么，我们只能说，在毛泽东的晚年，由于离开了现实的基础，他在探索中国式社会主义现代化建设的道路上进行了一次失败的实验。而邓小平则对现代化建设的时代要求作出了新的回答。"以效率促公平，坚持效率的基础性作用"就是对毛泽东晚年公平效率观的修正，同时也是对毛泽东思想实事求是精神的继承。

六 改革开放以来公平与效率关系在我国的历史发展与改革实践

传统社会主义理论高举公平优先的大旗，理所当然地把追求社会公平放在第一位。在20世纪80年代中期以前，我国在个人收入分配领域的基本原则始终是公平优先、按劳分配，即把公平放在第一位。然而，在高度集中的计划经济体制下，公平优先、按劳分配又演变成了平均主义的大锅饭。实践证明，"平均发展是不可能的。过去搞平均主义，吃'大锅饭'，实际是共同落后，共同贫穷。"① 针对改革前长期违背按劳分配原则所造成的严重阻碍生产力发展的不良后果，中共十一届三中全会明确指出："人民公社各级经济组织必须认真执行各尽所能、按劳分配的原则。多劳多得，少劳少得，男女同工同酬。……坚决纠正平均主义。"这标志着我国从改革前的"公平优先"过渡到了改革后的"按劳分配原则下的公平优先"。

（一）改革开放以来党中央对公平与效率关系的不同提法

从理论上说，社会主义本身应当是公平与效率相统一的社会。社会主义的本质首先是解放生产力，发展生产力，这是提高效率的问题；社会主义的本质同时还是消灭剥削，消除两极分化，最终达到共同富裕，这是个社会公平问题。效率和公平直接统一于社会主义制度本身。公平与效率的关系，广泛存在于经济社会生活的各个方面。在党和政府的方针政策中，总体指导思想应当是：兼顾公平与效率，尽可能做到公平与效率齐头并进；而在实现公平与效率优化组合的具体机制和方式上，在社会发展的不同时期或不同阶段，孰先孰后，孰重孰轻，要慎重选择，可以也必须有所侧重。改革开放 30 多年来，党中央高度重视各种利益分配关系，根据改革开放的发展进程和经济社会发展的不同阶段多次改变提法，不断完善收入分配制度和政策，不断丰富和发展分配理论。回顾改革开放 30 多年来的发展历程，在公平与效率的关系问题上，党中央也经历了一个不断探索和深化的认识发展过程。

1. 以公平为基础，同时兼顾效率（1978—1987）

新中国成立之初，党中央提出"发展生产，繁荣经济，公私兼顾，劳资两利"的政策指导。这是新民主主义的发展与公平关系观，"发展生产，繁荣经济"是强调发展；"公私兼顾，劳资两利"是实行新民主主义的公平政策。但直到改革开放前，理论研究和政策指导，没有提出和讨论过效率与公平的关系问题，一般认为，按劳分配是社会主义的公平分配原则，而在实际经济生活中，出现过平均主义倾向。至于生产效率、经济效益等，长期没有强调过，这有当时的历史背景。一方面，新中国成立后，经历了经济恢复、抗美援朝、土地改革、三大改造、总路线和人民公社化、抓阶级斗争的各种政治运动，直至"文化大革命"，因而未能及时转向和实现以经济建设为中心；另一方面，在"左"的理论和实践中，强调算政

---

① 《邓小平文选》第 3 卷，人民出版社 1994 年版，第 155 页。

治账，不算经济账。如1958年搞全民炼钢，小土炉遍地开花，不计成本；农业追求亩产千斤、万斤，不计投入产出，出现了高产穷社，高产穷县。直到十一届三中全会后，转向以经济建设为中心，经济学界才展开"经济效果"的讨论，从而"经济效果"和后来改提的"经济效益"以及效率等概念和有关理论才流行起来。提出和重视效率与公平的关系，与改革和发展的历程相联系，随着改革和发展的不断推进，中央关于效率与公平关系问题的提法有多次改变。①

十一届三中全会以来，党中央在总结历史经验教训的基础上，先后提出了社会主义初级阶段理论，社会主义有计划商品经济理论。"十二大"报告提出建设有中国特色社会主义，以稳定和完善家庭联产承包责任制为主要任务的农村改革进一步深入，以城市为重点的经济体制改革由试点发展到全面铺开，"经济特区——沿海开放城市——沿海经济开发区——内地"的全面对外开放格局逐渐形成。其中分配政策蕴含着诸如以公平为基础同时兼顾效率为主要特征的扩大企业收入分配自主权、在收入分配中引入市场机制的新思想，这些思想为后来生产要素按贡献参与分配提供了理论准备。1984年10月党的十二届三中全会关于"先富"与"共富"关系的论述使效率优先的思想呼之欲出，在《中共中央关于经济体制改革的决定》中，第一次提出了要让一部分地区和一部分人通过诚实劳动和合法经营先富起来，然后带动更多的人走向共同富裕。

这一时期主要是针对计划经济体制下平均主义大锅饭的泛滥和"文革"时期对按劳分配原则的否定，为按劳分配原则恢复"名誉"和通过分配制度改革贯彻按劳分配原则，并且允许和鼓励一部分地区一部分人先富起来，来打破平均主义大锅饭，适当拉开收入差距，促进效率的提高。

1978年3月28日，邓小平指出："我们一定要坚持社会主义的按劳分配原则""要有奖有罚，奖罚分明。对干得好的、干得差的，经过考核给予不同的报酬。"② 1978年12月13日，邓小平在中共中央工作会议闭幕会上的重要讲话中指出："在经济政策上，我认为要允许一部分地区、一部分企业、一部分工人农民，由于辛勤努力成绩大而收入先多一些，生活先好起来。一部分人生活先好起来，就必然产生极大的示范力量，影响左邻右舍，带动其他地区、其他单位的人们向他们学习。这样，就会使整个

---

① 卫兴华：《放弃"效率优先，兼顾公平"的提法是构建社会主义和谐社会的需要》，《山西高等学校社会科学学报》2007年第5期。
② 《邓小平文选》第2卷，人民出版社1994年版，第101—102页。

国民经济不断地波浪式地向前发展，使全国各族人民都能比较快地富裕起来。"① 邓小平的这一重要讲话实际上是同年 12 月 18 日召开的中共十一届三中全会的主题报告。这次讲话虽然没有明确表述效率与公平的关系问题，但是在平均主义盛行的改革初期，允许和鼓励一部分地区、一部分人先富起来，以先富带动后富的政策，还是主要体现为效率优先的原则。

2. 在促进效率提高的前提下体现社会公平（1987—1992）

1987 年 10 月，党的十三大在分配问题上第一次提出了实行以按劳分配为主体、其他分配方式为补充的分配制度。十三大报告提出，"我们的分配政策既要有利于善于经营的企业和诚实劳动的个人先富起来，合理拉开收入差距，又要防止贫富悬殊，坚持共同富裕的方向，在促进效率提高的前提下体现社会公平。"② 这是在党的文件中关于公平与效率关系的首次论述。这一分配政策将"先富"与"共富"统一起来，允许和鼓励一部分人通过诚实劳动先富起来，同时在效率提高中又要"体现社会公平"，防止贫富分化。十三大关于公平与效率关系的提法是直接针对平均主义弊端的。

这一分配政策将"先富"与"共富"统一起来。允许和鼓励善于经营的企业（包括公私企业）和诚实劳动的个人先富起来，合理拉开收入差距，是针对以往和当时经济生活中的平均主义分配倾向的。同时强调防止贫富悬殊，坚持共同富裕的方向，就是要坚持分配关系中的社会主义方向。而为了实现"先富"与"共富"的统一，就需要正确处理效率与公平的关系。即既要重视效率，又要重视公平，将二者统一起来。"在促进效率提高的前提下体现社会公平"，这一提法中不存在公平与效率孰重孰轻的问题。社会主义的根本任务是发展生产力，而发展生产力应重在提高经济效率。发展生产力和提高效率的根本目的，是要实现社会主义本质所要求的共同富裕。实现共同富裕，就需要遵循分配公平的原则。分配公平有利于促进效率的提高，而在效率的提高中又要"体现社会公平"，防止贫富分化。平均主义既无公平也无效率，党的十三大关于效率与公平关系的提法，直接针对平均主义的弊端是很明确的。接着又指出："当前分配中的主要倾向，仍然是吃大锅饭，搞平均主义，互相攀比，必须继续在思想上和实际工作中加以克服。"既要反对平均主义，允许和鼓励一部分人先

---

① 《邓小平文选》第 2 卷，人民出版社 1994 年版，第 152 页。
② 《沿着有中国特色的社会主义道路前进——在中国共产党第十三次全国代表大会上的报告》，人民出版社 1987 年版，第 32—33 页。

富起来，合理拉开收入差距；又要体现社会公平，避免贫富悬殊。为此，十三大报告中提出："对过高的个人收入，要采取有效措施进行调节；对以非法手段牟取暴利的，要依法严厉制裁。"

1992年党的十四大报告指出："在分配制度上，以按劳分配为主体，其他分配方式为补充，兼顾效率与公平。运用包括市场在内的各种调节手段，既鼓励先进，促进效率，合理拉开收入差距，又防止两极分化，逐步实现共同富裕。"① 党的十四大报告中提出，在分配制度上"兼顾效率与公平"。这一新的提法，与上述十三大报告的提法相比，并无内容上质的差别，兼顾效率与公平，也不存在孰重孰轻的差别。兼顾两者，与两者并重意思相近。一方面，要"鼓励先进，促进效率"；另一方面要"合理拉开收入差距，又防止两极分化，逐步实现共同富裕"。合理拉开收入差距，是效率与公平的连接点，既有利于促进效率，又体现了分配公平。从这些论述中我们可以看出，这是"效率优先、兼顾公平"原则的萌芽和雏形。

3. 效率优先、兼顾公平（1992—2004）

效率优先，兼顾公平，初次分配注重效率，再分配注重公平，这是从中共十四届三中全会开始到十六大和十六届三中全会对效率与公平关系认识的发展。

1992年以后，党中央逐步形成了基于社会主义市场经济的收入分配理论。"十四大"确立了社会主义市场经济的改革目标，正式提出"以按劳分配为主体，其他分配方式为补充"，在分配制度上"兼顾效率与公平"，这一提法与"十三大"报告的提法意思相近，也与平均主义不相容。"优先"与"兼顾"的提法，从1993年十四届三中全会提出的"坚持以按劳分配为主体，多种分配方式并存的制度"和"体现效率优先、兼顾公平的原则"，到1997年"十五大"和2002年"十六大"都明确提出要坚持效率优先、兼顾公平。其间连续讲了十几年，但"十六大"报告更为具体，除了讲"坚持效率优先，兼顾公平"外，还进一步说明"初次分配注重效率，发挥市场的作用……再分配注重公平，加强政府对收入分配的调节职能，调节收入差距过大"。显然，实现效率优先，是从市场配置资源的角度讲的。

1993年11月召开的中共十四届三中全会《中共中央关于建立社会主义市场经济体制若干问题的决定》指出："坚持以按劳分配为主体、多种

---

① 江泽民：《加快改革开放和现代化建设步伐夺取有中国特色的社会主义事业的更大胜利——在中国共产党第十四次全国代表大会上的报告》，人民出版社1992年版，第24页。

分配方式并存的制度，体现效率优先、兼顾公平的原则。"这是首次明确提出"效率优先，兼顾公平"的原则。

提出"效率优先，兼顾公平"的原则，是与建立社会主义市场经济体制的理论认识相联系的。它是在《中共中央关于建立社会主义市场经济体制若干问题的决定》中提出来的。由传统计划经济转向市场经济，就是为了使市场配置资源的效率高于指令性计划配置。市场经济是竞争经济。十四届三中全会的《决定》中在提出"体现效率优先，兼顾公平"的后面，紧接着讲"劳动者的个人劳动报酬要引入竞争机制"。而市场竞争机制，既包括劳动者之间的竞争，也包括企业间的竞争，还包括资本与劳动之间的竞争。通过市场竞争形成的市场分配，必然会出现收入分配差距扩大的格局。所以，西方经济学家一般把市场经济与分配不公联系在一起。如《现代日本经济事典》中讲，市场经济以承认分配不公为前提。[1] 西方有一派经济学家强调在市场经济条件下，效率绝对优先，不赞同政府人为地去干预分配结果的公平。认为由市场竞争形成的要素收入差距是公平的。我国经济学界也有人提出，实行市场经济，在分配关系上应是效率优先、兼顾公平。正是在这种背景下，三中全会改变了以往关于公平与效率关系的提法。

1997年，中共十五大报告重申了效率优先，兼顾公平的原则，并且首次提出把按劳分配和按生产要素分配结合起来。2002年11月中共十六大报告指出："确立劳动、资本、技术和管理等生产要素按贡献参与分配的原则，完善按劳分配为主体、多种分配方式并存的分配制度。坚持效率优先、兼顾公平……初次分配注重效率，发挥市场的作用，鼓励一部分人通过诚实劳动、合法经营先富起来。再分配注重公平，加强政府对收入分配的调节职能，调节差距过大的收入。"[2] 十六大报告首次提出初次分配注重效率，再分配注重公平，明确了"效率优先，兼顾公平"原则的实现机制，即市场调节对资源配置发挥基础性的调节作用，政府的主要作用是通过再分配对初次分配关系进行调整，这是对"效率优先，兼顾公平"原则的进一步细化，也是市场调节与政府干预相结合的社会主义市场经济体制机制在分配领域的体现。2003年10月十六届三中全会通过的《中共中央关于完善社会主义市场经济体制若干问题的决定》又再次重申了"效率优

---

[1] 中国社会科学院工业经济研究所、日本总合研究所编：《现代日本经济事典》，中国社会科学出版社1982年版，第151—152页。

[2] 江泽民：《全面建设小康社会，开创中国特色社会主义事业新局面——在中国共产党第十六次全国代表大会上的报告》，人民出版社2002年版，第2页。

先、兼顾公平"的原则，即"完善按劳分配为主体、多种分配方式并存的分配制度，坚持效率优先、兼顾公平，各种生产要素按贡献参与分配。整顿和规范分配秩序，加大收入分配调节力度，重视解决部分社会成员收入差距过分扩大问题。以共同富裕为目标，扩大中等收入者比重，提高低收入者收入水平，调节过高收入，取缔非法收入。"

"优先"与"兼顾"的提法，从1993年十四届三中全会起，到1997年十五大报告，到2002年的十六大报告，再到十六届三中全会，延续讲了十几年。十六大报告讲得更为具体。除讲"坚持效率优先，兼顾公平"外，还进一步说明："初次分配注重效率，发挥市场的作用……再分配注重公平，加强政府对收入分配的调节职能，调节差距过大的收入。"显然，这里具体提出通过"发挥市场的作用"，实现效率优先，是从市场配置资源的角度讲的。

4. 初次分配和再分配都要兼顾效率和公平，再分配更加注重公平（2004—2012）

从中共十六届四中全会开始到党的十八大，我国对坚持了20余年的"效率优先，兼顾公平"的原则有所突破，主要是强调要更加注重社会公平，实现效率与公平的协调并重。

2004年9月，中共十六届四中全会《中共中央关于加强党的执政能力建设的决定》首次提出：要"注重社会公平，合理调整国民收入分配格局，切实采取有力措施解决地区之间和部分社会成员收入差距过大的问题，逐步实现全体人员的共同富裕。"① 这里讲的三条都是公平问题：一是注重社会公平；二是解决收入差距过大问题；三是实现共同富裕。在分配关系上不再提效率优先。公平不再处于"兼顾"地位，而是作为重要关注点予以强调。当时，我国的社会不公平问题已经越来越突出，城乡之间、区域之间、行业之间、部门及阶层之间、社会成员之间都存在着较大的收入差距。一是贫富差距在继续扩大；二是贫富差距的扩大出现失控趋势，在整个国民收入分配中，劳动报酬分配的比重过小，税收无法实现对收入差距扩大趋势的有效调控；三是贫富悬殊开始固化为社会结构、社会阶层，资源和财富正在向经济精英、政治精英和知识精英这些群体集中，这三部分精英不仅已经形成一种比较稳定的结盟关系，而且对整个社会经济政治文化生活开始产生重要影响。

2005年2月19日，胡锦涛同志在省部级主要领导干部提高构建社会

---

① 《中共中央关于加强党的执政能力建设的决定》，人民出版社2004年版，第12页。

主义和谐社会能力专题研讨班上的讲话指出：要协调好各方面的利益关系，不断在发展的基础上满足人民群众日益增长的物质文化需要，保证人民群众共享改革发展的成果。特别明确指出：在促进发展的同时，把维护社会公平放在更加突出的位置。逐步建立起以权利公平、机会公平、规则公平、分配公平为主要内容的社会公平保障体系，使全体人民朝着共同富裕的方向稳步前进。逐步解决地区之间和部分社会成员收入差距过大的问题，切实保障各方面困难群众的基本生活，让他们感受到社会主义大家庭的温暖。这里之所以要较长地引证胡锦涛总书记的讲话，是因为从这里可以看出党中央对我国社会公平的高度重视，赋予其突出的地位，并显示出对弱势群体特别是困难群众生活的高度关怀。这与原来的"兼顾公平"、让效率优先的提法是迥然不同的。

2005年10月，中共十六届五中全会通过的《中共中央关于制定国民经济和社会发展第十一个五年规划的建议》中进一步指出："注重社会公平，特别要关注就业机会和分配过程的公平"，"在经济发展的基础上逐步提高最低生活保障和最低工资标准，认真解决低收入群众的住房、医疗和子女就学等困难问题。"并提出要"着力提高低收入者收入水平，逐步扩大中等收入者比重，有效调节过高收入……努力缓解地区之间和部分社会成员收入分配差距扩大的趋势"。"更加注重社会公平，使全体人民共享改革发展成果"。[①] 显然，这里所讲的全部内容，都是强调公平问题。

2006年10月，中共十六届六中全会通过的《中共中央关于构建社会主义和谐社会若干重大问题的决定》指出："坚持按劳分配为主体、多种分配方式并存的分配制度，加强收入分配宏观调节，在经济发展的基础上，更加注重社会公平，着力提高低收入者收入水平，逐步扩大中等收入者比重，有效调节高收入，坚决取缔非法收入，促进共同富裕。"[②] 这里继续强调注重社会公平，而且加重语气，要"更加注重"社会公平。显然，这与"兼顾公平"的提法是不同的，也与效率优先于公平相对立。

怎样理解"在经济发展的基础上，更加注重社会公平"？首先，它表示我国近30年来，经济快速发展，但出现了贫富差距不断扩大的趋势。因此，需要在经济发展的同时，更加注重社会公平，而且，在已有的经济发展的基础上，可以运用更加雄厚的物力财力，去解决收入差距过大的问

---

① 《中国共产党第十六届中央委员会第五次全体会议文件汇编》，人民出版社2005年版，第6页。
② 《中国共产党第十六届中央委员会第六次全体会议文件汇编》，人民出版社2006年版，第19页。

题。其次，缩小收入差距，促进共同富裕，应是在大力发展经济的基础上实现，不能再搞普遍贫穷的社会公平。

2007年10月，中共十七大报告指出："合理的收入分配制度是社会公平的重要体现。要坚持按劳分配为主体、多种分配方式并存的分配制度，健全劳动、资本、技术、管理等生产要素按贡献参与分配的制度，初次分配和再分配都要处理好效率和公平的关系，再分配更加注重公平。逐步提高居民收入在国民收入分配中的比重，提高劳动报酬在初次分配中的比重"。① 2012年11月，中共十八大报告进一步指出：要"努力实现居民收入增长和经济发展同步、劳动报酬增长和劳动生产率提高同步，提高居民收入在国民收入分配中的比重，提高劳动报酬在初次分配中的比重。初次分配和再分配都要兼顾效率和公平，再分配更加注重公平。完善劳动、资本、技术、管理等要素按贡献参与分配的初次分配机制，加快健全以税收、社会保障、转移支付为主要手段的再分配调节机制。"②

中共十八大报告提出，调整国民收入分配格局，着力解决收入分配差距较大问题，使发展成果更多更公平惠及全体人民，朝着共同富裕方向稳步前进。"更公平"的提出，说明党中央在解决收入分配问题上的决心更坚定，方向更明确；报告中出现20多次"公平"，这表明党中央将以更大的决心和努力，让公平理念更深入人心，让百姓分享更多发展成果。

5. 公平与效率并重，更加注重公平（2012年至今）

2012年11月17日，中共中央总书记习近平在十八届中共中央政治局第一次集体学习时的讲话中指出："公平正义是中国特色社会主义的内在要求，所以必须在全体人民共同奋斗、经济社会发展的基础上，加紧建设对保障社会公平正义具有重大作用的制度，逐步建立社会公平保障体系。共同富裕是中国特色社会主义的根本原则，所以必须使发展成果更多更公平惠及全体人民，朝着共同富裕方向稳步前进。"③

在党的十八届三中全会上，习近平总书记指出："改革开放以来，我国经济社会发展取得巨大成就，为促进社会公平正义提供了坚实物质基础和有利条件。同时，在我国现有发展水平上，社会上还存在大量有违公平

---

① 胡锦涛：《高举中国特色社会主义伟大旗帜为夺取全面建设小康社会新胜利而奋斗——在中国共产党第十七次全国代表大会上的报告》，人民出版社2007年版，第38—39页。
② 胡锦涛：《在中国共产党第十八次全国代表大会上的报告》，人民网－《人民日报》2012年11月18日。
③ 习近平：《紧紧围绕坚持和发展中国特色社会主义学习宣传贯彻党的十八大精神》，人民网－《人民日报》2012年11月17日。

正义的现象。特别是随着我国经济社会发展水平和人民生活水平不断提高，人民群众的公平意识、民主意识、权利意识不断增强，对社会不公问题反映越来越强烈。"

中央全面审视和科学分析我国经济社会发展现状和态势，认为这个问题不抓紧解决，不仅会影响人民群众对改革开放的信心，而且会影响社会和谐稳定。党的十八大明确提出，公平正义是中国特色社会主义的内在要求；要在全体人民共同奋斗、经济社会发展的基础上，加紧建设对保障社会公平正义具有重大作用的制度，逐步建立以权利公平、机会公平、规则公平为主要内容的社会公平保障体系，努力营造公平的社会环境，保证人民平等参与、平等发展权利。

这次全会决定强调，全面深化改革必须以促进社会公平正义、增进人民福祉为出发点和落脚点。这是坚持我们党全心全意为人民服务根本宗旨的必然要求。全面深化改革必须着眼创造更加公平正义的社会环境，不断克服各种有违公平正义的现象，使改革发展成果更多更公平惠及全体人民。如果不能给老百姓带来实实在在的利益，如果不能创造更加公平的社会环境，甚至导致更多不公平，改革就失去意义，也不可能持续。

实现社会公平正义是由多种因素决定的，最主要的还是经济社会发展水平。在不同发展水平上，在不同历史时期，不同思想认识的人，不同阶层的人，对社会公平正义的认识和诉求也会不同。我们讲促进社会公平正义，就要从最广大人民根本利益出发，多从社会发展水平、从社会大局、从全体人民的角度看待和处理这个问题。我国现阶段存在的有违公平正义的现象，许多是发展中的问题，是能够通过不断发展，通过制度安排、法律规范、政策支持加以解决的。我们必须紧紧抓住经济建设这个中心，推动经济持续健康发展，进一步把"蛋糕"做大，为保障社会公平正义奠定更加坚实物质基础。

这样讲，并不是说就等着经济发展起来了再解决社会公平正义问题。一个时期有一个时期的问题，发展水平高的社会有发展水平高的问题，发展水平不高的社会有发展水平不高的问题。"蛋糕"不断做大了，同时还要把"蛋糕"分好。我国社会历来有"不患寡而患不均"的观念。我们要在不断发展的基础上尽量把促进社会公平正义的事情做好，既尽力而为、又量力而行，努力使全体人民在学有所教、劳有所得、病有所医、老有所养、住有所居上持续取得新进展。

不论处在什么发展水平上，制度都是社会公平正义的重要保证。我们要通过创新制度安排，努力克服人为因素造成的有违公平正义的现象，保证人民平等参与、平等发展权利。要把促进社会公平正义、增进人民福祉作为一面镜子，审视我们各方面体制机制和政策规定，哪里有不符合促进社会公平正义的问题，哪里就需要改革；哪个领域哪个环节问题突出，哪个领域哪个环节就是改革的重点。对由于制度安排不健全造成的有违公平正义的问题要抓紧解决，使我们的制度安排更好体现社会主义公平正义原则，更加有利于实现好、维护好、发展好最广大人民根本利益。①

习近平总书记指出，"全面深化改革必须以促进社会公平正义、增进人民福祉为出发点和落脚点"，"如果不能给老百姓带来实实在在的利益，如果不能创造更加公平的社会环境，甚至导致更多不公平，改革就失去意义，也不可能持续。要通过深化改革，完善制度，强化监管，综合施策，努力形成合理有序的收入分配格局，使发展成果更多更公平惠及全体人民。"② 把促进社会公平正义作为全面深化改革的出发点和落脚点，是对马克思主义的继承和发展。

马克思主义起源于对资本主义社会不公正的批判，马克思描绘的人类理想社会就是消灭阶级、没有剥削，实现公平正义的共产主义社会。马克思主义的经典著作《资本论》，就是一部揭露资本主义社会不公正、不平等的宣言书。《共产党宣言》指出："每一个人的自由发展是一切人自由发展的条件。"而个人自由发展的前提，是人人都有公平的机会，每个人的权利都能得到保护，这只有在一个公平正义的社会条件下才能实现。因此，马克思主义从一诞生就是倡导公平正义的学说。公平正义是马克思主义的命脉，继承和发展马克思主义，首先应牢牢把握公平正义这个真谛。

公平正义是中国特色社会主义的内在要求。如果失去了公平正义，就失去了社会主义性质。从我国国情出发，实现社会公平正义，从根本上要靠制度来保障。要通过创新制度安排，努力克服人为因素造成的有违公平正义的现象，保证人民平等参与、平等发展权利。"要把促进社会公平正义、增进人民福祉作为一面镜子，审视我们各方面体制机制和政策规定，哪里有不符合促进社会公平正义的问题，哪里就需要改革；哪个领域哪个环节问题突出，哪个领域哪个环节就是改革的重点。对由于制度安排不健全造成的有违公平正义的问题要抓紧解决，使我们的制度安排更好体现社会主义公平正义原则，更加有利于实现好、维护好、发展好最广大人民根

---

① 习近平：《切实把思想统一到党的十八届三中全会精神上来》，《求是》杂志2014年第1期。
② 同上。

本利益。"① 要在全体人民共同奋斗、经济社会发展的基础上，加紧建设对保障社会公平正义具有重大作用的制度，逐步建立以权利公平、机会公平、规则公平为主要内容的社会公平保障体系，努力营造公平的社会环境，保证人民平等参与、平等发展权利。制度建设的核心是要合理解决权力配置问题，完善有利于公平正义的法治基础，防止因权力滥用造成的社会不公。要通过改革转变政府职能，消除垄断现象，破除各种特殊利益集团，给每个人都创造能够靠自己的努力和才能实现梦想的平等机会。要通过改革给占人口一半以上的农村居民以迁徙自由，消除由于户籍制度不合理而造成的社会分层的不公正。要坚决捍卫和维护司法公正，法律面前人人平等，牢牢守住这条社会公平正义的底线。

2013年12月31日，国家主席习近平发表了2014年新年贺词："我们推进改革的根本目的，是要让国家变得更加富强、让社会变得更加公平正义、让人民生活得更加美好。"

党的十八届五中全会提出的创新、协调、绿色、开放、共享五大发展新理念，是以习近平同志为总书记的党中央在深刻总结我国30多年改革发展经验、科学分析国内国外经济社会发展规律基础上提出的面向未来的全新发展理念，是对中国及世界发展规律的新认识，是指导当前公平与效率关系的行动指南。创新发展是提升效率与公平并重发展的生命之源，协调发展是保障效率与公平并重发展的生命之魂，绿色发展是维护效率与公平并重发展的常青之树，开放发展是促进效率与公平并重发展的必由之路，共享发展是体现效率与公平并重发展的立身之本。

总之，我们要在不断发展的基础上尽量把促进社会公平正义的事情做好，努力使全体人民在学有所教、劳有所得、病有所医、老有所养、住有所居上持续取得新进展，让每个人获得发展自我和奉献社会的机会，共同享有人生出彩的机会，共同享有梦想成真的机会，使全体人民朝着共同富裕的方向稳步前进。

从这些论述中可见，从十六届四中全会到中共十七大召开前，党的重要文献关于收入分配问题都强调要注重或更加注重社会公平，而没有提及效率问题；十七大、十八大报告则将公平与效率放到同等重要的地位，并且首次把公平引入初次分配、把效率引入再分配，以实现效率与公平的协调并重，这是对效率与公平关系认识的最新成果。十七大、十八大报告关于收入分配的提法，适应了目前我国经济发展状况，对于贯彻落实以人为

---

① 习近平：《关于全面深化改革论述摘编》，中央文献出版社2014年版，第98页。

本的科学发展观，构建和谐社会，缩小收入分配差距具有十分重要的理论与现实意义。

纵观改革开放以来党中央历次重要大会对公平与效率问题的论述，可以清晰地看到，随着改革开放的不断深入，公平与效率范畴无论是在外延还是内涵上都得到了不断丰富和发展，对二者关系的认识也得到不断深化、发展。从改革开放初期关注的分配公平或者说经济领域的公平，此后公平的外延扩展到政治、文化和社会领域，提出了权利公平、司法公平、教育公平和社会公平问题。与之相伴随，公平的内涵从起点公平、机会公平扩大到过程公平、结果公平。对于效率的认识也有一个变化发展，从比较关注经济效率到经济效率与技术效率并重，强调转变经济发展方式，追求自主创新；从比较关注微观效率到微观效率与宏观效率并重，既要发挥市场配置资源的积极作用，又要保障国民经济的稳定协调发展。

（二）"十八大"关于公平与效率关系论述的理论和现实意义

"十八大"关于"初次分配和再分配都要兼顾效率和公平，再分配更加注重公平"的论述是马克思主义分配理论的新发展，是基于中国经济社会发展现实提出的新的分配理论，与"平均主义"的分配理论有着根本区别。

1. "十八大"关于公平与效率关系论述的理论意义

收入分配在经济理论体系中始终占有十分重要的地位，是马克思主义经济学关注的一个重大问题。这种重要性不仅在于它是社会再生产过程中的一个重要环节，在生产和消费之间起着承上启下的关键作用，而且在于它能够揭示一定社会制度下各经济主体之间的利益关系，并反映出这种利益关系背后的各种决定因素。分配关系是否合理，分配制度是否有效，直接关系国民经济能否持续、快速、健康、稳定发展，关系国家的长治久安。

价值的分配取决于所有制的形式和生产关系的性质，马克思主义理论揭示了一切社会公平观都源于人们的经济关系和财产关系，不同的社会、不同的阶级对公平的理解不同。马克思指出，"消费资料的任何一种分配，都不过是生产条件本身分配的结果。而生产条件的分配，则表现生产方式本身的性质。"[①] 马克思认为，在分配成为产品的分配之前，一是生产工具，二是社会成员在各类生产之间的分配。有了这种本来构成生产的一个

---

① 《马克思恩格斯全集》第 19 卷，人民出版社 1975 年版，第 23 页。

要素的分配，产品的分配自然也就确定了。"积累是对社会财富世界的征服。它在扩大被剥削的人身材料的数量的同时，也扩大了资本家的直接和间接的统治"，① 马克思还指出："一定的分配形式是以生产条件的一定社会性质和当事人之间的一定社会关系为前提的，因此，一定的分配关系只是历史规定的生产关系的表现。"②

生产条件的一定社会性质即生产资料所有制的形式和性质，这又是当事人之间相互关系的基础，这决定了参与分配的形式。雇佣工人以劳动力商品所有者资格取得工资；资本家以生产资料所有者资格取得利润；土地所有者凭借土地所有权取得地租。分配关系完全是一定的生产关系的反映。在社会主义初级阶段，由于生产力发展的不平衡，存在着不同的所有制关系，不同所有者的各种生产要素在价值创造中都发挥了各种不同的作用，所以，作为各种生产要素所有权在经济上借以实现的各种分配形式，也必然以各种生产要素在价值创造中所作出的贡献为客观依据。既然承认在社会主义条件下存在不同所有制关系的客观必然性，那么，各种生产要素在价值创造中所做的贡献也理所当然地归这些不同生产要素的所有者。

正如马克思对英国经济学家吉尔巴特关于贷款取息是否符合"自然正义"原则进行评论时所说，一种交易的内容"只要与生产方式相适应、相一致，就是正义的；只要它与生产方式相矛盾，就是非正义的。"③ 社会主义的工资、利息和地租，就是根据劳动、资本等不同生产要素的所有权关系，以及不同生产要素在价值形成中所做的不同贡献而产生的收入分配形式。很显然，如果否定了社会主义所有权关系，社会主义的各种收入分配形式就失去了法律依据；而如果脱离了价值形成中各种生产要素所作出的实际贡献，各种生产要素的报酬也就成了无源之水，无本之木。因此，"十八大"确立的"初次分配和再分配都要兼顾效率和公平，再分配更加注重公平"，是由社会主义所有制关系和直接生产关系共同决定的，是马克思主义生产关系决定分配关系原理的新发展。

2. "十八大"关于公平与效率关系论述的现实意义

收入分配关系每个人的经济利益和生存发展。分配公平合理，收入差距恰当，可以充分调动广大劳动者的劳动积极性，从根本上保证国民经济的持续、稳定、协调发展。公平与效率本来是辩证统一的，将二者割裂、

---

① 《马克思恩格斯全集》第 23 卷，人民出版社 1972 年版，第 650 页。
② 《马克思恩格斯全集》第 19 卷，人民出版社 1979 年版，第 33—34 页。
③ 《马克思恩格斯全集》第 47 卷，人民出版社 1979 年版，第 236 页。

对立起来，重视效率而忽视公平或重视公平而忽视效率都是错误的。

当前，城乡之间、区域之间、行业之间、部门及阶层之间、社会成员之间都存在着较大的收入差距，并且这种差距还在不断扩大，造成居民收入两极分化，严重影响了整个国民经济的综合平衡和共同富裕目标的实现，影响了全国经济的持续稳定发展，影响了社会各行业的平衡发展。"十八大"确立的"初次分配和再分配都要兼顾效率和公平，再分配更加注重公平"，即在收入分配领域更加注重公平的政策，适应了目前我国经济发展状况，必将对我国经济和社会发展产生深远影响。

首先，"初次分配和再分配都要兼顾效率和公平"，有利于缩小收入差距，促进社会和谐发展。十六大以来，我国实行"效率优先，兼顾公平"的分配政策，在初次分配中坚持效率优先，使经济得到了快速发展，人民生活水平普遍提高，但是，初次分配重效率的收入分配政策也扩大了居民的贫富差距，不利于社会安定和社会主义和谐社会的构建。十八大确立的"初次分配和再分配都要兼顾效率和公平，再分配更加注重公平"，意味着劳动者的劳动报酬将有所提高，即工资部分上升，这将使众多中低收入者的劳动收入得到较多增加，从而减缓基尼系数的进一步扩大。而初次分配中讲公平，将提高劳动报酬在初次分配中的比重，使那些只能凭劳动力赚取收入的低收入者，更多地分享经济发展的成果。只有低收入者在经济发展过程中的收入增长快于富人，贫富差距才可能缩小。

其次，"初次分配和再分配都要兼顾效率和公平"，有利于以人为本的科学发展观的贯彻落实。以人为本就是要把人民的切身利益作为一切工作的出发点和落脚点。以人为本的发展模式，要求形成合理有序的收入分配格局，这个要求包含两个基本方面。一方面是中等收入者占多数。国际经验表明，任何国家经济社会的稳定发展，都与中等收入者占多数有关（中等收入者占多数，是走共同富裕道路的阶段性特征）；另一方面是绝对贫困现象基本消除。在社会主义初级阶段，相对贫困现象的长期存在是难以避免的，但是，绝对贫困现象必须消除，要实现这两方面，仅仅依靠财政和税收等再分配政策来调节远远不够，在初次分配和再分配中必须实施重视公平的相关政策。

再次，"初次分配和再分配都要兼顾效率和公平"，有利于形成"中间大，两头小"的分配格局，促进我国经济社会协调发展。目前，我国收入分配结构呈"金字塔"形，中低收入者比重偏大，这就使得有效需求不足，生产相对过剩，消费疲软，抑制了国民经济的良性循环。"十八大"确立的"初次分配和再分配都要兼顾效率和公平，再分配更加注重公平"，意味着众多中低收入者的收入会增加，收入分配结构会更加合理，这将使整个社会的有效需求稳步提高，内需扩大，推动经济又好又快发展。

最后，"初次分配和再分配都要兼顾效率和公平"中所讲的"公平"，与"平均主义"有着根本的区别。这里所讲的公平是指人与人之间的利益关系及调整利益关系的原则、制度、行为等合乎社会发展的需要，即社会公平，就是政府要力争为社会各成员提供均等的机会和公平的结果。收入分配的公平，主要表现为收入分配的相对平等，各种生产要素的所有者应当按要素价值取得各自适当的收入而非绝对平等的平均主义。人各有异，每个人对于生产和经济发展所做的贡献也不尽相同，在保证收入差距不过分悬殊的情况下，可以也应当允许社会成员之间的收入有差距。而平均主义是要求平均分享一切社会财富的思想，它产生的基础是小农经济和个体手工业。平均主义者企图用小型的分散的个体经济的标准来改造世界，幻想把整个社会经济都改造为整齐划一的平均的手工业和小农经济，进而要求消灭一切差别，在各方面实现绝对平均。在现实经济生活中，平均主义与生产要素按贡献参与分配的原则迥然相背。它否认以劳动作为分配的根本尺度，否认劳动者在劳动复杂程度、劳动熟练程度、劳动强度、劳动技能、劳动态度和劳动成果等方面的差别，否认资本、技术和管理等生产要素在形成价值中都发挥着各自的作用，以及由此所产生的收入分配的差别。

（三）对改革开放30年来公平与效率关系认识发展的原因分析

公平与效率是现代社会追求的双重目标，怎样实现两者关系的协调是世界性的难题，一般选择两者的兼顾较为稳妥，但现实的抉择往往要根据社会经济发展的具体阶段和任务，在两者兼顾中有所侧重，找到一个恰当的平衡点。两者兼顾主要有三种选择：（1）效率优先、兼顾公平；（2）效率与公平两者并重；（3）公平优先、兼顾效率。一般在经济发展的初期阶段，选择"效率优先、兼顾公平"较为合适；当经济发展到较高阶段，选择"公平与效率两者并重"较为合适；当经济发展到更高阶段，选择"公平优先、兼顾效率"较为合适。

综观改革开放30多年来对公平与效率关系认识发展的不同阶段，几乎每个阶段都处在改革发展的关键时点，都存在着需要解决的主要矛盾或问题，也就是说，对效率与公平关系认识的上述发展过程，是符合改革进程的内在逻辑的。

1. "效率优先，兼顾公平"是改革初期的必然选择

在我国改革开放的起始阶段，传统僵化的计划经济体制使国民经济发展缓慢，人民生活水平的改善趋于停滞不前。1978 年，我国 GDP 总量仅有 3645.2 亿元，人均 GDP 仅 381 元，城乡居民的人均收入仅有 343 元和 134 元。当时迫切需要解决的是经济发展的低效率问题，因此，改革开放的总设计师邓小平英明地提出，允许和鼓励一部分地区、一部分人先富起来，实行先富带动后富、最终实现共同富裕的政策。让一部分人先富起来，打破了长期以来平均主义的一潭死水，从 20 世纪 80 年代后半期开始，人们之间的收入差距适度拉开，促进了效率的提高。但是，人们利益分配格局的初步改变在原本平均主义盛行的国度难免引起一部分人的不满，曾经就有"端起碗来吃肉，放下筷子骂娘"的说法。

收入差距的逐步拉大以及共同富裕的改革初衷使得公平问题不能被长期忽视，于是就有"兼顾效率与公平"的提法。随着改革的深入，我国逐步明确了建立社会主义市场经济体制的改革目标，与市场经济体制要求相对应，在收入分配方面便提出了"效率优先，兼顾公平"的原则，随后又提出了"初次分配注重效率"，"再分配注重公平"。这些表明了我国在改革开放的 20 多年里是以提高效率为侧重点的。

在改革开放初期阶段实行"效率优先、兼顾公平"原则，是坚持以经济建设为中心，加快发展生产力，实现共同富裕目标的一种必然选择。因为我国是一个发展中的大国，基本国情是人口多、底子薄，生产力水平还比较低，同时还存在着城乡二元经济结构和地区经济发展差距。面对与发达国家日益拉大的经济差距和经济全球化的挑战，我国的经济只能快速发展，在发展中求生存是唯一的选择，所以才先后提出：发展才是硬道理，发展是党执政兴国的第一要务，科学发展观。要发展就要讲效率，只有生产力水平提高了，社会财富快速增加了，人民生活水平的提高才可能实现。同时，我国处在从计划经济向市场经济的转型之中，发展社会主义市场经济，在所有制上要求多种所有制经济共同发展，在分配上要求打破平均主义，实行按劳分配为主体、多种分配方式并存的制度，遵循市场经济的按生产要素贡献参与分配的原则，因此，实行"效率优先、兼顾公平"原则，也是符合市场经济发展要求的一种必要选择。

实行"效率优先、兼顾公平"原则的结果，极大地促进了经济的发展。2006 年，我国 GDP 总量已经达到 210871 亿元，1979—2006 年我国 GDP 年均增速达到 9.7%，人均 GDP 已经达到 16084 元；2006 年，我国城乡居民的人均纯收入已经分别达到 11759 元和 3587 元，1979—2006 年，

城乡居民人均收入年均增速均达到 7%。虽然实行"效率优先、兼顾公平"出现了收入差距拉大的问题,在反思改革的时候,我们不能因此而否定这一原则,还是要历史地肯定其发挥的积极作用。

2. 解决贫富差距过大矛盾,要求"更加注重社会公平"

实行"效率优先、兼顾公平"原则,在促进经济发展的同时也扩大了收入差距。进入 20 世纪 90 年代,收入差距就不断扩大,根据世界银行统计数据,1995 年我国居民总体基尼系数达到 0.415,已经超过 0.4 的国际警戒线,到 2001 年基尼系数上升到 0.45,已经超过美国(2000 年,0.38)、英国(1999 年,0.34)等。根据国家统计局数据,城乡居民收入差距不断扩大,1980 年为 2.5 倍,1985 年缩小到 1.9 倍,2006 年则扩大为 3.28 倍。城乡内部不同群体收入差距也在扩大,城镇居民最高收入户收入与最低收入户收入之比(10 等分),1985 年为 2.9 倍,2006 年达到 8.96 倍;农村居民最高收入户收入与最低收入户收入之比(5 等分),1985 年为 3.7 倍,2006 年达到 7.17 倍。行业收入差距也不断扩大,1985 年最高与最低收入之比是 1.45 倍,2006 年为 4.69 倍,若细分行业最高与最低收入之比为 11.65 倍。地区收入差距也在扩大,城乡居民人均收入:1980 年东部是西部的 1.3 倍和 1.2 倍,2006 年为 1.54 倍和 2.0 倍;将东部最高地区与西部最低地区相比较,据有关资料统计,2006 年上海城乡居民人均收入分别是甘肃城乡居民人均收入的 2.31 倍和 4.28 倍。收入差距的逐年扩大导致财产差距也不断扩大,据中国社会科学院经济研究所收入分配课题组 1995 年和 2002 年全国住户抽样调查资料,全国最富的 10% 的人口所拥有的社会财产的份额从 1995 年的 30.8% 上升到 2002 年的 41.4%,而全国最穷的 10% 的人口所拥有的社会财产的份额从 1995 年的 2.0% 下降到 2002 年的 0.7%,两者差距高达 59 倍。[①]

这一系列数据说明,经济发展所创造的社会财富正在呈现向少数人集中的趋势。而且,经济越发展,收入越向高收入群体、向发达地区集中,效率改进而得到的改革发展成果不能公平地让全体人民分享,这不仅影响社会的稳定,也不符合共同富裕的改革初衷。邓小平在改革启动时提出让一部分人先富起来,但他也预见我国到 20 世纪末就要突出地解决贫富差距问题。他在 1992 年的南方谈话中指出:解决富的愈来愈富,穷的愈来愈穷的办法之一,"就是先富起来的地区多交点利税,支持贫困地区的发

---

① 根据国家统计局《中国统计年鉴》(相关年份)有关数据分析,中国统计出版社(相关年份)。

展。当然，太早这样办也不行……可以设想，在本世纪末达到小康水平的时候，就要突出地提出和解决这个问题。"①

改革开放 30 年来，我国的经济实力显著增强，2006 年经济总量就已经位于全球第四位，人民生活总体上已达到小康水平，2006 年人均 CDP 达到 2100 美元，我国已经具备经济社会和谐发展的有利条件。所以，从中共十六届四中全会开始强调更加注重社会公平，到十七大提出初次分配和再分配都要处理好效率和公平的关系，十八大提出初次分配和再分配都要兼顾效率和公平，再分配更加注重公平，就是为了解决已经十分突出的贫富差距矛盾，促进社会公平正义，使全体人民共享改革发展成果，实现共同富裕的改革目标。这也表明，我国在 20 余年的改革中偏向效率的抉择，已经不适合全面建成小康社会实践发展的新要求，需要增加社会公平的砝码，寻找效率与公平两者兼顾的新的平衡点，贯彻落实以人为本的科学发展观，促进人的全面发展和经济社会的协调发展。这是我国继续推进改革开放，夺取全面建成小康社会新胜利所选择的一条正确路径。

3. 进一步深化改革，促进社会公平的实现

"更加注重社会公平"的实现，依赖于合理的制度安排。党的十七大报告指出："合理的收入分配制度是社会公平的重要体现。"党的十八大报告强调指出："实现发展成果由人民共享，必须深化收入分配制度改革，努力实现居民收入增长和经济发展同步、劳动报酬增长和劳动生产率提高同步，提高居民收入在国民收入分配中的比重，提高劳动报酬在初次分配中的比重。初次分配和再分配都要兼顾效率和公平，再分配更加注重公平。完善劳动、资本、技术、管理等要素按贡献参与分配的初次分配机制，加快健全以税收、社会保障、转移支付为主要手段的再分配调节机制。深化企业和机关事业单位工资制度改革，推行企业工资集体协商制度，保护劳动所得。多渠道增加居民财产性收入。规范收入分配秩序，保护合法收入，增加低收入者收入，调节过高收入，取缔非法收入。"②

按照社会主义市场经济的发展要求，我国已经确立了按劳分配为主体、多种分配方式并存的分配制度，但是，这个分配制度在实践中还要不断完善，特别是生产要素按贡献参与分配的制度能否真正实施，事关初次分配领域的公平性，我国目前的分配不公主要产生于初次分配领域，主要

---

① 《邓小平文选》第 3 卷，人民出版社 1993 年版，第 374 页。
② 胡锦涛：《在中国共产党第十八次全国代表大会上的报告》，人民网－《人民日报》2012 年 11 月 18 日。

是分配结果并不能与生产要素的贡献相对应,这既不符合公平原则,也不符合效率原则。因此,要按照十七大、十八大提出的要求深化收入分配制度改革。但是,收入分配制度改革涉及方方面面,需要和相关体制的改革协同进行。

当前,影响我国收入分配公平合理的体制、制度因素主要有:初步建成的社会主义市场经济体制,遗留下来的计划经济体制残余,政府为指导改革、规范经济行为、协调利益关系、调节国民经济等所制定的法律法规、政策措施不适应当前改革发展稳定大局的发展需要等。我国的社会分配不公主要来自旧体制的影响和体制变迁过程中的制度规则缺失。解决社会分配不公,促进社会公平正义,就要进一步深化改革,彻底改革旧体制,加快推进适应社会主义市场经济发展要求的现代社会制度建设。

第一,加快产权制度改革,建立明晰的产权关系,规范市场秩序和收入分配行为。市场经济要求有明确界定的产权关系。当前要加强产权的相关立法,进一步明确私人物品和公共物品的界限:对私人物品要依法保障私人财产所有权的神圣不可侵犯;对由政府代为管理的公共物品(公共资源和公共权力),要进一步界定政府的权责。属于全民所有的资产(如土地等),应当由全国人大委托专门机构进行管理;由税收形成的政府资产,应当由政府委托的专门机构管理和运作。在产权制度改革过程中,政府要逐步从国有产权代理者的身份转变为产权维护和界定者的身份,改变直接经济利益者的身份。对国有企业、特别是资源性、垄断性企业占有的自然资源,应当进行界定,并收取资源税,以杜绝公共利益的部门化或个人化。党的十八届三中全会通过的《中共中央关于全面深化改革若干重大问题的决定》指出,要"完善产权保护制度。产权是所有制的核心。健全归属清晰、权责明确、保护严格、流转顺畅的现代产权制度。公有制经济财产权不可侵犯,非公有制经济财产权同样不可侵犯。国家保护各种所有制经济产权和合法利益,保证各种所有制经济依法平等使用生产要素、公开公平公正参与市场竞争、同等受到法律保护,依法监管各种所有制经济。"①

第二,改革行政管理体制,推进政府职能转变,完善对公权的监督机制。我国的改革已经进入完善社会主义市场经济体制的阶段,政府的管理重点应从投资、经营型向服务、协调型转变,在公共管理职能转化过程中,将属于社会经济主体的选择权、要素配置权归还于民间,彻底改革旧

---

① 《中共中央关于全面深化改革若干重大问题的决定》,《人民日报》2013年11月16日。

体制，铲除腐败滋生的土壤。对公共资源开发和公共权力使用各个环节的监督要制度化和公开化。《中共中央关于全面深化改革若干重大问题的决定》指出，要"全面正确履行政府职能。进一步简政放权，深化行政审批制度改革，最大限度减少中央政府对微观事务的管理，市场机制能有效调节的经济活动，一律取消审批，对保留的行政审批事项要规范管理、提高效率；直接面向基层、量大面广、由地方管理更方便有效的经济社会事项，一律下放地方和基层管理。政府要加强发展战略、规划、政策、标准等制定和实施，加强市场活动监管，加强各类公共服务提供。加强中央政府宏观调控职责和能力，加强地方政府公共服务、市场监管、社会管理、环境保护等职责。推广政府购买服务，凡属事务性管理服务，原则上都要引入竞争机制，通过合同、委托等方式向社会购买。"①

第三，建立统一、开放、公平竞争的市场环境。要解决打破地方保护主义，拆除市场流通壁垒，让商品和劳务自由流动，让市场主体自由选择。政府要放松对垄断行业的进入限制，取消行政垄断，对垄断行业的经营实行严格的监管制度。要大力倡导"大众创业、万众创新"，对中小企业的创业和发展进行扶持。推进市场制度建设，用市场竞争打破垄断，发挥市场配置资源的决定性作用。党的十八届三中全会强调："建设统一开放、竞争有序的市场体系，是使市场在资源配置中起决定性作用的基础。必须加快形成企业自主经营、公平竞争，消费者自由选择、自主消费，商品和要素自由流动、平等交换的现代市场体系，着力清除市场壁垒，提高资源配置效率和公平性。建立公平开放透明的市场规则。实行统一的市场准入制度，在制定负面清单基础上，各类市场主体可依法平等进入清单之外领域。探索对外商投资实行准入前国民待遇加负面清单的管理模式。推进工商注册制度便利化，削减资质认定项目，由先证后照改为先照后证，把注册资本实缴登记制逐步改为认缴登记制。推进国内贸易流通体制改革，建设法治化营商环境。改革市场监管体系，实行统一的市场监管，清理和废除妨碍全国统一市场和公平竞争的各种规定和做法，严禁和惩处各类违法实行优惠政策行为，反对地方保护，反对垄断和不正当竞争。建立健全社会征信体系，褒扬诚信，惩戒失信。健全优胜劣汰市场化退出机制，完善企业破产制度。"②

第四，取消传统的劳动者身份界限，保障劳动者公平就业的权利。改

---

① 《中共中央关于全面深化改革若干重大问题的决定》，《人民日报》2013年11月16日。
② 同上。

革以来，虽然劳动者初步能够实现自由流动，但是劳动者原有的城乡、所有制、不同用工形式等身份界限还没有消除，不同的身份使劳动者的收入相差数倍或十多倍，损害了劳动者公平就业的权利，造成了新的社会分配不公。因此，要进一步改革劳动就业制度，取消传统的劳动者身份界限，贯彻市场经济按劳动要素贡献参与分配的公平分配原则。"建立经济发展和扩大就业的联动机制，健全政府促进就业责任制度。规范招人用人制度，消除城乡、行业、身份、性别等一切影响平等就业的制度障碍和就业歧视。完善扶持创业的优惠政策，形成政府激励创业、社会支持创业、劳动者勇于创业新机制。完善城乡均等的公共就业创业服务体系，构建劳动者终身职业培训体系。增强失业保险制度预防失业、促进就业功能，完善就业失业监测统计制度。创新劳动关系协调机制，畅通职工表达合理诉求渠道。促进以高校毕业生为重点的青年就业和农村转移劳动力、城镇困难人员、退役军人就业。结合产业升级开发更多适合高校毕业生的就业岗位。政府购买基层公共管理和社会服务岗位更多用于吸纳高校毕业生就业。健全鼓励高校毕业生到基层工作的服务保障机制，提高公务员定向招录和事业单位优先招聘比例。实行激励高校毕业生自主创业政策，整合发展国家和省级高校毕业生就业创业基金。实施离校未就业高校毕业生就业促进计划，把未就业的纳入就业见习、技能培训等就业准备活动之中，对有特殊困难的实行全程就业服务。"[1]

第五，建立公共财政制度，完善社会保障制度。在政府职能转换中，要促进公共财政制度的建立，提高财政的公共支出水平，加强财政转移支付力度，充分发挥政府在体制转型阶段促进社会公平分配的作用。目前尤其要加大对落后地区和农村地区转移支付力度。党的十八大报告指出：要"统筹推进城乡社会保障体系建设。社会保障是保障人民生活、调节社会分配的一项基本制度。要坚持全覆盖、保基本、多层次、可持续方针，以增强公平性、适应流动性、保证可持续性为重点，全面建成覆盖城乡居民的社会保障体系。改革和完善企业和机关事业单位社会保险制度，整合城乡居民基本养老保险和基本医疗保险制度，逐步做实养老保险个人账户，实现基础养老金全国统筹，建立兼顾各类人员的社会保障待遇确定机制和正常调整机制。扩大社会保障基金筹资渠道，建立社会保险基金投资运营制度，确保基金安全和保值增值。完善社会救助体系，健全社会福利制度，支持发展慈善事业，做好优抚安置工作。建立市场配置和政府保障相

---

[1] 《中共中央关于全面深化改革若干重大问题的决定》，《人民日报》2013年11月16日。

结合的住房制度，加强保障性住房建设和管理，满足困难家庭基本需求。坚持男女平等基本国策，保障妇女儿童合法权益。积极应对人口老龄化，大力发展老龄服务事业和产业。健全残疾人社会保障和服务体系，切实保障残疾人权益。健全社会保障经办管理体制，建立更加便民快捷的服务体系。"① 党的十八届三中全会强调：要"建立事权和支出责任相适应的制度。适度加强中央事权和支出责任，国防、外交、国家安全、关系全国统一市场规则和管理等作为中央事权；部分社会保障、跨区域重大项目建设维护等作为中央和地方共同事权，逐步理顺事权关系；区域性公共服务作为地方事权。中央和地方按照事权划分相应承担和分担支出责任。中央可通过安排转移支付将部分事权支出责任委托地方承担。对于跨区域且对其他地区影响较大的公共服务，中央通过转移支付承担一部分地方事权支出责任。""建立更加公平可持续的社会保障制度。坚持社会统筹和个人账户相结合的基本养老保险制度，完善个人账户制度，健全多缴多得激励机制，确保参保人权益，实现基础养老金全国统筹，坚持精算平衡原则。推进机关事业单位养老保险制度改革。整合城乡居民基本养老保险制度、基本医疗保险制度。推进城乡最低生活保障制度统筹发展。建立健全合理兼顾各类人员的社会保障待遇确定和正常调整机制。完善社会保险关系转移接续政策，扩大参保缴费覆盖面，适时适当降低社会保险费率。研究制定渐进式延迟退休年龄政策。加快健全社会保障管理体制和经办服务体系。健全符合国情的住房保障和供应体系，建立公开规范的住房公积金制度，改进住房公积金提取、使用、监管机制。健全社会保障财政投入制度，完善社会保障预算制度。加强社会保险基金投资管理和监督，推进基金市场化、多元化投资运营。制定实施免税、延期征税等优惠政策，加快发展企业年金、职业年金、商业保险，构建多层次社会保障体系。积极应对人口老龄化，加快建立社会养老服务体系和发展老年服务产业。健全农村留守儿童、妇女、老年人关爱服务体系，健全残疾人权益保障、困境儿童分类保障制度。"②

第六，加强民主与法治建设，充分保障人民群众的知情权、参与权、选择权和监督权，建立各个利益主体的利益表达和利益协调机制，尤其是建立和完善劳资双方的协商制度、社会弱势群体的利益诉求和利益保护制

---

① 胡锦涛：《在中国共产党第十八次全国代表大会上的报告》，人民网－《人民日报》2012年11月18日。
② 《中共中央关于全面深化改革若干重大问题的决定》，《人民日报》2013年11月16日。

度。要坚持司法公正,司法公正集中表现为维护平民百姓的正当权益,司法公正是社会公正的守护神,是社会公正的底线。党的十八大报告指出:要"完善基层民主制度。在城乡社区治理、基层公共事务和公益事业中实行群众自我管理、自我服务、自我教育、自我监督,是人民依法直接行使民主权利的重要方式。要健全基层党组织领导的充满活力的基层群众自治机制,以扩大有序参与、推进信息公开、加强议事协商、强化权力监督为重点,拓宽范围和途径,丰富内容和形式,保障人民享有更多更切实的民主权利。全心全意依靠工人阶级,健全以职工代表大会为基本形式的企事业单位民主管理制度,保障职工参与管理和监督的民主权利。发挥基层各类组织协同作用,实现政府管理和基层民主有机结合。"[1] 党的十八届三中全会强调:要"发展基层民主。畅通民主渠道,健全基层选举、议事、公开、述职、问责等机制。开展形式多样的基层民主协商,推进基层协商制度化,建立健全居民、村民监督机制,促进群众在城乡社区治理、基层公共事务和公益事业中依法自我管理、自我服务、自我教育、自我监督。健全以职工代表大会为基本形式的企事业单位民主管理制度,加强社会组织民主机制建设,保障职工参与管理和监督的民主权利。"[2]

---

[1] 胡锦涛:《在中国共产党第十八次全国代表大会上的报告》,人民网 –《人民日报》2012年11月18日。
[2] 《中共中央关于全面深化改革若干重大问题的决定》,《人民日报》2013年11月16日。

第二章 关于"效率优先、兼顾公平"原则的学界争论

对"效率优先,兼顾公平"的提法,其实学术界一直存有很大的争论,但这并不妨碍它作为我国收入分配政策的一项基本原则。然而,随着市场经济体制在中国的逐步确立,随着一系列社会矛盾问题的不断出现,随着人们对于现代社会和现代市场经济认识的逐步深化,随着中国社会经济形势的进一步发展,各类社会矛盾不断积累,社会公平问题已经成为全社会关注的热点、重点、难点、焦点问题,尤其是收入分配差距过大、贫富差距悬殊问题已经严重影响到了我国的社会稳定和经济发展。于是,越来越多的人对"效率优先,兼顾公平"的提法提出种种质疑,反映在学术界,便出现了大量的对"效率优先,兼顾公平"提法的争论和反思,并就公平和效率的关系问题形成了一系列学术观点截然不同的立场、态度和观点。

一 "效率优先、兼顾公平"原则的历史回顾、学界质疑与深刻反思

(一)"效率优先、兼顾公平"原则发展过程的历史回顾

关于公平与效率的关系,我们长期以来的提法是"效率优先,兼顾公平"。这一术语最早是由学者们在1985年的调查报告中提出来的。[①] 在改革开放之初,为迅速打破平均主义"大锅饭"的低效率局面,党中央提出

[①] "效率优先,兼顾公平"是1985年在"社会公平与社会保障制度改革研究"的研究课题中提出来的。主报告由周为民、卢中原撰写完成,冯仑、柏铮、谢鲁江参与了主报告的讨论,并以《效率优先,兼顾公平——通向繁荣的权衡》为题发表于《经济研究》1986年第2期。

要优先强调效率。党的十三大明确提出"在促进效率提高的前提下体现社会公平"。1993年11月,党的十四届三中全会通过的《中共中央关于建立社会主义市场经济体制若干问题的决定》正式使用"效率优先、兼顾公平"这一术语,强调在社会主义初级阶段必须"建立以按劳分配为主体,效率优先、兼顾公平的收入分配制度,鼓励一部分地区一部分人先富起来,走共同富裕的道路"。党的十五大报告在坚持这一提法的同时,又强调诚实、合法致富,取缔非法收入,调节过高收入,防止两极分化。党的十六大报告在支持"效率优先,兼顾公平"提法的同时,对二者的关系和如何落实这个政策有了更为明确的规定,第一次从不同的层面上界定了二者的不同地位,即"初次分配注重效率","再分配注重公平",并提出了实现共同富裕目标的四个要求:合理调节少数垄断性行业的过高收入;取缔非法收入;扩大中等收入者比重;提高低收入者收入水平。党的十六届三中全会通过的《中共中央关于完善社会主义经济体制若干问题的决定》坚持了十六大的提法,同时,提出要加强对垄断行业和个人收入的监管。

然而,2004年10月,党的十六届四中全会通过的《中共中央关于加强党的执政能力建设的决定》却没有出现"效率优先"的提法,而是主张"正确处理按劳分配为主体和实行多种分配方式的关系,鼓励一部分地区、一部分人先富起来,注重社会公平,合理调整国民收入分配格局,切实采取有力措施解决地区之间和部分社会成员收入差距过大的问题,逐步实现全体人民共同富裕"。① 这在党的重大会议上第一次提出了"社会公平"这一概念。在十六届五中全会的讲话中,胡锦涛还提出,社会主义民主法制建设必须以"在全社会实现公平和正义为目标",② 使公平的外延扩展到民主法制建设方面。2005年10月,十六届五中全会通过的《中共中央关于制定国民经济和社会发展第十一个五年规划的建议》不但没有出现"效率优先、兼顾公平"这样的字眼,而且提出了"更加注重社会公平,使全体人民共享改革发展成果"③ 的明确要求。

2006年10月,党的十六届六中全会通过的《中共中央关于构建社会主义和谐社会若干重大问题的决定》对公平问题的认识有了重大的深化和发展,强调在"经济发展的基础上,更加注重社会公平",并明确提出"社会公平正义是社会和谐的基本条件,制度是社会公平正义的根本保证。

---

① 《十六大以来中央文献选编》(中),中央文献出版社2006年版,第278页。
② 同上书,第1031页。
③ 同上书,第1064页。

必须加紧建设对保障社会公平正义具有重大作用的制度，保障人民在政治、经济、文化、社会等方面的权利和利益，引导公民依法行使权利、履行义务。"① 这段话明确地表明，社会公平不仅仅限于经济领域，而是包含"政治、经济、文化、社会等方面的权利和利益"。社会公平概念得到极大的拓展，其外延已经从单纯的分配公平扩展到政治、经济、文化、社会生活的方方面面。

2007年，时任国务院总理温家宝的两个讲话把公平问题的地位和意义提到了前所未有的高度。2007年2月，温家宝在《关于社会主义初级阶段的历史任务和我国对外政策的几个问题》中，把实现社会公平与正义同解放和发展生产力称之为社会主义初级阶段的两大根本任务。他指出："两大任务相互联系、相互促进，是统一的整体，并且贯穿于整个社会主义历史时期一系列不同发展阶段的长久进程中。没有生产力的持久大发展，就不可能最终实现社会主义本质所要求的社会公平与正义；不随着生产力的发展而相应地逐步推进社会公平与正义，就不可能愈益充分地调动全社会的积极性和创造活力，因而也就不可能持久地实现生产力的大发展。"② 在2007年3月16日两会的记者招待会上，温家宝总理仍然坚持两大任务的提法，并强调"要让正义成为社会主义制度的首要价值"。③

党的十七大报告进一步从执政党的奋斗目标和中国特色社会主义道路的高度突出强调了公平的重要性，指出"实现社会公平正义是中国共产党的一贯主张，是发展中国特色社会主义的重大任务"。④ 不仅如此，并且还特别强调指出"初次分配和再分配都要处理好效率和公平的关系，再分配更加注重公平"，⑤ 明确摒弃了"效率优先、兼顾公平"的提法，公平与效率的关系有了一个崭新的历史定位。

在2008年3月的两会记者招待会上，温家宝总理再次旗帜鲜明地指出，"真理是思想追求的首要价值，而公平正义则是社会主义制度追求的首要价值。"⑥ 2010年全国"两会"召开前夕，国务院总理温家宝2月27日下午来到新华网访谈室，与广大网友进行在线交流。他说："社会财富

---

① 《十六大以来中央文献选编》（下），中央文献出版社2008年版，第657页。
② 同上书，第906—907页。
③ 温家宝：《让正义成为社会主义国家制度首要价值》，新浪网，2007年3月17日。
④ 胡锦涛：《高举中国特色社会主义伟大旗帜，为夺取全面建设小康社会新胜利而奋斗》，人民出版社2007年版，第17页。
⑤ 同上书，第39页。
⑥ 温家宝：《公平正义是社会主义国家制度的首要价值》，人民网，2008年3月18日。

这个'蛋糕'分好，关系到社会的公平正义。我们要注重提高居民收入在国民收入中的比重，提高个人工资收入在初次分配中的比重。在二次分配当中，我们应该更加注重公平，也就是说，通过财政和税收，更加照顾困难群体。我常讲这样一段话：一个社会当财富集中在少数人手里，那么注定它是不公平的，这个社会也是不稳定的。这两项工作我用过一个形象的比喻，如果说把做大社会财富这个'蛋糕'看作是政府的责任，那么，分好社会财富这个'蛋糕'，那就是政府的良知。"①

在2010年全国两会政府工作报告中，温家宝总理说："我们所做的一切都是要让人民生活得更加幸福、更有尊严，让社会更加公正、更加和谐"。在2010年的两会记者招待会上，在回答新加坡联合早报记者提出的"民意对于中国政府对外政策有多大影响力"这一问题时，温家宝总理表示，"我们国家的发展不仅是要搞好经济建设，而且要推进社会的公平正义，促进人的全面和自由的发展，这三者不可偏废。集中精力发展生产，其根本目的是满足人们日益增长的物质文化需求。而社会公平正义，是社会稳定的基础。我认为，公平正义比太阳还要有光辉"。② 2012年11月，中共十八大报告进一步指出："必须坚持维护社会公平正义。公平正义是中国特色社会主义的内在要求。初次分配和再分配都要兼顾效率和公平，再分配更加注重公平。"③

纵观改革开放以来党中央历次重要大会对公平与效率问题的论述，可以清晰地看到，随着改革开放的深入，公平与效率范畴无论在外延还是内涵上都得到了不断丰富和发展，对二者关系的认识也得到不断深化、发展。改革开放初期关注的是分配公平或者说经济领域的公平，此后公平的外延扩展到政治、文化和社会领域，提出了权利公平、司法公平、教育公平和社会公平问题。与之相伴随，公平的内涵从起点公平、机会公平扩大到过程公平、结果公平。对于效率的认识也有一个变化发展，从比较关注经济效率到经济效率与技术效率并重，强调转变经济发展方式，追求自主创新；从比较关注微观效率到微观效率与宏观效率并重，既要发挥市场配置资源的积极作用，又要保障国民经济的稳定协调发展。

---

① 温家宝：《做大"蛋糕"是政府的责任 分好"蛋糕"是政府的良知》，新华网，2010年2月28日。
② 温家宝：《最温暖人心的回答：公平正义比太阳还要有光辉》，人民网，2010年3月14日。
③ 胡锦涛：《在中国共产党第十八次全国代表大会上的报告》，人民网－《人民日报》2012年11月18日。

（二）"效率优先、兼顾公平"原则的学界质疑与辩护

应该承认，"效率优先、兼顾公平"这一提法具有一定的合理性和历史意义，它有利于从计划经济向市场经济的过渡；有利于推动社会主义市场经济体制的建立；有利于克服和摒弃平均主义思想，增强竞争意识；有利于激发人们的积极性，极大地释放生产力，促进社会经济的快速发展。但是，我们也应该看到，在特定的历史时期，它的战略意义已远大于它的理论意义。当我们对这一提法进行质疑时，我们不仅要指出其理论缺陷，而且还要看到它对实践的负面影响。

1. "效率优先、兼顾公平"原则的学界质疑

实际上，早在20世纪90年代，就有一些学者对于"效率优先，兼顾公平"的观点提出了批评。王晓升认为，公平有三层含义：政治上的公平、经济上的公平和伦理上的公平。在社会生活的不同层面上贯彻这三种不同意义上的公平原则能够促进经济的高效、高速发展。应当努力建立公平的社会经济秩序，以公平促效率，并以效率进一步达到分配的公平。[①] 陈宗明认为，公平会带来效率，公平的程度决定了效率的程度。不公平只能破坏效率。[②]

从2002年起，一些学者开始对"效率优先，兼顾公平"的提法进行了较为系统的质疑和反思。吴忠民认为，"这一提法形成于20世纪80年代后期，流行于90年代。虽然在20世纪80年代后期就有人提出了这一看法，但在当时这一提法缺乏应有的学理论证，因而其影响力也十分有限。到20世纪90年代初期和中后期，特别是在中国提出建立社会主义市场经济体制的前后，许多学者对之进行了相对完整的学理论证，形成了许多相应的研究成果。尽管这一提法的本义是局限于分配领域，但由于分配问题的极端重要性，由于当时中国同现代社会以及市场经济相适应的社会公正理念尚未形成，所以，人们往往赋予了这一提法更多的功能，使其适用范围明显地越出了分配领域；并且人们有时将其同一定的政策取向结合在一起，从而产生了不小的影响。历史地看，这一提法既反映了中国改革发展初期的特定道路和背景，也反映了人们在特定时期对于公正问题的理解和认识。"[③]

[①] 王晓升：《公平与效率关系之我见》，《哲学研究》1994年第5期。
[②] 陈宗明：《关于效率与公平关系的再思考》，《浙江学刊》1995年第4期。
[③] 吴忠民：《关于"效率优先，兼顾公平"的争论》，《探索与争鸣》2007年第6期。

吴忠民认为"效率优先、兼顾公平"是中国特殊时期的一个提法。这一提法的主要意思是，就经济效益问题与公平问题的关系而言，经济效益问题是最为重要的，是第一位的，要优先于公平问题；但是，公平也不是可有可无的问题，属于"兼顾"范围内的问题。所谓的"兼顾公平"无非包含两层含义：其一，应当在重点关注经济效益的同时，也不要忽视公平问题；其二，当经济效益问题和公平问题两者出现抵触、矛盾甚至对立的时候，应当首先考虑前者而不是后者，推之极端有时甚至为了确保"经济效益"可以暂时牺牲"公平"。① 这个命题具有一定的历史合理性：对于人们冲破原来计划经济体制的束缚，对于消解平均主义观念，对于调动广大劳动者积极性，对于建立社会主义市场经济曾起到了一定的促进作用。但是，在新的历史条件下，这一提法逐渐显示出其认识上的偏颇和历史的局限性。他认为，在特定的历史时期，"效率优先，兼顾公平"的提法对于破除计划经济体制和平均主义观念起了积极的作用。随着中国发展进程的推进，这一提法逐渐显露出其明显的局限性，主要表现在：同以人为本的基本理念相抵触；没有区分基本制度和具体政策两个层面的公正问题；与和谐社会建设格格不入；将这一提法泛化并覆盖非经济领域；意味着现代政府主要职能的错位；对初次分配重效率、再次分配重公平的定位有误。从长远看，这一提法对中国社会经济的发展会产生广泛的负面影响：对现代社会的制度建设不利；对改革和发展的有机统一不利；对公正合理的社会结构的形成不利；延缓了合理、健全的社会政策的制定。② 具体来说：

其一，这一提法忽视了经济领域中的基本规则的极端重要性，即只有遵循公平规则才能得到真正的效率；其二，将这一提法泛化并覆盖到非经济领域；其三，忽略了社会全面发展的重要性；其四，忽略了政府对社会成员应尽的责任；其五，颠倒了发展的基本价值目标与发展的基本手段、基本途径的关系，否认了以人为本和人人共享、普遍受益的发展理念。如果继续坚持"效率优先，兼顾公平"的提法，则会带来一系列负面的效应：助长了畸形的经济行为；加重而不是缓解中国所面临的一些重大社会问题；延缓合理、健全的社会政策的制定。因此，应该本着与时俱进的精神，对之作出必要的矫正。③ 其六，"效率优先，兼顾公平"的提法不仅无

---

① 吴忠民：《关于"效率优先，兼顾公平"的争论》，《探索与争鸣》2007年第6期。
② 吴忠民：《"效率优先，兼顾公平"究竟错在哪里》，《北京工业大学学报（社会科学版）》2007年第1期。
③ 吴忠民：《"效率优先，兼顾公平"提法再认识》，《天津社会科学》2002年第1期。

法有效解决反而会误导现代社会所必需的基本制度设计和安排问题。其七,"效率优先,兼顾公平"的提法同以人为本的基本理念是相抵触而不是相吻合的。其八,"效率优先,兼顾公平"的提法是妨碍而不是促进和谐社会的建设。① 其九,这一提法没有区分价值观和具体政策这样两个层面上的公正。第一层面是作为基本价值观的公正,这个公正直接影响着一个社会基本制度的设计和安排,正是从这样的意义上讲,现代社会在基本制度建设安排方面必须以公正这样的价值观为基本的依据,在这样的层面上公正才是最为重要的,不存在公平和效率谁是优先的问题。第二层面上的公正问题是具体的政策制定,这涉及我们经常谈论到的"效率与公平"问题,也就是在不同的历史时段经济效率和再分配两者的分量谁轻谁重的问题,在这样的情况下有必要解决公正和效率问题。需要注意的是,尽管在某个历史时段偏重于效率是正常的,但是这种趋向应以不损害社会的基本制度为前提。其十,"效率优先,兼顾公平"对初次分配重效率、再次分配重公平这样的定位是不全面的。社会公正是社会经济生活各个领域的基本依据,无论是在社会再分配领域还是初次分配领域都必须遵循,初次分配领域如果不重视公正问题会增大再分配的难度,从而形成整个社会的严重问题。现在中国社会的收入差距很大,原因是多方面的,而不重视初次分配的公正问题就是其中的重要原因。其十一,"效率优先,兼顾公平"意味着政府主要职能的错位。政府的主要职能是维护公正,在改革开放以前政府扮演着全能型的政府角色,而在改革开放以后试图扮演经济型、经理人的政府,以取代企业家和相关职业群体的位置,"效率优先,兼顾公平"就是一个经济型政府职能定位的明确表述,这是它的局限所在。正是由于"效率优先,兼顾公平"的说法存在上述的缺陷,所以这一提法对中国经济发展、对于现代社会的制度建设必定产生不利的影响。② 因此,改变"效率优先,兼顾公平"恰逢其时。③ 其十二,在理论上,"效率优先,兼顾公平"只是一个策略性的提法,远不是一个科学提法,"效率优先,兼顾公平"至少有三大局限:"效率优先,兼顾公平"的提法,割裂了公正与效率的关系,降低了公正的地位;"效率优先,兼顾公平"的提法,没有体现出政府作为全社会的代表者,对于社会成员所应承担的责任;"效率优先,兼顾公平"的提法,将经济效益问题放到了一个过于绝对化

---

① 吴忠民:《关于:"效率优先,兼顾公平"的再反思》,人民网,2006年6月26日。
② 吴忠民:《从"效率优先,兼顾公平"到"更加注重社会公平"》,《中国经济时报》2006年8月7日。
③ 吴忠民:《改变"效率优先,兼顾公平"恰逢其时》,人民网,2006年1月19日。

的地步，实际上是将之视为发展的基本目的，颠倒了发展的基本价值目标与发展的基本手段、基本途径之间的关系。这恐怕是"效率优先，兼顾公平"提法的最为严重的缺陷，也是这一提法之所以存在其他许多失误的症结之所在。①

刘国光认为，"效率优先，兼顾公平"并不符合当前形势要求。理由是：其一，"效率优先、兼顾公平"意味着把经济效率放在第一位，把社会公平放在第二位，兼顾一下。这怎么也同"更加注重社会公平"搭不上界。这个提法只适用于社会主义初级阶段的一段时期，不适用于初级阶段整个时期。其二，邓小平同志讲"在本世纪末（即2000年）达到小康水平的时候就要突出地提出和解决这个（贫富差距）问题。"如把"公平"放在兼顾即第二位的地位，就不可能突出地提出和解决社会公平问题。这与邓小平同志的指示相悖。其三，现在收入分配差距过大，社会不公平造成许多矛盾紧张与社会不和谐现象，潜伏隐患，不时爆发。如继续把社会公平放在"兼顾"的第二位，与我党构建和谐社会的宗旨不符。其四，中国基尼系数已达0.45以上，超过国际警戒线。我国收入分配差距不仅远大于资本主义国家，而且是中国历史上贫富差距空前巨大的时期。如果再拖下去，把公平放在"兼顾"的第二位，如何与"社会主义国家"的称号相匹配。其五，"效率优先"不是不可以讲，但应放到应该讲的地方去讲，而不是放在收入分配领域。对生产领域来说，可以讲"效率优先""兼顾速度"，把质量、效益放在第一位，而不能主要靠拼投入、增数量来实现经济增长。这符合正确的"发展才是硬道理"的大道理。其六，效率与公平之间不单是 trade off（交易）的关系，而且应当是辩证的矛盾统一的关系，这是马克思主义的观点。收入分配差距过大和过小都不利于提高效率。所以就不存在哪个优先哪个兼顾的问题，要辩证统一地考虑。其七，有人说，初次分配可以讲"效率优先"，再分配再讲注重公平。难道初次分配社会公平问题就不重要？垄断行业和非垄断行业的畸高畸低的个人收入，不是初次分配问题？有些部门、企业高管人员与普通职工的畸高畸低收入，不是初次分配问题？一些外资、内资工厂，把工人（特别是民工）工资压得那么低，而且多年不怎么涨，过量剥削剩余价值，不是初次分配的问题？还有说不清道不明的许多不合理、不合法、不规范的黑色收入和灰色收入，不是初次分配中产生的？初次分配秩序混乱，初次分配中的社会不公问题难道不需要重视、处理、解决？还要等到财税等再分配杠杆来

---

① 吴忠民：《"效率优先，兼顾公平"的三大局限》，《北京日报》2002年7月22日。

调节，这在中国是远远不够的，是解决不了分配不公问题的。所以，在收入分配领域不用再提"效率优先，兼顾公平"，也不要再提"初步分配注重效率，再分配注重公平"，而要强调更加注重社会公平，正如这次五中全会文件所强调的。这符合改革的大势所趋和人心所向，也有利于调动大多数人的改革积极性。①

卫兴华认为，放弃"效率优先，兼顾公平"的提法是构建社会主义和谐社会的需要。在分配问题上不再讲"效率优先"，并不意味着在发展生产和经济建设中可以不重视效率。生产重效率，分配重公平，是社会主义应有之义。所放弃的是将效率优先于分配公平，将公平降为次要地位的思路。重视效率并不一定要讲"效率优先"。比如，我们重视改革、发展、稳定，三者都很重要。但既不能三者都讲"优先"，也不能单讲其中的某一项"优先"，"兼顾"其他两项。强调什么"优先"，首先应弄清它"优先"的相对面是什么，即对什么"优先"。而且，即使讲什么"优先"，也不必再讲"兼顾"什么。如要讲"效率优先"，应是优先于片面追求速度和 GDP 的粗放型增长方式，而不应是优先于公平。即使主张效率优先于速度和 GDP，也不应讲"兼顾"速度和 GDP。因为不能把速度和 GDP 放在一个可以轻视的，不重要的地位。比如，现在中央提出"教育优先"并不因此而轻视其他，不能再狗尾续貂，比如讲"兼顾"科技、文化、产业等。② 鉴于目前收入差距过分扩大，出现贫富分化，公平与效率关系的天平，应向公平倾斜。这个意见是合理的，也是目前大力强调和推进惠民生政策的根据之一。但是，这只能是阶段性的政策倾斜。从社会主义经济社会发展的整体过程考察，效率和公平并重与统一，蛋糕做大和分好，应是社会主义本质所要求的长期的根本原则。③

为此，卫兴华专门撰文指出：尽管在以往十几年中，我国报刊图书广泛宣传"效率优先，兼顾公平"的理论与政策，但我一直没有写过这方面的东西。本着不唯上、不唯书、不唯风、求真求实的治学精神，我只写自己认知的见解，例如：在 1988 年中国人民大学出版社出版的《探索·改

---

① 刘国光：《把"效率优先"放到该讲的地方去》，《经济参考报》2005 年 10 月 15 日。
② 卫兴华：《放弃"效率优先，兼顾公平"的提法是构建社会主义和谐社会的需要》，《山西高等学校社会科学学报》2007 年第 5 期。
③ 卫兴华、胡若痴：《近年来关于效率与公平关系的不同解读和观点评析》，《教学与研究》2013 年第 7 期。

革·振兴》一书中,我提道:"在促进效率的前提下努力实现社会公平"①。用什么促进效率,自然首先是分配公平。2003年,我在《新视野》第5期发表的《怎样认识和把握我国现阶段的个人收入分配制度》一文中,提出两者并重:"在处理个人收入分配关系上,应着眼于有利于生产力的发展和共同富裕的实现。为此,既要重视效率,又要重视公平"。在《宏观经济研究》2003年第12期发表的《我国现阶段收入分配制度若干问题辨析》一文中指出:"只要真正实行按劳分配,探求按劳分配的有效实现形式,就能够把效率与公平统一起来"。在我主编的《政治经济学原理》教材(经济科学出版社2004年版)中专门设置一题《公平分配与提高效率》,强调说明"效率原则与公平原则是一致的,二者必须并重"。"效率原则不会自然地实现分配公平,处理不当会背离共同富裕的目标。"在《中国特色社会主义研究》2005年第2期发表的《关于提高驾驭社会主义市场经济能力的几个问题》中,我认为:我国作为社会主义国家,"在重视发展生产力、提高效率的同时,要重视收入分配的公平。"2006年我在《光明日报》9月11日发表题为《实现分配过程公平与效率的统一》一文,针对该报8月21日刊发的《更加注重公平与强调效率优先并没有本质上的冲突》中继续坚持效率优先、兼顾公平的观点,提出不同意见,主张二者的统一。

我为什么不认同"优先……兼顾"的提法、主张二者并重和统一呢?

第一,某种事物的重要性,并不一定要在战略和政策上赋予其"优先"地位,同时还降低其他事物的存在地位。比如,改革、发展与稳定,都很重要,但并没有也不能强调哪个优先,哪个兼顾,更不能都讲优先。某种事物的优先地位,分两种情况:一种是客观存在的、符合规律性的"优先",另一种是政策性选择的"优先"。比如,在扩大再生产条件下生产资料生产优先增长,这是具有客观必然性的、规律性的优先,因而会长期起作用。而重工业优先发展,就是政策选择性的优先。中国和其他社会主义国家,曾把重工业优先发展误认作长期起作用的经济规律,将其混同于生产资料优先增长这样的客观规律,结果延缓了农业和轻工业的发展。如果说,社会主义国家在其前期一定阶段上,根据国情需要,优先发展重工业是必要的政策选择,那么,将其作为长期不变的原则,使重工业的发展固定地优先于农业和轻工业,就会产生阻碍经济整体统筹发展的消极后

---

① 卫兴华:《探索·改革·振兴:社会主义初级阶段的经济》,中国人民大学出版社1988年版,第21页。

果。因此，不要把政策选择性的优先，当作和宣传为规律性优先。而且，对某一事物作出政策选择性的优先，一定要慎重，权衡其利弊得失，而且要从战略性、长远性考虑其效应和后果。

第二，强调什么优先，一般要有个优先的相对面，即优先于什么？对谁优先？比如，生产资料优先增长，是相对于消费资料增长的；优先发展重工业，是相对于农业、轻工业等发展的。那么，讲"效率优先"其相对面是什么？这里又可提出两个问题讨论。其一是发展生产，发展经济，应重视效率，重视效益，重视劳动生产率，重视科技进步，重视自主创新。为什么对其他方面的重要性都不提"优先"，而单提效率优先呢？我国与发达国家相比，效率确实低下，应当强调提高效率。其实，工作效率、学习效率、销售效率等各方面的效率都应提高。试问，重视和强调效率的提高，是否一定要讲效率优先呢？难道不讲优先，就是不重视了？固然在经济社会生活的许多方面，应重视效率，但不能一律提出效率优先。比如，公检法办案，也要讲求办案效率，但不应讲"效率优先"，更不能讲"效率优先，兼顾公平"，办案应重在公正、公平。效率应服从于公平。在分配关系上提出效率优先，应首先弄清楚其来龙去脉，是针对什么提出的？是中国的创新，还是来自国外？在国外其原来含义又是什么？在这一点上，似乎还没有完全讲清楚。其二如果要强调效率优先，应明确它的相对面是什么？如果其相对面是片面追求速度和数量，搞粗放式增长，那么，强调转向集约型增长，强调效率优先是可以的。但也不需要再提"兼顾"什么。比如，兼顾速度和数量，或兼顾粗放式增长等，那会流于奇谈怪论。如果把效率优先的相对面定位于分配公平，则会产生几个问题。其一是人们一般讲分配公平不公平，合理不合理，并不讲分配效率高或低，因此，不存在分配效率优先于分配公平问题。

讲效率与公平的关系，是指生产效率或经济效率与分配公平的关系。经济效率可分两个不同层次，即企业生产效率和资源配置效率。从企业生产效率看，可细分为劳动效率、管理效率、资源利用效率、科技进步率、资本周转效率等。要提高这些方面的效率，首先需要调动广大工人、科技人员、管理人员的劳动积极性、主动性和创造性。而调动的重要途径是公平合理的分配制度。因此，不存在劳动效率、生产效率优先于分配公平的问题，反而是与劳动贡献相符的公平分配制度能够有效地促进劳动效率和生产效率的提高。如果讲的是资源配置效率和分配公平的关系，那么，在实行市场经济条件下，实现资源配置效率是市场的功能，而非政府的功能。固然，规范市场秩序，健全市场体系，完善市场机制，需要借助于政府行为，市场运行也需要有政府调控。但是，市场配置资源效率的高低，取决于市场运行机制及其规律，而非取决于政府的理论指导与行政安排。市场经济是竞争经济，是企业追求利润最大化、个人追求市场收入最大化的经济，必然会产生收入差距的扩大。政府的责任，特别是社会主义国家政府的责任，恰恰是应关注和缩小由市场配置资源形成的收入差距的扩大和分配的不公平。而不是把注意力和政策取向的重点放在已不属于政府职能、政府已管不了的资源配置效率上，而将分配公平降于一个兼顾的次要地位。这确实存在政府职能错位问题。

第三，在实行市场经济条件下的收入分配问题上，强调效率优先，并不是我国的创新。西方经济学中的新自由主义学派哈耶克、弗里德曼等就是主张效率绝对优先，反对政府干预分配公平。他们是站在大资本主义的立场上，为资本主义自由市场经济的分配制度辩护的。他们主张效率绝对优先的理由是，市场配置资源的前提是自由经营、自由竞争和生产要素的自由转移。而追求分配公平，通过政府干预再分配，是要使收入分配均等化，这会牺牲自由。自由、平等只有在自由市场经济制度下才能实现，公平可以通过市场自发形成，主张用"看不见的手"调节经济，认为政府人为地干预分配，实际上是把一部分人的收入转移给另一部分人，这是最大的不公平。他们强调的是机会公平，就是说，谁占有的资本等要素越多，利用效率越高，竞争优势越强，谁获得的市场分配收入便越多，这正是市场配置资源中的公平分配。弗里德曼说："在过去一个世纪里，流行着一种神话，说自由市场资本主义，即我们所说的机会均等，加深了这种不平等，……没有比这更荒谬的说法了。凡是容许自由市场起作用的地方，凡是存在着机会均等的地方，老百姓的生活都能达到过去做梦也不曾想到的水平。""一个社会把平等——即所谓结果的均等——放在自由之上，其结果是既得不到平等，也得不到自由。"[①] 他们把分配公平，诠释为结果的"均等"即平均。其实，公平不等于均等。弗里德曼断言资本主义自由市场经济的机会均等，使老百姓的生活达到了梦想不到的高水平，是不顾资本主义自由市场经济两极分化的事实的武断说法，如果将"老百姓"一词改为资本家，那倒符合实际情况。

值得注意的是，哈耶克、弗里德曼等所强调的效率绝对优先、反对干预分配结果公平的理论主张，并没有得到发达资本主义国家政府的采纳。

---

① 〔美〕米尔顿·弗里德曼、罗斯·弗里德曼：《自由选择》，胡骑等译，商务印书馆1982年版，第149—152页。

西方发达国家通过建立比较完善的社会保障制度或"福利制度",通过征收高额累进税、遗产税等,也是要缓解收入分配的不公平。现代资本主义市场经济,已不是新自由主义学派迷恋的以往的自由市场经济,而是在运用政府调节这只"看得见的手",去引导和制约"看不见的手"。不仅如此,西方经济学界反对新自由主义学派在分配关系上片面强调效率优先的大有人在,国家干预学派主张将公平作为优先考虑的目标。如罗尔斯、勒纳及罗宾逊夫人等就主张重视公平、公平优先。并从道义和经济两方面予以说明。认为公平是"天赋权利"。市场竞争中所引起的收入分配的不公平,是对"天赋权利"的侵犯,分配不公平会损害工作热情,降低效率。美国哈佛大学教授罗尔斯认为:分配不公,损害竞争中处于劣势的人们的工作热情,从而损害效率。追求效率会造成分配的进一步不公平,导致两极分化,引起社会动荡,反过来损害效率。新剑桥学派的罗宾逊夫人认为,追求效率的结果是使分配越来越不平等,反过来阻碍效率和经济增长。这是资本主义社会的症结。她提倡政府干预,实现收入公平。

主张效率与公平兼顾或并重的,有凯恩斯、萨缪尔逊、奥肯等人。奥肯强调:平等与效率,双方都有价值,没有先后次序,其中的一方对另一方没有绝对的优先权。

如果说,强调分配关系中的效率优先,只是西方新自由主义学派在资本主义市场经济中关于效率与公平关系的观点,遭到了西方其他学派的反对,而且当代资本主义国家政府也未实行他们的主张。我国作为社会主义国家,更不应追随西方新自由主义的主张。相反,应更加重视社会公平、分配公平。固然,对"公平"含义的理解和说明,不同的阶级,不同的社会制度,不同的历史时期,是存在各自差别的。但从整体上来说,社会主义的公平,已体现于邓小平指出的社会主义本质内容,即解放生产力,发展生产力,消灭剥削,消除两极分化,最终达到共同富裕。而实现社会主义的公平,又必须坚持社会主义经济制度,坚持公有制这一社会主义经济制度的基础。在公有制经济中,人们在生产资料面前人人平等,也只有在公有制基础上,才能实现消灭剥削、消除两极分化,达到共同富裕。

第四,"强调效率优先,兼顾公平",在实际经济生活中,会产生某些与原先意图不一致的负面效应。在私营、外资企业中,"效率优先"成了利润率优先。"兼顾公平",成了可以轻视乃至忽视对待雇佣工人的公平。某些企业违反劳动法,严重损害职工权益。如随意延长劳动时间,超额加班加点而不付或少付加班费,压低和拖欠工资,甚至侵犯工人人身自由。而某些地方行政人员也睁一只眼闭一只眼,漠视职工的权益受损,同时又容忍和保护企业主的不正当利益。台湾《联合报》2006年8月31日报道："许多台商表示，在广东经营企业，员工没有不超时工作的。如何避免法令规定，各厂商都有一套办法，……劳工主管部门都会睁一只眼闭一只眼。"在他们心目中，"效率优先"，就如某些学者所讲的发展生产优先；"兼顾公平"就是公平与发展生产相比，是次要的事情。某些县乡基层干部，为满足开发商的需要，随意廉价夺取农民的土地。这也可以在借口发展生产第一，公平第二的理念下进行。目前，强调公平、正义，强调社会公平，强调就业和分配公平，强调缩小过大的收入差距，应当成为从中央到地方，到基层，到公私企业的共同理念。需要有效的理论宣传和政策措施，才能改变近些年在我国经济社会中公平、正义、诚信等理念和行为缺失的状况。①

应宜逊认为，"效率优先，兼顾公平"在理论上存在重大缺陷，在实践中已经表现出重大的负面效应，亟待调整，必须调整。效率与公平，虽有矛盾的一面，但更有统一的一面。首先，从广阔的时空看，"统一"乃是主流。其次，在历史长河中，不乏因公平失衡而使效率严重受损的事例，而一旦公平程度提高，效率便迅速回升。再次，效率与公平也存在矛盾的一面。在当代生产力条件下，效率与公平在多数场合下是同步的，不同步的仅为少数场合。"效率优先，兼顾公平"在理论上存在明显缺陷，它仅注重效率与公平相互矛盾的一面，而没有注重更为主要的统一与相辅相成的一面，尤其是没有注重公平失衡会损害效率。在实践中，其负面效应是明显的。在新的社会公平调节机制建立滞后方面，这一提法是难辞其咎的。②

张宇认为，这一提法的主要问题概括起来有：脱离开一定的社会历史条件抽象地看待社会公平，把公平的含义局限于收入分配结果的均等化这样一个狭隘的范围内；脱离开人的主体性和社会的制度背景孤立地考察经济效率，把效率的含义完全局限在纯粹的技术领域；片面强调效率与公平的对立，而没有认识到它们之间统一性和存在的多方面的复杂关系；割裂了目的与手段的辩证关系，没有认识到公平与公正是社会主义社会的核心价值。在新的历史条件下，我们应当更加重视社会的公平，更加全面理解和贯彻社会公平原则，努力在发展社会生产力的基础上实现公平与效率的

---

① 参见卫兴华《我对公平与效率关系的理论见解》，《山西大学学报（哲学社会科学版）》2007年第3期。
② 应宜逊：《"效率优先，兼顾公平"原则必须调整》，《中国经济时报》2002年11月2日。

统一。①

徐秀红认为,"效率优先,兼顾公平"的提法,作为我国收入分配的基本原则,在特定的历史时期,其积极意义不言而喻。但是,其理论缺陷也不容忽视:它割裂了公平与效率的关系,颠倒了手段与目的的关系和混淆了生产力与生产关系的关系。其在实践中的负面效应:对效率的片面追求,从而在现实中放弃了公平。导致社会收入分配不公,贫富差距扩大,影响我国社会稳定和经济发展。在新的历史条件下,"效率优先,兼顾公平"的提法需要调整,或应该淡出。②

顾金喜认为,"效率优先,兼顾公平"这个原则与当前的国情已经有所背离,其弊端亦逐渐彰显,主要体现在以下几点:(1)导致地方政府片面追求效率,重数量不重质量,重眼前利益而非长久效益;(2)忽略社会公平,导致社会失衡发展;(3)导致偏离、危害公共利益,向私人利益或部门利益倾斜;(4)极容易导致权力变异和滥用;(5)背离、损害社会基本的伦理道德和社会生活规范。③

2."效率优先,兼顾公平"原则的学界辩护

与上述观点相反,学界也至今仍不乏坚持"效率优先,兼顾公平"原则的专家学者,这类学者主要以经济学界的学者为主。

在赞成并为其辩护的一方中,以经济学家厉以宁为主要代表。这不仅因为他在经济学界的重要地位和影响,还由于他长期关注并详细论证了这个问题。他的《经济学的伦理问题》(生活·读书·新知三联书店 1995 年版)一书用了一章的篇幅(第一章《效率与公平》)对"效率优先,兼顾公平"的观点进行了不遗余力的辩护和深入细致的论证。综观全文,我们会发现,他的辩护和论证主要采取了变换概念的方法,从"效率与平等"变换到"效率与公平",再变换到"效率优先,兼顾公平"。厉以宁说:"效率与公平的关系是经济学伦理问题研究的重要课题。如果能把二者关系讲清楚了,那么可以认为,经济学伦理问题的研究就前进了一大步,但这种关系确实难倒过不少经济学家,要讲清楚这种关系远不是容易的事。以前,我曾在下列著作中涉及这一问题。例如,《西方福利经济学述评》(商务印书馆 1984 年版)一书第六章第四节,《社会主义政治经济学》(商务印书馆 1986 年版)一书第十六章,《国民经济管理学》(河北人民

---

① 张宇:《"效率优先,兼顾公平"的提法需要调整》,《经济学动态》2005 年第 12 期。
② 徐秀红:《对"效率优先,兼顾公平"的反思》,《山东社会科学》2006 年第 12 期。
③ 顾金喜:《"效率优先,兼顾公平"的收入分配原则:述评与反思》,《探索》2008 年第 2 期。

出版社 1988 年版）一书第十三章等，都探讨了效率与公平的关系。"①

厉以宁认为，效率与公平无疑都是应当实现的政策目标。但在排列顺序上，究竟该把效率排在前面呢，还是该把公平排在前面？这是一个对效率与公平的价值判断问题，学术界的争论由来已久。然而，以往的争论带有很大的片面性。这就是：不少学者把"公平"理解为收入分配的均等或财产分配的均等。如果这样来理解"公平"，那么效率与"公平"之间的关系就被扭曲了。要着重效率，那就不可能不产生收入分配的差距，而收入分配的差距又不可能不造成财产分配的差距。反之，要着重"公平"，即着重收入分配的均等或财产分配的均等，效率必然要降低。结果似乎是：效率高了，"公平"就少了；"公平"实现了，效率也就降低了。这样一些争论实际上毫无意义，因为这种对"公平"的理解本身就是十分错误的。不把公平解释为收入分配的均等或财产分配的均等，而把公平理解为获取收入或财产的机会的均等。那么，这种意义上的公平同效率之间的先后次序应该怎样排列呢？究竟是效率优先，还是机会均等优先（即公平优先）呢？我想，争论仍然是难以避免的，争论双方各有各的理由。

关于公平不等于收入分配均等或财产分配均等的道理，前面已经作了较详细的分析。这里，只就公平等于机会的均等进行论述。在经济中，是把效率放在优先地位还是把机会均等（或公平）放在优先地位，根据以上所陈述的理由，可以认为，效率优先论的理由更为充足。效率优先论的三项理由简单地可概括为：（1）把效率放在优先地位，就是把自由参与放在优先地位，生产要素供给者的自由参与权利是不应受损害的；（2）把效率放在优先地位，就是把个人努力程度放在优先地位，效率高和由此得到的收入多，是对个人努力的一种奖励；（3）把效率放在优先地位，就是尊重生产要素供给者个别的努力与主动性、积极性。这种努力与主动性、积极性是自发性质的，不同于外来干预性质的社会权威机构或政府的参与。

人们在讨论"效率优先，兼顾公平"时，通常是从收入分配协调的角度来理解"公平"的。于是，"效率优先，兼顾公平"就被解释为：在经济生活中，要把增加效率、提高生产力水平放在优先地位，同时要注意收入分配的协调，不要造成贫富悬殊，不要使个人之间收入分配差距、财产分配差距过大，不要使地区之间收入分配差距过大。

理由是：第一，如同不能把"公平"理解为收入分配的均等或财产分

---

① 转引自袁寅生《"效率优先，兼顾公平"是如何被厉以宁论证的？》，搜狐网，2005 年 12 月 7 日。

配的均等一样，收入分配协调也不能理解为收入分配的均等或财产分配的均等，因为，在收入分配协调中包含了收入分配合理差距的存在。

第二，把"公平"理解为收入分配的协调，同前面指出的把"公平"理解为机会均等是统一的，这两种理解并不抵触。

因此，当我们说道"效率优先，兼顾公平"时，这里所说的"兼顾公平"，显然是指兼顾机会均等条件下收入分配的协调，而绝不是指收入分配或财产分配的均等。只有把效率放在优先位置上，兼顾收入分配的协调，才有利于整个社会经济的健康发展，才能使人民的物质文化生活水平不断提高。

以前，我曾在多种著作中反复论述过这样一个观点：市场分配是第一次分配，政府主持下的收入分配是第二次分配。第一次分配在市场经济的环境中进行，着重的是效率，效率优先将在这里体现出来。第二次分配是在政府主持下进行的，既要注意效率，又要注意公平，也就是说，既要有利于资源的有效配置，又要有利于收入分配的协调。这就是"效率优先，兼顾公平"。如果不是这样做，而是颠倒了位置，如第一次分配强调的是"公平"，那么就会得到如下的后果：既没有效率，又没有可能实现公平，资源有效配置与收入分配协调二者都实现不了。[①]

吴敬琏教授在《财经》杂志上发文，对公共政策"效率优先，兼顾公平"进行无害辩护。他认为，目前过大的收入差距，在很大程度上是由人们在对公共财富和公共产品的关系上机会不平等造成的。目前，中国的收入差距已经扩大到了相当严重的程度。早在20世纪90年代中期，不少学者就指出，我国居民收入的整体基尼系数已经超过0.40这一公认警戒线。在那以后，情况并没有改善，基尼系数近年来进一步上升到0.45—0.50的高水平。近来，有些人把收入差距的这种不正常的扩大，归因于以建立市场经济为目标的改革和中国领导80年代提出的"效率优先，兼顾公平"的分配方针。他们说，市场化改革过分强调效率，导致贫富差别扩大和平等的受损；他们的具体主张，则是限制企业主、中高层经理人员、专业人员等"高收入人群"的收入，对其课征高额累进税。

我认为，上述分析是缺乏根据的，据此提出的对策更存在方向性的问题。认为"效率优先，兼顾公平"的分配方针导致贫富悬殊的人们的逻辑，是把公平和效率对立起来，宣称平等和效率在任何情况下都存在负相关关系。平等和效率间存在负相关关系的理论，最先是由美国经济学家奥

---

① 厉以宁：《经济学的伦理问题——效率与公平》，《经济学动态》1996年第7期。

肯在《平等与效率——一个巨大的权衡》一书中提出的。然而奥肯在书中说得很清楚，他所考察的，是结果平等与效率之间的关系，而不是机会平等与效率的关系；前者的确是负相关的，后者却不是负相关。机会平等使有才能的人有动力、有可能充分发挥他们的聪明才智，有利于效率的提高。而机会不平等会抑制人们才能的发挥，因而对社会效率的提高产生负面影响。因此，我们一定要分清这两种不同性质的平等，不能把它们混为一谈。

那么，在当前的中国，过大的收入差距有多少是来自机会的不平等，又有多少是来自在机会平等前提下由各人的能力不同、贡献不同所造成的结果不平等呢？许多证据表明，目前过大的收入差距，在很大程度上是由人们在对公共财富和公共产品的关系上机会不平等造成的。大众所切齿痛恨的，也正是这种由机会不平等造成的贫富分化。而腐败和垄断，就是机会不平等的主要表现。[1]

萧灼基认为，关注公平，但不宜改变效率优先的原则。在当前收入差距扩大的情况下，要更加关注公平原则；在分配政策、社会政策、福利政策上更加维护低收入人员尤其是贫困人员的利益公平。不仅在第二次分配时主要通过税收和社会保障等政策更加注重公平，而且在第一次分配时对劳动要素与资本要素的回报要充分体现公平原则，不能重视资本要素轻视劳动要素。特别要十分注重教育公平，把教育公平作为社会公平、分配公平的首要任务。但是，注重公平不宜改变效率优先的原则。党中央关于效率优先是针对我国长期不顾效率实行平均主义，严重束缚社会生产力发展的实际情况提出的，这种情况至今仍未根本改变。……效率优先是符合我国国情的原则，必须坚持，不能改变。[2]

蒋学模认为，"效率优先，兼顾公平"的原则可以不必再提，但绝不可以倒过来，用"公平优先，兼顾效率"来代替"效率优先、兼顾公平"。把社会公平放到更加重要的地位，不是以否定"效率优先"为代价来达到，而仍然是在"效率优先"的前提下来实现的。实现社会主义社会公平是一个长期的历史任务和逐步实现的过程，既要看到解决这个问题的必要性、紧迫性和可能性，也要防止急躁冒进和简单化处理。[3]

谷书堂、宋则行认为，在经济领域应强调效率优先，在社会领域则应

---

[1] 吴敬琏：《收入差距过大源于机会不平等》，新浪网、新华网，2006年10月23日。
[2] 转引自许冬梅《对当前收入分配若干问题的看法——访全国政协常委、北京大学教授萧灼基》，《理论前沿》2005年第17期。
[3] 蒋学模：《"效率优先，兼顾公平"的原则是否需要修改》，《学术月刊》2007年第5期。

更多地考虑公平；在初次分配环节应注重效率优先，而在再分配领域，则应注重公平；在市场分配机制方面应强调效率优先，而政府的分配机制则应更多关注公平。①

王锐生认为，之所以说"效率优先，兼顾公平"是正确的，其主要理由在于：首先，把效率放在优先的位置，意味着我们还不得不在现在生产力发展水平所允许的范围内去解决公平问题。也就是说，公平问题的解决要服从生产效率的提高。因为如果没有在劳动生产率上赶上和超过资本主义，要实现资本对劳动剥削的公平，只能是一句空话。其次，从市场经济的参照系来看，公平优先是不可能的。这是因为市场经济的运行机制是价值决定机制、供求机制和竞争机制。如果社会保障搞过头，以"公平优先"代替"效率优先"，其结果就会是 20 世纪 90 年代以来欧洲发达国家所面临的福利制度危机。②再次，不公平是社会进步的必然现象，甚至是推动社会进步的一个杠杆。既然如此，评价一个社会公平与否，就不能以处于不公平状况的那一部分群体的主观道德评价来判断。也就是说，公平需要一个更深层次的判断标准。这个判断标准就是生产力。具体来说，衡量一个社会公平与否，其标准不是给予人们的福利越多越好，而是看它是否有利于推动社会生产力的发展。从当前中国的现实状况看，就必须将效率摆在首要的地位，适当地兼顾公平。③

周为民认为，有人批评"效率优先，兼顾公平"原则，往往是以否定市场化改革方向相伴，往往批评的就是市场经济，这是需要注意的一个问题。中央现在强调，根据现实当中存在的突出矛盾要更加注重公平，这是必要的，但是不能够简单地从中得出一个结论，就是效率优先不对了，因为"效率优先，兼顾公平"不是在改革初期所谓为了当时的什么情况提出的，而是在 1993 年也就是说改革进行了 15 年之后提出的，同时中央是在关于确立市场经济体制改革的文件中提出的，这就是说，是我们最终明确中国改革的目标是建立社会主义市场经济体制以后提出的。市场经济收入分配制度基本特征是"效率优先，兼顾公平"，因此要否定"效率优先，兼顾公平"的话必须提出三个证明，才可以有逻辑地否定，这三个结论需要证明：第一以经济建设为中心是不对的，要证明发展是硬道理过时了。第二要证明不能搞市场经济。第三要证明收入分配制度不是起激励作用，

---

① 谷书堂、宋则行：《政治经济学（社会主义部分）》，陕西人民出版社 2003 年版，第 109—110 页。
② 王锐生：《公平问题在社会主义中国：过去与现在》，《社会科学辑刊》1994 年第 4 期。
③ 王锐生：《对效率与公平关系的历史观审视》，《哲学研究》1993 年第 9 期。

而是首先保证大家分配的均等。事实上，只要赞同机会均等就是赞同效率优先，十六大报告提出的也是这样的原则。初次分配注重效率，再分配注重公平，所谓初次分配注重效率就是要形成一个良好的市场经济体制，形成一个秩序良好、规则公正的市场分配过程，也就是说一定要保证按生产要素分配这个原则能够贯彻。所谓按生产要素贡献分配与市场配置资源是同一个过程，所以要否定效率优先，必须否定在收入分配不能搞平均分配，如果不能证明以上三点，就不能否定"效率优先，兼顾公平"。① 周为民尤为强调坚持"效率优先，兼顾公平"，并高调批判那些质疑和否定这一提法者。他批判那些质疑和主张改变这一提法的言论是"热衷于一些空泛浮躁、偏颇庸俗的议论，甚至似乎只有那些放言否定改革的基本方向和重大原则，否定市场经济发展，而空谈平等，随意美化旧体制的言论才是为穷人代言"。② 2006 年，周为民还在《中国改革》第 9 期上发表《"效率优先，兼顾公平"原则的回顾与思考——〈学习时报〉总编辑周为民教授访谈录》。他猛烈抨击对方的言论："近一段时间以来，否定效率优先，兼顾公平的各种文章、言论，客观上造成的后果是不好的、添乱的。"他进一步指出：有一些人否定这个原则，是在否定改革方向，否定市场经济，否定邓小平理论的一些基本观点。他批判"高喊公平"，说公平"是一个具有社会鼓动性或者煽动性的口号，古今中外，从来都是在野党、反对派才把这个笼统的口号叫得最响"。

对于周为民的如此武断，大放厥词，甚至连经济学界的泰斗卫兴华教授也看不下去了。为此，卫兴华专门撰文指出，尽管中央已放弃了"效率优先，兼顾公平"的提法，但理论界并没有停止关于这一问题的争论。有些学者依然坚持这一提法。从百家争鸣、学术自由的方针出发，不同见解的争论是正常的。但应摆事实，讲道理，以理服人。理论见解应有较充分的论证与论据，并且能充分说明和结合经济实际。应力戒情绪化、政治化的倾向。有的学者用大批判的手法断言：质疑和否定"效率优先，兼顾公平"就是"否定改革、否定市场经济、否定邓小平理论"。这是一种非理性的扣帽子、打棍子的做法，是不可取的。③

周先生批判那些否定"优先……兼顾"提法的学者是否定改革、否定

---

① 周为民：《从"效率优先，兼顾公平"到"更加注重社会公平"》，中国经济网，2006 年 8 月 7 日。
② 周为民：《收入差距：怎么看，怎么办？》，《学习时报》2005 年 12 月 26 日。
③ 卫兴华：《我对公平与效率关系的理论见解》，《山西大学学报（哲学社会科学版）》2007 年第 3 期。

市场经济、否定邓小平理论，这完全超出了实事求是的学术讨论和理论研究的范围，是非理性的、情绪化与政治化的东西，是我们在"文化大革命"中听惯了的"大批判开路"的东西，这并不能增加任何理论真理性的分量，其效果必然适得其反。试问：我国实行社会主义市场经济，就一定需要让效率优先于公平吗？生产重效率，分配重公平，两者并重和统一，怎么就否定了改革和市场经济呢？试问：西方反对效率优先忽视公平的学者，难道是反对资本主义市场经济吗？至于扣上反对邓小平理论的罪名，更是出于虚构与罗织。请问：邓小平什么时候讲过要坚持"效率优先，兼顾公平"呢？他一再强调的是共同富裕，先富带后富，防止两极分化。

周先生认为，是他最早提出"效率优先，兼顾公平"的原则。其实，周先生竭力维护自己的观点是可以理解的，即使中央已经放弃了这种提法，本着学术自由的原则，依然可以坚持自己的见解。但不应先验地肯定自己的"创新"绝对正确，要中央和理论界听从，将其作为我国改革和实行市场经济必须遵守的原则，别人也有权利提出不同的看法。

周先生反对"高喊公平"，说从来是在野党和反对派把这个煽动性的口号叫得最响，这就让人莫名其妙了。大家知道，正是作为执政党的中国共产党，近几年来，一再提出和强调重视公平与正义，更加重视社会公平，重视分配公平。怎么能说历来是反对派和在野党高喊的煽动性口号呢？即使是主张向公平倾斜、强调重视社会公平与分配公平的学者，也多是忠于马克思主义和科学社会主义，忠于共产党，愿为党和政府献计献策的中国共产党人，能把他们归之为在野党和反对派吗？！他们重视和强调与党中央指导思想一致的公平与正义，关注社会公平与分配公平，符合民心民意，怎么成了煽动性的口号呢？！①

辛鸣认为，在"十一五"发展规划中，我们提出更加注重社会公平，并不是否定效率在当代中国社会发展中的地位，更不是不要效率，而是在不放松效率的前提下，更加注重社会公平，努力使工人、农民、知识分子和其他群众共同享受经济社会发展的成果。②同时他也认为，过于悬殊的贫富差距不仅不可能产生效率，反而会导致经济的停滞乃至社会的冲突，对此各方给予了高度重视。不能让社会上不同利益群体之间的收益差距太大，要在注意不放松效率的前提下，更加注重社会公平，努力使工人、农民、知识分子和其他群众共同享受到经济社会发展的成果。强调公平，并

---

① 卫兴华：《对近年来关于效率与公平问题不同意见的评析》，《当代财经》2007年第5期。
② 辛鸣：《不是效率惹的祸》，《决策》2005年第12期。

不是对于追求效率本身提出质疑，而是对在"效率优先"之下出现的某些非正常结果提出质疑。①

韩庆祥指出，"效率优先，兼顾公平"原则存在的基础有五个，即：社会主义本质论、社会主义市场经济论、先富与共富论、社会主义初级阶段主要矛盾论、赶超战略。正是基于以上考虑，我们把"效率优先、兼顾公平"作为改革开放和现代化建设的一个核心理念。②

黄范章提出一个新的理论观点："效率优先，增进公平"，认为效率优先、增进公平表明效率与公平不仅有负的相关关系，还有正的关系，效率优先是增进公平的前提和条件，而增进公平是效率优先的归宿和目的，效率优先的结果是增进社会公平。为了实现以人为本，科学发展，促进社会和谐，增进公平可以给我们的政策操作提供一个原则性的导向。③

何伟认为，效率优先指的是什么？兼顾公平是指什么内容？如果这两个问题不说清楚，讨论的时候就会出现很多的不同观点。我的理解，效率用在经济学上就是劳动生产率。我国的劳动生产率高还是不高？实际情况是，虽然经济的盘子很大，但是效率低下。为什么有人现在反对效率优先，主要的问题是没有把效率和经济增长区别开来，把经济发展、经济增长作为效率优先来看待，因此认为现在只注重经济增长不注重社会公平。事实上，GDP 的增长不等于效率优先，效率优先可以和经济发展同步。也可以不同步，我国现在是经济发展了，但是效率没有优先，各级政府只注重经济增长，而不注重效率优先。因此，应坚持效率优先兼顾公平。④

赵立忠、丁春福认为，我国目前强调效率优先，主要有以下几个原因：(1) 公平与效率作为一对矛盾，它有主次方面的区分。从一般意义上讲，效率是处于第一位的。(2) 强调效率优先的原则，是社会处于重大变革时期，特别是处于社会经济结构、经济体制的重大变革时期的普遍现象。(3) 强调效率优先的原则，是针对我国长期受到平均主义思想的影响，导致社会效率低下的状况提出的一种"矫枉过正"的做法，要解决的

---

① 辛鸣：《更加注重公平并不与效率对立，不是对改革的质疑》，人民网，2006 年 2 月 15 日。
② 韩庆祥：《用公平实现效率》，《中国党政干部论坛》2006 年第 1 期。
③ 黄范章：《为"效率优先"辩——兼倡"效率优先，增进公平"》，《经济导刊》2006 年第 7 期。
④ 何伟：《从"效率优先，兼顾公平"到"更加注重社会公平"》，人民网，2006 年 8 月 7 日。

是我国当前生产力十分落后这一急需解决的问题。①

  杨伯舫认为,"效率优于公平"的命题是千真万确的,也是唯一可行的。从理论上讲,效率优于公平是社会主义市场经济的基本要求。市场经济的高效率必然付出公平的代价。这样,我们选择市场经济的同时,实际上也就选择了效率优于公平的社会经济发展思路。从实践上看,效率优于公平是大力发展社会主义生产力的现实选择,这可以从正反两面、宏观与微观的层次上得到证明。要保持社会公平,没有贫富差距,就只能维持一个低效率,而要促成经济的高效率,则势必拉大收入差距,导致社会不公平。推行效率优于公平的战略与政策,必然要具有两个基本条件,一是社会公正,二是社会保障,前者要求社会的不公平是通过人们普遍接受的手段而形成,后者表明,经济效率应以社会基本稳定为条件。②

  张呈祥认为,坚持效率优先的原则,抓住了我国社会发展的核心问题,因为长期困扰和制约我国经济发展的关键问题是效率低下。在社会主义市场经济条件下,人们的收入取决于效率。不同的效率,会带来不同的收入。而社会成员间收入的差距,又成为刺激效率的动力。实践表明:如果以收入差距的拉大或不公来否定平等竞争,只能造成平均主义和效率低下,社会公平只能在原有的低水平上;只有在提高效率的前提下,才能为消除社会不公创造所需的物质条件,逐步解决社会分配不公的问题。在现阶段,祈求既获取高效率,又不出现任何形式的社会不公,是不切实际的,只有在发达的、成熟的社会主义的高级阶段才能真正达到效率与公平的有机统一。③

  黄泰岩认为,效率优先具有不可替代的作用,不能为了公平而牺牲效率。但他同时提出,在坚持效率优先的前提下,要对公平与效率的关系进一步组合和深化。初次分配注重效率,发挥市场的作用;再次分配注重公平,加强政府对收入分配的调节职能。这种新组合,既继续保持社会发展的活力又加大了收入再分配的调节,有利于社会稳步、健康的发展。即是说,只有在社会继续保持经济持续快速增长的前提下,才能解决好公平问题。④

---

① 赵立忠、丁春福:《对"效率优先,兼顾公平"原则的再思考》,《工业经济技术》2004年第2期。
② 杨伯舫、郑方辉:《效率优于公平的理论思考》,《开放时代》1995年第5期。
③ 张呈祥:《效率优先兼顾公平是对社会主义分配原则和分配关系认识的深化》,《东北师大学报》1995年第2期。
④ 黄泰岩:《构建公平与效率关系的新结构》,《求是》2003年第11期。

黄帮根认为，效率与公平的关系本质上是一种对立统一的关系。效率与公平的统一性主要表现为他们都是建立和谐社会、最大化社会福利所必需的两个条件。效率与公平的对立性表现在他们相互损害，不能同时兼得。由于效率的提高是经济增长、社会发展和国民生活水平不断提高的物质基础，且均等分配收入必然损害效率。所以，任何市场经济比较发达的国家，都将效率放在主要的地位，将公平放在次要地位。在处理公平与效率的关系时，都坚持"效率优先，兼顾公平"的原则。鉴于我国目前的形势：（1）人均国内生产总值仍然较低，资源的有效配置和经济的持续增长对于我国建设和谐社会具有十分重要的意义。（2）市场经济体制正处于建设中，按要素贡献分配收入的原则尚未在全国范围内基本确立。（3）日益严重的收入分配不公主要不是由效率引起，而是政府过于干预经济导致的垄断行政腐败和行政过程中国有资产的流失等多种因素综合作用的结果。因此，我国在处理公平与效率关系时，更应该坚持"效率优先，兼顾公平"的原则。①

贺静认为，"效率优先，兼顾公平"的发展模式形成于我国市场经济建立初期，就经济效益问题和公平问题两者的关系而言，经济效益问题是最为重要的，是第一位的，要优先于公平问题。但是，公平问题也并不是可有可无的事情，它属于应当予以"兼顾"的范围内的事情。而所谓"兼顾公平"包括两层含义：其一，应当在重点关注经济效益的同时，也不要忽略公平问题，对之应当予以适当的关注；其二，当经济效益问题和公平问题两者间出现抵触、矛盾甚至是对立的时候，应当首先考虑前者而不是后者，推至极端，有时甚至为了确保经济效益，可能暂时牺牲"公平"。②

赵振华认为，在社会主义初级阶段要坚持效率优先、兼顾公平的原则。③赵人伟认为，效率和公平兼顾是一个一般规律，但是在发展基本阶段特别是初期阶段要强调效率优先兼顾公平。现在的问题是，目前在中国效率和公平双缺失，很难说哪个优先哪个兼顾。有人认为现在效率问题解决了，要重视公平了。效率问题真的解决了吗？我觉得没有。效率与公平的关系并不是此消彼长的关系，效率和公平关系实际上是互补的。王珏主张，市场主导效率，政府主导公平。效率优先，是整个人类社会发展必须遵循的一个原则，特别是在市场经济条件下。在生产力不发达的情况下，

---

① 黄帮根：《论经济学中"公平"的含义及其与效率的关系》，《安徽广播电视大学学报》2006年第4期。

② 贺静：《社会主义和谐社会中公平与效率的理性思考》，《理论学习》2007年第4期。

③ 赵振华：《怎样看待效率与公平的关系》，人民网，2005年3月21日。

效率优先也应该是必须遵循的。今后任何时期没有效率优先就不可能出现、也不可能维持社会公平，所以对效率优先不能产生任何怀疑。市场主导效率，政府主导公平，第一次分配主张效率，第二次分配应该重视公平。傅正泰认为，效率与公平相辅相成。效率跟公平是一致的、相辅相成的，公平不等于平均主义。公平说的是公平的竞争、公平的机会。假如没有效率，我们中国就无法发展了。在当前的形势下不搞市场经济是不行的，所以竞争是公平的竞争，国家只有具有竞争力，民族才有生存权。国家只有发展了，社会才有公平，只有有了效率，国家才能发展，我觉得这两点不矛盾。①

在为"效率优先，兼顾公平"原则极力辩护的学者当中，武汉大学的经济学者肖仲华的辩护观点具有典型意义也较全面。肖仲华在他的《效率与公平关系再认识》② 一文中这样讲道：

公平与效率关系争论中出现的主要谬误。首先，概念上的模糊不清。就社会公平与经济公平而言，公平与效率问题出现时，人们讨论的是"机会均等"同时"兼顾公平"的经济公平观。③ 罗尔斯和奥肯等人从正义的角度谈公平与效率问题，把公平观的范畴扩大到论自由与平等的社会政治领域。因此，公平问题是否应该区分经济领域和社会领域两个不同范畴成为一个问题。有学者提出用社会公平和经济公平的概念来厘清公平在不同领域的不同内涵。"经济公平主要指经济秩序、经济规则及其执行实施是公平的，要素投入与企业、个人收入相对应。""社会公平是指社会成员之间的各种权利，如生存权、受教育权等的平等及各种发展机会的均等，基本生活水平的保障等。"④ 我们姑且不论这种区分是否科学，从有利于澄清是非的角度看是很有现实意义的。市场经济条件下的"效率优先"原则是经济学作为一门实证科学的命题，而"兼顾公平"则是在考虑了政治、哲学、伦理等因素之后的规范经济学命题。专就分配问题而言，"效率优先"意指市场分配优先，强调机会公平和市场对收入分配的调节作用，这就是经济学公平观；"兼顾公平"则指市场分配之后，政府通过再分配来调节

---

① 转引自柏晶伟《从"效率优先，兼顾公平"到"更加注重社会公平"》，《中国经济时报》2006年8月7日。
② 参见肖仲华《效率与公平关系再认识》，《江汉论坛》2009年第2期。
③ 乔洪武：《勾画市场经济伦理秩序的先驱——亚当·斯密的经济伦理思想评介》，《广西大学学报》1999年第3期。
④ 许培全、刘富有：《对公平与效率的本质及其关系的澄清性思考》，《社科纵横》2007年第1期。

收入，缩小贫富悬殊，这是经济上的公平，也是社会政治领域的公平。可见，把"效率优先，兼顾公平"作为分配原则，强调"效率优先"其实就是强调经济公平；而所谓"兼顾公平"则包含了社会公平的要求。从这个角度理解党的十七大提出的"初次分配和再次分配都要处理好效率与公平的关系，再分配更加注重公平"，应该说它体现的是一种"经济公平优先，兼顾社会公平"的思想。

其次，用阶段论或过时论来处理公平与效率问题。一些学者认为，效率优先，兼顾公平是十年前的提法，这个说法已不太适合当前强调社会公平问题的形势，该改一改了："经济理论界和媒体的一些同志，由于学习体会中央精神不够，囿于习惯，仍不时有宣传'效率优先，兼顾公平'的论述出现。这个提法只适用于社会主义初级阶段的一段时期，不适用于初级阶段整个时期。"① 实际上，社会主义初级阶段是一个还没有从根本上摆脱贫穷落后的不发达状态的阶段。在初级阶段，人民日益增长的物质文化需要同落后的社会生产力之间的矛盾仍旧是社会的主要矛盾，解决这一矛盾靠的是解放和发展生产力，解放和发展生产力靠的是坚持和完善社会主义市场经济体制，使市场在国家宏观调控下对资源配置起基础性作用，要让市场发挥其资源配置的基础性作用，又要否认市场效率优先，这无疑是相互矛盾的。

再次，把市场效率与分配问题割裂开来。一些学者认为，在分配领域不应该讲"效率优先"，因为收入分配中差距过大和过小都不利于提高效率，"效率优先"应该放到发展生产的领域去讲。② 市场的功能有两个方面，一个是资源的配置功能，另一个是市场结果的分配功能。市场的效率自然也包括两个方面的效率，市场调配资源和收入分配这是由市场经济的本质决定的，也是几百年来市场经济发展的客观实际状况。如果我们又要搞市场经济，又要否认市场的调节机能，这岂不是自相矛盾？市场不是万能的，所以要强调政府通过再分配来进行收入分配的进一步调节。再分配虽然以实现社会公平为目的，但它以初次分配为前提和基础，同样也以效率优先为前提和基础：所谓"更加注重社会公平"和"再分配更加注重社会公平"不过是"兼顾公平"思想的政策性表述而已，或者说是同一公平精神的延伸，并没有本质上的区别。正因如此，中共十七大是在强调"初次分配和再分配都要处理好效率和公平的关系"前提下提出了"再分配更

---

① 刘国光：《把"效率优先"放到该讲的地方去》，《经济参考报》2005年10月15日。
② 同上。

加注重公平"。因为出现市场分配差距过大等问题，我们就完全否认市场对收入分配的调节功能，把政府的调节作用无限扩大，这是不客观的，更是不科学的。否认市场的收入分配功能就是从根本上否认市场经济的自组织功能，可以说是从根本上否认市场机制。如果一次分配和再分配全都由政府来调节，这无疑就是要重返计划经济的分配制度。

最后，把社会不公问题的根源强加于"效率优先"。有学者认为社会不公的"问题在于现实生活中收入差距拉大，并非全是合理制度安排的结果，其中不乏许多不合理的、非规范的、非法的因素，这就造成了非正常的收入。尤其是在初次分配领域中，存在许多不平等竞争，最为突出的是各种形式的垄断。市场秩序混乱中的制假售假、走私贩私、偷税漏税以及权力结构体系中的寻租设租、钱权交易、贪污受贿等各种形式的腐败，这些现象带来大量非法收入，造就了一批暴富者。"① 由此说来，收入差距过大的原因主要在于非正常收入的存在，而造成非正常收入的原因又正是"不平等竞争"、"垄断"、"市场秩序混乱"和"腐败"等被称为"市场力量"的市场杀手。吴敬琏也认为"主要是机会不平等造成当前的贫富差距拉得更大"，而造成机会不平等的原因则正是腐败和垄断。②

市场这只"看不见的手"不是万能的，但政府这只"看得见的手"也不是万能的。市场会因为外部性和垄断导致"市场失灵"。政府对经济的调控和干预也有可能出现"政府失灵"。政府失灵表现为政府对市场的无效干预和过度干预。有学者把政府失灵的根源归结为：公共决策失误、官僚机构的低效率和垄断性、政府机构的扩张削弱了政府维护社会公平的力量、政府官员追求自身利益引起的内部效应影响了市场配置的优化和社会公平、权力寻租造成了对政府行为的扭曲，等等。③ 在纪念改革开放 30 年活动中吴敬琏曾经指出，有"两种阻碍改革的力量……第一种力量极力保持和扩大特权，以便掠夺大众以肥私；第二种力量则利用大众对腐败的不满，透过于改革开放，制造开倒车的舆论。""面对权贵资本主义的腐败现象，大众完全正当地表达了他们的强烈不满情绪。而第二种社会力量正是利用这种不满情绪，对造成当前社会中种种恶劣现象的原因做出歪曲真相的解释，极力鼓吹目前我们遇到的各种社会经济问题，从腐败的猖獗、分

---

① 刘国光：《向实行"效率与公平并重"的分配原则过渡》，《中国特色社会主义研究》2003 年第 5 期。
② 孙荣飞、吴敬琏：《贫富分化背后的因素，一是腐败，二是垄断》，《第一财经日报》2006 年 6 月 26 日。
③ 杨惠伦：《政府失灵的根源及对策》，《长春理工大学学报》2006 年第 2 期。

配不公到看病贵、上学难，都是由……市场取向和对外开放造成的。"① 这里讲到的第一种力量就是垄断和腐败的力量，而第二种力量则是错误解读改革开放和市场经济建设中出现的问题，借机从根本上否认市场取向的倒退力量，他们把社会不公诿过于"效率优先"，提出放弃"效率优先"甚至主张"公平优先"的言论。

实际上，不管哪种力量、哪种声音，大家都承认一个基本的事实：问题的根源在于腐败和垄断，而垄断和腐败并不是市场造成的，也不是强调效率优先造成的。从理论到实践，我们应该懂得：越是有竞争的地方，越是完全竞争的地方，太大的收入差别是不大可能产生的。尽管当前许多国家相继承认了我国的完全市场经济地位，但要承认，我们的市场机制不是很完善而是还很不完善，"垄断"和"腐败"既是政府失灵的罪魁祸首，同时也是市场失灵的罪魁祸首。我们本应该因此而进一步主张维护和完善市场机制，我们本应该因此而深切认识到许多的社会不公问题恰恰是违背了"机会均等"、"效率优先"的市场原则，我们本应该因此而主张用完全意义上的"效率优先，兼顾公平"从根本上解决社会不公问题，可是，我们却错误地把社会不公问题的根源归结到"效率优先"上来了，这不仅是"把错了脉，看错了病"，还会"开错方子，抓错药"，最终会误国而害民。

解决社会不公问题要靠完全意义的"效率优先，兼顾公平"。市场经济是竞争性经济，效率是市场经济的灵魂，效率优先是市场经济的本性，只要我们选择了市场经济的道路，我们就是选择了"效率优先，兼顾公平"的基本准则。坚持"效率优先，兼顾公平"原则，就是坚持机会公平或起点公平优先，兼顾分配结果的公平。"起点公平以承认人的差异为前提，能激发人的积极性，为社会做出更大的可供分配的'蛋糕'，奠定收入分配结果公平的物质前提。如果片面强调结果公平，抹杀了人的自然禀赋差别，损害效率，那么社会'蛋糕'会越来越小，甚至无'蛋糕'可分。公平分配不等于平等分配，形式上的结果公平一般总是造成事实上的不公平。"② 坚持"效率优先，兼顾公平"就是坚持宏观公平优先，兼顾微观公平。"坚持这一观念将有助于人们对收入的攀比转化为对投入的攀比，反对收入的期望转化为对机会的期望，把对收入的竞争转化为对投入

---

① 陶卫华：《吴敬琏谈中国改革30年》，人民网，2008年4月7日。
② 杨强：《中国个人收入的公平分配》，社会科学文献出版社2007年版，第393页。

的竞争。"①

坚持"效率优先，兼顾公平"就是坚持市场在经济建设中的基础性地位，政府应服从和服务于市场，而非凌驾于市场之上。新中国成立以来，计划经济搞了二三十年，市场经济也搞了二三十年，中国的老百姓认同什么样的道路和什么样的游戏规则，他们能够理解什么，又不能容忍什么，搞清楚这些基本问题，才能从根本上搞清当前社会主要矛盾的性质和根源。农民花钱从人贩子手中买老婆，不仅不理解公安人员的解救行为，反而认为拿钱买老婆是公平合理、理所当然的事情。茅于轼先生以此为例指出，中国的农民很认同市场，并且，对市场原因造成的不公平还比较能宽容，而对以公权侵犯私权，以权谋私和贪污腐败则最不能容忍。"当今之所以收入分配成为紧迫问题，恐怕与政府缺乏廉洁和可信度有关。它不是一个经济问题。"②认清分配不公问题的根源不在市场和效率，而在破坏市场和效率的腐败、垄断等政治行为，我们就会清醒地认识到解决问题的根本出路在哪里。

坚持"效率优先，兼顾公平"就是坚持解放和发展生产力，并最终实现共同富裕的正确道路。"一部分人，一部分地区先富起来"体现的正是效率优先的原则；而"消除两极分化，最终达到共同富裕"则正是坚持"效率优先，兼顾公平"的必然结果。邓小平"先富论"的着眼点正是在于通过适当拉开收入差距，优先促进效率的提高；而共同富裕并非同步富裕或同等程度的富裕，而是有先后次序，有差别程度的富裕。只有部分人、部分地区先富起来，国家有了稳步增长的税收才能具备进行宏观调控公平问题的财力，才能更有效地兼顾社会公平的目标。因此，"效率与公平的兼顾协调的过程正是共同富裕实现的过程。"③

否定"效率优先"就是否定市场优先，就是否定我国市场经济的基础性地位。在市场经济这个大背景下，我们只有强调"效率优先，兼顾公平"，坚持市场配置的基础性地位，让政府服从和服务于市场，把"看不见的手"和"看得见的手"有机结合起来，才能最终实现市场的高效率和社会公平的最大化。④

3. "效率优先、兼顾公平"原则的学界交锋启示

综上所述，笔者认为，从以上的分析和简述中我们可以得出两点启

---

① 杨强：《中国个人收入的公平分配》，社会科学文献出版社2007年版，第394页。
② 茅于轼：《一个经济学家的良知与思考》，陕西师范大学出版社2008年版，第29页。
③ 杨强：《中国个人收入的公平分配》，社会科学文献出版社2007年版，第200页。
④ 参见肖仲华《效率与公平关系再认识》，《江汉论坛》2009年第2期。

示。第一个启示是,一个重要观点或者重大社会政策的提出应该进行充分的讨论和全面的论证。"效率优先,兼顾公平"是一个跨学科的观点,经济学注重效率,因此经济学界赞同这个观点的人就比较多;而政治哲学、伦理学、社会学则更加关注社会公平,因而这些学科领域的专家学者多持不赞同"效率优先,兼顾公平"的看法。两种不同的立场和观点一直未停止过争论。近年来,以刘国光为首的经济学家也开始反思这一观点,并提出了使之"淡出"的意见。从实际效果来看,争论是积极有益的,它使我们对效率与公平的关系有了更加全面和深入的理解和认识。第二个启示是,在任何时候、任何情况下都不能忽视社会公平,更不能用损害公平的办法来发展经济。正如罗尔斯的名言所说:"正义是社会制度的首要价值,正像真理是思想体系的首要价值一样。"世界银行的专家就曾因为"为什么公平很重要"这一问题而深感被冒犯而头痛,因为他们认为答案应该是"当然是"。一位与会专家认为,正是这个问题表明"我们对不公平可怕的容忍到了令人恐惧的程度"。[①]

(三)"效率优先、兼顾公平"原则的深刻反思

1. "效率优先、兼顾公平"原则的理论反思

列宁曾经说过,真理都有一定的适用范围,超出这个范围,哪怕是向前跨出一小步,真理也会变成谬误。"效率优先、兼顾公平"在一定范围内有其一定的合理之处,但从严密的理论逻辑来看却有明显的不足。

第一,"效率优先、兼顾公平"的提出来源于人性自私的经济学假设。众所周知,标准的经济学模型有一个最基本的假设,即所有个体在物质上都是自私的。然而,这个假设是没有根据的。马克思和涂尔干[②]在理论上曾对国民经济学把自我主义、个人主义当作社会秩序的基础做了深刻的批判。他们强调指出,社会并不是原子式的个人的集合体,而是具有相互依存关系的统一体。"自私"是丛林法则,而不是人类社会的法则。

世界银行《2006 年发展报告:公平与发展》在总结 10 年来许多可控实验结果以及近期经济学研究的成果的基础上指出,世界上不同的文化和宗教或许在许多重要的方面有所不同,但它们都在关注公平与公正,公正是人们的一种偏好。该报告还举一个有趣的例子,对卷尾猴交易实

[①] 世界银行:《2006 年世界发展报告:公平与发展》,清华大学出版社 2006 年版,第 3 页。
[②] 爱米尔·涂尔干(法语:Émile Durkheim,1858—1917),又译迪尔凯姆、杜尔凯姆等,是法国犹太裔社会学家、人类学家,与卡尔·马克思及马克斯·韦伯并列为社会学的三大奠基人,《社会学年鉴》创刊人,法国首位社会学教授。

验，试验结果表明，连卷尾猴也不喜欢不公平。有关专家对几个经合组织（OECD）国家进行调查后发现，多数高收入国家的不同职业的公民表现出对平等的强烈偏好：他们认为较低收入的职业应该得到更多报酬，而较高收入的职业应该适当降低其收入。对于经济增长与减贫之间的强相关性，有关专家的研究也指出，不平等程度的降低有助于总体上减少贫困。① 另外，"最后通牒"的实验也表明，大多数人都倾向于公平的。

第二，发展与效率优先不能等同。主张"效率优先、兼顾公平"论断的学者认为，生产力是社会发展的决定力量，提高生产力必须提高劳动生产率，所以就要效率优先。这里存在一个逻辑上的跳跃，把效率的提高等同于生产力的发展，等同于经济的增长。实际上，效率可分为技术效率和经济效率。前者指的是一种物质生产的联系，同样的物质投入（如能源与劳动时间）生产出更多的产品，或者说较少的物质投入生产出同样多的产品。而经济效率指的是以金钱计算的成本与产值的关系。理论上讲，这两种效率在完全竞争的市场下是一致的。可是由于现实的社会并非完全自由的市场，因此，"技术效率"往往与"经济效率"有别。虽然在资本主义的发展过程中，经济的增长往往与技术效率的改进同步出现。但是，经济的增长并不必然由于技术效率的提高所致，因为存在另一种因果关系，即经济增长带来了机器设备的改善、投入增多，而因此导致技术效率的提高。一般来说，技术效率的改进大多带来经济效率的增长。但是，经济效率的增长并不一定带来技术效率的改进，而且即使能够，也并不必然能够带来经济的发展。② 比如说，经济效率的提高有可能是裁减员工、削减福利而来的，也有可能是压低承包者费用而获得的，这实际上是进行了一次收入的再分配，把劳工所得一部分转化为企业家或管理者的收入，因此基本上是一个零和游戏，对整个社会来说其实没有增加或贡献什么。甚至，裁减的员工由于失去工作，而健康状况恶化、教育支出减少，或者走上犯罪道路，增加了社会的不稳定。因此，从理论上看，"效率"（不论是经济效率还是技术效率）与经济发展并不一定有必然的因果关系。

从实际上看，历史上个别的资本主义地区或企业之所以能够取得成功的发展，往往得力于"效率"以外的其他因素，包括拥有特殊的垄断地位，与掌握暴力手段的集团维持友好关系，处身于良好的政治地理位置，

---

① 转引自世界银行《2006年世界发展报告：公平与发展》，清华大学出版社2006年版，第80—88页。

② 许宝强：《资本主义不是什么》，上海人民出版社2007年版，第48页。

巧逢难得的发展机遇，等等。① 既然效率的提高并不必然导致经济的增长或者或生产力的提高，所以效率对生产力的增长并没有必然的优势，不具有优先性。已经有许多实例证明，在促进公平的情况下，更加能提高效率。如建国初期，工人、农民的解放，成为生产资料的主人，分得土地，促进了生产力的巨大发展。从当前的现实也可以看出，很多情况也是如此。一些私营企业之所以具有比国有企业更高的效率，也许有很多原因，但其承担的税收和社会保障负担远比国有企业轻，却是一个至关重要的和不可忽视的因素。另外，权钱交易、垄断从经济效率来说无疑是最大的，但却是不合理的，不公平的。公平是实现竞争的前提，是保证社会有序发展的基础，没有这个前提，只谈微观效率，只能使社会处于野蛮状态，市场配置资源的作用就不可能充分实现。

第三，从效率与公平的内涵、外延可以看出，效率主要是经济问题，而公平则不仅仅是经济问题，也是政治问题、文化问题、社会问题，二者不在同一个层次，显然并不截然对立、此消彼长。主张"效率优先、兼顾公平"实际上是把一种特殊情况下存在的现象当成普遍现象，否认了二者可以并重，也否认了公平在某种情况下可以优先的可能性。

当然，正确处理效率与公平的关系也并不意味着在任何时候任何情况下都不能讲效率优先。中国著名经济学家刘国光指出："效率优先"不是不可以讲，但应放到应该讲的地方去讲，应该在生产领域中而不是分配领域中讲。效率、效益、质量等一系列概念是与速度、投入、数量一系列概念相对应的。我们现在转变增长方式的方针，就是要求把质量、效益、效率作为发展的最主要因素，而把投入、数量和速度放在适当的地位。我们不能主要靠拼投入、增数量来实现经济增长，这符合正确的"发展才是硬道理"的大道理。不是任何发展都是大道理，不讲效益、质量的粗放式发展就不是大道理。②

徐秀红也认为，"效率优先，兼顾公平"的理论缺陷主要表现在："效率优先，兼顾公平"割裂了公平与效率的关系，"效率优先，兼顾公平"颠倒了手段与目的的关系，"效率优先，兼顾公平"混淆了生产力与生产关系的关系。"效率优先，兼顾公平"的提法同和谐社会的本质相悖，"效率优先，兼顾公平"的提法同以人为本的理念相抵触，"效率优先，兼顾公平"的提法同加强政府的调节职能相违背。因此，"效率优先，兼顾公

---

① 许宝强：《资本主义不是什么》，上海人民出版社2007年版，第49页。
② 参见陈志刚《公平正义是社会主义制度的首要价值》，《重庆社会科学》2008年第6期。

平"的提法应该淡出。①

2. "效率优先，兼顾公平"原则的实践反思

应该承认，在改革开放之初，提出"效率优先，兼顾公平"的原则有其合理之处，它调动了人民群众的积极性，推动了经济的飞速发展，为保障公平提供了坚实的物质基础。但是，"效率优先，兼顾公平"的提法，由于把公平放到了一个兼顾的位置上，不仅从认知角度上难以成立，而且从实际后果上看也是有害的，在实践中的负面效应不可低估。

既然效率优先，党和政府所关注的就主要是如何使经济领域的效率更好些，至于社会的公平正义问题兼顾一下就行了。理论界、学术界也出现了代表不同利益集团的声音，一个叫优先，一个叫兼顾，一个是第一位，一个是第二位，这就有意或者无意地贬低、轻视社会公平和公正，社会分配不公问题就愈益泛滥，两极分化的趋势就日趋严重起来，政府实际成为投资人追求效率的工具。在这一过程中，中央虽然一再强调，先富要带动和帮助后富，注意防止两极分化，但是随着经济的发展，社会分配不公和两极分化问题，正逐渐上升为一个突出严重的社会问题。邓小平曾经在1992 年的南方讲话中就提醒我们，发展过程中要重视社会公平，如果我们到了两极分化，我们的改革就失败了。

由于理论上对效率的过分倚重，导致在实践中对效率的片面追求，从而在现实中放弃了公平。在现实生活中，当我们强调效率优先时，常常是放弃对公平的兼顾；兼顾公平被曲解为放弃公平，导致了社会收入分配不公，贫富差距扩大。据时任国家统计局局长马建堂介绍称，中国全国居民收入的基尼系数，② 2003 年是 0.479，2004 年是 0.473，2005 年 0.485，2006 年 0.487，2007 年 0.484，2008 年 0.491，2009 年 0.490，2010 年 0.481，2011 年 0.477，2012 年 0.474，③ 2013 年是 0.473，④ 2014 年是 0.469。⑤ 这表明我国的基尼系数已远远突破 0.4 的国际警戒线。据世界银行的报告，中国是世界上基尼系数增长最快的国家之一，这显示经济高速增长的成果并未被社会各阶层所共享，而是绝大部分财富聚集在少数人手

---

① 徐秀红：《对"效率优先，兼顾公平"的反思》，《山东社会科学》2006 年第 12 期。
② 基尼系数，意大利经济学家基尼（CorradoGini，1884—1965）于 1912 年提出，是国际上用来综合考察居民内部收入分配差异状况的一个重要分析指标。它是一个比值，数值在 0 和 1 之间。基尼系数的数值越低，表明财富在社会成员之间的分配越均匀。一般发达国家的基尼系数在 0.24 到 0.36 之间。
③ 《统计局：去年基尼系数 0.474 收入分配改革更紧迫》，中国新闻网，2013 年 1 月 18 日。
④ 《统计局：2013 年全国居民收入基尼系数为 0.473》，中国新闻网，2014 年 1 月 20 日。
⑤ 《国家统计局：中国 2014 年基尼系数 0.469》，中国新闻网，2015 年 2 月 27 日。

里。据国家统计局资料显示，我国最富裕的10%的人口占有全国财富的45%；而最贫穷的10%的人口所占有的财富仅为1.4%，并且贫富差距在未来十年还将进一步扩大。①

《中国民生发展报告2015》显示，中国目前的收入和财产不平等状况正在日趋严重。近30年来，中国居民收入基尼系数从80年代初的0.3左右上升到现在的0.45以上。而据CFPS②2012资料估算，2012年，全国居民收入基尼系数约为0.49，大大超出0.4的警戒线。财产不平等的程度更加严重。估算结果显示，中国家庭财产基尼系数从1995年的0.45扩大到2012年的0.73。顶端1%的家庭占有全国约1/3的财产，底端25%的家庭拥有的财产总量仅在1%左右。李建新等人在《报告》中阐述，上述不均等现象无论从社会结构、社会阶层视角，还是跨城乡、跨地区的视角去度量，都显现出扩大的趋势。这些问题亟须得到有效解决，否则很有可能威胁到社会的稳定，进而成为未来社会发展的瓶颈。③

收入分配问题是涉及社会成员切身利益的最大问题，收入分配是否合理是衡量社会是否公平的主要标准。收入分配不公，从浅层次看是个经济问题，是由经济体制改革过程中的多种因素造成的；从深层次看，它则是政治问题和法律问题。因为收入分配不公的主要原因，是权力运作不规范，从而造成相关权利得不到充分保障。一方面由于权利得不到保障，导致劳动力价格被长期压低扭曲。改革开放以来，资本作为稀缺的生产要素，在参与收入分配方面得到了一系列的优惠待遇，但对劳动力这个最重要的生产要素，在收入分配方面却没有得到充分的体现。有资料显示，自20世纪80年代至今，劳动收入在GDP中的比重，已经从15%下降到12%。在一些城市，劳动工资十几年来都没有变化。在参与分配的各种生产要素中，劳动者的待遇最低，分配的绝对值最低。这种分配制度无疑使相当一部分劳动者在激烈的市场竞争中沦为弱势群体。另一方面，在国有企业改制中，有些人与主管部门联手，暗箱操作，以畸低的价格收购国有企业，一夜之间成为富翁。国有独资公司或控股公司，在现代企业制度不

---

① 转引自蔡静诚《增加劳动者收入是和谐社会建设的重要方面》，《理论月刊》2006年第4期。
② 中国家庭动态跟踪调查（Chinese Family Panel Studies，CFPS）是北京大学中国社会科学调查中心（ISSS）实施的一项旨在通过跟踪搜集个体、家庭、社区三个层次的数据，反映中国社会、经济、人口、教育和健康的变迁，为学术研究和政策决策提供数据为目标的重大社会科学项目。
③ 《北大报告：1%家庭占有全国1/3的财产》，中国青年网，2016年1月14日。

完善，缺乏监督和制衡的情况下，推行所谓的管理者"年薪制"，企业领导人自定薪水，自己给自己定"工资"。金融、通信、石油、电力、铁路、邮政等垄断行业和部门，为了自己获得高收入，毫无根据地高收费和乱涨价，这种靠牺牲公众利益来维持本行业高福利和高收入的行为，难道是公平吗？这些问题的存在能说与"效率优先"没有关系吗？在合法外衣的掩护下，一些人不择手段、不计成本地谋求地方利益、个人利益，致使劳动者的合法权利被剥夺。"效率优先，兼顾公平"成为一些权贵们侵吞公共财产，巧取豪夺、化公为私的借口和"遮羞布"。实践证明，"效率优先，兼顾公平"的提法并没有带来高效率，否则，党中央就不会在"十一五"规划建议中提出，要以"低投入、低消耗、低排放和高效率"来转变目前的高投入、高成本、高消耗、高污染和低效率的经济增长方式。而且，党的十六届五中全会强调，要"更加注重社会公平，加大调节收入分配的力度，努力缓解地区之间和部分社会成员收入分配差距扩大的趋势"。

事实上，由于我们对效率的片面理解和泛化执行，在实际实施这一原则时就出现了一系列较为严重的社会问题。第一，由于强调效率优先，主张物质刺激，对精神方面的追求没有给予同等的重视，以致出现了人文精神的失落，重理工轻人文社会科学的现象。第二，由于关注比较多的是经济效率，而对技术效率、生态效益以及人的健康没有给予同等的重视，以致生态环境破坏和资源浪费严重，血汗工厂、黑煤窑在一些地方屡见不鲜、屡禁不止。第三，由于把效率优先的思想和市场的逻辑被泛化，以致在政治、文化、社会领域也出现了不正常的现象，政治生活中权力寻租泛滥，教育、医疗、住房都推向了产业化，社会公益性事业衰落，人民群众的教育、医疗、住房的基本权利没有得到应有的保障。第四，由于公平问题没有得到应有的重视，改革开放以来，我国由世界上最平等的国家变成了世界上最不平等的国家之一，贫富分化现象十分严重。所有这些问题已经成为影响国家长治久安与社会和谐的重大因素。① 党的十七大、十八大正是在反思这些问题以及我们以往的发展模式的基础上，对公平与效率关系上作出了新的定位和调整。公平与效率关系的调整，既是党中央认识不断深化的结果，更是顺应不断发展的新实践的需要。当然，十分重要的是，改革开放以来我们的经济建设取得了巨大的成就，这为我们进一步推进社会公平提供了坚实的物质前提。

必须指出，强调公平不是简单地拉平抹平，并不是回到以前的平均主

---

① 陈志刚：《公平正义是社会主义制度的首要价值》，《重庆社会科学》2008年第6期。

义（平均主义恰恰是最不公平的）；而是承认差别，把差别限制在合理的范围内。和谐社会的公平，要求的是在坚持权利公平、制度公平、机会公平、教育公平的基础上，建立一个完善的社会公平保障体系。在中国这样一个法治不完善的环境下建立市场经济，如果不强调社会主义的公平精神和社会责任，如果忽视共同富裕的方向，建立起来的市场经济就必然是人们所称的权贵市场经济、两极分化的市场经济。我们要搞市场经济，但不能搞市场社会，强调社会公平是对市场经济自发性的有效制约。

二 "效率优先、兼顾公平"原则的历史评价

（一）历史的合理性与积极意义

"效率优先，兼顾公平"是中国特殊时期的一个提法。应当承认，这一提法对于当时的中国社会产生了重要的积极影响。这一提法形成于80年代中期，流行于90年代。"效率优先，兼顾公平"的主要意思是，就经济效益问题和公平问题两者的关系而言，经济效益问题是最为重要的，是第一位的，要优先于公平问题；但是，公平问题也并不是可有可无的事情，它属于应当被予以"兼顾"范围内的事情。而"效率优先，兼顾公平"提法中所谓的"兼顾公平"，顾名思义，无非包含这样两层含义：其一，应当在重点关注经济效益的同时，也不要忽略公平问题，对之应当予以适当的关注；其二，当经济效益问题和公平问题两者间出现抵触、矛盾甚至是对立的时候，应当首先考虑前者而不是后者，推之极端，有时甚至为了确保"经济效益"可以暂时地牺牲"公平"。

"效率优先，兼顾公平"提法是在中国特定的历史条件下形成的。当时，中国真正的现代化建设刚刚开始，中国社会的市场经济因素只是初露端倪，而"效率优先，兼顾公平"的提法恰恰是顺应了这一历史发展的趋势。在这样的一种情形之下，"效率优先，兼顾公平"的提法具有无可争辩的历史合理性，对于推动中国社会经济的发展具有极为重要的意义。这主要表现在以下几个方面：

第一，有助于人们冲破原有的计划经济体制的束缚，开始形成经济领域在整个社会经济生活中的重要地位，并形成市场经济体制。从一定意义上说，中国原有的计划经济体制是一种行政的、"人为"的经济体制。就其地位来说，计划经济体制是一种"从属"性的经济体制，强调经济对于政治的"服从"。计划经济体制是同"以阶级斗争为纲"的时代中心相吻

合的。这就使得中国经济的发展长期以来不可能按照自身的规律向前推进。从计划经济体制本身来看，所谓的"计划"又具有自上而下的行政强制性，而且，"计划"包括了国民经济的各个领域、各个细节。这不仅由于缺乏一个完整、精确的信息反馈机制和行为调整机制而不可能具有可行性，而且还由于生产单位与劳动者缺乏经济利益的独立性而降低甚至丧失了其生产积极性。计划经济体制在其实际的运作中，把人仅仅视为庞大的计划体系中的一个被动部件，要求社会成员为了未来而牺牲现在，要求劳动者的无偿付出和服从。这样一来，经济发展进程的大幅度起伏、经济的低效性以及社会成员低质量的生活方式便成为计划经济体制时代的明显特征。而"效率优先，兼顾公平"的提法则强调经济在整个社会经济生活中的中心地位，反对经济的从属性地位；强调经济发展自身的自主性，反对行政权力对于经济的全面干预；强调社会成员经济利益的重要性，反对对于这一事情的漠视。这样，便从理论依据的层面上否定了计划经济体制存在的"合法性"，提高了经济在整个社会经济生活中的位置，普遍增强甚至是强化了社会成员的经济意识，从而有力地消解了计划经济体制并有力地推动了中国市场经济体制的建立。因此，中国市场经济体制的确立过程同"效率优先，兼顾公平"的提法是密不可分的。

第二，有助于冲破、消解平均主义式的、绝对的平等观。改革开放以前，中国社会所认同的是一种平均主义式的、绝对的平等观。这是一种畸形的平等观。当时，由于整个社会过于重视阶级成分，因而对于个人的基本权利自然也就会过于看轻。相应的，个人的能力、个人的独特利益以及个人的多个层次的需求（如生理的、安全的、归属的、尊严的、自我实现的等多个方面的需求）也就没有多大的意义了。再者，当时社会经济发展的水平比较低，可用于分配的社会经济资源极为有限，因而在这样的条件下，如果要刻意地创造一个公正社会的话，那只会创造出一个貌似"平等"的平均主义社会，而远远不可能是真正的公正社会。基于前述情形，当时的社会对于个人只能是看重结果的均等、最终状态的相似，即"相似的获得"、平均的分配。当时，个人的收入非常相似。以职工收入为例，在20世纪60年代至70年代中期，作为职工个人收入基本来源的工资数额大致上被固定化了，很少出现增长的情形；而且，国民经济各部门全民所有制单位里的正式职工的平均工资也比较接近，差距很小。实际上，这也是一种剥夺，是贡献较小者、能力较弱者对贡献较大者、能力较强者在机会占有方面、在劳动成果分配方面的剥夺。"效率优先，兼顾公平"的提法则体现了一种与绝对的平等观完全不同的观念。这一提法旨在充分地调动每个社会成员的积极性,多劳多得,将分配状况同每个人对于经济效益的实际贡献直接联系起来。由于这一提法认可社会成员之间在分配方面可以存在着明显的差别,因而也就相应地会认可社会成员在生活状态方面应当有着明显的差别。总之,与绝对的、畸形的平等观所不同的是,这一提法看重的是人们在分配结果上的差别、在最终生活状态上的相异。重要的是,"效率优先,兼顾公平"的提法在中国实际的社会经济生活中付诸了实施,对于中国的改革开放过程产生了重要的影响,因而从根本上冲击、消解了平均主义式的、绝对的平等观。显然,在中国社会形成与市场经济相适应的、现代的公正理念的过程中,"效率优先,兼顾公平"的提法是一个必要的过渡,是一个必不可少的重要环节。

第三,在客观上印证了发达的经济基础对于实现真正公正社会的极端重要性。真正意义上的公正只有在现代化的条件下才能实现。只有以高度发达的生产力和完善的市场经济体制为基础,一个社会才能具备相应的社会经济资源,才能为社会公正的充分实现提供必需的方式和途径。发达的物质基础是现代意义上的公正社会的支撑构架。我们注意到,马克思恩格斯在谈论公正社会时,总是把高度发达的物质条件作为最为重要的前提性条件。"通过社会生产,不仅可能保证一切社会成员有富足的和一天比一天充裕的物质生活,而且还可能保证他们的体力和智力获得充分的自由的发展和运用。"① 中国若想建成一个公正的社会并避免重蹈平均主义的覆辙,就必须极为重视公正社会得以确立的前提性条件问题——大力发展生产力,建立完善的市场经济体制,奠定一个雄厚的现代经济基础。舍此,事关现代意义上的公正的一切问题将无从谈起。"效率优先,兼顾公平"的提法将发展经济的事情提到了一个空前的高度,将之视为中国社会的至关重要的事情。这种做法在中国历史尚属首次。这就在一个特殊的时期即中国现代化的初始时期、中国市场经济的发育时期,有力地推动了中国社会由原来的"以阶级斗争为纲"为时代中心任务向以经济建设为时代中心任务的转变,并为社会公正的实现准备了某种必要的前提条件。

总之,"效率优先,兼顾公平"的提法在当时的历史条件下,顺应了时代的发展趋势,起到了解放生产力、发展生产力的重要作用,有效地推动了现代化的建设和市场经济体制的建立,冲击、消解了平均主义的、畸形的平等观,并为真正的、现代的公正观的形成进行了有效的铺垫。对于

---

① 《马克思恩格斯选集》第 3 卷,人民出版社 1979 年版,第 757 页。

"效率优先，兼顾公平"提法的历史合理性和积极的作用应当予以充分的肯定，否则便不是历史唯物主义的态度。

（二）历史的局限性与消极意义

"效率优先，兼顾公平"的提法是中国社会特定历史阶段的产物。当时，中国真正的现代化建设刚刚开始，市场经济的因素还只是处在初步发育的阶段。作为一个同"不成熟"时代相吻合的提法，"效率优先，兼顾公平"必然会伴随着时代的前进而渐渐表现出其"不成熟"的一面。时过境迁，随着中国现代化进程的逐渐深入，随着中国市场经济体制的逐步建立和完善，随着中国社会大量新问题的不断出现，随着人们认识能力和判断能力的不断提高，当我们重新审视"效率优先，兼顾公平"的提法时，就会发现，这一提法具有明显的不成熟的色彩，甚至算不上是一个规范的提法。"效率优先，兼顾公平"的提法本身就包含着明显的认识上的偏颇和历史的局限性，这主要表现在以下几个方面：

第一，这一提法颠倒了发展的基本价值目标与发展的基本手段、基本途径的关系，没有看到以人为本基本理念的极端重要性。这恐怕是"效率优先，兼顾公平"提法的最为严重的缺陷，也是这一提法之所以存在其他诸多失误的根本症结之所在。"效率优先，兼顾公平"的提法将经济效益问题放到了一个过于绝对化的地步，实际上是将之视为发展的基本目的。它没有看到，发展应当是以人为本位的发展，而且应当是以绝大多数人为本位的发展。以人为本是现代社会的基本理念。以人为本强调发展的基本目的是为了人，为了全体社会成员。人是发展的基本立足点和落脚点。只有以人为本位，方可解决社会经济发展的最终目的这一根本性的定向问题。在现代社会的条件之下，以人为本位的发展应当具体表现为人人共享、普遍受益。人人共享、普遍受益的含义是，社会发展的成果对于绝大多数社会成员来说应当具有共享的性质，即：随着社会发展进程的推进，每个社会成员的尊严应当相应地更加得到保证，每个社会成员的潜能应当相应地不断得以提高，每个社会成员的基本需求应当相应地持续不断地得以满足，其生活水准应当相应地得以不断的提高。相反，如果社会财富越来越集中在少数社会群体少数社会成员一方，那么就说明社会发展的成果只是为少数社会群体少数人所享用。而这样的发展不是真正的发展，而是另一种意义上的"无发展的增长"。"增长是达到目的的手段，而不是目的本身。目的本身包括消除贫困、文盲和疾病，拓宽人类选择的范围，增强人类控制自然环境的能力，从而增加自由。"[①] 既然社会发展的基本宗旨是为了绝大多数的人，那么，人人共享、普遍受益就必然成为社会发展的基本价值目的。而要实现发展的基本价值目标，就必须大力发展经济。而发展经济是实现发展基本价值目的的基本途径和基本手段，是从属于前者的。因此，如果将目的和手段的关系颠倒开来，便会使发展进程走形，无法满足绝大多数社会成员的基本需要。如是，"效率优先，兼顾公平"的提法便包含了两种负面的可能性：其一，程度不同地破坏作为人的基本生存和发展所必不可少的自然环境和生态。其二，必然会使发展进程走形，无法满足绝大多数社会成员的基本需要，同时也会使发展失去了最为重要的动力源泉。

第二，这一提法混同了基本制度和具体政策这两个层面上的社会公正问题。"效率优先，兼顾公平"的提法实际上只是将社会公正问题归于一个层面上的问题，即：只是从具体政策的层面上，亦即公平和效率两者关系的层面上来分析公正问题的意义。这种做法不够全面，也容易引起一些误解和不必要的争论。实际上，社会公正的意义表现在基本制度安排和具体政策制定这样两个层面上。对于这两个层面上的社会公正问题不宜混淆。

社会公正的第一个层面上的问题是，现代社会在基本制度设计和安排方面，必须以社会公正这一基本理念为基本依据和基本出发点。在这一层面上，公正是最为重要的，不存在公正与效率何者优先的争论问题。比如，像民主、自由、公正、法治、平等、博爱的基本价值观是不少国家和地区宪法和法律等基本制度安排的基本依据，很难想象把这样一些重大的核心价值观和基本制度安排的问题当成"兼顾"的事情来对待。一个社会的"正常运转"有赖于体系化的规则体系的存在。而一个社会中最为重要的规则体系就是制度。就制度的设计与安排而言，需要有基本的价值理念作为其依据。在现代社会，制度设计和安排的基本价值理念依据只能是公正。所以，现代社会中基本制度的设计与安排，必须以公正为依据。否则，便会成为一个"不定型"的社会，或是一个畸形化的社会。显然，基于社会公正的制度安排是现代社会的基本制度安排，它涵盖了现代社会当中所有的制度安排包括公正的经济制度、公正的社会制度和公正的政治制度等。在此层面上，社会公正是最为重要的，不存在公正与效率何者优先

---

① 〔美〕基思·格里芬：《可供选择的经济发展战略》，倪吉祥等译，经济科学出版社1992年版，第211页。

的争论问题。对此,不宜作功利性的理解和短期化的修正,否则便背离了现代社会的基本制度安排。比如,类似于法律应当为经济建设保驾护航的提法就十分错误,它实际上是将基本的制度安排从属于一项具体的事情,因而必将造成诸如社会的无序、社会发展宗旨的背离等严重的负面效应。

社会公正的第二个层面上的问题是具体的政策制定。这主要涉及我们经常谈论的公平与效率的关系问题,也就是在不同的历史时段当中,经济效率和分配再分配两者的分量孰轻孰重的问题。由于在不同的历史时段可供社会再分配的社会财富不仅不相一致,而且由于社会经济各个环节也不可能保持完全一致的"均衡发展",由于公众在不同的历史时段的具体需求也有所差异,所以,在某个具体的历史时段当中,公平与效率便会出现难以完全兼顾的问题。在这样的情形下,有必要突出地或重点地解决公平或效率的问题。正是从这个意义上讲,在不同的历史时段具体政策的重心往往会出现有所偏重的情形。比如,在中国的市场经济初期阶段,为了从根本上消除计划经济体制和平均主义的影响,倡导"效率优先,兼顾公平"的政策取向是具有历史进步性和历史合理性的。

第三,这一提法忽略了经济领域的基本规则问题。当时为了寻求对于计划经济体制以及平均主义公正观的有效突破,为了普遍增强整个社会的经济意识,出于策略上的考虑,使用某种矫枉过正的做法,如特别地强调一下"效率优先,兼顾公平",应当说是很有必要的。但是,应当看到的是,长时期的矫枉过正有可能会造成新的偏颇。严格地说,所谓"效率",只能是经济发展的一个重要目标、一种状态;"效率优先"则只是特定的经济发展时期的一种策略安排,而"兼顾公平"中的"兼顾"又会在现实社会经济生活中造成效率与公平之间很大程度上的脱节。显然,"效率优先,兼顾公平"的提法远远不可能说明经济发展的基本规则。问题的重要性在于,在经济领域遵循什么样的规则,才能达到"效率"目标,实现这种策略安排,"效率优先,兼顾公平"的提法没有予以必要的、起码的说明。实际上,在现代化和市场经济的条件下,只有遵循机会平等、按贡献分配等公正的原则,才能达到一种经济上的较高"效率"的目标和状态,实现一种有效率的经济状态。这一点,已经在现代化程度较高和市场经济比较完善的国家和地区已经得到了验证。如果只是仅仅寻求"效率",而不遵循必要的公正规则,那么,便有可能导致一些社会成员、一些社会组织使用种种不公的方式如特权、垄断、寻租等等以获得短期的效率,从而造成一种畸形、有害的经济状态,而不是一种健康的经济状态。如是,也许在短时期里,确实会取得某种"效率",但从长远考虑,必将会造成整个社会的低效率，并危机整个社会的生存。由此可见，即便只是在经济领域，"效率优先，兼顾公平"的提法也只能说是具有部分的合理性，而不能够成为一个完整的、科学而全面的命题。

第四，将这一提法泛化并覆盖非经济领域，更是犯了以偏概全的错误。本来，即便是在经济领域，"效率优先，兼顾公平"的提法也有极大的局限性，属于一种短期化的行为取向。如果说这一提法在某个特殊时期对于经济领域还能起到一定的策略上的积极作用的话，那么，对于非经济领域而言，其负面作用则是巨大的。问题的重要性在于，在20世纪中国的80年代中期以后至90年代的大部分时间，这一提法几近风靡了全社会，几乎覆盖了中国社会的所有领域。在这种提法的影响之下，"创收"成为许许多多非经济领域人们所极为感兴趣的流行语。为了增加员工的经济收入，许许多多的非经济部门、单位实际上均以经济效益为第一目标，以至于出现了一些社会公共管理事业部门、一些高等教育院校、一些医疗部门等利用行业垄断的地位或是行业优势而索取高额利润、巨额收益的情况。就连一些原本纯属社会公共事业的教育部门，也一度提出了"要进入经济建设的主战场"的口号。这是一种极为荒唐有害的做法。社会的各个领域有着不同的分工，像经济领域自然应是以经济效益为重要的目标取向，而非经济领域则应当是以社会效益为重要的目标取向。一旦将不同领域的目标取向搞混、同一化，那么，整个社会便会不可避免地出现程度不同的无序状态，社会的正常运转与健康发展将会深受其害。

第五，这一提法忽略了社会全面发展的重要性，没有看到发展是一个整体化推进的过程。"效率优先，兼顾公平"的提法显然是把经济效益放到了一个无以复加的地步，几乎成为全部发展的代名词。这是一个对于经济问题非常片面和肤浅的理解，也是被大多数国家和地区发展经验包括我国改革开放以来30多年的发展经验已经证明是错误的做法。随着发展进程的深入，社会的分化越来越明显。社会的各个层面、各个环节愈益复杂化，其分工愈益明显。重要的是，社会同时呈现出一种日益加强的整合趋势，社会的各个层面、各个环节之间的相互依赖、相互制约、相互促进的有机性日趋增强。社会中的任何一个层面或环节如若脱离其他层面或环节的有效支撑就无法存在与发展。因此，不存在单方面突进、单方面长足发展的可能性。发展是社会各个层面、各个环节如政治、经济、文化、教育、社会保障事业、社区等等的协调并进、全面发展，发展是整体有机的推进。社会中任何一个层面、任何一个环节的迟滞都会影响到整个社会的发展。从这个意义上说，与其说发展的速度、规模及效益决定于发展过程中最快的那一个层面与环节，倒不如说是决定于发展过程中最迟缓、最薄弱的那一个层面与环节。著名的"木桶效应"① 理论已经形象无误地告诉了人们这一浅显的道理。正因为如此，所以，如果长时期地停留在"效率优先，兼顾公平"提法的水平上，必定会延误社会的全面发展。

第六，这一提法忽略了作为全社会的代表者——政府对于社会成员应尽的责任。在"效率优先，兼顾公平"的提法中，没有体现出政府对于社会成员所应承担的责任。这不利于社会的正常运转和健康发展。这是一个明显的缺陷。政府是一个国家主要的社会公共权力机构。政府对于社会成员担负着不可推卸的责任与义务。政府的这种责任与义务通过政府对于社会的导向、协调以及直接的管理而实现。尤其是在一个国家的现代化建设和市场经济建设的初级和中级阶段，政府对于社会成员所承担的责任和义务显得更为突出。就此而言，政府的主要责任在于：其一，对社会成员普遍的基本需求有所增益。社会成员的需求是多方面的。政府的政策制定应当基于社会成员这些需求来进行，力求最大限度地满足这些需求。其二，营造公平的社会环境。社会成员之所以在具体处境方面千差万别，原因多种多样，其中既有属于"自然"方面的原因，也有属于社会和历史方面的原因。对于后一方面的原因，社会有责任予以解决。而从长远计，对于这一问题的解决，最为重要的应是营造一个公平的环境，如，应当主动地为社会成员创造一些平等的机会条件，消除社会上的特权因素，制定相应的社会政策，等等，从而为社会成员提供一个公平对待的外部条件。其三，直接为社会弱势群体提供必要的帮助。在社会急剧转型时期，社会弱势群体的成员必定会大量的增加。社会弱势群体所直接面临的问题是怎样才能获得最为基本的生存条件。这是社会调剂所关注的最为直接的事情。因而作为社会调剂任务主要执行者的政府自然应当把这一问题纳入自己重要的议事日程。对于前述种种事情，"效率优先，兼顾公平"的提法均未予以起码的考虑。

第七，这一提法对于社会公平概念的理解和解释有重大偏差。作为一个对社会经济发展全局来说具有十分重要意义的提法，既然要认真为社会公平问题定位，那么就应当对社会公平这一重要概念作出科学合理的解释。恰恰是在这样一个重要问题上，这一提法却作出了十分肤浅和片面的

---

① 木桶是由许多块木板箍成的，盛水量也是由这些木板共同决定的。若其中一块木板很短，则此木桶的盛水量就被短板所限制。这块短板就成了这个木桶盛水量的"限制因素"（或称"短板效应"）。若要使此木桶盛水量增加，只有换掉短板或将短板加长才成。人们把这一规律总结为"木桶原理"，或"木桶定律"，又称"短板理论"。

解释。这一提法或者倾向于将社会公平同平均主义简单等同起来；或者在解释市场经济条件下的社会公平时，只是将社会公平视为机会平等和按照贡献进行分配。对于社会公平的如此理解，过于简单和肤浅。应当看到的是，社会公平既不是平均主义，也并非仅仅限于机会平等和按照贡献进行分配。在现代社会和市场经济条件下，作为以人为本基本理念具体化的社会公平实际上有两个基本的价值取向：一是要让全体社会成员共享社会经济发展的成果；二是要为每一个社会成员提供充分的自由发展的空间。前者的要义在于为每一个社会成员的基本生存和基本尊严提供一个起码的底线，以增进社会合作和社会团结；后者的要义则在于为每一个社会成员的自由发展予以充分的鼓励和支持，以激发社会的活力，充分开发社会潜能。相应地，社会公平是由社会成员基本权利的保证、机会平等、按照贡献进行分配以及社会调剂这样四项基本规则所共同组成的一个规则体系。这四项规则缺一不可。一个社会如果只是遵循社会成员基本权利的保证和社会调剂的基本规则，而忽略了机会平等和按照贡献进行分配这样两项规则的话，那么，这样的社会必定会成为一个平均主义的、逐渐丧失活力的社会。相反，一个社会如果只是遵循了机会平等和按照贡献进行分配的基本规则，而忽略了社会成员基本权利的保证和社会调剂基本规则的话，那么这样的社会必定会成为一个贫富差距越来越大、社会合作程度日益降低、社会隔阂及不满成分日益增多的社会。由此观之，对于社会公平这一重要概念有所偏差的理解，必然会导致对于社会公平在整个社会经济生活当中位置的错误摆放。既然"效率优先，兼顾公平"的提法存在着如此之多的重大理论缺陷，那么，显而易见的是，应当本着与时俱进的精神，适应现代化和市场经济的基本趋势，及时对于这一提法作出必要的调整和修正。况且，纵观任何一个成熟的或者是正在走向成熟的现代社会，无不是将社会公平放到了一个最为重要的地位，而不是一个"兼顾"的位置。这对于我们恐怕不无启示的意义。

（三）实际的负面效应

经过30多年的改革开放，中国社会发生了巨大的改观：中国的现代化进程得到了深入的推进，中国的市场经济体制得以基本的确立，现代观念与市场经济观念逐渐地为中国社会所普遍认同。现在，中国民众普遍关注的事情是如何进一步提升发展的质量、规范市场经济秩序、重视生活的安定以及共享发展的成果。在这样的时代背景之下，如果继续坚持"效率优先，兼顾公平"的提法，便会给中国社会的正常运转和健康发展造成一系列实际的负面影响。这至少表现在：

第一，助长畸形的经济行为。中国社会正处在急剧的转型时期，即在一个相对来说比较短的时期内要完成由传统的社会经济形态向现代的社会经济形态转变、由计划经济体制向市场经济体制转变的双重任务。在这一社会转型时期，旧的规则在逐渐消失，而新的规则又不可能迅速的全面建立起来，于是，新旧规则在一个特殊的时期便出现了一种并存、胶着的状态。这也就难免使整个社会缺乏一个统一的规则体系，造成大量的不规则的经济行为。再者，急剧的社会转型意味着社会成员原来所熟悉的社会环境大规模、急速地变动，在这个变动时期，必定会出现大量的新事物、新观念和新的行为方式。而人们对于这些事物的认同需要经过一个过程。人们对于改革的结果一时不会有比较确定的把握。在这种情形下，人们无法预料自己将来的具体处境，因而也就难免出现一些冒风险的心理焦虑。这些社会焦虑与不规则的经济行为结合在一起，就必定会使整个社会普遍流行一种短期行为。在这样的情形下，"效率优先，兼顾公平"的提法实际上是在强化一种高强度的经济取向，而不是强化一种规则意识，因此，它所助长的必然是一种畸形的经济行为与取向。

第二，加重而不是缓解中国所面临的一些重大的社会问题。随着产业结构的调整与升级换代，随着各个行业、部门为增强经济效益而不断地精减人员，中国社会出现了大量的失业人员和"下岗"职工。这些没有工作的社会成员及其家属，再加上农村里的经济状况处在不利境地的社会成员，共同形成了为数比较庞大的贫困人口人群。另外，由于缺乏公平的竞争机会，由于分配体制的不完善，由于社会缺乏有效的再分配机制，因而中国现阶段的贫富差距迅速拉大。这样，失业与下岗问题、贫困问题、贫富差距过大问题便成为影响中国社会的几个重大的社会问题。实际上，这些重大的社会问题可以归结为一个问题，即社会不公的问题。因此，这一问题如果解决不好，就会造成大量社会离心因素，使得中国的社会安全成为问题；并会严重挫伤劳动者的工作热情，降低中国社会发展的活力。显然，必须将这些问题作为头等大事来对待。但是，"效率优先，兼顾公平"的提法不利于这些问题的解决。这一提法是在将经济效益作为头等大事来对待，而且是在忽略了公正规则的情形之下来强调经济效益问题的，把公正的问题置于一个次属的地位。从客观的角度来看，这一提法有利于"强者"，而不利于弱者，因而无助于社会不公问题的解决，相反，倒是有可能会更加加重社会不公的现象。

第三，延缓了合理、健全的社会政策的制定。社会政策是指政府、执政党及其他政党群体为实现特定的社会目标如公正、福利等以及为解决特定的社会问题而制定的政策，是一系列相关的法律、条例、措施和方法的总称。社会政策的主要功能在于通过政府提供的社会服务政策来协调社会各个阶层、群体之间的利益关系，确保社会的良性运行与健康发展，并使民众的生活质量不断地得以提高。就一般情形而言，一个国家或地区的现代化程度越高、市场经济体制越完善，其社会政策也就越系统、越完善。随着社会经济的发展，中国不可避免地会出现大量的社会问题，中国社会本应注重社会政策的制定和完善。但是，中国的社会政策明显地表现出一种滞后的情形。比如，社会保障政策明显地落后于时代的发展，无法有效地满足社会发展的实际需要。造成中国社会政策落后的原因固然有很多，但主要原因便是"效率优先，兼顾公平"提法的影响。注重社会政策的前提是必须重视公正问题。而"效率优先，兼顾公平"提法的特征之一却是轻视公正问题，至少没有将之放在一个应有的位置，这就延误了中国合理、健全的社会政策的形成。

从以上的分析中，我们不难得出这样的结论："效率优先，兼顾公平"是一个适应于市场经济初步形成时期的提法，曾经对中国社会经济的发展起过积极的重要作用，但是其自身有着明显的局限性。时过境迁，我们应当本着与时俱进的精神，对之作出必要的矫正。同时，需要强调的是，在新的时代条件下，必须把公正放到一个至关重要的位置。公正既是社会经济发展的基本理念，也是一个由基本权利的保证、机会平等、按贡献分配以及社会调剂等原则组成的社会经济发展的基本规则体系。显然，只有立足于公正的基本理念与规则，才有可能既增强社会经济发展的活力，又提升社会的整合程度；才有可能既建立起市场经济的正常运转秩序，又逐渐实现人人共享、普遍受益的社会发展的基本宗旨。[1]

---

[1] 参见吴忠民《"效率优先兼顾公平"提法再认识》，《天津社会科学》2002 年第 1 期。

第三章 关于公平和效率关系的学术争鸣

除了一些学者继续坚持"效率优先，兼顾公平"的观点之外，学术界对于公平和效率两者的关系大致有着如下几种主要的观点：公平与效率统一论、公平与效率对立论、公平与效率主次有别论、公平与效率并重论，当然还有其他一些不同论点。此外，学术界对于公平与效率的关系问题正在进行着多学科的透视研究，研究领域和层次不断拓宽和深入。因此，对当代不同学科视域中关于公平与效率关系的思想观点进行总体概述和总体评价，得出一些重要启示，既有理论研究的当代价值，又有现实的实际指导意义。

一 公平与效率统一论

（一）公平与效率辩证统一论

学术界普遍认为，公平与效率是辩证统一的关系。

王海明认为，从历史唯物主义的眼光看，公平和效率是内在统一的，效率是公平的基础，公平的发展程度归根到底是由生产力发展水平决定的；公平是效率的前提，公平的竞争秩序、平等的社会权利和按劳分配原则的实行，有利于发挥制度激励作用，能够提高经济效益，推动生产力发展，因而公平与效率两者是一致的；公平不仅能最大限度地调动人的积极性、创造性，而且能促进资源的合理开发利用，从而推动效率的提升。"社会越是公平，每个人的贡献与其所得便越一致，每个人的劳动积极性便越高"。[①]

邓海潮、杜跃平认为，效率是公平的前提。坚持效率优先，才有利于

---

① 王海明：《新伦理学》，商务印书馆2002年版，第388页。

经济发展，才能为公平创造必要的物质基础。公平是效率的保证。社会主义经济制度从总体上体现了公平，这种公平合理的收入分配有助于形成和谐安全的社会环境，能有效调动各方面的生产经营积极性，从而促进效率的提高。但他们也认为，效率与公平之间也存在着一定的矛盾。①

焦国成认为，公平与效率是一对矛盾。它们之间是一种对立统一的关系，既相互对立和相互限制，又相互统一和相互促进。一方面，公平与效率是对立的。公平原则的实质在于使人与人之间的差别尽可能地缩小，但是没有差别的状态又常常会挫伤人们的进取心。另一方面，公平与效率又是统一的，公平有赖于效率，而效率也有赖于公平。在公平与效率的关系问题上，我们坚持社会主义的公平效率统一观。②

张宇认为，在新的历史条件下，我们应当更加重视社会的公平，更加全面理解和贯彻社会公平原则，努力在发展社会生产力的基础上实现公平与效率的统一。用"在发展社会生产力的基础上努力实现公平与效率的统一"这一新的提法代替"效率优先，兼顾公平"旧的提法的好处是：（1）把公平的含义从收入结果的平均化这样一个片面的概念中解脱出来，有利于我们更加全面科学地认识社会主义市场经济中社会公平的丰富含义和重要意义。（2）对于公平和效率的关系有了比较全面和符合实际的认识，更多地强调了公平与效率之间的统一性和相互促进的一面，更符合构建社会主义和谐社会的要求。（3）把社会的公平与公正当作了社会主义社会的核心价值，把追求公平与效率作为了社会发展的重要目标，这有助于我们进一步深化对社会主义本质的认识。（4）在发展生产力的基础上努力实现公平与效率的统一的提法，既坚持了生产力的首要性这一马克思主义唯物史观的基本观点，又强调了以人为本、实现人的全面发展这一社会主义的根本目标。（5）有利于我们更加准确地认识当前社会公平问题并制定合理的政策。也就是说，判断现阶段的社会的公平不公平不能简单地用收入差距的大小来衡量，而应当从社会公平的具体含义和要求出发加以判断。③

陈江玲认为，公平与效率的关系是辩证统一的关系，既有相互矛盾的一面，也有相互统一的一面，过分地强调任何一方，都是片面的和错误的。在现实生活中，有人认为公平与效率之间存在不可克服的矛盾，把两

---

① 邓海潮、杜跃平：《政治经济学：基本理论及新发展》，中国人民大学出版社2004年版，第356页。
② 焦国成：《关于公平与效率关系问题的伦理思考》，《江苏社会科学》2000年第5期。
③ 张宇：《"效率优先，兼顾公平"的提法需要调整》，《经济学动态》2005年第12期。

者对立起来，割裂开来，即认为公平与效率是"鱼和熊掌"的关系，不可兼得。这种观点是建立在对公平和效率绝对化理解的基础上的，它只承认公平与效率之间的对立性，忽视二者之间的统一性，从而片面认为追求公平必然会以牺牲效率为代价，而强调效率又会以牺牲公平为筹码。从全面、客观的观点来看，我们必须深入研究和认识公平与效率相互关系的辩证本质。首先，公平是保证效率的前提，没有公平的社会就不可能实现效率目标。公平和效率是保证社会生产、活动和生活过程正常进行的一对必要条件。离开了公平谈效率，是不现实的。效率问题说到底是社会公平问题。特别是物质利益分配上的公平与公正，是社会维持一定发展效率的根本前提。其次，效率是实现公平和推动公平发展的基本条件。①

张青枝认为，公平是效率的社会保障，效率是公平的物质保障。公平与效率是相辅相成的，只强调效率而忽视公平会造成社会不稳定，只重视公平而压抑效率会扼杀经济发展活力，使社会停滞不前，甚至倒退。②

王顺达认为，社会公平和效率虽然表面上是矛盾的，但以历史的眼光，从整个社会发展的角度来看，社会公平和效率又是相辅相成的、统一的；从公平与效率关系的主体、内容结构以及衡量标准和决定因素等方面看，提高效率要以发展生产力为主，这两者并不是一种顾此失彼的关系。③在很多情况下公平和效率是相互促进的正向关系。

李牧耘认为，根据唯物辩证法关于矛盾普遍性的观点，效率与公平之间存在着既对立又统一的关系，表现为一种相互作用、相互制约的矛盾运动。一方面，效率与公平是对立的，两者存在着相互排斥的关系，即存在相互反对、相互限制、相互否定的属性。在市场经济条件下，竞争能实现效率，却不利于推进公平，甚至可能产生两极分化，挫伤劳动者的积极性，最终造成生产效率下降。低效率又会引起产品的缺乏，使公平失去物质基础。同样，没有公平，效率难以维持，但过分强调收入均等，也会挫伤人们的生产积极性，最终会使整个社会陷入停滞甚至倒退的境地。另一方面，效率与公平又是统一的，两者具有相互依存、相互联系、相互转化的属性。矛盾的双方不能孤立地存在，一方的存在和发展必须以另一方的存在和发展为条件。我们要最大限度地促进效率的增长，就要允许一定程度的"不公平"存在，因为竞争所引起的差异能激发劳动者的积极性，创

---

① 陈江玲：《公平与效率的辩证关系及其实践价值》，《科学社会主义》2005 年第 4 期。
② 张青枝：《中国社会发展的公平和效率》，《前沿》1996 年第 7 期。
③ 王顺达：《对"公平和效率"的误解及其再认识》，《探索》2001 年第 3 期。

造更多的物质财富，以保证公平程度的进一步提高；反之，效率的提高也离不开公平，没有一定程度的公平，就难以维持稳定的社会秩序，效率也就失去了最基本的前提条件。①

陈景认为，(1) 公平与效率是矛盾的，按照公平的原则要尽量缩小个人收入分配的差别，而效率原则却要注重对个人贡献大小的评价，并以此来决定人们的收入分配。二者的矛盾主要表现在它们之间此消彼长，如果一个社会追求利益最大化，在政策和制度上采取效率优先的做法，就会影响公平特别是分配公平的实现；如果一个社会看重社会基本权利和平等机会的制度，在进行社会调节时就可能牺牲某些效率。(2) 公平与效率是统一的。表现在一方面公平是效率的前提和保证。公平的协调整合功能，有利于效率的提高和社会的发展。背离社会公平会危及社会稳定，最终导致社会效率的低下。另一方面效率是公平的基础。效率的积累为公平在内容和程度上向更高层发展提供依据。②

赵立忠、丁春福认为，对于公平与效率的关系可以从以下三个方面予以理解：(1) 公平与效率是一种辩证统一的关系。在谈到二者对立的一面时，我们更多地强调了公平作为结果状态时的情况，而在谈到二者统一的一面时，我们又更多地强调了公平作为起点和过程状态时的情况，所以我们要全面理解公平的内涵及其与效率的关系。(2) 公平与效率是一种历史的统一。人是社会实践的主体，人们对物质文明和精神文明等方面的需求是无止境的，在社会生产力和人的觉悟未达到极高的状态前，公平与效率的矛盾就不会消失，二者既相互斗争，又相互促进，从而不断推动公平与效率在更高层次上的统一，即历史的统一。(3) 公平与效率的关系在现实发生作用的表现形式主要有三种：一是完全一致，即公平促进效率，效率提高公平；二是完全对立，即要公平没效率，要效率没公平；三是处于中间的状态，即经济的增长效率与国家的投入分配政策并不完全相关，也就是彼此影响不大的情况。③

李闽榕认为，市场经济有 7 个基本特征：即自主性、平等性、竞争性、开放性、趋利性、排他性和局限性。与公平直接相关的特征有两个，即平等性和排他性；与效率直接相关的特征也有两个，即竞争性和趋利

---

① 李牧耘：《马克思主义的效率与公平观》，《理论视野》2005 年第 1 期。
② 陈景：《正确处理公平与效率的关系以构建社会主义和谐社会》，《世纪桥》2007 年第 2 期。
③ 赵立忠、丁春福：《对"效率优先，兼顾公平"原则的再思考》，《工业经济技术》2004 年第 2 期。

性。自主性、开放性和局限性三个特征虽然也对市场经济的公平与效率产生一定的影响，但它们的影响是间接和滞后的。所以，在市场经济中，一方面，平等性要求为市场主体进行竞争和实现利益最大化提供平等的基础，但竞争的优胜劣汰必然导致差距，使市场主体在新一轮竞争中处于不平等的地位，这就使平等性和竞争性形成一对对立的矛盾，而趋利性和排他性则有可能加剧这一矛盾；另一方面，平等性、竞争性、趋利性、排他性与自主性、开放性、局限性一样，都是市场经济的基本特征之一，从不同方面体现了市场经济的本质，是一个互相依存、缺一不可的有机统一体，这就将公平与效率蕴含在市场经济基本特征的对立统一关系之中。公平与效率不存在那种非此即彼、非长即消的严重对立、不可协调的关系。①

（二）公平与效率内在统一论

人们大都承认公平与效率具有内在的统一性，但对这种统一性的内涵却有不同的认识。

李海青、赵玉洁认为，把公平与效率理解为非此即彼的关系是一种形而上学的观点，忽视了公平与效率的内在统一性。公平与效率的内在统一性体现在以下四个方面：（1）从价值上讲，效率与公平统一于人的内在需求。第一，人的需要是公平和效率的起点；第二，人的需要是公平和效率的归属；第三，人的需要还是公平与效率不断发展的内在动力。（2）效率是一切公平得以产生与发展的历史基础。第一，效率决定公平的产生，第二，效率为社会公平提供物质基础；第三，从历史上看，效率决定公平的发展。（3）公平的实现有助于效率的提高。第一，权利与机会的公平是效率提高的前提；第二，实质公平的差别原则也可以促进效率的进一步提高；第三，公平原则的实现可以提高人们参与经济活动的积极性与主动性，而人的积极性与主动性是效率的源泉。②

赵庆双认为，（1）效率制约公平。首先，效率的提高是公平形成的物质基础，公平作为一种社会规范和价值判断，一个首要的前提就必须是经济效率的提高。其次，效率原则同公平原则具有相通性。在市场竞争中所形成的效率原则，内在地要求着一种新的价值观念的形成。最根本的要求就是机会均等，这既是效率原则，又是公平原则，只有机会均等，才能有

---

① 李闽榕：《公平与效率真的是"鱼与熊掌不可兼得"吗？——对一个西方经济学人为制造的伪命题的剖析》，《福建论坛·人文社会科学版》2005年第7期。
② 李海青、赵玉洁：《效率与公平：追求和谐的统一》，《山东经济》2005年第9期。

经济发展的高效率。最后，效率的发展也推动公平的发展。生产力的发展水平会形成不同的公平观。（2）公平反作用于效率。表现两个方面：一是公平构成效率提高的社会保证。经济公平是效率提高的前提；政治公平是效率提高的保障；伦理公平是持续提高整体效率的保障。二是公平原则是经济效率发生、发展的精神支柱。只有正确对待广大劳动者的公平需求，科学引导劳动者的公平观念才能真正调动广大劳动者的积极性，并推动生产力的发展。①

董振华认为，效率和公平是人类追求的两大价值目标，也是推动人类社会发展的两大因素。没有效率就没有人类社会的发展，同样，没有公平也不会有人类社会的进步。效率和公平之间是决定和被决定、作用和反作用的关系。效率决定公平，公平反作用于效率。一定历史时期的公平观念和公平状态总是和一定的效率水平相适应的，无论是超前的还是落后的公平观念及公平状态都会制约效率。效率是先发性的，而公平是继发性的。效率的提高催生公平观念的进步和公平状态的改善，从而解决效率与公平之间的矛盾。同时，正是在公平与效率的矛盾的不断解决中，人类社会才不断从落后走向进步，从低级迈向高级。②

（三）公平与效率一致论

王海明在 2000 年出版的《公正平等人道———社会治理的道德原则体系》一书中认为，公平与效率是完全一致的。该书认为公平与效率虽然是人类社会追求的双重价值目标，但本质又是内在一致的。一方面，社会越公平，每个人的贡献与所得越一致，每个人的劳动积极性（即为社会和他人做的贡献的努力）便越高；社会越不公平，每个人的贡献与所得越相背离，每个人的劳动积极性就越低，从而效率也就越低。另一方面，社会越公平，人们损害社会和他人的倾向便越小，从而社会活动的总体效率便越高；社会越不公平，人们越是害他便越是害己，人们损害社会和他人的倾向便越大，从而社会活动的总体效率便越低。③

还有的学者也有类似的观点，他们认为公平与效率是相辅相成的，具有内在的统一性。一方面，公平必然产生效率，是效率的唯一的合法源泉。效率的取得固然取决于一系列因素的有机组合，但最根本的是还取决

---

① 赵庆双：《公平与效率：一种哲学的探究》，教书育人．高教论坛．http：//www.jiaoshuyuren.com，2007（7）．
② 董振华：《和谐社会视域中的公平与效率》，《重庆社会科学》2005 年第 8 期．
③ 参见王海明《公正平等人道——社会治理的道德原则体系》，北京大学出版社 2000 年版．

人的积极性和创造性，而人的积极性与创造性不仅来自对物质资料的追求，就其合法性与持久性来说，只能来自社会的公平机制，任何由不公平的社会机制带来的效率是不可能长久的，也是与人类文明相悖的。另一方面，效率也要求推动公平机制的建立、维持和变革。①

王长存认为，公平作为道德范畴，它与效率的关系就不是简单的直接对应关系或直接对立关系。它们之间隔着一层生产关系。由于这种不同的生产关系与生产力发展的方向和要求并不是完全一致的，决定了在其基础上形成的各种不同的公平观念和公平标准与生产效率的关系也不可能完全一样。但在社会主义社会中，按劳分配的公平准则与提高劳动生产效率的要求在根本上是一致的。表现在：一方面按劳分配是提高社会生产效率的必要条件。如果背离了按劳分配的公平原则，必然会挫伤人们劳动创造的积极性，使各种不劳而获心理滋长，从而阻碍生产效率的提高。另一方面，公平与效率也是社会主义有机统一、不可或缺的两个价值目标。②

许培桎、刘富有认为，公平与效率在不同领域关系不同。（1）在经济领域里二者是一致的。经济公平与经济效率是相互依赖、统一共存的。一方面没有经济公平，经济持久发展就难以保证，经济效率的提高也无从谈起；另一方面，经济效率的结果回报又会调动经济主体对经济公平的迫切需要，对经营收益及平均利润的要求刺激经济个体主动地追求经济秩序的规范和经济规则的制定、执行。同时，经济公平也是经济效率长远发展的内在要求。（2）在社会领域里二者是统一的。表现在一方面社会效率包括政府效率，教育效率等是实现社会公平的根本途径；另一方面，社会公平是社会效率的目的，社会公平是社会效率题中应有之义，二者互为目的和手段关系。③

（四）公平与效率互补论

李丹阳认为，公平与效率这两种在具体公共问题上相互冲突的价值具有互补关系。首先，对效率价值的追求以及由效率原则所确定的市场原则，能够激发整个社会的生产热情和创造力，在对帕累托最优状态的无限逼近的过程中，将创造出巨量的财富。其次，公平则在效率价值主导的生

---

① 转引自傅如良《综合我国学界关于公平与效率问题的研究》，《湖南师范大学社会科学学报》2005年第1期。
② 王长存：《对公平与效率关系的思考》，《探索与争鸣》2006年第7期。
③ 许培桎、刘富有：《对公平与效率的本质及其关系的澄清性思考》，《社科纵横》2007年第1期。

产积累的基础上,在分配领域使人类劳动的产物得到公正的分配,并以此结果反过来通过激励作用促使整个社会向更有效率的方向前进。因而,可以认为,效率是公平的基础,公平是效率的条件。只有在表现形式上往往会出现效率以牺牲公平为代价,向着与公平协调发展的方向发展。但其最终结果是实现了公平与效率的互补、和谐。而且,如果用发展的观点来看待公平与效率问题,随着社会生活的不断变化,在社会发展的不同时期,社会制度建构的重点是会有所侧重的。这种重心的转移恰恰体现了效率与公平间一种平衡的互补关系。①

杨腾原认为,这种互补关系有两种,"拼图式"和"车轮式"。前者指两个或两类事物直接的嵌套,恰好两块拼图之间的互补。后者指具有互补关系的两种事物之间并不能直接相互补充,而是分别与第三方事物的嵌套来达到互补的状态,恰好两个车轮需要与车轴分别互补进而实现彼此的互补。效率与公平的互补关系属于第二种形式。这个"车轴"可定位为中国政策决策层的政治抱负或者危机意识。②

齐冬莲、黎映桃认为,正如生产力与生产关系、经济基础与上层建筑一样,效率与公平也构成一定社会形态和社会条件下的价值与功能的互补关系。效率构成人类经济关系的主要价值目标,意在促进人类的经济增长和财富增加;公平作为生产关系有时主要是分配关系追求的主要价值目标,意在促进人类财富的公平分配,在上层建筑层面主要体现为实现社会的公平正义。二者各有侧重、互为相倚、价值互证、功能互补,构成社会、国家与公民个体生存和发展的价值基础。③

王明杰、陈小平认为,公平与效率的关系不是对立的,而是互补的,追求公平就是为了提高效率,提高效率的目的就是为了促进公平。公平与效率之间是互补关系,我国在制定相关政策时,既不能完全选择效率模式,忽视对公民利益的保护,也不能完全选择公平模式,忽视提高效率。只有正确处理好公平与效率的关系,做到二者兼顾,才能有效提高效率,实现社会公平,保证社会的政治稳定和经济发展。④

---

① 李丹阳:《公平与效率的互补关系探析》,《学术研究》2007年第1期。
② 杨腾原:《论公平与效率的互补关系》,《长白学刊》2006年第2期。
③ 齐冬莲、黎映桃:《论公平与效率的互补关系——政府和市场视角》,《长沙铁道学院学报》2007年第2期。
④ 王明杰、陈小平:《关于公平与效率互补关系的探讨》,《唯实》2005年第12期。

（五）效率与公平相结合，效率为基础、公平为本体论

张伯里认为，在一定意义上，效率与公平的关系是生产力与生产关系之间的关系；在一定意义上，效率与公平的关系是经济发展与社会稳定之间的关系；在一定意义上，效率与公平的关系是市场机制与政府调控之间的关系；在一定意义上，效率与公平的关系是鼓励先富与促进共富之间的关系。①

1. 效率与公平相互联系、相互促进、相互影响

首先，效率是公平的基础，没有效率就没有公平实现的物质条件和源泉。效率主要体现的是生产力、经济的发展，若没有生产力、经济的发展、效率的提高和财富的增进，则公平就成了无源之水、无本之木，就难以有什么真正意义上的公平。因为建立在生产力水平低下、经济贫穷基础上的公平，只能是低级的甚至是扭曲的公平。因此，在任何时候、任何情况下都要讲效率，不讲效率就不能有公平。谁拥有效率，谁就可能拥有公平；谁损害了效率，谁就损害了公平得以产生的基础和源泉，谁就必然伤害了公平。

其次，公平是效率的本体，没有公平就没有效率存在的理由和保证。生产力、经济的发展、效率的提高，要以公平为条件和保证。且不说社会公平环境对效率的作用，若没有经济领域自身的公平竞争条件，则经济发展和效率提高也是难以实现的。公平解决得越好，生产关系就越合理，从而就越有利于生产力的发展和经济效率的提高。因此，在任何时候、任何情况下都要讲公平，不讲公平就不能有效率。谁拥有公平，谁就可能拥有效率；谁伤害了公平，谁就损害了以效率存在的理由和条件，谁就必然损害了效率。

再次，以效率为基、公平为体，共同构建一个有利于人的全面发展的经济社会大厦。就整体而言，效率与公平是人类社会永恒追求的两大价值取向。发展经济、提高效率、增加物质财富，是我们追求的一个目标；同样，保障人的权利、促进社会公平、维护政治平等，是我们追求的另一个目标。尽管效率和公平是两个不同的价值目标，但二者不仅是相互联系的，而且是相互促进的关系。一方面，效率是公平得以实现的物质基础和源泉；另一方面，公平是效率得以存在的理由和保证条件。社会发展的最

---

① 详见张伯里《新的发展阶段中效率与公平问题研究》，中共中央党校出版社 2008 年版，第 98—104 页。

终目的不是见物不见人的财富的积累和增加，也不是没有物质基础的空中楼阁式的平等的扩展和普及，而是人的全面发展。效率和公平两个价值应该统一于人的全面发展的终极价值。无论是效率的提高还是公平的增进，都是为实现人的全面发展而服务的。概括地说就是，以效率为基、公平为体，共同构建一个有利于人的全面发展的经济社会大厦。

2. 效率与公平相互对立、相互排斥、相互制约

效率与公平有着必然的相互联系，而且是可以相互促进、相互影响的，但也不能否认两者之间存在着相互对立的一面。效率的提高，毕竟主要依靠市场机制、市场竞争来实现，竞争就必然有胜利者和失败者，进而出现收入和贫富的差距，而如果贫富差距过大就会导致社会不公平。可见社会公平是无法完全为以营利为最高目标的市场经济规则所承载的，这就需要政府发挥职能作用，通过控制过大的贫富差距来维护社会公平。但如果这种调控过度又会抑制市场机制、市场竞争作用的发挥，进而导致效率降低。就这个意义而言，效率与公平表现为相互对立的一面。

然而，这种相互对立的关系并非"非此即彼"。无疑，在必须牺牲一点儿效率才能维护公平的情况下，也不得不牺牲一点儿效率，但不能根本上伤及效率；在必须牺牲一点儿公平才能提高效率的情况下，也不得不牺牲一点儿公平，但不能根本上伤及公平。也就是说，效率与公平有时是此长彼消的，但这种此长彼消也不是彼此"零和"，即长与消不是同比例的。在效率与公平严重失衡的情况下，在短时期内以较小的效率牺牲为代价换得较大的公平增进，或者以较小的公平牺牲为代价换得较大的效率提高，都是必需的。关键在于把握好度，把握好效率与公平两者此长彼消或此消彼长的度。因此，对于效率与公平的关系，既看到有相互促进的一面，又看到有相互对立的一面。

3. 效率与公平之间是可以相互并存的

效率与公平相结合，效率为基础、公平为本体表明，效率与公平之间是可以相互并存的。所谓相互并存，一方面，是指两者并行不悖、互不排斥、互不抵消、同时存在和发展；另一方面，是指两者各有自身的相对独立性，除了按照对方提供的条件和要求相互影响发展外，还按照各自内部的规律性和要求发展，即各有一部分互不交叉、相对独立、并行发展的轨迹。

正因为如此，有了效率的基础，并非必然就有公平的实现——如果公平、特别是社会公平领域自身的一些问题没有处理好，就会出现高效率与不公平同时并存的状况；有了公平的本体，也并非必然有效率的提高——

如果效率、特别是经济效率领域自身的一些问题没有处理好,就会出现公平与低效率同时并存的状况。无疑,因为同样的原因,也会出现低效率与不公平同时并存和高效率与公平同时并存的状况。

从历史的和现实存在的经济社会形态看,效率与公平有四种组合状况。非市场经济的奴隶社会、封建社会既无效率又不公平,这种状况除了其他原因所致外,其无效率也与其效率领域自身的问题有关,其不公平也与其公平领域自身的问题有关。资本主义市场经济有效率但不公平,这种状况除了其他原因所致外,其有效率也与其效率领域自身的问题有关,其不公平也与其公平领域自身的问题有关。传统的计划经济有"公平"而无效率,这种状况除了其他原因所致外,其有"公平"也与其公平领域自身的问题有关,其无效率也与其效率领域自身的问题有关。社会主义市场经济应该既有效率又有公平,这种状况除了其他原因所致外,其有效率也与其效率领域自身的问题有关,其有公平也与其公平领域自身的问题有关。

4. 效率与公平之间是可以根据实际状况有所选择、有所侧重的

效率与公平相结合,效率为基础、公平为本体作为理念上对两者关系的总体把握,并不排斥某一发展阶段上对两者关系实际状况的具体判断和处理。

效率与公平相结合,效率为基、公平为体是总体性的理念,适用于各个时期和发展阶段。而各个不同时期、不同发展阶段,效率与公平之间关系的实际状况是不同的,完全可以、也应该根据具体的实际状况进行具体的判断和处理。

在当前新的发展阶段中,我国经济社会生活中效率问题与公平问题并存,但公平问题更突出。改革开放 30 年来,我国取得了举世瞩目的发展成就,经济迅速增长,人民生活水平快速提高,综合国力大大增强。但由于在实际经济社会生活中,没有根本转变经济发展、效率提高的方式方法,效率问题始终存在,效率的科学发展问题有待解决。同时,由于过分强调经济的增长,没有很好地兼顾公平,使得社会各个领域的不公平现象增多,并且制约了经济发展和效率的进一步提高。可以说,一方面,现阶段我国经济社会生活中既存在效率问题,也存在公平问题,效率问题与公平问题并存。不能因正视、重视效率问题而否认、忽视公平问题,也不能因为正视、重视公平问题而否认、忽视效率问题。另一方面,效率与公平问题并存、失衡,主要在于公平问题,当前公平问题日益凸显。公平问题已经成为当今中国社会的一个强烈的诉求;公平问题已经成为直接影响到社会安定、稳定的一个突出问题;公平问题不仅是社会问题,还会严重影

响经济的发展和效率的提高。

在新的发展阶段，我国经济社会生活中效率问题与公平问题并存，但从公平问题更加突出这个实际出发，在当前发展阶段，一方面，始终要注重效率、讲求效率，针对效率领域中存在的问题，采取相应的措施来解决问题、提高效率；另一方面，鉴于社会矛盾增多、公平问题更加突出的实际，要高度重视公平问题并采取有力措施来解决公平问题，维护公平、促进公平，在提高效率的基础上，更加注重公平。[①]

（六）公平与效率关系的交互同向论

程恩富认为，效率本身意味着公平，而公平本身也体现着效率，公平和效率之间是一种交互同向的辩证关系。

1. 公平与效率宏观层次交互同向关系。在宏观意义上，公平与效率二者是统一的，不存在孰先孰后的问题。我国目前正处于社会主义初级阶段，在这个特定的历史阶段上，既要坚持社会主义道路，使象征社会主义制度优越性的公平得以实现，又要以较高的效率来大力发展社会生产力，这就需要兼顾公平与效率。因此，目前我国的主要任务不是在公平与效率的关系上做文章，而是考察如何制定规则体现宏观公平和如何采用正确的调节手段来提高宏观经济效率。在公平的问题上，国家和政府应以规则的制定者身份出现，而不是以"游戏"的参加者身份出现。

就目前而言，国家和政府应主要做好以下几个方面工作：一是继续坚持以按劳分配为主体，多种分配形式并存的分配制度。二是制定和健全法律法规，加大执法力度，使人们有一个均等的机会参与社会经济活动，而不会因权钱交易等因素影响权利和机会平等。在效率问题上，国家和政府则应做好以下几个方面工作：一是继续完善社会主义市场经济体制，建立和健全市场体系，保证市场经济体制的作用充分发挥。二是政府在制定政策时，要结合具体的经济发展状况和地区差异，针对不同的地区和部门制定不同的政策，消除政策制定时的主观因素，以事实为依据，以经济发展和资源配置最优化为目标。三是加强国家宏观调节，针对经济运行过程中出现的市场失灵状况对症下药，提高国家宏观调控效率。

2. 公平与效率微观层次交互同向关系。微观经济效率指由于企业内部收入分配合理、管理科学所带来的效率。因此，考察的主要范围是放在企业内部公平及所引致的效率的关系上。我们认为，微观上的公平与效率在

---

① 参见张伯里《正确认识和处理效率与公平的关系》，《光明日报》2008年12月16日。

公有制企业内部具有正反同向的交促互补关系。一方面收入分配公平和经济公平的实现有赖于企业效率的提高；另一方面企业效率的提高也要以收入分配公平和经济平等的实现为条件。牺牲效率的公平不是我们所要求的公平，没有公平的效率也是十分低下的。在公有制企业内部，只要不把公平曲解为收入的平均或均等，通过有效的市场竞争和国家政策调节，按劳分配必然会促进效率的提高。

3. 公平与效率综合交互同向关系。就个人收入分配而言，当代公平与效率最优结合的载体是市场型按劳分配。按劳分配显示的经济公平，具体表现为含有差别性的劳动的平等和产品分配的平等。这种在起点、机会、过程和结果方面既有差别、又是平等的分配制度，相对于按资分配来说，客观上是最公平的，也不存在公平与效率哪个优先的问题。尽管我国法律允许按资分配这种实质上不公平因素及其制度的局部存在，但并不意味着其经济性质就是没有无偿占有他人劳动的公平分配。可见，按劳分配方式的经济公平具有客观性、阶级性和相对性。同时，只要不把这种公平曲解为收入和财富上的"平均"或"均等"，通过有效的市场竞争和国家政策调节，按劳分配不论从微观或宏观角度看，都必然直接和间接地促进效率达到极大化。因为市场竞争所形成的按劳取酬的合理收入差距，已能最大限度地发挥人的潜力，使劳动资源得到优化配置。

总之，国内外日趋增多的研究表明，公平与效率具有正相关联系，两者呈此长彼长、此消彼消的正反同向的交促关系和互补关系。①

二 公平与效率对立论

王锐生认为，公平与效率是矛盾的、不可兼得的，两者是顾此失彼的对立关系。不公平是效率跃迁所付出的代价，在公平和效率之间存在着一种本质冲突，因而，不可能既获得高效率，又不出现任何形式的社会不公。②

程连升认为，公平和效率能否得到兼顾，或者兼顾到什么程度，取决于市场和政府之间的合作或博弈的程度，公平和效率的天平就这样在市场和政府的博弈中最终找到了平衡的支点。他认为在市场经济发展过程中，

---

① 程恩富：《公平与效率交互同向论》，《经济纵横》2005年第12期。
② 王锐生：《对效率与公平关系的历史观审视》，《哲学研究》1993年第9期。

市场要积极的拓展自己的活动空间，政府要尽量扩大自己的干预范围，于是不断上演着互攻对方地盘的竞争，进行着增强自己职能和权益的较量。①

吴邛认为，公平与效率的统一是不可能也不会以"双赢"的形式表现出来的，我们也不应当去追求这种"双赢"式的统一。公平与效率的统一只表现为互相之间的"否定"或制约，在一个特定时期内，社会应依据客观条件和大多数群众对公平与效率关系的认同或否定，选择以公平第一或是选择以效率第一，而没有一个固定的先天理念或模式。②

陈孝兵认为，公平与效率可以兼得的主张在学术界大行其道，有很高的社会认同感。我对此持怀疑态度，因为公平与效率的矛盾就好像一枚硬币的两面，背靠背很难糅合在一起。"效率优先，兼顾公平"的设想本身并没有错，在特定的条件下，这种设想也可能成为现实，但在一般情况下，倒有明知不可为而为之的味道。……正如奥肯所说："正是由于这些原因，我要为市场喝彩；但是，我至多只能给它喝两次彩。以金钱为码尺这一虐政遏制了我的热情。一有机会，它就会排挤掉所有其他的价值标准，建立一个就像售货机一样的社会。金钱不应该买到的权利和权力，必须用详细的规章和法令加以保护，必须用补助低收入者的办法来加以保护。一旦这些权利得到了保护，一旦经济剥夺宣告结束，我相信我们的社会将更愿意让竞争市场有它的地位。……它能够取得一些进展。自然，它决不会解决这个问题，因为平等和经济效率之间的冲突是不可避免的。"③"社会在许多方面都面临着抉择，因此，人们所能够做到的，就只有权衡利弊，两害相比择其轻，两利相较选其重。当然，权衡在这里并不意味着一个社会只是在和稀泥。……我觉得，公平与效率的关系天生恐怕就是矛盾的。"④

三 公平与效率主次有别论

公平与效率两者之间存在轻重、先后、主次之分，代表性观点有公平

---

① 程连升：《政府管公平市场管效率——公平与效率关系新论》，《理论前沿》2005 年第 2 期。
② 吴邛：《论公平与效率的统一》，《求是》2005 年第 1 期。
③ 〔美〕阿瑟·奥肯：《平等与效率——重大的权衡》，王忠民、黄清译，四川人民出版社 1988 年版，第 156 页。
④ 陈孝兵：《公平与效率关系的伦理意蕴》，《经济学家》2003 年第 5 期。

优先论和效率优先论。

（一）公平优先论

主张公平优先的大都是伦理学家、社会学家和政治学家，在经济学界主要是国家干预主义学派。他们认为，公平既是人类一直追求的理想目标，也是人类生存和发展的基本法则，更是人们神圣不可侵犯的基本权利。

洪银兴认为，构建和谐社会的关键是统筹协调好公平与效率的关系。这也是与科学发展观一致的。在任何时候公平和效率都不能兼得，两个目标之间只能存在相互兼顾的关系。既然兼顾就有个谁为先的选择。原有体制严重低效率，改革原有体制无疑要以效率为先。现在我国改革遇到的突出问题是不公平问题。如分配的不公平、改制的不公平、市场交易的不公平、公共产品供给的不公平，等等。这些问题不及时解决可能侵吞市场化改革所带来的提高效率的成果。因此，推进以社会公平为目标的改革能达到提高效率的结果。同时，根据改革成果惠及全体人民的要求，改革也需要转到公平为先，在此基础上构建和谐社会。①

李风圣认为，公平是效率的必要条件或者说是前提。他从制度入手来分析公平和效率的关系，他认为制度作为最大的公平可以解决集体和个体的矛盾，又可以协调主体和客体的矛盾，从而推动人类社会不断向前发展，使社会高效运行，稳定发展。因此从这个意义上说公平就成为效率的必要条件，效率成为公平的必然产物；公平决定效率的高低。因而他认为，"效率优先，兼顾公平"颠倒了效率和公平的关系，兼顾公平既无道理又不可能。② 李风圣将公平的内涵分为三级，认为公平是效率的必要条件，而制度、规则公正是最大的公平，这是公平的第一级内涵；公平的第二级内涵是收入分配的公正、平等，等量劳动获得等量报酬，等量资本获得等量利润；公平的第三级内涵是补偿性公平，即政府根据法律，对高收入者征税，将这一部分收入转让给没有劳动能力的人和低收入者。这三级公平，可以使社会的制度与规则、政府、各阶层的权利、利益与义务都得到均衡相称，从而极大地促进效率的提高，使社会高效运行，稳步发展。③效率本身并不意味着公平，只有先保证了公平的实现，才会有真正的效率

---

① 洪银兴：《构建和谐社会要坚持统筹公平与效率的改革观》，《中国党政干部论坛》2005年第3期。
② 李风圣：《公平还要兼顾吗?》，《读书》2003年第5期。
③ 李风圣：《论公平》，《哲学研究》1995年第11期。

的提高。

在新的形势下，一些学者在强调公平与效率统一性的同时，特别强调了公平的重要性。认为公平是效率的重要源泉。蔡昉认为，公平是效率实现的一个重要条件。在一定条件下，公平本身就可以创造效率。比如，穷人比富人具有更高的消费倾向。当一种机制（如再分配）把收入向穷人转移后，就会增加穷人的消费，导致国内总需求的扩大，从而为经济增长或效率的提高提供源泉。①

沈晓阳认为，效率源自公平。因为，从本质上说，效率就是资源的合理配置，而资源的合理配置本身就要求公平配置。当前我国经济生活中存在的种种矛盾，无不是离开公平追求效率的结果，所以，我们应将效率深深地植根于公平的土壤之中。②

朱尚华认为，公平必然产生效率，是效率的唯一合法来源。效率的取得固然取决于一系列要素的有机组合，但最根本、最重要的还是取决于人。人的积极性以及由这种积极性所解放出来的创造性，才是一切效率的源泉。③

赵兴罗、苗慧凯认为，"效率优先，兼顾公平"的原则是针对传统体制平均主义分配模式严重损害效率的弊端提出来的，其目的就是要建立市场经济体制，用按劳分配和按要素分配的办法促进效率提高和经济发展。这一原则只适用于从传统计划经济体制到完全建立社会主义市场经济体制的历史时期。这在当时是十分必要的。但是，现在社会主义市场经济体制已经初步建立，效率问题获得了相对的解决，我国却出现了贫富差距拉大甚至两极分化的问题，公平问题应该逐渐成为我们必须考虑和认真解决的问题。"效率优先，兼顾公平"这一收入分配的原则必须作出相应的调整，应当建立"公平优先"或"公平与效率并重"的原则。④

徐钦智认为，市场经济发展的历程是一个"由效率到公平，再由公平到效率"的过程。"效率优先，兼顾公平"并不是市场经济的一贯原则。当今一些成熟的市场经济国家，为了缓和社会矛盾，都致力于实行社会公正的措施，使其收入差距得以缓解。这些国家把公平放在显著地位而非兼

---

① 蔡昉：《兼顾公平与效率的发展战略选择》，人民网，2005年7月14日。
② 沈晓阳：《效率源自公平——关于效率与公平关系的层次分析》，《伦理学研究》2005年第3期。
③ 朱尚华：《公平与效率关系的辩证分析》，《理论探索》2005年第5期。
④ 赵兴罗、苗慧凯：《建国以来我国分配领域公平与效率实践的回顾与反思》，《探索》2005年第5期。

顾的地位，并没有影响效率的提高，仍然可以保持经济的高效增长。事实启发我们，经济发展到一定程度，人们的生活达到一定的富裕水平，社会公平就会成为比经济效率更重要的东西。实现社会公平，不仅成为化解社会矛盾，维护社会稳定的重要手段，而且成为促进生产发展，提高经济效率的重要途径。①

王绍光等人认为，对于一个社会来说，社会公正是至关重要的。经济繁荣并不必然或自动地导致社会稳定。希望用经济增长来解决社会不稳定问题既不现实，又不会达到社会稳定的目标，中国一直是世界上经济增长最快的国家之一，但中国社会的不稳定因素也显著增加。各国的历史经验告诉我们，只有公平的增长才会带来社会稳定；不公平的增长则往往带来社会不稳定甚至是社会动荡。不幸的是，90年代以来我国的经济增长越来越像是"无就业增长"、"不公平增长"。下岗失业和收入分配不公变成了社会不稳定的根源。从中国历史来看，严重的社会危机往往发生在经济繁荣时期；从许多发展中国家的经验看，不公平、不公正的增长可能突然因社会危机而停滞、衰退甚至崩溃。遏制分配不公平、纠正社会不公正现象已经不仅仅是一个社会伦理问题，而且是危及社会稳定的社会问题以及国家政权合法性稳定的政治问题。所以说，经济发展是硬道理，社会公正也是硬道理。②

在公平优先的大旗下，大致又划分为以下几种学术观点：

1. "公平是效率的根本保证说"

王海明认为，公平与效率完全一致而成正相关变化：公平主要通过作用于效率的动力因素，即调动人的积极性而提高效率。反之，不公平与效率完全相斥而成负相关变化；不公平主要通过削弱效率的动力因素，即降低人的劳动积极性而降低效率。总之，公平是效率的根本保证。③

2. "更加注重社会公平说"

刘国光认为，经过20多年的改革与发展，我国经济总量与综合国力大大增强，已有一定的物质基础和能力，现在应当逐步解决多年来累积形成的贫富差距。也就是说，突出提出和解决邓小平提出的问题，进一步重视解决公平问题的时机条件，已基本成熟。收入差距扩大迅速，已成为影响当前社会和谐与社会稳定的重大问题。尤其需要注意的是，已公布的基

---

① 徐钦智：《论构建社会主义和谐社会中效率与公平的定位问题》，《东岳论丛》2005年第4期。
② 王绍光等：《经济繁荣背后的社会不稳定》，《战略与管理》2002年第3期。
③ 王海明：《新伦理学》，商务印书馆2001年版，第388—399页。

尼系数，难以计入引发人们不满的不合理、非规范、非法的非正常收入。如果把这些因素计算在内，则基尼系数又会加大，在原来0.4—0.5之间又升高0.1左右，即比现在公布的基尼系数增大20%以上。这些不正常收入对我国收入差距扩大的影响不可小视。有人说这不属正规收入政策的范围，可以化外置之。但对收入差距影响如此之大的不合理、不规范、不合法收入，应当成为我国当前收入分配政策所要处置的重中之重的问题。为了使改革获得更广泛的支持，今后要长期强调有利于社会和谐和稳定的社会公正和公平，而不仅限于"近来"。邓小平告诫我们：改革造成两极分化，改革就失败了。要避免这个前途，那只有一个办法，就是要更加重视社会公平的问题。①

3．"以公平促进效率说"

蔡昉提出，应当确立"以公平促进效率的发展战略"。他认为，无论从理论还是从实践的角度，公平和效率并不必然构成一对矛盾。相反，如果能够形成适当的机制，通过实现机会公平前提下的结果公平，反而可以提高效率。或者反过来说，如果不能很好地实现公平，效率必然遭受损失。这可以从比较长期的效果和比较近期的效果两方面观察。用公平促进效率，并不意味着仅仅有一种再分配政策可供选择，而是可以通过选择适当的经济增长方式或发展战略来实现。②

4．"两类公平效率说"

程立显认为，"（经济）效率与（经济）平等的关系"和"效率与公正的关系"这是两个不同的问题。认为前者是只限于经济领域内的两种价值的关系，因而存在何者优先的问题；而后者追究的是整个社会生活层次上的经济价值（"经济效率"）和道德价值（"社会公正"）的关系，实质上是经济和道德的关系。因此，"效率和公正何者优先"的提法是不适当的。实际上，公正与效率之间是正相关关系；社会越公正越有效率，越不公正越没有效率。③

5．"效率源自公平说"

沈晓阳认为，如果我们超越纯经济学的狭隘眼界而从整个社会的宏观角度来进行考察，那么公平与效率不但不是对立的，而且可以说效率源自公平。具体表现为：生产效率源自分配公平；市场效率源自交换公平；社

---

① 刘国光：《进一步重视社会公平问题》，《经济学动态》2005年第4期。
② 蔡昉：《兼顾公平与效率的发展战略选择》，人民网，2005年7月14日。
③ 程立显：《论社会公正、平等与效率》，《北京大学学报》1999年第3期。

会效率源自矫正公平；生态效率源自代际公平。①

6."用公平实现效率说"

韩庆祥认为，必须为效率注入公平理念，今天所讲的效率应是公平基础上的效率，应使效率具有新的基础与形态。也就是说，在当代中国，实现效率的根本方式与决定因素是公平，公平决定效率的实现程度，公平达到什么程度，效率就达到什么程度，因而既要以市场机制来促进效率，也必须用公平的方式来实现效率；自主创新能力是实现效率与公平统一的中介；用公平实现效率绝不是弱化效率的地位，反而是更好地注重效率，用公平的方式实现效率有利于达到效率与公平的双赢与统一。②

（二）效率优先论

这种观点认为，"强调'效率优先'的原则，是社会处于重大变革时期，特别是处于社会经济结构、经济体制的重大变革时期的普遍现象。"③他们认为，效率是公平的前提，只要保证生产的高效率，并在此基础上给予适当的制度补偿就可以促进公平的实现，因而首先应该考虑的是效率而不是公平，有时甚至可以为确保"效率"而暂时牺牲"公平"，或者可以在坚持效率优先的前提下，通过对两者进一步组合和深化而解决。④所以，厉以宁先生说："总之，不论从什么角度着眼，结论是：应当放在优先地位的，是自发性质的生产要素供给者个别的努力与主动性、积极性，而不是外来干预性质的社会权威机构或政府的参与。也就是说，效率无疑是应当被置于优先的位置上。"⑤基于这种理解，即使在当前社会公平问题已经非常突出的敏感时期，国内学术界至今仍有许多学者继续坚持类似"效率优先，兼顾公平"的主张。

坚持效率优先的学者，其理由综合起来主要有四个方面：一是认为效率属于生产力范畴，发展生产力永远是第一位的，所以应是效率优先。二是认为效率优先才能把蛋糕做大，才能让生产要素提供者的积极性、主动性发挥出来，让生产要素的供给者有更高的投入产出之比，公平才有实现的可能。三是认为效率是生产领域，公平是分配领域，生产决定分配，生

---

① 沈晓阳：《效率源自公平》，《伦理学研究》2005年第3期。
② 韩庆祥：《用公平实现效率》，《中国党政干部论坛》2006年第1期。
③ 赵立忠、丁春福：《对"效率优先，兼顾公平"原则的再思考》，《工业技术经济》2004年第2期。
④ 黄泰岩：《构建公平与效率关系的新结构》，《求是》2003年第11期。
⑤ 厉以宁：《经济学的伦理问题——效率与公平》，《经济学动态》1996年第7期。

产占第一位，分配只能是第二位，所以效率要优先于公平。四是认为讲效率优先，更重要的是指资源配置的效率，而讲公平应强调机会均等，只要赞同机会均等，就自然地赞同效率优先。由于篇幅所限，这里不再赘述。具体类似观点，请参阅前述有关"效率优先，兼顾公平"的辩护内容。

四 公平与效率并重论

并重论者认为，公平和效率同等重要，没有先后次序之分，也没有轻重之别，效率与公平并重应是一个普通原则。"并重论"主要有两种论点：一是认为两者是相互促进的互补关系，不存在此消彼长的矛盾；二是认为两者存在矛盾，因而并重的目的就是要以最小的不公平换取最大的效率，或是以最小的效率损失换取最大的公平。

我国著名经济学家卫兴华教授主张效率与公平并重和统一。他认为，所谓并重就是在生产和经济领域要重视效率，在分配领域要重视公平。因为与发达国家相比，我国的生产效率还很低，差距很大。所以，我国重视发展生产，不应片面重视 GDP 和速度，而更应重视效率。同时，作为社会主义国家，决不能忽视包括分配公平的社会公平。社会主义公平应是超过资本主义形式公平的、更高的惠及全体劳动人民的公平。既要重视和处理好体现社会主义本质的整体框架的水平，即消灭剥削，消除两极分化，逐步实现共同富裕，也要重视和处理好在多种所有制并存的现实经济中具体分配关系中的公平。不仅要重视国有经济和集体经济中的分配公平，也要重视私营和外资经济中的分配公平。①

据有关资料表示，几年前我国的 GDP 占世界总量的 4% 多（目前占 5%），而消耗的煤炭占全世界消耗的 31%，消耗的铁矿石占 30%，消耗的钢材占 27%，消耗的水泥占 40% 以上。根据 2004 年的资料，我国创造 1 美元所消耗的能源是美国的 4.3 倍，德国和法国的 7.7 倍，日本的 11.5 倍。有关资料表明：根据对 15 个较发达国家的综合评估，平均每个农业劳动力生产谷物为 25 吨，是我国农业劳动力平均水平的 20 倍。如果计算每个农业劳动力的平均总产出，美国一个农民平均创造的财富，相当于我国 100 个农民的产出。所以，我国重视发展生产，不应片面重视 GDP 和速

---

① 卫兴华：《关于公平与效率关系之我见》，《理论经济学》（人大书报资料中心）2007 年第 8 期。

度，而更应重视效率。但生产重效率，并不需要通过轻视分配公平来实现。

我国作为社会主义国家，绝不能忽视包括分配公平的社会公平。社会主义公平，应是超越资本主义形式公平的更高的、惠及全体劳动人民的公平。既要重视和处理好体现社会主义本质的整体框架的公平，即消灭剥削，消除两极分化，逐步实现共同富裕，也要重视和处理好在多种所有制并存的现实经济中具体分配关系中的公平。不仅要重视国有经济和集体经济中的分配公平，也要重视私营和外资经济中的分配公平，尽管这两种分配公平的内涵是有所区别的。

效率与公平有无矛盾？我国实行公有制为主体、多种所有制共同发展；按劳分配为主体、多种分配方式并存的经济制度。在公有制中，只要真正实行按劳分配，多劳多得，少劳少得，奖勤罚懒，奖优罚劣，既体现了公平，又可以有效促进效率。而效率的提高，使财富增加，劳动收入增加，可在新的更高的收入分配水平上，贯彻按劳分配，从而进一步激励劳动的积极性和创造性，提高生产效率。因此，实行社会主义按劳分配原则，可以把效率与公平统一起来，二者并不存在此消彼长的矛盾，二者的统一，不是人为的，而是客观的、内在的统一。而理论与政策措施，又可以促进和完善这种统一。

在私营和外资企业中，实行按生产要素所有权分配和市场分配，存在着劳资矛盾、利润与工资分配份额的矛盾。既然鼓励私有企业的发展，就得认可资本追求效率和合法收入的"公平"权利。但不应由此忽视劳动的权利和劳动收入的公平。在这里，资本的效率与劳动收入的公平不存在内在的统一关系。资本收入与劳动收入也不存在内在的统一关系。从这方面说，不存在效率与公平的内在统一。但就职工的劳动效率与其劳动收入的关系来看，又存在统一关系。凡是尊重职工权益、劳动收入比较合理和公平的企业，职工的劳动效率也高，企业经营得也比较好。而有些企业，不尊重民工权益，工资被压到劳动力价值以下，随意延长劳动时间，没有休息日，还拖欠和无理克扣工资。劳资纠纷不断，挫伤职工劳动积极性与主动性，影响民工的劳动效率与企业生产效率。近几年来，珠江三角洲等经济快速发展地区，出现了"民工荒"，在很大程度上，就是资方对待民工不公平的后果。显然，这对企业的效率只能形成负面效应。

在私营、外资企业中，劳资分配关系存在矛盾，效率与公平从整体上说不存在内在的统一关系。但是作为社会主义国家，应该重视维护职工的权益，应该要求分配的相对公平。也就是从理论指导和政策措施层面上要求效率与公平的外在统一。对资方说,应是合法经营,遵守劳动法,获得公平的管理劳动收入和合法的剩余价值收入。对劳方说,他的劳动力作为商品,应获得等价交换的"公平"权利,因而其劳动收入应不低于劳动力的价值。应当看到,近些年来,压低和拖欠民工工资的现象很突出,许多民工的收入达不到劳动力的价值。据 2005 年 3 月 27 日《人民日报》报道,国家统计局对 24 个城市的调查表明,农民工工资平均 660 元(人民币)。有的省份农民工中近 25% 的人月工资在 300—500 元之间。这样低水平的收入,达不到工人及其家属维持正常生存所需要的生活资料的价值,即低于劳动力的价值。浙、苏、闽、粤四省,农民工对当地的 GDP 贡献率为 25%,但 10 年中经济快速发展,人均 CDP 增长一倍以上,而民工的工资则没有改变。这种不公平现象,不利于和谐社会的建设。近年来,中央强调更加重视社会公平,并采取了一系列针对性措施,以缓解社会不公平问题,收到了显著的效果。但成效还是初步的。从根本上实现社会和谐与公平,还任重道远。

2007 年 2 月 6 日的《人民日报》,发表了劳动社会保障部的调查资料,标题是"欠薪仍在困扰农民工"。论述了农民工收入普遍偏低,超时加班普遍存在,且相当一部分人根本拿不到或拿不到全部加班费。平均每天劳动 8.7 小时,劳动 11 小时以上的占近 8%,大部分农民工享受不到社会保险。中央的指导思想和政策措施是很明确的。改革开放的成果,应惠及广大劳动人民。不应使作为党的阶级基础的工人和农民群众成为"弱势群体"。从这方面说,也不应再坚持"效率优先,兼顾公平"的原则。

主张效率与公平并重和统一,就需要同时放弃所谓初次分配注重效率、再分配注重公平的提法。分配显著不公平乃至贫富分化,主要是初次分配形成的。由初次分配不公平造成的收入差距过分扩大,很难通过再分配实现公平,何况我国的社会保障制度还不完善、不健全,覆盖面不普及。缩小收入差距的经济手段还薄弱或欠缺。所谓"再分配注重公平",只能起有限的作用,不能只靠再分配实现分配公平。

主张效率与公平统一,重视社会公平,并不是要劫富济贫,把矛头指向富人,也不应有仇富心理。富人可以继续富乃至更富,但穷人不要继续再穷或更穷。党的十六届六中全会的《决定》没有再提效率问题,并不等于忽视和否定效率。它在"完善收入分配制度,规范收入分配秩序"一节中,着重强调"更加重视社会公平"。实现的途径是:通过加强收入分配宏观调节,着力提高低收入者收入水平,扩大中等收入者的比重,调节过高收入,取缔非法收入,实现共同富裕。这里的着眼点是缩小收入差距。

其中所讲的"调节过高收入",并非要取缔或限制过高收入,而只是进行合理调节。调节的手段主要是税收。当代发达资本主义国家,为了调节收入分配差距,也要进行政府调节,如征收高额累进税,有些国家还征收高额遗产税。日本对高收入群的税率,最高达 50%。瑞典的国民赋税负担率达 49.9%。而瑞典的高赋税收入则用于社会保障和社会福利。如从上小学到大学都免交费用,重视教育公平。

当代发达资本主义国家,也在重视缩小收入差距,采取一些有利于社会公平的制度和政策。我国作为社会主义国家,在社会公平问题上应比资本主义国家做得更好。社会主义的根本任务是发展生产力,根本目的是实现共同富裕。这都需要在包括分配公平的社会公平中实现。社会公平应是社会主义的重要特点,应是社会主义优越于资本主义的一个重要方面。[1]

刘国光认为,我们现在显然还不能说已经到了两极分化的境地,也不能说到达承受极限,但是,基尼系数客观上还处在上升阶段,如果不采取措施,则有迅速向两极分化和向承受极限接近的危险。所以,我们必须从现时起进一步重视社会公平问题,调整效率与公平的关系,加大社会公平的分量。"效率优先,兼顾公平"的口号现在就可以开始淡出,逐渐向"公平与效率并重"或"公平与效率优化结合过渡"。[2]

为此,刘国光提出了他的"逐步并重论"。刘国光 2003 年发表《向实行"效率与公平并重"的分配原则过渡》一文,认为"效率优先、兼顾公平"的原则意在分配政策上实行激励机制,把蛋糕做大,让一部分人通过诚实劳动和合法经营先富起来,以支持和带动整个社会走向共同富裕。现在这一原则已经实行了一段时间,一部分人确实先富起来了,其中既有靠诚实劳动或合法经营起家的,也不乏通过非正当途径发财致富的。但在支持和带动社会低收入阶层共同富裕的效应上不甚显著,甚至有因失业、下岗而导致绝对收入下降。由于提倡效率优先,一些地方追求微观经济效益,在生产建设中片面追求机械化自动化,不适当地处置资本与劳动的替代关系,对发展中小企业、民间企业和第三产业不利,加大了就业的压力。个别地方长官好大喜功,只重视数字效益,把公平置于"兼顾"即"次之"的地位,不重视社会公平,认为守住民众不闹事的底线就可以了。在这种背景下,基尼系数逐年上升和收入差距继续拉大,带来的消极后果

---

[1] 参见卫兴华《我对公平与效率关系的理论见解》,《山西大学学报(哲学社会科学版)》2007 年第 3 期。

[2] 刘国光:《进一步重视社会公平问题》,《中国经贸导刊》2005 年第 8 期。

也比较明显。其一是国内需求受到严重影响，富者有钱但消费增量小于收入增量，贫穷者无钱消费，有效需求不足的问题成为制约我国经济发展的瓶颈。其二是因非规范非正常收入占相当比重，人们对由此而来的收入差距愤愤不平，影响工作和生产效率，影响对改革开放和全面建设小康社会的信心，危及社会的稳定。因此，我们必须逐步地由"效率优先，兼顾公平"转向效率与公平并重。①

中国社会科学院邓小平理论和"三个代表"重要思想研究中心认为，现阶段的经济发展要求逐步实现公平与效率的均衡。所谓"公平与效率的均衡"是指：（1）既不过分强调效率，适当追求较高的效率；也不过分强调公平，要保障相对的社会公平。（2）效率是实现公平的前提和条件，而不以牺牲公平为条件；同样，公平也是保持和提高效率的前提和条件，而不以损失效率为条件。（3）进一步说，公平水平的提高会带来和促进效率水平的提高；同样，效率水平的提高也会带来和促进公平水平的提高。②

徐钦智认为，无论从社会发展的客观条件来讲，还是从人们的主观愿望来讲，现在都应该是考虑和解决社会公平问题的时候了，适时提出向"公平与效率并重"原则过渡的条件已经成熟。（1）我们发展的是社会主义市场经济，由社会主义的本质决定，效率是手段，公平是目的。（2）解决社会公平问题，既是全面建设小康社会目标的本质内涵，也是构建社会主义和谐社会任务的客观要求。（3）目前，收入差距日益扩大，已经突破了基尼系数0.4的国际警戒线。从国际一般经验来看，现阶段也是应该通过政府手段突出地解决社会分配收入不公的时候了。③

杨宝国认为，邓小平所说的"消灭剥削，消除两极分化，最终达到共同富裕"，实质上就是实现社会公平正义。因此，过去我们简单地误以为邓小平只是把"发展生产力"作为社会主义的根本任务，这种糊涂认识不仅在理论上是非常错误的，而且在实践中也是极其有害的。1993年党的十四届三中全会以来，我们一直坚持和奉行的"效率优先，兼顾公平"的原则，就是这一错误认识的产物。实现社会公平正义与发展生产力并列为社会主义的两大根本任务，实现社会公平正义和发展生产力之间的关系就具

---

① 刘国光：《向实行"效率与公平并重"的分配原则过渡》，《中国特色社会主义研究》2003年第5期。
② 中国社会科学院邓小平理论和"三个代表"重要思想研究中心：《寻求公平与效率的均衡》，《求是》2005年第23期。
③ 徐钦智：《论构建社会主义和谐社会中效率与公平的定位问题》，《东岳论丛》2005年第4期。

体体现为公平与效率的关系。公平与效率并重，是实现社会主义初级阶段两大根本任务的具体体现，是社会主义和谐社会的重要原则与特征，是社会主义社会的本质要求，是社会主义市场经济发展的必然要求，符合国际社会追求可持续发展的要求。因此，公平与效率并重应当成为社会主义初级阶段的一项基本分配原则，构建社会主义和谐社会应当实行公平与效率并重的分配政策。①

肖玉明认为，当前我国社会矛盾趋于突出，某种程度上可以说公平与效率的发展已出现失衡状态，因此，在构建社会主义和谐社会中，在处理公平与效率的关系时，各项政策措施必须更加突出社会公平，使公平与效率相对公平发展。主要有以下几个原因：（1）公平与效率都是社会主义的基本发展目标，二者相对均衡发展是社会主义的本质属性。（2）公平与效率是互为条件的，二者相对均衡发展是社会主义市场经济发展的内在需要。（3）社会对公平与效率的需求是动态变化的，二者相对均衡发展是经济社会发展的客观要求。（4）现阶段公平与效率之间发展失衡，保持二者相对均衡发展是落实科学发展观和构建社会主义和谐社会的题中之义。②

朱志刚认为，公平与效率是人类社会追求的两大价值目标。二者是辩证统一的，体现了生产力和生产关系的统一，是人全面发展的重要内容。"效率优先，兼顾公平"过分地强调效率而忽视了公平，中国社会在获得大幅度发展的同时，也遇到了一系列问题，特别是围绕公平产生的问题，如各阶层收入差距拉大、社会阶层分化等。因此，必须顺应时代要求，明确把社会公平作为党执政的价值追求。促进社会公平是新时期中国共产党的迫切任务，坚持以人为本，全面协调可持续的科学发展观成为解决效率与公平问题的归宿。当前必须确立公平与效率并重的价值取向，以促进社会的和谐发展。③

钟坚认为，公平是反映社会的稳定性的参数，是社会的稳定机制；效率是反映社会的发展性的参数，是社会的动力机制。公平的实现有赖于经济效率的提高和生产力的发展，而经济效率的提高也要以社会的相对公平为实现条件。只有实现相对公平，才能较好地协调社会物质利益关系，激发劳动者的生产积极性、主动性和创造性，提高经济效率。在公平与效率的权衡上，要减少由计划经济向市场经济转变而带来的剧烈震荡，少走弯

---

① 杨宝国：《构建社会主义和谐社会应当实行公平与效率并重的分配政策》，《华中师范大学学报（人文社会科学版）》2008年第1期。
② 肖玉明：《论公平与效率的均衡发展》，《四川行政学院学报》2007年第4期。
③ 朱志刚：《当前应确立公平与效率并重的价值取向》，《生产力研究》2007年第13期。

路，唯一的抉择是两方兼顾。①

过文俊认为，当前出现的不同阶层居民收入差距的扩大和贫富悬殊的现象，主要不是由结果不公平造成的，而是由机会不平等造成的。对此，需要进一步深化市场取向改革以及加强改革的配套措施，用更为完善的市场经济制度去创造机会平等，并以此进一步提高经济运行效率。收入分配政策的基本原则应由改革开放之初的"效率优先、兼顾公平"，调整为"初次分配注重效率，再分配注重公平，效率与公平并重"。②

梁文森认为，注重效率是发展社会主义的题中应有之义，而公平作为社会主义的基本特征，也绝非权宜之计，而是一项基本原则、核心价值。公平是指按一定的社会标准（法律、道德、政策等），以正当的秩序合理地待人处事，是制度、系统重要活动的重要道德性质，因而公平是和谐社会的基础。因此，应将公平提到与效率并重的地位。但是"一次分配注重效率，二次分配注重公平"的说法似是而非，割裂了"公平与效率并重"这一个完整理念。③

王家新、许成安认为，效率与公平之间并非矛盾的关系，而是同等重要的关系，我们应该以"并重论"来指导我国收入分配制度改革、市场经济体制建设和政府职能转换。④

当然，也有一些学者不同意"公平与效率并重"的提法，对此提出了他们的批评意见。

五　其他不同论点

杨尧忠认为，无论从理论上来说，还是从实践上来说，效率与公平兼顾之说在我国都是难以成立的。（1）从社会发展的需要来看，强调效率是必然的，兼顾公平是必要的。因为，效率是生产力的尺度，而公平只是一种价值观，是社会稳定的心理基础，两者的关系实质上反映了发展和稳定的关系。稳定是发展的重要条件，而发展是稳定的物质基础。在社会化大生产条件下，效率永远是第一位的，对于发展中国家来说尤为重要。（2）从社会转型的需要来看，效率优先也是必然的。在我国由传统的计划经济

---

① 钟坚：《效率兼公平：中国改革与发展模式的再抉择》，《经济前沿》2005 年第 2 期。
② 过文俊：《贫富差距：理性审视与多维调节》，《中国人口科学》2003 年第 5 期。
③ 梁文森：《如何看待收入差距扩大和两极分化》，《经济学家》2005 年第 6 期。
④ 王家新、许成安：《效率与公平并重论及其保障机制》，《经济学动态》2005 年第 8 期。

向市场经济转型的过程中，出现了一些消极后果和局部困难，但这是发展过程中产生的问题。现在提出在初次分配领域注重效率，发挥市场的作用；在再分配领域中注重公平，加强政府的调节作用，正是解决产生消极后果的重要方法。而且就整个社会国民收入分配的份额而言，进入初次分配领域的数量大大超过了进入再分配领域的数量，绝不可能是两者并重。从这个角度来看，即使对用于再分配领域的社会保障分配再加大注重力度，也不过是属于对兼顾公平"兼顾"程度的提高，仍然不能也不足以影响效率优先的地位。（3）效率与公平的兼顾在逻辑上也是很难成立的。"效率与公平的兼顾"和"公平与效率的兼顾"就有不同的含义，存在着对效率和公平不同的注重程度。同样在西方市场经济国家，不同的市场经济模式，强调公平多一些的北欧国家与强调效率多一些的美国相比，其社会和经济的活力就有明显的差距。而在发展中国家，大都对效率强调得多一些，否则就会被动挨打，这就是通过国际比较可以借鉴的经验。①

李政、孙浩进认为，"效率优先，兼顾公平"是在一定历史条件下产生的收入分配原则，在当时的历史条件下，曾对我国破除平均主义桎梏和发展生产力起到积极作用。但随着社会主义市场经济理论体系的丰富，以及社会收入分配差距的逐渐扩大，从构建社会主义和谐社会的角度，应该对"效率优先，兼顾公平"这一提法进行相应的调整，实现"效率优先，兼顾公平"向"适度公平，保证效率，注重生态"的转变。"适度公平，保证效率，注重生态"的收入分配观在很大程度上实现了公平与效率在社会主义初级阶段的和谐，是构建社会主义和谐社会的较理想的收入分配观。②

张宇认为，把提高效率同促进社会公平结合起来，是我们党在总结改革开放历史经验和探索中国特色社会主义发展道路的实践过程中形成的一个重要思想。在大力发展社会生产力的基础上实现社会的共同富裕、努力实现公平与效率的统一是社会主义的本质要求。"初次分配和再分配都要处理好效率和公平的关系，再分配更加注重公平"，符合中国特色社会主义实际情况和需要。深化分配制度的改革和完善收入分配制度是实现效率与社会公平最重要的一个环节。③

黄泰岩提出一种新的理论观点"重新组合论"。2003年黄泰岩发表

---

① 杨尧忠：《转型与发展对收入分配的必然要求：效率优先，兼顾公平——兼议范恒山"效率与公平并重"的主张》，《长江大学学报（社会科学版）》2005年第1期。
② 李政、孙浩进：《公平与效率的关系新论》，《江汉论坛》2008年第8期。
③ 张宇：《把提高效率同促进社会公平结合起来》，《思想理论教育导刊》2008年第6期。

《构建公平与效率关系的新结构》①一文,认为应当仍然坚持"效率优先、兼顾公平"的分配原则,效率优先、兼顾公平是实现我国经济快速发展的基本战略,绝不能因为短时期内收入差距的扩大而从根本上动摇这一发展战略。因为我国是一个发展中的大国,各地区又很不平衡,经济基础相当薄弱,既面临在市场化改革过程中诱发的各种社会矛盾,又面临着世界经济一体化和科技革命、知识经济的挑战,求生存求发展的压力特别巨大,而且改革开放中出现的矛盾也只有通过发展才能解决,只有坚持发展是第一要务,才能增强经济竞争实力和提升国际地位。收入分配应放到经济发展的框架中设定,效率优先具有不可替代的作用。但是在坚持效率优先的前提下,对公平与效率的关系可以进一步组合和深化。

此外,还有"效率反哺公平说",认为我国当前效率与公平的提高和实现,出现不协调和失衡的原因不在于效率太高,而在于公平滞后。因此,效率应反哺公平。②另外,还有市场管效率,政府管公平论等论点。③

李闽榕甚至认为,公平与效率关系是一个虚假命题,亦即"虚假命题论"。④持此观点的李闽榕认为虽然公平、效率都可以单独研究,但西方学者把二者作为一对非此即彼,鱼与熊掌不可兼得的矛盾联系起来进行研究却是不妥当的。一是没有科学的客观依据,只有不确定的问题和过度抽象化的概念;二是缺少坚实的历史基础,凭空开辟出理论研究"新领域";三是概念和内涵界定随意性大,论证难以自圆其说;四是研究思路混乱,错位研究问题。没有科学的客观依据,缺少坚实的历史基础,错位研究问题,论证难以自圆其说,自相矛盾、破绽百出,这些都足以证明公平与效率的关系是西方经济学界人为制造的伪命题。他认为,对于公平与效率的关系不是不可以研究,而是研究要遵循公平与效率关系的自身规律和客观限制。据此他提出,一方面,市场经济的平等性要求为市场主体进行竞争和实现利益最大化提供平等的基础,但竞争的优胜劣汰必然导致差距,使市场主体在新一轮竞争中就必然处于不平等地位,这就使平等性与竞争性形成一对对立的矛盾,而排他性和趋利性则有可能间接加剧这一矛盾;另

---

① 黄泰岩:《构建公平与效率关系的新结构》,《求是》2003 年第 11 期。
② 李厚廷:《和谐社会的制度架构——基于效率公平关系的研究》,《社会科学研究》2005 年第 3 期。
③ 程连升:《政府管公平市场管效率——公平与效率关系新论》,《理论前沿》2005 年第 2 期。
④ 李闽榕:《公平与效率真的是"鱼与熊掌不可兼得"吗?——一个对西方经济学界人为制造的伪命题的剖析》,《福建论坛(人文社会科学版)》2005 年第 7 期。

一方面，平等性、竞争性、趋利性、排他性和自主性、开放性、局限性一样，都是市场经济的基本特征之一，从不同方面体现了市场经济的本质，是一个互相依存、缺一不可的有机统一体，这就将公平与效率蕴含在市场经济基本特征的对立统一关系之中，只有从这个特定的范畴上来认识和研究问题，才能科学、正确认识和把握公平与效率的辩证关系。因此，在市场经济发展中，公平与效率之间应是一种既相互区别、相互矛盾，又相互依存、相互影响的对立统一关系，不存在那种非此即彼、非长即消的严重对立、不可协调的关系。

六 当代不同学科视域中关于公平与效率关系的思想观点、总体评价和重要启示

随着我国改革开放的逐步深入，效率与公平的矛盾日益凸显。学术界对于公平与效率的关系问题正在进行着多学科的透视研究，研究领域和层次不断拓宽和深入。

当代不同学科对于公平与效率的关系问题的研究提供了十分有价值的思想资源：经济学以效率为核心用实证的方法探讨了效率与公平的诸关系模型；社会学则在制度、社会和文化等广阔的背景下考察了影响效率和公平的相关变项；伦理学试图从价值观和道德视角给出一种效率和公平的理论前提；政治学在现实的制度结构中把效率和公平的关系转化为一个利益比较和价值偏好的不同选择问题；政治哲学则诉诸普遍理性或公共理性以为效率和公平提供合法性依据。但是，由于研究对象、研究方法的不同，上述各学科对效率和公平问题的解释均存在本学科难以克服的缺陷，以至于不打破上述学科壁垒，架起一座沟通各学科的桥梁，这种缺陷就不会得到彻底克服。[①]

（一）不同学科视域中的公平与效率问题

1. 经济学的研究视角：从经济效率出发

从经济学家们对于效率与公平问题研究的内容可以看出，他们的立足点是经济效率。所谓效率不仅仅是指生产效率，更重要的是指社会的经济效率和利益。经济效率是指在特定的历史条件下，实现社会资源（人力、

---

① 史瑞杰：《社会哲学视野中的效率和公平》，《人文杂志》2000年第1期。

物力、财力）的最佳、最有效配置的状态，就是以尽可能少的劳动付出和物质消耗获得更多符合社会需求的产品。公平则是从社会产品分配的角度来理解的：在初次分配的过程中公平的含义是指根据要素（物质、资本、能力和技术）的投入量的多少合理地分配产品，初次分配主要由市场调节，坚持以效率为主的分配原则；再次分配过程是指财政转移支付的社会产品再分配，再分配中侧重公平，公平不等于绝对的平均和均等，是指通过社会再分配使每个社会成员的基本生活都有保障，尤其是弱势群体。如果太不公平，就会影响效率的进一步提高，进而影响社会的稳定与和谐，也不符合我国的社会主义国家的性质。因此也要关注公平，以促进效率的提高。

2. 政治学政府视野中的公平与效率

政治学角度看效率是多元化的概念，它不仅仅指经济效率，还包括制度效率、行政效率等。公平也是多角度的，应包括起点公平、过程公平（程序公平）、结果公平（分配公平）在内的规则统一体。这一规则的统一体既表现在规则本身是否公正，而且也体现在公正的规则在政治实践上能否公正的实现：注重政治参与和社会参与的权利公平，如强化公共政策制定、干部人事制度改革、公共财政与预算过程中的民主参与力度等。以上两者的推动器是政府，政府的有效干预和协调运作在一定程度上能够促进公平和效率动态平衡的内在机制的形成。从政府的角度考虑效率和公平的协调，是强调了两者在社会发展过程中的动态平衡。

3. 社会学的研究立足点：社会公平

虽然社会学探讨的问题很多，但不管是社会保障、社会福利制度还是社会体制改革等，社会公平都是其核心问题。在社会学看来，公平不仅仅是政府的职责，而且是社会每个成员对自身权利和义务的维护。在社会学意义上，公平指的是社会成员之间的社会地位、经济收入、消费水平比较接近而不过分悬殊，也就是强调社会公平。当然，社会学也并不是完全忽视效率，但强调的是社会效益，即分配模式是否公平的问题。社会学研究的对象是整个社会，深层理念不是别的，就是调节各社会成员间不同利益群体的关系，正确处理人民内部矛盾，关注社会公平，也就是说关怀社会公义和平等。目前在我国社会各个领域还存在着不同程度的社会不公平现象，如贫富差距、城乡差距、区域差距、行业差距等经济社会发展不协调现象。这个过程中就更注重社会各主体之间的公平问题，以促进和谐社会的构建和推进。

4. 伦理学公平思想的人本维度

当代伦理学突破传统伦理学的界限，赋予了公平更为丰富的内涵。公平不仅包括人与自然层面上的人类行为与环境相协调的传统公平，而且包括人与人层面上的代内公平和代际公平。其中代内公平有两层含义：一是当代人之间的公平（国际公平），这是用以消除世界贫困、调整当今不平等的国际政治经济秩序、寻求共同发展的一条伦理原则，同时也为实现代际公平提供现实条件；二是每一代人内部的公平（国内公平），这一原则对缩减贫富差距、城乡差距，寻求新的适应社会发展的道德规范和实现可持续发展有着重要的价值论意义。事实上无论代际公平还是代内公平都是从人本维度出发，将人作为一个核心的范畴加以理解，每个人都要拥有平等的生存、发展的权利和机会，一切都是为了人，一切依靠人，人是最高的目的。从人本维度这一立足点出发，也得出效率的重要性，因为效率本身是合目的性和合规律性的统一。效率的合目的性满足了人们不断追求自由所需的物质和文化条件。所以，在伦理学看来，效率是为公平服务的，效率本身包含着公平的思想，效率是体现人的尊严和实现人的价值的前提条件。伦理学认为，虽然关于公平的理念或公平价值观因国家、阶级、阶层、人群、个人而有所不同，但建立社会共同或普遍承认的有关公正和平等的价值观也就是公平的理念至关重要。

总之，对于公平与效率问题，不同学科有着不同的研究视角。在经济、政治、社会、文化和道德等不同的社会子系统中公平与效率问题表现为不同的具体内容，但都统归于人类公平这个宏观层次。因此，如果只是从具体学科的视角来观察效率与公平，就很难对现实中公平与效率的复杂关系作出宏观的、全面的、合理的说明。所以，无论从理论还是实践意义上，我们都需要对公平与效率的动态关系进行哲学的思考。

（二）哲学界关于公平与效率关系的主要观点

我国哲学界对公平与效率关系的把握是从公平的角度出发来论证效率的，这点是一致的。但具体论证到二者的关系时，则各抒己见，出现分野。

第一种观点，从本体论意义上来把握公平。从哲学的终极关怀的角度来理解公平和效率。认为公平表达了人类追求自由的美好理想和愿望，是人和人之间相互关系的一种和谐状态。公平体现了永恒的追求自由和超越现实的本性，是为人的全面自由发展这一目标服务的。人类追求自由的理想只能通过人与人之间的关系才能表现出来，尽管人与人之间的关系是随着社会的发展变化而不断改变，公平的具体内容和表现方式也不尽相同，但它是一种客观存在，归根到底反映着人与人之间的利益关系。效率是主体人在改造客体（自然、人和社会）过程中所具有的能力和水平，是主体把自身的力量和愿望作用于客体中，使客体按照主体的需要而不断提高、不断主体化。这种观点是从宏观视角来探讨公平与效率及其相互关系问题的，把公平作为人类长期的价值理想和奋斗目标，是从对自由和公平理念的追求过程中把握效率的，效率的不断提高是为公平服务的，公平是社会发展的最终目的。社会公平是以"应然"的理想对现实的"实然"一种引导和超越，以理想完满的方式批判、规范、要求和指导现实，从而促进社会的发展和进步。这种观点主要采取了批判性和超越性相统一的方法论。一方面，公平和效率是人类追求的双重价值目标，是在现实的历史条件下才能不断推进公平的进程和效率的提高；另一方面，从更高层次上讲，公平与效率又只是人的全面发展这一真正目的的手段。只有人的全面发展，效率的价值才能得到实现，公平也才有充分的保证，人的全面发展和公平效率是内在统一的，其统一的基础和归宿是人。这就意味着当今中国的公平效率问题，要解释现实与超越现实相统一，不仅要努力寻求现实路径，更要有最终实现人的全面发展的终极理念。

第二种观点，从认识论的角度来理解公平。认为公平是历史性和动态性的统一。在不同的社会发展阶段和社会制度下，人们关于社会公平的观念是具体的，而不是抽象的；是动态的变化的，而不是永恒不变的。公平本身是有前提的，随着社会本身的不断发展，公平本身也在不断发展。而人类自身的奋斗目标就是追求社会的公平从低级到高级的不断发展。公平的不断实现是以效率的提高为前提。其实这种观点就是从生产方式来看效率与公平，效率是就生产力而言，公平则归结到生产关系，生产力的发展水平决定公平的状况和实现程度。公平与效率具有此长彼长、此消彼消的正反同向的交促互补关系。社会主义的根本任务是发展生产力，所以效率要优先；社会主义又是公有制，因此还要兼顾公平。可见，这种观点实际上就是一般和特殊相结合的方法论。不同时代有不同的公平观，每一个时代的公平观都是适应当时的生产方式的，是与当时的历史条件下提高效率的要求相适应的；同一时代每个国家也有不同的国情，我们既要注重吸收人类共同的研究成果，尤其是西方的先进理念，同时又要结合中国的特殊历史发展时期，并针对中国的社会现实找出问题的根本原因和解决问题的根本路径。

第三种观点，主要认为公平是指社会价值分配的合理性，对人与人、人与自然关系的价值判断和评价。个体人的基本权利、经济状况和政治地位本身没有是否公平的问题，只有当我们人为的对其按照一点的标准进行价值判断时才产生公平问题。认为效率是社会有效价值。人们将社会资源合理配置，作为投入和产出、消耗和创造的比率的效率实质上就是一种比较效用价值。这种观点的实质是从价值论意义来判断公平和效率的，公平和效率都是人的价值判断，因此具有相对性。持这种观点的人是坚持历史尺度和价值尺度的统一。

第四种观点，从实践论意义上来论证公平与效率。公平是人们在实践过程中确立的一种社会规则统一体。公平应包括起点公平、过程公平（程序公平）、结果公平（分配公平）在内的规则统一体。其中起点公平是前提，过程公平是关键，结果公平是目标。认为效率是一个关系范畴，反映人与物之间的作用和反作用的关系，这种关系的实质是实践关系。从主体的角度划分可以分为个体公平和社会公平两种，效率有个体效率和社会效率之分，无论哪种效率都是为公平这一目标服务。实际上持这种观点的人是采取了合目的性和合规律性相统一的方法论。

笔者认为，从哲学视域的层面上研究公平与效率问题是认识的一种深化。但如何才能把公平的哲学理念与各个子系统之间的公平具体表现形式统一起来，用理想来规范现实、改变现实，如何用公平来推动效率的提高，使广大人民群众共同享有改革开放的新成果，这才是我们需要解决的问题的关键所在。

（三）公平与效率问题研究的三个阶段

第一阶段：计划经济时代，在实现效率的途径上，过高地强调了生产关系的作用，通过改革生产资料的占有关系来体现社会公平，强调以公平促进效率。由于当时的特定历史环境，强调集体利益和公平，同时把提高效率（尤其体现在发展速度和数量），发展生产力也作为社会主义建设的重要问题。作为对共产主义的理想追求，这些原则本身而言，是合理的，但公平的实现离不开现实依据。由于当时劳动者创造的社会产品相对较少，经济效率的普遍低下，生产力水平不高，"蛋糕"本身不大，所以即使平均分配，人们的生活水平还是相对较为低下。脱离了具体的历史条件的平均分配，最后导致劳动者的劳动价值难以通过分配结果得以体现，社会公平的思想很难在现实中真正实现，公平在一定程度上变成了平均主义，从而挫伤了劳动者的积极性，导致了经济活力的严重不足，效率也很难提高。

改革开放初期,邓小平针对过去"一大二公"的平均主义分配方式对效率造成的巨大损害,提出了"让一部分人先富起来"的著名论断,使一部分人通过诚实劳动和合法经营先富起来,起着榜样示范作用,最终实现共同富裕。这一阶段在公平与效率的关系上"冲突论"处于主导地位。持有这种观点的学者认为,公平与效率是两个截然对立的价值体系,追求效率必然牺牲公平,或者追求公平必然牺牲效率,鱼和熊掌不可兼得。如果主张公平优先,投资者、劳动者不能得到他们所投资或付出劳动应得的报酬,就会直接影响投资和劳动的积极性,必然导致平均主义,效率下降,国力衰竭,人们普遍受穷。所以,公平与效率只能是非此即彼,二难选择。这一时期,有的学者甚至提出了"效率决定论"的观点,这种观点认为,公平观念属于上层建筑的意识形态,它不可能脱离一定的社会经济发展阶段而独立存在。每一个时代占统治地位的公平观都是那个时代占统治地位的经济关系的反映。生产决定分配,经济基础决定上层建筑,效率决定公平。还有学者提出了效率优先、兼顾公平的分配原则,但实际上政府的着力点都放到效率上,公平问题基本上是兼而不顾,导致不同群体收入差距逐渐扩大。

第二阶段:改革开放步入90年代以后,人们之间收入差别迅速扩大,社会矛盾问题日益增多,有可能造成对经济效率持续增长和社会稳定的破坏,国家及时调整了效率与公平的关系,提出了"效率优先,兼顾公平"的基本原则。在这一阶段,打破垄断实行机会均等,在追求效率的同时兼顾分配结果的公平,给市场竞争中的失败者或弱者基本生存的关怀,开始倡导建立社会保障机制,成为这一阶段的一系列政策的亮点。这一时期,在公平与效率的关系上,存在"两种优先论"。第一种是公平优先论,持有这种观点的学者认为公平既是人类一直追求的理想目标,也是人类生存和发展的基本法则,更是人们神圣不可侵犯的权利。只有将公平放在优先的地位,才能真正体现社会对人的权利的尊重和关爱,体现社会主义的基本价值目标。把公平放在优先地位,就是要反对把收入差距拉得过大,造成两极分化,影响社会稳定。第二种是大多数学者赞成的效率优先论,认为这符合我国社会主义初级阶段的现实,在我们这样经济文化落后的社会里,应该始终坚持以经济建设为中心,坚持效率优先的原则,只有经济发展了,蛋糕做大了,人们的生活水平才会随着经济的发展而水涨船高,才会有财力去帮助社会弱者。

效率优先论把效率与公平都放在社会经济发展历史进程当中来考察。一方面,看到了我国生产力相对落后的现状,把解放和发展生产力,提高效率放到了首位；另一方面也认为公平是社会主义社会发展的目标。在这一公平观中首次强调了差别，以劳动贡献为标准的差别来实现按劳分配，使一部分人先富起来，然后通过先富带动共富，这则是体现了公平的理想的一面。生产过程必须追求效率，分配和消费过程必须追求公平，而消费的公平来源于分配的公平。这对促进生产力的发展有着积极的作用，"蛋糕"做大了，生产力水平提高了，人们相对来说分到的"蛋糕"也就多了。但同时也出现一个问题，"蛋糕"做大，不等于分配的公平，贫富的差距反而越拉越大。这种现象的原因主要有两方面，一方面是由于个人的投入、能力、天赋和贡献的差别而导致的；另一方面则是由于权力寻租、权钱交易、腐败、政府职能缺位越位等导致的贫富两极分化。对于前者由于差别的原因而出现的贫富、收入差距这是符合我国的社会发展现状的，合理拉开差距，有利于调动劳动者的积极性，有利于社会效率的提高，最终也有利于社会公平的实现。而后者则是当今社会不公平现象的真正体现，是社会分配的真正的不平等所在，是社会不稳定的因素所在。

  第三阶段：进入新世纪，转入一个新整合、深化期，推出了一批富有时代意义的高水平研究成果。针对"效率优先、兼顾公平"这一提法，以吴忠民为代表的专家学者给予了积极肯定的评价和雄辩有力的批驳，他们认为"效率优先、兼顾公平"是适应我国改革经济发展初期的一种特殊提法，这种提法是就经济问题与公平问题的关系而言，经济效益问题是最为重要的，是第一位的，要优先于公平问题；但是，公平也不是可有可无的问题，它属于"兼顾"范畴内的问题。所谓的"兼顾公平"无非包含两层含义：其一，应当在重点关注经济效益的同时，也不要忽视公平问题，对之应当予以适当的关注，当经济效益问题和公平问题两者出现抵触、矛盾、甚至对立的时候，应当首要考虑前者而不是后者，推之极端有时甚至为确保"经济效益"可以暂时牺牲"公平"。这个命题提出有其一定历史正当性，对于人们冲破原来计划经济体制下平均主义分配模式、确立经济效益在社会中的核心地位、调动广大劳动者积极性、建立社会主义市场经济起到了一定的促进作用。但是，随着我国改革开放的进一步深入，人们收入差距进一步扩大，其局限性和实际负面效应已经明显表现出来。因此，"效率优先、兼顾公平"这一提法必须予以改变和加以调整，用一种新的符合时代特征和实际需要的新的提法所代替。

  他们认为效率应属于生产力，公平则属于生产关系。生产力是人们在生产实践过程中形成的征服自然、改造自然并使自然适应人的需要的能力。效率则是这种能力的现实表现，也是衡量这种能力的客观尺度。社会一方面为人们创造了相对公平的发展环境；另一方面也内在的要求有更公平的社会空间以更有效的发挥人的才能，换句话说公平的要求是效率提高的内在动力。否则社会就无法真正进步。因此，从社会历史过程来看，效率是公平的产儿，效率是从公平中获得其得以存在的现实依据。效率从属于公平，只有在公平的基础上才能获得真正的社会效率。所以当前必须要为效率注入公平的理念。今天我们所讲的效率应该是公平基础上的效率，实现效率的根本方式与决定因素是公平，公平的程度决定效率实现的程度。我们一方面要增进经济效率，为社会公平提供坚实的物质基础，要以市场机制的不断完善来促进效率，也要用公平的方式来实现效率。这种方式绝不是要弱化效率的地位，而是为了更好的提高效率，用公平的方式实现效率有利于达到公平与效率的内在统一和双赢。

从公平与效率关系研究的三个阶段来看：

第一，理论总是根植于现实。每一阶段占统治地位的公平效率观是该阶段政治经济状况的反映。在改革之初，政府的经济政策是打破"吃大锅饭"的平均主义分配模式、调动广大劳动者的积极性和创造性，达到大力发展经济、提高效率的目的。在理论界"效率决定论"和"公平与效率冲突论"占主导地位。虽然也有学者提出了"效率优先，兼顾公平"的口号，但实施过程中基本上是以效率为中心。进入90年代以后，经济持续发展，收入差距由小变大，引发了一系列社会问题，政府着手在继续强调经济效率优先的同时，开始考虑低收入者的利益，对原来只强调效率优先的分配政策进行适当调整。这一阶段在理论界占统治地位的"效率优先，兼顾公平"这一提法占主导地位。步入新世纪后，收入差距的鸿沟不断扩大，逐渐接近或超过了国际警戒线，而且还有继续扩大的趋势，社会矛盾增多，潜伏着不稳定的可变因素增加，政府在强调按市场规则搞好第一次分配的同时，加大了第二次再分配的分量。在理论界人们开始对"效率优先，兼顾公平"这一提法进行反思，出现了"统一论"、"重新组合论"和"逐步并重论"等观点，注重公平与效率的协调发展。

第二，对公平与效率关系的研究更加辩证。人们的认识总是由浅入深、由片面至逐步全面的过程。我国自改革开放以来对公平与效率的关系认识也印证了这一过程。"效率优先，兼顾公平"这一提法形成于20世纪80年代，流行于90年代，高潮在21世纪初。第一阶段，对公平与效率的认识主要关注它们之间的对立性，否认它们之间内在的统一性。公平与效率是非此即彼，鱼和熊掌不可兼得；第二阶段，人们从公平与效率的对立思维束缚中解放出来，进行辩证思考，但仍然带有片面性，看不到二者之间有相互促进、相互制约的一面，还没有跳出"效率优先、兼顾公平"的模式。第三阶段的认识更加辩证。学界不是再笼统地争论效率与公平谁先谁后，而是强调依据我国经济和社会的发展的实际情况，学会在对立统一中把握公平与效率的关系，提出对"公平与效率"进行"重新组合"或"逐步过渡"，达到"公平与效率"相互协调发展的目的，从而把对公平与效率的认识提高到一个新的层次。

第三，对公平与效率关系的研究更加深刻。公平与效率从经济学、社会学领域的研究跃进到哲学领域是一种提升。公平与效率是人类追求的双重价值目标，它们之间既有相互区别、相互矛盾的一面，也有相互联系、相互制约的一面，是对立统一的辩证关系。这种关系在不同的时期、不同的地点和不同的条件下，有着不同的对应和组合关系，一切以时间、地点和条件为转移，不能简单机械地分出个谁先谁后，要动态地、立体地看问题，放到社会实践的大背景下考察。而且，从更高层次上讲，公平与效率只是手段，人的全面发展才是真正的目的。正如西纳索所说，社会最终发展是"为一切人的发展和人的全面发展"。只有人的全面发展，效率的价值才能得到实现，公平也才有充分的保证。所以，效率与公平和人的全面发展是内在统一的，其统一的基础和归宿是人的全面发展。①

（四）公平和效率关系研究的总体评价

综观改革开放 30 多年来对于公平与效率概念及两者关系问题研究的历程，体现出研究范畴和领域不断拓展的特征，包括从生产、分配环节拓展到各环节，从经济领域扩大到政治、社会、伦理、哲学等各学科领域；研究内容日益丰富，学术观点由单一向多元发展。表明我国理论界和学术界对于公平与效率的研究是随着实践的推进而不断深入和发展的。

但是，通过对改革开放以来关于公平与效率的主要研究观点的梳理也可以发现，系统性、整合性、规律性研究相对欠缺，总体上表现为阶段性研究有余、系统性研究不足，即大多属于根据我国经济社会发展所处阶段及面临的主要问题分析两者的内涵及其关系，而不是通过国内外理论与实践系统分析公平与效率的辩证关系及其发展；单视角、单学科领域研究有余、整合研究不足，比如有从生产角度研究效率、从分配角度研究公平的；也有从分配角度研究两者关系的；还有从一般意义上研究两者关系

---

① 傅如良：《综论我国学界关于公平与效率问题的研究》，《湖南师范大学社会科学学报》2005年第1期。

的。从学科领域来看，分别有从经济学、政治学、伦理学、哲学、社会学等各学科领域研究公平与效率的内涵及其相互关系的，却很少有将各学科、各视角研究进行整合从而进行全面研究的。事实上，公平与效率本身涉及各学科领域，从宏观层面和政策制定、规划层面进行研究需要综合各学科的研究成果；具体问题研究有余、理论提炼不足。很多研究都是基于现实需要的具体问题进行论证分析或针对我国实践进程中效率与公平的矛盾变化而进行具体研究提出应对性政策，却很少将这些具体问题提升为理论，并促进理论的发展。如初期提出的效率优先，随后提出的兼顾公平与效率，再后来提出的公平优先，主要都是针对现实进行的，而不是总结具体实践将其上升为基本理论，再通过理论与实践的结合不断发展相关理论；静态研究有余、动态发展研究不足。主要是就现状分析公平与效率的关系，尤其是针对现实问题必须调整时剖析现状，而不是从历史、现实、未来三位一体动态发展的过程分析公平与效率的辩证关系，这必然导致应对问题的被动研究有余、主动前瞻性规划研究不足；特殊性个性研究有余、共性一般性规律研究不足。由于主要是对各阶段的具体的现实问题进行分析，因而体现出研究的关注点为个性和特殊性，没有完成从个性中揭示共性，从特殊中揭示规律的过程，表现出功利主义色彩浓厚，强调理论、政策的效果与事功，对规律性研究则相对欠缺。要避免这种纠错性的被动研究，必须探索公平与效率发展的一般规律，建立两者协调发展的长效机制。

笔者认为，公平与效率是相互影响、相互促进的，应当用统筹观处理两者关系，从历史唯物主义的视角将历史和价值、批判性和超越性、科学精神和人文精神统一起来，统筹公平与效率，根据各时期主要矛盾的变化适时调整两者关系，重视政策实施中的政策监控和信息反馈，减少因被动性纠错调整而导致的成本增加和效率损失。

（五）公平和效率关系研究的重要启示

这些年来，公平与效率问题的研究此起彼伏，人们大多把关注的焦点集中在效率与公平哪一个更重要、哪一个更优先的问题上，却忽视了这种争论的背后潜含着另一组更深刻的问题，我们究竟应该坚持什么样的公平与效率观，公平与效率问题研究应该如何进一步深化。

第一，科学的发展观呼唤全面的公平观。这些年来，我国对公平的理解主要建立在一般意义与效率的关系问题上，主要局限于分配领域。既没有对公平研究进一步细化，区分各个方面和各个层次上的公平，也没有从全局着眼，把握全面的公平观。实际上，公平与效率只是解剖公平的一个重要方面，全面的公平是多层次和全方位的。美国政治学家乔·萨托利对公平曾进行了比较全面的研究，认为至少有五个方面的公平：一是法律政治上的公平，使每个人都有相同的法律和政治权利，即反抗政治权力的法定权利；二是社会公平，使每个人都有相同的社会尊严，即反抗社会歧视的权利；三是机会均等的公平，使每个人都有相同的进取机会，即靠自己的功绩获得利益的权利；四是起点的公平，使每个人从一开始就有足够的权利（物质条件）以便得到相同的能力而与所有其他人并驾齐驱；五是经济的相同性，就是说要么使大家具有相同的财富，要么一切财富归国家所有，不给任何人以任何（经济）权利。① 在我国社会转型的矛盾高发时期，公平问题成为人们日益关注的焦点。公平问题涉及方方面面，亟待解决的公平问题主要有六个方面，需要我们进一步深入研究：

一是就业和发展机会的公平，包括诸如公务员的招聘与职务、职称晋升的公平、公开；二是受教育机会的公平，社会兴办的优质教育机构不能因为某些人多交钱而降低分数线，而成年人的培训则须向弱势群体倾斜；三是市场进入条件的公平，无论公营、私营企业一律平等，杜绝行业垄断，对弱势群体要提供技能、资金等方面的支持；四是办事原则的公平，杜绝办事讲关系和行贿，彻底消除腐败行为，保障公平机会不至于失衡；五是法律规则的公平，为维护公平的竞争秩序而设立的公平准则和完善的法律法规，并做到在法律面前人人平等；六是城乡一体化的公平，在农村城市化中逐步消除农民与城市居民的待遇差别。

第二，科学的发展观呼唤整体的效率观。有什么样的发展观就有什么样的效率观。在传统的发展观下，效率主要是指企业、公司等单位的微观经济效益，具有明显地追求"生产性的效率"的倾向。在科学的发展观下，不仅要进一步强调公司、企业等单位微观效率，而且要求社会整体的效率，要把人们的近期需求与长远利益统筹起来。绝不能只追求一家一厂的"生产性效率"，而应该追求社会的整体效率，应该包括多重经济价值在内的社会综合性的肯定效应，这种综合性的肯定或积极的效应，不仅表现为社会生产上的资源投入与产品产出的高比例或高生产率，而且要体现包括市场分配、政府调控在内的社会公平分配所带来的社会经济的持续增长、合理的贫富差距、充分就业、物价稳定或低通货膨胀等综合指标方面。如果企业、公司只顾单位的微观效率，粗放性掠夺国家有限资源，虽

---

① 〔美〕乔·萨托利：《民主新论》，冯克利、阎克文译，上海人民出版社2009年版。

然对某一单位有微观效率，但却造成国家资源的重大浪费，影响国家可持续性发展。如果有的单位只顾眼前利益，以牺牲环境来获取效率，将影响子孙后代的长远利益。有的单位只顾内部提高效率，把富余人员全部推向社会，就会增加社会就业压力和社会保障负担，危及社会稳定。这些现象虽然从微观上对某一企业很有效率，但是对国家、对社会的整体效率而言，是无效率的或效益不佳。因此，应该遵循科学的发展观，把经济效率与社会效益、经济发展与人的自身发展协调起来，这有利于整个社会经济的持续、快速、协调发展，有利于消减人与人、人与自然关系的紧张，促进人类社会和谐发展。

第三，公平与效率问题应从多维度深入研究。首先，要从历史与逻辑相一致的维度研究公平与效率问题。历史从哪里开始，理论逻辑研究也应该从哪里延伸，不同历史时期有不同的公平与效率观，有不同的公平与效率的组合。判断效率与公平的标准主要看对社会历史发展是否起推动作用，是否代表最广大人民的根本利益，是否符合人民的长远利益和国家的可持续性发展。简言之，提高效率、维护公平旨在实现社会合目的性和合规律性的统一。其次，要从操作层面上进一步研究公平与效率问题。公平与效率的实现不是自发的，需要从操作层面进一步细化，来保证公平与效率的实现。再次，要从制度层面上深入研究公平与效率的实现。追求公平与效率是人类的永恒的价值目标，如何保证公平与效率双重价值目标的实现，需要一定的社会制度与政策来保证。万小梅在《党政干部论坛》2004年第1期上发文《效率与公平的制度保证》，在公平与效率问题上开辟了一个新的视角，不再在公平与效率谁先谁后上争论，而是进一步将公平与效率研究具体细化，从制度的视角来提高效率和保证公平。制度文明是一个社会成熟的标尺，特别是我国社会转型过程中如何尽快地建立和完善适应社会主义市场经济的各项制度，规范市场行为，形成公平有序的竞争态势，对提高效率、保证公平是具有十分重要的意义，也是进一步深化效率与公平研究的一个新的切入点。[①]

具体而言，今后就公平与效率问题的研究方面，还需在以下几个方面有所突破、有所创新：

1. 研究范式有待突破

综观这些年来关于公平与效率问题的研究，很多是基于现实需要的基

[①] 傅如良：《综论我国学界关于公平与效率问题的研究》，《湖南师范大学社会科学学报》2005年第1期。

础上来论证的。这类研究在一定意义上只是对现实的一种解读,而非真正意义上的理论发展。在当代,公平与效率问题的研究范式要向探索一般规律的宏观层面上发展。

2. 研究深度有待加强

当前对于公平与效率问题的研究,人们多从特定历史阶段的现状出发来研究,也就是侧重对问题做静态、具体地阐述,极少对问题的历史生成、历史演进和发展等进行深入的动态考察。插旗圈地有余而精耕细作不足。因此,必须从公平与效率问题的历史生成、历史演进和发展等向度上,进一步拓展公平与效率问题历史形态和发展趋势研究的理论空间和理论深度。

3. 研究视角有待拓宽

随着社会实践的发展,人类所面临的公平与效率问题也日益呈现复杂性的趋势。这种复杂性主要表现为问题的多领域性和多学科性,这就要求我们要进行跨学科交叉研究,以寻找公平和效率的最好结合点。

4. 研究方法有待创新

当前在研究方法上也需要综合和交叉。需要从历史唯物主义的视角将历史和价值、批判性和超越性、科学精神和人文精神统一起来,以实现在现实的社会生活中寻求几种尺度的最佳结合点。

5. 分化研究有待整合

分化研究有余而整合研究不足。哲学层面的研究还没有形成自己的相对完整的体系,有待于形成系统的成果和成型的框架。大量的思想资料需要反思与反省、清理与总结、评价与检讨、梳理与分析、回顾与展望。从而为人们进一步深刻认识20多年来我国公平与效率问题研究和创新的总体状况,提供一种历史性的参考和借鉴,并为进一步坚持、深化和发展公平与效率问题奠定坚实的学术理论基础。[①]

[①] 参见陈建辉、吕艳红《不同学科视野下公平与效率问题研究》,《中共济南市委党校学报》2007年第4期。

第四章 公平与效率并重是社会主义初级阶段的基本分配原则

2007年2月26日，新华社发表时任国务院总理温家宝题为《关于社会主义初级阶段的历史任务和我国对外政策的几个问题》的重要文章指出："巩固和发展社会主义，必须认识和把握好两大任务：一是解放和发展生产力，极大地增加全社会的物质财富；一是逐步实现社会公平与正义，极大地激发全社会的创造活力和促进社会和谐。"①"实现社会公平与正义"首次和"发展生产力"一起，被并列为我国社会主义初级阶段的两大根本任务，表明党中央国务院已将"实现社会公平与正义"提升到了前所未有的高度来加以认识和得到重视。这一精辟论断，深刻地阐明了"实现社会公平正义和发展生产力"这两大根本任务之间的辩证关系，也为新世纪新阶段我们如何正确理解和处理"效率与公平"的辩证关系指明了方向。

2008年12月18日，胡锦涛在纪念党的十一届三中全会召开30周年大会上的讲话中指出："必须把提高效率同促进社会公平结合起来，实现在经济发展的基础上由广大人民共享改革发展成果，推动社会主义和谐社会建设。30年来，我们既高度重视通过提高效率来增强社会活力、促进经济发展，又高度重视在经济发展的基础上通过实现社会公平来促进社会和谐，坚持以人为本，以解决人民最关心最直接最现实的利益问题为重点，着力发展社会事业，着力完善收入分配制度，保障和改善民生，走共同富裕道路，努力形成全体人民各尽其能、各得其所而又和谐相处的局面，为改革开放和社会主义现代化建设营造良好社会环境。实现社会公平正义是中国特色社会主义的内在要求，处理好效率和公平的关系是中国特色社会主义的重大课题。讲求效率才能增添活力，注重公平才能促进和谐，坚持

---

① 温家宝：《关于社会主义初级阶段的历史任务和我国对外政策的几个问题》，新华网，2007年2月26日。

效率和公平有机结合才能更好体现社会主义的本质。我们通过深化改革、实行正确方针政策,努力提高全社会推动经济发展和其他各项事业发展的积极性,最大限度地激发全社会的创造活力和发展活力。同时,在我国改革发展关键阶段,在经济体制深刻变革、社会结构深刻变动、利益格局深刻调整、思想观念深刻变化的条件下,我们把提高效率同更加注重社会公平结合起来,最大限度增加和谐因素,最大限度减少不和谐因素,不断促进经济效率提高、促进社会和谐。我们把实现好、维护好、发展好最广大人民的根本利益作为党和国家一切工作的出发点和落脚点,坚持发展为了人民、发展依靠人民、发展成果由人民共享,优先发展教育,大力促进就业,不断提高城乡居民收入,加快建立覆盖城乡居民的社会保障体系,加快发展医疗卫生事业,切实加强社会管理,加强生态文明建设,努力使全体人民学有所教、劳有所得、病有所医、老有所养、住有所居。我们要始终按照民主法治、公平正义、诚信友爱、充满活力、安定有序、人与自然和谐相处的总要求,大力发展社会事业,促进社会公平正义,努力形成社会和谐人人有责、和谐社会人人共享的生动局面。"①

2012年11月,中共十八大报告进一步指出:"初次分配和再分配都要兼顾效率和公平,再分配更加注重公平。"按照笔者的理解,"兼顾效率和公平"就是确认"公平与效率并重"原则。因此,笔者坚持认为,在社会主义初级阶段,构建社会主义和谐社会、全面建成小康社会就应当实行公平与效率并重的分配原则。

一 确立"公平与效率并重"原则的指导思想及其重大意义

(一)确立"公平与效率并重"原则的指导思想

早在1992年初,邓小平同志就曾指出:"社会主义的本质,是解放生产力,发展生产力,消灭剥削,消除两极分化,最终达到共同富裕。"② 但是,多年来我们却错误地理解为,社会主义的根本任务就是解放生产力、发展生产力。殊不知,邓小平所说的"消灭剥削,消除两极分化,最终达

---

① 胡锦涛:《胡锦涛在纪念党的十一届三中全会召开30周年大会上的讲话》,人民网,2008年12月19日。
② 《邓小平文选》第3卷,人民出版社1993年版,第373页。

到共同富裕",实质上就是实现社会公平正义。因此,过去我们简单地误以为邓小平只是把"发展生产力"作为社会主义的根本任务,这种糊涂认识不仅在理论上是非常错误的,而且在实践中也是极其有害的。1993年党的十四届三中全会以来,我们一直坚持和奉行的"效率优先,兼顾公平"的原则,就是这一错误认识的产物。"效率优先、兼顾公平"意味着把经济效益放在第一位,把社会公平放在第二的兼顾位置,意味着把绝大多数人的共同利益问题退居到次要位置,这显然不符合社会主义的原则。因此,温家宝总理指出:"巩固和发展社会主义,必须认识和把握好两大任务:一是解放和发展生产力,极大地增加全社会的物质财富;一是逐步实现社会公平与正义,极大地激发全社会的创造活力和促进社会和谐。上述两大任务相互联系、相互促进,是统一的整体,并且贯穿于整个社会主义历史时期一系列不同发展阶段的长久进程中。没有生产力的持久大发展,就不可能最终实现社会主义本质所要求的社会公平与正义;不随着生产力的发展而相应地逐步推进社会公平与正义,就不可能愈益充分地调动全社会的积极性和创造活力,因而也就不可能持久地实现生产力的大发展。"①这一精辟论断,深刻地阐明了"实现社会公平正义和发展生产力"这两大根本任务之间的辩证关系,也为新世纪新阶段我们如何正确理解和处理"效率与公平"的辩证关系指明了方向。据此,笔者以为,实现社会公平正义和发展生产力之间的关系就具体体现为公平与效率的关系,现在就到了应当提"公平与效率并重"的时候了。

公平与效率是辩证统一的关系,二者既相互排斥,又相互依存。一方面,效率是公平的基础。只有当效率提高到一定程度产生了剩余产品之后,才出现了公平问题。也只有当物质财富更加丰富时,公平才能更好地实现。同时,公平也有力地促进了效率。分配公平合理能够使劳动者充分发挥主动性、积极性、创造性,极大地促进社会生产效率的提高。另一方面,在一定时期内为了达到公平,需要以牺牲一定的效率为代价;而为了促进效率,又要以牺牲一定的公平为代价。面对这样一个两难的抉择,我们提出"公平与效率并重",简单地说就是:今后我们的政策取向,包括体制设计、制度安排和机制创新,都必须做到既重视实现公平,又重视提高效率,使二者相互协调、互利双赢、共同发展。

---

① 温家宝:《关于社会主义初级阶段的历史任务和我国对外政策的几个问题》,新华网,2007年2月26日。

(二) 确立"公平与效率并重"原则的重大意义

第一，公平与效率并重，是实现社会主义初级阶段两大根本任务的具体体现，是社会主义和谐社会的重要原则与特征，也是社会主义社会的本质要求。发展生产力和实现公平正义是社会主义初级阶段的两项根本任务。发展生产力必然体现在提高效率上，实现公平正义必然体现在注重公平上。既然两项根本任务是平行并列的关系，那么作为它们表现形式的效率与公平也必然是平行并列、彼此并重的关系。改革开放以来，为了大力发展生产力，提高社会经济效率，我们打破平均主义、大锅饭，允许和鼓励一部分人、一部分地区通过诚实劳动和合法经营先富起来，社会活力得到极大激发，经济活力获得巨大发展，人民生活水平普遍得到较大提高。但是，在发展的过程中，也出现了一些突出的社会矛盾和问题，其中之一就是地区差距、城乡差距、行业差距以及社会成员收入差距的不断扩大，社会分配不公和两极分化问题逐步凸显出来。社会分配不公和两极分化现象严重，必将深刻影响人们的心理和思想感情以及行为方式，成为诱发群众心理失衡、影响社会和谐稳定的一个焦点问题。因此，胡锦涛同志指出："只有切实维护和实现社会公平和正义，人们的心情才能舒畅，各方面的社会关系才能协调，人们的积极性、主动性、创造性才能充分发挥出来。要坚持把最广大人民的根本利益作为制定和贯彻党的方针政策的基本着眼点，正确反映和兼顾不同地区、不同部门、不同方面群众的利益，在促进发展的同时，把维护社会公平放到更加突出的位置，综合运用多种手段，依法逐步建立以权利公平、机会公平、规则公平、分配公平为主要内容的社会公平保障体系，使全体人民共享改革发展的成果，使全体人民朝着共同富裕的方向稳步前进。"[①] 因此，实现社会公平正义，体现在分配制度上就是必须实行公平与效率并重的分配原则。

第二，公平与效率并重，是社会主义市场经济发展的必然要求。市场经济是一把双刃剑：积极的一面是它能较大限度地优化资源配置，充分调动人们的积极性、主动性和创造性，实现效率优先；消极的一面是它不可避免地带来分配不公和两极分化。资本主义市场经济发展的几百年，有力地推动了经济全球化的发展，促进了人类社会的发展进步，但也导致了严重的两极分化、社会矛盾激化而引起的社会动荡不安。所以，资本主义发展的历史经验教训提醒我们，必须实行公平与效率并重的分配政策，才能

---

① 胡锦涛：《提高构建社会主义和谐社会的能力》，新华网，2005年6月26日。

有效避免重蹈资本主义发展弊端的覆辙。

第三，公平与效率并重，符合国际社会追求发展"好的市场经济"的一般规律。追求公平历来是国际社会可持续发展的主旨。1992年通过的《21世纪议程》，就已把代际公平作为可持续发展的核心。2002年世界首脑会议，更是把解决当代国际社会公平问题，作为了可持续发展的重要内容。市场经济作为普遍遵循"供求机制、价值规律、竞争法则"的一种经济体制，本无"好坏"之分。但由于不同国家采取各自一系列不同的具体制度安排，而导致其实施的实际效果可能出现差别。如在"市场失灵"时，由于一些国家的政府没有及时采取有效的政策措施加以弥补，即政府宏观调控这只"有形的手"也跟着"失灵"，就可能出现被一些西方经济学家所指称的"坏的市场经济"。其中社会失业率居高不下和贫富两极分化，就是"坏的市场经济"的一种普遍表现形式。在市场经济条件下，政府究竟应如何作为？诺贝尔奖得主斯蒂格勒①曾总结出三条：提供一套使各种经济力量公平竞争的法律法规体系；处理不能由私人协商有效解决的外部性；在社会范围内进行收入再分配。这三方面实际上都指的是社会公平方面的问题，都是靠市场自发博弈所无法解决的问题。可见，一个国家要发展"好的市场经济"，在其政策取向和具体措施上，往往就必须做到既不忽视效率，因为有效率才能发展，而发展又是解决各种社会问题的关键和物质基础；当然也不能忽视社会公平，因为若我们只要效率而不顾公平，会使一部分社会成员的积极性受挫，到头来必然使追求效率的良好愿望落空。因此，只有让"公平与效率"真正处于同等重要的位置，才能使发展"好的市场经济"的意愿得以实现。这应是一条必须遵循的规律。

第四，公平与效率并重，是人类社会发展进步的一个重要价值指向。一个社会要追求全面、协调、可持续的发展，不能没有公平。因为假如不能在政治、经济和社会生活的各个方面，特别是利益分配方面公平地对待所有社会成员，那么这个社会就必然会失去凝聚力和向心力，其社会成员就会离心离德，社会的发展进步也将无从谈起。当然，一个社会如若忽视效率，不重视解放和发展社会生产力，以促进社会财富的增加和人民生活水平的提高，那么这个社会就将显得死气沉沉，就必然丧失创新活力和发展活力。果真如此，则社会公平也就失去了物质基础。在经济全球化的大潮中，人类社会要求得到全面发展和共同繁荣，世界各国尤其是发达国家

---

① 乔治·斯蒂格勒（George Joseph Stigler，1911—1991），是美国经济学家、经济学史家，1982年诺贝尔经济学奖得主。

要多尽义务，在政策取向和制度安排上尤其必须将公平与效率一并加以重视。特别是一些发达国家和地区尤其要注意，切不可以牺牲其他国家和地区的利益和国际社会的普遍公平为代价，来换取本国本地区高效率的发展。可见，在切实维护社会公平的同时，努力提高经济效率，从而最大限度地满足广大人民不断增长的物质和文化需求。这一政策取向和制度安排本身，不仅是推动人类社会全面发展和共同进步的重要手段，而且也是人类社会发展进步所共同追求的一个重要价值目标。

第五，公平与效率并重，充分体现了建设中国特色社会主义的本质要求。邓小平同志在1992年南方谈话中指出："社会主义的本质，是解放生产力，发展生产力，消灭剥削，消除两极分化，最终达到共同富裕。"我认为，这一对社会主义本质的理论概括，其深刻内涵充分体现了"公平与效率"必须并重的思想。"解放生产力，发展生产力"，是从提高效率促进发展的角度来讲社会主义的一个本质特征；"消灭剥削，消除两极分化，最终达到共同富裕"，则是从维护和实现社会公平正义的角度，来强调社会主义的另一本质特征。同时，邓小平同志还特别强调："走社会主义道路，就是要逐步实现共同富裕"[①]。由此可见，只讲效率不讲公平，根本不是我们所追求的社会主义。同样，只要公平不要效率，也不是我们所向往的社会主义。只有在提高效率、促进发展的同时，切实维护社会公正平等，才是真正"合格的"中国特色社会主义。故从这个意义上来看，"公平与效率"二者并重，确实充分体现了社会主义的本质特征。我们今天发展社会主义市场经济，建设全面小康的和谐社会，因而在想问题、办事情包括协调公平与效率的关系上，都必须充分体现社会主义的这一本质要求，从而始终做到既重视社会公平的切实维护，又重视经济效率的有效提高。

第六，公平与效率并重，是在科学发展观统领下构建社会主义和谐社会的内在要求。社会主义和谐社会不仅是一个公平正义的社会，也应是一个充满活力的社会。"公平正义"与"充满活力"作为和谐社会的其中两大基本特征，符合以人为本、全面协调可持续科学发展观的内在要求。因为公平正义既讲对人的自由平等权利的尊重，又强调发展的社会效益；充满活力既要求发展社会生产力，提高经济效率和效益，又强调发挥人的主观能动性的重要。这样，以人为本在此得以落实，两个效益都能获得提高，才能保证社会经济发展的全面、协调和可持续，也才能确保社会的和

---

① 《邓小平文选》第3卷，人民出版社1993年版，第373页。

谐与稳定。社会和谐不能一味追求经济赶超，要能扼制人对物的贪婪占有；社会和谐同样也是对传统经济发展模式的自觉调控，使全体人民在公平的前提下实现"共同富裕"。事实上，公平将为人类社会的和谐发展提供源源不竭的动力。作为一个以人为本的和谐社会，首先就要特别注重公平尤其是就业机会和收入分配公平，并"认真解决人民群众最关心、最直接、最现实的利益问题"。因为利益和谐才是社会和谐的核心和关键所在。消除分配不公，实现社会各方利益的大体均衡，无疑是社会公平正义的题中应有之义。当然，如果不重视增强社会活力，不重视经济效率的提高，财政就无法增收，社会可供分配的财富就会十分有限，实现社会和谐也就没有物质条件。可见，从以人为本、构建和谐社会的内在要求来看，"公平与效率"之间也不能人为地设定谁应"优先"，谁只能放在被"兼顾"的次要位置。

第七，公平与效率并重，是化解我国面临各种矛盾和问题必须遵循的重要原则。当前，我国正处于社会转型时期，"发展机遇期"与"矛盾凸显期"高度重合，面临的问题较多，主要表现在：一是经济结构仍不合理，增长方式有待转变；二是经济发展的能耗偏高、质量效益偏低，片面追求 GDP 增长的现象严重；三是发展的环境代价过大，生态环境保护的欠账多；四是区域和城乡发展严重不平衡，多种差距不断拉大；五是机会不均导致不同行业和群体收入悬殊，缩小贫富差距已成当务之急；六是不择手段聚敛钱财或化公为私的问题时有发生，遏制特权、寻租和腐败的难度大，等等。这些矛盾和问题，有的是体制不完善、市场化不到位，非市场因素仍在作祟导致的；有的是政府及其部门职责越位、错位或缺位引发的，但几乎没有一个是由于不注重效率、不重视发展造成的。这说明了什么，值得我们深思。

我们认为，无效率的"公平"是低水平和不可取的，而无公平的"效率"则是残忍和灰色的。上述诸多矛盾和问题的出现，与我们一些地方和部门这些年来过分强调"效率优先"，而相对忽视了社会公平不无关系。简单地放慢发展速度或采取"杀富济贫"，以牺牲效率为代价换取低水平的公平当然不可取，可行的途径只能是切实矫正公平与效率的关系，在十分重视提高效率，促进发展，做大"蛋糕"的同时，"更加注重社会公平"，并尽快加大调节收入分配的力度。

第八，公平与效率并重，是国民收入分配的基本原则。社会公平始终是人类社会最基本、最重要的价值目标之一。分配公平是社会公平的重要组成部分，没有分配公平就没有社会公平，因此国民收入分配应该始终把公平作为最基本的原则。另外，效率是人类社会生存和发展的基础，社会福利水平的不断提高始终依赖于经济效率的不断提高，没有经济效率的提高也就没有社会福利水平的提高，因此人类社会始终把效率作为最基本的目标。从人类社会的发展来看，公平与效率并不存在孰重孰轻的问题，人类社会应该给予公平和效率以同样的重视。

从公平与效率的内在关系来看，两者既非相互替代的，也非互不相关的，而是相互影响、相互制约、相互促进的关系。一方面分配公平与否以及公平程度的高低对于效率的高低有着重要的甚至是决定性的影响，另一方面效率的高低同样也影响着分配公平。分配公平既是人类社会的最基本的价值追求，也是人们应该享有的最基本的权利。分配规则和分配过程的公平性决定着效率的高低，没有分配规则和过程的公平，就不可能有高效率。国民收入的初次分配和再分配都包括分配权利、分配条件、分配机会、分配规则、分配过程、分配结果等，这些都不是人们的主观意志所能决定的，而是依赖于效率水平，没有效率的提高，分配权利、分配机会、分配条件、分配规则、分配过程、分配结果等都要受到限制，因此提高效率从根本上有利于实现分配公平。从功利主义角度来看，作为基本的政策选择，无论是效率优先，还是公平优先，都会损害另一个目标的实现，因此必须将两者置于同等重要的地位。

国民收入初次分配和再分配都应该坚持公平与效率并重的分配原则。初次分配注重效率、再分配注重公平的观点和政策主张隐含的逻辑是初次分配对效率具有影响，再分配对效率没有影响。实际上，无论是初次分配，还是再分配，公平与否以及公平程度的高低均对效率有着重要的影响。如果初次分配的条件、机会、规则、过程不公平，就不可能对效率的提高形成正激励；如果再分配的条件、机会、规则、过程不公平，也不可能对效率的提高形成正激励。初次分配和再分配的公平性对效率影响的区别不是有没有的问题，而是影响途径和层次的区别问题。一般而言，初次分配的公平性对效率有着直接的影响，再分配的公平性对效率的影响则是间接的。就分配结果来看，若将公平理解为平等，那么初次分配的确应该以效率为重，再分配应该以公平为重，但初次分配以效率为重必须是在分配机会、规则、过程公平的基础上充分实现分配结果与分配主体贡献的一致，再分配以公平为重也必须是在分配机会、规则、过程公平的基础上，一方面充分体现全民普惠性的结果公平，另一方面充分体现矫正初次分配中分配条件、机会、规则、过程不公平造成的结果不公平的功能。初次分配注重效率、再分配注重公平的观点和政策主张带来的问题是，初次分配漠视公平或者损害公平，由此最终损害效率，再分配漠视效率或者损害效率，最终既损害效率的提高，也损害公平。

公平与效率并重并不否定相机选择的必要性和合理性。从现实来看，一个社会在不同的时期面临的主要问题会有不同。在一个时期，不公平问题可能特别突出，而在另一个时期效率低下问题可能特别突出。在不公平问题特别突出的时期，把促进公平作为优先的政策目标，或者在效率低下问题特别突出的时期，把提高效率作为优先的政策目标，都是合理且应当的。但无论是效率优先，还是公平优先，如果以牺牲另一方作为条件，那就不是正确的政策选择。所谓效率优先绝不是促进不公平条件下的优先，而是在促进公平条件下的优先；所谓公平优先也绝对不是牺牲效率条件下的优先，而是在促进效率条件下的优先。效率优先或者公平优先都不应该被认为必须要以牺牲另一方作为代价。在国民收入分配的不同领域面临的主要问题也可能不同，如果在初次分配领域不公平问题特别突出，那么初次分配强调公平就是必要和合理的；如果在初次分配领域平均主义特别突出，那么初次分配强调效率就是必要和合理的；如果在再分配领域不公平问题特别突出，那么再分配强调公平就是必要和合理的。不要把初次分配和再分配中公平与效率的关系对立起来。从公平与效率的内在关系来看，在人类社会的长过程中，始终应该将公平与效率置于同等重要的地位。

只有采取公平与效率并重的基本政策才能实现社会公平与社会福利协调共进。如果将分配公平作为唯一的政策目标或者是作为社会长期的优先的政策目标，就不可避免地会造成漠视效率或者采取损害效率的政策。如果将效率作为唯一的政策目标或者是作为社会长期的优先的政策目标，那就不可避免地会造成漠视公平或者采取损害公平的政策。因此，公平与效率并重始终应该是经济与社会政策的内核和社会应该秉持的长期的和基本的原则，这也是实现社会公平与社会福利协调共进的必要条件。

二　确立"公平与效率并重"的基本原则

（一）坚持"发展才是硬道理"的原则

在中国这样一个发展中大国，能不能解决好发展问题，直接关系到人心向背、事业兴衰。面对发展道路的艰巨性、复杂性，要求我们必须深刻领会"发展才是硬道理"、"发展是党执政兴国第一要务"的精髓，认真落实"科学发展观"。"发展才是硬道理"、"发展是党执政兴国的第一要务"、"科学发展观"三者是继承、创新和发展的关系,是一脉相承的发展战略思想。建立在"发展才是硬道理"基础上的科学发展观引入了以人为本的重要理念,反映了我们党对发展战略的认识更加成熟、更加系统,更具有现实指导意义。"科学发展观"是以胡锦涛为总书记的党中央在全面建设小康社会的新时期,对我们党的社会主义现代化建设指导思想的新发展,体现了我们党在发展战略思想上的历史性飞跃。科学发展观一经提出和确立,就在全党全国人民面前产生强烈共鸣和反响,成为中国本世纪可持续发展的战略指导思想。①

1. 发展才是硬道理

打开《邓小平文选》电子版,检索"发展"这个词,在有 1148 页正文的三卷文选中,一共使用了 1066 次,平均将近每页一次。特别是第三卷,共有 383 页正文 558 次提到"发展"这个词。"中国解决所有问题的关键是要靠自己的发展""中国的主要目标是发展"……这些有关发展的精辟论述浓缩成了"发展才是硬道理"这句经典名言。邓小平曾指出,"中国是一个大国,它应该起更多的作用,但现在力量有限,名不副实。归根到底是要使我们发展起来"。②"要坚持党的十一届三中全会以来的路线、方针、政策,关键是坚持'一个中心、两个基本点'。不坚持社会主义,不改革开放,不发展经济,不改善人民生活,只能是死路一条。基本路线要管一百年,动摇不得"、③"要实施两个大局的发展战略,沿海地区较快发展起来,带动内地发展;然后到了一定时候,沿海拿出更多的力量帮助内地加快发展"、"我们要建设的社会主义国家,不但要有高度的物质文明,而且要有高度的精神文明,要两手抓、两手都要硬"、"让一部分人、一部分地区先富裕起来,最终达到共同富裕"……这一句句朴实无华的话,讲出的都是全面、协调、可持续发展的大道理。

邓小平的发展战略思想包罗万象、博大精深。其中,发展才是硬道理,这一经典名言,简明扼要,质朴无华,却深刻阐明了马克思主义唯物史观的基本原理,抓住了解决中国所有问题的关键,是邓小平发展理论的集中概括和精髓。

"发展才是硬道理"的著名论断是邓小平在 1992 年视察南方的谈话中首次提出来的。对这一命题的内涵和意义,可以从不同的角度予以理解和

---

① 参见杨宝国《从"发展才是硬道理"到"科学发展观"》,《辽宁大学学报》(哲学社会科学版) 2005 年第 1 期。
② 《邓小平文选》第 2 卷,人民出版社 1994 年版,第 312 页。
③ 《邓小平文选》第 3 卷,人民出版社 1993 年版,第 370—371 页。

把握。

第一，邓小平提出的"发展才是硬道理"，既是一个哲学上的基本命题，也是我国当前经济工作的指导方针。"硬道理"既指在客观上发展是不以人的主观意志为转移的客观规律，又指在主观上我们应当把发展作为最高的基本原则予以坚持。这个道理之所以"硬"，就在于：发展是当今时代的主题，发展是社会主义的本质要求，发展是解决中国所有问题的关键。江泽民指出："发展是硬道理，这是我们必须始终坚持的一个战略思想。对这个问题，不仅要从经济上看，而且要从政治上看。20多年来，我们党的路线方针政策得到全体人民的拥护，我们经得起国际国内各种风浪的考验，我们的国际威望和影响不断提高，都与我国社会生产力的迅速发展、综合国力的显著增强和人民生活的不断改善密切相关。继续解决我国经济和社会生活中存在的矛盾，提高我们抵御各种风险的能力，实现第三步战略目标，要靠发展；解决台湾问题，完成祖国统一大业，要靠发展；反对霸权主义、强权政治，履行我们维护世界和平与促进各国共同发展的国际责任，不断增强我国在国际事务中的作用，也要靠发展。还是那句话，财大才能气粗。现在，世界经济和科技发展的形势逼人，我们不加快发展，就会落后。抓住机遇，加快发展，在政治上经济上对我们都很紧要。"①"邓小平同志提出的发展是硬道理的重要思想，是对我国和世界其他国家发展的正反两方面历史经验的规律性总结。这个重要思想，我们始终要坚持。抓住机遇、加快发展，在政治上、经济上、文化上对我们都很紧要。解决中国的所有问题，关键在发展；解决人们的思想认识问题，说服那些不相信社会主义的人，坚定人们对社会主义和祖国未来前途的信念与信心，最终也要靠发展。"②"发展是硬道理，解决好前进中的问题，也是为了更好地保证和促进发展，二者是统一的。只有经济大大发展了，全国的经济实力和综合国力大大增强了，人民的生活才能不断改善，国家才能长治久安，我们的腰杆子才能更硬，我们在国际上说话才更有分量，支持我们的朋友才会更多。邓小平同志再三强调发展是硬道理，硬就硬在这里"。③

第二，"发展才是硬道理"是一个历史性的命题。"发展才是硬道理"虽然仅七个字，却揭示了中华民族兴衰荣辱的历史结论。众所周知，中国

---

① 江泽民：《江泽民论有中国特色社会主义》，中央文献出版社2002年版，第92页。
② 同上书，第93页。
③ 同上书，第90页。

古代文明曾经长期领先于世界,至今仍为各国史学家所称道。但是从18世纪末期开始,由于封建统治者不顾时势,闭关自守,夜郎自大,安于现状,故步自封,导致生产力发展缓慢、落后。而当清朝统治者沾沾自喜于"康乾盛世"的余晖时,欧美资本主义国家却乘着工业革命的东风,迅速发展起来,中国被远远甩在了后面。于是,这个衰落了的封建帝国,沦为被侵略的对象。在西方列强坚船利炮大举进攻面前,腐败无能的清朝政府,使一个拥有数千年灿烂文明的泱泱大国,长期陷入灾难的深渊。历史就这样无情地上演了一曲被马克思称为"任何诗人想也不敢想的一种奇异的对联式悲歌"。[①] "落后就要挨打",这是近代中国历史留给我们的辛酸回忆和沉痛教训!正如江泽民指出"我国近代的历史和当今世界的现实都清楚表明,经济落后就会非常被动,就会受制于人。当前国际竞争的实质是以经济和科技实力为基础的综合国力较量。世界上许多国家特别是我们周边的一些国家和地区都在加快发展。如果我国经济发展慢了,社会主义制度的巩固和国家的长治久安都会遇到极大困难。所以,我国经济能不能加快发展,不仅是重大的经济问题,而且是重大的政治问题。"[②]

第三,"发展才是硬道理"是一个时代性的命题。邓小平站在时代的高度,把握时代的特点和脉搏,指出和平与发展是当今时代的两大主题。邓小平把发展问题提到全世界全人类的高度来认识,把中国的发展同世界的发展联系起来考察,把建设有中国特色社会主义的主题同当今时代的主题联系在一起,这就深刻地表明,发展是一种带有世界历史性的客观需要,中国人民如果不认识这种需要的客观性、迫切性,就要在时代的发展中落伍,就无法实现中国人民自立于民族之林的夙愿,也谈不上坚持社会主义。只有抓住机遇、加快发展,把已经耽误的时间补回来,中国的社会主义才有希望。江泽民指出:"抓住机遇,加快发展,集中力量把经济建设搞上去,是我们坚定不移的方针。没有适当的发展速度,就会丧失机遇,这如同逆水行舟,不进则退。历史和现实都告诉我们,发展速度低了不行,那样经济就上不去,就会处于被动地位,受制于人。经济落后的国家不仅国内政局难以稳定,而且在国际事务中也难以发挥作用。当前国际竞争的实质,是以经济和科技实力为基础的综合国力的竞争。只有经济实力强大,才可能处于主动地位,否则就会被动挨打。我们只有加快发展,才能增强国家的综合国力,才能在风云变幻的国际局势中处于主动地位,

---

① 《马克思恩格斯选集》第1卷,人民出版社1995年版,第716页。
② 江泽民:《江泽民论有中国特色社会主义》,中央文献出版社2002年版,第89页。

立于不败之地。"①

第四,"发展才是硬道理"是一个政治性的命题。中国的发展首先是发展经济、提高综合国力,这是毫无疑问的。但对发展问题的认识,却不能仅仅停留在经济上,要像邓小平那样,把经济问题同政治问题紧密联系起来,把经济发展上升到政治问题的高度。20世纪80年代以来,国际风云变幻,东欧剧变,苏联解体,不少发展中国家发生这样那样的严重困难。邓小平总结这些情况,认为根本的原因是没有解决好发展的问题。他还总结了中国改革开放以来的经验,认为如果不坚持发展的路线,没有经济的大发展和人民生活的改善,1989年政治风波这个关我们就闯不过去。他说:"人民现在为什么拥护我们?就是这十年有发展,发展很明显。假设我们有五年不发展,或者是低速度发展,例如百分之四、百分之五,甚至百分之二、百分之三,会发生什么影响?这不只是经济问题,实际上是个政治问题。"②

第五,"发展才是硬道理"是一个战略性的命题。中国社会主义建设包含的问题很多,矛盾十分复杂,我国经济落后、文化落后、科学技术落后,还有诸如保持政治稳定、实现祖国统一,加强国防建设,等等,都需要采取正确的政策和措施,一个一个地逐步加以解决。但是解决中国所有的问题与困难,集中到一点,就是必须把发展放到首位,用发展来统领一切,在发展中变被动为主动,变不利为有利,变困难为成就。邓小平是坚定的马克思主义者,他坚信世界上赞成马克思主义的人会多起来,坚信社会主义的人也会多起来,但这种坚信主要靠事实。他说:"最终说服不相信社会主义的人要靠我们的发展。"还说:"中国解决所有问题的关键是要靠自己的发展。"③

第六,"发展才是硬道理"是一个警世性的命题。邓小平指出:"要抓住机会,现在就是好机会。我就担心丧失机会。不抓呀,看到的机会就丢掉了,时间一晃就过去了。"④ 江泽民也说:"能不能抓住机遇,加快发展,是一个国家、一个民族赢得主动、赢得优势的关键所在。"⑤ 党的十六大报告指出:"综观全局,二十一世纪头二十年,对我国来说,是一个必须紧

---

① 江泽民:《江泽民论有中国特色社会主义》,中央文献出版社2002年版,第90—91页。
② 《邓小平文选》第3卷,人民出版社1993年版,第354页。
③ 同上书,第105页。
④ 同上书,第375页。
⑤ 江泽民:《江泽民论有中国特色社会主义》,中央文献出版社2002年版,第93页。

紧抓住并且可以大有作为的重要战略机遇期。"① 要联系世界政治格局和当前国际形势，充分看到我国已经奠定的发展基础和进一步发展的有利条件，牢固树立机遇意识，抢抓机遇，善抓机遇。

2. 发展是党执政兴国的第一要务

党的十三届四中全会以来，以江泽民同志为核心的党的第三代中央领导集体，高举邓小平理论伟大旗帜，坚持党的基本路线不动摇，聚精会神搞建设，一心一意谋发展，集中全党智慧提出了"三个代表"重要思想，并联系改革开放以来的实践，系统总结了我们党领导全国人民进行社会主义现代化建设的基本经验，以一系列新的思想、观点和论断，继承、丰富和发展了邓小平的发展理论，将我们党对共产党执政规律、社会主义建设规律和人类社会发展规律的认识提高到一个新的水平。

江泽民同志的发展战略思想如果用一句经典名言概括就是"发展是党执政兴国的第一要务"。江泽民同志在中共十六大报告中指出："贯彻'三个代表'重要思想，必须把发展作为党执政兴国的第一要务，不断开创现代化建设的新局面。马克思主义执政党必须高度重视解放和发展生产力。离开发展，坚持党的先进性、发挥社会主义制度的优越性和实现民富国强都无从谈起。党的先进性是具体的历史的，必须放到推动当代中国先进生产力和先进文化的发展中去考察，放到维护和实现最广大人民根本利益的奋斗中去考察，归根到底要看党在推动历史前进中的作用。我们党在中国这样一个经济文化落后的发展中大国领导人民进行现代化建设，能不能解决好发展问题，直接关系人心向背、事业兴衰。党要承担起推动中国社会进步的历史责任，必须始终紧紧抓住发展这个执政兴国的第一要务，把坚持党的先进性和发挥社会主义制度的优越性，落实到发展先进生产力、发展先进文化、实现最广大人民的根本利益上来，推动社会全面进步，促进人的全面发展。紧紧把握住这一点，就从根本上把握了人民的愿望，把握了社会主义现代化建设的本质。发展必须坚持以经济建设为中心，立足中国现实，顺应时代潮流，不断开拓促进先进生产力和先进文化发展的新途径。发展必须坚持和深化改革。一切妨碍发展的思想观念都要坚决冲破，束缚发展的做法和规定都要坚决改变，影响发展的体制弊端都要坚决革除。发展必须相信和依靠人民，人民是推动历史前进的动力。要集中全国

---

① 江泽民：《全面建设小康社会，开创中国特色社会主义事业新局面》，人民出版社2002年版，第17页。

人民的智慧和力量，聚精会神搞建设，一心一意谋发展。"①

完整准确地理解和把握"发展是党执政兴国的第一要务"这个科学真理，必须正确解读它的科学内涵：

第一，把发展作为党执政兴国的第一要务，必须首先大力发展中国特色的社会主义经济，建设社会主义物质文明。邓小平在南方谈话中指出："抓住时机，发展自己，关键是发展经济"。② 江泽民同志在中共十六大报告中指出："发展要有新思路，改革要有新突破，开放要有新局面，各项工作要有新举措。"③ 之所以强调发展要有新思路，是因为在新世纪国际国内形势发生了深刻变化，我们不仅要关注发达地区的进一步发展，而且要实施西部大开发战略，更加关注贫困落后地区的进一步发展，实现共同发展、共同富裕；我们不仅要关注当前的发展，而且更要关注中国未来的可持续发展。之所以强调改革要有新突破，是因为建立成熟、健康的社会主义市场经济体制，还有许多新情况、新矛盾、新问题，需要我们去解决，必须在原有改革成果的基础上有所突破、有所创新、有所发展。之所以强调开放要有新局面，是因为在经济全球化背景下，尤其是在中国加入世界贸易组织之后，中国对外开放的环境发生了新的变化，开放面临新的课题，因此必须开创全方位、多层次、宽领域的对外开放新格局。之所以强调各项工作要有新举措，是因为 21 世纪的"前十年要全面完成'十五'计划和二〇一〇年的奋斗目标，使经济总量、综合国力和人民生活水平再上一个大台阶，为后十年的更大发展打好基础"④。为此，江泽民强调：在经济建设和经济体制改革方面，当前要努力抓好以下八项工作：（1）走新型工业化道路，大力实施科教兴国战略和可持续发展战略；（2）全面繁荣农村经济，加快城镇化进程；（3）积极推进西部大开发，促进区域经济协调发展；（4）坚持和完善基本经济制度，深化国有资产管理体制改革；（5）健全现代市场体系，加强和完善宏观调控；（6）深化分配制度改革，健全社会保障体系；（7）坚持"引进来"和"走出去"相结合，全面提高对外开放水平；（8）千方百计扩大就业，不断改善人民生活。⑤ 为了发

---

① 江泽民：《全面建设小康社会，开创中国特色社会主义事业新局面》，人民出版社 2002 年版，第 12—13 页。
② 《邓小平文选》第 3 卷，人民出版社 1993 年版，第 375 页。
③ 江泽民：《全面建设小康社会，开创中国特色社会主义事业新局面》，人民出版社 2002 年版，第 18 页。
④ 同上书，第 19 页。
⑤ 同上书，第 19—27 页。

展有中国特色的社会主义经济,江泽民强调,公有制为主体、多种所有制经济共同发展,是我国社会主义初级阶段的一项基本经济制度。通过实行这个基本经济制度,逐步消除由于所有制结构不合理对生产力发展造成的羁绊,大大解放和发展了生产力。实行这样的基本经济制度,是我们党对建设社会主义的长期实践的总结,必须坚定不移地加以坚持。要根据解放和发展生产力的要求,进一步深化对公有制为主体、多种所有制经济共同发展这一基本经济制度含义的认识,在实践中不断完善这一制度。要以完善社会主义市场经济体制为目标,继续推进市场取向的改革,从根本上消除束缚生产力发展的体制性障碍,为经济发展注入新的活力。要从根本上改变粗放型经济发展方式,以提高经济效益为中心,注重依靠科技进步和加强管理,提高经济增长质量;注重实施可持续发展战略,节约和合理使用资源,加强环境生态保护和建设;注重地区、城乡协调发展和社会全面进步。要适应经济全球化和我国加入世贸组织的新形势,在更大范围、更广领域、更高层次上参与国际经济技术合作和竞争,拓展经济发展空间,全面提高对外开放水平。①

第二,把发展作为党执政兴国的第一要务,必须大力发展中国特色的社会主义政治,努力建设社会主义政治文明。江泽民指出,发展社会主义民主政治,建设社会主义政治文明,是社会主义现代化建设的重要目标。必须适应经济发展和社会全面进步的要求,在坚持四项基本原则的前提下,继续积极稳妥地推进政治体制改革,发展有中国特色社会主义民主政治,巩固民主团结、生动活泼、安定和谐的政治局面。党的领导、人民当家作主和依法治国的统一性,是社会主义民主政治的重要优势。发展社会主义民主政治,最根本的是要坚持党的领导、人民当家作主和依法治国的有机结合和辩证统一。推进政治体制改革,要从我国国情出发,坚定不移地走自己的政治发展道路,坚持社会主义政治制度的自我完善和发展。我们要发展的是有中国特色社会主义民主政治,决不照搬西方政治制度模式。要着重加强社会主义民主政治制度建设,实现社会主义民主政治的制度化、规范化、程序化。② 发展社会主义民主政治,建设社会主义政治文明,是全面建设小康社会的重要目标。必须在坚持四项基本原则的前提下,继续积极稳妥地推进政治体制改革,扩大社会主义民主,健全社会主义法制,建设社会主义法治国家,巩固和发展民主团结、生动活泼、安定

---

① 江泽民:《江泽民同志 2002 年 5 月 31 日讲话》,《人民日报》2002 年 6 月 1 日。
② 同上。

和谐的政治局面。发展社会主义民主政治,最根本的是要把坚持党的领导、人民当家作主和依法治国有机统一起来。中国共产党是中国特色社会主义事业的领导核心。共产党执政就是领导和支持人民当家作主,最广泛地动员和组织人民群众依法管理国家和社会事务,管理经济和文化事业,维护和实现人民群众的根本利益。宪法和法律是党的主张和人民意志相统一的体现。必须严格依法办事,任何组织和个人都不允许有超越宪法和法律的特权。政治建设和政治体制改革的主要任务是:(1)坚持和完善社会主义民主制度;(2)加强社会主义法制建设;(3)改革和完善党的领导方式和执政方式;(4)改革和完善决策机制;(5)深化行政管理体制改革;(6)推进司法体制改革;(7)深化干部人事制度改革;(8)加强对权力的制约和监督;(9)维护社会稳定。①

第三,把发展作为党执政兴国的第一要务,必须大力发展中国特色的社会主义文化,努力建设社会主义精神文明。江泽民指出,我们必须在发展社会主义经济、政治的同时,加强社会主义精神文明建设,大力发展面向现代化、面向世界、面向未来的,民族的科学的大众的社会主义文化,不断丰富人们的精神世界,不断增强人们的精神力量。要坚持先进文化的前进方向,全面建设和繁荣我国的文化事业。要坚持和巩固马克思列宁主义、毛泽东思想、邓小平理论在意识形态领域的指导地位,用"三个代表"要求统领社会主义文化建设。要立足于改革开放和现代化建设实践,着眼于世界科学文化发展前沿,积极进行文化创新,不断增强有中国特色社会主义文化的吸引力和感召力。要把培育和弘扬民族精神作为文化建设的一个极为重要的任务,使广大人民在建设有中国特色社会主义的征途上,始终保持奋发有为、昂扬向上的精神状态。② 文化建设和文化体制改革的主要任务是:(1)牢牢把握先进文化的前进方向;(2)坚持弘扬和培育民族精神;(3)切实加强思想道德建设;(4)大力发展教育和科学事业;(5)积极发展文化事业和文化产业;(6)继续深化文化体制改革。③

3. 科学发展观

党的十六届三中全会明确提出的科学发展观,是以胡锦涛同志为总书

---

① 江泽民:《全面建设小康社会,开创中国特色社会主义事业新局面》,人民出版社2002年版,第28—33页。
② 江泽民:《江泽民同志2002年5月31日讲话》,《人民日报》2002年6月1日。
③ 江泽民:《全面建设小康社会,开创中国特色社会主义事业新局面》,人民出版社2002年版,第34—37页。

记的党中央领导集体对发展内涵、发展要义、发展本质的进一步深化和创新,是在坚持毛泽东、邓小平和江泽民同志关于发展的重要思想,充分肯定改革开放以来我国取得举世瞩目的发展成就的基础上,从新世纪新阶段的实际出发,适应现代化建设需要,努力把握发展的客观规律,汲取人类关于发展的有益成果,着眼于丰富发展内涵、创新发展观念、开拓发展思路、破解发展难题提出来的。"坚持以人为本,树立全面、协调、可持续的发展观"和"五个统筹"的要求,是这一届党中央在全面建设小康社会的新的历史时期,对我们党的社会主义现代化建设指导思想的新发展,体现了我们党在发展战略思想上的历史性飞跃。

"科学发展观,是对党的三代中央领导集体关于发展的重要思想的继承和发展,是马克思主义关于发展的世界观和方法论的集中体现,是同马克思列宁主义、毛泽东思想、邓小平理论和'三个代表'重要思想既一脉相承又与时俱进的科学理论,是我国经济社会发展的重要指导方针,是发展中国特色社会主义必须坚持和贯彻的重大战略思想。科学发展观,第一要义是发展,核心是以人为本,基本要求是全面协调可持续,根本方法是统筹兼顾。"[①]"科学发展观是马克思主义同当代中国实际和时代特征相结合的产物,是马克思主义关于发展的世界观和方法论的集中体现,对新形势下实现什么样的发展、怎样发展等重大问题作出了新的科学回答,把我们对中国特色社会主义规律的认识提高到新的水平,开辟了当代中国马克思主义发展新境界。科学发展观是中国特色社会主义理论体系最新成果,是中国共产党集体智慧的结晶,是指导党和国家全部工作的强大思想武器。科学发展观同马克思列宁主义、毛泽东思想、邓小平理论、'三个代表'重要思想一道,是党必须长期坚持的指导思想。"[②]

(1) 坚持科学发展观,本质在坚持以人为本。坚持以人为本,这是科学发展观的核心和本质特征。人民群众是社会的主体,是历史发展的创造者。唯物史观认为,社会的发展是人类实践活动的结果,人既是社会存在和发展的前提,又是社会发展的目的。社会发展的程度最终是通过人的发展程度来衡量的。正因为如此,马克思将"每个人的全面而自由的发展"作为未来新社会的基本特征,指出共产主义社会是"一个以各个人自由发

---

① 胡锦涛:《高举中国特色社会主义伟大旗帜为夺取全面建设小康社会新胜利而奋斗——在中国共产党第十七次全国代表大会上的报告》,人民出版社 2007 年版,第 38—39 页。
② 胡锦涛:《在中国共产党第十八次全国代表大会上的报告》,人民网-《人民日报》2012 年 11 月 18 日。

展为一切人自由发展的条件的联合体"。① 马克思主义唯物史观的"以人为本",就是以人民群众的根本利益为本。邓小平的发展观也是"以人为本"和"全面、协调、可持续发展"的科学发展观。人民群众的根本利益始终贯穿于邓小平对"什么是社会主义、怎样建设社会主义"这一基本问题的探索之中。从《邓小平文选》第 3 卷可以看出,邓小平发展观的最高原则和最终目的都是为了人民。以人为本,就是把人民群众的根本利益作为一切工作的出发点和落脚点,不断满足人们多方面的需求和促进人的全面发展。我们是社会主义国家,人民是国家的主人,人民群众的利益高于一切。江泽民同志明确指出"实现人民的富裕幸福,是我们建设社会主义的根本目的。"社会主义社会如果不关心人,不为人民大众着想,那么它代替资本主义又有什么意义呢,这无论在我国还是在国际共产主义运动中都是有深刻教训的。苏联东欧剧变,原因很多,但不关心人民群众、严重脱离人民群众是主要原因之一。

以人为本是我们党立党为公、执政为民的本质体现。我们党是中国工人阶级的先锋队,同时又是中国人民和中华民族的先锋队,立党为公、执政为民是工人阶级政党先进性的集中体现。除了最广大人民的根本利益,我们党没有自己的特殊利益。中国共产党从来就是以全心全意为人民服务作为自己的根本宗旨。在新中国成立以后,这个根本宗旨也就成了作为执政党的中国共产党的执政理念。我们党在探索社会主义道路的过程中,有过成功的经验,也有过遭受挫折的教训。当我们能够正确地处理好执政党和人民群众的关系的时候,我们就能很好地做到立党为公、执政为民。真正做到全心全意为人民服务,真正做到立党为公、执政为民,就必须以人为本,一切为了人民的利益服务。我们发展生产力、搞经济建设,是为了不断满足广大人民群众日益增长的物质需要;我们繁荣和发展先进文化,是为了不断满足人民群众日益增长的精神需要。所以,要始终坚持用人民拥护不拥护、赞成不赞成、高兴不高兴、答应不答应来作为衡量我们一切工作的标准;始终坚持用是否顺民心、谋民利、得民心,作为衡量我们一切工作的标准。党的十七大报告指出:"要始终把实现好、维护好、发展好最广大人民的根本利益作为党和国家一切工作的出发点和落脚点,尊重人民主体地位,发挥人民首创精神,保障人民各项权益,走共同富裕道路,促进人的全面发展,做到发展为了人民、发展依靠人民、发展成果由

---

① 《马克思恩格斯全集》第 4 卷,人民出版社 1979 年版,第 491 页。

人民共享。"①

坚持以人为本，就要切实做到权为民所用、情为民所系、利为民所谋。这既是工人阶级政党的党性所在，也是全面建设小康社会对我们提出的历史性要求。我们党是领导中国特色社会主义事业的核心力量，我们的各级干部是人民的公仆。权为民所用，就要把人民赋予我们的权力用来为人民群众办实事，办好事，为人民掌好权，用好权。我们的权力是人民给的。我们的党代表着人民的根本利益，我们的政府是人民的政府，我们的国家是人民的国家。只有把人民群众当作国家的主人、社会的主人，我们才能做到相信群众、依靠群众，坚定不移地走群众路线。情为民所系，就是要求我们与人民群众心心相印，血脉相通。要把人民群众的安危当作自己的安危，把人民群众的冷暖当作自己的冷暖。权为民所用，情为民所系，最直接地体现在利为民所谋上。全心全意为人民服务，最根本的就是全心全意为人民谋利益。社会主义的目的就是为人民谋利益，实现人民的富裕幸福。人民群众的利益是多层次、多方面的，有政治利益、经济利益和文化利益等，我们都必须给予全面的关怀。

以人为本的科学发展观，突出了人民群众在社会发展进程中的主体地位和决定性作用。坚持以人为本，就要把人看作是一切事物的前提和最终目的，从对人以外的世界的关注转到对人本身的关注，把人的意识、人的观念和人的维度作为我们分析、思考和解决问题的出发点、落脚点，把促进人的全面发展作为我们必须牢固确立的发展观念。在建设中国特色社会主义的历史进程中，我们要始终坚持和贯彻以人为本，这既是我国经济社会发展的长远指导方针，也是实际工作中必须坚持的重要原则。虽然我国还处于并将长期处于社会主义初级阶段，要比较充分地满足人们多方面的利益要求和实现人的全面发展还需要一个较长的历史过程，但是，以人为本作为我们的执政理念，应当坚定不移地贯穿到经济社会文化发展的各个领域，贯穿到我们的各项工作中去。

能不能坚持和做到以人为本，这是关乎人心向背，关系党和国家前途命运的根本性问题。胡锦涛同志指出"人心向背，是决定一个政党、一个政权盛衰的根本因素。"以人为本，这是我们党永葆青春的源泉所在，是我们社会主义制度优越性的根本体现，也是社会主义的根本出发点和归宿。

（2）坚持科学发展观，核心是坚持全面发展。科学发展观的核心是实

---

① 胡锦涛：《胡锦涛在党的十七大上的报告》，新华社－新华网，2007年10月24日。

现经济、社会和人的全面发展。发展是我们党执政兴国的第一要务,但发展不仅仅是经济的增长,而是经济、政治、文化、社会的协调发展和人的全面发展。经济发展、社会发展和人的全面发展是相互联系、相互促进的。坚持科学发展观,就要全面推进社会主义物质文明、政治文明、精神文明、社会文明和生态文明建设,促进经济、社会和人的全面发展。要从单纯追求 GDP 增长转到在经济增长的基础上注重经济、社会和人的全面发展,追求经济社会综合指标的科学发展观上来。党的十七大报告强调:"要按照中国特色社会主义事业总体布局,全面推进经济建设、政治建设、文化建设、社会建设,促进现代化建设各个环节、各个方面相协调,促进生产关系与生产力、上层建筑与经济基础相协调。坚持生产发展、生活富裕、生态良好的文明发展道路,建设资源节约型、环境友好型社会,实现速度和结构质量效益相统一、经济发展与人口资源环境相协调,使人民在良好生态环境中生产生活,实现经济社会永续发展。"①

在社会发展的诸目标中,人的全面发展是社会发展的最终目标,社会的发展最终表现为人的全面发展。首先,人的全面发展是一切发展的目标。社会的其他发展都是为了满足人的各种需要,促使人的素质得到全面提高,为人的全面发展提供条件或手段。其次,人是发展的主体和动力。人是一切发展的规划者、决策者、参与者和实践者,人在改造世界的同时,也使自身不断得到完善和发展。人的活动又是发展的动力,人们改造自然获取物质财富,协调人与人、人与自然、人与社会之间的关系,从而推动社会发展。再次,人是发展的最终检验者。人的发展状况不仅决定社会能否向前发展,而且也是检验社会发展的标准。

坚持全面发展,就是要促进五个文明协调发展。全面建设小康社会,既包括人民物质生活的改善,也包括民主政治的发展和人民精神生活的充实,还包括人与环境的协调和社会的和谐稳定。全面建设小康社会的过程,是经济、政治、文化、社会、环境协调发展的过程,是物质文明、政治文明、精神文明、社会文明和生态文明共同发展的过程。经济、政治、文化、社会、生态协调发展是科学发展观的基本内容。任何社会的进步都是经济、政治、文化、社会、生态协调发展的结果。在全面建设小康社会、推进社会主义现代化建设的进程中,我们必须牢固树立全面发展的思想,不断促进"经济更加发展,民主更加健全,科技更加进步,文化更加繁荣,社会更加和谐,人民生活更加殷实"。树立科学发展观,就要在党

---

① 胡锦涛:《胡锦涛在党的十七大上的报告》,新华网,2007 年 10 月 24 日。

的领导下，发展社会主义市场经济、社会主义民主政治和社会主义先进文化，构建社会主义和谐社会，不断推进物质文明、政治文明、精神文明、社会文明和生态文明的协调发展。

在发展过程中，强调经济社会和人的全面发展，并不是否定以经济建设为中心。树立和落实科学发展观，必须纠正一些地方和领域出现的重经济指标，轻社会建设；重政绩，轻民生；重效率，轻公平；重物质成果，轻人的价值；重当前利益，轻长远利益的偏颇。但我们也必须清醒地认识到，坚持全面、协调、可持续的发展观，并不意味着发展经济已退居次要位置，更不意味着经济建设不重要了。人类社会的发展规律告诉我们，经济发展是发展的核心，经济发展是社会发展和人的发展的基础，因此，树立和落实科学发展观，必须始终坚持以经济建设为中心，聚精会神搞建设，一心一意谋发展。国内国外发展的经验教训警示我们，既不能以经济发展代替社会全面发展，也不能因为强调发展的全面性而否定经济发展在社会发展中的基础地位，更不能否定经济建设在党的工作中的中心地位。我们要在坚持经济建设这个中心的基础上，统筹经济、社会和人的全面发展，促进社会全面进步。

（3）坚持科学发展观，关键是坚持统筹兼顾。统筹兼顾是我们党领导全国人民进行社会主义现代化建设的一条重要经验，是科学发展观的基本内涵。坚持科学发展观，关键是坚持统筹兼顾，协调好各方面的利益关系，调动一切积极因素，推进经济社会和人的全面发展。我们应该从战略的高度充分认识统筹兼顾的极端重要性。

统筹兼顾是推进改革和发展的根本要求。党中央反复强调，科学发展观的重要内容之一，就是要按照"五个统筹"（统筹城乡发展、统筹区域发展、统筹经济社会发展、统筹人与自然的和谐发展、统筹国内发展和对外开放）的要求推进改革和发展。改革是社会主义发展的动力，改革就是要革除一切与社会进步和人的全面发展不相适应的体制和机制。改革是为发展服务的。中国的所有问题都必须纳入改革与发展的实际进程逐步加以解决。但是，必须认识到，发展是一个综合过程，涉及社会各个层面。要不断推进改革与发展，就要求我们在谋略上必须把各个环节和方面统筹兼顾起来，离开统筹兼顾，改革与发展的综合性、全面性、协调性就不能实现。坚持统筹兼顾，在今后一个时期重点是解决好"五个统筹"。"五个统筹"是科学发展观的重要内涵，是坚持和落实科学发展观所要处理好的基本关系，也是我们党推进改革与发展的重大战略举措。党的十七大报告强调："要正确认识和妥善处理中国特色社会主义事业中的重大关系，统筹城乡发展、区域发展、经济社会发展、人与自然和谐发展、国内发展和对外开放，统筹中央和地方关系，统筹个人利益和集体利益、局部利益和整体利益、当前利益和长远利益，充分调动各方面积极性。统筹国内国际两个大局，树立世界眼光，加强战略思维，善于从国际形势发展变化中把握发展机遇、应对风险挑战，营造良好国际环境。既要总揽全局、统筹规划，又要抓住牵动全局的主要工作、事关群众利益的突出问题，着力推进、重点突破。"①

统筹城乡发展要正确处理好农村自身建设与以城带乡的关系。统筹城乡发展，关键在"三农"问题。"三农"问题的根源在城乡二元经济结构，基本的对策是以工业化、城市化、市场化来加快对农业经济的改造。一方面，加快农村发展要切实贯彻"多予、少取、放活"的方针，通过合理调整国民收入分配结构和比例来加大政策保护、扶植农业的力度。要妥善处理农村土地问题，严禁滥征滥用，防止和克服一部分农民因丧失土地而无所凭依。要深化农村改革，加快科技兴农步伐。另一方面，城市发展必须与农村保持协调关系。要防止一味追求大规模和高标准的弊病。要充分发挥城市对农村的带动作用，把更多的城市资源向农村转移投入。要将城市的就业通道向农民敞开，为农村产业结构调整和富余农民就业转移提供尽可能多的机会和条件。要破除不利于统筹城乡发展的体制性障碍，逐步建立起城乡统一的劳动就业、社会保障、户籍管理、义务教育和税务等方面的制度。党的十七大报告指出："解决好农业、农村、农民问题，事关全面建设小康社会大局，必须始终作为全党工作的重中之重。要加强农业基础地位，走中国特色农业现代化道路，建立以工促农、以城带乡长效机制，形成城乡经济社会发展一体化新格局。坚持把发展现代农业、繁荣农村经济作为首要任务，加强农村基础设施建设，健全农村市场和农业服务体系。加大支农惠农政策力度，严格保护耕地，增加农业投入，促进农业科技进步，增强农业综合生产能力，确保国家粮食安全。加强动植物疫病防控，提高农产品质量安全水平。以促进农民增收为核心，发展乡镇企业，壮大县域经济，多渠道转移农民就业。提高扶贫开发水平。深化农村综合改革，推进农村金融体制改革和创新，改革集体林权制度。坚持农村基本经营制度，稳定和完善土地承包关系，按照依法自愿有偿原则，健全土地承包经营权流转市场，有条件的地方可以发展多种形式的适度规模经营。探索集体经济有效实现形式，发展农民专业合作组织，支持农业产

---

① 胡锦涛：《胡锦涛在党的十七大上的报告》，新华网，2007年10月24日。

化经营和龙头企业发展。培育有文化、懂技术、会经营的新型农民，发挥亿万农民建设新农村的主体作用。"① 党的十八大报告强调："推动城乡发展一体化。解决好农业农村农民问题是全党工作重中之重，城乡发展一体化是解决'三农'问题的根本途径。要加大统筹城乡发展力度，增强农村发展活力，逐步缩小城乡差距，促进城乡共同繁荣。坚持工业反哺农业、城市支持农村和多予少取放活方针，加大强农惠农富农政策力度，让广大农民平等参与现代化进程、共同分享现代化成果。加快发展现代农业，增强农业综合生产能力，确保国家粮食安全和重要农产品有效供给。坚持把国家基础设施建设和社会事业发展重点放在农村，深入推进新农村建设和扶贫开发，全面改善农村生产生活条件。着力促进农民增收，保持农民收入持续较快增长。坚持和完善农村基本经营制度，依法维护农民土地承包经营权、宅基地使用权、集体收益分配权，壮大集体经济实力，发展农民专业合作和股份合作，培育新型经营主体，发展多种形式规模经营，构建集约化、专业化、组织化、社会化相结合的新型农业经营体系。改革征地制度，提高农民在土地增值收益中的分配比例。加快完善城乡发展一体化体制机制，着力在城乡规划、基础设施、公共服务等方面推进一体化，促进城乡要素平等交换和公共资源均衡配置，形成以工促农、以城带乡、工农互惠、城乡一体的新型工农、城乡关系。"②

统筹区域发展要正确处理好"两个加快发展"之间的关系。党中央从宏观政策上支持欠发达地区加快发展及鼓励东部发达地区加快发展的战略决策是坚定不移的。已经相对发达的地区要继续加快发展，有利于增强国家的财力、物力和科技实力，有利于更好地支持其他地区发展。要继续实施西部大开发战略、认真实施东北地区等老工业基地振兴战略，加快中部地区改革开放步伐，促进中部崛起。按照这个战略部署统筹区域发展，才能逐步实现共同富裕。党的十七大报告指出："缩小区域发展差距，必须注重实现基本公共服务均等化，引导生产要素跨区域合理流动。要继续实施区域发展总体战略，深入推进西部大开发，全面振兴东北地区等老工业基地，大力促进中部地区崛起，积极支持东部地区率先发展。加强国土规划，按照形成主体功能区的要求，完善区域政策，调整经济布局。遵循市场经济规律，突破行政区划界限，形成若干带动力强、联系紧密的经济圈

---

① 胡锦涛：《胡锦涛在党的十七大上的报告》，新华网，2007年10月24日。
② 胡锦涛：《胡锦涛在中国共产党第十八次全国代表大会上的报告》，人民网－《人民日报》2012年11月18日。

和经济带。重大项目布局要充分考虑支持中西部发展，鼓励东部地区带动和帮助中西部地区发展。加大对革命老区、民族地区、边疆地区、贫困地区发展扶持力度。帮助资源枯竭地区实现经济转型。更好发挥经济特区、上海浦东新区、天津滨海新区在改革开放和自主创新中的重要作用。走中国特色城镇化道路，按照统筹城乡、布局合理、节约土地、功能完善、以大带小的原则，促进大中小城市和小城镇协调发展。以增强综合承载能力为重点，以特大城市为依托，形成辐射作用大的城市群，培育新的经济增长极。"① 党的十八大报告强调："继续实施区域发展总体战略，充分发挥各地区比较优势，优先推进西部大开发，全面振兴东北地区等老工业基地，大力促进中部地区崛起，积极支持东部地区率先发展。采取对口支援等多种形式，加大对革命老区、民族地区、边疆地区、贫困地区扶持力度。科学规划城市群规模和布局，增强中小城市和小城镇产业发展、公共服务、吸纳就业、人口集聚功能。加快改革户籍制度，有序推进农业转移人口市民化，努力实现城镇基本公共服务常住人口全覆盖。"②

统筹经济社会发展，关键是在实践中正确把握好两者的关系。经济发展是社会发展的前提、基础和保证，社会发展是经济发展的目的、精神动力、智力支持和必要条件。这就要求经济与社会必须协调共同发展。要切实解决好重经济发展，轻社会发展的"一条腿长、一条腿短"的问题，加快社会各方面的协调发展，促进社会的全面进步。党的十七大报告指出："社会建设与人民幸福安康息息相关。必须在经济发展的基础上，更加注重社会建设，着力保障和改善民生，推进社会体制改革，扩大公共服务，完善社会管理，促进社会公平正义，努力使全体人民学有所教、劳有所得、病有所医、老有所养、住有所居，推动建设和谐社会。"③ 党的十八大报告强调："加强社会建设，是社会和谐稳定的重要保证。必须从维护最广大人民根本利益的高度，加快健全基本公共服务体系，加强和创新社会管理，推动社会主义和谐社会建设。加强社会建设，必须以保障和改善民生为重点。提高人民物质文化生活水平，是改革开放和社会主义现代化建设的根本目的。要多谋民生之利，多解民生之忧，解决好人民最关心最直接最现实的利益问题，在学有所教、劳有所得、病有所医、老有所养、住有所居上持续取得新进展，努力让人民过上更好生活。加强社会建设，必

---

① 胡锦涛：《胡锦涛在党的十七大上的报告》，新华社－新华网，2007年10月24日。
② 胡锦涛：《胡锦涛在中国共产党第十八次全国代表大会上的报告》，人民网－《人民日报》2012年11月18日。
③ 胡锦涛：《胡锦涛在党的十七大上的报告》，新华网，2007年10月24日。

须加快推进社会体制改革。要围绕构建中国特色社会主义社会管理体系，加快形成党委领导、政府负责、社会协同、公众参与、法治保障的社会管理体制，加快形成政府主导、覆盖城乡、可持续的基本公共服务体系，加快形成政社分开、权责明确、依法自治的现代社会组织体制，加快形成源头治理、动态管理、应急处置相结合的社会管理机制。"①

统筹人与自然和谐发展，要正确处理好经济建设、人口增长和资源利用、生态环境保护的关系。我们必须走出一条生产发展、生活富裕、生态良好的文明发展之路，保证社会永续发展。必须做好人口和计划生育工作，要加强人口发展战略研究，创新计划生育工作的思路和机制，高度重视和治理出生人口性别比升高的问题。经济发展要充分重视社会效益和生态效益，坚持资源开发和节约并举，把节约放在首位。治理污染、保护生态环境要统筹规划，加大投入，标本兼治。要依靠科技进步推进环境保护和治理、资源开发和节约齐头并进。要依法严格保护环境与生态。党的十七大报告指出："加强能源资源节约和生态环境保护，增强可持续发展能力。坚持节约资源和保护环境的基本国策，关系人民群众切身利益和中华民族生存发展。必须把建设资源节约型、环境友好型社会放在工业化、现代化发展战略的突出位置，落实到每个单位、每个家庭。要完善有利于节约能源资源和保护生态环境的法律和政策，加快形成可持续发展体制机制。落实节能减排工作责任制。开发和推广节约、替代、循环利用和治理污染的先进适用技术，发展清洁能源和可再生能源，保护土地和水资源，建设科学合理的能源资源利用体系，提高能源资源利用效率。发展环保产业。加大节能环保投入，重点加强水、大气、土壤等污染防治，改善城乡人居环境。加强水利、林业、草原建设，加强荒漠化石漠化治理，促进生态修复。加强应对气候变化能力建设，为保护全球气候作出新贡献。"② 党的十八大报告强调："建设生态文明，是关系人民福祉、关乎民族未来的长远大计。面对资源约束趋紧、环境污染严重、生态系统退化的严峻形势，必须树立尊重自然、顺应自然、保护自然的生态文明理念，把生态文明建设放在突出地位，融入经济建设、政治建设、文化建设、社会建设各方面和全过程，努力建设美丽中国，实现中华民族永续发展。坚持节约资源和保护环境的基本国策，坚持节约优先、保护优先、自然恢复为主的方

---

① 胡锦涛：《胡锦涛在中国共产党第十八次全国代表大会上的报告》，人民网－《人民日报》2012年11月18日。
② 胡锦涛：《胡锦涛在党的十七大上的报告》，新华网，2007年10月24日。

针,着力推进绿色发展、循环发展、低碳发展,形成节约资源和保护环境的空间格局、产业结构、生产方式、生活方式,从源头上扭转生态环境恶化趋势,为人民创造良好生产生活环境,为全球生态安全作出贡献。"①

统筹国内发展和对外开放,要正确处理好国内、国外两种资源、两个市场的关系。我们要继续做好"引进来"工作,但我们的立足点和长期的战略方针是扩大内需,充分发挥自己市场广阔、劳动力资源丰富的优势。引进外国的先进技术、管理经验和高素质人才要有利于自己相应能力的提高。要特别注重自主创新能力的培养。为了适应经济全球化和我国加入世贸组织的新形势,必须提高对外开放水平。要实施"走出去"战略,提高在更大范围、更广领域和更高层次上参与国际经济技术合作和竞争的能力,要善于趋利避害,增强维护我国企业利益和国家经济安全的意识和能力。党的十七大报告指出:"坚持对外开放的基本国策,把'引进来'和'走出去'更好结合起来,扩大开放领域,优化开放结构,提高开放质量,完善内外联动、互利共赢、安全高效的开放型经济体系,形成经济全球化条件下参与国际经济合作和竞争新优势。深化沿海开放,加快内地开放,提升沿边开放,实现对内对外开放相互促进。加快转变外贸增长方式,立足以质取胜,调整进出口结构,促进加工贸易转型升级,大力发展服务贸易。创新利用外资方式,优化利用外资结构,发挥利用外资在推动自主创新、产业升级、区域协调发展等方面的积极作用。创新对外投资和合作方式,支持企业在研发、生产、销售等方面开展国际化经营,加快培育我国的跨国公司和国际知名品牌。积极开展国际能源资源互利合作。实施自由贸易区战略,加强双边多边经贸合作。采取综合措施促进国际收支基本平衡。注重防范国际经济风险。"② 党的十八大报告强调:"全面提高开放型经济水平。适应经济全球化新形势,必须实行更加积极主动的开放战略,完善互利共赢、多元平衡、安全高效的开放型经济体系。要加快转变对外经济发展方式,推动开放朝着优化结构、拓展深度、提高效益方向转变。创新开放模式,促进沿海内陆沿边开放优势互补,形成引领国际经济合作和竞争的开放区域,培育带动区域发展的开放高地。坚持出口和进口并重,强化贸易政策和产业政策协调,形成以技术、品牌、质量、服务为核心的出口竞争新优势,促进加工贸易转型升级,发展服务贸易,推动对外

---

① 胡锦涛:《胡锦涛在中国共产党第十八次全国代表大会上的报告》,人民网-《人民日报》2012年11月18日。

② 胡锦涛:《胡锦涛在党的十七大上的报告》,新华网,2007年10月24日。

贸易平衡发展。提高利用外资综合优势和总体效益，推动引资、引技、引智有机结合。加快走出去步伐，增强企业国际化经营能力，培育一批世界水平的跨国公司。统筹双边、多边、区域次区域开放合作，加快实施自由贸易区战略，推动同周边国家互联互通。提高抵御国际经济风险能力。"①

能否做到"五个统筹"，是衡量执政能力和领导水平的重要标志。"五个统筹"视野恢宏、思想深邃、包容深广，是一个巨大的社会系统工程。做到"五个统筹"，不仅对于领导干部的政绩观提出了新的要求，而且对各级领导干部的素质与能力提出了更新更高的要求。一是要有驾驭复杂事物的素质。社会的发展是复杂的，"五个统筹"从理论上说是要整合利益和价值，使其达到有序。它要求各级领导干部具备驾驭复杂事物的哲学社会科学、自然科学知识。二是要有抓住机遇、化解风险的能力。执政者的机遇意识关系到民族兴衰、苍生祸福，机遇意识的培养需要有高远的气度、高明的识度。三是要有综合治理的才能。"五个统筹"的发展观是以综合性为特征的。"五个统筹"从根本上说是综合治理。"五个统筹"就是五大综合，这五个综合又是一个有机整体，其中任何一个综合都依赖于其他四个综合，缺失任何一个综合，全部的普遍联系之网都会被撕裂。因此，能否做到"五个统筹"，是对执政者综合治理能力的严峻考验。四是要有把握全局、多谋善断的谋略艺术。"五个统筹"是驾驭发展的智慧，要求于领导者的不是工匠式的技艺，而是高超的谋略。深谋缘于远虑，远虑就要做到胡锦涛总书记所要求的"以宽广的眼界观察世界、分析形势，清醒地看到激烈的国际竞争带来的严峻挑战，清醒地看到前进道路上的困难和风险，紧紧抓住并实用好重要战略机遇期，牢牢把握我国发展的主动权。"②

（二）坚持社会公正的原则

党的十八大报告作为划时代的政治宣言书，对公平与效率的关系进行了新的定位："初次分配和再分配都要兼顾效率和公平，再分配更加注重公平。"这标志着我党对公平与效率关系认识的一个重大转折。

关于公平与效率的关系，长期以来的提法是"效率优先，兼顾公平"。改革开放之初，为迅速打破平均主义吃"大锅饭"的低效率局面，党中央

---

① 胡锦涛：《胡锦涛在中国共产党第十八次全国代表大会上的报告》，人民网－《人民日报》2012年11月18日。
② 胡锦涛：《胡锦涛主持政治局集体学习并讲话》，新华网，2004年2月24日。

提出要优先强调效率。党的十三大明确提出"在促进效率提高的前提下体现社会公平"。中共十四届三中全会提出"建立以按劳分配为主体，效率优先、兼顾公平的收入分配制度，鼓励一部分地区一部分人先富起来，走共同富裕的道路"，党内自此正式使用"效率优先，兼顾公平"这一术语。十五大坚持这一提法。十六大从层次关系上予以明确，提出"初次分配注重效率"，"再分配注重公平"。十六届四中全会有一些变化，没有出现效率优先的提法，而是主张在鼓励部分先富的同时，"注重社会公平"。十六届六中全会则进一步提出要"更加注重社会公平"，强调"社会公平正义是社会和谐的基本条件，制度是社会公平正义的根本保证。必须加紧建设对保障社会公平正义具有重大作用的制度"。十六届六中全会从完善民主权利保障制度、完善法律制度、完善司法体制机制、完善公共财政制度、完善公共财政制度、完善社会保障制度等六个方面的制度入手加强权利公平（政治公平）、法律公平、司法公平、教育公平、分配公平。2007年2月，时任温家宝总理在《关于社会主义初级阶段的历史任务和我国对外政策的几个问题》中，把实现社会公平与正义同解放和发展生产力并列为社会主义初级阶段的两大任务。在2007年3月16日两会的记者招待会上，温家宝总理进一步强调要让"正义成为社会主义制度的首要价值"。党的十七大对社会公平给予了高度重视，在党的文件中第一次旗帜鲜明地指出"实现社会公平正义是中国共产党的一贯主张，是发展中国特色社会主义的重大任务"。并强调，"初次分配和再分配都要处理好效率和公平的关系，再分配更加注重公平"，明确摒弃了"效率优先、兼顾公平"的提法。党的十八大报告又特别强调："必须坚持维护社会公平正义。公平正义是中国特色社会主义的内在要求。要在全体人民共同奋斗、经济社会发展的基础上，加紧建设对保障社会公平正义具有重大作用的制度，逐步建立以权利公平、机会公平、规则公平为主要内容的社会公平保障体系，努力营造公平的社会环境，保证人民平等参与、平等发展权利。"① 以此作为在新的历史条件下夺取中国特色社会主义新胜利，必须牢牢把握的基本要求和共同信念之一。

综观改革开放以来党中央历次重要大会对公平与效率问题的论述，可以清晰地看到，随着改革开放的深化发展，公平与效率范畴无论在外延还是内涵上都得到了不断丰富和发展，对二者关系的认识也不断深化、发

---

① 胡锦涛：《胡锦涛在中国共产党第十八次全国代表大会上的报告》，人民网－《人民日报》2012年11月18日。

展。改革开放初期关注的是分配公平或者说经济领域的公平，此后公平的外延扩展到政治、文化和社会领域，提出了权利公平、司法公平、教育公平和社会公平问题。从阶段来说，改革开放初期比较关注起点的公平，机会公平，此后扩展到过程公平和结果公平。对于效率的认识也有一个变化发展，从比较关注经济效率到经济效率与技术效率并重，强调转变经济发展方式，追求自主创新；从比较关注微观效率到微观效率与宏观效率并重，既要调动各个市场主体的积极性，又要保障经济的稳定协调发展。效率主要是经济问题，而公平则不仅仅是经济问题，也是政治问题、文化问题、社会问题，二者不在同一个层次，也并不截然对立、此消彼长。公平可以促进效率，公平的社会制度有利于调动群众的积极性并促进经济效率的提高，发展生产力，减少贫困；要发挥市场配置资源的效率必须以公平竞争为前提，缺乏这个前提，搞权钱交易、垄断，虽然在经济上对某些利益集团也是有效率的，但对整个社会却不是最有效率的。

应该承认，在改革开放之初，提出效率优先、兼顾公平有其合理之处，并且调动了人民群众的积极性，推动了生产的发展，为保障公平提供了坚实的物质基础。但是，也要看到，随着改革开放的深入，社会公平问题日益严峻并亟待解决，已经成为影响国家长治久安与社会和谐稳定的重大因素。党的十七大、十八大在公平与效率关系上的新论断、新定位、新调整，既是认识不断深化的结果，更是顺应不断发展的新实践的需要。

党的十七大报告强调"实现社会公平正义是中国共产党的一贯主张，是发展中国特色社会主义的重大任务"；党的十八大报告再次强调"公平正义是中国特色社会主义的内在要求"。这充分表明了当前促进社会公平的必要性和重大意义。

第一，追求公平正义是政治文明发展的方向。平等或公平是启蒙运动提出的重要价值目标之一，是政治文明发展的趋势。20世纪具有重要影响的政治学家、伦理学家罗尔斯在其名著《正义论》中指出，正义是社会制度的首要价值，正像真理是思想的首要价值一样。一种理论，无论它多么精致和简洁，只要它不真实，就必须加以拒绝或修正；同样，某些法律、制度，不管它们如何有效率和有条理，只要它们不正义，就必须加以改造或者废除。英国著名社会学家安东尼·吉登斯也指出，平等和公平对于人类美好的生活是不可缺少的。世界银行《2006年发展报告：公平与发展》在总结10年来许多可控实验结果以及近期经济学研究的成果的基础上指出，世界上不同的文化和国家或许在许多重要的方面有所不同，但在统计数据上大多数人都在关注公平与公正，都倾向于更加公平的制度安排，更加公平的收入分配，不是自私而是公正才是人们的一种偏好。1995年联合国哥本哈根社会发展世界高峰论坛明确提出了"根除贫困，促进充分就业，培育稳定、安全和公正的社会"的宣言。

第二，实现社会公平正义是社会主义本质的内在要求。无论是空想社会主义者还是马克思主义的创始人，他们都认为资本主义的罪恶主要表现在私有制、雇佣劳动导致劳动者地位的不平等和两极分化。所以，在马克思主义看来，社会主义相对于资本主义的优越性，或者说社会主义政权的合法性基础在于实现平等、公平。公平正义是社会主义本质的内在要求和体现。贯彻落实科学发展观，不但要强调科学发展，也要强调公平发展、和谐发展。公平正义是社会和谐的基本条件。社会和谐并不是说社会没有矛盾，也不是矛盾被压制和控制，而应该是在公平的前提下矛盾双方能够相互促进，有一种比较长久、巩固的认同感、凝聚力、向心力。强调公平实质上就是强调改革的社会主义方向。

第三，实现社会公平正义是中国共产党"立党为公、执政为民"的切实体现，是中国共产党先进性的基本要求。中国共产党执政是历史的选择，人民的选择。拥护中国共产党，最重要的在于他们相信共产党能给他们创造更加公平的新社会。正是社会主义在制度上的公平设计，推行"土地革命"等一系列公平正义的政策，才使中国共产党得民心得天下。同样，今天处于执政地位的共产党要想维护、巩固其执政地位，也必须保障和实现社会公平。不解决公平问题，牺牲广大劳动人民的利益，就违背了共产党的宗旨，人民就不会答应。保障公平正义实质上关系到党和国家的生死存亡。

第四，保障公平正义是社会主义政权合法性、社会和谐的巩固的、长效的基石。固然，从理论上说，社会主义生产关系适应了生产力发展的要求，比资本主义更优越，应该具有比资本主义更高的发展速度。但是由于发达资本主义在垄断技术上的优势，对全球资源的重大控制，以及不合理的国际政治经济秩序，后发的社会主义国家在经济竞争上往往处于极为不利的地位。在经济全球化的形势下，国内经济的稳定受到国际社会环境的极大影响。任何一个国家其经济出现波折、动荡、通货膨胀等，完全是可以想象的。在这种情况下，把政权的合法性寄托于经济的高速发展，寄托于对资本主义国家的全面赶超，是不切实际的。中国当前处于社会的转型时期，或者说矛盾的高发期、凸显期，如果把矛盾的缓解、人心的凝聚寄托于经济快速发展带来的溢出效应，具有很大的风险。只有从制度上、权利上促进公平正义，才能持续地增强民族的凝聚力、向心力、战斗力，才能铸就中国共产党的巩固政权,才能构建社会主义和谐社会。这正是弱小的古巴、朝鲜能够在强大的美国的经济遏制下屹然不倒的重大原因。

总的来说,贯彻落实科学发展观,不但要坚持全面协调可持续发展,还必须坚持和谐发展、公平发展,切实保障社会的公平正义。公平正义是社会和谐的基本条件,是社会主义本质的内在要求,是国家长治久安的根本保障。

(三)坚持按劳分配与按生产要素分配相结合的原则

坚持按劳分配与按生产要素分配的结合,既是社会主义初级阶段基本经济制度的客观要求,也是社会主义市场经济得以正确运行的基本保证。按劳分配与按生产要素分配的结合,具体是通过社会层面和个人层面这两方面得到贯彻的。在坚持按劳分配与按生产要素分配相结合的同时,必须采取相应改革措施,注重解决好由此带来的新问题。

1. 按劳分配与按生产要素分配结合的客观依据

按照马克思主义创始人的观点,按劳分配与按生产要素分配是属于两种不同的分配方式。按劳分配是与社会主义公有制经济联系在一起的,而按生产要素分配是与社会主义经济的性质不一致的,因而在社会主义条件下是不应该实行这一分配方式的。当然,这也就谈不上把按劳分配与按生产要素分配结合起来的问题。但是,现实的社会主义与马克思主义创始人所设想的社会主义有着很大的差别。现实的社会主义是初级阶段的社会主义,社会主义与市场经济的结合是现实社会主义经济的最大特点。这一结合使社会经济活动的各个方面都表现出与以往理论设想中所没有的特征。按劳分配与按生产要素分配相结合,就是社会主义市场经济过程中出现的问题。因此,对这一问题的认识,必须依据社会主义初级阶段的基本经济制度和经济体制进行具体分析。具体来说,按劳分配与按生产要素分配相结合的依据主要有以下两点:

第一,社会主义初级阶段的基本经济制度决定了必须把这两种不同的分配方式结合起来。公有制为主体、多种所有制经济共同发展是我国社会主义初级阶段的一项基本经济制度。这一基本经济制度所体现的所有制结构客观上要求有与之相联系的分配方式。因为分配方式是由所有制性质决定的,同时分配方式又是所有制的实现。与社会主义的公有制相联系的分配方式是按劳分配,因此,公有制在社会经济中的主体地位也就决定了分配领域中也是以按劳分配为主体。在公有制占主体地位的条件下,又存在着多种所有制形式,这也就必然存在着与之相联系的多种分配方式。所以，在分配领域中除了占主体地位的按劳分配以外，也一定存在着其他多种分配方式。由此形成了与初级阶段基本经济制度相适应的以按劳分配为主体、多种分配方式并存的个人收入分配制度。

第二，社会主义市场经济决定了必须把这两种不同的分配方式结合起来。社会主义市场经济的运行要求各个方面都必须遵循市场经济的基本规律，在个人收入分配领域中也不例外。收入分配要体现市场经济的规律，就是要按照市场原则来对个人收入进行分配。在市场经济中，一般来说，生产要素都具有商品性质，具有商品性质的生产要素投入到经济活动中，都是以取得收入最大化为前提的，如果没有收入和回报，生产要素的所有者是不会把其生产要素投入到经济活动中去的。为此，必须对投入的生产要素在利益上给予一定的回报。这样，按生产要素分配这一分配方式的存在也就是必然的了。还有，在市场经济中存在着多种经营方式，不同的经营方式也有与之相联系的收入分配方式。这又使市场经济中的收入分配方式不会是单一的。而且，多种分配方式会存在于不同的所有制经济中，与不同所有制经济中的不同分配方式交织在一起，呈现出非常复杂的现象，使收入分配方式更加多样化。

所以，在社会主义初级阶段，坚持按劳分配为主体、多种分配方式并存的收入分配制度，把按劳分配与按生产要素分配结合起来是有其客观必然性的。坚持这一结合，既是社会主义初级阶段基本经济制度的客观要求，也是社会主义市场经济得以正常运行的基本保证。把握好了社会主义初级阶段基本经济制度的性质和市场经济的发展要求这两个基本点，也就为在实践中坚持把按劳分配与按生产要素分配结合起来奠定了坚实的理论基础。

2. 按劳分配与按生产要素分配相结合的两个层面

在社会主义初级阶段，按劳分配与按生产要素分配的结合，具体是通过这样两个层面得到贯彻的：一是社会层面的结合，二是个人层面的结合。这两个层面的结合既体现了按劳分配与按生产要素分配作为两种不同的分配方式都是个人收入分配制度的内容，又反映了现阶段个人收入分配是这两种分配方式共同作用的结果。

首先，从社会层面的结合来看，就是社会财富是通过这两种分配方式来分配给个人的，或者说，按劳分配与按生产要素分配都是个人收入分配所必须遵循的原则。这两种分配方式在社会层面的结合，实现了个人收入分配的一个重大变革。在传统的经济体制下，就个人收入分配领域来看，社会财富是通过按劳分配这个唯一的形式来分配给个人的。这种分配突出了劳动者在生产过程中的地位和作用，但没有充分重视其他生产要素对经济发展的作用，因而它不可能从分配角度来充分发挥各种生产要素的潜力。要解决这一问题，重要的一个环节就是要从收入分配上来保证各种生产要素的投入都能够得到回报，以保证生产要素的所有者有充分的动力把其生产要素投入到经济活动中去。因此，从这一意义上说，按生产要素分配这一方式的确立，不仅是分配制度的变革，而且也直接影响到资源配置的效率。当按生产要素分配这一分配方式确立以后，从整个社会范围来看，就与按劳分配结合在一起，共同构成个人收入分配制度的重要内容。按劳分配作为公有制经济的客观要求和具体实现，是现阶段对劳动者进行个人收入分配的基本方式。按生产要素分配作为市场经济的客观要求和生产要素所有权的具体实现，是对生产要素所有者进行收入分配的基本方式。正是由于这两种分配方式在社会范围内的结合，使社会主义经济的特征和市场经济的特征都能够在个人收入分配中得到体现，从而保证了社会主义市场经济的顺利发展。

其次，从个人层面的结合来看，就是个人收入不再单一地来源于按劳分配，按生产要素分配的收入将成为相当一部分的个人收入的重要来源，或者说，个人收入将日益呈现出多样化的趋势。个人收入通过什么分配方式来实现，这不仅是一个收入分配的问题，而且也是一个对个人在社会经济中地位和作用的确认问题。在个人收入唯一地来源于按劳分配这一分配方式时，实际上也就是把个人只是作为一个劳动者来看待，不承认他是一个生产要素所有者，不认可他把拥有的生产要素投入到经济活动中去。因此，实行这种单一的按劳分配，个人提供的只能是劳动，所能得到的也只是劳动收入。这样的结果是大大限制了相当一部分个人作为一个经济主体对社会经济发展所能够起到的作用，同时也使个人收入的增长受到了极大的限制。这实际上是从收入分配的角度制约了社会经济发展和个人收入增长。相当一部分人的个人收入既来源于按劳分配，也来源于按生产要素分配，实质上是把他们不只作为一个劳动者来看待，同时也作为一个生产要素所有者来看待，承认他提供生产要素也是对社会经济发展作出了贡献，也应该得到相应的收入。值得指出的是，在公有制企业中，个人收入主要来自于按劳分配，但也会有一部分来源于按生产要素分配。在非公有制企业中，个人收入主要来源于按生产要素分配，但也会有一部分来源于其他劳动收入。

按劳分配与按生产要素分配在个人层面上的结合，产生的直接结果是使个人收入由单一结构向多样化结构转变。个人收入不再只是工资，除了工资以外，资本收入、技术收入、信息收入、动产和不动产收入、提供各种服务的收入等都成为个人收入的构成内容。这一结合对个人来说，更具有实际意义的是，他不仅要关心自己所提供的劳动，而且也要关心自己是否能够提供其他的生产要素，从而使个人逐渐成为各种生产要素的重要提供者。

3. 按劳分配与按生产要素分配结合的政策措施

按劳分配与按生产要素分配在社会层面和个人层面的结合，必然给个人收入分配带来深刻变化，这种变化不仅体现在一部分个人收入水平的提高上，而且体现在个人收入分配结构和收入分配的社会差距上。也就是说，这两种分配方式的结合，在有效地促进社会经济发展的同时，也会产生一些新的问题。因此，在坚持按劳分配与按生产要素分配相结合的同时，必须要采取相应的政策措施，注意解决好由此带来的新问题。在当前，迫切需要解决的是以下两个问题。

一是在注重效率的同时，要更加重视公平，实行效率与公平并重的分配原则。按劳分配与按生产要素分配的结合，从分配制度上保证了把提高效率放在优先地位，同时也必然会拉大收入分配的差距。在市场经济条件下，按劳分配本身就会使收入分配产生差距。当按生产要素分配也成为个人收入分配原则时，收入差距将进一步扩大。这是因为，劳动要素是每一个劳动者都拥有的，在这一点上是同等的，所不同的是各个劳动者的劳动能力是有差别的，因而在收入上也会体现出差别。而各种非劳动生产要素对每个人来说，在拥有上就是不同等的，而且差别可以是非常大的。有的个人可以拥有数量巨大的生产要素，而有的个人则根本没有这些生产要素。因此，按生产要素分配必然使收入差距进一步扩大。从充分发挥各种生产要素的潜力、提高效率的角度来看，这种收入差距的扩大是有其必要性的，但从社会公平的角度看，又要求避免收入差距过分悬殊。这就要求政府在按劳分配与按生产要素分配结合的基础上采取切实有效的政策措施，把社会公平放在重要的位置上加以考虑，避免收入差距的过分悬殊。

二是在发展经济的同时，要加快社会保障体系的建设。实行多种分配方式，从根本上说是为了更好地发展经济，而发展经济的目的最终是为了提高全体人民的生活水平，实现社会的全面进步。并且，人民生活水平的提高和社会的全面进步，又会反过来进一步促进经济的发展。要使经济发展具有充分的动力，需要合理拉大收入差距，但要实现全体人民生活水平的提高和社会全面进步，又要求解决好低收入者的基本生活问题。要实现这一目标，就必须加快社会保障体系的建设。社会保障对于经济发展来说，它是一张安全网，能够为不具有市场竞争力的弱者提供安全保障。社会保障对于社会发展来说，它是一个稳定器，能够为维护社会安定提供可靠的保证。社会保障必须由政府来建设。市场经济越发展，收入分配越多样化，收入差距越大，社会保障体系的建设就越重要。只有建立了完善的社会保障体系，才能够为按劳分配与按生产要素分配的结合创造良好的社会条件，使经济发展和社会全面进步形成相互联动的良性循环。

（四）初次分配和再分配都要兼顾效率和公平，再分配更加注重公平的原则

党的十七大报告指出，要坚持和完善按劳分配为主体、多种分配方式并存的分配制度，健全劳动、资本、技术、管理等生产要素按贡献参与分配的制度，初次分配和再分配都要处理好效率和公平的关系，再分配更加注重公平。十八大报告进一步指出：要"努力实现居民收入增长和经济发展同步、劳动报酬增长和劳动生产率提高同步，提高居民收入在国民收入分配中的比重，提高劳动报酬在初次分配中的比重。初次分配和再分配都要兼顾效率和公平，再分配更加注重公平。完善劳动、资本、技术、管理等要素按贡献参与分配的初次分配机制，加快健全以税收、社会保障、转移支付为主要手段的再分配调节机制。"① 认真领会和准确把握这些精神，对于明确进一步深化收入分配制度改革的方向和任务，具有十分重要的指导意义。

效率与公平问题关系到经济发展活力和社会稳定，是世界各国都十分关注的热点问题。实践证明，效率和公平不是对立的，是互为基础、互相促进的。实行改革开放以来，如何处理效率与公平的问题在理论界和实践层面都在认真探索。党的十四大确立了建立社会主义市场经济体制的改革方向，并第一次明确提出要"兼顾效率与公平"。党的十四届三中全会提出，收入分配要"体现效率优先、兼顾公平的原则"。党的十五大和党的十六大都明确提出，要坚持效率优先、兼顾公平。党的十六大还提出，初次分配注重效率，再分配注重公平。这就确立了正确处理效率和公平关系的基本原则，目的就是既要适当拉开收入差距，以发挥收入分配的激励功能，又要防止收入差距过大引起社会不稳定。党的十六届五中全会提出，要"注重社会公平，特别要关注就业机会和分配过程的公平"。党的十六

---

① 胡锦涛：《胡锦涛在中国共产党第十八次全国代表大会上的报告》，人民网-《人民日报》2012年11月18日。

届六中全会进一步指出,要"在经济发展的基础上,更加注重社会公平"。党的十七大提出,"初次分配和再分配都要处理好效率和公平的关系,再分配更加注重公平"。党的十八大又进一步指出:"初次分配和再分配都要兼顾效率和公平,再分配更加注重公平。"

初次分配和再分配是国民生产总值分配的两个环节。初次分配是指在生产活动中,企业作为分配主体,将国民生产总值在国家、企业、个人之间进行分配,生产要素的提供与报酬支付的关系是最基本的初次分配关系。在市场经济条件下,初次分配关系主要由市场机制形成,生产要素价格由市场供求决定,政府通过法律法规和税收进行调节和规范,不直接干预。再分配是指在初次分配结果的基础上政府对要素收入进行再次调节的过程。主要通过税收、提供社会保障和社会福利、转移支付等调节手段进行,重点调节地区之间、城乡之间、部门之间、不同群体之间、在职与退休人员之间的收入关系,防止收入差距过大,保障低收入者基本生活。

国民生产总值分配的总原则,就是要正确处理好国家、企业、个人三者之间的利益关系,进行合理分配。在社会主义市场经济条件下,合理分配具有两层含义,一是收入分配有利于充分调动经济活动参与者的积极性,提高经济效率;二是收入分配相对公平,保证每个社会成员最基本的生活需要,保护合法收入,调节过高收入,取缔非法收入,防止收入差距过大。在自由竞争、优胜劣汰、价格机制、利益驱动机制下,初次分配收入存在一定差距是不可避免的,也有助于提高效率,但如果分配中存在的问题过多,再分配很难纠正过来。因此在初次分配中处理好效率和公平的关系十分重要。除了初次分配的规则和秩序要规范,也就是分配过程要公平以外,还要高度重视机会公平,这涉及初次分配公平的基础条件,一是受教育机会的公平,一般来讲受教育水平高的人收入也高;二是劳动机会的公平,劳动力自由流动是市场机制在保证效率的前提下保障公平有效地调节收入分配的必要条件。再分配具有社会公平功能,党的十七大、十八大报告强调再分配更加注重公平,就是要加大税收等经济杠杆对收入分配的调节力度,促进社会公平。当然,再分配也要注意促进效率。如果把再分配调节力度搞得过大,出现奖懒罚勤效应,就会既损害初次分配的公平性,从而也会损害效率,反过来影响再分配的调节能力和社会公平的功能。所以,只有初次分配和再分配都促进效率与公平有机结合,才能促进国民收入合理分配,最终既有利于生产力发展,又有利于促进社会和谐。

三 构建社会主义和谐社会要求更加注重社会公平

2004年9月中共十六届四中全会通过的《中共中央关于加强党的执政能力建设的决定》，在分配政策上没有再沿用"效率优先，兼顾公平"，而是首次出现了"注重社会公平"、"切实采取有力措施解决收入差距过大"的提法。"正确处理按劳分配为主体和实行多种分配方式的关系，鼓励一部分地区、一部分人先富起来，注重社会公平，合理调整国民收入分配格局，切实采取有力措施解决地区之间和部分社会成员收入差距过大的问题，逐步实现全体人民共同富裕。"2005年10月中共十六届五中全会通过的《中共中央关于制定国民经济和社会发展第十一个五年规划的建议》，提出要"特别关注分配过程的公平"，"着力提高低收入者收入水平，逐步扩大中等收入者比重，有效调节过高收入，规范个人收入分配秩序，努力缓解地区之间和部分社会成员收入分配差距扩大的趋势。注重社会公平，特别要关注就业机会和分配过程的公平，加大调节收入分配的力度，强化对分配结果的监管。"2006年10月中共十六届六中全会通过的《中共中央关于构建社会主义和谐社会若干重大问题的决定》，在分配政策上，首次出现了"更加注重公平"的提法。"完善收入分配制度，规范收入分配秩序。坚持按劳分配为主体、多种分配方式并存的分配制度，加强收入分配宏观调节，在经济发展的基础上，更加注重社会公平，着力提高低收入者收入水平，逐步扩大中等收入者比重，有效调节过高收入，坚决取缔非法收入，促进共同富裕。"2007年10月中共十七大通过的《高举中国特色社会主义伟大旗帜，为夺取全面建设小康社会新胜利而奋斗》的报告中，除了没有再提"效率优先，兼顾公平"外，还首次明确提出"初次分配和再分配都要处理好效率和公平的关系，再分配更加注重公平。"并强调"合理的收入分配制度是社会公平的重要体现"，"逐步提高居民收入在国民收入分配中的比重，提高劳动报酬在初次分配中的比重。扩大转移支付，强化税收调节，打破经营垄断，创造机会公平，整顿分配秩序，逐步扭转收入分配差距扩大趋势。"2012年11月，中共十八大报告进一步指出：要"努力实现居民收入增长和经济发展同步、劳动报酬增长和劳动生产率提高同步，提高居民收入在国民收入分配中的比重，提高劳动报酬在初次分配中的比重。初次分配和再分配都要兼顾效率和公平，再分配更加注重公平。完善劳动、资本、技术、管理等要素按贡献参与分配的初次分配机制，加快健全以税收、社会保障、转移支付为主要手段的再分配调节机制。"① 所有这些都清楚地表明，党中央已把社会公平问题摆在了经济社会发展更加突出的位置，并将这一问题的解决作为推进和谐社会建设的一项重要举措来抓。

如何理解和把握"更加注重社会公平"？笔者以为，更加注重社会公平，不是强调公平第一位，效率第二位，而是强调在坚持公平与效率并重的前提下，突出注重社会公平，防止重效率轻公平的错误倾向。更加注重社会公平，将公平作为社会的基本价值取向，追求公平与效率的和谐统一，是社会主义和谐社会的内在要求；更加注重社会公平，是构建和谐社会的重要原则和紧迫任务；更加注重社会公平，是构建和谐社会的关键环节；更加注重社会公平，是构建和谐社会的基本着力点。

胡锦涛在谈到"切实维护和实现社会公平和正义"的问题时指出："在促进发展的同时，把维护社会公平放到更加突出的位置，综合运用多种手段，依法逐步建立以权利公平、机会公平、规则公平、分配公平为主要内容的社会公平保障体系，使全体人民共享改革发展的成果，使全体人民朝着共同富裕的方向稳步前进。"② 其中，分配公平是公平正义的理想目标之一，是社会和谐的基本要求之一。分配公平是指每个劳动者都有获得正当利益和社会保障的权利，不因素质、知识、能力、性别等的差异而使其政治地位、经济地位、生活享受等方面产生巨大的或本质上的差异。分配公平是整个社会公平的本质内涵、实质所在和最高层次。它体现着社会财富分配的合理性和平等性，是人们评判社会公平与否及公平程度的直接和主要依据，是社会公平的实际体现和最终归宿。

建设和谐社会，首先要着眼于构建和谐的社会经济关系。社会经济关系的和谐是整个社会和谐的基础，而经济利益在社会成员之间的公平分配则是社会经济关系和谐的核心。从这个意义上讲，经济利益和谐是和谐社会的核心和关键所在。利益和谐与社会和谐的这一内在联系，客观上要求我们要以促进经济利益和谐为基点，进而构建和谐社会，这应该成为构建社会主义和谐社会的一条基本思路。

（一）从效率优先到公平与效率并重是社会分配制度发展的必由之路

作为经济过程的一个重要环节，分配问题一直是人们极力关注的对

---

① 胡锦涛：《胡锦涛在中国共产党第十八次全国代表大会上的报告》，人民网－《人民日报》2012年11月18日。

② 胡锦涛：《提高构建社会主义和谐社会的能力》，新华网，2005年6月26日。

象，也是经济学家探讨和研究的重要问题。每一个社会都有自己特定的分配体系，每一种分配体系都有自己赖以建立的分配原则，中国也不例外。我们的每一项分配政策的制定都是以这一原则为背景的，与其紧密相关。例如，在我们实行计划经济体制时期，采取的基本上是平均主义的分配方式，相应地，我们奉行的是平均主义的分配原则。在展开分析之前，让我们首先对分配原则问题进行必要的探讨。

影响社会分配体制的原则，我们可以简单地划分为效率与平等两种，在这里，我们有必要对公平与平等这两个概念进行区分。平等——如果作为一种结果去看待——指的是一种收入分配的状况，具有客观性，并可以用基尼系数来表示和度量，它非常看重人们之间的平等尤其是经济平等，而事实证明它与效率是不兼容的。一般认为，中国在改革开放之前实行的是平等的分配政策。而公平——作为一种价值判断——是对收入分配状况的主观评价，是人们对分配现状的接受程度，它可以与效率兼容；也就是说，为了在提高效率的同时体现社会公正，我们可以实行不均等但能够为社会成员普遍接受的分配方案，这就是公平。鉴于他们之间的这种区别，我们使用"平等"的概念旨在表示客观的分配过程，并与效率相对照；在使用"公平"时，旨在表示人们对于分配过程的主观感受，与效率相容。

平等与效率，作为分配领域中永恒的话题，一对被人们反反复复讨论的矛盾，他们一直影响着社会分配的理论和实践。当一个社会特别青睐效率而忽视平等时，就必然主张收入差距，鼓励差别，并企图以此来鼓励竞争、提高社会生产率。这种情况往往发生在一个社会发展的起始阶段，例如，在资本主义原始积累阶段，资产阶级曾经以延长劳动时间、增加劳动强度等各种手段来剥削工人的劳动成果，大量吮吸工人身上的血汗，以此来扩大再生产。在如此残忍的行径面前，为了说明自己行为的合理性，他们便大力宣传效率的重要性，极力主张自由竞争、自由贸易，鼓吹所谓"优胜劣汰"的自然规律。此时，平等和公平的原则被极力地贬低、忽视或者歪曲。后来，随着资本主义原始积累过程的逐渐完成，随着工人阶级反对资产阶级斗争的逐步深入，随着越来越多的有识之士意识到革命导师马克思、恩格斯所揭示的资本主义的基本矛盾以及由此而导致的资本主义必然走向灭亡这一规律的正确性，随着资本主义周期性经济危机对其本身所造成的危害的日益严重，资本主义社会不得不进行自我调整，他们不得不对社会成果的分配原则进行重新认识和界定。在这一变化的背景之下，平等和公平的原则被重新提出、重新界定，并得到了普遍认同，这就产生了后来的国家干预主义理论和资本主义的福利国家。资本主义国家通过行政手段对社会财富进行较为平均的分配，基本上使每个社会成员都能够享受到社会发展和进步的成果，这就是公平原则指导下的分配方案。

在西方传统的经济理论中，对经济体制的评价通常都是将经济效率作为最重要的尺度。然而，随着西方资本主义发展过程中贫富两极分化现象的日益严重，关于资本主义制度是否真能保证平等的问题就成为人们怀疑和批评资本主义经济制度的焦点问题之一。

1. 阿瑟·奥肯的《平等与效率——重大抉择》及其启示

美国著名经济学家阿瑟·奥肯在他的扛鼎之作《平等与效率——重大抉择》（1975 年出版，中文版由华夏出版社 1987 年出版）一书中，提出了平等与效率"兼顾"理论，以及对平等与效率等其他问题的分析被学界认为是目前对平等与效率关系理论问题研究的较高成果。该书以超越经济领域的视角，对平等与效率的关系以及抉择问题进行了价值分析和判断，从而形成了其颇具特色的抉择理论：以"多元取向相统一"为抉择的出发点，以"效率优先，增进平等"为抉择的方法，以"恰当的政府干预措施"为抉择的机制。

其内容大致可概述如下：第一，认为平等与效率的选择是当今社会最大的抉择，同时也是最困难的选择。他说：平等与效率是"目前最棘手的抉择问题。""一种恐怕是更为困扰人心，更为普遍的抉择，而且它在社会政策的各个方面困扰着我们。"① 第二，为什么要提出平等与效率的抉择问题呢？因为平等与效率在同一个层面上是一对矛盾。"我们无法在保留市场效率这块蛋糕的同时又平等地分享它。"② "因为平等和经济效率之间的冲突是无法避免的。"③ 两者之间存在着此消彼长的交替关系，要做到平等（实现收入均等化），就要牺牲效率（实现资源有效配置），要提高效率就要扩大收入差距。原因在于：在市场经济制度下，收入分配的基本依据是市场对个人贡献的评价和付酬制度。市场越起作用，效率就越高，收入就越多，平等就要受到损害。相反，实行有利于平等的收入均等化政策，如征收高额累进所得税，人们就不愿增加工作量，遗产税太重，就不愿储蓄，积累率可能下降，这些都会使效率受到损失。政府规定最低工资率给低收入者补助，则被认为是对少干活者或不干活者的不恰当鼓励，从而引起更大的效率损失。因而两者不可兼得。第三，由于平等和效率二者之间

---

① 〔美〕阿瑟·奥肯：《平等与效率——重大的抉择》，王奔洲译，华夏出版社 1987 年版，第 2 页。
② 同上。
③ 同上书，第 84 页。

的矛盾性，因而不可兼得，很自然就提出了它们之间的序数问题。由此，在经济学上产生了相应的分歧。一种是"效率第一"的观点，现代自由主义经济学家弗里德曼和哈耶克就持该种观点；另一种是"平等第一"的观点，以美国经济学家约翰·罗尔斯的正义论为代表。

而"两者兼顾的观点"，也就是阿瑟·奥肯的观点。他不同意以上两派各执一端的观点。"罗尔斯有一个清晰干脆的回答：把优先权交给平等。密尔顿·弗里德曼也有一个清晰干脆并且是一贯的回答：把优先权交给效率。我的回答很少是清晰干脆的，……我不能接受罗尔斯的平等主义的差别原则。……与弗里德曼不同。"①

阿瑟·奥肯的具体看法是：（1）平等与效率必须兼顾。因为资本主义是一种权利平等与收入不平等的双重交错的社会结构和价值标准的社会，它既追求法律上的权利平等，又造成经济上不断加大的差距。正是这两种力量的合力促使资本主义社会向前发展。市场经济是一种以赏罚来鼓励和刺激人们去发展生产力的社会制度，它创造出有效率的经济，因而市场需要有它的地位。但市场也必须被界定在它必要的范围内。平等与效率两者齐头并进是有的，而在许多场合又是不可兼得的，正因如此，奥肯认为必须采取兼顾的办法。"如果平等和效率双方都有价值，而且其中一方对另一方没有绝对的优先权，那么在它们冲突方面，就应该达成妥协。这时，为了效率就要牺牲某些平等，并且为了平等就要牺牲某些效率。然而作为更多地获得另一方必要的手段（或者是获得某些其他有价值的社会成果的可能性）无论哪一方的牺牲都必须是公正的。尤其是，那些允许经济不平等的社会决策，必须是公正的，是促进经济效率的。"②

（2）"兼顾"的关键在于"度"。"真正的问题通常在于程度。国家以什么代价用平等来交换效率"。③ 也就是要恰到好处地增进平等。平等之所得正和效率之所失相抵，保持社会效率的总和不变。

（3）大多数收入不平等的根源是机会不均等，两者成正比例。"大部分对不平等来源的关注反映出一种信念，源于机会不均等的经济不平等，比机会均等时出现的经济不平等，更加令人不能忍受。"④

---

① 〔美〕阿瑟·奥肯：《平等与效率——重大的抉择》，王奔洲译，华夏出版社1987年版，第84页。
② 同上书，第80页。
③ 同上。
④ 同上书，第63页。

（4）应采取协调平等和效率的政策措施。一是将大企业的一部分股票分配给工人，让工人参与企业重大决策，从而既扩大平等，又提高效率；二是实行负所得税或有限工资津贴，从而既有利于缩小收入差距，又不损害效率，不影响企业投资和扩大生产的积极性；三是增加国家的教育经费，使劳动者有受教育、接受培训的机会，纠正机会不均等，从而既有利于效率的提高，又有利于收入的均等化；四是实行"混合经济"结构，即私人资本主义经济和包括某些部门资本主义国有化在内的社会化的经济相混合的经济，从而使以利润为动机、关心效率的私人经济与不以利润为动机、关心社会福利，关心平等的公共经济两者相互补充。

综合以上评述可以看出，阿瑟·奥肯在处理平等和效率关系时，最明显的特点在于，强调二者的"兼顾"。这也是他在同一问题和其余两派不同的地方；但同时与它们又有共同的出发点。即认为"效率和平等两者之间是有矛盾的"。对此，我们应当如何认识呢？

首先，是给平等概念定义问题。如果把平等定义为社会成员权利的"机会均等"，那么，平等与效率就是统一的。平等就是效率、效率就是平等。社会只有保证每个有劳动能力的人获得劳动权利的机会均等，让人们处在同一个起跑线上赛跑，社会就能得到效率。保持公民机会均等的社会条件越充分，社会效率也就越高。社会资源配置越合理有效，表明社会越平等。社会效率越低，也就表明社会平等程度越差。奥肯也特别强调这一点。他说："对平等是好的事物，对效率可能也是好的。"①"不平等的机会，不平等的收入和非效率。"②"我坚信，更大的机会均等会带来更大的收入平等。""机会的不均等肯定增加收入的不均等。"③ 因此，社会保持平等的努力，就是尽力保持每个公民的"机会均等"的条件。只要做到这一点，也就基本上认可实现了社会的公平。

其次，如果把平等定为最后所得到的劳动收入的均等，那么平等和效率又是矛盾的。因为从机会均等的前提出发，排除社会其他不公平因素，每个人天赋能力的差异，也会引起收入的不均等，但是这种不均等是保持社会效率的条件，而这种不平等又是以机会均等为条件。如果否认这种不平等的合理性，只能是牺牲效率来换取社会低水平的平均。"源于机会不平等的经济不平等，比机会均等时出现的经济不平等，更加令人不能忍

---

① 〔美〕阿瑟·奥肯：《平等与效率——重大的抉择》，王奔洲译，华夏出版社1987年版，第71页。
② 同上书，第69页。
③ 同上书，第74页。

受"。同时，我们也要看到，即使社会给每个公民提供了机会均等的保障，由于个人能力的差别（这种差别一方面体现在天赋能力的遗传，另一方面显然是家庭的地位），会使人们收入产生差别。如果差别过大，出现"朱门酒肉臭，路有冻死骨"的贫富情况，这也会影响到社会平等，同时也牺牲了效率，这就需要在平等与效率之间作出抉择。这也是阿瑟·奥肯论述的主题。可以说，"兼顾"理论的确在处理该问题上是比较周全的。我们在社会主义市场经济中解决平等与效率难题时应当以此作为重要借鉴，从而以较小的社会平等损失赢得更大的社会效率，以及以较小的社会效率损失赢得更大的社会平等。①

2. 托马斯·皮凯蒂的《21 世纪资本论》及其启示

2014 年，由法国经济学家托马斯·皮凯蒂（Thomas Piketty，又译皮克迪）所著的《21 世纪资本论》② 被学界称之为"是未来十年内最重要的一部经济学著作，可以媲美马克思的《资本论》"。作为一本研究收入和资产分配的历史著作，该书之所以获得成功与热捧，是因为它契合了美国乃至全球对财富收入不平等现象的忧虑与不满。皮凯蒂通过他的新著，延续了政治经济学家和经济史家关于资本主义体系的讨论，他重新提出了一个老命题：在资本主义市场经济条件下资本（或市场）与人的社会性之间存在着诸多矛盾冲突。他认为市场不是万能的，必须通过制度优化财富分配，现有资本主义制度并不能解决贫富差距不断增加的社会危机。他的这些论断，实际上与马克思的《资本论》是暗合、互证或互补的。

那么，《21 世纪资本论》一书到底提出了什么观点，会受到如此热捧？

（1）《21 世纪资本论》的主要观点：第一，市场经济发展的结果是增加而非减少贫富差距。本书运用西方发达国家（主要是法国和英国）18 世纪工业革命以来（1700—2012）在收入、资本、人口、增长率等方面的历史数据，加上德国、美国、加拿大、日本和其他发达国家的经验数据，

---

① 参见孟祥仲《对平等与效率关系的再认识——读阿瑟·奥肯的〈平等与效率〉札记及引发的思考》，《山东经济》1995 年第 1 期。
② 《21 世纪资本论》是一本论述财富分配不平等的著作，自出版以来就成为全球经济界、政界和媒体热捧的焦点，此书的作者是法国仅有 43 岁的经济学家托马斯·皮凯蒂（ThomasPiketty），系巴黎经济学院原院长。2013 年 9 月，皮凯蒂在 20 多位同事的帮助下，对自己 10 多年来研究的全球财富不平等现象进行了归纳，出版了长达 900 多页的《21 世纪资本论》。2014 年此书英文版上市后，连续几个月高居社科类书籍排行榜首位，在美国引起轰动。诺贝尔奖得主克鲁德曼在《纽约时报》连续发表三篇评论，认为皮凯蒂的这本书是本年度乃至最近十年来最重要的经济著作。

分析收入结构中劳动和资本的分成比例，发现了"不平等的结构"，认为不平等在资本主义历史上长期存在、根深蒂固，并不会随着经济增长而得到解决。

第二，所谓的"库兹涅茨倒U型曲线"①理论，即认为收入差距会随着经济增长的过程出现先上升后下降的趋势，是完全不能成立的。从历史上看，主要资本主义国家在第二次世界大战后前30年的确出现了收入差距的下降，仿佛是经济增长达到一定水平之后自动产生的结果。皮凯蒂的研究推翻了这一观点。他认为，战后前30年的经验在资本主义历史上是个特例，是两次世界大战爆发和20世纪30年代资本主义大危机和大萧条迫使资本主义国家实行大规模再分配政策的结果。随着撒切尔和里根等保守势力的上台，发达资本主义再次回到不平等程度持续恶化的长期趋势中。所以，这本书有力地批判了经济增长会自动解决分配问题的错误主张。

第三，劳动与资本的关系是决定收入差距的根本因素。皮凯蒂指出，在不平等问题上长期存在两个"忽视"：一是片面重视收入分配的不平等而忽视资本占有的不平等；二是片面重视工资差异对收入分配的影响而忽视利润、利息、红利等资本性收益带来的影响。这两个"忽视"的结果就是资本家躲在幕后，远离不平等问题的矛盾焦点，反而将技术人员、办公室职员、普通管理人员等推到前台成为口诛笔伐的对象。皮凯蒂用数据进一步指出，收入越高，收入中资本性收益的比例就越大，最富有0.1%的人的收益中资本性收入占有绝对优势；随着资本主义的发展，资本收入占国民收入的份额会越来越高，由于资本性收入的分配更为集中、资本分配比工资分配的不平等程度更高，因此，资本收入占比的长期上升也就意味着整体收入分配将越来越不平等。此外，西方社会还正在向"世袭资本主义"回归，在"世袭资本主义"时代，经济的制高点不是掌握在有才华的

---

① 库兹涅茨曲线是20世纪50年代诺贝尔奖获得者、经济学家西蒙·库兹涅茨用来分析人均收入水平与分配公平程度之间关系的一种学说。他在研究人均财富差异（公平问题）与人均财富增长（发展问题）之间关系时，首次提出公平与发展遵循倒"U"型曲线规律。它是发展经济学中重要的概念，又称作"倒U曲线"（Kuznets curve）。库兹涅茨分析经济增长与收入不平等的关系是基于从传统的农业产业向现代工业产业转变过程进行的。他认为工业化和城市化的过程就是经济增长的过程，在这个过程中分配差距会发生趋势性的变化。他首次论述了如下一种观点，即：随着经济发展而来的"创造"与"破坏"改变着社会、经济结构，并影响着收入分配。库兹涅茨利用各国的资料进行比较研究，得出结论：在经济未充分发展的阶段，收入分配将随同经济发展而趋于不平等。其后，经历收入分配暂时无大变化的时期，到达经济充分发展的阶段，收入分配将趋于平等。

个人手中，而是被家族王朝所主宰。

　　第四，在全球范围内对财富征税是解决贫富分化的主要手段。皮凯蒂指出，无论是教育、医疗还是社会保障，福利国家制度都无法从根本上解决贫富差距问题。那么，究竟如何解决不平等问题呢？皮凯蒂认为，此次国际金融危机的爆发与过去 30 年不平等程度的严重恶化密切相关：财富集中在少数人手里而大多数人需要举债生活，债务膨胀与监管的缺乏使金融市场越来越不稳定。然而，此次国际金融危机的爆发并没有像 20 世纪 30 年代那样沉痛打击富人的资本。危机爆发在短短几年之后，10% 最富有的人所占收入的比重就得以恢复并继续上升。因此，皮凯蒂建议各国联合起来实行累进式财产税，征收相当于财富总额 15% 的资本税，把最高收入人群的所得税提高到 80% 左右。①

　　皮凯蒂本人否认这本书与马克思的《资本论》有任何联系。他说："我的书是一本历史书，而马克思的书更加注重理论和思辨，另外马克思的书很难读！我认为我的书非常好读，虽然有点长，因为涉及 20 多个国家的两个多世纪，里面有很多历史的内容。但这本书对任何人来说都是可读的，不需要任何技术知识和专业背景。"

　　皮凯蒂在书中，对过去 300 年来的工资财富做了详尽探究，并列出有关多国的大量收入分配数据，旨在证明：近几十年来，不平等现象已经扩大，很快会变得更加严重。在可以观察到的 300 来年左右的数据中，投资回报平均维持在每年 4%—5%，而 GDP 平均每年增长 1%—2%。5% 的投资回报意味着每 14 年财富就能翻番，而 2% 的经济增长意味着财富翻番要 35 年。在一百年的时间里，有资本的人的财富翻了 7 番，是开始的 128 倍，而整体经济规模只会比 100 年前大 8 倍。虽然有资本和没有资本的人都变得更加富有，但是贫富差距却变得非常大。他提出，近几十年来，世界的贫富差距正在严重恶化，而且据预测将会继续恶化下去。当前在美国，前 10% 的人掌握了 50% 的财富，而前 1% 的人更掌握了 20% 的财富。现有制度只会让富人更富，穷人更穷。该书用大量历史数据对当代资本主义制度的合理性提出了极大的疑问。为此，他认为是不加制约的资本主义导致了财富不平等的加剧，自由市场经济并不能完全解决财富分配不平等的问题。因此，皮凯蒂建议通过民主制度制约资本主义，这样才能有效降低财富不平等现象。

---

　　① 蔡万焕：《〈21 世纪资本论〉风靡西方的启示》，《红旗文稿》2014 年第 16 期。

2014年6月4日，中国《国际先驱导报》①记者在位于巴黎经济学院一间不到5平方米的办公室采访了这位全球炙手可热的经济明星。记者提问"你书中也给出了解决不平等的办法，但有人说这些办法是没有实际操作可能的，这些办法能否实施，是否有用呢？"他说："我百分之百对我提出的建议有信心，总体的解决办法我认为是民主，民主体制、经济和金融上的透明让公共利益战胜私人利益，让民主战胜资本主义而不是资本主义战胜民主，我认为对资本征收累进税制是一个好的办法。……当然，我在书中提到的建立全球的统一税是乌托邦的想法，但我认为在国家内部或者地区范围内我们能够取得一些进展。美国占世界GDP的四分之一，欧盟也是四分之一，中国也将近四分之一，三者相加就是世界产值的四分之三，如果这些主要的经济体能够做到更多的金融透明，当然目的并不是成立一个世界性的政府并统一征税，但是如果三方达成共识，从金融方面加强合作，基本就能够搞清楚谁拥有什么（财富情况）。而目前的情况是，在法国，总统都不知道他的部长在瑞士有着账户（法国去年的预算部长海外账户丑闻）！如果金融如此不透明，如何做到对资本主义进行监管呢？我对将来我们可以做得更好抱着乐观的态度。我的确认为这是符合公众利益的。如果我们要说服民众和公共舆论，如果对全球化所取得成果的分配是公平的，我们就必须做到税务和金融的公开，以避免过度暴富。"

对于记者提出的"如果通过征税来限制富人，怎么还会有人努力去创造财富、开办企业、进行创新、增加就业呢？"的忧虑，皮凯蒂做了如下回答：我们需要用更加具体和务实的方法来看待这个问题。就财富进行征税前，我们要具体研究对不同财产征税的具体步骤。根据不完全统计，福布斯公布的财富排行榜，我们能看到从1987年以来，全球最富有的人财富的增加速度去除通货膨胀仍达到每年增长6%—7%，而中等收入的人群包括中国近些年的快速增长，财富的增加比率只有2%。也就是富人的财富增加速度是中等收入阶层增加速度的三倍多，从长期看意味着财富不平等还在不断扩大，这就是一个问题。回到你刚才提到的问题，高税收是不是不鼓励增长和创新呢？对那些年收入增长幅度高达6%—7%的巨富们征收每年1%—2%的财产税，并不会对经济造成影响，如果数据显示这些最高收入人群的财富增长水平与中等收入的财富增长水平都是1%—2%，那

---

① 《国际先驱导报》是由新华社参考消息报社主办，目前国内唯一的国际时政新闻类综合周报，是中国拥有国内采编和驻外记者最多的时政报纸，是一份在全球化时代具有全球视野的周报。

就没有理由进行征税。

关于财富不平等和征税的问题,我们还要用现实的角度看问题,财富不平等是客观存在,也不完全是坏事,但是过分不平等就成了问题。我在这本书里得到的一个历史教训就是对经济增长来说并不需要过分的财富不平等,在第一次世界大战之前,欧洲出现财富过分不平等,那时还没有中产阶级,当时90%的财富集中在10%的最富有的人手上,对经济增长毫无益处。所以当这种财富过度集中在少数人手中,对经济增长和政治制度的正常运行都没有好处,增长需要中产阶级。财富过度不平等还滋生腐败,现在美国和欧洲都有腐败重新抬头的迹象。

关于对高收入征税,也要区别对待,问题非常具体,我们需要何种程度的财富不平等?例如,我们为一个大型企业的高级经理每年付1000万美元的酬金或100万美元的酬金,对企业的表现来说有这么大的区别吗?我们看一下统计数字,坦率地讲很难理解区分企业表现的具体效果。所以这是一个度的问题。如果你对年收入超过10万美元的人征收80%的所得税,那当然有问题。但如果是10亿美金,对企业的表现来说征收所得税与否并不影响企业的运行和增长。

我再举一个例子,在1930年到1980年,美国对年收入超过100万美元的高收入群体征收82%的所得税,这种做法持续了不是几年而是50年,不但没有遏制美国经济的增长,期间的1950年到1970年还是美国增长最快的时期。到20世纪80年代,里根总统大幅降低税收,出现了大批高收入的经理人使得财富不平等现象达到高峰。但是这个时期并没有太出色的经济增长和经济表现。如果你经济增长迅速,不平等现象并不突出,但是如果经济增长乏力,只有1.5%,增长的四分之三都用于支付高收入人群,这就不能不说是严重问题。这明显对大多数人是不公平的,中层收入增长停滞不前,债务高企,金融系统脆弱,最后导致了2008年金融危机。美国有时把这归咎于对德国和中国的贸易赤字,是由于世界经济的不平衡造成的,我想他们应该自问他们国内和内部收入是否失衡。美国90%国内收入的分配发生严重变化,最富人群从过去占全部收入的10%上升到1970年的35%,到目前变成50%,贫困人口达到顶峰,国民收入比例占据美国GDP的15个百分点,而国际贸易仅占4个百分点。所以美国国内经济的失衡是国际贸易失衡的三倍。所以我认为从某种意义上讲,美国财富分配的不平等才是导致美国经济和金融系统脆弱的最重要原因。

最后他说:"我对解决办法并不悲观,我认为能够作出最后正确的选择。新兴国家的崛起有助于消除不平等。中国和印度的长时间增长对我来说是正面和积极的。因为中印消除贫困，让很多人致富，同时并没有损害原来的富裕国家的人。"

对于记者的提问："你的新书《21世纪资本论》在英美引起巨大轰动，在中国也引起热议，你自己怎么评价这本书，这是一本经济著作还是关于思想领域的书？"托马斯·皮凯蒂是这样回答的："我认为我的这本书主要是一部历史书，如果说这本书算得上成功的话是因为这是第一本有关收入和资产的历史著作。关于收入和资产分配很久以来就让很多人感兴趣，这是19世纪的卡尔·马克思和大卫·李嘉图（《政治经济学及赋税原理》的作者）研究的中心问题。目前的问题是：收入和资产的分配在一个长期增长的经济下的演变过程是什么？关于这个问题相对来说数据的分析和收集非常有限，这也是我和20多个来自世界各地的研究者所做的工作，试图从历史的观点来回答这个问题，这是这本书最大的新意。这本书的目的也就是希望把资本、资产、收入和财富不平等现象放在一个长期的历史背景下进行研究。这项工作过去没有人去做，因为对于经济学家来说太倾向历史，对于历史学家来说又太倾向经济。我认为这是这本书能够成功的主要原因。另外关于财富不平等的政治冲突一直以来非常尖锐，这本书一定程度上希望能够解释这些冲突的原因和性质，从历史进程上演绎冲突的原因。"

他说，财富不平等一直存在，并在历史上造成了许多危机。现在在美国，财富不平等现象在增加，由此产生很大的忧虑，我认为我的书由此产生了共鸣。这本书说明财富不平等问题一直存在，在过去很多危机是财富不平等造成的，尤其是在工业革命时期，在经济快速增长的同时，竟然有6岁的儿童在矿井下工作。这导致欧洲出现大量社会问题。随后的20世纪，解决这些社会问题的办法随之出现，比如福利国家的出现，比如财富的累进税制，再比如更加激烈的解决形式：多次战争使得收入和财产的分配发生剧烈变化。我的书就是希望重现这些历史进程并试图解释在比较长的历史阶段收入和财产演变的过程。这种趋势并不是单一方向的，有时候一些力量推动这种不平等趋势的增加，比如在发达国家私人资本的回报率比经济增长率高，导致了财富不平等的加大，但同时也有一些力量使得这种趋势向相反的方向发展，从而减少了不平等现象，这些力量包括知识的传播，教育的推广，使得国家之间的不平等降低，目前正在发生的就是中国和印度等新兴国家出人意料的经济增长，这在全球范围内降低了不平等现象，非常具有积极意义。

对于记者的提问："你的研究以欧美国家经济模式为主要研究对象，

有关中国的数据并不多,中国和印度等新兴国家的崛起是否会改变不平等现象加剧的趋势呢?"的提问,皮凯蒂回答:首先我对这本书有关中国、印度等新兴国家内容不足感到抱歉。尽管这本书的开始就谈到了全球GDP的格局分布和中印等新兴国家的崛起。在这本书的开始部分对这一现象用了比较大的篇幅,也占据着重要的地位。我希望能够有全球的视野,包括新兴国家,但是关于新兴国家的数据部分没有达到应该有的地位,主要原因是缺乏历史数据。我的书里希望能够追溯前一两个世纪,但是中国并没有关于所得税的数据可供参考。中国从20世纪80年代才开始有相关数据,但是中国的税务数据并不完全。对于研究者来说,所得税和财产的登记都是个人申报,所以具有严重的局限性。尽管缺乏数据等因素,我的书中提到的问题对中国和新兴国家来说也是直接相关的问题。全球化的今天,各国之间有着很多的借鉴,根据法国、英国和德国的历史经验,很多现象对中国来说有用。中国目前已经开始财富积累的过程,不平等现象加剧。去年11月我去香港参加过一个研讨会,中国很多大学的研究者,他们都认为中国最近十多年的财富不平等现象正在加剧,也有不少予以支撑的数据。中国未来十年内很可能像欧美国家一样建立现代的收入和财产税收制度。未来所有的国家包括中国都将面临财富增加监管的问题,中国完全可能建立更加好的制度,因为可以吸取其他国家的经验和错误。

皮凯蒂认为,中国和印度的崛起对整个世界都是具有正面意义的,虽然可能对富裕发达国家底层的工人带来了就业压力,但是即使没有中国,传统工业的转移必然会发生。我经常说法国从1950年到1980年纺织产业就业岗位的减少比1980年到2010年还要严重,所以并不是中国的原因。即使没有中国,这种趋势也一定会发生。主要是因为法国和欧洲总有人希望为一些社会不公现象找到替罪羊,中国就是一个理想的责怪对象。但我不这么认为,我认为全球化总体上是正面的。

他说,在这本书里,我也对全球经济增长做了预测。随着中国和印度赶上西方国家,全球经济增长将降低,因为中国不可能永远保持5%或10%的增长。随着追赶的幅度越大,增长的降幅也会越大。同时人口的因素在我的书里占重要地位,中国人口已经开始停止增长,甚至负增长,财富和遗产问题未来十年将成为中国和欧洲的重要问题。随着人口的停滞增长甚至减少,过去的财富积累将越来越多。因为如果经济增长和人口增长同时进行,资产问题并不是特别大。比如一人有10个孩子,他的遗产将会分成10份,到下一代将更加均分,但如果你只有一个孩子,孩子将继承来自父母双方的遗产,从技术上来讲财富越发累积和集中。我认为中国已经出现这样的情况，未来十年内将愈发严重。

在专为该书中文版所作的序中，皮凯蒂介绍说，这本书回顾了自工业革命以来收入及财富分配的历史，利用20多个国家众多研究人员精心收集的最新数据，尝试梳理出一部关于财富及其分配不平等所引发的社会、政治和文化矛盾的历史，是一部鲜活生动的人类历史，"我还尝试在本书的第四部分为未来总结若干教训，但主旨其实是提供史实资料，让每个人从中得出自己的结论。"

而针对中国经济，皮凯蒂还提出了他具体的建议，他表示，目前中国政府正大举反腐，腐败算得上是最不合情理的一种财富不平等，让巨额财富源源不断地流入极少数人手中。所以，把反腐作为当前要务是完全必要的。不过，若以为腐败是导致极为不公的财富不平等和财富过度集中的唯一根源，就想得过于简单了。皮凯蒂建议建立一整套公共机制，使资本为整体利益服务，包括在各个行业中发展各种新型资产和新型的参与性治理，还包括对收入和资产实行累进税制。而特别针对中国，他提出了累进税制，"累进税制的理想形式是对所有收入和资产征税，没有免除或例外，收入和资产水平越高，税率就越高。"此外，皮凯蒂认为或许也可以对房地产及金融资产（除去负债后的净额）征收年度税，增加资产的流动性。

对于记者的提问："不知你是否了解中国的具体国情和社会制度，中国模式或者中国制度在将来减少不平等方面将扮演怎样的角色？"他说，我的直觉是中国有需要发展收入和财产的累进税制以限制财富不平等的现象和制约财富的累积。目前，我遗憾地看到有关收入和财产的分配在中国还不是很透明。这是一个很大的问题。前几个月，中国爆出很多腐败案件。反腐也可能是解决财富不平等的一种方法，但是这种个例式的解决办法并不能解决问题。用征收税收和累进税制的方法才是避免财富过分累积和过度不平等的有效办法，好处是从系统上解决，也比起个例式的解决方案更加公平。我在这里并不是想给中国上课或者教训中国，但是现在没有人能够明确知道中国的财富不平等最后会把中国带向何方。中国还有一个特点是一部分企业是公共企业或者说是国家企业，这原则上能够限制财富的不平等，但是如果未来出现这些企业部分或全部私有化，有时用很低的价格，这将导致财富的迅速增加，从而快速增加财富不平等的加剧。

皮凯蒂表示，虽然《21世纪资本论》关于财富不平等的数据和结论大多是关于发达国家，但是对中国等新兴国家有着重要的借鉴作用。中国目前已经开始财富积累的过程，财富不平等现象加剧。中国未来十年内很可能像欧美国家一样建立现代的收入和财产税收制度，也将面临对财富分配增加监管的问题。由于可以吸取其他国家的经验和错误,中国完全可能建立更加好的制度来降低财富分配的不平等现象。①

(2)《21世纪资本论》的启示:皮凯蒂在《21世纪资本论》中用大量翔实的数据证明了20世纪七八十年代以来主要资本主义国家财富和收入分配不平等程度的日益加深,为众多马克思主义经济学者和其他持类似观点的学者如约瑟夫·斯蒂格利茨及保罗·克鲁格曼等提供了数据上的支持。皮凯蒂在书中所提出的不平等的产生原因及其解决方法、对西方经济学和资本主义制度进行的深刻反思,也为中国经济发展道路选择、中国特色社会主义事业走向何处提供了有益的启示。

其一,贫富差距已经成为当代资本主义社会最严重的社会问题。2007年国际金融危机发生后,西方国家经济形势持续恶化并仍未走出泥潭,而贫富差距正是经济危机的根本原因。正如"占领华尔街"运动示威者打出的标语"我们是99%"所示,当代西方国家已被"1%的人所有、所治、所享",不断扩大的贫富差距造成社会矛盾尖锐化且冲突不断,危机后西方国家的应对措施并未试图缩小贫富差距,注资救市、减税及削减福利开支等举措甚至进一步扩大了贫富差距,这也成为西方国家经济长期低迷的原因。

其二,贫富差距是资本主义市场经济的固有矛盾,即使是完善的市场经济也不可能解决这一问题。贫富差距是随着经济发展自然而然出现、并随着发展水平的进一步提高而逐渐缩小并最终消失,还是某一特定经济制度的必然产物、从而是无法根治的痼疾?库兹涅茨认为,贫富差距会随着经济增长的过程呈现先扩大后缩小的趋势。这一趋势被总结为"库兹涅茨倒U型曲线",并被西方经济学界奉为圭臬。但皮凯蒂通过大量数据推翻了"库兹涅茨倒U型曲线"理论,并证明:贫富差距是资本主义市场经济无法摆脱的固有矛盾,即使是完善的市场经济也不可能解决这一问题。资本主义市场经济是以生产资料资本家私人占有制为基础的,工人只能依靠出卖自身劳动力获得工资而生存。在追逐最大限度利润这一本性的驱动下,资本家一方面不断压低工人工资,工人处于相对贫困状态;另一方面,不断扩大的生产规模使得财富大量向资本家集中,从而造成资本家与工人阶级之间的贫富差距越来越大。因此,在资本主义市场经济下,即使实施完善的社会福利制度,贫富差距问题仍是无法得到根本解决的。

---

① 笔者摘自《国际先驱导报》2014年6月13—19日。

其三，不平等的根源在于劳资矛盾。贫富差距的根源在哪里？马克思在《资本论》中指出："一定的分配关系只是历史规定的生产关系的表现"，"生产关系"的核心就是"生产条件本身分配"，即生产资料所有制关系，因此，财富和收入的分配关系是生产资料所有制关系的表现。在资本主义制度下，生产资料全部归资本家占有，这种生产资料所有制的矛盾突出地表现在直接生产过程和分配过程中劳动与资本的对立关系即劳资矛盾上。资本家压低工人工资而迫使工人不断组织起来罢工；福利制度虽然在一定程度上保障了工人最低生活水平，但这是以资本家获取一定的利润率为前提的，一旦利润率下降或发生危机，政府便如同此次国际金融危机中一样大幅削减福利支出，从而导致劳资矛盾进一步激化。

此次危机爆发前，在新自由主义的一系列旨在维护资本家阶级特别是金融资本家阶级利益的政策作用下，金融资本家阶级膨胀、"中产阶级"受挤压以及工人阶级生活状况不断恶化，财富进一步向资本家阶级集中，包括"中产阶级"在内的工人阶级地位远低于二战后的"黄金时期"。危机后，西方国家并没有认识到新自由主义政策的错误，也没有采取措施调整这种政策所导致的不合理的阶级结构，相反，西方国家政府的政策措施实质是企图用新一轮的新自由主义弥补上一轮新自由主义，反而继续加剧了劳资矛盾。

其四，马克思主义经济学具有强大的生命力。皮凯蒂揭示了资本主义市场经济下贫富差距不断扩大的趋势，认为对贫富差距起决定性作用的是是否占有资本。皮凯蒂不是马克思主义者，但他的结论却与马克思不谋而合，皮凯蒂的书名也有意引用了马克思的著作。实际上，在本轮国际金融危机发生后，由于马克思对资本主义制度分析和批判的深刻性，人们开始重新认识马克思，《资本论》曾一度脱销，西方一些学者对西方经济学进行了深刻反思，重新肯定了马克思的理论。他们认为："马克思还活着，因为他的理论今天依旧适用，其思想对我们的鼓舞并未停顿。马克思是我们当中的一员，为我们照亮了当代社会，指明了未来的道路；马克思的剩余价值学说重新得到学者的肯定，马克思的垄断和竞争理论是解释金融资本主义世界体系的依据，马克思的金融危机和经济危机理论有助于抓住危机的根源，马克思的阶级和阶级斗争理论仍处于绝对核心地位，等等。"这说明，马克思主义经济学具有强大的生命力，对于当代现实仍具有重要的指导意义。

其五，解决收入差距必须把握劳动与资本这一关键环节，注重财产调节。既然不平等的根本原因在于是否占有资本，而不平等问题日益严峻，皮凯蒂开出的药方就是向资本性收入征收高额累进税。这个药方有效吗？我们只要看一看此次国际金融危机中西方主要国家的应对措施便能找到答案。

发达资本主义国家实行的福利政策，实际上就是"私有制加公共财政再分配"，即在生产资料所有制层面坚持维护资本主义私有制，面对由此出现的贫富两极分化的矛盾，政府则采取税收和转移支付等再分配手段，调节过高收入，甚至通过横面上覆盖社会各阶层、纵向上对居民实现"从摇篮到坟墓"的福利制度，来缩小高收入人群和低收入人群的贫富差距，一度形成看似较为和谐的劳资关系和"两头小、中间大"的较为稳定的社会结构。但这种福利制度本身不可持续。首先，这是以资本家获取一定利润为前提的。近年来，西方国家频频爆发主权债务危机，这些国家的主流舆论认为，是国内过高的福利水平导致经济发展缺乏动力，并使政府背上沉重的债务负担。因此一旦危机爆发，资本家阶级必定抛弃这一制度。近年来，美国为了减少政府赤字、削减政府债务规模，就大幅减少社会保障和福利方面支出，使低收入人群的生活受到严重冲击，不平等问题进一步加剧。其次，西方国家的福利制度绝不能起到消除劳资间对抗性矛盾的作用。当代发达资本主义国家虽然对普通劳动者设立社会保障基金，在某种程度上适应了社会发展一般趋势的要求。但是，这种基金本质上并不代表人民的共同、长远利益。因为它们不过是资本家阶级在对国内劳动者和对发展中国家实施剥削的基础上，为缓和对抗性社会矛盾而不得不采取的改良主义政策措施。因此，要从根本上解决收入差距问题，就必须着眼于生产资料所有制、劳资关系，注重财产性收入方面的调节。

其六，中国在解决不平等问题上具有制度优势。与西方国家相比，中国具有解决不平等问题的制度优势。在以公有制为主体、多种所有制经济共同发展的基本经济制度和以按劳分配为主体、多种分配方式并存的分配制度下，可以充分发挥社会主义国家宏观调控的作用，保障社会的公平正义，实现社会成员的共同富裕。

一段时间以来，我国经济结构出现失衡，收入差距拉大并呈现不断扩大的趋势。这已经在警示人们，公有制的主体地位是不能动摇的，动摇了就必然会妨碍科学发展、共同富裕。当前，要充分发挥中国道路的制度优势，必须进一步落实党的十八大提出的"努力实现居民收入增长和经济发展同步、劳动报酬增长和劳动生产率提高同步，提高居民收入在国民收入分配中的比重，提高劳动报酬在初次分配中的比重"的精神，采取多种措施增加居民收入特别是中低收入者的收入，逐步扭转收入分配差距扩大的趋势。同时，要加大公共财政制度、收入分配制度、社会保障制度等制度改革的力度，把深化改革，处理好政府与市场的关系，实施扩大内需、调整结构、科技创新和推进新型城镇化等战略措施,与巩固公有制经济基础紧密结合起来,这样才能做到标本兼治,使发展成果更多更公平地惠及全体人民,进一步促进共同富裕。①

(二)"坚持公平与效率并重,更加注重公平"提出的依据

党的十六届六中全会的《决定》指出,"要科学分析影响社会和谐的矛盾和问题及其产生的原因,更加积极主动地正视矛盾、化解矛盾,最大限度地增加和谐因素,最大限度地减少不和谐因素,不断促进社会和谐。"② 当前,影响社会和谐的一个突出矛盾是人们收入差距的不断扩大。改革开放以来,我国居民收入差距过分扩大已经是一个不争的事实,而且有进一步扩大的趋势。主要表现在:

其一,居民总体收入差距呈现快速扩大的趋势。衡量居民收入总体差距扩大的指标主要有基尼系数、实际收入和金融资产等。世界通行用基尼系数来描述一个国家的贫富差距,基尼系数在 0.3 以下为最佳的平均状态,在 0.3—0.4 之间为正常状态,超过 0.4 为警戒状态,达到 0.6 则属于危险状态。从基尼系数看,我国贫富差距正在逼近社会容忍的"红线"。现任国家统计局局长马建堂介绍称,中国全国居民收入的基尼系数,2003 年是 0.479,2004 年是 0.473,2005 年是 0.485,2006 年是 0.487,2007 年是 0.484,2008 年是 0.491,2009 年是 0.490,2010 年是 0.481,2011 年是 0.477,2012 年是 0.474。③ 2013 年是 0.473,④ 2014 年是 0.469,⑤ 2015 年是 0.462。⑥ 据世界银行的测算,我国 2009 年的基尼系数高达 0.47,而欧洲与日本大多在 0.24—0.36 之间。我国在所有公布的 135 个国家中名列第 36 位,说明我国面临的贫富差距问题已经非常严峻了。甚至还有专家指出,我国基尼系数在 10 年前越过 0.4 的国际公认警戒线后仍在逐年攀升,贫富差距已突破合理界限。从基尼系数来看,据国家统计局的测算,改革开放之初的 1978 年我国农村居民的基尼系数大致为 0.21—0.24,城市居民的基尼系数大致为 0.16—0.18,说明当时我国居民的收入分配基本上呈现一种平均主义的趋向。目前我

---

① 蔡万焕:《〈21 世纪资本论〉风靡西方的启示》,《红旗文稿》2014 年第 16 期。
② 《构建社会主义和谐社会学习参考》,中央党史出版社 2006 年版,第 3 页。
③ 统计局:《去年基尼系数 0.474 收入分配改革更紧迫》,中国新闻网,2013 年 1 月 18 日。
④ 《统计局:2013 年全国居民收入基尼系数为 0.473》,中国新闻网,2014 年 1 月 20 日。
⑤ 《国家统计局:中国 2014 年基尼系数 0.469》,中国新闻网,2015 年 2 月 27 日。
⑥ 《2015 年中国基尼系数为 0.462 降至 13 年来最低》,《第一财经日报》2016 年 1 月 20 日。

国城乡居民的综合基尼系数已经超过0.47以上，而且从居民收入差距的变动曲线来看，仍将呈现继续扩大的趋势。另一方面，改革开放之后，一部分地区和一部分人先富起来，我国已经涌现出了相当多的百万富翁和千万富翁，亿万富翁也已为数不少。可见，实际收入差距出现了过于悬殊的趋势。从居民金融资产来看，也出现了扩大的趋势。我国城乡居民的人民币储蓄存款已经突破了20万亿元的大关，但分布是不均等的，少数高收入者掌握了大部分存款。事实上，我国的贫富分化现象还在急剧加速。由国家发改委、国家统计局和中国社科院等编写的《中国居民收入分配年度报告（2004）》中指出，最高收入10%的富裕家庭其财产总额占全部居民财产的45%，而最低收入10%的家庭相应比例仅为1.4%。财富差距达到32倍。"估计随着房地产价格的不断飙升，目前的财富差距至少超过40倍了，而2009年对应的居民收入差距大约是23倍。"有专家这样指出。宜信财富与联办财经研究院共同推出《2014中国财富报告：展望与策略》，报告撰写人之一西南财经大学经济与管理研究院院长甘犁在会上对报告中关于中国家庭财富的成长与风险部分时称，中国家庭资产的分布非常不均，最高资产10个百分点的中国家庭拥有63.9%的资产。数据显示，2011年到2013年中国家庭资产增长了19.6%，其中，房产增加了26.8%，中等资产阶层各类资产的增长对总资产增长贡献最大的是房产，贡献比为76.8%。如果按家庭资产（包括房产）作为标准，中国最富裕的前5%家庭资产标准至少为262.99万元，前1%家庭资产标准至少为739.35万元。也就是说，家庭资产超过739.35万的家庭就是中国前1%资产最高家庭；如果按家庭收入作为标准，前5%家庭的年均收入至少为45.21万元，前1%家庭年均收入则为115.17万元。在致富原因方面，资产前1%的富裕家庭中，56.1%的家庭是通过创业富裕，前5%的富裕家庭中37%是通过创业致富，而从全国来看则只有14.1%的家庭是通过创业致富。从地域分布来看，中国最富裕的前5%高净值家庭中，有78%的富裕家庭集中在东部地区。[①]

其二，城乡居民收入差距日趋扩大。改革开放之后，我国城乡居民可统计的收入差距经历了缩小、扩大、再缩小、再扩大四个阶段。1997年之后，城乡居民的收入差距进入改革开放之后的第2轮扩张期。2003年我国城乡居民可统计的收入差距进一步扩大到3.23倍，2004年和2005年虽然有所下降，但仍然维持在3.20倍的高位上。如果加上城市居民享受到的

[①] 《一成最富家庭拥有超六成资产》，《京华时报》2014年2月27日。

各种补贴和福利，城乡居民的实际收入差距要更大。中国社科院在发布的《人口与劳动绿皮书（2008）》其中指出，中国城乡居民收入差距出现全方位扩大。在过去的十几年里，我国城乡居民收入的绝对额差距增加了近12倍。数据显示，1978年至2007年间，中国城镇居民人均实际可支配收入增加了7.5倍，农村居民人均纯收入增加了7.3倍。但1990年以来农民收入的增幅明显低于城镇居民，二者之间绝对额的差距逐年扩大。2007年是改革开放以来差距最大的一年，城乡居民收入比却扩大到3.33：1，绝对差距达到9646元。2009年城乡收入差距达到了3.33：1，考虑到各种福利差距，这个差距可以达到6：1或更多。

其三，区域之间以及区域内部居民的收入差距扩大。改革开放之后，我国各地区居民的收入都有了较大幅度的增长，但东部地区居民收入增长最快，中部地区次之，西部地区最慢。到2013年底，我国上海城镇居民人均可支配收入达到43851元，是全国最高的省区；而最低的甘肃城镇居民家庭人均全年可支配收入只有18965元。在区域之间收入差距扩大的同时，区域内部的收入差距也在扩大，而且落后地区的收入差距要大于发达地区的收入差距。

其四，行业之间的收入差距扩大。行业之间收入差距扩大主要表现为当前我国有些垄断行业收入分配过分向个人倾斜，使行业之间的收入差距总体上呈扩大的趋势。1978年我国最高行业和最低行业的工资比是1.38：1，2005年我国职工平均工资最高行业为最低行业的约5倍。由于在市场经济发展过程中存在如法制不够健全、市场竞争机制不够完善等弊端，另外，又由于国家政策的相关保护，从而导致行业垄断现象仍然存在。当前，垄断行业主要包括电力、电信、民航、铁路、石油石化、金融、保险、烟草、煤炭、房地产等部门。这些垄断性行业凭借垄断经营的特权及国家政府的特殊保护，与其他行业进行不公平竞争，从而取得高额垄断利润，使行业间差距不断扩大。北京大学首都发展研究院作出的一份评估报告指出，在北京，高收入行业职工工资增长速度快于低收入行业，将两者差距进一步拉大。报告举例说，证券业、航空运输业、银行业等行业的职工年薪能达到10万元以上，而纺织业、农业、文体用品制造业等行业的职工年平均工资却低于2万元。2008年全国城镇单位在岗职工平均工资最高的三个行业中，证券业172123元，是全国平均水平的5.9倍；其他金融业87670元，是全国平均水平的3.0倍；航空运输业75769元，是全国平均水平的2.6倍。2013年5月17日，国家统计局按"非私营单位"和"私营单位"两个组别发布了2012年的职工平均工资，从非私营单位职工平均工资看,年薪最高的是金融业89743元,是该类别全国平均水平的1.92倍;而最低的是农林牧渔业22687元,仅是全国平均水平的49%。从私营单位职工平均工资看,最高的信息传输、软件和信息技术服务业39518元,是该类别全国平均水平的1.37倍;最低的农林牧渔业21973元,是全国平均水平的76%。最高与最低行业平均工资之比是3.96∶1,比2011年的4.17∶1差距有所缩小。中南财经政法大学中国收入分配研究中心调查表明,我国社会服务业和农林牧渔业职工平均工资最低,而电力、通信、金融保险业等垄断行业的收入最高,且不同行业职工收入差距仍在继续扩大。垄断行业与竞争行业的收入差距中,不合理部分超过50%。①

如何认识当前我国居民的收入差距?首先,当前我国的收入差距是在居民总体收入水平提高基础上产生的收入差距,也就是说,是在共同富裕目标下产生的差距,是相对差距而非绝对差距。

其次,我国的收入差距从总体上来看仍处于过大区间,还没有达到两极分化程度。②另外,收入差距也并不能综合反映居民的生活状况。从一些相关指标来看,我国居民的生活质量水平大大高于经济发展水平,处于世界中等水平。据2014年4月23日新华网消息:国家发展改革委发展规划司司长徐林在"十三五"规划编制新闻发布会上表示,通过"十三五"的努力,我国可能将进入高收入国家的行列。"目前,我国人均GDP达到6700多美元,已经属于中高收入国家的行列,我们的目标是希望通过'十三五'的努力,用世界银行的标准接近高收入国家的行列,如果做得更好一点,可能就进入高收入国家的行列"。③

再次,收入差距的扩大是世界上绝大多数国家工业化过程中不可避免的一个现象,是绝大多数国家经济增长过程中的一个带有规律性的一个现

---

① 《不同行业工资差距大,收入分配改革亟待深化》,人民网,2013年5月20日。
② 由于学界对贫富两极分化的界定标准不一,对中国是否已出现贫富两极分化的判断也就不一致。衡量贫富两极分化的标准主要有两个:经济层面的标准和社会层面的标准。从经济层面看,中国目前的基尼系数已达到联合国规定的收入差距悬殊的标准,且呈上升趋势,W型指数高且呈上升态势;从社会层面看,改革过程中形成的强势阶层与弱势阶层之间的对立初步凸显。综合经济与社会两方面因素得出结论:中国贫富两极分化已初露端倪。参见金霞、谢丽华《中国贫富两极分化的界定与判断》,《天府新论》2011年第6期。
③ 《发改委官员:中国已经属于中高收入国家》,新华网,2014年4月23日。

象。这就是库兹涅兹倒 U 型曲线理论①所揭示的收入分配与经济增长相关关系的规律，即一个国家在从前工业社会向工业社会过渡的过程中，收入差距呈现一个扩大的趋势，然后进入一个缩小的区间。随着人均 GNP② 的提高，收入差距扩大，当人均 GNP 达到一定程度时，就逐步缩小。倒 U 型曲线反映了绝大多数国家经济增长与收入分配之间的关系。我国作为一个发展中的经济高速增长的大国，在一定程度上与这一规律相吻合。

"中国经济规模将在 2014 年超过美国成为世界第一。"这则由世界银行在 2014 年五一前夕发布的预测，引发全球热议。毋庸置疑，中国是世界上最大的发展中国家。改革开放以来，中国的发展取得了历史性的成就，经济总量已经跃升到世界第二位。作为有着 13 亿多人口的国家，中国用几十年的时间走完了发达国家几百年走过的发展历程，无疑是值得骄傲和自豪的。但是，中国经济总量虽大，但人均国内生产总值（GDP）还排在世界第八十位左右，中国城乡低保人口有 7400 多万人，每年城镇新增劳动力有 1000 多万人，几亿农村劳动力需要转移就业和落户城镇，还有 8500 多万残疾人。根据世界银行的标准，中国还有 2 亿多人口生活在贫困线以下，这差不多相当于法国、德国、英国人口的总和，要让 13 亿多人都过上好日子，还需要付出长期的艰苦努力。此外，中国许多地方还存在着或多或少的 GDP 崇拜，为扩大 GDP 总量，不计消耗、不计对环境的损害，个别地方甚至弄虚作假，导致 GDP 总量统计存在水分。③

如何缩小当前我国居民的收入差距？党的十六届六中全会的《决定》指出：要"完善收入分配制度，规范收入分配秩序。坚持按劳分配为主体、多种分配方式并存的分配制度，加强收入分配宏观调节，在经济发展

---

① 库兹涅兹假说指出，在经济发展的初始阶段，收入分配差距扩大与经济增长相伴随；当经济发展到人均收入 4000—11000 美元的阶段时，经济增长与收入分配差距缩小相伴随。我国 2011 年的人均收入为 4382 美元，标志我国已进入中等收入阶段；但是，自 1982 年以来，我国基尼系数高企，收入分配呈现出明显的不平等趋势，使我国有落入"中等收入陷阱"的风险。因此，为跨越"中等收入陷阱"，实现我国经济长期稳定持续发展，必须缩小贫富差距，降低收入不平等程度。参见周文、赵方《中国如何跨越"中等收入陷阱"：库兹涅兹假说的再认识》，《当代经济研究》2013 年第 3 期。
② 即国民生产总值（Gross National Product，简称 GNP）是最重要的宏观经济指标，它是指一个国家地区的国民经济在一定时期（一般 1 年）内以货币表现的全部最终产品（含货物和服务）价值的总和。是一国所拥有的生产要素所生产的最终产品价值，是一个国民概念。（与国内生产总值不同，国内生产总值是在一国范围内生产的最终产品的价值，是一个地域概念。）具体来讲，国民生产总值中有一部分是本国拥有的生产要素在国外生产的最终产品价值。GNP 是与所谓的国民原则联系在一起的。
③ 《世行预测中国 GDP 年内跃居第一，人均排世界 80 位》，新华网，2014 年 5 月 5 日。

的基础上,更加注重社会公平,着力提高低收入者收入水平,逐步扩大中等收入者比重,有效调节过高收入,坚决取缔非法收入,促进共同富裕。通过扩大就业、建立农民增收减负长效机制、健全最低工资制度、完善工资正常增长机制、逐步提高社会保障标准等举措,提高低收入者收入水平。完善劳动、资本、技术、管理等生产要素按贡献参与分配制度。健全国家统一的职务与级别相结合的公务员工资制度,规范地区津贴补贴标准,完善艰苦边远地区津贴制度。加快事业单位改革,实行符合事业单位特点的收入分配制度。加强企业工资分配调控和指导,发挥工资指导线、劳动力市场价位、行业人工成本信息对工资水平的引导作用。规范国有企业经营管理者收入,确定管理者与职工收入合理比例。加快垄断行业改革,调整国家和企业分配关系,完善并严格实行工资总额控制制度。建立健全国有资本经营预算制度,保障所有者权益。实行综合与分类相结合的个人所得税制度,加强征管和调节。"①

党的十八大报告指出:"千方百计增加居民收入。实现发展成果由人民共享,必须深化收入分配制度改革,努力实现居民收入增长和经济发展同步、劳动报酬增长和劳动生产率提高同步,提高居民收入在国民收入分配中的比重,提高劳动报酬在初次分配中的比重。初次分配和再分配都要兼顾效率和公平,再分配更加注重公平。完善劳动、资本、技术、管理等要素按贡献参与分配的初次分配机制,加快健全以税收、社会保障、转移支付为主要手段的再分配调节机制。深化企业和机关事业单位工资制度改革,推行企业工资集体协商制度,保护劳动所得。多渠道增加居民财产性收入。规范收入分配秩序,保护合法收入,增加低收入者收入,调节过高收入,取缔非法收入。"②

习近平总书记也指出:"使收入分配更合理、更有序。收入分配是民生之源,是改善民生、实现发展成果由人民共享最重要最直接的方式。要深化收入分配制度改革,努力实现劳动报酬增长和劳动生产率提高同步,完善以税收、社会保障、转移支付为主要手段的再分配调节机制,完善收入分配调控体制机制和政策体系。保护合法收入,调节过高收入,清理规范隐性收入,取缔非法收入,增加低收入者收入,扩大中等收入者比重,

---

① 《构建社会主义和谐社会学习参考》,中央党史出版社2006年版,第14页。
② 胡锦涛:《胡锦涛在中国共产党第十八次全国代表大会上的报告》,人民网-《人民日报》2012年11月18日。

努力缩小城乡、区域、行业收入分配差距，逐步形成橄榄型分配格局。"①

党的十八届三中全会通过的《中共中央关于全面深化改革若干重大问题的决定》强调指出："形成合理有序的收入分配格局。着重保护劳动所得，努力实现劳动报酬增长和劳动生产率提高同步，提高劳动报酬在初次分配中的比重。健全工资决定和正常增长机制，完善最低工资和工资支付保障制度，完善企业工资集体协商制度。改革机关事业单位工资和津贴补贴制度，完善艰苦边远地区津贴增长机制。健全资本、知识、技术、管理等由要素市场决定的报酬机制。扩展投资和租赁服务等途径，优化上市公司投资者回报机制，保护投资者尤其是中小投资者合法权益，多渠道增加居民财产性收入。完善以税收、社会保障、转移支付为主要手段的再分配调节机制，加大税收调节力度。建立公共资源出让收益合理共享机制。完善慈善捐助减免税制度，支持慈善事业发挥扶贫济困积极作用。规范收入分配秩序，完善收入分配调控体制机制和政策体系，建立个人收入和财产信息系统，保护合法收入，调节过高收入，清理规范隐性收入，取缔非法收入，增加低收入者收入，扩大中等收入者比重，努力缩小城乡、区域、行业收入分配差距，逐步形成橄榄型分配格局。"②

当前，在解决收入差距不断扩大问题以及全面建设小康社会的条件下，必须坚持公平且富有效率的分配制度。要建立和完善这样一种分配制度就必须坚持"立足公平、保证效率"的理念。它避免了把公平与效率对立起来、片面重公平或重效率的单一性，强调二者必须有机结合，不可偏执一端。"立足公平、保证效率"理念的价值导向，能够引导人们把有关事物作为系统整体来看待，防止简单地选择某一方面，而舍弃另一方面，造成社会的畸形发展。因此，提出"坚持公平与效率并重，更加注重公平"的分配理论就具有其必要性。

第一，它是解决我国当前收入差距扩大矛盾的客观需要。改革开放以来，为了克服我国长期存在的平均主义和低效率状况，顺应建立市场经济体制的要求，我们确立了"效率优先、兼顾公平"的分配理念。这一理念把提高效率放在了优先和主要的位置，而把体现公平摆在了兼顾和从属的位置，因而在基本实现一部分地区、一部分人先富起来目标的基础上，也出现了人们之间收入分配不合理、差距过分悬殊的现象。在利益关系的调

---

① 习近平：《习近平总书记系列重要讲话读本》，学习出版社、人民出版社 2014 年版，第 114 页。
② 《中共中央关于全面深化改革若干重大问题的决定》，《人民日报》2013 年 11 月 16 日。

整过程中，公平受到严峻挑战，收入分配不公及收入差距悬殊使我们的改革步履维艰。收入差距悬殊问题是当前深深困扰我国政府和社会的重大问题，城乡之间、地区之间以及社会各阶层之间，贫富差距越来越大，形成了一种"马太效应"，① 穷者越来越穷，富者越来越富。由于优胜劣汰的市场经济有着导致收入悬殊的自发趋势的局限性，在这种情况下，如何坚持共同富裕原则、避免两极分化、将收入差距控制在一个相对较适当的程度，也就成了政府必须加以解决的紧迫问题。因此，我们必须在经济发展过程中对收入差距进行有效调节。要解决部分社会成员收入差距扩大和贫富悬殊问题，关键是要正确把握和处理好效率与公平的关系，当前的核心问题是，必须进行理念的转变。高度重视社会公平问题，逐步加重公平的分量。要通过政府这只"看得见的手"来调整政策，从以效率优先为价值取向，转向真正以公平和效率并重为价值取向，尽快建立起行之有效的社会公平机制。

第二，它是实现社会主义共同富裕目标的必然选择。改革开放以来，邓小平高度重视效率和公平问题，提出了鼓励一部分人通过诚实劳动、合法经营先富裕起来，然后带动大多数人共同富裕的观点。到目前为止，允许一部分人先富起来的政策已经为发展生产力、提高人民生活水平发挥了巨大的作用。与此同时，随着效率问题的相对解决及让一部分人、一部分地区先富起来的政策的基本实现，实现全面小康和共同富裕已成为当前的重要任务。我们实施改革开放政策的目的是加快发展社会生产力，使全体社会成员过上共同富裕的好日子。因此，是否公平分配社会财富，是衡量我们是否坚持社会主义发展方向，改革开放政策是否成功的根本尺度。社会主义的经济发展必须要坚持造福于全体社会成员这一基本价值观念。而我国当前出现的贫富分化在一定程度上背离了共同富裕的社会主义目标，这就要求必须从全体人民的利益出发，通过立足公平，实现共同富裕。当然，共同富裕决不能牺牲效率，只能以效率求公平。因为真正意义上的公平只有以高度发达的生产力为基础，而我国要建设成为一个公平的社会，绝不可以放弃对效率的追求，必须大力发展生产力这一收入分配公平得以确立的前提条件。

---

① 马太效应（Matthew Effect），是指好的愈好，坏的愈坏，多的愈多，少的愈少的一种现象，广泛应用于社会心理学、教育、金融以及科学等众多领域。名字来自于《新约·马太福音》中的一句话。在《圣经·新约》的"马太福音"第二十五章中有这么说道："凡有的，还要加给他叫他多余；没有的，连他所有的也要夺过来。"社会学家从中引申出了"马太效应"这一概念，用以描述社会生活领域中普遍存在的两极分化现象。

第三，它是深化改革的迫切需要。随着我国渐进式改革向纵深推进和发展，我国经济出现重大转折，从短缺经济转向过剩经济，从卖方市场进入买方市场，综合国力迅速提升，人民生活从温饱开始步入小康。在人们整体受益的基础上，收入差距也在迅速拉大，进一步深化改革的难度不断提高，阻力不断加大。当前，面对日趋严重的收入差距，如果处理不当，可能会引起或激化某些新的经济社会矛盾。而现在我国已经具备解决收入差距过大这一问题的物质条件。因为经过30多年的改革与发展，我国经济总量、国家综合经济实力大大增强。现在，我国居民生活总体上已经达到小康水平，并向全面实现小康水平过渡，已经有了一定的物质基础和能力，可逐步解决多年来累积形成的贫富差距。在若干年以前，邓小平也非常明确地表示，随着效率问题逐步得到相应的解决，公平问题将逐步成为需要考虑和解决的中心问题。"可以设想，在本世纪末达到小康水平的时候，就要突出地提出解决这个问题"。① 因此，当前要深化改革，构建和谐社会，使大多数人能够在改革中受益，全面建设"惠及十几亿人"的小康社会，就必须大力推进公平建设。

（三）构建和谐社会必须坚持公平与效率并重，更加注重公平

社会主义和谐社会既是一个充满创造活力、富有效率的社会，也是一个追求公平正义的社会。贫穷不是和谐社会，离开一定的物质基础，不能构建和谐社会；两极分化不是和谐社会，离开收入分配的公平，和谐社会只能是空中楼阁。公平和正义既是和谐社会建设的目标和基本特征，也是保持社会充满创造活力的基本条件。因此，构建社会主义和谐社会，必须在收入分配中坚持效率与公平并重的原则，既要有效率，坚持把"蛋糕"做大，又要有公平，坚持把"蛋糕"分好，实现分配上的相对公平。

进入2010年，有关收入分配话题的议论就不绝于耳，而就在官媒大声疾呼的同时，中央高层也在多个场合多次强调政府在推进收入分配改革方面的决心：2010年4月1日出版的《求是》杂志上，温家宝总理发表文章《关于发展社会事业和改善民生的几个问题》指出：当前，收入分配问题已经到了必须下大力气解决的时候。如果收入差距继续扩大，必将成为影响经济发展和社会稳定的重大隐患。5月公布的《关于2010年深化经济体制改革重点工作的意见》中，国家发改委将收入分配制度改革进一步具体化，《意见》明确提出，在收入分配制度改革领域，中国将提出调整优

---

① 《邓小平文选》第3卷，人民出版社1993年版，第374页。

化国民收入分配格局的目标、重点和措施；积极稳妥地实施事业单位绩效工资制度，推进企业职工工资集体协商和支付保证制度建设，改革国有企业特别是垄断行业工资总额管理制度，完善国有企业金融机构高管人员薪酬分配和管理制度将是当前和今后一段时间深化收入分配制度改革的工作重点。5月下旬，新华社发表一篇堪称"重磅炸弹"的文章，直言"中国贫富差距正逼近社会容忍红线"。而《人民日报》同期也接连发表文章，以《劳动收入占比为何持续下降》、《收入差距为何不断扩大》、《社会财富怎么分：工资共决，工企双赢》、《收入分配怎么分：壮大中等收入者队伍》等为题，继续深入剖析收入分配不公现象。进入6月，围绕收入分配改革的讨论继续升温。

2003年起即由中宣传部理论局每年编写一本的通俗读物《理论热点面对面》，2010年把主题定为《七个"怎么看"》，对发展不平衡、就业难、看病难、教育公平、房价过高、分配不公、腐败七个民众普遍关注的热点难点问题做了回应。《人民日报》全文转载这些文章，其中2010年7月9日转载的《分好"蛋糕"促和谐——怎么看分配不公》成体系地阐述了收入分配改革的难点、重点，其中不乏多处创新亮点，使本轮收入分配改革大讨论达到一个新的高潮。7月15日、16日，十一届全国人大财经委听取国务院有关部门关于2010年上半年经济运行情况的汇报，并进行了分析讨论。全国人大财经委提到，转变经济发展方式必须深化收入分配改革，要抓紧制定出台调整国民收入分配格局的方案，提高农民和城市低收入群体收入水平，更好发挥消费对经济增长的拉动作用。对于官方密集发布收入分配话题的报道，香港媒体给予了很大的关注。香港《大公报》的报道指出，中国重量级官媒关于收入分配不公的讨论，至今已持续半年多时间。从2010年12月初，中央经济工作会议召开前夕，《人民日报》曾发表一组文章，痛批劳资分配不均，利润侵蚀工资。文章披露，中国工资占企业运营成本不到10%、劳动报酬占国民收入比重不到42%（发达国家分别为50%左右和55%以上），"人们发现，试图通过付出更多劳动来提高收入，似乎变得越来越难。"《人民日报》的这组文章实际上打响了呼吁收入分配改革的"第一炮"。收入分配不公逐渐成为在中国最受关注的问题，半年多来，围绕收入分配改革的讨论越来越多。

《人民日报》在进行"怎么看"热点问题文章的转载中，以2010年7月9日转载的《分好"蛋糕"促和谐——怎么看分配不公》一文，尤为引人注目。这篇文章总结概括了当前分配不公的五种主要现象：一是居民收入在国民收入分配中的比重偏低，呈逐年下降趋势，而政府收入和企业收入却呈快速上升趋势；二是普通劳动者收入偏低，"强资本、弱劳动"趋势不断强化；三是垄断行业收入畸高；四是"小金库"、乱收费乱罚款等不合理收入没有得到有效规范；五是压低、克扣、拖欠工资等违反分配政策的现象大量存在。而产生分配不公问题的四大原因，除了社会历史的原因和体制改革不到位、相关政策不完善之外，最主要就是分配制度改革滞后。文章还指出，分配不公抑制社会发展进步的动力，使低收入者生活困难、社会地位下降，降低对改革的认同感和参与改革、投身建设的积极性；而既得利益者害怕改革触及自身利益，则会成为改革的阻力。分配不公影响社会和谐稳定，当前出现的一些社会矛盾和冲突，包括许多群体性事件，很多都源于分配不公引起的贫富差距悬殊。在政策建议方面，文章提出，收入分配改革需从低、高、中三方面同时着手。一是要改变普通劳动者收入偏低现象，加快建立覆盖城乡居民的社会保障体系；二是有效调节过高收入，深化垄断行业改革，加大税收的调节作用，发展社会慈善事业，坚决打击取缔非法收入；三是扩大中等收入者比重，加快推进城镇化，鼓励和支持自主创业，提高劳动者素质，创造条件让更多群众拥有财产性收入。

　　时任国务院总理温家宝 2010 年 2 月 27 日下午 3 时接受中国政府网、新华网联合专访，与广大网友在线交流。在回答网友关于如何做大、分好社会财富这块"蛋糕"的提问时，温总理说，一个社会当财富集中在少数人手里，那么注定它是不公平的，这个社会也是不稳定的。把社会财富这个"蛋糕"分好，那就是政府的良知。他说："社会财富这个'蛋糕'分好，关系到社会的公平正义。我觉得这个问题实际上涉及国民收入分配，现在在国民收入分配当中，居民收入的比重比较低。因此，我们要注重提高居民收入在国民收入中的比重，提高个人工资收入在初次分配中的比重。在二次分配当中，我们应该更加注重公平，也就是说，通过财政和税收，更加照顾困难群体。因为从整个社会来讲，中低收入的占大多数。我们国家低收入的大约两亿七千万，困难群体大约有一个亿，这些都是应该我们关注的。我常讲这样一段话：一个社会当财富集中在少数人手里，那么注定它是不公平的，这个社会也是不稳定的。这两项工作我用过一个形象的比喻，如果说把做大社会财富这个'蛋糕'看作是政府的责任，那么，把社会财富这个'蛋糕'分好，那就是政府的良知"。①

　　社会主义制度的优越性应主要表现在两个方面：一是快速发展社会生

---

① 温家宝：《分好社会财富这个"蛋糕"是政府的良知》，新华网，2010 年 2 月 27 日。

产力；二是发展成果惠及广大人民，走共同富裕道路。这是社会主义本质的要求和体现。快速发展社会生产力，就是致力于尽快把蛋糕做大；让广大人民共享发展成果，消除两极分化，逐步实现共同富裕，就是要在做大蛋糕的同时分好蛋糕，实现社会公平正义。

当前中央强调和重视分配公平、缩小收入差距、实现共同富裕，特别是把民生问题提到一个新的高度，就是要求更加重视分好蛋糕。但这丝毫不意味着只重分好蛋糕而轻做大蛋糕。马克思主义认为，在社会经济发展的生产、分配、交换、消费诸环节中，生产起决定作用。就生产和分配的关系来讲，生产什么才能分配什么，生产多少才能分配多少。而且，生产方式决定分配方式，决定按照什么方式、什么原则去分蛋糕。这就是说，首先要做蛋糕，才谈得上分蛋糕；蛋糕做得越大，人们分得的蛋糕才能越大。马克思主义又认为，分配对生产有反作用，在一定意义上也有决定作用。蛋糕分得公平合理，可以调动劳动者和生产要素所有者的积极性、主动性、创造性，促进经济发展，把蛋糕做得更大更好。

在社会主义制度下，应当也能够把做大蛋糕与分好蛋糕统一起来，也就是在做大蛋糕的同时分好蛋糕，在分好蛋糕的同时促进蛋糕做得更大更好。但国际国内发展实践表明，做大蛋糕与分好蛋糕并不是天然统一的：既不是只要把蛋糕做大，收入差距就会自动缩小；也不是收入差距扩大一段时间后，就会自动趋于缩小。如果没有政府的自觉调控，收入差距是不可能自动缩小的。即使从发达资本主义国家几百年的发展历程看，也不存在做大蛋糕与分好蛋糕天然统一的情况。在当代，有些发达资本主义国家也重视分好蛋糕的问题，它们通过高额累进税、遗产税、慈善事业等来制约收入分配和财产占有上的差距扩大，通过较为成熟和有效的社会保障制度来保障低收入者的生活水平、缩小初次分配中形成的过大差距。我国是社会主义国家，应该既重视把蛋糕做大做好，又重视把蛋糕切好分好。无论只重做大蛋糕而轻分好蛋糕，还是只重分好蛋糕而轻做大蛋糕，都是偏离社会主义本质要求的。

什么叫分好蛋糕？怎么分好蛋糕？第一，分好蛋糕不是搞平均主义、人人分得相等的一块，而应是根据各自在做蛋糕中的贡献分得相应的一块；第二，缩小收入差距不是不要差距，合理的、与贡献差距相一致的收入差距是必要的；第三，在公有制经济中分好蛋糕，就要贯彻实行按劳分配原则，多劳多得、少劳少得，奖勤罚懒、奖优罚劣，随着劳动生产率的提高适时增加职工收入，规范国有企业高管的收入；第四，在私营和外资企业中分好蛋糕，就要确保工人的合法权益不受损害，处理好企业利润与工资的分配关系；第五，从总的框架来讲，要把蛋糕切分为三大块——企业一块、职工（劳动报酬）一块、国家一块，现在的问题是职工的一块偏小，所以应提高劳动报酬在初次分配中的比重，提高居民收入在国民收入分配中的比重；第六，提高劳动报酬不能"刮风"，不能一哄而上，不能只重行政命令，而应根据不同经济成分、不同类型企业的具体状况，提出统一性和差别性相结合的指导方针，并把市场调节与政府调控结合起来；第七，分好蛋糕重在提高低收入者的收入水平，而对低收入者来说应重在通过提高技术水平、知识水平、专业水平和劳动绩效来增加收入，不能仅仅在不变的劳动绩效和既有的蛋糕存量上不断增大自己的一块；第八，做大蛋糕和分好蛋糕，要求坚持和完善社会主义初级阶段基本经济制度、坚持和完善公有制为主体和按劳分配为主体，实行多种所有制经济共同发展和多种分配方式并存。①

近年来，党和政府的文件中不再使用"效率优先、兼顾公平"的提法，更多强调的是"更加注重社会公平"，这具有重大的理论和现实意义。它表明我们党已经摆脱了把效率和公平对立起来的思维方式，已经意识到公平与效率都应成为我们追求的目标，开始着手解决由于被放到"兼顾"地位而在社会收入分配、区域经济和社会发展等方面出现的公平失衡问题。

有学者提出，效率与公平的统一是有重点的统一，必须根据不同历史时期的社会现实来决定对效率和公平的倾斜方向和调控力度，这无疑是正确的。② 正是在这种意义上，我们肯定在改革开放初期倡导"效率优先"的历史作用，这一做法的实质是力图通过市场取向的分配制度改革，允许一部分人通过诚实劳动和合法经营先富起来，以分配差距的拉大形成一种有效的激励机制，从而达到调动经济利益主体努力工作的积极性，提高劳动效率，最终提高全社会的产出效率和财富总量。但是追求效率和财富的增加不能以牺牲公平为代价，不能认为"公平"只是一个应该"兼顾"的范畴。即便是在分配存在严重不公的资本主义社会，资产阶级的理想或目标还是鼓吹公正与公平，更何况我们是社会主义国家，怎么能将公平与公正置于次要的或兼顾的位置呢？

我们现在强调"更加注重社会公平"，是因为公平问题在现阶段已经

---

① 参见卫兴华《做大蛋糕与分好蛋糕是辩证统一的》，人民网－《人民日报》2011年10月11日。
② 周启海、周屹：《论中国改革开放进程中社会效率与社会公平历史变迁特点》，《重庆大学学报》（社会科学版）2005年第3期。

成为影响社会经济健康发展的主要矛盾,不能理解为只讲公平,不讲效率了,或者认为强调公平必以损失效率为代价。实际上,维护公平最终必将会促进效率的进一步提高。这里关键的问题是要打破把效率与公平对立起来的思维方式,真正与效率产生尖锐矛盾的是"平等"或"平均"的分配制度,而非公平的分配制度。在社会主义市场经济背景下我们应当树立"效率与公平同等重要"的新理念。公平的实质并不在于人与人之间的收入分配差距是大还是小,而在于要求社会上各经济利益主体能以平等的身份参与各类经济活动,并且在经济活动中只能凭借经济权利(即要素所有权)获得与其要素贡献相对应的报酬,任何人不能以超经济的强权手段(如政治权力、垄断权力等)获得额外收益。在初始资源配置公平合理的条件下,如果经济活动过程中的分配制度、竞争规则又是公平而合理的,那么,即便经济活动的结果出现了较大的收入与财富占有差距,我们也不能据此认为这个社会的分配制度不公平,因为造成收入差距拉大的原因不仅有分配制度上的原因,还包含个人天赋能力、努力程度和机遇等方面的因素。比尔·盖茨的财富占有量与美国普通百姓的财富拥有量存在着巨大的不对称,是典型的两极,然而,无论在美国还是在中国,人们并没有否认这一分配差距的公平性和合理性。我们不能根据分配结果上的差距性来判定分配制度的公平性。当然,如果巨大的收入反差是因为社会分配制度安排不合理、竞争规则不公平所致,那么,损害效率的内在机制便是公平的缺失。但是如果说收入差距的拉大是非制度性因素造成的,或者说是个人努力程度和个人资源的禀赋差异所导致的,则损害效率的内在机制就不是公平缺失以及经济主体的积极性缺乏、动力不足问题,而是经济活动所必需的社会稳定环境受到了潜在的威胁。也就是说,两极分化所引起的低收入群体生活状况的绝对恶化和相对恶化,将会调动人们内心的不满,如果此时社会不存在调节低收入者不满心理的机制和能力,或者说不存在合法地转移财富的具体制度安排,那么,不满心理的进一步强化将会造成社会的安全稳定机制受到威胁,最终必然导致社会动荡和效率下降,有学者称之为"效率的安全稳定机制威胁论"。①

对于当前中国社会贫富差距拉大的问题,有学者质疑市场经济是否强调得过分了一点,是否会危害"社会公平"和"共同富裕"的社会主义方向,如"这些年来,我们强调市场经济是不是相对多了一点,强调社会主义是不是相对少了一点;在谈到社会主义时,则强调它发展生产力的本质

---

① 许成安、王家新:《公平与效率的非分离性》,《江汉论坛》2005年第6期。

即生产效率方面相对多了一些，而强调共同富裕的本质也就是重视社会公平方面，相对少了一点"，① 甚至认为，"如果过多的强调了市场，就一定会出问题"。② 实事求是地讲，市场化改革对此不能说毫无责任，市场机制解决的是经济效率问题，本身必然会带来收入差距，不加限制还会导致两极分化。市场经济是竞争的体制，有本事、有资源、有关系的人，自然在竞争中处于优势，先富起来；而无本事、无资源、无关系的人，在竞争中处于劣势，从市场化改革中得不到多少好处，甚至还会受到侵害。这是市场经济的一个致命缺陷，市场本身并不能解决这一问题。根据西方发达国家的经验，解决这一问题的出路在于政府应起平衡、调节的作用，保护弱势群体。在现代市场经济社会，市场（看不见的手）与政府（看得见的手）作为配置资源的两个杠杆，必须有着自己的目标和职能，双方明确分工，各司其职。市场的目标主要是追求效率的提高和将蛋糕做得更大，而政府的目标则包括维持整个社会的稳定和实现经济的持续增长，而且，政府作为全体社会成员公共利益的代表者，它应该以社会公平和共同富裕为目标，通过严格的制度安排规范经济秩序特别是分配秩序，在社会经济活动的各个领域，努力让每一个社会成员都能平等地参与竞争，并享受到经济增长和经济发展的实际成果与好处；通过社会保障制度建设和再分配政策的制定，以维护社会公平和公正。

总之，公平与效率的关系是不断发展变化的，这是因为：一方面，公平观念是从每个时代的社会关系中汲取的对该种社会关系的观念表现，它必然依社会关系的改变而改变，所以不同时期有着不同的占主导地位的公平观，自然而然，公平与效率的关系也应随之不断发展变更；另一方面，不同时期收入分配问题上的主要矛盾是不同的。比如改革开放初期，主要矛盾是分配上的平均主义，以及平均主义的公平观，提出"让一部分人先富裕起来"，"效率优先，兼顾公平"是有其历史合理性的。但从当前的实际情况来看，收入差距的过分拉大，已经成了当前收入分配问题上的主要矛盾，要求收入差距合理、合法、适度，已成了现时占主导地位的公平观。因而放弃"效率优先，兼顾公平"的提法，强调"更加注重公平"，就成了与时俱进的客观要求。

更加注重社会公平，对于构建社会主义和谐社会具有十分重大的理论

---

① 刘国光：《反思改革不等于反改革》，经济观察报网站，2005年12月12日。
② 《如果改革造成两极分化改革就失败了——访著名经济学家刘国光》，《商务周刊》2005年11月26日。

意义和实践意义。

第一，更加注重社会公平，将公平作为社会的基本价值取向，追求公平与效率的和谐统一，是社会主义和谐社会、全面小康社会的内在要求。社会公平是社会主义的核心价值之一，是衡量社会全面进步的重要尺度，是中国共产党长期追求的奋斗目标，也是社会主义和谐社会的深厚基础。社会主义之所以最终要消灭经济上的剥削和政治上的压迫，归根结底是为了消除社会的不平等和不公正，使全体人民在政治、经济、文化等诸多方面享有平等的权利。因此，更加注重社会公平，调节收入分配，维护和实现社会公平，不仅关系到社会的稳定与和谐，关系到人民群众对党和政府的信任与合作，关系到党和国家的长治久安，而且关系到公民的基本权利，关系到社会主义的基本价值，关系到人的全面发展和社会的全面进步。

第二，更加注重社会公平，是构建和谐社会、全面建成小康社会的重要原则和紧迫任务。和谐社会是追求公平正义的社会，构建社会主义和谐社会必须大力促进社会公平正义。社会公平具有其相对独立的价值，它是社会广大成员普遍能够接受的价值目标，能够为整合和积聚社会各种力量提供强大的精神动力，是一个政权具有合理性和合法性的重要体现。因此，我们一定要把促进社会公平作为制定各项政策、开展各项工作的一个重要指导原则。因此，更加注重社会公平，已经成为当前构建社会主义和谐社会的一项紧迫任务。

第三，更加注重社会公平，是构建和谐社会、全面建成小康社会的关键环节。党中央提出的构建和谐社会的基本思路之一就是要协调好各个阶层和社会各方面的利益关系，维护和实现社会公平。当前，公平已经成为人们关注的热点问题之一。在以人为本、平等友爱理念下构建一套公平的收入分配机制，是构建和谐社会的重要内容。

第四，更加注重社会公平，是构建和谐社会、全面建成小康社会的基本着力点。建设和谐社会的重点在于通过促进经济的发展，实现社会公平和人的全面发展。发展必须以人的全面发展为中心，发展的最高价值标准就是公平与公正。促进社会公平是和谐社会的基本着力点，大力促进社会公平，才能减少利益矛盾和冲突，使社会关系趋于和谐，进而为构建和谐社会提供良好的社会条件。

第五章 "包容性增长"是指导公平与效率关系的全新时代命题

邓小平同志曾指出:"社会主义的本质,是解放生产力,发展生产力,消灭剥削,消除两极分化,最终达到共同富裕"。① 社会主义的本质首先是解放生产力,发展生产力,这是个提高效率的问题;社会主义的本质同时还是消灭剥削,消除两极分化,最终达到共同富裕,这是个社会公平问题。效率和公平直接统一于社会主义制度本身。从理论上说,社会主义本身应当是公平与效率相统一的社会。但是,多年来我们却错误地理解为,社会主义的根本任务就是解放生产力、发展生产力。殊不知,邓小平所说的"消灭剥削,消除两极分化,最终达到共同富裕",实质上就是实现社会的公平与正义。因此,社会主义应当有两大根本任务:一是解放生产力,发展生产力;二是实现社会的公平与正义。解放生产力,发展生产力,这是提高效率的问题,实质上就是指经济建设;消灭剥削,消除两极分化,最终达到共同富裕,这是社会公平问题,实质上就是指社会建设。公平与效率的关系实质上主要就是指社会建设与经济建设的关系。因此,本章题目所讲的公平与效率的关系,主要还是放在社会建设与经济建设的关系的视域中讲的。本章的题解即是:"包容性增长"是指导社会建设与经济建设的全新时代命题。

2009年11月14日,胡锦涛在亚太经合组织第十七次领导人非正式会议上首次明确提出要"统筹兼顾,倡导包容性增长"。② 2010年9月16日,国家主席胡锦涛在出席第五届亚太经合组织人力资源开发部长级会议开幕式时,发表了题为《深化交流合作,实现包容性增长》的致辞,用较大的篇幅阐述了"包容性增长"。胡锦涛明确指出:"中国是包容性增长的

---

① 《邓小平文选》第3卷,人民出版社1993年版,第373页。
② 《亚太经合组织第十七次领导人非正式会议举行,胡锦涛主席出席第一阶段会议并就支持多边贸易体制专题作引导性发言》,人民网,2009年11月15日。

积极倡导者，更是包容性增长的积极实践者。"① 要实现包容性发展，就要坚持社会公平正义，促进人人平等获得发展机会，坚持以人为本，着力保障和改善民生。从推动科学发展、促进社会和谐，到加快经济发展方式转变；从"解决人民最关心最直接最现实的利益问题"，到"在共建中共享、在共享中共建"，中国一直是包容性增长的积极倡导者和实践者。党的十七届五中全会对我国未来五年的发展进行了规划和描绘，其中"加快转变经济发展方式"、"切实保障和改善民生，实现经济社会又好又快发展"成为未来五年的工作重点，并特别强调要"把发展的成果惠及更多的人群"，这与胡锦涛强调的"中国是包容性增长的积极倡导者，更是包容性增长的积极实践者"一脉相承，可以预见我国未来五年的发展将是"包容性增长"的五年。在此背景下探讨包容性增长的科学内涵、时代价值和实践取向具有十分重要的理论意义和现实意义。

一 "包容性增长"的提出及其科学内涵

一般认为，"包容性增长"这一概念最早由亚洲开发银行在 2007 年首次提出。它的原始意义在于"有效的包容性增长战略需集中于能创造出生产性就业岗位的高增长、能确保机遇平等的社会包容性以及能减少风险，并能给最弱势群体带来缓冲的社会安全网。"最终目的是要把经济发展成果能最大限度地让普通民众来受益。包容性增长即为倡导机会平等的增长。包容性增长最基本的含义就是公平合理地分享经济增长。它涉及平等与公平的问题，包括可衡量的标准和更多的无形因素。而所谓包容性增长，寻求的应是社会和经济协调发展、可持续发展，与单纯追求经济增长相对立。包容性增长包括以下一些要素：让更多的人享受全球化成果；让弱势群体得到保护；加强中小企业和个人能力建设；在经济增长过程中保持平衡；强调投资和贸易自由化，反对投资和贸易保护主义；重视社会稳定等。

（一）"包容性增长"的提出及其重大意义

1. 学界普遍认为，亚洲开发银行首先提出了"包容性增长"这一概念

---

① 胡锦涛：《在第五届亚太经合组织人力资源开发部长级会议上的致辞》，《人民日报》2010年9月17日。

贫困的持续存在无疑是人类社会发展的一大威胁和挑战，因而理所当然成为联合国、世界银行、亚洲开发银行等国际组织和世界各国、尤其是发展中国家所必须共同面对和致力解决的问题。贫困减除的先决条件之一是对贫困内涵、起因等关键性问题有清晰和准确认识。人们对于贫困的认识，已经历了收入贫困、能力贫困以及权利贫困的深化过程。在过去20年里，许多亚洲国家保持较高的经济增长率，使得穷人数量由1990年的9.45亿缩减到2005年的6.04亿，导致贫困率显著下降，但同时出现只有小部分人获益于经济增长的情形（ADB，2006）。弱势群体，尤其是少数民族，在偏远农村地区的人们和妇女并没有按比例受益于这种快速的经济增长，从而越来越被边缘化。这些差距，任其发展，会成为经济可持续发展、社会和谐及政治稳定的隐患（Ali，2007；ADB，2007a）。因此，减少不平等成为政策开发关注的重要主题。①

2006年6月，为研究亚洲未来发展趋势以及亚洲开发银行（ADB，以下简称亚行）的发展战略，亚行组建了一个由联合国贸发会秘书长、美中印三国著名经济学家、著名企业高管组成的专家小组。该小组在2007年3月向亚行行长提交了题为《新亚洲、新亚洲开发银行》的研究报告，在该报告中提出："新亚行关注的重点要从应对严重的贫困挑战，转向支持更高和更为包容性的增长。"它的原始意义在于"有效的包容性增长战略需集中于能创造出生产性就业岗位的高增长、能确保机遇平等的社会包容性以及能减少风险，并能给最弱势群体带来缓冲的社会安全网"；最终目的是把经济发展成果最大限度地让普通民众来受益；包容性增长最基本的含义是公平合理地分享经济增长。它涉及平等与公平的问题，包括可衡量的标准和更多的无形因素。前者包括作为指标的基尼系数（衡量收入分配）、识字率、公共产品的一般供应和分配，包括教育、卫生、电力、水利、交通基础设施、住房、人身安全等；包容性增长也包括无形的因素、观念和"感情"。其关键词是希望和参与，使社会上尽可能广泛的人群有共同的愿望。当一些社会成员觉得他们永远也不可能指望得到那些富人所想得到的，排斥和不包容就产生了。如果人们相信明天会更好，尤其是当他们能切实地期望子女加入到"赢家"的行列之中，那么他们会准备好挺过今天的困难。② 而所谓包容性增长，寻求的应是社会和经济协调发展、可持续

---

① 刘嫦娥、李允尧、易华：《包容性增长研究述评》，《经济学动态》2011年第2期。
② 〔瑞士〕让·皮埃尔·莱曼：《探索"包容性的增长"》，中国企业家网，2008年7月17日。

发展，与单纯追求经济增长相对立。包容性增长包括以下一些要素：让更多的人享受全球化成果；让弱势群体得到保护；加强中小企业和个人能力建设；在经济增长过程中保持平衡；强调投资和贸易自由化，反对投资和贸易保护主义；重视社会稳定等。包容性增长的核心意思就是在机会平等基础上的增长，保证社会各阶层都能平等地参与过程并受益。

包容性增长又称包容性发展或共享式增长，也有人译作共享性增长。包容性增长最基本的精髓是强调公平正义。对国际社会而言，发达国家与发展中国家应互相尊重，共享平等的发展机会，对其他国家的和平发展采取包容的态度；对一个国家而言，包容性增长是指消除社会阶层、社会群体之间的隔阂和裂隙，让每一个个体融入经济发展的潮流中，享有平等的发展机会，分享共同的成果。

亚行提出"包容性增长"的直接背景是近年来诸多亚洲国家经济出现较快增长，但经济较快增长的同时却出现了更多的社会问题，其中最大的问题是收入分配不公和发展机会不平等，经济增长带来的成果不能均享，有的人受益多，有的人受益少，特别是贫困人口受益更少，两极分化有进一步恶化的趋势，人民的公平感正在减弱。亚行提出这一概念旨在提醒成员国注意经济快速发展中的失衡问题，倡导将经济增长建立在更自由、更开放、更公平的基础之上。

学界普遍认为，"包容性增长"这一概念最早是亚洲开发银行2007年8月在北京召开的"以包容性增长促进社会和谐战略研讨会"上提出来的。与会中外专家认为，要确保经济繁荣所带来的好处能够惠及百姓，中国的发展战略应重视以机会均等为基础的包容性增长。"包容性增长"这一概念的集中阐述可见2007年8月9日亚行北京研讨会后结集出版的《以共享式增长促进社会和谐》论文集。① 据悉，该书由北京大学经济研究中心主任林毅夫、亚行助理首席经济学家庄巨忠、中国发展研究基金会副秘书长汤敏等学者编写，收录的文章是作者为亚行"以共享式增长促进社会和谐"研究课题准备的背景研究报告。这些报告也在2007年8月9日亚行在北京举办的"以共享式增长促进社会和谐战略研讨会"上进行了交流。其主旨，就是分析中国经济过去30年增长的特点，收入差距扩大的原因和所带来的问题及挑战，探讨通过实现共享式增长构建和谐社会的政

---

① 林毅夫、庄巨忠、汤敏、林暾：《以共享式增长促进社会和谐》，中国计划出版社2008年版。

策选择。①

该课题报告认为：贫富差距的扩大是亚洲经济发展的一个隐患，它会加剧政治和社会矛盾。收入差距的扩大，如果不加以有效控制，会影响社会的稳定与和谐，增大改革的阻力和难度，从而制约经济增长和社会发展，甚至危及国家的长治久安。伴随着经济的高速增长，中国的贫富差距也在加剧，收入差距持续扩大。如何构建和谐社会是中国目前及将来几年所面临的一个最重要的经济与社会问题。怎样使经济增长与发展过程更加公平，使增长的成果能够更广泛地分享，已经成为发展政策讨论与研究的焦点。作为一个发展战略的概念性框架，"共享式增长"被界定为机会平等的增长。强调机会平等就是要通过消除由个人背景或所处环境的不同所造成的机会不平等，从而缩小结果的不平等。为了促进机会平等，政府需要在三个方面加以努力：第一，增加对基础教育、基本医疗卫生以及其他基本社会服务的投入，来提高民众特别是弱势群体的基本素质与发展潜能；第二，加强政策与制度的公平性，消除社会不公，完善市场机制，创造平等竞争的条件；第三，建立社会风险保障机制以防止与消除极端贫困。

该书的主要结论是，以共享式增长为基础的发展战略是中国构建和谐社会的有效途径。一方面，构建和谐社会需要经济保持高速、有效和持续的增长；只有通过经济增长，才能创造大量的就业与发展机会；另一方面，构建和谐社会也需要消除各种各样的机会不平等，以增强增长的共享性。为了保持经济高速、有效和持续的增长，实现"又好又快的发展"，中国应该发展目前有比较优势的劳动密集型产业，以及资本密集型产业里面的劳动密集区段，从而尽可能在一次分配领域达到效率和公平的统一。而为了促进机会的平等，中国需要确保国家对教育、卫生和基本社会服务的投资，建设有效的社保体系，并设法消除目前城乡二元的福利体制；同时，进一步加强制度建设，增强政府与政策的透明度，改善治理机制，加大反腐败的力度，创造公平竞争的条件，消除社会不公，以建立一个规

---

① 《以共享式增长促进社会和谐》是在中央政府将"构建和谐社会"定为一项基本国策的背景下，亚洲开发银行经济研究局和驻中国代表处联合开展的"以共享式增长促进社会和谐"研究课题。该课题的主要目的是分析中国经济过去 30 年增长的特点，收入差距扩大的原因和所带来的问题及挑战，探讨通过实现共享式增长构建和谐社会的政策选择。《以共享式增长促进社会和谐》共收录 10 篇文章，都是此研究课题的研究报告。这些报告在 2007 年 8 月 9 日亚行在北京举办的"以共享式增长促进社会和谐战略研讨会"上进行了交流，得到了参会 100 多名来自中国有关政府部门、研究机构、大学和国际机构专家学者的有益评价。

范、透明、公平和有效的市场经济体制。对于中国未来的政策制定而言，重要的是要避免两个倾向。一个倾向是只顾高速度的增长而忽视了增长的共享性；另一个倾向是过度依赖政府再分配的手段来实现收入均等化。国际经验已经表明，这两种政策倾向都会对经济发展的效率与可持续性产生严重的不良影响。①

2. 胡锦涛两次阐述"包容性增长"

经济社会发展实现包容性增长是人类历史发展的必然，我国正是处于经济增长方式的转变、产业结构重要调整的时期，为了应对国际金融危机影响，我国经济增长将从依靠外需型转为内需性的经济增长。作为一种回应，国家主席胡锦涛2009年11月14日在亚太经济合作组织第十七次领导人非正式会议上，发表题为《合力应对挑战，推动持续发展》的重要讲话，强调"统筹兼顾，倡导包容性增长""应结合应对国际金融危机，优化产业包容性增长结构，提高经济发展质量，提高全社会就业水平，增强抵御危机和风险能力；加强社会保障网络建设，着力解决教育、医疗、养老、住房等民生问题，实现发展为了人民、发展依靠人民、发展成果由人民共享的目标。"旨在建立一个内需性的经济增长。此外，胡锦涛主席在2010年9月16日第五届亚太经合组织人力资源部长级会议开幕式上发表题为《深化交流合作，实现包容性增长》的致辞，强调"实现包容性增长，切实解决经济发展中出现的社会问题。"并且明确指出："实现包容性增长，根本目的是让经济全球化和经济发展成果惠及所有国家和地区、惠及所有人群，在可持续发展中实现经济社会协调发展。"并明确强调："中国是包容性增长的积极倡导者，更是包容性增长的积极实践者。我国强调推动科学发展、促进社会和谐，本身就具有包容性增长的含义。我们既强调加快转变经济发展方式、保持经济平稳较快发展，又强调坚持把发展经济与改善民生紧密结合起来，以解决人民最关心最直接最现实的利益问题为着力点，大力推进以改善民生为重点的社会建设。"②这充分反映了我国政府践行"包容性增长"的决心和信心，包容性增长的发展理念已经并将继续深刻影响着我国未来的经济社会发展。

3. "包容性增长"概念的生成渊源

在学术上较早介入"包容性增长"研究的中山大学岭南学院金融系副

---

① 林毅夫、庄巨忠、汤敏、林暾：《以共享式增长促进社会和谐》，中国计划出版社2008年版。
② 胡锦涛：《在第五届亚太经合组织人力资源开发部长级会议上的致辞》，《人民日报》2010年9月17日。

教授蔡荣鑫,从其博士论文关注"益贫式增长"(Pro-poor growth)开始,就关注"包容性增长"理念的发展。蔡荣鑫认为,包容性增长与人们对贫困的认识不断深化高度相关,且概念形成并没有一个具体的节点,而是一个渐进的过程。不可否认的是,世界银行和亚洲开发银行都在这个过程中发挥了重要的作用。蔡荣鑫认为,"包容性增长"理念的形成,与20世纪八九十年代发展起来的权利贫困理论以及关于社会排斥方面的研究密切相关,"包容性"反映了这种理念对公民权利的强调和对社会排斥问题的重视,强调贫困人口不应因其个人背景的差异而受到歧视,不应被排除在经济增长进程之外。而"包容性增长"所倡导的机会平等则强调贫困人口应享有与他人一样的社会经济和政治权利,在参与经济增长的过程中作出贡献,并在合理分享增长的成果方面不会面临能力的缺失、体制的障碍以及社会的歧视。蔡荣鑫表示,早在1966年,亚行就提出"要对地区的和谐增长作出贡献"。2006年6月为研究亚洲未来发展趋势以及亚行作用而组建的包括联合国贸发会秘书长、美中印三国著名经济学家、著名企业高管的专家小组可视为其渊源。该小组在2007年3月向亚行行长提交了题为《新亚洲、新亚洲开发银行》的研究报告,报告提出新亚行关注的重点要从应对严重的贫困挑战,转向支持更高和更为包容性的增长等重要建议。时任世行首席经济学家林毅夫以及美国国家经济委员会主任劳伦斯·萨默斯,当时均为该小组成员。

"包容性增长"译自一个英语复合名词"Inclusive Growth"。其中的中心词"增长",常常与"Economic(经济的)"搭配使用。在发展经济学和发展社会学中,"增长"被界定为不同于"发展"的概念。发展经济学认为,经济增长主要是指量的扩张,经济发展则还包括结构的调整;发展社会学更进一步把发展的概念,扩张到整个社会经济体制的转型和重构,除了经济增长以外,发展还应该包括制度、社会、产业、管理的结构以及人的态度的变化,等等。但是,尽管如此,因为"经济增长"更加直观,更具有可测量性和可比较性,使"增长"仍然备受青睐。进一步说,虽然经济增长并不等于经济社会发展,但经济增长毕竟是经济社会发展的基础,如果经济疲软、停滞乃至倒退,那发展又何从谈起?从这个意义上说,增长实为发展之必需。近年来,以"增长"为研究对象的新增长经济学活跃起来,将知识、人力资本等内生技术变化因素引入经济增长模式中。政府在教育、科研、法律等领域的开支,在传统理论中被视为公共消费,而在当代经济学中则也被看作是具有生产性的公共投资。

"包容性增长"中作为定语的"包容",有着"兼容并蓄"或"兼容并包"的涵义,可进一步引申为"融合"。当其与"社会"搭配时,就成了社会学的一个常用的概念,一般被表达为"社会包容"或"社会融合"。实际上,亚行所说的"Inclusive Growth",其中的"Inclusive",也应该包含"社会包容"或"社会融合"的意思。

在社会学和社会政策学的概念体系中,"社会包容"的反义词是"社会排斥（Social Exclusion）"。所谓"社会排斥",针对的是大民族完全或部分排斥少数民族的种族歧视和偏见,这种歧视和偏见建立在一个社会有意达成的政策基础上。美国社会学家戴维解释说：主导群体已经握有社会权力,不愿意别人分享之,譬如他们担心移民具有潜在的破坏性,因而感到有必要对这些人加以社会排斥。如今,在社会政策及相关领域中,这个词的指向已经被泛化,意指占据社会主流地位的阶层或群体在社会意识和政策法规等不同层面上,对边缘化的贫弱阶层或群体进行社会排斥。在1995年哥本哈根世界首脑会议上,"社会排斥"被视为消除贫困的障碍："各种社会排斥过程无不导致社会环境动荡,终而至于危及全体社会成员的福利。"

我们现在讲"社会包容"或者"社会融合",就是要消除任何形式的"社会排斥",将所有的人包容到社会经济发展进程中,共享社会经济发展的成果,消除社会阶层、社会群体之间的隔阂和裂隙,使所有的社会成员,包括男性和女性,老年人、成年人和未成年人,健康人和病人、残疾人,富裕阶层、中间阶层和困难群体……都能够无障碍地融为一体。当"增长"一词被赋予新的更为积极的含义,为了与传统意义上的"增长"和"经济增长"相区别,将"社会包容"作为定语,对重生的"增长"概念加以说明和限定,于是就构成了"包容性增长"的新概念。就其内涵而言,"包容性增长"必须强调两个方面,即"参与"和"共享",这也是"社会包容"的基本含义。换句话说,只有在所有的社会成员能够"参与"和"共享"时,经济增长才具有积极意义。

包容性增长是对经济增长和社会发展状态的一种描述。它包含两个基本要素：一是经济以科学的方式增长；二是所有社会成员共同参与、共享成果。两者是相辅相成的关系。首先,包容性增长既注重经济发展的速度,更注重发展的方式,即不仅要有数量,更要有经济、社会、资源、环境之间的协调,做到经济效益、生态效益、社会效益之间的相互包容。其次,包容性增长重点强调所有人的幸福,既要有同质的发展权利,也要有平等的分享权利,做到各阶层、各群体之间相互包容。而要实现所有人的幸福必须强调两个方面：参与和共享。1995年哥本哈根"千年宣言"中对"参与"有经典的解释:"只有人——不论是作为个人还是作为社群——成为行动主体。变化和发展才能产生。"只有每一个个体都能融入主流之中,发展才会充满动力和活力,个体也会因社会的发展促进自身的发展,获得幸福的机会。2005年联合国审视"千年宣言"的报告中对"共享"作出如下解释:共享不仅是指共享经济增长的成果,同时也是发展、安全和人权的共享。只有共享,才会幸福。包容性增长要消除各阶层、各群体之间共享的障碍,让发展的成果惠及所有人,让所有的人共享成果。世界银行认为,应该动员潜在的劳动力来使经济活动的劳动力最大化,不只是要保持经济平衡来实现持续的增长,还应该促使贫困的减少;欧洲2020战略强调"巧妙的,持续的,包容性的"增长,即强调的是竞争中的创新,对环境的保护和高就业率以及社会和地区的凝聚力。总之,包容性增长就是在保持较快经济增长的同时,更多关注社会领域发展,关注弱势群体,让更多的人享受经济全球化的成果。

企业的包容性增长,则是指企业发展过程中,平衡各利益相关者,处理好与员工、与上下游企业的关系,同时注重对环境的保护等社会责任的实现。为此,认为企业的包容性增长包含两个层面:一是指企业内部的各关系的协调,特别是平衡企业内部培训及成长机会等;二是指外部各关系的协调,主要是指企业的社会责任,即要求企业在注重发展的同时实现其社会责任,遵守商业道德、保护环境等。

"包容性增长"和中国近年来提出的"全面小康"、"和谐社会"和"科学发展"等思想,从根本上说是一脉相通的,都代表着世界文明发展的最新成果。胡锦涛主席此次提出这一概念,要在一个人口占世界近1/4的大国实现"包容性增长",意义重大。现在我们的当务之急,是将这些思想付诸实践,尤其是要让人民群众都能参与到社会经济发展的进程中去共建共享社会经济发展的成果。

4. "包容性增长"提出的重大意义

包容性增长是一个世界性的概念,而中国在当今时代高度重视包容性增长具有十分深刻的历史意义。中国加入WTO后,经济发展迅速,经济总量增加,国际影响力日渐提高。但在发展中也出现了一些严重的社会问题,如单纯追求GDP及经济效益,忽略社会效益和生态效益,地区差异、城乡差异、部门行业差异导致收入差距逐渐扩大,基尼系数逐步走高,社会背景差异又导致各阶层各群体发展机会不平等。针对经济发展质量的问题,包容性增长对转变经济发展方式提出了迫切要求:调整产业结构,提高发展质量,实现经济、社会、生态之间的相互包容。针对社会发展不均衡，包容性增长作为一种价值导向，把所有人的幸福作为发展的目标和发展的动力，力争使经济发展的目的回归到以人为本。包容性增长更加关注弱势群体的诉求，保护弱势群体的参与权利和共享权利，使弱势群体在生命、自由、财产、尊严、保障、发展等方面与其他阶层和谐统一。包容性增长绝不允许强势权力对弱势权利的剥夺，不允许垄断集团和特殊利益集团的长期存在，"穷人也有富权利"。只有权利和机会均等，才能实现社会的公平和谐。把所有增长的要素有机整合，达到优化配置，产生合力，实现经济、社会、民生的共同发展，充分显示了社会主义的优越性，也为中国的发展提供了一种崭新的战略视野。

包容性增长反映了科学发展观的要求。包容性增长强调共同参与，共享成果，权利平等，弱势群体不应因其背景差异被孤立于经济社会发展之外，在参与经济增长、合理分享发展成果等方面不会面临能力的缺失、体制的障碍、社会的歧视。发展机会的平等、发展成果的共享既是对人的尊重，也是践行"以人为本"的具体体现。只有人得到发展，社会才会更和谐；只有发展方式正确，才能优化整合人、财、物，实现最有效的发展。实现包容性增长的根本目的就是让经济全球化和经济发展成果惠及所有国家和地区，惠及所有人群，在可持续发展中实现经济社会协调发展。

（二）为什么要提出"包容性增长"

"包容性增长"就是经济增长、人口发展和制度公平三者之间的有机协同，具有显著的民本主义发展旨向，更关注民权民生，更能满足民众权利发展的制度公平诉求。在发展过程中，发展中国家通常面临着非常显著的制度约束，其实质就是制度安排与经济增长之间缺乏应有的包容性。经济增长的终极目的是人的发展，经济增长的关键支撑是制度公平，包容性增长就是经济增长、人口发展和制度公平三者之间的有机协同。

亚行驻中国代表处首席经济学家庄健接受《中国经济周刊》采访时表示，之所以提出这一概念，是基于中国加入WTO以后，经济增长迅猛的事实。数据显示，2002—2007年，中国年均经济增速高达11.65%，尤其是2004年、2005年这一轮增长比较明显，甚至超过10%，2006年、2007年更是达到了12.7%和14.2%的增长。现任中国发展研究基金会副秘书长的汤敏告诉《中国经济周刊》："当时大家都在谈经济增长，但是经济增长过程却出现了一些问题，最大的问题是收入分配不公。经济增长了，但并不是所有的人都能受益，有的人受益多，有的人受益少，特别是贫困人口受益更少。"此外，中国GDP如果再保持在两位数以上的增长，资源、环境的压力会增大,由增长本身不均衡导致的矛盾也会增多。是否应该适当下调增长预期水平,也成为当时学者争论的焦点。庄健向《中国经济周刊》表示,导致不平衡的原因,主要是由投资、出口拉动,消费的比重偏低;在产业方面,重工业劳动高,服务业比重偏低;经济和社会相比较,社会领域发展相对差一些,特别是收入分配结构、收入分配状况、城乡差距还比较大,"这种增长不利于长期的可持续、均衡的增长,所以亚行当时就做了相关研究。"据汤敏介绍,在此背景下,2005年,由亚行赞助支持,亚行经济研究局和驻中国代表处联合开展了"以共享式增长促进社会和谐"研究课题,同时邀请林毅夫、樊纲等国内七八位知名学者一起参与研究。当时作为亚行驻中国代表处副代表、首席经济学家,汤敏参与了一部分组织工作。

与此同时,在中央政府将"构建和谐社会"定为一项基本国策的背景下,由林毅夫主编,庄巨忠、汤敏、林暾等学者编写的《以共享式增长促进社会和谐》一书正式于2007年出版,该书出版的主要目的,是分析中国经济过去30年增长的特点,收入差距扩大的原因和所带来的问题及挑战,探讨通过实现共享式增长构建和谐社会的政策选择。"这本书出了英文版。当时翻译成中文的时候,我们斟酌了很久,最后是用了'共享式增长'这个词,实际上也有人翻译成'包容性增长'。"庄健表示,"包容性增长"这个概念其实跟这些年中国政府提出的"科学发展观"、"和谐社会"是一脉相承的,也是在贯彻"科学发展观"、"和谐社会"这个理念。"单纯地发展经济是不全面的,而更加全面、均衡的发展,才能使得经济的增长和社会的进步、人民生活的改善同步进行。这才是发展的目的,这样的发展才能够可持续。"[①]

笔者认为,之所以提出包容性增长,其根本原因还在于我国改革开放30多年来经济增长方式的不包容性。因此,正确认识影响包容性增长的因素是实现包容性增长的前提。学界从贫富差距、机会不均等、体制制约、GDP崇拜等不同的角度进行了分析,不乏真知灼见。

1. GDP崇拜。这是地方政府发展经济的内在动因,也是中国社会经济问题长期得不到解决的思想根源。余闻认为,我国社会经济发展的不平衡性根源于中国长期奉行的"GDP主义"。政府把发展简单理解为经济增长,把经济增长简化成GDP。政府的中心工作和主要任务,极端点说,就是一

[①] 王红茹:《胡锦涛公开倡导包容性增长,或将写入十二五规划》,人民网《中国经济周刊》2010年9月28日。

切为了 GDP，一切服从 GDP，一切服务于 GDP。围绕 GDP，形成了一整套政策体系，最关键的是政绩考核一票否决制。① 笔者认为，过于注重 GDP 增长的发展模式，鼓励了政府将主要的财政资源用于固定资产投资而非提供必要的公共服务。只有政府致力于推进再分配的社会公平，才有可能促进机会均等。从 GDP 崇拜寻找根源具有真知灼见，市场化过度也是一个重要因素。

2. 两极分化。学者认为这是导致经济不包容的重要因素，并进一步分析了成因与危害。林毅夫认为："收入差距上升的根源在于尚未完成从计划经济体制向市场经济体制的转型"，"制度缺陷和市场不完善也为个人和企业的寻租行为留下了巨大空间"，"收入的不均等进一步导致了接受基础教育和卫生医疗服务方面机会的不均等。"② 笔者认为，居民收入在国民收入中的比重和劳动报酬在初次分配中的比重过低，导致收入差距扩大，并影响了消费的可持续增长。弱势群体越来越被边缘化，占据优势地位的强势群体，只注重既得利益，造成与社会的割裂与对立，任其恶化，将危及国家长治久安。消除两极分化既是中国共产党的目标，也曾经成为中国共产党的骄傲，重提这一话题，深感历史的沉重。

3. 机会不均等。孙翎认为，经济增长不一定会带来所有社会成员收入的增加，结果可能是富者越富、穷者越穷。个人背景或所处环境的不同造成的机会不平等是社会不公正的表现。如果一个社会的发展机会长期被特定人群掌握，就容易造成贫富两极分化和极端贫穷，引发社会不满，极端情况下还会出现社会动荡。③ 笔者认为，目前我国出现的诸多经济社会失衡问题，如贫富差距、仇富心态、劳资冲突等，几乎都能从机会不均等中找到答案。个人发展中的城乡分割的户籍制度影响，这种身份差异还具有代际传递性。

4. 体制制约。体制因素具有刚性。俞宪忠认为，发展过程中，发展中国家通常面临着非常显著的制度约束，其实质就是制度安排与经济增长之间缺乏应有的包容性。经济增长的终极目的是人的发展，经济增长的关键支撑是制度公平，包容性增长就是经济增长、人口发展和制度公平的有机协同。④ 庄健认为，经济发展不平衡主要是由投资、出口拉动，消费的比重偏低；重工业比重高，服务业比重偏低；社会领域发展相对较差，特别

---

① 余闻：《实现包容性增长须去经济增长的 GDP 化》，《学习时报》2010 年 10 月 4 日。
② 袁蓉君：《中外专家认为中国应重视包容性增长》，《金融时报》2007 年 8 月 10 日。
③ 孙翎：《包容性增长与基本社会保障均等化》，《光明日报》2010 年 10 月 25 日。
④ 俞宪忠：《"包容"是民众发展的制度诉求》，《人民日报》2010 年 10 月 14 日。

是收入分配结构不合理、城乡差距较大,这种增长不利于长期的可持续、均衡地增长。①

(三)"包容性增长"提出的时代背景

正确认识"包容性增长"提出的时代背景,是深入研究这一问题的切入点,有助于科学认识包容性增长的深刻内涵和现实意义。关于"包容性增长"提出的时代背景,学界进行了不同的解读。

1. 发展失衡。发展失衡是中国经济社会存在的突出问题,是提出"包容性增长"的现实基础。庄健认为,包容性增长是基于中国加入WTO后,经济增长迅猛,发展严重失衡的事实提出的。周建军认为,现实生活中经济发展的成果并没有惠及所有国家和地区、惠及所有人群。② 余闻认为,包容性增长主要是着眼于国家与国家发展的不平衡以及国家内部的发展不平衡,中国发展的高度不平衡,成为"不包容性增长"的典型。汤敏认为,中国GDP如果再保持在两位数以上的增长,资源、环境的压力会增大,由增长本身不均衡导致的矛盾也会增多。③

2. 贫富分化。贫富分化甚至两极分化是中国经济社会发展产生的恶果,是中国社会不和谐的总根源,是经济不包容的根本特征。孙翎认为,改革开放以来,我国经济发展一直保持举世瞩目的高速增长,但贫富差距却不断扩大,代表国民收入贫富差距的基尼系数早已越过国际警戒值,并逐年上升。近年来,被经济高速增长掩盖的民生问题集中凸显,转型过程中市场机制、公共政策与法律法规的不完善,使得机会不平等已成为导致我国国民个人收入差异的重要原因。④ 汤敏认为,经济增长过程中出现的最大问题是收入分配不公。经济增长并没有使所有的人都受益,特别是贫困人口。⑤ 蔡荣鑫认为,人们在对贫困认识的深化与经济增长认识深化的相互促进过程中,增长理念经历了从单纯强调增长、到"对穷人友善的增长"以及"包容性增长"的演进。⑥

---

① 转自王红茹《胡锦涛公开倡导包容性增长,或将写入十二五规划》,人民网 – 《中国经济周刊》2010年9月28日。
② 周建军:《如何理解"包容性增长"》,《人民日报》2010年10月27日。
③ 转自王红茹《胡锦涛公开倡导包容性增长,或将写入十二五规划》,人民网 – 《中国经济周刊》2010年9月28日。
④ 孙翎:《包容性增长与基本社会保障均等化》,《光明日报》2010年10月25日。
⑤ 转自王红茹《胡锦涛公开倡导包容性增长,或将写入十二五规划》,人民网 – 《中国经济周刊》2010年9月28日。
⑥ 蔡荣鑫:《"包容性增长"理念的形成及其政策内涵》,《经济学家》2009年第1期。

3. 模式转变。经济增长方式转变是 20 世纪 90 年代提出来的战略,至今仍很艰巨,2008 年的金融危机使这一问题更加突出。传统经济发展方式的突出表现是结构失衡,即在需求结构方面,经济增长高度依赖投资和出口,消费对经济增长的拉动作用较弱;在产业结构方面,经济增长高度依赖第二产业特别是房地产业、工业的盲目扩张,而第三产业、服务业发展却相对滞后;在要素投入结构方面,经济增长高度依赖低成本资源和生产要素的高强度投入,科技进步和技术创新对经济增长的贡献率偏低。由此,转变经济发展方式的关键是实现包容性增长。

4. 金融危机。2008 年的全球金融危机是中国提出包容性增长的助推器。包容性增长是对国际金融危机后国际经济、政治复杂而严峻形势的一种积极回应。金融危机爆发后,贸易保护主义不断上升,贸易与投资自由化正在受到冲击,严重破坏了"包容性增长"原则。尽管我国实施应对国际金融危机冲击的一揽子计划成效明显,但在外需缺乏、内在持续增长动力不足情况下,由上一周期形成的产能过剩的问题在危机后明显加剧,暴露出以出口为导向的传统发展方式赖以生存的基础和条件已经发生根本改变。内需不足昭示着中国高速增长背后的包容性存在问题。[①]

(四)"包容性增长"的概念界定及其基本内涵

1. "包容性增长"的概念界定

自从亚行于 2007 年提出包容性增长的概念之后,国外许多研究者对它的内涵进行了界定,内涵主要围绕过程/结果维度、收入/非收入维度、收入增长是否有必要、包容性增长测度的难易程度及创新等五个方面进行界定,其中有代表性的定义主要有六种。

其一,亚行(2007)提出的包容性增长主要是关注收入的包容性增长,注重结果。亚行在《战略 2020》(2008)中将包容性增长界定为能创造和扩展经济机会,社会所有成员均等获得这些机会,参与并受惠于经济增长。该定义既注重经济增长的过程也注重经济增长的结果,但更强调增长的过程,并且对包容性增长的测度缺乏清晰的指标。《战略 2020》尝试在国家和项目层面建构包容性增长的各项评估指标,作为对该计划的部分回应,亚行战略与政策部门起草了一份关于包容性增长的简短的纲要。纲要将非歧视性参与型增长看作是具有包容性的,但纲要却完全回避什么是包容性增长,如何确定非包容性增长,如何对包容性增长进行测度等

---

① 参见张国献《当前国内包容性增长研究述评》,《现代经济探讨》2011 年第 2 期。

问题。

其二，Rauniyar & Kanbur（2010）整合亚行的研究成果，将包容性增长定义为不平等减少的增长。这一定义与相对益贫式增长（pro-poor growth）几乎一样。益贫式增长这一概念最早出现在1997年英国的国际发展白皮书、1999年亚洲开发银行以及世界银行的发展报告中。相对益贫式增长是指穷人与非穷人之间收入不平等减少的增长。两者的细微差别在于相对益贫式增长主要是为了使穷人相对于非穷人能得到更多的增长以及更少的不平等对待，而Rauniyar & Kanbur的包容性增长在更普遍的范围内考虑改变不平等的状况。因此，这种关于包容性增长的定义对于概念的构建增益甚少。

其三，Ali & Son（2007）将包容性增长定义为一种在社会机会上的益贫式增长。他们根据收入来考察社会机会的分配以及分配随时间的变化情况。当社会机会向低收入者倾斜时，包容性增长便随之产生了。Ali & Son的定义主要强调非收入增长如在教育或医疗上的增长，对亚行提出的包容性增长概念是一个极有价值的扩展。在教育或医疗这两个非收入维度上的相对益贫式增长可以很容易实现而不需要多大的收入增长，这些改进主要依赖于公共政策，它不依赖于经济增长，但 Ali & Son 并没有研究收入增长和这种形式的包容性增长之间的准确关系。譬如，社会机会的平等分配能保证更大的经济增长并提高穷人在增长中的参与度吗？收入增长能在多大程度上促进穷人社会机会的增加？

其四，Ali & Zhuang（2007）、Zhuang & Ali（2009）将包容性增长定义为一种能促进机会增加且机会平等获得的增长。这种增长能使得所有社会成员更平等地参与并贡献到经济增长过程中来，忽视个人环境的影响。具体来说，社会成员所取得的成就只与个人努力有关而与个人出身背景及所处环境无关。他们明确地将贫困视为一种多维度现象，认为非收入维度上的贫穷对经济增长的影响也是十分重要的，而不仅限于收入维度。他们认为当结果公平仅与自身努力有关而不与个人所处的环境相关时，机会均等便存在了。在这种定义下，能促进机会均等的增长即为包容性增长。实际上，人们还必须考虑个人在收入和非收入维度上所取得的成就，与超出个人控制范围的环境之间的关联度，及对增长过程影响机会不平等减少的程度。

其五，世界银行（2009）将生产性就业视为包容性增长的重要元素，因为穷人普遍依靠自身劳动力并将其看作最重要的资产，故增加岗位数量和岗位报酬对于旨在减少贫困的可持续增长战略来说是十分重要的。此定义将穷人视为经济增长的参与者和贡献者并明确将穷人只看作是受益者的观点排除在外。这里强调的包容性增长与 Ali & Zhuang 强调过程导向的概念有一定联系,但是要通过一系列的指标来实现对经济运行情况的监测仍旧是十分困难的。

其六,联合国开发计划署(UNDP)将包容性增长视为一种伴随着低不均等、不均等减少以及穷人在增长过程中进行经济政治参与且从中实现利益共享的增长。UNDP 的包容性增长概念主要围绕过程和结果、收入和非收入、参与和决策这几个方面来构建,这个概念要求有一套更为广泛的指标,但也存在困惑:如何权衡并聚总这种概念意义上的包容性增长中所包含的各种指标呢?①

2. "包容性增长"的基本内涵

梳理现有文献,国内学术界对包容性增长的内涵主要有以下四种角度的界定:②

第一种角度是把包容性增长界定为机会平等的增长。在这种界定中,机会平等是包容性增长的核心,包容性增长既强调通过高速和可持续的经济增长以创造就业和其他发展机会,同时又强调通过减少与消除机会不平等来促进社会公平和增长的共享性。庄巨忠认为,包容性增长是建立在机会平等基础上的经济增长,包容性增长需要保证人人都能公平地参与增长过程并从中受惠。③ 唐钧认为,包容性增长的内涵就是"参与"和"共享",消除社会阶层、社会群体之间的隔阂和裂隙,在所有民众都能够"参与"和"共享"中彰显经济增长的积极意义。④

第二种角度的界定是基于对贫困和弱势群体的关注,认为包容性增长是益贫式增长。汤敏认为,包容性增长最核心的含义就是经济增长让低收入人群受益,最好是让其多受点益。⑤ 庄健认为,包容性增长不单纯是经济的增长,在社会领域应该使更多的老百姓能够享受到发展的成果。⑥

第三种角度的界定是基于全球视角,从国内外两个层面来界定包容性增长。如杜志雄认为,从国内层面看,包容性发展是一种"普惠式增长",

---

① 刘嫦娥、李允尧、易华:《包容性增长研究述评》,《经济学动态》2011 年第 2 期。
② 刘琳娜:《包容性增长研究综述》,《理论视野》2012 年第 2 期。
③ 庄巨忠:《包容性增长的政策含义及对中国构建和谐社会的启示》,《金融博览》2010 年第 11 期。
④ 唐钧:《包容性增长:参与和共享的发展才有意义》,《上海人大月刊》2010 年第 11 期。
⑤ 汤敏:《包容性增长就是机会平等的增长》,《华夏时报》2010 年 10 月 12 日。
⑥ 庄健:《"包容性增长"如何包容?》,新华网,2010 年 10 月 19 日。

即不断为民众逐步过上富裕生活创造物质基础,提高居民收入在国民收入中的比重和劳动报酬在初次分配中的比重;在国际层面上,包容性发展是一种"开放性发展",国与国之间在开展经济合作时应该互相关照,互惠互利,携手发展。① 马晓河认为,从国内层面上看,包容性发展应该是和谐增长和科学增长,民众都能在增长中获益,尤其是对低收入群体有利;从国际层面上看,国家与国家之间应该是协调、和谐的增长,是共赢和多赢的,应该有益于多方。②

第四种角度的界定则从就业、制度、执政理念等角度来界定包容性增长。认为包容性增长应该实现穷人的充分就业,并使工资增长速度高于资本报酬增长速度,从而缩小贫富差距。俞宪忠认为,"包容"是民生发展的制度诉求,包容性增长就是经济增长、人口发展和制度公平的有机协同,具有显著的民本主义发展旨向。③ 陈杰人则结合中国执政党的核心理念,从三个层面来界定包容性增长的内涵:在价值层面,人民利益至上是包容性增长的核心;在方法层面,法律和政策的调节是实现包容性增长的关键;在技术层面,要更多地照顾民营企业等各类草根利益主体。④ 孙锡良认为,"包容性"理念是对"和谐社会理论"和"科学发展观"理论的进一步创新和升华,可以从七个方面来理解"包容性增长"的含义。第一,表现为制度和体制性相互包容。第二,体现为人类欲望与自然生态的相互包容。第三,要求发达地区与相对落后地区的相互包容。第四,提倡富裕人群与中低收入人群的相互包容。第五,引导传统理念与现代理念的相互包容。第六,要求管理者与被管理者要相互包容。第七,提醒世界也要与中国相互包容。⑤

此外,周建军认为,包容性增长的内涵,与"基础广泛的增长"、"分享型增长"、"亲穷人的增长"等的内涵有相似之处,也有明显区别。正确理解包容性增长,需要把握以下三个方面。第一,包容性增长既强调经济增长的速度,也强调经济增长的方式,二者同等重要。第二,包容性增长应该以优先开发人力资源、实现充分就业为基础。第三,包容性增长应当使人们平等、广泛地参与经济增长的过程并从中受益。⑥

---

① 杜志雄:《包容性增长理论的脉络、要义与政策内涵》,《中国农村经济》2010年第11期。
② 马晓河:《何谓包容性增长》,《时事报告》2010年第11期。
③ 俞宪忠:《"包容"是民众发展的制度诉求》,《党政干部参考》2010年第1期。
④ 陈杰人:《中国"包容性增长"为民企带来机会?》,凤凰财经网,2010年10月8日。
⑤ 转引自《网民热议"包容性增长"》,新华网,2010年10月19日。
⑥ 周建军:《如何理解"包容性增长"》,《人民日报》2010年10月27日。

（五）"包容性增长"的内涵与外延

包容性增长即倡导机会平等的增长，最基本的含义是公平合理地分享经济增长。但包容什么，怎样增长，其内涵与外延，理论界仁者见仁智者见智。

1. 机会均等。机会均等是包容性增长的核心要义与本质特征。它强调的是通过消除由个人背景的差异所造成的收入不均等。蔡荣鑫认为，包容性增长战略所期望实现的平等是多维的，具体表现为获得机会的平等、获得公共品与服务的平等和社会安全网保障的平等，本质是要消除贫困人口在上述领域相关权利方面的贫困，核心要义是实现机会平等和公平参与，使包括贫困人口在内的所有群体均能参与经济增长，合理分享增长成果。共享不仅是指共享经济增长的成果，同时也是发展、安全和人权的共享。包容性增长包括以下一些要素：让更多的人享受全球化成果；让弱势群体得到保护；在经济增长过程中保持平衡；强调投资和贸易自由化，反对投资和贸易保护主义；重视社会稳定等。① 笔者认为，只有机会均等，没有起点的平等和过程的公平，尽管不能从根本上解决问题，但这些观点仍具有重要的现实意义。

2. 价值导向。邓聿文认为，"包容性增长"的提出，是向外界传递一种信息和价值导向，即中国及世界的经济增长方式都需要改变，要实现"包容性增长"，必须舍弃 GDP 主义。作为一种价值导向，向全社会倡导这样一种理念，即要让人民过上一种很幸福的、有尊严的生活。② 王军提出，包容性增长使经济发展回归增长本意，即以人为本，发展的目的不是单纯追求 GDP 的增长，而是经济增长、社会进步和人民生活改善同步，经济增长与资源环境协调发展。作为制度特征，拒斥两极分化，要求成果普遍共享，涵括合理差别的相互认可与彼此尊重，制度安排不仅关注弱势阶层的发展诉求，也要给予合法致富者可预期的安全感。③

3. 发展状态。孙翎认为，作为经济增长和社会发展的一种状态，包容性增长包括可持续的经济增长、对所有社会成员的包容、平等的机会利

---

① 蔡荣鑫：《"包容性增长"理念的形成及其政策内涵》，《经济学家》2009 年第 1 期。
② 参见王红茹《胡锦涛公开倡导包容性增长，或将写入十二五规划》，人民网 - 《中国经济周刊》2010 年 9 月 28 日。
③ 转引自王亚光、王希《中国将"包容性增长"理念纳入未来发展思路》，新华网，2010 年 10 月 12 日。

用。① 陈宪认为，包容性增长要求包容经济、社会和生态，包容短期利益和长期利益，包容本土化和全球化，最为重要的是包容效率与公平。② 马晓河认为，包容性增长是和谐增长、科学增长，是有利于社会发展、公共服务和精神文明建设的增长。它包括让更多的人享受全球化成果；让弱势群体得到保护；加强中小企业和个人能力建设；在经济增长过程中保持平衡；强调投资和贸易自由化，反对投资和贸易保护主义；重视社会稳定。③ 笔者认为，期待的状态变成美好的现实亟须制度支撑。

4. 民众受益。这是包容性增长的基本目标，也是实现共富的切入点。汤敏认为，包容性增长最核心的含义是经济增长让低收入人群受益。庄健认为，包容性增长是在保持较快经济增长的同时，更多关注社会领域的发展，使更多的老百姓能够享受到这种发展的成果。④ 周建军认为，包容性增长应当使人们平等、广泛地参与经济增长的过程并从中受益。⑤ 陈宪认为，在经历了有失偏颇的高增长和全球化以后，要让低收入人群在增长过程中更多受益，让低收入国家在增长过程中更多受益。⑥ 俞宪忠认为，包容性增长具有显著的民本主义发展旨向，更关注民权民生，更能满足民众权利发展的制度公平诉求。⑦

5. 和谐共赢。这是包容性增长的应有之义。马晓河认为，包容性增长应该是 A 国增长了，不应该去损害或者抑制 B 国，不要给对方带来危害；国家与国家之间应该是协调、和谐的增长，是共赢。⑧ 俞宪忠认为，全球化时代，不同经济体之间积极广泛地展开对话、沟通和交流，在相互学习、模仿和借鉴中，寻求相互间的彼此尊重、肯定和协同，以和平、合作和和谐的发展方式，获取差异化基础上的增长包容、市场兼容和文化共容。在经济均衡、市场优化和制度改进的国际平台上，创建国际社会的经济共荣、和谐共生和成果共享。包容性增长表达的正是国际社会普遍共有

---

① 孙翎：《包容性增长与基本社会保障均等化》，《光明日报》2010 年 10 月 25 日。
② 陈宪：《包容性增长：兼顾效率与公平的增长》，《文汇报》2010 年 10 月 14 日。
③ 转自王红茹《胡锦涛公开倡导包容性增长，或将写入十二五规划》，人民网 - 《中国经济周刊》2010 年 9 月 28 日。
④ 转自王红茹《胡锦涛公开倡导包容性增长，或将写入十二五规划》，人民网 - 《中国经济周刊》2010 年 9 月 28 日。
⑤ 周建军：《如何理解"包容性增长"》，《人民日报》2010 年 10 月 27 日。
⑥ 陈宪：《包容性增长：兼顾效率与公平的增长》，《文汇报》2010 年 10 月 14 日。
⑦ 俞宪忠：《"包容"是民众发展的制度诉求》，《党政干部参考》2010 年第 1 期。
⑧ 转自王红茹《胡锦涛公开倡导包容性增长，或将写入十二五规划》，人民网 - 《中国经济周刊》2010 年 9 月 28 日。

的和平发展诉求。①

综上所述，笔者认为，所谓"包容性增长"，最基本的含义是公平合理地分享经济增长，是机会平等的增长、共享式增长与可持续发展的平衡增长，寻求的是社会和经济协调发展、可持续发展，着力保障和改善民生，让更多的人共享改革开放的成果。包容性增长的提出是对实现我国社会长治久安的重要战略部署。

首先，包容性增长首先应该是机会平等的增长。包容性增长的核心就是公平与平等，即发展权的公平与平等，让社会成员拥有更公平、均衡的发展机会。机会平等是现代市场经济意义上公平正义的一项重要理念和准则，"……不管他们在社会体系中的最初地位是什么，亦即不管他们生来属于什么样的收入阶层。在社会的所有部分，对每个具有相似动机和禀赋的人来说，都应当有大致平等的教育和成就前景。那些具有同样能力和志向的人的期望，不应当受到他们的社会出身的影响"② 机会平等原则包括竞争权利的平等、拥有条件的平等、机会实现过程的平等。机会平等是现代社会公平正义的体现，而机会不公则是对人类天赋的浪费，是对社会和谐的侵蚀，不仅造成社会整体效率的降低，更有悖于科学的发展观。然而，由于中国处于社会转型期以及其他一些因素，机会平等在当代中国社会仍存在诸多问题，面临一些障碍性掣肘。世界银行在2008年公布的一份题为《向顶端赛跑：中国的收入分配不公》的报告中，将中国的收入分配差距归因于机会的不平等，尤其是城乡之间受教育机会的差距。机会平等在中国社会现阶段面临诸多障碍，最为直接的因素包括四方面："延续已久的严格的户籍管理制度、'单位化现象'、平均主义以及官本位现象。"③ 胡锦涛强调："我们应该坚持社会公平正义，着力促进人人平等获得发展机会，逐步建立以权利公平、机会公平、规则公平、分配公平为主要内容的社会公平保障体系，不断消除人民参与经济发展、分享经济发展成果方面的障碍。"在这种意义上，包容性增长就是机会平等的增长。

其次，包容性增长还应是共享式增长。共享式增长作为发展经济学的一个新概念，是在对"机会的不平等"与"结果的不平等"认识基础上提出来的，与当代世界各国不断上升的收入差距密切相关。改革开放30年来，中国经济发展一直维持着高速增长的态势，GDP平均增长率高达

---

① 俞宪忠：《"包容"是民众发展的制度诉求》，《党政干部参考》2010年第1期。
② 〔美〕约翰·罗尔斯：《正义论》，何怀宏等译，中国社会科学出版社1988年版，第73页。
③ 吴忠民：《中国现阶段机会平等问题分析》，《科技导报》2009年第9期。

9.8%，从而大大减少了贫困。但是快速的经济增长也伴随着收入差距的扩大，这主要表现为城乡收入差距、行业收入差距和地区发展差异的扩大。"收入差距的扩大，如果不加以有效控制，会影响社会的稳定与和谐，增大改革的阻力和难度，从而制约经济增长和社会发展，甚至危及国家的长治久安"。① 而共享式增长是消除收入差距，推动我国和谐社会建设的一条有效途径。"当增长允许社会的全部成员参与并平等地作出贡献而与他们的环境无关，增长就是共享式的"。② 推动共享式增长就是要通过平稳、有效和可持续的增长来创造机会，并保证机会平等，以惠及全体民众；就是坚持以人为本，着力保障和改善民生，努力做到发展为了人民、发展依靠人民、发展成果由人民共享。

再次，包容性增长更应是经济与社会的协调发展和可持续发展的平衡增长。如前所述，亚行提出包容性增长理念是基于许多亚洲国家经济迅速增长的同时，而人们之间的收入差距却在不断地扩大，许多国家的基尼系数超过了 0.4 的国际警戒线，经济增长并没有带来"社会增长"，而且使环境进一步恶化，这种增长方式显现了对生态环境的排斥，使可持续发展难以持续。包容性增长倡导经济增长与社会增长同步而不是脱节和对立，并且强调这种增长应该建立在"资源节约"和"环境友好"的可持续发展基础上。

实现包容性增长，根本目的是让经济全球化和经济发展成果惠及所有国家和地区、惠及所有人群，在可持续发展中实现经济社会协调发展。就一国来说，包容性增长应该是可持续发展的增长，它要求在可持续发展中实现经济社会协调发展。可持续发展就是建立在社会、经济、人口、资源、环境相互协调和共同发展的基础上的一种发展，其宗旨是既能相对满足当代人的需求，又不能对后代人的发展构成危害。纵观当代中国，一方面，GDP 年均增长 9.8%，2010 年中国的 GDP 更是超越日本，位居世界第二位；另一方面，中国飞速的经济增长是以严重的资源浪费、环境污染为代价的，万元 GDP 总能耗是世界平均水平的 300%，巨大的资源环境压力成为经济持续增长最严重的制约因素之一。根据相关研究结果，2004 年的环境资源成本占 GDP 的比重达到 3%；在一些省份，环境污染治理成本甚至达到 GDP 的 7%—8%，如果扣除这些成本，这些省份的经济增长实际上是负的。通过对 1999—2005 年中国 29 个省市的面板数据的环境库兹涅

---

① 林毅夫等：《〈以共享式增长促进社会和谐〉书评》，《中国投资》2009 年第 1 期。
② 郑长德：《共享式增长理论研究进展》，《山东经济》2010 年第 3 期。

茨曲线①分析，郭红燕等得出了"目前我国的大部分省市没有处于曲线的下降阶段，即中国的总体环境与经济增长之间是不协调的"结论。②

二 "包容性增长"的原则、理念、结构与特征

"包容性增长"立足的是近几年发展观的变革，是一种发展模式认识上的精炼和升华。这一新的思想认识的提出，遵循着公平性、包容性和持续性的基本原则，充分体现了发展理念的科学性、发展机会的均等性和发展成果的共享性的发展理念，包含着全方位、多层次、宽领域的结构体系，体现着多样化的特征。

（一）"包容性增长"的基本原则

1. 公平性原则

"包容性增长"也可以理解为"共享性增长"，就是要让所有的国民，尤其是处于社会弱势地位的群体都能够最大限度地分享到我国社会主义建设、特别是改革开放30多年来的发展成果，从而解决好我国经济社会发展中存在的收入分配不公、贫富差距过大等日趋尖锐的社会矛盾。从这个意义上讲，"包容性增长"概念的提出是公平性原则的充分遵循。推进中国经济社会全面协调可持续发展、实现共同富裕、促进社会和谐稳定、让每个公民共享改革开放的成果是每一个中国人的愿望和梦想。改革开放30多年来，我们国家发生了翻天覆地的变化，社会各项事业有了明显进步，人民群众的生活水平有了明显的改善，但是任何人都无法否认目前贫富差距过分悬殊。如果贫富差距越拉越大势必影响社会的稳定发展，不利于调动一切积极因素建设我们的国家。造成贫富差距过分悬殊的主要原因是我们的改革不到位，收入分配不公正，收入分配制度不完善，这就需要我们深入改革，缩小贫富差距，践行包容性增长。

---

① 库兹涅茨曲线是20世纪50年代诺贝尔奖获得者、经济学家库兹涅茨用来分析人均收入水平与分配公平程度之间关系的一种学说。研究表明，收入不均现象随着经济增长先升后降，呈现倒U型曲线关系。当一个国家经济发展水平较低的时候，环境污染的程度较轻，但是随着人均收入的增加，环境污染由低趋高，环境恶化程度随经济的增长而加剧；当经济发展达到一定水平后，也就是说，到达某个临界点或称"拐点"以后，随着人均收入的进一步增加，环境污染又由高趋低，其环境污染的程度逐渐减缓，环境质量逐渐得到改善，这种现象被称为环境库兹涅茨曲线。

② 郭红燕：《中国经济增长与环境污染关系实证研究》，《科技导报》2007年第16期。

2. 包容性原则

胡锦涛在亚太经合组织会议上提出这一概念，是向外界传递一种信息：中国现有的发展方式、发展模式是需要改变的。在保持较快经济增长的同时，应表现为经济、政治、文化、社会、生态等各个方面的互相协调。"包容性增长"体现为人类欲望与自然生态的相互包容。人类无休止的高速增长欲望已经让我们生存的这个星球不堪重负，人类对自然界的破坏已让无数种生命绝迹，一个不平衡的生态系统的危害性也已显露出来，然而自然界的无声警告并没有完全让人类变得理智和清醒，人类欲望有膨胀和进一步上升的趋势。这种高速膨胀的欲望是生态系统无法承受的。人类有没有责任包容自然生态的固有平衡？美国《华尔街日报》则报道称，中国领导人正打算利用一个五年一次的大规模经济和社会规划使中国走向更平衡和更可持续的发展道路。

3. 持续性原则

按照1987年世界环境与发展委员会的定义，可持续发展就是"既要满足当代人的需要，又不对后代人满足其需要的能力构成危害的发展"，其核心思想是，健康的发展应建立在可持续生存能力、社会公正和人民积极参与自身发展决策的基础上。最初亚洲开发银行倡导这一概念，就是提醒成员国注意经济快速发展中的失衡问题。如投资、生产与消费的平衡，经济发展与社会发展的平衡，倡导将经济增长建立在更自由、更开放、更公平的基础之上，因为只有这样的经济增长才是健康的和可持续的。"十二五"规划强调，中国不再像以往那样强调GDP总量的增长目标，而要把注意力放在更优质、更环保、可能也较为缓慢的增长上。健康的经济发展是建立在生态可持续能力、社会公正和人民积极参与自身发展决策的基础上且追求人类的各种需要得到满足、个人得到充分发展。同时保护资源和生态环境，不对后代人的生存和发展构成威胁，特别关注的是各种经济活动的生态合理性。包容性增长要求经济发展从重速度向重质量转变，且在社会保障体系的构建中促进可持续发展。

（二）"包容性增长"的发展理念

1. 发展理念的科学性

"包容性增长"与"科学发展观"一脉相承，也是践行"科学发展观"的具体体现。包容性增长要求围绕改善民生来谋划经济发展，促进经济结构优化，增强经济发展动力，在经济发展的基础上更加注重社会建设，着力保障和改善民生，扩大公共服务，完善社会管理，促进社会公平正义,努力使全体人民学有所教、劳有所得、病有所医、老有所养、住有所居。这一概念的提出,意味着我国将在制度安排上进一步完善、修订一些不合理的社会政策和法律法规,甚至出台一些新的社会政策和法律法规,以调整收入分配结构。缩小城乡差别、贫富差距,促使国民之间权利配置的趋同,以利于提高"社会包容"程度,消除"社会排斥"因素,减缓各种社会矛盾,促进社会稳定和谐。在这样一个过程中,处于社会弱势地位的一些低收入群体,尤其是农民的收入水平和社会保障就能在制度的保障下有较大程度的提高。形成拉动内需的长效机制,进而使我国经济增长不再过于依赖外需,在一定程度上提高我国经济发展应对外部环境变化的能力。它意味着我国经济发展的取向将要以更大的力度实现从"国强"向"民富"的战略性转变;从重城市轻农村向统筹城乡发展、促进城乡基本公共服务均等化转变。随着国力的增强,政府必须在财政支出上实现由过去的"保建设"向"保民生"倾斜。更加注重公共投入、社会保障、民生福祉的提高,使处在社会底层的低收入人群,特别是广大农村居民也能更多地分享到我国社会主义建设,尤其是改革开放 30 多年来的发展成果,提高其幸福指数,从而形成对我国国内需求的强大支撑。因此,"包容性增长"不仅体现了我国政府对同步发展经济与社会、改善人民生活质量和优化收入分配格局的重视,是对科学发展观执政理念的深化,从政策选择上看,包容性增长还为全面构建和谐社会提供了有效途径。

2. 发展机会的均等性

包容性增长其核心是倡导机会平等。通过经济增长创造就业机会,并强调机会平等。中国不能过度通过税收调节贫富差距,不能超越现有实力推行高福利,而要在就业、教育、医疗、社会保障、住房保障等方面给每个人平等的机会,以保证每个人都有参与经济发展的平等机会。当下中国的现实是,自 20 世纪 90 年代中期一系列社会改革开始,国企、教育、医疗、房地产、股市等改革无不伴随着巨大的社会争议,在市场化和非市场化、放权与收权、改革与反改革的一轮轮争夺中,中国经济在取得巨大成果的同时带来了一系列社会问题,突出表现为民众对贫富差距过分拉大的不满。具体表现为,一是个人发展面临很多机会不均等。如城市居民与农村居民在教育、医疗、卫生等方面的差别、收入的差距等,社会各阶层之间的机会不均等,普通人机会少。二是企业发展方面,很多国企具有资源垄断的优势,有很多发展的先天优势条件;而非国有企业在这方面则处于劣势,在市场中处于不同的地位;长此以往造成国民经济的失衡,同样的状况也存在于大企业与小企业之间。当这种不满成为一种普遍的社会情绪时，就需要一种以倡导"机会平等"的理论出现以指导执政党的治理战略。

包容性增长要求每个人、每个经济主体都处于均等的地位，其关键词是参与和共享，使社会上尽可能广泛的人群都有共同的愿望与梦想。倡导机会平等是包容性增长的核心，强调机会平等就是要通过消除由个人背景不同所造成的机会不平等，从而缩小结果的不平等。它强调要建立具有包容性的社会制度，提供广泛的参与和共享机会；强调通过维持长期及包容性的增长，确保增长效益为大众所广泛共享。英国诗人弥尔顿说过，"上天给理智就是叫他有选择的自由"，而选择善与正义就是理智的起点。中国有句古话，叫做不患寡而患不均。寡是结果，均是过程。社会上不可能人人都是百万富翁，但是应该建立人人都可以奋斗成为百万富翁的规则。这样，"包容性增长"，既是一种增长方式，更是一种增长机制。它强调机会的公平公正，强调消除个人发展中的不公平不公正的障碍。这种理念不仅仅是中国民众所渴求的，更是整个人类社会发展所追求的。

3. 发展成果的共享性

"包容性增长"强调"参与"和"共享"，这也是"社会包容"的基本含义。2005年联合国审视"千年宣言"的报告中指出，共享不仅是指共享经济增长的成果。同时也是发展、安全和人权的共享。没有发展就无法享有安全；没有安全就无法享有发展；不尊重人权，我们既不能享有安全，也不能享有发展。过去的经验表明，中国的不少地方简单地将经济发展理解为GDP提高，在分享经济发展成果方面做得不够，劳动者的报酬远远赶不上经济增长的速度，导致两极分化，社会矛盾加大。"包容性增长"的提出表明，中国适时将经济发展战略由发展向分享转变。

海纳百川、一视同仁、人人共享，都是包容。包容性增长不仅仅是量的容纳，更是质的提升。提倡包容性，并不是为了经济增长而不择手段，而是要通过合理的制度安排、公平正义的方式，让发展的成果普惠广大人民群众尤其是弱势群体，并因此构筑新的发展基础。"包容"的要义是共享，在我们这个发展不平衡、利益格局多元化的社会，提倡包容和共享，并非要泯灭一切差别，回到平均主义的老路，也不是屈从于贫富分化、特权垄断等不良现象。因为这些会抑制发展活力，引发社会问题。古希腊哲学家柏拉图就说过，在公民共同体的任何部分出现绝对的贫困和富庶，都会引发祸乱。包容性的共享，就是要在正视合理差异的基础上，开辟一条既做大蛋糕又分好蛋糕的新路，为人们创造平等发展的环境、公平竞技的舞台。包容应消除排斥，共享应走出独享。陕西神木县的免费医疗、吴起县的免费教育等惠民政策得到赞誉，就在于其发展成果"博爱人"、"博利人"。我们由此可以看出：执政者的正确支点是——发展为了人民、发展依靠人民、发展成果由人民共享。

（三）"包容性增长"的结构体系

包容性增长的结构体系可以分为有形的结构体系与无形的结构体系。在全球化飞速发展的当代，世界日益融为一个"地球村"，从这个角度讲，包容性增长，根本目的不仅是在一国范围内实现公平合理地分享经济增长，还应是让经济全球化和经济发展成果惠及所有国家和地区、惠及所有人群。因此，包容性增长的结构体系可以进一步区分为两个宏观领域：国内领域与国际领域。

就国内领域包容性增长的有形结构体系来说，它主要涉及制度、政策、权利等三个层面。在制度层面，城乡二元社会结构依然没有被打破，二元社会模式的实质与核心在于强制性的居民身份制度，不同的身份享受截然不同的社会待遇，它是由一系列具体制度建立起来的，即户籍制度、住宅制度、粮食供给制度、副食品和燃料供给制度、生产资料供给制度、教育制度、医疗制度、养老保险制度、劳动保护制度、婚姻制度等，政府人为地将公民区分为农业户口和非农业户口，形成农民和市民社会地位完全不平等的制度体系，这在当今世界上是绝无仅有的，构成发展中国家特有的中国式社会状态。由此，造成城乡居民收入差距的扩大，"据有关部门测算，我国城乡居民收入差距已经由 20 世纪 80 年代的 1.8∶1 扩大到 2002 年的 3.11∶1……而世界上绝大多数国家城乡收入之比为 1.5∶1，超过 2∶1 的极为少见"。

在政策层面，政策是价值的权威性分配，因此，公共政策的制定、执行应该是及时、公开、公平公正的。我国高度组织化的"内输入"型决策体制使得公共政策的制定难免有失偏颇，如，1979 年开始执行的《火车与其他车辆碰撞和铁路路外人员伤亡事故处理暂行规定》，在铁路路基上行走、乘凉、坐卧钢轨等引发的伤残，由铁路部门酌情给予一次性救济费 50—150 元；死亡者，铁路部门酌情给予 80—150 元火葬费或埋葬费，还可酌情给予一次性救济费 100—150 元。在公共政策执行上，"上有政策，下有对策"，中央的保障性住房政策本意是保障中低收入者的民生，而有些地方政府却在公租房和廉租房建设进度上踯躅不前。

在权利层面，弱势群体也面临一系列障碍，农民工是典型的弱势群体，农民工虽然为城市的发展做出了巨大贡献，创造了巨额财富，但他们却无法拥有和城市居民同样的权利，无法享受到同等的制度对待，无法得到城市居民的认同，更得不到这个城市社会的各种福利待遇，他们的劳动休息权、工资报酬权、劳动保护权、社会保障权以及政治权利等都存在大面积的被侵害现象。

在过去几十年里，中国在经济增长上取得了全球瞩目的成就，但这并不是包容性增长。事实上跟许多国家的情况一样，中国的包容性问题已很典型。尽管企业利润增长迅猛，公共产品却在恶化，不平等现象也有所增加。作为全球经济发动机和模板，中国实现复兴面临的下一个挑战就是需要成为包容性增长的先锋和模范。这也符合中国人的传统与儒家思想。没有包容性增长，就不会有和谐社会。① 近年来，中央政府一直致力于扭转这种局面，先后出台了一系列政策，如取消农业税，加大对农产品的补贴，努力打造覆盖城乡的社会保障网络体系等都是我国致力于包容性增长的表现。

就国内领域包容性增长的无形结构体系来说，它主要指的是经济增长的理念的转变、公民文化的塑造。长期以来，我国片面强调单一的经济增长，但其是以高昂的社会成本为代价的。2003年胡锦涛总书记提出了新的执政理念：科学发展观，即坚持以人为本，树立全面、协调、可持续的发展观，促进经济社会和人的全面发展，统筹城乡发展、统筹区域发展、统筹经济社会发展、统筹人与自然和谐发展、统筹国内发展和对外开放。绿色GDP以及新的政绩观开始形成。当然，包容性增长还需要全民的参与，"如果说现代世界上正在进行一场革命的话，我们或许可以把这场革命称作'参与革命'"。美国政治学家阿尔蒙德把公民文化看作是政治参与型为主的复合型文化，并认为它是民主制度得以持久的基础。实际上，公民文化不仅是政治参与，还包括经济参与、社会参与，是公民权利与责任的全面展现。改革开放30年来，我国公民积极投身经济大潮，然而，社会参与、政治参与却相对迟缓，以社会参与中的慈善为例，中国富人的慈善热情、社会责任感令人诟病，前几年国人关注的沸沸扬扬的盖茨、巴菲特来华劝捐事件就是最好的注脚。

"包容性增长不能只是政府的支持，所有的利益相关者都必须充分参与进来才能取得成功，最重要的是企业界和企业家的参与。业界参与的意义远比一般的CSR（企业社会责任）要更深刻。包容性增长需植根于企业

---

① 〔瑞士〕让·皮埃尔·莱曼：《探索"包容性的增长"》，中国企业家网，2008年7月17日。

的精神和策略中。商界领袖应该清楚知道长期地、策略性地保证包容性增长并不是利他行为,未来的商业环境将取决于此。包容性增长不仅扩大了市场,它也创造了一个更有利于企业发展和盈利的环境"①。

包容性增长也包括无形的因素、观念和"感情"。其关键词是希望和参与,使社会上尽可能广泛的人群有共同的愿望。包容性增长就是给人们愿景:当一些社会成员觉得他们永远也不可能指望得到那些富人所想得到的,排斥和不包容就产生了。如果人们相信明天会更好,尤其是当他们能切实地期望子女加入到"赢家"的行列之中,那么他们会准备好挺过今天的困难。②

就国际领域包容性增长的有形结构体系来说,经济全球化是当代世界经济的重要特征之一,也是世界经济发展的重要趋势。经济全球化曾被经济学家们标榜为发展中国家崛起的千载良机,现在却成为加剧贫富差距的"替罪羊"。在经济全球化的发展过程中,以中国、印度为首的亚洲发展中国家虽然取得了相当大的经济增长,但是全球化所带来的收益大部分都流入了发达国家富裕阶层的口袋,贫穷问题依然未能解决,今天的世界甚至比以往更不平等。

"据统计,发达国家与发展中国家人均 GDP 的差距已从 1983 年的 43 倍扩大到目前的 60 多倍;1960 年,占全球人口 20% 的富人的收入是占全球人口 20% 的穷人的收入的 30 倍,1993 年扩大到 78 倍,1995 年则高过 82 倍;1987 年,全球生活在绝对贫困线以下的穷人为 12 亿,1993 年增至 13 亿,1998 年则达到 17 亿。"③ "联合国开发计划署发表的 1999 年《人类发展报告》显示,占世界人口 20% 的发达国家所拥有的世界总产值高达 86%,它们占全球出口市场的份额也高达 82%;而占世界人口 75% 以上的发展中国家所占的这两项比例仅分别为 14% 和 18%。"④

从理论上讲,任何一个发展中国家作为参与经济全球化的一员,理应拥有分享全球财富和经济增长的权利,但事实上却不是这样。由于经济全球化为国际资本开辟了广阔的空间或活动范围,因而对国际资本的主要持有者——发达国家而言,无疑增加了更多的获利机会,同时,电子信息技术和智力资源开始成为取得竞争优势的重要支撑,自然资源和廉价劳动力

---

① 〔瑞士〕让·皮埃尔·莱曼:《探索"包容性的增长"》,中国企业家网,2008 年 7 月 17 日。
② 同上。
③ 侯石:《一台极度倾斜的天平》,《半月谈》(内部) 1999 年第 8 期。
④ 《南北差距严重程度令人吃惊》,《文汇报》2000 年 9 月 4 日。

的优势地位正在逐步消失,如此发展下去自然会形成"富的越来越富、穷的越来越穷"的结果,正如德国学者博克斯贝格所说的,"现在的金融体系及其自由化会使那些已经享有特权并且主宰世界经济的国家受益。代价却由发展中国家,特别是由它们当中最穷的国家承担"。①

此外,发展中国家之间的贫富两极分化现象也日益严重。目前,世界上最不发达国家由10年前的36个增加到48个。这些国家大都远离世界或所在地区经济中心,它们参与经济全球化的程度远远低于经济较为发达的发展中国家。许多最不发达国家甚至并未真正感受到经济全球化的任何好处,或者只是在其中取得毫末之利。有关资料告诉我们,近些年来,绝大多数最不发达国家除了得到国际社会的捐赠和多边经济援助之外,几乎吸引不到任何国外直接投资。20世纪90年代初,占世界人口10%的最不发达国家在全球贸易中所占的份额只有1.6%,1997年则仅为0.3%,达到可以忽视不计的程度。②

在这方面,非洲面临的形势更为严峻。虽然近几年非洲的经济增长有所加快,但非洲的GDP仅占全世界的1%,其贸易额仅占世界贸易总额的2%,一些国家的人均实际收入大大低于40年前的水平。看来,这些国家确实面临着被经济全球化"边缘"的现实危险。对此,就连国际货币基金组织前总裁康德苏也不无担忧地指出,如果听任贫富差距继续扩大,那么贫富问题将引起社会动荡和冲突,并最终破坏人类社会的整体秩序。因此,联合国开发计划署在1999年度《人类发展报告》中呼吁人们重新认识经济全球化,努力缩小日益扩大的贫富差距。联合国工业发展组织1996年发表的《全球工业发展报告》也指出,在全球化过程中,西方国家获利最多,东南亚国家部分受益,非洲国家获利极微。据世界银行估计,1987年到1998年,亚洲每日收入1美元以下贫困人口由27%降至15%,非洲贫困人仍为46%,毫无改善,贫困程度最严重的是处于全球分工体系最底层的国家和地区,即发展中国家和地区。在结构调整过程中,发达国家纷纷把高能耗、高污染产业转移到发展中国家,借此转移全球化成本,因此,许多发展中国家资源条件和生存环境不断恶化。发达国家的利用高额奖学金和优厚待遇,吸引发展中国家极为稀缺的高新科技管理人才,阻碍其社会经济发展,延误了这些国家和地区的脱贫。

---

① 〔德〕格拉德·博克期贝格等:《全球化的十大谎言》,胡善君、许建东译,新华出版社2000年版,第143页。
② 郭连成:《经济全球化及其对世界不同类型国家的影响》,《财经问题研究》1999年第1期。

由以上分析，我们可以推知：对发展中国家来说，虽然不能将经济全球化拒之门外，但也不能对经济全球化存在太多幻想，更不能认为乘上了经济全球化的"列车"就意味着走向繁荣富强。以资本主义为特征的经济全球化只会造成发达国家对发展中国家的剥削、压迫和控制的加深，并不是世界各国实现共同富裕的根本出路。

面对经济全球化的弊病，从世贸组织西雅图会议开始，一直到魁北克美洲国家组织首脑会议、哥德堡欧盟峰会和热那亚八国集团峰会，伴随它们的"反全球化"公众抗议活动令世人反思。反对全球化运动本身已经全球化。这表明传统的"经济全球化"带来的经济高增长不是包容性增长。因此，有必要建立新的国际经济和金融新秩序，打破发达国家的金融霸权。近年来，一种合作共赢的双边、多边贸易体制正在悄然兴起，如，中国——东盟自由贸易区、海峡两岸经济合作框架协议、美洲自由贸易区等，在第八届亚欧首脑会议上，新西兰、澳大利亚、俄罗斯首次参与进来，共同探讨多边贸易与可持续发展，这是世界各国致力于包容性增长的努力。

就国际领域包容性增长的无形结构体系来说，它主要指的是发展中国家的包容性增长理念的成长以及国际间合作共赢共识的形成。"世界上绝大部分国家的政府和领导人正清楚地认识到不单是经济增长是必要的，被称为'包容性的增长'也是必需的。"① 包容性增长的理念正被越来越多的发展中国家和国际社会所接受和采纳。"泰国把实现公平增长作为政府发展努力的基本要素。越南的社会经济发展战略也体现了共享式增长的思想。"② 世界银行2006年发展报告的主题就是"公平与发展"，提出广泛分享经济和政治机会对经济增长和发展具有至关重要的作用。亚洲开发银行制定的今后10—15年的基本战略由减少贫困扩展为支持发展中亚洲国家的共享式增长。世界银行增长与发展委员会的《增长报告》，主题就是可持续增长和共享性发展的战略。当然，近年来随着全球金融危机的加剧，一些国家特别是发达国家的贸易保护主义抬头，美国把人民币汇率政策政治化就是极为典型的例子。同时，发达国家在贸易、气候、环境等领域对发展中国家的指责与推卸责任也有增长势头。在哥本哈根世界气候大会上，发达国家一方面，企图变革《京都议定书》确定的双轨制和"共同但区别"原则，另一方面，拒不履行《京都议定书》中确定的向发展中

---

① 〔瑞士〕让·皮埃尔·莱曼：《探索"包容性的增长"》，《中国企业家》2008年第13期。
② 郑长德：《共享式增长理论研究进展》，《山东经济》2010年第3期。

家提供经济和技术援助的事项。因此，在国际间实现包容性增长理念还有很长的路要走。

当然，国内领域包容性增长与国际领域包容性增长的关系不是割裂的，而是相互依存的。国内领域包容性增长有助于国际领域包容性增长的实现。中国是包容性增长的积极倡导者，更是包容性增长的积极实践者。首先，中国强调推动经济社会科学发展、和谐发展，促进社会和谐，既强调加快转变经济发展方式、保持经济平稳较快发展，又强调坚持把发展经济与改善民生紧密结合起来，以解决人民最关心最直接最现实的利益问题为着力点，大力推进以改善民生为重点的社会建设。中国社会的稳定与经济的繁荣本身就是对世界和平与发展作出的巨大贡献，而且中国的包容性发展也创造了广阔的国内市场前景，为世界其他国家的经济发展提供了机遇。其次，在应对亚洲金融危机的过程中，中国坚持人民币不贬值，为世界经济的稳定作出了巨大贡献；在国际金融危机面前，中国实施积极的财政政策和适度宽松的货币政策，同时又比较好地控制了财政金融风险。当主要发达国家经济出现负增长之时，中国经济迅速回稳和保持较快增长，极大地增强了世界各国战胜国际金融危机的信心，为主要经济体和周边国家创造了大量需求，成为世界经济复苏的重要引擎。再次，作为世界上最大的发展中国家，中国的包容性增长不仅可以成为其他国家的发展样板和典范，而且还可以团结发展中国家为建立国际经济新秩序而努力。国际领域包容性增长是实现国内领域包容性增长的重要外部条件。当代中国处于社会转型期，经济发展不平衡，产业布局不合理，产业结构的升级还没有完成，贫富差距悬殊，各种利益关系日益复杂，社会矛盾多发；而且中国经济的发展对外依赖性逐年上升，无论是在能源、原材料、资本、技术等方面，还是在市场方面，都与国际市场紧密联系在一起，"一荣俱荣，一损俱损"，因此，国际领域包容性增长对于缓解我国社会转型期的压力，创造一个和谐、和平的国际发展环境极为关键。

（四）"包容性增长"的主要特征

包容性增长是一种全新的增长理念，进一步明确了中国经济发展方式转变的目标模式，与非包容性增长相比较，包容性增长的基本特征主要表现在：

1. 包容性增长体现了新的增长目标模式

非包容性增长是一种经济增长至上、GDP 至上的发展观，把经济发展简单理解为经济增长，同时又把经济增长简化为 GDP 增长，即主要依靠投资和出口来拉动经济，依靠高投入高消耗高排放、低劳动力成本、低土地成本、低社会保障的工业化道路。非包容性增长的典型后果是经济发展不平衡，社会基尼系数持续扩大。包容性增长与非包容性增长有本质的区别，包容性增长体现了一种全新的经济增长目标模式，在经济增长理念上，包容性增长反映出了经济增长的出发点和归宿点。在经济增长方式上，依靠投资、消费和出口的协同来拉动，注重消费对经济的拉动作用，依靠内需拉动和就业导向，以充分就业作为经济发展的优先目标，大力发展战略性新兴产业和现代服务业。在经济增长的后果方面，强调各个经济利益主体矛盾的缓解，城乡差距、地区差距及群体差距的缩小。

2. 包容性增长倡导公正和公平

包容性增长最基本的含义是公平合理地分享经济增长。包容性增长包括以下要素：一是强调经济增长成果的分享性。包容性增长重新描述了公平与效率之间良性互动的内在包容性，主张让更多的人分享经济增长的成果，缩小收入差距。二是在经济增长过程中保持平衡。强调区域经济发展平衡，建立新的区域经济发展格局。重视各个利益主体矛盾的缓解，城乡差距、地区差距及群体差距的缩小。强调城乡经济社会一体化，重视城乡之间的平衡发展，主张建立城乡经济社会一体化新格局。三是重视经济发展和社会发展的协调。包容性增长的关键在于经济增长包含社会发展，经济发展是社会发展的前提和基础，也是社会发展的根本保证；社会发展是经济发展的目的，也为经济发展提供精神动力。随着人民群众的物质生活水平日益提高，对精神文化、健康安全、教育水平等方面的需求也日益增长，更加要求社会与经济共同发展。四是提高经济增长创造就业的能力，确立以就业为导向的经济增长目标，通过高速、有效以及可持续的经济增长，来争取最大限度地创造就业与发展机会，确保民众有基本福利保障。五是确保民众的机会平等和公平参与。包容性增长是指通过经济增长创造发展机会，让社会所有成员都可以平等利用这些机会提高自身的发展能力，使经济实现可持续增长，社会发展实现良性循环。

3. 包容性增长倡导了新的增长价值导向

包容性增长向全社会倡导了新的增长价值导向：一是倡导增长成果共享的价值导向。增长成果共享价值观的含义包括：不同社会阶层共享增长成果，关注人的生活质量、幸福指数，把发展的目的真正体现到满足人民需要和提高人民生活水平上；不同区域共享增长成果，解决区域之间发展成果共享失衡问题，增强区域经济发展与社会发展的协调性，在区域之间共建共享发展成果的机制。城乡之间共享增长成果，建立城乡经济社会一体化的新格局，消除城乡市场分割、体制分割、产业分割，促进城乡基本公共服务均衡配置，在城乡之间建立起共享增长成果的机制。二是倡导民生为本的价值导向。要改变过多强调GDP的增长理念，在经济增长中更多地强调民生，在收入分配等方面都要向穷人和弱势群体倾斜。三是倡导经济与社会协调发展的价值导向。包容性增长包括经济、政治、文化、社会、生态等各个方面，经济增长应该是互相协调的。包容性增长是和谐增长、科学增长，是对低收入人群有利的增长。财富分配应该是公平的，社会成员都应该在经济增长中获得相应的份额。这种增长应该有利于社会发展、公共服务和精神文明建设。四是"国富"与"民富"相结合的价值导向。包容性增长强调民富优先，意味着促进居民收入水平的提高将成为宏观经济政策的价值目标，这一目标意味着更多的社会产品分配给居民而不是企业和政府；意味着政府更多的财政支出用于社会福利体系建设而不是用于项目建设；使社会财富更多地为居民所有，居民的消费倾向和消费能力在经济增长中都该得到极大改善。

4. 包容性增长更加强调人本主义的增长

经济增长模式分为两类：以物为本的经济增长和以人为本的经济增长。以物为本的经济增长把"物质增长"视为经济增长的关键，把物质生产的高速度和物质财富的高积累及物质生活的高消费放在核心的地位。从大多数国家的经济增长实践来看，最初的经济发展都是"以物为本"的模式，在经济发展的初期总是倾向于高投入、高消耗，追求高增长率和大规模生产。而包容性增长更加强调人本主义的增长，"以人为本"的经济增长以人的自由发展和福利改善为出发点，以人本主体的自由为核心，以生存自由、社会自由和精神自由为侧重点来设计发展的思路和实现路径，把经济增长的终极关怀建立在以人为本的基础之上，围绕人的全面发展，实现经济增长。在发展中不仅重视物的增长，而且特别重视人的全面发展，健全公共服务，提高教育、医疗水平等与人的全面发展密切相关的问题；把提高人的生活福利、拓宽人的发展空间、维护人的发展权利作为包容性增长的终极关怀。

三 "包容性增长"的战略地位、时代价值和功能定位

（一）"包容性增长"的战略地位

包容性增长的提出，无疑是一个重大的理论突破与创新，对党的执政

理念、中国经济社会发展、和谐社会构建，对发展中国家甚至发达国家都将产生长久而深远的影响。学界基于此的热烈讨论很有见地。

1. 理论维度

作为发展理念，包容性增长是党和政府指导思想的理论创新。庄健认为，"包容性增长"与中国政府提出的"科学发展观"、"和谐社会"一脉相承，是在贯彻"科学发展观"、"和谐社会"的理念，代表着世界文明发展的最新成果。孙翎认为，推进包容性增长，不仅体现了我国政府对同步发展经济与社会、改善人民生活质量和优化收入分配格局的重视，也是对科学发展观执政理念的深化。包容性增长表明中国在世界经济交往中的一贯立场、基本态度、"入世"理念、合作方略，实质上就是坚持科学发展、和谐发展、可持续发展的道路。

2. 现实导向

包容性增长的中国式理解，是对未来中国民生建设的宏图扩展，是未来经济建设不可忽略的重要元素和出发点。"十二五"规划充分体现了包容性增长。马晓河认为，包容性增长是未来中国经济和社会发展的方向判断，是构建和谐社会的有效途径。它将为国内经济建设创造有利外部条件，为中国对外经济项目顺利发展提供安全保证。"包容性增长"对企业发展也具有基础性、现实性意义，将成为企业发展的巨大动力，应给予高度重视并认真实践。包容性增长将使经济发展的实惠更多地为普通老百姓所享受，使更多的普通人群的生活得到实质性的提高和改善，将给老百姓带来更富足的生活、更公正的社会、更生态的环境、更有希望的未来。

3. 国际视域

实现包容性增长是世界各国需要共同研究和着力解决的重大课题。汤敏认为，"包容性增长"对全球发展都具有借鉴意义，从全球范围看，经济发展也是为了满足人们各方面的需要，特别是发展中国家，虽然发展比较快，但是否能够利用发展成果，惠及广大的老百姓，是值得关注的重大问题。俞宪忠认为，在这个制度竞争的全球化时代，发展中国家若要跳出发展的陷阱，并实现发展的革命，人口现代化和制度现代化至关重要，这将成为发展中国家实现卓越转型的根本创新路径。黄铁苗认为，当今世界经济日益全球化、一体化，国家之间只有携手共进、包容发展，才能互惠互利，实现共赢。包容性增长既是一个需要全人类共同完成的课题，也是每一个国家和民族经济社会发展所需要遵循的基本原则。

(二)"包容性增长"的时代价值

1. 包容性增长体现了公平与效率的内在一致性

包容性意味着制度公平,而增长则意味着效率,包容性增长涵括了制度的基本效能——公平与效率。学界曾普遍认为,公平与效率相互排斥、不可包容。包容性增长理念的重大创新之处,就是重新描述了公平与效率之间相互依存和良性互动的内在包容性。如果没有制度公平,就不可能将各种发展力量加以包容整合,因而就不可能实现效率改进;只有包容性的制度公平才有可能激活各种发展潜力,并造就经济增长和持续繁荣,公平是效率的动力源泉和发展引擎。同样的道理,如果没有宏观经济的长期有效增长,国民大众则只能处于共同贫穷的发展陷阱,而无法实现共同富裕的真正公平,只有持久性的效率增长才能为制度公平提供可检验性的雄辩证明。包容性增长理念实质上高度概括了公平与效率之间可以互相解释的因果机制,从而充分肯定了两者之间可以彼此证明的内在一致性。

2. 包容性增长强调发展权利的同质均等性

长期经济增长的前提条件和基本平台是制度公平,也就是公众普遍具有同质均等的发展权利,只有权利同质、机会均等和公平竞争,才能实现包容性增长。由此出发,包容性增长绝不允许国民之间不同的权利配置,绝不包容社会各阶层之间的垄断特权或多元分割,绝不容忍制度化地相互敌视或群体性地彼此仇视。制度公平是"望远镜",能够为每个公民提供和谐稳定与公平合理的发展预期;制度公平也是"过滤器",能够使那些遵纪守法和德才兼备的勤奋努力者获得成功;制度公平还是"润滑剂",能够保障每个公民自主地实现职业选择和自由流动;制度公平更是"助推器",能够为每个公民的创新行为提供制度激励。制度框架本身要能够实现社会各阶层之间的相互兼容和彼此包容,这是经济长期繁荣与社会持续和谐的规则基础。包容性的权利安排和制度公平能够节省制度费用,从而实现经济增长、人口发展和社会进步的低成本推进。

3. 包容性增长拒斥两极分化,保护合理差别

包容性增长的一个重要制度特征,就是国民大众对增长成果的合理共享性,拒斥穷者越穷和富者越富的两极分化发生。但收入共享性也绝不意味着平均主义,而是要求公民贡献与个人收入之间的对称性,由对称性所产生的合理收入差异,则能够获得社会各阶层的心理认可和理性认同。

共同富裕的实现机制并不是平均富裕、同时富裕和同步富裕,而是先后有别和快慢有序的有差别共同富裕。如果贫困的成因不在于个人,而是

由于致富权利缺失，制度不信任，那么群体性怨愤就会发生，潜在危机就容易转化为现实危机，强制性制度变迁的社会动荡就会发生。制度分配权利并界定机会，如果制度公平，合理的收入差别则会为理性国民所认可和接受。尤其需要指出的是，包容性增长不仅要求对增长成果的公平分配和普遍共享，同时也涵括了对合理差别的相互认可和彼此尊重，制度安排不仅要关注弱势贫困阶层的发展诉求，而且也要同时给予合法致富者可预期的充分安全感。

4. 包容性增长的逻辑延伸就是包容性发展

社会发展不仅需要 GDP 增长和技术创新，而且也包容了制度优化和理念改进，同时还兼容了人口发展、资源节约和环境保护，其变迁过程具有很强的整体性、系统性和协同性。包容性经济发展由此成为包容性增长的自然逻辑延伸，这是以人口现代化和制度现代化所引领的经济增长。

人口发展和制度优化，对发展中国家具有重大特殊意义。在这个全球性文化激荡的知识创新时代，如果因单纯地追求 GDP 增长而忽视人口发展、制度优化、资源节约和环境保护等更为重要的发展变量，将会迷失终极发展目的，缺失由制度支撑的长效机制，国内生产总值 GDP（Gross Domestic Product）也将会异化为国内总贫困（Gross Domestic Poverty）或国内总污染（Gross Domestic Pollution），"恶增长"的异化现象就会发生。在包容性基础上改进增长模式和优化发展方式，这将成为我们建构和谐社会和实现科学发展的必由之路。

"包容性增长"是践行科学发展观的具体体现。"包容性增长"与"科学发展观"一脉相承的，也是践行"科学发展观"的具体体现。包容性增长要求我们，围绕改善民生来谋划经济发展，促进经济结构优化，增强经济发展动力，在经济发展的基础上，更加注重社会建设，着力保障和改善民生，扩大公共服务，完善社会管理，创新社会治理，实现社会善治，促进社会公平正义，努力使全体人民学有所教、劳有所得、病有所医、老有所养、住有所居。"包容性增长"和科学发展观没有本质区别。包容性增长，和过去所提的科学发展观在含义上没有本质的区别。包容性增长也是希望能够协调发展，也是希望经济社会都能得到协同发展，社会更加和谐，不是单纯追求 GDP，而是各方都能得到和谐发展。所以，包容性增长和过去所谈的科学发展观应该是没有本质的差异，只是说在这个背景下、在特定的语境之下谈这个问题有它的特殊意义和针对性。"包容性增长"，不仅体现了我国政府对同步发展经济与社会、改善人民生活质量和优化收入分配格局的重视，也是对科学发展观执政理念的深化，从政策选择上看，包容性增长还为全面构建和谐社会提供了有效途径。包容性增长概念的提出，使得社会基本公共服务均等化和社会保障均等化的建设摆在了非常重要的位置上。

5. 包容性增长是对改革开放经验教训的深刻反思

改革开放30多年来，我国取得了举世瞩目的发展成就。"中国模式"、"中国经验"被信仰不同价值观的各国政界与学界纳入研究视野并被广泛借鉴。但由于各种原因，中国的改革与发展也出现诸如经济增长的资源环境代价过大、经济社会发展不平衡、居民收入差距过大、社会公平正义的制度建设滞后等各种矛盾和问题。这些矛盾和问题主要是人民内部的矛盾和问题。包容性增长与正确处理新时期人民内部矛盾已经成为科学发展的两个重要方面。

发展经济与改善民生必须要紧密结合。改革开放30多年的经验告诉我们，发展经济的最终目的是为了改善民生。改革开放30多年的教训也说明，什么时候注重民生，什么时候经济就会快速发展。包容性增长要求我们，必须要围绕改善民生来谋划经济发展，促进经济结构优化，增强经济发展动力，在经济发展的基础上，更加注重社会建设，着力保障和改善民生，扩大公共服务，完善社会管理，创新社会治理，实现社会善治，促进社会公平正义，努力使全体人民学有所教、劳有所得、病有所医、老有所养、住有所居。

初次分配和再分配都要注重社会公平。经济发展的难点是分配公平问题。由于过去我们片面追求效率而忽视公平，因此，分配关系尚未理顺。相当多的地区和部门仍然单纯地强调经济持续快速发展，结果是经济更加迅速发展，贫富差距、城乡差距、区域差距持续扩大。因此，包容性增长就是要坚持和完善按劳分配为主体、多种分配方式并存的分配制度，健全劳动、资本、技术、管理等生产要素按贡献参与分配的制度，初次分配和再分配都要处理好效率和公平的关系，再分配更加注重公平，再分配具有社会公平功能。

实现人力资源优化配置的充分就业，建构共享成果的和谐劳动关系。在经济社会发展过程中，人力资源是经济增长和社会进步的决定因素，人力资源配置效率高低的根本标志是就业或失业程度。因此，实现充分就业就成为社会发展的重大关键问题。推动包容性增长就是要实现人力资源优化配置的充分就业，即将充分就业作为经济社会发展的优先目标，实施鼓励创业和扩大就业的发展战略，最大限度创造劳动者就业和发展机会。共建共享是构建和谐劳动关系的核心，也是包容性增长的主要内涵。

6. 包容性增长是中国未来发展的指导思想

胡锦涛总书记关于包容性增长的倡导向世人传递了一种新的发展理念：这是未来5年、10年、20年，中国经济和社会科学发展的重要指导思想。

推动包容性增长，实现经济社会协调发展。包容性增长就是要求经济社会协调发展，即从单一经济发展向经济社会全面发展转变，按照科学发展观的要求，全面推进经济建设、政治建设、文化建设、社会建设以及生态文明建设的全面协调可持续发展，促进现代化建设各个环节、各个方面相互协调、彼此共进。

推动包容性增长，注重人本精神。人本精神就是以人为中心，一切为了人。包容性增长与正确处理新时期人民内部矛盾，目的就在于促进人的全面发展，始终把实现好、维护好、发展好最广大人民的根本利益作为一切工作的出发点和落脚点。过去，我们片面强调经济发展指标，把人看作是经济发展的工具和手段，使得劳动关系紧张，虽然经济获得了高速增长，但是也付出了沉重的代价，人的心灵、人的尊严受到一定程度的伤害，社会矛盾问题、城乡差距问题、环境资源问题成为发展的瓶颈。因此，推动包容性增长就是要注重人本精神，把经济社会发展同人民群众的根本利益有机结合起来，以广大人民群众的根本利益为执政和办事的根本，树立正确的政绩观，决策制定要以人民群众满意度为唯一衡量标尺。做到发展为了人民、发展依靠人民、发展成果由人民共享。

推动包容性增长，促进可持续发展。可持续发展要求，健康的经济发展是建立在生态可持续能力、社会公正和人民群众积极参与自身发展决策的基础上且追求人类的各种需要得到满足、个人得到充分发展，同时保护资源和生态环境，不对后代人的生存和发展构成威胁，特别关注的是各种经济活动的生态合理性。可持续发展是质量和速度的有机统一。包容性增长要求经济发展从重速度向重质量转变，且在社会保障体系的构建中促进可持续发展。

推动包容性增长，正确处理人民内部矛盾。胡锦涛总书记关于包容性增长的倡导以及"三个最大限度"（最大限度激发社会活力，就是要合理利用资源，调动各方积极参与共同管理；最大限度增加和谐因素，就是要促进成果共享，均衡各方利益积极改善民生；最大限度减少不和谐因素，就是要抓住矛盾关键，做到科学疏导积极调处）[①]和"四个注重（更加注

[①] 《如何把握"三个最大限度"的要求》，新浪网，2011年8月22日。

重制度建设、更加注重行政执法、更加注重行政监督和问责、更加注重依法化解社会矛盾纠纷)"[1] 是一个有机整体,既有正确处理人民内部矛盾的治标之计,也有推动包容性增长的治本之策;既注重经济体制改革与相应的政治体制改革相配套,又注重社会利益格局调整后维护人民群众的权益;既注重经济结构和利益结构的调整,又注重城乡之间与地区之间的平衡发展;既注重加强和创新社会管理,又注重社会保障体系的建构。

7. 包容性增长的国际扩展就是和平发展

我们可以将经济全球化理解为不同经济体之间相互依赖、理解和认同程度的日益加深,以至于谁也离不开谁,由此便凸显了包容性增长的重要价值。在全球化时代,国别之间的路径选择既具有显著的竞争性和多样性,但同时也提供了合作性和趋同性。因而迫切需要不同的经济体之间积极广泛地展开对话、沟通和交流,在相互学习、模仿和借鉴中,寻求相互间的彼此尊重、肯定和协同,以和平、合作和和谐的发展方式,获取差异化基础上的增长包容、市场兼容和文化共容。在经济均衡、市场优化和制度改进的国际平台上,创构国际社会的经济共荣、和谐共生和成果共享。和平与发展将会成为人类发展的永恒主题,包容性增长表达的正是国际社会普遍共有的这种和平发展诉求。

概而言之,包容性增长模式具有显著的民本主义发展旨向,体现出更加关注民权民生的新型发展理念,更能满足民众权利发展的制度公平诉求。在这个制度竞争的全球化时代,发展中国家若要跳出发展的陷阱,并实现发展的革命,人口现代化和制度现代化至关重要,这将成为发展中国家实现卓越转型的根本创新路径。

(三)"包容性增长"的功能定位

1. 合法性功能

一个政党能否获得执政地位,不是以该政党的主观意志为转移,而是需要经过一个历史选择和人民选择的过程。中国共产党的执政地位的确立是在长期革命斗争中逐步形成的,是近现代中国历史发展的必然,是人民的选择。然而,党的执政地位不是与生俱来的,也不是一劳永逸的,党既不能单靠建立新中国的历史功绩来维系执政后的政治合法性,也不能只靠过去已有的执政业绩来证明现实与将来的执政合法性。党执政的合法性基础必须得到及时有效的扩充与巩固,才能维系执政地位的存续。一般说

---

[1] 《总书记的"四个更加注重":人民的新期待 对政府的考验》,新华网,2011年4月1日。

来，执政的合法性主要来源于执政党主张的意识形态及其说服力、经济增长和执政绩效、政治民主化程度、社会公正的实现程度等。包容性增长的提出就是为了解决当代中国城乡之间、区域之间、行业之间发展的不平衡，消除收入分配中的不公平、不公正，在经济发展的基础上建立覆盖城乡居民的社会保障体系，坚持广覆盖、保基本、多层次、可持续，加强社会保险、社会救助、社会福利的衔接和协调，不断提高社会保障水平，努力实现全体人民学有所教、劳有所得、病有所医、老有所养、住有所居。唯有保持和增强人民群众对党的执政地位的认同度和公信力，才能做到长期执政。

2. 社会稳定功能

李普塞特[1]认为，合法性和有效性都很高的社会具有稳定政治系统，在现代世界，这种有效性主要是指持续不断的经济发展。我国经济快速发展，综合国力显著增强，人民生活不断改善，为我国社会稳定奠定了坚实的物质基础。但也必须认识到，我国正处于社会转型期，各种不稳定因素大量存在，各种利益矛盾引发的影响社会稳定的问题明显增多。近年来，大规模的群体性事件也越来越多，要注意到这些矛盾和冲突基本上都是因利益之争而引发的。虽然我国的经济成就令人瞩目，但发展在很大程度上不是包容性的。

3. 生态环保功能

实现经济增长的目的在于改善人们的物质与精神生活，然而，中国经济的高速增长背后是高昂的环境代价和社会成本。这些年来，中国GDP年均增长率是发达国家的2—3倍，但是单位能耗却是发达国家的8—10倍，污染则是发达国家的30倍。国家环保总局副局长潘岳曾表示：中国的经济奇迹将会很快结束，因为环境跟不上发展的步伐。生态环境恶化给中国经济造成巨大损失，水污染、大气污染、固体废物污染等在不断吞噬着经济增长的成果。据世界银行计算，目前中国每年GDP的8%—13%都在支付环境成本，中国单一的经济增长模式已经到了环境难以承受的底线。而

---

[1] 李普塞特于1922年3月18日生于美国纽约，毕业于纽约市立大学和哥伦比亚大学，曾在加利福尼亚大学伯克利分校、哈佛大学、斯坦福大学任教，主攻政治社会学、社会分层理论、公共舆论以及知识分子的社会学研究，担任过美国政治学主席、社会学研究学会主席。在政治学、社会学领域研究颇丰。根据美国一家研究机构的统计，李普塞特曾经是美国政治学者中被引用最多的学者，由此可见，他在美国政治学界的影响之深。《政治人：政治的社会基础》一书是李普塞特的代表作之一，出版后引起学术界的巨大轰动，从而也奠定了李普塞特在美国乃至世界理论界的学术地位。

包容性增长是可持续发展的平衡增长,是建立在社会、经济、人口、资源、环境相互协调和共同发展的基础上的一种增长,是既能相对满足当代人的需求,又不能对后代人的发展构成危害,既能实现中国经济的高速、低碳、绿色发展,又对世界生态环境负责的增长。

4. 合作共赢功能

在当代中国社会,强势群体过多地垄断了社会资源,严重侵犯了其他社会群体的利益,这是造成贫富差距悬殊、社会矛盾增多的根源所在。然而,巨额财富的积累并没有改善强势群体的生存环境,伴随而来的是日益严重的社会冲突和其他社会群体的仇富心态;同时,在新的国际形势下,我国的出口导向型经济模式遇到越来越剧烈的挑战,只有增强其他社会群体的政治、经济实力,扩大内需拉动经济增长才能真正实现。包容性增长是注重帕累托改进的共享式增长,在强势群体获得巨大利益的同时,其他社会群体的生存境况也得到很大改善,最终目标是实现社会各群体的合作共赢。在国际上,包容性增长强调的是在经济全球化过程中,世界所有国家、地区和民众共同分享经济发展的成果。正如江泽民同志在联合国千年首脑会议上指出的,我们需要世界各国共赢的经济全球化,所有国家,无论南方还是北方,不管是大国还是小国,都应是全球化的受益者;我们需要世界各国平等的经济全球化,少数国家的富裕不应该也不能够建立在广大南方国家的贫困之上;我们需要世界各国公平的经济全球化,世界的贫富差距应逐步缩小,而不是不断扩大,否则人类将为此付出沉重的代价;我们需要世界各国共享的经济全球化,只有相互尊重,相互促进,保持经济发展模式、文化和价值观念的多样性,世界文明才能生机盎然地发展。当下倡导包容性增长的意义就在于此。①

四 "包容性增长"是指导公平与效率关系的战略抉择

(一) 实现包容性增长,就是要让老百姓过上好日子

"我们的人民热爱生活,期盼有更好的教育、更稳定的工作、更满意的收入、更可靠的社会保障、更高水平的医疗卫生服务、更舒适的居住条件、更优美的环境,期盼孩子们能成长得更好、工作得更好、生活得更

---

① 汝绪华:《包容性增长:内涵、结构及功能》,《学术界》2011 年第 1 期。

好。人民对美好生活的向往，就是我们的奋斗目标。"2012年11月15日，习近平总书记在新一届中央政治局常委同中外记者见面时的这段讲话，朴实亲切、饱含深情，温暖了亿万人的心。党的十八大以来，党中央坚持以民为本、以人为本执政理念，把民生工作和社会治理工作作为社会建设的两大根本任务，高度重视、大力推进，改革发展成果正以更多更公平的方式惠及全体人民。

1. 实现经济发展和民生改善良性循环

"民惟邦本，本固邦宁。"民生是人民幸福之基、社会和谐之本。民生连着民心、民心凝聚民力，做好保障和改善民生工作，事关群众福祉和社会和谐稳定。

增进民生福祉是坚持立党为公、执政为民的本质要求。我们党来自人民、植根人民、服务人民，是全心全意为人民服务的政党，无论干革命、搞建设、抓改革，都是为了让人民过上幸福生活。习近平总书记指出："让老百姓过上好日子是我们一切工作的出发点和落脚点。"检验我们一切工作的成效，最终都要看人民是否真正得到了实惠，人民生活是否真正得到了改善。

不断改善民生是推动发展的根本目的。我们的发展是以人为本的发展。我们要全面建成小康社会、进行改革开放和社会主义现代化建设，就是要通过发展社会生产力，满足人民日益增长的物质文化需要，促进人的全面发展。如果我们的发展不能回应人民的期待，不能让群众得到看得见、摸得着的实惠，不能实现好、维护好、发展好最广大人民根本利益，这样的发展就失去意义，也不可能持续。

要正确认识和处理经济发展和民生改善的关系，实现两者良性循环。一方面，经济发展是前提，离开经济发展谈改善民生是无源之水、无本之木；另一方面，民生改善既能有效调动人们发展生产的积极性，又能释放居民消费潜力、拉动内需，催生新的经济增长点，对经济发展有重要促进作用。要通过发展经济、做大"蛋糕"，为持续改善民生奠定坚实物质基础，同时又通过持续不断改善民生，有效解决群众后顾之忧，扩大消费需求，为经济发展、转型升级提供强大内生动力。

2. 社会政策要托底

群众对生活的期待是不断提升的，需求是多样化、多层次的，而我们的国力财力是有限的。因此，政府保障和改善民生，主要是发挥好保基本、兜底线的作用。也就是说，要在义务教育、医疗、养老等方面提供基本保障，满足人们基本的生存和发展需要，同时对特殊困难人群进行特殊扶持和救助，守住他们生活的底线。

要立足社会主义初级阶段这个最大国情。我国仍处于并将长期处于社会主义初级阶段，改善民生不能脱离这个最大的实际提出过高目标，只能根据经济发展和财力状况逐步提高人民生活水平。否则，结果只会适得其反。拉美、中东以及一些欧洲国家的教训表明，不切实际的高承诺、高福利、高债务，要么是失信于民、政府垮台，要么是债务累累、财政危机。这值得我们警惕。

要多做雪中送炭的工作。"知屋漏者在宇下。"为群众办好事、办实事，要从实际出发，尊重群众意愿，量力而行，尽力而为。群众生产生活遇到了什么困难，要千方百计加以解决，能解决的要抓紧解决，暂时不能解决的要创造条件加以解决。不要搞那些脱离实际、脱离群众、劳民伤财、吃力不讨好的东西。习近平总书记指出，"多做一些雪中送炭、急人之困的工作，少做些锦上添花、花上垒花的虚功"。

要格外关注困难群众。郑板桥有一首诗写道："衙斋卧听萧萧竹，疑是民间疾苦声。些小吾曹州县吏，一枝一叶总关情。"我们共产党人对人民群众的疾苦更要有这样的情怀。现在，我国大部分群众生活水平有了很大提高，同时由于我们国家大、各地发展条件不同，我国还有为数不少的困难群众。对各类困难群众，要格外关注、格外关爱、格外关心，时刻把他们的安危冷暖放在心上，关心他们的疾苦，千方百计帮助他们排忧解难。要深入推进扶贫开发，帮助困难群众特别是革命老区、贫困山区困难群众早日脱贫致富，稳定实现扶贫对象不愁吃、不愁穿，保障其义务教育、基本医疗、住房，努力推动贫困地区经济社会加快发展。

要倡导通过勤劳致富改善生活。努力让人民过上更好生活是党和政府工作的方向，但不是说党和国家要大包大揽。要引导广大群众树立通过勤劳致富改善生活的理念，从而使改善民生既是党和政府工作的方向，又成为广大人民群众自身奋斗的目标。"一勤天下无难事。"要鼓励个人努力工作、勤劳致富，创造和维护权利公平、机会公平和规则公平的社会环境，让每个人通过努力都有成功机会。

对于更好保障和改善民生，习近平总书记在2012年12月中央经济工作会议上，提出"守住底线、突出重点、完善制度、引导舆论"的工作思路。"守住底线"就是要形成以保障基本生活为主的社会公平保障体系，织牢民生安全网的"网底"；"突出重点"就是要对重点群体和重点地区进行倾斜；"完善制度"就是要形成系统全面的制度保障；"引导舆论"就是要促进形成良好舆论氛围和社会预期。这为进一步做好民生工作指明了方向，按照这个思路，保障和改善民生工作将更加科学有效、扎实稳步向前推进。

3. 抓住人民最关心最直接最现实的利益问题

保障和改善民生是一项长期工作，没有终点站，只有连续不断的新起点。2013年4月，习近平总书记在海南考察工作时指出，抓民生要抓住人民最关心最直接最现实的利益问题，抓住最需要关心的人群，一件事情接着一件事情办、一年接着一年干，锲而不舍向前走。要多谋民生之利，多解民生之忧，在学有所教、劳有所得、病有所医、老有所养、住有所居上持续取得新进展。

努力办好人民满意的教育。教育是民族振兴和社会进步的基石，事关国家未来。中国这么多人，教育上去了，将来人才会像井喷一样涌现出来，这是最有竞争力的。要坚持立德树人，培养造就中国特色社会主义事业建设者和接班人。深化教育领域综合改革，不断提高教育现代化水平，为经济社会发展提供强大人才支持和智力贡献。教师是立教之本、兴教之源，广大教师要时刻铭记教书育人的使命，甘当人梯，甘当铺路石，以人格魅力引导学生心灵，以学术造诣开启学生的智慧之门。"家贫子读书"，治贫要先治愚，把贫困地区义务教育搞好，不要让孩子们输在起跑线上。努力发展全民教育、终身教育，建设学习型社会，努力让13亿人民享有更好更公平的教育。

抓好就业这个民生之本。要通过稳定经济增长和调整经济结构，特别是扶持小微企业和服务业发展，努力增加就业岗位。抓好高校毕业生就业工作，加大自主创业支持力度，对就业困难毕业生进行帮扶，增强学生就业创业和职业转换能力。鼓励大学生志存高远、脚踏实地，转变择业观念，勇于到基层一线和艰苦地方去，把人生的路一步步走稳走实，善于在平凡的岗位上创造不平凡的业绩。做好化解产能过剩中出现的下岗再就业工作，加强城镇困难人员、退役军人、农村转移劳动力就业工作，搞好职业技能培训、完善就业服务体系，缓解结构性失业问题，推动实现更高质量的就业。

使收入分配更合理、更有序。收入分配是民生之源，是改善民生、实现发展成果由人民共享最重要最直接的方式。要深化收入分配制度改革，努力实现劳动报酬增长和劳动生产率提高同步，完善以税收、社会保障、转移支付为主要手段的再分配调节机制，完善收入分配调控体制机制和政策体系。保护合法收入，调节过高收入，清理规范隐性收入，取缔非法收入，增加低收入者收入，扩大中等收入者比重，努力缩小城乡、区域、行业收入分配差距,逐步形成橄榄型分配格局。

　　加快推进住房保障和供应体系建设。居者有其屋,是我国长期以来的一个传统,也是群众的迫切期盼。要尊重规律,努力探索适合国情、符合发展阶段性特征的住房模式。从我国国情看,总的方向是构建以政府为主提供基本保障、以市场为主满足多层次需求的住房供应体系。要处理好政府提供公共服务和市场化的关系、住房发展的经济功能和社会功能的关系、需要和可能的关系、住房保障和防止福利陷阱的关系。只有坚持市场化改革方向,才能充分激发市场活力,满足多层次住房需求。同时,总有一部分群众由于劳动技能不适应、就业不充分、收入水平低等原因而面临住房困难,政府必须"补好位",为困难群众提供基本住房保障。

　　提高人民健康水平。人民身体健康是全面建成小康社会的重要内涵,是每一个人成长和实现幸福生活的重要基础。要把维护人民健康权益放在重要位置,按照保基本、强基层、建机制的要求,统筹安排、突出重点、循序渐进,进一步深化医疗保障、医疗服务、公共卫生、药品供应、监管体制综合改革,探索医改这一世界性难题的中国式解决办法,着力解决人民群众看病难、看病贵,基本医疗卫生资源均衡配置等问题,实现人人享有基本医疗卫生服务的目标。

　　民生无小事,枝叶总关情。我们还要建立更加公平可持续的社会保障制度,完善城镇职工基本养老、城乡居民养老、城镇基本医疗、失业、工伤、生育等保险,加强社会救助,提高社会福利水平。坚持计划生育基本国策不动摇,逐步调整完善生育政策,促进人口长期均衡发展。

　　4. 创新社会治理

　　社会治理是社会建设的重大任务,是国家治理的重要内容。改革开放以来,党和政府高度重视社会管理,取得了重大成绩,积累了宝贵经验。同时也要看到,当前我国改革处于攻坚期和深水区,社会稳定进入风险期,维护国家安全和社会稳定的任务十分繁重艰巨,社会管理面临新情况新问题,必须通过深化改革,实现从传统社会管理向现代社会治理转变。习近平总书记指出:"治理和管理一字之差,体现的是系统治理、依法治理、源头治理、综合施策。"必须着眼于维护最广大人民根本利益,最大限度增加和谐因素,增强社会发展活力,提高社会治理水平,全面推进平安中国建设,维护国家安全,确保人民安居乐业、社会安定有序。

　　要创新社会治理体制,改进社会治理方式。坚持系统治理,加强党委领导,发挥政府主导作用,鼓励和支持社会各方面参与,实现政府治理和社会自我调节、居民自治良性互动。坚持依法治理,加强法治保障,运用法治思维和法治方式化解社会矛盾。坚持综合治理，强化道德约束，规范社会行为，调节利益关系，协调社会关系，解决社会问题。坚持源头治理，标本兼治、重在治本，以网格化管理、社会化服务为方向，健全基层综合服务管理平台，及时反映和协调人民群众各方面各层次利益诉求。改革社会组织管理制度，鼓励和支持社会力量参与社会治理、公共服务，激发社会活力。建立畅通有序的诉求表达、心理干预、矛盾调处、权益保障机制，使群众问题能反映、矛盾能化解、权益有保障。健全以食品药品安全、安全生产、防灾减灾救灾、社会治安防控等为基本内容的公共安全体系。

要正确处理社会矛盾，维护社会大局稳定。稳定是根本的大局，没有稳定的社会政治环境，一切改革发展都无从谈起，再好的规划和方案都难以实现，已经取得的成果也会失去。要处理好维稳和维权的关系，把群众合理合法的利益诉求解决好，使群众由衷感到权益受到了公平对待、利益得到了有效维护。要处理好活力和秩序的关系，既不能管得太死、一潭死水，也不能管得太松、波涛汹涌，重视疏导化解、柔性维稳，发动全社会一起来做好维护社会稳定工作。要贯彻总体国家安全观，坚持既重视外部安全又重视内部安全、既重视国土安全又重视国民安全、既重视传统安全又重视非传统安全、既重视发展问题又重视安全问题、既重视自身安全又重视共同安全，切实做好国家安全各项工作。要严厉打击暴力恐怖活动，建立健全反恐工作格局，完善反恐工作体系，加强反恐力量建设，筑起铜墙铁壁，使暴力恐怖分子成为"过街老鼠、人人喊打"。

要推进平安建设，保障人民安居乐业。习近平总书记指出："平安是老百姓解决温饱后的第一需求，是极重要的民生，也是最基本的发展环境。"要深化平安中国建设，深入推进社会治安综合治理，完善立体化社会治安防控体系，坚决遏制严重刑事犯罪高发态势，坚决遏制重特大公共安全事故。政法机关和广大干警要把人民群众的事当作自己的事，把人民群众的小事当作自己的大事，从让人民群众满意的事情做起，从人民群众不满意的问题改起，为人民群众安居乐业提供有力法律保障。加大依法管理网络力度，加快完善互联网管理领导体制，形成从技术到内容、从日常安全到打击犯罪的互联网管理合力，确保网络正确运用和安全。

基础不牢，地动山摇。社会治理的重心必须落到城乡社区，社区服务和管理能力越强，社会治理的基础就越实。要尽可能把资源、服务、管理放到基层，使基层有职有权有物，更好为群众提供精准有效的服务和管理。要加强城市常态化管理，聚焦群众反映强烈的突出问题，狠抓城市管理顽症治理。要加强人口服务管理，更多运用市场化、法治化手段，促进人口有序流动，控制人口总量，优化人口结构。①

（二）倡导包容性增长，必须首先破除经济增长的"GDP 主义"

国内生产总值（Gross Domestic Product，简称 GDP）是指在一定时期内（一个季度或一年），一个国家或地区的经济中所生产出的全部最终产品和劳务的价值，常被公认为衡量国家经济状况的最佳指标。它不但可反映一个国家的经济表现，还可以反映一个国家的国力与财富。

在经济学中，常用 GDP 和 GNI（国民总收入，Gross National Income）共同来衡量该国或地区的经济发展综合水平。这也是目前各个国家和地区常采用的衡量手段。GDP 是宏观经济中最受关注的经济统计数字，因为它被认为是衡量国民经济发展情况最重要的一个指标。一般来说，国内生产总值有三种形态，即价值形态、收入形态和产品形态。从价值形态看，它是所有常驻单位在一定时期内生产的全部货物和服务价值与同期投入的全部非固定资产货物和服务价值的差额，即所有常驻单位的增加值之和；从收入形态看，它是所有常驻单位在一定时期内直接创造的收入之和；从产品形态看，它是最终使用的货物和服务减去进口货物和服务。在实际核算中，国内生产总值的三种表现形态表现为三种计算方法，即生产法、收入法和支出法。三种方法分别从不同的方面反映国内生产总值及其构成。总之，GDP 反映的是国民经济各部门的增加值的总额。作为一种统计标准，GDP 是国民经济核算体系也就是著名的 SNA（联合国国民经济核算体系）的核心指标，它是从部门生产、初次投入和最终需求等不同方面反映着一个国家或地区经济在一定时期内新生产出的货物和服务的总量（即国内生产总值）的指标。

对于这一概念的理解，应该注意以下几个问题：第一，国内生产总值是用最终产品来计量的，即最终产品在该时期的最终出售价值。一般根据产品的实际用途，可以把产品分为中间产品和最终产品。所谓最终产品，是指在一定时期内生产的可供人们直接消费或者使用的物品和服务。这部分产品已经到达生产的最后阶段，不能再作为原料或半成品投入其他产品和劳务的生产过程中去，如消费品、资本品等。中间产品是指为了再加工或者转卖用于供别种产品生产使用的物品和劳务，如原材料、燃料等。

---

① 参见习近平《习近平总书记系列重要讲话读本》，学习出版社、人民出版社 2014 年版，第 108—119 页。

GDP 必须按当期最终产品计算，中间产品不能计入，否则会造成重复计算。第二，国内生产总值是一个市场价值的概念。各种最终产品的市场价值是在市场上达成交换的价值，都是用货币来加以衡量的，通过市场交换体现出来。一种产品的市场价值就是用这种最终产品的单价乘以其产量获得的。第三，国内生产总值一般仅指市场活动导致的价值。那些非生产性活动以及地下交易、黑市交易等不计入 GDP 中，如家务劳动、自给自足性生产、赌博和毒品的非法交易等。第四，GDP 是计算期内生产的最终产品价值，因而是流量而不是存量。第五，GDP 不是实实在在流通的财富，它只是用标准的货币平均值来表示财富的多少。但是生产出来的东西能不能完全地转化成流通的财富，这个是不一定的。

随着 GDP 的增长成为国民经济发展的重要目标，GDP 在中国几乎是家喻户晓、人尽皆知。在世界各国，没有一个国家能像中国这样，让 GDP 这样普及，这样深入人心，以至于上升为"GDP 主义"。

尽管中国政府已经注意到单纯追求 GDP 的弊端，并且多年来试图努力追求改变这个发展思路，但现实的情形是：各级政府已经深陷 GDP 泥潭而不能自拔，各级政府官员，尤其是地方官员仍然视 GDP 为重中之重，即所谓"光有 GDP 不行，但没有 GDP 万万不行"。学界有识之士认为，不管中国在纠正 GDP 主义方面有多么的困难，有一点则是必须明确的：如果 GDP 主义继续盛行，就会出现全面的经济、社会和政治危机。但是迄今为止，在中国民众已经难以承受 GDP 主义所造成的负面效果的同时，无论从内部压力还是外部压力来看，GDP 主义不仅没有消退的趋势，而且还呈现出越来越强大的动力。在内部，对各级政府来说，仍然有太多的理由去追求 GDP 增长。其中两个堂而皇之的充分理由就是：只有做大蛋糕，才能分好蛋糕；只有做大蛋糕，才能解决就业问题；而只有继续追求 GDP 增长，才能做大蛋糕。多少年来，从中央到地方，人们都认为：只有追求 GDP，才能做大蛋糕；只有追求 GDP，才能分好蛋糕；只有追求 GDP，才能解决就业问题。给人造就的一种认知就是：如果 GDP 增长不达到某一个点（一般认为是国家 8% 以上，地方 10% 以上），就会造成经济停滞、国力衰退、失业率剧增、贫困化加剧，从而造成政局不稳、社会不稳。第三个相关但不言自明的理由就是：GDP 和执政党的合法性之间存在着正面的关联。无论是政府还是官员，大家普遍认为，执政党的合法性，是建立在以 GDP 主义为核心的经济发展之上的。如果说西方民主政府的合法性来自选票，那么中国执政党的合法性，就是来自基于经济发展之上的、为社会提供的经济利益。甚至一些人把这一认知推向了极端，认为如果经济发展，尤其是

GDP 增长出现问题，那么就会危及政权的稳定与生存。

但现实情况却是：虽然以 GDP 为核心的考核指标体系使我国经济增长取得巨大成就，但近年来其弊端也逐步显露。由于过度追求 GDP 增速，造成巨大能源消耗和资源浪费，使环境承载压力逐步加大，这种全国各地一味追求 GDP 的经济增长方式是绝对不可持续的。为了追求经济利益，也为了应付制度压力，各地方之间、官员之间纷纷竞争 GDP 增长，为了增长而增长，为了追求 GDP，什么方法都可使用。这不仅导致了各地 GDP 中间包含着很多虚假成分，更为重要的是，各级官员为了追求 GDP 而不惜牺牲和破坏已有的社会制度。不难发现，从 20 世纪 90 年代末期以来，每一波高速 GDP 增长都是以破坏社会基础为代价的。甚至在医疗卫生、基础教育、房地产等社会民生领域，都已经成为中国的暴富领域，成为 GDP 增长的来源。如果说在改革初期，实行"GDP 主义"还情有可原，因为那时经济发展的主要任务是做大蛋糕，那么，在进入新世纪后，尤其是最近几年，中国的中心工作就应该转向怎么分好蛋糕。但显然，中国没有适时进行这个发展战略的转移。虽然从中央到地方，也在强调发展成果分享的公平性，要着力解决影响民生的各种问题，提高收入水平，而且也做了一些政策上的纠偏，加大了政府提供公共产品与服务的力度，等等，但从实际效果来看，不是很明显，社会的贫富差距有继续恶化的趋势和危险。

因此，长期信奉"GDP 主义"是导致中国形成"不包容性增长"市场现象的根本原因之一。未来中国经济要实现由"GDP 增长"向"包容性增长"的发展战略转移，就必须从根本上改变对地方政府的政绩考核方式，即去"GDP 主义"化，使地方政府在关注地方经济发展的同时，能更多、更好地关注如何让百姓均衡分享经济发展成果，如加快收入分配制度改革、提供必要的公共产品、服务和社会保障等。通过经济和社会的全面、协调、可持续发展，最大限度地创造就业和发展机会，确保广大民众能够实现机会平等、公正参与、公平分配，共享改革开放的发展成果。"包容性增长"最终要惠及更多的贫困人口，惠及更多的劳动者，惠及到社会的大多数，让他们的收入增长要比一般人更多一些，这些将变得更加明确。"包容性增长"不但要量化 GDP，而且要讲究 GDP 是怎么分配的。衡量各地的经济和产业发展状况，就要看在发展的过程中，在以人为本方面，对人的影响有多大，贫困人口、工薪阶层的收益有多高，他们的增长比 GDP 的增长更高还是更低，这样一来这一考量工作就变成了一个非常清晰的、相对可以量化推动的事情了。

对此，习近平总书记反复强调："要全面认识持续健康发展和生产总值增长的关系","不要简单以国内生产总值增长率论英雄"。不简单以国内生产总值增长率论英雄,是我国经济发展到现阶段的必然要求;不简单以国内生产总值增长率论英雄,必须建立科学的政绩考核评价体系,引导各级干部树立正确政绩观;不简单以国内生产总值增长率论英雄,并不是说不重视经济增长了,而是要追求有效益、有质量、可持续的经济发展。①

(三) 践行包容性增长,必须优先开发人力资本

一国的经济增长取决于以下几个要素的增长:劳动人口、资本存量和全要素增长率。其中,资本存量的变化取决于固定资产投资规模,而固定资产投资规模的增长极易受经济环境的限制;劳动人口数量的增长也有一个自然的增长率,但通过教育、医疗等投入的加大,劳动人口的质量可以不断得到提高;全要素增长率体现为技术的进步,但技术的进步在很大程度上取决于一国劳动力质量如何。由此可知,从决定经济增长的三要素来看,一国经济增长水平怎样,归根结底还是依赖于人力资本状况如何。

人力资本是指存在于人体之中的具有经济价值的知识、技能和体力(健康状况)等质量因素之和。20世纪60年代,美国经济学家舒尔茨和贝克尔首先创立了比较完整的人力资本理论。

1960年舒尔茨当选为美国经济学会会长时发表就职演说《人力资本投资》,首次明确提出了"人力资本"的理论,在学术界引起轰动,这标志着现代人力资本理论的诞生。舒尔茨也因此被西方学术界誉为"人力资本之父"。舒尔茨所构建的人力资本理论体系主要包括以下三方面的内容:(1) 人力资本与经济增长的关系。舒尔茨认为人力资本对经济增长的贡献大于物质资本,人力资本是生产要素中最主要的要素。(2) 人力资本投资研究。舒尔茨在《人力资本投资》一文中把人力资本投资的范围和内容归纳为五个方面:医疗和保健;职业培训或非正规教育(主要指企业为增进员工的技能而进行的各种培训);正规学校中的初等、中等或高等教育(正规教育);在企业外举行的各种技术培训(包括农业技术推广项目);个人或家庭为变换就业机会而进行迁移。(3) 对教育投资的收益率和教育对经济增长的贡献做了定量研究。舒尔茨采用收益率法测算了人力资本投资中最重要的教育投资对美国1929—1957年间的经济增长的贡献,其比例高达33%。②

---

① 习近平:《习近平总书记系列重要讲话读本》,学习出版社、人民出版社2014年版,第58—59页。
② 〔美〕西奥多·W. 舒尔茨:《人力资本投资——教育和研究的作用》,商务印书馆1990年版,第55页。

他把资本分为物质资本和人力资本两种形式,认为人力资本是通过对人力的投资而形成的资本。人力资本可以看作是对劳动者投资的一部分,这样可以提高劳动者在商品生产过程中的投入,增加劳动力的价值。对人力的投资包括用于教育训练的支出、卫生保健事业的费用、劳动力在国内流动的支出、用于移民入境的支出。通过教育投资,可以提高劳动力的质量,从而增加国民收入;通过卫生保健事业的发展,可以增加未来劳动者的数量,保证现有劳动者的人数,提高劳动者的身体素质,从而增强劳动者工作的能力;通过劳动力的国内流动,合理配置劳动力资源,解决学非所用、用非所长的矛盾,减少人力资本的浪费;由于入境移民已经过专业培训,可以节省为培养这些人的教育投资;入境移民是普通的劳动者,还意味着节省对这些人力的生育、抚养费用及入境前的保健费用,移民入境意味着人力资本的增加。他将人力资本定义为凝结在劳动者身上的经验、知识、能力和健康,是人们通过有目的的投资(如投资接受教育或培训等)获得的,是资本的一种形式。舒尔茨认为:"所谓人力资本体现在劳动者身上,指凝聚在劳动者身上的知识、技能及其表现出来的能力,这种能力是生产增长的诸要素中的主要因素。"①

美国经济学家加里·S. 贝克尔认为,人力资本不仅意味着才干、知识和技术,而且意味着时间、健康和寿命。贝克尔被认为是人力资本理论的主要推动者。他的著作《人力资本》被西方学术界认为是"经济思想中人力资本投资革命"的起点。贝克尔为人力资本理论确立了一般性的分析框架和理论基础,主要体现在他的名著《人力资本》(1964)之中。瑞典皇家科学院在评价贝克尔对人力资本理论的贡献时指出:"贝克尔的最大贡献在于他构造了这项理论的微观经济基础,并使之数学化。他把人力资本观点发展成为确定劳动收入分配的一般理论"。他于1992年获得诺贝尔经济学奖的缘由是"他把微观经济分析的领域扩大到包括非市场行为的人类行为及其相互作用的广阔领域"。他对人力资本理论的贡献简要的概括为:(1)建立了人力资本投资均衡模型、人力资本导向的收入分配模型;(2)运用他的基本经济模型考察了一个人或家庭终生的物品与时间最优配置的问题;(3)将人力资本分析方法运用于增长研究,提出了将人口增长内生化的增长模型。②他注重微观分析,弥补了舒尔茨只重视宏观分析的

---

① 〔美〕西奥多·W. 舒尔茨:《人力资本投资——教育和研究的作用》,商务印书馆1990年版,第55页。
② 参见张凤林《人力资本理论及其应用研究》,商务印书馆2006年版。

缺陷，因此，他为人力资本理论的全面建立奠定更加坚实的基础。

他以追求效用最大化行为、市场均衡和稳定偏好为基本假设，从微观经济角度建立了人力资本投资—收益的均衡模型，系统地阐述了形成人力资本的各类投资支出及其产生的收益。他强调，人力资本是通过对人力投资而形成的资本，"对于人力的投资包含的内容十分丰富，其中主要是教育支出、保健支出、劳动力国内流动的支出或用于移民入境的支出等，这些支出形成了人力资本"；他认为，"投资活动大体上可以分为两种：一种是主要影响未来福利的投资，另一种是主要影响现期福利的投资"。贝克尔认为："人力资本是指个人具备的才干、知识、技能和资历，并且还有时间、健康和寿命。"。

贝克尔的人力资本理论研究最有代表性的成果是《生育率的经济分析》。如果把舒尔茨对人力资本的研究看作是教育对经济作用的宏观分析的话，贝克尔则主要从微观上进行分析。贝克尔主要分析了正规教育的成本和收益问题，还重点讨论了在职培训的经济意义，也研究了人力资本投资与个人收入分配的关系。他在人力资本形成方面，即教育、培训和其他人力资本投资的过程方面的研究所取得的成果，都具有开拓意义。贝克尔对人力资本理论的贡献在于：他注重微观分析，弥补了舒尔茨只重视宏观的缺陷，注重将人力资本投资理论与收入分配结合起来。其理论的不足之处表现在：他沿用舒尔茨的人力资本概念，缺乏对人力资本本质的分析，也缺乏对人力资本全面的研究。

明塞尔认为："人力资本指的是蕴含于人自身中的各种生产知识与技能的存量总和。"明赛尔在其博士论文《人力资本投资与个人收入分配》（1957）中，率先运用人力资本投资的方法来研究个人间收入分配的问题，得出了现实中收入分配的差距主要不是表现为各种职能收入的差别，而是与个人的能力密切相关的结论，从而把人力资本的概念和人力资本投资的方法正式引入收入分配之中，显然，这一研究成果比舒尔茨和贝克尔的相关研究成果都要早，因此，明赛尔应属于现代人力资本理论研究的最早开拓者。明赛尔以分配问题为中心，对人力资本投资理论的许多方面进行了深入研究。明赛尔对人力资本理论的贡献主要表现为四个方面：（1）建立了人力资本投资的收益率模型。（2）提出了人力资本的工资挣得函数。（3）在考察其培训对终生收入的影响时，提出了"赶超"期的概念。（4）将人力资本理论与分析方法应用于劳动力市场行为与家庭决策，提出了许多新的理论见解。①

---

① 王旭辉、王婧：《人力资本理论发展脉络探析》，《渤海大学学报》2010 年第 3 期。

人力资本理论有两个核心观点，一是在经济增长中，人力资本的作用大于物质资本的作用；二是人力资本的核心是提高人口质量，教育投资是人力投资的主要部分。人力资本，比物质、货币等硬资本具有更大的增值空间，特别是在当今后工业时期和知识经济初期，人力资本将有着更大的增值潜力。因为作为"活资本"的人力资本，具有创新性、创造性，具有有效配置资源、调整企业发展战略等市场应变能力。对人力资本进行投资，对 GDP 的增长具有更高的贡献率。

人力资本具有不同的分类方法，根据美国学者 T. W. 舒尔茨在"应付非均衡能力的价值"一文中的分析，区分了五种具有经济价值的人类能力，分别为：学习能力、完成有意义工作的能力、进行各项文娱体育活动的能力、创造力和应付非均衡的能力。国内学者李忠民在此基础上，将人类能力分为四种：一般能力，即基础性能力；完成特定工作的能力，如生产技能；组织管理能力；资源配置能力。实际上，区分了一般型、技能型、管理型和专家型四种不同类型的人力资本。此外，国内学者还有同质人力资本与异质人力资本之分；一般人力资本与特殊人力资本之分，等等。对于人力资本的分类，还应该从人力资本作为知识要素构成的角度进行划分，即人力资本还应该有显性人力资本与隐性人力资本之分。所谓显性人力资本是指构成人力资本价值的外在的、通过一般方法可以观察其价值构成或其价值可以得到确定的部分，如人力资本投资的价值形成、人力资本投资贴现、人力资本的会计成本、人力资本的现金流，等等。而隐性人力资本是指存在于员工头脑或组织关系中的知识、工作诀窍、经验、创造力、价值体系等。与公开人力资本和半公开人力资本要素相比，隐性人力资本要素更具有本源性和基础性，是创新的源泉，是一切显性知识的基石。如人力资本在价值增值过程中的预期收入、人力资本价值增值过程中的贡献比率，等等。由于它的构成往往难以观察和确认，然而又是其价值构成中的关键性部分，并在价值增值中起着关键性的作用，因此，我们将之称为隐性人力资本。由于大多数隐性人力资本是看不见、摸不着的，这一方面使隐性人力资本给企业带来的竞争优势更具有不可模仿性和长久性；另一方面，虽然它对企业发展、对经济增长的贡献不可估量，但要对其定价比较难，至少目前还不存在针对经验、创造力或价值体系等隐性人力资本的交易市场。

人力资本理论主要包括：（1）人力资源是一切资源中最主要的资源，人力资本理论是经济学的核心问题。（2）在经济增长中，人力资本的作用大于物质资本的作用。人力资本投资与国民收入成正比，比物质资源增长速度更快。（3）人力资本的核心是提高人口质量，教育投资是人力投资的主要部分。不应当把人力资本的再生产仅仅视为一种消费，而应视同为一种投资，这种投资的经济效益远大于物质投资的经济效益。教育是提高人力资本最基本的主要手段，所以也可以把人力投资视为教育投资问题。生产力三要素之一的人力资源显然还可以进一步分解为具有不同技术知识程度的人力资源。高技术知识程度的人力带来的产出效益明显高于技术程度低的人力。（4）教育投资应以市场供求关系为依据，以人力价格的浮动为衡量符号。

人力资本理论突破了传统理论中的资本只是物质资本的束缚，将资本划分为人力资本和物质资本。这样就可以从全新的视角来研究经济理论和实践。该理论认为物质资本指现有物质产品上的资本，包括厂房、机器、设备、原材料、土地、货币和其他有价证券等，而人力资本则是体现在人身上的资本，即对生产者进行普通教育、职业培训等支出和其在接受教育的机会成本等价值在生产者身上的凝结，它表现在蕴含于人身中的各种生产知识、劳动与管理技能和健康素质的存量总和。按照这种观点，人类在经济活动过程中，一方面不间断地把大量的资源投入生产，制造各种适合市场需求的商品；另一方面以各种形式来发展和提高人的智力、体力与道德素质等，以期形成更高的生产能力。这一论点把人的生产能力的形成机制与物质资本等同，提倡将人力视为一种内含与人自身的资本——各种生产知识与技能的存量总和。

人力资本的积累和增加对经济增长与社会发展的贡献远比物质资本、劳动力数量增加重要得多，发达国家是最明显的例子。美国在1990年人均社会总财富大约为42.1万美元，其中24.8万美元为人力资本的形式，占人均社会总财富的59%。其他几个发达国家如加拿大、德国、日本的人均人力资本分别为15.5万美元、31.5万美元、45.8万美元。1978—1995年，劳动力数量增长对于中国经济增长的贡献略低于劳动力质量提高的贡献。但是到20世纪末，这种情况发生重大转变，人力资本继续保持较高增长率，而劳动力数量增长率显著下降，由1978—1995年的2.4%急剧下降到1.0%。预计未来20年劳动力增长率还将继续下降。相比之下，人力资本增长率虽有所下降，但是依旧保持较高的增长率，并且成为劳动力贡献于经济增长的主要方式。经济增长的这种模式转变，对人力资本积累提出了巨大需求。而中国庞大的人力资源要转化为人力资本，关键在于提高人力素质，其重要途径在于形成全民学习、终身学习的学习型社会，把中国建成世界最大的学习型社会。中国如果能够在全面建设小康社会的历史机遇期中全面强化人力资本投资，全面建设学习型社会，全面提高人民的素质和能力，就有可能使中国从人口大国迈向人力资源强国，使得中国教育与人力资源总量更加充足、结构更加合理、质量更加提高、体系更加完善，人民学习能力和就业能力更加发展。

（四）强化包容性增长，需要加快实现基本公共服务均等化

1. 基本公共服务均等化的提出过程

中国改革开放 30 多年来，我们党在建设中国特色社会主义的实践中，不断深化对执政规律、社会主义建设规律和人类社会发展规律的认识，从"发展才是硬道理"，到"发展是党执政兴国的第一要务"，再到"科学发展观"，执政理念不断丰富和发展，中国特色社会主义建设取得了巨大成就，社会生产力得到了空前发展，人们的物质文化生活得到了极大丰富和改善。但是，全社会全面快速增长的基本公共需求与基本公共服务不到位之间的矛盾日益凸显，已经成为 21 世纪中国经济社会发展面临的新矛盾新问题，因此，推进基本公共服务均等化，让全体社会成员享受到大致相等的基本公共服务，是保障公平正义、促进社会和谐的本质要求，也是当前共享改革发展成果的关键所在。基本公共服务均等化问题已经成为当前我国经济社会发展中的一个重点热点问题。因此，提高政府的公共服务能力，为全体社会成员提供基本而又有保障的公共产品和公共服务，已经成为促进 21 世纪中国经济社会发展的重要任务。

实现我国基本公共服务均等化的目标就是要最大限度地满足人民群众日益增长的基本公共服务的需求。2006 年 3 月，十届全国人大四次会议通过的"十一五"规划《纲要》从共同财政体系建设的角度提出了"逐步推进基本公共服务均等化"的任务："加快公共财政体系建设，明确界定各级政府的财政支出责任，合理调整政府间财政收入划分。完善中央和省级政府的财政转移支付制度，理顺省级以下财政管理体制，有条件的地方可实行省级直接对县的管理体制，逐步推进基本公共服务均等化。"2006 年 10 月 11 日中共十六届六中全会通过的《中共中央关于构建社会主义和谐社会若干重大问题的决定》将逐步实现基本公共服务均等化作为完善公共财政制度的目标："完善公共财政制度，逐步实现基本公共服务均等化。健全公共财政体制，调整财政收支结构，把更多财政资金投向公共服务领域，加大财政在教育、卫生、文化、就业再就业服务、社会保障、生态环境、公共基础设施、社会治安等方面的投入。"2007 年 10 月，党的十七大从缩小发展差距和完善公共财政体系的角度进一步强调了基本公共服务均等化的重要作用："缩小区域发展差距，必须注重实现基本公共服务均等化，引导生产要素跨区域合理流动"；"围绕推进基本公共服务均等化和主

体功能区建设，完善公共财政体系。"党的十八大特别强调要"基本公共服务均等化总体实现。"由此可见，在我国，基本公共服务均等化与公共财政建设紧密相关，是完善公共财政体系的基本目标和主要标志之一；同时，实现基本公共服务均等化成为强化政府公共服务职能、建设服务型政府和缩小区域发展差距的基本要求和主要途径之一。

2. 基本公共服务均等化是共享改革发展成果的必由之路

一般地说，基本公共服务均等化是指政府要为社会成员提供基本的、与经济社会发展水平相适应的、能够体现公平正义原则的大致均等的公共产品和服务，是人们生存和发展最基本的条件的均等。其中包含三层含义：第一，基本公共服务是公共服务中最基础、最核心的部分，与人民群众最关心、最直接、最现实的切身利益密切相关；第二，基本公共服务是政府公共服务职能的"底线"，由政府负最终责任；第三，基本公共服务的范围和标准是动态的，随着经济发展水平和政府保障能力的提高，其范围应逐步扩大，标准应不断调整。基本公共服务均等化是公共财政的基本目标之一，主要是指政府及其公共财政依照法律法规为社会公众提供基本的、一视同仁的、在不同阶段具有不同标准的、最终大致均等的公共物品和公共服务。从我国的现实情况出发，基本公共服务均等化的内容主要包括：一是基本民生性服务，如就业服务、社会救助、养老保障等；二是公共事业性服务，如公共教育、公共卫生、公共文化、科学技术、人口控制等；三是公益基础性服务，如公共设施、生态维护、环境保护等；四是公共安全性服务，如社会治安、生产安全、消费安全、国防安全等。这些基本公共服务做好了，才能使全体社会成员共同享受改革开放和社会发展的成果。

毋庸置疑，经过前一阶段的经济快速增长和社会急剧转型，我国经济社会的基本需求发生了深刻变化，这不仅要求尽快转变经济发展方式，以应对生态环境恶化和能源资源短缺引发的严峻挑战，而且要求加快建立覆盖全体社会成员的基本公共服务体系，逐步实现基本公共服务均等化，以应对基本公共需求全面快速增长所带来的新的挑战。有关资料显示，进入21世纪以来，我国多项经济社会发展指标相继超越生存型社会的临界值。就恩格尔系数来看，2000年城市达到39.4%，农村达到49.1%，均低于50%的临界值。同年，第一产业就业比重首次降至50%的临界值。2001年，第一产业比重降至14.1%，首次低于15%的临界值；第三产业比重达到40.7%，首次超过40%的临界值。2003年，城镇化率达到40.5%，首次超过40%的临界值。从这些量化标准来判断，我国在21世纪初开始由生存型社会向发展型社会过渡。在这一进程中，广大社会成员的公共需求全面、快速增长同公共产品短缺、基本公共服务不到位的问题成为日益突出的阶段性矛盾。① 由此可见，推进基本公共服务均等化已经成为我国经济社会发展的紧迫任务。

　　社会发展的基本宗旨是人人共享、普遍受益。而推进基本公共服务均等化，是实现人人共享社会发展成果的必然选择。换句话说，基本公共服务均等化是过程，共享社会发展成果是目标，它们在本质上是一致的，都是要维护社会公平。在当前，通过实现基本公共服务均等化，让人民共享改革发展成果，是解决民生问题、化解社会矛盾、促进社会和谐、体现社会公平的迫切需要。现阶段我国的基本公共服务还存在不均等现象，主要表现在：城乡之间基本公共服务供给不均等，农村基本公共服务水平远低于城市；区域之间基本公共服务供给差异大，东部地区政府提供的基本公共服务数量和质量明显高于中西部地区；社会成员之间享有的基本公共服务不均等，比较突出的是进城农民工享有的基本公共服务水平远低于城市户籍居民。现实生活中存在的诸多不和谐因素，有的是发展不够的问题，有的则是共享不够的问题，即没有很好地让全体人民公平公正地享受到社会发展的成果。按理说，社会进步的成果应当由全社会来共享，但实际上是由强势群体来享受或首先享受；同样，社会代价的后果应当由全社会来分担，但实际上大部分却由弱势群体来承担或主要来承担。因此，处在强势群体中的人，与处在弱势群体中的人，对社会的认同感是不一样的。强势群体由于得到很多利益，认为这个社会好，希望维持现状，对社会认同感较高；而处在弱势群体中的人，由于地位下降或利益受损，对社会有一种不满情绪，甚至希望改变现状，因而对社会的认同感较差。这种复杂的情况必然导致社会矛盾和冲突的产生。所以，必须针对影响社会和谐的突出矛盾，以解决人民群众最关心、最直接、最现实的利益问题为重点，真正把改革发展成果体现在人民的生活质量和健康水平的不断提高上，体现在人民的思想道德素质和科学文化素质的不断提高上，体现在人民享有的经济、政治、文化和社会等各方面权益得到充分保障上，以此来促进和谐社会建设。随着我国社会主义市场经济的深入发展和社会转型、利益分化，社会矛盾逐渐增多，人们在工作和生活中面对的不确定性风险不断加大，实现基本公共服务均等化、促进社会和谐的地位和作用日益突出。这要求我们深化认识、扎实工作，加快提高基本公共服务水平和均等化程度。

---

① 中国（海南）改革发展研究院：《加快推进基本公共服务均等化》，《经济研究参考》2008 年第 3 期。

还应当看到，基本公共服务均等化是衡量共享改革发展成果的可行标准。共享改革发展成果的目标实现与否需借助科学、合理的评判标准，但它具有难测度性，需要一个可行的衡量标准来评判它。基本公共服务均等化正是一个可行的衡量标准。一方面，基本公共服务均等化的本质是共享改革发展成果，基本公共服务均等化程度的高低直接反映了人们共享改革发展成果程度的高低；另一方面，相对于共享改革发展成果的难测度性，基本公共服务均等化的各项指标可以量化，所以它是衡量共享改革发展成果的可行标准。目前，"4E"标准即效果性、效率性、经济性、公平性是评价政府基本公共服务的客观标准，其中的公平性标准即为基本公共服务均等化。如"基准评价指标"（即标杆法，就是预先选定一个组织或一个标准，并将其作为本组织一定期限内努力的方向和试图达到的目标，到设定期末，测度本组织完成预定目标的程度和质量，即为该组织的基准绩效得分）、"地区差异指标"（即同一种公共服务，评估得分最大地区与评估得分最小地区间的得分之比）等，① 均是很实用的公平性评价标准。

"十二五"时期是我国全面建设小康社会的关键时期，是全面贯彻落实科学发展观、构建社会主义和谐社会的重要时期，必须加快建立覆盖城乡居民的基本公共服务体系，全面提升均等化水平。加快基本公共服务均等化对"十二五"调整国民收入分配格局具有重要作用，它是提振全社会最广大社会成员消费信心的前提条件，是加快服务业发展、优化产业结构的客观要求，是提高自主创新能力的必由之路，是全面小康与和谐社会建设的主要路径，是避免"中等收入陷阱"② 的重要措施。要实现"包容性

---

① 陈昌盛、蔡跃洲等：《中国政府公共服务：体制变迁与地区综合评估》，中国社会科学出版社 2007 年版，第 11 页。

② 新兴市场国家突破人均 GDP1000 美元的"贫困陷阱"后，很快会奔向 1000 美元至 3000 美元的"起飞阶段"；但到人均 GDP3000 美元附近，快速发展中积聚的矛盾集中爆发，自身体制与机制的更新进入临界，很多发展中国家在这一阶段由于经济发展自身矛盾难以克服，发展战略失误或受外部冲击，经济增长回落或长期停滞，陷入所谓"中等收入陷阱"阶段。所谓"中等收入陷阱"是指当一个国家的人均收入达到中等水平后，由于不能顺利实现经济发展方式的转变，导致经济增长动力不足，最终出现经济停滞的一种状态。按照世界银行的标准，2010 年我国人均国内生产总值达到 4400 美元，已经进入中等收入偏上国家的行列。当今世界，绝大多数国家是发展中国家，存在所谓的"中等收入陷阱"问题。像巴西、阿根廷、墨西哥、智利、马来西亚等，在 20 世纪 70 年代均进入了中等收入国家行列，但直到 2007 年，这些国家仍然挣扎在人均 GDP 3000 至 5000 美元的发展阶段，并且见不到增长的动力和希望。人民论坛杂志在征求 50 位国内知名专家意见的基础上，列出了"中等收入陷阱"国家的十个方面的特征，包括经济增长回落或停滞、民主乱象、贫富分化、腐败多发、过度城市化、社会公共服务短缺、就业困难、社会动荡、信仰缺失、金融体系脆弱等。

增长"，就有必要落实基本公共服务的均等化，在城乡之间逐渐实现机会平等，并以民众日益享有行使民主权利的广阔空间来保证机会平等。因此，在指导方针和目标设立上应深入贯彻落实科学发展观，以大幅提升公共就业服务、社会保障、保障性住房、义务教育、基本医疗卫生、公共文化体育、福利救助服务的供给和均等化水平为主要任务，切实加大财政投入和政策支持力度，优化资源配置，深化体制改革，初步建立起统筹城乡和区域、覆盖全民、方便可及、高效低廉的基本公共服务制度体系，分阶段、有重点地推进基本公共服务均等化。

3. 基本公共服务均等化的理论渊源

20世纪20年代，英国经济学家庇古开创了福利经济学的完整体系。为实现福利最大化的目标，庇古考虑到两个问题：一是个人实际收入的增加会使其满足程度增大，二是转移富人的货币收入给穷人会使社会总体满足程度增大。据此，他提出了两个基本命题：国民收入总量越大，社会经济福利就越大；国民收入分配越是均等化，社会经济福利也就越大。庇古的研究对基本公共服务均等化起到了基础性的作用和影响。由于基本公共服务本质上是由国民收入形成的，对公共服务的分配能对国民收入的分配起到重要作用，能够增进社会福利，促进社会福利最大化。基本公共服务资源一般由政府掌握，主要由政府通过财政支出等手段予以配置，出现配置失当的状况仍然要由政府自身来纠正。庇古的国民收入均等化思想对基本公共服务均等化具有启示性意义，政府应当理应通过基本公共服务均等化来实现全社会福利最大化。

4. 基本公共服务均等化的基本内涵

基本公共服务均等化的关键词，一是"基本公共服务"，二是"均等化"，可以通过逐级分析和综合，了解基本公共服务均等化的内涵。公共服务包括基本公共服务和一般公共服务。十六届六中全会《决定》把教育、卫生、文化、就业再就业服务、社会保障、生态环境、公共基础设施、社会治安等列入公共服务范畴。在此基础上，有学者认为，基本公共服务主要包括义务教育、公共卫生、基础科学研究、公益性文化事业和社会救济等，属于与民生密切相关的纯公共服务。而基本公共服务以外的公共服务，都属于一般公共服务。基本公共服务均等化，包括标准的均等化，也包括结果的均等化。即一个国家的公民无论居住在哪个地区，都有平等享受国家提供的基本公共服务的权利。基本公共服务均等化的标准不是一成不变的。它是根据经济发展水平和财力水平的变化而变化，最初可能是低水平的保底，然后逐步提高到中等水平。需要说明的是，基本公服务均等化，最终是要实现结果的均等化，所以要求健全公共财政体系、完善财政转移支付制度。总的来说，基本公共服务均等化就是指政府要为社会公众提供基本的、在不同阶段具有不同标准的、最终大致均等的公共物品和公共服务。

总之，公共服务分为基本公共服务和一般性公共服务。一种观点认为，基本公共服务是指直接与民生问题密切相关的公共服务，中共十六届六中全会《关于构建社会主义和谐社会若干重大问题的决定》中，把教育、卫生、文化、就业再就业服务、社会保障、生态环境、公共基础设施、社会治安等列为基本公共服务。另一种观点认为，基本公共服务应是指纯公共服务，因此不能笼统地讲教育、卫生、文化、科学、社会保障等是基本公共服务，只能将其中的义务教育、公共卫生、基础科学研究、公益性文化事业和社会救济等，归属于基本公共服务范畴[1]。还有一种观点认为，基本公共服务是一定发展阶段上最低范围的公共服务。[2] 笔者认为现阶段我国基本公共服务应当包括四大类：一是基础类的公共服务，包括基础设施、水、电、公路、电信等；二是经济类的公共服务，诸如政府的规划与计划，规范的监督体系，政府宏观调控等；三是社会类的公共服务，包括义务教育、公共卫生、基础科学研究、公益性文化事业等；四是安全类的公共服务，如国防、警察、消防等。

基本公共服务均等化包含两个方面：一是居民享受基本公共服务的机会均等，如公民都有平等享受义务教育的权利；二是居民享受基本公共服务的结果均等，如每一个公民无论住在什么地方，城市或是乡村，享受的义务教育和医疗救助等公共服务，在数量和质量上都应大体相等。相比之下，结果均等更重要。[3] 实现我国基本公共服务均等化必须推进二者统一。

均等化的标准，有三种理解：一是最低标准，即要保底。"一个国家的公民无论居住在哪个地区，都有平等享受国家最低标准的基本公共服务的权利。"[4] "这个均等化我理解就是要托一个底，是政府应该提供的诸如普及义务教育、实施社会救济与基本社会保障这类东西，对其应该保证的

---

[1] 安体富、任强：《政府间财政转移支付与基本公共服务均等化》，《经济参考研究》2010年第47期。

[2] 陈昌盛、蔡跃洲：《中国政府公共服务：体制变迁与地区综合评估》，中国社会科学出版社2007年版，第3页。

[3] 安体富、任强：《政府间财政转移支付与基本公共服务均等化》，《经济参考研究》2010年第47期。

[4] 刘明中：《推进公共服务均等化的手段（上）——财政部副部长楼继伟》，《中国财经报》2006年2月7日。

最低限度的公共供给，必须由政府托起来。"① 二是平均标准。即政府提供的基本公共服务，应达到中等的平均水平。三是相等的标准，即结果均等。这三个标准并不完全矛盾，实际上这是一个动态的过程。在经济发展水平和财力水平还不够高的情况下，一开始首先是低水平的保底，然后提高到中等水平，最后的目标是实现结果均等。当然，要做到结果大体均等，政府的供给成本，就不能是均等的。例如，澳大利亚的均等化目标是"每个社会成员都能享受大体均等的公共服务"，由此，政府为不同地区提供公共服务的成本是极不相同的。

公共服务均等化，或者说基本公共服务均等化的终极目标是应当使人与人之间所享受到的基本公共服务的均等化。由于个人总是处于某个地区或城市和乡村之间，因此，为了实现这一终极目标，可以阶段性地通过实现地区之间和城乡之间基本公共服务的均等化，进而实现人与人之间的基本公共服务的均等化。目前，学术界关于公共服务均等化问题研究的文献，大多都是从地区之间和城乡之间的公共服务均等化的角度来谈的，因此，公共服务均等化应当包括地区之间的均等，城乡之间的均等和人与人之间的均等。

成熟的基本公共服务均等化表现为在不同区域之间、城乡之间、居民个人之间的公共服务分布均等。实现我国基本公共服务均等化必须理顺三个阶段，实施分三步走战略。从开始尝试到最终实现，基本公共服务均等化要经历不同的阶段，每个阶段的目标及其表现形式也不尽相同。初级阶段的目标是实现区域基本公共服务均等化，主要表现为区域之间的基本公共服务水平的差距逐渐缩小；中级阶段的目标是实现城乡基本公共服务均等化，主要表现为区域之间和城乡之间的基本公共服务水平接近；高级阶段的目标是实现全民基本公共服务均等化，主要表现为区域之间、城乡之间、居民个人之间的基本公共服务分布均等。现阶段我国基本公共服务均等化程度很低，并开始步入初步探索阶段，因此，应将其目标及工作重点首先定位于实现区域基本公共服务均等化。

当前我国推进基本公共服务均等化，是实现人人共享改革发展成果的制度安排，也是实现社会基本平等和解决民生问题的现实需要。由于受历史和现实条件的限制，我国基本公共服务均等化同时面临着政府基本公共服务"供给不均"和公众对基本公共服务"享受不均"等一系列挑战。为

---

① 贾康：《区分"公平"与"均平"把握好政府责任与政策理性》，《财政研究》2006 年第 12 期，第 7 页。

维护社会公平正义，必须推进基本公共服务均等化，以实现共享社会发展成果的目标。

5. 基本公共服务均等化的基本模式

实现基本公共服务均等化，大体有"人均财力的均等化"、"公共服务标准化"和"基本公共服务最低公平"三种模式，应结合我国实际情况，综合考虑我国均等化的实现方案。其一，人均财力的均等化是指中央政府按每个地区人口以及每万人应达到的公共支出标准来计算向地方政府补贴的制度。该模式被欧盟和加拿大采用。其二，公共服务的标准化指中央和上级政府对公共服务颁布设备、设施和服务标准，并以此为依据建立专项转移支付模式。该模式比较适用于地域不大、经济发展水平差异较小的国家。其三，基本公共服务最低公平也称基本公共服务最低供应，由英国学者布朗和杰克逊于1978年提出。该模式将政府间职能分工与经费保障结合起来，包括多样性、等价性、集中再分配、位置中性、集中稳定、溢出效应纠正、基本公共服务最低供应、财政地位平等原则。由于该模式注重财政公平与效率的统一，解决了财政资金转移支付中的一些难题，因而需要重点关注。

具体来说，基本公共服务最低公平模式的主要特点包括：第一，确立基本公共服务最低公平原则。国家应让每个居民确信，无论他居住在哪个市或县，都会获得基本公共服务的最低保证，诸如安全、健康、福利和教育。为此，国家应按这一原则确定具体的基本公共服务项目，制定出最低的提供标准，并通过多级政府分担经费来保障各地政府有能力提供这类服务。第二，公共服务标准可根据行业特点，采用实物标准、经费标准和服务质量标准等，但最重要的是确保服务质量，并通过绩效评价来促使其达到标准。第三，确立"谁受益、谁出钱"的等价性原则。国家允许并鼓励有财政能力的地方政府提供更多的、质量更高的公共服务，但其经费应当由提供服务的政府来承担。

基本公共服务最低公平模式比较适合于我国。主要理由是：第一，它符合中央的政策目标。我国处于社会主义初级阶段，人均财力水平较低，加上经济建设的巨大支出需求，尚无力达到全部公共服务均等化。国家有选择地将部分重要的公共服务列为基本公共服务，并以国家的名义保证最低供给水平，这既有必要性，又有可行性。第二，它为解决发达地区与欠发达地区在公共服务水平上的矛盾，提供了可行方案。该模式将基本公共服务最低公平原则与等价性原则结合起来，既保证了欠发达地区居民获得必要的公共服务，又不妨碍发达地区政府提供更多的质量更高的公共服务。第三，它符合公共财政改革渐进性的要求。在我国，任何一项公共服务的全国性改革都需要上百亿元支出，基本公共服务均等化应考虑国家财力可能，采用渐进策略，其标准、范围应随着国家财力提高而逐步提高。基本公共服务最低公平模式适应了这一点，既顾及了现实财力的可能性，也为国家提高最低标准留下了政策空间。第四，它符合我国公共政策走向。近年来，我国在公共服务上出台的一些重大政策，如农村义务教育经费保障机制、新型农村合作医疗制度等，都是按最低公平的思路制定的。这说明，最低公平模式是实践证明了的可行模式。

实现基本公共服务均等化要历经漫长的实践过程。现阶段首先要建立基本公共服务的国家标准及数据采集和监测体系，同时，为推进基本公共服务均等化提供政策路径和体制保障。

基本公共服务均等化是一个非常复杂的问题，涉及基本公共服务的范围界定、标准制定、各级政府在基本公共服务领域事权和财权的明确划分等。我国在21世纪初提出基本公共服务均等化，这是公共管理和社会发展中一个历史性的跨越，但要实现这个目标，还有很长的路要走。在"十一五""十二五"期间，要建立基本公共服务的国家标准及数据采集和监测体系，进一步扩大政府在公共服务领域的投入，推进基本公共服务的均等化。主要内容包括：建立义务教育、公共卫生和基本医疗、就业服务、社会福利的设施标准、设备标准、人员标准，以及根据这些标准建立的统计指标体系和全国数据采集系统。公共财政必须为各类公共服务提供必要的资金支持，对各类公益性或非营利性项目提供必要的财政援助。基本改变我国目前公共财政支出结构中的"建设财政"的特点，减少本该由市场发挥作用的公共财政支出，减少政府公共财政支出中经济建设支出，加大社会性公共服务的支出。推进公共财政体制建设，配合服务型政府建设，调整财政收支结构，把更多财政资金投向公共服务领域和社会发展领域。推进各类职业技术培训，使初中和高中后职业技术培训、多样化的继续教育和成人教育得到较大发展；进一步改革和完善社会福利管理体制和运行机制，困难群众基本生活得到有效保障，社会救助体系基本建立；在公共卫生和基本医疗方面，到2020年，在全国基本建立与全面小康社会相适应的卫生服务体系，缩小城乡之间、不同区域之间、不同人群之间享有卫生服务水平的差距，优化城镇卫生资源结构，加强社区卫生服务，建立有效、经济的卫生服务体系。

6. 基本公共服务均等化的主要内容

把握基本公共服务均等化的主要内容，在总体上应注意两点：一是范围要适中——不能过宽或过窄；二是标准要适度——不能过高或过低。基于此，我国实行基本公共服务均等化应包括四方面的内容。

第一，在就业服务和基本社会保障等"基本民生性服务"方面实现均等化。就业是民生之本。人民群众能不能享受基本公共服务，首先要看就业服务。我国目前面临着巨大的就业压力，解决就业问题要确立劳动者自主择业、市场调节就业和政府促进就业的机制。从政府角度来说，应把"促进就业"摆在公共服务的突出位置，强化促进就业的职能，保证就业服务的均等化。比如，以城市为中心逐步建立就业的公共服务体系，特别是做好公益性、面向全体劳动者的就业培训和信息服务；建立县、乡两级就业公共服务网络；建立面向困难地区、困难行业、困难群体的就业援助制度。"基本民生性服务"还有一个很重要的方面是社会保障。构建严密而可靠的社会保障安全网，需要继续推进养老保险、基本医疗保险、失业保险、工伤保险、妇女生育保险以及农村的社会保险，同时积极发展社会救助、社会福利和慈善事业。目前，这项工作的难点在于城市与农村的社会保障差距较大。应在继续推进城市社会保障事业发展的同时，着力加快农村社会保障事业发展步伐，以尽快建立并完善与经济发展水平相适应的社会保障制度，并逐步实现城市和乡村全覆盖。

第二，在义务教育、公共卫生和基本医疗、公共文化等"公共事业性服务"方面实现均等化。一是义务教育。从基本国情出发，教育的基本公共服务均等化可锁定在对义务教育的保障上，即普及和巩固城乡义务教育。只要是适龄儿童，不论在城镇还是在乡村，不论在东部还是在中西部，都有权利享受九年义务教育。为此，一方面应提高财政性教育经费占国内生产总值的比重，保障义务教育阶段的投入；另一方面应深化教育体制改革，提高教育质量，从体制上为义务教育均等化提供保障。二是公共卫生和基本医疗。公共卫生和基本医疗保障具有公益性质，应列入均等化的范围。应强化政府责任，建设覆盖城乡居民的基本卫生保健制度。三是公共文化。随着人民生活水平的提高，对精神文化产品的需求日益旺盛。在提供精神文化产品方面，要把文化事业和文化产业区分开来。文化事业有公益性，可以均等化，像公共图书馆、农村文化室等，属于政府应该提供的基本文化事业服务。而文化产业则是市场性的，主要靠市场调节。目前，公共文化的数量和质量与人民群众的需求之间存在着不足和脱节现象。应深化文化体制改革，积极发展公共文化事业，以满足群众的精神文化需求。

第三，在公益性基础设施和生态环境保护等"公益基础性服务"方面实现均等化。公益性基础设施可分拆出两个环节，即"基础建设"环节和"执行运营"环节。对基础建设环节，即不以营利为目标而以提供公共服务为目标的带福利性的环节，政府应全力予以投资并加强管理，如农村饮水工程、农村道路等农村基础设施。当然，政府对基础建设不可能全部包揽，可根据不同情况制定不同政策。至于市场性的基础设施，如高速公路等，可按市场方式运作。为全体公民提供良好的环境，包括大气环境、水环境、声环境等，也是在"公益基础性服务"方面实现均等化的内容。国家已经把环境保护作为约束性指标来考核各级政府的绩效。

第四，在生产安全、消费安全、社会安全、国防安全等"公共安全性服务"方面实现均等化。安全是事关人民生命财产和国家利益的大事，政府有责任提供安全方面的公共产品、公共服务，包括生产安全、消费安全、社会安全等。对于这些公共产品、公共服务，每一个公民都应该平等地享受。

7. 现阶段我国基本公共服务均等化面临的主要挑战

我国现阶段的基本公共服务是指在我国社会主义市场经济基本框架初步建立但还需继续完善的条件下，政府为实现社会的公平和公正目标，通过完善财政体制和提供财政保障（包括一般性转移支付，和专项转移支付）来使不同地区政府确保本地区居民有机会、有能力、有权利接近的与公民基本权利有关的公共服务项目，包括医疗卫生（或者叫公共卫生和基本医疗）、基本教育（义务教育）、社会救济、就业服务，和养老保险。基本公共服务是政府的基本责任，是公民的基本权利，它体现了发展的社会属性。但现阶段我国基本公共服务不均等也是一个基本事实。基本公共服务资源的配置存在严重地区性不均等，而这种地区差别由于城市化滞后又表现为严重的城乡差别。城乡差别和体制分割给实现基本公共服务均等化带来了巨大的困难。这是中国基本公共服务不均等区别于其他国家的基本特征。

造成我国基本公共服务不均等的原因，从技术上看，主要是我国还没有针对实现基本公共服务均等化目标来建立一套基本公共服务的供给标准和与这些标准相对应的客观因素评估法。从政府间关系看，目前我国非对称性财政结构不利于实现基本公共服务均等化，中央财政收入和支出占整个国家财政收入和支出的比重缺乏合理的制度安排，各级政府在义务教育、公共卫生和基本医疗、社会救助、社会福利、基本养老保险等方面的事权和责任划分不清，中央政府有关政策文件在涉及政府间关系问题上过于模糊，不利于政策实施。此外，业已形成的转移支付制度还不完善，具有财政能力均等化意义的"一般性转移支付"规模不合理，作用不明显；建立在中央与地方事权划分不清基础上的专项转移支付缺乏科学分配依据，申报方式随意，分配方式不规范；省级以下财政转移支付制度建设落后等。从城乡体制看，则主要是长期实施的户籍制度造成了乡村居民和城镇居民的不同身份，以及掩藏在这个身份背后的享有基本公共服务的不同权利造成了我国现阶段基本公共的不均等。

为实现共享改革发展成果的目标，我国政府应当高度重视并积极推进基本公共服务均等化。但现阶段我国的基本公共服务还存在不均等现象，主要表现在：城乡之间基本公共服务供给不均等，农村基本公共服务水平远低于城市；区域之间基本公共服务供给差异大，东部地区政府提供的基本公共服务数量和质量明显高于中西部地区；社会成员之间享有的基本公共服务不均等，比较突出的是进城农民工享有的基本公共服务水平远低于城市户籍居民。根据基本公共服务供给的主体和客体划分，基本公共服务非均等化可分为政府（主体）基本公共服务"供给不均"与公众（客体）对基本公共服务"享受不均"两个方面。

（1）政府基本公共服务的"供给不均"。政府供给基本公共服务过程中同时存在着供给不足和供给不均问题，它们都是造成基本公共服务不均等的原因。对此，供给不足问题已经受到大家的强烈关注，而供给不均却往往被笼统地认为是供给不足，并被认为是在供给充足前提下才会出现。实际上，在供给不足情况下，也会因政府工作人员的故意行为而出现供给不均问题。而且，供给不足前提下的供给不均会加剧基本公共服务非均等化。

监管、付费、直接提供是政府供给基本公共服务的三种基本手段。[①] 监管就是通过建立健全各种制度、机制，对非政府组织供给公共服务进行全程监督与管理；付费是政府通过付费来干预公共服务的提供，包括政府购买公共服务，政府向服务提供者和服务需求者提供补贴等；直接提供是政府公立机构直接向公众提供公共服务。这三种手段都旨在实现基本公共服务的高效、公平。政府基本公共服务的"供给不均"贯穿在这三种手段中，表现为"制度供给不均"、"财政供给不均"和"人员、设备、设施供给不均"等。

其一，制度供给不均。主要表现为公共服务制度的城乡二元化。虽然

[①] 张春霖：《公共服务提供的制度基础：一个分析框架》，载《聚焦中国公共服务体制》，中国（海南）改革发展研究院编，中国经济出版社2006年版，第45页。

科学发展观强调统筹城乡协调发展，但长期以来的"重城轻农"现象继续存在，在义务教育、社会保障、基础设施、环境卫生等方面依然存在城乡二元格局，有些地区因为贫富差距的拉大而更加严重。诸如，新型农村合作医疗制度的实施为广大农民解除了"大病致贫、大病返贫"的后顾之忧，但新型农村合作医疗制度旨在"大病统筹"，而非普通疾病的医疗保障。与城镇医疗制度的全面医疗保障相比，农村居民显然被排除在普通疾病的保障范围之外，看似均等的制度还是不公；失业保险主要针对事业单位、企业职工，大多数城镇困难居民及广大农村居民无缘失业保险，这种制度的存在，本身就是不均。如此等等。

其二，财政供给不均。主要体现为地方财政辖区内分配不均以及中央与地方对基本公共服务财政支出分担比例失衡。地方财政辖区内分配不均会拉大城乡及不同社会群体之间差距，加剧社会不公。在当前"工业反哺农业，城市扶持农村"的国家大政方针指引下，地方在财政分配中已逐步提高支农比例，并重点向基础教育、社会保障、公共卫生、环境保护等基本公共服务部门倾斜，取得了一定成效，特别是在经济发达省份。但是，我国大多数省份的财政收入有限，在市县一级更是捉襟见肘，难于支付各种基本公共服务所需的资金，只能重点顾及其中一部分，造成地方财政供给不均。

中央与地方对基本公共服务财政支出分担比例失衡明显。统计数据显示，2005年中央财政支农支出为147.53亿元，地方支农支出1644.87亿元，地方是中央的11倍；文教、科学、卫生事业费支出中中央支付587.67亿元，而地方支付高达5516.51亿元，地方高出中央8倍；中央在支援经济不发达地区的支付中仅拨付6.66亿元而地方则承担了188.76亿元，地方是中央的28倍，显然地方承担着主要的财政责任。[①] 中央与地方对基本公共服务支出分担比例失衡造成中央与地方的财权和事权不统一，中央拥有大部分的财权而对基本公共服务所承担的责任却很少，相反，地方政府缺乏足够的财权却承担大部分的基本公共服务责任。严重的权责不一，增加了地方供给基本公共服务的难度，影响了地方基本公共服务的公平性。目前基本公共服务的事权，主要是由县乡基层财政来承担，像义务教育、公共卫生、社会保障和福利救济等支出大都由基层财政负担。例如，据调查，我国的义务教育经费78%由乡镇负担，9%左右由县财政负担，省负担11%，中央财政负担不足2%。又如，预算内公共卫生支出，

---

① 引自《中国统计年鉴》，中国统计出版社2006年版，第288页。

中央政府仅占卫生预算支出的2%，其他均为地方政府支出，而在地方政府，县、乡共支出了预算的55%—60%。可见，财力与事权的不匹配是基层财政困难的根本原因，也是基层政府提供公共服务能力不足的关键。①

其三，人员、设备和设施供给不均。主要反映在各基本公共服务部门中工作人员、设备、设施配置的数量及质量上的差别。在医疗卫生、义务教育方面，城市配备了更多优秀人才、配置了更优质的设备，服务质量都比农村的高。在基础设施及环境保护方面，城市提供了更多更好的公路、厕所、垃圾处理站、供水及排水工程等。因此，城市基本公共服务部门中工作人员、设备、设施配置在数量和质量上都比农村的高出很多。

(2) 公众对政府基本公共服务的"享受不均"。共享改革发展成果的实质是"享受均等"。"享受均等"的前提是"供给均等"。但"供给均等"未必能保证"享受均等"，而"享受均等"却必定表明基本公共服务真正达到均等化，人人共享社会发展成果。当前"享受不均"表现在各种基本公共服务的地区差距、城乡差距上。

在地区差异方面，据陈昌盛，蔡跃洲在《中国政府公共服务：体制变迁与地区综合评估》中所指可知，2000—2004年，我国各类公共服务地区差异指标中最大与最小之比的5年平均值分别为：基础教育1.728，公共卫生1.774，社会保障2.351，基础设施3.072，公共安全1.923，环境保护1.96。② 各类基本公共服务的地区差距在2—3倍，差距明显，尤其是西部地区遭受了巨大的不公。

在城乡差距方面，我国各类基本公共服务的城乡居民享受情况是：在社会保障方面，我国85.8%的从业人员缺乏失业保险；③ 80%左右的劳动者缺乏基本养老保险；85%以上的城乡居民缺乏基本医疗保障；④ 2001年至2005年，我国城镇居民最低生活保障人数分别是1170.7、2064.7、2246.8、2205.0、2234.1万人，而对应的农村居民最低生活保障人数分别是304.6、407.8、367.1、488.0、824.9万人。⑤ 城镇居民最低生活保障

---

① 安体富、任强：《政府间财政转移支付与基本公共服务均等化》，《经济参考研究》2010年第47期。
② 陈昌盛、蔡跃洲等：《中国政府公共服务：体制变迁与地区综合评估》，中国社会科学出版社2007年版，第327页。
③ 仇章建、李伟：《以加强公共服务体系建设为中心推进政府职能转变》，载《聚焦中国公共服务体制》，中国（海南）改革发展研究院编，中国经济出版社2006年版，第95页。
④ 沈荣华：《公共服务的制度参与：增加投入、扩大参与和改善过程》，载《聚焦中国公共服务体制》，中国（海南）改革发展研究院编，中国经济出版社2006年版，第291页。
⑤ 引自《中国统计年鉴》，中国统计出版社2006年版，第904页。

人数是农村的 3 到 5 倍多。在基础设施方面，80% 以上非水泥化道路在农村，50% 以上的行政村未通自来水，60% 以上的农民缺少卫生厕所。① 在义务教育方面，2005 年国家财政性教育经费中，义务教育总支出为 241 亿多元，其中，用于农村义务教育支出 139 亿元，占 57.8%，而农村义务教育学生量占全国义务教育学生数量的 57.1%。② 在公共卫生方面，城市占有全国医疗资源的 80%，而农村只有 20%。③ 显然，"享受不均"在城乡差距方面更为突出，消除城乡居民的"享受不均"应当成为基本公共服务均等化的重点。

  上述分析主要体现了数量上的不均等。其实，各种基本公共服务还存在质量上的不均等问题，城乡差距、区域差距、不同社会群体间的差距本质上反映了基本公共服务在数量或质量上不均。基本公共服务数量上的均等，未必能保证群众真正享受到质量均等的服务。这种情况在现实中已有所表现。诸如，现在我国新型农村合作医疗覆盖率达到 80% 以上，说明社会保障覆盖面已经扩大，但事实上，新型农村合作医疗制度主要是为大病而统筹的，一般疾病是被排除在外的，而且人均额度很低，在目前医药贵的背景下，一般疾病费用仍然高，困难群体仍然承受不起这种高价，所以新型农村合作医疗制度掩盖了服务质量不均等的事实。同样，医疗卫生方面，我国医院设立主要以行政区域为准，一般来说，一个乡镇有一个卫生院，一个县区有一家中等级别的综合医院，一个市配有一个高级的综合医院。单从数量上，县市以上的医院明显要比广大乡村卫生院要少得多，可是城市医院的医疗质量不知要比农村卫生院的医疗卫生服务质量要强多少倍。这些事实证明，基本公共服务数量上的均等未必能保证基本公共服务质量上的均等。

  在现实中，基本公共服务质量上不均往往不被重视，特别是在基本公共服务资源有限的状况下，更是如此。这是由于基本公共服务具有信息不对称性，需要具备专业知识才能判断其质量高低，使基本公共服务质量具有隐蔽性和难测度性，不容易为人所认识。基本公共服务质量的隐蔽性和难测度性，可能会使基本公共服务供给者故意降低服务质量，没有尽心尽责地为群众服务，加剧了基本公共服务质量不均等，因此，消除它的难度

---

① 赵中社：《加强和改善农村公共服务》，载《聚焦中国公共服务体制》，中国（海南）改革发展研究院编，中国经济出版社 2006 年版，第 221—222 页。
② 引自《中国统计年鉴》，中国统计出版社 2006 年版，第 824 页。
③ 沈荣华：《公共服务的制度参与：增加投入、扩大参与和改善过程》，载《聚焦中国公共服务体制》，中国（海南）改革发展研究院编，中国经济出版社 2006 年版，第 291 页。

就很大。因此，在消除"享受不均"的现象时，要注意防止基本公共服务数量上不均，更应该克服基本公共服务质量上的不均等。

8. 基本公共服务均等化的体制保障

逐步实现基本公共服务均等化，必须有相应的体制保障。举其大者，主要有以下几个方面：

第一，改革公共财政制度。应调整财政支出结构，建立和完善公共财政体制。财政资金应逐步退出一般竞争性领域，加大对目前比较薄弱的基本公共服务领域的投入。当前尤其要确保新增财力主要投向就业再就业服务、基本社会保障、义务教育、公共卫生和基本医疗、公共文化、公益性基础设施、生态环境保护、公共安全等方面。同时，加大财政转移支付力度，通过中央财政转移支付来缩小东西部之间在公共服务上的差距。

第二，完善收入分配制度。虽然基本公共服务均等化并不意味着收入分配要均等化，但目前社会收入分配差距过大，加大了实现基本公共服务均等化的难度。因此，需要加快收入分配制度改革。具体思路是："保低"——保障并提高低收入者收入水平，"扩中"——扩大中等收入者比重，"控高"——调控过高收入，"打非"——打击并取缔非法收入。在此基础上，通过缓解—遏止—缩小这样一个渐进过程，使收入差距扩大的趋势得到根本性扭转。这样做，可以缓解社会成员在获取服务上的"流动性（货币）约束"，从而减轻政府实施基本公共服务均等化的压力。从这个角度看，收入分配制度改革与实现基本公共服务均等化是相辅相成的。

第三，统筹城乡协调发展制度。阻碍基本公共服务均等化最突出的问题是机会不均等，尤其是城乡分割的体制使广大农民和进城的农民工没有享受到应有的"国民待遇"。解决这一问题，需要加快建立有利于改变城乡二元结构的体制机制。一方面，继续推进城镇化进程，加快劳动力向城镇转移的步伐，并解决农民工的身份问题；另一方面，政府应把基础设施和社会事业发展的重点转向农村，逐步加大对农村基本公共服务的投入。

第四，健全公共服务型政府制度。我国公共服务供给的短缺与政府的"缺位"、"越位"有关。政府的职能定"位"应该定在哪里？应该定在"服务型政府"，政府职能要由"管理型政府"向"服务型政府"转变。为此，应抓紧做好这样几项工作：其一，实现政府职能的根本转变，并建立健全基本公共服务均等化的考核体系，强化对地方政府的公共服务行政问责；其二，改革行政审批制度，彻底清理、减少、规范行政审批项目；其三，推进政府机构改革，逐步解决层次过多的问题；其四，推进与政府机构紧密相关的社会事业单位改革，对于与基本公共服务均等化密切相关的教育、卫生、文化等事业单位，按照公共性、准公共性和营利性区别对待的原则和办法进行分类改革。

9. 促进我国基本公共服务均等化的四个环节

第一，加强政府间财政体制改革。如果不对政府间财政体制进行全面改革，就难以保证公共服务均等化的充分性。首先需要综合解决各级政府的财政收支分配问题。由中央政府负责某些公共服务的筹资责任将有利于提供更好的公共服务；将部分服务和资金由乡镇或县交由上一级政府，可以提高效率和管理能力。其次必须集中关注的是重新确定公共财政的优先顺序和重点领域。在现行体制下，稀缺的公共资源仍在为一些无论从公平还是从效率角度都不需要政府干预的活动提供资金，同时，对实现和谐社会起关键作用的公共服务，又面临资金严重不足的问题，尤其在贫困地区尤为突出。最后需要清晰、明确地分配中央、地方之间的支出责任。应明确承担某项公共服务支出责任的政府的级次。对于共同承担的责任，应在各级政府间对负责监管、确定供应标准、为公共服务筹集资金、实际提供服务各项责任进行明确分工。通过在省以下政府建立公开的财政收入分配机制，可大大提高政府间财政关系的整体效率和公平性。省以下政府收入分配改革应与政府间财政关系方面的其他改革同时进行，包括支出划分、均等化转移支付和预算程序等。

世界各国大都实行单一的纵向转移模式，即中央政府对地方政府、上级政府对下级政府的财政转移支付模式，只有德国、瑞典和比利时等少数国家实行纵向与横向混合的转移模式，即在实行纵向转移支付的同时，还实行横向转移的转移支付。我国一直实行单一的纵向转移模式，目前在继续实行以纵向转移模式为主的同时，试行横向转移具有一定的必要性：其一，我国东部与中西部地区差距过大，中央财力又十分有限，单靠中央对地方的纵向转移，地区间公共服务的均等化将难以实现。其二，我国东部发达省区支援西部不发达省区已有一定的政治思想基础，如发达省区与西藏、新疆、青海等省区之间的对口支援，只是尚未形成制度。其三，目前我国东部一些发达地区的经济发展水平和收入水平已接近某些发达国家的水平，有条件、也有义务从财力上支持不发达地区的发展。其四，东部发达地区支援中西部不发达地区，有利于加快地区间的协调发展，提高国家整体经济发展水平，同时也有利于东部地区经济的发展。因此，可以在目前以纵向转移模式为主的同时，试行横向转移支付。

第二，培养地方政府提供基本公共服务财源。其一，开征物业税，稳定地方政府税源。从国际经验看，物业税税基大、税源稳定、征收相对透明，是良好的地方税种。随着我国经济发展和城市化进程的加快，目前我国房地产已经成为居民财富的重要组成部分，可以考虑把物业税作为地方主体税种，试点开征。其二，将地方国有资本预算纳入财政预算，增加地方政府可支配财力。国有资本收益是政府非税收收入的重要组成部分，包括国有资本分享的企业税后利润、国有股股利、企业国有产权（股权）出售、拍卖、转让收益等。其三，逐步缩小直至取消激励地方政府追求经济总量的税收返还和原体制补助。1994年进行分税制改革时，为调动地方的积极性和减少阻力，中央以1993年地方政府财政收入规模为基数，以税收返还和原体制补助的形式将中央财政收入中的一定数额返还给地方政府。如将税收返还和原体制补助计入全部转移支付，2005年中央财政转移支付中税收返还和原体制补助占36.08%，专项转移支付占30.73%，财力性转移支付占33.19%。由于税收返还的数量大，又属于非均等化转移形式，它同实现基本公共服务均等化目标是相悖的。税收返还和原体制补助的过高比例直接扩大了地方政府间财力上的差距，加剧了区域间经济发展差距和基本公共服务的供给差距。因此应当统筹协调，逐步降低税收返还和原体制补助的比例，直至最后取消，可以增加一般性转移支付的比例，使财政转移支付制度适合基本公共服务均等化的总体要求。

第三，实现预算管理科学化。预算改革必须着眼于寻求地方政府的支持，因为预算改革的最重要的步骤是将预算外资金和预算外活动纳入预算管理。预算外资金改革如果仅仅靠上级政府的命令，是难以成功的。同时，由于预算外收入经常为主要基本公共服务提供资金，如果不进行相应的支出和收入分配改革，预算外资金的改革也难以实施。一些地方政府已经开始采取措施把预算外资金并入预算内来解决下列问题：其一，对预算外资金的依赖已经为预算管理强加了高昂的成本，即破坏了总体预算纪律，又阻碍了财政支出与政府需优先考虑的基本公共服务之间的联系，并扭曲了激励机制。这种做法使公共部门内部的信息不对称问题更为恶化，尤其是在现行的政府财政交易管理信息系统还不足以监管预算内支出的情况下。其二，大量预算外部门的出现也在该体系内产生了很强的不兼容性。预算内自主权的缺乏，与预算外领域具有极高的自主权形成了强烈反差。地方政府具有把其资金列为预算外资金的强烈动机。

我国地方政府进行预算程序改革的相关性和重要性在于，预算程序和制度是提供基本公共服务的总体效率的决定因素。提高基本公共服务的供给效率需要对预算优先次序和有效地贯彻执行这些优先政策的预算体制予以明确表述。因此，明确地表述预算的优先次序要求使用一种预算方法，以确保预算内、外所有的政府活动遵循相同的优先次序。有效地执行预算优先次序需要预算体制提供明确的激励约束机制，以引导支出机构在预算执行中遵循既定的优先次序。

第四，改革基本公共服务领域的投资体制。结合政府转型和推进基本公共服务建设，在加强社会组织管理的同时，培育社会组织参与基本公共服务的供给，政府购买社会组织的基本公共服务。社会组织管理部门要制定有关政策和标准，为政府购买社会组织的基本公共服务创造条件。把社区服务、养老、就业培训、科普教育等，通过政府购买社会组织服务形式，转让给社会组织去做。

通过完善社会组织的管理法规，完善促进社会组织发展的相关政策，鼓励和引导全社会，特别是民间组织积极参与基本公共服务的提供、管理和监督。通过对社会组织服务的购买来实现对社会组织的管理；通过制定基本公共服务专项发展规划、服务标准，完善相关措施，加强对基本公共服务项目、服务质量、供给情况的监督。鼓励社会组织和公众参与对基本公共服务项目质量、供给的监督；在公共服务采购中，引入社会组织参与，构建一个和谐互动的政府与社会的合作伙伴关系。社会组织参与公共服务采购供给，将会在一定程度上改变基本公共服务供给的垄断局面，从而实现促进社会组织壮大与提升预算资源使用效率的"双赢"目的。在自身供给与外包采购的成本收益比较中，审慎权衡政府部门向社会组织让渡的公共服务的规模与结构。

10. 实现基本公共服务均等化的对策思路

（1）确定全国基本公共服务范围，建立全国基本公共服务标准，明确我国在法定基本公共服务上需要均等化的地区和领域，奠定计量实现基本公共服务均等化所需要财政支出的技术基础。

必须就全国性基本公共服务的范围、种类、标准在技术层面进行研究，组织相关部门讨论，在充分沟通、协调的基础上，达成全社会的共识；制定相应的法律和法规，把基本公共服务与公民的基本权利联系起来，换句话说，把基本公共服务作为居民的基本权利，实现基本公共服务和基本公共服务均等化的法制化。通过编制发展规划，确定全国性基本公共服务的范围、种类、标准，并建立和完善适应基本公共服务均等化目标的财政体制。制定全国统一的基本教育的实物标准，包括设施、设备和人员配备，全国统一的公共卫生和基本医疗的实物标准，包括设施、设备和人员配备，以及考虑了当地价格和消费指数的，全国统一的社会福利标准和养老保障标准。在此基础上建立我国全国性的基本公共服务的技术支持体系。通过规划执行，来监督和检查基本公共服务均等化政策执行情况和实施情况，针对存在的问题，改进和完善转移支付体制和机制。地方政府要严格执行中央政府提出的均等化标准，在实践中不断提高基本公共服务供给能力，特别是动员企业、社会组织参与基本公共服务供给的能力。研究和提出基本公共服务均等化的评价指标和评价标准，这是政府基本公共服务问责制的技术基础。

（2）根据基本公共服务均等化状况，评估需要均等化地区的财力和财政支付能力；调整和改革政府间关系，完善政府间转移支付机制，实现地方政府基本公共服务财政能力均等化；明确政府间基本公共服务供给责任，提高地方政府公共服务供给能力。

就我国现阶段实施基本公共服务均等化面临的体制性问题而言，我国各级政府的基本公共服务责任还需要进一步明确，支持这些责任划分的事权和财权范围也需要明确。要研究像在中国这样的单一制国家，人口众多、五级政府的情况下，由哪一级政府提供基本公共服务最有效、最合理？或者采取不同的政府提供不同类型的基本公共服务模式，问题包括：第一，是否可以由中央政府来制定基本公共服务的标准和实施方法、财政体制及转移体制框架；第二，由省级政府负责国家基本公共服务政策的监督、执行和评估；第三，由地方政府，主要是县级政府负责基本公共服务的提供。

在宏观层面明确了政府间事权范围之后，还应该解决事权落实所需要的财政能力问题。这主要涉及中央财政与省级财政以及省以下财政的分担问题。总体的思路是逐渐淡化人为因素在确定基本公共服务资金各级财政比例分担的权重，加重对影响财政支出的客观因素的权重。近期内可以考虑从三个方面入手：一是中央政府尽快制定全国基本公共服务框架内的各项具体制度的最低标准。二是完善省以下政府财政的分担机制。三是建立政府间各项基本公共服务问责制。

（3）加速城镇化进程，消除城乡体制分割，实现各种体制对接。要坚持以社会需求为导向，制定并实施社会公益设施配置标准和规划，大力调整社会事业结构，优先发展基本公共服务，强化重点领域、薄弱环节和薄弱地区的发展，扩大教育、卫生、文化等优质资源的供给能力，使包括迁移人口在内的所有城市居民都能够享有基本的公共服务；以就业为导向，加快职业教育发展。加大对农村职业学校支持力度；要把提高城市化质量放在重要位置，在城市化过程中，要着重解决迁移人口的就业、住房和社会基本公共服务问题，使居住在城市地区的所有居民不分原居民和新迁移人口，人人享有基本公共服务；要调整城市建设的思路，在城镇规划、住房建设、公共服务、社区管理上考虑进城务工农民工的需要。城市的财政支出和各种公共服务不能仅考虑城市户籍人口的需要，更应该有效服务于全社会；对人口流动应采取疏导和吸引的管理方式，促进劳动力有序流动。坚持大中小城市和小城镇协调发展、走中国特色的城镇化道路，消除不利于城镇化发展的体制和政策障碍，为农民创造更多的就业机会，逐步统一城乡劳动力市场，形成城乡劳动者平等就业的制度；完善土地制度；进一步消除城乡分割的体制性障碍。

（4）匡正主体意识和责任，提高政府基本公共服务的供给能力。提供公共服务是政府的最基本职能。在推进基本公共服务均等化方面，各级政府充当着核心主体，承担着义不容辞的主要责任。对此，理论界和实务界已经达成诸多共识，并正在采取相关举措提升政府的基本公共服务供给能力，但从现状来看，这些措施在执行过程中存在着明显的偏颇，亟须加以匡正。

第一，避免基本公共服务供给的不当市场化而引发"泛市场化"。鉴于政府财政紧张、大包大揽基本公共服务而出现短缺、低效率等背景，基本公共服务供给市场化曾经被认为是解决政府供给不足问题的有效途径，但在运行中却容易引发"泛市场化"，即过度市场化。把不该市场化的基本公共服务也市场化了，把本属于政府的公共服务安排权放弃掉了，使基本公共服务的消费成本提高，一般群众难以承受公共服务的高价位，加剧了社会不均。实际上，政府是基本公共服务的安排者，而不是直接生产者。市场化就是让市场提供公共服务，政府出资购买，安排给群众，使他们得到能保障其基本生存及发展的服务，而不是要政府完全放弃对公共服务的安排权。基本公共服务供给主体多元化，应考虑不同类别的基本公共服务应选择不同的供给主体。有些基本公共服务只能由政府来提供，才会实现公平，这是由这些基本公共服务的特性所决定。因此，在基本公共服务市场化过程中，允许市场进入的基本公共服务，必须要求政府控制服务的安排权，而禁止市场进入的基本公共服务则应尽可能由政府提供，以此来防止因"泛市场化"而导致的基本公共服务不均等。

第二，力求公平地分配地方政府转移支付的资金。完善公共财政政策，科学、合理地转移支付是实现均等化的直接而又容易见效的手段。正因为如此，许多专家认为"基本公共服务均等化，是扩大公共财政覆盖面，让全体社会成员共享改革发展成果的制度安排。"[①] 然而大量的事实表

---

① 中国（海南）改革发展研究院：《加快推进均等化（12条建议）》，《经济研究参考》2008年第3期。

明，地方政府对转移支付的资金未必能做到公平分配。诸如，在经费缺乏背景下，部门间利益竞争导致转移支付的资金没有被公平、合理安排，促使部门间乱用、滥用、挪用资金等现象不断产生；公共服务部门内部未能把资金用于最需要的群体或地区，使真正需要援助的对象没能得到服务，导致严重的不公等。其实，完善公共财政政策不仅要克服基本公共服务的财政供给不足问题，而且要解决财政供给不均问题。地方对转移支付资金必须公平分配，以实现基本公共服务的财政供给均等化。为此，增加部门经费开支透明度，提高受服务对象的知情权、参与权，是预防公共财政转移支付分配不均的有效办法。在对公共服务支出进行绩效审计时，应特别考虑公共服务支出的公平性问题。

第三，推进公共服务政策制定与实施的民主化、科学化。基本公共服务均等化的实现有赖于公共服务部门科学、民主地制定并实施公共服务政策。如果公共服务政策制定与实施缺乏民主化、科学化，同样会使理想的均等化目标遭夭折。如果部门政策制定不科学、不民主，容易增加制度性的不均等。若公共服务政策制定缺乏均衡性、具体可行性、全面性、民主性、灵活性、法制性，就出现政策失衡，政策背离公民实际需要，背离国家公共服务目标，最终引发基本公共服务不均等。同时，由于部分工作人员的责任意识及服务意识不强、素质不高、工作态度不好，对政策误解、曲解，没能严格按行政程序法施行，使政策执行偏离工作要求，引发行政乱作为、不作为，导致公共服务不公平。实践证明，行政程序法、行政问责制、合理的干部考核制度、听证制度等，是保证公共服务政策科学制定与执行的科学化、民主化的有力举措。

（5）增强社会公众素质，提高它们享受基本公共服务的能力。推进基本公共服务均等化，不仅要重视提升政府基本公共服务供给能力，而且要重视提高社会公众享受基本公共服务的能力。公众能否真正享受基本公共服务，也取决于公众享受基本公共服务能力的高低。为了实现均等化，必须努力追求全体社会成员具备大致相当的享受基本公共服务的能力，特别是困难群体的享受能力。

首先要增强意识，提高公众对公共服务的选择能力。所有公众都有根据自己实际需要选择基本公共服务的权利，但未必所有人能有足够高的公共服务选择能力，以选择真正适合自己需要的公共服务。一部分公众有经济实力，但他们缺乏选择公共服务的意识，没有得到本来可以均等享有的基本公共服务。如他们缺乏参保意识，没有购买社保、医保、失业保险，造成机会不均。也有的公众对公共服务期望值过高或盲目信任，在选择公共服务时缺乏判断,未能经济地消费公共服务,增加了不必要的消费成本。如农民小病进大医院、盲目攀比进城择校就读等现象,就是没有经济地消费公共服务的典型。这对消费者来说也是一种不平等,但这种不平等是由消费者自己造成的,表明了他们缺乏经济地消费公共服务的意识,缺乏选择公共服务的能力。

其次是增加就业,提高困难群体公共服务的购买力。"建立公共服务型政府……要贯彻'自助先于公助'原则……将政府公共服务作为一种自助之外的补助形式,而不能将政府公共服务作为一种纯粹的福利性公共产品。"[①] 虽然政府出资购买基本公共服务,但仍有相当一部分基本公共服务需要群众自己付费,群众必须具备享受基本公共服务的经济能力。困难群体的经济能力对实现均等化有决定性的作用。只有当困难群体具备一定经济能力,他们就会付得起购买基本公共服务的费用,政府就会减少供给基本公共服务的压力。但由于困难群体经济承受力低,难于购买如社保、医保、教育等基本公共服务,失去了受服务的机会,导致机会不均。提高困难群体公共服务购买力是消除不均的根本途径。而充分就业是提高困难群体公共服务购买力的保障。现阶段,政府应该"授之以渔",重点考虑帮助困难群体充分就业,为困难群体提供低保、免费的职业培训及就业信息,创造就业条件等。

(6) 集中利用有限的基本公共服务资源,提高基本公共服务的质量。目前城市拥有比农村更多数量的基本公共服务资源,使城市居民享受到比农村居民更高质量的服务。但造成现阶段城乡居民在享受基本公共服务中的质量上的不均,不仅仅在于城市拥有更多数量的基本公共服务资源,而且也是由于城市对基本公共服务资源利用的集中程度更高。而在广大农村,基本公共服务资源有限,又没有被集中利用,极大影响基本公共服务质量。

农村要想得到高质量的基本公共服务,除了政府加大对农村投入外,还应该考虑集中利用农村现有的有限基本公共服务资源。事实上这是可取的,也符合我国农村实际。相对来说,农村地广人稀(特别是西部地区),且近几年的计划生育使人口数量减少;同时,大量农民工涌入城市,农村的基本公共服务资源尤其是人力资源、设备、设施等利用率低,有"浪费"的嫌疑(农村近几年的小学生入学人数减少,农村卫生院的就诊率下滑,农村文化等基础设施闲置等情况足以证明这一点)。这种现实,要求

[①] 李军鹏:《公共服务型政府》,北京大学出版社2004年版,第209—210页。

政府应该考虑农村现有基本公共服务资源的集中利用。可考虑在公共财政投入数量不变前提下，根据各地具体情况适当合并农村学校、农村卫生院、农村基础设施，集中利用资金、人力资源、设备、设施，以提高公共服务质量，缩小与城市的差距。从长远来看，除了集中利用农村基本公共服务资源外，还可考虑加速城镇化。因为，基本公共服务均等化的程度高低，与城镇化、工业化的程度高低相关。城镇化、工业化的程度越高，基本公共服务资源被集中利用的程度就越高，基本公共服务就越均等。这种成功做法在国内外都有先例，值得借鉴。

（7）建立科学的基本公共服务绩效评价体系，提高公众的满意度。公共服务绩效评价体系包括政府自身的绩效评估和公众对政府公共服务质量的评议。迄今为止，政府自身的绩效评估相对比较完善，但公众对政府公共服务的评价体系尚未建立健全。政府自身的绩效评估往往以各种量化指标，从政府的理想预期出发，没有把公众对政府公共服务的满意度作为考核政府绩效的标准。实际上，公众是政府公共服务的对象，公众的满意度才真实反映了公共需求的满足程度。公众对公共服务表达不满，说明他们的公共需求没有得到满足，要求政府改变公共服务方式，进而提高公众满意度，基本公共服务才会趋向均等。

建立健全公众公共服务评价体系在现阶段尤为重要。它不仅能够对公共部门的行为起到约束和引导作用，而且有利于提高基本公共服务的效率和品质。针对目前公众公共服务评价体系还未建立，公众公共服务评价能力比较低，还缺乏公共服务评价的方法与技能等实际情况，寻求普及公共服务评价体系的基本理论和方法，对于提升公众公共服务评价能力、充分表达满意度，实现基本公共服务均等化具有现实意义。与此同时，要完善基本公共服务效果的跟踪反馈制度，明确对公共服务活动监督的主体、内容、对象、程序和方式，规范问责操作程序，健全社情民意沟通渠道，扩大公众在公共服务问责制中的知情权、参与权和监督权。①

（五）促进包容性增长，需要着力推进城乡发展一体化

1. 解决三农问题，需要推进城乡发展一体化

农业农村农民问题关系党和国家事业发展全局。党的十八大报告中明确提出，解决好农业农村农民问题是全党工作重中之重，城乡发展一体化

---

① 参见肖文涛《基本公共服务均等化：共享改革发展成果的关键》，人民网，2008年12月2日。

是解决"三农"问题的根本途径。党的十八大报告中还进一步明确指出了推动城乡发展一体化的基本方向和着力重点,这就是:加大统筹城乡发展力度,增强农村发展活力,逐步缩小城乡差距,促进城乡共同繁荣;坚持工业反哺农业、城市支持农村和多予少取放活方针,加大强农惠农富农政策力度,让广大农民平等参与现代化进程、共同分享现代化成果;加快完善城乡发展一体化体制机制,着力在城乡规划、基础设施、公共服务等方面推进一体化,促进城乡要素平等交换和公共资源均衡配置,形成以工促农、以城带乡、工农互惠、城乡一体的新型工农、城乡关系。把城乡发展一体化作为解决"三农"问题的根本途径,这是我们党对解决"三农"问题思路的新认识、方略的新发展、举措的新突破。

城乡发展一体化是解决"三农"问题的根本途径,从理论上讲,是由工农关系、城乡关系的内在联系决定的。工业和农业之间、城市和农村之间存在着内在的、必然的、有机的联系,彼此是相互依赖、相互补充、相互促进的。城乡发展一体化,就是把工业和农业、城市和农村作为一个有机统一整体,充分发挥彼此相互联系、相互依赖、相互补充、相互促进的作用,特别是充分发挥工业和城市对农业和农村发展的辐射和带动作用,实现工业与农业、城市与农村协调发展。

城乡发展一体化是解决"三农"问题的根本途径,从实践上讲,是由制约我国农业和农村发展的深层次矛盾决定的。由于城乡二元结构的长期存在,导致城乡公共资源配置严重不均衡、城乡基本公共服务严重不均等,农业基础仍然薄弱、最需要加强,农村发展仍然滞后、最需要扶持,农民增收仍然困难、最需要加快。据统计,2011年农村居民人均纯收入只相当于城镇居民人均可支配收入的32%,农村年人均纯收入低于2300元的扶贫对象仍有12238万人,农村还有几千万人口饮水不安全、一些村庄还不通公路、一部分农户还没有通电,农村义务教育生均经费、人均医保支出、千人平均卫生技术人员数量、低保标准、合作医疗补助标准、社会养老保险补助水平等都明显低于城镇;特别是1亿多进城务工的农民工,由于户籍限制无法在城市安家落户,难以与城镇职工同工同酬,不能真正融入城市,长期游离在城乡之间,合法权益不能得到充分保护。既然制约"三农"问题有效解决的深层次矛盾是城乡二元结构,那么,解决"三农"问题就必须加大统筹城乡发展力度,着力破除城乡二元结构,逐步缩小城乡差距,推动城乡发展一体化,这是解决好我国"三农"问题的必然选择。

"城市像欧洲、农村像非洲"是我国城乡发展不协调的形象比喻和真

实写照。当前我国的城乡发展差距主要体现在三个方面:

第一,农村基础设施建设和社会事业发展滞后,农村生产生活条件差。对此,党的十八大报告中明确要求:坚持把国家基础设施建设和社会事业发展重点放在农村,深入推进新农村建设和扶贫开发,全面改善农村生产生活条件。党的十六大以来,随着社会主义新农村建设的深入推进,国家不断加大对农村路、电、水、气等基础设施建设的投入。2002年至今,全国新建改建农村公路271万公里,经改造后的农村电网已覆盖95%的农户,解决了3.26亿农村人口的饮水安全问题,新增农村沼气用户3000多万户,改造农村危房460万户,农村的生产生活条件得到明显改善。推进城乡基本公共服务均等化也取得实质性进展,免费义务教育惠及1.3亿农村学生,新型农村合作医疗制度已覆盖97%的农民,农村最低生活保障制度覆盖了5300万贫困农民,新型农村养老保险制度已基本在2012年底对农村实现全覆盖。但总的来看,国家投入的农村基础设施存在着建设等级低、缺乏有效管理养护机制等问题。农村基本公共服务和社会保障的制度虽已经建立,但其服务和保障的水平与城镇仍存在较大差距。因此,必须长期坚持把国家基础设施建设和社会事业发展重点放在农村的方针,使公共财政支出进一步向农村倾斜,让农民能够更充分享受经济发展和社会进步的成果。

第二,城乡居民收入总体上还存在较大差距。2011年,我国农民人均纯收入为6977元,当年的收入增长额达到了1058元,是历史上农民人均纯收入增收首次超过千元的一年。而同期城镇居民人均可支配收入为21810元,是农民人均纯收入的3.13倍。这个差距虽比2009年的3.33倍、2010年的3.23倍有所缩小,但仍显示出缩小城乡居民收入差距的难度之大。党的十八大报告要求:着力促进农民增收,保持农民收入持续较快增长。这就要采取综合性措施,多渠道解决农民增收中的难题。当前制约农民增收的突出矛盾主要有三个:一是农民家庭经营的生产成本在不断上升。农民家庭经营费用占总收入的比重,2000年为36.6%,2010年为42.6%,2011年为45.8%。所以国家要有针对性地采取加大农业生产补贴力度、完善农产品价格形成机制、降低农产品流通成本、大力发展农业政策性保险等措施,提高务农收益、增加农民收入。二是农民创业和扩大生产面临资金、技术、人才短缺的困难。因此要在财政、金融、税收等方面采取有效措施鼓励有条件的农民创业,并在提供技术和培养人才等方面向农业农村倾斜,支持农民发展各种开发式农业、规模种养业、设施农业、农产品加工业和旅游休闲农业等,帮助农民从合理利用农村多种资源中增加收入。三是农民向非农产业转移就业仍面临一系列困难。所以国家要进一步拓展农村劳动力外出务工经商的空间，保障农民工的合法收入和各项合法权益，降低他们在外的生活成本，着力提高农民纯收入中的工资性收入比重。农村最低生活保障制度全覆盖后，尽管农村贫困人口的温饱问题已基本解决，但离脱贫致富仍有相当大距离。国家在公布新的扶贫开发纲要的同时，大幅度提高了农村的扶贫标准，并把11个集中连片特困地区和实行特殊政策的西藏、新疆南疆地区和四川省藏区确定为今后10年扶贫攻坚的主战场。要增加扶贫开发投入，加大对口帮扶和社会扶贫力度，努力完成新纲要提出的各项扶贫开发任务。①

第三，农民及农民工社会地位低下，社会身份尴尬，合法权益难以保障。城乡二元结构的长期存在严重制约了中国经济社会的持续快速健康发展。受户口制度约束，中国城镇化更多地表现为一种"伪城镇化"。大量的农村产业工人，虽然居住在城市并被计算为城市人口，但其并不能同等享受到城市的各类公共服务，其收入水平、消费模式、生活方法无法等同于一般城市市民。如果将1.45亿在城市工作、生活的外来农民工不计算在内，2009年我国的城镇（市）化率，②实际上只有35.70%（城镇户籍人口/全国总人口），而非官方公布的46.59%。另据国家统计局数据显示，我国人口总量低速增长，城镇人口首超农村。2011年末，中国大陆总人口（包括31个省、自治区、直辖市和中国人民解放军现役军人，不包括香港、澳门特别行政区和台湾省以及海外华侨人数）134735万人，比上年末增加644万人。从城乡结构看，城镇人口69079万人，比上年末增加2100万人；乡村人口65656万人，减少1456万人；城镇人口占总人口比重达到51.27%，比上年末提高1.32个百分点。③ 据此得知，我国官方宣布的城镇化率已达51.27%。但是，这个城镇化率如果是包含了近2亿人的"伪市民——农民工"，那么在壁垒森严的户籍制度约束下，中国城镇化的"伪城镇化"程度，由此可见一斑。显然，在"伪城镇化"下，外来农民工难以真正融入城市生活、平等分享城市各类公共服务的现状，并不符合"包容性增长"的发展理念，而是饱含着浓重的"排斥"意味——既排斥了对农民工城市身份的认同，更排斥了他们"人人平等获得发展机会"的

---

① 陈锡文：《推动城乡发展一体化》，《求是》2012年第23期。
② 城镇化率（城镇化水平）通常用市人口和镇人口占全部人口的百分比来表示，用于反映人口向城市聚集的过程和聚集程度。人口城镇化率的统计方法，是以2000年全国第五次人口普查得到的城镇化率为基础，以每年的人口与城镇化抽样调查结果进行推算。
③ 《去年末大陆总人口134735万人，城镇人口首超农村》，中国网，2012年1月17日。

权益。中国城乡发展的不平衡，不仅在于城乡居民收入差距持续扩大的趋势没有根本扭转，更在于城乡居民在医疗、教育、社保、住房、社会服务等方面的差异，导致城乡居民实际收入差距更大，严重影响广大农民平等享受改革发展成果。因此，实现包容性增长需要着力推进城乡发展一体化。

目前我国已经进入工业化的中期阶段，应该着力改变城乡关系，使旧的城乡关系转变为新型的城乡关系，使城乡对立转向城乡融合，建立新型城乡一体化发展新格局。新型的城乡一体化发展新格局建设更应注重城市带动农村经济全面发展，在有序职能分工和有机协作的条件下，共同构成区域性、网络状的城乡一体化复合社会系统，并使系统内的配置和运行不断向新农村倾斜和服务。其中，重点搞好社会经济职能、产业结构和产业布局的一体化，城乡居民点体系与基础建设的一体化，城乡生产要素流动的优化配置的一体化，城乡社会经济运行机制及保障体系的一体化，以及城乡生态环境系统建设的一体化等。统筹城乡发展，加快形成城乡经济社会发展一体化新格局，是推动城乡生产要素优化组合、促进城乡协调发展的根本举措，是缩小城乡差别、实现城乡共同繁荣的根本途径，是推动社会主义新农村建设的战略选择，也是全面建设小康社会的必由之路。

2. 城乡发展一体化的提出过程

城乡发展一体化的理论从提出到完善创新有一个不断发展的过程。2002年11月，党的十六大根据我国已进入全面建设小康社会的新的阶段性特征的要求，首次明确提出"统筹城乡发展"的概念，指出：统筹城乡经济社会发展，建设现代农业，发展农村经济，增加农民收入，是全面建设小康社会的重大任务。其意义在于，宣告了依靠从农业、农村、农民身上提取积累来促进工业化、城市化的阶段已经过去，现在要从工业、城市中拿出更多的资源促进农村的发展。2003年10月，党的十六届三中全会通过了《中共中央关于完善社会主义市场经济体制若干问题的决定》，首次提出了"五个统筹"的要求，并将统筹城乡发展放在五个统筹之首，将"建立有利于逐步改变城乡二元经济结构的体制"作为完善社会主义市场经济体制的一个重要目标，同时指出农村富余劳动力在城乡之间双向流动就业，是增加农民收入和推进城镇化的重要途径。2004年9月，党的十六届四中全会通过了《中共中央关于加强党的执政能力建设的决定》，提出了关于城乡和工农业关系发展变化的"两个趋向"的重要论断。"两个趋向"的论断是推进城乡经济社会发展一体化的理论依据。胡锦涛总书记在党的十六届四中全会上，明确提出了"两个趋向"的重要论断。他说："纵观一些工业化国家的发展历程，在工业化初始阶段，农业支持工业，为工业提供积累是带有普遍性的趋向；但工业化达到相当程度以后，工业反哺农业、城市支持农村，实现工业与农业、城市与农村协调发展，也是带有普遍性的趋向。"2004年底，在中央经济工作会议上，胡锦涛总书记再次强调："我国现在总体上已进入了以工促农、以城带乡的发展阶段，我们应当顺应这一趋势，更加自觉地调整国民收入分配格局，更加积极地支持'三农'发展。"胡锦涛总书记提出的"两个趋向"的重要论断，是深入考察各国工农城乡关系发展史后对工业化发展普遍规律做出的科学总结，是深入分析我国经济社会发展现阶段的基本特征后作出的科学判断，也是总结我国过去几十年工业化的经验和教训后作出的科学论断，这为我国推进城乡经济社会发展一体化战略提供了思想理论依据。

2007年10月，党的十七大报告明确提出，要建立以工促农、以城带乡的长效机制，形成城乡经济社会发展一体化新格局。走中国特色城镇化道路，按照统筹城乡、布局合理、节约土地、功能完善、以大带小的原则，促进大中小城市和小城镇协调发展。2008年10月，党的十七届三中全会通过了《中共中央关于推进农村改革发展若干重大问题的决定》，指出建立促进城乡经济社会发展一体化制度，尽快在城乡规划、产业布局、基础设施建设、公共服务一体化等方面取得突破，促进公共资源在城乡之间均衡配置、生产要素在城乡之间自由流动，推动城乡经济社会发展融合。坚持走中国特色城镇化道路，发挥好大中城市对农村的辐射带动作用，促进大中小城市和小城镇协调发展，形成城镇化和新农村建设互促共进机制。积极推进统筹城乡综合配套改革试验。2010年10月，党的十七届五中全会通过的《中共中央关于制定国民经济和社会发展第十二个五年规划的建议》明确提出，同步推进工业化、城镇化和农业现代化。建立健全城乡发展一体化制度，统筹城乡发展规划，促进城乡基础设施、公共服务、社会管理一体化。完善城乡平等的要素交换关系，促进土地增值收益和农村存款主要用于农业农村。2012年11月，党的十八大报告明确提出：城乡发展一体化是解决"三农"问题的根本途径；促进工业化、信息化、城镇化、农业现代化同步发展；改革征地制度，提高农民在土地增值收益中的分配比例；加快完善城乡发展一体化体制机制，着力在城乡规划、基础设施、公共服务等方面推进一体化，促进城乡要素平等交换和公共资源均衡配置，形成以工促农、以城带乡、工农互惠、城乡一体的新型工农、城乡关系。这些论述是对城乡发展一体化理论的创新，折射出中国科学发展的决心,为大力推进城乡发展一体化提供了理论指导,指明了方向。①2013年11月,十八届三中全会通过的《中共中央关于全面深化改革若干重大问题的决定》强调:要"健全城乡发展一体化体制机制,形成以工促农、以城带乡、工农互惠、城乡一体的新型工农城乡关系,让广大农民平等参与现代化进程、共同分享现代化成果。"

3. 推进城乡发展一体化的基本现状

(1) 有利方面:从党的十六届三中全会把统筹城乡发展摆在"五个统筹"之首,到党的十七大提出建立以工促农、以城带乡长效机制,形成城乡经济社会发展一体化新格局;从近些年一个个中央一号文件均聚焦"三农",到一整套强农惠农富农的政策体系初步形成,包括取消农业税在内的一系列事关农业发展的重大措施密集出台,统筹城乡发展始终是贯穿其中的一条红线。10年来,在党和政府的高度重视下,我国城乡一体化快速发展,农业现代化与工业化、城镇化同步跟进,农村面貌焕然一新。农业生产进入"黄金发展期",粮食年产量创1.1万亿斤的历史新高;农村公路"村村通"目标基本实现,城乡联系更加紧密;农民收入增速连续几年超过城镇居民,农村社会保障网越织越密,新型农村合作医疗覆盖大多数农村居民,农村最低生活保障制度、新型农村社会养老保险试点覆盖面不断扩大,城乡差距逐渐缩小。工业反哺农业不仅夯实了农业发展的基础,反过来又促进着工业化、城镇化进程。新世纪以来,我国城镇人口比重平均每年提高约1个百分点,到2011年,城镇化率首次突破50%,比2002年提高12.2个百分点,城乡结构发生了历史性变化。

当然,我们在看到成绩的同时,也要清醒地认识到,我国城乡差距仍然较大,城乡二元结构造成的深层次矛盾仍然突出。当前,我国总体上已进入以工促农、以城带乡的发展阶段,进入加快改造传统农业、走中国特色农业现代化道路的关键时刻,进入着力破除城乡二元结构、形成城乡经济社会发展一体化新格局的重要时期,进一步缩小城乡收入差距仍面临不少挑战,推动城乡发展一体化仍是实现科学发展的一项重大任务。其中,在城乡二元结构和计划经济体制基础上形成的城乡二元经济社会管理体制,是影响我国从根本上解决"三农"问题的一大体制性障碍。

对此,党的十八大报告明确指出:解决好农业农村农民问题是全党工作的重中之重,城乡发展一体化是解决"三农"问题的根本途径。

第一,我国在逐步改变城乡二元结构体制、推动城乡发展一体化方面

---

① 廖其成:《大力推进城乡发展一体化建设》,《求实》2013年第1期。

已经积累了宝贵经验。党的十六大以来的 10 年，是我国农业农村发展最快、农民得实惠最多的 10 年。这固然是由于我国整个经济的持续快速增长，使国家具备了实施一系列前所未有的强农惠农富农政策的经济实力，但更主要的，还是因为党中央明确了要把解决好"三农"问题放在全党工作重中之重的位置、着力统筹城乡经济社会发展、加快形成城乡发展一体化新格局的指导思想。世纪之交，我国实现了总体小康，在这个基础上，党的十六大报告明确提出要在 21 世纪头 20 年内把我国建设成为全面的小康社会。为了实现这个宏伟目标，党的十六大报告明确把"统筹城乡经济社会发展，建设现代农业，发展农村经济，增加农民收入"作为全面建设小康社会的重大任务。以后不久，胡锦涛总书记对"实现全面建设小康社会的宏伟目标，最艰巨最繁重的任务在农村"、"把解决好农业、农村和农民问题作为全党工作重中之重"的判断和要求作出了深刻阐述。此后，就有了一系列以前难以想象的强农惠农富农政策的密集出台，农业农村发展和农民增收状况都有了明显改观。在总结十六大以来经验的基础上，党的十七大报告进一步提出："要加强农业基础地位，走中国特色农业现代化道路，建立以工促农、以城带乡长效机制，形成城乡经济社会发展一体化新格局。"在党的十六大、十七大报告精神指引下，近 10 年我国农业和农村发展取得了举世瞩目的成就，城乡之间的经济社会关系也开始发生积极变化。

我国粮食连续 8 年增产，年总产量从 2003 年的 8614 亿斤增长到 2011 年的 11424 亿斤，年均增产 350 多亿斤。农民人均纯收入连续 8 年较快增长，从 2003 年的 2622 元提高到 2011 年的 6977 元，年均增收 540 多元，尤其是近两年连续出现了农民人均纯收入增幅高于城镇居民人均可支配收入增幅的可喜局面，城乡居民的收入差距由此有所缩小。同时，农民进城务工经商乃至举家外出到城镇定居的种种束缚正在加快解除。到 2011 年底，全国农民工数量已突破 2.5 亿人，其中举家外出的农民工数量已突破 3000 万人，农民工已经成为我国诸多行业产业工人中的主体力量。农村劳动力的大规模流动和进城务工经商，不仅为城镇和工商业的发展带来了新生力量、加强了城乡之间经济社会的交融，更为发展现代农业和促进农民收入较快增长开辟了新的空间。与 2002 年相比，我国农业劳动力的数量减少了 7000 多万人，乡村中从事农业的劳动力比重降低了 12 个百分点以上，平均每个农业劳动力实际经营的耕地面积由此扩大了 20% 以上。2011 年，全国农民人均纯收入中的工资性收入达 2963.4 元，占人均纯收入总额的 42.5%。与 2000 年相比，农民人均工资性收入增加了 2261.1 元，在人均纯收入中的比重提高了11.3个百分点；同期农民人均家庭经营的收入增加了1794.7元，在人均纯收入中的比重下降了17.2个百分点。工资性收入已经成为新世纪以来我国农民收入增长的重要支柱。

近10年来，农业农村的发展和农民的增收，主要得益于党的一系列强农惠农富农政策的密集出台。从彻底免除农业税到推进乡镇机构改革，从实行对种粮农民生产的直接补贴到建立粮食最低收购保护价制度，从提出把国家基础设施建设和社会事业发展的重点放到农村，到农村义务教育经费保障制度、新型农村合作医疗制度、农村最低生活保障制度、新型农村社会养老保险制度的建立，从全面推进集体林权制度改革到明确农村土地承包关系要保持稳定并长久不变，从大幅度提高农村扶贫标准，到分类指导城镇户籍制度改革政策的出台等，广大农民在这些方面多少年的期盼开始得到实现，这使得蕴藏在亿万农民群众中最丰厚的发展动力得到了极大调动，由此也就造就了我国农业农村发展的这个新的黄金发展时期。党的十六大以来我国实行统筹城乡发展、推进形成城乡经济社会发展一体化新格局的成就鼓舞人心、经验弥足珍贵，是我们继续推动城乡发展一体化的宝贵财富。

第二，坚持中国特色农业现代化道路、不断提高粮食等主要农产品供给保障能力，是推动城乡发展一体化的必要基础。我国人多地少，解决好十几亿人口的吃饭问题，始终是治国安邦、实现稳定和发展的基础，对此在任何时候都不能掉以轻心。

近些年来，我国粮食等主要农产品连年快速增长，基本满足了市场的需求。但同时也要看到，这些年也是我国经济发展、人民生活水平提高和城镇化推进速度最快的时期，社会对粮食等主要农产品的需求在快速增长。我国农业基础薄弱的状况尚未根本改变，农业生产力的发展仍然明显滞后。在近年农产品需求旺盛的背景下，粮食等主要农产品供给的增长，赶不上经济社会发展需要和人民生活水平提高速度的迹象已经开始显现。粮、棉、油、糖、肉、奶等主要农产品的进口数量在逐步增加。据有关专家测算，如按我国农产品单位面积的产量计算，目前进口粮、油等主要农产品的数量，已相当于我国在境外利用了6亿亩以上的农作物播种面积。在经济全球化背景下，合理利用国际国内两种资源、两个市场，对于弥补我国农业资源的相对不足、加强与农产品出口国的经济合作都有利。但我国作为人口大国，对粮食等主要农产品的进口必须有度，否则就会影响国家粮食安全，影响经济、社会改革发展稳定的大局。因此，在推进工业化、城镇化的进程中，必须按照党的十八大报告所要求的那样：加快发展现代农业,增强农业综合生产能力,确保国家粮食安全和重要农产品有效供给。

发展我国农业,再靠增加水土资源和化肥等投入,不仅余地很小,而且还会加重对生态环境的不利影响,因此,必须走中国特色农业现代化的道路,在工业化、信息化、城镇化深入发展中同步推进农业现代化。要在坚持实行最严格的耕地保护制度和不断完善国家对农业支持保护体系的基础上,用现代生产条件装备农业,用现代科技手段改造农业,用现代产业体系提升农业,用现代发展理念引领农业,用现代组织形式经营农业,用培育和造就大批新型农民来发展现代农业。要增加各方投入,大力改造中低产田,全面提升农业的水利化、机械化、信息化水平,通过提高农业的土地产出率、资源利用率、劳动生产率和市场竞争力,来保障我国粮食等主要农产品有效供给持续增长的能力。

第三,坚持工业反哺农业、城市支持农村和多予少取放活方针,是推动城乡发展一体化的必然要求。农业是受市场和自然双重因素影响的产业,也是经济效益相对较低而社会效益重大的产业。我国农业目前总体上经营规模狭小、科技含量不高,绝大多数农户缺乏快速积累资金的能力,仅靠农民自身的力量难以加快我国农业农村现代化的进程。因此,党的十八大报告明确要求:坚持工业反哺农业、城市支持农村和多予少取放活方针,加大强农惠农富农政策力度,让广大农民平等参与现代化进程、共同分享现代化成果。

第四,坚持改革创新,是推动城乡发展一体化的强大动力。推动城乡发展一体化的实质是破除城乡二元结构的体制。党的十八大报告要求:要加大统筹城乡发展力度,增强农村发展活力,逐步缩小城乡差距,促进城乡共同繁荣。显然,要实现这一目标,就必须在城乡两方面都大力推进改革创新。

深化农村改革,要适应工业化、城镇化快速推进中农村经济社会发生深刻变化的新形势,要针对农业劳动力大规模转移、市场经济的观念和机制在农业农村中不断深化、现代农业技术和装备更普遍应用等新情况,在切实保障农民各项合法权益的基础上,大力推进农业的组织和制度创新。党的十八大报告对此提出了明确的方向和总体要求:坚持和完善农村基本经营制度,依法维护农民土地承包经营权、宅基地使用权、集体收益分配权,壮大集体经济实力,发展农民专业合作和股份合作,培育新型经营主体,发展多种形式规模经营,构建集约化、专业化、组织化、社会化相结合的新型农业经营体系。要在稳定和完善以家庭承包经营为基础、统分结合的双层经营体制基础上构建新型农业经营体系,要在切实保障农民合法财产权益基础上提高农业生产经营的组织化程度、发展多种形式的规模经营,要在增强农村集体经济组织实力和服务能力的同时发展各类农民专业合作组织、农业社会化服务组织和农业产业化经营体系,提高农业生产的专业化、集约化、规模化、社会化、组织化程度。

2011 年,我国第二、第三产业的增加值在国内生产总值中已占 89.9%,城镇化率已达 51.3%。在今后工业化、城镇化的进程中,不仅要尽快改变从农业农村中提取发展资金的做法,而且要加大反哺农业、支持农村发展的力度。党的十八大报告明确要求:改革征地制度,提高农民在土地增值收益中的分配比例。加快完善城乡发展一体化体制机制,着力在城乡规划、基础设施、公共服务等方面推进一体化,促进城乡要素平等交换和公共资源均衡配置,形成以工促农、以城带乡、工农互惠、城乡一体的新型工农、城乡关系。只要我们认真贯彻党的十八大精神,坚定不移地按照十八大报告所指出的方向推进城乡改革和发展,就一定能够实现形成城乡经济社会发展一体化新格局的目标。①

(2)不利方面:当前我国城镇化发展速度很快,2011 年中国城镇化率首次超过 50%。十年来,农民收入快速增长,2011 年,农民人均纯收入 6977 元,比 2002 年增长 1.8 倍,2010 年和 2011 年连续两年收入增速超过城镇居民;城乡面貌焕然一新,农村公共设施建设迈上新台阶;农村公路"村村通"目标基本实现,3.26 亿农村人口饮水安全问题得到解决;公共服务均等化的阳光普照城乡,社会事业发展的重点更多转向农村;几千年来中国农民老有所养、病有所医、困有所济的愿望正在实现,按照保基本、广覆盖、有弹性、可持续原则,逐步搭建起农村社会保障制度框架,新型农村合作医疗覆盖 97% 的农民,农村最低生活保障制度覆盖 5300 多万人,新型农村社会养老保险试点覆盖 60% 的县,7800 多万农民领取了养老金。但城乡发展一体化的进程中也存在一些问题,主要有:

第一,城乡发展不平衡,城乡差距仍然较大,仍然存在城乡分割的二元体制。据国家统计局公布的数据显示,2011 年我国城镇居民人均可支配收入 21810 元,比上年增长 14.1%,扣除价格因素,实际增长 8.4%;城镇居民人均可支配收入中位数为 19118 元,增长 13.5%。2011 年全国农村居民人均纯收入 6977 元,比上年增加 1058 元,增长 17.9%。剔除价格因素影响,实际增长 11.4%,增速同比提高 0.5 个百分点。2011 年城镇

---

① 参见陈锡文《推动城乡发展一体化》,《求是》2012 年第 23 期。

居民人均可支配收入与农村居民人均收入之比为 3.13∶1。此外，当前一定程度存在的工农业产品价格"剪刀差"、城乡要素交换不平等、农村基本公共服务薄弱等现象。

第二，城镇化对"土地红利"和"人口红利"的过度依赖。20 世纪 90 年代"分税制"改革后，受限于地方政府财权与事权的不匹配，土地出让金成为地方政府推进城镇化建设的重要资金来源，但也造成城市政府的"土地财政依赖症"。财政部统计显示，2011 年地方政府国有土地使用权出让收入 3.3 万亿元，占地方政府财政收入的 80%以上。过度依赖"土地红利"的城市发展模式给城市可持续发展留下"后遗症"。一方面，"土地财政依赖症"导致高地价推高房价，加剧了房地产的"泡沫化"，过度透支了居民消费能力。据不完全统计，土地出让金约占房价的 30%—50%。如果加上税费，一些地方地价和税费占到房价的五到七成，地价成为过高房价的主要推手。另一方面，在我国二元城乡结构的变迁过程中，数量庞大的农村人口流向城市，并为城镇发展提供充足廉价的劳动力资源，特别是 2 亿多农民工所带来的巨额"人口红利"已经成为城镇化发展的主要动力。这种由农村剩余劳动力转移创造的"人口红利"在过去相当长的时间内推动着我国城镇化的快速发展，但是随着劳动力供需结构的变化，继续依赖"人口红利"来推动城镇化的未来发展将不可持续。

第三，土地城镇化和人口城镇化之间呈现非均衡发展。土地的城镇化快于人口的城镇化，传统城镇化多是农民异地转移，进城务工经商，形成量大面广的"钟摆式"和"候鸟型"人口流动。调查显示，从 1999 年到 2007 年，城市建成区的面积扩大了 7.2%，但吸纳的人口只增长了 4%。2000 年到 2009 年，我国城市建成区面积、建设用地面积分别增长了 69.8%、75.1%，但城镇常住人口仅增加了 28.7%，土地的非农化大大快于人口城镇化。2011 年名义城镇化率为 51.2%，但扣除 1.6 亿尚未融入城镇的农民工，实质的人口城镇化率只有 35%。

第四，土地增值收益中农民拿到的补偿款低。地方政府低价从农民手中征地，再以数倍甚至几十倍的价钱出让给开发商等单位，农民只获得土地收益中的极少部分。国务院发展研究中心的调查显示，征地之后土地增值部分的收益分配中，投资者拿走大头，占 40%到 50%，政府拿走 20%到 30%，村级组织留下 25%到 30%，而农民拿到的补偿款，只占整个土地增值收益的 5%到 10%。

第五，农民持续增收难度大。由于农业生产面临其他非农产业不可比拟的自然风险以及面临着市场经济纷繁复杂的市场风险，再加上城乡二元结构影响等原因，导致农民无法稳定增收。

第六，"农业现代化"和"农业安全"程度不高。一方面，我国农业正处于传统农业向现代农业转变时期，现代科技还没有实现全覆盖所有农作物生产环节；农业生产的产前、产中、产后劳动生产过程中，人力手工劳动、畜力劳动仍是主体，农业机械化程度较低；投入、产出、消费的经营循环未完全实现依靠市场调节和配置，农业现代化程度不高。另一方面，农业安全生产涉及行业多，受自然因素影响大，工作对象面广量大，安全生产基础薄弱，从业人员素质普遍不高，农机、渔业等行业的生产安全以及农产品食品安全事故仍时有发生，农业安全面临严峻形势。

第七，城乡社会发展水平不平衡，农村社会发展水平落后于城市。与城市相比，农村在村政建设上、社区服务现代化上的差距更大，公共服务不均等，公共产品的享有率远远落后于城市。除了交通、邮电、通讯等基础设施落后外，在社会保障、教育等方面城乡均有很大差距。农村医疗卫生事业同城市相比同样存在明显的差距，占人口70%的农村人口只享有20%的卫生资源。从教育来说，农村居民的教育环境、受教育程度等与城市相差甚远，国家教育经费投向明显向城镇倾斜。有关资料表明，在其他条件相同的情况下，城镇居民平均比农村居民多接受4.5年教育。

第八，体制机制有待进一步完善。如社保制度，近几年，我国农村社会保障事业发展迅速，基本形成了以社会养老保险、合作医疗、最低生活保障、五保供养、医疗救助等为主要内容的农村社会保障体系，但各种问题也随之显现出来，地方财政压力大，基础设施薄弱，政策衔接不够等问题日益突出；土地制度，我国农村土地权属不清，特别是土地集体所有概念的模糊，导致在农村土地征收过程中农民权益受损严重；户籍制度，由于地区发展的不平衡，现有户籍制度有其存在的一定的现实合理性，但它也限制了人口的自由流动，同时也成为人口合理有序流动的无奈选择，等等，这些都有待于进一步完善。①

4. 城乡发展一体化的基本内涵与特征

（1）城乡发展一体化的基本内涵。城乡发展一体化又称城乡融合。城乡发展一体化是指中国城乡关系要打破分割、分离、分立的状态，从经济、社会、政治、文化、生态五方面缩小城乡差距、推进城乡融合、促进城乡共同发展。它既是一种指导中国城乡发展的战略方针，也是城乡发展的过程，更是城乡发展的目标。在社会发展战略上把城市、农村视为一个

---

① 廖其成：《大力推进城乡发展一体化建设》，《求实》2013年第1期。

整体，使城乡协调发展、共同繁荣，城乡差别逐渐消失，最终融为一体的过程。城乡一体化是我国现代化和城市化发展的一个新阶段，城乡一体化就是要把工业与农业、城市与乡村、城镇居民与农村居民作为一个整体，统筹谋划、综合研究，通过体制改革和政策调整，促进城乡在规划建设、产业发展、市场信息、政策措施、生态环境保护、社会事业发展的一体化，改变长期形成的城乡二元经济结构，实现城乡在政策上的平等、产业发展上的互补、国民待遇上的一致，让农民享受到与城镇居民同样的文明和实惠，使整个城乡经济社会全面、协调、可持续发展。城乡一体化是随着生产力的发展而促进城乡居民生产方式、生活方式和居住方式变化的过程，使城乡人口、技术、资本、资源等要素相互融合，互为资源，互为市场，互相服务，逐步达到城乡之间在经济、社会、文化、生态上协调发展的过程。

城乡一体化，是一项重大而深刻的社会变革。不仅是思想观念的更新，也是政策措施的变化；不仅是发展思路和增长方式的转变，也是产业布局和利益关系的调整；不仅是体制和机制的创新，也是领导方式和工作方法的改进。

社会学和人类学界从城乡关系的角度出发，认为城乡一体化是指相对发达的城市和相对落后的农村，打破相互分割的壁垒，逐步实现生产要素的合理流动和优化组合，促使生产力在城市和乡村之间合理分布，城乡经济和社会生活紧密结合与协调发展，逐步缩小直至消灭城乡之间的基本差别，从而使城市和乡村融为一体。经济学界则从经济发展规律和生产力合理布局角度出发，认为城乡一体化是现代经济中农业和工业联系日益增强的客观要求，是指统一布局城乡经济，加强城乡之间的经济交流与协作，使城乡生产力优化分工，合理布局、协调发展，以取得最佳的经济效益。有的学者仅讨论城乡工业的协调发展，可称为"城乡工业一体化"。规划学者是从空间的角度对城乡结合部作出统一的规划，即对具有一定内在关联的城乡物质和精神要素进行系统安排。生态、环境学者是从生态环境的角度，认为城乡一体化是对城乡生态环境的有机结合，保证自然生态过程畅通有序，促进城乡健康、协调发展。

（2）城乡发展一体化的基本特征。城乡发展一体化具有以下四点基本特征：

第一，内容的全面性。城乡发展一体化将城乡经济社会一体化向前推进了一大步，其内容由经济社会两个方面扩展到经济、社会、政治、文化、生态五个方面：一是城乡经济一体化，即由城乡二元经济结构转化为城乡经济协同发展，包括城乡经济主体一体化、城乡产业一体化、城乡市场一体化等内容。二是城乡社会一体化，即由城乡二元社会结构转化为城乡社会协同发展，包括城乡公共服务一体化、城乡社会管理一体化、城乡收入分配一体化等内容。三是城乡政治一体化，即由城乡二元政治结构转化为城乡政治协同发展，包括城乡发展机会均等化、城乡户籍制度一体化、城乡就业制度一体化等内容。四是城乡文化一体化，即由城乡二元文化结构转化为城乡文化协同发展，将自然经济文化、计划经济文化以及低层次的市场经济文化转化为现代市场经济文化，包括城乡理念观念一体化、城乡行为方式一体化、城乡生活方式一体化等内容。五是城乡生态一体化，即由城乡二元生态环境转化为城乡生态环境协同发展，包括城乡环境保护一体化、城乡污染治理一体化、城乡环保意识一体化等内容。

第二，机会的均等性。在城乡发展一体化下，城乡发展机会将逐渐趋向均等，主要表现在以下三方面：一是农业与非农产业发展机会趋向均等。农业借助科技化、现代化、产业化力量，生产效率不断提高；农业逐渐突破在国家产业布局中粮食安全、解决温饱、提供原料等基础性地位，产业地位不断提升；农业获得国家更多的政策、资金、技术支持，发展机遇不断拓展。二是农村与城市发展机会均等。农村与城市在支持政策获取与具体操作、基础设施投资与建设、产业布局与产业体系构建、人居环境改善、生态环境保护等方面实现机会均等。三是农民与市民发展机会均等。通过户籍制度改革，将农民转化为市民，使城乡居民在身份上实现平等；通过经济适用房、公租房、廉租房的大量供给，使身份转化的农民能够在城市"安居"；通过为农村转移劳动力提供职业技能培训，使身份转化了的农民能够在城市"乐业"；通过教育资源、医疗卫生资源等的层次提升、布局调整，将公共服务资源在城乡间均衡配置。

第三，互动的双向性。城乡发展一体化中城乡间双向流动成为常态，主要表现在以下三方面：一是人才双向流动。一方面，农村劳动力将继续向城镇转移，提高中国城镇化水平；另一方面，伴随着新农村建设推进、农村特色产业发展、农村生态环境好转，越来越多的人才将向农村流动，特别是懂农业、有技术、产业化能力强的创业人才将在农村大有作为。二是资金双向流动。一方面，大量的农业剩余、农民财富通过劳动力流动和金融体系被转移进城市；另一方面，随着城乡间经济发展的增长极向农村转移，越来越多的资金将向农村基础设施建设、农业及农副产品加工业、农业生产性服务业、农民教育培训产业流动。三是文化双向互动。一方面，随着市场化取向改革在农村不断深入，落后的自然经济文化将逐步淘汰，现代市场经济文化将在农村逐渐确立，城市的文化生活，城市人的思维方式、行为方式也将在农村推广普及；另一方面，随着城乡交往愈来愈频繁，中国农村所特有的"人文关怀"精神、农村传统文化活动将更多地被城市和城市居民所接纳。

第四，发展的协同性。城乡发展一体化的运行要具有协同性，主要表现在以下三方面：一是城乡组织形式的协同性。农业以家庭为单位的生产形式将普遍被以企业为单位的规模化生产形式所代替；农村管理组织化程度大大提升，并与城市管理组织运行实现协同。二是城乡发展能力的协同性。农村的积累能力和发展能力得到提升，物质资本、技术资本和人力资本快速累积并不断强化，城乡发展能力的差距不断缩小；城乡都将获得符合自身比较优势、产业特点的自生发展能力，双方的能力还将实现协调互促。三是城乡发展利益的协同性。农业与非农产业、农村与城市、农民与市民在城乡发展一体化中都实现了帕累托趋近式的收益增加，一方的发展绝不以损害另一方的利益、牺牲另一方的发展为代价。[1]

5. 城乡发展一体化的主要内容

党的十七大提出要"统筹城乡发展，推进社会主义新农村建设。解决好农业、农村、农民问题，事关全面建设小康社会大局，必须始终作为全党工作的重中之重。要加强农业基础地位，走中国特色农业现代化道路，建立以工促农、以城带乡长效机制，形成城乡经济社会发展一体化新格局。"形成城乡经济社会发展一体化新格局，具体说就是从六个方面实现一体化：即城乡规划一体化，产业发展一体化，基础设施建设一体化，公共服务一体化，就业市场一体化，社会管理一体化。十七届三中全会公报关于农村问题有一个明显的新提法，就是"全会认为，中国总体上已进入以工促农、以城带乡的发展阶段，进入加快改造传统农业、走中国特色农业现代化道路的关键时刻，进入着力破除城乡二元结构、形成城乡经济社会发展一体化新格局的重要时期。"十八届三中全会通过的《中共中央关于全面深化改革若干重大问题的决定》强调：要"健全城乡发展一体化体制，形成以工促农、以城带乡、工农互惠、城乡一体的新型工农城乡关系，让广大农民平等参与现代化进程、共同分享现代化成果。"

第一，推进城乡发展规划一体化。统筹城乡发展规划和布局是形成城乡经济社会发展一体化新格局的前提。必须按照城乡发展规划一体化的要

---

[1] 吴丰华、白永秀：《城乡发展一体化：战略特征、战略内容、战略目标》，《学术月刊》2013年第4期。

求,把农村和城市作为一个有机整体,在统一制定土地利用总体规划的基础上,明确分区功能定位,统一规划基本农田保护区、居民生活区、工业园区、商贸区、休闲区、生态涵养区等,使城乡发展能够互相衔接、互相促进。

第二,推进城乡产业发展一体化。城乡经济社会发展一体化的基础与重点,是城乡产业发展一体化。而城乡产业发展一体化不是城乡产业发展一样化。它要求加速区域经济的协调发展,使三大产业在城乡之间进行广泛渗透融合,城乡经济相互促进,为城乡协调发展提供坚强的物质基础,最终实现共同繁荣。其重点:一是要加速城乡工农业经济的一体化,使城乡工农业合理布局,相互补充,互相促进;二是要加快城乡第三产业,特别是商贸流通业的一体化,促进城乡间生产要素的流通,加速现代文明和先进服务业向农村扩散,促进城乡共同繁荣。

第三,推进城乡基础设施建设一体化。城乡发展的差距在基础设施方面尤为明显。要形成城乡经济社会发展一体化新格局,必须在推进城乡基础设施建设方面统一考虑、统一布局、统一推进。特别要增加对农村道路、水、电、通信和垃圾处理设施等方面的建设投入,提高上述设施的质量和服务功能,并与城市有关设施统筹考虑,实现城乡共建、城乡联网、城乡共享。

第四,推进城乡公共服务一体化。缩小城乡之间公共服务水平的差距,是扭转城乡发展差距扩大趋势的基础。为了促进城乡协调发展,必须按照有利于逐步实现基本公共服务均等化的要求,加快完善公共财政体制,加大公共财政向农村教育和公共卫生等方面的转移支付,尤其要加大中央和省级政府的投入力度。

第五,推进城乡劳动力就业一体化。近年来农民收入之所以保持较快的增长速度,一个重要因素是外出务工和从事第二、第三产业的农民越来越多,农民的非农收入持续较快增长。农民在非农产业和城镇就业已成为当前农民增收最直接、最有效的途径。逐步实现城乡就业和劳动力市场一体化,不仅是增加农民收入的重要途径,也是发育要素市场、支持城市经济发展的必然要求。

第六,推进城乡社会管理一体化。要建立有利于统筹城乡经济社会发展的政府管理体系,改变一些地方政府重城市、轻农村,重工业、轻农业,重市民、轻农民的做法,充分发挥政府在协调城乡经济社会发展和建立相关制度方面的作用。要加大户籍制度改革力度,进一步放宽农民进城落户的条件。要改革农村征地制度,引入市场机制并完善法规,切实解决好失地农民的就业和生活保障问题。

6. 城乡发展一体化模式的类型划分

关于城乡发展一体化模式的分类，学术界没有一个统一的标准，多从动力机制、区域特点、功能特点以及综合各方面的特点进行分类研究。①

（1）从地域角度进行的分类研究。这类研究涉及面较广，成果丰硕。根据研究视野的差异，又可以分为三种：

一是先进行总的分类，然后对每一类代表性区域模式进行分析的综合研究。马晓强、梁肖羽将国外的城乡发展一体化模式归纳为美英模式、东亚模式、前苏联模式、欧盟模式和拉美模式五种，将国内城乡发展一体化模式归纳为上海模式、温苏模式和成渝模式三种，并对代表性模式进行了分析。② 王桂平总结了国内五大类型的城乡发展一体化模式：上海的"城乡统筹规划模式"、嘉兴的"整体推进"模式、义乌的"以城促乡"模式、珠三角的"以城带乡"模式以及苏南的"以乡镇企业带动城乡一体化"模式。③

二是集中研究几种代表性模式。刘静论述了法国、美国和日本的城乡发展一体化模式和国内的北京模式、上海模式、珠三角模式以及苏南模式。④ 朱莉在国内发展经验中总结了江苏的小城镇模式、浙江及长三角模式（包括以城带乡的义乌模式、以乡镇企业带动城乡发展的龙港模式、城乡整体推进的嘉兴模式）、珠三角的城乡发展一体化模式。⑤ 汤卫东分析了西部地区城乡发展一体化过程中形成的几种典型模式，并对其缺陷进行了分析。这些模式主要有成渝地区网络化的以城带乡模式，城乡网络化与轴状相结合的陕西、甘肃和青海以城带乡模式，多级中心、梯次辐射的新疆以城带乡模式，优先发展中等城市的贵州、云南的橄榄形以城带乡模式以及县域经济发挥主导作用的西藏以城带乡模式。⑥

---

① 参见鲁能、白永秀《城乡发展一体化模式研究：一个文献综述》，《贵州社会科学》2013年第7期。
② 马晓强、梁肖羽：《国内外城乡经济社会一体化模式的评价和借鉴》，《福建论坛》2012年第2期，第24—29页。
③ 王桂平：《东西部城乡一体化水平比较研究：以陕西省和浙江省为例》，西北大学硕士学位论文，2008年，第18—22页。
④ 刘静：《城乡一体化模式研究》，西南财经大学硕士学位论文，2006年，第5页。
⑤ 朱莉：《西部地区城乡一体化模式选择及其实现途径》，西北大学硕士学位论文，2008年，第37—43页。
⑥ 汤卫东：《西部地区城乡一体化路径、模式及对策研究——基于以城带乡的分析视角》，西南大学博士学位论文，2011年，第63—85页。

三是研究单个地区的城乡发展一体化模式。这类研究较多，如李习凡、胡小武对圈层结构与梯度结构相结合的江苏模式的研究①、张果等对渐进式开发为特点的成都模式的研究②、刘家强等对武汉模式的研究③，等等。从地域角度进行的分类研究简单明了，较为容易把握，但也有忽视模式的本质性特征之嫌。

（2）从发展动力角度进行的分类研究。从发展动力的角度，又大致可以划分为两种：

一是主要从城乡两大基本支撑点拉动的角度进行的分类研究。刘静将城乡发展一体化模式总结为四类：以城带乡发展模式、以乡促城发展模式、小城镇发展模式和网络化发展模式。④鲁长亮、唐兰将国外城乡发展一体化模式划分为城市工业导向模式、小城镇发展模式、地域空间单元模式、农村综合发展模式和佩布模式五类；将国内城乡发展一体化模式总结为珠三角"以城带乡"模式、上海"城乡统筹规划"模式、北京"工农协作，城乡结合"模式及以乡镇企业带动城乡一体化发展的苏南模式。⑤石忆邵总结了城乡发展一体化的几种模式：大中城市带动辐射型，城市"点式"和"项目式"连接型，以资源引入资金和技术联合开发型，资金融合、兼并重构的资产重组型，等等，他进一步指出："虽然这些发展模式未必称得上规范化的城乡一体化模式，但毕竟种子已经萌发，只要有适宜的环境和条件，定会结出更加丰稔的果实。"⑥汤卫东将城乡发展一体化模式分成四类：逐级辐射、梯度带动的以城带乡模式，点—轴结合的以城带乡模式，轴线带状扩展型的以城带乡模式以及工业园区、开发区主导重塑型的以城带乡模式。⑦

二是综合区域、产业、制度拉动的分类研究。张道政、周晓彤将国内外城乡发展一体化模式总结为三类：单级中心城市带动近郊城镇发展模

---

① 李习凡、胡小武：《城乡一体化的"圈层结构""梯度结构"模式研究——以江苏省为例》，《南京社会科学》2010年第9期，第70—75页。
② 张果等：《城乡一体化渐进式开发及发展模式研究——以成都市为例》，《云南地理环境研究》2006年第4期，第58—61页。
③ 刘家强等：《城乡一体化战略模式实证研究》，《经济学家》2003年第5期，第56—60页。
④ 刘静：《城乡一体化模式研究》，西南财经大学硕士学位论文，2006年5月。
⑤ 鲁长亮、唐兰：《城乡一体化建设模式与策略研究》，《安徽农业科学》2010年第3期。
⑥ 石忆邵：《关于城乡一体化的几点讨论》，《规划师》1999年第4期，第114—116、138页。
⑦ 汤卫东：《西部地区城乡一体化路径、模式及对策研究——基于以城带乡的分析视角》，西南大学博士学位论文，2011年，第63—85页。

式、特定区域小城镇内生生长模式以及城乡并重的复合体发展模式。单级中心城市带动城郊发展模式的主要动力是城市化，城市通过溢出效应始终处于主导地位。特定区域小城镇内生生长模式的主要动力是工业化和产业化，小城镇和农村从被动接受辐射影响到自我发展能力不断增强。城乡并重的复合体发展模式是城市和乡村地域和行政边界在更大区域内实现统筹发展的一种模式。这种模式实质上包含两层意思：一是城市和乡村发挥自身优势，互补发展；二是临近的中心城市高效联动，实现整体发展水平的协同提升。这一模式的主要动力来自于制度创新。① 马晓强、梁肖羽从动力的角度来区分城乡发展一体化模式，在农村内驱型、反哺带动型外，又增加了政府外推型模式。② 这种分类研究抓住了城乡发展一体化中的动力这个本质性特征，有利于更深入地探寻实现一体化发展的路径和具体方法，因而也成了城乡发展一体化分类研究的主流分类方法。

（3）从主体功能角度进行的分类研究。任保平、林建华认为，西部地区差异较大，不可能建立统一的城乡发展一体化模式。依据主体功能区发展的思路，西部地区城乡发展一体化模式可以分为三类：一是都市区城乡发展一体化模式、资源富集区城乡发展一体化模式、农业区城乡发展一体化模式。都市区以大都市和中心城市为中心，经济发展水平高、城市带动能力强、社会发展程度高。这类区域可以实施城市——工业导向模式。把城乡两大系统通过工业联系起来。二是发展城市工业，利用工业的高收入不断吸引农村剩余劳动力向城市聚集。三是发展农村工业，促进农业人口向非农业转化，以产业一体化为核心，通过极化效应和扩散效应促进西部地区城乡之间的融合，在城乡经济联系加强的基础上实现城乡发展一体化。资源富集区城乡发展一体化模式可以在资源开采的基础上，实施资源产业反哺"三农"的做法，用资源产业得到的收入加强农村基础设施投入、提升人力资本水平、发展基础教育，从而促进城乡发展一体化。农业区域是西部地区城乡发展一体化的重点区域。这类区域可以实施农业城镇发展模式，在广大农村地区大力发展小城镇，以小城镇为节点实现城乡两大系统的联系。在农村区级管理层次大力发展中心城镇，为农村居民提供与城市交流的空间，实现城乡两大系统的融合。以城镇为节点实现城乡统一大市场的形成，促进各种生产要素的合理流动以及城镇功能向乡村延伸

---

① 张道政、周晓彤：《城乡一体化的模式动力和路径》，《唯实》2010年第5期，第65—71页。
② 马晓强、梁肖羽：《国内外城乡经济社会一体化模式的评价和借鉴》，《福建论坛》2012年第2期，第24—29页。

与扩展。① 任保平、邓文峰在以上三种分类的基础上，又增加了第四类即生态脆弱区城乡发展一体化模式。这类模式的主要实施措施就是生态移民。② 这类研究从主体功能的角度区分了西部地区四类不同的发展模式，有利于根据这些地区的功能特点，探索实现城乡发展一体化的基本路径。

（4）从资源禀赋和产业拉动角度进行的分类研究。白永秀、赵伟伟、王颂吉认为，西部地区从发展阶段来看，与东部地区的经济社会发展水平存在较大差距；从发展基础和发展动力来看，各区县存在很大差异。同时，县域经济作为国民经济的基本单元，同时也是统筹城乡经济社会发展的基本单位。因此西部地区各区县应从自身发展基础、区位条件、资源禀赋和产业结构出发，寻求符合自身的城乡发展一体化模式。他们以城乡发展一体化的拉力为标准，从发展基础、区位条件、资源禀赋与产业结构对县域城乡发展一体化贡献的角度，把西部地区推进城乡发展一体化的模式概括为以下六种：第一种是大城市拉动型模式，适用于大城市周边区县，以西安市周边的临潼区、阎良区和高陵县为代表；第二种是现代农业拉动型模式，适用于农业发展条件优越、远离大城市、没有矿产资源优势、工业基础相对薄弱的传统农业县，以陕西关中地区的合阳县、大荔县为代表；第三种是资源产业拉动型模式，适用于资源富集、远离大城市、农业发展条件不佳的区县，以贵州省盘县、陕西省吴起县和安塞县为代表；第四种是特色产业拉动型模式，适用于资源贫乏、生态脆弱、远离大城市、交通不便的区县，以陕西省清涧县为代表；第五种是综合优势拉动型模式，适用于具备多种优势、远离大城市的区县，以陕西省横山县为代表；第六种是生态旅游拉动型模式，适用于自然环境优美、生态资源丰富、远离大城市的区县，以云南省大理市为代表。③

7. 城乡发展一体化模式的选择原则

落后地区要加快本地区城乡一体化发展的速度，应借鉴城乡一体化发展较好、并形成一定模式的先进地区的经验，选择并创造性地形成适合本地区发展实际的城乡发展一体化模式。关于城乡发展一体化模式选择的原则，学术界的研究主要集中于西部地区的模式选择，并且观点上形成了一

---

① 任保平、林建华：《西部城乡经济社会一体化新格局的模式选择及其实现路径》，《贵州社会科学》2009年第8期，第44—50页。
② 任保平、邓文峰：《西部地区城乡经济社会一体化的功能分类模式及其实现途径》，《宁夏大学学报（人文社科版）》2010年第3期，第149—153页。
③ 白永秀、赵伟伟、王颂吉：《西部地区城乡经济社会一体化实践研究》，载《区域经济论丛》（十一），中国经济出版社2011年版，第173—196页。

致，也就是把立足地区发展的基本情况作为模式选择的基本原则。主要的观点如下：

任保平、林建华认为各个地区由于发展水平和阶段的差异，城乡发展一体化模式也不尽相同。西部应从实际出发，选择有西部特色的城乡发展一体化模式。① 汤卫东认为城乡发展一体化的任何模式都是生产要素在城乡之间的双向流动，任何单向的流动在经济上都不可持续。他认为西部在选择城乡发展一体化模式时应按照西部特定的发展阶段，科学确定城镇体系结构，建立市场主导、政府推动的协统机制，同时要强化目标、过程和手段的统一。② 朱莉认为西部地区模式选择应遵循一体化、差别化、市场化和人本化四个原则。③ 白永秀、赵伟伟、王颂吉认为，由于初始条件（区位、资源禀赋、生产要素的质量、经济社会发展程度）的不同，领导风格以及发展程度的差异，造就了中国形式各样的城乡发展一体化模式的雏形。在当前以及今后很长一段时期，发展经济仍然是西部地区的重要任务。西部地区的各区县应该将自身的发展基础、资源禀赋、区位条件和产业结构作为出发点，积极探索适合自身发展的一体化发展模式。④

除了以上四个方面，学术界还对城乡发展一体化模式的创新、模式的定位、城乡发展一体化实现机制等方面进行了研究。总体而言，学术界对城乡发展一体化模式的研究取得了较为丰硕的成果，为以后进一步深入研究奠定了较为坚实的基础。但是在现有的研究成果中，也存在一些问题，主要体现在以下两个方面：一是在大量的既有研究中，描述性的个案研究较多，而很少有研究从深层次理论和方法论方面进行探讨；二是在研究过程中，一些概念的运用没有一个统一的标准，导致概念使用不规范和不成熟。⑤

8. 城乡发展一体化研究得出的十个结论

结论一：城乡发展一体化是指在城乡互动、互补中提高城乡总资源的

---

① 任保平、林建华：《西部城乡经济社会一体化新格局的模式选择及其实现路径》，《贵州社会科学》2009 年第 8 期，第 44—50 页。
② 汤卫东：《西部地区城乡一体化路径、模式及对策研究——基于以城带乡的分析视角》，西南大学博士学位论文，2011 年，第 63—85 页。
③ 朱莉：《西部地区城乡一体化模式选择及其实现途径》，西北大学硕士学位论文，2008 年，第 37—43 页。
④ 白永秀、赵伟伟、王颂吉：《西部地区城乡经济社会一体化实践研究》，载《区域经济论丛》（十一），中国经济出版社 2011 年版，第 173—196 页。
⑤ 鲁能、白永秀：《城乡发展一体化模式研究：一个文献综述》，《贵州社会科学》2013 年第 7 期。

配置效率，促进城乡共同发展。城乡发展一体化是一个互动融合共同发展的过程。在城乡互动中共同发展，在共同发展中缩小差距。当前要务必走出城乡发展一体化的五个误区：误区之一：城乡发展一体化＝消灭城乡差别；误区之二：城乡发展一体化＝新型城镇化（农村城市化）；误区之三：城乡发展一体化＝工业支持农业，城市支持农村；误区之四：城乡发展一体化＝社会主义新农村建设；误区之五：城乡发展一体化＝消灭农村、农业、农民。

结论二：城乡发展一体化是一个动态的不断实现过程，不能急于求成，不能搞突击。城乡发展一体化是一个相对概念，虽然在不同时代、不同阶段、不同国家、不同区域具有不同的特殊内容，具有一定的相对目标，但它是人类社会发展的一个永恒主题。从人类历史发展看，城乡关系发展要经历"城乡依存—城乡分离—城乡融合"三个历史阶段，每个历史阶段都是一个漫长的历史过程，城乡融合过程更长。

结论三：城乡发展一体化是我国"后改革时代"的关键。为什么是关键？后改革时代我国出现的各种问题与矛盾或多或少地同城乡差距有关。例如区域发展差距、个人收入差距从某种意义上说，都源于城市（镇）化水平的差距。后改革时代我国经济发展的增长点在县域，而发展难点也在县域。县域经济的发展状况是关系到中国能不能再保持几十年的高速发展的大问题。从现实来看，我国城乡发展差距不断扩大，目前城乡居民收入差距处于"3时代"。推进城乡发展一体化的意义：有利于解决我国出现的区域差距、行业差距、个人收入差距；有利于推进我国的市场化以及新型工业化（产业化）、信息化、城（镇）市化、农业现代化（"五化互动同步"，其中市场化是根本途径）；有利于改善历史上形成的我国特殊国情（发展特别不平衡），缩小与国外条件的差异，建立规范的市场经济。

结论四：一个半世纪来中国形成了城乡经济、社会、政治、文化四重二元结构，改革开放以来又形成了生态"倒二元结构"，在五重二元结构中关键是文化二元结构。经济二元结构是指城乡在经济发展方面、城乡居民在收入及其经济生活方面的差距。社会二元结构是指城乡在社会发展尤其是教育、卫生、社会保障等公共服务方面以及城乡居民在社会地位、社会生活方面的差距。政治二元结构是指城乡在政治组织建设、民主建设、政治管理以及城乡居民在政治参与方面的差距。文化二元结构是指城乡在文化背景及其城乡居民在理念方面的差距，从本质上看农村以自然经济文化为主导，城市以市场经济、计划经济文化为主导。生态倒二元结构是指中国在快速的城镇化过程中造成城市空气污染、垃圾污染以及原生态的破坏，而农村尤其是农村山区仍然还保持着原生态与蓝天白云的优美环境。在五重二元结构中，经济、社会、政治、生态二元结构是表层的、基础的，其中表层性与基础型是按其顺序层次递进的；而城乡居民的文化二元结构则是深层的、决定性的。城乡二元结构的难度是文化理念一体化。

结论五：产业是城乡发展一体化的载体，就业方式决定人们的居住方式与生活方式。从农民收入与农民市民化的角度看，城乡二元结构问题实质是城乡居民就业的差距问题。提高农民收入与推进农民市民化的关键是改善农民的就业状况，实现城乡居民就业一体化，包括就业资格、就业领域、就业待遇同等化，而前提是产业发展一体化。推进城乡发展一体化的关键是加快产业培育，在解决就业中推进农民市民化。

结论六：城乡发展一体化实质上是城乡市场经济发展一体化，提高农村生产要素的聚集水平。中国农村问题的实质：市场化水平低，生产要素太散乱。城乡发展一体化的途径是加快农村生产要素的集中程度，包括土地、资本、劳动力、技术等要素的集中度，从而促进产业的集中度。

结论七：城乡发展一体化的关键是人的一体化，核心是农民市民化。人的一体化是关键。要树立以人为本的理念：城乡发展一体化的根本标准，是否是人的生存环境优化了，生活质量提高了——既要克服农村生存环境恶化局面，又要克服城市拥堵、污染问题。城乡发展一体化的本质是优化人、资、环关系，使人生存得更好。人的一体化的主要内容：就业一体化；社会保障一体化；文化观念一体化；生活方式一体化；生存环境一体化。

结论八：城乡发展一体化的模式是多种多样的，不能一刀切。就陕西来看，县域城乡发展一体化有6种模式：一是大城市产业拉动型：利用大城市提供的有利条件，推进城乡一体化发展，如高陵、户县。二是资源产业拉动型：利用资源产业带来的巨大收益，推进一体化，如神木、府谷、吴起。三是综合优势产业拉动型：利用资源禀赋优势，多途径地推动一体化。如韩城、黄陵。四是特色产业拉动型：通过特色产业发展，带动农民生产、居住方式以及生活方式全面转变，如洛川。五是现代农业产业拉动型：利用农业生产方式转型，促进农民生产与生活方式转变，如三原、礼泉。六是生态旅游产业拉动型：利用生态资源与旅游资源，促进一体化发展。如凤县，凤县就是一个大公园，又是一个写生地。

结论九：把县域作为城乡发展一体化的重心，选择"大县城—大镇—大村（社区）"三位一体的城乡发展一体化路径。（1）"40%的农村劳动力到外地就业、40%的劳动力在县城就业、20%的农村劳动力在镇或社区就业"的三位一体的农村劳动力就业格局。(2)"县城50%、镇30%、村(社区)20%"的三位一体的当地居民居住格局。(3)"镇办小学、县办初中、市办高中"三位一体的基础教育资源配置格局。(4)"镇办卫生院、县城办综合医院、市办区域中心医院"三位一体的医疗卫生资源配置格局。

结论十：县域是城乡发展一体化的着力点，县城是城乡发展一体化的发力点。(1)县域的地位决定了县域是城乡发展一体化的着力点：县域是一国发展的基础与关键点；县域是一国发展的基础与支点；县域是政府与市场共同配置资源的基本单位；县域是传统文化与传统体制的载体；县域是中国经济发展的滞后点；县域是解决"三农"问题的关键点；县域是中国经济发展的增长点。(2)县城的特点决定了县城是城乡发展一体化的发力点，县城是综合点与矛盾交汇点：从性质看，县域是城市与农村的综合体；从居民主体看：在县域内农民、工人、干部各种身份的人都有；从产业类型来看：县域第一、第二、第三产业都有；从社会生活看，县域包含了经济、社会、政治、文化、生态各个领域；从社会矛盾看，县域是效率与公平、政治与经济、宏观与微观、政府与企业各种矛盾的交汇点。①

9. 国外城乡发展一体化的经验教训②

(1) 美国：促使机会向乡村扩散

第一，乡镇居民"幸福指数"高。到访过美国的人也许能感到，美国的城乡差别并不大，如在洛杉矶、休斯敦等大都市周围100多公里内，很难分清城市和乡村的界限。最新研究报告认为，不少美国大都市外围产业链上的村镇居民"幸福指数"甚至高于市内居民。中产阶级家庭沿着产业链向郊外扩展，传统城乡接合部的工作环境和生活质量好于市中心。

为什么美国的城乡差别比较小？美国立法机构和行政部门在这方面发挥着什么样的作用？采访了得克萨斯州州长办公室经济发展和旅游部亚太地区主任陈中。陈中说，最主要一点是促使经济和社会发展的机会沿交通干线向城郊和农村扩散。在这一过程中，主要依靠市场力量调节。而美国立法和行政机构的作用主要体现在两方面：一是联邦和地方立法机构在制度和体制设置方面适时立法监管；二是地方政府注重扶持小企业。

第二，立法为"乡村提供发展机会"。美国缩小城乡发展机遇差别的主要途径在于，城乡居民接受教育，特别是高等教育的机会平等。比如，

---

① 参见白永秀《研究城乡发展一体化得出的10个结论》，《西部大开发》2013年第11期。
② 参见《城乡一体化：他山之石可攻玉》，《经济参考报》2010年1月21日。

美国20世纪实施的《平权法》和得克萨斯州人21世纪初实施的《前百分之十法》规定：高中毕业生只要其综合成绩进入本校排名前百分之十，得州境内的名牌大学就必须录取，这使非重点高中的毕业生也有机会进入名牌大学。这样确保黑人等少数族裔，特别是中低收入家庭的子女，有机会享受优质高等教育。再如，各州在消费税（州政府的主要收入来源）上向城郊和农村地区倾斜。在加利福尼亚等较为发达的州，消费税率为9.25%，而在相对落后的内陆州，消费税率仅为6%左右。这样，不少发达州的居民不惜舍近求远，到内陆州采购同样质量标准的大宗消费品，促使消费机会向内陆州扩散。即便在同一个州，也会出现类似效应。不少休斯敦市民到远郊和农村连锁店采购汽车等大宗耐用品，实际上把消费和发展的机会送给了远郊和农村。

通过适时立法监管，美国在制度设置方面为缩小城乡差别打下基础。如今，郊区和乡村的信息、医疗、保险、养老等服务标准同城市完全一样。加上郊区和乡村房地产价格便宜，交通不拥挤，生态环境更宜人，在这里创业总体费效比优于城中心区。

第三，政府注重帮扶小企业。据陈中介绍，美国地方政府对小企业实施帮助和扶持的政策，对大企业则基本不管，这样做主要是基于以下一些考虑：其一，美国的大企业差不多都是跨国公司，发展得比较完善，在国内外市场上已经处于优势甚至强势，不需要政府的帮助和扶持。此次金融危机政府出手相助，属于特殊情况。其二，美国的小企业不可能独自拥有完善的信息渠道、先进的研发能力和通畅的销售网络，需要政府有关部门提供帮助和扶持。其三，美国的劳动大军大多数受雇于小企业，小企业的发展对降低失业率的贡献远远大于跨国公司。其四，美国的小企业大多设在城郊或乡村，小企业的蓬勃发展有助于缩小城乡发展差距。陈中说："我们州政府以及我本人一年到头大部分时间都是在为小企业奔波。"当然，美国远郊和乡村也在利用自身的资源优势，吸引城市企业前来投资和经营。比如，美国农场主拥有大量土地，一些农场以土地为资本参与现代化和城市化进程，不少早期的庄园主因此而成为资本家或实业家。

（2）法国致力于城市"扁平化"

巴黎及其周边地区被视为全球大都市城市化比较成功的典范之一。从城市规划到社会管理，巴黎市及巴黎大区的有益尝试和丰硕成果都有可借鉴参考之处。

巴黎市的城市规划传统由来已久，除少数大厦之外，大多数楼房都不超过10层。巴黎城建法规规定，市内建筑物高度必须与邻近街道的宽度构成一定比例，这也是巴黎市与其他国际大都市相比堪称"最矮都市"的主要原因之一。然而，巴黎"矮"的好处也是显而易见的，从客观上降低了人口密度，一定程度上缓解了交通的压力，也减轻了城市医疗、教育和社区等配套服务设施的压力。另外，巴黎市有意识地把城市分区，将商业区、大学区、公务区和居住区分开，将一些密集办公的商务区和工业区迁到周边郊区，较好地缓解了巴黎市中心的交通和配套设施压力。目前，商业区、大学区和公务区依然留在巴黎市区内，而商务区已迁至巴黎西郊的拉德芳斯，高新产业园区则建在南郊德伊西市及以南的法国"硅谷"，北郊欧贝维利耶市有欧洲最大的中国商品批发市场，南郊奥利机场附近则有欧洲最大的生鲜食品批发区。

广义上的巴黎指的是巴黎大区，下辖巴黎市区及周边7个省。为了减轻巴黎市区人口压力，巴黎大区政府近年来加大投资力度，兴建公交设施，如新建郊区环城高速公路、延伸地铁线路和轻轨线路等。巴黎大区政府的主要目的是让城市保持"矮"身段，扩大功能区的辐射范围。

在绿化方面，巴黎大区规划也堪称楷模。从巴黎市及其周边地区的地图可发现，巴黎市拥有很多个"肺"。从环城公路起10公里左右的范围内，面积较大的公园有10来个，分布在各个方向。即便是从巴黎市中心出发，通常驾车不出15分钟就可找到一片树林。这也是巴黎市能够保持空气清新、视野开阔的主要原因之一。

法国社会保障系统比较健全。只要有合法身份，就可享受大致相等的福利待遇。法国对外籍人口管理遵循属地原则，无论是业主还是租赁者，必须提供房屋水电单或租房合同才能办理身份证件。这一政策的最大好处是客观上限制了人员的无序频繁流动，便于各级政府对流动人员进行管理和登记。

在巴黎市及周边地区城市化问题上，法国一系列专项法律也起到较好的促进作用。法国法律规定，如果开发商要建设一栋商品楼，必须同时配套建设相应的社会福利房（即廉租房），否则开发商无法拿到房建许可证。这在一定程度上遏制了贫富分化，因为买得起商品房的人要与住福利房的人相邻而居，从而避免形成"贫民区"和"富人区"。

近年来，法国城市化进程还呈现出一个与社会经济发展密切相关的特点。由于法国已经基本实现了城市化，全国农村人口仅占总就业人数的10%，因此，政府千方百计地鼓励年轻人留在农村，避免农村"空壳化"和人口"老龄化"。为此，法国政府提供无息贷款、补贴及培训等多种方式，为年轻人在农村地区就业提供方便。

在法国，政府一方面致力于让城市"扁平化"，以避免人口密度过大带来的一系列负面问题；另一方面，政府通过一系列互助保险和合作社的形式，切实解决农民生活和生产问题，保障农村就业者老有所得、老有所养。

(3) 日本避免"城乡二元结构"

日本在20世纪前半叶因追求发展工业，一度出现工农收入和城乡差距拉大等现象。但此后，日本通过根本性制度安排，从源头上避免"城乡二元结构"的形成，实现了较为均衡的统筹发展。

第一，助推城乡发展一体化。在经济高速发展时期，日本政府的一系列根本性制度安排成为日本避免"城乡二元结构"出现的核心因素。

首先，城乡居民享受同等的政治经济待遇，在房籍、政治权利、社会保障和人员流动等政策上对城乡居民一视同仁，避免人为造成城乡差别。战后经济高速发展时期，日本大量农民离开土地进城工作，有些大企业甚至采用"集团就职"方式，到农村中学整班招收毕业生进城务工。对此，日本政府一方面为新进城务工的农民提供与城市居民相同的社会保障和市民身份；另一方面严格要求企业保障劳动者就业，采用"终身雇佣制"等方式确保农民在进城后不会因失业而陷入困境。这在很大程度上避免了农民在"失地"后再"失业"所带来的严重后果，避免了城市出现"流民"阶层。

其次，消除阻碍人员、资金等经济要素在城乡间流动的壁垒，促进各种资源向农村和落后地区流动。在大量农村人口进城的同时，也有很多日本城市居民希望到农村和小城镇居住或投资从事农业经营。为此，日本建立了较为完善的农业耕地和农村住宅流转体制，鼓励城市人口到农村居住或投资。从城市"下乡"从事农业经营的居民，往往会给农村带来一定的资本，这有利于农业生产集约化。此外，还有很多老年城市居民退休后到大城市远郊或地方小城镇购房生活，其中有些人还租用或购买小块土地耕作。这一方面减轻了东京、大阪等超大城市的人口压力，另一方面也给地方带来大量投资并拉动个人消费。

最后，重视城市化过程的总体布局，避免出现"城乡接合部"和"贫民窟"。在经济高速发展时期，日本也经历过大城市人口迅速增长的阶段。以东京为例，1955年至1970年期间，每年净流入人口达30万至40万人。但由于东京的城市规划以放射状大容量轨道交通为依托，沿轨道交通站点（多为过去的小城镇）建设生活服务、文化娱乐和治安配套完善的居民区，包括大学教授等较为富裕人士在内的、大量在东京工作的居民选择在距东京市中心数十公里的千叶县和埼玉县等地居住。由于规划合理、配套齐全、日本很多大城市带动了周边大片区域发展，东京周边的"首都圈"和大阪神户周边的"阪神圈"等发达经济圈应运而生。

第二，细化配套措施 攻克制度壁垒。日本通过建立统一的社会保障体系、建设高标准的卫星城和小城镇、维持农产品较高价格以保障农民收入等措施，打通了城乡之间存在的各种壁垒。

其一，统一社会保障体系和宽松的户籍制度是城乡居民相互流动的前提。在日本，居民的养老、失业和医疗保险全国统一，不以地区或身份区分，居民转移户籍几乎不受限制。这使得日本全国人员流动较为方便，解除了农民进城或城市居民"下乡"的后顾之忧。

其二，高标准建设大城市外围卫星城和小城镇是大城市减轻人口压力的前提条件。日本很多大城市的外围卫星城和小城镇的基础设施、生活服务、文化娱乐等条件与大城市中心区相差无几，吸引了很多城市居民前去居住。充分利用好包括退休老人、不必每天通勤的上班族、小企业主及其雇工等群体的资本和消费需求，在很大程度上促进了日本中小城市和小城镇的发展，既避免了大城市人口过快膨胀，又拉动了农村发展，有力促进了城乡平衡和区域平衡。

其三，采取各种措施维持农产品较高价格以保障农民收入。为增加农民收入，日本在对外贸易中多利用高关税、高检疫检验标准等有形或无形"保护壁垒"，在国内则通过农协等行业组织或地区组织维持农产品较高价格。这实际上是以城市消费者出资的形式对农业进行隐形补贴。同时，为保障城市低收入阶层人群的基本生活，日本政府通过补贴等方式使国内市场鸡蛋、牛奶和面包等基本食品的价格处于较低水平。

按照人口和国土比例，日本的人口密度约为中国的3倍，且其国土山地多平原少。在这种基本国情下，日本不仅实现了城乡共同富裕和高度城市化，还发展了农业、确保了大米完全自给和大部分蔬菜自给。以日本的情况来看，我国无论在大城市郊区、中小城市和小城镇建设方面，还是在农业集约化、精细化方面，都具有巨大潜力。

（4）巴西过度城市化，贫民窟畸形发展

20世纪中期，巴西城市化进程加速，由此产生了贫民窟问题，成为巴西最为棘手的社会矛盾之一。近年来，巴西政府推行民生政策，着手消除贫富差距，但由于积重难返，彻底解决仍任重道远。

第一，将贫民窟置于城市规划之外。20世纪初，里约热内卢市政府在市中心修建马路，拆除了数百栋民居。这些无家可归的人只好在无人定居的山上修建简易住房,成为里约贫民窟的第一批居民。城市贫民窟最初是从农村涌入城市的贫民和没有住房的穷人,通过占用共有土地或私人土地的方式逐渐建立和发展起来的。这种强占土地的方式违反了相关法律规定。起初,巴西各级政府试图采取措施,禁止侵占行为,对贫民窟居民采取了驱逐手段,并把贫民窟完全置于城市规划之外。此后,由于城市化的无序发展,贫民和贫民窟的规模日益扩大,政府根本制止不了侵占土地的行为,不得不另寻对策。

第二,政府主导治理贫民窟。20世纪90年代以来,随着联合国和国际社会加大对贫民窟问题的关注,巴西把贫民窟的治理与解决国内贫困和社会排斥问题紧密联系在一起。巴西由此改变过去对贫民窟采取的取缔政策,转为承认贫民窟的合法性,承认土地占有者的使用权甚至所有权。1994年,里约热内卢市政府实施"城市非法居住区整治项目",目标是给贫民窟居民以合法的小块土地产权。据统计,里约热内卢政府在90年代中后期的城市化改造中,大部分资金用于这类土地产权项目。

对贫民窟进行升级改造是巴西各级政府最早采用的治理措施之一,而且沿用至今。据不完全统计,20世纪90年代以来,巴西政府已经较为显著地改善了一些城市贫民窟的生活环境和居住条件。比如在里约热内卢的贫民窟,98.1%的家庭用上了自来水,92.5%的家庭接上了国家电网。在圣保罗,从1991年至2000年,贫民窟洁净水使用率从88.4%上升到99.7%,污水的处理率从4.0%上升到95.3%,垃圾回收率也从73.8%提高到98.9%。

第三,解决贫民窟问题任重道远。在巴西政府主导治理城市贫民窟的过程中,非政府组织、非营利机构、社区组织等也发挥出了积极作用。此外,巴西的许多贫民窟治理项目有赖于国际金融机构的资金支持,这些机构主要通过较为优惠的贷款参与贫民窟治理项目,鼓励巴西各级政府有效合理地使用资金并且监督资金的流向。

据统计,目前巴西有3500万人居住在城市贫民窟中,占全国城市总人口的25.4%。受社会结构制约、财政能力限制以及各治理主体间协调合作等因素影响,巴西的贫民窟治理工作还面临许多困难和挑战,短期内形势并不乐观。

(5)越南狂建高尔夫球场,土地流失严重

受城市化和工业化影响,越南土地尤其是耕地流失现象严重,大量肥沃的土地被高尔夫球场和房地产等项目挤占。与此同时,土地流失导致的农村剩余劳动力转移和就业问题也日益突出,成为越南社会发展过程中的一大难题。

其一，土地流失现象趋于严重。统计显示，在越南64个省市中，有49个在过去5年间耕地面积减少80%，这些耕地大部分被高尔夫球场和房地产项目所侵占。目前，越南有141个高尔夫球场，分布在39个省市，占用耕地4.93万公顷，其中1626公顷是肥沃土地。另外，越南计划投资部的数据显示，目前越南1200个被搁置的工业项目已造成13万公顷土地闲置。首都河内一个工业园区项目的土地甚至被闲置15年，目前仍未开发。

其二，土地问题激发社会不满。调查显示，2003—2008年，耕地流失共影响了约250万越南农民的生活。近年来，在河内和胡志明市等大城市周边地区，多次发生针对高尔夫球场开发的抗议活动。大城市周边的土地开发价值较高，但转让相关土地的农民通常只能获得相当于土地农业产出价值的补偿。因此，越来越多在征地中未获得足够补偿的农民和城市周边居民开始以抗议或静坐等方式表达自己的诉求。

其三，农村剩余劳动力转移就业成为难题。在这一轮全球金融危机中，越南农村剩余劳动力遭遇了前所未有的困境。越南农业和农村发展战略政策研究院2009年在一份《经济衰退给农村劳动力就业和生活带来的影响》的调查报告中说，目前最大的问题是多数农村打工者难以在城市站稳脚跟。在越南南部的安江省，2009上半年有30%的出国劳务人员提前回国。越南国内各工业区的务工人员中也有约30%被迫返乡。报告提出，解决农村稳定和生计问题的最好办法是鼓励地方发展经济，鼓励当地企业吸纳更多的人员就业。

越南农业和农村发展部在一份报告中向政府建言：首先，对建设项目加强审批，保证项目不对环境和当地人民、特别是农民的生活造成负面影响；其次，在项目审批过程中，向社会进行公示，征求农民意见，保证项目以恰当的方式执行；再次，对非法转卖土地使用权、浪费土地的个人和机构进行严惩。此外，还要加大对失地农民开展职业培训的力度。

10. 推进城乡发展一体化的基本对策

党的十七届三中全会通过的《中共中央关于推进农村改革发展若干重大问题的决定》指出，新形势下推进农村改革发展，要把加快形成城乡经济社会发展一体化格局作为根本要求，并且第一次从国家战略层面明确了城乡一体化发展的目标："到2020年，基本建立城乡经济社会发展一体化体制机制"。这标志着我国农村改革发展站在了一个更高的历史起点上，广大农民在新一轮的农村改革发展进程中，将分享到更多改革发展的成果；也标志着多年来形成的城乡分割的二元格局将被彻底打破，城乡关系将进入平等协调融合发展的新时期。

城乡一体化发展是党中央科学把握世界各国现代化发展的一般规律，深刻总结新中国成立以来特别是改革开放以来我们党处理城乡关系问题的经验教训，正确判断现阶段我国经济社会发展面临的主要矛盾而做出的重大战略决策。推进城乡一体化发展，是贯彻落实科学发展观的重要体现，是构建社会主义和谐社会的重大举措，是完善社会主义市场经济体制的内在要求，其现实意义和历史意义都极其深远。城乡一体化发展的要义在于构筑平等、协调、相互融合的新型城乡关系。从我国的现实情况出发，推进城乡一体化发展应从以下路径入手。

（1）方针政策方面

从2004年至2016年，中共中央连续十三年发布以"三农"（农业、农村、农民）为主题的"中央一号文件"，[①] 强调了"三农"问题在中国的社会主义现代化时期"重中之重"的地位。其中，十七届三中全会专题研究"三农"问题，惠农力度不断加大；"十一五"期间，各地平均3.2次提高最低工资标准，每次平均增幅12.9%；加大对低收入群众的帮扶力度，实现最低生活保障制度全覆盖，基本建立城乡社会救助体系；等等。这些措施开始取得积极成效，"十一五"期间，城镇居民人均可支配收入和农村居民人均纯收入年均分别实际增长9.7%和8.9%，2010年农村居民收入涨幅自1998年以来首次超过城市居民。

2015年的中央一号文件一共涉及五大方面，其中包括：围绕建设现代农业，加快转变农业发展方式；围绕促进农民增收，加大惠农政策力度；围绕城乡发展一体化，深入推进新农村建设；围绕增添农村发展活力，全面深化农村改革；围绕做好"三农"工作，加强农村法治建设。而这五大方面又被细分为32个小点。

2016年的中央一号文件《中共中央、国务院关于落实发展新理念，加快农业现代化实现全面小康目标的若干意见》指出：党的十八届五中全会

[①] "中央一号文件"原指中共中央每年发的第一份文件，该文件在国家全年工作中具有纲领性和指导性的地位。一号文件中提到的问题是中央全年需要重点解决，也是当前国家亟须解决的问题，更从一个侧面反映出了中央一号文件解决这些问题的难度。现在已经成为中共中央重视农村问题的专有名词。中共中央在1982年至1986年连续五年发布以农业、农村和农民为主题的中央一号文件，对农村改革和农业发展作出具体部署。2004年至2016年又连续十三年发布以"三农"（农业、农村、农民）为主题的中央一号文件，强调了"三农"问题在中国的社会主义现代化时期"重中之重"的地位。

通过的《中共中央关于制定国民经济和社会发展第十三个五年规划的建议》,对做好新时期农业农村工作作出了重要部署。各地区各部门要牢固树立和深入贯彻落实创新、协调、绿色、开放、共享的发展理念,大力推进农业现代化,确保亿万农民与全国人民一道迈入全面小康社会。2016年的中央一号文件第一部分谈农业,"中国要强,农业必须强";第二部分谈农民,"中国要富,农民必须富";第三部分谈农村,"中国要美,农村必须美";第四部分谈改革,"全面深化改革,必须把农村改革放在突出位置";第五部分谈法治,"农村是法治建设相对薄弱的领域,必须加快完善农业农村法律体系,同步推进城乡法治建设,善于运用法治思维和法治方式做好'三农'工作"。破解这些难题,是今后一个时期"三农"工作的重大任务。其实是一共"4个难题"。具体说来,主要有如下四个:一个重大课题,当前,我国经济发展进入新常态,正从高速增长转向中高速增长,如何在经济增速放缓背景下继续强化农业基础地位、促进农民持续增收,是必须破解的一个重大课题;一个重大考验,国内农业生产成本快速攀升,大宗农产品价格普遍高于国际市场,如何在"双重挤压"下创新农业支持保护政策、提高农业竞争力,是必须面对的一个重大考验;一个重大挑战,我国农业资源短缺,开发过度、污染加重,如何在资源环境硬约束下保障农产品有效供给和质量安全、提升农业可持续发展能力,是必须应对的一个重大挑战;一个重大问题,城乡资源要素流动加速,城乡互动联系增强,如何在城镇化深入发展背景下加快新农村建设步伐、实现城乡共同繁荣,是必须解决好的一个重大问题。

第一,坚持工业反哺农业、城市支持农村和多予少取放活方针,加大强农惠农富农政策力度。党在强农惠农富农方面,采取了一系列政策,如废止了农业税,实行对农业生产者的种粮直接补贴,农民购买良种补贴,农民购买农机具补贴,农业生产资料价格进行综合补贴;完全放开粮食市场的流通,实行最低收购价制度;改革农村义务教育经费保障机制;建立新型农村合作医疗制度;在农村建立全面覆盖的最低生活保障制度;建立新型农村社会养老保险制度;保障农民工合法权益和稳步推进户籍制度改革等,取得了巨大成就。今后要继续按照十八大提出的坚持工业反哺农业、城市支持农村和多予少取放活方针的要求,按照中央农村工作会议提出的强农惠农富农的政策力度不能减弱的要求,加大强农惠农富农政策力度。第二,把国家基础设施建设和社会事业发展重点放在农村。近几年农村的水、电、路、沼气的发展以及教育、卫生、文化等事业的发展很快,进步非常明显。应根据城乡发展一体化新格局的要求,积极调整国民收入分配格局和城乡利益关系，把基础设施建设和社会事业发展的重点放在农村，把财政新增教育、卫生、文化等事业经费和固定资产投资增量主要用于农村。

2013年11月，十八届三中全会通过的《中共中央关于全面深化改革若干重大问题的决定》强调：要"健全城乡发展一体化体制机制，形成以工促农、以城带乡、工农互惠、城乡一体的新型工农城乡关系，让广大农民平等参与现代化进程、共同分享现代化成果。"

第一，加快构建新型农业经营体系。坚持家庭经营在农业中的基础性地位，推进家庭经营、集体经营、合作经营、企业经营等共同发展的农业经营方式创新。坚持农村土地集体所有权，依法维护农民土地承包经营权，发展壮大集体经济。稳定农村土地承包关系并保持长久不变，在坚持和完善最严格的耕地保护制度前提下，赋予农民对承包地占有、使用、收益、流转及承包经营权抵押、担保权能，允许农民以承包经营权入股发展农业产业化经营。鼓励承包经营权在公开市场上向专业大户、家庭农场、农民合作社、农业企业流转，发展多种形式规模经营。鼓励农村发展合作经济，扶持发展规模化、专业化、现代化经营，允许财政项目资金直接投向符合条件的合作社，允许财政补助形成的资产转交合作社持有和管护，允许合作社开展信用合作。鼓励和引导工商资本到农村发展适合企业化经营的现代种养业，向农业输入现代生产要素和经营模式。

第二，赋予农民更多财产权利。保障农民集体经济组织成员权利，积极发展农民股份合作，赋予农民对集体资产股份占有、收益、有偿退出及抵押、担保、继承权。保障农户宅基地用益物权，改革完善农村宅基地制度，选择若干试点，慎重稳妥推进农民住房财产权抵押、担保、转让，探索农民增加财产性收入渠道。建立农村产权流转交易市场，推动农村产权流转交易公开、公正、规范运行。

第三，推进城乡要素平等交换和公共资源均衡配置。维护农民生产要素权益，保障农民工同工同酬，保障农民公平分享土地增值收益，保障金融机构农村存款主要用于农业农村。健全农业支持保护体系，改革农业补贴制度，完善粮食主产区利益补偿机制。完善农业保险制度。鼓励社会资本投向农村建设，允许企业和社会组织在农村兴办各类事业。统筹城乡基础设施建设和社区建设，推进城乡基本公共服务均等化。

第四，完善城镇化健康发展体制机制。坚持走中国特色新型城镇化道路，推进以人为核心的城镇化，推动大中小城市和小城镇协调发展、产业和城镇融合发展，促进城镇化和新农村建设协调推进。优化城市空间结构和管理格局,增强城市综合承载能力。

推进城市建设管理创新。建立透明规范的城市建设投融资机制,允许地方政府通过发债等多种方式拓宽城市建设融资渠道,允许社会资本通过特许经营等方式参与城市基础设施投资和运营,研究建立城市基础设施、住宅政策性金融机构。完善设市标准,严格审批程序,对具备行政区划调整条件的县可有序改市。对吸纳人口多、经济实力强的镇,可赋予同人口和经济规模相适应的管理权。建立和完善跨区域城市发展协调机制。

推进农业转移人口市民化,逐步把符合条件的农业转移人口转为城镇居民。创新人口管理,加快户籍制度改革,全面放开建制镇和小城市落户限制,有序放开中等城市落户限制,合理确定大城市落户条件,严格控制特大城市人口规模。稳步推进城镇基本公共服务常住人口全覆盖,把进城落户农民完全纳入城镇住房和社会保障体系,在农村参加的养老保险和医疗保险规范接入城镇社保体系。建立财政转移支付同农业转移人口市民化挂钩机制,从严合理供给城市建设用地,提高城市土地利用率。

(2)体制机制方面

第一,坚持和完善农村基本经营制度,依法维护农民土地承包经营权、宅基地使用权、集体收益分配权等。农村基本经营制度是党的农村政策的基石,必须毫不动摇地坚持。加快推进农村宅基地使用权的物权化,以社员(农民)既得的宅基地使用权为基础,推动宅基地使用权配置的市场化改革,允许农户宅基地指标有偿折价和异地置换使用,积极推进农民宅基地、农房上市流转,争取实现农宅享有与城市居民私宅同等的财产权益;坚持保障土地承包经营权和搞活土地经营使用权并举,创新和完善农村土地承包经营关系,全面建立健全农村土地承包经营权登记制度,确保地块、面积、合同、权证"四到户、四相符",全面落实农民家庭土地承包经营权,着力建立健全土地流转促进机制,加快推动土地向种养大户、农民专业合作社等现代农业经营主体流转;创设土地流转市场,组建县、乡、村三级上下联网贯通、平台统一、操作规范的土地流转服务组织;创新土地流转方式,在倡导转包、租赁、转让、互换、股份合作和委托流转的基础上,积极发展季节性流转;积极探索土地承包经营使用权抵押机制,创新探索流转后土地承包经营权颁证工作和抵押贷款试点,探索建立土地流转风险保障金制度,着力化解因流入方经营不善或自然灾害导致流出农民拿不到租金的风险。

第二,改革征地制度,提高农民在土地增值收益中的分配比例。一是缩小征地范围,让农民可以流转自己的部分集体土地;二是依然像现在这样征地,但是要提高农民土地收益的比例;三是尊重农民的选择权,提供多元化补偿安置方案。

第三,加大农村金融改革力度,发展农村合作金融和新型金融组织,扩大农村担保物范围,加快推进农业保险试点。

第四,大力发展农民专业合作和股份合作,培育新型经营主体,构建集约化、专业化、组织化、社会化相结合的新型农业经营体系。加快构建新型农业经营体系,是实现"四化同步"发展的必然要求。十八大报告要求,促进工业化、信息化、城镇化、农业现代化同步发展。目前工业化、信息化、城镇化发展相对超前,而农业现代化发展相对滞后,是我国经济社会发展不平衡、不协调、不可持续的最突出表现。因此,加快构建新型农业经营体系,既可以强化工业化、信息化、城镇化对农业的反哺带动作用,利用工业实力、信息畅通和城镇繁荣带动农业农村快速发展,也有助于保障农产品有效供给、保持农产品价格稳定,为国民经济平稳健康运行奠定基础,使农业现代化对工业化、信息化、城镇化的支撑更为坚实。整体上看,我国目前农业规模化、组织化程度还明显偏低,与现代农业和农业新形势的要求相差较远。因此应在专业大户和家庭农场的带领下,组建农民专业合作社和农产品协会,形成有规模生产能力、质量保证能力和风险应对能力的市场经营主体;同时,通过鼓励种养大户、家庭农场、专业合作社、农业产业化经营等加快成长壮大,推动农业龙头企业做强做大,在"公司+农户"等多种形式的产业化链条中发挥引导和带动作用,尽快构建起集约化、专业化、组织化、社会化相结合的新型农业经营体系。

第五,着力在城乡规划、基础设施、公共服务等方面推进一体化,促进城乡要素平等交换和公共资源均衡配置。

(3) 具体措施方面

第一,加快发展现代农业,不断提高粮食等主要农产品供给保障能力,增强农业综合生产能力。必须走中国特色农业现代化的道路,在工业化、信息化、城镇化深入发展中同步推进农业现代化。要在坚持实行最严格的耕地保护制度和不断完善国家对农业支持保护体系的基础上,用现代生产条件装备农业,用现代科技手段改造农业,用现代产业体系提升农业,用现代发展理念引领农业,用现代组织形式经营农业,用培育和造就大批新型农民来发展现代农业。要增加各方投入,大力改造中低产田,全面提升农业的水利化、机械化、信息化水平,通过提高农业的土地产出率、资源利用率、劳动生产率和市场竞争力,来保障我国粮食等主要农产品有效供给持续增长的能力。

第二，以重点项目为支撑，深入推进基础设施建设和扶贫开发。真正把国家基础设施建设和社会事业发展重点放在农村，加大对农村的投入，加快改善农村生产生活条件，实现基础设施和公共资源城乡均衡配置，为农村繁荣发展增添活力。以《中国农村扶贫开发纲要（2011—2020年）》为指导，坚持扶贫开发与推进城镇化、建设社会主义新农村相结合，创新扶贫工作机制，继续办好扶贫改革试验区，积极探索开放式扶贫新途径，加大投入力度，强化政策措施，打好新一轮扶贫开发攻坚战，从而进一步缩小城乡差距，大力推进城乡发展一体化建设。

第三，促进大中小城市和中心镇协调发展、城市化和新农村建设良性互动。当前要大力提高城镇承载能力，完善中心城市综合服务功能，创新城市管理体制，增强辐射带动力。通过加强中小城市和中心镇基础设施建设，提高公共服务能力，提高产业集聚和吸纳人口就业能力。与此同时，还要继续推进户籍制度改革，完善配套政策，有序解决符合条件的进城务工人员落户和社会保障问题。在有条件的地区开展土地承包经营权置换城镇社保、宅基地和住房置换城镇住房改革试点，从而真正促进公共资源在城乡之间均衡配置、生产要素在城乡之间自由流动。着力推进城乡一体化发展，核心是突破城乡二元结构，建立"以工促农、以城带乡"的体制机制，促进城乡协调发展。要加快城乡规划、产业布局、基础设施、公共服务、劳动就业和社会保障一体化的制度设计，通过城乡产业融合，彻底打破城乡二元结构，不断增强城镇对农村的带动作用和农村对城市的促进作用，形成城乡互动共进、融合发展的格局。着力推进城乡发展一体化，必须坚持全面做好社会主义新农村建设各项工作。要把农业现代化作为重要目标，积极转变农业发展方式，促进城乡三次产业协调发展；把实现农民持续增收作为核心任务，大力推进农民向非农产业转移就业，缩小城乡收入差距；把加强农村基础设施和社会事业建设作为重要内容，促进城乡基本公共服务均等化；把农村改革创新作为根本动力，加快农村土地制度改革，推动农村投融资机制创新，促进城乡发展互动并进。

第四，统筹城乡建设规划，构建科学合理的城乡空间布局。城乡各类社会经济活动都是以一定的区域作为物质载体的，因而优化城乡空间布局，强化城乡空间联系是实现城乡有机结合，互动发展的必要前提。过去我国长期受城乡二元结构和体制的制约，城乡建设规划彼此脱节，城市和乡村建设割裂进行、无序扩展，城乡间没有形成合理的空间对接。其结果导致城乡间正常的集聚和扩散效应无法实现，各种资源和生产要素难以自由流动、优化配置。不仅严重影响了城市和乡村的健康发展，同时也加大了城乡间的差距。推进城乡一体化发展，必须打破城乡规划分离的状况，建立起城乡一体的规划制度。要在市、县域范围内，制定包括市区和乡村在内的长远总体规划，统筹土地利用和城乡发展。在规划中，要按照自然规律、经济规律和社会发展规律，进行科学的区域功能定位，合理安排城乡居民居住区，农田保护区、工业区、商贸区、休闲区、生态涵养区等空间布局，以实现土地等资源的节约集约利用和优化配置，以及城乡发展的相互衔接和相互促进。

第五，统筹城乡产业发展，培育有机结合、连接互动的城乡产业体系。经济发展是社会发展的基础，而经济发展又离不开产业支撑，因此加强城乡产业间的分工协作，密切城乡产业联系，促进城乡经济融合，是最终实现城乡经济社会一体化发展的关键。在以往城乡分割的旧体制下，城乡产业发展缺乏统一的规划，没有形成有效的产业协调机制。许多城市和农村为了追求局部利益，往往都选择上马一些所谓的"利高税重"产业和项目，城乡产业同构现象突出，低水平重复建设严重，导致产品结构性过剩，生产要素得不到合理的配置。推进城乡一体化发展，必须在统筹城乡规划的基础上，根据城乡资源各自的特点和优势，加强产业协调，形成一体化的城乡产业体系。具体来说就是，政府要对城乡产业发展进行必要的宏观调控，通过财税、金融、产业政策和法律法规等工具和手段，加强对城乡产业发展的引导、规范和协调，避免城乡产业的无序发展和低水平重复建设。农村乡镇企业应以加工转化农村资源为重点，充分利用农村地区丰富的劳动力资源和自然资源，发展农副产品加工业或其他资源加工业。同时，积极承接城市的产业链条，大力发展加工装配、物流配送、仓储运输等加工服务业，走与城市产业错位发展或对接发展的产业发展道路，避免城乡产业的简单雷同。

第六，统筹城乡基础设施建设，打造城乡联动发展的物质基础。基础设施状况是影响社会经济发展的重要因素，加快城乡基础设施一体化建设，实现各类经济要素的顺畅流动，保证城乡关联渠道的畅通，是实现城乡一体化发展的重要基础。长期以来，在城乡分治的二元体制下，城市偏向的制度设计，使得农村基础设施建设因缺少资金投入而严重滞后。迄今为止，我国还有近100个乡镇不通公路，4万个行政村不通沥青路和水泥路，约1000万农村人口用不上电，相当一部分山区农村无法使用移动通信工具，约2.3亿农村人口饮水未达到安全标准。农村交通、通信、供电、供水等基础设施落后，一方面阻碍了城市中先进的生产要素和产业向农村的流动和转移，限制了城乡经济交流；另一方面也影响了城市文明向农村的传播，削弱了城市的示范和带动作用。推进城乡一体化发展，必须在统筹规划的前提下，将各项基础设施向农村延伸，形成完善的城乡基础设施网络。从目前实际情况出发，城乡基础设施一体化建设，需从以下几方面着手。首先，要加强城乡交通网络建设。应按照城乡一体化发展的要求，搞好城乡公路网的修编和调整，完善市域高速公路网，同时着力抓好县和区域中心镇的公路网建设，拓展县、乡、村公路的通达深度和广度，全面提高通行能力。其次，要加强城乡信息网络建设。应逐步建立包括计算机网络和通信网络在内的城乡一体化现代信息网络，实现城乡信息资源的共享。再次，要积极推进农村电网建设。通过电网延伸、风力发电、小水电、太阳能光伏发电等措施，尽早解决农村无电人口的用电问题。此外，还应在有条件的地区逐步推行城乡供水、供气、供电、排污、防洪减灾、通信、垃圾清理等公用设施一体化。

第七，统筹城乡公共服务，缩小城乡社会事业发展的差距。目前，我国城乡间存在的最大差距，莫过于社会发展领域的差距，因而，推进城乡一体化发展，必须着力改变农村教育、医疗、文化等社会事业的发展显著落后于城市的状况。其根本措施是要不断加大农村公共财政投入，缩小城乡人均公共财政支出的差距，逐步实现城乡公共服务均等化。具体来讲，在教育服务方面，要建立和完善农村义务教育管理体制，加大农村基础教育投入的倾斜力度，促进城乡教育的均衡发展，共享城乡优质教育资源，实现公平教育。在卫生服务方面，要巩固和发展新型农村合作医疗制度，提高筹资标准和财政补助水平，要完善农村医疗救助制度，健全农村三级卫生服务网络，为农民提供安全价廉的基本医疗服务。在文化服务方面，要尽快形成完备的农村公共文化服务体系，建立稳定的农村文化投入保障机制，努力丰富农民的文化生活。在社会保障方面，应贯彻广覆盖、保基本、多层次、可持续原则，加快健全农村社会保障体系。要按照个人缴费、集体补助、国家补贴相结合的要求，建立新型农村社会养老保险制度，创造条件积极探索城乡养老保险制度有效衔接的办法。

第八，统筹城乡劳动就业和社会管理，加快建立统一的劳动力市场。促进劳动力资源在城乡间自由流动和优化配置，是缩小城乡差距，实现城乡经济社会协调发展的客观要求。近些年来，我国政府为了打破城乡分割的二元劳动力市场格局，对就业制度、劳动用工制度以及户籍制度进行了一系列改革，也取得了一定的成效。然而总体来看，歧视性的就业制度并没有完全消除，城乡分割、条块分割的社会管理方式也没有得到彻底改变，全国统一的劳动力市场尚未形成。因此，推进城乡一体化发展，必须进一步加大城乡劳动力就业和社会管理统筹力度,积极构建统一的劳动力市场,努力实现劳动力在城乡间无障碍地有序流动。

其一,要继续清理、废除针对农民工的歧视性就业规定和不合理限制,以劳动者自主择业、企业自主用工为目标,实现城乡统一的就业登记制度,加快形成城乡劳动者平等的就业制度。同时切实加强农民工劳动权益保护,尽快实现城乡劳动者同工同酬。

其二,要进一步健全覆盖城乡的公共就业服务体系。要完善人力资源市场信息发布制度,强化就业服务机构为劳动者提供免费就业服务的责任,同时加强就业培训,增强劳动者的就业能力和创业能力。

其三,要完善农民工社会保障制度,扩大农民工工伤、医疗、养老保险覆盖面,尽快制定和实施农民工养老保险关系转移接续办法,同时逐步实现城乡各项社会保障制度相互衔接。

其四,要推进户籍制度改革,继续实行以具有稳定就业和住所为基本条件的户口迁移准入制,放宽中小城市落户条件。同时,进一步剥离附着在户口上的不公平福利制度,逐步将农民工纳入就业地社会管理,使农民工平等享受就业地的各项公共服务,加快实现农民工就业、医疗、子女教育、社会保障等基本服务和管理的社会化。

(六)推进包容性增长,需要深化收入分配制度改革

收入分配是关系国计民生的一件大事,一头连着人们的"钱袋子"、"好日子",一头连着国家的发展大局与和谐稳定。必须从发展中国特色社会主义和实现中国梦的高度,深刻认识推进收入分配改革的重要性和紧迫性,以更大的决心、更有力的措施,切实解决收入分配差距问题,使全体人民逐步走向共同富裕的康庄大道。

收入分配问题是经济社会发展中的重大问题,关系到人民群众的切身利益,关系到改革发展稳定的全局。收入分配不公是我国当前实现公平正义所面对的最突出、最主要的社会矛盾问题,也是实现公平正义的最大难题。解决好分配不公问题,让全体人民共享改革发展的成果,是维护社会公平正义、促进社会和谐稳定的重大任务,是发展中国特色社会主义的必然要求。但也不可否认,当前我国的收入分配不公问题突出、矛盾复杂、困境凸显,由此而引发的社会矛盾日益频繁,社会不稳定因素与日俱增,已经严重触及到了社会公平正义的底线,危及到了人们所能容忍的社会心理承受红线,不改革就是死路一条。因此,我们必须积极面对和认真审视当前大量存在的收入分配不公的问题与困境,迎接公平合理调节收入分配

的巨大挑战,正确处理好"做大蛋糕"与"分好蛋糕"的关系,确立并实施积极的收入分配政策,并提出我们独特的建议和主张,为最终确立中国特色的社会主义收入分配制度出谋划策、指点未来。

1. 必须重视收入分配不公的问题与困境

改革开放以来,我们打破"大锅饭"和平均主义,逐步确立了按劳分配为主体、多种分配方式并存的分配制度。这有效地激发了社会创造活力,促进了社会财富的极大增加,人们的收入水平普遍提高。随着中国经济持续快速增长,收入分配制度改革不断推进,与基本国情、发展阶段相适应的收入分配制度基本建立,居民收入水平也不断提高。收入分配制度改革为推动经济社会发展发挥了一定的积极作用;但同时收入分配领域也出现了一些不均衡、不公平的问题,突出表现为城乡、区域、行业和社会成员之间收入分配差距不断扩大,分配不公问题凸显出来,收入分配秩序不规范,隐性收入、非法收入问题比较突出,不同群体和阶层之间的收入差距与贫富差距越来越大,收入分配不公的问题越来越严重。收入分配不公已成为当前中国最大的社会不公,因收入分配不公而引发的社会利益矛盾已成为当前中国最主要的社会矛盾,它已成为影响和破坏社会和谐稳定、妨碍社会主义和谐社会建设、阻碍社会主义现代化建设进程、危及社会主义公平正义道德底线的总根源。

收入分配不公,既有现实的根源,也有历史的根源。其中最主要的还是国民收入分配结构不合理、不公正。

理解分配不公关键是要明确分配公平的标准是什么。在国民收入初次分配中,主要应看分配与劳动等各种生产要素的贡献是否相称,贡献多则收入多,反之则收入少;在再分配中,主要应看政府是否通过财政税收、转移支付、社会保障、社会福利等手段对分配进行必要的调节;在第三次分配中,主要应看高收入群体是否承担社会责任,拿出部分财富帮助困难群体。①

当然,收入差距并不完全是分配不公造成的。其中也有由于个人能力大小、努力程度不同、贡献大小不同造成的个人差距,这种差距是必然的、应该的,是尊重劳动、尊重知识、尊重人才、尊重创造的表现,也是社会发展的重要动力。只有那些不合理、不合法原因造成的收入差距,才

---

① 社会分配机制主要有三个层次:初次分配、再分配、第三次分配。初次分配是按照各生产要素对国民收入贡献的大小进行的分配,主要由市场机制形成。再分配是指在初次分配的基础上,把国民收入中的一部分拿出来通过税收和社会保险系统进行重新分配,主要由政府调控机制起作用。第三次分配是指动员社会力量,建立社会救助、民间捐赠、慈善事业、志愿者行动等多种形式的制度和机制,是社会互助对于政府调控的补充。

是分配不公的表现。

中国收入分配结构不合理、不公正主要体现在两方面，一是在政府、企业、居民三方利益分配中，政府财政收入比重逐年上升，而居民收入占国民总收入的比重却是持续下降；二是居民内部的家庭与家庭之间、个人与个人之间的收入分配差距也显著拉大。公开的资料显示，西方发达国家居民收入占 GDP 比重一般为 50%—60%，比如美国为 65%，日本是 60%，英国高达 71%，而按照全国政协经济委员会副主任郑新立的研究核算，中国城乡居民收入占 GDP 的比例却由从 1985 年时的 56.18% 下降至 2007 年的 50% 左右，2010 年则下滑至 43%。

一方面，政府财政收入占 GDP 的比例过高，实际上就是国民缴纳的税收过多，也就有"国富民穷"的结果，用专家的话来分析，就是在政府、企业、居民三方利益分配中，政府很强，老百姓很弱，在初次分配中，国家财政收入节节攀升，而居民的劳动报酬率却是持续下降。

另一方面，中国城乡居民家庭与家庭之间、个人与个人之间的分配不公更为严重。时任国家统计局局长马建堂介绍称，中国全国居民收入的基尼系数，2003 年是 0.479，2004 年是 0.473，2005 年 0.485，2006 年 0.487，2007 年 0.484，2008 年 0.491，2009 年 0.490，2010 年 0.481，2011 年 0.477，2012 年 0.474，[①] 2013 年是 0.473，[②] 2014 年是 0.469，[③] 2015 年是 0.462。[④] 国民之间的收入差距到底有多大？中国经济改革研究基金会国民经济研究所副所长王小鲁 2010 年给出的结论是，中国收入最高的 10% 家庭与收入最低的 10% 家庭的人均收入相差 65 倍，而高收入人群通常都是凭借手中的权力非法获取隐性收入和灰色收入。王小鲁调查数据显示，2008 年中国居民住户的"隐性收入"至少有 9.3 万亿元，其中不包括在经济普查中的 5.4 万亿元为"灰色收入"。[⑤]

全国人大财经委副主任贺铿认为，"我国收入分配现状应该说已经到了极不公平的边缘，必须狠下决心，坚决调整。"他列举了一系列数据：从城乡差距来看，已经由改革开放初期的 2.1∶1 扩大到了 3.3∶1，远远超过世界上 2∶1 左右的一般水平；从经济系数来看，世界银行测算的结果是，中国已超过 0.5（警戒线为 0.4），属于收入分配差距悬殊的表现；从

---

① 《统计局：去年基尼系数 0.474 收入分配改革更紧迫》，中国新闻网，2013 年 1 月 18 日。
② 《统计局：2013 年全国居民收入基尼系数为 0.473》，中国新闻网，2014 年 1 月 20 日。
③ 《国家统计局：中国 2014 年基尼系数 0.469》，中国新闻网，2015 年 2 月 27 日。
④ 《2015 年中国基尼系数为 0.462 降至 13 年来最低》，《第一财经日报》2016 年 1 月 20 日。
⑤ 《收入分配改革方案下半年出台 调整核心是减税》，凤凰网，2012 年 5 月 11 日。

行业收入差距来看，中国收入最高与最低的行业相差 15 倍，国企高管的平均收入和社会平均收入更是相差 128 倍。此外，收入排在前 20% 的人平均收入和最低的 20% 相比，两项之比在中国是 10.7 倍，而在美国是 8.4 倍，在俄罗斯是 4.5 倍，在印度是 4.9 倍，在日本仅为 3.4 倍。[①]

（1）劳动者报酬在国民收入初次分配中占比偏低。数据表明，政府、企业、居民是国民收入三大分配主体，改革开放初期，这三大主体所占比例是 24∶20∶56，而目前的分配比例是 33∶30∶37。居民收入在国民收入分配中所占比重不断下降，政府部门和企业部门比重逐步上升，收入分配出现向政府和企业倾斜的趋势。国家和企业分得多，居民分得少，成为我国现有分配格局的最大特点。

从收入法核算的 GDP 看，在初次分配中劳动者报酬占比从 1995 年的 51.4% 下降到 2007 年的 39.7%。在此期间，统计口径的调整，是其原因之一。即便考虑这一因素，劳动者报酬占比偏低、下降过快等问题依然比较突出，影响了居民消费的增长。近年来我国储蓄率持续上升，主要是企业储蓄上升的结果。企业储蓄率 1992 年为 13.3%，近年超过 20%。表面看起来中国的储蓄率很高，但其中真正属于百姓的储蓄占比并不高，据中国人民银行统计，2007 年我国企业储蓄占国民收入的比重从 10 年前的 12% 上升到 23%，而家庭储蓄所占比重却一直徘徊在 20% 左右。由于医疗及社会保障不到位，百姓的大量储蓄也不敢轻易花掉，从而导致居民消费能力受到严重抑制。从国际比较看，在初次分配中我国劳动者占比明显低于发达国家，而企业盈余则明显高于发达国家。世界重要经济体的劳动者报酬在 GDP 中的份额近年一般介于 50%—57% 之间，比我国 2007 年 39.7% 的水平高 10—17 个百分点。而这些国家的企业营业盈余介于 20%—25% 之间，比我国 31.3% 的水平低 6—11 个百分点。

公开的资料显示，西方发达国家居民收入占 GDP 比重一般为 50%—60%，比如美国为 65%，日本是 60%，英国高达 71%，而按照全国政协经济委员会副主任郑新立的研究核算，中国城乡居民收入占 GDP 的比例却由从 1985 年时的 56.18% 下降至 2007 年的 50% 左右，2010 年则下滑至 43%。[②]

经济学家吴敬琏认为：“现在社会矛盾尖锐的一个突出问题，是相比

[①]《人大财经委副主任：收入分配已到极不公平边缘，不能被平均》，凤凰网，2011 年 1 月 13 日。

[②]《收入分配改革方案下半年出台　调整核心是减税》，凤凰网，2012 年 5 月 11 日。

企业和政府储蓄和收入，劳动者的收入比重降低。分配的结构是由生产的结构决定的，要让劳动力变成有知识有技术的劳动力，让他们的收入提高，就需要我们改变经济增长的模式。"①

清华大学蔡继明教授认为，国民收入初次分配中政府财政收入与居民可支配收入的比例畸重畸轻。20年来，GDP和城乡居民收入都仅仅保持了1位数的增长，而政府的财政收入却保持了2位数的增长，中国财政收入在20年里增长了30倍，年均增长率19.5%，远远高于GDP的增速。这必然造成"国富民穷"，国内居民消费在GDP中的比重不断下降，从而造成国内消费需求不足。而政府的财政支出中，自己花掉的部分即行政性开支占了20%左右，仅"三公"（公款吃喝、公车私用、公费旅游）支出就高达数千亿，真正用于老百姓住房、医疗、教育等民生方面支出所占比例很小。此外，我国劳动收入在GDP中的比重逐年下降。首先，1997至2007年，政府财政收入在GDP的比重从10.95%上升到20.57%，企业盈余从21.23%升至31.29%，劳动者报酬却从53.4%降至39.74%。其次，我国的最低工资标准过低。中国的最低年收入不到世界平均水平的15%，全球排名159位，最低工资占国内生产总值GDP的比例同样为159位，最低工资甚至低于32个非洲国家。中国最低工资是人均GDP的25%，世界平均为58%；中国最低工资是平均工资的21%，世界平均为50%。②

中华全国总工会集体合同部部长张建国认为，我国居民劳动报酬占GDP的比重，在1983年达到56.5%的峰值后，就持续下降，2005年已经下降到36.7%，22年间下降了近20个百分点。而从1978年到2005年，与劳动报酬比重的持续下降形成了鲜明对比的，是资本报酬占GDP的比重上升了20个百分点。全国总工会近期一项调查显示，23.4%的职工5年未增加工资；75.2%的职工认为当前社会收入分配不公平，61%的职工认为普通劳动者收入偏低是最大的不公平。③ 不仅工资增幅慢，在居民中间，不同行业、群体的收入差距更加令人担心。有统计显示，占全国职工人数不到8%的垄断行业从业人员的工资和工资外收入总额，相当于当年全国职工工资总额的约55%；20个行业门类收入差距平均接近5倍，有的行业职工实际收入是其他行业的10倍。④

据博源基金会理事长秦晓提供的数据，从劳动报酬和国民收入比来

---

① 《中国经济50人论坛召开 提高劳动者收入最受关注》，凤凰网，2012年2月14日。
② 蔡继明：《我国当前分配不公的成因和对策》，《中共中央党校学报》2010年第3期。
③ 《劳动报酬占GDP比例22年连降20%，已影响社会稳定》，《新京报》2010年5月12日。
④ 《人民日报称解决收入差距实实在在藏富于民》，中国新闻网，2010年10月28日。

说。1998年是52，2007年是41，2011年是45，同期日本是60，台湾是55，美国是60，一次分配的劳动报酬比例也是偏低的。① 中国经济体制改革研究会副会长宋晓梧认为，2007年，我国包括农业主收入在内的劳动报酬占比39.74%，同期美国劳动报酬占比为55.81%，英国为54.5%，瑞士为62.4%，德国为48.8%，南非为68.25%。2006年，韩国劳动报酬占比为45.4%，俄罗斯为44.55%，巴西为40.91%，印度为28.07%。②

中国城市经济学会副会长杨重光认为，大批财富向政府集中是导致居民收入分配差距过大的重要原因之一。2013年1月至12月，全国公共财政收入129143亿元，比上年增加11889亿元，增长10.1%。其中，中央财政收入60174亿元（占全国财政收入的46.6%），比上年增加3999亿元，增长7.1%；地方财政收入（本级）68969亿元，比上年增加7891亿元，增长12.9%。财政收入中的税收收入110497亿元，比上年增长9.8%。1—12月累计，全国政府性基金收入52239亿元，比上年增加14704亿元，增长39.2%。其中，中央政府性基金收入4232亿元，增长27.5%。主要是为支持可再生能源发展，近年依法新设立的可再生能源电价附加收入增加。地方政府性基金收入（本级）48007亿元，增长40.3%。主要是土地出让合同成交价款增加较多，国有土地使用权出让收入41250亿元，比上年增加12732亿元，增长44.6%。③ 因此，如果计入政府基金收入和其他经营性收入，政府收入占GDP比重可能与世界上经济总量最大的美国持平。但中国的人均GDP（3800美元）不及美国的十分之一。一般来说，在人均GDP为3000美元的水平，财政收入不应该超过GDP总量的20%。政府收入多了，个人和企业收入就少了。国家行政学院教授汪玉凯说，在多数国家，劳动收入占GDP比重一般是60%左右，而中国只占到42%多一点；与此形成鲜明对比的是，多数国家用于医疗、社会保障、教育和就业服务的开支要占财政支出一半以上，但中国这方面的开支仅占财政开支的28.8%。中国政府的钱主要花在固定资产投资和自身消耗上了。据国家统计局公布的统计数据显示，2013年1—12月累计，教育支出21877亿元，增长3%，主要是上年基数较高（增长28.3%）；科学技术支出5063亿元，增长13.7%；文化体育与传媒支出2520亿元，增长11.1%；医疗卫生支出8209亿元，增长13.3%；社会保障和就业支出

---

① 《秦晓：中国收入分配问题突出原因之一是"大政府"》，财经网，2012年4月2日。
② 《中国行业收入差距扩大至15倍 跃居世界之首》，《经济参考报》2011年2月9日。
③ 《2013年全国财政收入12.9万亿 完成全年预算目标》，人民网－财经频道，2014年1月23日。

14417亿元，增长14.6%；住房保障支出4433亿元，下降1%，主要是按计划保障性安居工程建设工作量比上年有所减少；农林水事务支出13228亿元，增长9.7%；城乡社区事务支出11067亿元，增长21.9%；节能环保支出3383亿元，增长14.2%；交通运输支出9272亿元，增长13.1%。①

（2）收入分配不公导致收入差距明显偏大。2011年12月1日，第四届中国劳动论坛在京举办。此次论坛由人力资源和社会保障部主办，以构建和谐劳动关系为主题，从劳动关系、就业、收入分配、社会保障等方面展开交流研讨。论坛上，人力资源和社会保障部劳动工资研究所公布了相关报告。报告指出，当前我国工资收入差距主要体现在四个方面，即行业企业间差距、城乡间差距、地区差距、高管和普通职工差距，这四方面的工资收入差距近年来都在不断扩大，应引起社会高度重视。人社部劳动工资研究所副所长杨黎明介绍说，改革开放初期，工资改革的重点是打破"平均主义"。现在，符合中国社会主义市场经济特点的工资分配体制初步建立，但现在面临新的问题，就是工资收入差距不断扩大。差距主要表现在4个方面：其一，行业、企业间工资差距扩大。2010年，全国城镇单位就业人员平均工资36539元；全国城镇私营单位就业人员平均工资20759元。平均工资最高的行业是金融业，70146元；最低的农林牧渔业，16717元。最高与最低之比为4.2∶1。20世纪80年代，我国行业间工资收入差距基本保持在1.6—1.8倍左右。世界上多数国家行业间差距在1.5—2倍左右。企业间工资差距更大。2010年调查上海某银行员工工资及奖金人均为29.66万元，员工的其他福利人均6.08万元，合计35.75万元，是当年城镇单位企业在岗职工平均工资的10倍。其二，城乡收入差距扩大。2010年，城镇居民家庭人均可支配收入为19109元；农村居民家庭人均可支配收入5919元，二者之比达3.23∶1。1990年，这一比例为2.2∶1。世界上多数国家这一比例在1.6以下。其三，地区收入差距扩大。2010年，平均工资最高的上海市为66115元，最低的黑龙江省27735元，最高最低之比为2.38∶1。1990年我国地区间最高工资与最低工资比为1.84∶1。其四，企业高管薪酬与普通职工收入差距扩大。据统计，上市公司高管年薪平均值2010年为66.8万元，是当年全国平均工资的18倍多。而部分私营企业、简单劳动者的工资偏低。2010年，城镇私营单位中的住宿餐饮业、

---

① 《2013年全国财政收入12.9万亿 完成全年预算目标》，人民网-财经频道，2014年1月23日。

农林牧渔业、公共管理社会组织三个行业中就业人员月均工资收入在1461元以下，不到城镇单位企业在岗职工的一半。①

据国家发改委宏观经济研究院有关研究，② 2007年我国基尼系数达到0.454，据世行2008年公布的数据，中国居民收入的基尼系数已由改革开放前的0.16上升到目前的0.47，超过美国、俄罗斯，更超过印度的0.36，已经接近拉美国家的平均水平。按照亚洲开发银行2007年的一项研究，收入最高的20%人口的平均收入与收入最低的20%人口的平均收入的比率，中国是11.37倍，远远高于印度以及印度尼西亚的5.52倍和菲律宾的9.11倍。按照2007年11月1日《福布斯》中文版发布的2007年中国内地富豪排行榜，上榜的400位中国富豪的财富总和为2800亿美元，比2006年增加了1640亿美元。《福布斯》由此得出结论称，目前中国已经成为全球亿万富豪最多的国家之一。2009年3月招商银行联合贝恩管理顾问公司对外发布了《2009中国私人财富报告》，到2008年年末，中国内地高净值人群达到了约30万人，而这里所说的高净值人群就是指个人可投资资产在1000万元人民币以上的。到2009年底，高净值人群将达32万人，同比增长6%；其持有的可投资资产规模将超过9万亿元。而所谓"可投资资产"包括个人持有的：现金、存款、股票（指上市公司流动股和非流通股）、基金、债券、银行理财产品、保险（寿险）、投资性房产、离岸资金及其他（如期货、黄金等）；不包括未上市企业股权、自住用房产、耐用消费品、艺术收藏品等。掌握9万亿可投资资产的人，仅有30万，只相当于中国总人口的千分之零点二（0.2‰），却持有"可投资资产9万亿"，相当于全国城乡居民存款余额20万亿的近一半。③ 具体说来，导致中国居民收入差距明显偏大的主要原因是如下几个因素。

其一，城乡差距是导致我国收入分配差距扩大的重要原因。中国城乡居民之间收入差距一直很悬殊。改革开放初期，由于农村改革在先，农村生产力释放较早，农民收入增长较快，20世纪80年代中期之前，城乡居民收入差距曾经稳步缩小。1978年时城乡居民人均收入比是2.57∶1，1983年缩小到新中国成立以来的最低水平1.82∶1。1984年之后，随着改革发展的重心逐步向城市转移，城镇居民收入增长开始加速，城乡居民收入差距再度拉大。2002年以来，我国城乡居民收入差距不断扩大。2002

---

① 《报告称中国行业收入差距4.2∶1 金融业工资最高》，人民网，2011年12月2日。
② 数据来源：《中国居民收入分配年度报告（2007）》，国家发改委分配司编写。
③ 蔡继明：《我国当前分配不公的成因和对策》，《中共中央党校学报》2010年第3期。

年，城镇居民人均可支配收入与农村居民人均纯收入的绝对差值为 5227.2 元；到 2006 年，这一绝对差值上升为 8172.5 元；到 2010 年，这一绝对差值上升到 13190 元。从相对差距看，2002 年以来，我国城乡居民收入的相对差距虽然在某些年份有缩小的趋势，但总体而言，仍然偏大。2002 年，我国城镇居民人均可支配收入与农村居民人均纯收入之比为 3.11:1；2007 年，这一比例扩大到 3.33:1；2008 年，这一比例小幅下降为 3.31:1；2009 年，这一比例再度上升为 3.31:1；2010 年，尽管这一比例再度出现小幅下降，但依然高达 3.23:1。相对而言，世界上多数国家的城镇居民人均可支配收入与农村居民人均纯收入之比处于 1.6:1 以下。可以看出，我国城乡之间的收入差距是影响总体收入差距的主要因素。如果再加上城镇居民享受的各种补贴和福利，城乡居民的实际收入差距还会更大些。①

从 2010 年开始，随着国家改善城乡居民收入分配政策的实行，城乡收入差距有所缩小。2011 年城乡居民人均收入比例为 3.13:1。② 2012 年 4 月 11 日，亚行在发布的《2012 年亚洲发展展望》报告称，中国城乡收入差距不断扩大，仅教育就能解释中国城乡收入差距的 25% 左右。城镇居民家庭人均收入几乎是农村居民家庭人均收入的 3.5 倍，造成城乡收入差距主要原因包括两方面："一是农村实物资本和人力资本都极为低下；二是农村投资和资产的回报率通常很低。"③

1985 年，城镇居民人均可支配收入为农村居民人均纯收入的 1.86 倍，2007 年时达到 3.33 倍的高位。如果算上公共服务方面的差距，国际行政学院教授汪玉凯认为，这个比例将进一步扩大到 4:1 以上。实际上，复旦大学教授陆铭认为，这是中国贫富分化的主要原因。"重庆的人均收入比上海的人均收入低很多，不是因为重庆城市居民比上海城市居民收入低很多，而是因为重庆的农村人口比重比上海高很多"，在城市化率较高的东部省份，收入差距在缩小。这说明地区间的收入差距背后是城乡收入差距；这说明，我国居民收入分配差距很大程度上依然反映的是城乡差距问题。

其二，地区差距日益加重。对于城镇居民人均可支配收入的分配差距，从绝对差距看，2002 年，西部地区的城镇居民人均纯收入为 6710.8 元，中部为 6424.3 元，东部为 9355.7 元，东中西部地区的绝对差距为

---

① 《中国收入分配差距现状及其影响》，人民网，2012 年 12 月 13 日。
② 转引自《2012 年城乡收入差距或降至 3:1，是否拐点仍待观察》，凤凰网，2012 年 4 月 19 日。
③ 《亚行：中国城乡收入差距大 城镇人均收入是农村 3.5 倍》，财经网，2012 年 4 月 11 日。

2931.4 元，其中，城镇居民人均可支配收入最高的上海市为 13249.8 元，最低的贵州省 5944.08 元，其绝对差距为 7305.72 元。到 2010 年，东部地区的城镇居民人均纯收入为 25743.29 元，中部为 17302.96 元，西部为 17309.03 元，东中西部地区的绝对差距扩大到 8440.33 元。其中，城镇居民人均可支配收入最高的上海市为 31838 元，最低的贵州省为 14142.74 元，其绝对差距为 17695.26 元。从相对差距看，2002 年，东中西部地区的城镇居民人均纯收入比为 1.39∶0.96∶1，城镇居民人均纯收入最高的上海市是最低的贵州省的 2.23 倍；到 2010 年，这一比例为 1.49∶0.99∶1，其中，城镇居民人均可支配收入最高的上海市是最低的贵州省的 2.25 倍。

对于农村居民人均纯收入分配差距，从绝对差距看，2002 年，西部地区的农村居民人均纯收入为 1847 元，中部为 2364 元，东部为 3546 元，东中西部地区的绝对差为 1699 元，其中，农村居民人均纯收入最高的上海市为 6223.55 元，最低的西藏为 1462.27 元，其绝对差距为 4761.28 元。到 2010 年，东部地区的农村居民人均纯收入为 8142.81 元，中部为 5509.62 元，西部为 4417.94 元，东中西部地区的绝对差距扩大到 3724.87 元。其中，农村居民人均可支配收入最高的上海市为 13746 元，最低的贵州省为 3472 元，其绝对差距扩大为 10274 元。从相对差距看，2002 年，东中西部地区的城镇居民人均纯收入比为 1.92∶1.29∶1，其中，农村居民人均纯收入最高的上海市是最低的贵州的 4.26 倍；到 2010 年，这一比例为 1.84∶1.25∶1，其中，农村居民人均纯收入最高的上海市是最低的贵州省的 3.96 倍。①

2009 年，西部地区人均地区生产总值、城镇居民可支配收入、农村居民纯收入分别只有东部地区的 45%、68%、53%。2009 年深圳、上海、广州市区的经济密度（地均 GDP）分别为每平方公里 41171.27 万元、28857.04 万元、21880.84 万元，相对较低的定西、伊春、黑河分别为每平方公里 64.11 万元、58.84 万元、27.29 万元。中国内地经济密度最高的深圳市是黑河的 1508.66 倍。②

根据国家统计局调查数据，2014 后全国城镇居民人均可支配收入 28844 元，比上年增长 9.0%，扣除价格因素实际增长 6.8%。从收入数额分析，2014 年上海、北京、浙江、深圳等省市的城镇居民人均可支配收入都超过了 4 万元大关，其中，上海最高，达 47710 元，北京 43910 元位居

---

① 《中国收入分配差距现状及其影响》，人民网，2012 年 12 月 13 日。
② 《媒体盘点中国城市发展问题"过度倾斜"须关注》，人民网，2011 年 5 月 8 日。

第二，深圳 40948 元，浙江 40393 元。从东中西看，收入差距依然十分显著。2014 年青海省城镇居民人均可支配收入为 22307 元，甘肃暂排最后，为 20804 元。从城乡居民收入的总体情况看，也体现了这种差距——东部：2014 年浙江 32658 元，江苏 27173 元，广东 25685 元；中部：湖北为 18283 元，河南 15695 元，湖南 17622 元；西部：甘肃省城镇居民人均可支配收入达到 20804 元，农村居民人均纯收入仅为 5736 元。从东中西部收入差距到城乡收入差距，从行业间收入差距到不同职级收入差距，如何实现分配的公平考验着中国，考验着改革。在很多专家看来，关键是要打破贫富凝固，形成上下流动的通道，让更多中低收入者实现收入增长，而中低收入群体正是拉动消费最有力的生力军。机制的完善关键在于加快改革。提低、扩中、控高的六字方针需要有效落实。①

其三，行业间收入差距问题日益突出。改革开放之初，我国各行业间收入水平差距还不明显，最高是最低的 1.8 倍。2002 年以来，我国各行业就业者收入水平都有较大的提高，但提高的程度不尽相同，导致各行业收入差距进一步扩大。从行业特点来看，农林牧渔业、制造业和采掘业等依靠简单劳动和简单技术的行业，一直是年平均工资和收入较低的行业，而信息传输、计算机服务和软件业、石油、煤气、电力、电信、金融、保险等高技术或垄断性行业则是年平均工资和收入较高的行业。其中，2002—2010 年农林牧渔业始终是城镇单位就业人员平均工资最低的行业，2002 年、2009 年和 2010 年，金融业是城镇单位就业人员平均工资最高的行业，2003—2008 年，信息传输、计算机服务和软件业收入增幅最高，是城镇单位就业人员平均工资最高的行业，这加剧了平均工资最高行业与最低行业绝对差距不断上升的态势。2002 年，城镇单位就业人员平均工资最高的行业的平均工资为 19135，农林牧渔业的平均工资最低，为 6398 元，两者相差 12737 元；2003 年这一差距突破 2 万元，达到 24013 元；2005 年这一差距突破 3 万元，达到 30592 元；2009 年这一差距突破 4 万元，达到 42346 元；2010 年这一差距突破 5 万元，达到 53429 元，其中，最高的金融业为 70146 元，最低的农林牧渔业为 16717 元。同时，平均工资最高的行业与最低行业的相对差距也居高不下。2002 年平均工资水平最高的金融、保险业是平均工资水平最低的农林牧渔业水平的 2.99 倍；2005 年平均工资水平最高的信息传输、计算机服务和软件业与平均工资水平最低的农林牧渔业的相对差距达到最大，为 4.73 倍，虽然此后几年里这一相对差距逐年

---

① 《2014 年 31 省份人均收入排行公布》，《光明日报》2015 年 2 月 26 日。

回落到 2010 年 4.2 倍（最高的行业是金融业，最低的行业是农林牧渔业）的水平，但与世界上多数国家行业间差距在 1.5—2 倍左右的水平相比，这一相对差距仍然过高。①

据人力资源和社会保障部统计，目前电力、电信、金融、保险、烟草等行业职工的平均工资是其他行业职工平均工资的 2—3 倍，如果再加上工资外收入和职工福利待遇上的差异，实际收入差距可能在 5—10 倍之间。② 除了行业特征和技术密集等合理因素外，当前我国行业间的收入差距很大程度上是垄断因素导致的。二次分配的收入调节效果不明显。1990—2005 年基尼系数从 0.35 上升到 0.45，2008 年进一步上升到 0.48。20% 的高收入群体的收入相当于 20% 低收入群体的 8.3 倍。这说明二次分配既没有在总量上改善居民的收入状况，也没有在结构上缩小收入分配差距，只是一定程度上遏制了差距拉大的速度。

据国家统计局统计，职工平均工资最高的三个行业中，证券业平均 17.21 万元，是全国平均水平的 6 倍，其他金融业人均 8.767 万元，是全国平均水平的 3.1 倍，航空业人均 7.58 万元，是全国平均水平的 2.6 倍。而电力、电信、石油、金融、保险、水电气供应、烟草等国有行业的职工不足全国职工总数的 8%，但工资和工资外收入总额却相当于全国职工工资总额的 55%。

根据中国经济体制改革研究会的一份研究报告，中国公务员工资是最低工资的 6 倍，世界平均值为 2 倍；中国国企高管工资是最低工资的 98 倍，世界平均值为 5 倍；中国行业工资差高达 3000%，世界平均值为 70%。2010 年中国最低工资是人均 GDP 的 25%，相比之下，世界平均值为 58%；中国最低工资是平均工资的 21%，世界平均值则为 50%。发改委官员表示，垄断企业和相关利益群体的灰色收益在推大收入差距。石油、电力、烟草等行业人员职工数占全国职工数不到 8%，而其工资却占全国职工工资总额的 60% 左右。当前收入分配改革问题已经十分紧迫，能否及时有效地解决已经关系到整个经济发展动力。③

国家发改委社会学所所长杨宜勇认为，"垄断行业收入畸高是导致行业间收入差距过大的主要原因，也是引起社会非议最大的诱因。"最近 10 年来，我国行业间收入分配总的趋势是向技术密集型、资本密集型行业和

---

① 《中国收入分配差距现状及其影响》，人民网，2012 年 12 月 13 日。
② 《中国高收入行业 30 年变迁 职工收入差距或已达 10 倍》，新华网，2009 年 5 月 18 日。
③ 《报告称公务员工资是最低工资 6 倍 国企高管达 98 倍》，《21 世纪经济报道》2011 年 12 月 16 日。

新兴产业倾斜，某些垄断行业的收入更高，而传统的资本含量少、劳动密集、竞争充分的行业，收入则相对较低。①

根据复旦大学陈钊教授的一项研究，1988 年，行业收入差距对整体收入差距的贡献几乎可以忽略不计，而到了 2002 年，行业间不平等已经成为仅次于地区间差距这一因素之外的，导致城市居民收入差距的第二重要的因素。90 年代以来，"交通、运输、邮电、通讯业"和"金融、保险业"这两大行业相对于其他行业来说收入越来越高，"电力、煤气及水的生产供给业"的收入也迅速和其他行业收入拉开差距。这三个行业的高收入是行业收入差距扩大的主要原因。有一些行业收入较高是因为需要特殊的技能，比如软件业和计算机服务业。但中国的高收入行业的普遍特征是行政垄断。陈钊说，对公用事业、邮电、通信等没有受到市场化冲击的垄断盈利部门来说，劳动力市场的竞争对它们影响不大，而金融、电信等部门则积累了大量的利润，其中一部分就体现为这些行业内员工收入的快速增长。陆铭说，行业收入差距拉大"主要是由一些具有国有垄断性质的行业引起的"。这一时期的特点是，"改革进入了难以根本触动以垄断行业为代表的既得利益集团的阶段，因而垄断行业在市场化改革中逐渐得益，并最终较为稳定地处于高收入行业之列，而竞争性行业则一直维持着相对较低的收入状态。"②

人力资源和社会保障部的苏海南认为，目前我国的收入差距呈现全范围多层次的扩大趋势。行业之间职工工资差距明显，根据《中国统计年鉴2009》公布的各行业平均工资可测算得出，行业之间职工工资差距最高的与最低的相差 15 倍左右。北京师范大学的李实教授指出，收入最高的 10% 人群和收入最低的 10% 人群的收入差距，已从 1988 年的 7.3 倍上升到 2007 年的 23 倍。中共中央党校周天勇教授认为，现在我国的收入结构是"倒丁字型"，高收入到中等收入者的分布形成一条竖线，而低收入阶层是下面的一条长横线，这种收入分配状况比金字塔型分布还要糟糕。"金字塔型"分布中，中等收入者比我们还多一些，从"金字塔型"转为"橄榄型"，完成起来会更容易些，而现在我们从"倒丁字型"转为"橄榄型"，任务更加艰巨。③

据人民网 2011 年 2 月 14 日消息称，日前，《重庆时报》转载的一篇

---

① 转引自《内地不同行业收入差最高达10倍 电力电信烟草业工资畸高》，凤凰网，2009 年 10 月 27 日。
② 转引自《富人穷人距离多远?》，《中国证券报》2010 年 8 月 13 日。
③ 转引自《理论界关于收入分配问题的观点综述》，人民网，2011 年 3 月 7 日。

题为《中国行业收入差距扩至15倍 已跃居世界首位》①的报道跃入各网站新闻排行榜前列，引发公众广泛关注。人社部劳动工资研究所研究员、中国劳动学会副会长苏海南今日告诉人民网记者，"最高行业与最低行业收入差距达15倍"并非由该所调查得出，而是源自2009年国家统计局公布的数据。"由国家统计局出版的《2009中国统计年鉴》中公布了细分后的各行业平均工资，我们经过测算得出15倍差距的结论，"苏海南说，"劳动工资研究所的工作是就统计数据做研究分析，而非做海量数据调查。"据《2009中国统计年鉴》相关数据显示，2008年畜牧业职工平均工资为10803元，证券业为172123元，经测算二者相差15.93倍；另一类数据显示，2008年畜牧业就业人员平均劳动报酬为11018元，证券业为167995元，二者相差15.25倍。据苏海南介绍，2009年公布的15倍行业收入差距为历史峰值。(根据统计说明，"平均工资"是指企业、事业、机关单位的职工在一定时期内平均每人所得的货币工资额。它表明一定时期职工工资收入的高低程度，是反映职工工资水平的主要指标；而"平均劳动报酬"则指企业、事业、机关等单位的全部就业人员在一定时期内平均每人所得的货币工资额。)他认为，我国行业间工资差距的确比较大，但并非全球第一。此外，细分行业的15倍差距基本是历史峰值，目前已开始呈现下降趋势。

据介绍，该项研究是2010年末完成的，所依据的是国家统计局提供的数据。从大行业划分看，2009年，职工平均工资最高的行业是金融业，为70265元，最低的行业是农林牧渔业，为14911元；最高为最低的4.7倍；比1998年（职工平均工资最低的行业是农林牧渔业，为4528元；最高的行业是金融保险业，为10633元）行业最高工资水平与最低工资水平之比2.35倍扩大了2.35倍。从细分行业来看，2008年职工平均工资最高行业是证券业（172123元），最低行业是畜牧业（10803元），二者之比为15.93倍，比2005年行业最高工资水平与最低工资水平之比7.78倍扩大了8倍。

其四，企业高管高薪离谱，企业内部工资收入差距过大。中国社会上下级之间尤其是企业普通员工与企业高官之间的收入落差，是令人可望而不可即的珠穆朗玛峰、是世界第一落差的尼亚加拉大瀑布。众所周知，造成全社会收入差距不断拉大和悬殊的因素很多，比如城乡差别、地域差

---

① 《重庆时报》转载的文章首发于2011年2月9日的《经济参考报》，作者为中国经济50人论坛特邀嘉宾、中国经济体制改革研究会副会长宋晓梧，原标题为《完善市场经济体系提高初次分配比重》，全文超过5000字，《重庆时报》摘录的是其中一个段落。参见《经济参考报》2011年2月9日。

别、行业差别、技能差别、垄断企业与非垄断企业差别、国有与民营差别等，但所有这些差别，都远没有企业高管动辄几十倍、几百倍甚至高达数千倍于普通职工的收入差距而令人炫目和诧异。实际上，在绝大多数公司内部，部门经理的工资基本上是员工的 3 至 5 倍，而总经理的工资一般是基层员工的 10 倍以上。那些大型公司的高管，特别是大型上市公司的高管，其工资更是基层员工的几十倍、几百倍甚至上千倍，这种差距才是真正的贫富差距。最高的当属平安老总马明哲，年薪一度高达 6600 万元，而大家熟悉的王石、任志强等人每年的工资与股权收入也将近千万元。即使是国家管得较严的国有企业，最近被查处的中远副总徐敏杰，年薪也在 500 万元以上。与普通员工较高的年薪 5 万元相比，是一百倍以上的落差。理论上说，这些都是上市公司，理论上有自主经营权。但即便如此，是否公平合理，则成大问题。一句"企业自主"，就能够将最浅显、最基本的公平踢出门外吗？

目前，西方国家已经开始限制企业高管的收入，比如美国规定，政府参股企业的高官年薪不得超过 50 万美元，美国普通员工年薪达到 5 万美元，绝大多数企业高管薪酬在全国平均工资的 2—4 倍之间；法国规定不得超过 45 万欧元，国有企业高管工资不能超出企业最低工资的 20 倍。如果与美国法国最新的标准相比，中国高管的高薪薪酬，实际上已经是"金鸡独立"了，已经高得非常荒唐和离谱了。①

按理，生产要素按贡献参与分配是初次分配的基本原则，但实际上由于受劳动力资源丰富、劳动力市场的供给过剩和长期以来工资水平偏低等因素的影响，初次分配存在着资本所得不断提高、劳动所得持续下降的趋势。企业的管理层收入除了不菲的年薪，还有股权、期权、保险以及各种活动经费，而大多数普通职工，特别是劳动密集型企业以及私营、外资企业和农民工的劳动报酬过低且增长幅度缓慢，呈现"一低一慢"的特点，从而使企业内部资本所有者、经营管理者和劳动者之间的收入分配差距不断扩大。据统计，2010 年上市公司高管年薪平均值为 66.8 万元，是当年全国平均工资的 18 倍多，而城镇私营单位中的住宿餐饮业、农林牧渔业、公共管理社会组织三个行业中就业人员月均工资收入在 1461 元以下，不及城镇企业在岗职工的一半。②

其五，收入分配五花八门，白黑灰血金"五色炫目"。"灰色收入"和

---

① 《企业高管离谱高薪最伤公平》，《中华工商时报》2014 年 6 月 26 日。
② 《中国收入分配差距现状及其影响》，人民网，2012 年 12 月 13 日。

"黑色收入"造成了国民大量"隐性收入"的存在，使得社会财富底数不清。中国改革基金会国民经济研究所副所长王小鲁 2007 年曾发表过一项研究，推算当时每年至少有 4 万亿元以上的不规范"隐性收入"。还有专家认为，目前我国工薪收入占总收入的比重只有 1/3，国家能够监控的只有"白色收入"，这意味着大量收入脱离了所得税调节范围，游离于监管之外。由于收入分配渠道复杂，同时缺乏基础性的国民收入记录制度，我国居民的收入渠道也呈现五花八门的状态。

经济参考报记者曾在全国 15 个省区市采访了大量专家学者和基层干部群众，大家比较认同可以用白色、黑色、灰色、血色、金色 5 种"颜色收入"来概括当前形形色色的收入。① 5 种"颜色收入"既相对独立，也有交叉的地方。具体来讲，"白色收入"指正常的工资、福利等合法收入；"黑色收入"指通过贪污受贿、偷盗抢劫、欺诈贩毒等违法手段获得的非法收入；"灰色收入"指介于合法与非法之间的收入，在我国当前非常普遍；"血色收入"指那些突破人类文明底线，以牺牲他人的生命和用鲜血榨取的收入，如黑砖窑、黑煤窑等；"金色收入"指利用住房、黄金、股票、期货等资本获得的收入。

中国改革基金会国民经济研究所副所长王小鲁认为：中国隐性收入近 10 万亿，80% 集中在 20% 高收入家庭。2008 年，全国居民隐性收入总规模为 9.3 万亿元。其中，隐性收入的 80% 集中在收入最高的那 20% 的家庭里面，其中最高端的 10% 就占了隐性收入的 62%。全国居民最高收入的 10% 家庭和最低 10% 家庭的人均收入之比为 65 倍，而非统计数据显示 23 倍左右。②

（3）少数行业、部门和群体依靠资源垄断和特殊身份获取不公平、不合理的利益。土地、资源、资本、垄断、"身份"、腐败等因素在收入分配中的负面作用日益凸显。一些行业、部门和群体依靠行政权力、垄断地位、资源独占、人员身份等条件或手段获取大量不公平、不合理、不规范的收入，不仅客观上拉大了贫富差距，阻碍收入分配制度改革的深入，而且也在人们心里建起了一道深深的鸿沟。

据人力资源和社会保障部统计，目前电力、电信、金融、保险、烟草等行业职工平均工资是其他行业职工的 2 倍到 3 倍，如果加上工资外收入和职工福利待遇上的差异，实际差距可能更大。截至 2008 年年底，机关公务员退休金水平是企业的 2.1 倍，事业单位月均养老金是企业的

---

① 《我国分配差距穷降富升逼近红线 白黑灰血金共存》，《经济参考报》2010 年 5 月 10 日。
② 《中国隐性收入近 10 万亿 80% 集中在 20% 高收入家庭》，人民网，2012 年 1 月 11 日。

1.8倍。

专家们认为，这种依赖于政策保护和资源垄断的"权力分配"，有悖于社会主义按劳分配原则，严重侵害了个人发展权，扭曲了收入分配格局。其在不同行业、不同群体间造成收入悬殊落差的同时，也在人们心里画上了一道深深的鸿沟。近年来，大学毕业生争抢"吃皇粮"，甚至出现千余人竞争一个公务员岗位的现象。同时，垄断行业的高工资也屡屡遭到质疑。专家认为，国家应通过多个途径，减轻"权力决定收入"的消极影响，平复社会失衡心理。

此外，户籍、出身、企业身份等差别，成为拉大收入差距的巨大推手。"改革开放之初，我国基尼系数在0.3左右，90年代中期达0.42，但到了2010年，已经达到0.48。这表明居民收入差距正在不断扩大。收入分配问题不仅影响人民群众共享改革成果，更事关社会稳定，已成为当前改革的焦点问题之一，整顿收入分配不公迫在眉睫。"①

（4）社会财富越来越向少数人集中，而普通民众收入却普遍偏低。30多年来，我国企业特别是广大职工和基层科技人员为发展我国制造业、扩大对外贸易和开拓国内外市场都作出了很大贡献。然而令人遗憾的是，这些年来，财富却越来越多地向企业高管集中，而广大职工却没有相应提高收入和福利。从中国与发达国家小时工资水平比较看，中国大约是0.2美元左右，欧美国家大体上是25—30美元。这一方面反映了中国"劳动力成本低廉"的竞争优势，但另一方面，也存在劳动力价格低估和扭曲的问题。全国总工会2010年4月发布的一个调研显示，我国的国民收入分配格局中劳动者报酬占GDP的比重不断下降，而资本所有者和政府占比却大幅提高。从1997年到2007年，劳动者报酬占GDP的比重从53.4%下降到39.74%；企业盈余占GDP比重从21.23%上升到31.29%，而在发达国家，劳动者报酬占GDP的比重大多在50%以上。

据国家统计局统计，职工平均工资最高的三个行业中，证券业平均17.21万元，是全国平均水平的6倍，其他金融业人均8.767万元，是全国平均水平的3.1倍，航空业人均7.58万元，是全国平均水平的2.6倍。而电力、电信、石油、金融、保险、水电气供应、烟草等国有行业的职工不足全国职工总数的8%，但工资和工资外收入总额却相当于全国职工工资总额的55%。

---

① 转引自《户籍出身成拉大收入差距推手，专家建议加快改革》，人民网，2010年5月24日。

由国家发改委、国家统计局和中国社科院等编写的《中国居民收入分配年度报告（2004）》中指出，最高收入 10% 的富裕家庭其财产总额占全部居民财产的 45%，而最低收入 10% 的家庭相应比例仅为 1.4%。财富差距达到 32 倍。① 国泰君安证券总经济师、首席经济学家李迅雷认为，"估计随着房地产价格的不断飙升，目前的财富差距至少超过 40 倍了，而 2009 年对应的居民收入差距大约是 23 倍。"②

世界银行报告显示，美国是 5% 的人口掌握了 60% 的财富，而中国则是 1% 的家庭掌握了全国 41.4% 的财富。中国的财富集中度甚至远远超过了美国，成为全球两极分化最严重的国家。③ 中华全国总工会（下称"全总"）通过调研发现，一线工人、劳动密集型行业和农民工的收入较低。其中，一线工人月工资只相当于全国职工月平均工资 70% 左右，绝大多数一线职工的月工资低于全国职工月平均工资的 50%。

2007 年 5 月，波士顿咨询公司发布的《2006 全球财富报告》指出，在中国，0.4% 的家庭占有 70% 的国民财富；而在日本、澳大利亚等成熟市场，一般是 5% 的家庭控制国家 50%—60% 的财富。2008 年 8 月，美林集团与欧洲最大的咨询公司凯捷咨询在北京联合发布的《2008 亚太财富报告》指出，截至 2007 年底，中国共有 41.5 万位个人资产超过 100 万美元的富人。从财富平均拥有量来看，中国百万富翁人均掌握资产达 510 万美元，高于 340 万美元的亚太地区平均值。专家指出，目前中国已经成为全球财富最为高度集中的国家。中国财富向富人的集中度正在以年均 12.3% 的加速度在增长，是全球平均增速的 2 倍。而中国国内的一份报告中，则清晰地表明了社会财富集中在什么人手上。据国务院研究室、中央党校研究室、中宣部研究室、中国社科院等部门一份联合调查报告的数据，截至 2006 年 3 月底，中国内地私人拥有财产（不含在境外、外国的财产）超过 5000 万元以上的有 27310 人，超过 1 亿元以上的有 3220 人。在超过 1 亿元以上的富豪当中，有 2932 人是高干子女。他们占据了亿元户的 91%，拥有资产 20450 余亿元。而考证其资产来源，主要是依靠家庭背景的权力资本。④

2009 年 6 月 10 日，《福布斯》中文版首次发布的"中国奢侈品市场调查"显示，当全球陷入经济衰退之际，中国已经成为国际奢侈品品牌最看好的市场。目前，畸高的房价成为财富过度集中的一种典型体现。对中国

---

① 《中国财富差距日益严峻 收入分配到"改革路口"》，中国新闻网，2010 年 5 月 24 日。
② 同上。
③ 《收入分配失衡带来社会风险 需遏制政府与民争利》，《经济参考报》2010 年 5 月 21 日。
④ 《0.4% 的人占有 70% 的财富 贫富分化急遽加大的危险》，凤凰网，2009 年 6 月 25 日。

的中产阶级有着深入研究的南京大学社会学院院长周晓虹教授表示："高房价成为中国中产阶级成长的主要障碍。在中国，收入差距的拉大不仅伤害着底层的人民，也开始伤害中产阶级。"据资料显示，如今出现了中产塌陷的 M 型社会倾向，精英循环与精英结盟成为一种定型，其他阶层的发展空间不断遭到侵占。①

北京大学中国社会科学调查中心发布的《中国民生发展报告2014》显示，中国的财产不平等程度在迅速升高：1995 年我国财产的基尼系数为 0.45，2002 年为 0.55，2012 年我国家庭净财产的基尼系数达到 0.73，顶端 1% 的家庭占有全国三分之一以上的财产，底端 25% 的家庭拥有的财产总量仅在 1% 左右。报告分析，从全国分布来看，中国家庭消费模式呈现出两极分化：一方面是不消费、抑制消费的家庭（如蚂蚁型）或者医疗、教育、住房负担沉重的家庭（如蜗牛型、贫病型）占大多数；另一方面，已有少部分家庭已经享受着丰富的物质生活（如享乐型）。城乡消费模式差异大，农村贫病型家庭较多，稳妥型和享乐型家庭较少。相比之下，城镇贫病型家庭较少，其享乐型、稳妥型家庭明显多于农村。②

《中国民生发展报告2015》显示，中国目前的收入和财产不平等状况正在日趋严重。近 30 年来，中国居民收入基尼系数从 80 年代初的 0.3 左右上升到现在的 0.45 以上。而据 CFPS③2012 资料估算，2012 年，全国居民收入基尼系数约为 0.49，大大超出 0.4 的警戒线。财产不平等的程度更加严重。估算结果显示，中国家庭财产基尼系数从 1995 年的 0.45 扩大到 2012 年的 0.73。顶端 1% 的家庭占有全国约三分之一的财产，底端 25% 的家庭拥有的财产总量仅在 1% 左右。李建新等人在《报告》中阐述，上述不均等现象无论从社会结构、社会阶层视角，还是跨城乡、跨地区的视角去度量，都显现出扩大的趋势。这些问题亟须得到有效解决，否则很有可能威胁到社会的稳定，进而成为未来社会发展的瓶颈。④

2. 如何正确看待当前我国居民的收入差距

（1）当前我国的收入差距是在城乡居民收入都有大幅度提高的基础上

---

① 《0.4% 的人占有70% 的财富 贫富分化急遽加大的危险》，凤凰网，2009 年 6 月 25 日。
② 《北大报告：中国 1% 家庭占有全国 1/3 以上财产》，人民网，2014 年 7 月 25 日。
③ 中国家庭动态跟踪调查（Chinese Family Panel Studies, CFPS）是北京大学中国社会科学调查中心（ISSS）实施的一项旨在通过跟踪搜集个体、家庭、社区三个层次的数据，反映中国社会、经济、人口、教育和健康的变迁，为学术研究和政策决策提供数据为目标的重大社会科学项目。
④ 《北大报告：1% 家庭占有全国 1/3 的财产》，中国青年网，2016 年 1 月 14 日。

产生的，是在共同富裕目标下产生的，是相对差距而非绝对差距。我国有13亿多人口，让每一个人、每一个家庭、每一个地区以同样的速度富裕起来是不可能的，也不现实，平均主义只能导致共同贫穷。只有鼓励一部分人通过诚实劳动、合法经营先富起来，然后才能带动更多的人一浪接一浪地走上共同富裕的道路。在这一政策的鼓励和指引下，一方面，改革开放之后我国越来越多的人口走上了富裕道路；另一方面也要看到，当前我国低收入者数量虽然庞大，但已经大幅度减少。据统计，改革开放初期，我国有2.5亿人生活在绝对贫困线以下，而到2014年底，在贫困线大幅度提高的情况下则为7017万。而且，即使是贫困人口，其生活水平与以前相比也有极大提高。以前的贫困更多表现为缺衣少吃，现在的贫困更多表现在缺少现金收入。因此，我国居民收入差距不是绝对差距，即一部分人收入提高了，则另一部分人收入降低了，而这相对差距，是在共同致富道路上有快有慢、有先有后的差别。特别是按照我国全面建成小康社会的宏伟目标，要在2020年之前，让所有农村贫困人口脱贫，共享改革发展成果，这是对人类社会的巨大贡献，是社会主义制度优越性的具体体现。

（2）我国的收入差距总体上看处于过大区间，但未出现两极分化。① 近年来，不断有国内外学者和研究机构对我国居民收入差距作出两极分化的判断，这是不符合事实的。两极分化既有量的判断标准，也有质的判断标准。从量上来看，一般认为基尼系数要超过0.5，而我国2015年的基尼系数为0.462。从质上来判断，所谓两极分化，是指全社会形成了明显对立的两极，社会矛盾激化，显然我国还没有出现这种情况。需要指出的是，两极分化是从全社会而言的，不是比较两个具体的人，一个人一年收入100万元，另一个人一年收入1千元，这么大的差距还不是两极分化吗？这是极端错误的比较。值得进一步指出的是，我国的社会发展指标如文化、科技、教育、环境等的差距，无论从区域来看，还是从城乡来看都小于人均收入差距。

（3）当前的收入差距是历史形成的，缩小收入差距需要一个历史过

---

① 由于学界对贫富两极分化的界定标准不一，对中国是否已出现贫富两极分化的判断也就不一致。衡量贫富两极分化的标准主要有两个：经济层面的标准和社会层面的标准。从经济层面看，中国目前的基尼系数已达到联合国规定的收入差距悬殊的标准，且呈上升趋势，W型指数高且呈上升态势；从社会层面看，改革过程中形成的强势阶层与弱势阶层之间的对立初步凸显。综合经济与社会两方面因素得出结论：中国贫富两极分化已初露端倪。参见金霞、谢丽华《中国贫富两极分化的界定与判断》，《天府新论》2011年第6期。

程。任何一个社会，都不可能没有收入差距，只不过大小不同而已。即使在改革开放之前，我国的分配带有比较严重的平均主义特征，仍然存在收入差距。统计资料显示，改革开放之初的 1978 年，我国农民人均纯收入为 133.6 元，城镇居民人均年可支配收入为 343 元，城乡居民收入差距达到 2.57 倍，不可谓不大。当时城镇内部和农村内部也存在较大差距，即使同一个生产大队，各个生产小队之间也有差异。改革开放之后，平均主义总体上被打破了，收入差距呈现出快速扩大的趋势。

今天的收入差距是经过 30 多年的时间逐步形成的，是一个渐进的量变的过程，是各种因素综合作用的结果，既有市场机制本身所具有的扩大收入差距的客观因素，也有个人自身努力的主观因素；既有城乡二元经济结构以及二元经济社会政策因素，也有地理因素等。我们不能片面地认为高收入者的收入都是不合法不合理收入，而应该看到，绝大多数人是通过诚实劳动、合法经营富裕起来的。因此，缩小收入差距需要综合施策，这也需要一个历史过程。把收入差距控制在合理区间，既促进效率，又兼顾公平，这是人类社会共同面临的重大历史性课题。和谐解决收入差距问题，既要积极努力，深化改革，规范收入分配秩序，又需要有耐心，寄希望一夜之间就能够彻底解决问题是不现实的。

(4) 我国居民的收入差距已经越过最高点，开始进入倒 U 曲线右侧。收入差距倒 U 曲线由美国经济学家西蒙·库茨涅兹于 1954 年提出，他通过对 18 个国家经济增长和收入差距关系的实证分析得出结论：随着一个国家从经济不发达到发达，即人均 GNP[①] 由低到高演变，居民收入差距首先呈现扩大趋势；当人均 GNP 达到一定程度时，收入差距达到最高点；随着人均 GNP 进一步提高，收入差距开始呈现缩小趋势，并逐步进入合理区间，表现在图形上就是一条倒 U 曲线。此观点提出后引起学术界激烈争论，有人认为倒 U 曲线是社会发展的一般规律，也有人认为倒 U 曲线不存在。1965 年另外一个经济学家柏库特把库茨涅兹调查的 18 个国家进一步推广到 65 个国家，发现经济增长与收入差距之间存在倒 U 趋势。

---

① 国民生产总值（Gross National Product，简称 GNP）是最重要的宏观经济指标，指一个国家（地区）所有常驻机构单位在一定时期内（年或季）收入初次分配的最终成果。是一国所拥有的生产要素所生产的最终产品价值，是一个国民概念。GNP 是三个英文单词首字母的组合：gross，即毛的、总的；national，即国民的；product，即产值，翻译成汉语就是"国民生产总值"。GNP 是指一个国家（或地区）所有国民在一定时期内新生产的产品和服务价值的总和。GNP 是按国民原则核算的，只要是本国（或地区）居民，无论是否在本国境内（或地区内）居住，其生产和经营活动新创造的增加值都应该计算在内。比方说，中国的居民通过劳务输出在境外所获得的收入就应该计算在中国的 GNP 中。

考察发达国家工业化进程与收入差距的变动趋势，不难发现，绝大多数国家或地区都曾出现过收入差距过大甚至两极分化的现象。18世纪、19世纪西方国家无一例外都出现过两极分化。当然，并不是所有国家或地区都呈现倒U趋势，确有少数国家或地区如亚洲四小龙等在工业化过程中，伴随着经济增长，收入差距总体上一直控制在一个合理区间。

我国改革开放30多年来，伴随着经济快速增长，收入差距总体上呈现出扩大趋势，当前是否已达到最高点并开始下降呢？综合判断，目前我国居民收入差距已越过倒U曲线顶点并进入右侧，未来将呈现继续下降的趋势，理由如下：

第一，衡量居民收入差距的诸多指标都已呈现下降趋势。一是基尼系数。一般而言，当基尼系数小于0.3时，意味着收入均等或出现平均主义分配；0.3—0.4时，收入差距比较合理；0.4—0.5时，收入差距过大；超过0.5时，意味着出现了两极分化。根据国家统计局公布的数据，我国基尼系数2008年达到0.491历史最高点之后，随后几年呈现连续缩小态势，2015年为0.462。二是城乡收入差距。改革开放之后，我国城乡居民收入差距呈现出波浪式但总体扩大的变动趋势，2009年达到3.33倍的历史最高位之后，呈现逐年下降趋势，2015年为2.73倍。三是区域之间的收入差距在经历了扩大趋势之后，近年呈现缩小态势。从省、自治区和直辖市之间的收入差距来看，2015年城镇居民的收入差距为2.3倍，农村居民的收入差距为3.36倍。如果考虑不同区域间的物价因素，实际的购买力差距会更小。四是行业间的收入差距，最高与最低收入行业之间的差距已从2008年的4.65倍下降为2014年的3.86倍。由上述指标看，我国居民收入差距总体呈缩小趋势。

第二，生产要素供求关系的变化有助于改善收入分配结构。改革开放以来，我国生产要素市场总体呈现资本短缺而劳动力过剩，土地和环境近乎无限供给的状态，收入分配必然向资本倾斜，劳动报酬长期偏低。近年来，生产要素市场供求状况发生明显变化：资本过剩，劳动力总体供不应求，土地供给受到极大限制，环境容量遇到天花板。由此带来劳动力成本、土地成本、环境成本提高，资本利润率降低。劳动力供不应求特别是城乡有一技之长的劳动力严重供不应求，导致劳动力价格将呈现持续提高趋势，从而有助于改善劳资之间的分配结构。

第三，城镇化及城乡二元经济和社会政策的弱化将有助于缩小城乡居民收入差距。改革开放以来，我国城镇化率以每年约1个百分点的速度提高，到2015年已达56%，未来20年还会以较快速度增加。这一方面意味着更多的农民到城镇就业，获得更高的收入；另一方面，随着越来越多的农民进入城镇就业，在其他条件不变的情况下，农村人口拥有更多的土地等资源，成为增加农民收入的主要因素。更为重要的是，导致我国城乡居民收入差距不断扩大的二元经济和社会政策因素将随着改革的深入而弱化直至消失，城乡居民享受的公共资源进一步均衡化，城乡居民收入差距将会持续缩小。

第四，伴随着"一带一路"战略以及其他区域经济政策的实施，中西部地区、贫困地区经济将呈现快速发展趋势。近两年，重庆、贵州、西藏、新疆等地区发展速度超过了东部地区就是例证，这也为区域城乡居民收入差距缩小奠定了基础。

第五，随着市场经济体制的进一步完善，调节收入分配的政策进一步到位，通过严厉打击非法收入、整顿不合理收入、调节过高收入、提高低收入者收入，特别是社会保障制度的进一步健全，我国居民收入差距将会进一步缩小。①

3. 收入分配制度改革难在哪里

面对目前收入分配状况，许多人提出了这样的疑问：为什么改了这么多年，收入差距还这么大？要看到，收入差距过大是长期形成的，解决起来也不可能一蹴而就，只能通过不断改善社会收入分配结构，在促进社会财富增长的同时，逐渐缩小收入差距，最终实现共同富裕。收入分配制度改革在整个深化经济体制改革中处于核心部位，必然是一个理论和实践不断探索的过程，既缓不得也急不得。

实践表明，收入分配改革必须与经济发展程度相适应。目前，我国正处于爬坡过坎的关键阶段，经济发展水平总体还不高，手头的东西还不够多，深层次矛盾和问题日益凸显，各类社会群体的利益诉求也十分强烈，这些都会折射到收入分配领域里来，增加改革的难度。可以说，收入分配制度改革已成为各项改革中最难啃的一块"硬骨头"。一言以蔽之：分好"蛋糕"比做大"蛋糕"还要难。

收入分配改革为何"雷声大雨点小"？国家行政学院教授竹立家认为：贫富差距固定化、常态化；资本和权力在收入分配中成为强势；国企垄断，资源过于集中；社会公共资源和福利过度向特权阶层倾斜，进一步导致社会分配不公，这些正是民众呼声强烈的症结所在。这些矛盾积累多年，一旦爆发，后果不堪设想。

对于收入分配改革"雷声大雨点小"的原因。竹立家认为，一是改革

---

① 赵振华：《如何认识当前我国居民的收入差距》，《光明日报》2016年3月23日。

背景复杂,牵涉面广,涉及方方面面的利益;二是利益博弈方权力不对等,改革最终会触及博弈强势方的利益。中国社科院经济研究所研究员袁钢明认为,首先是政府思想意识与工作方式没有转型,没有真正转到民生增长方向上来。三是经济复苏中新的困难不断出现,政府财政压力太大,财政赤字难以缩减,譬如4万亿投资背后需要高增长的财政作保证。在财政赤字压力下,所得税起征点难以降低,国家财政暂时不可能向收入分配改革让步。另外,由于调控政策,企业融资能力收缩,利润下降,企业将原因归结于劳动成本提高、员工工资提高太快,企业主的叫苦声比劳动者还大。

中央党校研究室副主任周天勇教授撰文指出,当前收入分配改革陷入一个两难境地:改,将推动物价上涨,不改,收入差距将继续恶化。收入分配改革的目的是让居民收入合理增长,如果同时伴随通胀压力,势必蚕食改革成果。如何突破两难境地是收入分配改革今后面临的棘手课题,若处理不当,长期通胀压力下的公平危机将更难对付。袁钢明认为:"收入分配改革的实质是此消彼长的过程。现在国家收入和居民收入之间的关系、企业收入与职工收入之间的关系比较难以协调。这是改革最大的阻力。"①

(1)难在"牵一发而动全身"。收入分配改革是一件全局性的大事,涉及范围广、层次深,单靠某一个领域、某一个部门难以完成。比如,要增加人们的收入,绝不是简单地多给点钱的问题,还需要进行相关领域体制机制的改革,包括改革现行的户籍制度、就业制度、税收制度、金融制度等。还要求加快实现基本公共服务均等化,解决教育、医疗卫生、养老等方面存在的不平等问题。只有通过一系列的改革,破除制度性壁垒,才能逐步改变收入差距较大的状况。

(2)难在"触动利益比触及灵魂还难"。2013年3月17日,国务院总理李克强在人民大会堂金色大厅与中外记者见面并回答记者提问。李克强在回答中央电视台记者有关改革深水区的利益触动问题时表示,改革中触动利益比触及灵魂还难,但别无选择。但是,再深的水我们也得蹚,因为别无选择,它关乎国家的命运、民族的前途。这需要勇气、智慧、韧性。所幸的是,这些可以从我们的人民当中去汲取,来使改革迈出坚实的步伐。②改革收入分配制度,就是要打破现有的利益格局,进行必要的利

---

① 《众专家分析:收入分配改革方案缘何难产》,中国新闻网,2011年1月30日。
② 李克强:《改革中触动利益比触及灵魂还难 但别无选择》,人民网,2013年3月17日。

益调整。这些年来，由于政策不完善和执行监督不力，一些社会群体获取了过多不正当利益。打破利益格局的藩篱，必然会触及既得利益，其阻力可想而知。

清华大学经管学院副院长白重恩提出，增加国有企业分红和存款利率市场化是目前收入分配改革过程中的明显障碍。增加国有企业分红，把分红纳入一般性预算，势必造成国有企业的投资要从市场上筹集资金，受资本市场和银行的制约。此外，目前贷款利率基本是市场化，如果存款利率市场化，存款利息按市场规律上升，则会造成银行盈利的下降。①

中国劳动学会副会长苏海南认为，基尼系数处高位、灰色收入冲击分配改革。目前我国的基尼系数无论是从历史上或是国际上看，都处于高位；现在灰色收入的量比较大，制度外的东西比较多，这对收入分配关系的调整会形成很大冲击，因此必须着力规范。同时，要坚决打击非法收入。②

余丰慧认为，分配改革难在控制高收入群体收入。难点就在"控高"上，控制高收入群体的收入，收入分配制度改革的最大阻力来自于这部分既得利益者。笔者认为，这部分薪酬不应该与市场和国际接轨。首先，高管所在企业仍没有完全与市场和国际接轨，其次这些企业，无论从高管选拔机制还是内部管理运作方式，基本还是非市场化。③

（3）难在监管跟不上。当前我国社会主义市场经济还不够成熟，相关法律和法规还不健全，导致一些隐性收入、非法收入名目繁杂、渠道混乱，手段五花八门，堵住这些漏洞还存在着不少困难。收入信息不透明，现金支付做法比较普遍，隐蔽性很强，使监管部门难以掌握准确情况，致使逃税漏税现象大量存在。

（4）难在公平与效率的度不好把握。不能因为追求效率而忽视公平，也不能为追求公平而放弃效率。这就像做蛋糕与分蛋糕，只注重做不注重分，大家意见就会很大，蛋糕也做不下去；只强调分得公平，也会影响人们的积极性，蛋糕也做不大。怎样在讲究效率的同时更加注重公平，考验着党和政府的智慧和能力。当前，收入分配改革已经进入深水区，但再深的水也要蹚过去。必须以足够的勇气、智慧和韧性，打赢这场硬仗，坚决扭转收入分配差距扩大趋势，使发展成果更多更公平地惠及全体人民。

---

① 《学者：增加国企分红是收入分配改革一大障碍》，中国网，2012年10月18日。
② 《苏海南：基尼系数处高位 灰色收入冲击分配改革》，中国新闻网，2012年9月28日。
③ 《余丰慧：分配改革难在控制高收入群体收入》，新浪网，2012年10月23日。

（5）难在既得利益集团阻挠是最大障碍。收入分配方案曾多次提交国务院并多次被退回，其中的关键因素就是相关利益方意见分歧。只有打破垄断部门的行业垄断，打破国有企业垄断格局，同时反对政府权力过多干预市场，合理配置社会资源之后才能进一步推进收入分配改革。否则改革根本无法触及到核心问题。

国家行政学院教授汪玉凯认为，既得利益集团的阻挠是收入分配制度改革最大障碍。只有先对既得利益集团进行改革，破除利益集团的权益，才能出台收入分配方案。按照现状来看，收入分配方案出台的难度将会很大。[①]

近些年来，围绕收入分配制度改革的呼声不绝于耳，有关方面也确实进行过一系列努力，但总体看收效甚微，阻力重重。原因也许很多，但笔者认为最关键的恐怕是既得利益集团的阻挠。那么，究竟什么是既得利益集团？我们应该如何认识当前中国社会的既得利益集团现象？笔者认为，需要做深入的理论分析和探讨。按照笔者的理解，所谓既得利益集团是指在社会经济活动中，以利用权力或垄断获取巨额利益，并由此形成边界清晰、相对稳定的一种群体聚集效应。其主要特征有四：一是有足够的权力资源。这就是说，既得利益集团常常是和公权力紧密联系在一起的，并且有比较大的权力影响力。二是有足够的垄断能力。有的既得利益集团，虽然本身可能不直接掌握很大的行政权，但背靠权力资源，对市场或社会有很大的垄断能力。三是有影响政府公共政策制定的渗透力甚至决断力。有些利益集团由于在某一领域处于主导地位，因此对政府的公共政策制定和实施，会产生很强的影响力和渗透力，使一些公共政策的制定过程或结果更有利于自身的利益。四是通过利益关联，逐步形成群体的边界，获取集团利益。应该说多数既得利益集团都不是在一夜之间可以形成的，而是经过长期的"苦心经营"才逐步形成的。既得利益集团一旦形成，就会兴风作浪，呼风唤雨，在社会博弈中不断出击，不断攫取集团利益。

现实生活中，既得利益集团常常表现出四种现象：一是权力、资本、资源三者叠加。换句话说，有些既得利益集团，既掌握权力，又掌握资源，甚至还掌握资本，表现为三者的叠加。其中尤为权力更加重要，有了足够的权力，就可以获取更多的资源和资本。因此，公权力成为中国既得利益集团最重要的始作俑者。二是对国民经济的某些重要领域形成事实上

[①] 转引自《发改委再召多部委谈收入分配改革，既得利益集团是关键》，凤凰网，2012年2月11日。

的垄断。在我国，这种垄断突出地表现为以国有企业，特别是以央企为代表的一些垄断行业，如石油石化、金融、证券、保险、电力、电信、铁路、民航、烟草等。这些国有企业背靠政府，在市场上呼风唤雨，获取垄断利益，与普通经营者形成巨大反差，一直为社会各界所诟病。三是直接影响甚至左右公共政策的结果。正因为既得利益集团掌握权力、资源、资本，所以这样的集团一旦形成，就有足够的能力影响政府公共政策的结果，使政府的某些政策能更有利于自身的利益而不是相反。四是既得利益集团与普通大众形成明显的心理和利益上的情绪对立。可以肯定地说，当前中国社会反映出的上述三大冲突，即官民冲突、劳资冲突、贫富冲突，从一定意义上看，都是社会公众与既得利益集团情绪对立的表现。

笔者认为，目前中国社会至少可以说已经形成了三大利益集团的雏形：一是以官员为代表的权贵利益集团；二是以国有企业为代表的垄断利益集团；三是以房地产和资源行业为代表的地产资源利益集团。

与此相对应，围绕公权力中国社会实际产生了三大富豪群体：一是权贵富豪；二是精英垄断富豪；三是地产资源富豪。权贵富豪我们可从中央这些年来不断加大的反腐败中窥探到其中一些端倪，贪腐2.16亿元的杭州"三多市长"许迈永可以算作其中的代表。精英垄断富豪，主要是以那些动辄年薪上百万甚至更高的国有企业高管为代表。至于地产资源富豪，则更是人人皆知。这些年来，胡润的中国富豪排行榜靠前的几乎全是房地产商，在山西、内蒙古、陕西等一些资源富集区出现的大量亿万富翁，几乎都与当地的资源有关。

无论是三大利益集团还是三大富豪群体，所产生的负面影响，已经使整个社会陷入一种焦虑状态，也使收入分配制度改革几乎陷入困境。

由于在收入分配方面积聚的问题越来越多，而且得不到应有的解决，反过来为既得利益者运用手中的权力或者影响力，借助改革之名强化，甚至固化了既得利益集团的利益，使公众弱势群体在整个利益博弈的格局中处于极为不利的地位，使其博弈能力进一步下降，甚至丧失。

中国劳动学会副会长苏海南认为，收入分配改革方案是一个庞大、复杂的系统工程，涉及收入分配本身，也涉及与收入分配相关联的经济社会体制，涉及经济发展方式转变以及经济结构调整。在初次分配领域深化好改革，就是要"提低"、"控高"。从解决的难易角度来看，"提低"的可行性最高。比较难的就是调控过高收入，因为这个是既得利益的调整，阻力和调整都比较大。收入分配受阻既得利益，控高收入难度最大。当然最主要是由于收入分配改革方案的出台会要求对现行既得利益进行调整，这些群体会有所抵触，这成为方案出台最大的阻力。①

4. 收入分配改革的目标要求

收入分配改革是经济体制改革的重要内容，是经济发展和社会进步的重要体现，是社会主义和谐社会建设的重要保障。收入分配改革从 2004 年开始启动调研，党中央、国务院曾采取一系列政策措施，不断调整国民收入分配格局，加大收入分配调节力度，加快推进收入分配制度改革，在增加城乡居民收入、改善人民生活和促进社会和谐等方面取得显著成效。2012 年 10 月，国务院常务会议明确 2012 年四季度要制定收入分配制度改革总体方案，调节垄断部门高收入。2013 年 2 月 3 日，国务院批转的发展改革委、财政部、人力资源社会保障部《关于深化收入分配制度改革的若干意见》指出："坚持按劳分配为主体、多种分配方式并存，坚持初次分配和再分配调节并重，继续完善劳动、资本、技术、管理等要素按贡献参与分配的初次分配机制，加快健全以税收、社会保障、转移支付为主要手段的再分配调节机制，以增加城乡居民收入、缩小收入分配差距、规范收入分配秩序为重点，努力实现居民收入增长和经济发展同步，劳动报酬增长和劳动生产率提高同步，逐步形成合理有序的收入分配格局，促进经济持续健康发展和社会和谐稳定。"②

收入分配改革意见的制定，可谓好事多磨。几年来，国家发展改革委等部门历经反复酝酿、讨论和修改，前后共召开几十次座谈会，有内部的有外部的，有专家学者的，有干部群众的，拟稿 40 多次，终于交出一份"答卷"。这是一个总结实践、深入研究的过程，吸收了 30 多年收入分配制度改革的经验；这是一个集思广益、扩大共识的过程，凝结了社会各界的心血和智慧。《意见》共 7 个部分、8000 多字，既涵盖面宽，又把住了重点，标志着我国收入分配制度改革迈出了重要一步，为今后深化改革指明了方向、提供了遵循。

首先，目标思路明确了。第一，提出城乡居民收入倍增的目标，即到 2020 年实现城乡居民人均实际收入比 2010 年翻一番，力争中低收入者收入增长更快一些，人民生活水平全面提高。第二，收入分配差距逐步缩小。城乡、区域和居民之间收入差距较大的问题得到有效缓解，扶贫对象大幅减少，中等收入群体持续扩大，"橄榄型"分配结构逐步形

---

① 苏海南：《收入分配受阻既得利益 控高收入难度最大》，《21 世纪经济报道》2012 年 8 月 9 日。
② 《国务院批转收入分配制度改革意见》，中国政府网，2013 年 2 月 5 日。

成。第三，收入分配秩序明显改善。合法收入得到有力保护，过高收入得到合理调节，隐性收入得到有效规范，非法收入予以坚决取缔。第四，收入分配格局趋于合理。居民收入在国民收入分配中的比重、劳动报酬在初次分配中的比重逐步提高，社会保障和就业等民生支出占财政支出比重明显提升。

收入倍增，是党的十八大召开后的一个社会热词。人们津津乐道、充满期待。那么，收入倍增指的是什么呢？简要地说，就是到2020年城乡居民人均实际收入比2010年翻一番。这里所说的"倍增"，指的是剔除物价上涨因素的实际增长。收入倍增，也是在缩小差距前提下的倍增，就是力争让中低收入者收入增长更快一些。

美好的目标愿望，需要用扎实有效的改革措施来托起。现在，收入分配制度改革已经有了总体方案，但这个方案注重的是指导性、原则性，只是勾勒了一个大体框架。要看到，深入推进改革还有不少难题尚未破解，应制定更加具体、更加明确的政策，真正把"原则"转化为"细则"，抓好贯彻落实，让人们见到效果、得到实惠。

一是兜底，就是编织好安全网，使社会保障广覆盖、保基本。"十二五"、"十三五"期间，国家将进一步加大投入，推动社会保障体系实现全覆盖，做好城乡居民最低生活保障、社会救助、优抚安置等工作，兜住低收入和困难群体的基本需求，让他们有尊严地生活。

二是增收，就是合理提高劳动报酬，增加居民收入。根据经济发展、物价变动等因素，适时调整最低工资标准。到2015年，绝大多数地区最低工资标准，将达到当地城镇从业人员平均工资的40%以上。以非公有制企业为重点积极稳妥推行工资集体协商，到2015年集体合同签订率将达到80%。对于农民增收问题，既要"输血"，更要培养"造血"功能，关键是通过新型城镇化建设，推进城乡发展一体化，建立起农民增收长效机制。

三是扩中，就是扩大中等收入者比重，形成两头小、中间大的橄榄型社会。推动农业劳动力向非农产业转移，加大农民工就业指导和服务力度，维护农民工合法权益，推进进城务工人员逐步融入城镇。加强职业教育和技能培训，提高广大劳动者素质。完善和落实工资正常增长机制，不断提高普通劳动者的收入水平。此外，还应创造条件让更多群众拥有财产性收入，使他们的收入得到稳步提升。

四是规范，就是大力整顿规范收入分配秩序。对部分过高收入行业的国有及国有控股企业，严格实行企业工资总额和工资水平双重调控政策。

加强个人所得税调节，完善高收入者个人所得税的征收、管理和处罚措施，将各项收入全部纳入征收范围。同时，坚决打击和取缔非法收入，坚决堵住国企改制、土地出让等领域的漏洞，严打偷税漏税等非法活动，加强管理和监控，使收入分配秩序更加公开透明、公正合理。

收入分配制度改革，已经走在路上，正在加快着步伐，必须坚定不移地往前走。只要我们共同努力，坚持不懈地深化改革、扎实巩固地深化改革，一个更加合理的国民收入分配格局将逐步形成，人们共享美好生活的梦想也将变为现实。

五是原则要求明确了。《意见》提出"一个并存"，就是坚持按劳分配为主体、多种分配方式并存的分配制度；提出"一个并重"，就是坚持初次分配和再分配调节并重；提出完善"两个机制"，就是继续完善劳动、资本、技术、管理等要素按贡献参与分配的初次分配机制，加快健全以税收、社会保障、转移支付为主要手段的再分配调节机制；提出"三个重点"，就是增加城乡居民收入、缩小收入分配差距、规范收入分配秩序；提出"两个同步"，就是努力实现居民收入增长和经济发展同步、劳动报酬增长和劳动生产率提高同步。

六是政策措施明确了。《意见》针对人们关心的问题，既提出加强国有企业高管薪酬管理，又提出建立健全国有资本收益分享机制；既提出职工工资正常增长机制，又提出增加居民财产性收入；既提出集中更多财力保障和改善民生，又提出大力发展社会慈善事业；既提出农业补贴稳定增长机制，又提出合理分享土地增值收益；既提出维护劳动者合法权益，又提出打击和取缔非法收入，建立健全财产登记制度；既提出加强领导干部收入管理，又提出建立健全社会信用体系和收入信息监测系统，等等。《意见》还明确提出，各地区、各部门要把落实收入分配政策、增加城乡居民收入、缩小收入分配差距、规范收入分配秩序作为重要任务，纳入日常考核，明确工作责任，强化监督检查，确保改革各项任务落到实处。

可以说，这个《意见》，勾勒了全体人民共同分享发展成果、向共同富裕迈进的路线图。只有深化认识、凝聚共识、制定科学的配套方案、实施细则和改革措施，才能将这一路线图最终变为现实。

5. 收入分配改革的突破口

（1）收入分配改革需要政府重新定位。第一，中国收入分配改革的当务之急是需要厘清政府与市场的边界，然后框定政府在收入分配问题上能做什么，从哪方面着力等问题。

首先，初次分配层面，政府应尽可能避免对企业的直接微观干预和指导，如通过政策手段设定企业职工工资增长长效机制，而是把其政府职能放置在独立第三方的规范中。劳动力究竟值多少钱和工资增长多少是劳资双方通过自利博弈而产生的均衡价格。政府很难有效制定一个工资增长水平和幅度，既保障分配公正又不至于扭曲经济资源配置。毕竟，政府直接干预初次分配本身，很容易依据分配结果公平而非分配正义。因此，在初次分配中政府的职能定位是减少对市场机制的干预和扭曲，降低市场交易成本，促进市场交易自由。如加快垄断行业的市场化改革，逐步取消各种妨碍资本和劳动力自由流动的市场准入制度和行政管制干预等，致力于市场自由建设和降低市场交易成本。中国经济体制改革基金会国民经济研究所副所长王小鲁教授研究最近发现中国存在 9 万亿左右的灰色收入问题，这些巨额的灰色收入本质上是妨碍市场交易自由的交易成本和壁垒。清除诸多滋生灰色收入空间的市场交易壁垒，如市场准入制度、繁冗复杂的行政管制和干预，将有助于使这些制造灰色收入的交易成本通过收入分配变成初次分配中的资本收益和居民收入。同时，修改和完善《劳动合同法》、《工会法》等法律体系，重塑工会组织自主性，探索建构劳资双方自愿独立的集体议价协商制度。真正代表工人利益的工会和构建公平合理的集体议价制度体系，将有助于促使劳资双方以对等的主体进行工资谈判，这有助于促进劳动力市场均衡价格的确立。

其次，政府的定位重点应该放置于再分配领域，即通过调整税收结构，履行其社保福利等防护性保障功能等，既有助于对初次分配产生影响，又通过公共服务均等化，为居民提供保障。如降低企业和个人所得税税率，清除不合时宜的税前抵扣标准，这些减税和优化税制结构的政策，既提供私人部门的增长，又有助于引导劳资双方的收入分配格局，工资支出全部以费用形式在企业所得税前抵扣，就可以影响劳资初次分配结构。

再次，第三次分配方面，政府之职能应该是积极推进慈善事业的社会化、市场化运作和自由化发展。慈善机构等的市场化运作，本质上是高收入者通过慈善等手段让渡部分经济资源给低收入者以获得精神自利需求的一种新的交易模式。因此，当前政府应适度放松民间慈善和福利等 NGO 机构，① 适度引导慈善的市场化和社会化发展。

---

① 非政府组织（英语：Non-Governmental Organization，缩写 NGO）是一个不属于政府、不由国家建立的组织，通常独立于政府。虽然从定义上包含以营利为目的的企业，但该名词一般仅限于非商业化、合法的、与社会文化和环境相关的倡导群体。非政府组织通常是非营利组织（Non-Profit Organization，缩写 NPO），他们的基金至少有一部分来源于私人捐款。

由此可见,当前的收入分配改革方案,应尽量避免陷入如同政府为缓解通胀压力而进行收入分配管制的固有程式之中。收入分配改革一旦生硬地置入了行政强制性管制成分,收入分配命题,要么变换成经济增长命题,要么很可能引发新的经济失衡。

第二,收入分配制度改革的关键还在于政府转型。要以民富优先为目标,调整国家、企业、居民的分配格局,划分中央和地方在收入分配中的分工与责任,规范行政支出,杜绝公权力的腐败和不合理的收入。要以提高劳动者报酬为目标,强化政府在初次分配中的基本责任。目前,初次分配中存在的农民工工资长期被过分压低,行业收入差距过大,工资集体谈判机制不健全,规范初次分配的劳动法律法规不落实等问题,说明政府要在提高劳动报酬在一次分配中的比重上必须有所作为。

一是以工资谈判协商机制为重点建立劳动者报酬的保障机制。由于工资谈判协商机制的长期缺失,劳动者报酬很难与劳动生产率增长同步。2000—2007年,劳动者报酬占GDP的比重从51.4%下降到39.7%,七年下降了11.7个百分点,劳动报酬占比大大低于发达国家水平和部分发展中国家水平。从实际情况看,提高劳动者报酬,政府促进劳动报酬合理增长的主要任务是积极推进劳动报酬协商机制的建立。(1)健全初次分配中工资集体谈判机制。由于缺乏有序、有效的集体谈判机制,我国企业内的劳资纠纷多以无序方式展开,其中集体争议案件大幅度上升,已经成为影响社会稳定的重大因素。因此,应加快建立企业主、工会、政府三方共同协商的工资谈判机制。尤其要促进各类企业与职工之间劳动报酬协商机制的建立。同时,修改完善劳动法。(2)以提高农民工工资为重点建立城乡统一的劳动力市场,实现全体劳动者同工同酬。从事同样的工作,城市职工比农民工工资高一倍甚至两倍。根据相关调查,2008年广州、深圳、杭州、南京、东莞、上海、无锡、苏州、宁波等长三角、珠三角九个城市,出口加工企业中农民工平均工资与当地城市职工平均工资相比,很少超过40%的。最低工资标准国际上一般是社会平均工资的40%—60%,这意味着这些地区农民工工资连最低标准都达不到。多项研究成果显示,如果按现代劳动力市场规律办事,实行城乡统一的劳动力市场政策,反对就业歧视,实行同工同酬,上亿农民工每年至少可多得约3千亿元至5千亿元,远高于免除农业税、家电下乡补贴等惠农措施。多年累积下来,仅农民工工资欠账这一块,对扩大消费、缩小城乡差距的影响就极其巨大。(3)落实规范初次分配的劳动法律关系。在最低工资、最低劳动条件确定等方面,政府虽然有相关规定,却疏于执行和监管。按照国际惯例,最低工资应占社会平均工资的 40%—60%，但据全国总工会的调查，2009 年各省会城市的最低工资多数只略高于 30%，近年来各地最低工资虽有较大幅度的增长，但多数仍未达到国际惯例标准。因此，进一步完善收入分配、劳动保护方面的法律法规并严格执行，完善劳动仲裁和法律援助机制，为劳动者获得合法收入提供法律保障，是政府在一次分配中不可推卸的责任。

二是以公益性为目标调整国有资本配置。国有垄断行业所造成的收入分配不公，是全社会普遍关注的焦点问题。政府的角色不转变，国有资本配置的定位问题不解决，只对垄断性国有企业收租分红，能解决部分问题，但不能解决源头问题。按照民富优先的要求推进政府转型，需要以公益性为目标对国有资本配置进行战略性调整。（1）在公共服务型政府的框架下制定国有资本战略性调整的整体方案。当前，收入分配差距扩大的一个重要原因是国有资源在很大程度上配置于市场领域而不是公共领域。着眼于调整国民收入分配基本格局，建议加快国有资源配置的结构性调整。比如，要反思央企涉足房地产开发的现象。国有资本涉足房地产，应主要限定在提供保障性住房和廉租房领域。（2）实现行政体制改革与国有资本配置的联动改革，使政府能充分利用国有资本在调节收入分配关系中承担重要责任。

三是实行结构性减税。考虑通货膨胀的因素和中低收入者生活水平的现状，进一步提高个人所得税的起征点，改变个人所得税以工薪阶层承担为主的局面，切实降低低收入者税负。下决心减免中小企业税费，为扩大就业、提高劳动者报酬、建立劳资协商机制创造条件。

第三，以基本公共服务均等化为重点，加大政府再分配力度。实现基本公共服务均等化是确保底线公平和制度公平的重要基础。这些年，基本公共服务供给的差距已成为城乡、地区、不同社会群体实际收入差距的重要因素。以城乡差距为例，如果加上义务教育、基本医疗和公共卫生、社会保障等方面的公共服务差距，城乡居民实际收入差距估计达到 5 倍左右。为此，建议"十三五"以基本公共服务均等化为重点统筹协调收入再分配。

一是推进基本公共服务均等化。"十三五"时期，政府应确定财政支出的民生原则，大力增加基本公共服务供给，初步形成基本公共服务均等化格局。（1）制定全国基本公共服务均等化规划。明确城乡、地区、不同社会群体基本公共服务均等化的范围和最低标准，使地方在执行过程中能够有一个约束和参照。（2）实现基本公共服务在城乡、地区之间的制度对接。（3）重点保障农民工基本公共服务。"十三五"要加快推进农民工市民化进程，重在统筹解决农民工的基本公共服务。

二是建立健全中央与地方在收入分配中的职责分工体系。当前的中央地方财税关系主要以激励做大经济总量为导向，各级政府在经济建设上的目标很清楚，但在收入分配关系调节的职责分工上尚缺乏明确的制度安排。（1）明确中央地方各级政府在基本公共服务中的责任分工，使各级政府基本公共服务职责法定化、可问责。（2）按照基本公共服务均等化的要求调整中央地方财税关系，实现各级政府事权与财力的平衡与一致。

三是调整财政支出结构。建立与基本公共服务均等化要求相适应的转移支付制度，确保基本公共服务支出增长不低于GDP增长速度。

第四，加强政府自身建设。收入分配制度改革是牵扯到社会多方利益的系统工程，政府是主导力量。收入分配制度改革能否取得实质性突破取决于决策层能否下更大决心、冲破两大障碍，一是垄断集团，二是既得利益集团。这关键在于加强政府自身建设。

一是严格规范行政支出。过大的、不合理的行政支出成为我国政府转型的突出问题。相关的数字清楚地表明，我国行政支出有很大的压缩空间。"十三五"实现公共财政预算和支出的透明化，形成对财政预算和支出规范的社会监督，使行政成本在现有水平上削减15%—20%是完全有可能的。这样，政府在推进基本公共服务均等化上的财政压力就会明显缓解。只有敢于在行政支出改革上动真格，才能够提振社会对收入分配改革的信心。

二是确立财产公开制度和透明有序的收入分配秩序。无论是提高居民收入水平，还是调节收入分配关系，确立和保护财产权，都有赖于财产公开和透明有序的收入分配秩序。"十三五"应当把确立财产公开制度和透明有序的分配秩序作为收入分配治理的重大任务。（1）在"灰色收入"产生的重点领域实行"阳光工资"。在完善工资标准的基础上，清理、规范各类津贴、补贴，提高收入透明度。（2）努力建立法制化的财产申报制度。健全以权力监督、行政监督为主，司法监督和社会舆论监督为辅的多层次监督体系，加大对公务员个人和家庭财产的监督力度。积极创造条件，尽快在全社会实行财产公开和申报制度。

三是强化各级人大对政府的监督职能。加强对政府财政预算内外收入支出的监督，改进财政预算报表，使之易看易懂，以便于人大代表审核财政预算支出，切实监督其中用于社会保障和其他用于民生转移支付的比例、额度是否满足保障和改进民生的需求，否决用于豪华楼堂馆所建设等不当支出、不当投资等。进一步增强人大代表、政协委员以及社会公众对关系民生建设等事项决策的监督力度，提高科学性、公正性。

四是加强收入分配的统计、监管体系建设。我国收入差距到底有多大？国内外学术界并未取得一致的意见，有的说高估了，有的说低估了。难以"准确测量"，一方面是由于我国收入构成复杂性导致的，但更重要的是我们的收入统计制度和监管制度的缺失。例如，有学者估计，2008年全国隐性收入和灰色收入分别达到9.26万亿和5.4万亿。但真正对灰色收入做精确的数量推算很难。因此，无论是治理灰色收入，还是个税改革，关键是要有一套健全的收入分配的统计、监管体系，为政府相关政策出台提供信息指导。①

（2）收入分配改革重在顶层设计。解决收入分配不公问题，办法举措非常之多，但大体都可以归为基础和非基础两个层面。基础层面，就是决定收入分配公正的基础性制度，具有本源性，处于分配的"顶层"。非基础层面，就是在基础层面基础上推出的一些具体制度、措施，基于同样的公正理由而调节收入差距。

从分配效果上看，如果基础层面缺乏公正，由于当初制度设计的偏差，导致收入差距过大，那么，在非基础层面的许多办法就会部分失灵，甚至不起作用，或起相反作用。例如，不同行业间收入差距过大，同行业内部不同层级之间收入差距过大，都属于这种基础层面收入分配的制度性不公。面对这种差距，一些非基础层面的调节办法，往往不能触动高收入者分毫，却让一般收入者很受伤。因而，要确保收入分配公正，首先要注重在基础层面的改革，搞好这个"顶层设计"，才能从源头上保证收入分配的公正性，同时也保证非基础层面的调节手段起到显著作用。

这个"顶层设计"就是，一方面对居民收入进行"提低、扩中、限高"，另一方面对腐败性收入、灰色收入等进行制度性矫正。显然，这样的"顶层设计"，必须先有效破解两大难题。首先是如何科学兼顾公平与效率问题。这其实是个老问题，在这些年来的实践中，收入分配的天平逐渐在向公平这一边加重。之所以成为难题，就在于这个度不好把握，难以科学界定。比如，国内某一个行业，与其他行业相比，收入很高，但与国外行业相比，却不算高。把它的收入限制得太厉害，人才可能流失。公平与效率问题，说到底还是有没有充分市场化的问题。市场这只看不见的手，在决定收入分配方面，同样起着基础性作用。另一个难题是，有没有勇气打破既得利益格局。收入分配改革，在相当程度上是一场利益调整，

---

① 夏锋：《改革收入分配制度关键在政府转型》，《上海证券报》2011年1月20日。

动人家的奶酪，人家当然会不高兴，但若不动，又会积重难返。这就需要妥协、平衡与协调，求取"最大公约数"，同时也更需要智慧。"我们不仅要把蛋糕做大，而且要把蛋糕分好，要让每一个人都分享改革开放的成果。"本着这样的价值取向而孜孜以求，对于收入问题，民众也许就不再纠结。

党的十八大报告指出："实现发展成果由人民共享，必须深化收入分配制度改革，努力实现居民收入增长和经济发展同步、劳动报酬增长和劳动生产率提高同步，提高居民收入在国民收入分配中的比重，提高劳动报酬在初次分配中的比重。初次分配和再分配都要兼顾效率和公平，再分配更加注重公平。完善劳动、资本、技术、管理等要素按贡献参与分配的初次分配机制，加快健全以税收、社会保障、转移支付为主要手段的再分配调节机制。深化企业和机关事业单位工资制度改革，推行企业工资集体协商制度，保护劳动所得。多渠道增加居民财产性收入。规范收入分配秩序，保护合法收入，增加低收入者收入，调节过高收入，取缔非法收入。"①

党的十八届三中全会通过的《中共中央关于全面深化改革若干重大问题的决定》又再次强调：要"形成合理有序的收入分配格局。着重保护劳动所得，努力实现劳动报酬增长和劳动生产率提高同步，提高劳动报酬在初次分配中的比重。健全工资决定和正常增长机制，完善最低工资和工资支付保障制度，完善企业工资集体协商制度。改革机关事业单位工资和津贴补贴制度，完善艰苦边远地区津贴增长机制。健全资本、知识、技术、管理等由要素市场决定的报酬机制。扩展投资和租赁服务等途径，优化上市公司投资者回报机制，保护投资者尤其是中小投资者合法权益，多渠道增加居民财产性收入。完善以税收、社会保障、转移支付为主要手段的再分配调节机制，加大税收调节力度。建立公共资源出让收益合理共享机制。完善慈善捐助减免税制度，支持慈善事业发挥扶贫济困积极作用。规范收入分配秩序，完善收入分配调控体制机制和政策体系，建立个人收入和财产信息系统，保护合法收入，调节过高收入，清理规范隐性收入，取缔非法收入，增加低收入者收入，扩大中等收入者比重，努力缩小城乡、区域、行业收入分配差距，逐步形成橄榄型分配格局。"②

第一，深化收入分配制度改革，基本方针是正确处理效率和公平的关

---

① 胡锦涛：《在中国共产党第十八次全国代表大会上的报告》，新华网，2012 年 11 月 17 日。
② 《中共中央关于全面深化改革若干重大问题的决定》，《人民日报》2013 年 11 月 18 日。

系，目标是缩小收入分配差距。党的十八大报告在以保障和改善民生为重点部署社会建设时，鲜明提出要千方百计增加居民收入，"努力实现居民收入增长和经济发展同步、劳动报酬增长和劳动生产率提高同步，提高居民收入在国民收入分配中的比重，提高劳动报酬在初次分配中的比重"，阐明了深化收入分配制度改革的基本方向。初次分配，一般是指生产成果在劳动、资本、技术、管理等要素之间，按贡献份额进行分配的过程；再分配是指国家通过税收、财政转移支付、各类社会保障和社会救助等对初次分配结果进行调节的过程。根据党的十八大报告关于"初次分配和再分配都要兼顾效率和公平，再分配更加注重公平"的要求，深化收入分配制度改革，一定要坚持社会主义市场经济体制下的收入分配导向，既应有利于调动经济活动参与者积极性、提高经济效率，也应相对公平地保证所有社会成员最基本的生活需要，特别在再分配环节上实行更加注重公平的政策举措，来补充初次分配中可能因生产要素占有不公平所导致的"短板"，形成缩小收入分配差距的长效机制。

第二，深化收入分配制度改革，重点任务是形成制度完善、调控有效、比例合理、关系协调的收入分配格局，整顿和规范收入分配秩序。为此，按照党的十八大报告的总体要求，一是要在"完善劳动、资本、技术、管理等要素按贡献参与分配的初次分配机制"方面，按照市场机制调节、企业自主分配、平等协商确定、政府监督指导的原则，深化企业工资制度改革，推行企业工资集体协商制度，形成反映劳动力市场供求关系和企业经济效益的工资决定机制和增长机制。二是要在"加快健全以税收、社会保障、转移支付为主要手段的再分配调节机制"方面，要强化政府责任，合理运用税收政策工具，减轻中低收入者税负，加大对高收入者税收调节力度，不断健全公共财政体系，提高公共服务支出在财政支出中的比重，加大社会保障投入，大幅提高居民转移性收入，重点向基本公共服务均等化倾斜，确保低收入者收入水平稳步提高。三是要在"规范收入分配秩序"，在保护合法收入、增加低收入者收入、调节过高收入、取缔非法收入方面，要通过健全法律法规，强化政府监管，加大执法力度，重视信息监测等方式，形成公开透明、公正合理的收入分配秩序，加快扭转收入差距扩大趋势。

（3）收入分配改革应当从个税改革开始。一个良好的税收制度，既可为市场主体创造公平、宽松的环境，也可调节收入差距和合理配置社会资源，还可以在维持财政稳定增长的同时促进经济良性循环。

总体来说，我国已经基本建立起了一套比较合理的税收制度，这套制度在促进经济发展方面，起到了良好的积极促进作用。但一些税收制度的缺陷和不合理性也很明显。无论是增值税、营业税，还是资源税、房产税，都存在优化和改进的空间。目前就有这么一个税种，虽然民众呼吁很久，改革也确实迫在眉睫，但始终未见动静，这就是个人所得税。无论是调起征点、调税率，还是改税制，在收入分配改革提上议事日程的今天，个税的改革再次成为关注的焦点。

国家发改委财政金融司司长徐林于 2010 年 8 月 24 日在一个论坛上就明确表示，目前，我国个人所得税的征收体制有很多缺陷。征收机制是通过工作单位在工资发放单位代缴的，并没有考虑每个人实际负担的人口，一部分人承担的个人所得税偏高。国家发改委社会发展研究所所长杨宜勇则在央视《面对面》节目中也建议，个税应从过去的分向征收向综合征收转向。综合征收是指以一家人为单位计算征收。应通过体制改革和制度建设，改变"分蛋糕"的方式，让居民吃到更多的"蛋糕"。

这种个税改革的呼声，有一个大背景，即收入差距的日益扩大。国家统计局发布的基尼系数已经超过了 0.49，全球不超过 10 个国家存在如此严重的收入分配差距。而根据经济学家王小鲁的最新研究成果，隐性收入占 GDP 近三分之一，实际基尼系数将可能远远高于 0.49，真实贫富差距着实到了令人警惕的地步。

不合理的个税制度，或许会成为一个逆向调节器，加大这种贫富差距。目前的个人所得税制，是对纳税人的各项收入分类，分别征收、各个清缴。这样，客观上造成了收入来源单一的工薪阶层缴税较多，而收入来源多元化的高收入阶层缴税较少的问题。同时，个税对所有纳税人实行"一刀切"，没有考虑纳税人的家庭负担是否过重、家庭支出是否过大的问题。例如，2008 年的个人所得税中，中低收入阶层的纳税额占税收总额的 65% 以上，而高收入者的纳税额占税收总额只有 30% 左右，一些高收入者往往成为逃税大户。很明显，税制结构不合理是造成贫富分化不断加剧的原因之一。

为了缩小贫富差距，在初次分配改革中，偏向劳动收入是必要的。同时也需要从二次分配着手，而个税改革就是一个很好的切入点。个税改革转向以家庭为单位征收个税，相比较于简单提高个税起征点，更能立竿见影地让税收结构趋于合理。这亦是多数国家从分类征收到综合征收的改革目标的必然之路。

目前，以家庭为单位的综合征收之所以迟迟未能出台，是因为不少人认为条件不成熟。根据中国人民大学安体富教授的研究，综合征收必须具备以下条件：在全国范围内，普遍采用纳税人的永久税号；个人报酬完全货币化，杜绝实物分配和实物福利；建立联网制度，将税务的网络与银行及其他金融机构、企业、工商、海关等机构联网等。

在我们看来，若想以家庭为单位征收，会存在以下困境：首先，怎样才能准确收集家庭总收入数据，这是确定税率对应的前提。面对数以亿计的家庭，企图通过诚实申报方式获得家庭总收入，基本是不可能的。尤其是灰色收入家庭的真实收入，更是不可能如实申报。再者，税前扣除额的确定十分困难。在二元结构十分明显的中国，家庭负担准确核定十分困难，尤其是在流动性人口规模如此庞大的背景下，"家庭"的概念认定本身就存在问题。最后，按家庭征收，代扣代缴随之退出舞台，比原先面对的程序更为复杂，远远超出目前税务部门的管理能力，个税征收成本只会更高。

这些难题的存在，关键在于信息系统不完善。在国家花大量钱财投入基础建设的时候，我们不应忘记，整个社会的信息系统，才是更关键的基础设施。这个系统不建立，无论是社会数据的收集、诚信建设、社保体系的完善，还是对腐败的监管，都无从谈起。当然，个税改革只是缩小收入差距的一环，在整个收入分配改革的大战略背景下，我们应该首先走好这一步。

中国社会科学院财政与贸易经济研究所2011年6月29日发布名为《个人所得税：迈出走向"综合与分类相结合"的脚步》的报告称，应尽快启动个人所得税的"综合与分类相结合"改革，使之担负起调节居民收入分配的重任。报告称，我国现行个税实行的是分类所得税制，它名义上是一个税种，实质上可以分为工资薪金所得、个体工商户生产经营所得、劳务报酬所得等11个征税项目，每个项目采取不同的计征办法、适用不同的税率，这种税制安排，优点是便于征管，可以从源征税，代扣代缴，但缺陷是不利于调节居民收入分配差距。报告副主编、社科院财贸所税收室主任张斌介绍，我国个税改革目标在20世纪90年代中期已经确定，那就是实行"综合与分类相结合"的制度，其突出特点就是个人除一部分特殊收入项目外，其余所有的收入项目都须在加总求和的基础上，一并计税。报告还称，我国个税目前牵涉的几乎所有矛盾和问题，都需在"综合与分类相结合"的改革框架内求得解决，所以应尽快推进个税在税制安排、税收征管在内的革命性变化，让建立在综合计税基础上的个税制度"落户"中国，这已经成为迫在眉睫之举。①

---

① 《中国现行个税税制不利调节收入分配差距 改革迫在眉睫》，新华网，2011年6月29日。

6. 大力推进和实施积极的收入分配政策

（1）确立并实施积极的收入分配政策的必要性、可行性。收入分配政策是指国家为实现宏观调控总目标和总任务，针对居民收入水平高低、收入差距大小在分配方面制定的原则和方针。偏紧的收入分配政策会抑制当地投资需求等，造成相应的资产价格下跌；而偏松的收入政策则会刺激当地投资需求，支持资产价格上涨。收入分配政策除了影响总体收入水平之外，还会直接影响一个经济体的收入分配结构，例如，当不同社会群体之间的收入差距加大时，私人银行业务的发展空间凸显。

所谓积极的收入分配政策，就是指政府通过发展经济、转变经济发展方式和调整经济结构，系统改革收入分配制度，消除经济社会体制制约收入分配的弊端以及采取一系列相关政策措施，合理调整国民收入分配结构，较快提高居民收入和劳动者报酬水平，遏制并缩小各方面不合理、不公平收入差距，整顿分配秩序，规范分配行为，促进全体居民更好地同步共享经济发展和社会进步的成果。在初次分配领域，调整政府、企业与居民的分配关系，着力提高居民收入、劳动报酬两个比重，在二次分配领域，着重调整税收政策，降低中低收入群体的税负，适时开征遗产税、赠予税和房产税、物业税等。

确立并实施积极的收入分配政策，我们具有必要的经济承受能力，只有提高居民收入才能真正启动扩大内需，只有遏制不合理、不公平收入差距才能化解由此引发的诸多社会矛盾。目前，确立并着手实施积极的收入分配政策既具有必要性，又具有可行性。

从必要性来看，一是贯彻落实党的既定方针的迫切需要。党的十六大以来，数次中央全会都提出并健全了一系列收入分配改革方针，如城乡居民收入倍增计划、"提低、扩中、限高"、提高两个比重、建立职工工资正常增长机制等，这些方针政策亟待贯彻落实。二是顺应民心的迫切需要。近年来，收入分配问题是老百姓高度关注、社会各界聚焦的重大民生问题之一，在近年来的两会期间和近期民意调查中均排在前位，我们党的执政宗旨和理念是立党为公、执政为民，必须把解决人民群众最关心、最现实、最直接的民生问题放在首要位置。三是抓紧解决收入分配问题的迫切需要。近些年来，居民收入、劳动报酬两个比重持续下降，城乡、地区、行业、群体之间收入差距继续扩大，分配秩序混乱状况未有好转，近期部分地方出现的因工资低引发的停工、怠工等现象，这些都表明分配问题必须抓紧解决。四是调整经济结构、促进化解社会矛盾的迫切需要。胡锦涛在2010年年初即明确提出要把调整国民收入分配结构放在调整经济结构的首位，只有提高居民收入才能真正启动扩大内需、刺激消费、促进生产；只有遏制不合理、不公平的收入差距才能化解由此引发的诸多社会矛盾。习近平总书记也指出，收入分配是民生之源，是改善民生、实现发展成果由人民共享最重要最直接的方式。要深化收入分配制度改革，努力实现劳动报酬增长和劳动生产率提高同步，完善以税收、社会保障、转移支付为主要手段的再分配调节机制，完善收入分配调控体制机制和政策体系。保护合法收入，调节过高收入，清理规范隐性收入，取缔非法收入，增加低收入者收入，扩大中等收入者比重，努力缩小城乡、区域、行业收入分配差距，逐步形成橄榄型分配格局。①

从可行性来看，首先，我们具有必要的经济承受能力。2014年我国人均GDP约为7485美元，在全球处于第86位；② 2014年全国居民人均可支配收入20167元，③ 进入中等偏上收入国家行列，而我国的国民收入"大蛋糕"中，居民收入和劳动报酬比重大约分别只占57%和47%左右，且呈持续下降趋势，需要从"大蛋糕"中调整分配给居民和劳动者一部分；另据国家统计局1998年至2007年数据分析，全国国有及规模以上非国有工业企业的全员劳动生产率提高了1.33倍，而同期，全部企业职工的平均工资仅提高0.83倍。因此，总体上具备提高劳动者收入的承受能力。④

其次，我们有仍可保持较快的经济增长速度作为深化收入分配改革的经济发展基础。"十二五"时期，我国经济总体上仍处于继续向上发展阶段，继续保持年均8%左右的增长速度，而且，随着经济发展方式、经济结构的调整，经济发展质量好于"十一五"时期，这将确保今后能够继续做大"蛋糕"，为可持续分好"蛋糕"提供物质基础。

再次，我们有解决相关民生问题的政策为支撑。近十多年来，我们先后确立并实施了积极的和更加积极的就业政策，较好解决了我国这些年面临的重大就业难题，整体上保住了民生之本；同期，城乡社会保障制度建设也取得了长足进展，这为我们解决收入分配问题提供了有利条件，也符合先保就业和基本生活，再解决分配问题、改善生活的先后顺序。

最后，我们有相关经济政策和经济社会改革发展相促进的良好环境。

---

① 习近平：《习近平总书记系列重要讲话读本》，学习出版社、人民出版社2014年版，第114页。
② 《2014年我国人均GDP约为7485美元 已有7省市破万》，观察者网，2015年1月20日。
③ 《2014年我国居民人均可支配收入突破2万元》，新华网，2015年1月20日。
④ 苏海南：《确立并实施积极的收入分配政策》，《中国经济时报》2010年10月18日。

近期，我国将继续实行积极的财政政策和较宽松稳健的货币政策；"十三五"期间，我国城镇化进程和产业结构调整将可望取得较大进展；同期，我国经济社会体制将深化改革，进一步消除影响收入分配的弊端，这些都将为理顺分配关系、规范分配秩序等提供有利环境。

（2）深化收入分配制度改革的总体要求和目标方向。国务院批转的《关于深化收入分配制度改革的若干意见》在分析当前形势基础上，全面阐述了下一步深化收入分配制度改革的总体要求和方向，提出两个"坚持"（坚持按劳分配为主体、多种分配方式并存，坚持初次分配和再分配调节并重）、三个"重点"（继续完善劳动、资本、技术、管理等要素按贡献参与分配的初次分配机制，加快健全以税收、社会保障、转移支付为主要手段的再分配调节机制，以增加城乡居民收入、缩小收入分配差距、规范收入分配秩序为重点）、四个"目标"（城乡居民收入实现倍增、收入分配差距逐步缩小、收入分配秩序明显改善、收入分配格局趋于合理）。在总体要求中，明确要在发展中调整收入分配结构，着力创造公开公平公正的体制环境，强调要坚持初次分配和再分配调节并重，体现了初次分配以市场为基础、注重效率、创造机会公平的竞争环境，再分配以政府为主导、更加注重社会公平的原则。《若干意见》从初次分配、再分配、农民增收和分配秩序等四个方面，提出了30条政策措施，积极回应了社会关注的热点难点问题。如：促进就业机会公平，促进中低收入职工工资合理增长，建立健全国有资本收益分享机制，完善公共资源占用及其收益分配机制，更多财力用于保障和改善民生，完善高收入者个人所得税的征收、管理和处罚措施，加大扶贫开发投入，规范收入分配秩序等。

对于收入分配改革的方向，目前学术界的共识是"提低、扩中、限高"。这里的"低中高"是按年收入界定的。"低"是指贫困人口、低收入人群，收入最低的10%—20%的人群；"高"是指收入最高的10%的人群；"中"就是中间那部分人，而且要尽量使低收入人的收入达到中等收入水平。"提低"，主要通过健全社会保障体系等，重点提高农民、城乡贫困居民、企业退休人员和低收入工薪劳动者这四部分人的所得。"扩中"，就是要减税，减轻中等收入人群的税负；减税，一方面是对中小企业减税，促进中小企业发展，壮大中产阶级规模。另外还要降低个人所得税的税率。目前，个人所得税主要是中产阶级负担，降低税率是整个社会的期望和要求。"限高"主要是规范国有企业高管薪酬。"限高"时，要区分两种"高"收入人群。一种是合法经营收入，比如企业老板的合法经营所得，受到法律保护且应该得到政策鼓励的。另一种是非法收入、腐败收入等。要根据不同收入来源，采取相应政策。如果高收入来自腐败，则加大反腐力度；如果是灰色收入，则要加大财产公开力度。另外要考虑怎样使税收发挥更大作用，比如建立税收核查制度，防止逃税漏税。

第一，树立正确的收入分配理念。要改变把收入分配单纯看作成本投入，看不到分配决定消费进而促进生产、交换的观念；改变把收入增长与扩大就业和经济发展等对立起来的观念，为确立积极的收入分配政策奠定思想认识基础。

第二，明确收入分配改革的总体要求和主要目标。国务院批转的发展改革委、财政部、人力资源社会保障部《关于深化收入分配制度改革的若干意见》提出的总体要求是："坚持按劳分配为主体、多种分配方式并存，坚持初次分配和再分配调节并重，继续完善劳动、资本、技术、管理等要素按贡献参与分配的初次分配机制，加快健全以税收、社会保障、转移支付为主要手段的再分配调节机制，以增加城乡居民收入、缩小收入分配差距、规范收入分配秩序为重点，努力实现居民收入增长和经济发展同步，劳动报酬增长和劳动生产率提高同步，逐步形成合理有序的收入分配格局，促进经济持续健康发展和社会和谐稳定。"

主要目标是：（1）城乡居民收入实现倍增。到 2020 年实现城乡居民人均实际收入比 2010 年翻一番，力争中低收入者收入增长更快一些，人民生活水平全面提高。（2）收入分配差距逐步缩小。城乡、区域和居民之间收入差距较大的问题得到有效缓解，扶贫对象大幅减少，中等收入群体持续扩大，"橄榄型"分配结构逐步形成。（3）收入分配秩序明显改善。合法收入得到有力保护，过高收入得到合理调节，隐性收入得到有效规范，非法收入予以坚决取缔。（4）收入分配格局趋于合理。居民收入在国民收入分配中的比重、劳动报酬在初次分配中的比重逐步提高，社会保障和就业等民生支出占财政支出比重明显提升。①

可考虑采取三步走战略，第一步，"十二五"期间，着力"提低控高"，坚决控制收入分配差距扩大趋势，初步规范分配秩序；第二步，"十三五"期间，继续"提低控高"，同时加快扩大中等收入者群体，基本健全新型收入分配体系，整体缩小收入分配差距，实现全面小康；第三步，2020 年以后，完善收入分配体系，健全新型收入分配机制，全面理顺分配关系，形成"橄榄型"分配格局，逐步实现高水平的共同富裕。

---

① 《国务院批转收入分配制度改革意见》，中国政府网，2013 年 2 月 5 日。

（3）深化收入分配制度改革的重点。目前收入分配改革总体方案的核心内容是，按照"提低、扩中、调高"基本思路，努力提高城乡居民收入在国民收入分配中的比重，提高劳动报酬在初次分配中的比重。按照收入分配改革中提高"两个比重"的大方向，一方面提高劳动报酬在初次分配中的比重，具体的措施是通过建立最低工资制度、职工工资集体协商制度、建立工资正常增长机制，来实现劳动报酬增长和劳动生产率提高同步；另一方面提高居民收入在国民收入分配中的比重，具体的政策措施包括深化财税体制改革、推进基本公共服务均等化、完善社会保障制度等。具体的措施是，实施更加积极的就业政策，建立健全职工工资的正常增长机制，推动城乡基本公共服务均等化，加强对垄断行业工资总额和工资水平的双重调控，加大税收对收入差距的调节力度，加快完善社会保障体系，促进农民持续增收，规范收入分配秩序等。另外，由于国内收入分配的失衡，牵涉到诸多深层次、结构性的体制矛盾，仅靠收入分配改革总体方案也不能解决所有问题，下一步更为重要的是，相关部门要尽快制定和完善与收入分配改革方案相配套的政策措施。在中央政府《意见》的基础上，有关部门及各级地方政府要尽快研究制定并实施积极的收入分配政策。

第一，要继续完善初次分配机制。完善劳动、资本、技术、管理等要素按贡献参与分配的初次分配机制。实施就业优先战略和更加积极的就业政策，扩大就业创业规模，创造平等就业环境，提升劳动者获取收入能力，实现更高质量的就业。深化工资制度改革，完善企业、机关、事业单位工资决定和增长机制。推动各种所有制经济依法平等使用生产要素、公平参与市场竞争、同等受到法律保护，形成主要由市场决定生产要素价格的机制。（1）促进就业机会公平。（2）提高劳动者职业技能。（3）促进中低收入职工工资合理增长。（4）加强国有企业高管薪酬管理。（5）完善机关事业单位工资制度。（6）健全技术要素参与分配机制。（7）多渠道增加居民财产性收入。（8）建立健全国有资本收益分享机制。（9）完善公共资源占用及其收益分配机制。调整初次分配的核心是政府减税、资方让利、劳动者所得提高，目的是促使三方之间利益分配结构趋向合理，但由于初次分配涉及问题很复杂，所以在一定的时期内，只能是采取小步渐进的方案逐步推进。据悉，人社部正在制定《工资条例》《工资集体协商规定》《劳务派遣规定》等，其核心内容是企业的效益要和职工工资挂钩，并在企业内部力求实现同工同酬；国资委则在研究出台《央企社会责任管理指引》，要求大型央企定期发布企业社会责任报告，以此来推动央企履行社会责任。

第二，加快健全再分配调节机制。加快健全以税收、社会保障、转移支付为主要手段的再分配调节机制。健全公共财政体系，完善转移支付制度，调整财政支出结构，大力推进基本公共服务均等化。加大税收调节力度，改革个人所得税，完善财产税，推进结构性减税，减轻中低收入者和小型微型企业税费负担，形成有利于结构优化、社会公平的税收制度。全面建成覆盖城乡居民的社会保障体系，按照全覆盖、保基本、多层次、可持续方针，以增强公平性、适应流动性、保证可持续性为重点，不断完善社会保险、社会救助和社会福利制度，稳步提高保障水平，实行全国统一的社会保障卡制度。（1）集中更多财力用于保障和改善民生。（2）加大促进教育公平力度。（3）加强个人所得税调节。（4）改革完善房地产税等。（5）完善基本养老保险制度。（6）加快健全全民医保体系。（7）加大保障性住房供给。（8）加强对困难群体救助和帮扶。（9）大力发展社会慈善事业。

第三，建立健全促进农民收入较快增长的长效机制。坚持工业反哺农业、城市支持农村和多予少取放活方针，加快完善城乡发展一体化体制机制，加大强农惠农富农政策力度，促进工业化、信息化、城镇化和农业现代化同步发展，促进公共资源在城乡之间均衡配置、生产要素在城乡之间平等交换和自由流动，促进城乡规划、基础设施、公共服务一体化，建立健全农业转移人口市民化机制，统筹推进户籍制度改革和基本公共服务均等化。（1）增加农民家庭经营收入。（2）健全农业补贴制度。（3）合理分享土地增值收益。（4）加大扶贫开发投入。（5）有序推进农业转移人口市民化。

第四，推动形成公开透明、公正合理的收入分配秩序。大力整顿和规范收入分配秩序，加强制度建设，健全法律法规，加强执法监管，加大反腐力度，加强信息公开，实行社会监督，加强基础工作，提升技术保障，保护合法收入，规范隐性收入，取缔非法收入。（1）加快收入分配相关领域立法。（2）维护劳动者合法权益，健全工资支付保障机制。（3）清理规范工资外收入。（4）加强领导干部收入管理。（5）严格规范非税收入。（6）打击和取缔非法收入。（7）健全现代支付和收入监测体系。①

第五，要将收入分配改革政策纳入各级政府工作计划，组织推动收入分配改革工作深入进行。政府有关主管部门要抓紧研究制定各项积极的初

---

① 《国务院批转收入分配制度改革意见》，中国政府网，2013年2月5日。

次分配政策、积极的再分配政策，继续贯彻更加积极的就业政策，进一步健全社会保障政策、教育政策、技能开发政策等；加快制定有利于收入分配的产业、金融、外贸支持政策以及城镇化政策等，使之相互衔接相互促进。同时，要切实抓好贯彻执行。

（4）深化收入分配制度改革的难点。第一，大力推进收入倍增计划的如期实现。国民收入倍增计划，最初来自日本从60年代到70年代搞的"国民收入倍增计划"，目的是为了推动日本经济的发展。从国际经验看，日本在20世纪60年代初，面临着与我们当前同样的转变经济发展方式的挑战。日本适时地推出了国民收入倍增计划并得到有效执行，其后十年，日本国民收入年平均实际增长率达11.5%，形成了近亿人的中等收入群体，使日本有效地转变成为一个消费社会。

中共党的十八大报告提出"2020年实现国内生产总值和城乡居民人均收入比2010年翻一番"，这是中国版的"国民收入倍增计划"。居民收入倍增目标明确纳入党的报告在我国还是第一次。根据国家统计局的数据，2010年中国城镇居民人均可支配收入为19109元，农村居民人均纯收入为5919元。据悉，2010年中国城乡居民人均收入均比2000年翻了一番多，相信未来几年也同样能够实现收入翻一番。这不仅是经济学界的共识，很多老百姓也坚信"翻一番"能够实现。通常，GDP或人均收入保持年均增长7.2%左右，即可实现十年翻一番。因此，经济学家常修泽认为，到2020年再次实现收入倍增不是遥不可及的，年均增速保持在7%—7.5%之间即可达到。

十八大报告提出，要千方百计增加居民收入。实现发展成果由人民共享，必须深化收入分配制度改革，努力实现居民收入增长和经济发展同步、劳动报酬增长和劳动生产率提高同步。提高居民收入在国民收入分配中的比重，提高劳动报酬在初次分配中的比重。多渠道增加居民财产性收入。十八大提出的居民收入分配翻番的目标，就是中国版的收入倍增计划。如果这一计划能够实现，将形成的中等收入人群，恐怕会有5亿—6亿，这不仅成为我国经济可持续增长最坚实的基础，而且也将成为世界经济增长最为重要的动力之一。要实现中国版收入倍增的目标，需要在收入分配改革上有重大突破。应当说，只要明确了方向，下定了决心，有了顶层设计，突破口很多。收入分配的各个环节，都可以成为改革的突破口。例如，明确约束和限制财政增长的速度，使居民收入占比有更多的提升空间；再例如，加快资本市场改革，使城乡居民能够真正享受到财产性收入。一句话，目标已然明确，关键看行动。

财政部财政科学研究所副所长刘尚希曾表示,"收入翻番"的收入,应该是指实际的人均可支配收入,GDP翻番的情况下,按照现在的政策取向,居民收入应该不止翻一番(2012年11月19日《人民日报》)。有人测算,GDP年均增速达到7.1%左右,人均收入年均增速7%左右,未来几年就可以实现收入翻一番。再加上收入分配改革的"提低"、"扩中"以及减税、推进工资集体协商等举措,收入不止翻一番很有可能变成现实。但问题是,收入翻一番显然是指人均收入翻一番,而不是指各个群体收入都翻一番。如果人均收入翻一番的话,不能让高收入群体收入翻一番。因为,高收入群体收入翻一番那就意味着收入差距继续扩大。而且,人均收入翻一番很可能是被高收入群体收入拉高的,中低收入者收入并没有真正翻一番。也就是说,高收入群体未来几年的收入增长幅度要有明确的控制目标,以免低收入群体收入"被增长"。很显然,高收入群体获得收入的机会要远远多于中低收入群体。如何实现收入机会平等,尤其是机会向弱势群体倾斜,是缩小收入差距的关键。更重要的是,居民人均收入主要是指工资收入,其实,拉大贫富差距的真正"凶手"是财产性收入,如房产。可见,对于高收入群体的财产性收入,更应该明确控制目标。真正需要收入翻一番的人群是中等收入者。一个合理的社会形态应该是中等收入者占多数的"橄榄型"社会结构模式。但在我国却是一个"哑铃型"的社会结构模式。只有让中等收入者收入翻一番,中国才有望变成"橄榄型"社会。这也是收入分配改革"扩中"的目的。

在笔者看来,更应该明确收入增长目标的人群是低收入者。对于低收入者,由于已经丧失了很多机会,没有公平享受经济发展成果,再加上低收入者收入相对单一,那么在确定低收入者收入增长目标时,就不能是翻一番,而应该是翻两番甚至翻三四番,才有希望缩小收入差距和贫富差距。坦率地说,实现人均收入翻一番的目标并不难,但要控制高收入阶层收入增长,让低收入群体收入多翻几番却很难。原因并不复杂,高收入阶层已经具备了继续保持收入快速增长的基础和条件,而低收入者收入翻几番只能依靠政府,考虑到财政负担等问题,政府为低收入者增加收入毕竟是有限的、缓慢的。一言以蔽之,在明确城乡居民人均收入翻一番这个目标的同时,也要明确社会各个群体的工资收入和财产收入增长目标,特别是要明确中低收入者收入增长目标。只有如此,收入分配改革才能有目标、有方向、有重点。财政部学者所说的"居民收入应该不止翻一番",应该是指中低收入者,而不应该指高收入者。

苏海南认为,收入倍增计划首先是一个宏观设想,它的具体操作是一个复杂的系统工程，需要一系列的政策来做配套，现在这些相关政策还在研究考虑之中。简单来说，就是对在初次分配领域中总的还是要遵循市场经济机制来发挥基础性作用。首先确定一个量化目标，这些量化目标可以考虑分解到各个省市，各个省市提出各地的经济发展以及居民收入劳动报酬增长的计划，在这样的指标的引导下，对于非公有制企业主要的还是要通过劳资双方工资集体协商来加以实现，其中的依据之一就是当地的工资增长指导线会根据前面已经说的各地提出来的居民或者是劳动报酬增长的计划指标提出相应的年度工资增长的指标，工会系统加大工人的维权力度。小企业采取区域性、行业性工资平等集体协商的方式，由一些外部派过去的工资集体协商指导员代表工人与资方进行协商谈判，争取工资按照相关的指标安排来合理地增长。这是在初次分配领域主要采取的措施，还有一个就是当地的最低工资标准也会根据工资倍增计划的相关指标的牵引作出适当的、适时的、适度的调整和提高，从而促进低收入者工资水平得到相应的提高。①

第二，缩小收入分配差距的重点是"提低、扩中、调高"，要抓住重点深化改革。从2002年中共党的十六大首次提出"提低、扩中、调高"（规范分配秩序，合理调节少数垄断性行业的过高收入，取缔非法收入。以共同富裕为目标，扩大中等收入者比重，提高低收入者收入水平），历经十七大（保护合法收入，调节过高收入，取缔非法收入）、十八大（规范收入分配秩序，保护合法收入，增加低收入者收入，调节过高收入，取缔非法收入）和十八届三中全会（保护合法收入，调节过高收入，清理规范隐性收入，取缔非法收入，增加低收入者收入，扩大中等收入者比重，努力缩小城乡、区域、行业收入分配差距，逐步形成橄榄型分配格局），收入分配改革的目标方向，一直是比较明确、确定的。

首先，"提低"是指涉及农民、城乡困难居民、企业退休人员和低收入工薪劳动者四部分人的收入提高。近期要通过一系列扶农措施包括农产品价格补贴，家电、农机下乡，特别是农民外出打工等提高农民收入；通过提高标准并发放城乡居民最低生活保障金、失业保险金、医疗救助费等，以及帮助失业者就业等多项措施来保障城乡困难居民的基本生活；通过继续提高企业退休人员退休金并统筹改革机关事业单位退休待遇制度，来缩小两方面之间的退休金差距；通过督促企业建立健全薪酬管理制度，合理确定企业劳动定额和计件单价，进一步提高最低工资标准，推行工资

---

① 《苏海南揭秘"国民收入倍增计划"具体操作步骤》，人民网，2010年6月9日。

集体协商，建立员工工资正常增长机制，对劳动密集型中小企业减免税费给予支持等，着力提高低收入企业职工主要是非公企业职工、一线生产工人、农民工等的工资收入；此外，要研究提高基层党政机关以及基层公益性事业单位工作人员的偏低工资收入。目前城乡居民收入差距继续拉大，农民增收仍然困难，要完善各项支农惠农政策，千方百计增加农民收入。大幅度增加"三农"投入，财政支出、国债资金、土地出让收入都要向农业农村倾斜。提高粮食及其他主要农产品价格，扩大涉农补贴范围、提高补贴标准。加强对农民创业的金融和财税支持，培育农民收入新的增长点。继续抓好农村扶贫工作，从根本上提高贫困地区和贫困人口自我发展能力。

其次，"扩中"就是扩大中等收入者比重。中等收入群体不仅是经济发展、社会进步的中坚力量，是扩大内需的主要创造者，更是社会和谐的主要稳定器。国内外的发展经验表明，中等收入群体是社会的"稳定器"。合理的收入分配格局，应该是高收入者和低收入者占少数、中等收入者占多数的"两头小、中间大"的橄榄型格局。深化分配制度改革、缩小收入差距，一个重要目标就是要扩大中等收入群体。陆学艺（已故中国社会学会名誉会长）认为：社会学研究表明，中等收入群体在政治上趋于理性，是支持政府的重要力量，在经济上是经济主体和稳定的消费群体，在文化上则是文化的投入者、消费者和创造者。因此，中等收入者在一个国家所占比重越大，这个国家和社会就越稳定。党的十七大明确提出了到2020年中等收入者占多数的要求。对于"中等收入者"，目前还没有明确界定标准。按世界银行的标准换算，国家统计局将年收入在6万元—50万元之间的家庭列入中等收入家庭范畴。据一些学者测算，目前我国中等收入者比重较低，距离占多数的目标还有不小距离。为此，要从多方面给力。

中国劳动学会副会长兼薪酬专业委员会会长苏海南认为，市场经济发达的国家一般是根据中等收入水平、生活质量和职业比较稳定以及拥有社会主流价值观及行为规范等来判断是否属于中产阶级。我国尚未达到形成中产阶级的阶段，只能说是中等收入者，即具备中等及以上收入、生活较富裕且收入水平、生活水平较稳定，同时职业处于社会中上等的群体。考虑到我国目前低收入群体数量大，而高收入群体和中等收入者偏少，社会成员的收入呈现偏态分布的情况，在我国不能以收入的算术平均数为标准，更不能以中位数为标准，否则可能造成中等收入的标准偏低。我认为我国中等收入的界定可考虑以社会平均收入数与65分位数相结合测算确定，即将其定位于略高于平均数的收入水平。我国中等收入者的职业特征比较明显，大中型企业、事业单位的中高层管理人员、中级及以上专业技术人员、党政机关公务员，垄断行业企业的大多数职工，律师、演员、作家，私营企业主和经营比较稳定的个体户，农村中的规模经营户等，都属于我国中等收入者的范畴。另外，中等收入者主要分布在城市，主要又以大中城市为主。如果按照前面所说高于社会平均收入水平界定中等收入者，估计我国约有1.7亿从业人员达到此水平，占全国从业者的比重为22%左右。若按从业人员平均赡养1.7个人计算，约有2.89亿居民可列入中等收入居民范围，约占全国居民总数的21%左右。中国社科院学部委员汪同三认为，扩大中等收入者比重，就是说中等收入者要成为大多数，是百分之七八十以上的人，也就意味着要使大多数人的收入都上去。培养中等收入群体，首先要从收入分配改革入手，就是要针对不同的人群、不同的阶层去制定具体的收入分配制度。总之，提高中等收入者比重是一个系统工程，需要多方面配合。①

对于如何"扩中"？苏海南认为：一是要深化收入分配制度改革。政府要充分发挥财税在收入分配中的调节作用；把制度外收入逐步透明化，坚决打击非法收入，规范收入分配秩序；引入竞争机制，推进垄断行业改革。二是"提低转中扩中"，即通过提高低收入群体的收入水平，健全社会保障体系，使其中相当部分人进入中等收入群体来"扩中"。三是调整结构"扩中、稳中"和提升中等收入群体档次，就是通过调整产业、行业、职业结构，使能够进入中等收入群体的行业、职业数量明显增加，来持续扩大中等收入群体。第四，对中小企业减税是"扩中"的重要措施之一，减个人所得税不是重要措施。前者可促进经济发展和扩大就业，同时使小微企业创业者及其雇用人员的收入有可能提高，有利于"扩中"；后者则不然。个人所得税一方面要加大对高收入者收入征税力度，缩小收入差距；另一方面要继续维持现行对低收入者免税，对中等收入者不征重税的做法；同时改变现在劳动报酬纳税多，非劳动报酬纳税少的状况，因此不是简单的减少个税。国家发改委社会发展研究所所长杨宜勇认为，"扩中"是从完善社会建设这个角度来说的，就是要"限高、促中、提低"，这体现了公平正义。因为社会上人的能力差异没有收入差异那么大，收入差距很多是由于体制不健全、不完善造成的。扩大中等收入者比重，政府要创造更加宽松的创业环境，不能过多倾向于资本，要保护劳动者权益；而劳动者个人素质也需要提高，要勇于创业；企业则不能满足于向下竞

---

① 《中央近期再次强调"扩中"专家称具现实针对性》，中国新闻网，2012年3月1日。

争，要练内功，要有自己的品牌。在国外，中等收入者都是纳税的主体，不是减税的主体。中等收入者不是靠减个税减出来的，而是要靠个人创造性的劳动。①

笔者认为，"扩中"，一是要提升劳动者技能。一般来讲，复杂劳动收入高于简单劳动，创造性劳动收入高于重复性劳动。目前，我国大量劳动者从事的是知识和技术含量较低的简单劳动、重复劳动。必须通过教育提高劳动者素质和技能，增加劳动的知识含量和创造性，使劳动者增加收入，步入中等收入者行列。特别是适应加快转变经济发展方式、调整经济结构的需要，加强职业教育和技能培训，使低技能"蓝领"成为高技能人才。二是要积极鼓励自主创业。创业是创造和积累财富的重要途径。改革开放以来先富起来的人，很多都是创业者。但总的看，我国目前自主创业人数少、比例偏低。应鼓励人们勤劳创业、实业致富，完善税收优惠、担保贷款、场地安排等扶持政策，改善创业环境，使更多劳动者成为创业者。三是要完善社会保障。有人说，"一套房子压垮一个中产"。当前，在城市特别是大城市，住房、子女教育、医疗和养老等生活成本越来越高，使工薪阶层背负巨大生活压力，制约了中等收入群体的增长。应切实加强房价调控，深化教育、医药改革，完善社会保障，使人们从"住房难"、"看病贵"等困境中解脱出来。四是要增加财产性收入。财产性收入是衡量国民富裕程度的重要指标。2011年我国城镇居民收入中，财产性收入比重不到3%，主要是利息、出租房屋收入、股息与红利收入所得。应规范和发展资本市场，保护投资者特别是中小投资者的合法权益。加强公民财产权的保护，特别是在拆迁、征地等过程中确保财产权利不受侵犯。五是要畅通社会流动渠道。对于扩大中等收入群体来说，促进合理、充分的社会流动，比经济方面的支持更加重要。应该深化户籍改革、打破身份壁垒，促进教育、就业公平，使低收入群体有平等的机会实现向上攀升的梦想。

最后，"调高"主要是通过采取包括工资调控、税收调节、规范灰色收入、打击非法收入等多种措施，调控部分企业高管的偏高、过高收入，调控国有垄断性行业企业的偏高、过高收入，调控社会某些群体如炒股、炒楼者获暴利的偏高、过高收入。通过以上措施，使低收入群体的生活得到切实改善，偏高、过高收入得到有效调控。2010年5月31日，国家税务总局发出通知，要求加大对高收入者的个税征收力度，将高收入的重要

---

① 《中央近期再次强调"扩中"专家称具现实针对性》，中国新闻网，2012年3月1日。

来源——财产转让、利息、股息、红利所得等五类高收入，纳入个税征管对象。这是通过税收手段加强收入分配调节的重要举措，对于有效调节过高收入产生了积极意义。应该说，"调高"不是简单的"抽肥补瘦"、"劫富济贫"，更不是"均贫富"，而是要通过税收等手段，使高收入群体的一部分财富交给国家，用于二次分配。当前，要进一步完善有关制度和政策，加大调节力度，既充分保护人们劳动创业的积极性、激发社会创造活力，又有效缓解收入差距过大趋势。

第三，大力整治收入分配秩序。"秩序美是所有美之最。"世间万事都要讲求规则和秩序，收入分配亦是如此。当前，分配领域的同工不同酬、滥发奖金福利、部分行业收入畸高、灰色收入大量存在等问题，都是分配秩序不规范的表现。从2011年起，国家适当提高了中央企业国有资本收益收取比例。2002—2011年，中央企业上缴税金从2926亿元增加到1.7万亿元，年均增长20%以上。由于秩序不规范产生的这些问题，无疑加剧了收入差距。必须进一步健全法律法规，强化政府监管，加大执法力度，加快形成公开透明、公正合理的收入分配秩序。

一是要限制垄断行业收入。"银行加证保（证券、保险），两电（电力、电信）加一草（烟草），石油加石化，看门也拿不少。"这种说法虽不尽准确，但反映出人们对垄断行业高收入的不满。解决这一问题，根本要靠深化改革，打破垄断，引入竞争。而对必须由国家垄断的行业和领域，应进一步调整国家和企业的分配关系，扩大国有资本经营预算实施范围、提高上交比例，更好地实现国有资本收益全民共享。特别是要对高管人员实行限薪，并严格控制其职务消费。张平（原国家发展和改革委员会主任）认为：在一些行业、领域，存在着"玻璃门"、"弹簧门"现象，看得见进不去，或者进去一半又被弹回来了，这样的现象时有发生。要出台具体的实施细则，建立公平、规范、透明的市场准入标准，深化垄断行业改革，支持民营资本进入铁路、市政、金融、能源、电信、教育、医疗等领域。

二是要坚决取缔非法收入。人们对收入差距拉大有意见，其实并不是对合理、合法的收入有意见，主要是对通过违法违规行为获得的巨额财富强烈不满。必须坚决堵住国企改制、土地出让、矿产开发等领域的漏洞。深入治理商业贿赂，严打官商勾结、走私贩私、内幕交易、操纵股市、制假售假、骗贷骗汇等非法犯罪活动，切断违法违规收入渠道。

三是要大力规范灰色收入。目前，对礼金、红包、出场费、好处费及各种名目的"福利"等形式的灰色收入，监管存在不少漏洞。应该加大规范力度,清理规范国有企业和机关事业单位工资外收入、非货币性福利等。继续在党政机关、事业单位、社会团体和国有及国有控股企业深入开展"小金库"治理工作,切断产生灰色收入的渠道。

四是要有效调节过高收入。"调高",不是简单的"抽肥补瘦",更不是"劫富济贫",而是要通过税收等方式对过高收入进行有效调节,把社会成员收入差距控制在合理范围内。应进一步发挥好个税的调节作用,根据居民工薪收入水平变化、物价影响、基本生活费开支等因素,适时进行合理调整。加大税收征管力度,严厉打击偷、逃、漏税等行为,特别是做好高收入者应税收入的管理和监控。

五是要促进收入信息公开透明。让收入透明化,是加强监管、促进分配公平的前提。应加快建立包括公民个人资料、收入、财产、住房等信息在内的收入信息数据库,建立个人支付结算体系,推进居民固定账号信用卡或支票结算制度,推动交易电子化。这样,每个人的收入及家庭负担情况都将"晒在阳光下",灰色收入、非法收入将无所遁形,逃税漏税也将失去空间。

第四,要加大治本力度,抓好配套改革。国务院批转的《关于深化收入分配制度改革的若干意见》是纲领性文件,未来还需出台配套政策措施。《意见》要求,从多渠道增加居民财产性收入、加快发展多层次资本市场、加强个人所得税调节、改革完善房地产税、促进中低收入职工工资合理增长、加强国有企业高管薪酬管理、健全促进农民收入较快增长的长效机制等方面落实和推动收入分配改革。

一方面要深化经济社会体制改革,进一步打破城乡分割的管理体制,规范矿产、土地等资源配置制度;进一步改革和规范行政管理体制,加强人大和社会各界的监督,防止权力寻租和财政资金乱用;继续打破垄断,加大扶持非公经济、第三产业发展力度;改进和完善财税体制,协调中央、地方政府事权与财权关系,推进社会诚信制度建设等,有针对性地消除收入分配不公的体制弊端根源。另一方面要加快转变经济发展方式,通过加快城镇化进程,大力发展第三产业,强化我国人力资源开发等,逐步改变我国城乡经济结构、地区经济结构、产业结构、劳动力结构不合理状况,控制并逐步消除扩大不合理收入差距的经济根源。通过抓好上述两方面工作,为实施积极的收入分配政策提供必要条件和有利环境。

中国劳动学会副会长兼薪酬专业委员会会长苏海南表示,如果经济社会体制的弊端不消除,经济结构不合理,经济发展方式中的不合理因素依然存在,则收入分配问题就不能从根本上得到解决。因此,必须要抓标本兼治和综合配套改革，包括完善基本养老保险制度、打破城乡分配管理体制、户籍制度改革、进一步打破垄断，特别是各种配置资源制度的公平化、公开化、法制化。①

《意见》提出，全面落实城镇职工基本养老保险省级统筹，"十二五"期末实现基础养老金全国统筹。分类推进事业单位养老保险制度改革，研究推进公务员养老保险制度改革。提高农民工养老保险参保率。健全城镇居民和新型农村社会养老保险制度。建立兼顾各类人员的养老保障待遇确定机制和正常调整机制。发展企业年金和职业年金，发挥商业保险补充性作用。扩大社会保障基金筹资渠道，建立社会保险基金投资运营制度。2015年1月14日，国务院发布《机关事业单位工作人员养老保险制度改革的决定》，决定适用于按照公务员法管理的单位、参照公务员法管理的机关（单位）、事业单位及其编制内的工作人员，全部实行社会统筹与个人账户相结合的基本养老保险制度。②破除了多年来被人们所诟病的机关事业单位与企业退休职工的退休待遇"双轨制"弊端，促进了社会的公平与正义。

第五，规范资本市场，保护普通资本投资者收益。《意见》指出，相关部门要多渠道增加居民财产性收入，加快发展多层次资本市场，落实上市公司分红制度，强化监管措施，保护投资者特别是中小投资者合法权益。推进利率市场化改革，适度扩大存贷款利率浮动范围，保护存款人权益。严格规范银行收费行为。丰富债券基金、货币基金等基金产品。支持有条件的企业实施员工持股计划。拓宽居民租金、股息、红利等增收渠道。进一步改革新股发行制度，堵住最大的掠夺民众的通道。新股应全流通发行，而且公众股和大小非、大小限股票的发行成本应接近。这样，大小非对市场的冲击和压力也会减少，公众股投资者的利益也不会被大小非和机构剥夺。同时改革新股询价制度，改变超高市盈率发行，改变过去在一级市场制造泡沫到二级市场掠夺的不合理现状，解决特权机构的无风险暴利、上市公司高价圈钱等弊端。制定严格的措施和规定，遏止上市公司"铁公鸡"现象，规定上市公司必须合理分红，同时控制新股发行节奏，逐步形成真正鼓励长期投资的环境。

第六，建立健全收入分配的体制机制和法律法规体系，从根本上确立

---

① 《收入分配改革多项配套政策有望出台》，网易网，2013年2月6日。
② 国务院发布《机关事业单位工作人员养老保险制度改革的决定》，人民网，2015年1月14日。

公平合理的分配制度。收入分配制度改革涉及中央与地方、政府与企业、群体与群体之间的关系，是一项极其复杂、敏感的重大改革。因此，必须站在国家达到中等发达国家水平、社会实现全面小康和共同富裕、人民更加幸福更有尊严的战略高度，充分认识收入分配制度改革的重要性、紧迫性。笔者认为，国务院批转的《关于深化收入分配制度改革的若干意见》如果能向前再跨一步，从获得国务院通过进而争取获得全国人大通过，就真正具有了国家立法的性质，具有了无可置疑的权威性和无可动摇的法律效力。在此基础上，收入分配制度改革涉及的一些领域，包括国有企业利润分配改革、垄断行业改革、社会保障制度的相应改革、综合财税配套改革和工资制度改革，等等，有的需要制定更细化的改革方案并履行立法程序（如制定《工资支付条例》《社会保障法》），有的则可以在收入分配改革方案的严格规范约束下，直接通过具体的政策措施（如将国企利润向社保基金划转权益、向公共预算调入部分收益、完善国企利润分红机制等），使改革进入实际的操作。中央社会主义学院的王占阳在《分配制度改革的成功有赖于公众参与》一文中指出，分配制度改革需要广泛、持续、有力的公众参与，要由人民代表大会制定有关市场经济、工会、最低工资、社会保障、社会保险等方面的法律制度。注重发挥协商民主的功效，广泛征求社会各界的意见和建议，凝聚共识，制定出拥有坚实民意基础、比较公正合理的改革方案。人力资源和社会保障部劳动工资研究所研究员狄煌认为，应推行工资集体协商专项立法，与《集体合同规定》一起纳入劳动关系法律体系。政府部门应放弃工资总额与经济效益挂钩的管理办法，尽快实行职工薪酬水平控制和职工薪酬总额预算管理制度，特别是完善工资水平和工资总额的双重调控管理。①

（七）加快包容性增长，需要始终追求社会公平正义

社会公平正义，就是社会各方面的利益关系得到妥善协调，人民内部矛盾和其他社会矛盾得到正确处理，社会公平和正义得到切实维护和实现。公平正义是每一个现代社会孜孜以求的理想和目标。当前在中国不公平和不公正问题还大量的存在于现实生活之中，严重地刺痛国人的心，已经成为创建和谐社会的拦路虎。公平正义是社会建设的核心价值，最具包容性特点。公平正义是人类社会的共同追求，是衡量社会文明与进步的重要尺度，也是和谐社会建设的内在要求。建设具有广泛感召力的社会主义

---

① 转引自陈亦琳《理论界关于收入分配问题的观点综述》，人民网，2011年3月7日。

核心价值体系，对于加强社会团结和睦，增强国家的国际竞争力至关重要。追求社会的公平与公正是中国人民的核心价值观。公平正义是衡量一个国家或社会文明发展的重要标准，也是我国构建社会主义和谐社会的重要特征之一。因此，要着力促进人人平等获得发展机会，建立以"权利公平、机会公平、规则公平、分配公平"这"四个公平"为主要内容的社会公平保障体系和机制，消除人民参与经济发展、分享发展成果的障碍，形成人人参与、共建共享的良好局面。

1. 权利公平是实现包容性增长的内在要求

倡导包容性增长，就国际社会来讲，所体现的是国家不论大小、贫富、强弱，都拥有平等的权利。就一国发展来说，包容性增长所体现的是社会对所有社会成员的"不偏袒性"，即不论社会成员所属阶级、阶层、社会地位、家庭背景、种族、性别及资本占有状况等因素如何，社会应赋予他们在享有参与各项社会活动方面平等的权利。因此，包容性增长内在地要求并首先体现在人们各项权利的公平上。没有权利公平，就不可能出现机会公平、规则公平和分配公平，也就不可能实现有"包容性"的经济增长。因此，推动包容性增长，就要首先着力解决权利不公平问题。

2. 机会公平是实现包容性增长的重要前提

包容性增长的核心是发展机会共享，机会公平是实现包容性增长的重要前提。机会公平既是权利公平的必然要求，又是实现权利公平的基本前提。在全球发展中，机会公平体现为各个国家、各个民族和各个地区都要获得平等的发展机会。在社会生活中，机会公平则主要表现为：一方面，都有平等的参与机会，主要体现在自由选择、职务升迁、资源利用等方面的机会平等；另一方面，都有获得平等的发展潜力、施展才干的机会，主要体现在接受教育和培训、获得信息等方面的机会平等。机会公平要求机会的开放性，使之成为每个经济体和每个社会成员生存与发展的可能性资源。倡导包容性增长，促进机会公平，最基本的是要促进起点的机会公平和发展的机会公平。在推进社会发展方面，起点和发展的机会公平是社会成员公平融入社会的前提。起点的机会公平主要是指具有相同禀赋的社会成员应拥有同样的社会起点，在起点上不应因家庭背景和财富多寡而产生不平等。发展机会公平主要是指在社会成员发展过程中，不应当有人为的或社会性的因素阻碍社会成员机会的获得和机会的实现。只有起点和发展的机会公平，社会成员才能拥有公平发展的可能性，也才能获得应有的结果公平。当然，机会公平并不是绝对的，它并不排斥社会成员的个体差异所带来的实际机会享有的差别。社会成员的个人能力素质千差万别，因而在获得机会和实现机会的实际能力方面也不相同。因此，提供同样的可能性和机遇给不同的人，结果肯定不同。也就是说，天赋能力和家庭地位会使社会成员处于不同的起跑线上。要实现机会公平，就必须采取差别对待的原则。禀赋不同的社会成员给予"不平等"的对待，这不仅不违背机会公平的原则，而正是机会公平的精义所在。

机会公平是实现包容性增长的关键环节。"现在一个比较突出的现象是，人们在努力的起点、机会和过程方面存在着明显的不公问题，比如，正常社会流动渠道的不畅，身份制，行业垄断，同工不同酬，权力寻租，国有资产向个人一方的流失，公权不恰当的扩张，等等。起点、机会和过程的不公正，必然会造成结果的不公正，导致贫富差距的迅速扩大。"[1] 应当说，当前我国社会存在的不公平问题，有相当一部分是机会不公所致。机会公平要求社会开放透明，倡导平等竞争，排除"机会垄断"，即机会应该是惠及全体社会成员。推动机会公平，实现包容性增长，要有相应政策。"在政策层面，以'包容性增长'为中心的发展战略包括三个相辅相成的支柱：一是通过高速、有效以及可持续的经济增长最大限度地创造就业与发展机会；二是确保人们能够平等地获得机会，提倡公平参与；三是确保人们能得到最低限度的经济福利。"[2] 也就是说，既要提供公平机会，又要保持公平共享，要使这两个方面有机统一于发展的过程之中。

3. 规则公平是实现包容性增长的重要保证

公平的深层意蕴就是由社会政策、制度、机制、运行等方面因素所构成的社会规则在现实社会发展阶段的合理性。规则公平所要求的是社会主体在参与经济和社会发展的过程中，面对的行为规范和行动准则必须正确地、真实地反映现实社会生活中的各种关系及其相互作用，反映经济和社会发展的趋势。这就必须避免制度政策的制定出现偏颇。也就是说，"社会公正应当是以维护每一个社会成员或是社会群体的合理利益为基本出发点，而并不意味着一定要刻意地站在哪一个特定社会群体的立场上来制定带有整体性的社会经济政策和基本制度"。[3]

在当代世界发展中，由于规则不公平导致诸多的矛盾，使经济增长缺乏应有的"包容性"。"目前的全球交往规则是以西方发达国家为主导构建

---

[1] 吴忠民：《社会公正论》，山东人民出版社 2004 年版，第 91 页。
[2] 蔡荣鑫：《"包容性增长"理念的形成及其政策内涵》，《经济学家》2009 年第 1 期。
[3] 吴忠民：《走向公正的中国社会》，山东人民出版社 2008 年版，第 29 页。

的,总体上更有利于发达国家。如果发展中国家在全球化运行规则上没有话语权和参与制定权,就不可能有全球发展公正性"①。发达国家总是按照自己的逻辑行事,如在金融危机爆发的时候,发达国家首先拿起贸易保护主义的武器,破坏他们自己一贯标榜的所谓贸易和投资自由化规则,损害他国利益。而一国之内的不公平规则,很多是由各国政府所制定的不适当的政策造成的。在我国,由于政策制度不完善而导致的规则不公平也是引发各类矛盾的重要根源。除了在城乡、区域、经济社会发展以及就业、社会保障、收入分配、教育、医疗、住房等方面缺乏相应的比较完善的制度政策外,我们目前对弱势群体的利益保障也相当薄弱,缺乏制度和政策的规范,他们的社会参与十分有限,无法充分享受发展的成果。尤其值得关注的是二元经济社会结构使社会成员在享有发展成果方面存在着巨大的规则不公平。

促进规则公平,是目前推进包容性增长迫切需要解决的问题。在现代社会发展过程中,由于社会分工日益精细、社会组织日益多样化,只有规则公平才能给社会成员以真实的公平感,才能产生普遍的社会认同和信任感,减少社会隔阂和冲突。如果规则不公平,社会生活就会缺少基本合理的遵循,社会就会存在较大的随意性和不确定性,权力和人治就会对社会公平形成侵蚀。当前,实现规则公平,最重要的就是通过完善法律制度,明确规定社会成员基本权利的限度和边界,使所有社会成员都受到一视同仁的对待。

在规则公平的前提下,才能规范和保障权利公平、机会公平、分配公平,才能提高整个社会运行效率。从本质上看,规则公平最主要的是对执政者和政府的要求,执政者和政府在实现规则公平中发挥着主导作用,对社会的管理和运作必须从权衡社会整体和长远的利益出发,公正无私地对待不同阶层社会成员的利益,并据此去建立、改革和完善社会政策和制度,形成公平的社会运行规则。

4. 分配公平是实现包容性增长的基本途径

分配公平是社会公平的理想目标,是实现包容性增长的实际体现和最终归宿。分配集中反映着社会成员的利益实现程度,涉及社会成员的收入和财富状况,决定着社会成员的基本生活水准。阿瑟·奥肯曾经指出:"收入和财富,是人们经济地位登记簿上的两项比赛分数。两项之中,收

---

① 陈忠:《全球发展公正性:伦理本质与历史建构——兼论"中国新殖民论"的实质与问题》,《中国社会科学》2010年第5期。

入更为重要，因为它提供了维持一种生活水平的基本购买力；此外，当包括资产收入时，收入分配便反映了拥有的财富。"① 这样，分配公平实际上就成为整个社会公平的根本内容和实质所在。所谓分配公平，是指每个劳动者都有获得正当利益和社会保障的权利，不因素质、知识、能力、性别等的差异而使其政治地位、经济地位、生活享受等方面产生巨大的或本质上的差异。分配公平体现着社会财富分配的合理性和平等性，因此，分配公平成为衡量经济增长有没有"包容性"的重要标志。在我国，分配不公平也已渗透到各个领域。"在初次分配领域，差距明显扩大的主要是私营部门和外资部门。随着私营经济发展、经济市场化和国际化加深，收入差距是继续扩大的趋势。而在所谓'体制内'部分，平均主义仍然普遍存在，公务员系列收入的平均主义甚至比过去还要严重，但在某些垄断行业和一般行业之间、不同地区的公务员之间，也存在着差距过大的问题。群众不满意的，主要是非法暴富者和体制不合理造成的灰色收入。"② 也就是说，我们虽然强调初次分配重效率，再分配重公平，但是在初次分配领域，由于改革政策的不完善和改革措施不到位，导致许多不平等竞争，使初次分配从源头上就发生倾斜和不公平。而对于再分配领域来说，由于集团利益、权力垄断、社会保障政策和措施不到位及不落实等情况，使再分配也出现极大的不公平。另外，长期以来经济增长方式粗放，加剧了收入不公平状况。

实现分配公平，达到发展共享，要综合考虑各种因素。分配公平在初次分配领域的体现，不是要消灭差别、实现平均，而是要确实做到使贡献与所得相一致。在初次分配领域，由于强势要素对超额利润的追逐等，使另外一些要素的贡献与所得出现失衡。比如，在现阶段我国初次分配中，资本处于强势地位，而劳动与劳动所得不相匹配，因此提高劳动在分配中的比重是分配公平必须解决的重大问题。一般来说，国民收入的初次分配主要靠市场来实现。在初次分配中必然会出现一些社会不公平现象，再加上不占有生产要素和丧失劳动能力的社会成员也需要拥有与社会发展相适应的生活水平。因此，分配公平还需要通过二次分配和三次分配来解决。因为即便排除强势要素等对分配所造成的影响，初次分配结果仍然会存在较大差别。为了避免分配上的过大差距，必须通过二次分配和三次分配来

---

① 〔美〕阿瑟·奥肯：《平等与效率》，王奔洲等译，华夏出版社1999年版，第64页。
② 王梦奎：《中国中长期发展的重要问题（2006—2020年）》，中国发展出版社2005年版，第11页。

进行必要的调节。所以，分配公平是一个包括初次分配、二次分配和三次分配的内容体系，必须全面考虑，综合平衡，才能实现社会公平的要求。实行以"按劳分配为主体"的分配原则是社会主义社会高度公平、和谐的表现。当然，尽管只有活劳动才能创造价值，但为了吸引各种生产要素参与社会创造，资本、技术和管理等这些生产要素投入获得相应的回报，也是分配公平的一种表现，在社会主义初级阶段有其存在的合理性。所以，社会主义初级阶段的分配公平仍然是有差别的公平。而真正彻底的分配公平只有到共产主义社会才能实现。在共产主义社会，实行"各尽所能、按需分配"，分配完成根据社会成员的需要，这才是完全意义上的分配公平。①

　　总而言之，做到"四个公平"，就是为了更好更快地使人民得到更多的实惠，实现自身的利益。当然，政府在实现社会的公平正义时，应该扮演主要角色。首先，政府要采取有力的调控措施保证经济社会健康、快速、公正地发展，增强政府执行公共措施的能力；其次，要加快制定有助于实现社会公平正义的法律规章，完善相关制度，政府部门要加强有关规章制度的贯彻执行力度，让社会公平正义的实现常态化、制度化。加快社会法体系建设，特别是加快审议社会救助法、住房保障法等保障公平正义的法律草案，是中国亟待解决的立法问题。有了科学合理的法律法规和相关制度，社会才能在一定的轨道上正常有序地运转，人们的行为才能符合社会公认的准则，人与人之间的关系才能得到恰当的调整和处理，整个社会才能处于比较协调、稳定、安宁、和谐的状态。

---

① 陈家付：《包容性增长与社会公平》，《学术界》2011 年第 1 期。

第六章 "五大发展理念"是指导公平与效率关系的具体行动指南①

"没有思想就没有灵魂,没有理念就没有方向。""十三五"规划建议提出:"实现'十三五'时期发展目标,破解发展难题,厚植发展优势,必须牢固树立创新、协调、绿色、开放、共享的发展理念。"② 五大发展理念体现了当代中国的发展思路,彰显着当代中国的发展信心,是关系我国当前发展全局的一场深刻变革,是当前中国经济行稳致远的根本保障。习近平总书记指出:"面对经济社会发展新趋势新机遇和新矛盾新挑战,谋划'十三五'时期经济社会发展,必须确立新的发展理念,用新的发展理念引领发展行动。古人说:'理者,物之固然,事之所以然也。'发展理念是发展行动的先导,是管全局、管根本、管方向、管长远的东西,是发展思路、发展方向、发展着力点的集中体现。发展理念搞对了,目标任务就好定了,政策举措也就跟着好定了。为此,建议稿提出了创新、协调、绿色、开放、共享的发展理念,并以这五大发展理念为主线对建议稿进行谋篇布局。这五大发展理念,是'十三五'乃至更长时期我国发展思路、发展方向、发展着力点的集中体现,也是改革开放 30 多年来我国发展经验的集中体现,反映出我们党对我国发展规律的新认识。"③

---

① 根据邓小平的社会主义本质论,社会主义应当有两大根本任务:一是解放生产力,发展生产力;二是消灭剥削,消除两极分化,最终达到共同富裕,即实现社会的公平与正义。解放生产力,发展生产力,这是个提高效率的问题,实质上就是指经济建设;消灭剥削,消除两极分化,最终达到共同富裕,即实现社会的公平与正义,这是个社会公平问题,实质上就是指社会建设。公平与效率的关系实质上主要是指社会建设与经济建设的关系。因此,本章题目所讲的公平与效率的关系,主要还是放在社会建设与经济建设的关系的视域中讲。本章的题解即是:"五大发展理念"是指导当前经济建设与社会建设的行动指南。
② 《中共中央关于制定国民经济和社会发展第十三个五年规划的建议》,新华网,2015 年 11 月 3 日。
③ 习近平:《关于〈中共中央关于制定国民经济和社会发展第十三个五年规划的建议〉的说明》,新华网,2015 年 11 月 3 日。

五大发展理念充分体现了以习近平同志为总书记的中央领导集体对共产党执政规律、社会主义建设规律和人类社会发展规律的认识达到了新高度、新境界。五大发展理念有机构成一个宏大的科学发展框架、严密的科学发展逻辑、务实的科学发展思路，相互关联、相互促进、相互支撑，使得科学发展的内涵进一步具体化，更具指导性、针对性和可操作性。创新发展揭示了如何激发新的发展动力问题，协调发展揭示了如何解决发展不平衡问题，绿色发展揭示了如何解决人与自然和谐问题，开放发展揭示了如何解决内外联动问题，共享发展揭示了如何解决社会公平正义问题。具有战略性、纲领性、引领性的五大发展理念，是"十三五"时期我国全面发展、可持续发展、有效应对各种风险和挑战、培育发展新动力、开拓发展新空间、提高发展新境界的思想保证。

理念是行动的先导。从以经济建设为中心、发展是硬道理，到发展是党执政兴国的第一要务；从坚持科学发展、全面协调可持续发展，到坚持"五位一体"总体布局，中国发展的进程，也正是思路升级、理念更新的过程。如今，站在更高起点的中国，需要以新思路寻找新动力、以新理念引领新行动。五大发展理念是对党之前经济发展理念和思想认识上的继承和深化。从发展移动互联网等新技术，到打造区域协调发展增长极；从建立用能权、排污权等初始分配制度，到推进"一带一路"建设，一系列新部署、新举措，都源于新理念的推动，更是新理念的落实。五大发展理念坚定了未来发展的理念与方向，必将引领中国经济迈入新阶段，实现新跨越。

"十三五"的各项新战略、新举措，将为经济发展开拓新空间、释放新的增长源。"十三五"规划建议明确提出优进优出战略、网络强国战略、国家大数据战略、创新驱动发展战略、藏粮战略、区域发展战略、军民融合发展战略、对外开放战略、自由贸易区战略、就业优先战略、食品安全战略、人口发展战略、人才优先战略和国家安全战略十四大战略和五十多项国家级大工程，将全面建设开放型新经济并真诚欢迎世界各国搭中国发展便车。这不仅将为中国经济发展开启新模式，也将为世界经济发展拓展新空间，提供更多新的增长源。

2015年11月15日习近平主席在二十国集团领导人第十次峰会上指出："未来5年，中国将按照创新、协调、绿色、开放、共享的发展理念，着力实施创新驱动发展战略，增强经济发展新动力，坚持新型工业化、信息化、城镇化、农业现代化同步发展；加快制造大国向制造强国转变，推动移动互联网、云计算、大数据等技术创新和应用；坚持绿色低碳发展，改善环境质量，建设天蓝、地绿、水清的美丽中国；坚持深度融入全球经济，落实'一带一路'倡议，以服务业为重点放宽外资准入领域，探索推行准入前国民待遇加负面清单的外资管理模式，营造高标准国际营商环境，打造利益共同体；坚持全面保障和改善民生，构建公平公正、共建共享的包容性发展新机制，使发展成果更多更公平惠及全体人民。所有这些，将为中国经济增长提供强大动力，也为世界经济释放出巨大需求，成为新的增长源。"①

一 "五大发展理念"的提出及其意义

发展理念是发展行动的先导，是发展思路、发展方向、发展着力点的集中体现。党的十八届五中全会于 2015 年 10 月 26 日至 29 日在北京举行。十八届五中全会强调，实现"十三五"时期发展目标，破解发展难题，厚植发展优势，必须牢固树立并切实贯彻"创新、协调、绿色、开放、共享"的发展理念。"十三五"规划建议指出："坚持创新发展、协调发展、绿色发展、开放发展、共享发展，是关系我国发展全局的一场深刻变革。全党同志要充分认识这场变革的重大现实意义和深远历史意义，统一思想，协调行动，深化改革，开拓前进，推动我国发展迈上新台阶。"全会期间，习近平总书记在关于《中共中央关于制定国民经济和社会发展第十三个五年规划的建议》的说明中介绍，这五大发展理念是"十三五"乃至更长时期我国发展思路、发展方向、发展着力点的集中体现，也是改革开放 30 多年来我国发展经验的集中体现，反映出我们党对我国发展规律的新认识。2016 年 1 月 4 日至 6 日，习近平在重庆考察时指出："创新、协调、绿色、开放、共享的发展理念，是在深刻总结国内外发展经验教训、分析国内外发展大势的基础上形成的，凝聚着对经济社会发展规律的深入思考，体现了'十三五'乃至更长时期我国的发展思路、发展方向、发展着力点。全党同志要把思想和行动统一到新的发展理念上来，崇尚创新、注重协调、倡导绿色、厚植开放、推进共享，努力提高统筹贯彻新的发展理念能力和水平，确保如期全面建成小康社会、开启社会主义现代化建设

---

① 《习近平出席二十国集团领导人第十次峰会并发表重要讲话》，新华网，2015 年 11 月 16 日。

新征程。"①

（一）习近平对"五大发展理念"的提出过程

党的十八届五中全会提出的创新、协调、绿色、开放、共享五大发展新理念，是以习近平同志为总书记的党中央在深刻总结我国 30 多年改革发展经验、科学分析国内国外经济社会发展规律基础上提出的面向未来的全新发展理念，是对中国及世界发展规律的新认识。据"学习中国"大数据库统计，十八大以来，习近平总书记用时 84 天，对国内 24 个省、市、自治区，进行了 36 次考察调研，53 次讲述五大发展理念。② 仅在 2015 年，习近平总书记就在百忙之中，用时 16 天，对云南、陕西、浙江、贵州和吉林五个省进行考察调研；用 42 天时间，8 次踏出国门，出访四大洲 10 个国家，参加 9 次国际会议，是就任国家主席以来出国次数最多的一年。2015 年习近平总书记无论是国内考察还是国外出访或出席国际会议，他无时不在传播和解读五大发展理念。③ 另外，笔者经过对新闻媒体自 2012 年党的十八大结束以来至 2016 年全国"两会"结束之前的公开报道进行全面梳理、整理研究发现（限于篇幅和精简注释的需要，不再一一用注释注明），习近平总书记对"五大发展理念"的提出、阐述与传播，次数之多、范围之广、内容之丰厚，简直无法做精准数量之统计，更无法一一全面展示，只能择其之要、各取所需分述要点而已。

1. 创新发展理念的提出过程

"创新是一个民族进步的灵魂，是一个国家兴旺发达的不竭源泉，也是中华民族最鲜明的民族禀赋。"无论是在推进改革中强调"把科技创新摆在国家发展全局的核心位置"，还是在经济转型中提出"科技发展的方向就是创新、创新、再创新"，在习近平的执政思路中，"创新"始终占据着重要位置。党的十八届五中全会提出，"坚持创新发展，必须把创新摆在国家发展全局的核心位置，不断推进理论创新、制度创新、科技创新、文化创新等各方面创新，让创新贯穿党和国家一切工作，让创新在全社会蔚然成风。"④

十八大以来，习近平总书记在数次考察调研中反复多次讲述了创新发

---

① 《习近平在重庆调研时强调：落实创新协调绿色开放共享发展理念，确保如期实现全面建成小康社会目标》，人民网 -《人民日报》2016 年 1 月 7 日。
② 《习近平 36 次国内考察 53 次讲述五大发展理念》，中国新闻网，2016 年 1 月 9 日。
③ 《2015 年习近平传播五大发展理念的足迹》，中国新闻网，2015 年 12 月 21 日。
④ 《中共十八届五中全会公报（全文）》，财新网，2015 年 10 月 29 日。

展的理念。

2013年2月4日,习近平总书记在兰州金川集团股份有限公司考察时指出:"实施创新驱动发展战略,是加快转变经济发展方式、提高我国综合国力和国际竞争力的必然要求和战略举措,必须紧紧抓住科技创新这个核心和培养造就创新型人才这个关键,瞄准世界科技前沿领域,不断提高企业自主创新能力和竞争力。"

2013年5月14日至15日,习近平在天津考察期间,来到天津滨海新区国际生物医药联合研究院,观看了该院自主研发产品展示,察看了分析测试中心、药物筛选中心等,详细了解国家创新药重大专项课题研发情况。他指出,"科技创新是提高社会生产力和综合国力的战略支撑,必须摆在发展全局的核心位置。我们要充分发挥科技资源丰富、科技人才众多的优势,建设科技创新高地,不断提高原始创新、集成创新和引进消化吸收再创新能力,促进科技和经济深度融合。"

2013年7月21日,在武汉东湖国家自主创新示范区考察时指出:"我们是一个大国,在科技创新上要有自己的东西。一定要坚定不移走中国特色自主创新道路,培养和吸引人才,推动科技和经济紧密结合,真正把创新驱动发展战略落到实处。"

2013年8月29日,在位于大连高新技术产业园区的东软集团有限公司考察时指出:"高新区是科技的集聚地,也是创新的孵化器。看一个高新区是不是有竞争力、发展潜力大不大,关键是看能不能把'高'和'新'两篇文章做实做好。"

2013年8月30日,在沈阳考察时指出:"要抓住新一轮世界科技革命带来的战略机遇,发挥企业主体作用,支持和引导创新要素向企业集聚,不断增强企业创新动力、创新活力、创新实力。"

2013年9月30日,习近平主持中共中央政治局第九次集体学习时指出:"实施创新驱动发展战略决定着中华民族前途命运。全党全社会都要充分认识科技创新的巨大作用,敏锐把握世界科技创新发展趋势。"习近平在主持学习时强调,科技兴则民族兴,科技强则国家强。实施创新驱动发展战略决定着中华民族前途命运。全党全社会都要充分认识科技创新的巨大作用,敏锐把握世界科技创新发展趋势,紧紧抓住和用好新一轮科技革命和产业变革的机遇,把创新驱动发展作为面向未来的一项重大战略实施好。机会稍纵即逝,抓住了就是机遇,抓不住就是挑战。我们必须增强忧患意识,紧紧抓住和用好新一轮科技革命和产业变革的机遇,不能等待、不能观望、不能懈怠。实施创新驱动发展战略是一项系统工程,涉及方方面面的工作，需要做的事情很多。最为紧迫的是要进一步解放思想，加快科技体制改革步伐，破除一切束缚创新驱动发展的观念和体制机制障碍。

2013年11月4日，习近平到中南大学，视察国家重金属污染防治工程技术研究中心、粉末冶金国家重点实验室，了解高校进行科技创新、服务国家重大战略项目情况。他强调："新一轮科技革命和产业革命正在孕育兴起，企业要抓住机遇，不断推进科技创新、管理创新、产品创新、市场创新、品牌创新。我国经济发展要突破瓶颈、解决深层次矛盾和问题，根本出路在于创新，关键是要靠科技力量。要充分发挥高校人才荟萃、学科齐全、思想活跃、基础雄厚的优势，面向经济建设主战场，面向民生建设大领域，加强科学研究工作，加大科技创新力度，努力形成更多更先进的创新成果。"

2013年11月25日，在位于济宁的山东如意科技集团有限公司考察时指出："企业是创新主体，掌握了一流技术，传统产业也可以变为朝阳产业。"

2014年1月6日，习近平在会见"嫦娥三号"任务参研参试人员代表时强调："创新是一个民族进步的灵魂，是一个国家兴旺发达的不竭源泉，也是中华民族最鲜明的民族禀赋。'嫦娥三号'任务是我国航天领域迄今最复杂、难度最大的任务之一，是货真价实、名副其实的中国创造。取得这样的成就，最根本的一点，就是中国航天事业始终坚持自力更生、自主创新。中国是一个大国，必须成为科技创新大国。'嫦娥三号'任务圆满成功，既是落实创新驱动发展战略的重要成果，又为加快实施这一战略提供了有益经验。"

2014年5月24日，习近平在上海考察调研时表示："当今世界，科技创新已经成为提高综合国力的关键支撑，成为社会生产方式和生活方式变革进步的强大引领，谁牵住了科技创新这个牛鼻子，谁走好了科技创新这步先手棋，谁就能占领先机、赢得优势。要牢牢把握科技进步大方向，瞄准世界科技前沿领域和顶尖水平，力争在基础科技领域有大的创新，在关键核心技术领域取得大的突破。要牢牢把握产业革命大趋势，围绕产业链部署创新链，把科技创新真正落到产业发展上。要牢牢把握集聚人才大举措，加强科研院所和高等院校创新条件建设，完善知识产权运用和保护机制，让各类人才的创新智慧竞相迸发。"

2014年6月9日，习近平在中国科学院第十七次院士大会、中国工程院第十二次院士大会开幕会上发表重要讲话强调："我国科技发展的方向就是创新、创新、再创新。要坚定不移走中国特色自主创新道路,坚持自主创新、重点跨越、支撑发展、引领未来的方针,加快创新型国家建设步伐。"习近平出席会议并发表重要讲话强调,科技是国家强盛之基,创新是民族进步之魂。中华民族是富有创新精神的民族。面对科技创新发展新趋势,我们必须迎头赶上、奋起直追、力争超越。历史的机遇往往稍纵即逝,我们正面对着推进科技创新的重要历史机遇,机不可失,失不再来,必须紧紧抓住。自力更生是中华民族自立于世界民族之林的奋斗基点,自主创新是我们攀登世界科技高峰的必由之路。实施创新驱动发展战略是一个系统工程。要深化科技体制改革,破除一切制约科技创新的思想障碍和制度藩篱,处理好政府和市场的关系,推动科技和经济社会发展深度融合,打通从科技强到产业强、经济强、国家强的通道,以改革释放创新活力,加快建立健全国家创新体系,让一切创新源泉充分涌流。

2014年8月18日,习近平主持召开中央财经领导小组第七次会议,研究实施创新驱动发展战略。习近平强调:"创新始终是推动一个国家、一个民族向前发展的重要力量。我国是一个发展中大国,正在大力推进经济发展方式转变和经济结构调整,必须把创新驱动发展战略实施好。实施创新驱动发展战略,就是要推动以科技创新为核心的全面创新,坚持需求导向和产业化方向,坚持企业在创新中的主体地位,发挥市场在资源配置中的决定性作用和社会主义制度优势,增强科技进步对经济增长的贡献度,形成新的增长动力源泉,推动经济持续健康发展。"

2014年10月15日,习近平在文艺工作座谈会上发表重要讲话指出:"创新是文艺的生命。文艺创作中出现的一些问题,同创新能力不足很有关系。要把创新精神贯穿文艺创作生产全过程,增强文艺原创能力。"他强调,"诗文随世运,无日不趋新"。刘勰在《文心雕龙》中就多处讲到,作家诗人要随着时代生活创新,以自己的艺术个性进行创新。唐代书法家李邕说:"似我者俗,学我者死。"宋代诗人黄庭坚说:"随人作计终后人,自成一家始逼真。"文艺创作是观念和手段相结合、内容和形式相融合的深度创新,是各种艺术要素和技术要素的集成,是胸怀和创意的对接。要把创新精神贯穿文艺创作生产全过程,增强文艺原创能力。

2014年10月27日,习近平主持召开中央深改组第六次会议强调:"总体上看,现在一些地方和部门,科技资源配置分散、封闭、重复建设问题比较突出,不少科研设施和仪器重复建设和购置,闲置浪费比较严重,专业化服务能力不高。要从健全国家创新体系、提高全社会创新能力的高度,通过深化改革和制度创新,把公共财政投资形成的国家重大科研基础设施和大型科研仪器向社会开放,让它们更好为科技创新服务、为社会服务。推进这项改革要细化公开有关实施操作办法,加强统筹协调,一些探索性较强的问题可先试点。"

2014年12月13日,习近平在江苏省产业技术研究院考察时表示:"实现我国经济持续健康发展,必须依靠创新驱动。要深入推进科技和经济紧密结合,推动产学研深度融合,实现科技同产业无缝对接,不断提高科技进步对经济增长的贡献度。"

2014年12月14日,在江苏考察调研时强调,"把经济发展抓好,关键还是转方式、调结构,推动产业结构加快由中低端向中高端迈进。要以只争朝夕的紧迫感,切实把创新抓出成效,强化科技同经济对接、创新成果同产业对接、创新项目同现实生产力对接、研发人员创新劳动同其利益收入对接,形成有利于出创新成果、有利于创新成果产业化的新机制。要努力在全面深化改革中走在前列,把中央通过的各项改革方案落到实处,大胆探索,勇于实践,积极试点,积累经验。要增强出口竞争力,增创开放型经济新优势,拓展对内对外开放新空间。"

2015年1月20日,习近平走进大理国家级经济技术开发区力帆骏马车辆有限公司,详细了解企业开展技术创新、扩大出口等情况,他鼓励企业加大创新力度,提高制造水平,扩大产品出口,优化市场服务,牢牢占领产业发展制高点。在参观白族企业家马伟亮创办的力帆骏马车辆有限公司时,看到企业短短10多年里就能生产多种载货汽车,正在研发电动汽车,产品畅销东南亚。习近平说:"汽车市场竞争激烈,希望下一步不断创新,通过创新赢得市场、赢得发展。"

2015年2月10日,习近平主持召开中央财经领导小组第九次会议,听取中央财经领导小组确定的新型城镇化规划、创新驱动发展战略等重大事项贯彻落实情况的汇报。习近平强调,"实施创新驱动发展战略,要增强紧迫感,把更多精力用在研究增强创新能力上,着力破除制约创新驱动发展的体制机制障碍,完善政策和法律法规,创造有利于激发创新活动的体制环境。"

2015年2月14日一早,正在陕西考察调研的习近平来到延安杨家岭,瞻仰中共七大会址。习近平强调,"我们党之所以能够历经考验磨难无往而不胜,关键就在于不断进行实践创新和理论创新。马克思主义必须同中国实际相结合,实现中国化、时代化"。习近平指出,"实践创新和理论创新永无止境。毛泽东思想、邓小平理论、'三个代表'重要思想、科学发展观都是在实践基础上的理论创新。我们要继续与时俱进,推进马克思主义不断发展。"

2015年2月15日,习近平在中科院西安光机所调研时表示:"转方式调结构,首先是创新驱动。我们的科技创新同国际先进水平还有差距,当年我们依靠自力更生取得巨大成就。现在国力增强了,我们仍要继续自力更生,核心技术靠化缘是要不来的。必须靠自力更生。科技人员要树立强烈的创新责任和创新自信,面向经济社会发展主战场,面向国际科技发展制高点,努力多出创新成果,为实施创新驱动发展战略、建设创新型国家多作贡献。"

2015年3月5日,习近平参加十二届全国人大三次会议上海代表团审议。在认真听取代表发言后,习近平作了发言。习近平指出,"创新是引领发展的第一动力。抓创新就是抓发展,谋创新就是谋未来。适应和引领我国经济发展新常态,关键是要依靠科技创新转换发展动力。必须破除体制机制障碍,面向经济社会发展主战场,围绕产业链部署创新链,消除科技创新中的'孤岛现象',使创新成果更快转化为现实生产力。实施创新驱动发展战略,根本在于增强自主创新能力。人才是创新的根基,创新驱动实质上是人才驱动,谁拥有一流的创新人才,谁就拥有了科技创新的优势和主导权。要择天下英才而用之,实施更加积极的创新人才引进政策,集聚一批站在行业科技前沿、具有国际视野和能力的领军人才。"

2015年5月26日,习近平来到位于杭州高新区的海康威视数字技术股份有限公司视察,察看产品展示和研发中心,对他们拥有业内领先的自主核心技术表示肯定。习近平指出,"企业持续发展之基、市场制胜之道在于创新,各类企业都要把创新牢牢抓住,不断增加创新研发投入,加强创新平台建设,培养创新人才队伍,促进创新链、产业链、市场需求有机衔接,争当创新驱动发展先行军"。习近平对科研人员表示:"人才是最为宝贵的资源,只要用好人才,充分发挥创新优势,我们国家的发展事业就大有希望,中华民族伟大复兴就指日可待。"

2015年5月27日,习近平在浙江召开华东7省市党委主要负责同志座谈会,听取对"十三五"时期经济社会发展的意见和建议。他强调,"十三五"时期,经济社会发展要努力在保持经济增长、转变经济发展方式、调整优化产业结构、推动创新驱动发展、加快农业现代化步伐、改革体制机制、推动协调发展、加强生态文明建设、保障和改善民生、推进扶贫开发等方面取得明显突破。习近平指出,综合国力竞争说到底是创新的竞争。要深入实施创新驱动发展战略,推动科技创新、产业创新、企业创新、市场创新、产品创新、业态创新、管理创新等,加快形成以创新为主要引领和支撑的经济体系和发展模式。

2015年6月17日，习近平在贵阳考察时强调："面对信息化潮流，只有积极抢占制高点，才能赢得发展先机。要推动信息化和工业化深入融合，必须在信息化方面多动脑筋、多用实招。我国大数据采集和应用刚刚起步，要加强研究、加大投入，力争走在世界前列。"2014年以来，贵州省大力发展大数据产业，创建了国家级大数据产业发展集聚区，大力发展数据中心。贵州省立足自身优势，积极创新产业链条，在大数据产业发展领域已居国内前列。6月18日，习近平在贵州召开部分省区市党委主要负责同志座谈会上强调："当前，我国经济发展呈现速度变化、结构优化、动力转换三大特点。适应新常态、把握新常态、引领新常态，是当前和今后一个时期我国经济发展的大逻辑。要深刻认识我国经济发展新特点新要求，着力解决制约经济持续健康发展的重大问题。要大力推进经济结构性战略调整，把创新放在更加突出的位置，继续深化改革开放，为经济持续健康发展提供强大动力。""要大力推进经济结构性战略调整，把创新放在更加突出的位置。"

2015年7月17日，习近平在长春召开部分省区党委主要负责同志座谈会上强调："要深入实施创新驱动发展战略，把推动发展的着力点更多放在创新上，发挥创新对拉动发展的乘数效应。抓创新就是抓发展，谋创新就是谋未来。不创新就要落后，创新慢了也要落后。要激发调动全社会的创新激情，持续发力，加快形成以创新为主要引领和支撑的经济体系和发展模式。要积极营造有利于创新的政策环境和制度环境，对看准的、确需支持的，政府可以采取一些合理的、差别化的激励政策。""要大力推进创新驱动发展，下好创新这步先手棋，激发调动全社会创新创业活力，加快形成以创新为主要引领和支撑的经济体系。"在吉林省考察期间，习近平听取了吉林省委和省政府工作汇报，对吉林经济社会发展取得的成绩和各项工作给予肯定。习近平强调，"东北地区等老工业基地振兴战略要一以贯之抓，同时东北老工业基地振兴要在新形势下、新起点上开始新征程。要大力推进产业结构优化升级，加快培育新兴产业，发展服务业，扩大基础设施建设。要大力推进创新驱动发展，下好创新这步先手棋，激发调动全社会创新创业活力，加快形成以创新为主要引领和支撑的经济体系。要大力推进体制机制创新，全面深化改革，坚持社会主义市场经济改革方向，努力形成充满活力的体制机制。"在吉林东北工业集团长春一东离合器股份有限公司考察时的讲话中指出"创新是企业的动力之源，质量是企业的立身之本，管理是企业的生存之基，必须抓好创新、质量、管理，在激烈的市场竞争中始终掌握主动。"

2015年10月，习近平在关于《中共中央关于制定国民经济和社会发展第十三个五年规划的建议》的说明中指出："提高创新能力，必须夯实自主创新的物质技术基础，加快建设以国家实验室为引领的创新基础平台。""我国同发达国家的科技经济实力差距主要体现在创新能力上。提高创新能力，必须夯实自主创新的物质技术基础，加快建设以国家实验室为引领的创新基础平台。当前，我国科技创新已步入以跟踪为主转向跟踪和并跑、领跑并存的新阶段，急需以国家目标和战略需求为导向，瞄准国际科技前沿，布局一批体量更大、学科交叉融合、综合集成的国家实验室，优化配置人财物资源，形成协同创新新格局。主要考虑在一些重大创新领域组建一批国家实验室，打造聚集国内外一流人才的高地，组织具有重大引领作用的协同攻关，形成代表国家水平、国际同行认可、在国际上拥有话语权的科技创新实力，成为抢占国际科技制高点的重要战略创新力量。"

2015年10月29日，中国共产党第十八届中央委员会第五次全体会议通过的《中共中央关于制定十三五年规划的建议》指出："创新是引领发展的第一动力。必须把创新摆在国家发展全局的核心位置，不断推进理论创新、制度创新、科技创新、文化创新等各方面创新，让创新贯穿党和国家一切工作，让创新在全社会蔚然成风。"因此，创新居于五大发展理念的首位。

2016年1月4日，习近平在重庆京东方光电科技有限公司考察时强调："创新作为企业发展和市场制胜的关键，核心技术不是别人赐予的，不能只是跟着别人走，而必须自强奋斗、敢于突破。创新人才犹如优秀种子，很是难得，要大力培养。年轻一代要有历史机遇感、责任感、使命感，努力在创新上脱颖而出。"

2016年3月5日，习近平在参加十二届全国人大四次会议上海代表团审议时指出，创新发展理念是方向，是钥匙，首要的是创新。"志士惜年，贤人惜日，圣人惜时。"寸金难买寸光阴，要抓住时机，瞄准世界科技前沿，全面提升自主创新能力，力争在基础科技领域作出大的创新、在关键核心领域取得大的突破。

历年来，习近平不仅在国内反复多次传播创新发展的理念，而且也数次把创新发展的理念播撒到全世界。仅在2015年就可列举如下。

2015年9月，习近平在出席第七十届联合国大会一般性辩论时指出："我们要谋求开放创新、包容互惠的发展前景。"

2015年11月访问新加坡时，习近平指出："中国正在主动引领经济发展新常态,抓紧制定'十三五'规划,深化改革,扩大开放,实施创新驱动发展战略,调整优化经济结构。"

2015年11月在土耳其举行的G20峰会上,习近平指出:"推动改革创新,增强世界经济中长期增长潜力。"他强调:"未来5年,中国将按照创新、协调、绿色、开放、共享的发展理念,着力实施创新驱动发展战略,增强经济发展新动力,坚持新型工业化、信息化、城镇化、农业现代化同步发展。"

2015年11月在亚太经合组织工商领导人峰会上,习近平指出:"坚持推进改革创新。""亚太在这方面要走在世界前面,努力创新发展理念、发展模式、发展路径。"他同时强调:"'十三五'时期是全面建成小康社会的决胜阶段。我们将加快改革创新,加快转方式、调结构,着力解决发展进程中的难题,培育发展新动力,打造发展新优势,创造发展新机遇。""我们将更加注重创新驱动。我们将大力实施创新驱动发展战略,把发展着力点更多放在创新上,发挥创新激励经济增长的乘数效应,破除体制机制障碍,让市场真正成为配置创新资源的决定性力量,让企业真正成为技术创新主体。"

2. 协调发展理念的提出过程

党的十八届五中全会提出,"坚持协调发展,必须牢牢把握中国特色社会主义事业总体布局,正确处理发展中的重大关系。"[①] 全面发展、共同发展,是协调发展关键。2016年1月18日,习近平在省部级主要领导干部学习贯彻十八届五中全会精神专题研讨班开班仪式上发表重要讲话强调:"协调既是发展手段又是发展目标,同时还是评价发展的标准和尺度,是发展两点论和重点论的统一,是发展平衡和不平衡的统一,是发展短板和潜力的统一。"对于我国的发展不平衡问题,习近平倍加关注,多次作出重要指示。

《中共中央关于制定国民经济和社会发展第十三个五年规划的建议》指出,用创新、协调、绿色、开放、共享五大发展理念为"十三五"谋篇布局。根据《建议》,协调是持续健康发展的内在要求,主要从区域协同、城乡一体、物质文明精神文明并重、经济建设国防建设融合等4个方面下手,注重在协调发展中拓宽发展空间,在加强薄弱领域中增强发展后劲。

十八大以来,习近平总书记在数次考察调研中反复多次讲述了协调发展的理念。

---

① 《中共十八届五中全会公报(全文)》,财新网,2015年10月29日。

（1）区域协同发展。2013年5月14日，习近平在天津滨海新区考察时指出："要以滨海新区为龙头，积极调整优化产业结构，加快转变经济发展方式，推动产业集成集约集群发展。同时，要加快发展服务业，形成与现代化大都市地位相适应的服务经济体系。"

2013年8月28日至31日，习近平在辽宁考察时指出："全面振兴东北地区等老工业基地是国家既定战略，要总结经验、完善政策，深入实施创新驱动发展战略，增强工业核心竞争力，形成战略性新兴产业和传统制造业并驾齐驱、现代服务业和传统服务业相互促进、信息化和工业化深度融合的产业发展新格局，为全面振兴老工业基地增添原动力。"

2015年2月，习近平主持召开中央财经领导小组第九次会议强调："目标要明确，通过疏解北京非首都功能，调整经济结构和空间结构，走出一条内涵集约发展的新路子，探索出一种人口经济密集地区优化开发的模式，促进区域协调发展，形成新增长极。"

2015年，习近平先后考察陕西延安、铜川和贵州遵义。2月13日，习近平在中国延安干部学院主持召开陕甘宁革命老区脱贫致富座谈会上指出，老区和老区人民为我们党领导的中国革命作出了重大牺牲和贡献，我们要永远珍惜、永远铭记。各级党委和政府要增强使命感和责任感，把老区发展和老区人民生活改善时刻放在心上，加大投入支持力度，加快老区发展步伐，让老区人民都过上幸福美满的日子，确保老区人民同全国人民一道进入全面小康社会。2月14日，习近平在铜川市耀州区照金镇考察时指出："以照金为中心的陕甘边革命根据地，在中国革命史上写下了光辉的一页。要加强对革命根据地历史的研究，总结历史经验，更好发扬革命精神和优良作风。"6月考察贵州，习近平首站就选择了遵义。在遵义会议陈列馆序厅，习近平观看了3分钟的"四渡赤水"多媒体演示片，他说："毛主席用兵如神！真是运动战的典范。"临别时，习近平对讲解员说："你讲得很好。要给大家好好讲，告诉大家我们党是怎么走过来的。"

2015年6月，习近平在贵州调研时强调："适应我国经济发展新常态，保持战略定力，加强调查研究，看清形势、适应趋势、发挥优势、破解瓶颈，统筹兼顾、协调联动，善于运用辩证思维谋划经济社会发展。""希望贵州协调推进'四个全面'战略布局，守住发展和生态两条底线，培植后发优势，奋力后发赶超，走出一条有别于东部、不同于西部其他省份的发展新路。"

全面建成小康社会，部分贫困落后的少数民族地区和边远地区是重点和难点。习近平说，全面小康"哪个少数民族也不能少"。2015年初的云南之行，习近平虽然时间紧张，但他特地抽出时间，把 2014 年曾经写信给他的贡山县 5 位干部群众和 2 位独龙族妇女，专程接到昆明来见面。习近平说，独龙族这个名字是周总理起的，虽然只有 6900 多人，人口不多，也是中华民族大家庭平等的一员，在中华人民共和国、中华民族大家庭之中骄傲地、有尊严地生活着，在中国共产党领导下，同各民族人民一起努力工作，为全面建成小康社会的目标而努力奋斗着。2015 年 3 月 9 日，习近平在参加十二届全国人大三次会议吉林代表团审议时，李景浩代表邀请习主席到延边去看看。习近平 7 月到吉林考察调研，就把首站安排在延边朝鲜族自治州。在位于海兰江畔的和龙市东城镇光东村参观时，习近平指出："我们正在为全面建成小康社会而努力，全面小康一个也不能少，哪个少数民族也不能少，大家要过上全面小康的生活。"

2015 年 7 月 17 日，习近平在长春召开部分省区党委主要负责同志座谈会时强调："无论从东北地区来看，还是从全国发展来看，实现东北老工业基地振兴都具有重要意义。振兴东北老工业基地已到了滚石上山、爬坡过坎的关键阶段，国家要加大支持力度，东北地区要增强内生发展活力和动力，精准发力，扎实工作，加快老工业基地振兴发展。"

（2）城乡一体发展。2013 年 7 月 22 日，习近平在湖北鄂州长港镇峒山村考察时指出："我们既要有工业化、信息化、城镇化，也要有农业现代化和新农村建设，两个方面要同步发展。要破除城乡二元结构，推进城乡发展一体化，把广大农村建设成农民幸福生活的美好家园。"

2015 年 1 月 19 日至 22 日，习近平在云南鲁甸等地考察时指出："要坚持城乡统筹发展，坚持新型工业化、信息化、城镇化、农业现代化同步推进，实现城乡发展一体化。当前安置工作和灾后重建工作交叉在一起，要协调指挥，统筹有序安排，总体考虑设计。"

2015 年 5 月 25 日，习近平在浙江考察时指出："提高城乡发展一体化水平，要把解放和发展农村社会生产力、改善和提高广大农民群众生活水平作为根本的政策取向，加快形成以工促农、以城带乡、工农互惠、城乡一体的工农城乡关系。"

2015 年 5 月 28 日，习近平在华东七省市党委主要负责同志座谈会上强调："同步推进新型工业化、信息化、城镇化、农业现代化，薄弱环节是农业现代化。要着眼于加快农业现代化步伐，在稳定粮食和重要农产品产量、保障国家粮食安全和重要农产品有效供给的同时，加快转变农业发展方式，加快农业技术创新步伐，走出一条集约、高效、安全、持续的现代农业发展道路。""要采取有力措施促进区域协调发展、城乡协调发展，加快欠发达地区发展,积极推进城乡发展一体化和城乡基本公共服务均等化。"

2015年6月18日,习近平在贵州召开部分省区市党委主要负责同志座谈会时强调,"十三五"时期是我们确定的全面建成小康社会的时间节点,全面建成小康社会最艰巨最繁重的任务在农村,特别是在贫困地区。各级党委和政府要把握时间节点,努力补齐短板,科学谋划好"十三五"时期扶贫开发工作,确保贫困人口到2020年如期脱贫。

2015年11月27日至28日,中央扶贫开发工作会议在北京召开。中共中央总书记、国家主席、中央军委主席习近平出席会议并发表重要讲话。他强调,消除贫困、改善民生、逐步实现共同富裕,是社会主义的本质要求,是我们党的重要使命。全面建成小康社会,是我们对全国人民的庄严承诺。脱贫攻坚战的冲锋号已经吹响。我们要立下愚公移山志,咬定目标、苦干实干,坚决打赢脱贫攻坚战,确保到2020年所有贫困地区和贫困人口一道迈入全面小康社会。①

2016年1月4日至6日,习近平在重庆考察时指出:"重庆集大城市、大农村、大山区、大库区于一体,协调发展任务繁重。要促进城乡区域协调发展,促进新型工业化、信息化、城镇化、农业现代化同步发展,在加强薄弱领域中增强发展后劲,着力形成平衡发展结构,不断增强发展整体性。保护好三峡库区和长江母亲河,事关重庆长远发展,事关国家发展全局。"

(3)物质文明与精神文明并重发展。2013年8月,习近平在全国宣传思想工作会议上强调:"只有物质文明建设和精神文明建设都搞好,国家物质力量和精神力量都增强,全国各族人民物质生活和精神生活都改善,中国特色社会主义事业才能顺利向前推进。"

2015年2月28日,习近平在会见第四届全国文明城市、文明村镇、文明单位和未成年人思想道德建设工作先进代表时强调:"人民有信仰,民族有希望,国家有力量。实现中华民族伟大复兴的中国梦,物质财富要极大丰富,精神财富也要极大丰富。我们要继续锲而不舍、一以贯之抓好社会主义精神文明建设,为全国各族人民不断前进提供坚强的思想保证、强大的精神力量、丰润的道德滋养。"

2015年2月28日,习近平在会见第四届全国文明城市、文明村镇、文明单位和未成年人思想道德建设工作先进代表时强调:"要坚持'两手

---

① 《习近平在中央扶贫开发工作会议上发表重要讲话》,光明网,2015年11月28日。

抓、两手都要硬',以辩证的、全面的、平衡的观点正确处理物质文明和精神文明的关系,把精神文明建设贯穿改革开放和现代化全过程、渗透社会生活各方面。"

(4)经济建设和国防建设融合发展。2012年12月,习近平在广州战区考察时强调:"实现中华民族伟大复兴,是中华民族近代以来最伟大的梦想。可以说,这个梦想是强国梦,对军队来说,也是强军梦。我们要实现中华民族伟大复兴,必须坚持富国和强军相统一,努力建设巩固国防和强大军队。"

2013年3月11日,习近平在第十二届全国人民代表大会第一次会议解放军代表团全体会议上强调:"要统筹经济建设和国防建设,努力实现富国和强军的统一。进一步做好军民融合式发展这篇大文章,坚持需求牵引、国家主导,努力形成基础设施和重要领域军民深度融合的发展格局。"

2013年12月27日,习近平在一次重要会议上的讲话指出:"要在国家层面加强统筹协调,发挥军事需求主导作用,更好地把国防和军队建设融入国家经济社会发展体系。"

2014年3月11日,习近平出席十二届全国人大二次会议解放军代表团全体会议时强调:"实现强军目标,必须同心协力做好军民融合深度发展这篇大文章,既要发挥国家主导作用,又要发挥市场的作用,努力形成全要素、多领域、高效益的军民融合深度发展格局。军队要遵循国防经济规律和信息化条件下战斗力建设规律,自觉将国防和军队建设融入经济社会发展体系。地方要注重在经济建设中贯彻国防需求,自觉把经济布局调整同国防布局完善有机结合起来。"

2014年12月14日,习近平在视察南京军区机关时强调:"要发挥自身优势,积极支持地方经济社会建设和生态文明建设,为全面建成小康社会贡献力量。要统筹经济建设和国防军建设,推进基础建设和重要领域军民深度融合,构建具有时代特色、符合战区特点的军民融合新格局。"

2015年3月12日,习近平出席十二届全国人大三次会议解放军代表团全体会议时强调:"要坚持问题牵引,拿出思路举措,以强烈的责任担当推动问题的解决,正确把握和处理经济建设和国防建设的关系,使两者协调发展、平衡发展、兼容发展。"

(5)经济建设与政治建设、文化建设协调发展。党员干部是带领地方群众进行经济建设,全面走向小康社会的关键力量,习近平几乎每一次地方考察,都对政治建设极为关注。

在云南调研时,习近平指出:"解决党内存在的问题,根本在于严格管理标准、延伸管理链条、落实管理责任,使每个党员、干部都及时纳入组织管理,使党组织对每个党员、干部都做到情况明、问题清、措施实。各级党组织要切实履行管党责任,结合实际建立健全管党机制。各级领导干部特别是主要领导干部要时时处处严格要求自己,努力做让党放心、让人民满意的好干部。"

在浙江舟山考察,习近平说:"人民群众对美好生活的追求就是我们党的奋斗目标。金杯银杯不如老百姓的口碑。干部好不好不是我们说了算,而是老百姓说了算。"

在贵州考察工作时,习近平指出:"群众拥护不拥护是我们检验工作的重要标准。党中央制定的政策好不好,要看乡亲们是哭还是笑。要是笑,就说明政策好。要是有人哭,我们就要注意,需要改正的就要改正,需要完善的就要完善。"

对于文化建设,习近平一直非常重视,他在主持中央政治局学习时说:"提高国家文化软实力,关系'两个一百年'奋斗目标和中华民族伟大复兴中国梦的实现。"他在《之江新语》写道:文化的力量,或者我们称之为构成综合竞争力的文化软实力,总是"润物细无声"地融入经济力量、政治力量、社会力量之中,成为经济发展的"助推器"、政治文明的"导航灯"、社会和谐的"黏合剂"。

在浙江舟山调研时,习近平特地抽出时间参观了新建社区南洞艺谷,他被一幅幅色彩斑斓、充满生活气息的渔民画和一件件精美实用的手工艺品所吸引,频频驻足欣赏,向正在绘画、刻版的几位村民和艺术学校实习生询问创作感受,称赞他们心灵手巧,村里有书卷气、文化味。得知这些工艺美术作品陆续有了较好的市场,增加了村民收入,习近平很高兴。他还对在村里指导的老师说:"你做了件很有意义的事情。"

(6)统筹国内发展与对外开放。在国内我们坚持协调发展理念,在国际上我们也希望坚持协调发展。

2015年5月,访问白俄罗斯时,习近平指出:"中白作为联合国创始会员国,要加强在联合国和其他国际组织中的协调和配合,推动国际秩序和国际体系朝着更加公正合理的方向发展。"

2015年7月9日,习近平在乌法同俄罗斯总统普京、蒙古国总统额勒贝格道尔吉举行中俄蒙元首第二次会晤时指出:"希望三方将中方丝绸之路经济带建设、俄方跨欧亚大通道建设、蒙方'草原之路'倡议更加紧密对接起来,推动构建中俄蒙经济走廊。"在2015年9月联合国举行的南南合作圆桌会上,习近平指出:"要致力于促进各国发展战略对接。我们要发挥各自比较优势,加强宏观经济政策协调,推动经贸、金融、投资、基础设施建设、绿色环保等领域合作齐头并进,提高发展中国家整体竞争力。"

2015年11月,习近平在出席金砖国家领导人非正式会晤时指出:"加强协调,相互支持,共同应对各种全球性挑战。"

2015年11月,在土耳其举行的G20峰会上,习近平指出:"加强宏观经济政策沟通和协调,形成政策和行动合力。"

2015年在11月举行的亚太经合组织工商领导人峰会上,习近平指出:"我们将更加注重创新驱动。我们将大力实施创新驱动发展战略,把发展着力点更多放在创新上,发挥创新激励经济增长的乘数效应,破除体制机制障碍,让市场真正成为配置创新资源的决定性力量,让企业真正成为技术创新主体。"

3. 绿色发展理念的提出过程

十八大报告指出:"建设生态文明,是关系人民福祉、关乎民族未来的长远大计。要把生态文明建设放在突出地位,融入经济建设、政治建设、文化建设、社会建设各方面和全过程,努力建设美丽中国,实现中华民族永续发展。"十八届五中全会提出:"绿色是永续发展的必要条件和人民对美好生活追求的重要体现。坚持绿色发展,必须坚持节约资源和保护环境的基本国策,坚持可持续发展,坚定走生产发展、生活富裕、生态良好的文明发展道路,加快建设资源节约型、环境友好型社会,形成人与自然和谐发展现代化建设新格局,推进美丽中国建设,为全球生态安全作出新贡献。"①

习近平总书记对生态文明建设高度重视。从党的十八大提出"建设美丽中国"的要求以来,习近平曾在多个场合对绿色发展理念进行了系列阐述。

(1) 巧论生态环境的五大比喻。截至2015年3月,总书记的有关重要讲话、论述、批示已经超过60次。不论在国内考察还是国外出访,每当谈及生态文明、环境保护等相关议题,习近平总书记都以巧妙的比喻来表达深刻的观点。在此,经过梳理,习总书记巧论生态环境至少有五大比喻。

其一,比喻成"民生福祉"。2013年4月8日至10日,习近平在海南考察时指出:"良好生态环境是最公平的公共产品,是最普惠的民生

---

① 《中共十八届五中全会公报(全文)》,财新网,2015年10月29日。

福祉。"

其二，比喻成"绿色银行"。2013年4月8日至10日，习近平在海南考察时指出：希望海南处理好发展和保护的关系，着力在"增绿"、"护蓝"上下工夫，为全国生态文明建设当个表率，为子孙后代留下可持续发展的"绿色银行"。

其三，比喻成"金山银山"。2013年9月7日，习近平在哈萨克斯坦纳扎尔巴耶夫大学回答学生问题时指出："我们既要绿水青山，也要金山银山。宁要绿水青山，不要金山银山，而且绿水青山就是金山银山。我们绝不能以牺牲生态环境为代价换取经济的一时发展。"

2016年3月7日，习近平参加黑龙江代表团审议时强调："要加强生态文明建设，划定生态保护红线，为可持续发展留足空间，为子孙后代留下天蓝地绿水清的家园。绿水青山是金山银山，黑龙江的冰天雪地也是金山银山。"

其四，比喻成"生命共同体"。2013年11月，习近平在党的十八届三中全会上作关于《中共中央关于全面深化改革若干重大问题的决定》的说明时指出："我们要认识到，山水林田湖是一个生命共同体，人的命脉在田，田的命脉在水，水的命脉在山，山的命脉在土，土的命脉在树。"

其五，比喻成"眼睛"和"生命"。2015年3月6日，习近平在江西代表团参加审议时强调：环境就是民生，青山就是美丽，蓝天也是幸福。要像保护眼睛一样保护生态环境，像对待生命一样对待生态环境。对破坏生态环境的行为，不能手软，不能下不为例。

2016年3月10日，习近平在参加青海代表团审议时强调：一定要生态保护优先，扎扎实实推进生态环境保护，像保护眼睛一样保护生态环境，像对待生命一样对待生态环境，推动形成绿色发展方式和生活方式，保护好三江源，保护好"中华水塔"，确保"一江清水向东流"。

（2）纵论生态环境的传播足迹。2013年4月2日上午，习近平参加首都义务植树活动。习近平对一起植树的同志们说，"森林是陆地生态系统的主体和重要资源，是人类生存发展的重要生态保障。不可想象，没有森林，地球和人类会是什么样子。全社会都要按照党的十八大提出的建设美丽中国的要求，切实增强生态意识，切实加强生态环境保护，把我国建设成为生态环境良好的国家。"

2013年4月8日至10日，习近平在出席博鳌亚洲论坛2013年年会有关活动后，到琼海、三亚等地深入渔港、特色农业产业园、国际邮轮港考察调研。习近平十分关心海南生态文明建设，每到一地都要同当地干部共商生态环境保护大计。他指出:"保护生态环境就是保护生产力,改善生态环境就是发展生产力。良好生态环境是最公平的公共产品,是最普惠的民生福祉。青山绿水、碧海蓝天是建设国际旅游岛的最大本钱,必须备加珍爱、精心呵护。"他希望海南处理好发展和保护的关系,着力在"增绿"、"护蓝"上下工夫,为全国生态文明建设当个表率,为子孙后代留下可持续发展的"绿色银行"。"良好生态环境是最公平的公共产品,是最普惠的民生福祉。"

2013年5月14日,习近平在天津滨海新区中新天津生态城考察时指出:"生态城要兼顾好先进性、高端化和能复制、可推广两个方面,在体现人与人、人与经济活动、人与环境和谐共存等方面作出有说服力的回答,为建设资源节约型、环境友好型社会提供示范。"

2013年5月24日上午,中共中央政治局就大力推进生态文明建设进行第六次集体学习。习近平在主持学习时强调:"生态环境保护是功在当代、利在千秋的事业。建设生态文明,关系人民福祉,关乎民族未来。""国土是生态文明建设的空间载体。要按照人口资源环境相均衡、经济社会生态效益相统一的原则,整体谋划国土空间开发,科学布局生产空间、生活空间、生态空间,给自然留下更多修复空间。要坚定不移加快实施主体功能区战略,严格按照优化开发、重点开发、限制开发、禁止开发的主体功能定位,划定并严守生态红线,构建科学合理的城镇化推进格局、农业发展格局、生态安全格局,保障国家和区域生态安全,提高生态服务功能。要牢固树立生态红线的观念。在生态环境保护问题上,就是要不能越雷池一步,否则就应该受到惩罚。"习近平特别强调:"要正确处理好经济发展同生态环境保护的关系,牢固树立保护生态环境就是保护生产力、改善生态环境就是发展生产力的理念,更加自觉地推动绿色发展、循环发展、低碳发展,决不以牺牲环境为代价去换取一时的经济增长。"

2013年7月18日,习近平致生态文明贵阳国际论坛2013年年会的贺信强调,"走向生态文明新时代,建设美丽中国,是实现中华民族伟大复兴的中国梦的重要内容。""保护生态环境,应对气候变化,维护能源资源安全,是全球面临的共同挑战。中国将继续承担应尽的国际义务,同世界各国深入开展生态文明领域的交流合作,推动成果分享,携手共建生态良好的地球美好家园。"

2013年9月7日,习近平在哈萨克斯坦纳扎尔巴耶夫大学回答学生问题时指出:"建设生态文明是关系人民福祉、关系民族未来的大计。中国要实现工业化、城镇化、信息化、农业现代化,必须要走出一条新的发展道路。中国明确把生态环境保护摆在更加突出的位置。我们既要绿水青山，也要金山银山。宁要绿水青山，不要金山银山，而且绿水青山就是金山银山。我们绝不能以牺牲生态环境为代价换取经济的一时发展。我们提出了建设生态文明、建设美丽中国的战略任务，给子孙留下天蓝、地绿、水净的美好家园。"

2013年9月23日至25日，在河北参加省委常委班子党的群众路线教育实践活动专题民主生活会并发表重要讲话。习近平指出："要给你们去掉紧箍咒，生产总值即便滑到第七、第八位了，但在绿色发展方面搞上去了，在治理大气污染、解决雾霾方面作出贡献了，那就可以挂红花、当英雄。反过来，如果就是简单为了生产总值，但生态环境问题越演越烈，或者说面貌依旧，即便搞上去了，那也是另一种评价了。"

2014年1月28日，习近平在内蒙古和信园蒙草抗旱绿化股份有限公司考察时指出："要积极探索推进生态文明制度建设，为建设美丽草原、建设美丽中国作出新贡献。实现绿色发展关键要有平台、技术、手段，绿化只搞'奇花异草'不可持续，盲目引进也不一定适应，要探索一条符合自然规律、符合国情地情的绿化之路。"

2014年2月25日，习近平来到北京市就全面深化改革、推动首都更好发展特别是破解特大城市发展难题进行考察调研。他在北京市自来水集团第九水厂调研时指出："像北京这样的特大城市，环境治理是一个系统工程，必须作为重大民生实事紧紧抓在手上。大气污染防治是北京发展面临的一个最突出的问题。要坚持标本兼治和专项治理并重、常态治理和应急减排协调、本地治污和区域协调相互促进，多策并举，多地联动，全社会共同行动。要深入开展节水型城市建设，使节约用水成为每个单位、每个家庭、每个人的自觉行动。"

2014年12月13日，习近平在江苏镇江考察时指出："保护生态环境、提高生态文明水平，是转方式、调结构、上台阶的重要内容。经济要上台阶，生态文明也要上台阶。"

2015年1月19日至21日，习近平来到昭通、大理、昆明等地，看望鲁甸地震灾区干部群众，深入企业、工地、乡村考察，就灾后恢复重建和经济社会发展情况进行调研。在洱海边，习近平仔细察看生态保护湿地，听取洱海保护情况介绍。他强调，经济要发展，但不能以破坏生态环境为代价。生态环境保护是一个长期任务，要久久为功。一定要把洱海保护好，让"苍山不墨千秋画，洱海无弦万古琴"的自然美景永驻人间。要把生态环境保护放在更加突出位置，像保护眼睛一样保护生态环境，像对待生命一样对待生态环境，在生态环境保护上一定要算大账、算长远账、算整体账、算综合账，不能因小失大、顾此失彼、寅吃卯粮、急功近利。在大理湾桥镇古生村考察时，习近平叮嘱大家："云南有很好的生态环境，一定要珍惜，不能在我们手里受到破坏。"习近平强调，新农村建设一定要走符合农村实际的路子，遵循乡村自身发展规律，充分体现农村特点，注意乡土味道，保留乡村风貌，留得住青山绿水，记得住乡愁。

2015年5月25日至27日，习近平在浙江省委书记夏宝龙、省长李强陪同下，来到舟山和杭州，深入企业、社区、国家战略石油储备基地等考察调研，就抓好经济社会发展、做好"十三五"规划编制工作进行指导。在以开办农家乐为主业的村民袁其忠家里，习近平察看院落、客厅、餐厅，同一家人算客流账、收入账，随后同一家人和村民代表围坐一起促膝交谈。大家争着向总书记介绍，他们利用自然优势发展乡村旅游等特色产业，收入普遍比过去明显增加、日子越过越好，习近平表示，这里是一个天然大氧吧，是"美丽经济"，印证了绿水青山就是金山银山的道理。当听说这里正在规划建设绿色生态旅游景区，习近平说："我在浙江工作时说'绿水青山就是金山银山'，这话是大实话，现在越来越多的人理解了这个观点，这就是科学发展、可持续发展，我们就要奔着这个做。"习近平说，全国很多地方都在建设美丽乡村，一部分是吸收了浙江的经验。浙江山清水秀，当年开展"千村示范、万村整治"确实抓得早，有前瞻性。希望浙江再接再厉，继续走在前面。

10年前的2005年8月15日，习近平到安吉天荒坪镇余村考察时提出了"绿水青山就是金山银山"科学论断；9天后，习近平在浙江日报《之江新语》发表了评论——《绿水青山也是金山银山》："生态环境优势转化为生态农业、生态工业、生态旅游等生态经济的优势，那么绿水青山也就变成了金山银山。""绿水青山就是金山银山"，如今已成为全国人民的共识。

2015年5月27日，习近平在浙江召开华东7省市党委主要负责同志座谈会，听取对"十三五"时期经济社会发展的意见和建议。习近平指出："协调发展、绿色发展既是理念又是举措，务必政策到位、落实到位。要采取有力措施促进区域协调发展、城乡协调发展，加快欠发达地区发展，积极推进城乡发展一体化和城乡基本公共服务均等化。要科学布局生产空间、生活空间、生态空间，扎实推进生态环境保护，让良好生态环境成为人民生活质量的增长点，成为展现我国良好形象的发力点。"

2015年6月16日至18日，习近平来到遵义、贵阳和贵安新区，深入农村、企业、学校、园区、红色教育基地,就做好扶贫开发工作、谋划好"十三五"时期经济社会发展进行调研考察。习近平指出,"当前,我国经济发展呈现速度变化、结构优化、动力转换三大特点。适应新常态、把握新常态、引领新常态,是当前和今后一个时期我国经济发展的大逻辑。要正确处理发展和生态环境保护的关系,在生态文明建设体制机制改革方面先行先试,把提出的行动计划扎扎实实落实到行动上,实现发展和生态环境保护协同推进。"

2015年7月16日至18日,习近平在来到延边朝鲜族自治州和长春市,深入农村、企业,深入广大干部群众,就振兴东北等地区老工业基地、谋划好"十三五"时期经济社会发展进行调研考察。习近平强调,"东北地区等老工业基地振兴战略要一以贯之抓,同时东北老工业基地振兴要在新形势下、新起点上开始新征程。要大力推进生态文明建设,强化综合治理措施,落实目标责任,推进清洁生产,扩大绿色植被,让天更蓝、山更绿、水更清、生态环境更美好。"

2016年1月4日至6日,习近平在重庆考察时强调:"保护好三峡库区和长江母亲河,事关重庆长远发展,事关国家发展全局。要深入实施'蓝天、碧水、宁静、绿地、田园'环保行动,建设长江上游重要生态屏障,推动城乡自然资本加快增值,使重庆成为山清水秀美丽之地。"

历年来,习近平不仅在国内反复多次传播生态文明、绿色发展的理念,而且也数次把生态文明、绿色发展的理念播撒到全世界。仅在2015年就可列举如下。

2015年习近平首次出访,在巴基斯坦达成的关于"丝路基金"的首个投资项目就是关于绿色发展理念项目。丝路基金宣布入股三峡南亚公司,与长江三峡集团等机构联合开发巴基斯坦卡洛特水电站等清洁能源项目。9月访美时,习近平指出:"中国正在大力推进生态文明建设。这也是我们'十三五'规划的一个重点方向。"他同时强调:"结合正在制定的国民经济和社会发展第十三个五年规划,我们将大力推动产业结构优化升级,实施创新驱动发展战略,加快农业现代化步伐,走绿色循环低碳发展之路,更加注重发展质量和效益。"

在2015年9月的联合国气候变化问题领导人工作午餐会上,习近平指出:"将于今年年底举行的气候变化巴黎大会将为国际社会应对气候变化制定新的规划,也将为国际社会谋求绿色低碳发展指明大方向。"

2015年11月在土耳其举行的G20峰会上,习近平指出:"坚持绿色低碳发展,改善环境质量,建设天蓝、地绿、水清的美丽中国"。

2015年11月在亚太经合组织工商领导人峰会上，习近平指出："要发挥亚太经合组织的政策平台和孵化器功能，在互联网经济、蓝色经济、绿色经济、城镇化等领域加强合作，增强自主创新能力。"他同时强调："我们将更加注重绿色发展。我们将把生态文明建设融入经济社会发展各方面和全过程，致力于实现可持续发展。我们将全面提高适应气候变化能力，坚持节约资源和保护环境的基本国策，建设天蓝、地绿、水清的美丽中国。"

2015年11月在气候变化巴黎大会开幕式上，习近平指出："巴黎协议应该有利于实现公约目标，引领绿色发展。"他强调："中华文明历来强调天人合一、尊重自然。面向未来，中国将把生态文明建设作为'十三五'规划重要内容，落实创新、协调、绿色、开放、共享的发展理念，通过科技创新和体制机制创新，实施优化产业结构、构建低碳能源体系、发展绿色建筑和低碳交通、建立全国碳排放交易市场等一系列政策措施，形成人和自然和谐发展现代化建设新格局。"

2015年12月在南非举行的中非领导人与工商界代表高层对话会上，习近平指出："坚持绿色低碳可持续发展，我们将为非洲国家实施应对气候变化及生态保护项目，为非洲国家培训生态保护领域专业人才。"

2016年3月10日，习近平参加了十二届全国人大四次会议青海代表团的审议。他关心地询问青海保护生态环境、推进中国三江源国家公园体制试点的情况。习近平强调，一定要生态保护优先，扎扎实实推进生态环境保护，像保护眼睛一样保护生态环境，像对待生命一样对待生态环境，推动形成绿色发展方式和生活方式，保护好三江源，保护好"中华水塔"，确保"一江清水向东流"。

4. 开放发展理念的提出过程

改革开放是我国一项基本国策，三十多年来，在改革的春风里，我国的面貌发生了翻天覆地的变化。习近平指出："人类的历史就是在开放中发展的。任何一个民族的发展都不能只靠本民族的力量。只有处于开放交流之中，经常与外界保持经济文化的吐纳关系，才能得到发展，这是历史的规律。"十八届五中全会提出："坚持开放发展，必须顺应我国经济深度融入世界经济的趋势，奉行互利共赢的开放战略，发展更高层次的开放型经济，积极参与全球经济治理和公共产品供给，提高我国在全球经济治理中的制度性话语权，构建广泛的利益共同体。"[①] "改革开放只有进行时、

---

① 《中共十八届五中全会公报（全文）》，财新网，2015年10月29日。

没有完成时。"从自由贸易试验区战略实施到"一带一路"建设，中国改革开放的步伐未曾停顿。习近平曾在多个场合对开放发展理念进行了系列阐述。

十八大以来，习近平总书记在数次考察调研中反复多次讲述了开放发展的理念。

（1）国际社会是命运共同体，开放发展还要坚持对外开放。2012年12月5日，习近平在人民大会堂同在华工作的外国专家代表亲切座谈。来自16个国家的20位外国专家参加了座谈，习近平同他们一一握手，互致问候。习近平说："我们的事业是向世界开放学习的事业。关起门来搞建设不可能成功。我们要坚持对外开放的基本国策不动摇，不封闭、不僵化，打开大门搞建设、办事业。'满招损，谦受益'。中国已经取得举世瞩目的发展成就，但我国仍是一个发展中国家，仍然面临一系列严峻挑战，还有许多需要面对和解决的问题。我们既不妄自菲薄，也不妄自尊大，更加注重学习吸收世界各国人民创造的优秀文明成果，同世界各国相互借鉴、取长补短。""我们的事业是同世界各国合作共赢的事业。国际社会日益成为一个你中有我、我中有你的命运共同体。面对世界经济的复杂形势和全球性问题，任何国家都不可能独善其身、一枝独秀，这就要求各国同舟共济、和衷共济，在追求本国利益时兼顾他国合理关切，在谋求本国发展中促进各国共同发展，建立更加平等均衡的新型全球发展伙伴关系，增进人类共同利益，共同建设一个更加美好的地球家园。"

2012年12月7日至11日，习近平在广东考察工作，他强调："党的十八大向全党全国发出了深化改革开放新的宣言书、新的动员令，全党全国各族人民要坚定不移走改革开放的强国之路，更加注重改革的系统性、整体性、协同性，做到改革不停顿、开放不止步，为全面建成小康社会、加快推进社会主义现代化而团结奋斗。""这次调研之所以到广东来，就是要到在我国改革开放中得风气之先的地方，现场回顾我国改革开放的历史进程，将改革开放继续推向前进。"

2012年12月8日，习近平在深圳调研时指出："我们来瞻仰邓小平铜像，就是要表明我们将坚定不移推进改革开放，奋力推进改革开放和现代化建设取得新进展、实现新突破、迈上新台阶。改革开放是我们党的历史上一次伟大觉醒，正是这个伟大觉醒孕育了新时期从理论到实践的伟大创造。实践证明，改革开放是当代中国发展进步的活力之源，是我们党和人民大踏步赶上时代前进步伐的重要法宝，是坚持和发展中国特色社会主义的必由之路。"

2013年1月28日下午，十八届中共中央政治局就坚定不移走和平发展道路进行第三次集体学习。习近平指出，"世界繁荣稳定是中国的机遇，中国发展也是世界的机遇。和平发展道路能不能走得通，很大程度上要看我们能不能把世界的机遇转变为中国的机遇，把中国的机遇转变为世界的机遇，在中国与世界各国良性互动、互利共赢中开拓前进。我们要坚持从我国实际出发，坚定不移走自己的路，同时我们要树立世界眼光，更好地把国内发展与对外开放统一起来，把中国发展与世界发展联系起来，把中国人民利益同各国人民共同利益结合起来，不断扩大同各国的互利合作，以更加积极的姿态参与国际事务，共同应对全球性挑战，努力为全球发展作出贡献。"

2013年4月8日，习近平在海南省博鳌同出席博鳌亚洲论坛2013年年会的中外企业家代表座谈。习近平表示，中国开放的大门不会关上。过去10年，中国全面履行入世承诺，商业环境更加开放和规范。中国将在更大范围、更宽领域、更深层次上提高开放型经济水平。中国的大门将继续对各国投资者开放，希望外国的大门也对中国投资者进一步敞开。我们坚决反对任何形式的保护主义，愿通过协商妥善解决同有关国家的经贸分歧，积极推动建立均衡、共赢、关注发展的多边经贸体制。

2013年7月23日，习近平在湖北考察时指出："改革开放是我们党在新的历史条件下带领人民进行的新的伟大革命。这场伟大革命，从党的十一届三中全会到现在，走过了35年极不平凡的历程。事实证明，改革开放是当代中国发展进步的活力之源，是党和人民事业大踏步赶上时代的重要法宝，是大势所趋、人心所向，停顿和倒退没有出路。"

2013年9月5日，习近平在二十国集团领导人峰会第一阶段会议上关于世界经济形势的发言中表示："形势决定任务，行动决定成效。为此，我们要放眼长远，努力塑造各国发展创新、增长联动、利益融合的世界经济，坚定维护和发展开放型世界经济。"

2013年9月7日，习近平在哈萨克斯坦纳扎尔巴耶夫大学发表题为《弘扬人民友谊 共创美好未来》的重要演讲，盛赞中哈传统友好，全面阐述中国对中亚国家睦邻友好合作政策，倡议用创新的合作模式，共同建设"丝绸之路经济带"，将其作为一项造福沿途各国人民的大事业。习近平说，为了使我们欧亚各国经济联系更加紧密、相互合作更加深入、发展空间更加广阔，我们可以用创新的合作模式，共同建设"丝绸之路经济带"。

2013年10月3日，习近平在印度尼西亚国会发表题为《携手建设中国—东盟命运共同体》的重要演讲，全面阐述中国对印尼和东盟睦邻友好政策，提出加强中印尼全面战略伙伴关系，建设更为紧密的中国—东盟命运共同体，实现共同发展、共同繁荣。习近平说，东南亚地区自古以来就是"海上丝绸之路"的重要枢纽，中国愿同东盟国家加强海上合作，使用好中国政府设立的中国—东盟海上合作基金，发展好海洋合作伙伴关系，共同建设21世纪"海上丝绸之路"。中国愿通过扩大同东盟国家各领域务实合作，互通有无、优势互补，同东盟国家共享机遇、共迎挑战，实现共同发展、共同繁荣。

2013年10月7日，习近平在印尼巴厘岛出席亚太经合组织工商领导人峰会，并发表《深化改革开放 共创美好亚太》的重要演讲。习近平说，我们将实行更加积极主动的开放战略，完善互利共赢、多元平衡、安全高效的开放型经济体系，促进沿海内陆沿边开放优势互补，形成引领国际经济合作和竞争的开放区域，培育带动区域发展的开放高地。坚持出口和进口并重，推动对外贸易平衡发展；坚持"引进来"和"走出去"并重，提高国际投资合作水平；深化涉及投资、贸易体制改革，完善法律法规，为各国在华企业创造公平经营的法治环境。我们将统筹双边、多边、区域次区域开放合作，加快实施自由贸易区战略，推动同周边国家互联互通。

2013年10月24日至25日，周边外交工作座谈会10月24日至25日在北京召开，这是党中央为做好新形势下周边外交工作召开的一次重要会议。习近平在会上发表重要讲话。他说，要着力深化互利共赢格局。统筹经济、贸易、科技、金融等方面资源，利用好比较优势，找准深化同周边国家互利合作的战略契合点，积极参与区域经济合作。要同有关国家共同努力，加快基础设施互联互通，建设好丝绸之路经济带、21世纪海上丝绸之路。要以周边为基础加快实施自由贸易区战略，扩大贸易、投资合作空间，构建区域经济一体化新格局。要不断深化区域金融合作，积极筹建亚洲基础设施投资银行，完善区域金融安全网络。要加快沿边地区开放，深化沿边省区同周边国家的互利合作。

2013年11月24日至28日，习近平在山东考察时指出："改革开放使我国以世所罕见的速度发展起来了，但改革开放只有进行时、没有完成时。"

2014年4月1日，习近平在比利时布鲁日欧洲学院发表重要演讲。他说，改革开放只有进行时、没有完成时。中国已经进入改革的深水区，需要解决的都是难啃的硬骨头，这个时候需要"明知山有虎，偏向虎山行"的勇气，不断把改革推向前进。我们推进改革的原则是胆子要大、步子要稳。"图难于其易，为大于其细。天下难事，必作于易；天下大事，必作于细。"随着中国改革不断推进，中国必将继续发生巨大变化。同时，我也相信，中国全面深化改革，不仅将为中国现代化建设提供强大推动力量，而且将为世界带来新的发展机遇。

2015年9月15日，习近平主持召开中央全面深化改革领导小组第十六次会议并发表重要讲话。他强调，以开放促改革、促发展，是我国改革发展的成功实践。改革和开放相辅相成、相互促进，改革必然要求开放，开放也必然要求改革。要坚定不移实施对外开放的基本国策、实行更加积极主动的开放战略，坚定不移提高开放型经济水平，坚定不移引进外资和外来技术，坚定不移完善对外开放体制机制，以扩大开放促进深化改革，以深化改革促进扩大开放，为经济发展注入新动力、增添新活力、拓展新空间。

习近平不仅在国内反复多次强调继续坚持开放发展的理念，而且也把开放发展的理念传播到全世界。在此仅列举2015年的部分足迹和发言传播就有如下数次：

在2015年4月举行亚非领导人会议上，习近平指出："要坚持求同存异、开放包容，在交流互鉴中取长补短，在求同存异中共同前进。"

在2015年9月访美期间，习近平指出："中国开放的大门永远不会关上。对外开放是中国的基本国策，中国利用外资的政策不会变，对外商投资企业合法权益的保障不会变，为各国企业在华投资兴业提供更好服务的方向不会变。"他强调："中国正在制定'十三五'时期经济社会发展规划。我们将着力实行新一轮高水平对外开放，加快建立开放型经济新体制""中国对外开放的力度将会越来越大。我们将坚定不移奉行互利共赢的开放战略，继续从世界汲取发展动力，也让中国发展更好惠及世界。中国正在实施新一轮高水平对外开放，努力构建开放型经济新体制，推进外商投资管理体制改革，大幅减少外资准入限制，加大知识产权保护。""中国倡导建设和平、安全、开放、合作的网络空间。"

2015年11月在土耳其举行的G20峰会上，习近平指出："构建开放型世界经济，激发国际贸易和投资活力。"

2015年11月在亚太经合组织工商领导人峰会上，习近平指出："坚持构建开放型经济。多年来，亚太坚持大开放、大融合、大发展，走出独具特色、充满活力的区域经济合作道路，堪称发展水平悬殊的经济体共同推进一体化的典范。"他同时强调："我们将更加注重对外开放。我们将实行更加积极主动的开放战略，努力构建开放型经济新体制，提高开放型经济水平。我们将加快推进高标准自由贸易区建设。"

2015年12月在南非举行的中非领导人与工商界代表高层对话会上,习近平指出:"坚持开放包容的多方合作,欢迎其他国家企业在互利共赢基础上加入到中非合作中来。"

(2)构建对外开放新体制。其一,实施自由贸易区战略,构建开放型经济新体制。2014年3月5日,习近平参加十二届全国人大二次会议上海代表团审议。在谈到加快推进自由贸易试验区建设时,习近平强调,建设自由贸易试验区,是党中央为推进新形势下改革开放提出的一项重大举措。要牢牢把握国际通行规则,加快形成与国际投资、贸易通行规则相衔接的基本制度体系和监管模式,既充分发挥市场在资源配置中的决定性作用,又更好发挥政府作用。要大胆闯、大胆试、自主改,尽快形成一批可复制、可推广的新制度,加快在促进投资贸易便利、监管高效便捷、法制环境规范等方面先试出首批管用、有效的成果。要扩大服务业对外开放,引进国际先进经验,提高服务业能级和水平。在自由贸易试验区要做点压力测试,把各方面可能发生的风险控制好,切实防范系统性风险特别是金融风险。

2014年12月5日,习近平在中共中央政治局第十九次集体学习时强调:加快实施自由贸易区战略,加快构建开放型经济新体制。他指出:"站在新的历史起点上,实现'两个一百年'奋斗目标、实现中华民族伟大复兴的中国梦,必须适应经济全球化新趋势、准确判断国际形势新变化、深刻把握国内改革发展新要求,以更加积极有为的行动,推进更高水平的对外开放,加快实施自由贸易区战略,加快构建开放型经济新体制,以对外开放的主动赢得经济发展的主动、赢得国际竞争的主动。""加快实施自由贸易区战略,是我国新一轮对外开放的重要内容。""不断扩大对外开放、提高对外开放水平,以开放促改革、促发展,是我国发展不断取得新成就的重要法宝。""加快实施自由贸易区战略,是适应经济全球化新趋势的客观要求,是全面深化改革、构建开放型经济新体制的必然选择,也是我国积极运筹对外关系、实现对外战略目标的重要手段。"

其二,加快实施自由贸易区战略。2015年3月5日,习近平参加十二届全国人大三次会议上海代表团审议时强调:当好改革开放排头兵创新发展先行者,为构建开放型经济新体制探索新路。他指出:"加快实施自由贸易区战略,是我国新一轮对外开放的重要内容。要进一步解放思想、大胆实践,重大改革要坚持摸着石头过河,披坚执锐、攻坚克难,加强整体谋划、系统创新。要加快转变政府职能,发挥好试验区辐射带动作用,着眼国际高标准贸易和投资规则,使制度创新成为推动发展的强大动力。要加大金融改革创新力度,增强服务我国经济发展、配置全球金融资源能力。"

其三,实现国际收支基本平衡,推进人民币国际化。2014年12月9日至11日,中央经济工作会议在北京举行,习近平作重要讲话。他指出:"面对对外开放出现的新特点,必须更加积极地促进内需和外需平衡、进口和出口平衡、引进外资和对外投资平衡,逐步实现国际收支基本平衡,构建开放型经济新体制。要完善扩大出口和增加进口政策,提高贸易便利化水平,巩固出口市场份额。要改善投资环境,扩大服务业市场准入,进一步开放制造业,推广上海自由贸易试验区经验,稳定外商投资规模和速度,提高引进外资质量。要努力提高对外投资效率和质量,促进基础设施互联互通,推动优势产业走出去,开展先进技术合作,稳步推进人民币国际化。"

其四,破解体制机制障碍,全面深化改革。2014年11月1日,习近平在福建平潭综合实验区调研时指出:"平潭综合实验区是闽台合作的窗口,也是国家对外开放的窗口,一定要创新体制,保护好生态,深化两岸经济和产业合作,真正建成两岸同胞合作建设、先行先试、科学发展的共同家园。"

2014年12月13日至14日,习近平在江苏考察时指出,要努力在全面深化改革中走在前列,把中央通过的各项改革方案落到实处,大胆探索,勇于实践,积极试点,积累经验。要增强出口竞争力,增创开放型经济新优势,拓展对内对外开放新空间。

2015年5月25日至27日,习近平在浙江调研时指出,希望浙江努力在提高全面建成小康社会水平上更进一步,在推进改革开放和社会主义现代化建设中更快一步,继续发挥先行和示范作用。在习近平看来,"先行先试"是一种可复制、可推广的制度性成果。在杭州,习近平重点考察了钱江新城,钱江新城规划总面积20.98平方公里,是杭州实施"沿江开发、跨江发展"战略,从"西湖时代"迈向"钱塘江时代"的"桥头堡"。习近平曾主政浙江,这里也凝聚着他的大量心血。5月27日,习近平在浙江召开华东7省市党委主要负责同志座谈会,听取对"十三五"时期经济社会发展的意见和建议。他指出:"要围绕破解经济社会发展突出问题的体制机制障碍,全面深化改革,增强改革意识,提高改革行动能力,使市场在资源配置中起决定性作用和更好发挥政府作用,形成对外开放新体制,加快培育国际竞争新优势。"

2015年6月17日,习近平在贵州贵安国家新区考察时指出,中央提出把贵安新区建设成为西部地区重要经济增长极、内陆开放型经济新高地、生态文明示范区,定位和期望值都很高,务必精心谋划、精心打造。

其五,提高利用国际国内两个市场、两种资源的能力。2015年9月16日,习近平主持召开中央全面深化改革领导小组第十六次会议并发表重要讲话,强调坚持以扩大开放促进深化改革,坚定不移提高开放型经济水平。他指出:"提高利用国际国内两个市场、两种资源的能力,要牢牢抓住体制改革这个核心,坚持内外统筹、破立结合,坚决破除一切阻碍对外开放的体制机制障碍,加快形成有利于培育新的比较优势和竞争优势的制度安排。要从制度和规则层面进行改革,推进包括放宽市场投资准入、加快自由贸易区建设、扩大内陆沿边开放等在内的体制机制改革,完善市场准入和监管、产权保护、信用体系等方面的法律制度,着力营造法治化、国际化的营商环境。要加快走出去步伐,协同推进东中西部对外开放,巩固外贸传统优势,加强国际产能合作,加快培育竞争新优势。"

(3)完善对外开放战略布局。其一,实行积极主动的开放战略,完善开放型经济体系。2013年10月7日,习近平在亚太经合组织工商领导人峰会上发表演讲《深化改革开放 共创美好亚太》。他指出:"我们将实行更加积极主动的开放战略,完善互利共赢、多元平衡、安全高效的开放型经济体系,促进沿海内陆沿边开放优势互补,形成引领国际经济合作和竞争的开放区域,培育带动区域发展的开放高地。坚持出口和进口并重,推动对外贸易平衡发展;坚持'引进来'和'走出去'并重,提高国际投资合作水平;深化涉及投资、贸易体制改革,完善法律法规,为各国在华企业创造公平经营的法治环境。我们将统筹双边、多边、区域次区域开放合作,加快实施自由贸易区战略,推动同周边国家互联互通。"

其二,共同维护和发展开放型世界经济。2014年6月28日,习近平在和平共处五项原则发表60周年纪念大会上发表重要讲话《弘扬和平共处五项原则,建设合作共赢美好世界》。他指出:"我们要共同维护和发展开放型世界经济,共同促进世界经济强劲、可持续、平衡增长,推动贸易和投资自由化便利化,坚持开放的区域合作,反对各种形式的保护主义,反对任何以邻为壑、转嫁危机的意图和做法。""中国将坚定不移奉行互利共赢的开放战略。中国正在推动落实丝绸之路经济带、21世纪海上丝绸之路、孟中印缅经济走廊、中国—东盟命运共同体等重大合作倡议,中国将以此为契机全面推进新一轮对外开放,发展开放型经济体系,为亚洲和世界发展带来新的机遇和空间。"

其三,中国将坚定不移奉行互利共赢的开放战略。2014年7月4日,习近平在韩国国立首尔大学发表演讲《共创中韩合作未来,同襄亚洲振兴繁荣》。他指出:"中国将坚定不移奉行互利共赢的开放战略,坚持正确义利观,发展开放型经济体系,全方位加强和拓展同亚洲和世界各国的互利合作。"

其四,加快地区开放,深化周边合作。2013年10月24日至25日,习近平在周边外交工作座谈会上发表重要讲话强调:为我国发展争取良好周边环境,推动我国发展更多惠及周边国家。他指出:"要加快沿边地区开放,深化沿边省区同周边国家的互利合作。"

其五,扩大对东盟国家开放。2013年10月3日,习近平在印度尼西亚国会发表演讲《携手建设中国——东盟命运共同体》。他指出:"中国愿在平等互利的基础上,扩大对东盟国家开放,使自身发展更好惠及东盟国家。中国愿提高中国—东盟自由贸易区水平,争取使2020年双方贸易额达到1万亿美元。"

其六,战略对接,务实合作。2014年9月18日,习近平在印度世界事务委员会发表演讲《携手追寻民族复兴之梦》。他指出:"中国被称为'世界工厂',印度被称为'世界办公室',双方应该加强合作,实现优势互补。我们要推动中国向西开放和印度'东向'政策实现对接,打造世界上最具竞争力的生产基地、最具吸引力的消费市场、最具牵引力的增长引擎。我们还要扩大投资和金融等领域合作,实现双方务实合作全面发展。"

其七,拓展欧亚共同经济空间。2015年5月8日,习近平在莫斯科克里姆林宫同俄罗斯总统普京会谈,两国元首一致同意加强两国战略协作,共同维护世界和平和国际公平正义,推进丝绸之路经济带建设同欧亚经济联盟建设对接。他指出:"将中方丝绸之路经济带建设同俄方欧亚经济联盟建设对接,从战略高度、以更广视野全面扩大和深化双方务实合作,扩大相互开放,深化利益交融,更好促进两国发展振兴,拓展欧亚共同经济空间,带动整个欧亚大陆发展和稳定。"

其八,深化改革,提高对外开放水平。2014年11月9日,习近平在亚太经合组织工商领导人峰会开幕式上发表演讲《谋求持久发展 共筑亚太梦想》。他指出:"我们全面深化改革,就要推进高水平对外开放。中国致力于构建开放型经济新体制,放宽市场准入,扩大服务业包括资本市场的对外开放,扩大内陆沿边开放;致力于建立发展创新、增长联动、利益融合的开放型亚太经济格局,推动在今年启动亚太自由贸易区进程,制定亚太经合组织推动实现亚太自由贸易区路线图;积极探索准入前国民待遇加负面清单的管理模式,为中国全面深化改革开放探索新途径、积累新经验。"

其九，释放老工业基地发展活力，提高开放水平。2015年3月10日，习近平参加十二届全国人大三次会议吉林代表团审议。他指出："要适应经济发展新常态，深入推进东北老工业基地振兴，抓住创新驱动发展和产业优化升级，努力形成特色新兴产业集群，形成具有持续竞争力和支撑力的产业体系，加强同周边国家和地区交流合作，通过深化改革坚决破除体制性障碍，全面提高对外开放水平，把老工业基地蕴藏的巨大活力激发出来、释放出来。"

其十，设立长吉图开发开放先导区是中央一项重要部署。2015年7月16日至18日，习近平在吉林延边朝鲜族自治州和长春市调研。他指出："设立长吉图开发开放先导区是中央一项重要部署，对于扩大沿边开放、加强面向东北亚的国际合作，对于振兴东北地区等老工业基地，具有重要意义。先导区要全域科学规划，实现资源要素集约高效利用，努力建成东北地区对外开放的示范区。"他强调指出，开放发展首先要强调对内开放。对内开放主要是要反对和抑制各种垄断，打破地区、行业之间的割据状态，充分发挥市场在资源配置中的主导作用，促进资源产业之间、地区之间以及各所有制企业之间的合理流动与优化配置，促进竞争机制充分发挥作用。

其十一，改革创新助推沿边开放。2015年9月16日，习近平主持召开中央全面深化改革领导小组第十六次会议并发表重要讲话，强调坚持以扩大开放促进深化改革，坚定不移提高开放型经济水平。他指出："要以改革创新助推沿边开放，允许沿边地区先行先试，大胆探索创新跨境经济合作新模式、促进沿边地区发展新机制、实现兴边富民新途径。"

其十二，把西藏打造成为我国面向南亚开放的重要通道。2015年8月24日至25日。习近平在中央第六次西藏工作座谈会上发表重要讲话。他指出："着力发展特色农牧业及其加工业，建设好重要的世界旅游目的地，搞活商贸流通业，把西藏打造成为我国面向南亚开放的重要通道。"

（4）推进"一带一路"建设。其一，加强互联互通，打造开放合作平台。2014年3月31日，习近平同欧洲理事会主席范龙佩举行会谈，赋予中欧全面战略伙伴关系新的战略内涵，共同打造中欧和平、增长、改革、文明四大伙伴关系。他指出："要把中欧合作和丝绸之路经济带等重大洲际合作倡议结合起来，以构建亚欧大市场为目标，加强基础设施互联互通。要坚持市场开放，携手维护多边贸易体制，共同致力于发展开放型世界经济。"

云南是我国"一带一路"国家开放战略的前沿和窗口，是国家整体布局的排头兵，地理位置十分重要。2015年1月20日，习近平在昆明火车站视察时指出，昆明南站是"一带一路"战略规划中辐射东南亚的重要基础设施。千里之行，始于足下，关键还是要把我们自己的事情做好，把"接口"做好，才能实现互联互通。

2016年1月4日，习近平在重庆两江新区果园港考察时指出，"一带一路"建设为重庆提供了"走出去"的更大平台，推动长江经济带发展为重庆提供了更好融入中部和东部的重要载体，重庆发展潜力巨大、前景光明。

其二，对接丝绸之路经济带和俄罗斯跨欧亚铁路建设。2014年5月20日，习近平同俄罗斯总统普京会谈，强调扩大和深化务实合作，把中俄全面战略协作伙伴关系推向更高水平。他指出："要对接丝绸之路经济带和俄罗斯跨欧亚铁路建设，拉动两国经贸往来和毗邻地区开发开放，共享欧亚大通道和欧亚大市场。"

其三，中方愿同蒙方加强在丝绸之路经济带倡议下合作。2014年8月22日，习近平在蒙古国国家大呼拉尔发表演讲《守望相助，共创中蒙关系发展新时代》。他指出："中方愿同蒙方加强在丝绸之路经济带倡议下合作，对蒙方提出的草原之路倡议持积极和开放态度。双方可以在亚洲基础设施投资银行等新的平台上加强合作，共同发展，共同受益。"

其四，"一带一路"建设不是封闭的。2015年3月28日，习近平在博鳌亚洲论坛2015年年会上发表主旨演讲——《迈向命运共同体，开创亚洲新未来》。他指出："'一带一路'建设秉持的是共商、共建、共享原则，不是封闭的，而是开放包容的；不是中国一家的独奏，而是沿线国家的合唱。'一带一路'建设不是要替代现有地区合作机制和倡议，而是要在已有基础上，推动沿线国家实现发展战略相互对接、优势互补。目前，已经有60多个沿线国家和国际组织对参与'一带一路'建设表达了积极态度。'一带一路'建设、亚洲基础设施投资银行都是开放的，我们欢迎沿线国家和亚洲国家积极参与，也张开臂膀欢迎五大洲朋友共襄盛举。"

其五，将南亚作为向西开放的重点地区。2015年4月21日，习近平在巴基斯坦议会发表演讲《构建中巴命运共同体 开辟合作共赢新征程》。他指出："中国提出建设丝绸之路经济带和21世纪海上丝绸之路倡议，是在新形势下扩大全方位开放的重要举措，也是要致力于使更多国家共享发展机遇和成果。我们希望同'一带一路'沿线国家加强合作，实现道路联通、贸易畅通、资金融通、政策沟通、民心相通，共同打造开放合作平台，为地区可持续发展提供新动力。""我们愿将南亚作为向西开放的重点地区，同南亚各国加强发展经验互鉴，推动发展优势互补。中方愿在南南合作框架内，对南亚国家提供力所能及的帮助和支持。"

其六，推动互利合作，共享发展机遇，加强交流互鉴。2014年5月15日，习近平在中国国际友好大会暨中国人民对外友好协会成立60周年纪念活动上发表讲话。他指出："海纳百川，有容乃大。中国将继续全面对外开放，推进同世界各国的互利合作，推动建设丝绸之路经济带和21世纪海上丝绸之路，实现各国在发展机遇上的共创共享。中国将以更加开放的胸襟、更加包容的心态、更加宽广的视角，大力开展中外文化交流，在学习互鉴中，为推动人类文明进步作出应有贡献。"

其七，推进"一带一路"，深化对外开放。2014年11月4日，习近平主持召开中央财经领导小组第八次会议，发表重要讲话强调加快推进丝绸之路经济带和21世纪海上丝绸之路建设。他指出："丝绸之路经济带和21世纪海上丝绸之路倡议顺应了时代要求和各国加快发展的愿望，提供了一个包容性巨大的发展平台，具有深厚历史渊源和人文基础，能够把快速发展的中国经济同沿线国家的利益结合起来。要集中力量办好这件大事，秉持亲、诚、惠、容的周边外交理念，近睦远交，使沿线国家对我们更认同、更亲近、更支持。""'一带一路'倡议，有利于扩大和深化对外开放。经过30多年的改革开放，我国经济正在实行从引进来到引进来和走出去并重的重大转变，已经出现了市场、资源能源、投资'三头'对外深度融合的新局面。只有坚持对外开放，深度融入世界经济，才能实现可持续发展。"

其八，借力"一带一路"，构筑全方位对外开放平台。2015年3月8日，习近平参加十二届全国人大三次会议广西代表团审议。他指出："随着国家推进'一带一路'建设，广西在国家对外开放大格局中的地位更加凸显，迎来了历史性的发展机遇。要加快形成面向国内国际的开放合作新格局，把转方式调结构摆到更加重要位置，做好对外开放这篇大文章，实行更加积极主动的开放战略，构建更有活力的开放型经济体系，扩大和深化同东盟的开放合作，构筑沿海沿江沿边全方位对外开放平台。"

其九，新疆是丝绸之路经济带"核心区域"。2015年9月20日，习近平在中美省州长论坛上发表讲话。他指出："我们将加快推进'一带一路'建设，为国内各地区拓展对外合作搭建平台。比如，新疆是丝绸之路经济带'核心区域'，云南是'一带一路'向西南开放的'桥头堡'。"

其十，建设"一带一路"，造福各国人民。2015年10月15日，习近平会见出席亚洲政党丝绸之路专题会议的外方主要代表。他指出:"'一带一路'建设秉持共商共建共享原则,弘扬开放包容、互学互鉴的精神,坚持互利共赢、共同发展的目标,奉行以人为本、造福于民的宗旨,将给沿线各国人民带来实实在在的利益。"

(5) 深化内地和港澳以及大陆和台湾地区合作发展。深化两岸合作,建成共同家园。2014年11月1日至12日,习近平在福建平潭综合实验区和福州市调研时指出:"平潭综合实验区是闽台合作的窗口,也是国家对外开放的窗口,一定要创新体制,保护好生态,深化两岸经济和产业合作,真正建成两岸同胞合作建设、先行先试、科学发展的共同家园。""两岸同胞同祖同根,血脉相连,文化相通,没有任何理由不携手发展、融合发展。大陆人口多,市场大,产业广,完全容得下来自台湾的商品,完全容得下来自台湾的企业。欢迎更多台湾企业到大陆发展。"

(6) 积极参与全球经济治理。其一,维护和发展开放型世界经济。2013年9月5日,习近平在二十国集团领导人峰会第一阶段会议上关于世界经济形势的发言中指出:"形势决定任务,行动决定成效。为此,我们要放眼长远,努力塑造各国发展创新、增长联动、利益融合的世界经济,坚定维护和发展开放型世界经济。""各国经济,相通则共进,相闭则各退。我们必须顺应时代潮流,反对各种形式的保护主义,统筹利用国际国内两个市场、两种资源。"

其二,中欧要共同坚持互利共赢。2014年3月30日,习近平在比利时《晚报》上发表署名文章《中欧友谊和合作:让生活越来越好》。他指出:"中欧要共同坚持互利共赢,坚持市场开放,致力于发展开放型世界经济,为全球经济强劲、可持续、平衡增长提供强大动力。"

其三,坚持开放式发展,反对贸易保护主义。2013年10月7日,习近平在亚太经合组织领导人会议第一阶段会议上关于全球经济形势和多边贸易体制的发言——《发挥亚太引领作用,维护和发展开放型世界经济》中指出:"中方对任何有利于亚太区域融合的机制安排都持开放态度。同时认为,有关安排应该建立合作而非对立的关系,倡导开放而非封闭的理念,寻求共赢而非零和的结果,实现一体化而非碎片化的目标。""致力于开放式发展,坚决反对贸易保护主义。各成员经济,开放则共进,封闭则自困。今年会议回归茂物目标诞生地,具有特殊意义。我们要秉持茂物目标精神,坚持开放的区域主义,不能'各家自扫门前雪,莫管他人瓦上霜'。发扬成员要在扩大市场开放上作好表率,更加重视经济技术合作,帮助发展中成员提升竞争力"

第六章 "五大发展理念"是指导公平与效率关系的具体行动指南

其四，亚太地区应该坚持开放发展。2013年10月7日，习近平在亚太经合组织工商领导人峰会上发表演讲《深化改革开放，共创美好亚太》。他指出："亚太地区应该坚持开放发展。第二次世界大战结束后，全球有13个经济体实现25年多的高速增长，其共同特征就是采取开放政策。我们要顺应时代潮流，维护自由、开放、非歧视的多边贸易体制，反对各种形式的保护主义。我们要携手建设开放型经济和区域合作框架，以开放包容精神推进亚太自由贸易区建设。"

其五，荷兰是对华合作最开放的欧洲国家之一。2014年3月22日，习近平在荷兰《新鹿特丹商业报》发表署名文章《打开欧洲之门 携手共创繁荣》。他指出："荷兰是对华合作最开放的欧洲国家之一，双方都支持贸易自由化，都致力于建设开放透明、公平有序的市场和竞争环境。"

其六，推动经济全球化朝着普惠共赢的方向发展。2014年3月27日，习近平在中法建交五十周年纪念大会上发表重要讲话。他指出："要提高经济合作水平，推动贸易和投资自由化便利化，反对保护主义，符合世界各国共同利益。要加强宏观经济政策协调，推动国际经济、金融、货币体系改革，推动建设开放公平的多边贸易体系，加强国际援助交流合作，推动经济全球化朝着普惠共赢的方向发展。"

其七，坚持开放精神，加强相互合作。2014年7月15日，习近平在金砖国家领导人第六次会晤上的讲话《新起点 新愿景 新动力》中指出："我们应该坚持开放精神，发挥各自比较优势，加强相互经济合作，培育全球大市场，完善全球价值链，做开放型世界经济的建设者。"

其八，完善全球经济治理。2014年11月15日，习近平在二十国集团领导人第九次峰会第一阶段会议上发言《推动创新发展，实现联动增长》。他指出"建设开放型世界经济。世界贸易扩大了，各国都受益。世界市场缩小了，对各国都没有好处。我们要继续做全球自由贸易的旗手，维护多边贸易体制，构建互利共赢的全球价值链，培育全球大市场。要继续反对贸易和投资保护主义，推动多哈回合谈判。要推动各种自由贸易协定做到开放、包容、透明、非歧视，避免市场分割和贸易体系分化。"

其九，"完善全球经济治理。今年是布雷顿森林会议70周年，各方都在总结布雷顿森林体系的经验，进一步完善全球经济治理。我们要以此为契机，建设公平公正、包容有序的国际金融体系，提高新兴市场国家和发展中国家的代表性和发言权，确保各国在国际经济合作中权利平等、机会平等、规则平等。要加快并切实落实国际货币基金组织改革方案，加强全球金融安全网。金砖国家宣布成立开发银行和应急储备安排，亚洲二十多个国家发起建立的亚洲基础设施投资银行,这是对国际金融体系的有益补充。"

其十,提高金砖国家在全球治理体系中的地位和作用。2015年7月9日,习近平在金砖国家领导人第七次会晤上的讲话《共建伙伴关系 共创美好未来》中指出:"我们要共同致力于提高金砖国家在全球治理体系中的地位和作用,推动国际经济秩序顺应新兴市场国家和发展中国家力量上升的历史趋势。推动改革国际货币基金组织治理结构,增加新兴市场国家和发展中国家代表性和发言权。倡导建设开放型世界经济,支持多边贸易体制,推动多哈回合谈判维护新兴市场国家和发展中国家的正当权益,确保各国在国际经贸活动中机会平等、规则平等、权利平等。"

(7)积极承担国际责任和义务。2014年9月12日,习近平在上海合作组织成员国元首理事会第十四次会议上的讲话《凝心聚力 精诚协作,推动上海合作组织再上新台阶》中指出:"上海合作组织发展正在进入继往开来的关键时期。确保本组织始终沿着既定轨道向前发展,为成员国和成员国人民带来更多安全、更大福祉,是我们肩负的共同责任和使命。我们要本着对地区乃至世界和平、稳定、发展高度负责的态度,牢固树立同舟共济、荣辱与共的命运共同体、利益共同体意识,凝心聚力,精诚协作,全力推动上海合作组织朝着机制更加完善、合作更加全面、协调更加顺畅、对外更加开放的方向发展,为本地区人民造福。"

5. 共享发展理念的提出过程

党的十八届五中全会提出,"共享是中国特色社会主义的本质要求。必须坚持发展为了人民、发展依靠人民、发展成果由人民共享,作出更有效的制度安排,使全体人民在共建共享发展中有更多获得感,增强发展动力,增进人民团结,朝着共同富裕方向稳步前进"。①

十八大以来,习近平总书记先后数次在开会和考察中讲述了共享发展理念。

(1)共享发展的要义。其一,保障和改善民生,让老百姓过上好日子。2012年11月15日,在党的第十八届中央委员会第一次全体会议上当选的中共中央总书记习近平在同采访十八大的中外记者见面时指出,我们的人民是伟大的人民。在漫长的历史进程中,中国人民依靠自己的勤劳、勇敢、智慧,开创了各民族和睦共处的美好家园,培育了历久弥新的优秀文化。我们的人民热爱生活,期盼有更好的教育、更稳定的工作、更满意

---

① 《中共十八届五中全会公报(全文)》,财新网,2015年10月29日。

的收入、更可靠的社会保障、更高水平的医疗卫生服务、更舒适的居住条件、更优美的环境,期盼孩子们能成长得更好、工作得更好、生活得更好。人民对美好生活的向往,就是我们的奋斗目标。

2012年12月29日至30日,习近平在河北省阜平县看望慰问困难群众时指出,由于我国还处在社会主义初级阶段,还有为数不少的困难群众。全面建成小康社会,最艰巨最繁重的任务在农村、特别是在贫困地区。没有农村的小康,特别是没有贫困地区的小康,就没有全面建成小康社会。消除贫困、改善民生、实现共同富裕,是社会主义的本质要求。对困难群众,我们要格外关注、格外关爱、格外关心,千方百计帮助他们排忧解难,把群众的安危冷暖时刻放在心上,把党和政府的温暖送到千家万户。

2013年2月2日至5日,习近平在甘肃定西、临夏等特困地区考察时的讲话中指出,党和政府高度重视扶贫开发工作,特别是高度重视少数民族和民族地区的发展,一定会给乡亲们更多支持和帮助,乡亲们要发扬自强自立精神,找准发展路子、苦干实干,早日改变贫困面貌。

2013年3月17日,习近平在第十二届全国人民代表大会第一次会议上的讲话中指出,生活在我们伟大祖国和伟大时代的中国人民,共同享有人生出彩的机会,共同享有梦想成真的机会,共同享有同祖国和时代一起成长与进步的机会。有梦想、有机会、有奋斗,一切美好的东西都能够创造出来。全国各族人民一定要牢记使命,心往一处想,劲往一处使,用13亿人的智慧和力量汇集起不可战胜的磅礴力量。

2013年9月25日,习近平在联合国"教育第一"全球倡议行动一周年纪念活动上发表视频贺词中指出:"中国将继续响应联合国的倡议。中国有2.6亿名在校学生和1500万名教师,发展教育任务繁重。中国将坚定实施科教兴国战略,始终把教育摆在优先发展的战略位置,不断扩大投入,努力发展全民教育、终身教育,建设学习型社会,努力让每个孩子享有受教育的机会,努力让13亿人民享有更好更公平的教育,获得发展自身、奉献社会、造福人民的能力。"

2013年10月7日,习近平在亚太经合组织工商领导人峰会上的演讲《深化改革开放 共创美好亚太》中指出:"我们将以保障和改善民生为重点,促进社会公平正义,推动实现更高质量的就业,深化收入分配制度改革,健全社会保障体系和基本公共服务体系。"

2013年10月29日,习近平主持十八届中央政治局第十次集体学习时的讲话强调,加快推进住房保障和供应体系建设,是满足群众基本住房需求、实现全体人民住有所居目标的重要任务,是促进社会公平正义、保证人民群众共享改革发展成果的必然要求。各级党委和政府要加强组织领导,落实各项目标任务和政策措施,努力把住房保障和供应体系建设办成一项经得起实践、人民、历史检验的德政工程。

2015年6月16日,习近平在遵义县枫香镇花茂村考察时的讲话中指出,我们的第一个百年目标是到2020年全面建成小康社会,没有农民的小康社会就不是全面小康社会。好日子是干出来的,贫困并不可怕,只要有信心、有决心,就没有克服不了的困难。

2015年6月18日,习近平在贵州召开部分省区市党委主要负责同志座谈会时的讲话中指出,"十三五"时期是我们确定的全面建成小康社会的时间节点,全面建成小康社会最艰巨最繁重的任务在农村,特别是在贫困地区。各级党委和政府要把握时间节点,努力补齐短板,科学谋划好"十三五"时期扶贫开发工作,确保贫困人口到2020年如期脱贫。消除贫困、改善民生、实现共同富裕,是社会主义的本质要求,是我们党的重要使命。改革开放以来,经过全国范围有计划有组织的大规模开发式扶贫,我国贫困人口大量减少,贫困地区面貌显著变化,但扶贫开发工作依然面临十分艰巨而繁重的任务,已进入啃硬骨头、攻坚拔寨的冲刺期。形势逼人,形势不等人。各级党委和政府必须增强紧迫感和主动性,在扶贫攻坚上进一步理清思路、强化责任,采取力度更大、针对性更强、作用更直接、效果更可持续的措施,特别要在精准扶贫、精准脱贫上下更大工夫。

2015年11月7日,习近平同台湾方面领导人马英九在新加坡会面时强调,我们今天坐在一起,是为了让历史悲剧不再重演,让两岸关系和平发展成果不得而复失,让两岸同胞继续开创和平安宁的生活,让我们的子孙后代共享美好的未来。

其二,推进城乡要素平等交换和公共资源均衡配置。2013年11月16日,习近平关于《中共中央关于全面深化改革若干重大问题的决定》的说明中指出:"推进城乡要素平等交换和公共资源均衡配置。主要是保障农民工同工同酬,保障农民公平分享土地增值收益;完善农业保险制度;鼓励社会资本投向农村建设,允许企业和社会组织在农村兴办各类事业;统筹城乡义务教育资源均衡配置,整合城乡居民基本养老保险制度、基本医疗保险制度,推进城乡最低生活保障制度统筹发展,稳步推进城镇基本公共服务常住人口全覆盖,把进城落户农民完全纳入城镇住房和社会保障体系。"

2015年4月30日,习近平在中共中央政治局第二十二次集体学习时强调,加快推进城乡发展一体化,是党的十八大提出的战略任务,也是落实"四个全面"战略布局的必然要求。全面建成小康社会,最艰巨最繁重的任务在农村特别是农村贫困地区。我们一定要抓紧工作、加大投入,努力在统筹城乡关系上取得重大突破,特别是要在破解城乡二元结构、推进城乡要素平等交换和公共资源均衡配置上取得重大突破,给农村发展注入新的动力,让广大农民平等参与改革发展进程、共同享受改革发展成果。

其三,以共建共享为基本原则,推进基本公共服务均等化。2014年9月28日至29日,中央民族工作会议暨国务院第六次全国民族团结进步表彰大会在北京举行,习近平作重要讲话。他指出:"要以推进基本公共服务均等化为重点,着力改善民生。发展经济的根本目的就是要让各族群众过上好日子。既要坚持不懈抓发展,不断扩大经济总量,为民生改善提供坚实基础,也要大力推进基本公共服务均等化,促进社会公平。教育投入要向民族地区、边疆地区倾斜,加快民族地区义务教育学校标准化和寄宿制学校建设,实行免费中等职业教育,办好民族地区高等教育,搞好双语教育。加快改善医疗卫生条件,加强基层医疗卫生人才队伍建设。进一步加强对口支援和帮扶,把改善民生放在首位,帮扶资金主要用于民生、用于基层。"

2015年5月25日至27日,习近平在浙江考察调研时强调,一个好的社会,既要充满活力,又要和谐有序。社会建设要以共建共享为基本原则,在体制机制、制度政策上系统谋划,从保障和改善民生做起,坚持群众想什么、我们就干什么,既尽力而为又量力而行,多一些雪中送炭,使各项工作都做到愿望和效果相统一。

其四,全面深化改革,增进人民福祉。2014年11月9日,习近平在亚太经合组织工商领导人峰会开幕式上的演讲《谋求持久发展 共筑亚太梦想》中指出:"我们全面深化改革,就要增进人民福祉、促进社会公平正义。一切改革归根结底都是为了人民,是为了让老百姓过上好日子。中国实行更加积极的就业创业政策,推动人民收入持续提高。今年前3个季度,中国城镇新增就业1082万人,居民消费价格指数同比上涨2.1%,城镇和农村居民人均收入分别增长6.9%和9.7%。中国正在建设更加公平可持续的社会保障制度,健全公共服务体系,创新社会治理体制。"

其五,加强保障和改善民生工作。2014年12月9日至11日,中央经济工作会议在北京举行,习近平作重要讲话。他指出:"加强保障和改善民生工作。坚持守住底线、突出重点、完善制度、引导舆论的基本思路,多些雪中送炭，更加注重保障基本民生，更加关注低收入群众生活，更加重视社会大局稳定。做好就业工作，要精准发力，确保完成就业目标。要更好发挥市场在促进就业中的作用，鼓励创业带动就业，提高职业培训质量，加强政府公共就业服务能力。扶贫工作事关全局，全党必须高度重视。要让贫困家庭的孩子都能接受公平的有质量的教育，不要让孩子输在起跑线上。要因地制宜发展特色经济，加大对基本公共服务和扶贫济困工作的支持力度。要更多面向特定人口、具体人口，实现精准脱贫，防止平均数掩盖大多数。"

2016年3月8日，习近平在参加十二届全国人大四次会议湖南代表团审议时指出："要创造性开展工作，着力推进供给侧结构性改革，着力加强保障和改善民生工作，着力推进农业现代化，让广大人民群众有更多获得感。他强调，推进供给侧结构性改革是一场硬仗。要把握好'加法'和'减法'、当前和长远、力度和节奏、主要矛盾和次要矛盾、政府和市场的关系，锐意进取、敢于担当、脚踏实地、真抓实干，打赢这场硬仗。要一手抓结构性改革，一手抓补齐民生短板，切实保障群众基本生活，保障基本公共服务，坚决守住民生底线。"

其六，做好老区扶贫工作。2014年12月14日，习近平在南京军区机关视察时指出："要满腔热忱做好扶贫帮困、助学兴教、医疗卫生服务等工作，把党的关怀送到老区人民心坎上。"

其七，加大对老区发展的支持。2015年2月13日，习近平在延安干部学院主持召开陕甘宁革命老区脱贫致富座谈会的讲话中指出："一是加大投入支持力度，采取更加倾斜的政策，加大对老区发展的支持，增加扶贫开发的财政资金投入和项目布局，鼓励引导社会资金投向老区建设，形成支持老区发展的强大社会合力。二是加快社会事业发展，重点是发展教育、医疗卫生、公共文化、社会保障等事业，实现基本公共服务对老区城乡居民全覆盖，深入推进老区新农村建设，加强农村环境卫生和住房建设……"

其八，抓民生，抓发展。2015年7月17日，习近平在长春召开部分省区党委主要负责同志座谈会，听取对振兴东北地区等老工业基地和"十三五"时期经济社会发展的意见和建议。他指出："抓民生也是抓发展。要在保障基本公共服务有效供给基础上，积极引导群众对居家服务、养老服务、健康服务、文体服务、休闲服务等方面的社会需求，支持相关服务行业加快发展，培育形成新的经济增长点，使民生改善和经济发展有效对接、相得益彰。要着力保障民生建设资金投入，全力解决好人民群众关心的教育、就业、收入、社保、医疗卫生、食品安全等问题,保障民生链正常运转。"

（2）增加公共服务供给。2014年12月2日,习近平主持召开中央全面深化改革领导小组第七次会议并发表重要讲话。他指出:"构建现代公共文化服务体系是保障人民群众基本文化权益、建设社会主义文化强国的重要制度设计。要把现代公共文化服务体系建设作为一项民心工程,坚持政府主导、社会参与、共建共享,统筹城乡和区域文化均等化发展,加快形成覆盖城乡、便捷高效、保基本、促公平的现代公共文化服务体系。"

（3）实施脱贫攻坚工程。扶贫开发直接关系到中国数千万人民的福祉,关系到2020年全面建成小康社会的目标能否实现。正如习近平总书记在关于制定"十三五"规划建议的说明中所说的那样,"我们不能一边宣布全面建成了小康社会,另一边还有几千万人口的生活水平处在扶贫标准线以下,这既影响人民群众对全面建成小康社会的满意度,也影响国际社会对我国全面建成小康社会的认可度。"

2015年11月27日至28日,党的十八届五中全会之后的首个中央会议——中央扶贫开发工作会议在北京召开。在这个堪称"史上最高规格"的扶贫会上,习近平等中共中央政治局常委与地方党政主要负责人全部出席,吹响了消除绝对贫困、决胜小康社会的最强劲号角。在这次会议上,习近平总书记发表重要讲话。他强调,消除贫困、改善民生、逐步实现共同富裕,是社会主义的本质要求,是我们党的重要使命。全面建成小康社会,是我们对全国人民的庄严承诺。脱贫攻坚战的冲锋号已经吹响。我们要立下愚公移山志,咬定目标、苦干实干,坚决打赢脱贫攻坚战,确保到2020年所有贫困地区和贫困人口一道迈入全面小康社会。①

习近平在讲话中强调,这次中央扶贫开发工作会议是党的十八届五中全会后召开的第一个中央工作会议,体现了党中央对扶贫开发工作的高度重视。党的十八届五中全会从实现全面建成小康社会奋斗目标出发,明确到2020年我国现行标准下农村贫困人口实现脱贫,贫困县全部摘帽,解决区域性整体贫困。会议的主要任务是,贯彻落实党的十八届五中全会精神,分析全面建成小康社会进入决胜阶段脱贫攻坚面临的形势和任务,对当前和今后一个时期脱贫攻坚任务作出部署,动员全党全国全社会力量,齐心协力打赢脱贫攻坚战。

习近平指出,新中国成立以来,我们党带领人民持续向贫困宣战。经

---

① 《习近平在中央扶贫开发工作会议上发表重要讲话》,2015年11月28日,光明网。

过改革开放 37 年来的努力，我们成功走出了一条中国特色扶贫开发道路，使 7 亿多农村贫困人口成功脱贫，为全面建成小康社会打下了坚实基础。我国成为世界上减贫人口最多的国家，也是世界上率先完成联合国千年发展目标的国家。这个成就，足以载入人类社会发展史册，也足以向世界证明中国共产党领导和中国特色社会主义制度的优越性。

习近平强调，我们要清醒地认识到，当前我国脱贫攻坚形势依然严峻。截至去年年底，全国仍有 7000 多万农村贫困人口。"十三五"期间脱贫攻坚的目标是，到 2020 年稳定实现农村贫困人口不愁吃、不愁穿，农村贫困人口义务教育、基本医疗、住房安全有保障；同时实现贫困地区农民人均可支配收入增长幅度高于全国平均水平、基本公共服务主要领域指标接近全国平均水平。脱贫攻坚已经到了啃硬骨头、攻坚拔寨的冲刺阶段，必须以更大的决心、更明确的思路、更精准的举措、超常规的力度，众志成城实现脱贫攻坚目标，绝不能落下一个贫困地区、一个贫困群众。

习近平指出，要坚持精准扶贫、精准脱贫，重在提高脱贫攻坚成效。关键是要找准路子、构建好的体制机制，在精准施策上出实招、在精准推进上下实功、在精准落地上见实效。要解决好"扶持谁"的问题，确保把真正的贫困人口弄清楚，把贫困人口、贫困程度、致贫原因等搞清楚，以便做到因户施策、因人施策。要解决好"谁来扶"的问题，加快形成中央统筹、省（自治区、直辖市）负总责、市（地）县抓落实的扶贫开发工作机制，做到分工明确、责任清晰、任务到人、考核到位。

习近平强调，要解决好"怎么扶"的问题，按照贫困地区和贫困人口的具体情况，实施"五个一批"工程。一是发展生产脱贫一批，引导和支持所有有劳动能力的人依靠自己的双手开创美好明天，立足当地资源，实现就地脱贫。二是易地搬迁脱贫一批，贫困人口很难实现就地脱贫的要实施易地搬迁，按规划、分年度、有计划组织实施，确保搬得出、稳得住、能致富。三是生态补偿脱贫一批，加大贫困地区生态保护修复力度，增加重点生态功能区转移支付，扩大政策实施范围，让有劳动能力的贫困人口就地转成护林员等生态保护人员。四是发展教育脱贫一批，治贫先治愚，扶贫先扶智，国家教育经费要继续向贫困地区倾斜、向基础教育倾斜、向职业教育倾斜，帮助贫困地区改善办学条件，对农村贫困家庭幼儿特别是留守儿童给予特殊关爱。五是社会保障兜底一批，对贫困人口中完全或部分丧失劳动能力的人，由社会保障来兜底，统筹协调农村扶贫标准和农村低保标准，加大其他形式的社会救助力度。要加强医疗保险和医疗救助，新型农村合作医疗和大病保险政策要对贫困人口倾斜。要高度重视革命老区脱贫攻坚工作。

习近平指出，精准扶贫是为了精准脱贫。要设定时间表，实现有序退出，既要防止拖延病，又要防止急躁症。要留出缓冲期，在一定时间内实行摘帽不摘政策。要实行严格评估，按照摘帽标准验收。要实行逐户销号，做到脱贫到人，脱没脱贫要同群众一起算账，要群众认账。

习近平强调，越是进行脱贫攻坚战，越是要加强和改善党的领导。各级党委和政府必须坚定信心、勇于担当，把脱贫职责扛在肩上，把脱贫任务抓在手上。各级领导干部要保持顽强的工作作风和拼劲，满腔热情做好脱贫攻坚工作。脱贫攻坚任务重的地区党委和政府要把脱贫攻坚作为"十三五"期间头等大事和第一民生工程来抓，坚持以脱贫攻坚统揽经济社会发展全局。要层层签订脱贫攻坚责任书、立下军令状。要建立年度脱贫攻坚报告和督察制度，加强督察问责。要把脱贫攻坚实绩作为选拔任用干部的重要依据，在脱贫攻坚第一线考察识别干部，激励各级干部到脱贫攻坚战场上大显身手。要把夯实农村基层党组织同脱贫攻坚有机结合起来，选好一把手、配强领导班子。

习近平指出，扶贫开发投入力度，要同打赢脱贫攻坚战的要求相匹配。中央财政专项扶贫资金、中央基建投资用于扶贫的资金等，增长幅度要体现加大脱贫攻坚力度的要求。中央财政一般性转移支付、各类涉及民生的专项转移支付，要进一步向贫困地区倾斜。省级财政、对口扶贫的东部地区要相应增加扶贫资金投入。要加大扶贫资金整合力度。要做好金融扶贫这篇文章，加快农村金融改革创新步伐。要加强扶贫资金阳光化管理，集中整治和查处扶贫领域的职务犯罪，对挤占挪用、层层截留、虚报冒领、挥霍浪费扶贫资金的要从严惩处。

习近平强调，脱贫致富终究要靠贫困群众用自己的辛勤劳动来实现。没有比人更高的山，没有比脚更长的路。要重视发挥广大基层干部群众的首创精神，让他们的心热起来、行动起来，靠辛勤劳动改变贫困落后面貌。要动员全社会力量广泛参与扶贫事业。

2016年两会上，习近平多次强调，要把脱贫攻坚作为"十三五"时期的头等大事来抓。3月8日，习近平在湖南代表团表示："坚决守住民生底线，坚决打赢脱贫攻坚战。"3月10日，习近平在青海代表团强调："齐心协力打赢脱贫攻坚战，确保到2020年现行标准下农村牧区贫困人口全部脱贫。"

当然，习近平对脱贫攻坚工程的重视和强调，不是只限于一时一地、一事一会，而是持之以恒、全面阐述、反复强调、高度重视。现简要分述如下：

其一，打好民族地区扶贫攻坚战。2014年9月28日至29日，中央民族工作会议暨国务院第六次全国民族团结进步表彰大会在北京举行，习近平作重要讲话。他指出："打好扶贫攻坚战，民族地区是主战场。要创新思路和机制，把整体推进与精准到户结合起来，加快推进集中连片特殊困难地区区域发展与扶贫攻坚，提高扶贫效能。"

习近平对云南鲁甸地震后的灾区重建十分牵挂。2015年1月19日，习近平一下飞机，就转乘汽车一路颠簸前往鲁甸县。鲁甸所属的昭通市位于乌蒙山区，全市11个区县中有10个属于乌蒙山集中连片特困地区，扶贫开发任务重、难度大。习近平对这里的扶贫开发工作高度重视。他指出，扶贫开发是我们第一个百年奋斗目标的重点工作，是最艰巨的任务。

2015年1月20日，习近平在会见怒江州贡山独龙族怒族自治县干部群众代表时指出，独龙族和其他一些少数民族的沧桑巨变，证明了中国特色社会主义制度的优越性。前面的任务还很艰巨，我们要继续发挥我国制度的优越性，继续把工作做好、事情办好。全面实现小康，一个民族都不能少。

2016年3月10日上午，习近平参加了十二届全国人大四次会议青海代表团的审议。代表们从精准扶贫、医药卫生体制改革、促进城乡教育公平等不同角度谈到脱贫攻坚。习近平详细询问了当地贫困户公示情况，强调"十三五"时期是脱贫攻坚啃硬骨头、攻城拔寨的时期，必须横下一条心，加大力度，加快速度，加紧进度，齐心协力打赢脱贫攻坚战，确保到2020年现行标准下农村牧区贫困人口全部脱贫，贫困县全部摘帽，强调脱贫攻坚一定要扭住精准，更加注重教育脱贫，更加注重提高脱贫效果的可持续性。

其二，消除贫困，改善民生，逐步实现全体人民共同富裕。2013年11月3日，习近平在湖南湘西考察时的讲话中指出，发展是甩掉贫困帽子的总办法，贫困地区要从实际出发，因地制宜，把种什么、养什么、从哪里增收想明白，帮助乡亲们寻找脱贫致富的好路子。脱贫致富贵在立志，只要有志气、有信心，就没有迈不过去的坎。贫困地区基层干部长期风里来雨里去，对他们要给予更多关爱和支持。贫困地区要脱贫致富，改善交通等基础设施条件很重要，这方面要加大力度，继续支持。

2013年11月26日，习近平在山东菏泽考察时的讲话中指出，抓扶贫开发，要紧紧扭住增加农民收入这个中心任务、健全农村基本公共服务体系这个基本保障、提高农村义务教育水平这个治本之策，突出重点，上下联动，综合施策。

2014年1月26日，习近平在内蒙古调研看望慰问各族干部群众时强调，我们党员干部都要有这样一个意识：只要还有一家一户乃至一个人没有解决基本生活问题，我们就不能安之若素；只要群众对幸福生活的憧憬还没有变成现实，我们就要毫不懈怠团结带领群众一起奋斗。

2014年10月17日，全国社会扶贫工作电视电话会议在京召开，习近平对扶贫开发工作作出重要批示。他指出："我国将每年10月17日设立为'扶贫日'，并于今年第一个扶贫日之际表彰社会扶贫先进集体和先进个人，进一步部署社会扶贫工作，对于弘扬中华民族扶贫济困的传统美德，培育和践行社会主义核心价值观，动员社会各方面力量共同向贫困宣战，继续打好扶贫攻坚战，具有重要意义。""消除贫困，改善民生，逐步实现全体人民共同富裕，是社会主义的本质要求。改革开放以来，我国扶贫开发取得了举世瞩目的成就，为人类减贫事业作出了巨大贡献。""全面建成小康社会，最艰巨最繁重的任务在贫困地区。全党全社会要继续共同努力，形成扶贫开发工作强大合力。各级党委、政府和领导干部对贫困地区和贫困群众要格外关注、格外关爱，履行领导职责，创新思路方法，加大扶持力度，善于因地制宜，注重精准发力，充分发挥贫困地区广大干部群众能动作用，扎扎实实做好新形势下扶贫开发工作，推动贫困地区和贫困群众加快脱贫致富奔小康的步伐。"

2014年11月1日至2日，习近平在福州考察时的讲话中指出，全面建成小康社会，不能丢了农村这一头。

2015年2月13日，习近平在中国延安干部学院主持召开陕甘宁革命老区脱贫致富座谈会时指出："我们实现第一个百年奋斗目标、全面建成小康社会，没有老区的全面小康，特别是没有老区贫困人口脱贫致富，那是不完整的。这就是我常说的小康不小康、关键看老乡的涵义。"

2015年6月18日，习近平在贵州召开部分省区市党委主要负责同志座谈会时指出，"十三五"时期是我们确定的全面建成小康社会的时间节点，全面建成小康社会最艰巨最繁重的任务在农村，特别是在贫困地区。各级党委和政府要把握时间节点，努力补齐短板，科学谋划好"十三五"时期扶贫开发工作，确保贫困人口到2020年如期脱贫。习近平强调，消除贫困、改善民生、实现共同富裕，是社会主义的本质要求，是我们党的重要使命。改革开放以来，经过全国范围有计划有组织的大规模开发式扶贫，我国贫困人口大量减少，贫困地区面貌显著变化，但扶贫开发工作依然面临十分艰巨而繁重的任务，已进入啃硬骨头、攻坚拔寨的冲刺期。形势逼人，形势不等人。各级党委和政府必须增强紧迫感和主动性，在扶贫攻坚上进一步理清思路、强化责任，采取力度更大、针对性更强、作用更直接、效果更可持续的措施，特别要在精准扶贫、精准脱贫上下更大工夫。习近平就加大力度推进扶贫开发工作提出"四个切实"的具体要求。第一，切实落实领导责任。第二，切实做到精准扶贫。第三，切实强化社会合力。第四，切实加强基层组织。

在遵义县枫香镇花茂村考察时，习近平指出，我们的第一个百年目标是到2020年全面建成小康社会，没有农民的小康社会就不是全面小康社会。以习近平为总书记的党中央十分关心广大农民特别是农村贫困人口，制定了一系列方针政策促进农村发展。他说，好日子是干出来的，贫困并不可怕，只要有信心、有决心，就没有克服不了的困难。对于该村把扶贫开发与富在农家、学在农家、乐在农家、美在农家的美丽乡村建设结合起来的做法，习近平高度赞赏，他说，希望村党支部、村委会和村干部心往一处想、劲往一处使、汗往一处流，共同把乡亲们的事情办好。

其三，科学扶贫和精准扶贫。2013年11月，习近平总书记在湖南湘西考察时首次提出了"精准扶贫"，后来又在多种场合进一步阐述并丰富这一概念的内涵，从理论到实践形成了系统的思想，不仅成为指导我国扶贫工作的重要方针，为我国扶贫攻坚全面建成小康社会能够取得成功奠定了思想基础，而且提升了关于社会主义共同富裕的思想认识，是马克思主义中国化的又一个重要的最新成果，具有深远的实践意义和广泛的理论意义。

2014年11月1日至2日，习近平在福建调研时指出："福建山区多、老区多，当年苏区老区人民为了革命和新中国的成立不惜流血牺牲，今天这些地区有的还比较贫困，要通过领导联系、山海协作、对口帮扶，加快科学扶贫和精准扶贫，办好教育、就业、医疗、社会保障等民生实事，支持和帮助贫困地区和贫困群众尽快脱贫致富奔小康，决不能让一个苏区老区掉队。"

其四，扶贫开发成败之举在于精准扶贫、精准脱贫。精准扶贫如何"精准"？这在习近平多次的讲话中已经给出了答案。2015年1月，习总书记在考察云南省昭通市时提到，深入实施精准扶贫、精准脱贫，项目安排和资金使用都要提高精准度，扶到点上、根上，让贫困群众真正得到实惠。2015年11月，他在中央扶贫开发工作会议上讲，要解决好"扶持谁"的问题，确保把真正的贫困人口弄清楚，把贫困人口、贫困程度、致贫原因等搞清楚，以便做到因户施策、因人施策。

2015年1月19日至21日,习近平在云南考察工作时指出:"扶贫开发是我们第一个百年奋斗目标的重点工作,是最艰巨的任务。现在距实现全面建成小康社会只有五六年时间了,时不我待,扶贫开发要增强紧迫感,真抓实干,不能光喊口号,决不能让困难地区和困难群众掉队。要以更加明确的目标、更加有力的举措、更加有效的行动,深入实施精准扶贫、精准脱贫,项目安排和资金使用都要提高精准度,扶到点上、根上,让贫困群众真正得到实惠。"

2015年3月8日,习近平在十二届全国人大三次会议到广西代表团参加审议时强调:"切实做到精准扶贫。扶贫开发贵在精准,重在精准,成败之举在于精准。各地都要在扶持对象精准、项目安排精准、资金使用精准、措施到户精准、因村派人(第一书记)精准、脱贫成效精准上想办法、出实招、见真效。要坚持因人因地施策,因贫困原因施策,因贫困类型施策,区别不同情况,做到对症下药、精准滴灌、靶向治疗,不搞大水漫灌、走马观花、大而化之。要因地制宜研究实施'四个一批'①的扶贫攻坚行动计划,即通过扶持生产和就业发展一批,通过移民搬迁安置一批,通过低保政策兜底一批,通过医疗救助扶持一批,实现贫困人口精准脱贫。"

2015年10月16日,习近平在2015减贫与发展高层论坛上发表主旨演讲时指出:"现在,中国在扶贫攻坚工作中采取的重要举措,就是实施精准扶贫方略,找到'贫根',对症下药,靶向治疗。我们坚持中国制度的优势,构建省市县乡村五级一起抓扶贫,层层落实责任制的治理格局。"

2015年11月27日至28日,习近平在中央扶贫开发工作会议上强调:"要坚持精准扶贫、精准脱贫,重在提高脱贫攻坚成效。关键是要找准路子、构建好的体制机制,在精准施策上出实招、在精准推进上下实功、在精准落地上见实效。要解决好'扶持谁'的问题,确保把真正的贫困人口弄清楚,把贫困人口、贫困程度、致贫原因等搞清楚,以便做到因户施策、因人施策。要解决好'谁来扶'的问题,加快形成中央统筹、省(自治区、直辖市)负总责、市(地)县抓落实的扶贫开发工作机制,做到分工明确、责任清晰、任务到人、考核到位。"

2015年11月27日至28日,习近平在中央扶贫开发工作会议上强调指出,精准扶贫是为了精准脱贫。要设定时间表,实现有序退出,既要防

---

① 扶贫开发四个一批是:通过扶持生产和就业发展一批、通过移民搬迁安置一批、通过低保政策保底一批、通过医疗救助扶持一批。

止拖延病，又要防止急躁症。要留出缓冲期，在一定时间内实行摘帽不摘政策。要实行严格评估，按照摘帽标准验收。要实行逐户销号，做到脱贫到人，脱没脱贫要同群众一起算账，要群众认账。

2016年1月4日至6日，习近平在重庆考察时的讲话中指出，扶贫开发成败系于精准，要找准"穷根"、明确靶向，量身定做、对症下药，真正扶到点上、扶到根上。脱贫摘帽要坚持成熟一个摘一个，既防止不思进取、等靠要，又防止揠苗助长、图虚名。

2016年两会期间，习近平三天之内两次强调，要"打赢脱贫攻坚战"，足见扶贫在他心目中的分量。具体怎么干？习近平的要求是：找对"穷根"、精准扶贫。精准扶贫，不能制造"盆景"。习近平明确要求："抓工作不能狗熊掰棒子，去过的每个地方都要抓反馈。"在湖南团，习近平透露了一个细节：他去考察过的这些地方，有关部门都派人进行"回访"，有的打招呼，有的不打招呼。看到当地是在认真抓落实，习近平说："这很好。"他强调："要坚持以民为本，民有所想所求，我们就要帮助他们，为他们服务。"

其五，加快老区发展步伐，做好老区扶贫开发工作。2015年2月13日，习近平总书记在延安干部学院主持召开陕甘宁革命老区脱贫致富座谈会。他指出："加快老区发展步伐，做好老区扶贫开发工作，让老区农村贫困人口尽快脱贫致富，确保老区人民同全国人民一道进入全面小康社会，是我们党和政府义不容辞的责任。对这个问题，我一直挂在心上，而且一直不放心，所以经常讲这个问题，目的就是推动各方面加紧工作。幸福美好生活不是从天上掉下来的，而是要靠艰苦奋斗来创造。各级党委和政府要增强使命感和责任感，把老区发展和老区人民生活改善时刻放在心上、抓在手上，真抓实干，贯彻精准扶贫要求，做到目标明确、任务明确、责任明确、举措明确，把钱真正用到刀刃上，真正发挥拔穷根的作用。""用好革命老区自身资源优势，大力发展特色产业，是实现脱贫致富的重要途径。"

其六，坚决阻止贫困现象代际传递。2015年3月8日，习近平参加十二届全国人大三次会议广西代表团审议时指出："要把扶贫攻坚抓紧抓准抓到位，坚持精准扶贫，倒排工期，算好明细账，绝不让一个少数民族、一个地区掉队。要帮助贫困地区群众提高身体素质、文化素质、就业能力，努力阻止因病致贫、因病返贫，打开孩子们通过学习成长、青壮年通过多渠道就业改变命运的扎实通道，坚决阻止贫困现象代际传递。"

其七，推进就业创业，发展社会事业。2015年6月16日至18日，习近平在贵州调研时指出:"要通过推进就业创业,发展社会事业,打好扶贫开发攻坚战,不断打通民生保障和经济发展相得益彰的路子。要高度重视公共安全工作,牢记公共安全是最基本的民生的道理,着力堵塞漏洞、消除隐患,着力抓重点、抓关键、抓薄弱环节,不断提高公共安全水平。要关心留守儿童、留守老年人,完善工作机制和措施,加强管理和服务,让他们都能感受到社会主义大家庭的温暖。"

其八,富民兴藏。2015年8月24日至25日,习近平出席中央第六次西藏工作座谈会并发表重要讲话。他指出:"富民兴藏,就是要把增进各族群众福祉作为兴藏的基本出发点和落脚点,紧紧围绕民族团结和民生改善推动经济发展、促进社会全面进步,让各族群众更好共享改革发展成果。""要大力推进基本公共服务,突出精准扶贫、精准脱贫,扎实解决导致贫困发生的关键问题,尽快改善特困人群生活状况。"

其九,扶贫必扶智。2015年9月10日,习近平给"国培计划(二〇一四)"北师大贵州研修班参训教师回信中指出:"你们在来信中说,从事贫困地区教育大有可为,要让每一个孩子充分享受到充满生机的教育,让每一个孩子带着梦想飞得更高更远,让更多的孩子走出大山、共享人生出彩的机会。说得很好。到2020年全面建成小康社会,最艰巨的任务在贫困地区,我们必须补上这个短板。扶贫必扶智。让贫困地区的孩子们接受良好教育,是扶贫开发的重要任务,也是阻断贫困代际传递的重要途径。党和国家已经采取了一系列措施,推动贫困地区教育事业加快发展、教师队伍素质能力不断提高,让贫困地区每一个孩子都能接受良好教育,实现德智体美全面发展,成为社会有用之才。"

其十,找到"贫根",对症下药,靶向治疗。2015年10月16日,习近平在2015减贫与发展高层论坛的主旨演讲《携手消除贫困 促进共同发展》中指出:"我们坚持政府主导,把扶贫开发纳入国家总体发展战略,开展大规模专项扶贫行动,针对特定人群组织实施妇女儿童、残疾人、少数民族发展规划。我们坚持开发式扶贫方针,把发展作为解决贫困的根本途径,既扶贫又扶志,调动扶贫对象的积极性,提高其发展能力,发挥其主体作用。我们坚持动员全社会参与,发挥中国制度优势,构建了政府、社会、市场协同推进的大扶贫格局,形成了跨地区、跨部门、跨单位、全社会共同参与的多元主体的社会扶贫体系。我们坚持普惠政策和特惠政策相结合,先后实施《国家八七扶贫攻坚计划(1993—2000年)》、《中国农村扶贫开发纲要(2001—2010年)》、《中国农村扶贫开发纲要(2011—2020年)》,在加大对农村、农业、农民普惠政策支持的基础上,对贫困人口实施特惠政策，做到应扶尽扶、应保尽保。""现在，中国在扶贫攻坚工作中采取的重要举措，就是实施精准扶贫方略，找到'贫根'，对症下药，靶向治疗。我们坚持中国制度的优势，构建省市县乡村五级一起抓扶贫，层层落实责任制的治理格局。我们注重抓六个精准，即扶持对象精准、项目安排精准、资金使用精准、措施到户精准、因村派人精准、脱贫成效精准，确保各项政策好处落到扶贫对象身上。我们坚持分类施策，因人因地施策，因贫困原因施策，因贫困类型施策，通过扶持生产和就业发展一批，通过易地搬迁安置一批，通过生态保护脱贫一批，通过教育扶贫脱贫一批，通过低保政策兜底一批。我们广泛动员全社会力量，支持和鼓励全社会采取灵活多样的形式参与扶贫。"

（4）提高教育质量。其一，国家教育投资会向教育倾斜、向基础教育倾斜、向革命老区基础教育倾斜。2015年2月14日，习近平在陕西延安考察时的讲话中指出，教育很重要，革命老区、贫困地区要脱贫致富，从根儿上还是要把教育抓好，不能让孩子输在起跑线上。国家的资金会向教育倾斜、向基础教育倾斜、向革命老区基础教育倾斜。

其二，教育投入要向民族地区、边疆地区倾斜。2014年9月28日至29日，中央民族工作会议暨国务院第六次全国民族团结进步表彰大会在北京举行，习近平作重要讲话。他指出："教育投入要向民族地区、边疆地区倾斜，加快民族地区义务教育学校标准化和寄宿制学校建设，实行免费中等职业教育，办好民族地区高等教育，搞好双语教育。"

其三，发展乡村教育。2015年2月13日至16日，习近平赴陕西看望慰问广大干部群众。他指出："教育很重要，革命老区、贫困地区抓发展在根上还是要把教育抓好，不要让孩子输在起跑线上。要重视教育，重视基础教育尤其是老区的基础教育，财政资金要向这方面倾斜。""发展乡村教育，让每个乡村孩子都能接受公平、有质量的教育，阻止贫困现象代际传递，是功在当代、利在千秋的大事。要把乡村教师队伍建设摆在优先发展的战略位置，多措并举，定向施策，精准发力，通过全面提高乡村教师思想政治素质和师德水平、拓展乡村教师补充渠道、提高乡村教师生活待遇、统一城乡教职工编制标准、职称（职务）评聘向乡村学校倾斜、推动城市优秀教师向乡村学校流动、全面提升乡村教师能力素质、建立乡村教师荣誉制度等关键举措，努力造就一支素质优良、甘于奉献、扎根乡村的教师队伍。"

其四，促进教育公平。2015年5月23日，习近平致国际教育信息化大会的贺信中指出："我们将通过教育信息化，逐步缩小区域、城乡数字差距，大力促进教育公平，让亿万孩子同在蓝天下共享优质教育、通过知识改变命运。"

其五，发展职业教育。2015年6月16日至18日，习近平在贵州调研时指出："职业教育是我国教育体系中的重要组成部分，是培养高素质技能型人才的基础工程，要上下共同努力进一步办好。"

其六，落实政府主体责任。2015年8月18日，习近平主持召开中央全面深化改革领导小组第十五次会议。他指出："全面改善贫困地区义务教育学校基本办学条件，要落实政府主体责任。要依法依规开展对全面改善贫困地区义务教育薄弱学校基本办学条件工作的专项督导，明确督导内容、程序、结果应用方式，重点监督经费保障、质量管理、进展成效、社会监督等情况，建立评价、激励、问责机制，推动地方政府履行责任，保障工作进度和成效。"

（5）促进就业创业。其一，做好就业工作，要精准发力。2014年12月9日至11日，中央经济工作会议在北京举行，习近平作重要讲话。他指出："做好就业工作，要精准发力，确保完成就业目标。要更好发挥市场在促进就业中的作用，鼓励创业带动就业，提高职业培训质量，加强政府公共就业服务能力。"

其二，推进就业创业，发展社会事业。2015年6月16日至18日，习近平在贵州调研时指出："要依靠产业带动和必要的政策激励，鼓励创业、扩大就业，努力增加城乡居民收入。要抓住群众最关心的教育、医疗、社会保障、食品安全等问题，实打实地做，循序渐进地推。要通过推进就业创业，发展社会事业，打好扶贫开发攻坚战，不断打通民生保障和经济发展相得益彰的路子。"

其三，实施更加积极的就业政策。2015年8月24日至25日，习近平出席中央第六次西藏工作座谈会并发表重要讲话。他指出："要实施更加积极的就业政策，为各族群众走出农牧区到城镇和企业就业、经商创业提供更多帮助。"

（6）缩小收入差距。2015年6月16日至18日，习近平在贵州调研时指出："要加快推进美丽乡村建设，促进城乡基本公共服务均等化、基础设施联通化、居民收入均衡化、要素配置合理化、产业发展融合化。"

（7）建立更加公平更可持续的社会保障制度。其一，推进城乡要素平等交换和公共资源均衡配置。2013年11月16日，习近平在《关于中共中央关于全面深化改革若干重大问题的决定》的说明中指出："推进城乡要素平等交换和公共资源均衡配置。主要是保障农民工同工同酬，保障农民公平分享土地增值收益；完善农业保险制度；鼓励社会资本投向农村建设，允许企业和社会组织在农村兴办各类事业；统筹城乡义务教育资源均衡配置，整合城乡居民基本养老保险制度、基本医疗保险制度，推进城乡最低生活保障制度统筹发展，稳步推进城镇基本公共服务常住人口全覆盖，把进城落户农民完全纳入城镇住房和社会保障体系。"

其二，加快户籍制度改革。2014年6月6日，习近平主持召开中央全面深化改革领导小组第三次会议。他指出："推进人的城镇化重要的环节在户籍制度，加快户籍制度改革，是涉及亿万农业转移人口的一项重大举措。总的政策要求是全面放开建制镇和小城市落户限制，有序放开中等城市落户限制，合理确定大城市落户条件，严格控制特大城市人口规模，促进有能力在城镇稳定就业和生活的常住人口有序实现市民化，稳步推进城镇基本公共服务常住人口全覆盖。户籍制度改革是一项复杂的系统工程，既要统筹考虑，又要因地制宜、区别对待。要坚持积极稳妥、规范有序，充分考虑能力和可能，优先解决存量，有序引导增量。要尊重城乡居民自主定居意愿，合理引导农业转移人口落户城镇的预期和选择。要促进大中小城市和小城镇合理布局、功能互补，搞好基本公共服务，还要维护好农民的土地承包经营权、宅基地使用权、集体收益分配权。"

其三，加强民生保障，完善社会保障体系。2015年7月24日，就当前经济形势和下半年经济工作，中共中央召开党外人士座谈会，习近平主持并发表重要讲话。他指出："要加强民生保障，完善社会保障体系和社会安全网。"

其四，筑牢社会保障"安全网"。2015年8月24日至25日，中央第六次西藏工作座谈会在北京召开，习近平发表重要讲话。他指出："要着力在保障和改善民生上下工夫，因地施策、因人施策下大力气打好扶贫攻坚战，多渠道扩大就业。要加快补上教育这个'短板'，加快摘掉缺医少药的'帽子'，筑牢社会保障'安全网'。"

（8）推进健康中国建设。其一，改善医疗卫生条件。2014年9月28日至29日，中央民族工作会议暨国务院第六次全国民族团结进步表彰大会在北京举行，习近平作重要讲话。他指出："加快改善医疗卫生条件，加强基层医疗卫生人才队伍建设。"

其二，深化公立医院改革，解决好群众看病就医问题。2015年4月1日，习近平主持召开中央全面深化改革领导小组第十一次会议并发表重要讲话。他指出："公立医院是我国医疗服务体系的主体。要把深化公立医院改革作为保障和改善民生的重要举措，着力解决好群众看病就医问题。

要坚持公立医院公益性的基本定位,将公平可及、群众受益作为改革出发点和立足点,落实政府办医责任,统筹推进医疗、医保、医药改革,坚持分类指导,坚持探索创新,破除公立医院逐利机制,建立维护公益性、调动积极性、保障可持续的运行新机制,构建布局合理、分工协作的医疗服务体系和分级诊疗就医格局。城市公立医院改革综合性强、涉及面广,在改革公立医院管理体制、建立公立医院运行新机制、强化医保支付和监控作用、建立符合医疗行业特点的人事薪酬制度、构建各类医疗机构协同发展的服务体系、推动建立分级诊疗制度、加快推进医疗卫生信息化建设等方面都要大胆探索、积极创新。"

(9) 国际社会应当"构建命运共同体",实践共享发展理念。2015年,"构建命运共同体"之所以成为习近平在国际舞台上的高频词,因为他不仅希望中国秉持共享发展理念,也希望世界各国都实践共享发展理念。

2015年3月28日,在博鳌亚洲论坛2015年年会开幕式上,习近平指出:"70年来,亚洲国家逐步超越意识形态和社会制度差异,从相互封闭到开放包容,从猜忌隔阂到日益增多的互信认同,越来越成为你中有我、我中有你的命运共同体。"

习近平在2015年的首访中,就在巴基斯坦议会发表题为《构建中巴命运共同体开辟合作共赢新征程》的重要演讲,并希望中巴成为构建人类命运共同体的典范。

2015年4月,在赴印度尼西亚出席亚非领导人会议和万隆会议60周年纪念活动中,习近平主席将命运共同体理念同万隆会议精神、求同存异原则有机结合、融会贯通,强调必须坚持各国相互尊重、平等相待;必须坚持合作共赢、共同发展;必须坚持实现共同、综合、合作、可持续的安全;必须坚持不同文明兼容并蓄、交流互鉴。

在2015年4月举行亚非领导人会议上,习近平指出:"面对新机遇新挑战,亚非国家要坚持安危与共、守望相助,把握机遇、共迎挑战,继续做休戚与共、同甘共苦的好朋友、好伙伴、好兄弟。"

2015年5月,访问白俄罗斯时,习近平指出:"双方应该对接战略构想,打造利益和命运共同体,在共同圆梦的道路上奋力前行。"

2015年7月9日,金砖国家领导人同金砖国家工商理事会代表对话会在俄罗斯乌法举行,习近平发表讲话时指出:"金砖国家合作事业要繁荣昌盛,就要强本固基,打造金砖国家利益共同体。"他还强调:"我们要继续致力于促进发展中国家共同发展繁荣。"

习近平2015年7月10日在俄罗斯乌法会见乌兹别克斯坦总统卡里莫夫指出:"希望双方继续密切配合,通力合作,将中乌两国打造成平等互利、安危与共、合作共赢的利益共同体和命运共同体。"他还强调:"中方将遵循共商、共建、共享原则,同乌方一道做好中国—中亚—西亚经济走廊有关工作。"

2015年9月访美前,在接受《华尔街日报》书面采访时,习近平指出:"全球治理体系是由全球共建共享的,不可能由哪一个国家独自掌握。"

在2015年9月联合国举行的南南合作圆桌会上,习近平指出:"扩大同发达国家沟通交流,构建多元伙伴关系,打造各方利益共同体。"他强调:"中国是发展中国家一员,中国的发展机遇将同发展中国家共享。中方将把自身发展和发展中国家共同发展紧密联系起来,把中国梦和发展中国家人民过上美好生活的梦想紧密联系起来,携手走出一条共同发展的康庄大道。"

2015年9月习近平在出席第七十届联合国大会一般性辩论时指出:"大家一起发展才是真发展,可持续发展才是好发展。"

2015年10月访英时,习近平指出:"中国一直是国际合作的倡导者和国际多边主义的积极参与者,将坚定不移奉行互利共赢的开放战略。中国的发展不会牺牲别国利益,只会增进共同利益。"他强调:"当前国际形势复杂多变,面临各种风险挑战。世界各国命运紧密相连,已经成为不可分割的命运共同体。我们应该发扬同舟共济的精神,共同建设一个更加繁荣、稳定、和谐的世界。作为负责任的大国,中国愿为世界和平与发展作出更多贡献。"

2015年11月访问新加坡时,习近平指出:"中国愿意把自身发展同周边国家发展更紧密地结合起来,欢迎周边国家搭乘中国发展'快车'、'便车',让中国发展成果更多惠及周边,让大家一起过上好日子。"他还强调:"我们将牢固树立创新、协调、绿色、开放、共享的发展理念。我们要加强同世界各国特别是周边邻国的合作,愿意也期待同各国分享发展机遇,共创亚洲美好未来。"

2015年11月在土耳其举行的G20峰会上,习近平指出:"落实2030年可持续发展议程,为公平包容发展注入强劲动力。"

2015年11月在亚太经合组织工商领导人峰会上,习近平指出:"坚持推进互联互通。互联互通的根本目的,是使亚太经济血脉更加通畅,从而扩大经济社会发展潜力。"

2015年12月在南非举行的中非领导人与工商界代表高层对话会上，习近平指出："坚持互利共赢的平等合作，坚持义利并举原则，共同打造中非命运共同体。"

（二）习近平对"五大发展理念"的阐释与解读

2015年7月20日，中央政治局召开会议明确"新常态"下需要新的发展理念，发挥先导作用。会议强调，"十三五"时期，我国发展的环境、条件、任务、要求等都发生了新的变化。认识新常态、适应新常态、引领新常态，保持经济社会持续健康发展，必须有新理念、新思路、新举措。发展理念是发展行动的先导，是发展思路、发展方向、发展着力点的集中体现。

2015年8月21日，中共中央在中南海召开党外人士座谈会，就中共中央关于制定国民经济和社会发展第十三个五年规划的建议听取各民主党派中央、全国工商联领导人和无党派人士的意见和建议。中共中央总书记习近平主持座谈会并发表重要讲话。

习近平介绍了建议稿起草过程，强调在建议稿起草过程中着力把握了以下原则。一是坚持目标导向和问题导向相统一，既从实现全面建成小康社会目标倒推，厘清到时间节点必须完成的任务，又从迫切需要解决的问题顺推，明确破解难题的途径和方法。二是坚持立足国内和全球视野相统筹，既以新理念新思路新举措主动适应和积极引领经济发展新常态，又从全球经济联系中进行谋划。三是坚持全面规划和突出重点相协调，既着眼于全面推进经济建设、政治建设、文化建设、社会建设、生态文明建设、对外开放、国防建设和党的建设，又突出薄弱环节和滞后领域。四是坚持战略性和操作性相结合，既强调规划的宏观性、战略性、指导性，又突出规划的约束力和可操作、能检查、易评估。规划建议要突出前瞻性和指导性，准确把握我国基本国情和发展现状，科学预判未来5年乃至更长时期我国经济社会发展的趋势和变量，确保提出的目标和举措能够顺应发展趋势、引领发展方向。

习近平指出，"十三五"时期，我国发展面临许多新情况新问题，最主要的就是经济发展进入新常态。在新常态下，我国发展的环境、条件、任务、要求等都发生了新的变化。适应新常态、把握新常态、引领新常态，保持经济社会持续健康发展，必须坚持正确的发展理念。建议稿分析了全面建成小康社会决胜阶段的形势和任务，提出并阐述了创新、协调、绿色、开放、共享的发展理念，强调落实这些发展理念是关系我国发展全局的一场深刻变革。发展理念是发展行动的先导，是发展思路、发展方向、发展着力点的集中体现。要直接奔着当下的问题去，体现出鲜明的问题导向，以发展理念转变引领发展方式转变，以发展方式转变推动发展质量和效益提升，为"十三五"时期我国经济社会发展指好道、领好航。在习近平看来，提出并阐释五大发展理念的《建议》是"十三五"时期我国经济社会发展的"指道人"和"领航人"。

习近平强调，广大人民群众共享改革发展成果，是社会主义的本质要求，是我们党坚持全心全意为人民服务根本宗旨的重要体现。我们追求的发展是造福人民的发展，我们追求的富裕是全体人民共同富裕。改革发展搞得成功不成功，最终的判断标准是人民是不是共同享受到了改革发展成果。①

2015年10月26日至29日，十八届五中全会召开。全会通过的《中共中央关于制定国民经济和社会发展第十三个五年规划的建议》（以下简称《建议》）提出，今后5年，要在已经确定的全面建成小康社会目标要求的基础上，努力实现经济保持中高速增长等新的目标。实现"十三五"时期发展目标，破解发展难题，厚植发展优势，必须牢固树立并切实贯彻创新、协调、绿色、开放、共享的发展理念。

《建议》全文两万余字，共分为八章，第一章介绍全面建成小康社会决胜阶段的形势和指导思想，第二章即提出"十三五"时期经济社会发展的主要目标和五大发展理念，之后五章分别围绕创新、协调、绿色、开放、共享五大发展理念展开规划，第八章强调党的领导。

《建议》提出，今后5年，要在已经确定的全面建成小康社会目标要求的基础上，努力实现新的目标要求。这些目标要求包括经济保持中高速增长、人民生活水平和质量普遍提高、国民素质和社会文明程度显著提高、生态环境质量总体改善、各方面制度更加成熟更加定型等方面。

围绕上述目标，《建议》提出了"坚持创新发展，着力提高发展质量和效益"、"坚持协调发展，着力形成平衡发展结构"、"坚持绿色发展，着力改善生态环境"、"坚持开放发展，着力实现合作共赢"、"坚持共享发展，着力增进人民福祉"等举措。

十八届五中全会期间，习近平围绕《建议》起草的有关情况作了说明。习近平指出，面对经济社会发展新趋势新机遇和新矛盾新挑战，谋划

---

① 《征求对中共中央关于制定国民经济和社会发展第十三个五年规划的建议的意见》，中央政府门户网站 www.gov.cn，2015年10月30日。

"十三五"时期经济社会发展,必须确立新的发展理念,用新的发展理念引领发展行动。古人说:"理者,物之固然,事之所以然也。"发展理念是发展行动的先导,是管全局、管根本、管方向、管长远的东西,是发展思路、发展方向、发展着力点的集中体现。发展理念搞对了,目标任务就好定了,政策举措也就跟着好定了。为此,建议稿提出了创新、协调、绿色、开放、共享的发展理念,并以这五大发展理念为主线对建议稿进行谋篇布局。这五大发展理念,是"十三五"乃至更长时期我国发展思路、发展方向、发展着力点的集中体现,也是改革开放30多年来我国发展经验的集中体现,反映出我们党对我国发展规律的新认识。

考虑到《建议》通过后,还要根据《建议》制定"十三五"规划纲要,两个文件之间要有合理分工。所以,《建议》在内容上重点是确立发展理念,明确发展的方向、思路、重点任务、重大举措,而一些具体的工作部署则留给纲要去规定,以更好体现和发挥建议的宏观性、战略性、指导性。

在结构上,《建议》稿分三大板块、八个部分。导语和第一、第二部分构成第一板块,属于总论。第一部分讲全面建成小康社会决胜阶段的形势和指导思想,总结"十二五"时期我国发展取得的重大成就,分析"十三五"时期我国发展环境的基本特征,提出"十三五"时期我国发展的指导思想和必须遵循的原则。第二部分讲"十三五"时期我国经济社会发展的主要目标和基本理念,提出全面建成小康社会新的目标要求,提出并阐释了创新、协调、绿色、开放、共享的发展理念。

第三至第七部分构成第二板块,属于分论,分别就坚持创新发展、协调发展、绿色发展、开放发展、共享发展进行阐述和部署。第三部分讲坚持创新发展、着力提高发展质量和效益,从培育发展新动力、拓展发展新空间、深入实施创新驱动发展战略、大力推进农业现代化、构建产业新体系、构建发展新体制、创新和完善宏观调控方式7个方面展开。第四部分讲坚持协调发展、着力形成平衡发展结构,从推动区域协调发展、推动城乡协调发展、推动物质文明和精神文明协调发展、推动经济建设和国防建设融合发展4个方面展开。第五部分讲坚持绿色发展、着力改善生态环境,从促进人与自然和谐共生、加快建设主体功能区、推动低碳循环发展、全面节约和高效利用资源、加大环境治理力度、筑牢生态安全屏障6个方面展开。第六部分讲坚持开放发展、着力实现合作共赢,从完善对外开放战略布局、形成对外开放新体制、推进"一带一路"建设、深化内地和港澳以及大陆和台湾地区合作发展、积极参与全球经济治理、积极承担国际责任和义务6个方面展开。第七部分讲坚持共享发展、着力增进人民福祉，从增加公共服务供给、实施脱贫攻坚工程、提高教育质量、促进就业创业、缩小收入差距、建立更加公平更可持续的社会保障制度、推进健康中国建设、促进人口均衡发展8个方面展开。①

随着我国经济发展进入新常态，产能过剩化解、产业结构优化升级、创新驱动发展实现都需要一定的时间和空间，经济下行压力明显，保持较高增长速度难度不小。同时，习近平分析道，"十三五"时期经济年均增长至少要达到6.5%。"十三五"时期我国发展，既要看速度，也要看增量，更要看质量，要着力实现有质量、有效益、没水分、可持续的增长，着力在转变经济发展方式、优化经济结构、改善生态环境、提高发展质量和效益中实现经济增长。

《建议》确定的创新、协调、绿色、开放、共享的发展理念也切合了习近平的治国理政之精髓。在国务院新闻办公室会同中共中央文献研究室、中国外文出版发行事业局编辑的《习近平谈治国理政》一书中，《创新正当其时，圆梦适得其势》、《为子孙后代留下天蓝、地绿、水清的生产生活环境》、《在亚欧大陆架起一座友谊和合作之桥》、《共同维护和发展开放型世界经济》等篇章是习近平对五大发展理念的精确诠释。

在过去三年（2013—2015年）两会期间，习近平参加了10个代表团的审议，并参加解放军代表团的全体会议。其中，上海代表团和解放军代表团是他每年必去的2个代表团，其他9个分别为2013年的辽宁代表团、江苏代表团、西藏代表团，2014年的广东代表团、贵州代表团、安徽代表团，和2015年的江西代表团、广西代表团、吉林代表团。他在向各代表团人大代表诠释五大发展理念时，主要阐述了如下发展理念：创新发展——创新是引领发展的第一动力；协调发展——协调发展、平衡发展、兼容发展；绿色发展——环境就是民生；开放发展——以开放的最大优势谋求更大发展空间；共享发展——决不让一个少数民族、一个地区掉队。②

2016年是我国进入全面建成小康社会决胜阶段的开局之年，五大发展理念将以此为起点，贯穿"十三五"乃至更长时期的发展之路。

中共中央总书记、国家主席、中央军委主席习近平在2016年新年贺词中说，"我们将贯彻创新、协调、绿色、开放、共享的发展理念，着力

---

① 《习近平：关于〈中共中央关于制定国民经济和社会发展第十三个五年规划的建议〉的说明》，新华网，2015年11月3日。
② 详见《习近平如何向人大代表诠释五大发展理念》，新华网，2016年3月2日。

推进结构性改革，着力推进改革开放，着力促进社会公平正义，着力营造政治上的绿水青山，为全面建成小康社会决胜阶段开好局、起好步"。

2016年1月4日至6日，习近平在重庆考察调研时指出："创新、协调、绿色、开放、共享的发展理念，是在深刻总结国内外发展经验教训、分析国内外发展大势的基础上形成的，凝聚着对经济社会发展规律的深入思考，体现了'十三五'乃至更长时期我国的发展思路、发展方向、发展着力点。全党同志要把思想和行动统一到新的发展理念上来，崇尚创新、注重协调、倡导绿色、厚植开放、推进共享，努力提高统筹贯彻新的发展理念能力和水平，确保如期全面建成小康社会、开启社会主义现代化建设新征程。""党的十八届五中全会提出创新、协调、绿色、开放、共享的发展理念，是针对我国经济发展进入新常态、世界经济复苏低迷开出的药方。新的发展理念就是指挥棒，要坚决贯彻。"[①] 2016年1月29日，在中共中央政治局集体学习时，习近平这样概括"五大发展理念"："创新、协调、绿色、开放、共享的发展理念，集中体现了'十三五'乃至更长时期我国的发展思路、发展方向、发展着力点，是管全局、管根本、管长远的导向。"

习近平所提出的"中国梦"的奋斗目标是，到2020年全面建成小康社会；到21世纪中叶建成富强民主文明和谐的社会主义现代化国家，实现中华民族伟大复兴的中国梦。从时间节点上来看，"十三五"时期是全面建成小康社会的决胜期，也是实现中华民族伟大复兴的中国梦的关键期。五大发展理念勾画出"十三五"经济蓝图。也正因为如此，"十三五"规划备受关注。

（三）十八届五中全会首提"五大发展理念"

2015年10月29日，中国共产党第十八届中央委员会第五次全体会议在北京闭幕。全会听取和讨论了习近平受中央政治局委托作的工作报告，审议通过了《中共中央关于制定国民经济和社会发展第十三个五年规划的建议》。11月3日，新华社受权发布了《建议》全文。《建议》提出的创新、协调、绿色、开放、共享"五大发展理念"，作为"十三五"规划建议三个最核心的内容之一，这是指导"十三五"期间中国发展的新的"思想灵魂"。即将开启的"十三五"规划，既是到2020年实现第一个百年奋

[①] 《习近平在重庆调研时强调：落实创新协调绿色开放共享发展理念，确保如期实现全面建成小康社会目标》，人民网－《人民日报》2016年1月7日。

斗目标、全面建成小康社会收官的 5 年规划，也是中国经济发展进入新常态后的首个五年规划。全会及其通过的《建议》提出了全面建成小康社会的新目标，首次提出创新、协调、绿色、开放、共享五大发展理念，为中国"十三五"乃至更长时期的发展描绘出新蓝图。中共中央政治局常委、中央党校校长刘云山日前在中央党校 2015 年秋季学期第二批入学学员开学典礼上讲话时指出，党的十八届五中全会取得的成果很多，其中最突出的是鲜明提出创新、协调、绿色、开放、共享的发展理念。[①]

全会提出了全面建成小康社会新的目标要求：经济保持中高速增长，在提高发展平衡性、包容性、可持续性的基础上，到 2020 年国内生产总值和城乡居民人均收入比 2010 年翻一番，产业迈向中高端水平，消费对经济增长贡献明显加大，户籍人口城镇化率加快提高。农业现代化取得明显进展，人民生活水平和质量普遍提高，我国现行标准下农村贫困人口实现脱贫，贫困县全部摘帽，解决区域性整体贫困。国民素质和社会文明程度显著提高。生态环境质量总体改善。各方面制度更加成熟更加定型，国家治理体系和治理能力现代化取得重大进展。

全会强调，如期实现目标必须遵循"六个坚持"，即坚持人民主体地位，坚持科学发展，坚持深化改革，坚持依法治国，坚持统筹国内国际两个大局，坚持党的领导。

更具有深远意义的是，全会提出了创新、协调、绿色、开放、共享的发展理念，并强调这是关系我国发展全局的一场深刻变革。这五大理念深刻总结了中国实践的宝贵经验，充分体现了时代的新趋势、新特点，核心和最终目的是实现人的全面发展。

全会强调，实现"十三五"时期发展目标，破解发展难题，厚植发展优势，必须牢固树立并切实贯彻创新、协调、绿色、开放、共享的发展理念。这是关系我国发展全局的一场深刻变革。全党同志要充分认识这场变革的重大现实意义和深远历史意义。

全会提出，坚持创新发展，必须把创新摆在国家发展全局的核心位置，不断推进理论创新、制度创新、科技创新、文化创新等各方面创新，让创新贯穿党和国家一切工作，让创新在全社会蔚然成风。必须把发展基点放在创新上，形成促进创新的体制架构，塑造更多依靠创新驱动、更多发挥先发优势的引领型发展。培育发展新动力，优化劳动力、资本、土

---

① 刘云山：《五中全会最突出的成果是提出五大发展理念》，中国新闻网，2015 年 11 月 17 日。

地、技术、管理等要素配置，激发创新创业活力，推动大众创业、万众创新，释放新需求，创造新供给，推动新技术、新产业、新业态蓬勃发展。拓展发展新空间，形成沿海沿江沿线经济带为主的纵向横向经济轴带，培育壮大若干重点经济区，实施网络强国战略，实施"互联网＋"行动计划，发展分享经济，实施国家大数据战略。深入实施创新驱动发展战略，发挥科技创新在全面创新中的引领作用，实施一批国家重大科技项目，在重大创新领域组建一批国家实验室，积极提出并牵头组织国际大科学计划和大科学工程。大力推进农业现代化，加快转变农业发展方式，走产出高效、产品安全、资源节约、环境友好的农业现代化道路。构建产业新体系，加快建设制造强国，实施《中国制造二〇二五》，实施工业强基工程，培育一批战略性产业，开展加快发展现代服务业行动。构建发展新体制，加快形成有利于创新发展的市场环境、产权制度、投融资体制、分配制度、人才培养引进使用机制，深化行政管理体制改革，进一步转变政府职能，持续推进简政放权、放管结合、优化服务，提高政府效能，激发市场活力和社会创造力，完善各类国有资产管理体制，建立健全现代财政制度、税收制度，改革并完善适应现代金融市场发展的金融监管框架。创新和完善宏观调控方式，在区间调控基础上加大定向调控力度，减少政府对价格形成的干预，全面放开竞争性领域商品和服务价格。

　　全会提出，坚持协调发展，必须牢牢把握中国特色社会主义事业总体布局，正确处理发展中的重大关系，重点促进城乡区域协调发展，促进经济社会协调发展，促进新型工业化、信息化、城镇化、农业现代化同步发展，在增强国家硬实力的同时注重提升国家软实力，不断增强发展整体性。增强发展协调性，必须在协调发展中拓宽发展空间，在加强薄弱领域中增强发展后劲。推动区域协调发展，塑造要素有序自由流动、主体功能约束有效、基本公共服务均等、资源环境可承载的区域协调发展新格局。推动城乡协调发展，健全城乡发展一体化体制机制，健全农村基础设施投入长效机制，推动城镇公共服务向农村延伸，提高社会主义新农村建设水平。推动物质文明和精神文明协调发展，加快文化改革发展，加强社会主义精神文明建设，建设社会主义文化强国，加强思想道德建设和社会诚信建设，增强国家意识、法治意识、社会责任意识，倡导科学精神，弘扬中华传统美德。推动经济建设和国防建设融合发展，坚持发展和安全兼顾、富国和强军统一，实施军民融合发展战略，形成全要素、多领域、高效益的军民深度融合发展格局。

　　全会提出，坚持绿色发展，必须坚持节约资源和保护环境的基本国策,坚持可持续发展,坚定走生产发展、生活富裕、生态良好的文明发展道路,加快建设资源节约型、环境友好型社会,形成人与自然和谐发展现代化建设新格局,推进美丽中国建设,为全球生态安全作出新贡献。促进人与自然和谐共生,构建科学合理的城市化格局、农业发展格局、生态安全格局、自然岸线格局,推动建立绿色低碳循环发展产业体系。加快建设主体功能区,发挥主体功能区作为国土空间开发保护基础制度的作用。推动低碳循环发展,建设清洁低碳、安全高效的现代能源体系,实施近零碳排放区示范工程。全面节约和高效利用资源,树立节约集约循环利用的资源观,建立健全用能权、用水权、排污权、碳排放权初始分配制度,推动形成勤俭节约的社会风尚。加大环境治理力度,以提高环境质量为核心,实行最严格的环境保护制度,深入实施大气、水、土壤污染防治行动计划,实行省以下环保机构监测监察执法垂直管理制度。筑牢生态安全屏障,坚持保护优先、自然恢复为主,实施山水林田湖生态保护和修复工程,开展大规模国土绿化行动,完善天然林保护制度,开展蓝色海湾整治行动。

全会提出,坚持开放发展,必须顺应我国经济深度融入世界经济的趋势,奉行互利共赢的开放战略,发展更高层次的开放型经济,积极参与全球经济治理和公共产品供给,提高我国在全球经济治理中的制度性话语权,构建广泛的利益共同体。开创对外开放新局面,必须丰富对外开放内涵,提高对外开放水平,协同推进战略互信、经贸合作、人文交流,努力形成深度融合的互利合作格局。完善对外开放战略布局,推进双向开放,支持沿海地区全面参与全球经济合作和竞争,培育有全球影响力的先进制造基地和经济区,提高边境经济合作区、跨境经济合作区发展水平。形成对外开放新体制,完善法治化、国际化、便利化的营商环境,健全服务贸易促进体系,全面实行准入前国民待遇加负面清单管理制度,有序扩大服务业对外开放。推进"一带一路"建设,推进同有关国家和地区多领域互利共赢的务实合作,推进国际产能和装备制造合作,打造陆海内外联动、东西双向开放的全面开放新格局。深化内地和港澳、大陆和台湾地区合作发展,提升港澳在国家经济发展和对外开放中的地位和功能,支持港澳发展经济、改善民生、推进民主、促进和谐,以互利共赢方式深化两岸经济合作,让更多台湾普通民众、青少年和中小企业受益。积极参与全球经济治理,促进国际经济秩序朝着平等公正、合作共赢的方向发展,加快实施自由贸易区战略。积极承担国际责任和义务,积极参与应对全球气候变化谈判,主动参与2030年可持续发展议程。

全会提出，坚持共享发展，必须坚持发展为了人民、发展依靠人民、发展成果由人民共享，作出更有效的制度安排，使全体人民在共建共享发展中有更多获得感，增强发展动力，增进人民团结，朝着共同富裕方向稳步前进。按照人人参与、人人尽力、人人享有的要求，坚守底线、突出重点、完善制度、引导预期，注重机会公平，保障基本民生，实现全体人民共同迈入全面小康社会。增加公共服务供给，从解决人民最关心最直接最现实的利益问题入手，提高公共服务共建能力和共享水平，加大对革命老区、民族地区、边疆地区、贫困地区的转移支付。实施脱贫攻坚工程，实施精准扶贫、精准脱贫，分类扶持贫困家庭，探索对贫困人口实行资产收益扶持制度，建立健全农村留守儿童和妇女、老人关爱服务体系。提高教育质量，推动义务教育均衡发展，普及高中阶段教育，逐步分类推进中等职业教育免除学杂费，率先从建档立卡的家庭经济困难学生实施普通高中免除学杂费，实现家庭经济困难学生资助全覆盖。促进就业创业，坚持就业优先战略，实施更加积极的就业政策，完善创业扶持政策，加强对灵活就业、新就业形态的支持，提高技术工人待遇。缩小收入差距，坚持居民收入增长和经济增长同步、劳动报酬提高和劳动生产率提高同步，健全科学的工资水平决定机制、正常增长机制、支付保障机制，完善最低工资增长机制，完善市场评价要素贡献并按贡献分配的机制。建立更加公平更可持续的社会保障制度，实施全民参保计划，实现职工基础养老金全国统筹，划转部分国有资本充实社保基金，全面实施城乡居民大病保险制度。推进健康中国建设，深化医药卫生体制改革，理顺药品价格，实行医疗、医保、医药联动，建立覆盖城乡的基本医疗卫生制度和现代医院管理制度，实施食品安全战略。促进人口均衡发展，坚持计划生育的基本国策，完善人口发展战略，全面实施一对夫妇可生育两个孩子政策，积极开展应对人口老龄化行动。[①]

"五大发展理念"：治国理政理念的最新概括。坚持创新发展、协调发展、绿色发展、开放发展、共享发展，是关系我国发展全局的一场深刻变革。《建议》提出了创新、协调、绿色、开放、共享"五大发展理念"，这是以习近平同志为总书记的新一代领导集体治国理政新思想在发展理念上的集中体现和概括。"五大发展理念"是对中国特色社会主义建设实践的深刻总结，是对中国特色社会主义发展理论内涵的丰富和提升，也是指

---

① 《中国共产党第十八届中央委员会第五次全体会议公报》，新华社，人民网，2015 年 10 月 29 日。

导"十三五"规划编制和"十三五"发展的思想灵魂。这些新理念,不仅充分反映了共产党执政规律、社会主义建设规律、人类社会发展规律的客观规律要求,而且具体反映了习近平总书记所论述的"遵循经济规律的科学发展,遵循自然规律的可持续发展,遵循社会规律的包容性发展"的本质要义,这是中国化的马克思主义最新发展成果。

新的目标:保持中高速,实现全脱贫,全面建成小康社会。发展是硬道理。"十三五"时期是全面建成小康社会决胜阶段,但发展环境发生变化,各种风险和挑战将不断增多。为此,全会提出了全面建成小康社会新的目标要求——经济方面,保持中高速增长,在提高发展平衡性、包容性、可持续性的基础上实现"两个翻一番",产业迈向中高端水平,消费对经济增长贡献明显加大;民生方面,人民生活水平和质量普遍提高,我国现行标准下农村贫困人口实现脱贫,贫困县全部摘帽,解决区域性整体贫困;体制机制方面,各方面制度更加成熟更加定型,国家治理体系和治理能力现代化取得重大进展。这使得全面小康的内涵更加清晰、全面和具体,是一个更高水平的发展目标。

创新发展:跨越"中等收入陷阱"难题的根本出路。在新常态下,我们面临的最大挑战就是跨越中等收入陷阱,要突破这一难题,根本出路在于创新发展。《建议》提出,"创新是引领发展的第一动力。必须把创新摆在国家发展全局的核心位置,不断推进理论创新、制度创新、科技创新、文化创新等各方面创新,让创新贯穿党和国家一切工作,让创新在全社会蔚然成风。""十二五"时期,我国科技创新取得很大进步,但创新能力、自主技术和知名品牌缺乏,科技成果转化率、科技进步贡献率与发达国家仍有不小的差距。本次全会提出,要坚持创新发展理念,把创新摆在国家发展全局的核心位置,推进理论创新、制度创新、科技创新、文化创新等各方面创新。"创业"和"创新"是一对孪生兄弟,"双创"正在成为经济社会发展的新引擎。当前,房地产、制造业、基础设施建设投资等传统的引擎下行压力很大,以创业创新带动产业结构转型升级、提升经济发展的动力迫在眉睫。未来如何突破发展瓶颈,推动在新常态下进一步发展,主要就是靠'创新'。"这种突破包括了主客观的突破,也就是创新。不仅是发展方式、方法的创新,更重要的是思想的创新。

协调发展:必须在优化结构、补齐短板上取得突破性进展。当前,我国在协调发展方面存在三个比较突出的问题:一是城乡二元结构和城市内部二元结构的矛盾依然比较突出;二是区域发展不平衡,东中西部、东北区域间是不平衡的;三是社会文明程度和国民素质与经济社会发展的水平还不匹配。"协调是持续健康发展的内在要求",《建议》提出,必须牢牢把握中国特色社会主义事业总体布局,正确处理发展中的重大关系,重点促进城乡区域协调发展,促进经济社会协调发展,促进新型工业化、信息化、城镇化、农业现代化同步发展,在增强国家硬实力的同时注重提升国家软实力,不断增强发展整体性。如果说在经济发展水平落后的情况下,一段时间的主要任务是要跑得快,但跑过一定路程后,就要注意调整关系,注重发展的整体效能,否则"木桶"效应就会愈加显现,一系列社会矛盾会不断加深。谋划"十三五"时期经济社会发展,必须在优化结构、补齐短板上取得突破性进展,着力提高发展的协调性和平衡性。"'协调发展',在过去的社会主义建设过程中一直被强调,在此次全会将其放在'创新发展'之后的第二位,是把这一理念放在了更高的角度、更大的社会主义布局的角度来看,对国家经济社会发展关系的调整将有重大影响。"协调发展理念是对中国现存问题的一个更有针对性的指导,对"十三五"时期的发展提出了新要求。

绿色发展:为中国经济转型升级添加强劲的"绿色动力"。绿色是永续发展的必要条件和人民对美好生活追求的重要体现。当前长期积累的大气、水、土壤污染的问题在我们国家还比较突出,人民群众对改善生态环境的呼声也比较强烈,所以《建议》强调,必须坚持节约资源和保护环境的基本国策,坚持可持续发展,坚定走生产发展、生活富裕、生态良好的文明发展道路,加快建设资源节约型、环境友好型社会。同时,《建议》提出,支持绿色清洁生产,推进传统制造业绿色改造,推动建立绿色低碳循环发展产业体系,鼓励企业工艺技术装备更新改造。发展绿色金融,设立绿色发展基金。"十三五"规划建议,首次把"绿色发展"作为五大发展理念之一,这与十八大将生态文明纳入"五位一体"总体布局一脉相承。绿色发展是遵循自然规律的可持续发展,也是实现生态文明的根本途径。正如评论指出,绿色循环低碳发展,是当今时代科技革命和产业变革的方向,是最有前途的发展领域,我国在这方面的潜力相当大,可以形成很多新的经济增长点,为经济转型升级添加强劲的"绿色动力"。

开放发展:从国际社会的积极融入者转变为主动塑造者。历经30多年的不懈努力,中国开放型经济的发展成就有目共睹。今天中国已经成为全球最大货物贸易国、最大外汇储备国,吸引外资和对外投资也居世界前列。然而,经济全球化背景下的大国棋局正在发生深刻变化。中国和世界经济已经形成了你中有我、我中有你的格局。《建议》指出,开放是国家繁荣发展的必由之路。必须发展更高层次的开放型经济,积极参与全球经济治理和公共产品供给，提高我国在全球经济治理中的制度性话语权，构建广泛的利益共同体。

共享发展："十三五"规划编制的出发点和落脚点。近些年来，我们在保障和改善民生上做了大量工作，也取得了明显的成效。但是与人民群众的期盼相比，公共服务和社会保障体系还不够完善，均等化程度也不够高，社会管理和矛盾调处能力还不足。因此，《建议》提出，必须坚持发展为了人民、发展依靠人民、发展成果由人民共享，作出更有效的制度安排，使全体人民在共建共享发展中有更多获得感，增强发展动力，增进人民团结，朝着共同富裕方向稳步前进。"共享发展是'十三五'规划中的出发点、落脚点"，这体现了"十三五"发展目标的重要特点，即全面小康不能有一个人掉队，是全民来共享的小康。要实现共享发展，除了脱贫之外，还有更广泛的就业、更充分的就业。全面小康是全民共享的小康。全体人民是"命运共同体"，也应该共同享受全面深化改革带来的成果。

（四）"五大发展理念"提出的重大意义

发展理念是发展行动的先导。发展理念的转变，有利于引领发展思路、发展方向、发展方式的转变。改革开放以来，我们党在不断解放思想、转变观念的过程中，持续推动了各方面理念特别是发展理念的突破和进步。"创新、协调、绿色、开放、共享"这五大发展理念，同引领我国经济发展新常态相适应，同实现"十三五"时期全面建成小康社会新的目标要求相契合，同人民群众热切期盼在发展中有更多获得感的新期待相呼应，是对我国改革开放 37 年来发展经验的深刻总结，也是对我国发展理论的又一次重大创新。

1. "五大发展理念"是中国特色社会主义发展规律的新认识

深入认识和把握中国特色社会主义发展规律，事关中国特色社会主义事业能否实现健康发展。党的十八届五中全会通过的《中共中央关于制定国民经济和社会发展第十三个五年规划的建议》（以下称《建议》），坚持马克思主义关于发展的观点，着眼在新的历史起点上发展和开拓社会主义，第一次系统提出了创新、协调、绿色、开放、共享这五大发展理念。"五大发展"理念是我们党坚持问题导向、聚焦突出问题而提出来的，是我们党回应人民群众期盼和总结人民群众创造的新鲜经验而提出来的，充分反映了党对中国特色社会主义发展规律的新认识和新境界。

党的十六大以来，我们党团结带领全国各族人民为实现全面建成小康社会奋斗目标已接续奋斗了 13 年。在这个过程中形成的"三个代表"重要思想、科学发展观和"四个全面"战略布局，都是对我国经济社会发展规律正确认识和把握的产物。特别是"四个全面"战略布局，揭示了全面建成小康社会必须由全面深化改革来提供动力、激发活力，必须由全面依法治国来提供引领、规范、保障作用，必须由全面从严治党来提供政治、思想、组织、制度、作风保证。十八届五中全会提出的五大发展理念，进一步完善了对我国发展规律的认识。其中，创新发展揭示了如何激发新的发展动力问题，协调发展揭示了如何解决发展不平衡问题，绿色发展揭示了如何解决人与自然和谐问题，开放发展揭示了如何解决内外联动问题，共享发展揭示了如何解决社会公平正义问题。完全可以说，同十六大报告刚刚提出全面建设小康社会时相比，现在我们党对全面建成小康社会规律的认识，比那时深刻得多了、经验也丰富得多了。

发展理念是发展行动的先导。发展理念的转变，有利于引领发展思路、发展方向、发展方式的转变。改革开放以来，我们党在不断解放思想、转变观念过程中，持续推动了各方面理念特别是发展理念的突破和进步。比如，党的十六届四中全会提出了科学执政、民主执政、依法执政三大执政理念；十八大以后，我们党从提出包容性增长理念，尊重自然、顺应自然、保护自然的生态文明理念，保护生态环境就是保护生产力、改善生态环境就是发展生产力的理念，尊重自然、顺应自然、天人合一的理念，共同、综合、合作、可持续安全的理念，共商共建共享的全球治理理念，到十八届五中全会提出的创新发展、协调发展、绿色发展、开放发展、共享发展这五大发展理念，都是对共产党执政规律、社会主义建设规律、人类社会发展规律的深刻认识和自觉把握的体现，都有利于为"十三五"时期我国经济社会持续健康发展指好道、领好航。

（1）"创新"是引领发展的第一动力，"创新发展"理念是对社会主义"发展动力规律"的新认识。从根本上说，生产力是辨别和考量社会主义社会发展动力的试金石。党的十八大以来，习近平在治国理政的实践中深邃思考社会主义发展动力问题，多次强调创新尤其是科技创新对于推动经济社会发展的极端重要性。2013年在天津考察时，他强调，"科技创新是提高社会生产力和综合国力的战略支撑，必须摆在发展全局的核心位置"，同年11月在湖南考察时，他明确指出，"我国经济发展要突破瓶颈、解决深层次矛盾和问题，根本出路在于创新，关键是要靠科技力量"，在2015年的两会上，他又深入阐述了创新与发展的关系，"创新是引领发展的第一动力，抓创新就是抓发展，谋创新就是谋未来"。《建议》把"创新"定位为引领发展的第一动力，尤其要"发挥科技创新在全面创新中的引领作用",因此,这一"创新"发展理念的提出,不仅深化了关于创新对于推动社会主义经济社会发展的认识,更是对社会主义"发展动力规律"的新认识。

(2)"协调"是推动持续健康发展的内在要求,"协调发展"理念是对社会主义"发展战略规律"的新认识。从发展战略的角度看,中国经济实现连续30多年高增长的奇迹,主要得益于改革之初所采用的"非均衡发展战略"。但从长远看,"非均衡发展战略"推动的增长必然会带来"非均衡性"问题,也就是今天的"不协调性"。因此,在新的历史起点上,要在保持发展的基础上着力解决"不协调"的问题。《建议》指出,必须"增强发展协调性,必须坚持区域协同、城乡一体、物质文明精神文明并重、经济建设国防建设融合"。事实上,协调发展本身就是社会主义社会发展的题中之义。

《建议》所强调的增强发展协调性,是在我国经济增长取得辉煌成就和走向成熟阶段的协调性,是在全面建成小康社会关键阶段的协调性,是着力于"补齐"全面建成小康社会"短板"阶段的协调性。它要求推动区域协调发展,"决不能让困难地区和困难群众掉队";它要求推动城乡协调发展,"小康不小康,关键看老乡";它要求推动物质文明和精神文明协调发展,强调"实现我们的发展目标,不仅要在物质上强大起来,而且要在精神上强大起来";它要求推动经济建设和国防建设融合发展,形成军民深度融合发展格局。从发展战略角度看,《建议》提出的"协调"发展理念,深化了对"协调"在社会主义发展中重要作用的理解,是对社会主义"发展战略规律"的新认识。

(3)"绿色"是实现永续发展的必要条件,"绿色发展"理念是对社会主义"发展质量规律"的新认识。历史表明,社会主义社会发展既要讲速度,更要讲质量。从我国实践来看,如果片面强调经济增长速度,忽视经济增长质量,就会导致发展与资源环境的矛盾日益突出,可持续发展动力不足,从而制约中华民族实现永续发展。

进入新的世纪,面对新的挑战,要求我们告别过去那种"杀鸡取卵、竭泽而渔"式的增长方式和增长速度,要实现"既要看速度,也要看增量,更要看质量,要着力实现有质量、有效益、没水分、可持续的增长"。《建议》提出的绿色发展理念,就是"再也不能简单以GDP增长率论英雄了","我们既要绿水青山,也要金山银山。宁要绿水青山,不要金山银山,而且绿水青山就是金山银山"。可以说,这一"绿色"发展理念,深化了对"绿色"发展对于实现社会主义永续发展作用的理解,是对社会主义"发展质量规律"的新认识。

（4）"开放"是国家繁荣发展的必由之路，"开放发展"理念是对社会主义"发展策略规律"的新认识。中国发展成就已经雄辩地证明，改革开放是当代中国最鲜明的特色，是决定当代中国命运的关键抉择，是党和人民事业大踏步赶上时代的重要法宝。

十八大以来，我们党也多次宣示过中国坚持开放发展策略的坚定信念。习近平就指出，中国开放的大门，打开了就不会关上。《建议》把"开放发展"作为"五大发展"理念之一，已经不是在一般意义上讲"开放"发展策略的价值，而是强调在原有开放基础上的更高水平、更全布局、更广领域的开放。具体而言，坚持开放发展，就是要求必须奉行互利共赢的开放战略，坚持引进来和走出去并重，建立开放型经济体制和发展更高层次的开放型经济，积极参与全球经济治理和公共产品供给，实现从全球治理的一般参与者向主动塑造者转变，提高我国在全球经济治理中的制度性话语权，构建广泛的利益共同体。因此，"开放"理念的提出，深化了对"开放"在社会主义发展中重要地位的认识，是对社会主义"发展策略规律"的新认识。

（5）"共享"是中国特色社会主义的本质要求，"共享发展"理念是对社会主义"发展目的规律"的新认识。实现好、维护好、发展好最广大人民根本利益是社会主义发展的根本目的，增进人民福祉、促进人的全面发展是发展的出发点和落脚点。因此，"发展为了人民、发展依靠人民、发展成果由人民共享"也就成为世界上最大的社会主义国家执政党的庄严承诺和神圣使命。

十八大以来，我们党更加重视"共同富裕"问题，并提出了"共享发展"理念。习近平指出，中国特色社会主义道路，"是创造人民美好生活的必由之路"，它"既不断解放和发展社会生产力，又逐步实现全体人民共同富裕、促进人的全面发展"。因此，要"不断实现好、维护好、发展好最广大人民根本利益，使发展成果更多更公平惠及全体人民，在经济社会不断发展的基础上，朝着共同富裕方向稳步前进"。《建议》特别强调，"共享是中国特色社会主义的本质要求"，并重申了《党章》的庄严承诺，即"发展为了人民、发展依靠人民、发展由人民共享"，从而使全体人民在共建共享中有更多获得感，不断迈向共同富裕。需要指出的是，"共享"不是那种在生产力发展水平还比较低条件下的"共享"，而是在经济增长取得辉煌成就基础上的"共享"，也就是建立在生产力发展水平比较高的基础上的"共享"，这不仅深化了对"共享"与社会主义本质内在联系的理解，也是对中国特色社会主义"发展目的规律"的新认识。

2. "五大发展理念"是对马克思主义发展观的继承与创新

党的十八届五中全会是在全面建成小康社会决胜阶段召开的一次重要会议。会议审议通过的"十三五"规划建议，明确了今后五年中国经济社会发展的指导思想、目标任务、重大举措，在发展理念和政策上有一系列重要突破，尤其是提出了创新、协调、绿色、开放、共享的五大发展理念，回答了新形势下中国要实现什么样的发展、怎样实现发展的重大问题。这是对马克思主义发展观的继承与创新。五大发展理念的提出将引起中国发展全局的一场深刻变革，是"十三五"乃至更长时期中国发展思路的集中体现。

（1）"五大发展理念"是对马克思主义发展观的继承。发展观是有关发展的总体观点。马克思主义从来重视社会发展问题，形成了一系列重要的发展理念。从马克思到毛泽东、从邓小平到江泽民、从胡锦涛到习近平，对此问题都有大量论述。从马克思主义发展观发展史来看，围绕着人类社会的发展及进步这个主题，在发展理念上一脉相承。马克思主义发展观传统是建立在这样一种哲学理论基础上的：无论是自然界、人类社会还是人的思维都是在不断地运动、变化和发展的；事物的发展是具有客观规律性的；人类社会的发展是合规律性和合目的性的统一；发展的实质是事物的前进和上升。五大发展理念对马克思主义发展观的继承性体现在：在社会发展的客体性方面，强调要认识和尊重社会客观规律性，"深化对共产党执政规律、社会主义建设规律、人类社会发展规律的认识"；在社会发展的主体性方面，强调人民群众在历史发展中的重大作用，"坚持人民主体地位"；在社会发展的基础性方面，强调经济发展在社会发展中的基础性作用，"坚持以经济建设为中心"；在社会发展的目的性上，强调人的全面发展。可以看出，在人类社会发展的客体性、主体性、活动及目的性等方面，五大发展理念与马克思主义发展观的传统是一脉相承的。

（2）"五大发展理念"是对马克思主义发展观的创新。理论来源于实践，是随着实践的发展而发展的。马克思主义从来都非常重视理论创新，其发展观是一个不断创新的过程。

马克思创立了辩证与历史唯物主义的发展观，其发展理念的特征是强调发展的辩证性及客观规律性，力图揭示人类社会的一般进程。毛泽东把马克思主义关于事物发展的基本原理与中国发展实际相结合，强调了"社会基本矛盾"的"矛盾发展观"。邓小平作为中国改革开放的总设计师，其发展理念的特征是提出"发展是硬道理"，强调以经济建设为中心，开辟了改革开放及现代化建设的新时期。江泽民提出了发展是第一要务，强调了社会主义市场经济的发展理念。胡锦涛提出了"科学发展观"，强调了以人为本，全面协调可持续的发展理念。

尽管在马克思主义发展理念发展史上，创新、协调、绿色、开放、共享这五个理念，也曾分别在不同场合和不同程度有所提及，但以习近平为总书记的中央领导集体所提出的"五大发展理念"又有一定创新。例如，在讲到坚持创新发展时，提出要着力提高发展质量和效益，从培育发展新动力、拓展发展新空间、深入实施创新驱动发展战略、大力推进农业现代化、构建产业新体系、构建发展新体制、创新和完善宏观调控方式7个方面进行了论述，这就提出了"创新是引领发展的第一动力"的新观点，把创新摆在了国家发展全局的核心位置。在讲到坚持协调发展时，提出了要着力形成平衡发展结构，从推动区域协调发展、推动城乡协调发展、推动物质文明和精神文明协调发展、推动经济建设和国防建设融合发展4个方面展开，在"科学发展观"的基础上，进一步强调了推动物质文明和精神文明协调发展、推动经济建设和国防建设融合发展的内容。在讲到坚持绿色发展时，提出要着力改善生态环境，从促进人与自然和谐共生、加快建设主体功能区、推动低碳循环发展、全面节约和高效利用资源、加大环境治理力度、筑牢生态安全屏障6个方面展开，在"科学发展观"的基础上，进一步强调了加大环境治理力度，构建美丽中国的内容。在讲到坚持开放发展时，提出要着力实现合作共赢，从完善对外开放战略布局、形成对外开放新体制、推进"一带一路"建设、深化内地和港、澳以及大陆和台湾地区合作发展、积极参与全球经济治理、积极承担国际责任和义务6个方面展开，在"科学发展观"的基础上，进一步强调了推进"一带一路"建设、积极参与全球经济治理等方面的内容。在讲到坚持共享发展时，提出要着力增进人民福祉，从增加公共服务供给、实施脱贫攻坚工程、提高教育质量、促进就业创业、缩小收入差距、建立更加公平更可持续的社会保障制度、推进健康中国建设、促进人口均衡发展8个方面展开，这就在"科学发展观"的基础上，进一步强调了"以人民为中心"的社会主义的本质。此外，五大理念蕴含着创新是引领发展的第一动力，协调是持续健康发展的内在要求，绿色是永续发展的必要条件，开放是国家繁荣发展的必由之路，共享是中国特色社会主义的本质要求，五者相互依存、相辅相成的思想逻辑结构。从这个意义上来看，五大发展理念是对马克思主义发展观及政治经济学的最新发展。

（3）"五大发展理念"蕴含于习近平总书记系列重要讲话之中。"五大发展理念"来源于实践探索，根植于时代要求，蕴含于习近平总书记系列重要讲话精神，是习近平总书记在深刻总结改革开放以来特别是近年来我国经济社会发展经验的基础上，与时俱进、不懈探索而形成的思想结晶。

"五大发展理念"是习近平总书记对发展实践的新总结。党的十八大以来，面对错综复杂的国际环境和艰巨繁重的国内改革发展稳定任务，党中央团结带领全国人民顽强拼搏、开拓创新，实现了经济平稳较快发展和社会和谐稳定，开创了各项事业发展新局面。但与此同时，发展不平衡、不协调、不可持续问题仍然存在，特别是经济发展进入新常态之后，这些问题更加凸显。为有效应对挑战、化解风险，习近平总书记以宏大的全局视野和长远的战略眼光，提出实现中华民族伟大复兴的中国梦，确立"四个全面"战略布局，加快探索引领经济发展新常态的体制机制和发展方式，统筹推进经济建设、政治建设、文化建设、社会建设、生态文明建设和党的建设。这些系统化、全局性的战略部署，在思想上集中凝结与体现为五大发展理念，为下一阶段推进我国经济社会持续健康发展，确保如期全面建成小康社会提供了根本遵循。

"五大发展理念"是习近平总书记对发展规律的新探索。改革开放以来，我们党根据形势和任务的变化，不断深化对中国特色社会主义发展规律的探索，适时提出相应的发展理念和战略，引领和指导发展实践，不断开拓发展新境界。特别是党的十八大以来，习近平总书记着眼新的发展实践，深入推进党的理论创新，在发展目标、发展动力、发展布局、发展方式、发展体制机制等方面形成一系列新理念新思想新战略。五大发展理念，以创新作为引领经济社会发展的第一动力，以协调作为经济社会持续健康发展的内在要求，以绿色作为实现中华民族永续发展的必要条件，以开放作为国家繁荣发展的必由之路，以共享作为中国特色社会主义的本质要求，集中体现了今后五年乃至更长时期我国的发展思路、发展方向、发展着力点，深刻揭示了实现更高质量、更有效率、更加公平、更可持续发展的必由之路，标志着我们党对经济社会发展规律的认识达到了一个新的高度。

"五大发展理念"是习近平总书记对发展理念的新升华。党的十八大以来，习近平总书记提出了一系列新的发展理念。从"科技创新是提高社会生产力和综合国力的战略支撑"到"必须把发展基点放在创新上""必须把创新摆在国家发展全局的核心位置"；从"统筹兼顾是中国共产党的一个科学方法论"到"发展必须是遵循经济规律的科学发展，必须是遵循自然规律的可持续发展,必须是遵循社会规律的包容性发展";从"让居民望得见山、看得见水、记得住乡愁"到"既要金山银山,又要绿水青山,绿水青山就是金山银山";从"改革开放只有进行时没有完成时"到"中国开放的大门永远不会关上";从"人民对美好生活的向往,就是我们的奋斗目标"到"小康不小康,关键看老乡""绝不让困难地区和困难群众掉队"等,这些理念相互联结、日益成熟,最终升华为五大发展理念,形成战略性、纲领性、引领性的顶层设计,为在新的历史条件下深化改革开放、加快推进社会主义现代化建设提供了科学理论指导和行动指南。

(4)"五大发展理念"是习近平总书记对中国特色社会主义发展理论的重大创新。五大发展理念立足于中国特色社会主义实践和全面建成小康社会新的目标要求,科学回答了关系我国长远发展的许多重大理论和实践问题,集中体现了习近平总书记系列重要讲话对中国特色社会主义发展理论的创新,开拓了中国特色社会主义发展理论的新境界。

发展目标的创新。"五大发展理念"紧紧围绕全面建成小康社会目标,赋予了全面小康社会新的内涵和新的要求。更加突出发展的全面性,现行贫困标准下的7000多万群众"一个不能少、一个不能掉队",全部实现脱贫;更加突出发展的均衡性,经济、政治、文化、社会、生态文明五大建设全面推进,物质文明与精神文明协调提升;更加突出发展的公平性,从制度安排上为社会公平正义提供保障,确保机会、收入、财富等朝着平等共享的方向发展。

发展动力的创新。在经济发展新常态下,传统动力已经难以支撑新的发展目标和任务,动力升级成为经济行稳致远的关键。五大发展理念要求通过经济结构性改革找动力,促进供给端和需求端协同发力,增强经济持续增长动力;要求通过拓展空间增动力,积极拓展区域发展空间、产业发展空间、基础设施建设空间、网络经济空间、蓝色经济空间,以空间换动力;要求通过厚植优势育动力,把发展基点放在创新上,不断推进理论创新、制度创新、科技创新、文化创新等各方面创新,激发创新创业活力,打造发展新引擎。

发展方式的创新。"五大发展理念"表明,加快转变发展方式仍然是"十三五"时期经济社会发展的主线。在经济发展方面,要全面适应中高速增长与中高端发展的新常态,推动发展方式由数量规模型转向质量效能型,由主要依靠增加物质资源消耗和低水平劳动力转向主要依靠科技进步、劳动者素质提高和管理创新。在社会发展方面,要实现从主要依靠政府向政府和社会协同发力转变,真正实现发展人人参与、成果全民共享。

发展格局的创新。"五大发展理念"要求不断提高发展的均衡性、包容性、可持续性，促进区域协同、城乡一体发展，推动我国发展重心由东部沿海纵向，向沿海沿江沿线经济带为主的纵向横向经济轴带转变，培育更多经济支撑点；要求进一步落实主体功能区规划，推动各地区依据主体功能定位发展，构建科学合理的城市化格局、农业发展格局和生态安全格局；要求扎实推进生态环境保护，坚定走生产发展、生活富裕、生态良好的文明发展道路，形成人与自然和谐发展的现代化建设新格局。

发展路径的创新。"五大发展理念"既是发展的思路和要求，也是发展的路径和举措。创新发展解决的是动力问题，强调的是发展的基点；协调发展解决的是发展不平衡的问题，强调的是发展的节奏；绿色发展解决的是人与自然和谐问题，强调的是发展的底色；开放发展解决的是发展内外联动问题，强调的是发展的格局；共享发展解决的是社会公平正义问题，强调的是发展的目的。五大发展"五位一体"，主题主旨相通、目标指向一致，统一于"四个全面"战略布局中，统一于坚持和发展中国特色社会主义的实践中，统一于实现"两个一百年"奋斗目标、实现中华民族伟大复兴中国梦的历史进程中，构成了新时期推动我国经济社会发展的根本路径。

（5）"五大发展理念"必将引领发展实践迈向新征程。理念是行动的先导。"五大发展理念"作为新时期我国发展思路、发展方向、发展着力点的集中体现，是习近平总书记系列重要讲话精神的重要组成部分，必将引领和推动我国经济社会持续健康发展。

引领经济新常态。"十三五"时期是经济新常态特征进一步凸显的阶段。这一时期，虽然我国发展仍处于重要战略机遇期，但战略机遇期的内涵已经发生深刻变化，转方式、调结构的要求日益迫切。推动体制机制和发展方式的战略性转变靠"创新"；实现全面系统的发展靠"协调"；科学处理发展与生态保护之间的关系靠"绿色"；顺应经济全球化趋势，提升开放型经济发展层次靠"开放"；提升人民群众的获得感和幸福指数靠"共享"。贯彻落实五大发展理念，已经成为适应经济新常态、引领经济新常态的必然要求。

引领转型新探索。未来5年，将是我国发展转型探索的5年。要开展发展动力结构转型的新探索，将创新驱动发展作为持久动力；要开展区域发展结构转型的新探索，加快形成更加科学合理的区域发展层级；要开展经济社会发展与生态环境相协调的新探索，引导经济社会发展迈上生产发展、生活富裕、生态良好的文明发展道路；要开展引进来与走出去并重、引资引技引智并举的新探索，以全球视野和更加开放的胸怀推行互利共赢的开放战略；要开展基本公共服务全域覆盖逐步均衡的新探索，确保小康社会全面实现。五大新探索，需要五大发展理念的指导和引领。

引领发展新境界。今天，我们前所未有地接近中华民族伟大复兴的宏伟目标，已经站上了共圆中国梦的关键历史节点。行百里者半九十，越接近目标，发展道路往往越崎岖。在这一关键历史时期，我们党要做到顺应时代大势，担当历史重任，回应人民诉求，尤其需要先进科学发展理念的指引。在这一征程中，我们必须坚持以五大发展理念为引领，将五大发展理念贯穿于经济社会发展全过程和各领域，以先进的理念为全面建成小康社会、实现中国梦开路领航。

理念是行动的指南。在"十三五"时期，要以五大发展新理念为引领，不断推进制度创新、科技创新、文化创新等各方面的实践创新。要把五大发展理念转化为谋划发展的具体思路，转化为落实发展任务的工作举措，转化为推动经济社会发展和人自身发展有机统一的实际绩效。要强调"人人参与、人人尽力、人人享有"，把增进人民福祉、促进人的全面发展作为发展的出发点和落脚点。

3. "五大发展理念"是顺应时代发展的理论创新

"五大发展理念"反映出"四大战略布局"目标任务的新要求，形成对我党发展理念的创新和精准概括，展现出对国内外发展规律的深度把握，体现出中国共产党党性和社会主义的本质属性，闪烁着马克思主义真理的光辉，反映了对十八大以来逐步形成的习近平总书记治国理政思想的新拓展，成为指导"十三五"期间乃至更长时期我国发展的新的"思想灵魂"和基本遵循。

（1）"五大发展理念"是对"四个全面战略布局"的深度细化。党的十八大以来形成的全面建成小康社会、全面深化改革、全面依法治国、全面从严治党的战略布局，每一项布局都有针对的问题、承载的任务目标和时间节点。比如全面建成小康社会，就明确到2020年，人民生活水平和质量普遍提高，全面实现小康，就意味着我国现存的7000万贫困人口必须全部实现脱贫。

作为贯彻"四大战略布局"的第一个五年规划，正如习近平总书记指出的，"坚持目标导向和问题导向相统一，既从实现全面建成小康社会目标倒推，厘清到时间节点必须完成的任务，又从迫切需要解决的问题顺推，明确破解难题的途径和办法"。这就必须坚持共享发展的理念，着力增进人民福祉，从增加公共服务供给、实施脱贫攻坚工程、提高教育质量、促进就业创业、缩小收入差距、建立更加公平更可持续的社会保障制度、推进健康中国建设等，实现发展为了人民、发展依靠人民、发展成果由人民共享。全面建成小康社会如此，全面从严治党也是如此。因为全面从严治党的根本目的在于通过党自身机体的"强体健魄"以更好地承担起全心全意为人民服务的使命，更好地解决人民群众日益增长的物质文化需求同落后的社会生产之间的矛盾这一社会主义社会的主要矛盾，更好地造福全体人民。而全面深化改革本身就需要创新，需要实施开放发展。面对世界经济低速增长、仍然处于深度调整期，国际竞争更加激烈，特别是在国内，经济增长已从原来的高速进入到中高速阶段，科技创新能力不强，产业结构不合理，发展方式粗放，必须秉持创新发展和开放发展理念，突破发展瓶颈制约，跨越中等收入陷阱。全面依法治国要求坚持依法治国、依法执政、依法行政共同推进，法治国家、法治政府、法治社会一体建设，本身就需要相互协调配合，法律法规确定的有关国家治理和人民群众权益的保障也需要通过创新、协调、绿色、开放、共享的发展理念予以落实。

"五大发展理念"是"四大战略布局"目标任务的必然要求，具有明确的指向性和丰富的包容性。

（2）"五大发展理念"是对科学发展规律的全面认识。理念是理论、路线、方针政策的灵魂和先导。发展理念针对发展中存在的矛盾和问题而提出。而事物是不断发展变化的，主要矛盾和矛盾的主要方面因时而异。因此，发展的理念也理应根据不同时期发展面对的矛盾和问题不同而不断发展变化。

比如面对新中国成立后长期的封闭式发展，党的十一届三中全会开启的对外开放，给我们国家的发展带来了天翻地覆的变化，有目共睹；面对发展的不协调、不平衡而坚持以人为本，全面、协调、可持续的发展，也取得实实在在的成效。但是每个时代有每个时代的问题。我国现在处于传统的发展动力向新的发展动力转换的阶段、处于跨越"中等收入陷阱"并向更高发展水平跃升的关键阶段，处于完成第一个百年奋斗目标的冲刺决胜并为实现第二个百年奋斗目标打基础的阶段，发展阶段不同、环境不同、条件不同、任务要求不同，发展理念自然不能完全相同。当然这种不同不是根本上的不同，而是在继承基础上的发展，正如习近平总书记强调的，"我们是历史唯物主义者，要认识到没有继承，就没有发展；没有创新，就没有未来。"

"五大发展理念"的创新之处是多方面的，从解决发展动力的角度看，

第六章 "五大发展理念"是指导公平与效率关系的具体行动指南

创新发展是全新的理念，它把创新摆在国家发展全局的核心位置，让创新贯穿党和国家一切工作，使创新成为引领发展的第一动力、人才成为支撑发展的第一资源，这样才能够实现发展动力的转换，提高发展的质量和效益，确保实现经济中高速增长的目标；从牢牢把握中国特色社会主义事业总体布局，补齐发展短板，拓展发展空间角度，协调发展也有创新之处，意在正确处理发展中的重大关系，形成平衡发展新结构；从遵循自然规律的可持续发展角度，将解决人与自然和谐问题概括为绿色发展理念，推进美丽中国建设，处理好既要绿水青山、也要金山银山的辩证关系，加快形成人与自然和谐发展现代化建设新格局，为全球生态安全作出新贡献；开放发展也突破了传统上的招商引资、大进大出，而注重的是解决发展内外联动问题，构筑更高层次的开放型经济，包含积极参与全球经济治理和公共产品供给，构建广泛的利益共同体，实现中国发展与世界发展得更好互动；共享发展也超出了"以人为本"的概念，体现的是党的执政理念和服务宗旨，体现的马克思主义的群众史观，注重的是解决社会公平正义问题和发展的持久动力问题。

创新是引领发展的第一动力，协调是持续健康发展的内在要求，绿色是持续发展的必要条件，开放是国家繁荣发展的必由之路，共享是中国特色社会主义的本质要求，"五大发展理念"互相依托、互相支持、环环相扣，构成闭环，同时"五大发展理念"概括凝练、精准、鲜明，是我党在发展理念上的创新创造和最新概括，体现出我党在发展理论上的成熟，也是对马克思主义关于发展理论的新发展。

（3）"五大发展理念"是对国内外发展规律的深刻把握。规律是决定事物质的内在规定性，是客观事物发展过程中必然、稳定和反复出现的本质联系，它具有客观性，人们不能创造规律、改变规律，只能认识发现规律、按照规律办事。但是，规律的被发现需要艰苦的探索功夫，正如马克思指出的，"如果事物的表现形式和事物的本质会直接合而为一，一切科学就都成为多余的了。"因此，要掌握发展规律需要人们不断地在发展问题上深化理论认识、开展实践探索，从而揭示发展的内在规定性、揭示其本质属性。

正是基于对共产党执政规律、社会主义建设规律、人类社会发展规律以及"遵循经济规律的科学发展，遵循自然规律的可持续发展，遵循社会规律的包容性发展"的认识，使我们党在对发展规律的认识上取得一个个实质性突破。比如，深刻认识到人心向背关系一个政党、一个政权的前途和命运，而要赢得人民群众的衷心拥护，就要坚持以人民为本，坚持发展为了人民、发展依靠人民、发展成果由人民共享,不断提高人民群众的生活水平和质量,加强生态文明建设,实现绿色发展、共享发展;开放是国家繁荣发展的必由之路,必须发展更高层次的开放型经济,积极参与全球经济治理和公共产品供给,提高我国在全球经济治理中的制度性话语权,构建广泛的利益共同体,实现开放发展;创新激发活力,守旧必然落后,抓创新就是抓发展,谋创新就是谋未来,必须把创新摆在国家发展全局的核心位置,不断推进理论创新、制度创新、科技创新、文化创新等各方面创新,实现创新发展,等等。

(4)"五大发展理念"是对执政党执政规律的深化理解。《中国共产党章程》明确规定,中国共产党是中国工人阶级的先锋队,同时是中国人民和中华民族的先锋队,是中国特色社会主义事业的领导核心,代表中国先进生产力的发展要求,代表中国先进文化的前进方向,代表中国最广大人民的根本利益。社会主义本质是"解放生产力,发展生产力,消灭剥削,消除两极分化,最终达到共同富裕"。

中国共产党的党性和社会主义本质的要求体现在发展上,就是要按照马克思关于生产力与生产关系对立统一关系的论述,坚持发展是硬道理,坚持经济建设为中心不动摇,把发展作为我们党执政兴国的第一要务,没有发展就没有社会进步的一切物质基础和基本前提,就无法代表先进生产力的发展要求,因此必须扭住发展这个牛鼻子不放松,大力实施创新发展和开放发展,更换和优化发展引擎、增强发展动力,利用好国内国际两个市场、两种资源,不断增强发展后劲。需要指出的是,坚持共享发展、绿色发展,增加群众收入、提高消费水平,加强生态保护、发展绿色产业、循环经济,这些不仅能够提高人民群众生活质量和水平,同时也可以形成新的经济增长点,更何况作为一个把全心全意为人民服务作为宗旨的党,一切为了群众是一切工作的出发点和落脚点,必须切实解决好收入分配差距过大、公共服务和社会保障体系还不够完善、社会管理和矛盾调处能力还不足、生态环境还不能满足群众需要等问题,进一步突出人民群众普遍关心的就业、教育、社保、住房、医疗、生态等民生指标,更加注重通过改善二次分配促进社会公平,明确精准扶贫、精准脱贫的政策举措,采取切实措施作出更有效的制度安排,使全体人民在共建共享发展中有更多获得感。

此外,还要处理和解决好发展中的各类关系,既要突出重点,又要兼顾一般,特别是要着力解决我国在协调发展方面存在诸如城乡二元结构和城市内部二元结构的矛盾,东中西部、东北区域间发展不平衡,社会文明程度和国民素质与经济社会发展的水平还不匹配等问题,努力推动和形成区域、城乡、物质文明和精神文明等的协调发展。

4. "五大发展理念"是引领中国深刻变革实践的行动纲领

党的十八届五中全会明确提出五大发展理念,并强调指出,坚持创新发展、协调发展、绿色发展、开放发展、共享发展,是关系我国发展全局的一场深刻变革。

(1) 目标指向变革。实现什么样的发展,怎样发展,是中国特色社会主义的基本问题,也是发展理念的基本问题。进入全面建成小康社会决胜阶段,我国发展的环境、条件、任务、要求等都发生了新的变化,重要战略机遇期与严峻挑战并存。诸多矛盾叠加要求我们统筹化解,风险隐患增多需要我们未雨绸缪。提高发展的平衡性、包容性、可持续性,在协调发展中拓宽发展空间,在加强薄弱领域中增强发展后劲,是对党把握规律水平、领导发展能力的检验。新的发展理念为全面建成小康社会决胜阶段提供了有力思想武器,引导党和国家开创新的发展实践,推动我国发展全局的深刻变革。

理念指引方向,发展理念表明朝着什么方向发展,决定着发展的目标指向。五大发展理念是我们党探索实现什么样的发展、怎样发展的最新认识成果,昭示着在新的历史条件下我国发展的目标指向,勾画了中国新发展的五个维度,规定了新发展的大方向。创新指明了发展动力的转变方向,协调指明了发展矛盾的解决方向,绿色指明了发展环境的保持方向,开放指明了发展空间的拓展方向,共享指明了发展成果的分配方向。同时,五大发展理念有机统一、相辅相成,"一个都不能少",共同构成了"十三五"乃至更长时期的目标体系。

目标转向、全局变动,新的目标指向引发发展全局变革。推进五大发展理念,从主要依靠资源和低成本劳动力等要素投入转向创新驱动,把创新摆在国家发展全局的核心位置,让创新贯穿党和国家一切工作。从发展不平衡、不协调、不可持续状态转向发展结构、关系、阶段的协调发展,不断增强发展整体性,区域协同、城乡一体、物质文明精神文明并重、经济建设国防建设融合。从生态环境恶化趋势转向留住绿水青山,生产方式和生活方式绿色、低碳水平上升,形成人与自然和谐发展现代化建设新格局。从贸易大国转向投资大国、产品输出转向产业输出,发展更高层次的开放型经济,促进国内国际要素有序流动、资源高效配置、市场深度融合。从收入差距较大转向全体人民有更多获得感,打赢脱贫攻坚战,实现全体人民共同迈入全面小康社会。

（2）价值观念变革。发展理念表明什么样的发展是合乎发展规律的，也表明什么样的发展是合乎主体需要的，发展理念同时也是价值观念。"十三五"时期是全面建成小康社会的决胜阶段，全面小康本身就是包含价值追求的更加美好的社会发展阶段，并且根据当今世界和中国的大局与大势，根据社会主义核心价值观与发展理念的统一性，根据13多亿中国人民的新的利益要求，具有新的更高的价值目标。五大发展理念内在地包含着为"十三五"乃至更长时期确定价值观念的使命。

"五大发展理念"确立了新的价值观念，也就是倡导新发展的五个价值准则。创新价值观在引领发展的系统动力中，将创新作为第一动力，既是动力排序，也是价值排序；在国家发展全局的各种机制中，将创新列为核心位置，既是重要程度的凸显，也是价值理念的凸显。倡导创新，就是敢于试验、勇于探索，反对因循守旧、停滞不前。协调价值观强调持续健康的发展，这本身就是确立发展新的关系、形成发展新的秩序、主张发展新的价值。协调发展就是追求发展布局、发展关系、发展空间、发展要素、发展进程的平衡性整体性，防止和遏制孤立发展、片面发展、畸形发展、隐患发展。绿色价值观具有鲜明的发展导向，绿色是永续发展的必要条件和人民对美好生活追求的重要体现。人民的价值追求不断提升，要求保证生态价值、生态权利、生态安全。绿色的陆地、蓝色的海洋和天空都是美好生活的空间颜色，而带来严重污染的黄色沙尘暴、灰色雾霾、黑色河流，都是人民不愿面对的。开放价值观表明封闭是停滞、僵化、衰败之道，开放是活力、进化、兴旺之道。国家繁荣富强，开放是必由之路。在世界多极化、经济全球化、文化多样化、社会信息化深入发展的时代潮流中，顺应我国经济深度融入世界经济的趋势，开放才能发展、发展必须开放，发展更高层次的开放型经济是必然选择。开放发展就是倡导互利合作的价值观，而不是零和博弈的价值观。共享价值观确立发展的根本价值，反映中国特色社会主义本质要求的发展价值。坚持发展为了人民、发展依靠人民、发展成果由人民共享，才能使全体人民有更多获得感、公正感、主体感，从而增强人民的积极性主动性创造性，促进社会更加和谐、人民更加团结，在财富和收入分配的层面上保持经济社会持续健康发展，推动发展进入新的高度。以新的发展理念为价值标准，是开拓和提升发展境界的起点和基础。

（3）动力机制变革。理念源于实践，又作用于实践、促进实践。理念作为软实力，具有内在的潜在的力量，又能转化为现实的实践的力量，理念具有发展动力机制的功能。发展理念对于人类社会发展具有重要的、而且是越来越重要的历史作用。发展理念作为发展原则，构成发展的指导方针；作为发展规范，指示发展的道路方法；作为发展导向，塑造发展的未来结果。发展理念引导着发展方向，配置着发展资源，改变着发展模式，调整着发展机制，控制着发展速度，因而也将影响和改变发展的历史。

理念转化动力，五大发展理念强化了新发展的多重动力。创新提升为引领发展的第一动力，准确把握创新在当今世界的经济社会功能，是对发展动力认识的深化。我国发展不平衡、不协调、不可持续的问题依然突出，协调在有序融洽发展中增添了发展动力。绿色通过减少发展代价、降低发展成本上无形地扩大了发展动力，绿色发展是自然规律、经济规律、社会规律的共同要求。开放是从外部世界吸收资源、技术、信息、文化来充实发展动力，"一带一路"将使我国同各国经济相互合作更加紧密，发展空间更加广阔。共享则是集聚激发了人民中蕴藏的无穷动力，人人参与、人人尽力、人人享有。

五大发展理念蕴含着巨大的思想力、导向力、驱动力。以新理念为牵引，就要加快推进有利于引领经济发展新常态的体制机制创新，加快推进有利于创新、协调、绿色、开放、共享发展的体制机制创新，加快推进有利于提高资源配置效率、提高发展质量和效益的体制机制创新，加快推进有利于充分调动各方面积极性的体制机制创新。

（4）结构布局变革。理念表现为按照客观规律和主体需要相统一的要求，对实践目标、途径、方法、效果等方面的自觉设计，理念就是一种实践设想。发展理念是发展实践的总则，将其展开落实，就要体现到发展的阶段过程中，体现到发展的结构布局中。发展是在一定的经济社会结构布局中实现的，不同的发展形态具有不同的结构布局，或者说不同的结构布局表征着不同的发展阶段，发展全局变革必然要通过结构布局变革来实现。

五大发展理念筹划了新发展的结构布局，新格局呈现新风貌。五大发展理念构成"十三五"规划的总纲，五大发展本身就是新发展的总体结构布局。落实到结构布局变革上，就是要使发展空间格局得到优化。在发展动力结构上，发挥消费对增长的基础作用，投资对增长的关键作用，出口对增长的促进作用。在发展空间结构上，拓展区域发展空间，拓展产业发展空间，拓展基础设施建设空间，拓展网络经济空间，拓展蓝色经济空间。在农业发展结构上，推动粮经饲统筹，农林牧渔结合，种养加一体，第一、二、三产业融合发展，优化农业生产结构和区域布局。在产业体系结构上，实施工业强基工程，支持战略性新兴产业发展，实施智能制造工程，开展加快发展现代服务业行动。在发展体制结构上，加快形成有利于创新发展的市场环境、产权制度、投融资体制、分配制度、人才培养引进使用机制。新的结构布局托起发展全局变革。

当前和今后一个时期我国经济发展的大逻辑，就是要认识、适应和引领新常态。一方面我国在深化改革中经济结构优化，另一方面结构性产能过剩比较严重，成为绕不过去的历史关头。新常态的特点之一是结构优化，经济结构调整从增量扩能为主转向调整存量、做优增量并举。"五大发展理念"正是促进经济结构柔性化、更加优化的发展理念。

（5）总体方式变革。发展理念表明发展的总体方式，即发展方式。发展方式是发展的途径、手段、机制的总和，发展方式通过对不同生产要素的不同使用方式，而产生了不同的经济发展结果、效益和代价。发展方式是由多种因素综合作用而形成的，其中包括发展理念的价值导向。我国经济发展进入新常态，发展方式要从规模速度型转向质量效益型，表明了新的发展理念的导向。发展方式转变是在发展的内在趋势和主体理念达到一致时，执政主体自觉主动、有力有效地引领变革，将发展纳入新的轨道。

理念开拓思路，"五大发展理念"展现了新发展的总体方式，引领发展方式变革。以新的发展理念为引领，"十三五"时期我国发展，既要看速度，也要看增量，更要看质量，要着力实现有质量、有效益、没水分、可持续的增长，着力在转变经济发展方式、优化经济结构、改善生态环境、提高发展质量和效益中实现经济增长。我国科技对经济社会发展的支撑能力不足，科技对经济增长的贡献率远低于发达国家水平，如果科技创新搞不上去，发展动力就不可能实现转换。我国发展不协调的问题长期得不到有效解决，一系列社会矛盾会不断加深，必须正确处理发展中的重大关系。我国资源约束趋紧、环境污染严重、生态系统退化的问题十分严峻，必须坚定走生产发展、生活富裕、生态良好的文明发展道路。我国对外开放水平总体上还不够高，必须坚持内外需协调、进出口平衡、引进来和走出去并重、引资和引技引智并举。我国基本公共服务供给不足，收入差距较大，到2014年年末全国还有7017万农村贫困人口，必须使全体人民在共建共享发展中有更多利益增长。

（6）评价体系变革。发展理念包含发展目标，也包含发展评价，是关于发展成败得失、优劣好坏的评价准则。判断包含价值的事物是与非，就要有一套评价标准，依据一定的理念基础。评价标准是一个逐步丰富全面的形成过程，从单一标准到复合标准，从经济标准到人文标准，从物质标准到心理标准，从数量标准到质量标准，从速度标准到效益标准。发展标准评价着发展效果，同时又牵引着发展进程，新的评价标准建立新的发展指向。

"五大发展理念"建立了新发展的评价准则，是经济社会、行业地区、领导政绩新的评价体系、各项工作的有力导向。创新发展要求重质量讲效益的发展，赋予发展标准新的内涵。五中全会准确把握创新在当今世界的经济社会功能，是对发展动力标准的提升。协调发展要求整体性平衡性的发展，赋予发展标准新的维度。我国发展不平衡属于发展结构的不协调，不可持续属于发展阶段的不协调，都要依据协调发展的评价准则来调整。绿色发展要求低碳化环境美的发展，赋予发展标准新的视野。五中全会把绿色发展列入发展评价体系，表明了发展评价准则的开阔和长远、发展评价境界的拓展和提升。开放发展要求互利型合作式的发展，赋予发展标准新的格局。开放不仅是基本国策，而且是基本标准；不仅与改革并列，而且在评价标准中单列。共享发展要求能获得保公正的发展，赋予发展标准新的高度。改革发展搞得成功不成功，最终的判断标准是人民是不是共同享受到了改革发展成果。

新的评价体系牵引发展全局变革。新的评价体系坚持目标导向和问题导向相统一，决定了新发展理念是遵循规律、顺应趋势的，又是脚踏实地、有的放矢的；坚持立足国内和全球视野相统筹，决定了新发展理念指导中国发展、符合时代要求，融合全球治理新理念；坚持全面规划和突出重点相协调，决定了新发展理念不是囿于一隅的，也不是大而无当的；坚持战略性和操作性相结合，决定了新发展理念宏微一体、虚实互补、知行合一。新的评价体系针对突出矛盾和问题，在解决发展动力、发展不平衡、人与自然和谐、发展内外联动、社会公平正义等方面，出实招、破难题、建机制。新的评价体系指向制约如期全面建成小康社会的重点难点问题，包括进一步"转方式"，着力解决好发展质量和效益问题；进一步"补短板"，着力解决好发展不平衡问题；进一步"防风险"，有效防范和化解各种风险。

（7）社会环境变革。党的十八大以来，以习近平同志为总书记的党中央毫不动摇坚持和发展中国特色社会主义，勇于实践、善于创新，形成一系列治国理政新理念新思想新战略，引领经济发展新常态、政治生态新变化、国内国际新变化。在全面推进中国特色社会主义新发展的进程中，形成了一系列治国理政新理念新思想新战略，为实现"两个一百年"奋斗目标和中国梦提供了科学理论指导和行动指南。理念影响深远，五大发展理念塑造当代中国，促进全方位的社会变革。全面建成小康社会决胜阶段，是贯彻新理念、落实新理念、实践新理念的过程,是"五大坚持"转化为"五大现实"的过程。

"五大发展理念"丰富深化科学发展的内涵,决定中国发展道路的方向,把握发展方式转变的实质,构成我国发展规律的核心,推动发展全局的深刻变革。五大发展理念的提出,是在影响当代发展的各种因素中,抓住最为紧要和关键之点,作为引领发展的枢纽;是在已有的多种发展理念基础上,经过精心比较筛选、科学排列组合,将五大要点提升出来组成新的发展理念体系,形成系统发展理念,作为推动发展的总纲;是在系统发展、整体发展,防止片面发展、畸形发展的要求下,构建相互贯通、相互促进的发展理念集合体,作为统领发展的大逻辑。五大发展理念把"三个自信"建立在对我国发展规律深刻认识的基础上,把"四个全面"战略布局积聚起的发展力量转化为落实五大发展理念的系统动力,把五大发展理念展开为五大发展战略,把转型跨越发展与决胜全面小康统一于同一个过程。这既是世界范围发展方式转变的中国实验,又是发展中国家向现代化国家迈进的中国路径。①

5. "五大发展理念"是统领当前中国发展全局的行动指南

历史一再证明,在很多情况下,谋求发展光靠赶超的勇气和激情是不够的,必须有正确的发展理念作指引,这样才能少走弯路、实现发展目标。党的十八大以来,以习近平同志为总书记的党中央面对国际形势和国内发展阶段性特征的重大变化,提出一系列治国理政的新思想新理念新战略。特别是在总结国内外发展经验的基础上,提出创新、协调、绿色、开放、共享的新发展理念,实现了党和国家发展理念的与时俱进。新发展理念是关系我国发展全局的一场深刻变革,是指引我们实现全面建成小康社会宏伟目标和今后相当长一个时期发展实践的行动指南。

(1)"五大发展理念"是改革开放以来我国发展理念的突破和提升。改革开放以来,我们党提出以经济建设为中心和以提高人民生活水平为主要目标的发展理念,特别是提出了快速提高人均国民生产总值的发展要求。改革开放之初,邓小平同志经过深入调查研究,提出把党在 20 世纪末的战略目标定为人民生活达到小康水平,并提出了分"三步走"基本实现现代化,到 21 世纪中叶达到中等发达国家水平。邓小平同志说:"所谓小康,从国民生产总值来说,就是年人均达到八百美元。"提出以人均国民生产总值来衡量发展水平和生活水平,是我国发展理念的一个巨大突破

---

① 颜晓峰:《从变革视角深入理解五大发展理念》,《宁波日报》2016 年 1 月 28 日。

和进步。此前，我国很少使用人均指标，通常是以工农业总产值的增长速度来衡量发展。由于这一指标不能反映净产出和人均生活水平，所以尽管从数字上看增长速度不低，但人民生活长期得不到明显改善，也难以了解我国的真实发展水平。实际上，1978年我国人均国民生产总值只有190美元，在世界上排在后列，甚至低于低收入国家的平均水平。提出以人均国民生产总值来衡量发展水平和生活水平，使我国对发展水平和生活水平的目标有了比较精确的定位，提出的发展战略和发展路径更加符合国情和发展规律。

在发展目标中强调人均国民生产总值的增长，在当时也有国际发展大势的影响。第二次世界大战以后，许多从殖民统治下独立出来的发展中国家面临的首要问题是发展生产力、缓解贫困、增强国力，它们多数确立了以经济增长，更确切地说是以提高人均国民生产总值为目标的发展战略。联合国第一个发展十年（1960—1970年）的报告，1969年应世界银行要求提出的皮尔逊发展报告，以及作为联合国第二个发展十年规划底本的廷伯根发展报告，都把人均国民生产总值的增长作为首要发展目标。而且，东亚和拉美一些国家和地区在21世纪60—70年代的快速发展，印证了提高人均国民生产总值的重要性。然而，片面强调以人均国民生产总值为核心的经济增长而忽略全面发展，在一些拉美国家也带来产业畸形、资源浪费、环境污染、贫富悬殊、债台高筑等问题，造成有增长而无发展，甚至使一些拉美国家落入"中等收入陷阱"。

我国在改革开放初期，就已经认识到完善发展理念的重要性。早在1982年年底，第五届全国人大第五次会议在通过"六五计划"时，就把"国民经济五年计划"正式改名为"国民经济和社会发展五年计划"，增加了"社会发展"的理念。随着实践的发展，我们党又提出"经济社会协调发展""可持续发展""社会进步""人的全面发展""和谐社会建设""生态文明建设"等发展理念，并形成全面、协调、可持续的科学发展观。中国特色社会主义总体布局，从物质文明、政治文明和精神文明三位一体扩展到经济建设、政治建设、文化建设、社会建设、生态文明建设五位一体。发展理念的提升伴随改革发展进程，发展理念的突破推动改革发展实践的突破。今天，以习近平同志为总书记的党中央提出创新、协调、绿色、开放、共享的新发展理念，是对经济社会发展规律认识的深化，是我国发展理念的又一次重大提升，预示着我国发展将再次取得突破性成就。

（2）"五大发展理念"鲜明体现了对经济发展新常态的引领性。"十三五"规划是我国经济发展进入新常态后的第一个五年规划。《建议》和习近平总书记对《建议》的说明,深刻阐明了新常态下我国经济社会发展的一系列阶段性特征:首先是新常态下,经济发展呈现速度变化、结构优化、动力转换这三个新的特征;其次是新常态下,增长速度要从高速转向中高速,发展方式要从规模速度型转向质量效益型,经济结构调整要从增量扩能为主转向调整存量、做优增量并举,发展动力要从主要依靠资源和低成本劳动力等要素投入转向创新驱动这"四个战略转变";更重要的是,国际金融危机发生以来不断变化的世情国情,是新常态下我国发展的重要战略机遇期,由原来加快发展速度的机遇转变为加快经济发展方式转变的机遇,由原来规模快速扩张的机遇转变为提高发展质量和效益的机遇。

为主动适应和积极引领经济发展新常态,我们必须以变应变,做到变中求新、变中求进、变中突破,走出一条质量更高、效益更好、结构更优、优势充分释放的发展新路。这就必须按照《建议》,从过去较多利用世界经济较快增长加快自身发展,转变为更多依靠内生动力实现发展;从过去较多利用国际市场扩张增加出口,转变为更多依靠扩大内需带动经济增长;从过去较多利用经济全球化深入发展和原有比较优势的条件推动发展,转变为加快从要素驱动转向创新驱动;从过去较多利用原有规则招商引资、促进发展,转变为积极参与全球经济治理、保护和扩大我国发展利益;从我国集中力量发展经济的国际环境发生深刻变化的实际出发,统筹国际国内事务,统筹政治、经济、外交等各方面工作。

以上这些,就是《建议》提出"创新、协调、绿色、开放、共享"这五大发展理念的深刻历史背景,是保持战略定力,坚持稳中求进,以新理念、新思路、新举措,加快形成引领经济发展新常态的体制机制和发展方式,着力把经济发展新常态变为经济发展新强态的必然选择。

(3)"五大发展理念"突出体现了应对发展新矛盾新挑战的现实针对性。"十二五"时期,在错综复杂的国际环境和艰巨繁重的国内改革发展稳定任务面前,我们党团结带领全国各族人民,妥善应对国际金融危机持续影响等一系列重大风险挑战,奋力开创了党和国家事业发展新局面,使我国经济实力、科技实力、国防实力、国际影响力又上了一个大台阶。同时,《建议》也明确提出,我国发展不平衡、不协调、不可持续的问题仍很突出,主要是发展方式粗放,创新能力不强,部分行业产能过剩严重,企业效益下滑,重大安全事故频发;城乡区域发展不平衡;资源约束趋紧,生态环境恶化趋势尚未得到根本扭转;基本公共服务供给不足,收入差距较大,人口老龄化加快,消除贫困任务艰巨;人们文明素质和社会文明程度有待提高;法治建设有待加强,领导干部思想作风和能力水平有待提高，党员、干部先锋模范作用有待强化。五中全会作出的总体判断是：我国发展仍处于可以大有作为的重要战略机遇期，同时"十三五"时期也面临诸多矛盾叠加、风险隐患增多的严峻挑战，因此，这个时期也可能是我国发展面临的各方面风险不断积累甚至集中显露的时期。

邓小平同志说过："过去我们讲先发展起来。现在看，发展起来以后的问题不比不发展时少。"在新形势下，如果我们对发展起来以后出现的问题不及时化解，各种矛盾不妥为处理，特别是如果对利益关系协调不好，就有可能导致问题激化。所以，《建议》提出的"创新、协调、绿色、开放、共享"这五大发展理念，也是针对应对风险、化解挑战提出来的。只要全党同志普遍增强忧患意识、责任意识，提高统一贯彻五大发展理念的能力和水平、增强风险防控意识和能力，用新的发展理念引领发展行动，就能驾驭好世界第二大经济体，在更加有效地应对、化解各种风险和挑战中，推进国家治理体系和治理能力现代化。

（4）"五大发展理念"集中体现了补齐全面建成小康社会短板的紧迫性。按照十八届五中全会的最新诠释，全面建成小康社会中的"小康"讲的是发展水平，"全面"讲的是发展的平衡性、协调性、可持续性，就是要求全面小康覆盖的领域要全面、覆盖的人口要全面、覆盖的区域也要全面。如果到2020年我国在经济发展总量和增长速度上完成了目标，但发展不平衡、不协调，不可持续问题更加严重，短板更加突出，就算不上真正实现了全面建成小康社会奋斗目标。补齐短板，是根据经济学中的"木桶理论"提出来的：一只木桶的装水容量，不是取决于木桶中最长的那块板，而是取决于最短的那块板。按照党的十八届五中全会的分析判断，全面建成小康社会的短板主要存在于社会事业发展、生态环境保护、民生保障等方面。特别是7000多万农村贫困人口生活水平没有明显提高，一些地方生态环境恶化，就是最突出的短板。《建议》提出"创新、协调、绿色、开放、共享"这五大发展理念，就是要动员全党在谋划"十三五"时期经济社会发展时，全力做好补齐短板这篇大文章，着力提高发展协调性和平衡性，否则"木桶效应"就会愈加显现，一系列社会矛盾就会不断加深。统一贯彻落实好"创新、协调、绿色、开放、共享"这五大发展理念，及时补齐短板，有助于正确处理发展中的重大关系、增强发展整体效能。

《建议》强调："坚持创新发展、协调发展、绿色发展、开放发展、共享发展，是关系我国发展全局的一场深刻变革。"所谓"深刻变革"，既是指发展思路、发展方向的变革，也是指发展方式、发展着力点的变革，更重要的是指发展体制机制的变革。在创新发展中，形成促进创新的体制架构，构建发展新体制，加快形成有利于创新发展的市场环境、产权制度、投融资体制、分配制度、人才培养引进使用体制，塑造更多依靠创新驱动、更多发挥先发优势的引领性发展；在协调发展中，塑造要素有序自由流动、主体功能约束有效、基本公共服务均等、资源环境可承载的区域协调发展新格局，不断增强发展整体性；在绿色发展中，形成人与自然和谐发展现代化建设新格局，构建科学合理的城市化格局、农业发展格局、生态安全格局、自然岸线格局；在开放发展中，发展更高层次的开放型经济，积极参与全球经济治理和公共产品供给，提高我国在全球经济治理中的制度性话语权，构建广泛的利益共同体；在共享发展中，对发展为了人民、发展依靠人民、发展成果由人民共享作出更有效的制度安排，实现全体人民共同迈入全面小康社会，这都是涉及观念变革、制度变革、发展方向和发展方式变革的重大战略举措。所以，按照《建议》要求，"充分认识这场变革的重大现实意义和深远历史意义，统一思想，协调行动，深化改革，开拓前进"，是完全必要、非常及时的。

（5）"五大发展理念"是关系我国发展全局的战略决策和关键抉择。进入新世纪以来，我国发展出现了一系列新的阶段性特征，经济体制深刻变革、社会结构深刻变动、利益格局深刻调整、思想观念深刻变化，人民群众对未来发展和生活前景产生了新的期待和更高要求。与此同时，国际形势动荡多变，我国发展重要战略机遇期的内涵发生深刻变化。与30多年前相比，今天我国经济社会发展面对许多新情况、新趋势、新问题、新挑战。要理解新情况、把握新趋势、解决新问题、应对新挑战，必须进一步完善和提升发展理念。创新、协调、绿色、开放、共享的新发展理念，就是在这样的大背景下提出来的。它聚焦国情、突出问题导向，具有很强的现实针对性。践行"五大发展理念"，是关系我国发展全局的战略决策和关键抉择。

创新是发展的第一动力，不创新只能是死路一条。我国改革开放后长期依赖投资、出口和劳动力供给，通过引进外资、实施外向型发展战略和发挥劳动力比较优势保持经济持续高速增长。目前，这些条件都发生了根本性变化，表现为产能过剩、出口受阻、劳动力成本大幅上升。仅仅依靠传统发展动力，继续沿着老路走，已经很难走得下去。在这种情况下，创新成为引领发展的第一动力。无论对于经济持续增长还是对于产业结构升级，创新都是关键一招。我们必须把创新摆在国家发展全局的核心位置，让创新成为国家发展和民族进步之魂，让创新在全社会蔚然成风。创新并不仅仅指科技创新和产业结构升级,也包括理论创新、制度创新、文化创新等各方面创新。创新也不仅仅指高科技、机器人、互联网等,创新体现在每一个产品、每一台机器设备的升级换代和标准制定权上。过去我们说,不改革只能是死路一条;现在我们也可以说,不创新也是死路一条。创新是艰难痛苦的,也是长期的,短期难以奏效。全球产业结构和产业链的上端,长期被西方发达国家垄断。要打破这种垄断,必然会受到打压和排斥。所以,对创新的长期性、艰难性必须有充分准备。近年来,我国在大飞机、重型汽车、智能机床、高铁、高速公路、大型桥梁、手机、互联网等一系列领域已成功走出创新之路,显示出创新的巨大动力、潜能和广阔前景。我们必须坚定信心,通过创新尽快实现新旧动力转换,实现发展的成功转型。

协调是持续健康发展的内在要求,只有处理好发展中的重大关系才能跨越"中等收入陷阱"。改革开放以来,我国进入经济起飞和快速发展阶段,从1978年人均GDP不足200美元到2000年人均GDP超过800美元,用20多年时间增加了500多美元;从2000年开始,仅用15年时间,人均GDP就从800多美元增加到8000美元,增加了7000多美元。在这让世界惊叹的快速发展中,发展的不协调问题也格外突出。特别是城乡和区域之间发展不协调、不平衡问题以及社会成员之间收入差距过大问题,成为我国发展中的突出短板。人均GDP8000美元曾经是一些落入"中等收入陷阱"的拉美国家遇到的增长"天花板",因为经济社会发展失衡等问题,它们在这个"坎"上停滞了一二十年。我国"十三五"时期是全面建成小康社会的决胜时期,是从中等收入国家迈入高收入国家(人均GDP超过12000美元)门槛的关键时期,必须高度重视协调发展,特别是要解决好农村地区、发展落后地区贫困人口的发展问题。国内外发展的经验和教训都表明,协调发展是处理好一系列重大关系的基本遵循。

绿色发展是对发展经验教训的深刻总结,也是现代化建设的必然方向。在改革开放之初,我国就曾提出不能走一些国家在现代化过程中走过的"先污染、后治理"的老路。但在实际发展过程中,一些地方对快速脱贫和富裕起来的渴望压倒了环境保护和资源节约的要求,追求经济增长的短期政绩带来了环境破坏和资源浪费等严重后果。雾霾、饮用水和土壤污染、食品药品不安全等,已经严重影响人们的身体健康和生活质量,引起人们的反思。有人说"奋斗打拼几十年,换不回一片绿水蓝天",这话虽然有些偏激,但道出了绿色发展的紧要性。突出强调绿色发展,不是来自国际社会的压力,也不是为了宣扬一个口号,而是我们付出惨痛代价后下定的坚强决心。"绿水青山就是金山银山",这是从我国发展实践中得出的至理名言,是关于财富源泉理论的新思想,目的是形成人与自然和谐发展的现代化建设新格局。

开放是国家繁荣发展的必由之路,是我国的基本国策。我国对外开放从沿海开放、沿边开放、内陆开放再到全面开放,顺应了经济全球化和我国经济深度融入世界经济的大势,带来了我国经济的持续繁荣发展。国际发展经验表明,任何国家都不可能孤立于世界经济体系之外封闭发展。我们应利用好重要战略机遇期,深刻认识重要战略机遇期内涵发生的深刻变化,发展更高层次的开放型经济,积极参与全球治理,推进"一带一路"建设,构建广泛的利益共同体和命运共同体,提高我国在全球治理中制定规则的话语权,维护国家经济政治安全,防止国际风险对我国产生系统性影响。

共享是发展的目的,是中国特色社会主义的本质要求。我国是社会主义国家,我们要全面建成的小康社会是共建共享的社会。因此,必须把共享作为发展的一个重要原则加以认真践行,特别是要解决好突出的民生问题。当前,在就业领域应高度关注和解决好以大学毕业生为主的青年就业问题,化解产能过剩中的就业与职工安置问题,以及农村劳动力进一步转移问题;在教育领域应解决好教育公平问题,加大农村教育投入,加强农民工职业培训,防止农村贫困人口因教育短缺而造成贫困代际传递;在收入分配领域应进一步缩小城乡、区域和社会成员之间的收入差距,进一步加快减少贫困的步伐,确保到2020年现行标准下5500多万贫困人口如期全部脱贫;在社会保障领域应突出解决好进城农民工转变户籍后的同工同保问题,加快推进户籍人口城镇化,基本实现社会保障法定人口全覆盖;在医疗健康领域应解决好看病难、看病贵问题,解决好食品药品安全问题;在社会治理方面应协调好征地拆迁补偿、复转军人安置、水利工程移民安置等方面的矛盾,用法治思维与法治方式处理上访和群体性事件,维护社会治安秩序和人民生命财产安全,使全体人民在发展中有更多获得感。

(6)坚持"五大发展理念"必须坚持的重大原则。党的十八届五中全会强调,如期实现全面建成小康社会奋斗目标,推动经济社会持续健康发展,必须遵循以下原则:坚持人民主体地位,坚持科学发展,坚持深化改革,坚持依法治国,坚持统筹国内国际两个大局,坚持党的领导。

改革开放以来,我国走出了一条中国特色社会主义强国富民之路,其间也遇到过通货膨胀、政治风波、企业大规模亏损、国际金融危机、重大自然灾害、重大流行病害等一系列重大挑战，但我们都成功应对和克服了。总结这些年的发展经验，最重要的一条就是不断完善和提升发展理念，用新发展理念统领发展全局。创新、协调、绿色、开放、共享的新发展理念，包含中国特色社会主义发展的重大原则。在践行新发展理念的过程中，必须坚持这些重大原则。

坚持党在社会主义初级阶段的基本路线。习近平同志指出："党在社会主义初级阶段的基本路线是党和国家的生命线。我们在实践中要始终坚持'一个中心、两个基本点'不动摇"。新发展理念把坚持以经济建设为中心同坚持四项基本原则、坚持改革开放这两个基本点统一于中国特色社会主义伟大实践。我们的发展是以经济建设为中心的发展，也是全面、协调、可持续的发展。发展必须保持一定的速度，同时必须更加注重质量，发展速度和发展质量是辩证统一的关系。党的领导是中国特色社会主义最本质的特征，在发展中必须加强和改善党的领导。新发展理念是我国在新的发展阶段以解决突出难题、瓶颈问题、短板问题为导向提出的，其中贯穿着党在社会主义初级阶段的基本路线，是一个从发展动力到发展目的的不可分割的整体。

坚持以人民为中心的发展思想。中国特色社会主义制度的优越性，集中体现在经济持续快速发展和人民生活不断改善的有机统一。发展经济是改善民生的基础，改善民生是发展经济的根本目的。我们党反复强调牢固树立并落实好以人民为中心的发展思想。习近平同志明确指出："人民对美好生活的向往，就是我们的奋斗目标。"民生是人心向背的风向标，是社会舆论的晴雨表，是发展信心和发展决心的压舱石。社会要保持和谐稳定，国家要保持长治久安，就要让老百姓的日子越过越好。落实新发展理念，就要始终坚持以人民为中心的发展思想，把保障和改善民生作为一切工作的出发点和落脚点。

坚持用改革和法治为发展保驾护航。习近平同志指出："要创新手段，善于通过改革和法治推动贯彻落实新发展理念，发挥改革的推动作用、法治的保障作用。"从现在起到21世纪中叶还有大约35年时间，当前正处于从实行改革开放起到实现现代化长达70多年的历史时期的中间点，这是一个新的历史起点。我们要从这个新的历史起点出发，用近5年时间全面建成小康社会，接近或迈入高收入国家的门槛，实现第一个百年奋斗目标；再用30年左右的时间达到中等发达国家水平，实现第二个百年奋斗目标，实现中华民族伟大复兴的中国梦。实现这些发展目标并非易事，必须创新发展手段、转变发展方式、拓展发展路径。通过深化改革，持续为发展增添活力、提供动力；通过加强法治，营造安定有序的发展环境、和谐稳定的社会环境。改革与法治共同发力，为我国丰富发展实践、提升发展境界、拓宽发展道路保驾护航。①

6. "五大发展理念"是确立"十三五"发展方向的根本指针

十八届五中全会在5900余字的公报中，"发展"一词出现了95次，成为出现频率最高的关键词。全会提出了"创新发展、协调发展、绿色发展、开放发展、共享发展"的新发展理念，这"五大发展"理念将引领"十三五"发展方式从五个方面实现重大转型：从过去高度依赖人口红利、土地红利的要素驱动及投资驱动的发展模式转向创新驱动发展；从不协调、不平衡、不可持续的发展转向协调发展；从高污染、单纯追求GDP的粗放型的发展方式转向遵循自然规律的绿色发展；从低水平的开放转向更高水平的开放发展；从不公平、收入差距过大非均衡发展走向共同富裕，实现共享发展，实现全体人民共同迈向全面小康。五大理念相互联系，是一个有机统一的整体，相互联系、相互依存、相互支撑。

（1）创新是发展的动能。全会提出，坚持创新发展，必须把创新摆在国家发展全局的核心位置，不断推进理论、制度、科技、文化等各方面创新。全会从培育发展新动力、拓展发展新空间、构建产业新体系、构建发展新体制等方面对创新发展提出具体要求。在培育发展新动力方面，"创业"和"创新"是一对孪生兄弟，"双创"正在成为经济社会发展的新引擎，"互联网+"行动计划、国家大数据战略等是推进创业创新浪潮的重要抓手。在拓展发展新空间方面，要形成沿海沿江沿线经济带为主的纵向横向经济轴带，培育壮大若干重点经济区。创新发展必须立足全局，发展经济轴带有利于实现从片状区域单独发展向区域间相互带动发展转变。在构建产业新体系方面，要通过实施《中国制造二〇二五》推进产业结构升级、实现工业化信息化深度融合。加快建设"制造业强国"和"网络强国"是五中全会在创新发展方面提出的两个强国目标。在构建发展新体制方面，要深化行政管理体制改革，进一步转变政府职能。创新发展要求市场主导、政府引导，政府既不能"越位"也不能"缺位"。要继续推进简政放权等改革激发市场活力，也要发挥政府在产权制度、投融资体制、市场监督等方面的作用，为创新发展提供政策保障。

（2）协调是发展的基调。全会强调，坚持协调发展，重点促进城乡区域与经济社会协调发展，促进新型工业化、信息化、城镇化、农业现代化

---

① 李培林：《用新发展理念统领发展全局》，人民网－《人民日报》2016年3月10日。

同步发展，提升国家软实力。协调发展旨在处理好发展中的重大关系问题。具体而言，要推动区域协调发展、城乡协调发展、物质文明和精神文明协调发展、经济建设和国防建设融合发展。推动区域协调发展，有利于使各发展主体成为一个整体，发挥合力。推动城乡协调发展，有利于转变城乡二元结构、改善民生。推动物质文明和精神文明协调发展，实质是"软实力"和"硬实力"的协调。长期以来，我国主要关注GDP总量、城市基础设施、军事实力等"硬实力"，而对文化培育、共同价值观塑造、国民素质教育等"软实力"重视不足，软实力成为我国发展的"短板"，因此，发展过程中不仅要通过发展物质文明提高"硬实力"，也要通过发展精神文明提升"软实力"。同时，要推动经济建设和国防建设融合发展，实现军民在全要素、多领域实现深度融合。

（3）绿色是发展的底色。全会指出，坚持绿色发展，必须坚持节约资源和保护环境的基本国策，加快建设资源节约型、环境友好型社会，形成人与自然和谐发展现代化建设新格局。全会首次把"绿色发展"作为五大发展理念之一，这与十八大将生态文明纳入"五位一体"总体布局一脉相承。绿色发展是遵循自然规律的可持续发展，也是实现生态文明的根本途径。加快建设主体功能区、推动低碳循环发展、加大环境治理力度、筑牢生态安全屏障等是全会对实现绿色发展提出的具体要求。当前环境承载力已达到或接近上线，实现绿色发展要发挥好政府"有形之手"和市场"无形之手"两只手的作用，特别要用好政府"有形之手"，解决"市场失灵"的问题。全会提出"四个格局"和"两个体系"：即城市化格局、农业发展格局、生态安全格局、自然岸线格局。一个是建立绿色低碳循环发展产业体系，另一个是清洁低碳、安全高效的现代能源体系。强调建立健全用能权、用水权、排污权、碳排放权初始分配制度。完善这些制度，把环境承载力作为最为稀缺的自然要素对经济发展进行调控，能有效发挥市场机制的作用。同时为了督促政府履行环保职责，全会强调要加大环境治理力度，以提高环境质量为核心，实行最严格的环境保护制度。首次将"提高环境质量"作为环保工作的核心，转变过去只注重排污量减少、能耗降低等指标的片面环保观，以改善环境质量作为"十三五"期间环境保护工作的根本出发点和主线。同时，全会还提出了实行省以下环保机构监测监察执法垂直管理制度，有利于避免过去属地化管理方式所导致的个别地方政府对环保的"不作为"，落实地方政府责任，推进国家环境治理体系和治理能力的现代化。

（4）开放是发展的大势。全会强调，坚持开放发展，必须顺应我国经济深度融入世界经济的趋势，发展更高层次的开放型经济，构建广泛的利益共同体。通过开放发展有利于实现中国与世界对接、以对外开放倒逼国内的改革。根据全会要求，要开创对外开放新局面，"十二五"期间，我国已成为进出口贸易总量和实际利用外资总额世界第一位，并实现了向资本净输出国转型的历史性跨越。"十三五"期间要进一步加强开放的力度、推进开放的深度、扩大开放的广度，打造陆海内外联动、东西双向开放的全面开放新格局。要完善对外开放战略布局，强调双向开放，转变过去主要依靠吸引外资和产品出口的对外开放方式，更多地强调资本输出和企业"走出去"，使我国从一个商品输出大国变成资本输出大国，完成从产品"走出去"深化到服务"走出去"。要形成对外开放新体制，并将"一带一路"建设和自贸区战略纳入到规划中，这有利于推动中国企业海外拓展，使我国深度融入世界经济体系，实现更高层次的开放。

（5）共享是发展的目标。全会要求，坚持共享发展，必须坚持发展为了人民、发展依靠人民、发展成果由人民共享，朝着共同富裕方向稳步前进。人民是发展的主体，共享发展也被称为包容性发展，强调以人为本的发展观念，是保障民生福祉、实现全体人民共同迈向全面小康社会的根本要求。贫困地区和贫困人口是全面小康的最大短板，实现共享发展，关键是解决7000万人如何脱贫的问题。为此，全会提出的实施脱贫攻坚工程、加大对革命老区、民族边疆地区、贫困地区的转移支付等对实现我国现行标准下的农村贫困人口脱贫、贫困县全部摘帽、解决区域性的整体性贫困等目标具有重要意义。全会还提出要建立健全农村留守儿童、妇女和老人关爱服务体系。现在全国有6000多万留守儿童，有几千万留守妇女和几千万留守老人，要使其基本生活、人身安全、心理健康等各方面得以保障，平等享有城镇化和经济发展的成果。同时，就业乃民生之本、教育乃民生之基、收入乃民生之源、社保乃民生之依。在共享发展中，全会关注教育、就业、收入分配、社保、医保等民生问题，重申居民的收入和经济增长要同步的任务。近年来，居民收入已经超过了GDP的增长速度，跑赢了GDP，这是很好的迹象。在"十三五"期间能够保持这样一种态势，继续让居民收入增速跑赢GDP的增长速度。全会还提到，要全面实施一对夫妇可生育两个孩子的政策，这是年轻人高度关注的问题，也是应对人口老龄化危机的重要举措。要让这项政策实施好，非常重要的就是要降低生育成本和抚育成本。当前生育和抚育成本太高，导致实际有生两个孩子意愿的人并不是很多，积极性不高。政府要通过加大公共产品投入，降低生育成本和抚育成本，提高育龄人口生育两个孩子的积极性。通过多项举措的实施，真正实现"发展为了人民、发展依靠人民、发展成果由人民共享"的共享发展。

二 "五大发展理念"的科学内涵、基本要求及其相互关系

（一）"五大发展理念"的科学内涵及其基本要求

1. 创新发展理念及其基本要求

创新是民族进步的灵魂，是引领发展的第一动力。抓创新就是抓发展，谋创新就是谋未来。党的十八届五中全会提出的五大发展理念中，"创新发展"居于首要地位。《建议》指出："创新是引领发展的第一动力。必须把创新摆在国家发展全局的核心位置，不断推进理论创新、制度创新、科技创新、文化创新等各方面创新，让创新贯穿党和国家一切工作，让创新在全社会蔚然成风。""坚持创新发展，着力提高发展质量和效益。在国际发展竞争日趋激烈和我国发展动力转换的形势下，必须把发展基点放在创新上，形成促进创新的体制架构，塑造更多依靠创新驱动、更多发挥先发优势的引领型发展。"[1] 全会从战略全局高度，顺应时代潮流，针对制约发展的突出问题，确立了创新在发展全局中的核心地位，阐明了创新发展的科学内涵，指明了推进创新发展的基本途径，为我们破解发展难题、增强发展动力、厚植发展优势，确保如期实现全面建成小康社会，进一步提供了行动指南。

（1）创新发展居于国家发展全局的核心位置。创新是历史进步的动力、时代发展的关键，位居今日中国"五大发展理念"之首。习近平同志在党的十八届五中全会上提出的创新、协调、绿色、开放、共享"五大发展理念"，把创新提到首要位置，指明了我国发展的方向和要求，代表了当今世界的发展潮流，体现了我们党认识把握发展规律的深化。用以创新为首的"五大发展理念"引领时代发展，必将带来我国发展全局的一场深刻变革，为全面建成小康社会、实现中华民族伟大复兴的中国梦提供根本遵循、注入强劲动力。

全面建成小康社会，从根本上说是发展问题，必须以创新为引领、以科技为引擎，依靠科技创新推动发展。就国内而言，创新发展是我国发展

---

[1] 《中共中央关于制定国民经济和社会发展第十三个五年规划的建议》，新华网，2015年11月3日。

的迫切需要。经过几十年的持续快速发展，我国经济总量跃居世界第二，但创新能力不强，科技发展水平总体不高，科技对经济社会发展的支撑能力不足，科技对经济增长的贡献率远低于发达国家水平。当前我国经济发展进入新常态，基本特点是速度变化、结构优化和动力转换，其中动力转换最为关键，决定着速度变化和结构优化的进程和质量。面对我国依靠生产要素大规模、高强度投入支撑经济发展已经越来越困难的新情况，必须更多依靠科技进步和创新推动经济社会发展。只有加快转变经济发展方式，依靠创新打造发展新引擎，才能推动发展方式从要素驱动转向创新驱动、从依赖规模扩张转向提高质量效益，才能形成经济保持中高速增长和迈向中高端水平的新动力。从国际上看，创新发展是国际竞争的大势所趋。当前世界范围内新一轮科技革命和产业变革蓄势待发，信息技术、生物技术、新材料技术、新能源技术广泛渗透，成为重塑世界经济结构和竞争格局的关键。世界各大国都在积极强化创新部署，创新已经成为大国竞争的新赛场。只有努力在创新发展上进行新部署、实现新突破，才能跟上世界发展大势，在这场科技创新的大赛场上赢得发展的主动权。为此，把创新作为引领发展的第一动力，大力实施创新驱动发展战略，加快形成以创新为主要引领和支撑的经济体系和发展模式，更好地拥有经济发展的新动力，这是关系我国发展全局的重大抉择。

　　坚持创新发展，必须要准确把握创新的丰富内涵。我们讲的创新，是以科技创新为核心的全面创新，包括理论创新、制度创新、科技创新、文化创新等各方面创新。其中，理论创新是社会发展和变革的先导，是各类创新活动的思想灵魂和方法来源；制度创新是持续创新的保障，是激发各类创新主体活力的关键；文化创新是一个民族永葆生命力和富有凝聚力的重要基础，是各类创新活动不竭的精神动力；科技创新是国家竞争力的核心，是全面创新的主要引领。习近平总书记指出："谁牵住了科技创新这个牛鼻子，谁走好了科技创新这步先手棋，谁就能占领先机、赢得优势。"创新发展的基本特征是，全社会持续的知识积累、技术进步和劳动力素质提升成为推动经济增长的基本方式。在创新驱动的发展方式中，土地、资本等传统要素仍然发挥着不可替代的作用，但创新上升到了第一位。创新不仅能提高传统生产要素的效率，还能够创造新的生产要素，形成新的要素组合，实现从土地、资本等传统要素主导发展转为创新驱动发展，为经济持续发展提供源源不断的内生动力。世界上拥有资源禀赋差不多的国家，由于创新能力的不同，综合国力截然不同。在我们这样一个人口规模大、人均自然资源少的国家，创新对发展的速度、规模、结构、质量、效益越来越起决定性作用,只有坚定不移走中国特色自主创新道路,深入实施创新驱动发展战略,充分发挥"第一动力"的作用,才能创造新常态下的新优势。为此,要坚决破除制约创新的思想障碍和制度藩篱,促进科技创新与理论创新、制度创新、文化创新等持续发展和全面融合,打通科技创新和经济社会发展之间的通道,让一切劳动、知识、技术、管理、资本的活力竞相迸发,释放巨大的发展潜能。

坚持创新发展、着力提高发展质量和效益,是加快转变经济发展方式、实现"双中高"目标的关键之举。《建议》强调:"在国际发展竞争日趋激烈和我国发展动力转换的形势下,必须把发展基点放在创新上,形成促进创新的体制架构,塑造更多依靠创新驱动、更多发挥先发优势的引领型发展",并提出培育发展新动力、拓展发展新空间、深入实施创新驱动发展战略、大力推进农业现代化、构建产业新体系、构建发展新体制、创新和完善宏观调控方式七个方面任务,给出了未来五年实施创新发展的路线图。"十三五"时期,我们要坚持在"四个全面"战略布局、"五位一体"建设的大局中来思考和谋划创新,切实把发展基点放在创新上,深入实施创新驱动发展战略,塑造更多依靠创新驱动、更多发挥先发优势的引领型发展。一要培育发展新动力,优化劳动力、资本、土地、技术、管理等要素配置,激发创新创业活力,推动大众创业、万众创新,释放新需求,创造新供给,推动新技术、新产业、新业态蓬勃发展,加快实现发展动力转换。二要拓展发展新空间,形成沿海沿江沿线经济带为主的纵向横向经济轴带,培育壮大若干重点经济区,实施网络强国战略,实施"互联网+"行动计划,发展分享经济,实施国家大数据战略,用发展新空间培育发展新动力,用发展新动力开拓发展新空间。三要深入实施创新驱动发展战略,发挥科技创新在全面创新中的引领作用,实施一批国家重大科技项目,在重大创新领域组建一批国家实验室,积极提出并牵头组织国际大科学计划和大科学工程。四要大力推进农业现代化,加快转变农业发展方式,走产出高效、产品安全、资源节约、环境友好的农业现代化道路。五要构建产业新体系,加快建设制造强国,实施《中国制造二〇二五》,实施工业强基工程,培育一批战略性产业,实施智能制造工程,开展加快发展现代服务业行动。六要构建发展新体制,加快形成有利于创新发展的市场环境、产权制度、投融资体制、分配制度、人才培养引进使用机制,深化行政管理体制改革,进一步转变政府职能,持续推进简政放权、放管结合、优化服务,提高政府效能,激发市场活力和社会创造力,完善各类国有资产管理体制,建立健全现代财政制度、税收制度,改革并完善适应现代金融市场发展的金融监管框架。七要创新和完善宏观调控方式，采取相机调控、精准调控措施，适时预调微控，更加注重扩大就业、稳定物价、调整结构、提高效益、防控风险、保护环境。

创新是永无止境的探索实践，永远是推动一个国家、一个民族向前发展的重要力量。面向未来，唯创新者强。崇尚创新，国家才有光明前景，社会才有蓬勃活力。时代赋予中国发展兴盛的历史机遇，也比以往任何时候都更加需要强大的创新力量。我们要大力弘扬创新理念，深入实施创新驱动发展战略，扎扎实实推进创新发展，为建设创新型国家、实现中华民族伟大复兴的中国梦而努力奋斗！

（2）只有坚持创新发展，才能适应和引领时代发展潮流。创新立足传统、突破传统，依托现实、推动变革。创新居于什么位置？居于国家发展全局的核心位置。习近平同志对创新在我国经济社会发展中的重要地位和作用的崭新概括，具有重大意义。

今日世界，发展面临的最大矛盾仍是供需矛盾，尤其是资源有限性与需求无限性的矛盾。随着人口越来越多，需求越来越大，需求质量要求越来越高，这一矛盾越来越突出。解决这一矛盾的关键在于创新。创新尤其是科技创新成为世界主题、世界潮流、世界趋势。谁都知道创新重要，但究竟重要到什么程度，把它放在什么位置，怎样定位，却见仁见智。把创新放在国家发展全局的核心位置，体现了对人类社会发展规律的深刻认识，体现了对国家民族发展根本的深刻体认，在我国几千年治国理政思想史上是第一次，在我们党的历史上是第一次，在社会主义发展史上是第一次；放眼今日世界，把创新放在国家发展如此极端重要位置，放在制定未来五年发展规划理念的首要位置，也是极为少见的。

面对今日世界，只有把创新发展放在我国发展全局的核心位置，才能适应和引领时代发展大势。当今之世，一个国家走在世界发展前列，根本靠创新；一个民族屹立于世界民族之林，根本靠创新。现在，世界范围的新一轮科技革命和产业变革蓄势待发，信息科技、生物科技、新材料技术、新能源技术广泛渗透。世界大国都在积极强化创新部署，如美国实施再工业化战略、德国提出工业4.0战略。我国创新底子薄、创新力量相对不足，赶超世界创新大国的难度不小。这种情况下，是把创新放在核心位置还是一般位置，结果大不一样。把创新放在发展全局的核心位置，体现了以习近平同志为总书记的党中央的坚定决心和历史担当，是党中央在我国发展关键时期作出的重大决策，凝聚的是立足全局、面向全球、聚焦关键、带动整体、持续发展的国家意志和国家战略。把创新放在发展全局的核心位置,就能紧扣世界创新发展脉搏,顺应世界创新发展大势,赶上世界创新发展脚步,从后发到先发、从跟跑到领跑,引领世界创新发展潮流。

纵观中国,只有把创新发展放在我国发展全局的核心位置,才能促进国家长治久安、民族永续发展。现代国家竞争,主要是综合国力竞争,根本是创新能力的竞争。创新兴则国家兴,创新强则国家强,创新久则国家持续强盛。五百年来,世界经济中心几度迁移,但科技创新这个主轴一直在旋转、在发力,支撑着经济发展,引导着社会走向。一些欧美国家抓住蒸汽机革命、电气革命和信息技术革命等重大机遇,跃升为世界大国和世界强国。相形之下,因一次次错过世界科技革命浪潮,我国由全球经济规模最大的国家沦为落后挨打的半殖民地半封建社会。这是历史的教训、民族的悲哀。我们必须充分吸收古今中外的经验教训,立足新的历史起点,面对新的现实挑战,确立创新发展理念,实施创新驱动发展战略。创新已成为决定我国发展前途命运的关键、增强我国经济实力和综合国力的关键、提高我国国际竞争力和国际地位的关键。把创新放在发展全局的核心位置,不仅可以巩固已有发展成果,全面建成小康社会,而且能够推动国家持续健康发展、民族和谐发展,在更好基础、更高层次上,更有信心、更有决心、更有能力实现第二个百年奋斗目标。

立足全局,只有把创新发展放在我国发展全局的核心位置,才能实现认识把握创新规律的新飞跃,促进各项事业向更高层次迈进。理念具有根本性、整体性和长久性,理念变化将带来根本变化、整体变化和长远变化。把创新放在发展全局的核心位置,必然给发展全局带来根本变化、整体变化、长远变化。通观人类社会发展史和中国发展史,不仅一直存在创新规律,而且一直受创新规律支配。创新的本质特征在于革故鼎新,在政治上主要是改造旧世界、建设新世界;在经济上主要是提高传统生产要素的效率、创造新的生产要素、形成新的要素组合,为持续发展提供源源不断的内生动力;在思想文化上主要是弘扬传统精华、克服传统弊端,提出新思想、新观念、新学说、新风尚,创立新体系、新学派、新方法、新文风。把创新放在发展全局的核心位置,让创新贯穿党和国家一切工作,不断推进理论创新、制度创新、科技创新、文化创新等各方面创新,就能使全党对创新规律的认识把握达到新境界,使各行各业对创新规律的认识把握达到新高度,推动我国发展全局发生根本变化、整体变化和长远变化,把我国建设成为经济强国、创新大国,进而建成富强民主文明和谐的社会主义现代化强国。

（3）创新是引领发展的第一动力。把创新发展放在国家发展全局的核心位置，是因为创新是引领发展的第一动力。"核心位置"与"第一动力"相辅相成、交相辉映。

党的十八大以来，以习近平同志为总书记的党中央毫不动摇坚持和发展中国特色社会主义，勇于实践、善于创新，形成一系列治国理政新理念新思想新战略，为在新的历史条件下深化改革开放、加快推进社会主义现代化提供了科学理论指导和行动指南。习近平同志在党的十八届五中全会上提出的"把创新摆在国家发展全局的核心位置""把创新作为引领发展的第一动力"等重大论断，是马克思主义关于创新的理论的最新成果，是"科学技术是第一生产力"重要思想的创造性发展，丰富发展了中国特色社会主义理论宝库。

创新作为引领发展的第一动力，决定我国发展思路、发展方向和发展面貌。创新尤其是全面创新是涉及上层建筑与经济基础、生产关系与生产力的全要素、全系统、全方位变革。理论创新、制度创新、科技创新、文化创新对经济社会和国家发展全局具有深刻影响、强大推力。思想理论创新属"脑动力"创新，是社会发展和变革的先导，也是各类创新活动的思想灵魂和方法来源。制度创新属"原动力"创新，是持续创新的保障，能够激发各类创新主体活力，也是引领经济社会发展的关键，核心是国家治理创新，推进国家治理体系和治理能力现代化，形成有利于创新发展的体制机制。科技创新属"主动力"创新，是全面创新的重中之重。文化创新本质上是"软实力"创新，培植民族永葆生命力和凝聚力的基础，为各类创新活动提供不竭的精神动力。这四大创新标识出我国发展的创新思路、创新方向。当前，创新发展致力于促进我国发展方式从规模速度型粗放增长转向质量效率型集约增长，经济结构从增量扩能为主转向调整存量、做优增量并举，发展动力从主要依靠资源和低成本劳动力等要素投入转向主要依靠创新驱动。不难想象，这四大创新连同其他方面创新一起"发力"、一起"给力"，我国发展全局会是一个什么样的局面、一个什么样的面貌。

创新作为引领发展的第一动力，决定发展的速度、规模、结构、质量和效益。现代发展的一大特点是，自然资源越用越少，创新要素越用越多。我国经济规模虽然很大，但人口众多、人均自然资源少，走以土地、劳动力、资本等为主导的传统发展之路已行不通，必须依靠创新尤其是科技创新，走创新发展之路，实现可持续发展，才能破解经济社会发展瓶颈，跨越"中等收入陷阱"，避免出现"阿喀琉斯之踵"现象。当前，我国面临经济下行压力，说到底归因于创新乏力、创新不足。传统产业改造升级也好，新兴产业培育发展也罢，离开创新都没有出路，都寸步难行。我国经济发展进入新常态，从中低端迈向中高端、创造新常态下的新优势，根本出路在创新。只有创新，才能从根本上解决我国发展不平衡、不协调、不可持续问题，从根本上解决我国发展动力不足、发展方式粗放、产业层次偏低、资源环境约束趋紧等急迫问题；才能增强我国发展能力，加快形成以创新为主要引领和支撑的经济体系和发展模式，为转变经济发展方式、优化经济结构、改善生态环境、提高发展质量和效益开拓广阔空间，推动我国经济社会持续健康发展。

创新作为引领发展的第一动力，决定我国赶超世界先进科技水平的能力和实力。科技创新是国家竞争力的核心，是各类创新中最核心最关键的创新。创新能否成为引领发展的第一动力，关键在科技创新；创新能否解决当前需求无限性与资源有限性的矛盾，持续增加要素有效供给并形成高效组合，不断提高生产力，关键也在科技创新。习近平同志指出："谁牵住了科技创新这个牛鼻子，谁走好了科技创新这步先手棋，谁就能占领先机、赢得优势。"现在，我国需要高端技术、核心技术、关键技术，但引不进、买不来，只能靠我们自己创新。《中共中央关于制定国民经济和社会发展第十三个五年规划的建议》指出："在国际发展竞争日趋激烈和我国发展动力转换的形势下，必须把发展基点放在创新上，形成促进创新的体制架构，塑造更多依靠创新驱动、更多发挥先发优势的引领型发展。"这两个"更多"、一个"创新驱动"、一个"先发优势"、一个"引领型发展"，成为未来五年创新发展的指标性要求。这就需要依靠创新汇聚融合高端要素，培育我国经济发展新动力；依靠创新培育发展高端产业，构建我国经济发展新优势；依靠创新打造形成创新高地，拓展我国经济发展新空间；加强基础研究，强化原始创新、集成创新和引进消化吸收再创新，树立战略和前沿导向，推动关系发展全局的重大技术突破；强化企业创新主体地位和主导作用，形成一批具有国际竞争力的创新型领军企业，推动跨领域跨行业协同创新，加快政产学研用深度融合；坚持全球视野，推进开放创新，为经济转型升级提供强有力支撑。

（4）让创新在全社会蔚然成风。把创新发展放在国家发展全局的核心位置，发挥创新作为引领发展第一动力的功能作用，归根结底依靠上下同心、全社会一起努力，推动创新发展在全社会蔚然成风。

首先，要树立崇尚创新的发展观。理念引领观念，观念引导行动。树立崇尚创新的发展观，要求我们把认识和行动凝聚到创新发展上，形成抓创新就是抓发展、谋创新就是谋未来的共识。要求政府转变职能，从研发管理向创新服务转变,更加注重抓宏观、抓战略、抓前瞻、抓基础、抓环境、抓监督,在政策制定、制度安排和资源配置中,把科技创新等作为最重要的战略资源优先考虑;加大投入,提高创新资源的集聚能力和使用效率,发挥财政资金撬动作用,引导社会资源投入创新,形成财政资金、金融资本、社会资本多方投入的新格局,扩大创新创业投资规模。要求强化创新的法治保障,培育公平、开放、透明的市场环境,增强各类市场主体的创新动力,营造有利于创新发展的社会环境。要求各级各类社会组织和我们每一个人摒弃不适应、不适合甚至违背创新发展的思路做法,用创新发展理念解决发展问题、挖掘发展潜力、培植发展优势、开拓发展境界。

其次,要把人才作为支撑创新发展的第一资源。创新归根到底是人才创新,创新驱动归根到底是人才驱动,人才是支撑创新发展的第一资源。为此,应推动实施人才强国战略,加快人才结构战略性调整,突出"高精尖缺"导向,着力发现、培养、集聚战略科学家、科技领军人才、企业家人才、高技能人才队伍,造就一批世界水平的科学家、科技领军人才、工程师和高水平创新团队。实施更加开放的创新人才引进政策,更大力度引进急需紧缺人才,聚天下英才而用之。实施更加积极的创新人才引进政策,注重培养一线创新人才和青年科技人才,大力提高全民科学素质。完善人才评价激励机制和服务保障体系,赋予创新领军人才更大的人财物支配权、技术路线决策权,实行以增加知识价值为导向的分配政策,提高科研人员成果转化收益分享比例,让他们充分释放创新发展的才能和潜能。

最后,要让创新在全社会蔚然成风。崇尚创新,国家才有光明前景,社会才能充满活力。创新发展是全民参与、全民推动的宏伟事业。弘扬创新文化,倡导敢为人先、勇于冒尖的创新精神,使创新成为全社会的一种价值导向、一种思维方式、一种生活习惯。激活民间智慧和创造力,激发创新创业活力,推动大众创业、万众创新,鼓励发展众创、众包、众扶、众筹空间,最大程度地释放全社会创新潜力,让一切劳动、知识、技术、管理、资本的活力竞相迸发,形成人人崇尚创新、人人渴望创新、人人皆可创新的社会氛围。中国人民是勤劳勇敢、聪明智慧的,也是富于创新创造精神的。只要中国人民心往创新上想、劲往创新上使,什么人间奇迹都能创造出来,全面建成小康社会和中华民族伟大复兴的中国梦必将在亿万人民的创新创造中梦想成真、梦圆世界!

2. 协调发展理念及其基本要求

协调发展是党的十八届五中全会提出的"五大发展理念"之一。《建议》指出:"协调是持续健康发展的内在要求。必须牢牢把握中国特色社会主义事业总体布局,正确处理发展中的重大关系,重点促进城乡区域协调发展,促进经济社会协调发展,促进新型工业化、信息化、城镇化、农业现代化同步发展,在增强国家硬实力的同时注重提升国家软实力,不断增强发展整体性。""坚持协调发展,着力形成平衡发展结构。增强发展协调性,必须坚持区域协同、城乡一体、物质文明精神文明并重、经济建设国防建设融合,在协调发展中拓宽发展空间,在加强薄弱领域中增强发展后劲。"① 这就深刻地阐述了为什么要协调发展、什么是协调发展、如何推进协调发展的问题,充分体现了我国在经济新常态下发展理念、发展体制、发展方式的变革要求,勾勒出我国"十三五"时期整体性发展的新格局,对于我们正确处理好经济社会发展中的各种矛盾,力求通过补齐短板化解突出矛盾,在攻坚克难中增强经济社会发展的平衡性、协调性和可持续性,确保如期全面建成小康社会,具有重大理论意义和实践指导作用。

(1) 协调发展是增强发展整体性的关键之举。协调发展,是全面建成小康社会的内在要求,增强发展的协调性才能使中国经济行稳致远。全面建成小康社会,强调的不仅是"小康",而且更重要的也是更难做到的是"全面"。"小康"讲的是发展水平,"全面"讲的是发展的平衡性、协调性、可持续性。全面建成小康,覆盖的领域要全面,是经济、政治、文化、社会、生态文明建设五位一体全面进步的小康;覆盖的人口要全面,是惠及全体人民的小康;覆盖的区域要全面,是城乡区域共同的小康。改革开放 30 多年来,我国经济社会发展创造了举世瞩目的成就,成为世界第二大经济体。与此同时,我国发展不平衡、不协调、不可持续问题仍然突出,特别是区域发展不平衡、城乡发展不协调、产业结构不合理、经济和社会发展"一条腿长、一条腿短"等矛盾仍很突出。这些是当前经济下行压力加大的重要原因,严重制约着我国经济社会持续健康发展。如果说在经济发展水平落后的情况下,一段时间的主要任务是要跑得快,但跑过一定路程后,就要注重调整关系,注重发展整体效能,否则"木桶"效应就会愈加显现,一系列社会矛盾会不断加深。国际经验也表明,在从中等偏上收入向高收入跨越的阶段上,各种社会矛盾和社会风险,往往因发展的不协调、不平衡、不可持续而产生和加深,一些国家因而落入"中等收入陷阱"。因此,"十三五"规划作为全面建成小康社会的收官规划,越是临近成功的最后一步,越要做到统筹兼顾,注重解决发展不平衡问题,做

---

① 《中共中央关于制定国民经济和社会发展第十三个五年规划的建议》,新华网,2015 年 11 月 3 日。

好补齐短板这篇大文章。我们要按照《建议》提出的全面建成小康社会新的目标要求，牢固树立并切实贯彻协调发展理念，正确处理发展中的重大关系，重点促进城乡区域协调发展，促进经济社会协调发展，促进新型工业化、信息化、城镇化、农业现代化同步发展，在增强国家硬实力的同时提升国家软实力，不断增强发展整体性。

坚持协调发展，必须要准确把握协调的丰富内涵。我们讲的协调，是按照"四个全面"战略布局和中国特色社会主义事业总体布局，在坚持以经济建设为中心的同时，全面推进经济建设、政治建设、文化建设、社会建设、生态文明建设，促进现代化建设各个环节、各个方面相协调，促进生产关系与生产力、上层建筑与经济基础相协调，做到两点论和重点论相统一。这是坚持唯物辩证法的基本要求，是经济社会持续健康发展的内在要求，也是做好经济社会发展工作的重要原则。协调发展又是一个从不平衡到平衡的动态过程，协调之策就在于补齐短板。补齐不协调中的短板，不仅可以形成平衡结构，而且会使发展之"桶"容量更大。实际上，越是短板，越具有后发优势；越在薄弱环节上多用力，着力解决突出问题和明显短板，越能起到"四两拨千斤"的良好效果。我们要紧扣解决发展中不平衡、不协调、不可持续问题，把调整比例、补齐短板、优化结构作为一项重要而紧迫的任务，在协调发展中拓宽发展空间，在加强薄弱领域中增强发展后劲。

坚持协调发展，必须着力形成平衡发展结构。这就必须增强发展协调性，坚持区域协同、城乡一体、物质文明精神文明并重、经济建设国防建设融合。为此，《建议》提出推动区域协调发展、推动城乡协调发展、推动物质文明和精神文明协调发展、推动经济建设和国防建设融合发展四个方面任务，给出了未来五年实施协调发展的路线图，进一步指明了推动协调发展的前进方向。一要统筹东中西、协调南北方，推动区域协调发展。深入实施西部大开发、推动东北地区等老工业基地振兴、促进中部地区崛起、支持东部地区率先发展的区域发展总体战略。重点实施"一带一路"建设、京津冀协同发展、长江经济带建设三大战略，加强顶层设计，争取获得早期收获。加快塑造要素有序自由流动、主体功能约束有效、基本公共服务均等、资源环境可承载的区域协调发展新格局。二要健全城乡发展一体化体制机制，推动城乡协调发展。坚持工业反哺农业、城市支持农村，推进城乡要素平等交换、合理配置和基本公共服务均等化。发展特色县域经济，增强农村发展内生动力。促进城乡协调发展，关键是要推进以人为核心的新型城镇化和农业现代化相辅相成、互促共进。深化户籍制度改革，着力提高户籍人口城镇化率，努力实现基本公共服务常住人口全覆盖。健全农村基础设施投入长效机制，推动城镇公共服务向农村延伸，促进农业发展、农民增收，提高社会主义新农村建设水平。三要坚持"两手抓、两手都要硬"，推动物质文明和精神文明协调发展。坚持社会主义先进文化前进方向，坚持以人民为中心的工作导向，坚持把社会效益放在首位、社会效益和经济效益相统一，坚定文化自信，增强文化自觉，加快文化改革发展，加强社会主义精神文明建设，建设社会主义文化强国。四要实施军民融合发展战略，推动经济建设和国防建设融合发展。坚持发展和安全兼顾、富国和强军统一，坚持军民结合、寓军于民，加快形成全要素、多领域、高效益的军民深度融合发展格局。健全军民融合发展的组织管理体系、工作运行体系、政策制度体系，打造一批军民融合创新示范区，增强先进技术、产业产品、基础设施等军民共用的协调性。

"一花独放不是春，万紫千红春满园。"下好"十三五"时期发展的全国一盘棋，协调发展是决战制胜的要诀。协调出平衡，协调出合力。让我们大力弘扬协调发展的理念，把协调发展的理念转化为广大党员干部的普遍共识，转化为促进经济社会发展的实际行动，在夺取全面建成小康社会决胜阶段的伟大胜利中，实现更高水平的协调发展。

当今中国，处理复杂经济社会关系如同弹钢琴，统筹兼顾各方面发展如同指挥乐队，只有协调，才能奏响全面建成小康社会交响曲、民族伟大复兴进行曲。"五大发展理念"把协调发展放在我国发展全局的重要位置，坚持统筹兼顾、综合平衡，正确处理发展中的重大关系，补齐短板、缩小差距，努力推动形成各区域各领域欣欣向荣、全面发展的景象。协调发展理念是对马克思主义关于协调发展理论的创造性运用，是我们党对经济社会发展规律认识的深化和升华，为理顺发展关系、拓展发展空间、提升发展效能提供了根本遵循。历史必将证明，把握好"五位一体"总体布局，贯彻落实"四个全面"战略布局，做到协调发展，我国发展之路就会越走越宽广。

第一，协调发展促进我国经济社会行稳致远。协调与失衡相对立。历史上，失衡的发展、失衡的体制使一些国家落入"陷阱"、陷入灾难。协调发展理念，是在认识和把握协调发展规律的基础上提出来的，是在总结中外经济社会发展经验教训的基础上提出来的，是在正视我国发展存在的不平衡问题的基础上提出来的，目的在于促进我国经济社会行稳致远。

首先，协调发展吸取世界发展经验教训，是避免落入"中等收入陷阱"的有效之举。发展是一个整体、一个系统，需要各方面、各环节、各因素协调联动。需求无限性与供给有限性的矛盾、此消彼长或此强彼弱的矛盾、发展慢与发展快的矛盾长期存在。消弭这些矛盾，既要推进发展，又要搞好协调，实现统筹兼顾、综合平衡。这个世界，各个国家和地区都在求发展、谋发展，但发展从来不可能一蹴而就，发展进程从来不会一帆风顺，总要遇到这样那样的麻烦和陷阱，最棘手的是"中等收入陷阱"。第二次世界大战结束不久，许多国家和地区进入中等收入发展阶段，协调好的国家和地区跨过了"中等收入陷阱"，协调不好的国家则落入了"中等收入陷阱"，难以进入高收入发展阶段。拉美一些国家已在"中等收入陷阱"里受困挣扎长达数十年。它们除了经济发展停滞不前，还饱受就业困难、贫富分化、社会动荡、腐败多发、贫民窟乱象、公共服务短缺等的困扰。因此，发展均衡与否、协调与否，成为衡量世界各国能否可持续发展的一把尺子、一道杠杠。习近平同志指出，"对中国而言，'中等收入陷阱'过是肯定要过去的"。树立协调发展理念，坚持协调发展，是我国跨越"中等收入陷阱"的一大法宝。有了它，就能补短板、强整体、破制约，增强发展的平衡性、包容性、可持续性，促进各区域各领域各方面协同配合、均衡一体发展，为实现"两个一百年"奋斗目标和中华民族伟大复兴的中国梦铺路架桥。

其次，协调发展增强发展整体性，是全面建成小康社会的决胜之举。办成一件事，需要协调；推进一项事业，需要协调；成就一番伟业，更需要协调。协调是成事成功的一大规律、一把"金钥匙"，是全面建设小康社会决战决胜的一大核心理念。当前和今后五年，我们的中心工作是全面建成小康社会。全面小康，重在"全面"，难在"全面"。这个"全面"，既要城市繁荣，也不让农村凋敝；既要东部率先，也要西部开发、中部崛起、东北振兴；既要物质丰裕，也要精神丰富；既要金山银山，也要绿水青山。现在，一些地方存在的只要城市这一头而丢了农村那一头、只有经济增长而无生态改善、只鼓了钱袋子而空了脑瓜子等现象，都不符合全面小康要求，也不是人们理想的幸福生活图景。要"全面"，就得协调。"全面"不是自然形成的，而是协调出来的。协调就得统筹兼顾、注重平衡、保持均势，把分散的部分系统化，把发散的局部功能整体化，把薄弱区域、薄弱领域、薄弱环节补起来，形成平衡发展结构，增强发展后劲。只有牢固树立协调发展理念，坚持协调发展，才能解决我国发展中存在的区域、城乡、物质文明和精神文明、经济建设和国防建设不协调问题，促进新型工业化、信息化、城镇化、农业现代化、绿色化同步发展，在增强国家硬实力的同时提升国家软实力，不断增强发展的整体效能，进而全面建成让人民满意的小康社会。

最后,协调发展彰显发展规律性,是提高把握发展规律能力的科学之举。马克思主义认为,人类社会是一个由各种相互联系、相互制约、相互转化的因素和领域构成的"有机体","这里表现出这一切因素间的交互作用,而在这种交互作用中归根到底是经济运动作为必然的东西通过无穷无尽的偶然事件……向前发展""这样就有无数互相交错的力量,有无数个力的平行四边形,而由此就产生出一个总的结果,即历史事变"。马克思主义关于发展的有机整体论、交互作用论、合力论等,是对人类社会发展规律的科学认识。习近平同志指出,"发展必须是遵循经济规律的科学发展,必须是遵循自然规律的可持续发展,必须是遵循社会规律的包容性发展",必须"着力提高发展的协调性和平衡性",强调要遵循经济规律、自然规律、社会规律,实现科学发展、可持续发展、包容性发展,提高发展的协调性和平衡性。这是对马克思主义人类社会发展规律的深化和具体化,是促进当代经济社会科学发展的创新理论,是当代中国切实管用的协调发展观。我们要以马克思主义为指导,深入学习习近平同志系列重要讲话精神和关于协调发展的重要论述,"向中央基准看齐",提高认识发展规律和协调发展规律的能力,提高按协调发展规律办事、促进各项事业协调发展的水平。

第二,促进区域、领域、两个文明平衡发展。协调与整体关系密切。协调的范围是整体,协调的方式是发挥整体效能,协调的目的是增强发展的整体性。作为发展理念,协调有其明确内涵和要求,主要是着力解决我国长期存在的发展不平衡问题,促进经济社会持续健康发展,实现整体功能最大化。

协调发展是关系我国发展全局的一场深刻变革,要求按照中国特色社会主义事业总体布局和"四个全面"战略布局,在坚持以经济建设为中心的同时,全面推进经济建设、政治建设、文化建设、社会建设、生态文明建设,促进现代化建设各个方面、各个环节相协调,促进生产关系与生产力、上层建筑与经济基础相协调,做到两点论和重点论相统一。这是坚持唯物辩证法的基本要求,是经济社会持续健康发展的内在要求,也是做好经济社会工作的重要原则。

首先,要坚持区域协同、城乡一体发展。协调要求区域平衡,实现区域整体平衡发展。我国国土辽阔,不同地区之间自然条件不同、资源禀赋各异、历史基础有别,因而长期存在较大发展差距。这就需要统筹东中西、协调南北方,继续实施西部开发、东北振兴、中部崛起、东部率先的区域发展总体战略，重点实施"一带一路"、京津冀协同发展、长江经济带三大战略，加快构建要素有序自由流动、主体功能约束有效、基本公共服务均等、资源环境可承受的区域协调发展新格局，推动区域协调发展。由于长期存在城乡二元结构，我国城乡差距较大，有的地方"城市像欧洲、农村像非洲"，有的地方市民满意、农民失意。这就需要健全城乡发展一体化体制机制，坚持工业反哺农业、城市支持农村，推进城乡要素平等交换、合理配置和基本公共服务均等化，努力实现基本公共服务常住人口全覆盖，促进农业发展、农民增收，提高社会主义新农村建设水平。区域、城乡协调发展了，我国发展就有了崭新的空间布局、合理的利益格局，就会获得广阔发展空间和充足发展后劲。

其次，要坚持经济建设与社会建设同步发展、经济建设与国防建设融合发展。协调要求各领域整体平衡，着力推动经济建设与社会建设、经济建设与国防建设等领域的整体平衡。改革开放以来，我国经济快速发展，相形之下，社会建设比较滞后，出现"一条腿长，一条腿短"的问题。在经济发展水平不高的情况下，集中精力把经济搞上去是必要的，但在经济总量做大以后则要注意经济和社会之间的平衡，否则就会出现"中等收入陷阱""阿喀琉斯之踵"等病灶，引发一系列社会矛盾。这就要求在发展经济的同时投入更多的精力和资源做好教育、就业、社会保障、医疗和公共卫生、环境保护等工作，解决人民最关心最直接最现实的利益问题，让全体人民共享发展成果。同时必须看到，维护发展成果需要强大的国防能力、稳定的发展环境。经济建设与国防建设是唇齿相依的两个方面。现阶段坚持以经济建设为中心，不能延缓和抑制国防建设。特别是当今世界还很不安宁，没有强大的国防，就不可能顺利进行经济建设，加强社会建设和维护人民利益也就成为一句空话。这就要求把国防建设深深根植于国家经济社会母体，加快形成全要素、多领域、高效益的军民深度融合发展格局，既使国防建设从经济建设、社会建设中获得更加深厚的物质支撑和发展后劲，也使经济建设、社会建设从国防建设中获得更加有力的安全保障和技术支持。

最后，要坚持物质文明和精神文明并重发展。协调要求"身""心"系统平衡，大力推动物质文明和精神文明平衡发展，坚持两个文明并重。对于两个文明协调发展，邓小平同志早就提出"两手抓，两手都要硬"，但实际上物质文明这一手抓得比较硬、精神文明这一手抓得比较软的现象还在一定程度上存在。一些地方把GDP增长作为硬指标，把丰富人们精神世界作为软约束，在发展中只注重提升经济实力，忽视思想文化建设和社会文明程度提高。这就需要坚持物质文明和精神文明协调发展，两轮驱动、双翼共振，促进"硬实力"和"软实力"一起增强；坚持社会主义先进文化前进方向，加快文化改革发展，加强社会主义精神文明建设，建设社会主义文化强国；加强国际传播能力建设，推动中华文化走出去。历史一再证明，人民有信仰，民族才有希望，国家才有力量。当前，必须坚持用中国梦和社会主义核心价值观凝聚共识、汇聚力量，引导人们坚定道路自信、理论自信、制度自信，团结全国各族人民同呼吸、共命运、心连心，更好建设社会主义现代化强国。

第三，将协调发展贯穿于发展各方面全过程。以协调发展理念引领经济社会发展，必须增强大局意识、协同意识、补短意识，把协调发展贯穿于发展各方面、全过程，让协调出动力、出生产力、出合力。

首先，要增强大局意识，提高发展系统性。当今时代，经济社会发展的领域越来越多、层次越来越多，各领域各层次之间关联互动越来越紧密。习近平同志强调，坚持发展地而不是静止地、全面地而不是片面地、系统地而不是零散地、普遍联系地而不是单一孤立地观察事物，准确把握客观实际，真正掌握规律，妥善处理各种重大关系。这就要求我们在大局中思考、在大局中行动，始终围绕中心、服务大局，用系统的、普遍联系的观点和方法推动工作、处理关系。这就需要我们跳出自己的"一亩三分地"，识大体、谋大事、顾大局，避免"一叶障目，不见森林"；勇于动自己的"奶酪"，摆脱局部利益、部门利益和地区利益的束缚与羁绊，真正从国家整体利益、人民长远利益出发开展工作、推动发展，提高发展的系统性。

其次，要增强协同意识，提高发展耦合性。协调发展内在地要求协同发展，凝聚发展合力。习近平同志强调，随着改革不断深入，各个领域各个环节改革的关联性互动性明显增强，每一项改革都会对其他改革产生重要影响，每一项改革又都需要其他改革协同配合。对涉及面广泛的改革，要同时推进配套改革，聚合各项相关改革协调推进的正能量。这就要求我们深入研究各项改革发展举措的关联性、耦合性，树立"双赢""多赢""全局赢是最大的赢""整体赢是最好的赢"的观念，摒弃"零和"思维，走出"九龙治水"、各自为政的误区，克服"各唱各的调、各吹各的号"甚至以邻为壑、损人利己的陋习，多些"雪中送炭"、多些和衷共济，使各项改革发展举措在政策取向上相互配合、在实施过程中相互促进、在实际成效上相得益彰，发生化学反应、产生共振效果。

最后，要增强补短意识，提高发展均衡性。"补厥挂漏，俾臻完善"。

补短板对于协调发展至关重要。"木桶效应"告诉我们：一只木桶能盛多少水，并不取决于最长的那块木板，而是取决于最短的那块木板。习近平同志一再强调，"必须全力做好补齐短板这篇大文章"。做好补齐短板这篇大文章，要增强补短意识，认识到补短板也是谋发展促发展，也是调整比例、优化结构，增强后发优势、培植发展后劲。补齐短板意味着协调成功、整体增效。下决心优先解决涉及发展全局的那些"心头之患"，补齐补牢可能导致改革发展功亏一篑的那些短板；把补短板作为一个动态过程加强研判，防止出现新的短板，不断增强发展的协调性、均衡性。"一花独放不是春，万紫千红春满园。"牢固树立协调理念，坚持协调发展，与牢固树立和贯彻落实创新、绿色、开放、共享发展理念一起，必将引领我们向着实现全面建成小康社会目标、向着实现中华民族伟大复兴的中国梦稳步前进。

（2）坚持协调发展，提升整体效能。第一，协调推进"四个全面"战略布局。"四个全面"战略部署，是如期实现"十三五"目标的根本保证。五中全会要求："当前和今后一个时期，全党全国的一项重要政治任务，就是深入贯彻落实全会精神，把《建议》确定的各项决策部署和工作要求落到实处。全党要把思想统一到全会精神上来，认清形势，坚定信心，继续顽强奋斗，团结带领全国各族人民协调推进'四个全面'战略布局，如期完成全面建成小康社会的战略任务。"习近平指出："全面建设小康社会的奋斗目标，与党在社会主义初级阶段基本纲领相适应，与经济社会全面发展相协调，与加快推进社会主义现代化相统一，是凝聚人心、振奋精神，激励全党、全国各族人民开拓进取、奋勇前进的目标。"在"四个全面"中，全面建成小康社会是"战略目标"，而全面深化改革、全面依法治国、全面从严治党，则是三大"战略举措"。三个推进器，一个大目标，相辅相成、相互促进、相得益彰，缺一不可。习近平指出："健全和完善党的领导制度和领导方式，不断增强地方党委总揽全局、协调各方的本领。"习近平强调："要全面贯彻党的十八大和十八届三中、四中全会精神，落实中央经济工作会议精神，主动把握和积极适应经济发展新常态，协调推进全面建成小康社会、全面深化改革、全面推进依法治国、全面从严治党，推动改革开放和社会主义现代化建设迈上新台阶。"

第二，统筹规划协调发展。坚持统筹规划协调发展是社会主义制度在发展方面的最大优越性，习近平指出："统筹兼顾是中国共产党的一个科学方法论。它的哲学内涵就是马克思主义辩证法。"

五中全会提出，"坚持协调发展，必须牢牢把握中国特色社会主义事业总体布局,正确处理发展中的重大关系"习近平指出:"注重发展的统筹和协调。唯物辩证法认为,事物是普遍联系的,事物及事物各要素之间相互影响、相互制约,整个世界是相互联系的整体,也是相互作用的系统。它要求我们必须从客观事物的内在联系去把握事物,去认识问题,去处理问题。城乡联系、区域联系、经济与社会的联系、人与自然的联系、国内发展与对外开放的联系,都是客观存在的。如果我们违背联系的普遍性和客观性,不注意协调好它们之间的关系,就会顾此失彼,导致发展失衡"。"十三五"期间,我们要搞好经济与社会、城乡区域、人与自然、国内国外、政治经济文化、新"四化"、政府与市场、经济建设与国防建设等重大关系的协调发展,以确保如期全面建成小康社会。习近平指出:"强调协调发展,统筹兼顾,推进城乡、区域、经济社会、人与自然发展,推进国内发展和对外开放。"习近平强调:"涉及经济、政治、文化、社会发展各个领域,其根本要求是统筹兼顾。""我们要充分认识到,经济发展与政治、文化、社会建设必须协调共进。"

第三,促进区域城乡协调发展。区域协调发展,城乡协调发展,是全面建成小康社会的必然要求。五中全会指出:"推动区域协调发展,塑造要素有序自由流动、主体功能约束有效、基本公共服务均等、资源环境可承载的区域协调发展新格局。"习近平指出:"要采取有力措施促进区域协调发展、城乡协调发展,加快欠发达地区发展,积极推进城乡发展一体化和城乡基本公共服务均等化。"习近平指出:"发展要城乡协调、地区协调。"他强调:"城乡一体化要协调好,城乡一体的人员流动、布局、社会发展等问题都要规划好。"

如何推进区域发展,五中全会指出:"推动城乡协调发展,健全城乡发展一体化体制机制,健全农村基础设施投入长效机制,推动城镇公共服务向农村延伸,提高社会主义新农村建设水平。"习近平指出:"没有农村的小康,特别是没有贫困地区的小康,就没有全面建成小康社会。"他强调:"发展不能是城市像欧洲、农村像非洲,或者这一部分像欧洲、那一部分像非洲,而是要城乡协调、地区协调。"

五中全会还提出重要的区域发展建议,全会指出:"推进'一带一路'建设,推进同有关国家和地区多领域互利共赢的务实合作,推进国际产能和装备制造合作,打造陆海内外联动、东西双向开放的全面开放新格局。深化内地和港澳、大陆和台湾地区合作发展,提升港澳在国家经济发展和对外开放中的地位和功能,支持港澳发展经济、改善民生、推进民主、促进和谐,以互利共赢方式深化两岸经济合作,让更多台湾普通民众、青少年和中小企业受益。"

习近平指出："区域协调发展是统筹发展的重要内容，与城乡协调发展紧密相关。区域发展不平衡有经济规律作用的因素，但区域差距过大也是个需要重视的政治问题。区域协调发展不是平均发展、同构发展，而是优势互补的差别化协调发展。""城乡联动，就是要打破城乡二元结构，把发展块状经济与推进城市化结合起来，与推进区域经济协调发展结合起来，与加快农业农村现代化结合起来。"

第四，促进经济与社会协调发展。经济与社会同步协调发展，才能国家治理体系和治理能力现代化。五中全会指出："增加公共服务供给，从解决人民最关心最直接最现实的利益问题入手，提高公共服务共建能力和共享水平，加大对革命老区、民族地区、边疆地区、贫困地区的转移支付。实施脱贫攻坚工程，实施精准扶贫、精准脱贫，分类扶持贫困家庭，探索对贫困人口实行资产收益扶持制度，建立健全农村留守儿童和妇女、老人关爱服务体系。"

五中全会指出："促进就业创业，坚持就业优先战略，实施更加积极的就业政策，完善创业扶持政策，加强对灵活就业、新就业形态的支持，提高技术工人待遇。缩小收入差距，坚持居民收入增长和经济增长同步、劳动报酬提高和劳动生产率提高同步，健全科学的工资水平决定机制、正常增长机制、支付保障机制，完善最低工资增长机制，完善市场评价要素贡献并按贡献分配的机制。建立更加公平更可持续的社会保障制度，实施全民参保计划，实现职工基础养老金全国统筹，划转部分国有资本充实社保基金，全面实施城乡居民大病保险制度。推进健康中国建设，深化医药卫生体制改革，理顺药品价格，实行医疗、医保、医药联动，建立覆盖城乡的基本医疗卫生制度和现代医院管理制度，实施食品安全战略。促进人口均衡发展，坚持计划生育的基本国策，完善人口发展战略，全面实施一对夫妇可生育两个孩子政策，积极开展应对人口老龄化行动。"

五中全会还强调："加快建设人才强国，深入实施人才优先发展战略，推进人才发展体制改革和政策创新，形成具有国际竞争力的人才制度优势。运用法治思维和法治方式推动发展，全面提高党依据宪法法律治国理政、依据党内法规管党治党的能力和水平。加强和创新社会治理，推进社会治理精细化，构建全民共建共享的社会治理格局。牢固树立安全发展观念，坚持人民利益至上，健全公共安全体系，完善和落实安全生产责任和管理制度，切实维护人民生命财产安全。"

第五，促进新"四化"同步协调发展。"十三五"期间，要促进新型工业化、信息化、城镇化、农业现代化同步发展，不能有所偏废，为实现全面小康和中华民族的伟大复兴打下坚实的物质基础。习近平指出："用循环经济和生态经济的理论来指导工业发展，实现工业化和资源、环境、生态的协调发展。"习近平强调："在产业结构层面，要大力构建以现代服务业和先进制造业为主体的资源节约型产业框架，在改善劳动密集型产业的同时，逐步以知识密集、技术密集、资本密集的环境友好型产业取代现有的资源密集型和土地密集型产业；依靠科技进步，推进三次产业之间优势互补，协调好产业之间的资源循环利用。"

第六，促进人与自然的和谐共生。以人为本是党的执政理念，人民是发展的目的和落脚点。五中全会指出："促进人与自然和谐共生，构建科学合理的城市化格局、农业发展格局、生态安全格局、自然岸线格局，推动建立绿色低碳循环发展产业体系。加快建设主体功能区，发挥主体功能区作为国土空间开发保护基础制度的作用。"习近平指出："资源开发不是单一的，而是综合的；不是单纯讲经济效益的，而是要达到社会、经济、生态三者效益的协调。"习近平指出："我们党提出的以人为本，全面协调可持续的发展观，立足于世界大势和我国国情，是基于对当今世界发展实践的审视和思考，是对多种发展理论的合理借鉴、创新和超越，是最富有系统性、科学性和时代性的发展观。"

"十三五"期间，我们将加大力度保护环境。五中全会指出："推动低碳循环发展，建设清洁低碳、安全高效的现代能源体系，实施近零碳排放区示范工程。全面节约和高效利用资源，树立节约集约循环利用的资源观，建立健全用能权、用水权、排污权、碳排放权初始分配制度，推动形成勤俭节约的社会风尚。加大环境治理力度，以提高环境质量为核心，实行最严格的环境保护制度，深入实施大气、水、土壤污染防治行动计划，实行省以下环保机构监测监察执法垂直管理制度。筑牢生态安全屏障，坚持保护优先、自然恢复为主，实施山水林田湖生态保护和修复工程，开展大规模国土绿化行动，完善天然林保护制度，开展蓝色海湾整治行动。"习近平指出："强调可持续发展，实现经济发展和人口、资源、环境相协调，走生产发展、生活富裕、生态良好的文明发展道路。"习近平强调："自然界内部、人与人、人与社会、人与自然之间以及社会内部诸要素之间实现均衡、稳定、有序，相互依存，共生共荣。这是一种动态中的平衡、发展中的协调、进取中的有度、多元中的一致、'纷乱'中的有序。"

第七，促进硬实力和软实力协调发展。没有软实力的大幅提升，经济实力再强，也很难建成文明的国度。五中全会指出："在增强国家硬实力的同时注重提升国家软实力,不断增强发展整体性。"习近平指出:"在坚持经济建设这个中心不动摇的同时,强调促进经济、社会和人的全面发展,强调促进社会主义物质文明、政治文明和精神文明协调发展,体现了重点论和全面论的统一。"

"十三五"期间,国家要"推动物质文明和精神文明协调发展,加快文化改革发展,加强社会主义精神文明建设,建设社会主义文化强国,加强思想道德建设和社会诚信建设,增强国家意识、法治意识、社会责任意识,倡导科学精神,弘扬中华传统美德。"习近平指出:"物质文明与精神文明要协调发展。物质文明的发展会对精神文明的发展提出更高的要求,尤其是经济的多元化会带来文化生活的多样化,只有把精神文明建设好,才能满足人民群众多样化的精神文化生活需求。要认清物质文明建设和精神文明建设的最终目的是什么,GDP、财政收入、居民收入等是一些重要指标,但都不是最终目的,其最终目的就是要促进人的全面发展,包括改善人们的物质生活、丰富人们的精神生活、提高人们的生存质量、提高人们的思想道德素质和科学文化素质,等等。"

第八,用好"两种资源"促进"两个市场"的协调发展。当今,世界经济互相渗透,高度融合,"十三五"期间必须站在世界看中国,跳出国内谋发展,充分利用好国内国外两种资源、两个市场。习近平指出:"我国已经进入了实现中华民族伟大复兴的关键阶段。中国与世界的关系在发生深刻变化,我国同国际社会的互联互动也已变得空前紧密,我国对世界的依靠、对国际事务的参与在不断加深,世界对我国的依靠、对我国的影响也在不断加深。我们观察和规划改革发展,必须统筹考虑和综合运用国际国内两个市场、国际国内两种资源、国际国内两类规则。"五中全会指出:"培育发展新动力,优化劳动力、资本、土地、技术、管理等要素配置,激发创新创业活力,推动大众创业、万众创新,释放新需求,创造新供给,推动新技术、新产业、新业态蓬勃发展。"2013年12月23日至24日,在中央农村工作会议上习近平强调:"善于用好两个市场、两种资源,适当增加进口和加快农业走出去步伐。高度重视节约粮食,让节约粮食在全社会蔚然成风。"

十八届五中全会提出,要"坚持开放发展,必须顺应我国经济深度融入世界经济的趋势,奉行互利共赢的开放战略,发展更高层次的开放型经济,积极参与全球经济治理和公共产品供给。""开创对外开放新局面,必须丰富对外开放内涵,提高对外开放水平,协同推进战略互信、经贸合作、人文交流,努力形成深度融合的互利合作格局。"

第九，促进投资与消费的协调发展。投资与消费的关系是"十三五"期间必须处理好的重要关系。习近平指出："要有效发挥投资消费对经济的双重拉动作用。引导符合消费需求和产业结构调整的适度投资，积极扩大居民消费需求，改变消费增长滞后于投资增长的趋势，着力形成协调、均衡的消费投资比例关系，是做好经济工作的重要方面。"习近平在浙江调研期间强调："中国'十三五'时期要在保持经济增长和转变发展方式等方面取得明显突破，促进经济增长向依靠消费、投资、出口'三驾马车'协调拉动转变。"

第十，处理好"两只手"的关系。关于政府和市场的关系，习近平认为，关键是发挥"两只手"，即市场这只"无形的手"和政府这只"有形的手"之间的作用协调问题。习近平指出："使市场在资源配置中起决定性作用、更好发挥政府作用，既是一个重大理论命题，又是一个重大实践命题。科学认识这一命题，准确把握其内涵，对全面深化改革、推动社会主义市场经济健康有序发展具有重大意义。在市场作用和政府作用的问题上，要讲辩证法、两点论，'看不见的手'和'看得见的手'都要用好，努力形成市场作用和政府作用有机统一、相互补充、相互协调、相互促进的格局，推动经济社会持续健康发展。"2013年9月5日习近平出席二十国集团领导人第八次峰会时指出："中国将加强市场体系建设，推进宏观调控、财税、金融、投资、行政管理等领域体制改革，更加充分地发挥市场在资源配置中的基础性作用。"2013年7月23日习近平在武汉召开部分省市负责人座谈会时强调："进一步提高宏观调控水平，提高政府效率和效能。以加快转变政府职能为抓手，处理好政府和市场的关系。"

习近平强调："社会建设和社会管理是构建社会主义和谐社会的内在要求。只有建立起与社会主义经济、政治、文化体制相适应的社会体制，才能形成与社会主义经济、政治、文化秩序相协调的社会秩序。要把加强政府管理与推动社会自治结合起来。建立党委领导、政府负责、社会协同、公众参与的社会管理新格局。政府要转换职能，由社会的直接'管理者'逐步向社会治理的'主导者'转变，致力于创造一个平等竞争的市场环境和和谐相处的社会环境，更好地协调经济发展与社会发展的关系，更好地为社会提供市场机制所不能提供的公共产品，包括经济性公共产品、社会性公共产品和制度性公共产品，更好地维护社会政治稳定。"

第十一，推进经济建设与国防建设融合发展。面对复杂多变的世界安全形势，"十三五"期间，我们必须处理好经济建设与国防建设的关系，使之互相促进，融合发展。五中全会指出："推动经济建设和国防建设融合发展，坚持发展和安全兼顾、富国和强军统一，实施军民融合发展战略，形成全要素、多领域、高效益的军民深度融合发展格局。""实施国家安全战略，坚决维护国家政治、经济、文化、社会、信息、国防等安全。"

习近平指出："经济建设与国防建设同为国家的两大职能，同为我同现代化建设的两大战略任务，同为综合同力的重要内容。坚持以经济建设为中心，并不意味着可以延缓国防建设的进程。特别是当今世界还很不安宁，霸权主义、强权政治依然盛行，人类面临着许多严峻挑战。没有强大的国防，就没有一个和平的国际环境和安定的国内环境，就不可能顺利进行经济建设。我们必须始终坚持以经济建设为中心，国防建设与经济建设协调发展的方针。"

第十二，完善"总揽全局，协调各方"的体制机制。党是领导中国社会主义事业发展的领导核心，"十三五"期间，党组织必须完善"总揽全局，协调各方"的体制机制，才能带领全国人民确保目标的达成。五中全会强调："发展是党执政兴国的第一要务，各级党委必须深化对发展规律的认识，完善党领导经济社会发展工作体制机制，加强党的各级组织建设，强化基层党组织整体功能。"习近平指出："要按照总揽全局、协调各方的原则，加强和改进党对人大、政协工作的领导，支持政府依法行政，维护司法权威和司法公正，建立有权必有责、用权受监督、违法要追究的监督机制。"

习近平指出："党必须按照总揽全局、协调各方的原则，在同级各种组织中发挥领导核心作用。总揽全局、协调各方，这是新形势下实现党的正确领导的重要原则，是提高党的执政能力的基本要求，是形成工作合力的体制保证。"

总之，"十三五"期间国内外形势十分复杂，做好协调发展这篇大文章意义重大。习近平强调："正确处理好各种矛盾，协调好各方面的关系，统筹兼顾好各个领域的发展，走自己的发展道路。"

3. 绿色发展理念及其基本要求

绿色是生命的象征、大自然的底色。今天，绿色更代表了美好生活的希望、人民群众的期盼。民有所呼，党有所应。在党的十八届五中全会上，习近平同志提出创新、协调、绿色、开放、共享"五大发展理念"，将绿色发展作为关系我国发展全局的一个重要理念，作为"十三五"乃至更长时期我国经济社会发展的一个基本理念，体现了我们党对经济社会发展规律认识的深化，将指引我们更好实现人民富裕、国家富强、中国美丽、人与自然和谐，实现中华民族永续发展。绿色发展也是党的十八届五中全会提出的"五大发展理念"中最具创新特色的亮点。《建议》指出："绿色是永续发展的必要条件和人民对美好生活追求的重要体现。必须坚持节约资源和保护环境的基本国策，坚持可持续发展，坚定走生产发展、生活富裕、生态良好的文明发展道路，加快建设资源节约型、环境友好型社会，形成人与自然和谐发展现代化建设新格局，推进美丽中国建设，为全球生态安全作出新贡献。""坚持绿色发展，着力改善生态环境。坚持绿色富国、绿色惠民，为人民提供更多优质生态产品，推动形成绿色发展方式和生活方式，协同推进人民富裕、国家富强、中国美丽。"①

（1）用绿色发展确保中华民族永续发展。自然是人类生存之本、发展之基，绿色是生命的象征、大自然的底色。绿色发展理念应运而生，充分体现了我们党对经济社会发展规律认识的深化，体现了我们党对中国特色社会主义事业五位一体总布局的深刻把握，体现了我们党对人民福祉、民族未来的责任担当。

绿色发展注重的是解决人与自然和谐问题。改革开放以来，我国经济实力和综合国力显著增强，成为世界第二大经济体，取得了举世瞩目的伟大成就。但是，发展不平衡、不协调、不可持续问题仍然突出。当前，我国资源约束趋紧、环境污染严重、生态系统退化的问题十分严峻，资源环境承载力逼近极限，高投入、高消耗、高污染的传统发展方式已不可持续。粗放型发展方式不但使我国能源、资源不堪重负，而且造成较大范围雾霾、水体污染、土壤重金属超标等突出环境问题。良好生态环境，是最公平的公共产品，是最普惠的民生福祉。随着经济社会发展和人民生活水平提高，人民群众对清新空气、干净饮水、安全食品、优美环境的要求越来越强烈，生态环境恶化及其对人民健康的影响已经成为我们的心头之患，成为突出的民生问题，搞不好还可能演变成社会政治问题。同时，我们还要看到，绿色循环低碳发展是当今时代科技革命和产业变革的方向，是最有前途的发展领域，我国在这方面潜力相当大，可以形成很多新的经济增长点。因此，保护生态环境就是保护生产力，改善生态环境就是发展生产力。坚持绿色发展是突破资源环境瓶颈制约、消除党和人民"心头之患"的必然要求，是调整经济结构、转变发展方式、实现可持续发展的必然选择，是通往人与自然和谐境界的必由之路。生态文明建设事关中华民族永续发展和"两个一百年"奋斗目标的实现，扭转环境恶化、提高环境

---

① 《中共中央关于制定国民经济和社会发展第十三个五年规划的建议》，新华网，2015 年 11 月 3 日。

质量是事关发展全局的一项刻不容缓的重要工作。我们必须牢固树立绿色发展的理念，坚持节约优先、保护优先、自然恢复为主的基本方针，采取有力措施推动生态文明建设，补齐生态短板，推动美丽中国建设。

坚持绿色发展，必须要准确把握绿色发展的丰富内涵和要求。习近平总书记指出："我们既要绿水青山，也要金山银山。宁要绿水青山，不要金山银山，而且绿水青山就是金山银山。"这就生动形象地表达了绿色发展的科学内涵。《建议》提出的绿色发展，强调要正确处理经济发展同生态环境保护的关系，"坚持绿色富国、绿色惠民，为人民提供更多优质生态产品，推动形成绿色发展方式和生活方式，协同推进人民富裕、国家富强、中国美丽。"推动形成绿色生产方式，就是要努力构建科技含量高、资源消耗低、环境污染少的产业结构，加快发展包括环保产业、清洁生产产业、绿色服务业等绿色产业，促进发展模式从低成本要素投入、高生态环境代价的粗放模式向创新发展和绿色发展双轮驱动模式转变，能源资源利用从低效率、高排放向高效、绿色、安全转型，节能环保产业将实现快速发展，循环经济将进一步推进，产业集群绿色升级进程将进一步加快，绿色、智慧技术将加速扩散和应用，从而推动绿色制造业和绿色服务业兴起，形成经济社会发展新的增长点，实现经济效益、生态效益、社会效益有机统一。推动形成绿色生活方式，就是倡导和践行勤俭节约、绿色低碳、文明健康的生活方式与消费模式，在衣、食、住、行、游等方面形成勤俭节约的行动自觉。要倡导环境友好型消费，推广绿色服装、提倡绿色饮食、鼓励绿色居住、普及绿色出行、发展绿色旅游，抵制和反对各种形式的奢侈浪费、不合理消费。绿色发展是理念，更是实践；需要坐而谋，更需起而行。只要我们坚持知行合一、从我做起，自觉推动生产方式和生活方式绿色化，坚持步步为营、久久为功，就一定能换来蓝天常在、青山常在、绿水常在，就一定能开创社会主义生态文明新时代、实现中华民族永续发展。

绿色发展昭示方向，代表未来。《建议》明确提出了生态文明建设的新目标："生态环境质量总体改善。生产方式和生活方式绿色、低碳水平上升。能源资源开发利用效率大幅提高，能源和水资源消耗、建设用地、碳排放总量得到有效控制，主要污染物排放总量大幅减少。主体功能区布局和生态安全屏障基本形成。"围绕这一目标，《建议》提出六个方面任务，给出了未来五年实施绿色发展的路线图。一要促进人与自然和谐共生。有度有序利用自然，调整优化空间结构，划定农业空间和生态空间保护红线，构建科学合理的城市化格局、农业发展格局、生态安全格局、自然岸线格局。支持绿色清洁生产，推进传统制造业绿色改造，推动建立绿色低碳循环发展产业体系。加强资源环境国情和生态价值观教育，培养公民环境意识，推动全社会形成绿色消费自觉。二要加快建设主体功能区。发挥主体功能区作为国土空间开发保护基础制度的作用，推动各地区依据主体功能定位发展。三要推动低碳循环发展。推进能源革命，加快能源技术创新，建设清洁低碳、安全高效的现代能源体系，实施近零碳排放区示范工程。四要全面节约和高效利用资源。坚持节约优先，树立节约集约循环利用的资源观，建立健全用能权、用水权、排污权、碳排放权初始分配制度，推动形成勤俭节约的社会风尚。五要加大环境治理力度。以提高环境质量为核心，实行最严格的环境保护制度，形成政府、企业、公众共治的环境治理体系。深入实施大气、水、土壤污染防治行动计划，实行省以下环保机构监测监察执法垂直管理制度。六要筑牢生态安全屏障。坚持保护优先、自然恢复为主，实施山、水、林、田、湖生态保护和修复工程，开展大规模国土绿化行动，完善天然林保护制度，开展蓝色海湾整治行动，加强地质灾害防治，真正把生态文明建设要求落到实处。

生态兴则文明兴，生态衰则文明衰。生态环境保护，功在当代，利在千秋。让我们大力弘扬绿色发展的理念，像爱护眼睛一样珍爱生态环境，像对待生命一样善待生态环境，自觉把生态文明建设更好地融入经济建设、政治建设、文化建设、社会建设各方面和全过程，努力推动绿色循环低碳发展，加快建设资源节约型、环境友好型社会，走向生态文明新时代，加快推进美丽中国建设，为中华民族赢得永续发展的光明未来。

（2）绿色发展是关系我国发展全局的科学发展理念。理念作为思想理论的"头"，是规律性认识的凝练与升华。绿色发展理念是马克思主义生态文明理论同我国经济社会发展实际相结合的创新理念，是深刻体现新阶段我国经济社会发展规律的重大理念。

首先，要准确把握我国经济社会发展阶段性特征的科学发展理念。科学发展理念是理性反思时代问题得出的科学结论。当今中国，多年经济高速增长铸就了世界第二大经济体的"中国奇迹"，也积累了一系列深层次矛盾和问题。其中，一个突出矛盾和问题是：资源环境承载力逼近极限，高投入、高消耗、高污染的传统发展方式已不可持续。习近平同志强调，单纯依靠刺激政策和政府对经济大规模直接干预的增长，只治标、不治本，而建立在大量资源消耗、环境污染基础上的增长则更难以持久。粗放型发展方式不但使我国能源、资源不堪重负，而且造成大范围雾霾、水体污染、土壤重金属超标等突出环境问题。种种情况表明：全面建成小康社会,最大瓶颈制约是资源环境,最大"心头之患"也是资源环境。绿色发展理念以人与自然和谐为价值取向,以绿色低碳循环为主要原则,以生态文明建设为基本抓手。绿色发展理念的提出,体现了我们党对我国经济社会发展阶段性特征的科学把握。走绿色低碳循环发展之路,是突破资源环境瓶颈制约、消除党和人民"心头之患"的必然要求,是调整经济结构、转变发展方式、实现可持续发展的必然选择。

其次,要准确把握世界生态文明发展潮流的科学发展理念。科学发展理念是准确把握时代的思想结晶,是时代精神的内核。当今时代,"环球同此凉热",各国已成为唇齿相依的生态命运共同体。一个时期以来,全球温室气体排放、臭氧层破坏、化学污染、总悬浮微粒超标以及生物多样性减少等问题日益严重,全球生态安全遭遇前所未有的威胁。建设生态文明成为发展潮流所向,成为越来越多国家和人民的共识。我们党对此有着深刻体认。习近平同志指出,"建设生态文明关乎人类未来。国际社会应该携手同行,共谋全球生态文明建设之路"。以此为认识基点,我们党不但就推进生态文明建设作出系统的顶层设计与具体部署,而且将其上升到党和国家发展战略的高度,鲜明提出绿色发展理念。在这样的高度定位生态文明建设,并将绿色发展作为理念写入发展战略、发展规划,这在马克思主义政党史上是第一次,在当今世界各国的执政党中也是少见的,充分体现了我们党作为马克思主义先进政党的胸怀视野,充分彰显了我们党作为负责任大国执政党的使命担当。为维护全球生态安全,我国积极参与国际绿色经济规则和全球可持续发展目标制定,积极参与国际绿色科技交流。在最近召开的气候变化巴黎大会上,习近平同志向与会各国领导人介绍了我国生态文明建设的规划与实践,着重强调绿色发展理念,得到普遍认可和赞誉。

最后,要准确把握生态文明建设规律的科学发展理念。科学发展理念建立在深入认识把握发展规律的基础上。党的十八大以来,习近平同志立足推进我国社会主义现代化建设的时代使命,洞悉从工业文明到生态文明跃迁的发展大势和客观规律,就促进人与自然和谐发展提出一系列新思想、新观点、新论断,凝聚形成绿色发展理念,推动了马克思主义生态文明理论在当代中国的创新发展。强调"生态兴则文明兴,生态衰则文明衰",科学揭示生态兴衰决定文明兴衰的发展规律,实现了马克思主义生态观的与时俱进;强调"保护生态环境就是保护生产力,改善生态环境就是发展生产力",为马克思主义自然生产力理论注入新的时代内涵;强调把生态文明建设放在现代化建设全局的突出地位,融入经济建设、政治建设、文化建设、社会建设各方面和全过程,并从树立生态观念、完善生态制度、维护生态安全、优化生态环境,形成节约资源和保护环境的空间格局、产业结构、生产方式、生活方式等方面,对推进生态文明建设作出系统论述、提出明确要求。在这些规律性认识的基础上,党的十八届五中全会《建议》提出"五大发展理念",成为关系我国发展全局的理念集合体。其中,绿色发展理念与其他四大发展理念相互贯通、相互促进,是我们党关于生态文明建设、社会主义现代化建设规律性认识的最新成果,具有重大意义。

(3)推进绿色发展,建设美丽中国。发展理念具有战略性、纲领性、引领性。发展是我们党执政兴国的第一要务。绿色发展理念作为我们党科学把握发展规律的创新理念,明确了新形势下完成第一要务的重点领域和有力抓手,为我们党切实担当起新时期执政兴国使命指明了前进方向。

第一,推进绿色富国。富国为强国之基,资源环境为富国之本。绿色发展理念鲜明提出绿色富国的重大命题,彰显了我们党对新时期富国之道的科学把握。绿色低碳循环发展是当今时代科技革命和产业变革的方向,是最有前途的发展领域;节能环保产业是方兴未艾的朝阳产业,我国在这方面潜力巨大,可以形成很多新的经济增长点。推进绿色发展、绿色富国,将促进发展模式从低成本要素投入、高生态环境代价的粗放模式向创新发展和绿色发展双轮驱动模式转变,能源资源利用从低效率、高排放向高效、绿色、安全转型,节能环保产业将实现快速发展,循环经济将进一步推进,产业集群绿色升级进程将进一步加快,绿色、智慧技术将加速扩散和应用,从而推动绿色制造业和绿色服务业兴起,实现"既要金山银山,又要绿水青山"。综合来看,绿色发展已成为我国走新型工业化道路、调整优化经济结构、转变经济发展方式的重要动力,成为推动中国走向富强的有力支撑。

第二,推进绿色惠民。治政之要在于安民,安民必先惠民。绿色发展理念以绿色惠民为基本价值取向,彰显了我们党对新时期惠民之道的深刻认识。习近平同志指出,良好生态环境是最公平的公共产品,是最普惠的民生福祉。生态环境一头连着人民群众生活质量,另一头连着社会和谐稳定;保护生态环境就是保障民生,改善生态环境就是改善民生。随着经济社会发展和人民生活水平提高,人们对生态环境的要求越来越高,生态环境质量在幸福指数中的地位不断凸显。但是,当前我国生态环境质量还不尽如人意,成为影响人们生活质量的一块短板。生态环境恶化已成为突出的民生问题,搞不好还可能演变成社会政治问题,"这里面有很大的政治"。坚持绿色发展、绿色惠民,为人民提供干净的水、清新的空气、安全的食品、优美的环境,关系最广大人民的根本利益,关系中华民族发展的长远利益,是我们党新时期增进民生福祉的科学抉择。

第三,推进绿色生产。绿色生产方式是绿色发展理念的基础支撑、主要载体,直接决定绿色发展的成效和美丽中国的成色,是我们党执政兴国需要解决的重大课题。面对人与自然的突出矛盾和资源环境的瓶颈制约,只有大幅提高经济绿色化程度,推动形成绿色生产方式,才能走出一条经济增长与碧水蓝天相伴的康庄大道。推动形成绿色生产方式,就是努力构建科技含量高、资源消耗低、环境污染少的产业结构,加快发展绿色产业,形成经济社会发展新的增长点。绿色产业包括环保产业、清洁生产产业、绿色服务业等,致力于提供少污染甚至无污染、有益于人类健康的清洁产品和服务。发展绿色产业,要求尽量避免使用有害原料,减少生产过程中的材料和能源浪费,提高资源利用率,减少废弃物排放量,加强废弃物处理,促进从产品设计、生产开发到产品包装、产品分销的整个产业链绿色化,以实现生态系统和经济系统良性循环,实现经济效益、生态效益、社会效益有机统一。

第四,建设美丽中国。"不谋万世者不足谋一时"。引领执政兴国伟业的发展理念,既立足当下、规划现实蓝图,又着眼长远、勾勒未来规划。习近平同志指出,走向生态文明新时代,建设美丽中国,是实现中华民族伟大复兴中国梦的重要内容。从"盼温饱"到"盼环保",从"求生存"到"求生态",绿色正在装点当代中国人的新梦想。绿色发展理念以建设美丽中国为奋斗目标,不仅明确了我国当前发展的重要目标取向,而且丰富了中国梦的美好蓝图。坚持绿色发展、建设美丽中国,为当代中国人和我们的子孙后代留下天蓝、地绿、水清的生产生活环境,是新时期我们党执政兴国的重大责任和使命。为此,我们党提出坚持节约资源和保护环境的基本国策,坚定走生产发展、生活富裕、生态良好的文明发展道路,加快建设资源节约型、环境友好型社会。绿色发展理念的提出和践行,将为建设美丽中国插上腾飞的翅膀,使包含美丽中国这一重要内容的中国梦飞得更高、飞得更远。

(4)绿色发展人人有责、人人共享。乐民之乐者,民亦乐其乐;忧民之忧者,民亦忧其忧。绿色发展理念洞悉发展规律、深察民生福祉、彰显执政担当,是全体人民在发展问题上的"最大公约数"之一。绿色发展人人有责、人人共享,要求我们在价值取向、思维方式、生活方式上实现全面刷新和深刻变革,在身体力行中走向生态文明新时代。

首先,要形成绿色价值取向。价值取向决定价值标准和价值选择,是理念的重要组成部分。什么是绿色价值取向?习近平同志关于"绿水青山"与"金山银山"关系三个言简意赅的重要论断,对此作了生动阐释和系统说明。"绿水青山就是金山银山",强调优美的生态环境就是生产力、就是社会财富,凸显了生态环境在经济社会发展中的重要价值。"既要金山银山,又要绿水青山",强调生态环境和经济社会发展相辅相成、不可偏废,要把生态优美和经济增长"双赢"作为科学发展的重要价值标准。"宁要绿水青山,不要金山银山",强调绿水青山是比金山银山更基础、更宝贵的财富;当生态环境保护与经济社会发展产生冲突时,必须把保护生态环境作为优先选择。坚持绿色发展,需要我们形成绿色价值取向,正确处理经济发展同生态环境保护的关系,牢固树立保护生态环境就是保护生产力、改善生态环境就是发展生产力的理念,更加自觉地推动绿色发展、低碳发展、循环发展,绝不以牺牲生态环境为代价换取一时的经济增长。

其次,要形成绿色思维方式。思维方式是理念的延伸和具体化,直接影响人们对事物的认识、分析和判断,影响人们认识和实践的成效。树立和践行绿色发展理念,要求我们形成绿色思维方式。具体说来,应形成"绿色"问题思维,坚持问题导向,抓住影响绿色发展的关键问题深入分析思考,着力解决生态保护和环境治理中的一系列突出问题;形成"绿色"创新思维,用新方法处理生态文明建设中的新问题,克服先污染后治理、注重末端治理的旧思维、老路子;形成"绿色"底线思维,推动经济社会发展既考虑满足当代人的需要,又顾及子孙后代的需要,不突破环境承载能力底线;形成"绿色"法治思维,用法治思维和法治方式谋划绿色发展,以科学立法、严格执法、公正司法、全民守法引领、规范、促进、保障生态文明建设;形成"绿色"系统思维,把生态文明建设放到中国特色社会主义"五位一体"总布局中来把握,把绿色发展作为系统工程科学谋划、统筹推进,避免顾此失彼、单兵突进。

最后,要形成绿色生活方式。绿色生活方式与我们每个人的生活息息相关,体现我们对绿色发展理念的认同度、践行力,对绿色发展和生态文明的最终实现具有基础意义、关键作用。习近平同志要求,要像保护眼睛一样保护生态环境,像对待生命一样对待生态环境。也就是说,保护环境,人人有责;绿色发展,人人应为。这个"应为",就是倡导和践行勤俭节约、绿色低碳、文明健康的生活方式与消费模式。推动形成绿色生活方式,需要我们坚持节约优先,强化集约意识,在衣、食、住、行、游等方面形成节约集约的行动自觉;倡导环境友好型消费,推广绿色服装、提倡绿色饮食、鼓励绿色居住、普及绿色出行、发展绿色旅游，抵制和反对各种形式的奢侈浪费、不合理消费。促进生活方式绿色化，时时可做、处处可为。大到购买节能与新能源汽车、高能效家电、节水型器具等节能环保产品，小到减少塑料购物袋、餐盒等一次性用品使用，以至随手关灯、拧紧水龙头，都是在践行绿色生活方式和消费理念，都是在为绿色发展作贡献。绿色发展是理念，更是实践；需要坐而谋，更需起而行。只要我们坚持知行合一、从我做起，坚持步步为营、久久为功，就一定能换来蓝天常在、青山常在、绿水常在，就一定能开创社会主义生态文明新时代、赢得中华民族永续发展的美好未来。

4. 开放发展理念及其基本要求

党的十八届五中全会把开放发展作为引领我国未来五年乃至更长时期发展的"五大发展理念"之一，进一步明确了开放发展的新目标新任务新要求，彰显了以习近平同志为总书记的党中央统筹国内国际两个大局的战略抉择，重申了"中国开放的大门永远不会关上"的坚定决心，体现了我们党对经济社会发展规律认识的深化。我们要认真学习领会全会精神，充分认识坚持开放发展的重大意义，准确把握开放发展的丰富内涵，在更大范围、更宽领域、更深层次上提高对外开放的质量和水平，为"十三五"时期发展注入新动力、增添新活力、拓展新空间。《建议》指出："开放是国家繁荣发展的必由之路。必须顺应我国经济深度融入世界经济的趋势，奉行互利共赢的开放战略，坚持内外需协调、进出口平衡、引进来和走出去并重、引资和引技引智并举，发展更高层次的开放型经济，积极参与全球经济治理和公共产品供给，提高我国在全球经济治理中的制度性话语权，构建广泛的利益共同体。""坚持开放发展，着力实现合作共赢。开创对外开放新局面，必须丰富对外开放内涵，提高对外开放水平，协同推进战略互信、经贸合作、人文交流，努力形成深度融合的互利合作格局。"[①]

（1）开放发展是我国走向繁荣富强的必由之路。开放是发展的大势所趋。开放发展注重的是解决发展的内外联动问题。习近平总书记指出："人类的历史就是在开放中发展的。任何一个民族的发展都不能只靠本民族的力量。只有处于开放交流之中，经常与外界保持经济文化的吐纳关系，才能得到发展，这是历史的规律。"在当今世界，这一发展规律在经济全球化时代表现得尤为明显。只有打开国门搞建设，把一国发展置于广

---

① 《中共中央关于制定国民经济和社会发展第十三个五年规划的建议》，新华网，2015年11月3日。

阔的国际空间来谋划，才能获得推动发展所必需的资金、技术、资源、市场、人才乃至机遇和理念，才能充分发挥比较优势，创造更多社会财富。就我国而言，不断扩大对外开放、提高对外开放水平，以开放促改革、促发展，就是不断取得新成就的重要法宝。党的十一届三中全会以来，通过深化改革、扩大开放，我国成功实现了从计划经济体制到社会主义市场经济体制、从封闭半封闭到全方位开放的历史转折，顺利实现了从贫穷落后大国到世界第二大经济体、第一大货物贸易国的飞跃，取得了举世瞩目的伟大成就。同时，也要看到，我国开放型经济还存在不少短板，突出地表现在对外开放水平总体还不够高，用好国际国内两个市场、两种资源的能力还不够强，应对国际经贸摩擦、争取国际经济话语权的能力还比较弱，运用国际经贸规则的本领也不够强。因此，坚持开放发展，实行更加积极主动的开放战略，不断提高开放型经济水平，是我国适应国内外经济发展大势的必然选择，是对国内外发展经验教训的科学总结，是实现全面建成小康社会宏伟目标的战略举措。

理念是行动的先导。坚持开放发展，必须准确把握开放发展的丰富内涵和要求。《中共中央关于制定国民经济和社会发展第十三个五年规划的建议》指出："开放是国家繁荣发展的必由之路。必须顺应我国经济深度融入世界经济的趋势，奉行互利共赢的开放战略，坚持内外需协调、进出口平衡、引进来和走出去并重、引资和引技引智并举，发展更高层次的开放型经济，积极参与全球经济治理和公共产品供给，提高我国在全球经济治理中的制度性话语权，构建广泛的利益共同体。"这就深刻揭示了新形势下开放发展理念的新内涵和新要求。在今天，坚持开放发展，不是对过去做法的简单重复，而是致力于提高开放的质量和发展的内外联动性，以新思路、新举措发展更高水平、更高层次的开放型经济，以扩大开放带动创新、推动改革、促进发展。要坚持互利共赢的开放战略，摒弃零和游戏、你输我赢的旧思维，顺应和平、发展、合作、共赢的世界潮流，树立双赢、共赢的新理念，在追求自身利益时兼顾他方利益，在寻求自身发展中促进共同发展。中国的发展离不开世界，世界的繁荣同样离不开中国。在国际交流合作中，互帮互助、互惠互利，创造更多利益契合点、合作增长点、共赢新亮点，构建广泛的命运共同体。要运用好国内国外两个市场、两种资源，建立公平开放透明的市场规则，对内外资企业一视同仁、公平对待，为各国在华企业创造公平经营的法治环境，既引进来，又走出去，实现内外需协调、进出口平衡、引进来和走出去并重、引资和引技引智并举的多元平衡、安全高效的开放，促进国内国际要素有序流动、资源高效配置。要积极主动地开放，推动变革全球治理体制中不公正不合理的安排，推动各国在国际经济合作中权利平等、机会平等、规则平等，推进全球治理规则民主化、法治化，用好我国国际话语权和规则制定权上升的机遇，主动参与规则重构，从国际社会的积极融入者转变为主动塑造者，提高我国在全球经济治理中的制度性话语权。开放发展的理念，必将引发对外开放领域的深刻变革，也将推动我国同世界各国的合作共赢事业。

围绕坚持开放发展、着力实现合作共赢，《建议》提出六个方面任务，给出了未来五年实施开放发展的路线图。一要完善对外开放战略布局。推进双向开放，促进国内国际要素有序流动、资源高效配置、市场深度融合。支持沿海地区全面参与全球经济合作和竞争，培育有全球影响力的先进制造基地和经济区，提高边境经济合作区、跨境经济合作区发展水平。二要形成对外开放新体制。完善法治化、国际化、便利化的营商环境，健全服务贸易促进体系，全面实施单一窗口和通关一体化。全面实行准入前国民待遇加负面清单管理制度，有序扩大服务业对外开放。三要推进"一带一路"建设。秉持亲诚惠容，坚持共商共建共享原则，完善双边和多边合作机制，以企业为主体，实行市场化运作，推进同有关国家和地区多领域互利共赢的务实合作，推进国际产能和装备制造合作，打造陆海内外联动、东西双向开放的全面开放新格局。四要深化内地和港澳、大陆和台湾地区合作发展。全面准确贯彻"一国两制"、"港人治港"、"澳人治澳"、高度自治的方针，提升港澳在国家经济发展和对外开放中的地位和功能，支持港澳发展经济、改善民生、推进民主、促进和谐，以互利共赢方式深化两岸经济合作，让更多台湾普通民众、青少年和中小企业受益。五要积极参与全球经济治理。推动国际经济治理体系改革完善，积极引导全球经济议程，促进国际经济秩序朝着平等公正、合作共赢的方向发展，加快实施自由贸易区战略。六要积极承担国际责任和义务。坚持共同但有区别的责任原则、公平原则、各自能力原则，积极参与应对全球气候变化谈判，主动参与2030年可持续发展议程。按照这样的部署奋战"十三五"，我们就能以开放发展实现合作共赢，不断开创对外开放新局面。

"浩渺行无极，扬帆但信风"。中国的发展正与世界各国的发展越来越结成你中有我、我中有你的命运共同体，使中国梦同世界各国人民的美好梦想紧紧相连。在新的历史起点上，我们要深入学习贯彻党的十八届五中全会精神，深入学习贯彻习近平总书记系列重要讲话精神，坚定不移奉行互利共赢的开放战略，在宽广的世界经济的海洋中扬帆远航，以开放发展的新成就，助力全面建成小康社会取得决定性胜利，也让中国发展更好惠及世界。

2015年11月30日,国际货币基金组织执董会决定将人民币纳入特别提款权(SDR)货币篮子,SDR货币篮子相应扩大至美元、欧元、人民币、日元、英镑5种货币,人民币在SDR货币篮子中的权重为10.92%,美元、欧元、日元和英镑的权重分别为41.73%、30.93%、8.33%和8.09%,新的SDR篮子将于2016年10月1日生效。① 这是人民币走向国际化的一个重要里程碑,也是中国发展更高水平开放型经济的一个重要标志。站在新的历史起点上,习近平同志把开放发展作为引领我国未来五年乃至更长时期发展的"五大发展理念"之一,向世界表明中国开放的大门永远不会关上,中国经济发展将继续为世界带来巨大的正面外溢效应。开放发展理念为提高我国对外开放的质量和发展的内外联动性提供了行动指南,必将进一步拓展实现"两个一百年"奋斗目标的发展道路,进一步拓展实现中华民族伟大复兴中国梦的发展空间,也将进一步拓展世界经济发展空间。

(2) 开放发展是引领我国对外开放领域深刻变革的科学理念。习近平同志提出的开放发展理念,准确把握当今世界和我国发展大势,直面我国对外开放中的突出矛盾和问题,体现了我们党对经济社会发展规律认识的深化、对外开放思想的丰富和发展。

首先,开放发展是准确把握国际国内发展大势的先进理念。近年来,我国对外开放的基础和条件发生深刻变化,对外开放面临新的国际国内形势。从国际看,世界经济进入深度调整期,国际经济合作和竞争格局发生深刻变化,各国既需要携手应对发展问题和经济全球化进程中的各种挑战,又存在抢占科技制高点、整合全球价值链、重构国际经贸规则的激烈竞争。我国已成为世界第二大经济体和世界经济增长重要引擎,肩负更多的国际责任和期待。同我国在世界经济中扮演的新角色相比,我国对外开放水平总体不够高的矛盾非常突出。只有发展更高层次的开放型经济,才能更好顺应和平、发展、合作、共赢的世界潮流,才能有效应对发达国家在工业化以及TPP、TTIP等高标准区域贸易协定谈判带来的挑战。从国内看,我国经济发展进入新常态,表现出速度变化、结构优化、动力转换三大特点,加快经济发展方式转变和提高发展质量效益的任务更加紧迫。引领经济发展新常态,用好内涵发生深刻变化的重要战略机遇期,必须用高

---

① 《人民银行欢迎国际货币基金组织执董会关于将人民币纳入特别提款权货币篮子的决定》,中央政府门户网站 www.gov.cn 2015-12-01。

水平开放推动高质量发展。开放发展理念正是在深入把握国际国内发展大势的基础上提出来的。它所倡导的对外开放，不是对过去做法的简单重复，而是要以新思路、新举措发展更高水平、更高层次的开放型经济；既立足国内，充分发挥我国资源、市场、制度等优势，又更好利用国际国内两个市场、两种资源，以开放促改革、促发展、促创新，与世界各国互利共赢、共享发展成果。

其次，开放发展是深化认识发展规律的科学理念。习近平同志指出："各国经济，相通则共进，相闭则各退。"一语道破世界经济发展规律。开放带来进步、封闭导致落后，这已为古今中外的发展实践所证明。这一发展规律在经济全球化时代表现得尤为明显。第二次世界大战结束后，经济全球化浪潮风起云涌，生产的国际化程度空前提高，各国经济联系日益紧密。根据世界银行2008年发布的一份报告，全球有13个经济体实现了持续25年以上的高速增长，它们的共同特征就是实行对外开放。我国同样是开放发展的受益者。通过深化改革、扩大开放，我国顺利实现了从贫穷落后大国到世界第二大经济体、第一大货物贸易国的飞跃。开放之所以有如此巨大的威力，是因为它符合以扩大市场、深化分工、发挥优势推动经济发展的规律。特别是在经济全球化深入发展、各国经济加速融合的当今时代，只有打开国门搞建设，把一国发展置于广阔的国际空间来谋划，才能获得推动发展所必需的资金、技术、资源、市场、人才乃至机遇和理念，才能充分发挥比较优势，创造更多社会财富。开放发展理念深刻总结国内外发展经验教训，抓住经济全球化时代发展的关键，是对经济社会发展规律认识的深化。

最后，开放发展理念引领对外开放领域深刻变革。理念是行动的先导。习近平同志提出的开放发展理念，赋予开放发展以富有当今时代特色、顺应世界发展潮流、符合我国发展要求的深刻内涵，必将引发对外开放领域的深刻变革。开放发展带动创新、推动改革、促进发展，是其他四大发展的重要支撑，是联通国内国际的纽带桥梁，是全面深化改革和全面依法治国的动力源和试验场。只有坚持开放发展，才能在国际比较和竞争中推进创新、培养人才，使创新发展获得新动能；才能在开拓国际市场中发挥国内国际经济联动效应，使协调发展获得新空间；才能在主动参与全球可持续发展中促进我国生态文明建设，使绿色发展获得新活力；才能在不断扩大同各国互利合作中实现我国更好发展，使共享发展获得新基础。贯彻落实开放发展理念，我国对外开放必将实现质的提升，迈出建设开放型经济强国的新步伐。开放发展是观念、是体制、是格局，不仅将引领我国外向型经济发展的深刻变革，也将推动我国同世界各国的合作共赢事业。

（3）以解决发展内外联动问题为核心，全方位升级开放型经济。习近平同志指出，中国将在更大范围、更宽领域、更深层次上提高开放型经济水平。开放发展理念，核心是解决发展内外联动问题，目标是提高对外开放质量、发展更高层次的开放型经济。开放发展理念包含主动开放、双向开放、公平开放、全面开放、共赢开放等重要思想，将全方位升级我国开放型经济。

第一，主动开放，把开放作为发展的内在要求，更加积极主动地扩大对外开放。对外开放不是权宜之计，而是国家繁荣发展的必由之路。习近平同志指出，"中国越发展，就越开放"。坚持主动开放，就要统筹国内国际两个大局，把既符合我国利益又能促进共同发展作为处理与各国经贸关系的基本准则；以开放促改革，健全有利于合作共赢并同国际贸易投资规则相适应的体制机制；积极参与全球治理，提高我国在全球经济治理中的制度性话语权；努力实现对外开放与维护经济安全的有机统一，在扩大开放中动态地谋求更高层次的总体安全。近年来，我国着力推动二十国集团加强合作，推进"一带一路"建设，筹建亚投行等，迈出主动开放的稳健步伐。在世界经济复苏缓慢、贸易保护主义抬头的今天，我国坚定不移地扩大对外开放，做全球自由贸易的推动者，彰显了负责任大国的胸怀和担当。

第二，双向开放，坚持引进来和走出去并重的方针，采取两条腿走路的办法。坚持引进来和走出去并重，是开放型经济发展到较高阶段的重要特征，也是更好统筹国际国内两个市场、两种资源、两类规则的有效途径。在引进来方面，适应我国加快转变经济发展方式的要求，着力提高引资的质量，注重吸收国际投资搭载的技术创新能力、先进管理经验以及高素质人才。在走出去方面，适应我国对外开放从贸易大国迈向贸易强国、投资大国以及市场、能源资源、投资"三头"对外深度融合的新局面，支持我国企业扩大对外投资，推动装备、技术、标准、服务走出去，提升在全球价值链中的位置。推进双向开放，要求促进国内国际要素有序流动、资源高效配置、市场深度融合。

第三，公平开放，构建公平竞争的内外资发展环境。习近平同志强调："中国市场环境是公平的。所有在中国内地注册企业，都是中国经济重要组成部分。"公平开放要求改变过去依靠土地、税收等优惠政策招商引资的做法，通过加强法治建设，为外资企业提供公平、透明、可预期的市场环境,实现各类企业依法平等使用生产要素、公平参与市场竞争、同等受到法律保护。推进公平开放,表明中国利用外资的政策不会变,对外商投资企业合法权益的保护不会变,为各国企业在华投资兴业提供更好服务的方向不会变,必将进一步增强外资企业长期在华发展的信心。

第四,全面开放,全面布局开放举措、开放内容、开放空间,打造陆海内外联动、东西双向开放的全面开放新格局。追求全面是提高开放水平的必然。习近平同志指出,"中国将继续全面对外开放,推进同世界各国的互利合作"。全面开放体现在开放举措上,就是坚持自主开放与对等开放,加强走出去战略谋划,统筹多双边和区域开放合作,加快实施自由贸易区战略,推进"一带一路"建设,推动陆海内外联动、东西双向开放;体现在开放内容上,就是进一步放开一般制造业,有序扩大服务业对外开放,扩大金融业双向开放,促进基础设施互联互通;体现在开放空间上,就是改变我国对外开放东快西慢、沿海强内陆弱的区域格局,逐步形成沿海内陆沿边分工协作、互动发展的全方位开放新格局。推进全面开放,要求协同推进战略互信、经贸合作、人文交流。

第五,共赢开放,加强国际交流合作,推动经济全球化朝着普惠共赢的方向发展。当前,全球产业链、供应链、价值链加速整合,各国发展联动、机遇共享、命运与共的利益交融关系日益凸显。共赢开放反对保护主义,主张构建开放型世界经济,维护和加强多边贸易体制,为世界各国发展提供充足空间;主张区域自由贸易安排对多边贸易体制形成有益补充,而不是造成新的障碍或藩篱,推动经济全球化朝着普惠共赢的方向发展;以开放发展为各国创造更广阔的市场和发展空间,促进形成各国增长相互促进、相得益彰的合作共赢新格局。推进共赢开放,要求发展全方位、多层次国际合作,扩大同各国各地区的利益汇合,实现互利共赢。

(4) 贯彻开放发展理念,推动互利共赢的国际发展合作。习近平同志指出:"我们将坚定不移奉行互利共赢的开放战略,继续从世界汲取发展动力,也让中国发展更好惠及世界。"贯彻落实开放发展理念,我们将以对外开放的主动赢得经济发展和国际竞争的主动,在扩大开放中同世界各国形成深度融合的互利合作格局。

第一,推进"一带一路"建设。今日之世界已成为一个你中有我、我中有你的命运共同体。"一带一路"建设顺应时代潮流,秉持共商、共建、共享原则,致力于实现各国在发展机遇上的共创共享,促进中国与世界在发展机遇相互转化中实现合作共赢,是我国扩大对外开放的重大战略举措。推进"一带一路"建设,应弘扬开放包容、互学互鉴的精神,坚持互利共赢、共同发展的目标，奉行以人为本、造福于民的宗旨，完善双边和多边合作机制，推进同相关国家和地区多领域互利共赢的务实合作。积极推进政策沟通、设施联通、贸易畅通、资金融通、民心相通，广泛开展教育、科技、文化、旅游、卫生、环保等领域合作，共建开放多元共赢的金融合作平台，为世界可持续发展提供新动力，给沿线各国人民带来实实在在的利益。

第二，培育国际经济合作和竞争新优势。形成对外开放新体制，是培育国际经济合作和竞争新优势的关键。为此，上海、广东、天津、福建四个自由贸易试验区正在进行积极探索。今后，应进一步加大制度改革力度，在形成对外开放新体制上迈出新步伐。建立贸易便利化体制机制，全面实施单一窗口和通关一体化；提高自由贸易试验区建设质量，在更大范围推广复制；创新外商投资管理体制，全面实行准入前国民待遇加负面清单管理制度；完善境外投资管理体制，清理取消束缚对外投资的各种不合理限制；加快构建开放安全的金融体系，完善涉外法律法规体系，建立健全风险防控体系；等等。通过全面深化改革，大力营造竞争有序的市场环境、透明高效的政务环境、公平正义的法治环境、合作共赢的人文环境、法治化国际化便利化的营商环境，加快形成有利于培育新的比较优势和竞争优势的制度安排。

第三，形成对外开放战略新布局。完善对外开放区域布局、对外贸易布局、双向投资布局，是形成对外开放战略新布局的重要内容和标志。完善对外开放区域布局，应贯彻开放型经济发展与区域协调发展相结合的思路，支持沿海地区全面参与全球经济合作和竞争，加快内陆沿边地区开放步伐，形成各有侧重的对外开放基地。完善对外贸易布局，应加快对外贸易优化升级，推动外贸由大进大出向优质优价、优进优出转变，着力建设贸易强国。完善双向投资布局，应在大力引进境外资金和先进技术的同时，支持我国企业扩大对外投资，积极搭建金融服务平台，为国际产能和装备制造合作提供更好的金融服务。同时，注重深化内地和港澳、大陆和台湾地区合作发展。

第四，推动全球经济治理体系改革完善。近年来，中国努力推动互利共赢的国际发展合作，成为推动构建平等公正、合作共赢国际经济新秩序的中坚力量。今后，中国将继续推动全球经济治理体系改革完善，积极承担与自身能力和地位相适应的国际责任和义务，努力使全球治理体制更加平衡地反映大多数国家的意愿和利益。加强宏观经济政策国际协调，维护多边贸易体制，加快实施自由贸易区战略，促进形成各国发展创新、增长联动、利益融合的世界经济。

开放的中国将造福于世界。中国努力在扩大开放中同世界各国形成深度融合的互利合作格局，构建广泛的利益共同体，使中国梦同世界各国人民的美好梦想紧紧相连、息息相通。

5. 共享发展理念及其基本要求

在党的十八届五中全会提出的五大发展理念中，"共享发展"揭示了发展的价值取向，揭示了当代中国发展的根本出发点和落脚点。《建议》指出："共享是中国特色社会主义的本质要求。必须坚持发展为了人民、发展依靠人民、发展成果由人民共享，作出更有效的制度安排，使全体人民在共建共享发展中有更多获得感，增强发展动力，增进人民团结，朝着共同富裕方向稳步前进。""坚持共享发展，着力增进人民福祉。按照人人参与、人人尽力、人人享有的要求，坚守底线、突出重点、完善制度、引导预期，注重机会公平，保障基本民生，实现全体人民共同迈入全面小康社会。"[①]这就告诉我们，着力践行以人民为中心的发展思想，体现了我们党全心全意为人民服务的根本宗旨，体现了人民是推动发展的根本力量的唯物史观，体现了社会主义制度的优越性。

（1）坚持共享发展是中国特色社会主义的本质要求。习近平总书记指出："人民对美好生活的向往，就是我们的奋斗目标。""中国梦归根到底是人民的梦，必须紧紧依靠人民来实现，必须不断为人民造福。"这是因为人民是推动发展的根本力量，实现好、维护好、发展好最广大人民根本利益是我国发展的根本目的。共同富裕，是马克思主义的一个基本目标，也是自古以来我国人民的一个基本思想。实现共同富裕是社会主义的根本原则、基本要求和本质特征，是社会主义制度优越性的集中体现，是中国共产党的庄严使命。我们党领导人民干革命、抓建设、搞改革，就是为了建设公平公正的社会，让人民真正享有改革发展成果，共同过上幸福生活。

新中国成立以来，特别是改革开放以来，我国以世界上少有的速度持续快速发展起来，人民生活质量和社会共享水平显著提高，但仍存在收入差距较大、部分群众生活比较困难等问题。在共享改革发展成果上，无论是实际情况还是制度设计，都还有不完善的地方。全面建成小康社会突出的短板主要在民生领域，发展不全面的问题很大程度上也表现在不同社会

[①] 《中共中央关于制定国民经济和社会发展第十三个五年规划的建议》，新华网，2015年11月3日。

群体民生保障方面，特别是农村贫困人口脱贫问题。这方面问题解决好了，全体人民推动发展的积极性、主动性、创造性就能充分调动起来，国家发展也才能具有最深厚的伟力。党的十八届五中全会首次提出了以人民为中心的发展思想，充分体现了我们党全心全意为人民服务的根本宗旨。共享发展理念实质就是坚持以人民为中心的发展思想，注重的是解决社会公平正义问题，体现的是逐步实现共同富裕的要求。我们必须坚持人民的主体地位，坚持共享发展的理念，按照人人参与、人人尽力、人人享有的要求，坚守底线、突出重点、完善制度、引导预期，注重机会公平，保障基本民生，把以人民为中心的发展思想体现在经济社会发展各个环节，自觉做到发展为了人民、发展依靠人民、发展成果由人民共享，绝不能出现"富者累巨万，而贫者食糟糠"的现象，实现全体人民共同迈入全面小康社会。

第一，坚持共享发展，必须准确把握共享发展的科学内涵。在习近平总书记系列重要讲话中多次阐述共享发展问题，概括起来，其内涵主要有4个方面。一是从共享的覆盖面说，叫作全民共享。共享发展是人人享有、各得其所，而不是少数人共享、一部分人共享。全面小康，覆盖的人口要全面，是惠及全体人民的小康。我们不能一边宣布全面建成了小康社会，另一边还有几千万人口的生活水平处在扶贫标准线以下，这既影响人民群众对全面建成小康社会的满意度，也影响国际社会对我国全面建成小康社会的认可度，要确保各族群众如期实现全面小康。二是从共享的内容说，叫作全面共享。共享发展就要共享国家经济、政治、文化、社会、生态各方面建设成果，全面保障人民在各方面的合法权益，促进人的全面发展。三是从共享的实现途径说，叫作共建共享。共建才能共享，共建的过程也是共享的过程。要充分发扬民主，广泛汇聚民智，最大激发民力，充分调动人民积极性、主动性、创造性，形成人人参与、人人尽力、人人都有成就感的生动局面。四是从共享发展的推进进程说，叫作渐进共享。一口吃不成胖子，共享发展必将有一个从低级到高级、从不均衡到均衡的过程，即使达到很高的水平也会有差别。我国正处于并将长期处于社会主义初级阶段，我们不能做超越阶段的事情，但也不是说在逐步实现共同富裕方面就无所作为，而是要根据现有条件把能做的事情尽量做起来，积小胜为大胜。我们要立足国情、立足经济社会发展水平来思考设计共享政策，既不裹足不前、铢施两较、该花的钱也不花，也不好高骛远、寅吃卯粮、口惠而实不至。上述4方面内容又是相互贯通的，我们要整体理解和把握，更好地把共享的发展理念贯穿到各项工作中，不断朝着全体人民共同富裕的目标前进。

第二，坚持共享发展，必须深刻认识共享发展的本质特征。共享发展是五大发展理念的归宿点和落脚点，是发展的根本宗旨所在，它生动体现了维护社会公平正义、促进共同富裕等社会主义基本价值取向，生动体现了以人民为中心的发展思想。全面把握共享发展理念，深刻认识共享发展的基本特征，对于我们正确看待社会主义的本质特征具有重要意义。

一是共享发展的普惠性。共享发展理念明确将公平正义作为中国特色社会主义发展的价值取向，坚持改革成果的普惠性，促进社会成员各尽所能、各得其所，为每个人人生出彩、梦想成真提供机会。这对于缩小贫富差距、解决发展成果受惠不够平衡的问题具有指导意义。当前，我国虽然已跃升为世界第二大经济体，但仍然处于社会主义初级阶段，社会生产力还比较落后，还不能充分满足人民不断增长的物质文化需要。改革发展成果分配得越公平，越能增强人民群众的获得感、享有感，越能增进人民群众对改革发展的信心和认同。共享发展理念将影响如期全面建成小康社会的主要因素作为着重点，抓住农村贫困人口脱贫这一短板聚焦发力，强调不留死角、不落下一个贫困家庭。习近平同志强调："经济社会发展中的短板特别是主要短板，是影响如期实现全面建成小康社会目标的主要因素，必须尽快把这些短板补齐。脱贫开发工作是我们的一个突出短板，要举全国之力抓好，确保到 2020 年农村贫困人口全部脱贫。"在 13 亿多人口的最大发展中国家实现脱贫，使改革发展成果惠及全体人民，这是社会公平的集中体现，是一项伟大创举。

二是共享发展的全面性。共享发展理念坚持改革发展成果全面共享，以期全方位提升人民生活水平，满足人民丰富多彩的物质文化需要。我们党领导人民坚持和发展中国特色社会主义，一个重要目的就是不断激发社会发展活力，全面满足人民的新需求和对美好生活的新期盼。习近平同志指出："我们的人民热爱生活，期盼有更好的教育、更稳定的工作、更满意的收入、更可靠的社会保障、更高水平的医疗卫生服务、更舒适的居住条件、更优美的环境，期盼孩子们能成长得更好、工作得更好、生活得更好。"人民的各方面新期盼，就是经济社会发展的导向和目标，就是共享发展的着力点。改革开放以来，我国在改善民生、发展基本公共服务方面取得了显著成效。然而，由于存在城乡二元结构等复杂历史和现实原因，人们在上学、医疗、就业、社会保障等方面尚不能完全平等地享受公共服务和社会福利。破除各种不合理的现实制约、体制障碍，进一步改善民生，促进基本公共服务均等化，保障每个公民享受公共服务的权利，是共享发展的题中应有之义。

三是共建和共享的统一性。共享发展理念坚持共建和共享的统一、社会发展和造福人民的统一。在西方国家现代化过程中，社会财富的创造和享有分属于不同阶级，创造财富者不能充分享有财富，大多数社会财富、机会等被少数剥削者所占有。这种创造和享有的分裂，是社会不公平的尖锐表现。在实现了社会现代转型后，经过劳动群众的不懈斗争，一些西方国家被迫采取福利国家政策。但这只是在一定程度上缓解了贫富分化，并未真正解决问题。与之不同，共享发展理念坚持共建与共享的辩证统一：共建是共享的前提条件，共享是共建的目的和归宿。共享是对共建成果的公平享有，没有共建就谈不上共享。只有人人尽力、奋发有为，积极创造社会财富和文明成果，才能为共享提供现实基础。共建的成果越多越好，共享的质量和水平才会越高，人民的获得感、幸福感才会越强。发展成果共享又会激发共建的活力，推动共建进一步发展。共建和共享相互促进、相互贯通，使改革发展朝着民族复兴和人民幸福的方向不断推进。

四是共享发展的渐进性。在一个13亿多人口的发展中大国实现广泛、全面的共享发展，是一项十分艰巨的任务，需要经历连续不断的奋斗过程。共享发展是发展成果的分享由不平衡趋向平衡的过程，是逐步减少和克服有违公平现象的过程。城镇化建设、户籍制度改革、分配制度改革等，需要逐步推进；教育、医疗、社会保障等公共服务的全覆盖，也需要逐步落实。共享发展既是连续的，又是分阶段的。当前，我们正处于全面建成小康社会的决胜阶段，不能畏惧困难、缩手缩脚，而要增强紧迫感，加大攻坚力度，披荆斩棘，全力以赴冲刺，确保如期实现全面建成小康社会的目标。只要我们有坚定的信心和坚韧不拔的毅力，就一定能够克服前进道路上的各种障碍，使共享发展的道路越走越通畅、越走越宽广，如期实现"两个一百年"奋斗目标，把中国梦变为美好的现实。

第三，坚持共享发展，必须着力增进人民福祉。《建议》提出"增加公共服务供给""实施脱贫攻坚工程""提高教育质量""促进就业创业""缩小收入差距""建立更加公平更可持续的社会保障制度""推进健康中国建设""促进人口均衡发展"等任务。这些任务和措施，既是关于共享发展的有效制度安排，也是我们推动共享发展的重要着力点，归结起来就是两个层面的事。一是充分调动人民群众的积极性、主动性、创造性，为各行业各方面的劳动者、企业家、创新人才、各级干部创造发挥作用的舞台和环境，举全民之力推进中国特色社会主义，不断把"蛋糕"做大，为持续改善民生奠定坚实物质基础。二是把不断做大的"蛋糕"分好，让社会主义制度的优越性得到更充分体现,让人民群众有更多获得感。要坚持社会主义基本经济制度和分配制度,逐渐形成橄榄型分配格局,完善以税收、社会保障、转移支付等为主要手段的再分配调节机制,维护社会公平正义,解决好收入差距问题,使发展成果更多更公平惠及全体人民。特别是要加大对困难群众的帮扶力度,坚决打赢农村贫困人口脱贫攻坚战。习近平总书记在2015年中央扶贫开发工作会议上强调,脱贫攻坚战的冲锋号已经吹响,我们要立下愚公移山志,咬定目标、苦干实干,坚决打赢脱贫攻坚战,确保到2020年所有贫困地区、贫困人口一道迈入全面小康社会。中共中央、国务院印发《关于打赢脱贫攻坚战的决定》,对打赢脱贫攻坚战作出全面系统部署。当前,脱贫攻坚已经到了啃硬骨头、攻坚拔寨的冲刺阶段,我们必须按照中央部署,实施精准扶贫、精准脱贫,以更大的决心、更明确的思路、更精准的举措、超常规的力度,众志成城实现脱贫攻坚目标,决不能落下一个贫困地区、一个贫困群众,使发展成果更多更公平惠及全体人民。

"治天下也,必先公,公则天下平矣。"实现共享发展是一个大志向,落实共享发展是一门大学问。如今,《中华人民共和国国民经济和社会发展第十三个五年规划纲要》已经颁布实施。在决胜全面建成小康社会的冲刺中,我们要通过共享发展,让发展更有温度、让幸福更有质感,使全面建成小康社会的过程成为增进人民福祉、促进社会公平正义的过程,把人民幸福深深镌刻在实现中华民族伟大复兴的里程碑上。

人人共建、人人共享,是经济社会发展的理想状态。习近平同志提出的"五大发展理念",把共享作为发展的出发点和落脚点,指明发展价值取向,把握科学发展规律,顺应时代发展潮流,是充分体现社会主义本质和共产党宗旨、科学谋划人民福祉和国家长治久安的重要发展理念。以共享发展理念引领我国发展,维护社会公平正义,保障发展为了人民、发展依靠人民、发展成果由人民共享,这对实现更高质量更高水平的发展提出了目标要求和行动准则,必将为全面建成小康社会、实现中华民族伟大复兴的中国梦凝聚最深厚的伟力。

(2)共享发展是关系13亿多人福祉的科学发展理念。能否实现发展成果由全体人民共享,关系执政党性质和命运。习近平同志提出的共享发展理念,坚持以人为本、以民为本,突出人民至上,致力于解决我国发展中共享性不够、受益性不平衡问题,彰显了中国化当代化大众化的马克思主义发展观。

首先,环顾当今世界,只有推进共享发展,才能促进国家安定、民族团结、引领时代发展。发展理念不是凭空产生的，而是源自对发展实践的总结、反思和超越。长期以来，世界各国在共享发展方面既积累了有益经验，也有过深刻教训。从教训看，一些国家在发展中不注重共享，一部分人的"获得感"建立在另一部分人的"失落感"甚至"被剥夺感"基础上，造成不同社会群体对立，甚至社会被撕裂，国家内斗不断，民族纷争不止，内耗效应使这些国家的发展步履异常沉重。从经验看，随着对经济增长没能带来贫困人口减少这一现象的反思，国际上提出了"基础广泛的增长""分享型增长""亲穷人的增长""包容性增长"等理念。这些理念及其实践，在提高人民生活水平、促进社会公平正义方面取得一定成效。共享发展理念，正是对这些经验教训的借鉴和超越。习近平同志指出："国家建设是全体人民共同的事业，国家发展过程也是全体人民共享成果的过程。""中国执政者的首要使命就是集中力量提高人民生活水平，逐步实现共同富裕。"这便是人民至上、共建共享的科学发展理念。坚持共享发展，我们的国家就会安定、民族就会团结、人民就会满意；我国发展就能顺应时代发展潮流、引领时代发展潮流。

其次，放眼奋斗目标，只有坚持共享发展，才能全面建成小康社会、实现民族伟大复兴。发展理念服务奋斗目标，伟大的奋斗目标需要科学的发展理念。实现"两个一百年"奋斗目标，是今天我们党带领全国各族人民全力以赴推进的执政兴国大业、伟业。要成大业、铸伟业，离不开共享这一科学发展理念。从全面建成小康社会这第一个百年目标来看，到2020年要实现国内生产总值和城乡居民人均收入比2010年翻一番，但仅有"总值"和"人均"的小康并不是全面的小康，一部分人"被小康"会损害全面小康的价值底色、降低全面小康的实际成色。习近平同志指出："我们不能一边宣布全面建成了小康社会，另一边还有几千万人口的生活水平处在扶贫标准线以下，这既影响人民群众对全面建成小康社会的满意度，也影响国际社会对我国全面建成小康社会的认可度。"全面小康是人人共享、不让一个人掉队的小康，这正是全面建成小康社会的难点所在、攻坚所指。决胜全面建成小康社会，必须按照共享发展理念谋篇布局，实现人民生活水平和质量普遍提高，尤其要让贫困地区和贫困人口甩掉贫困帽子。再展望第二个百年目标、展望中华民族伟大复兴的中国梦，坚持共享发展，让人人都有获得感、人人增强幸福感依然是基本要求。让13亿多中国人共享改革发展成果，是我们党努力奋斗的核心要义、立场情怀，是评判奋斗目标实现与否的第一标尺。

最后，聚焦理论创新，只有实行共享发展，才能更好推进马克思主义发展观中国化当代化大众化。马克思主义发展观既要回答发展动力、发展思路、发展方向、发展布局等问题，更要回答发展为什么人、发展成果由谁享有问题，从而系统把握发展规律。发展成果由谁享有，体现发展价值取向，是发展观中最具根本意义的问题。"五大发展理念"主题主旨相通、目标指向一致，是具有内在联系的集合体。在这一理念集合体中，共享发展理念旗帜鲜明地回答了发展成果由谁享有的问题，那就是由全体人民共享、由13亿多中国人共享。习近平同志强调："要坚持以人民为中心的发展思想，这是马克思主义政治经济学的根本立场。要坚持把增进人民福祉、促进人的全面发展、朝着共同富裕方向稳步前进作为经济发展的出发点和落脚点。"这深刻阐明了共享发展就是以人民为中心的发展，就是把实现13亿多中国人的幸福作为目的和归宿的发展。共享发展理念，坚持以人为本，把创新发展、协调发展、绿色发展、开放发展的合规律性与共享发展的合目的性有机统一起来，揭示不同发展理念之间内在的必然的联系，构成一个系统化的逻辑体系，使"五大发展理念"成为引领发展实践、开创美好未来的一面旗帜。共享发展理念是把马克思主义发展观与当今中国实际、时代潮流、群众期盼紧密结合起来的理论创新成果，是关于促进社会公平正义、逐步实现全体人民共同富裕的理论创新成果，是对科学发展观的坚持和发展，进一步推进了马克思主义发展观的中国化当代化大众化，使我们对发展规律的认识跃升到新境界。

（3）建设公正社会，促进共享发展。共享不只是理想，而有实实在在的内容。这就是以推进社会公平正义为前提，以推进扶贫脱贫、缩小收入差距为抓手，以推进区域、城乡基本公共服务均等化为保障，以推进共同富裕为目标。

第一，推进社会公平正义。共享与公平正义互为依托、相辅相成。没有共享谈不上公平正义，没有公平正义更不可能共享。共享要求人人参与、人人尽力、人人享有，体现统筹兼顾、追求普遍受益，这样的发展状态是以社会公平正义为前提的。习近平同志强调："全面深化改革必须着眼创造更加公平正义的社会环境，不断克服各种有违公平正义的现象，使改革发展成果更多更公平惠及全体人民。"这阐明了公平正义与共享改革发展成果之间的内在联系，要求我们在促进共享发展时必须抓住"创造更加公平正义的社会环境"这个关键和要害。抓住公平正义，就抓住了影响共享发展的症结，找到了促进共享发展的良方，牵住了走向共享发展的"牛鼻子"。新形势下，只有着眼于推进社会公平正义，破除重效率轻公平、重城市轻农村、重GDP轻民生、重"做大蛋糕"轻"分好蛋糕"等观念，加紧建设对保障社会公平正义具有重大作用的制度，保证人民平等参与、平等发展权利，才能有效促进共享发展。

第二，推进扶贫脱贫，缩小收入差距。共享不是搞平均主义，共享承认差距，但要求把差距控制在合理范围内，防止贫富差距悬殊，尤其要努力消除贫困。目前，我国消除贫困的任务依然十分艰巨，贫困人口脱贫已成为全面建成小康社会最艰巨的任务、促进共享发展最基本的要求。确保到 2020 年我国现行标准下农村贫困人口实现脱贫，是我们党向人民作出的郑重承诺。兑现这个承诺，必须按照习近平同志要求的那样"立下愚公移山志，咬定目标、苦干实干"，解决好"扶持谁""谁来扶""怎么扶"等问题，采取过硬、管用的举措啃下脱贫这块"硬骨头"，打赢脱贫这场攻坚战。在推进扶贫脱贫的基础上，还要乘势而上，不断缩小收入差距。当前，我国居民收入差距还比较大。收入差距不缩小，共享发展就缺乏稳固的根基。我们必须在不断做大"蛋糕"的同时把"蛋糕"分好，形成体现公平正义要求、符合共享发展方向的收入分配格局。

第三，推进区域、城乡基本公共服务均等化。共享享有什么？一项重要内容是公共服务。基本公共服务作为党和政府为满足人民群众共同需求而提供的、使社会成员共同受益的各种服务，必须坚持普惠性、保基本、均等化、可持续的发展方向。习近平同志高度重视基本公共服务均等化问题，把加强和优化公共服务作为促进社会公平正义、促进共同富裕的重要抓手。当前，受发展水平制约，我国东中西部之间、城市与农村之间基本公共服务水平差距较大，尤其是革命老区、民族地区、边疆地区、贫困地区财力相对有限，基本公共服务水平较低，影响了人民群众共享改革发展成果。促进共享发展，就要着眼全体人民，从解决人民群众最关心最直接最现实的利益问题入手，增加财政转移支付，紧盯薄弱地区和困难群体补短板，完善基本公共服务体系，努力实现基本公共服务全覆盖，让全国各地基本均等、全体人民普遍受惠。

第四，推进共同富裕目标逐步实现。共享是广大人民群众共同享有，是要消除贫富悬殊、避免两极分化，其方向和目标是共同富裕。我们党作为马克思主义执政党，执政是为了实现好、维护好、发展好最广大人民的根本利益，而不是为了一部分人、少数人的利益。党领导的社会主义事业，是要在解放生产力、发展生产力的基础上使全体人民最终实现共同富裕。贫穷不是社会主义，两极分化也不是社会主义，让人民群众共享改革发展成果、进而实现共同富裕才是社会主义的本质要求。习近平同志强调："面对人民过上更好生活的新期待，我们不能有丝毫自满和懈怠，必须再接再厉，使发展成果更多更公平惠及全体人民，朝着共同富裕方向稳步前进。"共享发展的目标是实现共同富裕，但也应认识到，从共享走向共同富裕是一个长期过程，任重而道远，不可能一蹴而就。今天，我们促进共享发展，既要明确方向和目标，也要把握好阶段性特征，脚踏实地、一步一个脚印走向共同富裕。

（4）人人参与，人人尽力，人人享有。共享需要共建，共建为了共享。只有牢牢把握共建与共享的辩证法，在全社会营造人人参与、人人尽力、人人享有的良好环境，以共享引领共建、以共建推动共享，才能厚植发展优势、凝聚发展伟力、提升发展境界。

首先，要在创新制度、引导舆论中营造共建共享良好环境。共建的动力能不能增强，共享的水平能不能提高，有赖于良好的社会环境。抓社会环境，关键是抓制度环境和思想舆论环境。抓制度环境，就要认真审视我们各方面体制机制和政策规定。哪里有不利于人民共享改革发展成果的问题，哪里有不利于实现社会公平正义的问题，哪里就要进行改革，通过创新制度安排保障人人参与的权利、提供人人尽力的机会，让人人享有改革发展成果。抓思想舆论环境，就要通过理论武装让领导干部认识到，共享发展关乎发展成败、关乎人民福祉、关乎党的执政地位、关乎国家长治久安，使领导干部真正把思想认识摆端正、搞对头；通过广泛宣传引导让广大群众认识到，中国特色社会主义事业是亿万人民自己的事业，亿万人民理所当然是享有者，也理所当然是建设者，只有众人拾柴才能火焰高，只有众人划桨才能开大船。舆论引导和制度创新这一柔一刚同向同时发力，就能营造共建共享的良好环境、不断提升共建共享水平。

其次，要在增强素质、提升能力中不断增进人民福祉。共享发展能不能为发展聚力、让人民满意，考验党的执政水平，考验领导干部这一"关键少数"的素质和能力。新理念要求有新作为，新作为依靠过硬素质和能力。如果领导干部的素质和能力与共享发展要求不相适应，工作中就会无所适从，出现不会为、不善为甚至不作为、乱作为现象。领导干部推动发展，头脑里要始终有共享这个理念，心里要始终有人民这个概念，以人民为中心、以百姓心为心，有利于共享发展的坚决去做，不利于共享发展的坚决不做；加强学习调研认清"时"、把握"势"，加强实践历练掌握"几把刷子"，在推动共享发展上有新思路、新举措，以共享为标杆来衡量与检验实际工作，瞄准影响共享发展的障碍与问题发力，使发展更具有公平性、普惠性，使全体人民在发展中有更多获得感、更强幸福感。

最后，要在人人参与、人人尽力中共同推进国家建设。天下没有免费的午餐，没有共建就没有共享。坚持共享发展，既追求人人享有，也要求人人参与、人人尽力，人人都为国家发展、民族振兴和个人幸福贡献自己的力量。今天的中国，虽然经济总量已经跃居世界第二、综合国力大幅提升，但还处在社会主义初级阶段，无论人均GDP水平、科技教育水平还是生态水平，同发达国家相比都还有较大差距。即使将来经济总量超越美国成为世界第一，我国的人均GDP也还不高。我们没有任何理由骄傲自满，我们每个人都不应企望坐享其成。共享不是不劳而获，要共享首先要共建、要共同奋斗。"大鹏之动，非一羽之轻也；骐骥之速，非一足之力也。"每个人都应秉持"天下兴亡，匹夫有责"的精神，继续发扬艰苦奋斗的精神，有梦想、讲担当、重奋斗，为国家为民族也为自己放射生命的光和热。

今天的中国，正一步步走向世界舞台的中心，但仍需拔钉抽楔、披荆斩棘；今天的中华民族，正一步步接近民族复兴的目标，但仍需居安思危、困知勉行。只有坚持创新发展、协调发展、绿色发展、开放发展、共享发展，让"五大发展理念"成为攻坚克难的强大思想武器，让13亿人民人人参与、人人尽力、人人享有，中国的发展才能拥有来自科学理念的强大威力、来自人民群众的雄厚伟力，才能克服各种困难，不断开拓新境界。

（二）"五大发展理念"之间的相互关系

发展是当今时代的主题之一，是中国共产党执政兴国的第一要务。"聚精会神搞建设、一心一意谋发展，着力把握发展规律、创新发展理念、破解发展难题"是党的十八大提出的重要任务。围绕"创新发展理念"，党的十八届五中全会明确提出了"创新、协调、绿色、开放、共享"的五大发展理念，反映了我们党对社会主义建设规律的新认识。认真贯彻落实五大发展理念，必须准确把握它们的辩证关系。

1. "五大发展理念"之间的相互联系

（1）创新发展是动力。创新是一个民族进步的灵魂，是一个国家兴旺发达的不竭动力，也是一个政党永葆生机的源泉。创新要着力解决的是发展动力问题。当前，从国际形势看，国家综合国力竞争本质上是创新能力的竞争。从国内经济社会发展看，改革开放以来，经过30余年的持续快速发展，我国经济总量已跃居世界第二，人均GDP接近8000美元，但产业层次低、发展不平衡和资源环境刚性约束增强等矛盾愈加凸显，处于跨越"中等收入陷阱"的紧要关头。当前我国经济发展进入新常态，基本特点是速度变化、结构优化和动力转换，其中动力转换最为关键，决定着速度变化和结构优化的进程和质量。未来五年是全面建成小康社会的决胜阶段，能否成功转变发展方式，能否成功推进产业升级，能否成功跨越"中等收入陷阱"，关键要看能否依靠创新打造发展新引擎，创造一个新的更长的增长周期。为此，党的十八届五中全会强调，必须把创新摆在国家发展全局的核心位置，不断推进理论创新、制度创新、科技创新、文化创新等各方面创新，让创新贯穿党和国家一切工作，让创新在全社会蔚然成风。全会还描绘了未来五年实施创新发展的路线图，即培育发展新动力、拓展发展新空间、深入实施创新驱动发展战略、大力推进农业现代化、构建产业新体系、构建发展新体制、创新和完善宏观调控方式。

（2）协调发展是方法。协调发展是科学发展的重要举措，着重解决的是发展不平衡问题。改革开放以来，中国的协调发展取得显著成绩，但经济社会发展中存在的不平衡、不协调、不可持续问题依然存在，缩小城乡、区域发展差距和促进经济社会协调发展任务仍十分艰巨。下好"十三五"时期发展全国的一盘棋，协调发展是制胜要诀。在发展内容上，要协调好经济、政治、文化、社会、生态各个领域的共同发展，促进物质文明、精神文明、政治文明、生态文明和社会文明的协调发展，推动经济建设和国防建设融合发展。在发展空间上，要注重发展的整体性，完善区域政策，协调好东部与西部、城市与乡村、发达地区与欠发达地区的发展，促进各地区协调发展、协同发展、共同发展；同时，还要协调好国内与国外的发展，在世界范围内形成各经济体良性互动、协调发展的格局。在发展的时间维度上，要协调好现在和未来的发展，坚持走生产发展、生活富裕、生态良好的文明发展道路，实现速度和结构质量效益相统一、经济发展与人口资源环境相协调，实现经济社会永续发展。

（3）绿色发展是方向。走向生态文明新时代，建设美丽中国，是实现中华民族伟大复兴中国梦的重要内容。绿色发展着力要解决的是人与自然和谐问题，目的是建设资源节约和环境友好的美丽中国。绿色发展决定发展的方向，是加快推进生态文明建设的进一步深化，也是未来发展的新路径。实现绿色发展，要正确处理好经济发展同生态环境保护的关系，牢固树立保护生态环境就是保护生产力、改善生态环境就是发展生产力的理念，更加自觉地推动绿色发展、循环发展、低碳发展。要构筑尊崇自然、绿色发展的生态体系，解决好工业文明带来的矛盾，以人与自然和谐相处为目标，实现世界的可持续发展和人的全面发展。把生态文明建设融入经济建设、政治建设、文化建设、社会建设各方面和全过程，形成节约资源、保护环境的空间格局、产业结构、生产方式、生活方式，为子孙后代留下天蓝、地绿、水清的生产生活环境。用严格的法律制度保护生态环境，加快建立有效约束开发行为和促进绿色发展、循环发展、低碳发展的生态文明法律制度，强化生产者环境保护的法律责任，大幅度提高违法成本。建立健全自然资源产权法律制度，完善国土空间开发保护方面的法律制度，制定完善生态补偿和土壤、水、大气污染防治及海洋生态环境保护等法律法规，促进生态文明建设。就生态文明建设的国际合作来说，就是要同世界各国深入开展生态文明领域的交流合作，推动成果分享，携手共建生态良好的地球美好家园；就"十三五"期间实现绿色发展的主要任务来说，要促进人与自然和谐共生、加快建设主体功能区、推动低碳循环发展、全面节约和高效利用资源、加大环境治理力度、筑牢生态安全屏障。

（4）开放发展是战略。中国的发展离不开世界，这是改革开放30多年的重要经验。开放发展着重要解决的是发展的内外联动问题。进入新世纪以来，经济全球化日益深入，各经济体相互依赖、相互联系的程度日益加深，人类成为命运共同体，中国发展处于大有作为的重要战略机遇期。同时，世界经济格局发生新变化，国际金融危机影响深远，系统性和结构性风险仍然比较突出，我国面临未来发展的挑战仍十分严峻。当今中国的发展特别是新常态下的中国经济发展，必须着眼于全球视野来解决各种发展难题，为全球发展作出更大贡献。因此，"十三五"期间，要丰富对外开放内涵，提高对外开放水平，协同推进战略互信、经贸合作、人文交流，努力形成深度融合的互利合作格局，开创对外开放新局面。要完善对外开放战略布局，形成对外开放新体制，推进"一带一路"建设，深化内地和港澳、大陆和台湾地区合作发展，积极参与全球经济治理，积极承担国际责任和义务。

（5）共享发展是归宿。共享着重要解决的是社会公平正义问题。公平正义是中国特色社会主义的内在要求。实现社会公平正义是中国共产党人的一贯主张，是发展中国特色社会主义的重大任务。社会主义事业是最广大人民的事业，发展的最终目的是为了人民，保证人人享有发展机遇、享有发展成果。因此，共享是中国特色社会主义的本质要求，也是实现公平正义的重要举措。实现共享发展，要在全体人民共同奋斗、经济社会发展的基础上，加紧建设对保障社会公平正义具有重大作用的制度，逐步建立以权利公平、机会公平、规则公平为主要内容的社会公平保障体系，努力营造公平的社会环境，保证人民平等参与、平等发展权利。就当前来说，坚持共享发展、着力增进人民福祉，就是要增加公共服务供给、实施脱贫攻坚工程、提高教育质量、促进就业创业、缩小收入差距、建立更加公平更可持续的社会保障制度、推进健康中国建设、促进人口均衡发展。共享不仅是国内的，还是国际的。就国际范围内促进共享发展而言，就是要坚持团结互信、平等互利、包容互鉴、合作共赢，促进不同种族、不同信仰、不同文化背景的国家共享和平、共同发展。

站在新的历史起点上，面对日益严峻的现实挑战和实现中华民族伟大复兴的历史任务，必须从关系中华民族前途命运的高度科学认识五大发展理念的重大意义，坚持创新发展、协调发展、绿色发展、开放发展、共享发展。

2. "五大发展理念"各有侧重，是一个不可或缺的统一整体

五大发展理念相互贯通、相互促进，是具有内在联系的集合体。

创新发展，注重的是更高质量、更高效益。坚持创新发展，将使一国、一地区的发展更加均衡、更加环保、更加优化、更加包容。也就是说，创新发展对协调发展、绿色发展、开放发展、共享发展具有很强的推动作用。

协调发展，注重的是更加均衡、更加全面。坚持协调发展，将显著推进绿色发展和共享发展进程。更加注重生态保护、社会保护，是协调发展的题中之义。

绿色发展，注重的是更加环保、更加和谐。坚持绿色发展，将深刻影响一地区的发展模式和幸福指数。要想实现绿色发展，需要不断地技术创新和理念创新。同时，绿色发展将显著提高人们的生活质量，使共享发展成为有质量的发展。

开放发展，注重的是更加优化、更加融入。坚持开放发展，将增强我国经济的开放性和竞争性。开放发展是一国繁荣的必由之路。纵观世界，凡是走封闭之路的国家，无一不是走向失败国家的行列。开放发展，将使发展更加注重创新，更加重视生态文明的影响，更加有利于实现共享发展。

共享发展，注重的是更加公平、更加正义。坚持共享发展，是坚持其他四种发展的出发点和落脚点。一切的发展，都是为了人的发展。坚持共享发展，将为其他四种发展提供伦理支持和治理动力。

五大发展理念缺一不可。哪一个发展理念贯彻不到位，发展进程都会受到影响。唯有统一贯彻，出实招、破难题，才能如期全面建成小康社会。

3. "五大发展理念"的基点和目的不同

第一,坚持创新发展理念,开创发展新局面。创新是发展的动力。必须把创新摆在国家发展全局的核心位置,不断推进理论创新、制度创新、科技创新、文化创新等,让创新贯穿各方面,让创新在全社会蔚然成风。人人都是创业、创新主体,天天都有创业、创新机会,各行各业都需要创新。创新是发展的基点,要形成促进创新的体制架构,塑造更多依靠创新驱动、更多发挥先发优势的引领型发展。激发创新创业活力,推动大众创业、万众创新,释放新需求,创造新供给,推动新技术、新产业、新业态蓬勃发展。实施网络强国战略,实施"互联网+"行动计划,发展分享经济,实施国家大数据战略。深入实施创新驱动发展战略,发挥科技创新在全面创新中的引领作用。构建有利于创新发展的新体制,加快形成有利于创新发展的市场环境、产权制度、投融资体制、分配制度、人才培养引进使用机制。创新要有正确的方向和方法,必须符合事物发展的规律。创新是时代的主旋律和最强音,是社会发展的主要动力。创新,既是整个时代社会实践的高度概括,也是人们精神状态的深刻反映,是时代精神和灵魂的体现。学习是培养创新精神、开发创新能力的重要手段。需要学习创新理论,准确理解创新概念,了解国家创新体系的内容、结构和功能,训练创新思维,确立创新精神,掌握创新方法,用恰当的理论指导创新实践,培养创新能力,才能推进创新发展。

第二,坚持协调发展理念,实现全方位协调。发展是一个系统工程,必须使各领域、各部门、各地区相互配合,协调发展。正确认识改革、发展、规划的关系。改革要与发展相匹配,加强总体设计、总体布局,正确处理好发展中的重大关系,注意各项改革的关联性、系统性、耦合性,重点促进城乡区域协调发展,促进经济社会协调发展,促进新型工业化、信息化、城镇化、农业现代化同步发展,增强国家硬实力与提升国家软实力相结合,不断增强发展整体性。必须在协调发展中拓宽发展空间,在加强薄弱领域中增强发展后劲。推动区域协调发展、城乡协调发展、物质文明和精神文明协调发展、发展经济和保护环境协调发展、经济建设和国防建设融合发展,坚持发展和安全兼顾,实现全方位的协调发展。

第三,坚持绿色发展理念,保障可持续发展。绿色发展就是可持续发展、充满活力和后劲的发展,是着眼于长期的、有利于代际公平的发展。必须坚持节约资源和保护环境的基本国策,坚定走生产发展、生活富裕、生态良好的文明发展道路,加快建设资源节约型、环境友好型社会,形成人与自然和谐发展现代化建设新格局,推进美丽中国建设,为全球生态安全作出新贡献。要树立尊重自然、顺应自然、保护自然的理念，发展和保护相统一的理念，绿水青山就是金山银山的理念，自然价值和自然资本的理念，空间均衡的理念，山水林田湖是一个生命共同体的理念。加强生态环境治理，筑牢生态安全屏障，坚持保护优先、自然恢复为主。促进人与自然和谐共生，构建科学合理的城市化格局、农业发展格局、生态安全格局、自然岸线格局，推动建立绿色低碳循环发展产业体系。

第四，坚持开放发展理念，融入全球化进程。在全球化时代，必须加强开放的力度、推进开放的深度、扩大开放的广度。顺应我国经济深度融入世界经济的趋势，奉行互利共赢的开放战略，发展更高层次的开放型经济，积极参与全球经济治理和公共产品供给，提高我国在全球经济治理中的制度性话语权，构建广泛的利益共同体。必须丰富对外开放内涵，提高对外开放水平，协同推进战略互信、经贸合作、人文交流，努力形成深度融合的互利合作格局。完善对外开放战略布局，形成对外开放新体制，推进"一带一路"建设，推进同有关国家和地区多领域互利共赢的务实合作，加强公共外交，打造陆海内外联动、东西双向开放的全面开放新格局。深化内地和港澳、大陆和台湾地区合作发展，积极参与全球经济治理，促进国际经济秩序朝着平等公正、合作共赢的方向发展。开放、交流、合作紧密相连，将为我们拓展更广阔的空间。

第五，坚持共享发展理念，促进整全性发展。共享发展就是按照人人参与、人人尽力、人人享有的要求，促进整体、全面发展。坚持中国特色社会主义道路，必须坚持发展为了人民、发展依靠人民、发展成果由人民共享，使全体人民在共建共享发展中有更多获得感，增强发展动力，增进人民团结，朝着共同富裕方向稳步前进。注重机会公平，保障基本民生，实现全体人民共同迈入全面小康社会。增加公共服务供给，从解决人民最关心最直接最现实的利益问题入手，提高公共服务共建能力和共享水平。提高教育质量，促进就业创业，缩小收入差距，建立更加公平更可持续的社会保障制度，推进健康中国建设，促进人口均衡发展。坚持以人民为主体，加强经济社会发展重大问题和涉及群众切身利益问题的协商，依法保障人民各项权益，激发各族人民建设祖国的主人翁意识，最终实现国家、社会与人的全面发展。

创新、协调、绿色、开放、共享的发展理念是相互联系的有机整体。完整地把握这五大理念，并贯彻落实到具体实践之中，将使我国进入发展的新境界。

三 "五大发展理念"是指导当前公平与效率关系的具体行动指南

创新、协调、绿色、开放、共享发展理念，是党的发展理论的重大创新，与党的发展思想进程既一脉相承又与时俱进，是指导和推动发展的重要引领。创新发展是提升效率与公平并重发展的生命之源，协调发展是保障效率与公平并重发展的生命之魂，绿色发展是维护效率与公平并重发展的常青之树，开放发展是促进效率与公平并重发展的必由之路，共享发展是体现效率与公平并重发展的立身之本。

（一）从《论十大关系》到"五大发展理念"：发展理论的与时俱进

《论十大关系》和党的八大开启了对发展理论的自觉探索。以毛泽东同志为代表的党的第一代领导集体对发展的重要性和紧迫性有着高度清醒的认识，在新中国成立初期外部全面封锁、国内百废待举的历史条件下，即开始了党的发展理论的自觉探索，提出以苏为鉴、独立探索中国社会主义建设道路。毛泽东发表《论十大关系》和《关于正确处理人民内部矛盾的问题》，从什么是发展、怎样发展的角度，精辟分析了我国开始大规模社会主义建设带有全局性的十大关系和十二个矛盾，提出社会主义社会的基本矛盾是推动社会主义事业不断前进的根本动力；适时指出党的根本任务是团结全国各族人民，迅速发展经济和文化，建设富强繁荣的国家；指出社会主义建设必须处理好重工业与轻工业、农业的关系，沿海工业与内地工业的关系，经济建设与国防建设的关系，国家、生产单位与生产者个人的关系，中央与地方的关系，汉族与少数民族的关系，中国与外国的关系等；提出综合平衡、统筹兼顾的发展方针，以农业为基础、工业为主导、农轻重协调发展。党的八大进一步明确，我国社会的主要矛盾已经是人民对于经济文化迅速发展的需要同当前经济文化不能满足人民需要状况之间的矛盾，主要任务是集中力量发展社会生产力，这是对中国发展基本问题的重大判断。党在执政之初关于发展问题的开创性探索，奠定了党的发展理论的重要思想基础，对我国发展实践有着深远的指导意义。

"发展是硬道理"彰显了邓小平理论的鲜明主题。十一届三中全会把党和国家的工作重心转移到经济建设上来，进入了改革开放新时期，以邓小平同志为核心的党的第二代领导集体在探索什么是社会主义、怎样建设社会主义的过程中，形成了以发展为鲜明主题的邓小平理论。邓小平基于我国处于社会主义初级阶段这一发展基点的准确定位，响亮提出"发展才是硬道理"，社会主义的根本任务是解放和发展生产力，中国解决所有问题的关键靠自己的发展。邓小平不仅强调必须发展，而且是怎样实现发展的总设计师。在邓小平理论指导下，党制定了体现发展要旨的"一个中心，两个基本点"的基本路线，以"三个有利于"作为衡量党和国家工作的根本标准，规划了我国现代化建设"三步走"的发展战略，提出科学技术是第一生产力，坚持物质文明和精神文明"两手抓，两手都要硬"。邓小平还把全面持续发展作为制定方针政策和发展战略的一个重要出发点，把人口、资源和环境问题放在国民经济和社会发展的战略全局，指出"经济发展后劲的大小，越来越取决于劳动者的素质"，"要采取有力的步骤，使我们的发展能够持续、有后劲"。邓小平理论彰显了党的发展理论的实质，开辟了中国特色社会主义发展道路。

"发展是我们党执政兴国的第一要务"深化了对发展规律的认识。世纪之交，以江泽民同志为核心的党的第三代领导集体站在新的历史方位，在探索建设一个什么样的党、怎样建设党的过程中，把发展提到了党执政兴国的第一要务的高度，阐明发展是贯穿"三个代表"重要思想的主题，创造性回答了中国特色社会主义的发展道路、发展阶段、发展战略、发展动力和发展的根本任务、依靠力量、领导力量、国际战略等重大问题。江泽民发表《正确处理社会主义现代化建设中的若干重大关系》，针对社会主义市场经济条件下的新矛盾和新问题，深刻论述了对于经济社会发展具有决定意义的十二个重大关系，包括正确处理改革、发展、稳定这个总揽全局的关系，速度和效益的关系，经济建设和人口资源环境的关系，第一、第二、第三产业的关系，东部地区和中西部地区的关系，市场机制和宏观调控的关系，公有制经济和其他经济成分的关系，收入分配中国家、企业和个人的关系，扩大对外开放和坚持自力更生的关系，中央和地方的关系，国防建设和经济建设的关系，物质文明建设和精神文明建设的关系。党中央还确定了抓住机遇、深化改革、扩大开放、促进发展、保持稳定的大局方针，明确了建立和完善社会主义市场经济的改革发展目标，提出了转变经济增长方式的重大任务，实施科教兴国战略、可持续发展战略、西部大开发战略，走新型工业化道路等。"三个代表"重要思想深化了社会主义现代化建设规律的认识，丰富和拓展了党的发展理论。

科学发展观系统阐述和提升了党的发展理论。经过20多年改革开放，我国经济社会迅速腾飞，与此同时，发展"不平衡、不协调、不可持续"

第六章 "五大发展理念"是指导公平与效率关系的具体行动指南

等问题显现出来。党的十六大以来,以胡锦涛同志为总书记的党中央围绕什么是发展、怎么样发展等一系列重大问题,认真总结我国发展实践,准确把握发展的阶段性特征,及时提出和全面贯彻科学发展观,开拓了经济社会发展的广阔空间。科学发展观第一要义是推动经济社会发展,核心立场是以人为本,基本要求是全面协调可持续,根本方法是统筹兼顾。科学发展观揭示了发展的本质和内涵,是马克思主义关于发展的世界观和方法论的集中体现,对新形势下发展问题作出了新的科学回答,把对中国特色社会主义规律的认识提高到新的水平。贯彻落实科学发展观,要求转变发展方式,调整经济结构,推进改革创新,重视节能环保,努力关注民生,坚持不懈地走经济社会持续健康发展的科学道路。科学发展观是对党的三代领导集体发展理论的继承和发展,党的十八大将其同马克思列宁主义、毛泽东思想、邓小平理论、"三个代表"重要思想一道,确立为党必须长期坚持的指导思想。

五大发展理念升华了党的发展理论的新境界。十八大以来,以习近平同志为总书记的党中央把握当今世界经济正处于深度调整、中国经历新旧动能转化的时代大势,围绕国家治理体系和治理能力现代化,适应和引领经济发展新常态,协调推进"四个全面"战略布局,提出创新发展、协调发展、绿色发展、开放发展、共享发展,这是具有高度战略性、纲领性和引领性的理性认识。创新是引领经济社会发展的第一动力,摆在国家发展全局的核心位置,既是对科技是第一生产力的进一步深化,又使创新进入了理论、制度、文化等综合层面;协调是经济社会持续健康发展的内在要求,旨在实现全方位的均衡协调发展,增强发展整体性和协调性;绿色是实现中华民族永续发展和人民对美好生活追求的重要体现,既是对人类文明发展经验教训的历史总结,又是引领中国长远发展的战略谋划;开放是国家繁荣发展的必由之路,从全球视野思考中国发展问题,是基于改革开放成功经验的历史总结,也是拓展经济发展空间、提升开放型经济发展水平的必然要求;共享是中国特色社会主义的本质要求,全面建成小康社会的必然结果,使全体人民在共建共享发展中有更多获得感。五大发展理念着力解决发展动力、发展平衡、人与自然和谐、发展内外联动、社会公平正义等问题,是发展思路、发展方向、发展着力点的集中体现,是内在联系、相互贯通、相互促进的有机整体。用新的发展理念引领新的发展实践,使得中国未来的发展路径更为清晰、更加明确。

五大发展理念破解发展难题,补齐发展短板,厚植发展优势,增强发展动力,超越发展悖论,科学回答了关系我国长远发展的重大理论和实践问题，以创新性、深刻性和系统性升华了党对经济社会发展规律的认识，是我们党关于发展问题的经验集成和思想结晶，开辟了党的发展理论的新境界，极大丰富了马克思主义发展观。牢固树立并切实贯彻五大发展理念，"是关系我国发展全局的一场深刻变革"，要求我们增强思想自觉和行动自觉，用五大发展理念统领经济社会发展全局，衡量和检验发展实践，推动我国经济社会发展不断迈上新台阶。

（二）从"四个全面"到"五大发展理念"：发展战略的具体深化

党的十八大以来，党中央从坚持和发展中国特色社会主义全局出发，提出并形成了全面建成小康社会、全面深化改革、全面依法治国、全面从严治党的战略布局。党的十八届五中全会，明确把"四个全面"战略布局写入"十三五"时期我国发展的指导思想，并进一步提出引领发展行动的创新、协调、绿色、开放、共享"五大发展理念"，指明了"十三五"乃至更长时期我国的发展思路、发展方向、发展着力点。

从形成"四个全面"战略布局到提出"五大发展理念"，我们党不断推进实践基础上的理论创新，不断深化对"三大规律"的认识，不断拓展马克思主义中国化的新境界。

1. 从"四个全面"战略布局到"五大发展理念"是实现中国梦战略目标的必然要求

中国特色社会主义发展的内在逻辑决定了全面的战略思维和综合的发展理念的形成和发展。"四个全面"战略布局是对中国实践、中国经验的高度总结和概括；"五大发展理念"是对中国社会发展进一步的反思和全方位的阐释。这些思想或观点构成了中国梦理论的重要元素，既反映了社会实践发展的深层逻辑，又蕴含了古今中外的哲学智慧，并带有鲜明的中国话语特色。

新时代呼唤全面的战略思维和综合的发展理念。当代中国社会发展进入一个新的阶段，全面建成小康社会已进入关键时期，社会发展呈现出经济新常态、政治新生态、文化新样态等特征，社会实践的丰富性、整体性、复杂性，对马克思主义理论发展特别是中国特色社会主义理论发展提出了新的时代课题和创新发展要求，现实比以往更需要用整体性思维破解发展难题，更需要用全面的发展思维分析和对待现代化进程中的各种错综复杂的矛盾关系。"四个全面"战略布局和"五大发展理念"正是对当代中国社会发展问题和经验的全面反思、总结，是对马克思主义辩证法思想的具体运用，是对中国特色社会主义理论关于社会全面进步思想的进一步展开和深化。

如果说"四个全面"战略布局确立了新形势下党和国家各项工作的战略目标和战略举措,那么"五大发展理念"则为顺利推进"四个全面"战略布局提供了具体发展思路和方向。"五大发展理念"立足国家整体利益、根本利益、长远利益,以重大问题为导向,聚焦突出问题和明显短板,回应群众的强烈诉求和热切期盼,体现了党和国家战略意图的基本理念,是我国发展思路、发展方向、发展着力点的集中体现,也是改革开放 30 多年来我国发展经验的集中体现,是对我国发展规律的新认识。"五大发展理念"的重大意义在于能够指导我们"破解发展难题、增强发展动力、厚植发展优势"。

"四个全面"战略布局和"五大发展理念"是对当代中国社会发展规律和实践逻辑的新阐释,是对中国特色社会主义发展理念的新发展,二者是内在统一的。"四个全面"回答了当代中国发展的战略目标、战略重点和主要矛盾,强调认识和实践的全面性、完整性;"五大发展理念"关注实现全面建成小康社会这一目标的发展过程的内在要求、科学原则和价值诉求,是对"四个全面"战略布局的路径展开,强调发展的综合性、多维度。可以说,"四个全面"是"五大发展理念"的战略统领,"五大发展理念"是"四个全面"的具体展开。"四个全面"战略布局和"五大发展理念"为中国社会发展确立了科学的指南和正确的价值引领,为实现"两个一百年"的奋斗目标和中华民族伟大复兴中国梦奠定了坚实的思想基础。

2. "四个全面"战略布局是坚持和发展中国特色社会主义的理论指导和实践指南

"四个全面"战略布局,是习近平总书记系列重要讲话的核心内容,确立了新形势下党和国家各项工作的战略目标和战略举措,为我们在新的历史条件下正确处理各种重大关系、解决各种突出问题,更好地坚持和发展中国特色社会主义提供了理论指导和实践指南。

其一,正确把握国际关系新变化,为破解"修昔底德陷阱"[①] 提供了

---

① "修昔底德陷阱",是指一个新崛起的大国必然要挑战现存大国,而现存大国也必然会回应这种威胁,这样战争变得不可避免。此说法源自古希腊著名历史学家修昔底德,他认为,当一个崛起的大国与既有的统治霸主竞争时,双方面临的危险多数以战争告终。2014 年 1 月 22 日,《世界邮报》创刊号刊登了对中国国家主席习近平的专访。针对中国迅速崛起后,必然与美国这样的旧霸权国家发生冲突的担忧,习近平在专访中说,我们都应该努力避免陷入"修昔底德陷阱",强国只能追求霸权的主张不适用于中国,中国没有实施这种行动的基因。

理论指导和实践指南。当前，各种国际力量加速分化组合，大国关系进入全方位角力新阶段。中国日益走向世界政治舞台中央，国际影响力不断扩大。面对我国安全和发展日益复杂的国际环境，我们党既顺应时代潮流，毫不动摇地坚持改革开放，走和平发展道路，又立足中国实际，坚持独立自主，决不照搬西方道路和制度模式。我们党创造性地把国家现代化目标与改革开放动力和依法治国保障统一起来，创新性地把党的领导与实现全面建成小康社会奋斗目标和全面深化改革、全面依法治国统一起来，提出并形成了"四个全面"战略布局，这为我们正确把握国际国内两个大局，坚定不移走中国特色社会主义道路提供了理论指导和实践指南。

其二，深刻反映我国发展新要求，为破解"中等收入陷阱"提供了理论指导和实践指南。经过30多年改革开放和持续快速发展，我国基本国情内涵发生了深刻变化，综合国力和人民生活水平都上了一个大台阶，但也相应产生了新的矛盾问题。面临着严峻的"中等收入陷阱"挑战。

党的十八大以来，习近平总书记一方面提出中国梦的奋斗目标，强调中国梦是国家富强、民族振兴和人民幸福的内在统一，坚持把促进社会公平正义、增进人民福祉作为实现"两个一百年"奋斗目标和中华民族伟大复兴中国梦的根本价值取向；另一方面，围绕全面建成小康社会战略目标，相继提出全面深化改革、全面依法治国和全面从严治党的三大战略举措，形成了"四个全面"战略布局，自觉把战略目标与战略举措内在统一起来，把解决好生产力与生产关系之间的矛盾与解决好经济基础与上层建筑之间的矛盾辩证统一起来，把实现社会主义各项事业全面发展、安全发展与促进不同社会阶层共同发展、公平发展辩证统一起来，把坚持党的领导与实现治理方式现代化辩证统一起来，为我们正确解决人与社会矛盾、人与自然矛盾，破除"中等收入陷阱"提供了理论指导和实践指南。

其三，正确处理党群关系，为破解"塔西佗陷阱"提供了理论指导和实践指南。在新的历史起点上坚持和发展中国特色社会主义，我们党面临的执政考验、改革开放考验、市场经济考验、外部环境考验是长期的、复杂的、严峻的，精神懈怠危险、能力不足危险、脱离群众危险、消极腐败危险更加尖锐地摆在全党面前。当前，脱离群众已经成为党执政面临的最大危险，权力滥用和腐败严重侵蚀了党的机体活力，"塔西陀陷阱"已经成为我们党执政面临的严峻挑战。

党的十八大以来，习近平总书记既强调中国共产党是实现"两个一百年"奋斗目标和中华民族伟大复兴中国梦的主心骨，又强调打铁还要自身硬，提出了党要管党、从严治党的战略任务，并把全面从严治党置于"四个全面"战略布局之中，实现了加强党的自身建设与实现党的奋斗目标的辩证统一、加强思想建党与制度建党的辩证统一、建章立制与执行落实的辩证统一、自上而下与自下而上的辩证统一。"四个全面"战略布局，是正确处理党群关系、权法关系、发展与治理关系的新理论，为有效克服"塔西陀陷阱"提供了理论指导和实践指南。

其四，正确处理富国与强军关系，为破解"安全困境"提供了理论指导和实践指南。中国经济发展已经成为世界经济发展的新引擎，但是，影响我国发展的"安全困境"却在不断增大。习近平总书记强调，国防和军队建设，必须放在实现中华民族伟大复兴这个大目标下来认识和推进，服从服务于这个国家和民族最高利益。努力实现党在新形势下的强军目标，为中国梦提供坚强力量保证。

习近平总书记站在国家发展和安全战略高度，强调必须按照全面建成小康社会、全面深化改革、全面依法治国、全面从严治党的战略布局，加快推进国防和军队建设，把军委各项决策部署落到实处，深入实施军民融合发展战略，努力开创强军兴军新局面。"四个全面"战略布局，把强国梦和强军梦辩证统一起来，把战略目标和战略举措辩证统一起来，为加强国防和军队建设指明了方向，为破解"安全困境"提供了新理论。

3. "五大发展理念"是按照"四个全面"战略布局推动科学发展的内在要求

党的十八届五中全会在《中共中央关于制定国民经济和社会发展第十三个五年规划的建议》中，提出创新、协调、绿色、开放、共享五大发展理念，习近平总书记指出，这五大理念是"十三五"乃至更长时期我国发展思路、发展方向、发展着力点的集中体现，体现了"四个全面"战略布局和"五位一体"总体布局，反映了党的十八大以来党中央决策部署，顺应了我国经济发展新常态的内在要求，是改革开放30多年来我国发展经验的集中体现，反映出我们党对我国发展规律的新认识。

党的十一届三中全会以来，围绕建设和发展中国特色社会主义，我们党不断深化对中国特色社会主义发展规律的认识。我们党在发展理论的指导下，先后确立了社会主义现代化建设的发展战略，先后形成了中国特色社会主义事业的发展布局。

党的十八大以来，习近平总书记从坚持和发展中国特色社会主义全局出发，围绕实现"两个一百年"奋斗目标和中华民族伟大复兴中国梦，进一步提出并形成了全面建成小康社会、全面深化改革、全面依法治国、全面从严治党的战略布局。"四个全面"战略布局，是我们党治国理政的新方略，丰富发展了我们党关于发展的理论成果和战略部署。

其一，既有发展的战略目标，也有发展的战略举措，全面建成小康社会是战略目标，全面深化改革、全面依法治国、全面从严治党是三大战略举措，"四个全面"战略布局是发展的战略目标与战略举措的内在统一。

其二，每一个"全面"都具有重大战略意义，"四个全面"之间相辅相成、相互促进、相得益彰，是关于发展问题的"四位一体"的指导理论。其中，全面建成小康社会作为战略目标，具有引领和统揽作用；全面深化改革作为强大动力，具有破障器和活力源作用；全面依法治国作为可靠保障，具有稳定器、压仓石作用；全面从严治党作为领导核心，具有指南针、精神支柱作用。"四个全面"内在统一，是战略目标、强大动力、可靠保障和根本保证"四位一体"的战略布局，按照"四个全面"战略布局坚持和发展中国特色社会主义，必须始终坚持"谋全面建成小康之业、扬全面深化改革之帆、行全面依法治国之道、筑全面从严治党之基"的内在统一。

其三，"四个全面"战略布局，既是全面建成小康社会的战略布局，也是实现中华民族伟大复兴中国梦的理论指导和实践指南，是具体的、历史的、开放的指导理论。按照"四个全面"战略布局坚持和发展中国特色社会主义，必须始终坚持问题导向，把战略目标与战略举措统一起来，把国内国际两个大局统一起来，把发展安全两件大事统一起来，把富国强军两大基石统一起来，把党的事业与党的建设两大工程统一起来，把依靠人民共建与为了人民共享两大基点统一起来。

从"四个全面"战略布局的直接现实意义看，既明确了我们党到2020年的发展目标，又明确了实现这一发展目标的战略举措，提供了全面推进经济建设、政治建设、文化建设、社会建设、生态文明建设、对外开放、国防建设和党的建设的重点任务、主攻方向和战略抓手。

党的十八届五中全会，着眼如期实现全面建成小康社会的奋斗目标，坚持以"四个全面"战略布局为指导，进一步提出了创新、协调、绿色、开放、共享五大发展理念，并以此引领"十三五"期间我国国民经济和社会发展。这五大发展理念，在理论和实践上有新的突破，对破解发展难题、增强发展动力、厚植发展优势具有重大指导意义，集中体现了按照"四个全面"战略布局推进中国特色社会主义"五位一体"总体布局的内在要求。

首先，五大发展理念，着眼破解发展难题、补齐发展短板，集中体现了按照"四个全面"战略布局全面推进"五位一体"总体布局的客观要求。坚持创新发展，着力提高发展质量和效益；坚持协调发展，着力形成平衡发展结构；坚持绿色发展，着力改善生态环境；坚持开放发展，着力实现合作共赢；坚持共享发展，着力增进人民福祉。只有坚持这五大发展理念，才能全面推进中国特色社会主义事业，实现"五位一体"总体布局的科学发展。

其次，五大发展理念既有发展的主要任务，又有发展的重大举措，集中体现了"四个全面"战略布局把战略目标与战略举措内在统一的基本原则。譬如，创新发展，五中全会强调创新是引领发展的第一动力，不仅明确了创新发展的"七大任务"，而且强调要形成促进创新的体制架构，通过不断推进理论创新、制度创新、科技创新、文化创新等各方面创新，从而让创新贯穿党和国家一切工作，让创新在全社会蔚然成风。又如，协调发展，五中全会既明确了"十三五"期间协调发展的目标任务，这就是牢牢把握中国特色社会主义事业总体布局，正确处理发展中的重大关系，重点促进城乡区域协调发展，促进经济社会协调发展，促进新型工业化、信息化、城镇化、农业现代化同步发展，在增强国家硬实力的同时注重提升国家软实力，不断增强发展整体性。同时，也指明了协调发展的具体路径和方法原则，这就是坚持区域协同、城乡一体、物质文明精神文明并重、经济建设国防建设融合，在协调发展中拓宽发展空间，在加强薄弱领域中增强发展后劲。

最后，五大发展理念，坚持规律性与目的性的辩证统一，集中体现了"四个全面"战略布局的世界观和方法论。"四个全面"战略布局，内在蕴含我们党治国理政的根本立场观点方法。一是突出以人为本、执政为民的根本立场，坚持把促进社会公平正义、增强人民福祉作为发展的根本目的和价值取向；二是突出"全面"原则，注重实现中国特色社会主义各项事业的全面协调可持续发展；三是突出创新动力，强调全面深化改革，实现生产力与生产关系、经济基础与上层建筑相协调；四是突出制度保障，坚持依法治国与依规治党相统一，在促进国家治理体系和治理能力现代化中为发展提供可靠保障；五大发展理念，是辩证统一的有机整体，既有发展动力，又有发展布局，既有发展目标，又有发展保障，既有发展任务，又有发展目的，充分体现了"四个全面"战略布局的根本立场观点方法。

（三）从"全面建成小康社会"到"五大发展理念"：发展目标的行动指南

十八届五中全会提出了全面建成小康社会新的目标要求：经济保持中高速增长，在提高发展平衡性、包容性、可持续性的基础上，到2020年国内生产总值和城乡居民人均收入比2010年翻一番，产业迈向中高端水平，消费对经济增长贡献明显加大，户籍人口城镇化率加快提高。农业现代化取得明显进展，人民生活水平和质量普遍提高，我国现行标准下农村贫困人口实现脱贫，贫困县全部摘帽，解决区域性整体贫困。国民素质和社会文明程度显著提高。生态环境质量总体改善。各方面制度更加成熟更加定型，国家治理体系和治理能力现代化取得重大进展。全会强调，实现"十三五"时期发展目标，破解发展难题，厚植发展优势，必须牢固树立并切实贯彻创新、协调、绿色、开放、共享的发展理念。这是关系我国发展全局的一场深刻变革。全党同志要充分认识这场变革的重大现实意义和深远历史意义。

《建议》对于全面建成小康社会、实现第一个百年目标提出的总体量化要求，是经济保持中高速增长，到2020年GDP总量和城乡居民收入在2010年基础上翻一番。根据横向和纵向比较，并且从经济增长换挡减速这一新常态特点出发，中高速可以定义为实现翻番目标所要求的增长速度。通过这种倒排方式和倒逼机制，为"十三五"时期经济社会发展设定时间表，实施路线图也相应由此确定。我国仍处于大有可为的重要战略机遇期，只要把握住新常态下发展重要机遇期内涵的变化，完全可以实现上述目标，避免中等收入陷阱，为第二个百年目标的实现打下牢固的基础。

2010年我国GDP总量为40.89万亿元。按照到2020年GDP总量和城乡居民收入在2010年基础上翻一番的总体要求。若2015年GDP总量实现7%的增长，"十三五"期间每年需要6.53%的增长率，而如果2015年的增长率是6.9%，则"十三五"期间需要平均每年增长6.55%，即6.5%是底线。要实现这个不低于6.5%的增长速度，关键在于潜在增长能力加改革红利。

目前多数经济学家估算的"十三五"期间潜在增长率在6%—7%之间。例如，我们根据生产要素供给和生产率提高的趋势，估算"十三五"期间潜在增长率为年均6.2%。与此同时，我们估算的改革红利，即通过户籍制度改革、调整生育政策，以及其他提高资源配置效率的改革，显著增加劳动力供给、改善人力资本和提高全要素生产率，长期可以将潜在增长率提高1到1.5个百分点。不过，改革红利有的可以立竿见影，有的要在较长时间里才能显现出来。只要实质性地推进相关领域改革，在6.2%的潜在增长率的基础上，增加不小于0.3个百分点的改革红利，就可以达到中高速增长的要求。

至于城乡居民收入在2010年基础上翻一番的目标，鉴于近年来GDP

增长与居民收入增长的同步性有所增强，只要经济增长率能够保证 GDP 翻番目标的实现，也就同时保证了城乡居民收入翻番。更重要的是，上述定量目标的实现必须建立在提高发展的平衡性、包容性和可持续性的基础上，必须体现为为人民群众带来实实在在的获得感。在这方面，《建议》从非常广泛的方面作出部署，既有含金量又切实可行。

当然，全面建成小康社会，不是单纯用 GDP 总规模来衡量的小康社会，也不是仅仅用平均数来表达的小康社会，而是全体人民都能切身感受到的全面的小康社会。只有在五大发展理念的指导下，通过一系列重大战略、政策和举措的实施，着眼于把五大发展理念实际转化为人民群众看得见、摸得着、有获得感和幸福感的发展成果，才能实现我们的目标。

五大发展理念，是党的十八届五中全会的显著亮点，是贯穿《中共中央关于制定国民经济和社会发展第十三个五年规划的建议》的一根红线。"十三五"时期，是全面建成小康社会的决胜阶段。因此，五大发展理念，也是全面建成小康社会决胜阶段的行动指南。"理者，物之固然，事之所以然也。"理念是"固然"与"应然"的结合。在党的十八届五中全会上，习近平总书记系统论述了创新、协调、绿色、开放、共享"五大发展理念"。"五大发展理念"也是全面建成小康社会决胜阶段的纲领和灵魂，牢固树立并切实贯彻这个"纲领灵魂"，关系我国发展全局，攸关"十三五"乃至更长时期我国发展思路、发展方式和发展着力点，需要全国人民尤其是党政领导机关在思想上有新认识，行动上有新举措。

1. 创新发展理念指出了全面建成小康社会的动力所在

全面建成小康社会，需要新的理论指导行动，需要完善的制度规范行为，需要新的技术提供支撑，需要新的文化提升境界。具体来说，创新主要包括理论创新、制度创新、科技创新和文化创新等多层面的创新。理论创新，是形而上之思层面的创新，对形而下之行具有先导作用，是科学决策和正确行为选择的行动指南，是全面建成小康社会的思想引领。制度创新，是指在现有条件下，通过创造新的、更能有效激励人们行为的制度模式，实现社会发展进步的创新，可以为全面建成小康社会提供持续的制度动力。科技创新，主要指创造和运用新知识新科技，研发新产品，打造新品牌，提供新服务的创新，极具核心竞争力，可以为全面建成小康社会提供不可缺少的科技支撑。文化创新，是指在文化传播、交流、融合和碰撞过程中所实现的创新，是人类社会发展进步的精神支撑和内在动力，为人民群众全面建成小康社会提供不懈精神支撑的源泉和动力。可见，发展理念的创新，为全面小康社会的如期实现提供了多方面的动力，对全面建成小康社会具有举足轻重的推进作用。

坚持创新发展，就是要注重解决发展动力问题，推动经济保持中高速增长、迈向中高端水平。创新是引领发展的第一动力。崇尚创新，国家才有光明前景，社会才有蓬勃活力。我国已经成为全球经济大国和贸易大国，但经济规模大而不强、经济增长快而不优，关键领域核心技术受制于人的格局没有根本改变。在国际发展竞争日趋激烈和我国发展动力转换的形势下，没有创新发展，我们就难以摆脱过多依靠要素投入推动经济增长的路径依赖，难以实现经济持续健康发展，难以成为经济强国、创新大国。我们比以往任何时候都需要强化创新这个引领发展的第一动力。必须把创新摆在国家发展全局的核心位置，不断推进理论创新、制度创新、科技创新、文化创新等各方面创新，让创新贯穿党和国家一切工作，让创新在全社会蔚然成风。

"十三五"时期，要切实把发展基点放在创新上，深入实施创新驱动发展战略，塑造更多依靠创新驱动、更多发挥先发优势的引领型发展。

一要紧紧抓住科技创新这个"牛鼻子"，发挥科技创新在全面创新中的引领作用。习近平总书记强调，实施创新驱动发展战略，最根本的是要增强自主创新能力，最紧迫的是要破除体制机制障碍，最大限度解放和激发科技作为第一生产力所蕴藏的巨大潜能。要坚持战略和前沿导向，加强基础研究，强化原始创新、集成创新和引进消化吸收再创新，重视颠覆性技术创新，加快突破新一代信息通信、新能源、新材料、航空航天、生物医药、智能制造等领域核心技术。强化企业创新主体地位和主导作用，形成一批有国际竞争力的创新型领军企业。

二要推动大众创业、万众创新，加快实现发展动力转换。优化劳动力、资本、土地、技术、管理等要素配置，激发创新创业活力。推动基础设施、网络经济、蓝色经济等领域创新发展，释放新需求，创造新供给，拓展发展新空间，增强经济发展新动能。

三要推动新技术、新产业、新业态蓬勃发展，建设现代产业新体系。推动粮经饲统筹，农林牧渔结合，种养加一体，第一、二、三产业融合发展。实施《中国制造2025》，支持战略性新兴产业、高技术产业发展，构建新型制造体系，加快建设制造强国。全面发展现代服务业。

四要深化科技等相关领域改革，强化创新发展的体制机制保障。加快形成有利于创新发展的市场环境、产权制度、投融资体制、分配制度、人才培养引进使用机制，造就一批又一批领军人物和创新人才。坚持和完善基本经济制度，毫不动摇巩固和发展公有制经济，毫不动摇鼓励、支持、引导非公有制经济发展。持续推进简政放权、放管结合、优化服务，激发市场活力和社会创造力。

五要创新和完善宏观调控方式，保持经济运行在合理区间。按照总量调节和定向施策并举、短期和中长期结合、国内和国际统筹、改革和发展协调的要求，创新调控思路和政策工具，进一步完善以财政政策、货币政策为主的政策体系，在区间调控基础上加大定向调控力度，更加注重扩大就业、稳定物价、调整结构、提高效益、防控风险、保护环境，提高综合国力和竞争力。①

2. 协调发展理念明确了全面建成小康社会的内在要求

全面小康，是中国特色社会主义事业总布局得到协同推进的小康，是"新四化"同步发展的小康，是城乡区域得到均衡发展的小康，也是国家硬实力和软实力同时得到增强和提升的小康。所谓"新四化"，即工业化、信息化、城镇化和农业现代化。"新四化"同步发展，需要协调诸多方面的相互关系。具体而言，既需要信息化和工业化的深度融合、也需要工业化和城镇化的良性互动、更需要城镇化和农业现代化相互推进。事实告诉我们，工业化和信息化，是经济社会发展到一定时期的"孪生兄弟"，其深度融合，为产业的转型升级提供了明确方向与内在动力。城镇化，蕴含着不可估量的内需潜力，是现代化建设无以替代的重要载体。而农业现代化，则是整个经济社会发展的前提条件、基础力量和基本支撑。只有不断协调"新四化"之间的关系，才能推进其同步发展，这也是全面小康的题中应有之义。在某种程度上说，小康能否如期实现，关键看落后地区农村的小康能否如期实现。在此意义上，只有以协调为着眼点，才能使城乡区域得到均衡发展。全面建成小康社会，既需要看得见、摸得着的国家硬实力，也离不开影响自身发展潜力和感召力的软实力。只有在增强国家硬实力的同时，不断提升国家的软实力，才符合全面小康的内在需求。

坚持协调发展，就是要注重解决发展不平衡问题，着力增强发展的整体平衡性。协调是持续健康发展的内在要求，增强协调性才能使中国经济发展行稳致远。我国发展不平衡、不协调、不可持续问题仍然突出，特别是区域发展不平衡、城乡发展不协调、产业结构不合理、经济和社会发展"一条腿长、一条腿短"等矛盾仍很突出。这些既是当前经济下行压力加大的重要原因，也将制约长期可持续发展。必须牢牢把握中国特色社会主

---

① 张高丽：《坚定不移贯彻五大发展理念　确保如期全面建成小康社会》，人民网-《人民日报》2015年11月9日。

义事业总体布局，正确处理发展中的重大关系，重点促进城乡区域协调发展，促进经济社会协调发展，促进新型工业化、信息化、城镇化、农业现代化同步发展，在增强国家硬实力的同时注重提升国家软实力，不断增强发展整体性。

"十三五"时期，要紧扣解决发展中不平衡、不协调、不可持续问题，切实把调整比例、补齐短板、优化结构作为一项重大而紧迫的任务，在协调发展中拓宽发展空间，在加强薄弱领域中增强发展后劲。

一要统筹东中西、协调南北方，推动区域协调发展。继续实施西部开发、东北振兴、中部崛起、东部率先的区域发展总体战略。重点实施"一带一路"建设、京津冀协同发展、长江经济带建设三大战略，加强顶层设计，制定路线图和时间表，争取获得早期收获。加快构建要素有序自由流动、主体功能约束有效、基本公共服务均等、资源环境可承载的区域协调发展新格局。

二要健全城乡发展一体化体制机制，推动城乡协调发展。坚持工业反哺农业、城市支持农村，推进城乡要素平等交换、合理配置和基本公共服务均等化，促进农业发展、农民增收，提高社会主义新农村建设水平。推进以人为核心的新型城镇化，深化户籍制度改革，着力提高户籍人口城镇化率，努力实现基本公共服务常住人口全覆盖。

三要坚持深度融合、良性互动、相互协调，推动新型工业化、信息化、城镇化、农业现代化同步发展。以信息化牵引产业结构升级，通过信息技术和产业深度融合，推动技术创新、产品创新、商业模式创新和管理创新。以新型工业化、城镇化带动农业现代化，以农业现代化保障国家粮食安全，夯实工业化、城镇化基础。

四要坚持"两手抓、两手都要硬"，推动物质文明和精神文明协调发展。坚持社会主义先进文化前进方向，加快文化改革发展，加强社会主义精神文明建设，建设社会主义文化强国。

五要坚持军民结合、寓军于民，推动经济建设和国防建设融合发展。加快形成全要素、多领域、高效益的军民深度融合发展格局，增强先进技术、产业产品、基础设施等军民共用的协调性。加强全民国防教育和后备力量建设，密切军政军民团结。①

---

① 张高丽：《坚定不移贯彻五大发展理念 确保如期全面建成小康社会》，人民网－《人民日报》2015 年 11 月 9 日。

3. 绿色发展理念体现了全面建成小康社会的必要条件

有道是，小康全面不全面，生态环境是关键。良好的生态环境，是最为公平的公共产品。随着经济的发展，一些地方出现了环境污染日趋严重，生态系统日益破坏的严峻问题。在此情况下，人们发出了既要金山银山，更要绿水青山的呼声。人们对优美环境的要求愈益强烈，从而使美丽中国建设直接成为事关全面小康发展目标的一项迫在眉睫的重要工作。实际上，坚持绿色发展理念，制定绿色惠民政策，推行绿色生产方式和绿色生活方式，促进人与自然的和谐发展，是一件利在当代、功在千秋的民生工程和民心工程。为此，就要把绿色发展的理念融入经济社会发展的各个领域，贯彻落实到各级政府和各个部门的日常工作之中，尽快遏制生态环境日趋恶化的发展势头，严守生态发展的红线。在此意义上，树立绿色发展理念，既是时代所需，也是大势所趋，更是客观所求，同时也是全面建成小康社会的必要条件。

坚持绿色发展，就是要注重解决人与自然和谐问题，建设天蓝地绿水清的美丽中国。绿色是永续发展的必要条件和人民对美好生活追求的重要体现。走向生态文明新时代，建设美丽中国，是实现中华民族伟大复兴中国梦的重要内容。我国资源约束趋紧，环境污染严重，生态系统退化，发展与人口资源环境之间的矛盾日益突出，已成为经济社会可持续发展的重大瓶颈制约。必须坚持节约资源和保护环境的基本国策，坚持绿水青山就是金山银山的理念，坚持走生产发展、生活富裕、生态良好的文明发展道路，加快建设资源节约型、环境友好型社会，形成人与自然和谐发展现代化建设新格局，积极推进美丽中国建设，开创社会主义生态文明新时代。

"十三五"时期，要把生态文明建设贯穿于经济社会发展各方面和全过程，推动形成绿色发展方式和生活方式，协同推进人民富裕、国家富强、中国美丽。

一要有度有序利用自然，促进人与自然和谐共生。按照人口资源环境相均衡、经济社会生态效益相统一的原则，控制开发强度，调整优化空间结构，划定农业空间和生态空间保护红线，构建科学合理的城市化格局、农业发展格局、生态安全格局和自然岸线格局。落实主体功能区规划，推动各地区依据主体功能定位发展。

二要全面节约和高效利用资源，推动低碳循环发展。强化约束性指标管理，对能源和水资源消耗、建设用地等实行总量和强度双控，加强高能耗行业能耗管控，实施全民节能行动，促进节能、节水、节地、节材、节矿，全面提高资源利用效率。推进能源革命，加快能源技术创新，建设清洁低碳、安全高效的现代能源体系。按照"减量化、再利用、资源化、减量化优先"的原则，推进生产、流通、消费各环节的循环经济发展。

三要加大环境治理力度，实现生态环境质量总体改善。推进多污染物综合防治和环境治理，实行联防联控和流域共治，打好大气、水、土壤污染防治"三大战役"。坚持城乡环境治理并重，工业污染源必须全面达标排放，加大农业面源污染防治力度，千方百计确保食品安全，加快解决人民群众反映强烈的环境问题。

四要加强生态保护和修复，筑牢生态安全屏障。坚持保护优先、自然恢复为主，实施山水林田湖生态保护和修复工程，构建生态廊道和生物多样性保护网络。对重要生态区、脆弱区，要合理退出人口和产业，降低经济活动强度。开展大规模国土绿化行动，完善天然林保护制度，扩大退耕还林还草，系统整治江河流域，推进荒漠化、石漠化、水土流失综合治理。

五要健全生态文明制度体系，用制度保护生态环境。健全法律法规，完善标准体系，建立自然资源资产产权制度和用途管制制度，推行生态保护补偿机制，严格生态环境监管制度和政绩考核制度，加快建立系统完整的生态文明制度体系，引导、规范和约束各类开发、利用、保护自然资源的行为。①

4. 开放发展理念指明了全面建成小康社会的必由之路

全面建成小康社会，必须顺应国际潮流，感受世界的节拍，体悟全球化的脉动，抓住世界发展的"时"与"势"，奉行互利共赢的发展战略。而开放发展，则为我国参与全球治理和实现全面小康搭建了重要平台。所谓开放发展，就是要坚持对外开放的基本国策，推行互利共赢的开放战略，深化人文交流，完善对外开放区域布局、对外贸易布局、投资布局，以扩大开放带动创新、推动改革、促进发展。三十余年来，从设立经济特区到加入世界贸易组织，从沿海到内陆，从引进来到走出去，从被动适应到主动参与，改革开放不断得到适时深化，已然成为我国经济社会发展进步的康庄大道。牢固树立开放发展的科学理念，大力推行互利共赢的发展战略，也必将为全面建成小康社会指明航向。

---

① 张高丽：《坚定不移贯彻五大发展理念 确保如期全面建成小康社会》，人民网－《人民日报》2015年11月9日。

坚持开放发展，就是要注重解决发展内外联动问题，进一步提升开放型经济水平。开放是国家繁荣发展的必由之路。改革开放以来，我国坚持对外开放的基本国策，形成了全方位、多层次、宽领域的对外开放格局，建立了中国特色开放型经济体系。当前经济全球化深入发展，世界经济深度调整，我国经济与世界经济的相互联系相互影响明显加深。必须顺应我国经济深度融入世界经济的趋势，坚定不移奉行互利共赢的开放战略，充分考虑国内国际经济联动效应，积极应对外部环境变化，更好利用两个市场、两种资源，努力把我国开放型经济提升到新水平。

"十三五"时期，要坚持统筹国内国际两个大局，深化全方位对外开放，努力形成深度融合的互利合作格局。

一要完善对外开放战略布局，加快培育国际经济合作竞争新优势。创新开放模式，促进沿海内陆沿边开放优势互补，形成各有侧重的对外开放基地。坚持进出口平衡，推动外贸向优质优价、优进优出转变。发展服务贸易，建设贸易强国。坚持引进来和走出去并重、引资和引技引智并举，放宽外商投资准入限制，支持企业走出去，推进国际产能合作，深度融入全球产业链、价值链、物流链。

二要形成对外开放新体制，完善法治化、国际化、便利化的营商环境。保持外资政策稳定、透明、可预期，健全有利于合作共赢并同国际贸易投资规则相适应的体制机制。全面实行准入前国民待遇加负面清单管理制度，促进内外资企业一视同仁、公平竞争。提高自由贸易试验区建设质量，在更大范围推广复制。

三要坚持共商共建共享原则，推进"一带一路"建设。"一带一路"建设是扩大对外开放的重大战略举措。要秉持亲诚惠容，以"五通"即政策沟通、设施联通、贸易畅通、资金融通、民心相通为主要内容，以企业为主体，实行市场化运作，推进同有关国家和地区多领域互利共赢的务实合作，打造陆海内外联动、东西双向开放的全面开放新格局。

四要深化内地和港澳、大陆和台湾地区合作，促进共同繁荣发展。提升港澳在国家经济发展和对外开放中的地位和功能，深化两岸农业、文化、教育、科技、社会等领域交流合作。

五要积极参与全球经济治理，积极承担国际责任和义务。推动国际经济治理体系改革完善，促进国际经济秩序朝着平等公正、合作共赢的方向发展。加快实施自由贸易区战略，致力于形成面向全球的高标准自由贸易区网络。坚持共同但有区别的责任原则、公平原则、各自能力原则，积极参与应对全球气候变化谈判，落实减排承诺。主动参与2030年可持续发展议程，为发展中国家的发展和世界的共同繁荣创造更好的国际环境。①

5. 共享发展理念展示了全面建成小康社会的价值指向

全面建成小康社会，是补齐发展短板的小康，是完成七千万人脱贫目标的小康，是十三亿神州儿女都能充分享有经济社会发展繁荣成果的小康，必须牢固树立共享发展理念，坚持共享发展。而共享发展，即坚持发展为了人民、发展依靠人民、发展的成果由人民共享，坚守底线、突出重点、完善制度、引领预期，注重社会公平，保障基本民生，让全国各族人民在生产生活中切实增强获得感和幸福感，彻底消除被剥夺感和失落感，使全国各族人民共同实现全面小康。根据现行标准，我国还有7000多万贫困人口，其中贫困人口超过500万的还有6个省区。贫困人口脱贫，已经成为制约全面小康社会如期实现的显著短板。就此来看，在共同分享经济社会发展的繁荣成果方面，还有很多理念需要更新，还有很多工作需要落实，还有很多制度需要完善。因此，树立共享发展理念，坚持共享发展，必须根据实际情况建立健全共享发展的制度性规定，不断推进机会公平、权利公平、规则平等为内容的社会公平体系建设，增加公共产品的有效供给，实现公共服务均等化，才能不断缩小收入分配差距，让广大人民群众共享发展成果，才符合全面建成小康社会的内在要求和价值取向。

坚持共享发展，就是要注重解决社会公平正义问题，不断增进人民福祉。共享是中国特色社会主义的本质要求。习近平总书记指出："中国梦归根到底是人民的梦，必须紧紧依靠人民来实现，必须不断为人民造福。"我国人民生活水平、居民收入水平、社会保障水平持续提高，但仍存在收入差距较大、社会矛盾较多、部分群众生活比较困难等问题，全面建成小康社会还有不少"短板"要补。我们必须坚持发展为了人民、发展依靠人民、发展成果由人民共享，维护社会公平正义，作出更有效的制度安排，保证人民平等参与、平等发展权利，使全体人民在共建共享中有更多获得感，增强发展动力，增进人民团结，朝着共同富裕方向稳步前进。

"十三五"时期，要按照人人参与、人人尽力、人人享有的要求，坚守底线、突出重点、完善制度、引导预期，注重机会公平，保障基本民生，实现全体人民共同迈入全面小康社会。

一要增加公共服务供给，提高公共服务共建能力和共享水平。要坚持普惠性、保基本、均等化、可持续方向，从解决人民最关心最直接最现实

---

① 张高丽：《坚定不移贯彻五大发展理念　确保如期全面建成小康社会》，人民网－《人民日报》2015年11月9日。

的利益问题入手，完善基本公共服务体系，努力实现基本公共服务全覆盖。加快社会事业改革发展，坚持教育优先发展，促进起点公平和机会公平。增加财政转移支付，重点向中西部、农村和贫困地区倾斜。完善社会保障制度，兜住兜牢人民群众生活底线。坚持计划生育的基本国策，全面实施一对夫妇可生育两个孩子政策，促进人口均衡发展，积极应对人口老龄化。

二要实施精准扶贫、精准脱贫，坚决打赢脱贫攻坚战。全面建成小康社会，最艰巨的任务是农村贫困人口脱贫。要根据各地区的不同情况，因人因地施策，提高扶贫实效。扩大贫困地区基础设施覆盖面，因地制宜解决通路、通水、通电、通网络等问题。实行低保政策和扶贫政策衔接，对贫困人口应保尽保。

三要持续增加城乡居民收入，形成合理的收入分配格局。坚持居民收入增长和经济增长同步、劳动报酬提高和劳动生产率提高同步，完善市场评价要素贡献并按贡献分配的机制。实施更加积极的就业政策，鼓励以创业带就业，推动实现更加充分、更高质量的就业。健全再分配调节机制，实行有利于缩小收入差距的政策，明显增加低收入劳动者收入，扩大中等收入者比重，形成两头小、中间大的橄榄型收入分配结构。[1]

总之，全面建成小康社会是一项史无前例的伟大创举。要使这一宏伟目标如期实现，就必须牢固树立五大发展理念，"崇尚创新、注重协调、追求绿色、厚植开放、深谋发展"。只有把思想认识统一到五大发展理念上来，真正使五大发展理念成为新时期的行动指南，并以此引领实践，全面小康社会才能如期而至。

---

[1] 张高丽：《坚定不移贯彻五大发展理念　确保如期全面建成小康社会》，人民网—《人民日报》2015年11月9日。

参考文献

重要文献

1. 《马克思恩格斯选集》，第1—4卷，人民出版社1995年版。
2. 《马克思恩格斯全集》第1卷，人民出版社1965年版。
3. 《马克思恩格斯全集》第1卷，人民出版社1979年版。
4. 《马克思恩格斯全集》第2卷，人民出版社1957年版。
5. 《马克思恩格斯全集》第3卷，人民出版社1972年版。
6. 《马克思恩格斯全集》第3卷，人民出版社1979年版。
7. 《马克思恩格斯全集》第4卷，人民出版社1979年版。
8. 《马克思恩格斯全集》第6卷，人民出版社1979年版。
9. 《马克思恩格斯全集》第16卷，人民出版社1979年版。
10. 《马克思恩格斯全集》第16卷，人民出版社1965年版。
11. 《马克思恩格斯全集》第19卷，人民出版社1975年版。
12. 《马克思恩格斯全集》第19卷，人民出版社1979年版。
13. 《马克思恩格斯全集》第19卷，人民出版社1963年版。
14. 《马克思恩格斯全集》第20卷，人民出版社1979年版。
15. 《马克思恩格斯全集》第20卷，人民出版社1971年版。
16. 《马克思恩格斯全集》第23卷，人民出版社1979年版。
17. 《马克思恩格斯全集》第23卷，人民出版社1972年版。
18. 《马克思恩格斯全集》第24卷，人民出版社1979年版。
19. 《马克思恩格斯全集》第25卷，人民出版社1979年版。
20. 《马克思恩格斯全集》第26卷，人民出版社1979年版。
21. 《马克思恩格斯全集》第42卷，人民出版社1979年版。
22. 《马克思恩格斯全集》第46卷，（上），人民出版社1979年版。
23. 《马克思恩格斯全集》第46卷，（下），人民出版社1980年版。

24. 《马克思恩格斯全集》第 46 卷，人民出版社 1958 年版。
25. 《马克思恩格斯全集》第 47 卷，人民出版社 1979 年版。
26. 《马克思恩格斯全集》第 49 卷，人民出版社 1979 年版。
27. 马克思：《资本论》第 1 卷，人民出版社 1975 年版。
28. 《列宁选集》第 3 卷，人民出版社 1995 年版。
29. 《列宁全集》第 36 卷，人民出版社 1985 年版。
30. 《毛泽东选集》第 1—4 卷，人民出版社 1991 年版。
31. 《毛泽东选集》第 5 卷，人民出版社 1977 年版。
32. 《毛泽东文集》第 7 卷，人民出版社 1999 年版。
33. 《毛泽东文集》第 8 卷，人民出版社 1999 年版。
34. 《建国以来毛泽东文稿》第 7 册，中央文献出版社 1992 年版。
35. 《建国以来毛泽东文稿》第 9 册，中央文献出版社 1996 年版。
36. 《建国以来毛泽东文稿》第 10 册，中央文献出版社 1996 年版。
37. 《毛泽东著作选读》下册，人民出版社 1988 年版。
38. 《邓小平文选》第 3 卷，人民出版社 1993 年版。
39. 《邓小平文选》第 2 卷，人民出版社 1994 年版。
40. 《邓小平文选》（1975—1982），人民出版社 1993 年版。
41. 《刘少奇选集》下，人民出版社 1995 年版。
42. 《沿着有中国特色的社会主义道路前进——在中国共产党第十三次全国代表大会上的报告》，人民出版社 1987 年版。
43. 江泽民：《加快改革开放和现代化建设步伐夺取有中国特色的社会主义事业的更大胜利——在中国共产党第十四次全国代表大会上的报告》，人民出版社 1992 年版。
44. 江泽民：《全面建设小康社会，开创中国特色社会主义事业新局面——在中国共产党第十六次全国代表大会上的报告》，人民出版社 2002 年版。
45. 江泽民：《江泽民论有中国特色社会主义》，中央文献出版社 2002 年版。
46. 《中共中央关于加强党的执政能力建设的决定》，人民出版社 2004 年版。
47. 《中国共产党第十六届中央委员会第五次全体会议文件汇编》，人民出版社 2005 年版。
48. 《中国共产党第十六届中央委员会第六次全体会议文件汇编》，人民出版社 2006 年版。

49. 胡锦涛：《高举中国特色社会主义伟大旗帜，为夺取全面建设小康社会新胜利而奋斗——在中国共产党第十七次全国代表大会上的报告》，人民出版社 2007 年版。
50. 胡锦涛：《在中国共产党第十八次全国代表大会上的报告》，人民网-《人民日报》2012 年 11 月 18 日。
51. 《中共中央关于全面深化改革若干重大问题的决定》，《人民日报》2013 年 11 月 16 日。
52. 《十六大以来中央文献选编》（中），中央文献出版社 2006 年版。
53. 《十六大以来中央文献选编》（下），中央文献出版社 2008 年版。
54. 习近平：《习近平总书记系列重要讲话读本》，学习出版社、人民出版社 2014 年版。
55. 习近平：《关于全面深化改革论述摘编》，中央文献出版社 2014 年版。
56. 《中共中央关于制定国民经济和社会发展第十三个五年规划的建议》，新华网，2015 年 11 月 3 日。
57. 《中国共产党第十八届中央委员会第五次全体会议公报》，人民网，新华社，2015 年 10 月 29 日。

经典译著

1. 〔美〕阿瑟·奥肯：《平等与效率——重大的抉择》，王奔洲译，华夏出版社 1987 年版。
2. 〔匈〕亚诺·科尔内：《矛盾与困境》，沈利生等译，中国经济出版社 1987 年版。
3. 〔古希腊〕亚里士多德：《尼各马可伦理学》，苗力田译，中国社会科学出版社 1990 年版。
4. 〔美〕德沃金：《认真看待权利》，信春鹰、吴玉章译，中国大百科全书出版社 2006 年版
5. 〔美〕保罗·A. 萨缪尔森：《经济学》，高鸿业等译，中国发展出版社 1992 年版。
6. 〔美〕保罗·萨缪尔森：《经济学》，萧琛主译，人民邮电出版社 2004 年版。
7. 〔古希腊〕亚里士多德：《政治学》，吴寿彭译，商务印书馆 1965 年版。
8. 〔德〕黑格尔：《法哲学原理》，范扬等译，商务印书馆 1961 年版。

9. 〔美〕理查德·C. 休士曼：《管理与运用 公平因素》，喻春生、陆军译，北京经济学院出版社1989年版。
10. 〔英〕亚当·斯密：《国民财富的性质和原因的研究》上卷，郭大力、王亚南译，商务印书馆1974年版。
11. 〔英〕亚当·斯密：《国民财富的性质和原因的研究》下卷，郭大力、王亚南译，商务印书馆1974年版。
12. 〔美〕H. 范里安：《微观经济学：现代观点》，费方域、朱保华等译，上海三联书店2006年版。
13. 〔美〕道格拉斯·C. 诺思：《经济史中的结构与变迁》，陈郁、罗华平等译，上海三联书店、上海人民出版社1991年版。
14. 〔英〕哈耶克：《法律、立法和自由》，第2卷，伦敦：劳特利奇出版社1976年版。
15. 〔英〕哈耶克：《自由宪章》，杨玉生等译，中国社会科学出版社1999年版。
16. 〔英〕哈耶克：《通往奴役之路》，王明毅等译，中国社会科学出版社1997年版。
17. 〔美〕米尔顿·弗里德曼、罗斯·弗里德曼：《自由选择》，胡骑等译，商务印书馆1982年版。
18. 〔英〕罗宾斯：《过去和现在的政治经济学：对经济政策中主要理论的考察》，商务印书馆1997年版。
19. 〔美〕诺齐克：《无政府、国家和乌托邦》，姚大志译，中国社会科学出版社1991年版。
20. 〔美〕埃克伦德：《经济理论和方法史》第4版（中译本），杨玉生、张凤林译，中国人民大学出版社2001年版。
21. 〔美〕罗尔斯：《正义论》，何怀宏等译，中国社会科学出版社1988年版。
22. 〔美〕德沃金：《至上的美德》，冯克利译，江苏人民出版社2003年版。
23. 〔英〕凯恩斯：《就业、利息和货币通论》，高鸿业译，商务印书馆1999年版。
24. 〔美〕J. R. 费根：《社会》，上海人民出版社2002年版。
25. 〔美〕基思·格里芬：《可供选择的经济发展战略》，倪吉祥等译，经济科学出版社1992年版。
26. 〔美〕阿瑟·奥肯：《平等与效率——重大的权衡》，王忠民、黄清译，四川人民出版社1988年版。

27. 〔德〕格拉德·博克期贝格等：《全球化的十大诺言》，胡善君、许建东译，新华出版社2000年版。
28. 〔美〕西奥多·W. 舒尔茨：《人力资本投资——教育和研究的作用》，商务印书馆1990年版。
29. 〔法〕托马斯·皮凯蒂：《21世纪资本论》，巴曙松等译，中信出版社2014年版。
30. 〔美〕乔·萨托利：《民主新论》，冯克利、阎克文译，上海人民出版社2009年版。

学术著作

1. 杨宝国：《公平正义观的历史·传承·发展》，学习出版社2015年版。
2. 厉以宁：《经济学的伦理问题》，生活·读书·新知三联书店1995年版。
3. 王海明：《公正平等人道——社会治理的道德原则体系》，北京大学出版社2000年版。
4. 陈燕：《公平与效率：一种经济伦理的分析》，中国社会科学出版社2007年版。
5. 张伯里：《新的发展阶段中效率与公平问题研究》，中共中央党校出版社2008年版。
6. 张宏生、谷春德主编：《西方法律思想史》，北京大学出版社1992年版。
7. 刘世民：《柏拉图与亚里士多德之法律思想的比较》，《中西法律思想论文集》，台北：汉林出版社1985年版。
8. 尹伯成：《西方经济学说史》，复旦大学出版社2005年版。
9. 董辅礽：《中华人民共和国经济史》，经济科学出版社1999年版。
10. 曲庆彪：《超越乌托邦——毛泽东的社会主义观》，北京出版社1996年版。
11. 李锐：《庐山会议实录》（增订本），河南人民出版社1995年版。
12. 董边等：《毛泽东和他的秘书田家英》，中央文献出版社1989年版。
13. 逄先知：《毛泽东和他的秘书田家英》，中共文献出版社1990年版。
14. 联合国计划开发署：《2002年人类发展报告》，中国财经出版社2003

年版。

15. 卫兴华：《探索·改革·振兴：社会主义初级阶段的经济》，中国人民大学出版社1988年版。
16. 谷书堂、宋则行：《政治经济学（社会主义部分）》，陕西人民出版社2003年版。
17. 杨强：《中国个人收入的公平分配》，社会科学文献出版社2007年版。
18. 茅于轼：《一个经济学家的良知与思考》，陕西师范大学出版社2008年版。
19. 世界银行：《2006年世界发展报告：公平与发展》，清华大学出版社2006年版。
20. 许宝强：《资本主义不是什么》，上海人民出版社2007年版。
21. 王海明：《新伦理学》，商务印书馆2002年版。
22. 邓海潮、杜跃平：《政治经济学：基本理论及新发展》，中国人民大学出版社2004年版。
23. 王海明：《公正平等人道———社会治理的道德原则体系》，北京大学出版社2000年版。
24. 《构建社会主义和谐社会学习参考》，中央党史出版社2006年版。
25. 林毅夫、庄巨忠、汤敏、林暾：《以共享式增长促进社会和谐》，中国计划出版社2008年版。
26. 张凤林：《人力资本理论及其应用研究》，商务印书馆2006年版。
27. 陈昌盛、蔡跃洲等：《中国政府公共服务：体制变迁与地区综合评估》，中国社会科学出版社2007年版。
28. 张春霖：《公共服务提供的制度基础：一个分析框架》，载《聚焦中国公共服务体制》，中国（海南）改革发展研究院编，中国经济出版社2006年版。
29. 仇章建、李伟：《以加强公共服务体系建设为中心推进政府职能转变》，载《聚焦中国公共服务体制》，中国（海南）改革发展研究院编，中国经济出版社2006年版。
30. 沈荣华：《公共服务的制度参与：增加投入、扩大参与和改善过程》，载《聚焦中国公共服务体制》，中国（海南）改革发展研究院编，中国经济出版社2006年版。
31. 赵中社：《加强和改善农村公共服务》，载《聚焦中国公共服务体制》，中国（海南）改革发展研究院编，中国经济出版社2006年版。
32. 李军鹏：《公共服务型政府》，北京大学出版社2004年版。

33. 白永秀、赵伟伟、王颂吉：《西部地区城乡经济社会一体化实践研究》，《区域经济论丛》（十一），中国经济出版社 2011 年版。
34. 吴忠民：《社会公正论》，山东人民出版社 2004 年版。
35. 吴忠民：《走向公正的中国社会》，山东人民出版社 2008 年版。
36. 王梦奎：《中国中长期发展的重要问题（2006—2020）》，中国发展出版社 2005 年版。
37. 王景伦：《毛泽东的理想主义和邓小平的现实主义——美国学者论中国》，时事出版社 1996 年版。

期刊论文

1. 程恩富：《公平与效率交互同向论》，《经济纵横》2005 年第 12 期。
2. 余源培：《破解社会生活中的"斯芬克司之谜"——对"效率"与"公平"关系的思考》，《东南学术》2001 年第 3 期。
3. 王桂艳：《正义、公正、公平辨析》，《南开学报（哲学社会科学版）》2006 年第 2 期。
4. 李杰：《公平与效率：三十年不同学科研究述评》，《社会科学研究》2008 年第 6 期。
5. 李杰、李朝晖：《当前中国社会公平系统研究》，《价格与市场》2006 年第 8 期。
6. 卫兴华：《应重视我国现阶段的分配公平问题》，《理论前沿》2006 年第 1 期。
7. 姚德全：《公平与效率关系重新审视及经济发展战略调整》，《财经理论与实践》2001 年第 2 期。
8. 李杰：《解析马克思的公平分配观及促进和谐社会建设的当代价值》，《马克思主义研究》2007 年第 9 期。
9. 宋圭武：《公平及公平与效率关系理论研究》，《社会纵横》2013 年第 6 期。
10. 董振华：《和谐社会视域中的公平与效率》，《重庆社会科学》2005 年第 8 期。
11. 夏文斌：《契约与公平》，《哲学研究》1996 年第 5 期。
12. 姚德全：《公平与效率关系重新审视及经济发展战略调整》，《财经理论与实践》2001 年第 2 期。

13. 焦国成：《关于公平与效率关系问题的伦理思考》，《江苏社会科学》2001年第1期。
14. 谷峰：《对公平与效率关系的重新认识》，《社会科学研究》1997年第1期。
15. 李闽榕：《关于公平与效率的争论及其启示》，《经济学动态》2005年第2期。
16. 程洁：《效率与公平的关系探析》，《武汉船舶职业技术学院学报》2005年第5期。
17. 张宇：《"效率优先、兼顾公平"的提法需要调整》，《经济学动态》2005年第12期。
18. 苏敏：《关于公平与效率关系的哲学思考》，《中国人民大学学报》1997年第5期。
19. 葛延风：《防止收入差距继续拉大——国务院发展研究中心研究员葛延风访谈录》，《安徽决策咨询》2001年第4期。
20. 陈建辉、吕艳红：《不同学科视野下公平与效率问题研究》，《中共济南市委党校学报》2007年第4期。
21. 瓦里安：《平等，妒忌与效率》，载美国《经济学》杂志1974年第9期。
22. D. Foley, "Resouree Allocation and Public Sector", *Yale Economic Essays*, 7, 1967, pp. 45–78.
23. 陈燕：《西方有关公平与效率的一些典型观点》，《红旗》文稿2005年第14期。
24. 何大昌：《西方经济学关于公平与效率关系理论研究》，《现代管理科学》2002年第6期。
25. 刘斌、刘鹏生：《西方经济学关于效率与公平关系问题的评述》，《经济理论问题》2004年第9期。
26. 〔美〕罗宾逊：《经济理论的第二次危机》，《国外社会科学》1978年第5期。
27. 方福前：《西方经济学关于效率与公平的争论》，《教学与研究》1995年第1期。
28. 王立勇：《从国外经验看如何处理公平与效率的关系》，《党建研究内参》2006年第1期。
29. 吕薇洲、杨双：《马克思恩格斯的公平观及其现实意义》，《江汉论坛》2008年第10期。

30. 李纪才：《马克思恩格斯的社会主义公平观》，《当代世界与社会主义》2009年第6期。
31. 杨奎：《毛泽东合理分配思想及其当代启示》，《唯实》2009年第7期。
32. 王明生：《"大跃进"前后毛泽东分配思想述论》，《南京大学学报（哲学·人文科学·社会科学）》2002年第4期。
33. 董金瑞：《中美国内贫富差距的比较》，《改革》2001年第4期。
34. 张焕明：《邓小平效率公平思想的当下解读》，《宁夏党校学报》2005年第3期。
35. 吴兆雪：《邓小平的效率公平观及其特色》，《教学与研究》1995年第6期。
36. 卫兴华：《放弃"效率优先，兼顾公平"的提法是构建社会主义和谐社会的需要》，《山西高等学校社会科学学报》2007年第5期。
37. 习近平：《切实把思想统一到党的十八届三中全会精神上来》，《求是》2014年第1期。
38. 王晓升：《公平与效率关系之我见》，《哲学研究》1994年第5期。
39. 陈宗明：《关于效率与公平关系的再思考》，《浙江学刊》1995年第4期。
40. 吴忠民：《关于"效率优先，兼顾公平"的争论》，《探索与争鸣》2007年第6期。
41. 吴忠民：《"效率优先，兼顾公平"究竟错在哪里》，《北京工业大学学报（社会科学版）》2007年第1期。
42. 吴忠民：《"效率优先，兼顾公平"提法再认识》，《天津社会科学》2002年第1期。
43. 卫兴华、胡若痴：《近年来关于效率与公平关系的不同解读和观点评析》，《教学与研究》2013年第7期。
44. 张宇：《"效率优先，兼顾公平"的提法需要调整》，《经济学动态》2005年第12期。
45. 徐秀红：《对"效率优先，兼顾公平"的反思》，《山东社会科学》2006年第12期。
46. 顾金喜：《"效率优先，兼顾公平"的收入分配原则：述评与反思》，《探索》2008年第2期。
47. 厉以宁：《经济学的伦理问题——效率与公平》，《经济学动态》1996年第7期。
48. 许冬梅：《对当前收入分配若干问题的看法——访全国政协常委、北京大学教授萧灼基》,《理论前沿》2005 年第 17 期。

49. 蒋学模:《"效率优先,兼顾公平"的原则是否需要修改》,《学术月刊》2007 年第 5 期。
50. 王锐生:《公平问题在社会主义中国:过去与现在》,《社会科学辑刊》1994 年第 4 期。
51. 王锐生:《对效率与公平关系的历史观审视》,《哲学研究》1993 年第 9 期。
52. 周为民、卢中原:《效率优先,兼顾公平——通向繁荣的权衡》,《经济研究》1986 年第 2 期。
53. 卫兴华:《我对公平与效率关系的理论见解》,《山西大学学报(哲学社会科学版)》2007 年第 3 期。
54. 卫兴华:《对近年来关于效率与公平问题不同意见的评析》,《当代财经》2007 年第 5 期。
55. 辛鸣:《不是效率惹的祸》,《决策》2005 年第 12 期。
56. 韩庆祥:《用公平实现效率》,《中国党政干部论坛》2006 年第 1 期。
57. 黄范章:《为"效率优先"辩——兼倡"效率优先,增进公平"》,《经济导刊》2006 年第 7 期。
58. 赵立忠、丁春福:《对"效率优先,兼顾公平"原则的再思考》,《工业经济技术》2004 年第 2 期。
59. 杨伯舫、郑方辉:《效率优于公平的理论思考》,《开放时代》1995 年第 5 期。
60. 张呈祥:《效率优先兼顾公平是对社会主义分配原则和分配关系认识的深化》,《东北师大学报》1995 年第 2 期。
61. 黄泰岩:《构建公平与效率关系的新结构》,《求是》2003 年第 11 期。
62. 黄帮根:《论经济学中"公平"的含义及其与效率的关系》,《安徽广播电视大学学报》2006 年第 4 期。
63. 贺静:《社会主义和谐社会中公平与效率的理性思考》,《理论学习》2007 年第 4 期。
64. 肖仲华:《效率与公平关系再认识》,《江汉论坛》2009 年第 2 期。
65. 乔洪武:《勾画市场经济伦理秩序的先驱——亚当·斯密的经济伦理思想评介》,《广西大学学报》1999 年第 3 期。
66. 许培全、刘富有:《对公平与效率的本质及其关系的澄清性思考》,《社科纵横》2007 年第 1 期。
67. 刘国光:《向实行"效率与公平并重"的分配原则过渡》,《中国特色社会主义研究》2003 年第 5 期。
68. 杨惠伦：《政府失灵的根源及对策》，《长春理工大学学报》2006 年第 2 期。
69. 陈志刚：《公平正义是社会主义制度的首要价值》，《重庆社会科学》2008 年第 6 期。
70. 徐秀红：《对"效率优先，兼顾公平"的反思》，《山东社会科学》2006 年第 12 期。
71. 蔡静诚：《增加劳动者收入是和谐社会建设的重要方面》，《理论月刊》2006 年第 4 期。
72. 焦国成：《关于公平与效率关系问题的伦理思考》，《江苏社会科学》2000 年第 5 期。
73. 陈江玲：《公平与效率的辩证关系及其实践价值》，《科学社会主义》2005 年第 4 期。
74. 张青枝：《中国社会发展的公平和效率》，《前沿》1996 年第 7 期。
75. 王顺达：《对"公平和效率"的误解及其再认识》，《探索》2001 年第 3 期。
76. 李牧耘：《马克思主义的效率与公平观》，《理论视野》2005 年第 1 期。
77. 陈景：《正确处理公平与效率的关系以构建社会主义和谐社会》，《世纪桥》2007 年第 2 期。
78. 赵立忠、丁春福：《对"效率优先，兼顾公平"原则的再思考》，《工业经济技术》2004 年第 2 期。
79. 李闽榕：《公平与效率真的是"鱼与熊掌不可兼得"吗？——对一个西方经济学人为制造的伪命题的剖析》，《福建论坛·人文社会科学版》2005 年第 7 期。
80. 李海青、赵玉洁：《效率与公平：追求和谐的统一》，《山东经济》2005 年第 9 期。
81. 董振华：《和谐社会视域中的公平与效率》，《重庆社会科学》2005 年版第 8 期。
82. 傅如良：《综合我国学界关于公平与效率问题的研究》，《湖南师范大学社会科学学报》2005 年第 1 期。
83. 王长存：《对公平与效率关系的思考》，《探索与争鸣》2006 年第 7 期。
84. 许培栓、刘富有：《对公平与效率的本质及其关系的澄清性思考》，《社科纵横》2007 年第 1 期。
85. 李丹阳：《公平与效率的互补关系探析》，《学术研究》2007 年第 1 期。

86. 杨腾原：《论公平与效率的互补关系》，《长白学刊》2006 年第 2 期。
87. 齐冬莲、黎映桃：《论公平与效率的互补关系——政府和市场视角》，《长沙铁道学院学报》2007 年第 2 期。
88. 王明杰、陈小平：《关于公平与效率互补关系的探讨》，《唯实》2005 年第 12 期。
89. 程恩富：《公平与效率交互同向论》，《经济纵横》2005 年第 12 期。
90. 王锐生：《对效率与公平关系的历史观审视》，《哲学研究》1993 年第 9 期。
91. 程连升：《政府管公平市场管效率——公平与效率关系新论》，《理论前沿》2005 年第 2 期。
92. 吴邛：《论公平与效率的统一》，《求是》2005 年第 1 期。
93. 陈孝兵：《公平与效率关系的伦理意蕴》，《经济学家》2003 年第 5 期。
94. 洪银兴：《构建和谐社会要坚持统筹公平与效率的改革观》，《中国党政干部论坛》2005 年第 3 期。
95. 李凤圣：《公平还要兼顾吗？》，《读书》2003 年第 5 期。
96. 李凤圣：《论公平》，《哲学研究》1995 年第 11 期。
97. 沈晓阳：《效率源自公平——关于效率与公平关系的层次分析》，《伦理学研究》2005 年第 3 期。
98. 朱尚华：《公平与效率关系的辩证分析》，《理论探索》2005 年第 5 期。
99. 赵兴罗、苗慧凯：《建国以来我国分配领域公平与效率实践的回顾与反思》，《探索》2005 年第 5 期。
100. 徐钦智：《论构建社会主义和谐社会中效率与公平的定位问题》，《东岳论丛》2005 年第 4 期。
101. 王绍光等：《经济繁荣背后的社会不稳定》，《战略与管理》2002 年第 3 期。
102. 刘国光：《进一步重视社会公平问题》，《经济学动态》2005 年第 4 期。
103. 程立显：《论社会公正、平等与效率》，《北京大学学报》1999 年第 3 期。
104. 沈晓阳：《效率源自公平》，《伦理学研究》2005 年第 3 期。
105. 韩庆祥：《用公平实现效率》，《中国党政干部论坛》2006 年第 1 期。
106. 刘国光：《进一步重视社会公平问题》，《中国经贸导刊》2005 年第 8 期。
107. 卫兴华：《关于公平与效率关系之我见》，《理论经济学》，人大书报资料中心,2007年第8期。

108. 中国社会科学院邓小平理论和"三个代表"重要思想研究中心:《寻求公平与效率的均衡》,《求是》2005年第23期。
109. 杨宝国:《构建社会主义和谐社会应当实行公平与效率并重的分配政策》,《华中师范大学学报(人文社会科学版)》2008年第1期。
110. 肖玉明:《论公平与效率的均衡发展》,《四川行政学院学报》2007年第4期。
111. 朱志刚:《当前应确立公平与效率并重的价值取向》,《生产力研究》2007年第13期。
112. 钟坚:《效率兼公平:中国改革与发展模式的再抉择》,《经济前沿》2005年第2期。
113. 过文俊:《贫富差距:理性审视与多维调节》,《中国人口科学》2003年第5期。
114. 梁文森:《如何看待收入差距扩大和两极分化》,《经济学家》2005年第6期。
115. 王家新、许成安:《效率与公平并重论及其保障机制》,《经济学动态》2005年第8期。
116. 杨尧忠:《转型与发展对收入分配的必然要求:效率优先,兼顾公平——兼议范恒山"效率与公平并重"的主张》,《长江大学学报(社会科学版)》2005年第1期。
117. 李政、孙浩进:《公平与效率的关系新论》,《江汉论坛》2008年第8期。
118. 张宇:《把提高效率同促进社会公平结合起来》,《思想理论教育导刊》2008年第6期。
119. 李厚廷:《和谐社会的制度架构——基于效率公平关系的研究》,《社会科学研究》2005年第3期。
120. 史瑞杰:《社会哲学视野中的效率和公平》,《人文杂志》2000年第1期。
121. 杨宝国:《从"发展才是硬道理"到"科学发展观"》,《辽宁大学学报(哲学社会科学版)》2005年第1期。
122. 孟祥仲:《对平等与效率关系的再认识——读阿瑟·奥肯的〈平等与效率〉札记及引发的思考》,《山东经济》1995年第1期。
123. 金霞、谢丽华:《中国贫富两极分化的界定与判断》,《天府新论》2011年第6期。

124. 周文、赵方：《中国如何跨越"中等收入陷阱"：库茨涅兹假说的再认识》，《当代经济研究》2013年第3期。
125. 周启海、周屹：《论中国改革开放进程中社会效率与社会公平历史变迁特点》，《重庆大学学报（社会科学版）》2005年第3期。
126. 许成安、王家新：《公平与效率的非分离性》，《江汉论坛》2005年第6期。
127. 刘嫦娥、李允尧、易华：《包容性增长研究述评》，《经济学动态》2011年第2期。
128. 蔡荣鑫：《"包容性增长"理念的形成及其政策内涵》，《经济学家》2009年第1期。
129. 张国献：《当前国内包容性增长研究述评》，《现代经济探讨》2011年第2期。
130. 刘琳娜：《包容性增长研究综述》，《理论视野》2012年第2期。
131. 庄巨忠：《包容性增长的政策含义及对中国构建和谐社会的启示》，《金融博览》2010年第11期。
132. 唐钧：《包容性增长：参与和共享的发展才有意义》，《上海人大月刊》2010年第11期。
133. 杜志雄：《包容性增长理论的脉络、要义与政策内涵》，《中国农村经济》2010年第11期。
134. 马晓河：《何谓包容性增长》，《时事报告》2010年第11期。
135. 俞宪忠：《"包容"是民众发展的制度诉求》，《党政干部参考》2010年第1期。
136. 吴忠民：《中国现阶段机会平等问题分析》，《科技导报》2009年第9期。
137. 林毅夫等：《〈以共享式增长促进社会和谐〉书评》，《中国投资》2009年第1期。
138. 郑长德：《共享式增长理论研究进展》，《山东经济》2010年第3期。
139. 郭红燕：《中国经济增长与环境污染关系实证研究》，《科技导报》2007年第16期。
140. 侯石：《一台极度倾斜的天平》，《半月谈（内部）》1999年第8期。
141. 郭连成：《经济全球化及其对世界不同类型国家的影响》，《财经问题研究》1999年第1期。
142. 〔瑞士〕让·皮埃尔·莱曼：《探索"包容性的增长"》，《中国企业家》2008年第13期。

143. 郑长德：《共享式增长理论研究进展》，《山东经济》2010年第3期。
144. 汝绪华：《包容性增长：内涵、结构及功能》，《学术界》2011年第1期。
145. 王旭辉、王婧：《人力资本理论发展脉络探析》，《渤海大学学报》2010年第3期。
146. 中国（海南）改革发展研究院：《加快推进基本公共服务均等化》，《经济研究参考》2008年第3期。
147. 安体富、任强：《政府间财政转移支付与基本公共服务均等化》，《经济参考研究》2010年第47期。
148. 贾康：《区分"公平"与"均平"把握好政府责任与政策理性》，《财政研究》2006年第12期。
149. 中国（海南）改革发展研究院：《加快推进均等化（12条建议）》，《经济研究参考》2008年第3期。
150. 陈锡文：《推动城乡发展一体化》，《求是》2012年第23期。
151. 廖其成：《大力推进城乡发展一体化建设》，《求实》2013年第1期。
152. 吴丰华、白永秀：《城乡发展一体化：战略特征、战略内容、战略目标》，《学术月刊》2013年第4期。
153. 鲁能、白永秀：《城乡发展一体化模式研究：一个文献综述》，《贵州社会科学》2013年第7期。
154. 马晓强、梁肖羽：《国内外城乡经济社会一体化模式的评价和借鉴》，《福建论坛》2012年第2期。
155. 李习凡、胡小武：《城乡一体化的"圈层结构""梯度结构"模式研究——以江苏省为例》，《南京社会科学》2010年第9期。
156. 张果等：《城乡一体化渐进式开发及发展模式研究——以成都市为例》，《云南地理环境研究》2006年第4期。
157. 刘家强等：《城乡一体化战略模式实证研究》，《经济学家》2003年第5期。
158. 鲁长亮、唐兰：《城乡一体化建设模式与策略研究》，《安徽农业科学》2010年第3期。
159. 石忆邵：《关于城乡一体化的几点讨论》，《规划师》1999年第4期。
160. 张道政、周晓彤：《城乡一体化的模式动力和路径》，《唯实》2010年第5期。
161. 任保平、林建华：《西部城乡经济社会一体化新格局的模式选择及其实现路径》，《贵州社会科学》2009年第8期。

162. 任保平、邓文峰：《西部地区城乡经济社会一体化的功能分类模式及其实现途径》，《宁夏大学学报（人文社科版）》2010 年第 3 期。
163. 白永秀：《研究城乡发展一体化得出的 10 个结论》，《西部大开发》2013 年第 11 期。
164. 陈忠：《全球发展公正性：伦理本质与历史建构——兼论"中国新殖民论"的实质与问题》，《中国社会科学》2010 年第 5 期。
165. 陈家付：《包容性增长与社会公平》，《学术界》2011 年第 1 期。
166. 蔡继明：《我国当前分配不公的成因和对策》，《中共中央党校学报》2010 年第 3 期。
167. 蔡万焕：《〈21 世纪资本论〉风靡西方的启示》，《红旗文稿》2014 年第 16 期。

报刊网络文章

1. 温家宝：《关于社会主义初级阶段的历史任务和我国对外政策的几个问题》，新华网，2007 年 2 月 26 日。
2. 何伟：《我们还没有搞清公平与分配的关系》，《北京日报》2005 年 12 月 12 日。
3. 梁彦军：《公平与效率的关系》，北大新青年网，2001 年 7 月 16 日。
4. 庞元正：《怎样理解社会主义和谐社会是公平正义的社会》，《人民日报》，2006 年 4 月 6 日。
5. 秦晖：《"郎咸平旋风"：由"案例"而"问题"而"主义"》，《南方周末》2004 年 9 月 9 日第 2—4 版。
6. 黄焕金：《关于公平与效率》，黄焕金知识哲学网，2000 年 12 月 23 日。
7. 宋圭武：《公平、效率及二者关系之我见》，经济学家网，2004 年 5 月 23 日。
8. 程恩富：《公平与效率：如何兼得》，《文汇报》2002 年 10 月 15 日。
9. 侯道光、程腾欢：《1998 年诺贝尔经济学奖得主阿马蒂亚·森在福利经济学上的贡献》，香港《信报》1998 年 10 月 16 日。
10. 罗华：《毛泽东探索新中国经济制度的思想脉络》，中国共产党新闻网，2009 年 1 月 23 日。
11. 马振海：《关于效率与公平的反思——兼评我国目前农村土地分配使用制》，人民网，2004 年 5 月 30 日。

12. 温家宝：《公平正义是社会主义国家制度的首要价值》，人民网，2008年3月18日。
13. 温家宝：《做大"蛋糕"是政府的责任 分好"蛋糕"是政府的良知》，新华网，2010年2月28日。
14. 温家宝：《最温暖人心的回答：公平正义比太阳还要有光辉》，人民网，2010年3月14日。
15. 吴忠民：《关于："效率优先，兼顾公平"的再反思》，人民网，2006年6月26日。
16. 吴忠民：《从"效率优先 兼顾公平"到"更加注重社会公平"》，《中国经济时报》2006年8月7日。
17. 吴忠民：《改变"效率优先，兼顾公平"恰逢其时》，人民网，2006年1月19日。
18. 吴忠民：《"效率优先，兼顾公平"的三大局限》，《北京日报》2002年7月22日。
19. 刘国光：《把"效率优先"放到该讲的地方去》，《经济参考报》2005年10月15日。
20. 应宜逊：《"效率优先，兼顾公平"原则必须调整》，《中国经济时报》2002年11月2日。
21. 袁寅生：《"效率优先，兼顾公平"是如何被厉以宁论证的?》，搜狐网，2005年12月7日。
22. 吴敬琏：《收入差距过大源于机会不平等》，新浪网，新华网，2006年10月23日。
23. 周为民：《从"效率优先，兼顾公平"到"更加注重社会公平"》，中国经济网，2006年8月7日。
24. 周为民：《收入差距：怎么看，怎么办?》，《学习时报》2005年12月26日。
25. 辛鸣：《更加注重公平并不与效率对立，不是对改革的质疑》，人民网，2006年2月15日。
26. 何伟：《从"效率优先，兼顾公平"到"更加注重社会公平"》，人民网，2006年8月7日。
27. 柏晶伟：《从"效率优先 兼顾公平"到"更加注重社会公平"》，《中国经济时报》2006年8月7日。
28. 赵振华：《怎样看待效率与公平的关系》，人民网，2005年3月21日。
29. 孙荣飞，吴敬琏：《贫富分化背后的因素，一是腐败，二是垄断》，

《第一财经日报》2006 年 6 月 26 日。
30. 陶卫华：《吴敬琏谈中国改革 30 年》，人民网，2008 年 4 月 7 日。
31. 《统计局：去年基尼系数 0.474 收入分配改革更紧迫》，中国新闻网，2013 年 1 月 18 日。
32. 《统计局：2013 年全国居民收入基尼系数为 0.473》，中国新闻网，2014 年 1 月 20 日。
33. 《北大报告：1% 家庭占有全国 1/3 的财产》，中国青年网，2016 年 1 月 14 日。
34. 赵庆双：《公平与效率：一种哲学的探究》，教书育人.高教论坛. http：//www.jiaoshuyuren.corn，2007（7）。
35. 张伯里：《正确认识和处理效率与公平的关系》，《光明日报》2008 年 12 月 16 日。
36. 蔡昉：《兼顾公平与效率的发展战略选择》，人民网，2005 年 7 月 14 日。
37. 习近平：《紧紧围绕坚持和发展中国特色社会主义学习宣传贯彻党的十八大精神》，人民网 -《人民日报》2012 年 11 月 17 日。
38. 胡锦涛：《胡锦涛在纪念党的十一届三中全会召开 30 周年大会上的讲话》，人民网，2008 年 12 月 19 日。
39. 胡锦涛：《提高构建社会主义和谐社会的能力》，新华网，2005 年 6 月 26 日。
40. 江泽民：《江泽民同志 2002 年 5 月 31 日讲话》，《人民日报》2002 年 6 月 1 日。
41. 胡锦涛：《胡锦涛主持政治局集体学习并讲话》，新华网，2004 年 2 月 24 日。
42. 《一成最富家庭拥有超六成资产》，《京华时报》2014 年 2 月 27 日。
43. 《不同行业工资差距大，收入分配改革亟待深化》，人民网，2013 年 5 月 20 日。
44. 《发改委官员：中国已经属于中高收入国家》，新华网，2014 年 4 月 23 日。
45. 《世行预测中国 GDP 年内跃居第一，人均排世界 80 位》，新华网，2014 年 5 月 5 日。
46. 温家宝：《分好社会财富这个"蛋糕"是政府的良知》，新华网，2010 年 2 月 27 日。
47. 卫兴华：《做大蛋糕与分好蛋糕是辩证统一的》，人民网 -《人民日报》2011年10月11日。

48. 刘国光：《反思改革不等于反改革》，经济观察报网站，2005年12月12日。

49. 《如果改革造成两极分化改革就失败了——访著名经济学家刘国光》，《商务周刊》2005年11月26日。

50. 《亚太经合组织第十七次领导人非正式会议举行，胡锦涛主席出席第一阶段会议并就支持多边贸易体制专题作引导性发言》，人民网，2009年11月15日。

51. 胡锦涛：《在第五届亚太经合组织人力资源开发部长级会议上的致辞》，《人民日报》2010年9月17日。

52. 〔瑞士〕让·皮埃尔·莱曼：《探索"包容性的增长"》，中国企业家网，2008年7月17日。

53. 王红茹：《胡锦涛公开倡导包容性增长，或将写入十二五规划》，人民网、《中国经济周刊》2010年9月28日。

54. 余闻：《实现包容性增长须去经济增长的GDP化》，《学习时报》2010年10月4日。

55. 袁蓉君：《中外专家认为中国应重视包容性增长》，《金融时报》2007年8月10日。

56. 孙翎：《包容性增长与基本社会保障均等化》，《光明日报》2010年10月25日。

57. 俞宪忠：《"包容"是民众发展的制度诉求》，《人民日报》2010年10月14日。

58. 周建军：《如何理解"包容性增长"》，《人民日报》2010年10月27日。

59. 汤敏：《包容性增长就是机会平等的增长》，《华夏时报》2010年10月12日。

60. 庄健：《"包容性增长"如何包容？》，新华网，2010年10月19日。

61. 陈杰人：《中国"包容性增长"为民企带来机会？》，凤凰财经网，2010年10月8日。

62. 《网民热议"包容性增长"》，新华网，2010年10月19日。

63. 王亚光、王希：《中国将"包容性增长"理念纳入未来发展思路》，新华网，2010年10月12日。

64. 陈宪：《包容性增长：兼顾效率与公平的增长》，《文汇报》2010年10月14日。

65. 《南北差距严重程度令人吃惊》,《文汇报》2000 年 9 月 4 日。
66. 《如何把握"三个最大限度"的要求》,新浪网,2011 年 8 月 22 日。
67. 《总书记的"四个更加注重":人民的新期待 对政府的考验》,新华网,2011 年 4 月 1 日。
68. 刘明中:《推进公共服务均等化的手段(上)——财政部副部长楼继伟》,《中国财经报》2006 年 2 月 7 日。
69. 肖文涛:《基本公共服务均等化:共享改革发展成果的关键》,人民网,2008 年 12 月 2 日。
70. 《去年末大陆总人口 134735 万人,城镇人口首超农村》,中国网,2012 年 1 月 17 日。
71. 王桂平:《东西部城乡一体化水平比较研究:以陕西省和浙江省为例》,西北大学硕士学位论文,2008 年。
72. 刘静:《城乡一体化模式研究》,西南财经大学硕士学位论文,2006 年。
73. 朱莉:《西部地区城乡一体化模式选择及其实现途径》,西北大学硕士学位论文,2008 年。
74. 汤卫东:《西部地区城乡一体化路径、模式及对策研究—基于以城带乡的分析视角》,西南大学博士学位论文,2011 年。
75. 《城乡一体化:他山之石可攻玉》,《经济参考报》2010 年 1 月 21 日。
76. 《人大财经委副主任:收入分配已到极不公平边缘,不能被平均》,凤凰网,2011 年 1 月 13 日。
77. 《秦晓:中国收入分配问题突出原因之一是"大政府"》,财经网,2012 年 4 月 2 日。
78. 赵振华:《如何认识当前我国居民的收入差距》,《光明日报》2016 年 3 月 23 日。
79. 李克强:《改革中触动利益比触及灵魂还难 但别无选择》,人民网,2013 年 3 月 17 日。
80. 苏海南:《基尼系数处高位 灰色收入冲击分配改革》,中国新闻网,2012 年 9 月 28 日。
81. 《余丰慧:分配改革难在控制高收入群体收入》,新浪网,2012 年 10 月 23 日。
82. 《国务院批转收入分配制度改革意见》,中国政府网,2013 年 2 月 5 日。
83. 《苏海南:收入分配受阻既得利益 控高收入难度最大》,《21 世纪经济报道》2012 年 8 月 9 日。

84. 苏海南：《确立并实施积极的收入分配政策》，《中国经济时报》2010 年 10 月 18 日。
85. 《苏海南揭秘"国民收入倍增计划"具体操作步骤》，人民网，2010 年 6 月 9 日。
86. 国务院发布《机关事业单位工作人员养老保险制度改革的决定》，人民网，2015 年 1 月 14 日。
87. 陈亦琳：《理论界关于收入分配问题的观点综述》，人民网，2011 年 3 月 7 日。
88. 习近平：《关于〈中共中央关于制定国民经济和社会发展第十三个五年规划的建议〉的说明》，新华网，2015 年 11 月 3 日。
89. 习近平：《习近平出席二十国集团领导人第十次峰会并发表重要讲话》，新华网，2015 年 11 月 16 日。
90. 《习近平在重庆调研时强调：落实创新协调绿色开放共享发展理念，确保如期实现全面建成小康社会目标》，人民网－《人民日报》2016 年 1 月 7 日。
91. 《习近平 36 次国内考察 53 次讲述五大发展理念》，中国新闻网，2016 年 1 月 9 日。
92. 《2015 年习近平传播五大发展理念的足迹》，中国新闻网，2015 年 12 月 21 日。
93. 《习近平在中央扶贫开发工作会议上发表重要讲话》，光明网，2015 年 11 月 28 日。
94. 《征求对中共中央关于制定国民经济和社会发展第十三个五年规划的建议的意见》，中央政府门户网站 www.gov.cn，2015 年 10 月 30 日。
95. 《习近平如何向人大代表诠释五大发展理念》，新华网，2016 年 3 月 2 日。
96. 《习近平在重庆调研时强调：落实创新协调绿色开放共享发展理念，确保如期实现全面建成小康社会目标》，人民网－《人民日报》2016 年 1 月 7 日。
97. 《刘云山：五中全会最突出的成果是提出五大发展理念》，中国新闻网，2015 年 11 月 17 日。
98. 李培林：《用新发展理念统领发展全局》，人民网－《人民日报》2016 年 3 月 10 日。
99. 颜晓峰：《从变革视角深入理解五大发展理念》，《宁波日报》2016 年

1 月 28 日。
100. 张高丽：《坚定不移贯彻五大发展理念 确保如期全面建成小康社会》，人民网－《人民日报》2015 年 11 月 9 日。
101. 周诚：《关于公平问题的探索》，《中国经济时报》2004 年 8 月 17 日。
102. 蔡昉：《兼顾公平与效率的发展战略选择》，人民网，2005 年 7 月 14 日。

索 引

一 关键词索引

公平 1-20, 22-24, 26, 27, 29-35, 41-44, 47-55, 57-63, 65-96, 104, 105, 108-111, 117-124, 135-158, 160-168, 170-205, 209, 210, 212-265, 278, 285-288, 291-297, 299, 301, 303, 304, 307, 311, 313, 316-319, 321-332, 336, 338, 342-346, 348, 349, 351, 352, 356, 358, 359, 361, 363, 366-372, 375, 383, 384, 386, 388, 389, 391-393, 397, 401, 402, 428, 437, 442-447, 453, 457, 458, 463, 466, 467, 473, 475, 477-479, 482-484, 486, 487, 489, 493, 494, 496-503, 505, 520, 522, 529, 533, 539, 541-545, 554-558, 562, 567, 573, 575-577, 580, 582, 596, 606, 616, 621, 625, 629, 630, 633, 634, 636, 638-640, 642, 644, 647, 648, 650, 651, 656, 665, 667, 668, 671, 672

效率 1, 2, 4, 5, 8, 9, 12, 16-30, 34-39, 41-63, 65, 66, 68, 69, 75-80, 82, 91-96, 108, 111-118, 120, 121, 131-154, 157, 158, 160-166, 170-202, 204, 205, 209-211, 215-265, 278, 282, 284-286, 290-300, 317-319, 323-325, 327, 331, 332, 345, 346, 361, 363, 384, 397-399, 401, 404, 418, 426, 428, 463, 467, 478, 484, 500, 501, 503, 532, 576, 585, 600, 603, 604, 606, 619, 622, 625, 642, 650, 651, 660, 666, 672

经济效率 1, 17, 21, 23-28, 30, 35, 37-39, 42-44, 46-48, 60, 62, 63, 65, 93, 111-113, 115-117, 131-134, 136, 142, 149, 158, 173, 176, 177, 180, 183, 192, 200, 201, 204, 210, 220-222, 224, 226, 227, 229, 232, 233, 240, 244, 245, 248, 249, 251, 255, 258, 260, 262-264, 286, 293, 297, 298, 325, 479

公平与效率 1-4, 8, 9, 11, 12,

14, 16 – 20, 23, 26, 29, 30, 35, 44 – 46, 53, 54, 58, 60 – 66, 78, 93, 95, 96, 118, 120, 121, 135, 138, 139, 142, 143, 146, 147, 149, 151, 157 – 159, 161, 170, 172 – 174, 178, 179, 183, 184, 189, 191 – 195, 201, 204, 210, 216 – 223, 227 – 235, 238 – 240, 242 – 249, 251 – 256, 259, 261 – 265, 284 – 286, 295, 317, 323 – 327, 358, 361, 367, 388, 467, 477, 503, 670 – 673

公平正义 1, 7 – 10, 16, 30, 55, 67, 91 – 94, 96, 123, 154 – 157, 164, 165, 171 – 173, 201, 202, 204, 223, 239, 257 – 260, 262, 263, 281, 285 – 288, 295, 310, 319, 321, 322, 326, 328, 330, 346, 350, 351, 362, 363, 381, 382, 388, 443, 444, 492, 497, 498, 502, 504, 534, 541 – 543, 563, 571, 577, 578, 581, 587, 635, 637, 638, 640 – 644, 647, 653, 656, 659, 668, 670 – 673

社会公正 8, 62, 64 – 67, 93, 169, 174, 176, 192, 207, 209, 210, 231 – 233, 262, 284, 296, 349, 364, 366, 499, 670

平等 2 – 6, 8 – 11, 13 – 20, 29 – 36, 42, 44, 47 – 51, 53 – 61, 63 – 75, 77 – 91, 94 – 96, 104, 105, 109, 118, 122 – 125, 139, 141, 155 – 157, 161, 165 – 168, 181, 182, 184, 186, 187, 189, 192, 194, 196, 197, 200, 203, 204, 206, 207, 209, 210, 212, 213, 215, 216, 219 – 221, 224, 225, 227 – 230, 233, 241, 243 – 246, 250, 254, 262, 264, 280, 285 – 287, 295 – 310, 314, 324 – 326, 328 – 331, 333 – 336, 338, 339, 341 – 347, 350 – 354, 358, 359, 367, 375, 385 – 388, 391, 401, 403, 405, 407 – 410, 413 – 415, 417 – 419, 428, 435, 437, 439, 443, 455, 461, 466, 479, 486, 487, 489, 490, 493, 498, 499, 501, 516, 527, 534, 539, 540, 542, 543, 545, 555, 557 – 559, 566, 577, 598, 608, 612, 619, 630, 634, 635, 638, 643, 647, 648, 650, 664, 667, 668

正义 3, 6 – 8, 12, 14, 20, 29 – 33, 50, 51, 54 – 56, 72, 73, 85, 89, 94, 140, 146, 159, 171, 172, 183, 190, 194, 199, 257, 259, 260, 285, 286, 295, 298, 319, 327, 351, 473, 496, 497, 503, 648

公正 3, 4, 6 – 9, 11, 18, 20, 30 – 32, 48, 50, 55, 59 – 64, 66, 67, 74, 77, 78, 80, 87, 91, 93, 156, 157, 165, 169, 173 – 176, 180, 183, 189, 199, 202, 206, 207, 209, 210, 214, 215, 217, 218, 221, 223, 230, 232, 233, 245, 246, 286, 287, 298, 323, 325, 326, 338, 348, 351, 352, 358, 360, 366, 375, 383, 391, 437, 444, 445, 472,

473, 477, 479, 484, 487, 494, 497-500, 502, 505, 519, 539, 566, 584, 587, 620, 627, 630, 635, 636, 642, 650, 667, 670

公道 4, 18, 32, 73, 84, 89

均等 3-6, 8, 10-12, 14, 17, 18, 20, 31, 35, 39, 40, 47-50, 54, 57, 59, 60, 105, 122, 139, 141, 144, 161, 167, 181, 183, 185, 186, 189, 193, 194, 197, 203, 206, 218, 220, 227, 228, 235, 245, 249, 254, 296-300, 312, 330, 332, 336-342, 344, 348, 350, 351, 361, 363, 382-405, 414, 416, 418, 442, 461, 464, 473, 545, 565, 570, 592, 608, 612, 615, 643, 664, 668

制度公平 4, 13, 19, 205, 336, 338, 343, 345, 361, 362, 365, 475

规则公平 4-6, 9, 10, 12, 153, 155, 157, 260, 285, 295, 346, 369, 498-500, 647

权利公平 3, 5, 9-11, 51, 153, 155, 157, 158, 173, 205, 245, 260, 285, 286, 295, 346, 369, 498, 500, 647, 668

机会公平 3, 5, 6, 9-11, 47, 51, 153, 155, 157, 158, 173, 181, 194, 197, 205, 233, 260, 285, 286, 293-295, 346, 369, 484, 486, 498-500, 567, 636, 637, 647, 650, 668, 669

起点公平 6, 9, 96, 122, 123, 136, 138, 158, 173, 197, 245, 248, 669

过程公平 10, 51, 53, 96, 158, 173, 245, 248, 264, 286

分配公平 6, 9, 10, 12, 13, 17, 96, 108, 123, 124, 136, 138, 149, 150, 153, 158, 159, 172, 173, 178-183, 187, 190, 219, 228, 233, 235-238, 245, 248, 259, 260, 263-265, 285, 286, 293, 295, 301, 322, 346, 347, 363, 444, 495, 498, 500-502

结果公平 6, 10, 11, 51, 53, 122, 124, 125, 137, 138, 158, 173, 181, 197, 233, 245, 248, 264, 286, 341, 473, 498

代际公平 13, 14, 233, 246, 261, 649

法律公平 51, 285

收入公平 51, 59, 182

形式公平 48, 82, 85, 86, 88, 235, 236

实质公平 85-88, 220

政治公平 13, 16, 19, 66, 221, 285

司法公平 158, 173, 285, 286

教育公平 18, 94, 158, 173, 187, 205, 238, 285, 286, 320, 487, 548, 554, 555, 594

资源配置 21-23, 27, 29, 39, 41, 45-47, 52, 54, 58, 68, 69, 77, 95, 96, 112, 113, 116, 117, 131-133, 136, 142, 144, 151, 166, 180, 181, 195, 227, 235, 260, 290, 299, 324, 363,

379，385，405，428，473，475，
495，509，531，532，535，585，
606，619，660
公平分配 5，10，13，15，25，35，
41，43，51，71，72，94－96，
100，104，143，147，167，179－
181，197，198，223，228，254，
295，318，362，375，402
共同富裕 91，93，122－131，
135－138，140，141，143，144，
147－150，152－154，157，160，
162－164，171，179，182，190，
198，205，235－239，242，249，
257－260，262，263，266，271，
275，280，285，294，295，310，
311，314，316，318，322，324，
325，327，348，356，361，432，
443，462，465，472，485，490，
497，503，517，540－542，545，
548－550，560，567，570，573，
582，596，598，636－638，641－
644，650，668
效率优先，兼顾公平 134，135，
138，148，150－152，160－162，
170，171，174－178，180，182－
191，193－195，197－199，201，
202，204－217，219，229－231，
234，235，237－240，242，249，
251，259，284，285，294，325
公平与效率统一论 216
公平与效率辩证统一论 216
公平与效率内在统一论 220
公平与效率一致论 221
公平与效率互补论 222
效率为基础、公平为本体论 223

公平与效率交互同向论 2，6，
25，228
公平与效率对立论 216，228
公平与效率主次有别论 216，229
公平优先论 30，45，51，54，57，
230，249
公平是效率的根本保证说 232
更加注重社会公平说 232
以公平促进效率说 233
两类公平效率说 233
效率源自公平说 233
效率优先论 30，45－48，50，51，
185，230，234，249
公平与效率并重论 30，45，58，
216，235
以人为本 157，160，164，175，
176，191，201，208，213，217，
240，257，262，263，266，274－
276，326，328，336，344，347，
353，359，368，375，427，538，
575，580，581，598，617，635，
640，642，653，659
全面发展 79－82，86，88，92，
164，175，211，212，217，224，
225，240，247，252，261，262，
270，275－278，326，353，359，
364，368，408，504，514，534，
553，564，573，574，579，589，
609，614，618，637，642，646，
650，656，662
统筹兼顾 274，278，327，332，
515，576，607，609，610，614，
615，620，642，651，653
兼顾效率和公平 110，152，154，
158－161，164，173，258，284，

292-294, 316, 478, 479
更加注重公平 95, 110, 152, 154, 158-161, 164, 172, 173, 179, 187, 188, 191, 195, 196, 227, 242, 258, 284, 285, 292-294, 311, 316, 317, 319, 321, 325, 363, 467, 478, 479
公平与效率并重 96, 154, 231, 238-241, 257-265, 295, 311, 317, 319, 672
包容性增长 327-330, 332-354, 356-367, 373, 375, 376, 381, 385, 404, 407, 408, 443, 497-500, 502, 571, 641, 672
共享式增长 330-332, 337, 346, 347, 356, 367
收入分配 4-6, 11-13, 15, 17, 20, 23, 25, 34, 38, 40-42, 45, 49, 50, 54, 55, 57-61, 71, 92-96, 110, 111, 122-124, 131, 145, 146, 148, 150-154, 156-165, 170, 171, 177-179, 181-187, 189, 192-198, 202-204, 217, 219, 227, 228, 230-233, 236-238, 241-243, 263, 265, 279, 287, 289-294, 296, 297, 301, 302, 308, 310-326, 329, 330, 336, 337, 339, 346, 348, 350, 359, 360, 362, 366, 370, 371, 377, 378, 384, 385, 396-398, 409, 418, 437, 443-452, 454, 455, 457-460, 463-492, 494-497, 500, 501, 582, 584, 594, 598, 643, 652, 668, 669

创新发展 157, 274, 504-507, 509, 513, 531, 539, 560, 561, 564, 565, 567-569, 571, 575, 578, 580-583, 586, 587, 591, 592, 595, 596, 599-606, 622, 624, 625, 632, 642, 645, 646, 648, 649, 651, 653, 654, 659, 662
协调发展 62, 137, 157-160, 164, 173, 223, 251-253, 255, 271, 272, 277, 278, 281, 283, 286, 328, 329, 332, 336, 344, 346, 347, 359, 362, 364, 393, 396, 397, 401, 405, 408, 409, 417, 420, 437, 440, 442, 504, 505, 511, 514-519, 524, 560-562, 565, 567-569, 571, 572, 575, 578, 581-584, 587, 589, 591-593, 596, 597, 606-620, 632, 635, 642, 645, 646, 648, 649, 651, 653, 659, 663, 664
绿色发展 157, 283, 367, 504, 505, 520-526, 560-562, 565, 567, 569, 571, 572, 575, 578, 582, 583, 585, 587, 591-593, 596, 597, 620-628, 632, 642, 645-649, 651, 653, 659, 665
开放发展 157, 504, 505, 526, 527, 530, 535, 539, 560-562, 566, 567, 569, 571, 573, 575, 578, 580-584, 587, 591, 592, 596-598, 618, 628-632, 634, 642, 645, 647, 648, 651, 653, 659, 666, 667
共享发展 108, 157, 213, 322,

358，504，505，536，537，540，
560-562，567，570，571，573，
575，578，579，581-583，585-
587，591，592，596，598，599，
612，632，636-645，647，648，
650，651，653，659，668

二 重要名词索引

两大目标 1，2，671

两难选择 1，2，670-673

公平观 3，13-15，17-20，33-
35，47，51-53，66，69-71，
73-75，82，88-91，96，118，
122，139-142，158，194，219，
221，222，247，249，250，253，
254，325

效率观 27，30，38，43，44，65，
68，91，94，96，111，116，118，
119，121，131，132，134，135，
139，142，146，251，254，
671，672

公平效率统一观 117，134，138，
139，217

斯芬克斯之谜 1

《平等与效率——重大的抉择》 2，
4，29，54，59，60，113，
297-299

短缺经济 2，319

哥德巴赫猜想 2

分配公平论 17

过程公平论 17

利益公平论 18

需求公平论 18

伦理公平论 18

社会公平论 18

综合公平论 19

人本公平论 20

差别性原则 15

客观性原则 15

合理性原则 15

永恒发展原则 16

边际效用 21，39-44，47

帕累托最优状态 21，35，38，39，
42，46，222

帕累托效率标准 21

《政治经济学讲义》 22，39，46

《政治经济学教程》 22，38，46

福利经济学 22，38-43，45，51-
53，55，184，385

康德哲学 22

经济效率论 23

宏观经济效率论 24

制度效率论 23，24

政府政策效率论 24

国家宏观调控效率论 25

微观经济效率论 25

本体效率论 23，26

社会效率论 23，26

人本效率论 23，26

政治效率 26-28

文化效率 26，27

社会效率 26，27，29，65，75，
79，91，112，132，187，191，
219，222，233，248，250，251，
298-300，323

行政效率 26，27，245

宏观效率 26，28，112，158，
173，286

微观效率　26，28，158，173，201，
　　254，255，286
静态效率　26
动态效率　26
帕累托原理　29
亚当·斯密的效率观　36
马克思主义的效率观　30，37
帕累托的最优效率观　30
福利经济学的效率观　30，39
边际主义效率观　30，43
诺斯的制度效率观　30
《理想国》　30
基督教神学　31
上帝创世说　31
人类原罪说　31
功利主义学派　33
分析学派　33
哲理学派　33
《共产党宣言》　66，156
《资本论》　57，73，77，78，80，
　　156，300，302，309
《政治经济学批判》　65，68
《哲学的贫困》　33
《论住宅问题》　33，65，67
《哥达纲领批判》　33，65，71，82
《反杜林论》　33，37，65，67，68
《1857—1858年经济学手稿》　81
洛伦兹曲线　34
帕累托最优　35，36，38，39，41，
　　42，44
《国富论》　36，57
新福利经济学　38，39，41，42
社会福利函数论派　42
边际效用学派　21，43
边际革命　21，43

《经济学原理》　44
经济理性人　44
《经济发展理论》　45
瓦尔拉斯一般均衡　46
新自由主义学派　48，181，182
货币主义学派　48
功利主义公平观念　51
罗尔斯主义公平观　52
市场主导公平观　52
能力主义公平观　52
《正义论》　52，55，56，78，
　　286，346
劳动生产效率　68，96，222
生产要素配置效率　68
马克思主义公平观　69，72
各尽所能，按劳分配　97，106
平均主义　6，11，13，29，50，63，
　　67，81，93，95，97-100，104-
　　108，119-121，124，126，129，
　　139-141，143，145-150，158，
　　161，162，170，174，175，187，
　　191，192，194，204-207，210，
　　213，231，242，248-251，260，
　　265，284，296，311，317，322，
　　325，346，351，361，444，449，
　　462-464，501，643
共产风　97-100，108
两参一改三结合　115
鞍钢宪法　115
制度效率观　44，132
要素效率观　133
宏观效率观　134
五·七指示　139
基尼系数　34，95，160，163，177，
　　186，202，203，233，238，239，

296，311，312，314，329，335，
　339，347，358，445，450，454，
　459，461，462，464，467，480
发展才是硬道理　162，177，201，
　265－269，381，652
发展是党执政兴国的第一要务　162，
　265，270，271，381，504，620
科学发展观　126，158，160，162，
　164，230，240，262，265，266，
　273－278，287，288，336，337，
　343，349，350，353，360，362，
　364，381，384，385，393，435，
　510，571，575，589，642，
　652，653
按劳分配与按生产要素分配相结合
　288，289，291
五个统筹　274，278，284，
　408，410
《21世纪资本论》　300，305，
　307，308
库兹涅茨倒U型曲线　301，308
两极分化　20，59，61，64，91，
　92，104，109，119，120，122－
　127，129，135，136，138，140，
　145，147，150，160，171，181，
　182，190，198，202，205，218，
　231，233，235，236，238，239，
　241，249，250，258，260－262，
　287，297，310，314，318，319，
　322，324，325，327，330，338，
　339，344，351，355，361，460－
　462，464，503，582，643
公平性原则　348
包容性原则　348
持续性原则　349

GDP主义　337，344，373－375
人力资本　58，333，376－380，
　419，423，451，660
基本公共服务均等化　280，350，
　363，381－392，394－402，404，
　406，420，437，440，466，475，
　476，479，486，487，517，524，
　543，555，608，612，615，638，
　642，643，664
中等收入陷阱　314，384，568，
　580，589，593，604，607，609，
　610，612，645，646，656，660
三农问题　404
城乡发展一体化　280，404，405，
　407－414，416－419，421－428，
　431，434－437，440，471，487，
　516，517，524，543，565，608，
　612，615，664
收入分配制度　93，110，147，154，
　164，165，171，179，188，237，
　241，242，257，285，289，290，
　292，294，310，315，316，319，
　320，348，370，375，396，443，
　444，458，465－472，474，476－
　479，482－488，492，495，
　497，541
创新发展理念　506，513，514，
　568，599，603，606，645，
　648，661
协调发展理念　514，519，569，
　606，608－610，613，649，663
区域协同发展　515
城乡一体发展　516，578，611
绿色发展理念　520，525，572，
　581，620，621，623－627，649，

664, 665

开放发展理念 526, 527, 580, 628, 629, 631-634, 650, 666

一带一路 465, 504, 505, 527, 535-538, 561, 566, 575, 585, 594, 598, 608, 612, 615, 630, 633, 634, 647, 650, 664, 667

共享发展理念 505, 540, 557, 563, 614, 636-642, 650, 668

脱贫攻坚 517, 545-548, 551, 552, 562, 567, 575, 579, 583, 598, 616, 639, 640, 648, 669

科学扶贫 550

精准扶贫 542, 546-548, 550-554, 567, 582, 616, 640, 669

构建命运共同体 557

五大发展理念 503-506, 513, 514, 559-564, 567, 569-571, 574-592, 594, 596, 597, 599, 606, 609, 620, 621, 625, 628, 631, 636, 638, 640, 642, 645, 648, 650, 651, 653-655, 657-659, 661, 663, 664, 666, 667, 669, 672

十八届五中全会 157, 435, 505, 506, 514, 520, 526, 540, 545, 560, 563, 564, 570, 571, 574, 583, 591, 594, 596, 599, 604, 606, 618, 620, 621, 625, 628, 630, 636, 637, 645, 646, 654, 657-659, 661

四个全面战略布局 579

"十三五"规划 314, 503-505, 524, 545, 561, 563, 568-570, 574, 585, 589, 607

《论十大关系》 651

"四个全面"战略布局 543, 571, 576, 578, 588, 601, 608, 609, 611, 614, 653-659

全面建成小康社会 139, 164, 258, 326, 368, 371, 462, 505, 514-518, 527, 532, 541-543, 545, 546, 549-551, 553, 559-564, 568, 570-572, 574, 576, 577, 579, 580, 583, 584, 587, 588, 591, 593-595, 599, 603, 606-610, 614, 615, 623, 629, 630, 636-641, 643, 646, 648, 653-669

修昔底德陷阱 655

三 重要人名索引

马克思 1, 13, 15, 28, 30, 33-35, 37, 53, 57, 65-97, 99, 105, 106, 113, 121, 125, 128, 133, 138, 145, 156, 158, 159, 177, 190, 199, 207, 217, 219, 266, 268-270, 273-275, 287, 288, 296, 300, 302, 305, 308, 309, 322, 510, 550, 568, 570, 574, 575, 579, 581, 582, 604, 609, 611, 614, 623, 624, 636, 640-643, 653, 654, 673

恩格斯 15, 33, 34, 37, 38, 65-80, 82-94, 105, 114, 158, 159, 207, 268, 274, 296

列宁 15, 72, 88, 99, 104, 106, 114, 199, 273, 274, 653

索　引

毛泽东　96-121，135，139，141-146，273，274，510，574，651，653，673

邓小平　91-93，107，117，121-146，148，149，162-164，177，182，189，190，198，202，232，233，239，249，258，259，262，266-271，273-275，318，319，327，503，510，527，574，588，591，612，651-653

江泽民　150，151，267-275，367，574，575，652

胡锦涛　110，152-154，164，168，169，171-173，257，258，260，266，273-277，279-285，292，295，316，327，328，332，335，337，339，344-346，348，353，363，364，408，409，411，478，482，574，575，653

习近平　154，156，157，316，368-373，375，376，483，503-560，562，563，567，568，571，573-580，587-590，595，599，600，602，604，605，610，611，613-620，622-628，630-634，636-638，640-643，653，655-657，661，662，668

阿瑟·奥肯　2，4，29，34，54，58-60，113，229，297-300，500，501

亚诺·科尔内　2

亚里士多德　7，8，30，31

德沃金　8，54，56，57

萨缪尔森　21，39，42，46，58，59

亚当·斯密　21，36-38，45，47，57，194

杰文斯　21，43

门格尔　21，43

瓦尔拉斯　21，46

帕累托　21，22，29，35，38-42，46，51，56，367，419

庇古　22，38-40，47，51，385

康德　32，33，355

罗尔斯　7，14，29，35，50，52，54-56，60，78，91，182，194，199，286，298，346

卡克利斯　30

柏拉图　30，32，84，351

伊壁鸠鲁　31

格老秀斯　31，32

霍布斯　32，39

有伏尔泰　32

孟德斯鸠　32，33

卢梭　32，33，84

边沁　33，47，51，91

奥斯丁　33

黑格尔　33

休士曼　35

瓦里安　35

弗利　29，35，53

勒纳　39-42，54，55，182

霍特林　39，42

卡尔多　39-42，45

罗宾斯　40，47，50

希克斯　40-42，45，46

西托夫斯基　41

H. 范里安　41

伯格森　42

马歇尔　44，47

诺斯　44

熊彼特　21，45
哈维·莱宾斯坦　46
普莱尔　46
萨伊　47
约翰·穆勒　47
哈耶克　6，47－49，61，181，298
弗里德曼　47－50，60，61，181，298
科斯　47
诺齐克　6，50，51，55，91
阿马蒂亚·森　53
米里斯　54
琼·罗宾逊　54
柯密特·高登　54
李嘉图　57，305

凯恩斯　34，57－59，182
布坎南　58，60，61
圣西门　66
傅立叶　66
欧文　66
蒲鲁东　67，69－71，92
拉萨尔　71
涂尔干　199
斯蒂格勒　261
托马斯·皮凯蒂　300，305
博克斯贝格　355
舒尔茨　376－379
贝克尔　376－378
明塞尔　378

后　　记

党的十八大首次提出"三个倡导"的社会主义核心价值观，其中，"公正"属于社会主义核心价值观的重要内涵。"公正"即公平正义，这不仅是哲学社会科学研究的一个重要课题，而且也是中国特色社会主义伟大实践的一个重要内容。当前，深入研究公平正义的理论问题，深入探讨公平正义社会实践所面临的现实问题，积极探索公平正义的实践路径，对于深入贯彻落实党的十八大精神，培育和践行社会主义核心价值观，推进中国特色社会主义伟大实践，实现中华民族伟大复兴的"中国梦"，就具有重大的理论意义、重要的现实意义和深远的历史意义。

公平正义内涵丰富、博大精深、海纳百川。公平正义，是人类社会具有永恒价值的基本理念和基本行为准则，是千百年来人类不懈追求的一种美好愿望和向往，是人类社会共同的理想追求和永恒的价值取向；人类社会发展的历史，从一定意义上来讲，就是人民群众不断追求公平正义的历史。公平正义作为衡量社会和谐、文明进步的重要尺度，一直是古今中外人们关注的重大问题。社会公正与否深刻影响着社会心理的构成和表达，构成了广大民众最朴素的"善恶是非"观念，维系着整个社会的稳定与发展。

近年来，本人的研究方向主要致力于公平正义研究的三部曲系列工程。第一部是：《公平正义观的历史·传承·发展》，国家社科基金后期资助项目（项目批准号：13FKS002，结项证书号：20155006），学习出版社2015年5月出版。第二部是：《公平与效率：实现公平正义的两难选择》，国家社科基金后期资助项目（项目批准号：15FKS002），即是本项目，由中国社会科学出版社出版发行。第三部拟定为：《实现公平正义的若干重要问题研究》，现正在推进研究中，待立项。

2006年当我开始研究公平正义这一课题时，我是把它放在构建社会主义和谐社会的视域内进行研究重视的。然而随着研究的进一步深入，我才渐渐领悟到公平正义这一课题的博大精深、海纳百川。它绝不是一个一般的子系统课题,而是一个宏大的母系统课题;它甚至不是某一个学科所能完成的课题,而是一个穿越古今中外,横跨社会学、经济学、哲学、马列·科社、政治学、法学、伦理学等众多学科的综合性研究课题。10 年来,虽谈不上废寝忘食,但夜不能寐却是家常便饭。俗话说,十年磨一剑。功夫不负有心人,2009 年本人获准立项教育部人文社科基金一般规划项目《走向公平正义的理论创新与实践之路》(项目批准号 09YJA710029),以 90 余万字的专著成果于 2012 年 3 月顺利结项(结项证书号:2012JXZ0170)。2013 年 7 月,我的核心专著《公平正义观的历史·传承·发展》,获准立项国家社科基金后期资助项目(批准文号:13FKS002),以 65.8 万字的专著成果于 2015 年 1 月顺利结项(结项证书号:20155006),并于 2015 年 5 月由学习出版社出版发行。

公平与效率及其二者的关系是公平正义理论的重要组成部分,对它们的研究属于公平正义研究的重要内容和目标任务之一。正是由于它们的重要性及其复杂性,因此就非常有必要作为专门课题予以重点研究。

公平与效率是人类社会追求的两大目标,是人类社会文明和进步的必然要求,但同时也是人类社会的两难选择,是实现公平正义的两难选择。公平与效率的关系实质上主要就是指社会建设与经济建设的关系。公平与效率作为一对特殊的社会矛盾统一体,广泛存在于社会发展的各个层面,在生产、分配、交换和消费的各个环节,处处存在着公平与效率的问题。在生产力的各要素配置中,面临着公平与效率的选择问题;在生产关系的所有制变迁、分配、交换、消费环节中更存在着公平与效率的问题;在上层建筑领域,法律与政策的制定与实施,也面临着公平与效率的选择问题;在道德观念领域同样包含着公平与效率的价值判断问题。公平与效率的关系及其实现方式涉及到社会经济制度的变革和调整,关系到人们之间利益的分配和实现,还受到人们世界观和价值观的制约和影响,因此,古今中外历来是人们所关注的热点、重点、焦点和难点问题。它不仅是社会科学领域各门学科学者们所持续研究和争议的一个理论难题,也是世界各国政府必须面对的一个现实两难选择和世界性难题。

我国改革开放 30 多年来,从未停止过对公平与效率的关系这一重大理论和实践问题的探索与思考,但由于种种原因,至今尚未取得共识和形成一致意见,科学合理的公平效率观至今难以形成,已经严重影响到改革发展稳定的大局和社会主义现代化建设的顺利进行。综观改革开放 30 多年来对于公平与效率概念及两者关系问题研究的历程,体现出研究范畴和领域不断拓展的特征,包括从生产、分配环节拓展到各环节,从经济领域扩大到政治、社会、伦理、哲学等各学科领域；研究内容日益丰富，学术观点由单一向多元发展。表明我国理论界和学术界对于公平与效率的研究是随着实践的推进而不断深入和发展的。但是，研究范式尚有待突破，研究深度有待加强，研究视角有待拓宽，研究方法有待创新，分化研究有待整合。因此，如何正确认识和处理公平与效率的关系，确立科学合理的公平效率观就理所当然地成为我们共同的责任和义务，当然也是本项目研究的主题和重点、难点问题。本项目通过研究论证：公平与效率关系问题的基本理论，关于"效率优先、兼顾公平"原则的学界争论、深刻反思和历史评价，公平和效率关系的不同观点概述、总体评价和重要启示，得出三个最重要结论：公平与效率并重是社会主义初级阶段的基本分配原则，"包容性增长"是指导公平与效率关系的全新时代命题，五大发展理念是指导公平与效率关系的具体行动指南。

基于上述研究背景和研究过程，2015年7月，我的又一专著《公平与效率：实现公平正义的两难选择》，又荣幸获准立项国家社科基金后期资助项目（批准文号：15FKS002），以专著成果于2016年5月顺利结项，并即将由中国社会科学出版社出版发行。

在该专著脱稿即将付梓之际，我必须要再次在此表达一系列的谢意：

感谢全国哲学社会科学规划办公室，正是由于得到国家社科基金后期资助项目立项，才使本书得以国家社科基金后期资助项目名义顺利圆满出版，从而大大提升了本书的出版品质与学术声誉。

感谢本书稿在申报国家社科基金后期资助项目时匿名评审的五位专家学者，是您们慧眼识真金，才使本书稿在当年评审时能够脱颖而出，荣幸立项国家社科基金后期资助项目；是您们认真审读申报书稿的全文，并提出了许多建设性的指导、修改意见，才促使我又反复对原稿内容进行了全面的修订、补充和完善，否则就不会以现在的大块儿头著作问世。如增加了"第六章'五大发展理念'是指导公平与效率关系的具体行动指南"的全部内容，又对其他各章内容都做了进一步的调整、修订和完善。

感谢本书的出版者中国社会科学出版社及其出版人赵剑英、责任编辑田文，是您们的鼎力支持、辛勤劳动与不懈付出，才使本书得以最好的质量、最快的速度出版问世。在此，我要特别感谢田文编审，是她对书稿全文进行了逐字逐句（包括标点符号）的全面审核与校对，对版面格式要求进行了技术性的规范与完善。这种一丝不苟、细致入微的敬业精神，使我这个所谓学者感到汗颜与惭愧。

感谢国家教育部社科司，正是由于2009年得到国家教育部人文社科基金一般规划项目资金资助，才使我提前完成了 90 多万字的宏篇巨作《走向公平正义的理论创新与实践之路》，并能顺利提前结项。这为我申报、立项、完成此次国家社科基金后期资助项目《公平与效率：实现公平正义的两难选择》，奠定了坚实的理论功底、知识积累和前提成果，否则就不会有今天的这部专著成果的问世与出版。

感谢申报本项目时的推荐专家们，感谢江南大学的推荐专家刘焕明教授、张云霞教授、徐玉生教授为本书提供了中肯的推荐意见，是您们的推荐意见为本书稿的成功立项起到了很关键性的重要作用。

感谢江苏省中国特色社会主义理论体系研究基地（江南大学）的资金资助。本项目也属于江南大学自主科研计划子项目成果（中特基地项目编号：2015JDZD07）的结项成果之一。

感谢江南大学社科处、马克思主义学院的全体领导、老师同仁们，没有您们的正确引导、指导、鼓励与莫大支持，我能取得上述的小有科研成绩，也是不可想象的。

感谢我的妻子刘翔宇女士，是她数十年如一日任劳任怨地操持家务、默默奉献，才成就了我今天的事业。

感谢我的儿子杨航，是他发挥了他的技术特长，为本书稿的电子编辑排版做出了自己的独特贡献。

感谢默默无闻的各位专家学者，感谢参考文献的各位作者，感谢阅览本书的各位读者和知音。

本书如果能够得到您们的好评与赞誉，就是我对您们的最好回馈与报答！

如果大家对我的公平正义研究还比较满意和充满信任与希望，那么就敬请大家耐心等待本人的第三部曲专著《实现公平正义的若干重要问题研究》能够早日出版问世。

最后，就让我们以毛泽东的诗词《卜算子·咏梅》作为共勉词："风雨送春归，飞雪迎春到。已是悬崖百丈冰，犹有花枝俏。俏也不争春，只把春来报。待到山花烂漫时，她在丛中笑。"

著者　杨宝国
2016 年 6 月 24 日　农历丙申年五月二十日
于江苏无锡紫金英郡家中书斋